2025年版

法律法规全书系列

中华人民共和国

土地法律法规全书

LAND LAWS AND REGULATIONS

·含全部规章·

法律出版社法规中心 编

法律出版社
LAW PRESS·CHINA
北京

图书在版编目（CIP）数据

中华人民共和国土地法律法规全书：含全部规章／法律出版社法规中心编. --15版. --北京：法律出版社，2025. --（法律法规全书系列）. --ISBN 978-7-5197-9731-7

Ⅰ. D922.309

中国国家版本馆CIP数据核字第20241PV664号

中华人民共和国土地法律法规全书（含全部规章）
ZHONGHUA RENMIN GONGHEGUO TUDI FALÜ FAGUI QUANSHU (HAN QUANBU GUIZHANG)

法律出版社法规中心 编

责任编辑 赵雪慧
装帧设计 臧晓飞

出版发行 法律出版社
编辑统筹 法规出版分社
责任校对 张红蕊
责任印制 耿润瑜
经　　销 新华书店

开本 787毫米×960毫米 1/16
印张 32.5　**字数** 1073千
版本 2025年1月第15版
印次 2025年1月第1次印刷
印刷 三河市兴达印务有限公司

地址：北京市丰台区莲花池西里7号（100073）
网址：www.lawpress.com.cn
投稿邮箱：info@lawpress.com.cn
举报盗版邮箱：jbwq@lawpress.com.cn

销售电话：010-83938349
客服电话：010-83938350
咨询电话：010-63939796

书号：ISBN 978-7-5197-9731-7　**定价**：88.00元

凡购买本社图书，如有印装错误，我社负责退换。电话：010-83938349

编辑出版说明

随着我国依法治国方略的实施，法律的价值日益凸显，法律已经全面渗透到社会生活的各个领域。土地是我国社会主义市场经济建设中最为重要的生产要素之一，与其相关的法律法规在政府、公众及社会各界的关注程度一直很高。为此我们精心编辑出版了这本《中华人民共和国土地法律法规全书（含全部规章）》。本书具有以下特点：

一、收录全面，编排合理，查询方便

收录改革开放以来至2024年11月期间公布的现行有效的土地法律、行政法规、部门规章、司法解释，全面覆盖土地法的方方面面。全书分为总类、土地规划与供给、土地征收与补偿、土地市场、农村土地管理、土地权属与登记、土地税收与财政、执法监察与违法惩处及其他，共计九个部分，并在各部分细分诸多小类。全书具有体例清晰、查询方便的特点。

二、收录政策、典型案例，特设条旨，实用性强

土地问题涉及部门众多、受众面甚广，实务操作中有很多政策性文件也在发挥着重要的作用。本书特别收录了这些政策性文件，以便读者了解国家相关方针政策和具体操作要求。同时，对土地相关核心主体法附加条旨，指引读者迅速找到自己需要的条文。本书中收录了最高人民法院公布的土地相关典型案例，这些案例在实践中起到指引法官"同案同判"的作用，具有很高的可读性和参照性。

三、特色服务，动态增补

为保持本书与新法的同步更新，避免读者在一定周期内重复购书，特结合法律出版社法规中心的资源优势提供动态增补服务。（1）为方便读者一次性获取版本更新后的全部增补文件，本书特设封底增补材料二维码，供读者扫描查看、下载版本更新后的全部法律文件增补材料。（2）鉴于本书出版后至下一版本出版前不免有新文件发布或失效文件更新，为了方便广大读者及时获取该领域的新法律文件，本书创新推出动态增补服务，读者可扫描侧边动态增补二维码，查看、阅读本书出版后一段时间内更新的或新发布的法律文件。

动态增补二维码

由于编者水平有限，还望读者在使用过程中不吝赐教，提出您的宝贵意见（邮箱地址：faguizhongxin@163.com），以便本书继续修订完善。

法律出版社法规中心

2024年12月

总　目　录

目　录

一、总　类

二、土地规划与供给

1. 土地利用规划

2. 土地储备供给与用途管制

---

① 目录中对有修改的文件,将其第一次公布的时间和最近一次修改的时间一并列出,在正文中收录的是最新修改后的文本。特此说明。

3. 建设用地审批、备案和监管

三、土地征收与补偿

1. 征地费用管理

2. 征地补偿安置与监管

3. 征地争议解决

四、土 地 市 场

1. 综合

2. 土地使用权出让

3. 土地使用权划拨

4. 土地使用权转让

5. 土地使用权租赁、抵押

6. 闲置土地处置与土地使用权收回

五、农村土地管理

1. 宅基地及农村建设用地

2. 农村土地承包

3. 农田保护

4. 土地复垦、开发整理

六、土地权属与登记

1. 土地确权与权属争议处理

2. 土地登记

3. 其他

七、土地税收与财政

1. 土地税收

2. 土地财政

八、执法监察与违法惩处

1. 行政责任

2. 刑事责任

九、其　　他

附 录

一、总类

资料补充栏

中华人民共和国民法典(节录)

1. 2020年5月28日第十三届全国人民代表大会第三次会议通过
2. 2020年5月28日中华人民共和国主席令第45号公布
3. 自2021年1月1日起施行

第二编　物　　权

第一分编　通　　则

第一章　一般规定

第二百零五条　【物权编的调整范围】[①]本编调整因物的归属和利用产生的民事关系。

第二百零六条　【社会主义基本经济制度与社会主义市场经济】国家坚持和完善公有制为主体、多种所有制经济共同发展,按劳分配为主体、多种分配方式并存,社会主义市场经济体制等社会主义基本经济制度。

国家巩固和发展公有制经济,鼓励、支持和引导非公有制经济的发展。

国家实行社会主义市场经济,保障一切市场主体的平等法律地位和发展权利。

第二百零七条　【物权平等保护原则】国家、集体、私人的物权和其他权利人的物权受法律平等保护,任何组织或者个人不得侵犯。

第二百零八条　【物权公示原则】不动产物权的设立、变更、转让和消灭,应当依照法律规定登记。动产物权的设立和转让,应当依照法律规定交付。

第二章　物权的设立、变更、转让和消灭

第一节　不动产登记

第二百零九条　【不动产物权登记的效力】不动产物权的设立、变更、转让和消灭,经依法登记,发生效力;未经登记,不发生效力,但是法律另有规定的除外。

依法属于国家所有的自然资源,所有权可以不登记。

第二百一十条　【不动产登记机构和不动产统一登记】不动产登记,由不动产所在地的登记机构办理。

国家对不动产实行统一登记制度。统一登记的范围、登记机构和登记办法,由法律、行政法规规定。

第二百一十一条　【不动产登记申请资料】当事人申请登记,应当根据不同登记事项提供权属证明和不动产界址、面积等必要材料。

第二百一十二条　【登记机构的职责】登记机构应当履行下列职责:

(一)查验申请人提供的权属证明和其他必要材料;

(二)就有关登记事项询问申请人;

(三)如实、及时登记有关事项;

(四)法律、行政法规规定的其他职责。

申请登记的不动产的有关情况需要进一步证明的,登记机构可以要求申请人补充材料,必要时可以实地查看。

第二百一十三条　【登记机构不得从事的行为】登记机构不得有下列行为:

(一)要求对不动产进行评估;

(二)以年检等名义进行重复登记;

(三)超出登记职责范围的其他行为。

第二百一十四条　【不动产物权变动的生效时间】不动产物权的设立、变更、转让和消灭,依照法律规定应当登记的,自记载于不动产登记簿时发生效力。

第二百一十五条　【合同效力与物权变动区分】当事人之间订立有关设立、变更、转让和消灭不动产物权的合同,除法律另有规定或者当事人另有约定外,自合同成立时生效;未办理物权登记的,不影响合同效力。

第二百一十六条　【不动产登记簿的效力和管理】不动产登记簿是物权归属和内容的根据。

不动产登记簿由登记机构管理。

第二百一十七条　【不动产登记簿与不动产权属证书的关系】不动产权属证书是权利人享有该不动产物权的证明。不动产权属证书记载的事项,应当与不动产登记簿一致;记载不一致的,除有证据证明不动产登记簿确有错误外,以不动产登记簿为准。

第二百一十八条　【不动产登记资料的查询、复制】权利人、利害关系人可以申请查询、复制不动产登记资料,登记机构应当提供。

第二百一十九条　【保护权利人个人信息】利害关系人不得公开、非法使用权利人的不动产登记资料。

第二百二十条　【更正登记与异议登记】权利人、利害关系人认为不动产登记簿记载的事项错误的,可以申请更正登记。不动产登记簿记载的权利人书面同意更正或者有证据证明登记确有错误的,登记机构应当予以更正。

不动产登记簿记载的权利人不同意更正的,利害关系人可以申请异议登记。登记机构予以异议登记,

① 条文主旨为编者所加,下同。

申请人自异议登记之日起十五日内不提起诉讼的，异议登记失效。异议登记不当，造成权利人损害的，权利人可以向申请人请求损害赔偿。

第二百二十一条 【预告登记】当事人签订买卖房屋的协议或者签订其他不动产物权的协议，为保障将来实现物权，按照约定可以向登记机构申请预告登记。预告登记后，未经预告登记的权利人同意，处分该不动产的，不发生物权效力。

预告登记后，债权消灭或者自能够进行不动产登记之日起九十日内未申请登记的，预告登记失效。

第二百二十二条 【不动产登记错误的赔偿】当事人提供虚假材料申请登记，造成他人损害的，应当承担赔偿责任。

因登记错误，造成他人损害的，登记机构应当承担赔偿责任。登记机构赔偿后，可以向造成登记错误的人追偿。

第二百二十三条 【不动产登记的费用】不动产登记费按件收取，不得按照不动产的面积、体积或者价款的比例收取。

第二节 动产交付

第二百二十四条 【动产交付的效力】动产物权的设立和转让，自交付时发生效力，但是法律另有规定的除外。

第二百二十五条 【特殊动产登记的效力】船舶、航空器和机动车等的物权的设立、变更、转让和消灭，未经登记，不得对抗善意第三人。

第二百二十六条 【动产物权受让人先行占有】动产物权设立和转让前，权利人已经占有该动产的，物权自民事法律行为生效时发生效力。

第二百二十七条 【指示交付】动产物权设立和转让前，第三人占有该动产的，负有交付义务的人可以通过转让请求第三人返还原物的权利代替交付。

第二百二十八条 【占有改定】动产物权转让时，当事人又约定由出让人继续占有该动产的，物权自该约定生效时发生效力。

第三节 其他规定

第二百二十九条 【法律文书或征收决定导致的物权变动】因人民法院、仲裁机构的法律文书或者人民政府的征收决定等，导致物权设立、变更、转让或者消灭的，自法律文书或者征收决定等生效时发生效力。

第二百三十条 【因继承取得物权】因继承取得物权的，自继承开始时发生效力。

第二百三十一条 【因事实行为发生物权变动】因合法建造、拆除房屋等事实行为设立或者消灭物权的，自事实行为成就时发生效力。

第二百三十二条 【处分非因民事法律行为享有的不动产物权】处分依照本节规定享有的不动产物权，依照法律规定需要办理登记的，未经登记，不发生物权效力。

第三章 物权的保护

第二百三十三条 【物权纠纷解决方式】物权受到侵害的，权利人可以通过和解、调解、仲裁、诉讼等途径解决。

第二百三十四条 【物权确认请求权】因物权的归属、内容发生争议的，利害关系人可以请求确认权利。

第二百三十五条 【返还原物请求权】无权占有不动产或者动产的，权利人可以请求返还原物。

第二百三十六条 【排除妨害、消除危险请求权】妨害物权或者可能妨害物权的，权利人可以请求排除妨害或者消除危险。

第二百三十七条 【物权复原请求权】造成不动产或者动产毁损的，权利人可以依法请求修理、重作、更换或者恢复原状。

第二百三十八条 【物权损害赔偿请求权】侵害物权，造成权利人损害的，权利人可以依法请求损害赔偿，也可以依法请求承担其他民事责任。

第二百三十九条 【物权保护方式的单用与并用】本章规定的物权保护方式，可以单独适用，也可以根据权利被侵害的情形合并适用。

第二分编 所 有 权

第四章 一 般 规 定

第二百四十条 【所有权的定义】所有权人对自己的不动产或者动产，依法享有占有、使用、收益和处分的权利。

第二百四十一条 【所有权人设立他物权】所有权人有权在自己的不动产或者动产上设立用益物权和担保物权。用益物权人、担保物权人行使权利，不得损害所有权人的权益。

第二百四十二条 【国家专属所有权】法律规定专属于国家所有的不动产和动产，任何组织或者个人不能取得所有权。

第二百四十三条 【征收】为了公共利益的需要，依照法律规定的权限和程序可以征收集体所有的土地和组织、个人的房屋以及其他不动产。

征收集体所有的土地，应当依法及时足额支付土地补偿费、安置补助费以及农村村民住宅、其他地上附着物和青苗等的补偿费用，并安排被征地农民的社会保障费用，保障被征地农民的生活，维护被征地农民的合法权益。

征收组织、个人的房屋以及其他不动产，应当依法给予征收补偿，维护被征收人的合法权益；征收个人住宅的，还应当保障被征收人的居住条件。

任何组织或者个人不得贪污、挪用、私分、截留、拖欠征收补偿费等费用。

第二百四十四条 【耕地保护】国家对耕地实行特殊保护，严格限制农用地转为建设用地，控制建设用地总量。不得违反法律规定的权限和程序征收集体所有的土地。

第二百四十五条 【征用】因抢险救灾、疫情防控等紧急需要，依照法律规定的权限和程序可以征用组织、个人的不动产或者动产。被征用的不动产或者动产使用后，应当返还被征用人。组织、个人的不动产或者动产被征用或者征用后毁损、灭失的，应当给予补偿。

第五章 国家所有权和集体所有权、私人所有权

第二百四十六条 【国有财产的范围、国家所有的性质和国家所有权的行使】法律规定属于国家所有的财产，属于国家所有即全民所有。

国有财产由国务院代表国家行使所有权。法律另有规定的，依照其规定。

第二百四十七条 【矿藏、水流、海域的国家所有权】矿藏、水流、海域属于国家所有。

第二百四十八条 【无居民海岛的国家所有权】无居民海岛属于国家所有，国务院代表国家行使无居民海岛所有权。

第二百四十九条 【国家所有土地的范围】城市的土地，属于国家所有。法律规定属于国家所有的农村和城市郊区的土地，属于国家所有。

第二百五十条 【自然资源的国家所有权】森林、山岭、草原、荒地、滩涂等自然资源，属于国家所有，但是法律规定属于集体所有的除外。

第二百五十一条 【野生动植物资源的国家所有权】法律规定属于国家所有的野生动植物资源，属于国家所有。

第二百五十二条 【无线电频谱资源的国家所有权】无线电频谱资源属于国家所有。

第二百五十三条 【文物的国家所有权】法律规定属于国家所有的文物，属于国家所有。

第二百五十四条 【国防资产和基础设施的国家所有权】国防资产属于国家所有。

铁路、公路、电力设施、电信设施和油气管道等基础设施，依照法律规定为国家所有的，属于国家所有。

第二百五十五条 【国家机关的物权】国家机关对其直接支配的不动产和动产，享有占有、使用以及依照法律和国务院的有关规定处分的权利。

第二百五十六条 【国家举办的事业单位的物权】国家举办的事业单位对其直接支配的不动产和动产，享有占有、使用以及依照法律和国务院的有关规定收益、处分的权利。

第二百五十七条 【国家出资的企业出资人制度】国家出资的企业，由国务院、地方人民政府依照法律、行政法规规定分别代表国家履行出资人职责，享有出资人权益。

第二百五十八条 【国有财产的保护】国家所有的财产受法律保护，禁止任何组织或者个人侵占、哄抢、私分、截留、破坏。

第二百五十九条 【国有财产管理的法律责任】履行国有财产管理、监督职责的机构及其工作人员，应当依法加强对国有财产的管理、监督，促进国有财产保值增值，防止国有财产损失；滥用职权，玩忽职守，造成国有财产损失的，应当依法承担法律责任。

违反国有财产管理规定，在企业改制、合并分立、关联交易等过程中，低价转让、合谋私分、擅自担保或者以其他方式造成国有财产损失的，应当依法承担法律责任。

第二百六十条 【集体财产的范围】集体所有的不动产和动产包括：

（一）法律规定属于集体所有的土地和森林、山岭、草原、荒地、滩涂；

（二）集体所有的建筑物、生产设施、农田水利设施；

（三）集体所有的教育、科学、文化、卫生、体育等设施；

（四）集体所有的其他不动产和动产。

第二百六十一条 【农民集体所有财产归属及重大事项集体决定】农民集体所有的不动产和动产，属于本集体成员集体所有。

下列事项应当依照法定程序经本集体成员决定：

（一）土地承包方案以及将土地发包给本集体以

外的组织或者个人承包；

（二）个别土地承包经营权人之间承包地的调整；

（三）土地补偿费等费用的使用、分配办法；

（四）集体出资的企业的所有权变动等事项；

（五）法律规定的其他事项。

第二百六十二条　【集体所有的不动产所有权行使】对于集体所有的土地和森林、山岭、草原、荒地、滩涂等，依照下列规定行使所有权：

（一）属于村农民集体所有的，由村集体经济组织或者村民委员会依法代表集体行使所有权；

（二）分别属于村内两个以上农民集体所有的，由村内各该集体经济组织或者村民小组依法代表集体行使所有权；

（三）属于乡镇农民集体所有的，由乡镇集体经济组织代表集体行使所有权。

第二百六十三条　【城镇集体所有的财产权利行使】城镇集体所有的不动产和动产，依照法律、行政法规的规定由本集体享有占有、使用、收益和处分的权利。

第二百六十四条　【集体成员对集体财产的知情权】农村集体经济组织或者村民委员会、村民小组应当依照法律、行政法规以及章程、村规民约向本集体成员公布集体财产的状况。集体成员有权查阅、复制相关资料。

第二百六十五条　【财产权保护】集体所有的财产受法律保护，禁止任何组织或者个人侵占、哄抢、私分、破坏。

农村集体经济组织、村民委员会或者其负责人作出的决定侵害集体成员合法权益的，受侵害的集体成员可以请求人民法院予以撤销。

第二百六十六条　【私有财产的范围】私人对其合法的收入、房屋、生活用品、生产工具、原材料等不动产和动产享有所有权。

第二百六十七条　【私人合法财产的保护】私人的合法财产受法律保护，禁止任何组织或者个人侵占、哄抢、破坏。

第二百六十八条　【企业出资人权利】国家、集体和私人依法可以出资设立有限责任公司、股份有限公司或者其他企业。国家、集体和私人所有的不动产或者动产投到企业的，由出资人按照约定或者出资比例享有资产收益、重大决策以及选择经营管理者等权利并履行义务。

第二百六十九条　【法人财产权】营利法人对其不动产和动产依照法律、行政法规以及章程享有占有、使用、收益和处分的权利。

营利法人以外的法人，对其不动产和动产的权利，适用有关法律、行政法规以及章程的规定。

第二百七十条　【社会团体法人、捐助法人合法财产的保护】社会团体法人、捐助法人依法所有的不动产和动产，受法律保护。

第六章　业主的建筑物区分所有权

第二百七十一条　【建筑物区分所有权】业主对建筑物内的住宅、经营性用房等专有部分享有所有权，对专有部分以外的共有部分享有共有和共同管理的权利。

第二百七十二条　【业主对专有部分的权利和义务】业主对其建筑物专有部分享有占有、使用、收益和处分的权利。业主行使权利不得危及建筑物的安全，不得损害其他业主的合法权益。

第二百七十三条　【业主对共有部分的权利和义务】业主对建筑物专有部分以外的共有部分，享有权利，承担义务；不得以放弃权利为由不履行义务。

业主转让建筑物内的住宅、经营性用房，其对共有部分享有的共有和共同管理的权利一并转让。

第二百七十四条　【建筑区划内道路、绿地等的权利归属】建筑区划内的道路，属于业主共有，但是属于城镇公共道路的除外。建筑区划内的绿地，属于业主共有，但是属于城镇公共绿地或者明示属于个人的除外。建筑区划内的其他公共场所、公用设施和物业服务用房，属于业主共有。

第二百七十五条　【车位、车库的归属】建筑区划内，规划用于停放汽车的车位、车库的归属，由当事人通过出售、附赠或者出租等方式约定。

占用业主共有的道路或者其他场地用于停放汽车的车位，属于业主共有。

第二百七十六条　【车位、车库的首要用途】建筑区划内，规划用于停放汽车的车位、车库应当首先满足业主的需要。

第二百七十七条　【业主自治管理组织的设立及指导和协助】业主可以设立业主大会，选举业主委员会。业主大会、业主委员会成立的具体条件和程序，依照法律、法规的规定。

地方人民政府有关部门、居民委员会应当对设立业主大会和选举业主委员会给予指导和协助。

第二百七十八条　【业主共同决定事项及表决】下列事项由业主共同决定：

（一）制定和修改业主大会议事规则；

（二）制定和修改管理规约；

（三）选举业主委员会或者更换业主委员会成员；

（四）选聘和解聘物业服务企业或者其他管理人；

（五）使用建筑物及其附属设施的维修资金；

（六）筹集建筑物及其附属设施的维修资金；

（七）改建、重建建筑物及其附属设施；

（八）改变共有部分的用途或者利用共有部分从事经营活动；

（九）有关共有和共同管理权利的其他重大事项。

业主共同决定事项，应当由专有部分面积占比三分之二以上的业主且人数占比三分之二以上的业主参与表决。决定前款第六项至第八项规定的事项，应当经参与表决专有部分面积四分之三以上的业主且参与表决人数四分之三以上的业主同意。决定前款其他事项，应当经参与表决专有部分面积过半数的业主且参与表决人数过半数的业主同意。

第二百七十九条 【业主改变住宅用途的限制条件】业主不得违反法律、法规以及管理规约，将住宅改变为经营性用房。业主将住宅改变为经营性用房的，除遵守法律、法规以及管理规约外，应当经有利害关系的业主一致同意。

第二百八十条 【业主大会、业主委员会决定的效力】业主大会或者业主委员会的决定，对业主具有法律约束力。

业主大会或者业主委员会作出的决定侵害业主合法权益的，受侵害的业主可以请求人民法院予以撤销。

第二百八十一条 【建筑物及其附属设施维修资金的归属和处分】建筑物及其附属设施的维修资金，属于业主共有。经业主共同决定，可以用于电梯、屋顶、外墙、无障碍设施等共有部分的维修、更新和改造。建筑物及其附属设施的维修资金的筹集、使用情况应当定期公布。

紧急情况下需要维修建筑物及其附属设施的，业主大会或者业主委员会可以依法申请使用建筑物及其附属设施的维修资金。

第二百八十二条 【共有部分的收入分配】建设单位、物业服务企业或者其他管理人等利用业主的共有部分产生的收入，在扣除合理成本之后，属于业主共有。

第二百八十三条 【建筑物及其附属设施的费用分摊和收益分配】建筑物及其附属设施的费用分摊、收益分配等事项，有约定的，按照约定；没有约定或者约定不明确的，按照业主专有部分面积所占比例确定。

第二百八十四条 【建筑物及其附属设施的管理主体】业主可以自行管理建筑物及其附属设施，也可以委托物业服务企业或者其他管理人管理。

对建设单位聘请的物业服务企业或者其他管理人，业主有权依法更换。

第二百八十五条 【业主和物业服务企业或其他管理人的关系】物业服务企业或者其他管理人根据业主的委托，依照本法第三编有关物业服务合同的规定管理建筑区划内的建筑物及其附属设施，接受业主的监督，并及时答复业主对物业服务情况提出的询问。

物业服务企业或者其他管理人应当执行政府依法实施的应急处置措施和其他管理措施，积极配合开展相关工作。

第二百八十六条 【业主的相关义务及责任】业主应当遵守法律、法规以及管理规约，相关行为应当符合节约资源、保护生态环境的要求。对于物业服务企业或者其他管理人执行政府依法实施的应急处置措施和其他管理措施，业主应当依法予以配合。

业主大会或者业主委员会，对任意弃置垃圾、排放污染物或者噪声、违反规定饲养动物、违章搭建、侵占通道、拒付物业费等损害他人合法权益的行为，有权依照法律、法规以及管理规约，请求行为人停止侵害、排除妨碍、消除危险、恢复原状、赔偿损失。

业主或者其他行为人拒不履行相关义务的，有关当事人可以向有关行政主管部门报告或者投诉，有关行政主管部门应当依法处理。

第二百八十七条 【业主合法权益的保护】业主对建设单位、物业服务企业或者其他管理人以及其他业主侵害自己合法权益的行为，有权请求其承担民事责任。

第七章 相 邻 关 系

第二百八十八条 【处理相邻关系的原则】不动产的相邻权利人应当按照有利生产、方便生活、团结互助、公平合理的原则，正确处理相邻关系。

第二百八十九条 【处理相邻关系的依据】法律、法规对处理相邻关系有规定的，依照其规定；法律、法规没有规定的，可以按照当地习惯。

第二百九十条 【用水、排水相邻关系】不动产权利人应当为相邻权利人用水、排水提供必要的便利。

对自然流水的利用，应当在不动产的相邻权利人之间合理分配。对自然流水的排放，应当尊重自然流向。

第二百九十一条 【通行相邻关系】不动产权利人对相邻权利人因通行等必须利用其土地的，应当提供必要的便利。

第二百九十二条 【相邻土地的利用】不动产权利人因建造、修缮建筑物以及铺设电线、电缆、水管、暖气和燃气管线等必须利用相邻土地、建筑物的，该土地、建筑物的权利人应当提供必要的便利。

第二百九十三条 【相邻通风、采光和日照】建造建筑物，不得违反国家有关工程建设标准，不得妨碍相邻建筑物的通风、采光和日照。

第二百九十四条 【相邻不动产之间不可量物侵害】不动产权利人不得违反国家规定弃置固体废物，排放大气污染物、水污染物、土壤污染物、噪声、光辐射、电磁辐射等有害物质。

第二百九十五条 【维护相邻不动产安全】不动产权利人挖掘土地、建造建筑物、铺设管线以及安装设备等，不得危及相邻不动产的安全。

第二百九十六条 【使用相邻不动产避免造成损害】不动产权利人因用水、排水、通行、铺设管线等利用相邻不动产的，应当尽量避免对相邻的不动产权利人造成损害。

第八章 共 有

第二百九十七条 【共有及其类型】不动产或者动产可以由两个以上组织、个人共有。共有包括按份共有和共同共有。

第二百九十八条 【按份共有】按份共有人对共有的不动产或者动产按照其份额享有所有权。

第二百九十九条 【共同共有】共同共有人对共有的不动产或者动产共同享有所有权。

第三百条 【共有人对共有物的管理权】共有人按照约定管理共有的不动产或者动产；没有约定或者约定不明确的，各共有人都有管理的权利和义务。

第三百零一条 【共有物的处分、重大修缮和性质、用途变更】处分共有的不动产或者动产以及对共有的不动产或者动产作重大修缮、变更性质或者用途的，应当经占份额三分之二以上的按份共有人或者全体共同共有人同意，但是共有人之间另有约定的除外。

第三百零二条 【共有物管理费用的负担】共有人对共有物的管理费用以及其他负担，有约定的，按照其约定；没有约定或者约定不明确的，按份共有人按照其份额负担，共同共有人共同负担。

第三百零三条 【共有财产的分割原则】共有人约定不得分割共有的不动产或者动产，以维持共有关系的，应当按照约定，但是共有人有重大理由需要分割的，可以请求分割；没有约定或者约定不明确的，按份共有人可以随时请求分割，共同共有人在共有的基础丧失或者有重大理由需要分割时可以请求分割。因分割造成其他共有人损害的，应当给予赔偿。

第三百零四条 【共有物的分割方式】共有人可以协商确定分割方式。达不成协议，共有的不动产或者动产可以分割且不会因分割减损价值的，应当对实物予以分割；难以分割或者因分割会减损价值的，应当对折价或者拍卖、变卖取得的价款予以分割。

共有人分割所得的不动产或者动产有瑕疵的，其他共有人应当分担损失。

第三百零五条 【按份共有人的份额处分权和其他共有人的优先购买权】按份共有人可以转让其享有的共有的不动产或者动产份额。其他共有人在同等条件下享有优先购买的权利。

第三百零六条 【优先购买权的实现方式】按份共有人转让其享有的共有的不动产或者动产份额的，应当将转让条件及时通知其他共有人。其他共有人应当在合理期限内行使优先购买权。

两个以上其他共有人主张行使优先购买权的，协商确定各自的购买比例；协商不成的，按照转让时各自的共有份额比例行使优先购买权。

第三百零七条 【因共有财产产生的债权债务关系的对外、对内效力】因共有的不动产或者动产产生的债权债务，在对外关系上，共有人享有连带债权、承担连带债务，但是法律另有规定或者第三人知道共有人不具有连带债权债务关系的除外；在共有人内部关系上，除共有人另有约定外，按份共有人按照份额享有债权、承担债务，共同共有人共同享有债权、承担债务。偿还债务超过自己应当承担份额的按份共有人，有权向其他共有人追偿。

第三百零八条 【按份共有的推定】共有人对共有的不动产或者动产没有约定为按份共有或者共同共有，或者约定不明确的，除共有人具有家庭关系等外，视为按份共有。

第三百零九条 【按份共有人份额的确定】按份共有人对共有的不动产或者动产享有的份额，没有约定或者约定不明确的，按照出资额确定；不能确定出资额的，视为等额享有。

第三百一十条 【用益物权、担保物权的准共有】两个以上组织、个人共同享有用益物权、担保物权的，参照适用本章的有关规定。

第九章 所有权取得的特别规定

第三百一十一条 【善意取得】无处分权人将不动产或者动产转让给受让人的，所有权人有权追回；除法律另有规定外，符合下列情形的，受让人取得该不动产或者动产的所有权：

（一）受让人受让该不动产或者动产时是善意；

(二)以合理的价格转让;

(三)转让的不动产或者动产依照法律规定应当登记的已经登记,不需要登记的已经交付给受让人。

受让人依据前款规定取得不动产或者动产的所有权的,原所有权人有权向无处分权人请求损害赔偿。

当事人善意取得其他物权的,参照适用前两款规定。

第三百一十二条 【遗失物的善意取得】所有权人或者其他权利人有权追回遗失物。该遗失物通过转让被他人占有的,权利人有权向无处分权人请求损害赔偿,或者自知道或者应当知道受让人之日起二年内向受让人请求返还原物;但是,受让人通过拍卖或者向具有经营资格的经营者购得该遗失物的,权利人请求返还原物时应当支付受让人所付的费用。权利人向受让人支付所付费用后,有权向无处分权人追偿。

第三百一十三条 【善意取得的动产上原有权利的消灭】善意受让人取得动产后,该动产上的原有权利消灭。但是,善意受让人在受让时知道或者应当知道该权利的除外。

第三百一十四条 【拾得遗失物的返还】拾得遗失物,应当返还权利人。拾得人应当及时通知权利人领取,或者送交公安等有关部门。

第三百一十五条 【有关部门收到遗失物的处理】有关部门收到遗失物,知道权利人的,应当及时通知其领取;不知道的,应当及时发布招领公告。

第三百一十六条 【拾得人及有关部门妥善保管遗失物义务】拾得人在遗失物送交有关部门前,有关部门在遗失物被领取前,应当妥善保管遗失物。因故意或者重大过失致使遗失物毁损、灭失的,应当承担民事责任。

第三百一十七条 【权利人在领取遗失物时应尽义务】权利人领取遗失物时,应当向拾得人或者有关部门支付保管遗失物等支出的必要费用。

权利人悬赏寻找遗失物的,领取遗失物时应当按照承诺履行义务。

拾得人侵占遗失物的,无权请求保管遗失物等支出的费用,也无权请求权利人按照承诺履行义务。

第三百一十八条 【公告期满无人认领的遗失物归属】遗失物自发布招领公告之日起一年内无人认领的,归国家所有。

第三百一十九条 【拾得漂流物、发现埋藏物或隐藏物】拾得漂流物、发现埋藏物或者隐藏物的,参照适用拾得遗失物的有关规定。法律另有规定的,依照其规定。

第三百二十条 【从物所有权的转移】主物转让的,从物随主物转让,但是当事人另有约定的除外。

第三百二十一条 【天然孳息和法定孳息的归属】天然孳息,由所有权人取得;既有所有权人又有用益物权人的,由用益物权人取得。当事人另有约定的,按照其约定。

法定孳息,当事人有约定的,按照约定取得;没有约定或者约定不明确的,按照交易习惯取得。

第三百二十二条 【添附取得物的归属】因加工、附合、混合而产生的物的归属,有约定的,按照约定;没有约定或者约定不明确的,依照法律规定;法律没有规定的,按照充分发挥物的效用以及保护无过错当事人的原则确定。因一方当事人的过错或者确定物的归属造成另一方当事人损害的,应当给予赔偿或者补偿。

第三分编 用 益 物 权

第十章 一 般 规 定

第三百二十三条 【用益物权的定义】用益物权人对他人所有的不动产或者动产,依法享有占有、使用和收益的权利。

第三百二十四条 【国有和集体所有自然资源的用益物权】国家所有或者国家所有由集体使用以及法律规定属于集体所有的自然资源,组织、个人依法可以占有、使用和收益。

第三百二十五条 【自然资源使用制度】国家实行自然资源有偿使用制度,但是法律另有规定的除外。

第三百二十六条 【用益物权人权利的行使】用益物权人行使权利,应当遵守法律有关保护和合理开发利用资源、保护生态环境的规定。所有权人不得干涉用益物权人行使权利。

第三百二十七条 【用益物权人因征收、征用有权获得补偿】因不动产或者动产被征收、征用致使用益物权消灭或者影响用益物权行使的,用益物权人有权依据本法第二百四十三条、第二百四十五条的规定获得相应补偿。

第三百二十八条 【海域使用权的法律保护】依法取得的海域使用权受法律保护。

第三百二十九条 【合法探矿权等权利的法律保护】依法取得的探矿权、采矿权、取水权和使用水域、滩涂从事养殖、捕捞的权利受法律保护。

第十一章 土地承包经营权

第三百三十条 【双层经营体制与土地承包经营制度】农村集体经济组织实行家庭承包经营为基础、统分结合的双层经营体制。

农民集体所有和国家所有由农民集体使用的耕地、林地、草地以及其他用于农业的土地，依法实行土地承包经营制度。

第三百三十一条　【土地承包经营权的定义】土地承包经营权人依法对其承包经营的耕地、林地、草地等享有占有、使用和收益的权利，有权从事种植业、林业、畜牧业等农业生产。

第三百三十二条　【土地承包期】耕地的承包期为三十年。草地的承包期为三十年至五十年。林地的承包期为三十年至七十年。

前款规定的承包期限届满，由土地承包经营权人依照农村土地承包的法律规定继续承包。

第三百三十三条　【土地承包经营权的设立和登记】土地承包经营权自土地承包经营权合同生效时设立。

登记机构应当向土地承包经营权人发放土地承包经营权证、林权证等证书，并登记造册，确认土地承包经营权。

第三百三十四条　【土地承包经营权的互换、转让】土地承包经营权人依照法律规定，有权将土地承包经营权互换、转让。未经依法批准，不得将承包地用于非农建设。

第三百三十五条　【土地承包经营权互换、转让的登记】土地承包经营权互换、转让的，当事人可以向登记机构申请登记；未经登记，不得对抗善意第三人。

第三百三十六条　【承包地的调整】承包期内发包人不得调整承包地。

因自然灾害严重毁损承包地等特殊情形，需要适当调整承包的耕地和草地的，应当依照农村土地承包的法律规定办理。

第三百三十七条　【承包地的收回】承包期内发包人不得收回承包地。法律另有规定的，依照其规定。

第三百三十八条　【承包地的征收补偿】承包地被征收的，土地承包经营权人有权依据本法第二百四十三条的规定获得相应补偿。

第三百三十九条　【土地经营权的流转】土地承包经营权人可以自主决定依法采取出租、入股或者其他方式向他人流转土地经营权。

第三百四十条　【土地经营权人享有的基本权利】土地经营权人有权在合同约定的期限内占有农村土地，自主开展农业生产经营并取得收益。

第三百四十一条　【土地经营权的设立及登记】流转期限为五年以上的土地经营权，自流转合同生效时设立。当事人可以向登记机构申请土地经营权登记；未经登记，不得对抗善意第三人。

第三百四十二条　【其他方式承包的土地经营权流转】通过招标、拍卖、公开协商等方式承包农村土地，经依法登记取得权属证书的，可以依法采取出租、入股、抵押或者其他方式流转土地经营权。

第三百四十三条　【国有农用地实行承包经营的参照适用】国家所有的农用地实行承包经营的，参照适用本编的有关规定。

第十二章　建设用地使用权

第三百四十四条　【建设用地使用权的定义】建设用地使用权人依法对国家所有的土地享有占有、使用和收益的权利，有权利用该土地建造建筑物、构筑物及其附属设施。

第三百四十五条　【建设用地使用权的分层设立】建设用地使用权可以在土地的地表、地上或者地下分别设立。

第三百四十六条　【建设用地使用权的设立原则】设立建设用地使用权，应当符合节约资源、保护生态环境的要求，遵守法律、行政法规关于土地用途的规定，不得损害已经设立的用益物权。

第三百四十七条　【建设用地使用权的出让方式】设立建设用地使用权，可以采取出让或者划拨等方式。

工业、商业、旅游、娱乐和商品住宅等经营性用地以及同一土地有两个以上意向用地者的，应当采取招标、拍卖等公开竞价的方式出让。

严格限制以划拨方式设立建设用地使用权。

第三百四十八条　【建设用地使用权出让合同】通过招标、拍卖、协议等出让方式设立建设用地使用权的，当事人应当采用书面形式订立建设用地使用权出让合同。

建设用地使用权出让合同一般包括下列条款：

（一）当事人的名称和住所；

（二）土地界址、面积等；

（三）建筑物、构筑物及其附属设施占用的空间；

（四）土地用途、规划条件；

（五）建设用地使用权期限；

（六）出让金等费用及其支付方式；

（七）解决争议的方法。

第三百四十九条　【建设用地使用权的登记】设立建设用地使用权的，应当向登记机构申请建设用地使用权登记。建设用地使用权自登记时设立。登记机构应当向建设用地使用权人发放权属证书。

第三百五十条　【土地用途管制制度】建设用地使用权

人应当合理利用土地，不得改变土地用途；需要改变土地用途的，应当依法经有关行政主管部门批准。

第三百五十一条 【建设用地使用权人支付出让金等费用的义务】建设用地使用权人应当依照法律规定以及合同约定支付出让金等费用。

第三百五十二条 【建设用地使用权人建造的建筑物等设施的权属】建设用地使用权人建造的建筑物、构筑物及其附属设施的所有权属于建设用地使用权人，但是有相反证据证明的除外。

第三百五十三条 【建设用地使用权的流转方式】建设用地使用权人有权将建设用地使用权转让、互换、出资、赠与或者抵押，但是法律另有规定的除外。

第三百五十四条 【处分建设用地使用权的合同形式和期限】建设用地使用权转让、互换、出资、赠与或者抵押的，当事人应当采用书面形式订立相应的合同。使用期限由当事人约定，但是不得超过建设用地使用权的剩余期限。

第三百五十五条 【建设用地使用权流转后变更登记】建设用地使用权转让、互换、出资或者赠与的，应当向登记机构申请变更登记。

第三百五十六条 【建筑物等设施随建设用地使用权的流转而一并处分】建设用地使用权转让、互换、出资或者赠与的，附着于该土地上的建筑物、构筑物及其附属设施一并处分。

第三百五十七条 【建设用地使用权随建筑物等设施的流转而一并处分】建筑物、构筑物及其附属设施转让、互换、出资或者赠与的，该建筑物、构筑物及其附属设施占用范围内的建设用地使用权一并处分。

第三百五十八条 【建设用地使用权提前收回及其补偿】建设用地使用权期限届满前，因公共利益需要提前收回该土地的，应当依据本法第二百四十三条的规定对该土地上的房屋以及其他不动产给予补偿，并退还相应的出让金。

第三百五十九条 【建设用地使用权的续期】住宅建设用地使用权期限届满的，自动续期。续期费用的缴纳或者减免，依照法律、行政法规的规定办理。

非住宅建设用地使用权期限届满后的续期，依照法律规定办理。该土地上的房屋以及其他不动产的归属，有约定的，按照约定；没有约定或者约定不明确的，依照法律、行政法规的规定办理。

第三百六十条 【建设用地使用权注销登记】建设用地使用权消灭的，出让人应当及时办理注销登记。登记机构应当收回权属证书。

第三百六十一条 【集体所有土地作为建设用地的法律适用】集体所有的土地作为建设用地的，应当依照土地管理的法律规定办理。

第十三章 宅基地使用权

第三百六十二条 【宅基地使用权的定义】宅基地使用权人依法对集体所有的土地享有占有和使用的权利，有权依法利用该土地建造住宅及其附属设施。

第三百六十三条 【宅基地使用权取得、行使和转让的法律适用】宅基地使用权的取得、行使和转让，适用土地管理的法律和国家有关规定。

第三百六十四条 【宅基地的灭失和重新分配】宅基地因自然灾害等原因灭失的，宅基地使用权消灭。对失去宅基地的村民，应当依法重新分配宅基地。

第三百六十五条 【宅基地使用权变更和注销登记】已经登记的宅基地使用权转让或者消灭的，应当及时办理变更登记或者注销登记。

第十四章 居 住 权

第三百六十六条 【居住权的定义】居住权人有权按照合同约定，对他人的住宅享有占有、使用的用益物权，以满足生活居住的需要。

第三百六十七条 【居住权合同】设立居住权，当事人应当采用书面形式订立居住权合同。

居住权合同一般包括下列条款：

（一）当事人的姓名或者名称和住所；

（二）住宅的位置；

（三）居住的条件和要求；

（四）居住权期限；

（五）解决争议的方法。

第三百六十八条 【居住权的设立】居住权无偿设立，但是当事人另有约定的除外。设立居住权的，应当向登记机构申请居住权登记。居住权自登记时设立。

第三百六十九条 【居住权的限制】居住权不得转让、继承。设立居住权的住宅不得出租，但是当事人另有约定的除外。

第三百七十条 【居住权的消灭】居住权期限届满或者居住权人死亡的，居住权消灭。居住权消灭的，应当及时办理注销登记。

第三百七十一条 【以遗嘱方式设立居住权的参照适用】以遗嘱方式设立居住权的，参照适用本章的有关规定。

第十五章 地 役 权

第三百七十二条 【地役权的定义】地役权人有权按照

合同约定，利用他人的不动产，以提高自己的不动产的效益。

前款所称他人的不动产为供役地，自己的不动产为需役地。

第三百七十三条　【地役权合同】设立地役权，当事人应当采用书面形式订立地役权合同。

地役权合同一般包括下列条款：

（一）当事人的姓名或者名称和住所；

（二）供役地和需役地的位置；

（三）利用目的和方法；

（四）地役权期限；

（五）费用及其支付方式；

（六）解决争议的方法。

第三百七十四条　【地役权的设立与登记】地役权自地役权合同生效时设立。当事人要求登记的，可以向登记机构申请地役权登记；未经登记，不得对抗善意第三人。

第三百七十五条　【供役地权利人的义务】供役地权利人应当按照合同约定，允许地役权人利用其不动产，不得妨害地役权人行使权利。

第三百七十六条　【地役权人的权利义务】地役权人应当按照合同约定的利用目的和方法利用供役地，尽量减少对供役地权利人物权的限制。

第三百七十七条　【地役权期限】地役权期限由当事人约定；但是，不得超过土地承包经营权、建设用地使用权等用益物权的剩余期限。

第三百七十八条　【地役权的承继】土地所有权人享有地役权或者负担地役权的，设立土地承包经营权、宅基地使用权等用益物权时，该用益物权人继续享有或者负担已经设立的地役权。

第三百七十九条　【在先用益物权对地役权的限制】土地上已经设立土地承包经营权、建设用地使用权、宅基地使用权等用益物权的，未经用益物权人同意，土地所有权人不得设立地役权。

第三百八十条　【地役权的转让】地役权不得单独转让。土地承包经营权、建设用地使用权等转让的，地役权一并转让，但是合同另有约定的除外。

第三百八十一条　【地役权的抵押】地役权不得单独抵押。土地经营权、建设用地使用权等抵押的，在实现抵押权时，地役权一并转让。

第三百八十二条　【地役权对需役地及其上权利的不可分性】需役地以及需役地上的土地承包经营权、建设用地使用权等部分转让时，转让部分涉及地役权的，受让人同时享有地役权。

第三百八十三条　【地役权对供役地及其上权利的不可分性】供役地以及供役地上的土地承包经营权、建设用地使用权等部分转让时，转让部分涉及地役权的，地役权对受让人具有法律约束力。

第三百八十四条　【地役权消灭】地役权人有下列情形之一的，供役地权利人有权解除地役权合同，地役权消灭：

（一）违反法律规定或者合同约定，滥用地役权；

（二）有偿利用供役地，约定的付款期限届满后在合理期限内经两次催告未支付费用。

第三百八十五条　【已登记地役权的变更、转让或消灭手续】已经登记的地役权变更、转让或者消灭的，应当及时办理变更登记或者注销登记。

第四分编　担保物权

第十六章　一般规定

第三百八十六条　【担保物权的定义】担保物权人在债务人不履行到期债务或者发生当事人约定的实现担保物权的情形，依法享有就担保财产优先受偿的权利，但是法律另有规定的除外。

第三百八十七条　【担保物权的适用范围和反担保】债权人在借贷、买卖等民事活动中，为保障实现其债权，需要担保的，可以依照本法和其他法律的规定设立担保物权。

第三人为债务人向债权人提供担保的，可以要求债务人提供反担保。反担保适用本法和其他法律的规定。

第三百八十八条　【担保合同】设立担保物权，应当依照本法和其他法律的规定订立担保合同。担保合同包括抵押合同、质押合同和其他具有担保功能的合同。担保合同是主债权债务合同的从合同。主债权债务合同无效的，担保合同无效，但是法律另有规定的除外。

担保合同被确认无效后，债务人、担保人、债权人有过错的，应当根据其过错各自承担相应的民事责任。

第三百八十九条　【担保物权的担保范围】担保物权的担保范围包括主债权及其利息、违约金、损害赔偿金、保管担保财产和实现担保物权的费用。当事人另有约定的，按照其约定。

第三百九十条　【担保物权的物上代位性及代位物的提存】担保期间，担保财产毁损、灭失或者被征收等，担保物权人可以就获得的保险金、赔偿金或者补偿金等优先受偿。被担保债权的履行期限未届满的，也可以提存该保险金、赔偿金或者补偿金等。

第三百九十一条　【未经担保人同意转移债务的法律后

果】第三人提供担保，未经其书面同意，债权人允许债务人转移全部或者部分债务的，担保人不再承担相应的担保责任。

第三百九十二条　【人保和物保并存时担保权的实行规则】被担保的债权既有物的担保又有人的担保的，债务人不履行到期债务或者发生当事人约定的实现担保物权的情形，债权人应当按照约定实现债权；没有约定或者约定不明确，债务人自己提供物的担保的，债权人应当先就该物的担保实现债权；第三人提供物的担保的，债权人可以就物的担保实现债权，也可以请求保证人承担保证责任。提供担保的第三人承担担保责任后，有权向债务人追偿。

第三百九十三条　【担保物权消灭事由】有下列情形之一的，担保物权消灭：

（一）主债权消灭；

（二）担保物权实现；

（三）债权人放弃担保物权；

（四）法律规定担保物权消灭的其他情形。

第十七章　抵　押　权

第一节　一般抵押权

第三百九十四条　【抵押权的定义】为担保债务的履行，债务人或者第三人不转移财产的占有，将该财产抵押给债权人的，债务人不履行到期债务或者发生当事人约定的实现抵押权的情形，债权人有权就该财产优先受偿。

前款规定的债务人或者第三人为抵押人，债权人为抵押权人，提供担保的财产为抵押财产。

第三百九十五条　【抵押财产的范围】债务人或者第三人有权处分的下列财产可以抵押：

（一）建筑物和其他土地附着物；

（二）建设用地使用权；

（三）海域使用权；

（四）生产设备、原材料、半成品、产品；

（五）正在建造的建筑物、船舶、航空器；

（六）交通运输工具；

（七）法律、行政法规未禁止抵押的其他财产。

抵押人可以将前款所列财产一并抵押。

第三百九十六条　【浮动抵押】企业、个体工商户、农业生产经营者可以将现有的以及将有的生产设备、原材料、半成品、产品抵押，债务人不履行到期债务或者发生当事人约定的实现抵押权的情形，债权人有权就抵押财产确定时的动产优先受偿。

第三百九十七条　【建筑物与建设用地使用权同时抵押规则】以建筑物抵押的，该建筑物占用范围内的建设用地使用权一并抵押。以建设用地使用权抵押的，该土地上的建筑物一并抵押。

抵押人未依据前款规定一并抵押的，未抵押的财产视为一并抵押。

第三百九十八条　【乡镇、村企业的建设用地使用权抵押限制】乡镇、村企业的建设用地使用权不得单独抵押。以乡镇、村企业的厂房等建筑物抵押的，其占用范围内的建设用地使用权一并抵押。

第三百九十九条　【禁止抵押的财产范围】下列财产不得抵押：

（一）土地所有权；

（二）宅基地、自留地、自留山等集体所有土地的使用权，但是法律规定可以抵押的除外；

（三）学校、幼儿园、医疗机构等为公益目的成立的非营利法人的教育设施、医疗卫生设施和其他公益设施；

（四）所有权、使用权不明或者有争议的财产；

（五）依法被查封、扣押、监管的财产；

（六）法律、行政法规规定不得抵押的其他财产。

第四百条　【抵押合同】设立抵押权，当事人应当采用书面形式订立抵押合同。

抵押合同一般包括下列条款：

（一）被担保债权的种类和数额；

（二）债务人履行债务的期限；

（三）抵押财产的名称、数量等情况；

（四）担保的范围。

第四百零一条　【流押】抵押权人在债务履行期限届满前，与抵押人约定债务人不履行到期债务时抵押财产归债权人所有的，只能依法就抵押财产优先受偿。

第四百零二条　【不动产抵押登记】以本法第三百九十五条第一款第一项至第三项规定的财产或者第五项规定的正在建造的建筑物抵押的，应当办理抵押登记。抵押权自登记时设立。

第四百零三条　【动产抵押的效力】以动产抵押的，抵押权自抵押合同生效时设立；未经登记，不得对抗善意第三人。

第四百零四条　【动产抵押权对抗效力的限制】以动产抵押的，不得对抗正常经营活动中已经支付合理价款并取得抵押财产的买受人。

第四百零五条　【抵押权与租赁权的关系】抵押权设立前，抵押财产已经出租并转移占有的，原租赁关系不受该抵押权的影响。

第四百零六条 【抵押财产的转让】抵押期间，抵押人可以转让抵押财产。当事人另有约定的，按照其约定。抵押财产转让的，抵押权不受影响。

抵押人转让抵押财产的，应当及时通知抵押权人。抵押权人能够证明抵押财产转让可能损害抵押权的，可以请求抵押人将转让所得的价款向抵押权人提前清偿债务或者提存。转让的价款超过债权数额的部分归抵押人所有，不足部分由债务人清偿。

第四百零七条 【抵押权处分的从属性】抵押权不得与债权分离而单独转让或者作为其他债权的担保。债权转让的，担保该债权的抵押权一并转让，但是法律另有规定或者当事人另有约定的除外。

第四百零八条 【抵押权的保护】抵押人的行为足以使抵押财产价值减少的，抵押权人有权请求抵押人停止其行为；抵押财产价值减少的，抵押权人有权请求恢复抵押财产的价值，或者提供与减少的价值相应的担保。抵押人不恢复抵押财产的价值，也不提供担保的，抵押权人有权请求债务人提前清偿债务。

第四百零九条 【抵押权及其顺位的处分】抵押权人可以放弃抵押权或者抵押权的顺位。抵押权人与抵押人可以协议变更抵押权顺位以及被担保的债权数额等内容。但是，抵押权的变更未经其他抵押权人书面同意的，不得对其他抵押权人产生不利影响。

债务人以自己的财产设定抵押，抵押权人放弃该抵押权、抵押权顺位或者变更抵押权的，其他担保人在抵押权人丧失优先受偿权益的范围内免除担保责任，但是其他担保人承诺仍然提供担保的除外。

第四百一十条 【抵押权的实现】债务人不履行到期债务或者发生当事人约定的实现抵押权的情形，抵押权人可以与抵押人协议以抵押财产折价或者以拍卖、变卖该抵押财产所得的价款优先受偿。协议损害其他债权人利益的，其他债权人可以请求人民法院撤销该协议。

抵押权人与抵押人未就抵押权实现方式达成协议的，抵押权人可以请求人民法院拍卖、变卖抵押财产。

抵押财产折价或者变卖的，应当参照市场价格。

第四百一十一条 【浮动抵押财产的确定】依据本法第三百九十六条规定设定抵押的，抵押财产自下列情形之一发生时确定：

（一）债务履行期限届满，债权未实现；

（二）抵押人被宣告破产或者解散；

（三）当事人约定的实现抵押权的情形；

（四）严重影响债权实现的其他情形。

第四百一十二条 【抵押权对抵押财产孳息的效力】债务人不履行到期债务或者发生当事人约定的实现抵押权的情形，致使抵押财产被人民法院依法扣押的，自扣押之日起，抵押权人有权收取该抵押财产的天然孳息或者法定孳息，但是抵押权人未通知应当清偿法定孳息义务人的除外。

前款规定的孳息应当先充抵收取孳息的费用。

第四百一十三条 【抵押财产变价后的处理】抵押财产折价或者拍卖、变卖后，其价款超过债权数额的部分归抵押人所有，不足部分由债务人清偿。

第四百一十四条 【数个抵押权的清偿顺序】同一财产向两个以上债权人抵押的，拍卖、变卖抵押财产所得的价款依照下列规定清偿：

（一）抵押权已经登记的，按照登记的时间先后确定清偿顺序；

（二）抵押权已经登记的先于未登记的受偿；

（三）抵押权未登记的，按照债权比例清偿。

其他可以登记的担保物权，清偿顺序参照适用前款规定。

第四百一十五条 【抵押权与质权的清偿顺序】同一财产既设立抵押权又设立质权的，拍卖、变卖该财产所得的价款按照登记、交付的时间先后确定清偿顺序。

第四百一十六条 【动产购买价款抵押担保的优先权】动产抵押担保的主债权是抵押物的价款，标的物交付后十日内办理抵押登记的，该抵押权人优先于抵押物买受人的其他担保物权人受偿，但是留置权人除外。

第四百一十七条 【抵押权对新增建筑物的效力】建设用地使用权抵押后，该土地上新增的建筑物不属于抵押财产。该建设用地使用权实现抵押权时，应当将该土地上新增的建筑物与建设用地使用权一并处分。但是，新增建筑物所得的价款，抵押权人无权优先受偿。

第四百一十八条 【集体所有土地使用权抵押权的实行效果】以集体所有土地的使用权依法抵押的，实现抵押权后，未经法定程序，不得改变土地所有权的性质和土地用途。

第四百一十九条 【抵押权存续期间】抵押权人应当在主债权诉讼时效期间行使抵押权；未行使的，人民法院不予保护。

第二节 最高额抵押权

第四百二十条 【最高额抵押权的定义】为担保债务的履行，债务人或者第三人对一定期间内将要连续发生的债权提供担保财产的，债务人不履行到期债务或者发生当事人约定的实现抵押权的情形,抵押权人有权在最高债权额限度内就该担保财产优先受偿。

最高额抵押权设立前已经存在的债权,经当事人同意,可以转入最高额抵押担保的债权范围。

第四百二十一条 【最高额抵押权担保的债权转让】最高额抵押担保的债权确定前,部分债权转让的,最高额抵押权不得转让,但是当事人另有约定的除外。

第四百二十二条 【最高额抵押合同条款变更】最高额抵押担保的债权确定前,抵押权人与抵押人可以通过协议变更债权确定的期间、债权范围以及最高债权额。但是,变更的内容不得对其他抵押权人产生不利影响。

第四百二十三条 【最高额抵押权所担保的债权确定】有下列情形之一的,抵押权人的债权确定:

(一)约定的债权确定期间届满;

(二)没有约定债权确定期间或者约定不明确,抵押权人或者抵押人自最高额抵押权设立之日起满二年后请求确定债权;

(三)新的债权不可能发生;

(四)抵押权人知道或者应当知道抵押财产被查封、扣押;

(五)债务人、抵押人被宣告破产或者解散;

(六)法律规定债权确定的其他情形。

第四百二十四条 【最高额抵押权的法律适用】最高额抵押权除适用本节规定外,适用本章第一节的有关规定。

第十八章 质 权

第一节 动产质权

第四百二十五条 【动产质权的定义】为担保债务的履行,债务人或者第三人将其动产出质给债权人占有的,债务人不履行到期债务或者发生当事人约定的实现质权的情形,债权人有权就该动产优先受偿。

前款规定的债务人或者第三人为出质人,债权人为质权人,交付的动产为质押财产。

第四百二十六条 【禁止质押的动产范围】法律、行政法规禁止转让的动产不得出质。

第四百二十七条 【质押合同】设立质权,当事人应当采用书面形式订立质押合同。

质押合同一般包括下列条款:

(一)被担保债权的种类和数额;

(二)债务人履行债务的期限;

(三)质押财产的名称、数量等情况;

(四)担保的范围;

(五)质押财产交付的时间、方式。

第四百二十八条 【流质】质权人在债务履行期限届满前,与出质人约定债务人不履行到期债务时质押财产归债权人所有的,只能依法就质押财产优先受偿。

第四百二十九条 【质权设立】质权自出质人交付质押财产时设立。

第四百三十条 【质权人孳息收取权及孳息首要清偿用途】质权人有权收取质押财产的孳息,但是合同另有约定的除外。

前款规定的孳息应当先充抵收取孳息的费用。

第四百三十一条 【质权人擅自使用、处分质押财产的责任】质权人在质权存续期间,未经出质人同意,擅自使用、处分质押财产,造成出质人损害的,应当承担赔偿责任。

第四百三十二条 【质权人的保管义务和赔偿责任】质权人负有妥善保管质押财产的义务;因保管不善致使质押财产毁损、灭失的,应当承担赔偿责任。

质权人的行为可能使质押财产毁损、灭失的,出质人可以请求质权人将质押财产提存,或者请求提前清偿债务并返还质押财产。

第四百三十三条 【质权的保护】因不可归责于质权人的事由可能使质押财产毁损或者价值明显减少,足以危害质权人权利的,质权人有权请求出质人提供相应的担保;出质人不提供的,质权人可以拍卖、变卖质押财产,并与出质人协议将拍卖、变卖所得的价款提前清偿债务或者提存。

第四百三十四条 【责任转质】质权人在质权存续期间,未经出质人同意转质,造成质押财产毁损、灭失的,应当承担赔偿责任。

第四百三十五条 【质权的放弃】质权人可以放弃质权。债务人以自己的财产出质,质权人放弃该质权的,其他担保人在质权人丧失优先受偿权益的范围内免除担保责任,但是其他担保人承诺仍然提供担保的除外。

第四百三十六条 【质物返还及质权实现】债务人履行债务或者出质人提前清偿所担保的债权的,质权人应当返还质押财产。

债务人不履行到期债务或者发生当事人约定的实现质权的情形,质权人可以与出质人协议以质押财产折价,也可以就拍卖、变卖质押财产所得的价款优先受偿。

质押财产折价或者变卖的,应当参照市场价格。

第四百三十七条 【质权的及时行使】出质人可以请求质权人在债务履行期限届满后及时行使质权;质权人

不行使的，出质人可以请求人民法院拍卖、变卖质押财产。

出质人请求质权人及时行使质权，因质权人怠于行使权利造成出质人损害的，由质权人承担赔偿责任。

第四百三十八条　【质押财产变价后的处理】质押财产折价或者拍卖、变卖后，其价款超过债权数额的部分归出质人所有，不足部分由债务人清偿。

第四百三十九条　【最高额质权】出质人与质权人可以协议设立最高额质权。

最高额质权除适用本节有关规定外，参照适用本编第十七章第二节的有关规定。

第二节　权利质权

第四百四十条　【权利质权的范围】债务人或者第三人有权处分的下列权利可以出质：

（一）汇票、本票、支票；

（二）债券、存款单；

（三）仓单、提单；

（四）可以转让的基金份额、股权；

（五）可以转让的注册商标专用权、专利权、著作权等知识产权中的财产权；

（六）现有的以及将有的应收账款；

（七）法律、行政法规规定可以出质的其他财产权利。

第四百四十一条　【有价证券出质的质权的设立】以汇票、本票、支票、债券、存款单、仓单、提单出质的，质权自权利凭证交付质权人时设立；没有权利凭证的，质权自办理出质登记时设立。法律另有规定的，依照其规定。

第四百四十二条　【有价证券出质的质权的特别实现方式】汇票、本票、支票、债券、存款单、仓单、提单的兑现日期或者提货日期先于主债权到期的，质权人可以兑现或者提货，并与出质人协议将兑现的价款或者提取的货物提前清偿债务或者提存。

第四百四十三条　【以基金份额、股权出质的质权设立及转让限制】以基金份额、股权出质的，质权自办理出质登记时设立。

基金份额、股权出质后，不得转让，但是出质人与质权人协商同意的除外。出质人转让基金份额、股权所得的价款，应当向质权人提前清偿债务或者提存。

第四百四十四条　【以知识产权中的财产权出质的质权的设立及转让限制】以注册商标专用权、专利权、著作权等知识产权中的财产权出质的，质权自办理出质登记时设立。

知识产权中的财产权出质后，出质人不得转让或者许可他人使用，但是出质人与质权人协商同意的除外。出质人转让或者许可他人使用出质的知识产权中的财产权所得的价款，应当向质权人提前清偿债务或者提存。

第四百四十五条　【以应收账款出质的质权的设立及转让限制】以应收账款出质的，质权自办理出质登记时设立。

应收账款出质后，不得转让，但是出质人与质权人协商同意的除外。出质人转让应收账款所得的价款，应当向质权人提前清偿债务或者提存。

第四百四十六条　【权利质权的法律适用】权利质权除适用本节规定外，适用本章第一节的有关规定。

第十九章　留　置　权

第四百四十七条　【留置权的一般规定】债务人不履行到期债务，债权人可以留置已经合法占有的债务人的动产，并有权就该动产优先受偿。

前款规定的债权人为留置权人，占有的动产为留置财产。

第四百四十八条　【留置财产与债权的关系】债权人留置的动产，应当与债权属于同一法律关系，但是企业之间留置的除外。

第四百四十九条　【留置权适用范围限制】法律规定或者当事人约定不得留置的动产，不得留置。

第四百五十条　【留置财产为可分物的特殊规定】留置财产为可分物的，留置财产的价值应当相当于债务的金额。

第四百五十一条　【留置权人的保管义务】留置权人负有妥善保管留置财产的义务；因保管不善致使留置财产毁损、灭失的，应当承担赔偿责任。

第四百五十二条　【留置权人收取孳息的权利】留置权人有权收取留置财产的孳息。

前款规定的孳息应当先充抵收取孳息的费用。

第四百五十三条　【留置权实现的一般规定】留置权人与债务人应当约定留置财产后的债务履行期限；没有约定或者约定不明确的，留置权人应当给债务人六十日以上履行债务的期限，但是鲜活易腐等不易保管的动产除外。债务人逾期未履行的，留置权人可以与债务人协议以留置财产折价，也可以就拍卖、变卖留置财产所得的价款优先受偿。

留置财产折价或者变卖的，应当参照市场价格。

第四百五十四条　【留置权债务人的请求权】债务人可

以请求留置权人在债务履行期限届满后行使留置权；留置权人不行使的，债务人可以请求人民法院拍卖、变卖留置财产。

第四百五十五条　【留置权的实现】留置财产折价或者拍卖、变卖后，其价款超过债权数额的部分归债务人所有，不足部分由债务人清偿。

第四百五十六条　【留置权与抵押权或者质权竞合时的顺位原则】同一动产上已经设立抵押权或者质权，该动产又被留置的，留置权人优先受偿。

第四百五十七条　【留置权消灭原因】留置权人对留置财产丧失占有或者留置权人接受债务人另行提供担保的，留置权消灭。

第五分编　占　　有

第二十章　占　　有

第四百五十八条　【有权占有的法律适用】基于合同关系等产生的占有，有关不动产或者动产的使用、收益、违约责任等，按照合同约定；合同没有约定或者约定不明确的，依照有关法律规定。

第四百五十九条　【无权占有造成占有物损害的赔偿责任】占有人因使用占有的不动产或者动产，致使该不动产或者动产受到损害的，恶意占有人应当承担赔偿责任。

第四百六十条　【权利人的返还请求权和占有人的费用求偿权】不动产或者动产被占有人占有的，权利人可以请求返还原物及其孳息；但是，应当支付善意占有人因维护该不动产或者动产支出的必要费用。

第四百六十一条　【占有的不动产或动产毁损、灭失时占有人的责任】占有的不动产或者动产毁损、灭失，该不动产或者动产的权利人请求赔偿的，占有人应当将因毁损、灭失取得的保险金、赔偿金或者补偿金等返还给权利人；权利人的损害未得到足够弥补的，恶意占有人还应当赔偿损失。

第四百六十二条　【占有保护请求权】占有的不动产或者动产被侵占的，占有人有权请求返还原物；对妨害占有的行为，占有人有权请求排除妨害或者消除危险；因侵占或者妨害造成损害的，占有人有权依法请求损害赔偿。

占有人返还原物的请求权，自侵占发生之日起一年内未行使的，该请求权消灭。

中华人民共和国土地管理法

1. 1986年6月25日第六届全国人民代表大会常务委员会第十六次会议通过

2. 根据1988年12月29日第七届全国人民代表大会常务委员会第五次会议《关于修改〈中华人民共和国土地管理法〉的决定》第一次修正

3. 1998年8月29日第九届全国人民代表大会常务委员会第四次会议修订

4. 根据2004年8月28日第十届全国人民代表大会常务委员会第十一次会议《关于修改〈中华人民共和国土地管理法〉的决定》第二次修正

5. 根据2019年8月26日第十三届全国人民代表大会常务委员会第十二次会议《关于修改〈中华人民共和国土地管理法〉、〈中华人民共和国城市房地产管理法〉的决定》第三次修正

目　　录

第一章　总　　则

第一条　【立法目的】为了加强土地管理，维护土地的社会主义公有制，保护、开发土地资源，合理利用土地，切实保护耕地，促进社会经济的可持续发展，根据宪法，制定本法。

第二条　【所有制形式】中华人民共和国实行土地的社会主义公有制，即全民所有制和劳动群众集体所有制。

全民所有，即国家所有土地的所有权由国务院代表国家行使。

任何单位和个人不得侵占、买卖或者以其他形式非法转让土地。土地使用权可以依法转让。

国家为了公共利益的需要，可以依法对土地实行征收或者征用并给予补偿。

国家依法实行国有土地有偿使用制度。但是，国家在法律规定的范围内划拨国有土地使用权的除外。

第三条　【基本国策】十分珍惜、合理利用土地和切实保护耕地是我国的基本国策。各级人民政府应当采取措施，全面规划，严格管理，保护、开发土地资源，制止非法占用土地的行为。

第四条　【土地用途管制制度】国家实行土地用途管制制度。

国家编制土地利用总体规划，规定土地用途，将土地分为农用地、建设用地和未利用地。严格限制农用地转为建设用地，控制建设用地总量，对耕地实行特殊保护。

前款所称农用地是指直接用于农业生产的土地，包括耕地、林地、草地、农田水利用地、养殖水面等；建设用地是指建造建筑物、构筑物的土地，包括城乡住宅和公共设施用地、工矿用地、交通水利设施用地、旅游用地、军事设施用地等；未利用地是指农用地和建设用地以外的土地。

使用土地的单位和个人必须严格按照土地利用总体规划确定的用途使用土地。

第五条　【主管部门】国务院自然资源主管部门统一负责全国土地的管理和监督工作。

县级以上地方人民政府自然资源主管部门的设置及其职责，由省、自治区、直辖市人民政府根据国务院有关规定确定。

第六条　【督察机构】国务院授权的机构对省、自治区、直辖市人民政府以及国务院确定的城市人民政府土地利用和土地管理情况进行督察。

第七条　【单位、个人的权利和义务】任何单位和个人都有遵守土地管理法律、法规的义务，并有权对违反土地管理法律、法规的行为提出检举和控告。

第八条　【奖励】在保护和开发土地资源、合理利用土地以及进行有关的科学研究等方面成绩显著的单位和个人，由人民政府给予奖励。

第二章　土地的所有权和使用权

第九条　【所有权归属】城市市区的土地属于国家所有。

农村和城市郊区的土地，除由法律规定属于国家所有的以外，属于农民集体所有；宅基地和自留地、自留山，属于农民集体所有。

第十条　【单位、个人的土地使用权和相应义务】国有土地和农民集体所有的土地，可以依法确定给单位或者个人使用。使用土地的单位和个人，有保护、管理和合理利用土地的义务。

第十一条　【集体所有土地的经营、管理】农民集体所有的土地依法属于村农民集体所有的，由村集体经济组织或者村民委员会经营、管理；已经分别属于村内两个以上农村集体经济组织的农民集体所有的，由村内各该农村集体经济组织或者村民小组经营、管理；已经属于乡（镇）农民集体所有的，由乡（镇）农村集体经济组织经营、管理。

第十二条　【土地登记】土地的所有权和使用权的登记，依照有关不动产登记的法律、行政法规执行。

依法登记的土地的所有权和使用权受法律保护，任何单位和个人不得侵犯。

第十三条　【承包期限】农民集体所有和国家所有依法由农民集体使用的耕地、林地、草地，以及其他依法用于农业的土地，采取农村集体经济组织内部的家庭承包方式承包，不宜采取家庭承包方式的荒山、荒沟、荒丘、荒滩等，可以采取招标、拍卖、公开协商等方式承包，从事种植业、林业、畜牧业、渔业生产。家庭承包的耕地的承包期为三十年，草地的承包期为三十年至五十年，林地的承包期为三十年至七十年；耕地承包期届满后再延长三十年，草地、林地承包期届满后依法相应延长。

国家所有依法用于农业的土地可以由单位或者个人承包经营，从事种植业、林业、畜牧业、渔业生产。

发包方和承包方应当依法订立承包合同，约定双方的权利和义务。承包经营土地的单位和个人，有保护和按照承包合同约定的用途合理利用土地的义务。

第十四条　【争议解决】土地所有权和使用权争议，由当事人协商解决；协商不成的，由人民政府处理。

单位之间的争议，由县级以上人民政府处理；个人之间、个人与单位之间的争议，由乡级人民政府或者县级以上人民政府处理。

当事人对有关人民政府的处理决定不服的，可以自接到处理决定通知之日起三十日内，向人民法院起诉。

在土地所有权和使用权争议解决前，任何一方不得改变土地利用现状。

第三章　土地利用总体规划

第十五条　【规划要求、期限】各级人民政府应当依据国民经济和社会发展规划、国土整治和资源环境保护的要求、土地供给能力以及各项建设对土地的需求，组织编制土地利用总体规划。

土地利用总体规划的规划期限由国务院规定。

第十六条　【规划权限】下级土地利用总体规划应当依据上一级土地利用总体规划编制。

地方各级人民政府编制的土地利用总体规划中的

建设用地总量不得超过上一级土地利用总体规划确定的控制指标，耕地保有量不得低于上一级土地利用总体规划确定的控制指标。

省、自治区、直辖市人民政府编制的土地利用总体规划，应当确保本行政区域内耕地总量不减少。

第十七条 【编制原则】土地利用总体规划按照下列原则编制：

（一）落实国土空间开发保护要求，严格土地用途管制；

（二）严格保护永久基本农田，严格控制非农业建设占用农用地；

（三）提高土地节约集约利用水平；

（四）统筹安排城乡生产、生活、生态用地，满足乡村产业和基础设施用地合理需求，促进城乡融合发展；

（五）保护和改善生态环境，保障土地的可持续利用；

（六）占用耕地与开发复垦耕地数量平衡、质量相当。

第十八条 【规划体系】国家建立国土空间规划体系。编制国土空间规划应当坚持生态优先，绿色、可持续发展，科学有序统筹安排生态、农业、城镇等功能空间，优化国土空间结构和布局，提升国土空间开发、保护的质量和效率。

经依法批准的国土空间规划是各类开发、保护、建设活动的基本依据。已经编制国土空间规划的，不再编制土地利用总体规划和城乡规划。

第十九条 【土地用途】县级土地利用总体规划应当划分土地利用区，明确土地用途。

乡（镇）土地利用总体规划应当划分土地利用区，根据土地使用条件，确定每一块土地的用途，并予以公告。

第二十条 【分级审批】土地利用总体规划实行分级审批。

省、自治区、直辖市的土地利用总体规划，报国务院批准。

省、自治区人民政府所在地的市、人口在一百万以上的城市以及国务院指定的城市的土地利用总体规划，经省、自治区人民政府审查同意后，报国务院批准。

本条第二款、第三款规定以外的土地利用总体规划，逐级上报省、自治区、直辖市人民政府批准；其中，乡（镇）土地利用总体规划可以由省级人民政府授权的设区的市、自治州人民政府批准。

土地利用总体规划一经批准，必须严格执行。

第二十一条 【建设用地规模】城市建设用地规模应当符合国家规定的标准，充分利用现有建设用地，不占或者尽量少占农用地。

城市总体规划、村庄和集镇规划，应当与土地利用总体规划相衔接，城市总体规划、村庄和集镇规划中建设用地规模不得超过土地利用总体规划确定的城市和村庄、集镇建设用地规模。

在城市规划区内、村庄和集镇规划区内，城市和村庄、集镇建设用地应当符合城市规划、村庄和集镇规划。

第二十二条 【规划的衔接】江河、湖泊综合治理和开发利用规划，应当与土地利用总体规划相衔接。在江河、湖泊、水库的管理和保护范围以及蓄洪滞洪区内，土地利用应当符合江河、湖泊综合治理和开发利用规划，符合河道、湖泊行洪、蓄洪和输水的要求。

第二十三条 【计划管理】各级人民政府应当加强土地利用计划管理，实行建设用地总量控制。

土地利用年度计划，根据国民经济和社会发展计划、国家产业政策、土地利用总体规划以及建设用地和土地利用的实际状况编制。土地利用年度计划应当对本法第六十三条规定的集体经营性建设用地作出合理安排。土地利用年度计划的编制审批程序与土地利用总体规划的编制审批程序相同，一经审批下达，必须严格执行。

第二十四条 【计划执行情况报告】省、自治区、直辖市人民政府应当将土地利用年度计划的执行情况列为国民经济和社会发展计划执行情况的内容，向同级人民代表大会报告。

第二十五条 【规划的修改】经批准的土地利用总体规划的修改，须经原批准机关批准；未经批准，不得改变土地利用总体规划确定的土地用途。

经国务院批准的大型能源、交通、水利等基础设施建设用地，需要改变土地利用总体规划的，根据国务院的批准文件修改土地利用总体规划。

经省、自治区、直辖市人民政府批准的能源、交通、水利等基础设施建设用地，需要改变土地利用总体规划的，属于省级人民政府土地利用总体规划批准权限内的，根据省级人民政府的批准文件修改土地利用总体规划。

第二十六条 【土地调查】国家建立土地调查制度。

县级以上人民政府自然资源主管部门会同同级有关部门进行土地调查。土地所有者或者使用者应当配合调查，并提供有关资料。

第二十七条 【土地等级评定】县级以上人民政府自然资源主管部门会同同级有关部门根据土地调查成果、规划土地用途和国家制定的统一标准，评定土地等级。

第二十八条 【土地统计】国家建立土地统计制度。

县级以上人民政府统计机构和自然资源主管部门依法进行土地统计调查，定期发布土地统计资料。土地所有者或者使用者应当提供有关资料，不得拒报、迟报，不得提供不真实、不完整的资料。

统计机构和自然资源主管部门共同发布的土地面积统计资料是各级人民政府编制土地利用总体规划的依据。

第二十九条 【动态监测】国家建立全国土地管理信息系统，对土地利用状况进行动态监测。

第四章 耕地保护

第三十条 【耕地补偿制度】国家保护耕地，严格控制耕地转为非耕地。

国家实行占用耕地补偿制度。非农业建设经批准占用耕地的，按照“占多少，垦多少”的原则，由占用耕地的单位负责开垦与所占用耕地的数量和质量相当的耕地；没有条件开垦或者开垦的耕地不符合要求的，应当按照省、自治区、直辖市的规定缴纳耕地开垦费，专款用于开垦新的耕地。

省、自治区、直辖市人民政府应当制定开垦耕地计划，监督占用耕地的单位按照计划开垦耕地或者按照计划组织开垦耕地，并进行验收。

第三十一条 【耕地耕作层土壤】县级以上地方人民政府可以要求占用耕地的单位将所占用耕地耕作层的土壤用于新开垦耕地、劣质地或者其他耕地的土壤改良。

第三十二条 【耕地总量和质量】省、自治区、直辖市人民政府应当严格执行土地利用总体规划和土地利用年度计划，采取措施，确保本行政区域内耕地总量不减少、质量不降低。耕地总量减少的，由国务院责令在规定期限内组织开垦与所减少耕地的数量与质量相当的耕地；耕地质量降低的，由国务院责令在规定期限内组织整治。新开垦和整治的耕地由国务院自然资源主管部门会同农业农村主管部门验收。

个别省、直辖市确因土地后备资源匮乏，新增建设用地后，新开垦耕地的数量不足以补偿所占用耕地的数量的，必须报经国务院批准减免本行政区域内开垦耕地的数量，易地开垦数量和质量相当的耕地。

第三十三条 【基本农田保护制度】国家实行永久基本农田保护制度。下列耕地应当根据土地利用总体规划划为永久基本农田，实行严格保护：

（一）经国务院农业农村主管部门或者县级以上地方人民政府批准确定的粮、棉、油、糖等重要农产品生产基地内的耕地；

（二）有良好的水利与水土保持设施的耕地，正在实施改造计划以及可以改造的中、低产田和已建成的高标准农田；

（三）蔬菜生产基地；

（四）农业科研、教学试验田；

（五）国务院规定应当划为永久基本农田的其他耕地。

各省、自治区、直辖市划定的永久基本农田一般应当占本行政区域内耕地的百分之八十以上，具体比例由国务院根据各省、自治区、直辖市耕地实际情况规定。

第三十四条 【永久基本农田的划定、管理】永久基本农田划定以乡（镇）为单位进行，由县级人民政府自然资源主管部门会同同级农业农村主管部门组织实施。永久基本农田应当落实到地块，纳入国家永久基本农田数据库严格管理。

乡（镇）人民政府应当将永久基本农田的位置、范围向社会公告，并设立保护标志。

第三十五条 【永久基本农田的转用、征收】永久基本农田经依法划定后，任何单位和个人不得擅自占用或者改变其用途。国家能源、交通、水利、军事设施等重点建设项目选址确实难以避让永久基本农田，涉及农用地转用或者土地征收的，必须经国务院批准。

禁止通过擅自调整县级土地利用总体规划、乡（镇）土地利用总体规划等方式规避永久基本农田农用地转用或者土地征收的审批。

第三十六条 【改良土壤】各级人民政府应当采取措施，引导因地制宜轮作休耕，改良土壤，提高地力，维护排灌工程设施，防止土地荒漠化、盐渍化、水土流失和土壤污染。

第三十七条 【非农业建设使用土地】非农业建设必须节约使用土地，可以利用荒地的，不得占用耕地；可以利用劣地的，不得占用好地。

禁止占用耕地建窑、建坟或者擅自在耕地上建房、挖砂、采石、采矿、取土等。

禁止占用永久基本农田发展林果业和挖塘养鱼。

第三十八条 【闲置、荒芜耕地】禁止任何单位和个人闲置、荒芜耕地。已经办理审批手续的非农业建设占用耕地，一年内不用而又可以耕种并收获的，应当由原耕种该幅耕地的集体或者个人恢复耕种，也可以由用地单位组织耕种；一年以上未动工建设的，应当按照省、自治区、直辖市的规定缴纳闲置费；连续二年未使用的，经原批准机关批准，由县级以上人民政府无偿收回用地单位的土地使用权；该幅土地原为农民集体所有的，应当交由原农村集体经济组织恢复耕种。

在城市规划区范围内，以出让方式取得土地使用权进行房地产开发的闲置土地，依照《中华人民共和国城市房地产管理法》的有关规定办理。

第三十九条　【土地开发】国家鼓励单位和个人按照土地利用总体规划，在保护和改善生态环境、防止水土流失和土地荒漠化的前提下，开发未利用的土地；适宜开发为农用地的，应当优先开发成农用地。

国家依法保护开发者的合法权益。

第四十条　【开垦条件】开垦未利用的土地，必须经过科学论证和评估，在土地利用总体规划划定的可开垦的区域内，经依法批准后进行。禁止毁坏森林、草原开垦耕地，禁止围湖造田和侵占江河滩地。

根据土地利用总体规划，对破坏生态环境开垦、围垦的土地，有计划有步骤地退耕还林、还牧、还湖。

第四十一条　【开垦组织使用权】开发未确定使用权的国有荒山、荒地、荒滩从事种植业、林业、畜牧业、渔业生产的，经县级以上人民政府依法批准，可以确定给开发单位或者个人长期使用。

第四十二条　【土地整理】国家鼓励土地整理。县、乡（镇）人民政府应当组织农村集体经济组织，按照土地利用总体规划，对田、水、路、林、村综合整治，提高耕地质量，增加有效耕地面积，改善农业生产条件和生态环境。

地方各级人民政府应当采取措施，改造中、低产田，整治闲散地和废弃地。

第四十三条　【土地复垦】因挖损、塌陷、压占等造成土地破坏，用地单位和个人应当按照国家有关规定负责复垦；没有条件复垦或者复垦不符合要求的，应当缴纳土地复垦费，专项用于土地复垦。复垦的土地应当优先用于农业。

第五章　建设用地

第四十四条　【农用地转用审批】建设占用土地，涉及农用地转为建设用地的，应当办理农用地转用审批手续。

永久基本农田转为建设用地的，由国务院批准。

在土地利用总体规划确定的城市和村庄、集镇建设用地规模范围内，为实施该规划而将永久基本农田以外的农用地转为建设用地的，按土地利用年度计划分批次按照国务院规定由原批准土地利用总体规划的机关或者其授权的机关批准。在已批准的农用地转用范围内，具体建设项目用地可以由市、县人民政府批准。

在土地利用总体规划确定的城市和村庄、集镇建设用地规模范围外，将永久基本农田以外的农用地转为建设用地的，由国务院或者国务院授权的省、自治区、直辖市人民政府批准。

第四十五条　【农村集体所有土地的征收】为了公共利益的需要，有下列情形之一，确需征收农民集体所有的土地的，可以依法实施征收：

（一）军事和外交需要用地的；

（二）由政府组织实施的能源、交通、水利、通信、邮政等基础设施建设需要用地的；

（三）由政府组织实施的科技、教育、文化、卫生、体育、生态环境和资源保护、防灾减灾、文物保护、社区综合服务、社会福利、市政公用、优抚安置、英烈保护等公共事业需要用地的；

（四）由政府组织实施的扶贫搬迁、保障性安居工程建设需要用地的；

（五）在土地利用总体规划确定的城镇建设用地范围内，经省级以上人民政府批准由县级以上地方人民政府组织实施的成片开发建设需要用地的；

（六）法律规定为公共利益需要可以征收农民集体所有的土地的其他情形。前款规定的建设活动，应当符合国民经济和社会发展规划、土地利用总体规划、城乡规划和专项规划；第（四）项、第（五）项规定的建设活动，还应当纳入国民经济和社会发展年度计划；第（五）项规定的成片开发并应当符合国务院自然资源主管部门规定的标准。

第四十六条　【土地征收的审批】征收下列土地的，由国务院批准：

（一）永久基本农田；

（二）永久基本农田以外的耕地超过三十五公顷的；

（三）其他土地超过七十公顷的。

征收前款规定以外的土地的，由省、自治区、直辖市人民政府批准。

征收农用地的，应当依照本法第四十四条的规定先行办理农用地转用审批。其中，经国务院批准农用地转用的，同时办理征地审批手续，不再另行办理征地审批；经省、自治区、直辖市人民政府在征地批准权限内批准农用地转用的，同时办理征地审批手续，不再另行办理征地审批，超过征地批准权限的，应当依照本条第一款的规定另行办理征地审批。

第四十七条 **【土地征收的公告】**国家征收土地的,依照法定程序批准后,由县级以上地方人民政府予以公告并组织实施。

县级以上地方人民政府拟申请征收土地的,应当开展拟征收土地现状调查和社会稳定风险评估,并将征收范围、土地现状、征收目的、补偿标准、安置方式和社会保障等在拟征收土地所在的乡(镇)和村、村民小组范围内公告至少三十日,听取被征地的农村集体经济组织及其成员、村民委员会和其他利害关系人的意见。

多数被征地的农村集体经济组织成员认为征地补偿安置方案不符合法律、法规规定的,县级以上地方人民政府应当组织召开听证会,并根据法律、法规的规定和听证会情况修改方案。

拟征收土地的所有权人、使用权人应当在公告规定期限内,持不动产权属证明材料办理补偿登记。县级以上地方人民政府应当组织有关部门测算并落实有关费用,保证足额到位,与拟征收土地的所有权人、使用权人就补偿、安置等签订协议;个别确实难以达成协议的,应当在申请征收土地时如实说明。

相关前期工作完成后,县级以上地方人民政府方可申请征收土地。

第四十八条 **【征收土地补偿】**征收土地应当给予公平、合理的补偿,保障被征地农民原有生活水平不降低、长远生计有保障。

征收土地应当依法及时足额支付土地补偿费、安置补助费以及农村村民住宅、其他地上附着物和青苗等的补偿费用,并安排被征地农民的社会保障费用。

征收农用地的土地补偿费、安置补助费标准由省、自治区、直辖市通过制定公布区片综合地价确定。制定区片综合地价应当综合考虑土地原用途、土地资源条件、土地产值、土地区位、土地供求关系、人口以及经济社会发展水平等因素,并至少每三年调整或者重新公布一次。

征收农用地以外的其他土地、地上附着物和青苗等的补偿标准,由省、自治区、直辖市制定。对其中的农村村民住宅,应当按照先补偿后搬迁、居住条件有改善的原则,尊重农村村民意愿,采取重新安排宅基地建房、提供安置房或者货币补偿等方式给予公平、合理的补偿,并对因征收造成的搬迁、临时安置等费用予以补偿,保障农村村民居住的权利和合法的住房财产权益。

县级以上地方人民政府应当将被征地农民纳入相应的养老等社会保障体系。被征地农民的社会保障费用主要用于符合条件的被征地农民的养老保险等社会保险缴费补贴。被征地农民社会保障费用的筹集、管理和使用办法,由省、自治区、直辖市制定。

第四十九条 **【补偿费用收支情况公布】**被征地的农村集体经济组织应当将征收土地的补偿费用的收支状况向本集体经济组织的成员公布,接受监督。

禁止侵占、挪用被征收土地单位的征地补偿费用和其他有关费用。

第五十条 **【政府支持】**地方各级人民政府应当支持被征地的农村集体经济组织和农民从事开发经营,兴办企业。

第五十一条 **【大型工程征地】**大中型水利、水电工程建设征收土地的补偿费标准和移民安置办法,由国务院另行规定。

第五十二条 **【建设项目可行性审查】**建设项目可行性研究论证时,自然资源主管部门可以根据土地利用总体规划、土地利用年度计划和建设用地标准,对建设用地有关事项进行审查,并提出意见。

第五十三条 **【国有建设用地的审批】**经批准的建设项目需要使用国有建设用地的,建设单位应当持法律、行政法规规定的有关文件,向有批准权的县级以上人民政府自然资源主管部门提出建设用地申请,经自然资源主管部门审查,报本级人民政府批准。

第五十四条 **【使用权取得方式】**建设单位使用国有土地,应当以出让等有偿使用方式取得;但是,下列建设用地,经县级以上人民政府依法批准,可以以划拨方式取得:

(一)国家机关用地和军事用地;

(二)城市基础设施用地和公益事业用地;

(三)国家重点扶持的能源、交通、水利等基础设施用地;

(四)法律、行政法规规定的其他用地。

第五十五条 **【土地有偿使用费】**以出让等有偿使用方式取得国有土地使用权的建设单位,按照国务院规定的标准和办法,缴纳土地使用权出让金等土地有偿使用费和其他费用后,方可使用土地。

自本法施行之日起,新增建设用地的土地有偿使用费,百分之三十上缴中央财政,百分之七十留给有关地方人民政府。具体使用管理办法由国务院财政部门会同有关部门制定,并报国务院批准。

第五十六条 **【建设用途】**建设单位使用国有土地的,应当按照土地使用权出让等有偿使用合同的约定或者土地使用权划拨批准文件的规定使用土地；确需改变该幅土地建设用途的，应当经有关人民政府自然资源主管部门同意，报原批准用地的人民政府批准。其中，在城市规划区内改变土地用途的，在报批前，应当先经有关城市规划行政主管部门同意。

第五十七条　【临时用地】建设项目施工和地质勘查需要临时使用国有土地或者农民集体所有的土地的，由县级以上人民政府自然资源主管部门批准。其中，在城市规划区内的临时用地，在报批前，应当先经有关城市规划行政主管部门同意。土地使用者应当根据土地权属，与有关自然资源主管部门或者农村集体经济组织、村民委员会签订临时使用土地合同，并按照合同的约定支付临时使用土地补偿费。

临时使用土地的使用者应当按照临时使用土地合同约定的用途使用土地，并不得修建永久性建筑物。

临时使用土地期限一般不超过二年。

第五十八条　【收回国有土地使用权】有下列情形之一的，由有关人民政府自然资源主管部门报经原批准用地的人民政府或者有批准权的人民政府批准，可以收回国有土地使用权：

（一）为实施城市规划进行旧城区改建以及其他公共利益需要，确需使用土地的；

（二）土地出让等有偿使用合同约定的使用期限届满，土地使用者未申请续期或者申请续期未获批准的；

（三）因单位撤销、迁移等原因，停止使用原划拨的国有土地的；

（四）公路、铁路、机场、矿场等经核准报废的。

依照前款第（一）项的规定收回国有土地使用权的，对土地使用权人应当给予适当补偿。

第五十九条　【乡镇建设用地规划及审批】乡镇企业、乡（镇）村公共设施、公益事业、农村村民住宅等乡（镇）村建设，应当按照村庄和集镇规划，合理布局，综合开发，配套建设；建设用地，应当符合乡（镇）土地利用总体规划和土地利用年度计划，并依照本法第四十四条、第六十条、第六十一条、第六十二条的规定办理审批手续。

第六十条　【乡镇企业用地审批】农村集体经济组织使用乡（镇）土地利用总体规划确定的建设用地兴办企业或者与其他单位、个人以土地使用权入股、联营等形式共同举办企业的，应当持有关批准文件，向县级以上地方人民政府自然资源主管部门提出申请，按照省、自治区、直辖市规定的批准权限，由县级以上地方人民政府批准；其中，涉及占用农用地的，依照本法第四十四条的规定办理审批手续。

按照前款规定兴办企业的建设用地，必须严格控制。省、自治区、直辖市可以按照乡镇企业的不同行业和经营规模，分别规定用地标准。

第六十一条　【公共设施公益事业建设用地审批】乡（镇）村公共设施、公益事业建设，需要使用土地的，经乡（镇）人民政府审核，向县级以上地方人民政府自然资源主管部门提出申请，按照省、自治区、直辖市规定的批准权限，由县级以上地方人民政府批准；其中，涉及占用农用地的，依照本法第四十四条的规定办理审批手续。

第六十二条　【宅基地】农村村民一户只能拥有一处宅基地，其宅基地的面积不得超过省、自治区、直辖市规定的标准。

人均土地少、不能保障一户拥有一处宅基地的地区，县级人民政府在充分尊重农村村民意愿的基础上，可以采取措施，按照省、自治区、直辖市规定的标准保障农村村民实现户有所居。

农村村民建住宅，应当符合乡（镇）土地利用总体规划、村庄规划，不得占用永久基本农田，并尽量使用原有的宅基地和村内空闲地。编制乡（镇）土地利用总体规划、村庄规划应当统筹并合理安排宅基地用地，改善农村村民居住环境和条件。

农村村民住宅用地，由乡（镇）人民政府审核批准；其中，涉及占用农用地的，依照本法第四十四条的规定办理审批手续。

农村村民出卖、出租、赠与住宅后，再申请宅基地的，不予批准。

国家允许进城落户的农村村民依法自愿有偿退出宅基地，鼓励农村集体经济组织及其成员盘活利用闲置宅基地和闲置住宅。

国务院农业农村主管部门负责全国农村宅基地改革和管理有关工作。

第六十三条　【使用权转移】土地利用总体规划、城乡规划确定为工业、商业等经营性用途，并经依法登记的集体经营性建设用地，土地所有权人可以通过出让、出租等方式交由单位或者个人使用，并应当签订书面合同，载明土地界址、面积、动工期限、使用期限、土地用途、规划条件和双方其他权利义务。

前款规定的集体经营性建设用地出让、出租等，应当经本集体经济组织成员的村民会议三分之二以上成员或者三分之二以上村民代表的同意。

通过出让等方式取得的集体经营性建设用地使用权可以转让、互换、出资、赠与或者抵押，但法律、行政法规另有规定或者土地所有权人、土地使用权人签订的书面合同另有约定的除外。

集体经营性建设用地的出租，集体建设用地使用权的出让及其最高年限、转让、互换、出资、赠与、抵押等，参照同类用途的国有建设用地执行。具体办法由国务院制定。

第六十四条　【土地使用规范】集体建设用地的使用者应当严格按照土地利用总体规划、城乡规划确定的用途使用土地。

第六十五条　【禁止重建、扩建的情形】在土地利用总体规划制定前已建的不符合土地利用总体规划确定的用途的建筑物、构筑物，不得重建、扩建。

第六十六条　【收回集体土地使用权】有下列情形之一的，农村集体经济组织报经原批准用地的人民政府批准，可以收回土地使用权：

（一）为乡（镇）村公共设施和公益事业建设，需要使用土地的；

（二）不按照批准的用途使用土地的；

（三）因撤销、迁移等原因而停止使用土地的。

依照前款第（一）项规定收回农民集体所有的土地的，对土地使用权人应当给予适当补偿。

收回集体经营性建设用地使用权，依照双方签订的书面合同办理，法律、行政法规另有规定的除外。

第六章　监督检查

第六十七条　【检查机关】县级以上人民政府自然资源主管部门对违反土地管理法律、法规的行为进行监督检查。

县级以上人民政府农业农村主管部门对违反农村宅基地管理法律、法规的行为进行监督检查的，适用本法关于自然资源主管部门监督检查的规定。

土地管理监督检查人员应当熟悉土地管理法律、法规，忠于职守、秉公执法。

第六十八条　【监督措施】县级以上人民政府自然资源主管部门履行监督检查职责时，有权采取下列措施：

（一）要求被检查的单位或者个人提供有关土地权利的文件和资料，进行查阅或者予以复制；

（二）要求被检查的单位或者个人就有关土地权利的问题作出说明；

（三）进入被检查单位或者个人非法占用的土地现场进行勘测；

（四）责令非法占用土地的单位或者个人停止违反土地管理法律、法规的行为。

第六十九条　【出示检查证件】土地管理监督检查人员履行职责，需要进入现场进行勘测、要求有关单位或者个人提供文件、资料和作出说明的，应当出示土地管理监督检查证件。

第七十条　【合作义务】有关单位和个人对县级以上人民政府自然资源主管部门就土地违法行为进行的监督检查应当支持与配合，并提供工作方便，不得拒绝与阻碍土地管理监督检查人员依法执行职务。

第七十一条　【对国家工作人员的监督】县级以上人民政府自然资源主管部门在监督检查工作中发现国家工作人员的违法行为，依法应当给予处分的，应当依法予以处理；自己无权处理的，应当依法移送监察机关或者有关机关处理。

第七十二条　【违法行为的处理】县级以上人民政府自然资源主管部门在监督检查工作中发现土地违法行为构成犯罪的，应当将案件移送有关机关，依法追究刑事责任；尚不构成犯罪的，应当依法给予行政处罚。

第七十三条　【上级监督下级】依照本法规定应当给予行政处罚，而有关自然资源主管部门不给予行政处罚的，上级人民政府自然资源主管部门有权责令有关自然资源主管部门作出行政处罚决定或者直接给予行政处罚，并给予有关自然资源主管部门的负责人处分。

第七章　法律责任

第七十四条　【非法转让土地、将农用地改为建设用地责任】买卖或者以其他形式非法转让土地的，由县级以上人民政府自然资源主管部门没收违法所得；对违反土地利用总体规划擅自将农用地改为建设用地的，限期拆除在非法转让的土地上新建的建筑物和其他设施，恢复土地原状，对符合土地利用总体规划的，没收在非法转让的土地上新建的建筑物和其他设施；可以并处罚款；对直接负责的主管人员和其他直接责任人员，依法给予处分；构成犯罪的，依法追究刑事责任。

第七十五条　【非法占用耕地责任】违反本法规定，占用耕地建窑、建坟或者擅自在耕地上建房、挖砂、采石、采矿、取土等，破坏种植条件的，或者因开发土地造成土地荒漠化、盐渍化的，由县级以上人民政府自然资源主管部门、农业农村主管部门等按照职责责令限期改正或者治理，可以并处罚款；构成犯罪的，依法追究刑事责任。

第七十六条　【拒绝复垦土地责任】违反本法规定，拒不履行土地复垦义务的，由县级以上人民政府自然资源主管部门责令限期改正；逾期不改正的，责令缴纳复垦费，专项用于土地复垦，可以处以罚款。

第七十七条　【非法占用土地责任】未经批准或者采取欺骗手段骗取批准，非法占用土地的，由县级以上人民政府自然资源主管部门责令退还非法占用的土地，对违反土地利用总体规划擅自将农用地改为建设用地的，限期拆除在非法占用的土地上新建的建筑物和其他设施，恢复土地原状，对符合土地利用总体规划的，没收在非法占用的土地上新建的建筑物和其他设施，可以并处罚款；对非法占用土地单位的直接负责的主管人员和其他直接责任人员，依法给予处分；构成犯罪的，依法追究刑事责任。

超过批准的数量占用土地，多占的土地以非法占用土地论处。

第七十八条　【非法建住宅责任】农村村民未经批准或者采取欺骗手段骗取批准，非法占用土地建住宅的，由县级以上人民政府农业农村主管部门责令退还非法占用的土地，限期拆除在非法占用的土地上新建的房屋。

超过省、自治区、直辖市规定的标准，多占的土地以非法占用土地论处。

第七十九条　【非法批准责任】无权批准征收、使用土地的单位或者个人非法批准占用土地的，超越批准权限非法批准占用土地的，不按照土地利用总体规划确定的用途批准用地的，或者违反法律规定的程序批准占用、征收土地的，其批准文件无效，对非法批准征收、使用土地的直接负责的主管人员和其他直接责任人员，依法给予处分；构成犯罪的，依法追究刑事责任。非法批准、使用的土地应当收回，有关当事人拒不归还的，以非法占用土地论处。

非法批准征收、使用土地，对当事人造成损失的，依法应当承担赔偿责任。

第八十条　【非法侵占征地补偿费责任】侵占、挪用被征收土地单位的征地补偿费用和其他有关费用，构成犯罪的，依法追究刑事责任；尚不构成犯罪的，依法给予处分。

第八十一条　【拒还土地责任】依法收回国有土地使用权当事人拒不交出土地的，临时使用土地期满拒不归还的，或者不按照批准的用途使用国有土地的，由县级以上人民政府自然资源主管部门责令交还土地，处以罚款。

第八十二条　【擅自转移土地使用权责任】擅自将农民集体所有的土地通过出让、转让使用权或者出租等方式用于非农业建设，或者违反本法规定，将集体经营性建设用地通过出让、出租等方式交由单位或者个人使用的，由县级以上人民政府自然资源主管部门责令限期改正，没收违法所得，并处罚款。

第八十三条　【不拆除责任】依照本法规定，责令限期拆除在非法占用的土地上新建的建筑物和其他设施的，建设单位或者个人必须立即停止施工，自行拆除；对继续施工的，作出处罚决定的机关有权制止。建设单位或者个人对责令限期拆除的行政处罚决定不服的，可以在接到责令限期拆除决定之日起十五日内，向人民法院起诉；期满不起诉又不自行拆除的，由作出处罚决定的机关依法申请人民法院强制执行，费用由违法者承担。

第八十四条　【渎职】自然资源主管部门、农业农村主管部门的工作人员玩忽职守、滥用职权、徇私舞弊，构成犯罪的，依法追究刑事责任；尚不构成犯罪的，依法给予处分。

第八章　附　　则

第八十五条　【法律适用】外商投资企业使用土地的，适用本法；法律另有规定的，从其规定。

第八十六条　【执行】在根据本法第十八条的规定编制国土空间规划前，经依法批准的土地利用总体规划和城乡规划继续执行。

第八十七条　【施行日期】本法自1999年1月1日起施行。

中华人民共和国
土地管理法实施条例

1. 1998年12月27日国务院令第256号发布
2. 根据2011年1月8日《国务院关于废止和修改部分行政法规的决定》第一次修订
3. 根据2014年7月29日《国务院关于修改部分行政法规的决定》第二次修订
4. 2021年7月2日国务院令第743号第三次修订

第一章　总　　则

第一条　根据《中华人民共和国土地管理法》（以下简称《土地管理法》），制定本条例。

第二章　国土空间规划

第二条　国家建立国土空间规划体系。

土地开发、保护、建设活动应当坚持规划先行。经依法批准的国土空间规划是各类开发、保护、建设活动的基本依据。

已经编制国土空间规划的，不再编制土地利用总体规划和城乡规划。在编制国土空间规划前,经依法批准的土地利用总体规划和城乡规划继续执行。

第三条 国土空间规划应当细化落实国家发展规划提出的国土空间开发保护要求,统筹布局农业、生态、城镇等功能空间,划定落实永久基本农田、生态保护红线和城镇开发边界。

国土空间规划应当包括国土空间开发保护格局和规划用地布局、结构、用途管制要求等内容,明确耕地保有量、建设用地规模、禁止开垦的范围等要求,统筹基础设施和公共设施用地布局,综合利用地上地下空间,合理确定并严格控制新增建设用地规模,提高土地节约集约利用水平,保障土地的可持续利用。

第四条 土地调查应当包括下列内容:

(一)土地权属以及变化情况;

(二)土地利用现状以及变化情况;

(三)土地条件。

全国土地调查成果,报国务院批准后向社会公布。地方土地调查成果,经本级人民政府审核,报上一级人民政府批准后向社会公布。全国土地调查成果公布后,县级以上地方人民政府方可自上而下逐级依次公布本行政区域的土地调查成果。

土地调查成果是编制国土空间规划以及自然资源管理、保护和利用的重要依据。

土地调查技术规程由国务院自然资源主管部门会同有关部门制定。

第五条 国务院自然资源主管部门会同有关部门制定土地等级评定标准。

县级以上人民政府自然资源主管部门应当会同有关部门根据土地等级评定标准,对土地等级进行评定。地方土地等级评定结果经本级人民政府审核,报上一级人民政府自然资源主管部门批准后向社会公布。

根据国民经济和社会发展状况,土地等级每五年重新评定一次。

第六条 县级以上人民政府自然资源主管部门应当加强信息化建设,建立统一的国土空间基础信息平台,实行土地管理全流程信息化管理,对土地利用状况进行动态监测,与发展改革、住房和城乡建设等有关部门建立土地管理信息共享机制,依法公开土地管理信息。

第七条 县级以上人民政府自然资源主管部门应当加强地籍管理,建立健全地籍数据库。

第三章 耕地保护

第八条 国家实行占用耕地补偿制度。在国土空间规划确定的城市和村庄、集镇建设用地范围内经依法批准占用耕地,以及在国土空间规划确定的城市和村庄、集镇建设用地范围外的能源、交通、水利、矿山、军事设施等建设项目经依法批准占用耕地的,分别由县级人民政府、农村集体经济组织和建设单位负责开垦与所占用耕地的数量和质量相当的耕地;没有条件开垦或者开垦的耕地不符合要求的,应当按照省、自治区、直辖市的规定缴纳耕地开垦费,专款用于开垦新的耕地。

省、自治区、直辖市人民政府应当组织自然资源主管部门、农业农村主管部门对开垦的耕地进行验收,确保开垦的耕地落实到地块。划入永久基本农田的还应当纳入国家永久基本农田数据库严格管理。占用耕地补充情况应当按照国家有关规定向社会公布。

个别省、直辖市需要易地开垦耕地的,依照《土地管理法》第三十二条的规定执行。

第九条 禁止任何单位和个人在国土空间规划确定的禁止开垦的范围内从事土地开发活动。

按照国土空间规划,开发未确定土地使用权的国有荒山、荒地、荒滩从事种植业、林业、畜牧业、渔业生产的,应当向土地所在地的县级以上地方人民政府自然资源主管部门提出申请,按照省、自治区、直辖市规定的权限,由县级以上地方人民政府批准。

第十条 县级人民政府应当按照国土空间规划关于统筹布局农业、生态、城镇等功能空间的要求,制定土地整理方案,促进耕地保护和土地节约集约利用。

县、乡(镇)人民政府应当组织农村集体经济组织,实施土地整理方案,对闲散地和废弃地有计划地整治、改造。土地整理新增耕地,可以用作建设所占用耕地的补充。

鼓励社会主体依法参与土地整理。

第十一条 县级以上地方人民政府应当采取措施,预防和治理耕地土壤流失、污染,有计划地改造中低产田,建设高标准农田,提高耕地质量,保护黑土地等优质耕地,并依法对建设所占用耕地耕作层的土壤利用作出合理安排。

非农业建设依法占用永久基本农田的,建设单位应当按照省、自治区、直辖市的规定,将所占用耕地耕作层的土壤用于新开垦耕地、劣质地或者其他耕地的土壤改良。

县级以上地方人民政府应当加强对农业结构调整的引导和管理,防止破坏耕地耕作层;设施农业用地不再使用的,应当及时组织恢复种植条件。

第十二条 国家对耕地实行特殊保护,严守耕地保护红线,严格控制耕地转为林地、草地、园地等其他农用地,并建立耕地保护补偿制度，具体办法和耕地保护补偿实施步骤由国务院自然资源主管部门会同有关部门规定。

非农业建设必须节约使用土地，可以利用荒地的，不得占用耕地；可以利用劣地的，不得占用好地。禁止占用耕地建窑、建坟或者擅自在耕地上建房、挖砂、采石、采矿、取土等。禁止占用永久基本农田发展林果业和挖塘养鱼。

耕地应当优先用于粮食和棉、油、糖、蔬菜等农产品生产。按照国家有关规定需要将耕地转为林地、草地、园地等其他农用地的，应当优先使用难以长期稳定利用的耕地。

第十三条 省、自治区、直辖市人民政府对本行政区域耕地保护负总责，其主要负责人是本行政区域耕地保护的第一责任人。

省、自治区、直辖市人民政府应当将国务院确定的耕地保有量和永久基本农田保护任务分解下达，落实到具体地块。

国务院对省、自治区、直辖市人民政府耕地保护责任目标落实情况进行考核。

第四章 建设用地

第一节 一般规定

第十四条 建设项目需要使用土地的，应当符合国土空间规划、土地利用年度计划和用途管制以及节约资源、保护生态环境的要求，并严格执行建设用地标准，优先使用存量建设用地，提高建设用地使用效率。

从事土地开发利用活动，应当采取有效措施，防止、减少土壤污染，并确保建设用地符合土壤环境质量要求。

第十五条 各级人民政府应当依据国民经济和社会发展规划及年度计划、国土空间规划、国家产业政策以及城乡建设、土地利用的实际状况等，加强土地利用计划管理，实行建设用地总量控制，推动城乡存量建设用地开发利用，引导城镇低效用地再开发，落实建设用地标准控制制度，开展节约集约用地评价，推广应用节地技术和节地模式。

第十六条 县级以上地方人民政府自然资源主管部门应当将本级人民政府确定的年度建设用地供应总量、结构、时序、地块、用途等在政府网站上向社会公布，供社会公众查阅。

第十七条 建设单位使用国有土地，应当以有偿使用方式取得；但是，法律、行政法规规定可以以划拨方式取得的除外。

国有土地有偿使用的方式包括：

（一）国有土地使用权出让；

（二）国有土地租赁；

（三）国有土地使用权作价出资或者入股。

第十八条 国有土地使用权出让、国有土地租赁等应当依照国家有关规定通过公开的交易平台进行交易，并纳入统一的公共资源交易平台体系。除依法可以采取协议方式外，应当采取招标、拍卖、挂牌等竞争性方式确定土地使用者。

第十九条 《土地管理法》第五十五条规定的新增建设用地的土地有偿使用费，是指国家在新增建设用地中应取得的平均土地纯收益。

第二十条 建设项目施工、地质勘查需要临时使用土地的，应当尽量不占或者少占耕地。

临时用地由县级以上人民政府自然资源主管部门批准，期限一般不超过二年；建设周期较长的能源、交通、水利等基础设施建设使用的临时用地，期限不超过四年；法律、行政法规另有规定的除外。

土地使用者应当自临时用地期满之日起一年内完成土地复垦，使其达到可供利用状态，其中占用耕地的应当恢复种植条件。

第二十一条 抢险救灾、疫情防控等急需使用土地的，可以先行使用土地。其中，属于临时用地的，用后应当恢复原状并交还原土地使用者使用，不再办理用地审批手续；属于永久性建设用地的，建设单位应当在不晚于应急处置工作结束六个月内申请补办建设用地审批手续。

第二十二条 具有重要生态功能的未利用地应当依法划入生态保护红线，实施严格保护。

建设项目占用国土空间规划确定的未利用地的，按照省、自治区、直辖市的规定办理。

第二节 农用地转用

第二十三条 在国土空间规划确定的城市和村庄、集镇建设用地范围内，为实施该规划而将农用地转为建设用地的，由市、县人民政府组织自然资源等部门拟订农用地转用方案，分批次报有批准权的人民政府批准。

农用地转用方案应当重点对建设项目安排、是否符合国土空间规划和土地利用年度计划以及补充耕地情况作出说明。

农用地转用方案经批准后，由市、县人民政府组织实施。

第二十四条 建设项目确需占用国土空间规划确定的城

市和村庄、集镇建设用地范围外的农用地，涉及占用永久基本农田的，由国务院批准；不涉及占用永久基本农田的，由国务院或者国务院授权的省、自治区、直辖市人民政府批准。具体按照下列规定办理：

（一）建设项目批准、核准前或者备案前后，由自然资源主管部门对建设项目用地事项进行审查，提出建设项目用地预审意见。建设项目需要申请核发选址意见书的，应当合并办理建设项目用地预审与选址意见书，核发建设项目用地预审与选址意见书。

（二）建设单位持建设项目的批准、核准或者备案文件，向市、县人民政府提出建设用地申请。市、县人民政府组织自然资源等部门拟订农用地转用方案，报有批准权的人民政府批准；依法应当由国务院批准的，由省、自治区、直辖市人民政府审核后上报。农用地转用方案应当重点对是否符合国土空间规划和土地利用年度计划以及补充耕地情况作出说明，涉及占用永久基本农田的，还应当对占用永久基本农田的必要性、合理性和补划可行性作出说明。

（三）农用地转用方案经批准后，由市、县人民政府组织实施。

第二十五条　建设项目需要使用土地的，建设单位原则上应当一次申请，办理建设用地审批手续，确需分期建设的项目，可以根据可行性研究报告确定的方案，分期申请建设用地，分期办理建设用地审批手续。建设过程中用地范围确需调整的，应当依法办理建设用地审批手续。

农用地转用涉及征收土地的，还应当依法办理征收土地手续。

第三节　土 地 征 收

第二十六条　需要征收土地，县级以上地方人民政府认为符合《土地管理法》第四十五条规定的，应当发布征收土地预公告，并开展拟征收土地现状调查和社会稳定风险评估。

征收土地预公告应当包括征收范围、征收目的、开展土地现状调查的安排等内容。征收土地预公告应当采用有利于社会公众知晓的方式，在拟征收土地所在的乡（镇）和村、村民小组范围内发布，预公告时间不少于十个工作日。自征收土地预公告发布之日起，任何单位和个人不得在拟征收范围内抢栽抢建；违反规定抢栽抢建的，对抢栽抢建部分不予补偿。

土地现状调查应当查明土地的位置、权属、地类、面积，以及农村村民住宅、其他地上附着物和青苗等的权属、种类、数量等情况。

社会稳定风险评估应当对征收土地的社会稳定风险状况进行综合研判，确定风险点，提出风险防范措施和处置预案。社会稳定风险评估应当有被征地的农村集体经济组织及其成员、村民委员会和其他利害关系人参加，评估结果是申请征收土地的重要依据。

第二十七条　县级以上地方人民政府应当依据社会稳定风险评估结果，结合土地现状调查情况，组织自然资源、财政、农业农村、人力资源和社会保障等有关部门拟定征地补偿安置方案。

征地补偿安置方案应当包括征收范围、土地现状、征收目的、补偿方式和标准、安置对象、安置方式、社会保障等内容。

第二十八条　征地补偿安置方案拟定后，县级以上地方人民政府应当在拟征收土地所在的乡（镇）和村、村民小组范围内公告，公告时间不少于三十日。

征地补偿安置公告应当同时载明办理补偿登记的方式和期限、异议反馈渠道等内容。

多数被征地的农村集体经济组织成员认为拟定的征地补偿安置方案不符合法律、法规规定的，县级以上地方人民政府应当组织听证。

第二十九条　县级以上地方人民政府根据法律、法规规定和听证会等情况确定征地补偿安置方案后，应当组织有关部门与拟征收土地的所有权人、使用权人签订征地补偿安置协议。征地补偿安置协议示范文本由省、自治区、直辖市人民政府制定。

对个别确实难以达成征地补偿安置协议的，县级以上地方人民政府应当在申请征收土地时如实说明。

第三十条　县级以上地方人民政府完成本条例规定的征地前期工作后，方可提出征收土地申请，依照《土地管理法》第四十六条的规定报有批准权的人民政府批准。

有批准权的人民政府应当对征收土地的必要性、合理性、是否符合《土地管理法》第四十五条规定的为了公共利益确需征收土地的情形以及是否符合法定程序进行审查。

第三十一条　征收土地申请经依法批准后，县级以上地方人民政府应当自收到批准文件之日起十五个工作日内在拟征收土地所在的乡（镇）和村、村民小组范围内发布征收土地公告，公布征收范围、征收时间等具体工作安排，对个别未达成征地补偿安置协议的应当作出征地补偿安置决定，并依法组织实施。

第三十二条　省、自治区、直辖市应当制定公布区片综合地价，确定征收农用地的土地补偿费、安置补助费标准，并制定土地补偿费、安置补助费分配办法。

地上附着物和青苗等的补偿费用，归其所有权人所有。

社会保障费用主要用于符合条件的被征地农民的养老保险等社会保险缴费补贴，按照省、自治区、直辖市的规定单独列支。

申请征收土地的县级以上地方人民政府应当及时落实土地补偿费、安置补助费、农村村民住宅以及其他地上附着物和青苗等的补偿费用、社会保障费用等，并保证足额到位，专款专用。有关费用未足额到位的，不得批准征收土地。

第四节 宅基地管理

第三十三条 农村居民点布局和建设用地规模应当遵循节约集约、因地制宜的原则合理规划。县级以上地方人民政府应当按照国家规定安排建设用地指标，合理保障本行政区域农村村民宅基地需求。

乡（镇）、县、市国土空间规划和村庄规划应当统筹考虑农村村民生产、生活需求，突出节约集约用地导向，科学划定宅基地范围。

第三十四条 农村村民申请宅基地的，应当以户为单位向农村集体经济组织提出申请；没有设立农村集体经济组织的，应当向所在的村民小组或者村民委员会提出申请。宅基地申请依法经农村村民集体讨论通过并在本集体范围内公示后，报乡（镇）人民政府审核批准。

涉及占用农用地的，应当依法办理农用地转用审批手续。

第三十五条 国家允许进城落户的农村村民依法自愿有偿退出宅基地。乡（镇）人民政府和农村集体经济组织、村民委员会等应当将退出的宅基地优先用于保障该农村集体经济组织成员的宅基地需求。

第三十六条 依法取得的宅基地和宅基地上的农村村民住宅及其附属设施受法律保护。

禁止违背农村村民意愿强制流转宅基地，禁止违法收回农村村民依法取得的宅基地，禁止以退出宅基地作为农村村民进城落户的条件，禁止强迫农村村民搬迁退出宅基地。

第五节 集体经营性建设用地管理

第三十七条 国土空间规划应当统筹并合理安排集体经营性建设用地布局和用途，依法控制集体经营性建设用地规模，促进集体经营性建设用地的节约集约利用。

鼓励乡村重点产业和项目使用集体经营性建设用地。

第三十八条 国土空间规划确定为工业、商业等经营性用途，且已依法办理土地所有权登记的集体经营性建设用地，土地所有权人可以通过出让、出租等方式交由单位或者个人在一定年限内有偿使用。

第三十九条 土地所有权人拟出让、出租集体经营性建设用地的，市、县人民政府自然资源主管部门应当依据国土空间规划提出拟出让、出租的集体经营性建设用地的规划条件，明确土地界址、面积、用途和开发建设强度等。

市、县人民政府自然资源主管部门应当会同有关部门提出产业准入和生态环境保护要求。

第四十条 土地所有权人应当依据规划条件、产业准入和生态环境保护要求等，编制集体经营性建设用地出让、出租等方案，并依照《土地管理法》第六十三条的规定，由本集体经济组织形成书面意见，在出让、出租前不少于十个工作日报市、县人民政府。市、县人民政府认为该方案不符合规划条件或者产业准入和生态环境保护要求等的，应当在收到方案后五个工作日内提出修改意见。土地所有权人应当按照市、县人民政府的意见进行修改。

集体经营性建设用地出让、出租等方案应当载明宗地的土地界址、面积、用途、规划条件、产业准入和生态环境保护要求、使用期限、交易方式、入市价格、集体收益分配安排等内容。

第四十一条 土地所有权人应当依据集体经营性建设用地出让、出租等方案，以招标、拍卖、挂牌或者协议等方式确定土地使用者，双方应当签订书面合同，载明土地界址、面积、用途、规划条件、使用期限、交易价款支付、交地时间和开工竣工期限、产业准入和生态环境保护要求，约定提前收回的条件、补偿方式、土地使用权届满续期和地上建筑物、构筑物等附着物处理方式，以及违约责任和解决争议的方法等，并报市、县人民政府自然资源主管部门备案。未依法将规划条件、产业准入和生态环境保护要求纳入合同的，合同无效；造成损失的，依法承担民事责任。合同示范文本由国务院自然资源主管部门制定。

第四十二条 集体经营性建设用地使用者应当按照约定及时支付集体经营性建设用地价款，并依法缴纳相关税费，对集体经营性建设用地使用权以及依法利用集体经营性建设用地建造的建筑物、构筑物及其附属设施的所有权，依法申请办理不动产登记。

第四十三条 通过出让等方式取得的集体经营性建设用

地使用权依法转让、互换、出资、赠与或者抵押的，双方应当签订书面合同，并书面通知土地所有权人。

集体经营性建设用地的出租，集体建设用地使用权的出让及其最高年限、转让、互换、出资、赠与、抵押等，参照同类用途的国有建设用地执行，法律、行政法规另有规定的除外。

第五章 监督检查

第四十四条 国家自然资源督察机构根据授权对省、自治区、直辖市人民政府以及国务院确定的城市人民政府下列土地利用和土地管理情况进行督察：

（一）耕地保护情况；

（二）土地节约集约利用情况；

（三）国土空间规划编制和实施情况；

（四）国家有关土地管理重大决策落实情况；

（五）土地管理法律、行政法规执行情况；

（六）其他土地利用和土地管理情况。

第四十五条 国家自然资源督察机构进行督察时，有权向有关单位和个人了解督察事项有关情况，有关单位和个人应当支持、协助督察机构工作，如实反映情况，并提供有关材料。

第四十六条 被督察的地方人民政府违反土地管理法律、行政法规，或者落实国家有关土地管理重大决策不力的，国家自然资源督察机构可以向被督察的地方人民政府下达督察意见书，地方人民政府应当认真组织整改，并及时报告整改情况；国家自然资源督察机构可以约谈被督察的地方人民政府有关负责人，并可以依法向监察机关、任免机关等有关机关提出追究相关责任人责任的建议。

第四十七条 土地管理监督检查人员应当经过培训，经考核合格，取得行政执法证件后，方可从事土地管理监督检查工作。

第四十八条 自然资源主管部门、农业农村主管部门按照职责分工进行监督检查时，可以采取下列措施：

（一）询问违法案件涉及的单位或者个人；

（二）进入被检查单位或者个人涉嫌土地违法的现场进行拍照、摄像；

（三）责令当事人停止正在进行的土地违法行为；

（四）对涉嫌土地违法的单位或者个人，在调查期间暂停办理与该违法案件相关的土地审批、登记等手续；

（五）对可能被转移、销毁、隐匿或者篡改的文件、资料予以封存，责令涉嫌土地违法的单位或者个人在调查期间不得变卖、转移与案件有关的财物；

（六）《土地管理法》第六十八条规定的其他监督检查措施。

第四十九条 依照《土地管理法》第七十三条的规定给予处分的，应当按照管理权限由责令作出行政处罚决定或者直接给予行政处罚的上级人民政府自然资源主管部门或者其他任免机关、单位作出。

第五十条 县级以上人民政府自然资源主管部门应当会同有关部门建立信用监管、动态巡查等机制，加强对建设用地供应交易和供后开发利用的监管，对建设用地市场重大失信行为依法实施惩戒，并依法公开相关信息。

第六章 法律责任

第五十一条 违反《土地管理法》第三十七条的规定，非法占用永久基本农田发展林果业或者挖塘养鱼的，由县级以上人民政府自然资源主管部门责令限期改正；逾期不改正的，按占用面积处耕地开垦费2倍以上5倍以下的罚款；破坏种植条件的，依照《土地管理法》第七十五条的规定处罚。

第五十二条 违反《土地管理法》第五十七条的规定，在临时使用的土地上修建永久性建筑物的，由县级以上人民政府自然资源主管部门责令限期拆除，按占用面积处土地复垦费5倍以上10倍以下的罚款；逾期不拆除的，由作出行政决定的机关依法申请人民法院强制执行。

第五十三条 违反《土地管理法》第六十五条的规定，对建筑物、构筑物进行重建、扩建的，由县级以上人民政府自然资源主管部门责令限期拆除；逾期不拆除的，由作出行政决定的机关依法申请人民法院强制执行。

第五十四条 依照《土地管理法》第七十四条的规定处以罚款的，罚款额为违法所得的10%以上50%以下。

第五十五条 依照《土地管理法》第七十五条的规定处以罚款的，罚款额为耕地开垦费的5倍以上10倍以下；破坏黑土地等优质耕地的，从重处罚。

第五十六条 依照《土地管理法》第七十六条的规定处以罚款的，罚款额为土地复垦费的2倍以上5倍以下。

违反本条例规定，临时用地期满之日起一年内未完成复垦或者未恢复种植条件的，由县级以上人民政府自然资源主管部门责令限期改正，依照《土地管理法》第七十六条的规定处罚，并由县级以上人民政府自然资源主管部门会同农业农村主管部门代为完成复垦或者恢复种植条件。

第五十七条 依照《土地管理法》第七十七条的规定处以罚款的，罚款额为非法占用土地每平方米100元以上1000元以下。

违反本条例规定，在国土空间规划确定的禁止开垦的范围内从事土地开发活动的，由县级以上人民政府自然资源主管部门责令限期改正，并依照《土地管理法》第七十七条的规定处罚。

第五十八条　依照《土地管理法》第七十四条、第七十七条的规定，县级以上人民政府自然资源主管部门没收在非法转让或者非法占用的土地上新建的建筑物和其他设施的，应当于九十日内交由本级人民政府或者其指定的部门依法管理和处置。

第五十九条　依照《土地管理法》第八十一条的规定处以罚款的，罚款额为非法占用土地每平方米100元以上500元以下。

第六十条　依照《土地管理法》第八十二条的规定处以罚款的，罚款额为违法所得的10%以上30%以下。

第六十一条　阻碍自然资源主管部门、农业农村主管部门的工作人员依法执行职务，构成违反治安管理行为的，依法给予治安管理处罚。

第六十二条　违反土地管理法律、法规规定，阻挠国家建设征收土地的，由县级以上地方人民政府责令交出土地；拒不交出土地的，依法申请人民法院强制执行。

第六十三条　违反本条例规定，侵犯农村村民依法取得的宅基地权益的，责令限期改正，对有关责任单位通报批评、给予警告；造成损失的，依法承担赔偿责任；对直接负责的主管人员和其他直接责任人员，依法给予处分。

第六十四条　贪污、侵占、挪用、私分、截留、拖欠征地补偿安置费用和其他有关费用的，责令改正，追回有关款项，限期退还违法所得，对有关责任单位通报批评、给予警告；造成损失的，依法承担赔偿责任；对直接负责的主管人员和其他直接责任人员，依法给予处分。

第六十五条　各级人民政府及自然资源主管部门、农业农村主管部门工作人员玩忽职守、滥用职权、徇私舞弊的，依法给予处分。

第六十六条　违反本条例规定，构成犯罪的，依法追究刑事责任。

第七章　附　　则

第六十七条　本条例自2021年9月1日起施行。

国土资源部关于贯彻执行《中华人民共和国土地管理法》和《中华人民共和国土地管理法实施条例》若干问题的意见

1. 1999年9月17日

2. 国土资厅发〔1999〕97号

修订后的《中华人民共和国土地管理法》（以下简称《土地管理法》）和《中华人民共和国土地管理法实施条例》（以下简称《土地管理法实施条例》）颁布实施以来，各级土地管理部门转变观念，依法行政，在发挥土地利用总体规划的龙头作用、建立集约用地的新机制、强化土地资产管理、加大土地执法力度等方面有了长足的进步，使土地管理事业发生了深刻变化。最近，根据有些省（区、市）的反映，在一些地方由于对《土地管理法》和《土地管理法实施条例》一些条款的理解不准确，影响了新法的正确执行。为了准确理解新法的精神实质，全面贯彻新法确立的原则和制度，维护社会主义法制的统一，现就贯彻执行《土地管理法》和《土地管理法实施条例》中的若干问题提出如下意见：

一、关于土地登记

《土地管理法》第十一条第三款规定："中央国家机关使用的国有土地的具体登记发证机关，由国务院确定。"《土地管理法实施条例》第五条第一款规定："中央国家机关使用的国有土地的登记发证，由国务院土地行政主管部门负责，具体登记发证办法由国务院土地行政主管部门负责，具体登记发证办法由国务院土地行政主管部门会同国务院机关事务管理局等有关部门制定"。这样规定，是为了明确中央国家机关使用的国有土地的资产处置权属于中央人民政府，便于解决中央和地方在土地资产处置上发生的纠纷。我部已与国务院机关事务管理局、北京市人民政府协商，在京中央国家机关使用的国有土地，拟委托北京市人民政府进行登记，发生争议时由我部进行裁决。各地在修订地方性土地管理法配套法规时，应当维护土地统一登记的原则，保证土地登记资料的完整性和统一性，涉及土地资产处置时，可将土地资产处置权与土地登记权分离，土地资产处置权按照资产隶属关系确定。

二、关于城市建设用地范围内现有建设用地的审批

根据《土地管理法》的立法精神，城市建设用地范围内现有建设用地的审批权应属于市、县人民政府，土地收益也应属于市、县人民政府。这样界定，有利于鼓励市、县人民政府盘活存量土地，建立集约利用土地的新机制，培育和完善城市土地市场。各地在修订地方性土地管理法配套法规时，不应对现有建设用地再实行新的限额审批。

三、关于城市和村庄、集镇建设用地范围内分批次办理农用地转用的报批

《土地管理法》第四十四条第三款规定，“在土地利用总体规划确定的城市和村庄、集镇建设用地规模范围内，为实施该规划而将农用地转为建设用地的，按土地利用年度计划分批次由原批准土地利用总体规划的机关批准。”按照这一规定，在土地利用总体规划确定的城市和村庄、集镇建设用地规模范围内，市、县人民政府可以依据土地利用年度计划分批次申请农用地转用审批，申请时应当提供农用地转用范围内土地的开发利用规划。但农用地转用的审批机关在办理农用地转用审批时，不应要求市、县人民政府附具具体建设项目或者具体建设项目用地的情况。

四、关于在已批准的农用地转用范围内具体建设项目用地的审批

《土地管理法》对在土地利用总体规划确定的城市和村庄、集镇建设用地规模范围内的建设用地审批采用了农用地转用审批与具体建设项目用地审批相分离的制度，即农用地转用由市、县人民政府根据土地利用总体规划、土地利用年度计划分批次报国务院或者省级人民政府以及省级人民政府授权的设区的市、自治州人民政府批准，而在已批准的农用地转用范围内，具体建设项目用地可以由市、县人民政府批准。这样规定，主要是为了体现土地用途管制的原则，在严格控制农用地转为建设用地的同时，充分调动市、县人民政府按照城市和村庄、集镇规划合理使用土地的积极性。各地在修订地方性土地管理法配套法规时，应当认真贯彻新法的这一立法精神，对在已批准的农用地转用范围内具体建设项目用地，不应再实行限额审批。省级以上人民政府土地管理部门应当加强对已批准的农用地转用范围内建设用地情况进行监督管理，指导市、县人民政府按照土地管理法律法规、国家产业政策以及国家供地目录的要求审批具体建设项目用地。

五、关于征用土地的安置补助费标准的确定

《土地管理法》第四十七条第二款规定，“征用耕地的土地补偿费，为该耕地被征用前三年平均年产值的六至十倍”。这里的“该耕地”，是指实际征用的耕地数量。而“每一个需要安置的农业人口的安置补助费标准，为该耕地被征用前三年平均年产值的四到六倍”中的“该耕地”，则是指在被征用土地所在地，被征地单位平均每人占有的耕地数量。这样规定，是将每一个需要安置的农业人口的安置补助费与人均耕地面积挂钩，以被征用土地所在地的人均耕地的平均年产值的倍数计算安置补助费，从而使安置补助费标准的确定更加公平、合理，有利于保护农民利益，维护社会稳定。

六、关于土地整理新增耕地面积百分之六十的折抵

根据《土地管理法》和《土地管理法实施条例》的有关规定，建设占用耕地的指标由土地利用总体规划和土地利用年度计划确定。非农业建设经批准占用耕地的，都必须按照“占多少，垦多少”的原则，由占用耕地的单位履行占补平衡的法定义务。补充耕地可以通过土地整理、复垦、开发等方式。如果占用耕地的单位自身没有条件按照法律规定的要求补偿耕地的，可以经县级以上人民政府土地管理部门批准，按规定缴纳耕地开垦费，由其他单位代为履行该项法定义务。《土地管理法实施条例》第十八条第二款规定的“土地整理新增耕地面积百分之六十可以用作折抵建设占用耕地的补偿指标”，是指土地整理单位新增加的耕地面积，其百分之六十可以作为占补平衡指标有偿转让给其他需要履行占补平衡义务的用地单位。这样规定，主要是为了鼓励土地整理，建立多整理多得利的机制，促进土地整理的市场化、产业化，保证耕地总量动态平衡目标的实现。

国务院关于加强国有土地资产管理的通知

1. 2001年4月30日
2. 国发〔2001〕15号

各省、自治区、直辖市人民政府，国务院各部委、各直属机构：

改革开放以来，随着土地使用制度改革的深化，土地资源的资产价值得到体现，逐步适应城市建设、企业改革、经济结构调整的需要。但目前国有土地资产通过市场配置的比例不高，透明度低；划拨土地大量非法入市，隐形交易；随意减免地价，挤占国有土地收益的现象严重，使得大量应由国家取得的土地收益流失到少数单位和个人手中。这不仅严重影响了对土地的保

护和合理开发、利用,而且滋生腐败现象。为加强国有土地资产管理,切实防止国有土地资产流失,现就有关问题通知如下:

一、严格控制建设用地供应总量

严格控制土地供应总量是规范土地市场的基本前提。只有在严格控制土地供应总量的前提下,才能有效发挥市场配置土地资源的基础性作用,充分实现土地资产价值,提高土地资源利用效率。各级政府必须严格执行土地利用总体规划、城市规划和土地利用年度计划,严格控制新增建设用地供应总量。要抓住经济结构调整的有利时机,把土地利用引导到对存量建设用地的调整和改造上来,优化土地利用结构。

各地要加大对闲置土地的处置力度,积极稳妥地解决历史遗留问题,最大限度地减少国有资产的损失。对依法应无偿收回的闲置土地,要坚决收回。

坚持土地集中统一管理,确保城市政府对建设用地的集中统一供应。各地不得违反国家有关规定擅自设立工业园、科技园、开发区等各类园、区,经批准设立的市辖区工业园、科技园、开发区等各类园、区的土地必须纳入所在城市用地统一管理、统一供应。对已经列入城市建设用地范围的村镇建设和乡镇企业用地也要按城镇化要求,统一规划、开发。

为增强政府对土地市场的调控能力,有条件的地方政府要对建设用地试行收购储备制度。市、县人民政府可划出部分土地收益用于收购土地,金融机构要依法提供信贷支持。

二、严格实行国有土地有偿使用制度

严格执行《中华人民共和国土地管理法》、《中华人民共和国城市房地产管理法》关于划拨用地范围的规定,任何单位和个人均不得突破。除法律规定可以采用划拨方式提供用地外,其他建设需要使用国有土地的,必须依法实行有偿使用。国土资源部要依据法律规定,抓紧制订具体的划拨用地目录。

土地使用者需要改变原批准的土地用途、容积率等,必须依法报经市、县人民政府批准。对原划拨用地,因发生土地转让、出租或改变用途后不再符合划拨用地范围的,应依法实行出让等有偿使用方式;对出让土地,凡改变土地用途、容积率的,应按规定补交不同用途和容积率的土地差价。

各地要加强对经济适用住房建设用地的管理。经济适用住房建设用地必须符合土地利用总体规划、城市规划和土地利用年度计划,严格控制占用耕地,严禁开发商以开发经济适用住房名义牟取暴利。要对经济适用住房的建设标准和销售对象作出严格规定,具体办法由建设部制定。

要进一步加强国有土地收益的征收和管理,任何单位和个人均不得减免和挤占挪用土地出让金、租金等土地收益。对于低价出让、租赁土地,随意减免地价,挤占挪用土地收益,造成国有土地资产流失的,要依法追究责任。

三、大力推行国有土地使用权招标、拍卖

为体现市场经济原则,确保土地使用权交易的公开、公平和公正,各地要大力推行土地使用权招标、拍卖。

国有建设用地供应,除涉及国家安全和保密要求外,都必须向社会公开。商业性房地产开发用地和其他土地供应计划公布后同一地块有两个以上意向用地者的,都必须由市、县人民政府土地行政主管部门依法以招标、拍卖方式提供,国有土地使用权招标、拍卖必须公开进行。要严格限制协议用地范围。确实不能采用招标、拍卖方式的,方可采用协议方式。采用协议方式供地的,必须做到在地价评估基础上,集体审核确定协议价格,协议结果向社会公开。

四、加强土地使用权转让管理

土地使用权要依法公开交易,不得搞隐形交易。划拨土地使用权未经批准不得自行转让。出让和承租国有土地使用权首次转让,必须符合法律规定和出让、租赁合同约定的条件。土地使用权交易要在有形土地市场公开进行,并依法办理土地登记。土地行政主管部门要加强对出让、租赁合同的管理,受让人和承租方未付清全部出让金、租金的,不得为其发放土地使用证,未达到法律规定和合同约定的投资开发条件的,土地使用权不得转让。

土地使用权抵押应当依法办理抵押登记。设定房地产抵押权的土地使用权是以划拨方式取得的,依法拍卖该房地产后,受让人应当依法与土地所在地的土地行政主管部门签订土地使用权出让合同,从拍卖价款中缴纳土地使用权出让金后,抵押权人方可优先受偿。

以营利为目的,房屋所有人将以划拨方式取得国有土地使用权后所建房屋出租的,应将租金中所含土地收益上缴国家。

国有土地使用权转让,转让双方必须如实申报成交价格。土地行政主管部门要根据基准地价、标定地价对申报价格进行审核和登记。申报土地转让价格比标定地价低20%以上的,市、县人民政府可行使优先购买权。

五、加强地价管理

市、县人民政府要依法定期确定、公布当地的基准地价和标定地价,切实加强地价管理。凡尚未确定基准地价的市、县,要按照法律法规规定和统一的标准,尽快评估确定;已经确定基准地价的市、县,要根据土地市场价格变化情况,及时更新。要根据基准地价和标定地价,制定协议出让最低价标准。基准地价、协议出让土地最低价标准一经确定,必须严格执行并向社会公开。各级人民政府均不得低于协议出让最低价出让土地。要抓紧建立全国地价动态监测信息系统,对全国重要城市地价水平动态变化情况进行监测。

六、规范土地审批的行政行为

各级人民政府和土地行政主管部门掌握着土地审批和资产处置权力,责任重大,必须切实加强制度建设,规范行政行为,从制度上杜绝土地资产流失和腐败行为的发生。

(一)坚持政企分开,政事分开。土地行政主管部门一律不得兴办房地产开发公司等企业。土地估价、土地交易代理等中介服务机构必须与行政机关及其所属事业单位脱钩。

(二)坚持规范管理,政务公开。土地行政主管部门建设用地审批管理、土地资产处置等要严格执行办文制度,所有报件和批文均按规定程序办理。要增强服务意识,将办事制度、标准、程序、期限和责任向社会公开。要抓紧建立建设用地信息发布、地价和土地登记资料可查询制度。

(三)坚持内部会审,集体决策。土地行政主管部门内部要尽快健全各类审批事项的内部会审制度。农用地转用、土地征用、用地审批、土地资产处置、供地价格确定等,一律要经过内部会审,集体决策。

国务院各有关部门和各省、自治区、直辖市人民政府要认真贯彻落实本通知精神,制定具体的实施办法,逐步建立和完善各项土地资产管理制度,加强上级政府对下级政府及土地行政主管部门土地资产管理的监督。地方各级人民政府要组织力量,对行政区域内基准地价和土地资产管理规定执行情况进行检查,重点检查集体决策和结果公开的执行情况,发现问题,要依法及时处理。

国土资源部要会同有关部门负责本通知贯彻执行情况的监督检查和落实工作,重点检查落实各地土地资产管理制度的建立和执行情况,并定期向国务院报告。

国务院关于深化改革严格土地管理的决定

1. 2004年10月21日
2. 国发〔2004〕28号

各省、自治区、直辖市人民政府,国务院各部委、各直属机构:

实行最严格的土地管理制度,是由我国人多地少的国情决定的,也是贯彻落实科学发展观,保证经济社会可持续发展的必然要求。去年以来,各地区、各部门认真贯彻党中央、国务院部署,全面清理各类开发区,切实落实暂停审批农用地转用的决定,土地市场治理整顿取得了积极进展,有力地促进了宏观调控政策的落实。但是,土地市场治理整顿的成效还是初步的、阶段性的,盲目投资、低水平重复建设,圈占土地、乱占滥用耕地等问题尚未根本解决。因此,必须正确处理保障经济社会发展与保护土地资源的关系,严格控制建设用地增量,努力盘活土地存量,强化节约利用土地,深化改革,健全法制,统筹兼顾,标本兼治,进一步完善符合我国国情的最严格的土地管理制度。现决定如下:

一、严格执行土地管理法律法规

(一)牢固树立遵守土地法律法规的意识。各地区、各有关部门要深入持久地开展土地法律法规的学习教育活动,深刻认识我国国情和保护耕地的极端重要性,本着对人民、对历史负责的精神,严格依法管理土地,积极推进经济增长方式的转变,实现土地利用方式的转变,走符合中国国情的新型工业化、城市化道路。进一步提高依法管地用地的意识,要在法律法规允许的范围内合理用地。对违反法律法规批地、占地的,必须承担法律责任。

(二)严格依照法定权限审批土地。农用地转用和土地征收的审批权在国务院和省、自治区、直辖市人民政府,各省、自治区、直辖市人民政府不得违反法律和行政法规的规定下放土地审批权。严禁规避法定审批权限,将单个建设项目用地拆分审批。

(三)严格执行占用耕地补偿制度。各类非农业建设经批准占用耕地的,建设单位必须补充数量、质量相当的耕地,补充耕地的数量、质量实行按等级折算,防止占多补少、占优补劣。不能自行补充的,必须按照各省、自治区、直辖市的规定缴纳耕地开垦费。耕地开垦费要列入专户管理,不得减免和挪作他用。政府投资的建设项目也必须将补充耕地费用列入工程概算。

(四)禁止非法压低地价招商。省、自治区、直辖市人民政府要依照基准地价制定并公布协议出让土地最低价标准。协议出让土地除必须严格执行规定程序外,出让价格不得低于最低价标准。违反规定出让土地造成国有土地资产流失的,要依法追究责任;情节严重的,依照《中华人民共和国刑法》的规定,以非法低价出让国有土地使用权罪追究刑事责任。

(五)严格依法查处违反土地管理法律法规的行为。当前要着重解决有法不依、执法不严、违法不究和滥用行政权力侵犯农民合法权益的问题。要加大土地管理执法力度,严肃查处非法批地、占地等违法案件。建立国土资源与监察等部门联合办案和案件移送制度,既查处土地违法行为,又查处违法责任人。典型案件,要公开处理。对非法批准占用土地、征收土地和非法低价出让国有土地使用权的国家机关工作人员,依照《监察部国土资源部关于违反土地管理规定行为行政处分暂行办法》给予行政处分;构成犯罪的,依照《中华人民共和国刑法》、《中华人民共和国土地管理法》、《最高人民法院关于审理破坏土地资源刑事案件具体应用法律若干问题的解释》和最高人民检察院关于渎职犯罪案件立案标准的规定,追究刑事责任。对非法批准征收、使用土地,给当事人造成损失的,还必须依法承担赔偿责任。

二、加强土地利用总体规划、城市总体规划、村庄和集镇规划实施管理

(六)严格土地利用总体规划、城市总体规划、村庄和集镇规划修改的管理。在土地利用总体规划和城市总体规划确定的建设用地范围外,不得设立各类开发区(园区)和城市新区(小区)。对清理后拟保留的开发区,必须依据土地利用总体规划和城市总体规划,按照布局集中、用地集约和产业集聚的原则严格审核。严格土地利用总体规划的修改,凡涉及改变土地利用方向、规模、重大布局等原则性修改,必须报原批准机关批准。城市总体规划、村庄和集镇规划也不得擅自修改。

(七)加强土地利用计划管理。农用地转用的年度计划实行指令性管理,跨年度结转使用计划指标必须严格规范。改进农用地转用年度计划下达和考核办法,对国家批准的能源、交通、水利、矿山、军事设施等重点建设项目用地和城、镇、村的建设用地实行分类下达,并按照定额指标、利用效益等分别考核。

(八)从严从紧控制农用地转为建设用地的总量和速度。加强农用地转用审批的规划和计划审查,强化土地利用总体规划和土地利用年度计划对农用地转用的控制和引导,凡不符合规划、没有农用地转用年度计划指标的,不得批准用地。为巩固土地市场治理整顿成果,2004 年农用地转用计划指标不再追加;对过去拖欠农民的征地补偿安置费在 2004 年年底前不能足额偿还的地方,暂缓下达该地区 2005 年农用地转用计划。

(九)加强建设项目用地预审管理。凡不符合土地利用总体规划、没有农用地转用计划指标的建设项目,不得通过项目用地预审。发展改革等部门要通过适当方式告知项目单位开展前期工作,项目单位提出用地预审申请后,国土资源部门要依法对建设项目用地进行审查。项目建设单位向发展改革等部门申报核准或审批建设项目时,必须附国土资源部门预审意见;没有预审意见或预审未通过的,不得核准或批准建设项目。

(十)加强村镇建设用地的管理。要按照控制总量、合理布局、节约用地、保护耕地的原则,编制乡(镇)土地利用总体规划、村庄和集镇规划,明确小城镇和农村居民点的数量、布局和规模。鼓励农村建设用地整理,城镇建设用地增加要与农村建设用地减少相挂钩。农村集体建设用地,必须符合土地利用总体规划、村庄和集镇规划,并纳入土地利用年度计划,凡占用农用地的必须依法办理审批手续。禁止擅自通过“村改居”等方式将农民集体所有土地转为国有土地。禁止农村集体经济组织非法出让、出租集体土地用于非农业建设。改革和完善宅基地审批制度,加强农村宅基地管理,禁止城镇居民在农村购置宅基地。引导新办乡村工业向建制镇和规划确定的小城镇集中。在符合规划的前提下,村庄、集镇、建制镇中的农民集体所有建设用地使用权可以依法流转。

(十一)严格保护基本农田。基本农田是确保国家粮食安全的基础。土地利用总体规划修编,必须保证现有基本农田总量不减少,质量不降低。基本农田要落实到地块和农户,并在土地所有权证书和农村土地承包经营权证书中注明。基本农田保护图件备案工作,应在新一轮土地利用总体规划修编后三个月内完成。基本农田一经划定,任何单位和个人不得擅自占用,或者擅自改变用途,这是不可逾越的“红线”。符合法定条件,确需改变和占用基本农田的,必须报国务

院批准;经批准占用基本农田的,征地补偿按法定最高标准执行,对以缴纳耕地开垦费方式补充耕地的,缴纳标准按当地最高标准执行。禁止占用基本农田挖鱼塘、种树和其他破坏耕作层的活动,禁止以建设“现代农业园区”或者“设施农业”等任何名义,占用基本农田变相从事房地产开发。

三、完善征地补偿和安置制度

(十二)完善征地补偿办法。县级以上地方人民政府要采取切实措施,使被征地农民生活水平不因征地而降低。要保证依法足额和及时支付土地补偿费、安置补助费以及地上附着物和青苗补偿费。依照现行法律规定支付土地补偿费和安置补助费,尚不能使被征地农民保持原有生活水平的,不足以支付因征地而导致无地农民社会保障费用的,省、自治区、直辖市人民政府应当批准增加安置补助费。土地补偿费和安置补助费的总和达到法定上限,尚不足以使被征地农民保持原有生活水平的,当地人民政府可以用国有土地有偿使用收入予以补贴。省、自治区、直辖市人民政府要制订并公布各市县征地的统一年产值标准或区片综合地价,征地补偿做到同地同价,国家重点建设项目必须将征地费用足额列入概算。大中型水利、水电工程建设征地的补偿费标准和移民安置办法,由国务院另行规定。

(十三)妥善安置被征地农民。县级以上地方人民政府应当制定具体办法,使被征地农民的长远生计有保障。对有稳定收益的项目,农民可以经依法批准的建设用地土地使用权入股。在城市规划区内,当地人民政府应当将因征地而导致无地的农民,纳入城镇就业体系,并建立社会保障制度;在城市规划区外,征收农民集体所有土地时,当地人民政府要在本行政区域内为被征地农民留有必要的耕作土地或安排相应的工作岗位;对不具备基本生产生活条件的无地农民,应当异地移民安置。劳动和社会保障部门要会同有关部门尽快提出建立被征地农民的就业培训和社会保障制度的指导性意见。

(十四)健全征地程序。在征地过程中,要维护农民集体土地所有权和农民土地承包经营权的权益。在征地依法报批前,要将拟征地的用途、位置、补偿标准、安置途径告知被征地农民;对拟征土地现状的调查结果须经被征地农村集体经济组织和农户确认;确有必要的,国土资源部门应当依照有关规定组织听证。要将被征地农民知情、确认的有关材料作为征地报批的必备材料。要加快建立和完善征地补偿安置争议的协调和裁决机制,维护被征地农民和用地者的合法权益。经批准的征地事项,除特殊情况外,应予以公示。

(十五)加强对征地实施过程监管。征地补偿安置不落实的,不得强行使用被征土地。省、自治区、直辖市人民政府应当根据土地补偿费主要用于被征地农户的原则,制订土地补偿费在农村集体经济组织内部的分配办法。被征地的农村集体经济组织应当将征地补偿费用的收支和分配情况,向本集体经济组织成员公布,接受监督。农业、民政等部门要加强对农村集体经济组织内部征地补偿费用分配和使用的监督。

四、健全土地节约利用和收益分配机制

(十六)实行强化节约和集约用地政策。建设用地要严格控制增量,积极盘活存量,把节约用地放在首位,重点在盘活存量上下功夫。新上建设项目首先要利用现有建设用地,严格控制建设占用耕地、林地、草原和湿地。开展对存量建设用地资源的普查,研究制定鼓励盘活存量的政策措施。各地区、各有关部门要按照集约用地的原则,调整有关厂区绿化率的规定,不得圈占土地搞“花园式工厂”。在开发区(园区)推广多层标准厂房。对工业用地在符合规划、不改变原用途的前提下,提高土地利用率和增加容积率的,原则上不再收取或调整土地有偿使用费。基础设施和公益性建设项目,也要节约合理用地。今后,供地时要将土地用途、容积率等使用条件的约定写入土地使用合同。对工业项目用地必须有投资强度、开发进度等控制性要求。土地使用权人不按照约定条件使用土地的,要承担相应的违约责任。在加强耕地占用税、城镇土地使用税、土地增值税征收管理的同时,进一步调整和完善相关税制,加大对建设用地取得和保有环节的税收调节力度。

(十七)推进土地资源的市场化配置。严格控制划拨用地范围,经营性基础设施用地要逐步实行有偿使用。运用价格机制抑制多占、滥占和浪费土地。除按现行规定必须实行招标、拍卖、挂牌出让的用地外,工业用地也要创造条件逐步实行招标、拍卖、挂牌出让。经依法批准利用原有划拨土地进行经营性开发建设的,应当按照市场价补缴土地出让金。经依法批准转让原划拨土地使用权的,应当在土地有形市场公开交易,按照市场价补缴土地出让金;低于市场价交易的,政府应当行使优先购买权。

(十八)制订和实施新的土地使用标准。依照国家产业政策,国土资源部门对淘汰类、限制类项目分别实行禁止和限制用地,并会同有关部门制订工程项目建设用地定额标准，省、自治区、直辖市人民政府可以根据实际情况制订具体实施办法。继续停止高档别墅类房地产、高尔夫球场等用地的审批。

（十九）严禁闲置土地。农用地转用批准后，满两年未实施具体征地或用地行为的，批准文件自动失效；已实施征地，满两年未供地的，在下达下一年度的农用地转用计划时扣减相应指标，对具备耕作条件的土地，应当交原土地使用者继续耕种，也可以由当地人民政府组织耕种。对用地单位闲置的土地，严格依照《中华人民共和国土地管理法》的有关规定处理。

（二十）完善新增建设用地土地有偿使用费收缴办法。新增建设用地土地有偿使用费实行先缴后分，按规定的标准就地全额缴入国库，不得减免，并由国库按规定的比例就地分成划缴。审计部门要加强对新增建设用地土地有偿使用费征收和使用的监督检查。对减免和欠缴的，要依法追缴。财政部、国土资源部要适时调整新增建设用地土地有偿使用费收取标准。新增建设用地土地有偿使用费要严格按法定用途使用，由中央支配的部分，要向粮食主产区倾斜。探索建立国有土地收益基金，遏制片面追求土地收益的短期行为。

五、建立完善耕地保护和土地管理的责任制度

（二十一）明确土地管理的权力和责任。调控新增建设用地总量的权力和责任在中央，盘活存量建设用地的权力和利益在地方，保护和合理利用土地的责任在地方各级人民政府，省、自治区、直辖市人民政府应负主要责任。在确保严格实施土地利用总体规划，不突破土地利用年度计划的前提下，省、自治区、直辖市人民政府可以统筹本行政区域内的用地安排，依照法定权限对农用地转用和土地征收进行审批，按规定用途决定新增建设用地土地有偿使用费地方分成部分的分配和使用，组织本行政区域内耕地占补平衡，并对土地管理法律法规执行情况进行监督检查。地方各级人民政府要对土地利用总体规划确定的本行政区域内的耕地保有量和基本农田保护面积负责，政府主要领导是第一责任人。地方各级人民政府都要建立相应的工作制度，采取多种形式，确保耕地保护目标落实到基层。

（二十二）建立耕地保护责任的考核体系。国务院定期向各省、自治区、直辖市下达耕地保护责任考核目标。各省、自治区、直辖市人民政府每年要向国务院报告耕地保护责任目标的履行情况。实行耕地保护责任考核的动态监测和预警制度。国土资源部会同农业部、监察部、审计署、统计局等部门定期对各省、自治区、直辖市耕地保护责任目标履行情况进行检查和考核，并向国务院报告。对认真履行责任目标，成效突出的，要给予表彰，并在安排中央支配的新增建设用地土地有偿使用费时予以倾斜。对没有达到责任目标的，要在全国通报，并责令限期补充耕地和补划基本农田。对土地开发整理补充耕地的情况也要定期考核。

（二十三）严格土地管理责任追究制。对违反法律规定擅自修改土地利用总体规划的、发生非法占用基本农田的、未完成耕地保护责任考核目标的、征地侵害农民合法权益引发群体性事件且未能及时解决的、减免和欠缴新增建设用地土地有偿使用费的、未按期完成基本农田图件备案工作的，要严肃追究责任，对有关责任人员由上级主管部门或监察机关依法定权限给予行政处分。同时，上级政府要责令限期整改，整改期间暂停农用地转用和征地审批。具体办法由国土资源部会同有关部门另行制订。实行补充耕地监督的责任追究制，国土资源部门和农业部门负责对补充耕地的数量和质量进行验收，并对验收结果承担责任。省、自治区、直辖市国土资源部门和农业部门要加强监督检查。

（二十四）强化对土地执法行为的监督。建立公开的土地违法立案标准。对有案不查、执法不严的，上级国土资源部门要责令其作出行政处罚决定或直接给予行政处罚。坚决纠正违法用地只通过罚款就补办合法手续的行为。对违法用地及其建筑物和其他设施，按法律规定应当拆除或没收的，不得以罚款、补办手续取代；确需补办手续的，依法处罚后，从新从高进行征地补偿和收取土地出让金及有关规费。完善土地执法监察体制，建立国家土地督察制度，设立国家土地总督察，向地方派驻土地督察专员，监督土地执法行为。

（二十五）加强土地管理行政能力建设。2004年年底以前要完成省级以下国土资源管理体制改革，理顺领导干部管理体制、工作机制和加强基层队伍建设。市、县人民政府要保证基层国土资源管理所机构、编制、经费到位，切实发挥基层国土资源管理所在土地管理执法中的作用。国土资源部要会同有关部门抓紧建立和完善统一的土地分类、调查、登记和统计制度，启动新一轮土地调查，保证土地数据的真实性。组织实施“金土工程”。充分利用现代高新技术加强土地利用动态监测，建立土地利用总体规划实施、耕地保护、土地市场的动态监测网络。

各地区、各有关部门要以“三个代表”重要思想为指导，牢固树立科学发展观和正确的政绩观，把落实好最严格的土地管理制度作为对执政能力和依法行政能力的检验。高度重视土地的保护和合理利用，认真总结经验，积极推进土地管理体制改革，不断完善土地法制，建立严格、科学、有效的土地管理制度，维护好广大人民群众的根本利益，确保经济社会的可持续发展。

国务院关于加强土地调控有关问题的通知

1. 2006年8月31日
2. 国发〔2006〕31号

各省、自治区、直辖市人民政府，国务院各部委、各直属机构：

党中央、国务院高度重视土地管理和调控。2004年印发的《国务院关于深化改革严格土地管理的决定》（国发〔2004〕28号），在严格土地执法、加强规划管理、保障农民权益、促进集约用地、健全责任制度等方面，作出了全面系统的规定。各地区、各部门采取措施，积极落实，取得了初步成效。但是，当前土地管理特别是土地调控中出现了一些新动向、新问题，建设用地总量增长过快，低成本工业用地过度扩张，违法违规用地、滥占耕地现象屡禁不止，严把土地“闸门”任务仍然十分艰巨。为进一步贯彻落实科学发展观，保证经济社会可持续发展，必须采取更严格的管理措施，切实加强土地调控。现就有关问题通知如下：

一、进一步明确土地管理和耕地保护的责任

地方各级人民政府主要负责人应对本行政区域内耕地保有量和基本农田保护面积、土地利用总体规划和年度计划执行情况负总责。将新增建设用地控制指标（包括占用农用地和未利用地）纳入土地利用年度计划，以实际耕地保有量和新增建设用地面积，作为土地利用年度计划考核、土地管理和耕地保护责任目标考核的依据；实际用地超过计划的，扣减下一年度相应的计划指标。国土资源部要加强对各地实际建设用地和土地征收情况的核查。

按照权责一致的原则，调整城市建设用地审批方式。在土地利用总体规划确定的城市建设用地范围内，依法由国务院分批次审批的农用地转用和土地征收，调整为每年由省级人民政府汇总后一次申报，经国土资源部审核，报国务院批准后由省级人民政府具体组织实施，实施方案报国土资源部备案。

严格实行问责制。对本行政区域内发生土地违法违规案件造成严重后果的，对土地违法违规行为不制止、不组织查处的，对土地违法违规问题隐瞒不报、压案不查的，应当追究有关地方人民政府负责人的领导责任。监察部、国土资源部要抓紧完善土地违法违规领导责任追究办法。

二、切实保障被征地农民的长远生计

征地补偿安置必须以确保被征地农民原有生活水平不降低、长远生计有保障为原则。各地要认真落实国办发〔2006〕29号文件的规定，做好被征地农民就业培训和社会保障工作。被征地农民的社会保障费用，按有关规定纳入征地补偿安置费用，不足部分由当地政府从国有土地有偿使用收入中解决。社会保障费用不落实的不得批准征地。

三、规范土地出让收支管理

国有土地使用权出让总价款全额纳入地方预算，缴入地方国库，实行“收支两条线”管理。土地出让总价款必须首先按规定足额安排支付土地补偿费、安置补助费、地上附着物和青苗补偿费、拆迁补偿费以及补助被征地农民社会保障所需资金的不足，其余资金应逐步提高用于农业土地开发和农村基础设施建设的比重，以及用于廉租住房建设和完善国有土地使用功能的配套设施建设。

四、调整建设用地有关税费政策

提高新增建设用地土地有偿使用费缴纳标准。新增建设用地土地有偿使用费缴纳范围，以当地实际新增建设用地面积为准。新增建设用地土地有偿使用费专项用于基本农田建设和保护、土地整理、耕地开发。对违规减免和欠缴的新增建设用地土地有偿使用费，要进行清理，限期追缴。其中，国发〔2004〕28号文件下发后减免和欠缴的，要在今年年底前全额清缴；逾期未缴的，暂不办理用地审批。财政部会同国土资源部要抓紧制订新增建设用地土地有偿使用费缴纳标准和适时调整的具体办法，并进一步改进和完善新增建设用地土地有偿使用费的分配使用管理。

提高城镇土地使用税和耕地占用税征收标准，财政部、税务总局会同国土资源部、法制办要抓紧制订具体办法。财税部门要加强税收征管，严格控制减免税。

五、建立工业用地出让最低价标准统一公布制度

国家根据土地等级、区域土地利用政策等，统一制订并公布各地工业用地出让最低价标准。工业用地出让最低价标准不得低于土地取得成本、土地前期开发成本和按规定收取的相关费用之和。工业用地必须采用招标拍卖挂牌方式出让，其出让价格不得低于公布的最低价标准。低于最低价标准出让土地，或以各种形式给予补贴或返还的，属非法低价出让国有土地使用权的行为，要依法追究有关人员的法律责任。

六、禁止擅自将农用地转为建设用地

农用地转为建设用地，必须符合土地利用总体规划、城市总体规划、村庄和集镇规划，纳入年度土地利用计划，并依法办理农用地转用审批手续。禁止通过"以租代征"等方式使用农民集体所有农用地进行非农业建设，擅自扩大建设用地规模。农民集体所有建设用地使用权流转，必须符合规划并严格限定在依法取得的建设用地范围内。未依法办理农用地转用审批，国家机关工作人员批准通过"以租代征"等方式占地建设的，属非法批地行为；单位和个人擅自通过"以租代征"等方式占地建设的，属非法占地行为，要依法追究有关人员的法律责任。

七、强化对土地管理行为的监督检查

国家土地督察机构要认真履行国务院赋予的职责，加强对地方人民政府土地管理行为的监督检查。对监督检查中发现的违法违规问题，要及时提出纠正或整改意见。对纠正整改不力的，依照有关规定责令限期纠正整改。纠正整改期间，暂停该地区农用地转用和土地征收。

国土资源管理部门及其工作人员要严格执行国家土地管理的法律法规和方针政策，依法行政，对土地利用情况的真实性和合法性负责。凡玩忽职守、滥用职权、徇私舞弊、不执行和不遵守土地管理法律法规的，依照有关法律法规追究有关领导和人员的责任。

八、严肃惩处土地违法违规行为

国家机关工作人员非法批准征收、占用土地，或者非法低价出让国有土地使用权，触犯刑律的，依法追究刑事责任。对不执行国家土地调控政策、超计划批地用地、未按期缴纳新增建设用地土地有偿使用费及其他规定税费、未按期足额支付征地补偿安置费而征占土地，以及通过调整土地利用总体规划擅自改变基本农田位置，以规避建设占用基本农田应依法上报国务院审批的，要追究有关人员的行政责任。

完善土地违法案件的查处协调机制，加大对土地违法违规行为的查处力度。监察部要会同国土资源部等有关部门，在近期集中开展一次以查处非法批地、未批先用、批少用多、非法低价出让国有土地使用权等行为为重点的专项行动。对重大土地违法违规案件要公开处理，涉嫌犯罪的，要移送司法机关依法追究刑事责任。

各地区、各部门要以邓小平理论和"三个代表"重要思想为指导，全面落实科学发展观，充分认识实行最严格土地管理制度的重要性，认真贯彻、坚决执行中央关于加强土地调控的各项措施。各地区要结合执行本通知，对国发〔2004〕28号文件实施以来的土地管理和利用情况进行全面自查，对清查出的土地违法违规行为必须严肃处理。发展改革委、监察部、财政部、劳动保障部、国土资源部、建设部、农业部、人民银行、税务总局、统计局、法制办等部门要各司其职、密切配合，尽快制定本通知实施的配套文件，共同做好加强土地调控的各项工作。国土资源部要会同监察部等有关部门做好对本通知贯彻执行情况的监督检查。各地区、各部门要在2006年年底前将贯彻执行本通知的情况向国务院报告。

国务院关于促进节约集约用地的通知

1. 2008年1月3日
2. 国发〔2008〕3号

各省、自治区、直辖市人民政府，国务院各部委、各直属机构：

我国人多地少，耕地资源稀缺，当前又正处于工业化、城镇化快速发展时期，建设用地供需矛盾十分突出。切实保护耕地，大力促进节约集约用地，走出一条建设占地少、利用效率高的符合我国国情的土地利用新路子，是关系民族生存根基和国家长远利益的大计，是全面贯彻落实科学发展观的具体要求，是我国必须长期坚持的一条根本方针。现就有关问题通知如下：

一、按照节约集约用地原则，审查调整各类相关规划和用地标准

（一）强化土地利用总体规划的整体控制作用。各类与土地利用相关的规划要与土地利用总体规划相衔接，所确定的建设用地规模必须符合土地利用总体规划的安排，年度用地安排也必须控制在土地利用年度计划之内。不符合土地利用总体规划和年度计划安排的，必须及时调整和修改，核减用地规模。

（二）切实加强重大基础设施和基础产业的科学规划。要按照合理布局、经济可行、控制时序的原则，统筹协调各类交通、能源、水利等基础设施和基础产业建设规划,避免盲目投资、过度超前和低水平重复建设浪费土地资源。

（三）从严控制城市用地规模。城市规划要按照循序渐进、节约土地、集约发展、合理布局的原则,科学确定城市定位、功能目标和发展规模,增强城市综合承载能力。要按照节约集约用地的要求,加快城市规划相关技术标准的制定和修订。尽快出台新修订的人均用地、用地结构等城市规划控制标准,合理确定各项建设建筑密度、容积率、绿地率,严格按国家标准进行各项市政基础设施和生态绿化建设。严禁规划建设脱离实际需要的宽马路、大广场和绿化带。

（四）严格土地使用标准。要健全各类建设用地标准体系,抓紧编制公共设施和公益事业建设用地标准。要按照节约集约用地的原则,在满足功能和安全要求的前提下,重新审改现有各类工程项目建设用地标准。凡与土地使用标准不一致的建设标准和设计规范,要及时修订。要采取先进节地技术、降低路基高度、提高桥隧比例等措施,降低公路、铁路等基础设施工程用地和取弃土用地标准。建设项目设计、施工和建设用地审批必须严格执行用地标准,对超标准用地的,要核减用地面积。今后,各地区、各部门不得开展涉及用地标准并有悖于节约集约用地原则的达标评比活动,已经部署开展的相关活动要坚决停下来。

二、充分利用现有建设用地,大力提高建设用地利用效率

（五）开展建设用地普查评价。各地要在第二次土地调查的基础上,认真组织开展建设用地普查评价,对现有建设用地的开发利用和投入产出情况做出评估,并按照法律法规和政策规定,处理好建设用地开发利用中存在的问题。今后各项建设要优先开发利用空闲、废弃、闲置和低效利用的土地,努力提高建设用地利用效率。

（六）严格执行闲置土地处置政策。土地闲置满两年、依法应当无偿收回的,坚决无偿收回,重新安排使用;不符合法定收回条件的,也应采取改变用途、等价置换、安排临时使用、纳入政府储备等途径及时处置、充分利用。土地闲置满一年不满两年的,按出让或划拨土地价款的20%征收土地闲置费。对闲置土地特别是闲置房地产用地要征缴增值地价,国土资源部要会同有关部门抓紧研究制订具体办法。2008年6月底前,各省、自治区、直辖市人民政府要将闲置土地清理处置情况向国务院做出专题报告。

（七）积极引导使用未利用地和废弃地。国土资源部门要对适宜开发的未利用地做出规划,引导和鼓励将适宜建设的未利用地开发成建设用地。积极复垦利用废弃地,对因单位撤销、迁移等原因停止使用,以及经核准报废的公路、铁路、机场、矿场等使用的原划拨土地,应依法及时收回,重新安排使用;除可以继续划拨使用的以外,经依法批准由原土地使用者自行开发的,按市场价补缴土地价款。今后,要严格落实被损毁土地的复垦责任,在批准建设用地或发放采矿权许可证时,责任单位应依法及时足额缴纳土地复垦费。

（八）鼓励开发利用地上地下空间。对现有工业用地,在符合规划、不改变用途的前提下,提高土地利用率和增加容积率的,不再增收土地价款;对新增工业用地,要进一步提高工业用地控制指标,厂房建筑面积高于容积率控制指标的部分,不再增收土地价款。财政、税务部门要严格落实和完善鼓励节约集约用地的税收政策。国土资源部要会同有关部门,依照《中华人民共和国物权法》的有关规定,抓紧研究制订土地空间权利设定和登记的具体办法。

（九）鼓励开发区提高土地利用效率。国土资源部要研究建立土地利用状况、用地效益和土地管理绩效等评价指标体系,加快开发区土地节约集约利用评估工作。凡土地利用评估达到要求并通过国家审核公告的开发区,确需扩区的,可以申请整合依法依规设立的开发区,或者利用符合规划的现有建设用地扩区。对符合“布局集中、产业集聚、用地集约”要求的国家级开发区,优先安排建设用地指标。

三、充分发挥市场配置土地资源基础性作用,健全节约集约用地长效机制

（十）深入推进土地有偿使用制度改革。国土资源部要严格限定划拨用地范围,及时调整划拨用地目录。今后除军事、社会保障性住房和特殊用地等可以继续以划拨方式取得土地外,对国家机关办公和交通、能源、水利等基础设施（产业）、城市基础设施以及各类社会事业用地要积极探索实行有偿使用,对其中的经营性用地先行实行有偿使用。其他建设用地应严格实行市场配置,有偿使用。要加强建设用地税收征管,抓紧研究各类建设用地的财税政策。

（十一）完善建设用地储备制度。储备建设用地必须符合规划、计划,并将现有未利用的建设用地优先纳入储备。储备土地出让前,应当处理好土地的产权、安置补偿等法律经济关系,完成必要的前期开发,缩短开发周期,防止形成新的闲置土地。土地前期开发要引入市场机制,按照有关规定,通过公开招标方式选择实施单位。经过前期开发的土地,依法由市、县人民政府国土资源部门统一组织出让。

（十二）合理确定出让土地的宗地规模。土地出让前要制订控制性详细规划和土地供应方案，明确容积率、绿地率和建筑密度等规划条件。规划条件一经确定，不得擅自调整。合理确定出让土地的宗地规模，督促及时开发利用，形成有效供给，确保节约集约利用每宗土地。未按合同约定缴清全部土地价款的，不得发放土地证书，也不得按土地价款缴纳比例分割发放土地证书。

（十三）严格落实工业和经营性用地招标拍卖挂牌出让制度。工业用地和商业、旅游、娱乐、商品住宅等经营性用地（包括配套的办公、科研、培训等用地），以及同一宗土地有两个以上意向用地者的，都必须实行招标拍卖挂牌等方式公开出让。国土资源部门要会同发展改革、城市规划、建设、水利、环保等部门制订工业用地招标拍卖挂牌出让计划，拟定出让地块的产业类型、项目建议、规划条件、环保要求等内容，作为工业用地出让的前置条件。工业和经营性用地出让必须以招标拍卖挂牌方式确定土地使用者和土地价格。严禁用地者与农村集体经济组织或个人签订协议圈占土地，通过补办用地手续规避招标拍卖挂牌出让。

（十四）强化用地合同管理。土地出让合同和划拨决定书要严格约定建设项目投资额、开竣工时间、规划条件、价款、违约责任等内容。对非经营性用地改变为经营性用地的，应当约定或明确政府可以收回土地使用权，重新依法出让。

（十五）优化住宅用地结构。合理安排住宅用地，继续停止别墅类房地产开发项目的土地供应。供应住宅用地要将最低容积率限制、单位土地面积的住房建设套数和住宅建设套型等规划条件写入土地出让合同或划拨决定书，确保不低于70%的住宅用地用于廉租房、经济适用房、限价房和90平方米以下中小套型普通商品房的建设，防止大套型商品房多占土地。

四、强化农村土地管理，稳步推进农村集体建设用地节约集约利用

（十六）高度重视农村集体建设用地的规划管理。要按照统筹城乡发展、节约集约用地的原则，指导、督促编制好乡（镇）土地利用总体规划和镇规划、乡规划、村庄规划，划定村镇发展和撤并复垦范围。利用农民集体所有土地进行非农建设，必须符合规划，纳入年度计划，并依法审批。严格禁止擅自将农用地转为建设用地，严格禁止"以租代征"将农用地转为非农业用地。

（十七）鼓励提高农村建设用地的利用效率。要在坚持尊重农民意愿、保障农民权益的原则下，依法盘活利用农村集体建设用地。按规划稳妥开展农村集体建设用地整理，改善农民生产生活条件。农民住宅建设要符合镇规划、乡规划和村庄规划，住宅建设用地要先行安排利用村内空闲地、闲置宅基地。对村民自愿腾退宅基地或符合宅基地申请条件购买空闲住宅的，当地政府可给予奖励或补助。

（十八）严格执行农村一户一宅政策。各地要结合本地实际完善人均住宅面积等相关标准，控制农民超用地标准建房，逐步清理历史遗留的一户多宅问题，坚决防止产生超面积占用宅基地和新的一户多宅现象。

五、加强监督检查，全面落实节约集约用地责任

（十九）建立健全土地市场动态监测制度。要对土地出让合同、划拨决定书的执行实施全程监管，及时向社会公开供地计划、结果及实际开发利用情况等动态信息。国土资源部门要对土地供应和开发利用情况进行定期评价分析，研究完善加强土地调控、促进节约集约用地的政策措施。

（二十）完善建设项目竣工验收制度。要将建设项目依法用地和履行土地出让合同、划拨决定书的情况，作为建设项目竣工验收的一项内容。没有国土资源部门的检查核验意见，或者检查核验不合格的，不得通过竣工验收。

（二十一）加强各类土地变化状况的监测。运用遥感等现代技术手段，做好年度土地变更调查，建立土地利用现状数据库，全面掌握各类土地变化状况。国家每年选择若干个省级行政区，进行全行政区域的土地利用状况监测。重点监测各地新增建设用地、耕地减少和违法用地等情况，监测结果要向社会公开。

（二十二）加强对节约集约用地工作的监管。国土资源部要会同监察部等有关部门持续开展用地情况的执法检查，重点查处严重破坏、浪费、闲置土地资源的违法违规案件，依法依纪追究有关人员的责任。要将企业违法用地、闲置土地等信息纳入有关部门信用信息基础数据库。金融机构对房地产项目超过土地出让合同约定的动工开发日期满一年，完成土地开发面积不足1/3或投资不足1/4的企业，应审慎贷款和核准融资，从严控制展期贷款或滚动授信；对违法用地项目不得提供贷款和上市融资，违规提供贷款和核准融资的，要追究相关责任人的责任。

（二十三）建立节约集约用地考核制度。制定单位GDP和固定资产投资规模增长的新增建设用地消耗考核办法。实行上一级人民政府对下一级人民政府分级考核，考核结果由国土资源部门定期公布，作为下达土地利用年度计划的依据。

各地区、各部门要充分认识节约集约用地的重要性和紧迫性，增强节约集约用地的责任感，切实转变用地观念，转变经济发展方式，调整优化经济结构，将节约集约用地的要求落实在政府决策中，落实到各项建设中，科学规划用地，着力内涵挖潜，以节约集约用地的实际行动全面落实科学发展观，实现经济社会的可持续发展。

节约集约利用土地规定

1. 2014年5月22日国土资源部令第61号公布

2. 根据2019年7月24日自然资源部令第5号《关于第一批废止和修改的部门规章的决定》修正

第一章 总 则

第一条 为贯彻十分珍惜、合理利用土地和切实保护耕地的基本国策，落实最严格的耕地保护制度和最严格的节约集约用地制度，提升土地资源对经济社会发展的承载能力，促进生态文明建设，根据《中华人民共和国土地管理法》和《国务院关于促进节约集约用地的通知》，制定本规定。

第二条 本规定所称节约集约利用土地，是指通过规模引导、布局优化、标准控制、市场配置、盘活利用等手段，达到节约土地、减量用地、提升用地强度、促进低效废弃地再利用、优化土地利用结构和布局、提高土地利用效率的各项行为与活动。

第三条 土地管理和利用应当遵循下列原则：

（一）坚持节约优先的原则，各项建设少占地、不占或者少占耕地，珍惜和合理利用每一寸土地；

（二）坚持合理使用的原则，严控总量、盘活存量、优化结构、提高效率；

（三）坚持市场配置的原则，妥善处理好政府与市场的关系，充分发挥市场在土地资源配置中的决定性作用；

（四）坚持改革创新的原则，探索土地管理新机制，创新节约集约用地新模式。

第四条 县级以上地方自然资源主管部门应当加强与发展改革、财政、环境保护等部门的沟通协调，将土地节约集约利用的目标和政策措施纳入地方经济社会发展总体框架、相关规划和考核评价体系。

第五条 自然资源主管部门应当建立节约集约用地制度，开展节约集约用地活动，组织制定节地标准体系和相关标准规范，探索节约集约用地新机制，鼓励采用节约集约用地新技术和新模式，促进土地利用效率的提高。

第六条 在节约集约用地方面成效显著的市、县人民政府，由自然资源部按照有关规定给予表彰和奖励。

第二章 规模引导

第七条 国家通过土地利用总体规划，确定建设用地的规模、布局、结构和时序安排，对建设用地实行总量控制。

土地利用总体规划确定的约束性指标和分区管制规定不得突破。

下级土地利用总体规划不得突破上级土地利用总体规划确定的约束性指标。

第八条 土地利用总体规划对各区域、各行业发展用地规模和布局具有统筹作用。

产业发展、城乡建设、基础设施布局、生态环境建设等相关规划，应当与土地利用总体规划相衔接，所确定的建设用地规模和布局必须符合土地利用总体规划的安排。

相关规划超出土地利用总体规划确定的建设用地规模的，应当及时调整或者修改，核减用地规模，调整用地布局。

第九条 自然资源主管部门应当通过规划、计划、用地标准、市场引导等手段，有效控制特大城市新增建设用地规模，适度增加集约用地程度高、发展潜力大的地区和中小城市、县城建设用地供给，合理保障民生用地需求。

第三章 布局优化

第十条 城乡土地利用应当体现布局优化的原则。引导工业向开发区集中、人口向城镇集中、住宅向社区集中，推动农村人口向中心村、中心镇集聚，产业向功能区集中，耕地向适度规模经营集中。

禁止在土地利用总体规划和城乡规划确定的城镇建设用地范围之外设立各类城市新区、开发区和工业园区。

鼓励线性基础设施并线规划和建设，促进集约布局和节约用地。

第十一条 自然资源主管部门应当在土地利用总体规划中划定城市开发边界和禁止建设的边界，实行建设用地空间管制。

城市建设用地应当因地制宜采取组团式、串联式、卫星城式布局，避免占用优质耕地特别是永久基本农田。

第十二条　市、县自然资源主管部门应当促进现有城镇用地内部结构调整优化，控制生产用地，保障生活用地，提高生态用地的比例，加大城镇建设使用存量用地的比例，促进城镇用地效率的提高。

第十三条　鼓励建设项目用地优化设计、分层布局，鼓励充分利用地上、地下空间。

建设用地使用权在地上、地下分层设立的，其取得方式和使用年期参照在地表设立的建设用地使用权的相关规定。

出让分层设立的建设用地使用权，应当根据当地基准地价和不动产实际交易情况，评估确定分层出让的建设用地最低价标准。

第十四条　县级以上自然资源主管部门统筹制定土地综合开发用地政策，鼓励大型基础设施等建设项目综合开发利用土地，促进功能适度混合、整体设计、合理布局。

不同用途高度关联、需要整体规划建设、确实难以分割供应的综合用途建设项目，市、县自然资源主管部门可以确定主用途并按照一宗土地实行整体出让供应，综合确定出让底价；需要通过招标拍卖挂牌的方式出让的，整宗土地应当采用招标拍卖挂牌的方式出让。

第四章　标准控制

第十五条　国家实行建设项目用地标准控制制度。

自然资源部会同有关部门制定工程建设项目用地控制指标、工业项目建设用地控制指标、房地产开发用地宗地规模和容积率等建设项目用地控制标准。

地方自然资源主管部门可以根据本地实际，制定和实施更加节约集约的地方性建设项目用地控制标准。

第十六条　建设项目应当严格按照建设项目用地控制标准进行测算、设计和施工。

市、县自然资源主管部门应当加强对用地者和勘察设计单位落实建设项目用地控制标准的督促和指导。

第十七条　建设项目用地审查、供应和使用，应当符合建设项目用地控制标准和供地政策。

对违反建设项目用地控制标准和供地政策使用土地的，县级以上自然资源主管部门应当责令纠正，并依法予以处理。

第十八条　国家和地方尚未出台建设项目用地控制标准的建设项目，或者因安全生产、特殊工艺、地形地貌等原因，确实需要超标准建设的项目，县级以上自然资源主管部门应当组织开展建设项目用地评价，并将其作为建设用地供应的依据。

第十九条　自然资源部会同有关部门根据国家经济社会发展状况、宏观产业政策和土壤污染风险防控需求等，制定《禁止用地项目目录》和《限制用地项目目录》，促进土地节约集约利用。

自然资源主管部门为限制用地的建设项目办理建设用地供应手续必须符合规定的条件；不得为禁止用地的建设项目办理建设用地供应手续。

第五章　市场配置

第二十条　各类有偿使用的土地供应应当充分贯彻市场配置的原则，通过运用土地租金和价格杠杆，促进土地节约集约利用。

第二十一条　国家扩大国有土地有偿使用范围，减少非公益性用地划拨。

除军事、保障性住房和涉及国家安全和公共秩序的特殊用地可以以划拨方式供应外，国家机关办公和交通、能源、水利等基础设施（产业）、城市基础设施以及各类社会事业用地中的经营性用地，实行有偿使用。

国家根据需要，可以一定年期的国有土地使用权作价后授权给经国务院批准设立的国家控股公司、作为国家授权投资机构的国有独资公司和集团公司经营管理。

第二十二条　经营性用地应当以招标拍卖挂牌的方式确定土地使用者和土地价格。

各类有偿使用的土地供应不得低于国家规定的用地最低价标准。

禁止以土地换项目、先征后返、补贴、奖励等形式变相减免土地出让价款。

第二十三条　市、县自然资源主管部门可以采取先出租后出让、在法定最高年期内实行缩短出让年期等方式出让土地。

采取先出租后出让方式供应工业用地的，应当符合自然资源部规定的行业目录。

第二十四条　鼓励土地使用者在符合规划的前提下，通过厂房加层、厂区改造、内部用地整理等途径提高土地利用率。

在符合规划、不改变用途的前提下，现有工业用地提高土地利用率和增加容积率的，不再增收土地价款。

第二十五条　符合节约集约用地要求、属于国家鼓励产业的用地，可以实行差别化的地价政策和建设用地管理政策。

分期建设的大中型工业项目，可以预留规划范围，根据建设进度，实行分期供地。

具体办法由自然资源部另行规定。

第二十六条 市、县自然资源主管部门供应工业用地，应当将投资强度、容积率、建筑系数、绿地率、非生产设施占地比例等控制性指标以及自然资源开发利用水平和生态保护要求纳入出让合同。

第二十七条 市、县自然资源主管部门在有偿供应各类建设用地时，应当在建设用地使用权出让、出租合同中明确节约集约用地的规定。

在供应住宅用地时，应当将最低容积率限制、单位土地面积的住房建设套数和住宅建设套型等规划条件写入建设用地使用权出让合同。

第六章 盘活利用

第二十八条 县级以上自然资源主管部门在分解下达新增建设用地计划时，应当与批而未供和闲置土地处置数量相挂钩，对批而未供、闲置土地数量较多和处置不力的地区，减少其新增建设用地计划安排。

自然资源部和省级自然资源主管部门负责城镇低效用地再开发的政策制定。对于纳入低效用地再开发范围的项目，可以制定专项用地政策。

第二十九条 县级以上地方自然资源主管部门应当会同有关部门，依据相关规划，开展全域国土综合整治，对农用地、农村建设用地、工矿用地、灾害损毁土地等进行整理复垦，优化土地空间布局，提高土地利用效率和效益，促进土地节约集约利用。

第三十条 农用地整治应当促进耕地集中连片，增加有效耕地面积，提升耕地质量，改善生产条件和生态环境，优化用地结构和布局。

宜农未利用地开发，应当根据环境和资源承载能力，坚持有利于保护和改善生态环境的原则，因地制宜适度开展。

第三十一条 县级以上地方自然资源主管部门可以依据国家有关规定，统筹开展农村建设用地整治、历史遗留工矿废弃地和自然灾害毁损土地的整治，提高建设用地利用效率和效益，改善人民群众生产生活条件和生态环境。

第三十二条 县级以上地方自然资源主管部门在本级人民政府的领导下，会同有关部门建立城镇低效用地再开发、废弃地再利用的激励机制，对布局散乱、利用粗放、用途不合理、闲置浪费等低效用地进行再开发，对因采矿损毁、交通改线、居民点搬迁、产业调整形成的废弃地实行复垦再利用，促进土地优化利用。

鼓励社会资金参与城镇低效用地、废弃地再开发和利用。鼓励土地使用者自行开发或者合作开发。

第七章 监督考评

第三十三条 县级以上自然资源主管部门应当加强土地市场动态监测与监管，对建设用地批准和供应后的开发情况实行全程监管，定期在门户网站上公布土地供应、合同履行、欠缴土地价款等情况，接受社会监督。

第三十四条 省级自然资源主管部门应当对本行政区域内的节约集约用地情况进行监督，在用地审批、土地供应和土地使用等环节加强用地准入条件、功能分区、用地规模、用地标准、投入产出强度等方面的检查，依据法律法规对浪费土地的行为和责任主体予以处理并公开通报。

第三十五条 县级以上自然资源主管部门应当组织开展本行政区域内的建设用地利用情况普查，全面掌握建设用地开发利用和投入产出情况、集约利用程度、潜力规模与空间分布等情况，并将其作为土地管理和节约集约用地评价的基础。

第三十六条 县级以上自然资源主管部门应当根据建设用地利用情况普查，组织开展区域、城市和开发区节约集约用地评价，并将评价结果向社会公开。

第八章 法律责任

第三十七条 县级以上自然资源主管部门及其工作人员违反本规定，有下列情形之一的，对有关责任人员依法给予处分；构成犯罪的，依法追究刑事责任：

（一）违反本规定第十七条规定，为不符合建设项目用地标准和供地政策的建设项目供地的；

（二）违反本规定第十九条规定，为禁止或者不符合限制用地条件的建设项目办理建设用地供应手续的；

（三）违反本规定第二十二条规定，低于国家规定的工业用地最低价标准供应工业用地的；

（四）其他徇私舞弊、滥用职权和玩忽职守的行为。

第九章 附 则

第三十八条 本规定自2014年9月1日起实施。

要素市场化配置综合改革试点总体方案

1. 2021年12月21日国务院办公厅发布

2. 国办发〔2021〕51号

为深入贯彻落实《中共中央 国务院关于构建更加

完善的要素市场化配置体制机制的意见》，现就积极稳妥开展要素市场化配置综合改革试点工作制定本方案。

一、总体要求

（一）指导思想。以习近平新时代中国特色社会主义思想为指导，全面贯彻落实党的十九大和十九届历次全会精神，弘扬伟大建党精神，坚持稳中求进工作总基调，完整、准确、全面贯彻新发展理念，加快构建新发展格局，充分发挥市场在资源配置中的决定性作用，更好发挥政府作用，着力破除阻碍要素自主有序流动的体制机制障碍，全面提高要素协同配置效率，以综合改革试点为牵引，更好统筹发展和安全，为完善要素市场制度、建设高标准市场体系积极探索新路径，为推动经济社会高质量发展提供强劲动力。

（二）基本原则。

——顶层设计、基层探索。按照党中央、国务院统一部署，在维护全国统一大市场前提下，支持具备条件的地区结合实际大胆改革探索，尊重基层首创精神，注重总结经验，及时规范提升，为全国提供可复制可推广的路径模式。

——系统集成、协同高效。突出改革的系统性、整体性、协同性，推动各领域要素市场化配置改革举措相互配合、相互促进，提高不同要素资源的组合配置效率。

——问题导向、因地制宜。牢牢把握正确的改革方向，聚焦要素市场建设的重点领域、关键环节和市场主体反映最强烈的问题，鼓励地方结合自身特点开展差别化试点探索。

——稳中求进、守住底线。从实际出发，坚持以安全可控为前提，尊重客观规律，科学把握工作时序、节奏和步骤，做到放活与管好有机结合，切实防范风险，稳步有序推进试点。

（三）试点布局。围绕推动国家重大战略实施，根据不同改革任务优先考虑选择改革需求迫切、工作基础较好、发展潜力较大的城市群、都市圈或中心城市等，开展要素市场化配置综合改革试点，严控试点数量和试点范围。党中央、国务院授权实施以及有关方面组织实施的涉及要素市场化配置的改革探索任务，原则上优先在试点地区开展。试点期限为2021—2025年。

（四）工作目标。2021年，启动要素市场化配置综合改革试点工作。2022年上半年，完成试点地区布局、实施方案编制报批工作。到2023年，试点工作取得阶段性成效，力争在土地、劳动力、资本、技术等要素市场化配置关键环节上实现重要突破，在数据要素市场化配置基础制度建设探索上取得积极进展。到2025年，基本完成试点任务，要素市场化配置改革取得标志性成果，为完善全国要素市场制度作出重要示范。

二、进一步提高土地要素配置效率

（五）支持探索土地管理制度改革。合理划分土地管理事权，在严格保护耕地、节约集约用地的前提下，探索赋予试点地区更大土地配置自主权。允许符合条件的地区探索城乡建设用地增减挂钩节余指标跨省域调剂使用机制。探索建立补充耕地质量评价转换机制，在严格实行耕地占补平衡、确保占一补一的前提下，严格管控补充耕地国家统筹规模，严把补充耕地质量验收关，实现占优补优。支持开展全域土地综合整治，优化生产、生活、生态空间布局，加强耕地数量、质量、生态“三位一体”保护和建设。

（六）鼓励优化产业用地供应方式。鼓励采用长期租赁、先租后让、弹性年期供应等方式供应产业用地。优化工业用地出让年期，完善弹性出让年期制度。支持产业用地实行“标准地”出让，提高配置效率。支持不同产业用地类型合理转换，完善土地用途变更、整合、置换等政策。探索增加混合产业用地供给。支持建立工业企业产出效益评价机制，加强土地精细化管理和节约集约利用。

（七）推动以市场化方式盘活存量用地。鼓励试点地区探索通过建设用地节约集约利用状况详细评价等方式，细化完善城镇低效用地认定标准，鼓励通过依法协商收回、协议置换、费用奖惩等措施，推动城镇低效用地腾退出清。推进国有企事业单位存量用地盘活利用，鼓励市场主体通过建设用地整理等方式促进城镇低效用地再开发。规范和完善土地二级市场，完善建设用地使用权转让、出租、抵押制度，支持通过土地预告登记实现建设用地使用权转让。探索地上地下空间综合利用的创新举措。

（八）建立健全城乡统一的建设用地市场。在坚决守住土地公有制性质不改变、耕地红线不突破、农民利益不受损三条底线的前提下，支持试点地区结合新一轮农村宅基地制度改革试点，探索宅基地所有权、资格权、使用权分置实现形式。在依法自愿有偿的前提下，允许将存量集体建设用地依据规划改变用途入市交易。在企业上市合规性审核标准中，对集体经营性建设用地与国有建设用地给予同权对待。支持建立健全农村产权流转市场体系。

（九）推进合理有序用海。探索建立沿海、海域、流域协同一体的海洋生态环境综合治理体系。统筹陆海资源管理，支持完善海域和无居民海岛有偿使用制度，加强海岸线动态监测。在严格落实国土空间用途管制和海洋生态环境保护要求、严管严控围填海活动的前提下，探索推进海域一级市场开发和二级市场流转，探索海域使用权立体分层设权。

三、推动劳动力要素合理畅通有序流动

（十）进一步深化户籍制度改革。支持具备条件的试点地区在城市群或都市圈内开展户籍准入年限同城化累计互认、居住证互通互认，试行以经常居住地登记户口制度，实现基本公共服务常住地提供。支持建立以身份证为标识的人口管理服务制度，扩大身份证信息容量，丰富应用场景。建设人口发展监测分析系统，为重大政策制定、公共资源配置、城市运行管理等提供支撑。建立健全与地区常住人口规模相适应的财政转移支付、住房供应、教师医生编制等保障机制。

（十一）加快畅通劳动力和人才社会性流动渠道。指导用人单位坚持需求导向，采取符合实际的引才措施，在不以人才称号和学术头衔等人才“帽子”引才、不抢挖中西部和东北地区合同期内高层次人才的前提下，促进党政机关、国有企事业单位、社会团体管理人才合理有序流动。完善事业单位编制管理制度，统筹使用编制资源。支持事业单位通过特设岗位引进急需高层次专业化人才。支持探索灵活就业人员权益保障政策。探索建立职业资格证书、职业技能等级证书与学历证书有效衔接机制。加快发展人力资源服务业，把服务就业的规模和质量等作为衡量行业发展成效的首要标准。

（十二）激发人才创新创业活力。支持事业单位科研人员按照国家有关规定离岗创新创业。推进职称评审权下放，赋予具备条件的企事业单位和社会组织中高级职称评审权限。加强创新型、技能型人才培养，壮大高水平工程师和高技能人才队伍。加强技术转移专业人才队伍建设，探索建立健全对科技成果转化人才、知识产权管理运营人员等的评价与激励办法，完善技术转移转化类职称评价标准。

四、推动资本要素服务实体经济发展

（十三）增加有效金融服务供给。依托全国信用信息共享平台，加大公共信用信息共享整合力度。充分发挥征信平台和征信机构作用，建立公共信用信息同金融信息共享整合机制。推广“信易贷”模式，用好供应链票据平台、动产融资统一登记公示系统、应收账款融资服务平台，鼓励金融机构开发与中小微企业需求相匹配的信用产品。探索建立中小企业坏账快速核销制度。探索银行机构与外部股权投资机构深化合作，开发多样化的科技金融产品。支持在零售交易、生活缴费、政务服务等场景试点使用数字人民币。支持完善中小银行和农村信用社治理结构，增强金融普惠性。

（十四）发展多层次股权市场。创新新三板市场股债结合型产品，丰富中小企业投融资工具。选择运行安全规范、风险管理能力较强的区域性股权市场，开展制度和业务创新试点。探索加强区域性股权市场和全国性证券市场板块间合作衔接的机制。

（十五）完善地方金融监管和风险管理体制。支持具备条件的试点地区创新金融监管方式和工具，对各类地方金融组织实施标准化的准入设立审批、事中事后监管。按照属地原则压实省级人民政府的监管职责和风险处置责任。

五、大力促进技术要素向现实生产力转化

（十六）健全职务科技成果产权制度。支持开展赋予科研人员职务科技成果所有权或长期使用权试点，探索将试点经验推广到更多高校、科研院所和科技型企业。支持相关高校和科研院所探索创新职务科技成果转化管理方式。支持将职务科技成果通过许可方式授权中小微企业使用。完善技术要素交易与监管体系，推进科技成果进场交易。完善职务科技成果转移转化容错纠错机制。

（十七）完善科技创新资源配置方式。探索对重大战略项目、重点产业链和创新链实施创新资源协同配置，构建项目、平台、人才、资金等全要素一体化配置的创新服务体系。强化企业创新主体地位，改革科技项目征集、立项、管理和评价机制，支持行业领军企业牵头组建创新联合体，探索实施首席专家负责制。支持行业领军企业通过产品定制化研发等方式，为关键核心技术提供早期应用场景和适用环境。

（十八）推进技术和资本要素融合发展。支持金融机构设立专业化科技金融分支机构，加大对科研成果转化和创新创业人才的金融支持力度。完善创业投资监管体制和发展政策。支持优质科技型企业上市或挂牌融资。完善知识产权融资机制，扩大知识产权质押融资规模。鼓励保险公司积极开展科技保险业务，依法合规开发知识产权保险、产品研发责任保险等产品。

六、探索建立数据要素流通规则

（十九）完善公共数据开放共享机制。建立健全高效的公共数据共享协调机制，支持打造公共数据基础支撑平台，推进公共数据归集整合、有序流通和共享。探索完善公共数据共享、开放、运营服务、安全保障的管理体制。优先推进企业登记监管、卫生健康、交通运输、气象等高价值数据集向社会开放。探索开展政府数据授权运营。

（二十）建立健全数据流通交易规则。探索“原始数据不出域、数据可用不可见”的交易范式，在保护个人隐私和确保数据安全的前提下，分级分类、分步有序推动部分领域数据流通应用。探索建立数据用途和用量控制制度，实现数据使用“可控可计量”。规范培育数据交易市场主体，发展数据资产评估、登记结算、交易撮合、争议仲裁等市场运营体系，稳妥探索开展数据资产化服务。

（二十一）拓展规范化数据开发利用场景。发挥领军企业和行业组织作用，推动人工智能、区块链、车联网、物联网等领域数据采集标准化。深入推进人工智能社会实验，开展区块链创新应用试点。在金融、卫生健康、电力、物流等重点领域，探索以数据为核心的产品和服务创新，支持打造统一的技术标准和开放的创新生态，促进商业数据流通、跨区域数据互联、政企数据融合应用。

（二十二）加强数据安全保护。强化网络安全等级保护要求，推动完善数据分级分类安全保护制度，运用技术手段构建数据安全风险防控体系。探索完善个人信息授权使用制度。探索建立数据安全使用承诺制度，探索制定大数据分析和交易禁止清单，强化事中事后监管。探索数据跨境流动管控方式，完善重要数据出境安全管理制度。

七、加强资源环境市场制度建设

（二十三）支持完善资源市场化交易机制。支持试点地区完善电力市场化交易机制，提高电力中长期交易签约履约质量，开展电力现货交易试点，完善电力辅助服务市场。按照股权多元化原则，加快电力交易机构股份制改造，推动电力交易机构独立规范运行，实现电力交易组织与调度规范化。深化天然气市场化改革，逐步构建储气辅助服务市场机制。完善矿业权竞争出让制度，建立健全严格的勘查区块退出机制，探索储量交易。

（二十四）支持构建绿色要素交易机制。在明确生态保护红线、环境质量底线、资源利用上线等基础上，支持试点地区进一步健全碳排放权、排污权、用能权、用水权等交易机制，探索促进绿色要素交易与能源环境目标指标更好衔接。探索建立碳排放配额、用能权指标有偿取得机制，丰富交易品种和交易方式。探索开展资源环境权益融资。探索建立绿色核算体系、生态产品价值实现机制以及政府、企业和个人绿色责任账户。

八、健全要素市场治理

（二十五）完善要素市场化交易平台。持续推进公共资源交易平台整合共享，拓展公共资源交易平台功能，逐步覆盖适合以市场化方式配置的自然资源、资产股权等公共资源。规范发展大数据交易平台。支持企业参与要素交易平台建设，规范要素交易平台运行。支持要素交易平台与金融机构、中介机构合作，形成涵盖产权界定、价格评估、流转交易、担保、保险等业务的综合服务体系。

（二十六）加强要素交易市场监管。创新要素交易规则和服务，探索加强要素价格管理和监督的有效方式。健全要素交易信息披露制度。深化“放管服”改革，加强要素市场信用体系建设，打造市场化法治化国际化营商环境。强化反垄断和反不正当竞争执法，规范交易行为，将交易主体违法违规行为纳入信用记录管理，对严重失信行为实行追责和惩戒。开展要素市场交易大数据分析，建立健全要素交易风险分析、预警防范和分类处置机制。推进破产制度改革，建立健全自然人破产制度。

九、进一步发挥要素协同配置效应

（二十七）提高全球先进要素集聚能力。支持探索制定外国高端人才认定标准，为境外人才执业出入境、停居留等提供便利。支持符合条件的境内外投资者在试点地区依法依规设立证券、期货、基金、保险等金融机构。探索国际科技创新合作新模式，支持具备条件的试点地区围绕全球性议题在世界范围内吸引具有顶尖创新能力的科学家团队“揭榜挂帅”。支持行业领军企业牵头组建国际性产业与标准组织，积极参与国际规则制定。

（二十八）完善按要素分配机制。提高劳动报酬在初次分配中的比重，强化工资收入分配的技能价值激励导向。构建充分体现知识、技术、管理等创新要素价值的收益分配机制。创新宅基地收益取得和使用方式，探索让农民长期分享土地增值收益的有效途径。合理分配集体经营性建设用地入市增值收益，兼顾国家、农村集体经济组织和农村居民权益。探索增加居民财产性收入,鼓励和引导上市公司现金分红,完善投资者权益保护制度。

十、强化组织实施

(二十九)加强党的全面领导。坚持和加强党对要素市场化配置综合改革试点的领导,增强“四个意识”、坚定“四个自信”、做到“两个维护”,充分发挥党总揽全局、协调各方的领导核心作用,把党的领导始终贯穿试点工作推进全过程。

(三十)落实地方主体责任。各试点地区要把要素市场化配置综合改革试点摆在全局重要位置,增强使命感和责任感,强化组织领导,完善推进落实机制,在风险总体可控前提下,科学把握时序、节奏和步骤,积极稳妥推进改革试点任务实施。试点过程中要加强动态跟踪分析,开展试点效果评估,重要政策和重大改革举措按程序报批。

(三十一)建立组织协调机制。建立由国家发展改革委牵头、有关部门作为成员单位的推进要素市场化配置综合改革试点部际协调机制,负责统筹推进试点工作,确定试点地区,协调解决重大问题,加强督促检查。国家发展改革委要会同有关方面指导试点地区编制实施方案及授权事项清单,按程序报批后组织实施;在地方自评估基础上,定期开展第三方评估。对取得明显成效的试点地区,要予以表扬激励,及时总结推广经验;对动力不足、执行不力、成效不明显的试点地区,要限期整改,整改不到位的按程序调整退出试点。重要情况及时向党中央、国务院报告。

(三十二)强化试点法治保障。建立健全与要素市场化配置综合改革试点相配套的法律法规与政策调整机制,统筹涉及的法律法规事项,做好与相关法律法规立改废释的衔接。试点地区拟实行的各项改革举措和授权事项,凡涉及调整现行法律或行政法规的,经全国人大及其常委会或国务院依法授权后实施;其他涉及调整部门规章和规范性文件规定的,有关方面要按照本方案要求和经批准的授权事项清单,依法依规一次性对相关试点地区给予改革授权。

二、土地规划与供给

资料补充栏

1. 土地利用规划

中华人民共和国城乡规划法

1. 2007年10月28日第十届全国人民代表大会常务委员会第三十次会议通过

2. 根据2015年4月24日第十二届全国人民代表大会常务委员会第十四次会议《关于修改〈中华人民共和国港口法〉等七部法律的决定》第一次修正

3. 根据2019年4月23日第十三届全国人民代表大会常务委员会第十次会议《关于修改〈中华人民共和国建筑法〉等八部法律的决定》第二次修正

目　　录

第一章　总　　则

第一条　【立法目的】为了加强城乡规划管理，协调城乡空间布局，改善人居环境，促进城乡经济社会全面协调可持续发展，制定本法。

第二条　【适用范围】制定和实施城乡规划，在规划区内进行建设活动，必须遵守本法。

本法所称城乡规划，包括城镇体系规划、城市规划、镇规划、乡规划和村庄规划。城市规划、镇规划分为总体规划和详细规划。详细规划分为控制性详细规划和修建性详细规划。

本法所称规划区，是指城市、镇和村庄的建成区以及因城乡建设和发展需要，必须实行规划控制的区域。规划区的具体范围由有关人民政府在组织编制的城市总体规划、镇总体规划、乡规划和村庄规划中，根据城乡经济社会发展水平和统筹城乡发展的需要划定。

第三条　【应当编制规划的区域】城市和镇应当依照本法制定城市规划和镇规划。城市、镇规划区内的建设活动应当符合规划要求。

县级以上地方人民政府根据本地农村经济社会发展水平，按照因地制宜、切实可行的原则，确定应当制定乡规划、村庄规划的区域。在确定区域内的乡、村庄，应当依照本法制定规划，规划区内的乡、村庄建设应当符合规划要求。

县级以上地方人民政府鼓励、指导前款规定以外的区域的乡、村庄制定和实施乡规划、村庄规划。

第四条　【制定、实施规划的总体要求】制定和实施城乡规划，应当遵循城乡统筹、合理布局、节约土地、集约发展和先规划后建设的原则，改善生态环境，促进资源、能源节约和综合利用，保护耕地等自然资源和历史文化遗产，保持地方特色、民族特色和传统风貌，防止污染和其他公害，并符合区域人口发展、国防建设、防灾减灾和公共卫生、公共安全的需要。

在规划区内进行建设活动，应当遵守土地管理、自然资源和环境保护等法律、法规的规定。

县级以上地方人民政府应当根据当地经济社会发展的实际，在城市总体规划、镇总体规划中合理确定城市、镇的发展规模、步骤和建设标准。

第五条　【城市规划与其他规划的关系】城市总体规划、镇总体规划以及乡规划和村庄规划的编制，应当依据国民经济和社会发展规划，并与土地利用总体规划相衔接。

第六条　【城乡规划制定经费】各级人民政府应当将城乡规划的编制和管理经费纳入本级财政预算。

第七条　【城乡规则的效力】经依法批准的城乡规划，是城乡建设和规划管理的依据，未经法定程序不得修改。

第八条　【城乡规划的公开】城乡规划组织编制机关应当及时公布经依法批准的城乡规划。但是，法律、行政法规规定不得公开的内容除外。

第九条　【行政管理相对人的权利义务】任何单位和个人都应当遵守经依法批准并公布的城乡规划，服从规划管理，并有权就涉及其利害关系的建设活动是否符合规划的要求向城乡规划主管部门查询。

任何单位和个人都有权向城乡规划主管部门或者其他有关部门举报或者控告违反城乡规划的行为。城乡规划主管部门或者其他有关部门对举报或者控告，应当及时受理并组织核查、处理。

第十条　【鼓励科学规划】国家鼓励采用先进的科学技术，增强城乡规划的科学性，提高城乡规划实施及监督管理的效能。

第十一条　【城乡规划主管部门】国务院城乡规划主管部门负责全国的城乡规划管理工作。

县级以上地方人民政府城乡规划主管部门负责本

行政区域内的城乡规划管理工作。

第二章　城乡规划的制定

第十二条　【全国城镇体系规划】国务院城乡规划主管部门会同国务院有关部门组织编制全国城镇体系规划，用于指导省域城镇体系规划、城市总体规划的编制。

全国城镇体系规划由国务院城乡规划主管部门报国务院审批。

第十三条　【省域城镇体系规划】省、自治区人民政府组织编制省域城镇体系规划，报国务院审批。

省域城镇体系规划的内容应当包括：城镇空间布局和规模控制，重大基础设施的布局，为保护生态环境、资源等需要严格控制的区域。

第十四条　【城市总体规划】城市人民政府组织编制城市总体规划。

直辖市的城市总体规划由直辖市人民政府报国务院审批。省、自治区人民政府所在地的城市以及国务院确定的城市的总体规划，由省、自治区人民政府审查同意后，报国务院审批。其他城市的总体规划，由城市人民政府报省、自治区人民政府审批。

第十五条　【镇总体规划】县人民政府组织编制县人民政府所在地镇的总体规划，报上一级人民政府审批。其他镇的总体规划由镇人民政府组织编制，报上一级人民政府审批。

第十六条　【人民代表大会在城乡规划制定中的作用】省、自治区人民政府组织编制的省域城镇体系规划，城市、县人民政府组织编制的总体规划，在报上一级人民政府审批前，应当先经本级人民代表大会常务委员会审议，常务委员会组成人员的审议意见交由本级人民政府研究处理。

镇人民政府组织编制的镇总体规划，在报上一级人民政府审批前，应当先经镇人民代表大会审议，代表的审议意见交由本级人民政府研究处理。

规划的组织编制机关报送审批省域城镇体系规划、城市总体规划或者镇总体规划，应当将本级人民代表大会常务委员会组成人员或者镇人民代表大会代表的审议意见和根据审议意见修改规划的情况一并报送。

第十七条　【城市、镇总体规划的内容】城市总体规划、镇总体规划的内容应当包括：城市、镇的发展布局，功能分区，用地布局，综合交通体系，禁止、限制和适宜建设的地域范围，各类专项规划等。

规划区范围、规划区内建设用地规模、基础设施和公共服务设施用地、水源地和水系、基本农田和绿化用地、环境保护、自然与历史文化遗产保护以及防灾减灾等内容，应当作为城市总体规划、镇总体规划的强制性内容。

城市总体规划、镇总体规划的规划期限一般为二十年。城市总体规划还应当对城市更长远的发展作出预测性安排。

第十八条　【乡、村庄规划的制定原则和内容】乡规划、村庄规划应当从农村实际出发，尊重村民意愿，体现地方和农村特色。

乡规划、村庄规划的内容应当包括：规划区范围，住宅、道路、供水、排水、供电、垃圾收集、畜禽养殖场所等农村生产、生活服务设施、公益事业等各项建设的用地布局、建设要求，以及对耕地等自然资源和历史文化遗产保护、防灾减灾等的具体安排。乡规划还应当包括本行政区域内的村庄发展布局。

第十九条　【控制性详细规划】城市人民政府城乡规划主管部门根据城市总体规划的要求，组织编制城市的控制性详细规划，经本级人民政府批准后，报本级人民代表大会常务委员会和上一级人民政府备案。

第二十条　【镇的详细规则】镇人民政府根据镇总体规划的要求，组织编制镇的控制性详细规划，报上一级人民政府审批。县人民政府所在地镇的控制性详细规划，由县人民政府城乡规划主管部门根据镇总体规划的要求组织编制，经县人民政府批准后，报本级人民代表大会常务委员会和上一级人民政府备案。

第二十一条　【修建性详细规则】城市、县人民政府城乡规划主管部门和镇人民政府可以组织编制重要地块的修建性详细规划。修建性详细规划应当符合控制性详细规划。

第二十二条　【乡、村庄规划的制定主体】乡、镇人民政府组织编制乡规划、村庄规划，报上一级人民政府审批。村庄规划在报送审批前，应当经村民会议或者村民代表会议讨论同意。

第二十三条　【首都的规则】首都的总体规划、详细规划应当统筹考虑中央国家机关用地布局和空间安排的需要。

第二十四条　【承担具体编制城乡规划任务的单位】城乡规划组织编制机关应当委托具有相应资质等级的单位承担城乡规划的具体编制工作。

从事城乡规划编制工作应当具备下列条件，并经国务院城乡规划主管部门或者省、自治区、直辖市人民政府城乡规划主管部门依法审查合格，取得相应等级

的资质证书后,方可在资质等级许可的范围内从事城乡规划编制工作:

(一)有法人资格;

(二)有规定数量的经相关行业协会注册的规划师;

(三)有规定数量的相关专业技术人员;

(四)有相应的技术装备;

(五)有健全的技术、质量、财务管理制度。

编制城乡规划必须遵守国家有关标准。

第二十五条 【编制规划所需的基础资料】编制城乡规划,应当具备国家规定的勘察、测绘、气象、地震、水文、环境等基础资料。

县级以上地方人民政府有关主管部门应当根据编制城乡规划的需要,及时提供有关基础资料。

第二十六条 【规划编制的民主性】城乡规划报送审批前,组织编制机关应当依法将城乡规划草案予以公告,并采取论证会、听证会或者其他方式征求专家和公众的意见。公告的时间不得少于三十日。

组织编制机关应当充分考虑专家和公众的意见,并在报送审批的材料中附具意见采纳情况及理由。

第二十七条 【规划批准前的审查】省域城镇体系规划、城市总体规划、镇总体规划批准前,审批机关应当组织专家和有关部门进行审查。

第三章 城乡规划的实施

第二十八条 【实施城乡规划的总体要求】地方各级人民政府应当根据当地经济社会发展水平,量力而行,尊重群众意愿,有计划、分步骤地组织实施城乡规划。

第二十九条 【城、镇、乡、村庄建设和发展的原则】城市的建设和发展,应当优先安排基础设施以及公共服务设施的建设,妥善处理新区开发与旧区改建的关系,统筹兼顾进城务工人员生活和周边农村经济社会发展、村民生产与生活的需要。

镇的建设和发展,应当结合农村经济社会发展和产业结构调整,优先安排供水、排水、供电、供气、道路、通信、广播电视等基础设施和学校、卫生院、文化站、幼儿园、福利院等公共服务设施的建设,为周边农村提供服务。

乡、村庄的建设和发展,应当因地制宜、节约用地,发挥村民自治组织的作用,引导村民合理进行建设,改善农村生产、生活条件。

第三十条 【城市新区开发和建设的原则】城市新区的开发和建设,应当合理确定建设规模和时序,充分利用现有市政基础设施和公共服务设施,严格保护自然资源和生态环境,体现地方特色。

在城市总体规划、镇总体规划确定的建设用地范围以外,不得设立各类开发区和城市新区。

第三十一条 【旧城区改建的原则】旧城区的改建,应当保护历史文化遗产和传统风貌,合理确定拆迁和建设规模,有计划地对危房集中、基础设施落后等地段进行改建。

历史文化名城、名镇、名村的保护以及受保护建筑物的维护和使用,应当遵守有关法律、行政法规和国务院的规定。

第三十二条 【城市建设和发展与风景名胜区保护的关系】城乡建设和发展,应当依法保护和合理利用风景名胜资源,统筹安排风景名胜区及周边乡、镇、村庄的建设。

风景名胜区的规划、建设和管理,应当遵守有关法律、行政法规和国务院的规定。

第三十三条 【城市地下空间的开发和利用的原则】城市地下空间的开发和利用,应当与经济和技术发展水平相适应,遵循统筹安排、综合开发、合理利用的原则,充分考虑防灾减灾、人民防空和通信等需要,并符合城市规划,履行规划审批手续。

第三十四条 【近期建设规划】城市、县、镇人民政府应当根据城市总体规划、镇总体规划、土地利用总体规划和年度计划以及国民经济和社会发展规划,制定近期建设规划,报总体规划审批机关备案。

近期建设规划应当以重要基础设施、公共服务设施和中低收入居民住房建设以及生态环境保护为重点内容,明确近期建设的时序、发展方向和空间布局。近期建设规划的规划期限为五年。

第三十五条 【禁止擅自改变用途的用地】城乡规划确定的铁路、公路、港口、机场、道路、绿地、输配电设施及输电线路走廊、通信设施、广播电视设施、管道设施、河道、水库、水源地、自然保护区、防汛通道、消防通道、核电站、垃圾填埋场及焚烧厂、污水处理厂和公共服务设施的用地以及其他需要依法保护的用地,禁止擅自改变用途。

第三十六条 【需领取选址意见书的建设工程】按照国家规定需要有关部门批准或者核准的建设项目,以划拨方式提供国有土地使用权的,建设单位在报送有关部门批准或者核准前,应当向城乡规划主管部门申请核发选址意见书。

前款规定以外的建设项目不需要申请选址意见书。

第三十七条　【对划拨土地的规划管理】在城市、镇规划区内以划拨方式提供国有土地使用权的建设项目，经有关部门批准、核准、备案后，建设单位应当向城市、县人民政府城乡规划主管部门提出建设用地规划许可申请，由城市、县人民政府城乡规划主管部门依据控制性详细规划核定建设用地的位置、面积、允许建设的范围，核发建设用地规划许可证。

建设单位在取得建设用地规划许可证后，方可向县级以上地方人民政府土地主管部门申请用地，经县级以上人民政府审批后，由土地主管部门划拨土地。

第三十八条　【对出让土地的规划管理】在城市、镇规划区内以出让方式提供国有土地使用权的，在国有土地使用权出让前，城市、县人民政府城乡规划主管部门应当依据控制性详细规划，提出出让地块的位置、使用性质、开发强度等规划条件，作为国有土地使用权出让合同的组成部分。未确定规划条件的地块，不得出让国有土地使用权。

以出让方式取得国有土地使用权的建设项目，建设单位在取得建设项目的批准、核准、备案文件和签订国有土地使用权出让合同后，向城市、县人民政府城乡规划主管部门领取建设用地规划许可证。

城市、县人民政府城乡规划主管部门不得在建设用地规划许可证中，擅自改变作为国有土地使用权出让合同组成部分的规划条件。

第三十九条　【规划对国有土地使用权出让合同效力的影响】规划条件未纳入国有土地使用权出让合同的，该国有土地使用权出让合同无效；对未取得建设用地规划许可证的建设单位批准用地的，由县级以上人民政府撤销有关批准文件；占用土地的，应当及时退回；给当事人造成损失的，应当依法给予赔偿。

第四十条　【建设工程规划许可证的申请程序】在城市、镇规划区内进行建筑物、构筑物、道路、管线和其他工程建设的，建设单位或者个人应当向城市、县人民政府城乡规划主管部门或者省、自治区、直辖市人民政府确定的镇人民政府申请办理建设工程规划许可证。

申请办理建设工程规划许可证，应当提交使用土地的有关证明文件、建设工程设计方案等材料。需要建设单位编制修建性详细规划的建设项目，还应当提交修建性详细规划。对符合控制性详细规划和规划条件的，由城市、县人民政府城乡规划主管部门或者省、自治区、直辖市人民政府确定的镇人民政府核发建设工程规划许可证。

城市、县人民政府城乡规划主管部门或者省、自治区、直辖市人民政府确定的镇人民政府应当依法将经审定的修建性详细规划、建设工程设计方案的总平面图予以公布。

第四十一条　【在乡、村规划区内进行建设的行政许可】在乡、村庄规划区内进行乡镇企业、乡村公共设施和公益事业建设的，建设单位或者个人应当向乡、镇人民政府提出申请，由乡、镇人民政府报城市、县人民政府城乡规划主管部门核发乡村建设规划许可证。

在乡、村庄规划区内使用原有宅基地进行农村村民住宅建设的规划管理办法，由省、自治区、直辖市制定。

在乡、村庄规划区内进行乡镇企业、乡村公共设施和公益事业建设以及农村村民住宅建设，不得占用农用地；确需占用农用地的，应当依照《中华人民共和国土地管理法》有关规定办理农用地转用审批手续后，由城市、县人民政府城乡规划主管部门核发乡村建设规划许可证。

建设单位或者个人在取得乡村建设规划许可证后，方可办理用地审批手续。

第四十二条　【城乡规划行政许可地域范围的限制】城乡规划主管部门不得在城乡规划确定的建设用地范围以外作出规划许可。

第四十三条　【规划条件的变更】建设单位应当按照规划条件进行建设；确需变更的，必须向城市、县人民政府城乡规划主管部门提出申请。变更内容不符合控制性详细规划的，城乡规划主管部门不得批准。城市、县人民政府城乡规划主管部门应当及时将依法变更后的规划条件通报同级土地主管部门并公示。

建设单位应当及时将依法变更后的规划条件报有关人民政府土地主管部门备案。

第四十四条　【临时建设的规划管理】在城市、镇规划区内进行临时建设的，应当经城市、县人民政府城乡规划主管部门批准。临时建设影响近期建设规划或者控制性详细规划的实施以及交通、市容、安全等的，不得批准。

临时建设应当在批准的使用期限内自行拆除。

临时建设和临时用地规划管理的具体办法，由省、自治区、直辖市人民政府制定。

第四十五条　【对建设工程是否符合规划条件的核实】县级以上地方人民政府城乡规划主管部门按照国务院规定对建设工程是否符合规划条件予以核实。未经核实或者经核实不符合规划条件的，建设单位不得组织竣工验收。

建设单位应当在竣工验收后六个月内向城乡规划主管部门报送有关竣工验收资料。

第四章 城乡规划的修改

第四十六条 【定期评估和征求意见】省域城镇体系规划、城市总体规划、镇总体规划的组织编制机关,应当组织有关部门和专家定期对规划实施情况进行评估,并采取论证会、听证会或者其他方式征求公众意见。组织编制机关应当向本级人民代表大会常务委员会、镇人民代表大会和原审批机关提出评估报告并附具征求意见的情况。

第四十七条 【城乡规划修改的条件和程序】有下列情形之一的,组织编制机关方可按照规定的权限和程序修改省域城镇体系规划、城市总体规划、镇总体规划:

(一)上级人民政府制定的城乡规划发生变更,提出修改规划要求的;

(二)行政区划调整确需修改规划的;

(三)因国务院批准重大建设工程确需修改规划的;

(四)经评估确需修改规划的;

(五)城乡规划的审批机关认为应当修改规划的其他情形。

修改省域城镇体系规划、城市总体规划、镇总体规划前,组织编制机关应当对原规划的实施情况进行总结,并向原审批机关报告;修改涉及城市总体规划、镇总体规划强制性内容的,应当先向原审批机关提出专题报告,经同意后,方可编制修改方案。

修改后的省域城镇体系规划、城市总体规划、镇总体规划,应当依照本法第十三条、第十四条、第十五条和第十六条规定的审批程序报批。

第四十八条 【控制性详细规则的修改】修改控制性详细规划的,组织编制机关应当对修改的必要性进行论证,征求规划地段内利害关系人的意见,并向原审批机关提出专题报告,经原审批机关同意后,方可编制修改方案。修改后的控制性详细规划,应当依照本法第十九条、第二十条规定的审批程序报批。控制性详细规划修改涉及城市总体规划、镇总体规划的强制性内容的,应当先修改总体规划。

修改乡规划、村庄规划的,应当依照本法第二十二条规定的审批程序报批。

第四十九条 【近期建设规划的修改】城市、县、镇人民政府修改近期建设规划的,应当将修改后的近期建设规划报总体规划审批机关备案。

第五十条 【修改规划给当事人造成损失的补偿】在选址意见书、建设用地规划许可证、建设工程规划许可证或者乡村建设规划许可证发放后,因依法修改城乡规划给被许可人合法权益造成损失的,应当依法给予补偿。

经依法审定的修建性详细规划、建设工程设计方案的总平面图不得随意修改;确需修改的,城乡规划主管部门应当采取听证会等形式,听取利害关系人的意见;因修改给利害关系人合法权益造成损失的,应当依法给予补偿。

第五章 监督检查

第五十一条 【城乡规划主管部门的监督】县级以上人民政府及其城乡规划主管部门应当加强对城乡规划编制、审批、实施、修改的监督检查。

第五十二条 【各级人大对规划实施的监督】地方各级人民政府应当向本级人民代表大会常务委员会或者乡、镇人民代表大会报告城乡规划的实施情况,并接受监督。

第五十三条 【城乡规划主管部门进行监督的权利和义务】县级以上人民政府城乡规划主管部门对城乡规划的实施情况进行监督检查,有权采取以下措施:

(一)要求有关单位和人员提供与监督事项有关的文件、资料,并进行复制;

(二)要求有关单位和人员就监督事项涉及的问题作出解释和说明,并根据需要进入现场进行勘测;

(三)责令有关单位和人员停止违反有关城乡规划的法律、法规的行为。

城乡规划主管部门的工作人员履行前款规定的监督检查职责,应当出示执法证件。被监督检查的单位和人员应当予以配合,不得妨碍和阻挠依法进行的监督检查活动。

第五十四条 【监督结果的公开】监督检查情况和处理结果应当依法公开,供公众查阅和监督。

第五十五条 【国家机关工作人员违法行为的处理】城乡规划主管部门在查处违反本法规定的行为时,发现国家机关工作人员依法应当给予行政处分的,应当向其任免机关或者监察机关提出处分建议。

第五十六条 【对行政不作为的处理】依照本法规定应当给予行政处罚,而有关城乡规划主管部门不给予行政处罚的,上级人民政府城乡规划主管部门有权责令其作出行政处罚决定或者建议有关人民政府责令其给予行政处罚。

第五十七条 【对违法行政许可的处理】城乡规划主管部门违反本法规定作出行政许可的,上级人民政府城乡规划主管部门有权责令其撤销或者直接撤销该行政许可。因撤销行政许可给当事人合法权益造成损失的，应当依法给予赔偿。

第六章　法律责任

第五十八条　【未按规定制定规划的人民政府的法律责任】对依法应当编制城乡规划而未组织编制，或者未按法定程序编制、审批、修改城乡规划的，由上级人民政府责令改正，通报批评；对有关人民政府负责人和其他直接责任人员依法给予处分。

第五十九条　【委托不具资质的单位承担规划编制任务的法律责任】城乡规划组织编制机关委托不具有相应资质等级的单位编制城乡规划的，由上级人民政府责令改正，通报批评；对有关人民政府负责人和其他直接责任人员依法给予处分。

第六十条　【镇人民政府和县级以上城乡规划主管部门需承担法律责任的违法行为】镇人民政府或者县级以上人民政府城乡规划主管部门有下列行为之一的，由本级人民政府、上级人民政府城乡规划主管部门或者监察机关依据职权责令改正，通报批评；对直接负责的主管人员和其他直接责任人员依法给予处分：

（一）未依法组织编制城市的控制性详细规划、县人民政府所在地镇的控制性详细规划的；

（二）超越职权或者对不符合法定条件的申请人核发选址意见书、建设用地规划许可证、建设工程规划许可证、乡村建设规划许可证的；

（三）对符合法定条件的申请人未在法定期限内核发选址意见书、建设用地规划许可证、建设工程规划许可证、乡村建设规划许可证的；

（四）未依法对经审定的修建性详细规划、建设工程设计方案的总平面图予以公布的；

（五）同意修改修建性详细规划、建设工程设计方案的总平面图前未采取听证会等形式听取利害关系人的意见的；

（六）发现未依法取得规划许可或者违反规划许可的规定在规划区内进行建设的行为，而不予查处或者接到举报后不依法处理的。

第六十一条　【县级以上人民政府其他部门的法律责任】县级以上人民政府有关部门有下列行为之一的，由本级人民政府或者上级人民政府有关部门责令改正，通报批评；对直接负责的主管人员和其他直接责任人员依法给予处分：

（一）对未依法取得选址意见书的建设项目核发建设项目批准文件的；

（二）未依法在国有土地使用权出让合同中确定规划条件或者改变国有土地使用权出让合同中依法确定的规划条件的；

（三）对未依法取得建设用地规划许可证的建设单位划拨国有土地使用权的。

第六十二条　【城乡规划编制单位的法律责任】城乡规划编制单位有下列行为之一的，由所在地城市、县人民政府城乡规划主管部门责令限期改正，处合同约定的规划编制费一倍以上二倍以下的罚款；情节严重的，责令停业整顿，由原发证机关降低资质等级或者吊销资质证书；造成损失的，依法承担赔偿责任：

（一）超越资质等级许可的范围承揽城乡规划编制工作的；

（二）违反国家有关标准编制城乡规划的。

未依法取得资质证书承揽城乡规划编制工作的，由县级以上地方人民政府城乡规划主管部门责令停止违法行为，依照前款规定处以罚款；造成损失的，依法承担赔偿责任。

以欺骗手段取得资质证书承揽城乡规划编制工作的，由原发证机关吊销资质证书，依照本条第一款规定处以罚款；造成损失的，依法承担赔偿责任。

第六十三条　【规划编制单位取得资质证书后不再符合条件的法律责任】城乡规划编制单位取得资质证书后，不再符合相应的资质条件的，由原发证机关责令限期改正；逾期不改正的，降低资质等级或者吊销资质证书。

第六十四条　【建设单位违法行为的法律责任】未取得建设工程规划许可证或者未按照建设工程规划许可证的规定进行建设的，由县级以上地方人民政府城乡规划主管部门责令停止建设；尚可采取改正措施消除对规划实施的影响的，限期改正，处建设工程造价百分之五以上百分之十以下的罚款；无法采取改正措施消除影响的，限期拆除，不能拆除的，没收实物或者违法收入，可以并处建设工程造价百分之十以下的罚款。

第六十五条　【乡、村建设中违反规划行为的法律责任】在乡、村庄规划区内未依法取得乡村建设规划许可证或者未按照乡村建设规划许可证的规定进行建设的，由乡、镇人民政府责令停止建设、限期改正；逾期不改正的，可以拆除。

第六十六条　【临时建设违法行为的法律责任】建设单位或者个人有下列行为之一的，由所在地城市、县人民政府城乡规划主管部门责令限期拆除，可以并处临时建设工程造价一倍以下的罚款：

（一）未经批准进行临时建设的；

（二）未按照批准内容进行临时建设的；

（三）临时建筑物、构筑物超过批准期限不拆除的。

第六十七条 【建设工程竣工后不报收竣工验收资料的法律责任】建设单位未在建设工程竣工验收后六个月内向城乡规划主管部门报送有关竣工验收资料的，由所在地城市、县人民政府城乡规划主管部门责令限期补报；逾期不补报的，处一万元以上五万元以下的罚款。

第六十八条 【违章建筑的强制拆除】城乡规划主管部门作出责令停止建设或者限期拆除的决定后，当事人不停止建设或者逾期不拆除的，建设工程所在地县级以上地方人民政府可以责成有关部门采取查封施工现场、强制拆除等措施。

第六十九条 【刑事责任】违反本法规定，构成犯罪的，依法追究刑事责任。

第七章 附 则

第七十条 【施行日期】本法自2008年1月1日起施行。《中华人民共和国城市规划法》同时废止。

中共中央、国务院关于建立国土空间规划体系并监督实施的若干意见

1. 2019年5月10日

2. 中发〔2019〕18号

国土空间规划是国家空间发展的指南、可持续发展的空间蓝图，是各类开发保护建设活动的基本依据。建立国土空间规划体系并监督实施，将主体功能区规划、土地利用规划、城乡规划等空间规划融合为统一的国土空间规划，实现“多规合一”，强化国土空间规划对各专项规划的指导约束作用，是党中央、国务院作出的重大部署。为建立国土空间规划体系并监督实施，现提出如下意见。

一、重大意义

各级各类空间规划在支撑城镇化快速发展、促进国土空间合理利用和有效保护方面发挥了积极作用，但也存在规划类型过多、内容重叠冲突，审批流程复杂、周期过长，地方规划朝令夕改等问题。建立全国统一、责权清晰、科学高效的国土空间规划体系，整体谋划新时代国土空间开发保护格局，综合考虑人口分布、经济布局、国土利用、生态环境保护等因素，科学布局生产空间、生活空间、生态空间，是加快形成绿色生产方式和生活方式、推进生态文明建设、建设美丽中国的关键举措，是坚持以人民为中心、实现高质量发展和高品质生活、建设美好家园的重要手段，是保障国家战略有效实施、促进国家治理体系和治理能力现代化、实现“两个一百年”奋斗目标和中华民族伟大复兴中国梦的必然要求。

二、总体要求

（一）*指导思想*。以习近平新时代中国特色社会主义思想为指导，全面贯彻党的十九大和十九届二中、三中全会精神，紧紧围绕统筹推进“五位一体”总体布局和协调推进“四个全面”战略布局，坚持新发展理念，坚持以人民为中心，坚持一切从实际出发，按照高质量发展要求，做好国土空间规划顶层设计，发挥国土空间规划在国家规划体系中的基础性作用，为国家发展规划落地实施提供空间保障。健全国土空间开发保护制度，体现战略性、提高科学性、强化权威性、加强协调性、注重操作性，实现国土空间开发保护更高质量、更有效率、更加公平、更可持续。

（二）*主要目标*。到2020年，基本建立国土空间规划体系，逐步建立“多规合一”的规划编制审批体系、实施监督体系、法规政策体系和技术标准体系；基本完成市县以上各级国土空间总体规划编制，初步形成全国国土空间开发保护“一张图”。到2025年，健全国土空间规划法规政策和技术标准体系；全面实施国土空间监测预警和绩效考核机制；形成以国土空间规划为基础，以统一用途管制为手段的国土空间开发保护制度。到2035年，全面提升国土空间治理体系和治理能力现代化水平，基本形成生产空间集约高效、生活空间宜居适度、生态空间山清水秀，安全和谐、富有竞争力和可持续发展的国土空间格局。

三、总体框架

（三）*分级分类建立国土空间规划*。国土空间规划是对一定区域国土空间开发保护在空间和时间上作出的安排，包括总体规划、详细规划和相关专项规划。国家、省、市县编制国土空间总体规划，各地结合实际编制乡镇国土空间规划。相关专项规划是指在特定区域（流域）、特定领域，为体现特定功能，对空间开发保护利用作出的专门安排，是涉及空间利用的专项规划。国土空间总体规划是详细规划的依据、相关专项规划的基础；相关专项规划要相互协同，并与详细规划做好衔接。

（四）明确各级国土空间总体规划编制重点。全国国土空间规划是对全国国土空间作出的全局安排，是全国国土空间保护、开发、利用、修复的政策和总纲，侧重战略性，由自然资源部会同相关部门组织编制，由党中央、国务院审定后印发。省级国土空间规划是对全国国土空间规划的落实，指导市县国土空间规划编制，侧重协调性，由省级政府组织编制，经同级人大常委会审议后报国务院审批。市县和乡镇国土空间规划是本级政府对上级国土空间规划要求的细化落实，是对本行政区域开发保护作出的具体安排，侧重实施性。需报国务院审批的城市国土空间总体规划，由市政府组织编制，经同级人大常委会审议后，由省级政府报国务院审批；其他市县及乡镇国土空间规划由省级政府根据当地实际，明确规划编制审批内容和程序要求。各地可因地制宜，将市县与乡镇国土空间规划合并编制，也可以几个乡镇为单元编制乡镇级国土空间规划。

（五）强化对专项规划的指导约束作用。海岸带、自然保护地等专项规划及跨行政区域或流域的国土空间规划，由所在区域或上一级自然资源主管部门牵头组织编制，报同级政府审批；涉及空间利用的某一领域专项规划，如交通、能源、水利、农业、信息、市政等基础设施，公共服务设施，军事设施，以及生态环境保护、文物保护、林业草原等专项规划，由相关主管部门组织编制。相关专项规划可在国家、省和市县层级编制，不同层级、不同地区的专项规划可结合实际选择编制的类型和精度。

（六）在市县及以下编制详细规划。详细规划是对具体地块用途和开发建设强度等作出的实施性安排，是开展国土空间开发保护活动、实施国土空间用途管制、核发城乡建设项目规划许可、进行各项建设等的法定依据。在城镇开发边界内的详细规划，由市县自然资源主管部门组织编制，报同级政府审批；在城镇开发边界外的乡村地区，以一个或几个行政村为单元，由乡镇政府组织编制“多规合一”的实用性村庄规划，作为详细规划，报上一级政府审批。

四、编制要求

（七）体现战略性。全面落实党中央、国务院重大决策部署，体现国家意志和国家发展规划的战略性，自上而下编制各级国土空间规划，对空间发展作出战略性系统性安排。落实国家安全战略、区域协调发展战略和主体功能区战略，明确空间发展目标，优化城镇化格局、农业生产格局、生态保护格局，确定空间发展策略，转变国土空间开发保护方式，提升国土空间开发保护质量和效率。

（八）提高科学性。坚持生态优先、绿色发展，尊重自然规律、经济规律、社会规律和城乡发展规律，因地制宜开展规划编制工作；坚持节约优先、保护优先、自然恢复为主的方针，在资源环境承载能力和国土空间开发适宜性评价的基础上，科学有序统筹布局生态、农业、城镇等功能空间，划定生态保护红线、永久基本农田、城镇开发边界等空间管控边界以及各类海域保护线，强化底线约束，为可持续发展预留空间。坚持山水林田湖草生命共同体理念，加强生态环境分区管治，量水而行，保护生态屏障，构建生态廊道和生态网络，推进生态系统保护和修复，依法开展环境影响评价。坚持陆海统筹、区域协调、城乡融合，优化国土空间结构和布局，统筹地上地下空间综合利用，着力完善交通、水利等基础设施和公共服务设施，延续历史文脉，加强风貌管控，突出地域特色。坚持上下结合、社会协同，完善公众参与制度，发挥不同领域专家的作用。运用城市设计、乡村营造、大数据等手段，改进规划方法，提高规划编制水平。

（九）加强协调性。强化国家发展规划的统领作用，强化国土空间规划的基础作用。国土空间总体规划要统筹和综合平衡各相关专项领域的空间需求。详细规划要依据批准的国土空间总体规划进行编制和修改。相关专项规划要遵循国土空间总体规划，不得违背总体规划强制性内容，其主要内容要纳入详细规划。

（十）注重操作性。按照谁组织编制、谁负责实施的原则，明确各级各类国土空间规划编制和管理的要点。明确规划约束性指标和刚性管控要求，同时提出指导性要求。制定实施规划的政策措施，提出下级国土空间总体规划和相关专项规划、详细规划的分解落实要求，健全规划实施传导机制，确保规划能用、管用、好用。

五、实施与监管

（十一）强化规划权威。规划一经批复，任何部门和个人不得随意修改、违规变更，防止出现换一届党委和政府改一次规划。下级国土空间规划要服从上级国土空间规划，相关专项规划、详细规划要服从总体规划；坚持先规划、后实施，不得违反国土空间规划进行各类开发建设活动；坚持“多规合一”，不在国土空间规划体系之外另设其他空间规划。相关专项规划的有关技术标准应与国土空间规划衔接。因国家重大战略调整、重大项目建设或行政区划调整等确需修改规划的，须先经规划审批机关同意后，方可按法定程序进行修改。对国土空间规划编制和实施过程中的违规违纪违法行为，要严肃追究责任。

（十二）改进规划审批。按照谁审批、谁监管的原则，分级建立国土空间规划审查备案制度。精简规划审批内容，管什么就批什么，大幅缩减审批时间。减少需报国务院审批的城市数量，直辖市、计划单列市、省会城市及国务院指定城市的国土空间总体规划由国务院审批。相关专项规划在编制和审查过程中应加强与有关国土空间规划的衔接及“一张图”的核对，批复后纳入同级国土空间基础信息平台，叠加到国土空间规划“一张图”上。

（十三）健全用途管制制度。以国土空间规划为依据，对所有国土空间分区分类实施用途管制。在城镇开发边界内的建设，实行“详细规划 + 规划许可”的管制方式；在城镇开发边界外的建设，按照主导用途分区，实行“详细规划 + 规划许可”和“约束指标 + 分区准入”的管制方式。对以国家公园为主体的自然保护地、重要海域和海岛、重要水源地、文物等实行特殊保护制度。因地制宜制定用途管制制度，为地方管理和创新活动留有空间。

（十四）监督规划实施。依托国土空间基础信息平台，建立健全国土空间规划动态监测评估预警和实施监管机制。上级自然资源主管部门要会同有关部门组织对下级国土空间规划中各类管控边界、约束性指标等管控要求的落实情况进行监督检查，将国土空间规划执行情况纳入自然资源执法督察内容。健全资源环境承载能力监测预警长效机制，建立国土空间规划定期评估制度，结合国民经济社会发展实际和规划定期评估结果，对国土空间规划进行动态调整完善。

（十五）推进“放管服”改革。以“多规合一”为基础，统筹规划、建设、管理三大环节，推动“多审合一”、“多证合一”。优化现行建设项目用地（海）预审、规划选址以及建设用地规划许可、建设工程规划许可等审批流程，提高审批效能和监管服务水平。

六、法规政策与技术保障

（十六）完善法规政策体系。研究制定国土空间开发保护法，加快国土空间规划相关法律法规建设。梳理与国土空间规划相关的现行法律法规和部门规章，对“多规合一”改革涉及突破现行法律法规规定的内容和条款，按程序报批，取得授权后施行，并做好过渡时期的法律法规衔接。完善适应主体功能区要求的配套政策，保障国土空间规划有效实施。

（十七）完善技术标准体系。按照“多规合一”要求，由自然资源部会同相关部门负责构建统一的国土空间规划技术标准体系，修订完善国土资源现状调查和国土空间规划用地分类标准，制定各级各类国土空间规划编制办法和技术规程。

（十八）完善国土空间基础信息平台。以自然资源调查监测数据为基础，采用国家统一的测绘基准和测绘系统，整合各类空间关联数据，建立全国统一的国土空间基础信息平台。以国土空间基础信息平台为底板，结合各级各类国土空间规划编制，同步完成县级以上国土空间基础信息平台建设，实现主体功能区战略和各类空间管控要素精准落地，逐步形成全国国土空间规划“一张图”，推进政府部门之间的数据共享以及政府与社会之间的信息交互。

七、工作要求

（十九）加强组织领导。各地区各部门要落实国家发展规划提出的国土空间开发保护要求，发挥国土空间规划体系在国土空间开发保护中的战略引领和刚性管控作用，统领各类空间利用，把每一寸土地都规划得清清楚楚。坚持底线思维，立足资源禀赋和环境承载能力，加快构建生态功能保障基线、环境质量安全底线、自然资源利用上线。严格执行规划，以钉钉子精神抓好贯彻落实，久久为功，做到一张蓝图干到底。地方各级党委和政府要充分认识建立国土空间规划体系的重大意义，主要负责人亲自抓，落实政府组织编制和实施国土空间规划的主体责任，明确责任分工，落实工作经费，加强队伍建设，加强监督考核，做好宣传教育。

（二十）落实工作责任。各地区各部门要加大对本行业本领域涉及空间布局相关规划的指导、协调和管理，制定有利于国土空间规划编制实施的政策，明确时间表和路线图，形成合力。组织、人事、审计等部门要研究将国土空间规划执行情况纳入领导干部自然资源资产离任审计，作为党政领导干部综合考核评价的重要参考。纪检监察机关要加强监督。发展改革、财政、金融、税务、自然资源、生态环境、住房城乡建设、农业农村等部门要研究制定完善主体功能区的配套政策。自然资源主管部门要会同相关部门加快推进国土空间规划立法工作。组织部门在对地方党委和政府主要负责人的教育培训中要注重提高其规划意识。教育部门要研究加强国土空间规划相关学科建设。自然资源部要强化统筹协调工作，切实负起责任，会同有关部门按照国土空间规划体系总体框架，不断完善制度设计，抓紧建立规划编制审批体系、实施监督体系、法规政策体系和技术标准体系，加强专业队伍建设和行业管理。自然资源部要定期对本意见贯彻落实情况进行监督检查，重大事项及时向党中央、国务院报告。

省级土地利用总体规划会审办法

1. 1998年9月29日国土资源部发布
2. 国土资发〔1998〕145号

根据《土地管理法》和《国土资源部工作规则》的有关规定，为加强省级土地利用总体规划（以下简称规划）的审批管理，提高审批工作的质量和效率，制定本办法。

一、会审组织

会审工作由部领导主持，规划司负责具体组织工作，会审单位包括办公厅、政策法规司、规划司、耕地保护司、地籍管理司、土地利用管理司、矿产开发管理司、地质环境司、执法监察局。

二、审查依据

（一）党和国家有关土地利用与管理的各项方针、政策；

（二）《土地管理法》等现行法律、法规和标准；

（三）国家国民经济和社会发展“九五”计划和2010年远景目标纲要；

（四）全国土地利用总体规划纲要；地质环境保护“九五”计划和2010年远景规划目标及矿山勘察和开发有关规定；

（五）土地利用现状调查、变更调查及其他调查资料；

（六）省（区、市）自然、社会和经济条件。

三、审查重点

（一）规划指导思想。规划是否体现了切实保护耕地、严格控制各类建设用地、促进土地资源可持续利用和提高土地利用社会经济、生态综合效益的要求。

（二）规划目标和方针。规划是否体现了耕地总量动态平衡，土地集约利用优化配置的要求，是否落实了上级下达的土地利用主要规划指标，是否符合国家和省（区、市）国民经济和社会发展规划的要求。

（三）土地利用结构与布局调整。土地利用结构调整依据否充分，分区和布局是否科学合理，重点项目用地是否有保障，土地开发、复垦、整理安排是否合理、可行。

（四）规划协调情况。城市总体规划、村庄和集镇规划是否与土地利用总体相衔接，建设用地规模是否控制在土地利用总体规划确定的城镇和村庄、集镇建设用地规模范围内，非农业建设占用耕地指标分解和各类非农业建设用地总规模是否衔接到位。

（五）规划的实施。实施措施是否体现了用途管理制的要求，是否切实可行。

（六）规划文本、说明和专题的内容是否符合要求，规划图内容是否全面及编绘方法是否正确。

（七）规划采用的土地利用现状调查及其他基础数据是否翔实、可靠。

四、审查程序与时限

（一）受理与送审

规划司在收到办公厅转交的国务院批转的规划报件后，分送部内各会审单位审查，同时送国务院有关部门和部高咨中心、土地勘测规划院及有关单位征求意见。

（二）审查

会审单位应根据审查要求和本部门职责，分别审查有关内容，提出审查意见。国务院有关部门和部内各司局、高咨中心、土地勘测规划院等单位的意见提交规划司进行综合。审查和征求意见的时限为两周。

（三）会审

规划司应于第三周内负责规划会审会议的各项准备工作，会审会议由部领导主持。会审会议前应综合各方面意见，并提出规划司倾向意见。会审会议应对规划进行全面、公正、客观的评价，并提出同意批准、原则批准、不批准的意见。

送审规划相对集中时，可以几个规划合并召开一次会审会议。

（四）报批

规划司应于会审会议后一周内，根据会审意见完成规划综合审查意见和批复代拟稿的起草，经部领导审签后，报国务院。

五、其他规定

（一）报国务院审批的城市土地利用总体规划的会审参照本办法执行。

（二）本办法自发布之日起施行。

城乡规划编制单位资质管理办法

2024年1月24日自然资源部令第11号公布施行

第一条 为贯彻落实党中央“多规合一”改革精神，提升国土空间规划编制的科学性，促进行业规范发展，根据《中华人民共和国土地管理法》《中华人民共和国城乡规划法》《中华人民共和国土地管理法实施条例》等法律法规,制定本办法。

第二条 国家建立国土空间规划体系,将主体功能区规划、土地利用规划、城乡规划等空间类规划融合为统一的国土空间规划。

在中华人民共和国境内从事国土空间规划编制工作的单位,应当取得相应等级的城乡规划(国土空间规划)编制单位资质,并在资质等级规定的范围内承担业务。

第三条 国务院自然资源主管部门负责全国城乡规划(国土空间规划)编制单位资质的监督管理工作。

县级以上地方人民政府自然资源主管部门负责本行政区域内城乡规划(国土空间规划)编制单位资质的监督管理工作。

第四条 城乡规划(国土空间规划)编制单位资质分为甲、乙两级。

甲级资质由国务院自然资源主管部门审批,乙级资质由登记注册所在地的省级人民政府自然资源主管部门审批。

初次申请应当申请乙级资质;取得乙级资质证书满两年,可以申请甲级资质。

国务院自然资源主管部门建立全国城乡规划(国土空间规划)编制单位管理信息系统,依托该系统开展资质申报、审核、核查及日常监管等工作,提升信息化管理水平。

第五条 申请甲级资质,应当符合下列条件:

(一)有法人资格;

(二)专业技术人员不少于40人。其中,具有城乡规划、土地规划管理相关专业高级技术职称的分别不少于1人,共不少于5人;具有道路交通、给水排水、建筑、电力电信、燃气热力、地理、风景园林、生态环境、经济、地理信息、海洋、测绘、林草、地质相关专业高级技术职称的总人数不少于5人,且不少于4个专业类别。具有城乡规划、土地规划管理相关专业中级技术职称的分别不少于2人,共不少于10人;具有其他专业中级技术职称的不少于15人,其中具有道路交通、给水排水、建筑、电力电信、燃气热力、地理、风景园林、生态环境、经济、地理信息、海洋、测绘、林草、地质相关专业中级技术职称的总人数不少于10人;

(三)注册城乡规划师不少于10人;

(四)有400平方米以上的固定工作场所,以及完善的技术、质量、安全、保密、档案、财务管理制度;

(五)在申请之日前5年内应当牵头或者独立承担并完成相关空间类规划项目不少于5项,且项目总经费不低于600万元。成立不满5年的,业绩要求按已满年度等比例计算。

第六条 申请乙级资质,应当符合下列条件:

(一)有法人资格;

(二)专业技术人员不少于20人。其中具有城乡规划、土地规划管理相关专业高级技术职称的分别不少于1人;具有道路交通、给水排水、建筑、电力电信、燃气热力、地理、风景园林、生态环境、经济、地理信息、海洋、测绘、林草、地质相关专业高级技术职称的总人数不少于2人。具有城乡规划、土地规划管理相关专业中级技术职称的分别不少于1人,共不少于5人;具有其他专业中级技术职称的不少于10人,其中具有道路交通、给水排水、建筑、电力电信、燃气热力、地理、风景园林、生态环境、经济、地理信息、海洋、测绘、林草、地质相关专业中级技术职称的总人数不少于5人;

(三)注册城乡规划师不少于3人;

(四)有200平方米以上的固定工作场所,以及完善的技术、质量、安全、保密、档案、财务管理制度。

第七条 城乡规划(国土空间规划)编制单位可以聘用70周岁以下的退休高级职称技术人员或者注册城乡规划师,甲级资质单位不超过2人,乙级资质单位不超过1人。

隶属于高等院校的规划编制单位,专职技术人员不得低于技术人员总数的70%;其他规划编制单位的专业技术人员应当全部为本单位专职人员。

第八条 城乡规划(国土空间规划)编制单位资质审批实行全流程网上办理,申请人应当提交下列材料:

(一)申请表;

(二)营业执照或者事业单位法人证书;

(三)法定代表人的身份证明、任职文件;

(四)主要技术负责人的身份证明、任职文件、学历证书、职称证书等;

(五)专业技术人员的身份证明、执业资格证明、学历证书、职称证书、劳动合同、申请前连续三个月在本单位缴纳社会保险记录、退休证等;

(六)工作场所证明材料。

除前款规定的条件外,申请甲级资质的,还应当按照本办法要求提交牵头承担并完成的相关规划业绩情况;申请乙级资质的,根据实际提交相关业绩情况。

第九条 自然资源主管部门收到申请后,应当根据下列情形分别作出处理:

(一)申请材料齐全并符合法定形式的,应当决定受理并出具受理凭证；

（二）申请材料不齐全或者不符合法定形式的，应当在5日内一次性告知申请人需要补正的全部内容，逾期不告知的，自收到申请材料之日起即为受理；

（三）申请事项依法不属于本机关职责范围的，应当即时作出不予受理的决定，并告知申请人向有关行政机关申请。

第十条 自然资源主管部门应当自受理申请之日起15个工作日内作出决定并及时公告，根据需要可以组织专家对申请材料进行评审，必要时可以组织实地核查。

省级人民政府自然资源主管部门应当自乙级资质审批决定作出之日起30日内，将审批情况录入全国城乡规划（国土空间规划）编制单位管理信息系统。

第十一条 城乡规划（国土空间规划）编制单位资质证书有效期为5年。乙级资质的有效期可以根据实际情况适当调整。

城乡规划（国土空间规划）编制单位资质证书分为纸质证书和电子证书，电子证书和纸质证书具有同等法律效力。纸质证书正本、副本各一份，由国务院自然资源主管部门统一印制，纸质证书遗失或者损毁的，不再补发。

第十二条 资质证书有效期届满需要延续的，规划编制单位应当在有效期届满6个月前向原审批自然资源主管部门提出申请，并按照本办法第八条的要求提交申请材料。

规划编制单位按要求提出延续申请后，自然资源主管部门应当在资质证书有效期届满前作出是否准予延续的决定；逾期未作出决定的，视为准予延续。

第十三条 资质证书有效期内，单位名称、地址、法定代表人等发生变更的，应当在办理相关变更手续后30日内向原审批自然资源主管部门申请办理资质证书变更手续。

第十四条 申请资质证书变更，应当符合相应的资质等级条件，并提交下列材料：

（一）资质证书变更申请；

（二）变更后的营业执照或者事业单位法人证书；

（三）其他与资质变更事项有关的证明材料。

第十五条 规划编制单位合并的，合并后存续或者新设立的编制单位可以承继合并前各单位中较高的资质等级，但应当符合相应的资质等级条件，并按照本办法重新核定。

规划编制单位分立的，分立后的单位资质等级，根据实际达到的资质条件，按照本办法重新核定。

规划编制单位改制，改制后不再符合原资质条件的，应当按照其实际达到的资质条件重新核定其资质等级；资质等级未发生变化的，按照本办法第十四条规定办理。

第十六条 规划编制单位设立的分支机构，具有独立法人资格的，应当按照本办法规定申请资质证书；不具有独立法人资格的，不得以分支机构名义承担规划编制业务。

第十七条 甲级城乡规划（国土空间规划）编制单位承担国土空间规划编制业务的范围不受限制。

乙级城乡规划（国土空间规划）编制单位可以在全国范围内承担下列业务：

（一）城区常住人口20万以下市县国土空间总体规划、乡镇国土空间总体规划的编制；

（二）乡镇、登记注册所在地城市和城区常住人口100万以下城市，法律法规对于规划编制单位资质有特定要求的有关专项规划的编制；

（三）详细规划的编制；

（四）建设项目规划选址和用地预审阶段相关论证报告的编制。

国土空间规划编制组织机关应当委托具有相应资质的规划编制单位承担具体规划编制业务。涉及军事、军工、国家安全要害部门、关键位置的涉密项目委托，国土空间规划编制组织机关应当强化保密管理。

第十八条 规划编制单位提交的国土空间规划编制成果，应当符合有关法律、法规和规章的规定，符合有关标准、规范和上级国土空间规划的强制性内容。

规划编制单位应当在规划编制成果文本扉页注明牵头单位资质等级和证书编号。规划编制单位及其项目负责人、技术负责人对规划编制成果是否符合上述要求终身负责。

两个及以上规划编制单位合作编制国土空间规划，由牵头单位对编制成果质量负总责，其他单位按照合同约定承担相应责任。

第十九条 国务院自然资源主管部门建立城乡规划（国土空间规划）编制单位信用记录，并向社会公开规划编制单位基本信息、接受行政处罚等情况。

规划编制单位应当及时更新全国城乡规划（国土空间规划）编制单位管理信息系统中的单位基本情况、人员信息、业绩、合同履约、接受行政处罚等情况，并向有关自然资源主管部门提供真实、准确、完整的信用信息。

第二十条 县级以上人民政府自然资源主管部门应当充

分运用大数据等技术手段，加强对规划编制单位的风险预警和信用监管，提升监管精准化、智能化水平。

第二十一条 县级以上人民政府自然资源主管部门依法对规划编制单位进行检查，应当有2名以上监督检查人员参加，有权采取下列措施：

（一）要求被检查单位提供资质证书，有关人员的职称证书、注册证书、学历证书、社会保险证明等，有关国土空间规划编制成果以及有关技术管理、质量管理、保密管理、档案管理、财务管理、安全管理等企业内部管理制度文件；

（二）进入被检查单位进行检查，查阅相关资料；

（三）纠正违反有关法律、法规和本办法以及有关规范、标准的行为。

第二十二条 对规划编制单位实施监督检查，不得妨碍被检查单位正常的生产经营活动，不得索取或者收受财物，不得谋取其他利益。有关单位和个人对依法进行的监督检查应当协助与配合。

县级以上人民政府自然资源主管部门应当将监督检查情况和处理结果予以记录，由监督检查人员签字后归档，并将违法事实、处理结果或者处理建议及时告知批准该规划编制单位资质的自然资源主管部门。

第二十三条 有下列情形之一的，原审批自然资源主管部门或者其上级机关，根据利害关系人的请求或者依据职权，依照《行政许可法》第六十九条的规定撤销规划编制单位的资质：

（一）自然资源主管部门工作人员滥用职权、玩忽职守同意批准资质的；

（二）超越法定职权审批资质的；

（三）违反法定程序审批资质的；

（四）对不符合条件的申请人同意批准资质的；

（五）依法可以撤销资质证书的其他情形。

第二十四条 有下列情形之一的，自然资源主管部门应当依照《行政许可法》第七十条的规定注销规划编制单位的资质，并公告其资质证书作废：

（一）资质证书有效期届满未申请延续的；

（二）规划编制单位依法终止的；

（三）资质依法被撤销、吊销的；

（四）法律、法规规定应当注销资质的其他情形。

第二十五条 自然资源主管部门发现申请人隐瞒有关情况或者提供虚假材料申请资质的，不予受理申请或者不予同意资质审批，并给予警告，1年内不得再次申请资质。

以欺骗、贿赂等不正当手段取得资质证书的，由原审批自然资源主管部门吊销其资质证书，并处10万元罚款，3年内不得再次申请资质。

第二十六条 涂改、倒卖、出租、出借或者以其他形式非法转让资质证书的，由县级以上地方人民政府自然资源主管部门给予警告，责令限期改正，并处10万元罚款；造成损失的，依法承担赔偿责任；涉嫌构成犯罪的，依法追究刑事责任。

第二十七条 规划编制单位超越资质等级承担国土空间规划编制业务，或者违反国家有关标准编制国土空间规划的，由所在地市、县人民政府自然资源主管部门责令限期改正，处以项目合同金额1倍以上2倍以下的罚款；情节严重的，责令停业整顿，由原审批自然资源主管部门降低其资质等级或者吊销资质证书；造成损失的，依法承担赔偿责任。

未取得资质或者以欺骗等手段取得资质的单位，违法承担国土空间规划编制业务的，依照前款规定处以罚款；造成损失的，依法承担赔偿责任。

第二十八条 规划编制单位未按照本办法要求及时更新全国城乡规划（国土空间规划）编制单位管理信息系统相关信息的，由县级以上地方人民政府自然资源主管部门责令限期改正；逾期未改正的，可以处1000元以上1万元以下的罚款。

第二十九条 自然资源主管部门应当采取措施，加强对规划编制单位的批后监管。规划编制单位取得资质后不再符合相应资质条件的，由原审批自然资源主管部门责令限期改正，整改到位前作为风险提示信息向社会公开；逾期不改正的，降低其资质等级或者吊销资质证书。

第三十条 自然资源主管部门及其工作人员，违反本办法，有下列情形之一的，依法给予处分；涉嫌构成犯罪的，依法追究刑事责任：

（一）对不符合条件的申请人同意批准资质或者超越法定职权批准资质的；

（二）对符合法定条件的申请人不予同意资质审批或者未在法定期限内作出同意审批决定的；

（三）对符合条件的申请不予受理的；

（四）利用职务上的便利，索取或者收受他人财物或者谋取其他利益的；

（五）不依法履行监督职责或者监督不力，造成严重后果的。

第三十一条 本办法施行之前，取得自然资源主管部门核发城乡规划编制单位资质证书的单位和列入土地规划机构推荐名录的土地规划编制单位，2025年12月

31日前可以按照相关要求承担相关国土空间规划编制业务。

第三十二条　本办法自公布之日起施行。

自然资源部关于全面开展国土空间规划工作的通知

1. 2019年5月28日
2. 自然资发〔2019〕87号

各省、自治区、直辖市自然资源主管部门，新疆生产建设兵团自然资源主管部门：

为贯彻落实《中共中央、国务院关于建立国土空间规划体系并监督实施的若干意见》（以下简称《若干意见》），全面启动国土空间规划编制审批和实施管理工作，现将有关事项通知如下：

一、全面启动国土空间规划编制，实现“多规合一”

各级自然资源主管部门要将思想和行动统一到党中央的决策部署上来，按照《若干意见》要求，主动履职尽责，建立“多规合一”的国土空间规划体系并监督实施。按照自上而下、上下联动、压茬推进的原则，抓紧启动编制全国、省级、市县和乡镇国土空间规划（规划期至2035年，展望至2050年），尽快形成规划成果。部将印发国土空间规划编制规程、相关技术标准，明确规划编制的工作要求、主要内容和完成时限。

各地不再新编和报批主体功能区规划、土地利用总体规划、城镇体系规划、城市（镇）总体规划、海洋功能区划等。已批准的规划期至2020年后的省级国土规划、城镇体系规划、主体功能区规划，城市（镇）总体规划，以及原省级空间规划试点和市县“多规合一”试点等，要按照新的规划编制要求，将既有规划成果融入新编制的同级国土空间规划中。

二、做好过渡期内现有空间规划的衔接协同

对现行土地利用总体规划、城市（镇）总体规划实施中存在矛盾的图斑，要结合国土空间基础信息平台的建设，按照国土空间规划“一张图”要求，作一致性处理，作为国土空间用途管制的基础。一致性处理不得突破土地利用总体规划确定的2020年建设用地和耕地保有量等约束性指标，不得突破生态保护红线和永久基本农田保护红线，不得突破土地利用总体规划和城市（镇）总体规划确定的禁止建设区和强制性内容，不得与新的国土空间规划管理要求矛盾冲突。今后工作中，主体功能区规划、土地利用总体规划、城乡规划、海洋功能区划等统称为“国土空间规划”。

三、明确国土空间规划报批审查的要点

按照“管什么就批什么”的原则，对省级和市县国土空间规划，侧重控制性审查，重点审查目标定位、底线约束、控制性指标、相邻关系等，并对规划程序和报批成果形式做合规性审查。其中：

省级国土空间规划审查要点包括：①国土空间开发保护目标；②国土空间开发强度、建设用地规模，生态保护红线控制面积、自然岸线保有率，耕地保有量及永久基本农田保护面积，用水总量和强度控制等指标的分解下达；③主体功能区划分，城镇开发边界、生态保护红线、永久基本农田的协调落实情况；④城镇体系布局，城市群、都市圈等区域协调重点地区的空间结构；⑤生态屏障、生态廊道和生态系统保护格局，重大基础设施网络布局，城乡公共服务设施配置要求；⑥体现地方特色的自然保护地体系和历史文化保护体系；⑦乡村空间布局，促进乡村振兴的原则和要求；⑧保障规划实施的政策措施；⑨对市县级规划的指导和约束要求等。

国务院审批的市级国土空间总体规划审查要点，除对省级国土空间规划审查要点的深化细化外，还包括：①市域国土空间规划分区和用途管制规则；②重大交通枢纽、重要线性工程网络、城市安全与综合防灾体系、地下空间、邻避设施等设施布局，城镇政策性住房和教育、卫生、养老、文化体育等城乡公共服务设施布局原则和标准；③城镇开发边界内，城市结构性绿地、水体等开敞空间的控制范围和均衡分布要求，各类历史文化遗存的保护范围和要求，通风廊道的格局和控制要求；城镇开发强度分区及容积率、密度等控制指标，高度、风貌等空间形态控制要求；④中心城区城市功能布局和用地结构等。

其他市、县、乡镇级国土空间规划的审查要点，由各省（自治区、直辖市）根据本地实际，参照上述审查要点制定。

四、改进规划报批审查方式

简化报批流程，取消规划大纲报批环节。压缩审查时间，省级国土空间规划和国务院审批的市级国土空间总体规划，自审批机关交办之日起，一般应在90天内完成审查工作，上报国务院审批。各省（自治区、直辖市）也要简化审批流程和时限。

五、做好近期相关工作

做好规划编制基础工作。本次规划编制统一采用第三次全国国土调查数据作为规划现状底数和底图基础，统一采用2000国家大地坐标系和1985国家高程基准作为空间定位基础，各地要按此要求尽快形成现状底数和底图基础。

开展双评价工作。各地要尽快完成资源环境承载能力和国土空间开发适宜性评价工作，在此基础上，确定生态、农业、城镇等不同开发保护利用方式的适宜程度。

开展重大问题研究。要在对国土空间开发保护现状评估和未来风险评估的基础上，专题分析对本地区未来可持续发展具有重大影响的问题，积极开展国土空间规划前期研究。

科学评估三条控制线。结合主体功能区划分，科学评估既有生态保护红线、永久基本农田、城镇开发边界等重要控制线划定情况，进行必要调整完善，并纳入规划成果。

各地要加强与正在编制的国民经济和社会发展五年规划的衔接，落实经济、社会、产业等发展目标和指标，为国家发展规划落地实施提供空间保障，促进经济社会发展格局、城镇空间布局、产业结构调整与资源环境承载能力相适应。

集中力量编制好"多规合一"的实用性村庄规划。结合县和乡镇级国土空间规划编制，通盘考虑农村土地利用、产业发展、居民点布局、人居环境整治、生态保护和历史文化传承等，落实乡村振兴战略，优化村庄布局，编制"多规合一"的实用性村庄规划，有条件、有需求的村庄应编尽编。

同步构建国土空间规划"一张图"实施监督信息系统。基于国土空间基础信息平台，整合各类空间关联数据，着手搭建从国家到市县级的国土空间规划"一张图"实施监督信息系统，形成覆盖全国、动态更新、权威统一的国土空间规划"一张图"。

各级自然资源部门要按照《若干意见》和本通知精神，结合本地区实际制定落实方案，把建立国土空间规划体系并监督实施作为当前工作的重中之重，抓紧、抓实、抓好。

农业农村部关于统筹利用撂荒地促进农业生产发展的指导意见

1. 2021年1月20日
2. 农规发〔2021〕1号

各省、自治区、直辖市农业农村（农牧）厅（局、委），新疆生产建设兵团农业农村局：

耕地是农业发展之基、农民安身之本。党的十八大以来，耕地保护不断强化，高标准农田建设加快推进，粮食综合生产能力稳步提升，有力支撑了国家粮食安全和重要农产品有效供给。但受农业比较效益偏低、耕种条件差、农民外出务工等因素影响，一些地方出现了不同程度的耕地撂荒现象，导致土地资源浪费、耕地质量下降，给国家粮食安全和重要农产品有效供给带来一定影响。为贯彻落实《国务院办公厅关于坚决制止耕地"非农化"行为的通知》《国务院办公厅关于防止耕地"非粮化"稳定粮食生产的意见》，有效遏制耕地撂荒，充分挖掘保供潜力，现提出如下意见。

一、充分认识统筹利用撂荒地的重要性

我国粮食需求量"超大"，人均耕地占有量"超小"，这一国情决定了耕地保护极端重要。当前，我国仍处于工业化城镇化快速发展时期，保护耕地的压力越来越大，保障国家粮食安全的任务越来越艰巨。党中央、国务院高度重视耕地保护问题，提出要扎紧耕地保护的"篱笆"，守住18亿亩耕地红线。各级农业农村部门要充分认识遏制耕地撂荒的重要性和紧迫性，采取切实有效措施，把耕地资源用足用好。落实粮食安全党政同责要求，完善粮食安全省长责任制，推动将统筹利用撂荒地情况纳入考核指标，层层压实责任，有效遏制耕地撂荒。加强耕地撂荒情况跟踪监测和督促检查，强化考核结果应用，对耕地撂荒问题仍然突出的地区进行通报约谈，与相关项目资金和支持政策相挂钩。推动地方出台绩效考核、与补贴挂钩等激励和约束政策，遏制耕地撂荒、鼓励复耕复种。

二、坚持分类指导，有序推进撂荒地利用

开展所辖区域耕地撂荒基本情况调查，逐村逐户摸清底数，建立信息台账，制定统筹利用撂荒地具体方案。对平原地区的撂荒地，要尽快复耕，优先用于粮食生产，扩大粮食播种面积。对丘陵地区的撂荒地，根据立地条件，宜粮则粮、宜特则特，发展粮食、特色水果、中药材、优质牧草等生产，增加多样化产品供给。对确不适宜耕种的撂荒地，可按有关政策规定和规划要求用于设施农业用地等。对季节性撂荒地，应种植绿肥等养地作物，提高耕地质量。

三、强化政策扶持，引导农民复耕撂荒地

比较效益偏低是耕地撂荒的重要原因。要发挥政策导向作用，支持农民复耕撂荒地。释放价格信号，落实好稻谷小麦最低收购价政策，提前启动收购、增设网点，避免农民卖粮难。健全补贴机制，完善玉米大豆生产者补贴、稻谷补贴，让农民种粮有账算、有钱赚。进

一步提高耕地地力保护补贴的针对性和导向性，对长期撂荒停止发放补贴的，待复耕复种后重新纳入补贴范围。加大农业生产社会化服务项目种粮支持力度，对南方旱稻主产区、丘陵地区撂荒地恢复粮食生产的给予补助。鼓励地方出台利用撂荒地种粮的支持政策，重点对家庭农场、农民合作社等新型农业经营主体流转撂荒地种粮的给予补助。完善保险政策，扩大三大粮食作物完全成本保险和收入保险试点、地方优势特色农产品保险以奖代补试点覆盖范围，降低农民生产经营风险。加大创业支持，对返乡留乡农民工利用撂荒地发展粮食规模经营和特色种养的，优先给予一次性创业补贴和信贷支持。

四、加快设施建设，改善撂荒地耕种条件

撂荒地多是丘陵山区坡地或细碎地块，设施条件较差。改善耕作条件，具备条件的撂荒地可纳入高标准农田建设范围，加大投入力度，配套完善灌排水、输配电、田间道路、农田防护等基础设施，提升宜机作业水平。对因灾损毁的撂荒地，要尽快修复、恢复生产。提升耕地地力，耕地撂荒多年就会成为荒地，肥力变差、地力等级下降。要结合实施耕地保护与质量提升项目，采取增施有机肥、推广秸秆还田等措施，尽快恢复撂荒地肥力，提升产出水平。鼓励各地采取奖补措施，引导农民对撂荒地开展地力培肥。配套农机装备，加快适合丘陵山区农机装备研发制造，提高水稻机插等薄弱环节和丘陵山区特色农业生产急需的农机产品购置补贴标准，降低劳动强度和生产成本。

五、规范土地流转，促进撂荒地规模经营

对长期外出务工、家中无劳动力的农户，要引导流转土地经营权。完善农村土地流转服务，健全农村土地经营权流转市场和产权交易市场，鼓励农户按照依法、自愿、有偿的原则，采取出租（转包）、入股等方式流转土地经营权。加强农村土地承包经营纠纷调解仲裁，解决农户后顾之忧。探索土地承包权退出机制，对长期无力耕种或因举家外迁造成撂荒的农户，在充分尊重个人意愿和合理经济补偿基础上，鼓励自愿退出承包权。加强土地经营权流转管理，严格落实有关法律法规，土地经营权受让方要依法合理利用土地，不得闲置撂荒；指导流转双方将防止耕地撂荒要求纳入流转合同内容，强化约束监督。对撂荒连续两年以上的，承包方在合理期限内不解除土地经营权流转合同的，发包方有权要求终止土地经营权流转合同。

六、加强指导服务，提升农业社会化服务水平

遏制耕地撂荒，加强社会化服务是有效措施。培育社会化服务组织。引导各类相关财政补贴支持发展农业社会化服务组织，推广全程式、菜单式服务模式，为外出务工和无力耕种的农户提供全程托管服务。加强技术指导。一些返乡农民工对开展农业生产的技术不熟悉，加强技术指导非常重要。对撂荒地集中的区域，组织农技人员采取蹲点包村的方式，开展有针对性的技术指导服务。对一些农业生产技能弱的农户，开展“一对一”帮扶，让他们尽快熟悉技术、熟练运用技术，提高生产能力。

七、加大宣传引导，提高遏制耕地撂荒的自觉性

利用传统和新媒体，采取农民喜闻乐见的方式，宣传国家耕地保护法律法规和强农惠农富农政策，做到家喻户晓、人人皆知，让广大农民群众珍惜土地、用好耕地。引导将乡村治理与撂荒地利用结合起来，探索防止耕地撂荒的有效做法。总结遏制撂荒的经验做法，曝光耕地撂荒典型案例，营造全社会遏制耕地撂荒的浓厚氛围。

自然资源部关于进一步加强国土空间规划编制和实施管理的通知

1. 2022年10月18日
2. 自然资发〔2022〕186号

各省、自治区、直辖市及计划单列市自然资源主管部门，新疆生产建设兵团自然资源局，各省会城市自然资源主管部门：

将主体功能区规划、土地利用规划、城乡规划等空间规划融合为统一的国土空间规划，实现“多规合一”，是党中央、国务院作出的重大决策部署。为深入学习贯彻习近平总书记重要指示批示精神，落实好《全国国土空间规划纲要（2021－2035年）》要求，巩固和深化“多规合一”改革成果，加快地方各级国土空间规划编制报批，强化国土空间规划实施的监督管理，切实维护国土空间规划的权威性和严肃性，现将有关事项通知如下：

一、加快国土空间总体规划编制报批

（一）加快完成各级国土空间总体规划编制。依据《省级国土空间规划编制指南（试行）》《市级国土空间总体规划编制指南（试行）》等相关技术规定，在“三区三线”划定成果基础上，进一步落实国家战略，优化区域和城乡功能布局、用地结构和要素配置，及时形成有效支撑高质量发展和新发展格局的规划成果。要在国土空间规划“一张图”上统筹各类空间开发保护需求,确保空间布局不冲突,功能结构更合理;确保用地规模不突破,资源利用更有效。要将耕地保有量、永久基本农田保护面积、生态保护红线面积、新增建设用地规模等管控指标分解到下级规划。其中,新增建设用地规模应按照城镇建设用地、村庄建设用地、交通水利能源矿产及其他建设用地分解确定。

(二)加快规划成果报批。报国务院审批的省级、市级总体规划成果,请于 11 月 20 日前完成专家论证,并征求我部意见;于 12 月 10 日前经同级人大常委会审议后,由省级人民政府呈报国务院。本省份省级、市级总体规划可同时上报。上报成果应包括规划文本、图集、说明、专家评审和人大审议意见、国土空间规划“一张图”系统建设成果报告及矢量数据库等。其他市级、县级总体规划应于 2023 年 6 月底之前由各省(区、市)完成审批,并由省级自然资源主管部门向我部汇交规划矢量数据库,纳入全国国土空间规划“一张图”系统。

二、严格规划实施监督管理

(一)坚决落实“多规合一”改革要求。各级自然资源主管部门要坚决贯彻党中央、国务院关于“多规合一”改革的战略部署,按照“三定”规定严格履职尽责,研究制定深化改革具体措施。改革不走“回头路”,不在国土空间规划体系之外另设其他空间规划。不得擅自设置、分割或下放规划管理权限。

(二)依法严肃规划许可管理。国有土地使用权出让设置规划条件、核发建设用地规划许可证、建设工程规划许可证、低效用地再开发、落实土地征收成片开发方案、实施城市更新等应严格依据控制性详细规划;实施全域土地综合整治、核发乡村建设规划许可证应严格依据村庄规划或乡镇国土空间规划。编制或修改控制性详细规划应依据市县国土空间总体规划。市县国土空间总体规划批复后,市县自然资源主管部门应结合实际及时推进控制性详细规划的修编报批。不得以专项规划、片区策划、实施方案、城市设计等名义替代详细规划设置规划条件、核发规划许可。要防止为单一地块财务平衡擅自修改规划或变更规划条件。

(三)加强规划与用地政策的融合。国土空间规划管理要更加注重资源资产关系,将国土调查、地籍调查、不动产登记等作为规划编制和实施的工作基础,规划方案要与土地利用、产权置换、强度调节、价格机制等用地政策有机融合,有效推动存量资源资产的盘活利用。

(四)实施规划全生命周期管理。依托国土空间规划“一张图”实施监督系统和监测网络,实现各级规划编制、审批、修改、实施全过程在线管理。建立定期体检、五年评估的常态化规划实施监督机制,将国土空间规划体检评估结果作为编制、审批、修改规划和审计、执法、督察的重要参考。

(五)严格规划实施监督检查。经批准的国土空间规划是各类开发、保护、建设活动的基本依据,不符合国土空间规划的工程建设项目,不得办理用地用海审批和土地供应等手续,不予确权登记。严肃查处违法违规编制、修改和审批国土空间规划、发放规划许可、违反法定规划设置规划条件和“未批先建”等问题。国家自然资源督察机构将按照职责,适时对地方政府国土空间规划实施情况开展督察。

各级自然资源主管部门要按照本通知精神,细化工作举措,保障工作实效,并及时向属地党委、政府报告。部将适时组织优秀规划成果评选,对地方好的经验和做法予以鼓励和推广。

自然资源部办公厅、国家林业和草原局办公室、国家能源局综合司关于支持光伏发电产业发展规范用地管理有关工作的通知

1. 2023 年 3 月 20 日
2. 自然资办发〔2023〕12 号

各省、自治区、直辖市自然资源、林业和草原、能源主管部门,新疆生产建设兵团自然资源局、林业和草原局、能源局:

为贯彻落实《国务院关于印发扎实稳住经济一揽子政策措施的通知》(国发〔2022〕12 号)要求,进一步支持绿色能源发展,加快大型光伏基地建设,规范项目用地管理,现通知如下。

一、引导项目合理布局

(一)做好光伏发电产业发展规划与国土空间规划的衔接。各地要认真做好绿色能源发展规划等专项规划与国土空间规划的衔接,优化大型光伏基地和光伏发电项目空间布局。在市、县、乡镇国土空间总体规划中将其列入重点建设项目清单,合理安排光伏项目新增用地规模、布局和开发建设时序。在符合“三区三线”管控规则的前提下,相关项目经可行性论证后可统筹纳入国土空间规划“一张图”,作为审批光伏项目新增用地用林用草的规划依据。

（二）鼓励利用未利用地和存量建设用地发展光伏发电产业。在严格保护生态前提下，鼓励在沙漠、戈壁、荒漠等区域选址建设大型光伏基地；对于油田、气田以及难以复垦或修复的采煤沉陷区，推进其中的非耕地区域规划建设光伏基地。项目选址应当避让耕地、生态保护红线、历史文化保护线、特殊自然景观价值和文化标识区域、天然林地、国家沙化土地封禁保护区（光伏发电项目输出线路允许穿越国家沙化土地封禁保护区）等；涉及自然保护地的，还应当符合自然保护地相关法规和政策要求。新建、扩建光伏发电项目，一律不得占用永久基本农田、基本草原、Ⅰ级保护林地和东北内蒙古重点国有林区。

二、光伏发电项目用地实行分类管理

光伏发电项目用地包括光伏方阵用地（含光伏面板、采用直埋电缆敷设方式的集电线路等用地）和配套设施用地（含变电站及运行管理中心、集电线路、场内外道路等用地，具体依据《光伏发电站工程项目用地控制指标》的分类），根据用地性质实行分类管理。

（一）光伏方阵用地。光伏方阵用地不得占用耕地，占用其他农用地的，应根据实际合理控制，节约集约用地，尽量避免对生态和农业生产造成影响。光伏方阵用地涉及使用林地的，须采用林光互补模式，可使用年降水量400毫米以下区域的灌木林地以及其他区域覆盖度低于50%的灌木林地，不得采伐林木、割灌及破坏原有植被，不得将乔木林地、竹林地等采伐改造为灌木林地后架设光伏板；光伏支架最低点应高于灌木高度1米以上，每列光伏板南北方向应合理设置净间距，具体由各地结合实地确定，并采取有效水土保持措施，确保灌木覆盖度等生长状态不低于林光互补前水平。光伏方阵按规定使用灌木林地的，施工期间应办理临时使用林地手续，运营期间相关方签订协议，项目服务期满后应当恢复林地原状。光伏方阵用地涉及占用基本草原外草原的，地方林草主管部门应科学评估本地区草原资源与生态状况，合理确定项目的适建区域、建设模式与建设要求。鼓励采用“草光互补”模式。

光伏方阵用地不得改变地表形态，以第三次全国国土调查及后续开展的年度国土变更调查成果为底版，依法依规进行管理。实行用地备案，不需按非农建设用地审批。

（二）配套设施用地管理。光伏发电项目配套设施用地，按建设用地进行管理，依法依规办理建设用地审批手续。其中，涉及占用耕地的，按规定落实占补平衡。符合光伏用地标准，位于方阵内部和四周，直接配套光伏方阵的道路，可按农村道路用地管理，涉及占用耕地的，按规定落实进出平衡。其他道路按建设用地管理。

三、加快办理项目用地手续

（一）建立用地用林用草联审机制。各地自然资源、林草主管部门要建立项目用地用林用草审查协调联动机制，对于符合国土空间规划和用途管制要求、纳入国土空间规划“一张图”的国家大型光伏基地建设范围项目，在项目立项与论证时，要对项目用地用林用草提出意见与要求，严格执行《光伏发电站工程项目用地控制指标》和光伏电站使用林地有关规定，保障项目用地用林用草合理需求。

（二）及时办理征地或租赁等用地手续。光伏发电项目用地涉及使用建设用地的，可依照土地征收规定办理土地征收手续。光伏方阵用地允许以租赁等方式取得，用地单位与农村集体经济组织或国有土地权利主体、当地乡镇政府签订用地与补偿协议，报当地县级自然资源和林草主管部门备案。

四、加强用地监管

（一）部门协同。省级自然资源、林草、能源主管部门应会同同级有关部门，结合本地实际，制定光伏发电项目用地实施办法与管理措施，加强对光伏发电项目建设的指导与监督，促进产业高质量发展。

（二）强化用地日常监管与执法。自然资源和林草主管部门在开展年度国土变更调查时，将光伏方阵的占地范围作为单独图层作出标注，作为用地监管的基本依据。省级自然资源和林草主管部门要加强对光伏发电项目用地，特别是光伏方阵用地的日常监管，不得改变土地用途，严禁擅自建设非发电必要的配套设施。各地要将光伏发电项目用地纳入日常督察执法，及时发现和严肃查处违法违规用地行为。

五、稳妥处置历史遗留问题

本通知自发布之日起施行。施行之前已按照《关于支持光伏扶贫和规范光伏发电产业用地的意见》（国土资规〔2017〕8号）规定批准立项的光伏发电项目（包括动工和未动工建设），可按批准立项时用地预审和用地有关意见执行，不得扩大项目用地面积和占用耕地林地草地面积；已经通过用地预审或地方明确用地意见、但项目未立项的，按本《通知》规定要求执行。生态保护红线内零星分布的已有光伏设施，按照相关法律法规规定进行管理，严禁扩大现有规模与范围，项目到期后由建设单位负责做好生态修复。

《自然资源部办公厅关于过渡期内支持巩固拓展脱贫攻坚成果同乡村振兴有效衔接的通知》(自然资办发〔2022〕45号)与本《通知》不一致的,以本《通知》为准。

自然资源部关于深化规划用地“多审合一、多证合一”改革的通知

1. 2023年5月4日

2. 自然资发〔2023〕69号

各省、自治区、直辖市自然资源主管部门,新疆生产建设兵团自然资源局:

为贯彻落实党中央、国务院关于推进政府职能转变、深化“放管服”改革和优化营商环境的决策部署,进一步落实《中共中央 国务院关于建立国土空间规划体系并监督实施的若干意见》以“多规合一”为基础,统筹规划、建设、管理三大环节,推动“多审合一”“多证合一”,提高审批效能和监管服务水平的要求,现就有关事项通知如下:

一、加快推进总体规划审批。各地要贯彻落实深化“多规合一”改革和《全国国土空间规划纲要(2021－2035年)》要求,加快推进地方各级国土空间总体规划编制审批。下级规划要服从上级规划,总体规划要统筹和综合平衡各相关专项规划的空间需求。

二、及时开展详细规划编制或修编。各地自然资源主管部门应根据总体规划,在“三区三线”划定基础上,结合实际加快推进城镇国土空间详细规划和村庄规划的编制(修编)和审批,为开发建设、开展城市更新行动、乡村建设行动,以及实施建设用地规划许可、建设工程规划许可、乡村建设规划许可等提供法定依据。对有成片开发要求及全域土地综合整治试点、集体经营性建设用地入市试点需求的地区,应优先完成详细规划编制工作。

三、依据规划实施农用地转用和土地征收。报批城镇用地农用地转用和土地征收应符合国土空间总体规划、详细规划和土地使用标准等要求,并按照《国土空间调查、规划、用途管制用地用海分类指南》明确土地规划用途和建设项目用地类型。

四、实施规划选址综合论证。位于城镇开发边界外并涉及耕地、永久基本农田、生态保护红线的交通、能源、水利等建设项目,地方自然资源主管部门应整合现行的规划选址论证、耕地踏勘论证、永久基本农田占用补划论证、生态保护红线不可避让论证、节地评价等事项为规划选址综合论证,防止重复论证和审查,论证报告作为建设项目用地预审与选址意见书的申报材料。

五、鼓励同步核发规划许可。对市政基础设施和标准厂房建设项目,在不违反市场公平竞争原则的前提下,可在土地供应前,由自然资源主管部门依据国土空间详细规划及土地使用标准核提规划条件,审查建设工程设计方案,按程序纳入供地方案,实施“带方案供应”。其中,以出让方式配置国有建设用地使用权的,国有建设用地使用权出让合同签订后,一并核发建设用地规划许可证、建设工程规划许可证;以划拨方式配置国有建设用地使用权的,一并核发国有建设用地划拨决定书、建设用地规划许可证与建设工程规划许可证。鼓励地方探索同步发放不动产权证书,依法依规实行“交地即交证”。

六、聚焦规划条件落实情况分类审查建设工程设计方案、核发建设工程规划许可证。市、县自然资源主管部门或省级人民政府确定的镇人民政府审查建设工程设计方案是否符合国土空间详细规划和规划条件,重点审查涉及安全、主要控制线、景观风貌等管理要求。其中,建筑工程类项目应重点审查土地用途、控制指标、场地布局、公共空间、相邻关系、建筑高度、风貌形态、设施配建等;交通工程类项目应重点审查道路等级(轨道交通类型)、相邻关系、竖向标高、横断面等;管线工程类项目应重点审查管线类型、安全间距、敷设埋深、相邻关系等。

七、探索建立建设工程规划许可豁免清单和告知承诺制。各地可在不影响周边利害关系人合法权益、不改变建筑主体结构、不破坏景观环境、保证公共安全和公共利益的前提下,对老旧小区微改造、城市公共空间服务功能提升等微更新项目,探索制定建设工程规划许可豁免清单并完善监管机制。各地还可区分项目类型、风险程度,按照最大限度利企便民的原则探索建设工程规划许可告知承诺制,明确提交材料的要求、承诺的具体内容以及违反承诺应承担的法律责任;申请人以书面形式作出承诺的,可由自然资源主管部门直接作出许可决定,并做好后续监管。

八、优化乡村建设规划许可管理。依据依法批准的村庄规划核发乡村建设规划许可证;未编制村庄规划的,可依据县或乡镇“通则式”的国土空间规划管理规定,核发乡村建设规划许可证。在城镇开发边界内使用集体土地进行建设的,可依据国土空间详细规划核发建设工程规划许可证;地方性法规另有规定的,从其规定。

核发农村村民住宅类乡村建设规划许可应重点审查用地面积、四至范围、建设占用现状地类、建筑面积、建筑高度、建筑层数、相邻关系等事项。在尊重乡村地域风貌特色的前提下，鼓励各地提供农村村民住宅、污水处理设施、垃圾储运、公厕等简易项目的通用设计方案，并简化乡村建设规划许可的审批流程。

九、推进用途管制全周期数字化管理。各地要加快实景三维中国建设，丰富时空信息数据供给，依托国土空间规划"一张图"、国土空间基础信息平台、用途管制监管系统，按照自然资源部印发的行政许可实施规范和国土空间规划、用途管制等有关标准，积极推动建设项目用地预审与选址、建设用地规划许可、建设工程规划许可、乡村建设规划许可、规划用地核实等规范化、标准化、数字化，实施国土空间用途管制业务全周期数字化监管。严格执行自然资源部监制（制定）的规划用地审批许可文书规范样式，有序推进规划许可电子证照应用。积极推动政府部门内部规划用地信息共享和办理结果自动推送，避免行政相对人在不同环节重复提交有关文件、证书等材料。积极通过互联网、手机APP等，为行政相对人提供在线办理等服务。

自然资源部关于做好城镇开发边界管理的通知（试行）

1．2023年10月8日

2．自然资发〔2023〕193号

各省、自治区、直辖市及计划单列市自然资源主管部门，新疆生产建设兵团自然资源局，上海市海洋局、福建省海洋与渔业局、山东省海洋局、广西壮族自治区海洋局、大连市海洋发展局、青岛市海洋发展局、厦门市海洋发展局：

为贯彻落实《中共中央 国务院关于建立国土空间规划体系并监督实施的若干意见》《中共中央办公厅 国务院办公厅关于在国土空间规划中统筹划定落实三条控制线的指导意见》《全国国土空间规划纲要（2021－2035年）》，运用好"三区三线"划定成果，在国土空间开发保护利用中加强和规范城镇开发边界管理，现就有关事项通知如下：

一、坚决维护"三区三线"划定成果的严肃性和权威性。各地要切实将党中央、国务院批准的"三区三线"划定成果作为调整经济结构、规划产业发展、推进城镇化不可逾越的红线。各类城镇建设所需要的用地（包括能源化工基地等产业园区、围填海历史遗留问题区域的城镇建设或产业类项目等）均需纳入全省（区、市）规划城镇建设用地规模和城镇开发边界扩展倍数统筹核算。不得擅自突破城镇建设用地规模和城镇开发边界扩展倍数，严禁违反法律和规划开展用地用海审批。严格城镇开发边界范围内耕地和永久基本农田保护，确需对永久基本农田进行集中连片整治的，原则上仍应以"开天窗"方式保留在城镇开发边界范围内，且总面积不减少；确需调出城镇开发边界范围的，应确保城镇建设用地规模和城镇开发边界扩展倍数不扩大。在规划实施期内，城镇开发边界可基于五年一次的规划实施评估，按照法定程序经原审批机关同意后进行调整。

二、推动城镇开发边界划定成果精准落地实施。各地要结合市县国土空间规划编制审批实施，进一步深化城镇开发边界内规划用地安排，细化功能分区和用地布局，统筹存量用地和增量用地、地上空间和地下空间，合理安排城镇建设用地规模、结构、布局和时序，使城镇开发边界划定成果精准落地实施。市县国土空间规划实施中，要避免"寅吃卯粮"，在城镇开发边界内的增量用地使用上，为"十五五""十六五"期间至少留下35%、25%的增量用地。在年度增量用地使用规模上，至少为每年保留五年平均规模的80%，其余可以用于年度间调剂，但不得突破分阶段总量控制，以便为未来发展预留合理空间。在严格落实耕地保护优先序，确保城镇建设用地规模和城镇开发边界扩展倍数不突破的前提下，可对以下几种情形的城镇开发边界进行局部优化。

（一）国家和省重大战略实施、重大政策调整、重大项目建设，以及行政区划调整涉及城镇布局调整的；

（二）因灾害预防、抢险避灾、灾后恢复重建等防灾减灾确需调整城镇布局的；

（三）耕地和永久基本农田核实处置过程中确需统筹优化城镇开发边界的；

（四）已依法依规批准且完成备案的建设用地，已办理划拨或出让手续，已核发建设用地使用权权属证书，确需纳入城镇开发边界的；

（五）已批准实施全域土地综合整治确需优化调整城镇开发边界的；

（六）规划深化实施中因用地勘界、比例尺衔接等需要局部优化城镇开发边界的。

三、统筹做好规划城镇建设用地安排。引导城镇建设用地向城镇开发边界内集中，促进城镇集约集聚建设，提高土地节约集约利用水平。城镇开发边界外不得进行城镇集中建设，不得规划建设各类开发区和产业园区，不得规划城镇居住用地。在落实最严格的耕地保护、节约用地和生态环境保护制度的前提下，结合城乡融合、区域一体化发展和旅游开发、边境地区建设等合理需要，在城镇开发边界外可规划布局有特定选址要求的零星城镇建设用地，并依据国土空间规划，按照“三区三线”管控和城镇建设用地用途管制要求，纳入国土空间规划“一张图”严格实施监督。涉及的新增城镇建设用地纳入城镇开发边界扩展倍数统筹核算，等量缩减城镇开发边界内的新增城镇建设用地，确保城镇建设用地总规模和城镇开发边界扩展倍数不突破。

四、严格规范城镇开发边界的全生命周期管理。城镇开发边界发生变化的，省级自然资源主管部门应及时向部汇交数据（附审查认定文件、矢量数据等），检验合格纳入国土空间基础信息平台和国土空间规划“一张图”实施监督信息系统并反馈省级自然资源主管部门后，方可作为规划管理、用地用海审批的依据。

部将依托国土空间规划“一张图”实施监督信息系统，加强对城镇开发边界实施、监督、评估、考核、执法等全生命周期管理。国家自然资源督察机构将把地方政府落实城镇开发边界管控要求情况作为督察的重要内容。

省级自然资源主管部门要严明工作要求，根据本文件要求制定城镇开发边界管理的实施细则，加强对本省（区、市）城镇开发边界管理工作的实施、指导和监督，严禁弄虚作假违反规定要求。文件执行工作中遇到的问题和建议及时与部相关司局联系，部将根据国土空间规划编制实施管理工作的进展，修订完善城镇开发边界的管理要求。

2. 土地储备供给与用途管制

国务院办公厅关于清理整顿各类开发区加强建设用地管理的通知

1. 2003年7月30日
2. 国办发〔2003〕70号

各省、自治区、直辖市人民政府,国务院各部委、各直属机构:

改革开放以来,依照国务院规定批准兴办的开发区在改善投资环境、引进外资、促进产业结构调整和发展经济等方面起到了积极的辐射、示范和带动作用。但近一个时期以来,一些地方和部门擅自批准设立名目繁多的各类开发区(包括园区、度假区),下同,随意圈占大量耕地和违法出让、转让土地,越权出台优惠政策,导致开发区过多过滥,明显超出了实际需要,严重损害了农民利益和国家利益,对此,必须进行全面清理整顿。经国务院同意,现就清理整顿各类开发区,加强建设用地管理有关问题通知如下:

一、清理整顿开发区要以"三个代表"重要思想为指导,深入贯彻党的十六大精神,依据国家有关法律法规、土地利用总体规划和城市总体规划,纠正越权审批、违规圈占土地、低价出让土地等行为,促进各类开发区健康发展和土地资源的可持续利用。

二、要对各级人民政府及其有关部门批准设立的各类开发区进行全面清查。清查的重点是省及省级以下人民政府和国务院有关部门批准设立的各类开发区,以及未经批准而扩建的国家级开发区。清查的内容包括:开发区的名称、数量、批准机关、批准时间和批准规划面积;当前规划面积、征地面积、出让面积、收取出让金总额和已建成面积;选址和建设用地是否符合土地利用总体规划和城镇体系规划、城市总体规划,农用地转用、土地征用和土地供应是否符合法定程序;各类开发区招商引资项目和规模、国内生产总值、现有优惠政策(包括税收)等。

三、要在检查清理的基础上进行整顿规范。对未经国务院和省级人民政府批准擅自设立的各类开发区,以及虽经省级人民政府批准,但未按规定报国务院备案的各类开发区,先整改,对缺乏建设条件,项目、资金不落实的,要坚决停办,所占用的土地要依法坚决收回,能够恢复耕种的,要由当地人民政府组织复垦后还耕于农,严禁弃耕撂荒;对整改后确需保留的,由省级人民政府严格审核后,按有关规定报国务院审批。对经国务院批准或省级人民政府批准并已报国务院备案的开发区,要按照土地利用总体规划和城市总体规划对照检查,对超过规划建设用地规模和范围的开发土地,要依法处理;对确需扩建的,要严格核定规划面积,按法定程序办理审批手续。

四、加强对开发区建设用地的集中统一管理。开发区建设用地必须符合土地利用总体规划并纳入土地利用年度计划,选址必须纳入城市统一规划管理。凡是违法下放农用地转用、土地征用和供地审批权,违法下放规划管理权的,必须立即纠正,废止有关文件。要严格按照法定程序征用土地,并按法定标准给予农民合理补偿和妥善安置,严禁拖欠、截留和挪用被征地农民的补偿费用。严禁低价协议出让土地,协议供地必须提前公布供地方案。协议出让的土地改变为经营性用地的,必须先经城市规划部门同意,由国土资源行政主管部门统一招标拍卖挂牌出让。禁止将以征用方式取得的农民集体所有土地用于农业园区开发。各省、自治区、直辖市人民政府要对种植、养殖等农业园区的建设用地标准(或比例)做出规定,防止将农用地转为建设用地,变相搞房地产。

五、今后要更严格控制设立以成片土地开发为条件的开发区。鼓励工业项目向依法设立的国家级和省级开发区集中。市、县根据经济社会发展需要,进行工业、教育、科技和商贸等项目建设的,选址和建设用地必须符合土地利用总体规划和城镇体系规划、城市总体规划,未经批准不得使用开发区的名称。现有各类开发区扩区、改变区位、升级的审批,都要由地方人民政府提出申请,开发区主管部门提出意见,经国土资源和建设行政主管部门审核后,按批准权限报国务院或省级人民政府批准。

六、加强对开发区清理整顿工作的组织领导。清理整顿工作采取以省为主、部门配合,自下而上逐级进行的方法。各省、自治区、直辖市人民政府要组织力量对辖区内各类开发区以及建设用地管理情况进行全面的清查,对发现的问题,要依法主动纠正和处理。清理整顿工作要在2003年年底前完成,并向国务院报告清理整顿工作情况。国务院责成发展改革委、财政部、国土资源部、建设部、商务部会同监察部、审计署等有关部门组织联合工作组,制定清理整顿的具体标准和政策界限,组织检查验收,并在此基础上,提出进一步加强宏观调控、规范开发区发展的政策建议。对经验收合格的省、自治区、直辖市,要在2004年3月底前由联合工作组将名单报国务院。

国土资源部关于加强土地供应管理促进房地产市场持续健康发展的通知

1. 2003年9月24日

2. 国土资发〔2003〕356号

3. 根据2010年12月3日《国土资源部关于修改部分规范性文件的决定》(国土资发〔2010〕190号)修正

各省、自治区、直辖市国土资源厅(国土环境资源厅、国土资源和房屋管理局、房屋土地资源管理局、规划和国土资源局),计划单列市国土资源行政主管部门,解放军土地管理局,新疆生产建设兵团国土资源局:

为全面贯彻落实国务院《关于促进房地产市场持续健康发展的通知》(国发〔2003〕18号)精神,现就进一步加强土地供应管理的有关问题通知如下:

一、切实加强对房地产开发土地供应的调控

土地供应是调控房地产市场的基本手段,各地要充分发挥土地供应对房地产市场的调控作用,促进房地产市场持续健康发展。房地产开发土地供应宏观调控的总体目标是:努力实现土地供需总量基本平衡,结构基本合理,价格基本稳定。

必须严格实行土地供应的集中统一管理。同一城市范围内的各类房地产开发用地必须纳入当地政府的统一供应渠道。各类开发区以及撤市(县)改区后的土地、原国有划拨土地用于房地产开发的,都必须纳入所在市、县用地统一管理、统一供应。城市政府要积极实行土地收购储备制度,增强政府对土地市场宏观调控能力。

必须严格控制土地供应总量。房地产开发用地必须符合土地利用总体规划和土地利用年度计划,严格控制占用耕地。市、县国土资源管理部门要会同有关部门,根据土地利用总体规划、土地利用年度计划、城市规划和市场供求状况等,编制年度房地产开发土地供应计划。要合理确定房地产开发土地供应总量、各类房地产开发用地(普通商品住房、经济适用住房、高档商品房等)的布局和结构,报经市、县人民政府批准后,及时向社会公开发布,并严格执行。

必须充分发挥市场在土地资源配置中的基础性作用。各类房地产开发用地,除按规定可以划拨外,一律实行招标拍卖挂牌出让。

二、进一步完善房地产开发土地供应政策

优化房地产开发土地供应结构,优先满足普通商品住房建设合理发展的用地需求。要合理确定普通商品住房用地在年度房地产开发土地供应计划中的比例。对普通商品住房供不应求、房价涨幅过快的城市,可以适当调剂增加土地供应量。土地供应过量、闲置土地过多的地区,必须限制新的土地供应。

加强经济适用住房建设用地管理。经济适用住房用地,也应严格控制总量,审时度势,及时调控。市、县国土资源管理部门要积极参与经济适用住房发展计划的编制工作,在年度房地产开发土地供应计划中合理确定经济适用住房土地供应量。经济适用房建设用地,要按照土地利用总体规划和城市规划的要求,合理布局,并按照政策规定,可以划拨方式提供土地。符合经济适用住房有关规定和条件的集资、合作建房用地,应纳入经济适用住房用地统一管理。

严格控制高档商品房的土地供应。凡高档商品住房、写字楼等商业性用房积压较多的地区,要严格限制土地供应量,或暂停供应土地。停止别墅类用地的土地供应。

三、加大对房地产开发用地监管力度

严禁下放土地审批权。凡是违法下放农用地转用、土地征收、土地供应和规划管理权的,必须立即纠正,并废止有关文件。对依法批准农用地转用、土地征收的城市建设用地,要加强监督检查力度,按照批准的规划用途供地。用地单位不得擅自改变规划用途进行房地产开发。

严禁任何单位和个人在房地产开发中以先行立项、先行选址定点和先行确定地价的方式取得土地;严禁用行政手段,以打招呼、批条子等各种形式指定供地对象、位置、面积、用途、方式和价格等干预插手土地出让。对规避土地使用权招标拍卖挂牌,仍采取协议出让和划拨方式供应经营性用地的;对在土地使用权招标拍卖挂牌出让中弄虚作假、徇私舞弊的;对领导干部违纪违法干预和插手土地使用权招标拍卖挂牌出让的,要严厉追究主管部门及有关人员的责任。

严禁以科技、教育、观光农业和生态建设等名义取得享受产业优惠政策的土地后用于房地产开发;严禁以经济适用住房、集资合作建房名义取得土地用于商品房开发。违反上述规定的,要严肃查处,并应依法收回土地使用权,确需使用土地的,要按照同等地段土地的市场成交价,补交相应的地价款和政府已减免的有关费用。对此类单位和企业,以后不得再划拨使用土地,并要限制其参加土地使用权招标拍卖挂牌。

严禁任何单位、个人与乡、镇、村、组签订协议,圈占农民集体土地进行房地产开发。违反上述规定所签订的协议一律无效,国土资源管理部门不得办理用地手续。

严禁将国有划拨土地使用权以各种名义私下交易、非法入市用于房地产开发。违反规定的,要依法责令其补交相应的地价款,没收违法所得并处以罚款;情节严重的,责令退还非法取得的土地使用权。

严禁擅自改变土地出让合同约定的土地使用条件。以出让方式取得土地使用权的单位和个人,必须按土地出让合同约定进行开发,不得擅自更改;确需改变容积率等规划条件的,必须经原出让方和规划部门同意,并按照同等地段土地的市场成交价,补交相应的土地差价。

四、加强土地市场监测,完善市场服务

各地国土资源管理部门,特别是城市国土资源管理部门要加强对土地市场的监测,加快建立和完善土地市场监测分析系统和城市地价动态监测系统,及时对土地市场变化情况进行动态监测、分析、预测、预警,为政府进行宏观决策提供科学的依据。要加强土地市场的信息发布工作,及时将土地供应计划、土地使用权招标拍卖挂牌出让公告、基准地价、协议出让最低价和交易结果等市场信息向社会公布,并为社会提供信息公开查询服务。

加强和规范土地登记工作,切实维护产权人的合法权益。各地国土资源管理部门要依法办理房地产开发、销售和转让涉及的土地登记发证工作,严把土地登记关口。加强土地使用权抵押登记管理,防范金融风险。建立健全土地登记资料可查询制度,提供市场服务。

加强对土地市场中介服务组织的监管,规范中介机构和从业人员的执业行为,促进诚信建设。对违反法律法规和有关技术规范从业的机构和个人,要及时向社会披露。

各级国土资源管理部门要加强与发展改革、建设、规划、金融、财政、税收等部门的密切协作,充分发挥土地供应的宏观调控作用,共同做好促进房地产市场持续健康发展工作。

国土资源部关于加强房地产用地供应和监管有关问题的通知

1. 2010年3月8日

2. 国土资发〔2010〕34号

各省、自治区、直辖市国土资源厅(国土环境资源厅、国土资源局、国土资源和房屋管理局、规划和国土资源管理局),副省级城市国土资源行政主管部门,新疆生产建设兵团国土资源局,各派驻地方的国家土地督察局:

为贯彻落实《国务院办公厅关于促进房地产市场平稳健康发展的通知》(国办发〔2010〕4号)要求,依法加强监管,切实落实房地产土地管理的各项规定,增强土地政策参与房地产市场宏观调控的针对性和灵活性,增加保障性为重点的住房建设用地有效供应,提高土地供应和开发利用效率,促进地产市场健康平稳有序运行,现将有关问题通知如下:

一、加快住房建设用地供应计划编制

(一)科学编制住房特别是保障性住房用地供应计划。市、县国土资源管理部门要依据土地利用总体规划和年度计划、住房建设规划和计划及棚户区改造规划,结合本地区已供土地开发利用情况和闲置土地处置情况,科学编制住房特别是保障性住房用地供应计划,合理确定住房用地供应总量和结构。确保保障性住房、棚户改造和自住性中小套型商品房建房用地,确保上述用地不低于住房建设用地供应总量的70%。要严格控制大套型住房建设用地,严禁向别墅供地。省级国土资源管理部门应及时对市、县房地产用地年度计划作出预安排,并于3月底前,将本年度住房和保障性住房用地供应计划汇总报部,并抄送各派驻地方的国家土地督察局。

(二)协调推进住房用地供应计划实施。市、县国土资源管理部门应按照经政府批准的供地计划,结合政府收购储备地块开发和房地产市场土地供需的情况,确定年度计划中拟供应的地块,合理安排供地时序。应主动与有关部门联系协调,依据投资到位情况和方便群众工作生活要求,优先确定保障性住房用地地块,确保保障性住房用地计划落实。城市和国有工矿棚户区改建原则上应实行原址改造,盘活存量土地,优化用地结构,完善服务功能,节约集约用地。落实住房和保障性住房用地供应计划涉及占用农用地的,要优先安排农转用计划指标，按部审批改革要求，及时组织申报，加快审批征收。

二、促进住房建设用地有效供应

（三）确保保障性住房用地供应。各地对列入年度供地计划的保障性住房用地，要应保尽保、及时供地。保障性住房以及城市和国有工矿棚户区改造中符合保障性住房条件的安置用地，应以划拨方式供应。保障性住房建设项目中配建的商服等经营性项目用地，应按市场价有偿使用。商品房建设项目中配建保障性住房的，必须在土地出让合同中明确保障性住房的建筑总面积、分摊的土地面积、套数、套型建筑面积、建成后由政府收回或收购的条件、保障性住房与商品住房同步建设等约束性条件。

（四）严格规范商品房用地出让行为。严格土地出让条件。市、县国土资源管理部门应依据城市规划部门出具的宗地规划设计条件，拟定出让方案，确定为中低价位普通商品房用地的，方案中要增加房地产主管部门提出的住房销售价位、套数、套型面积等控制性要求，并写入出让合同，约定违约处罚条款。土地使用权人违约的，要追究相应违约责任。各地要按照《限制用地项目目录（2006 年增补本）》要求，严格控制商品房用地单宗出让面积。条件具备的地方，可以探索房地产用地出让预申请制度。

严格规范土地出让底价。各地应按规定及时更新基准地价并向社会公布。招标、拍卖、挂牌和协议出让底价应当依据土地估价结果、供地政策和土地市场行情等，集体决策，综合确定。土地出让最低价不得低于出让地块所在地级别基准地价的 70%，竞买保证金不得低于出让最低价的 20%。

严格土地竞买人资格审查。对用地者欠缴土地出让价款、闲置土地、囤地炒地、土地开发规模超过实际开发能力以及不履行土地使用合同的，市、县国土资源管理部门要禁止其在一定期限内参加土地竞买。对存在的违法违规用地行为，要严肃查处。

严格土地出让合同管理。土地出让成交后，必须在 10 个工作日内签订出让合同，合同签订后 1 个月内必须缴纳出让价款 50% 的首付款，余款要按合同约定及时缴纳，最迟付款时间不得超过一年。出让合同必须明确约定土地面积、用途、容积率、建筑密度、套型面积及比例、定金、交地时间及方式、价款缴纳时间及方式、开竣工时间及具体认定标准、违约责任处理。上述条款约定不完备的，不得签订合同，违规签订合同的，必须追究出让人责任。受让人逾期不签订合同的，终止供地、不得退还定金。已签合同不缴纳出让价款的，必须收回土地。

（五）坚持和完善土地招拍挂制度。各地要按照公开、公平、公正的原则和统一、规范的市场建设要求，坚持和完善招拍挂出让制度。房价过高、上涨过快的城市，市、县国土资源管理部门可选择部分地块，按照政府确定的限价房项目采用竞地价办法招拍挂出让土地，发挥抑制房价上涨过快的调节作用。要按照提高土地开发利用效率的原则，探索综合评标的具体方法。在确定土地出让最低价的基础上，将土地价款交付、开发建设周期、中小套型建设要求、土地节约集约程度等影响土地开发利用的因素作为评标条件，科学量化标准，合理确定各因素权重，完善评标专家库，细化评标规则，规范运作，依法依纪严格监督。

三、切实加强房地产用地监管

（六）实施住房用地开发利用申报制度。从 2010 年 4 月 1 日起，市、县国土资源管理部门要建立房地产用地开竣工申报制度。用地者应当在项目开工、竣工时，向国土资源管理部门书面申报，各地应对合同约定内容进行核验。在合同约定期限内未开工、竣工的，用地者要在到期前 15 日内，申报延迟原由，市、县国土资源管理部门应按合同约定认真处理后，可通过增加出让合同和划拨决定书条款或签订补充协议等方式，对申报内容进行约定监管。对不执行申报制度的，要向社会公示，并限制其至少在一年内不得参加土地购置活动。

（七）加强土地开发利用动态监测。市、县国土资源管理部门必须将每一宗土地的出让合同或划拨决定书，通过网络在线上报，经部统一配号后方可作为正式文本签订，并将出让合同或划拨决定书的电子监管号作为土地登记的要件。各地要对已供土地的开竣工、开发建设进度等情况进行实地巡查，及时更新开发利用信息，加强统计分析，并入网上传部门户网站（中国土地市场网页）。

（八）强化保障性住房用地供后监管。保障性住房用地不得从事商业性房地产开发，因城市规划调整需要改变的，应由政府收回，另选地块供应。对没有按约定配建保障性住房的，要按照出让合同或划拨决定书约定处理。对违法违规的企业，要依法查处。查处不落实的，依据《违反土地管理规定行为处分办法》（监察部 人力资源和社会保障部 国土资源部令第 15 号），追究相关人员责任。

（九）严格依法处置闲置房地产用地。各省（区、市）国土资源管理部门要全面掌握本地区闲置房地产用地查处情况，对未查处的闲置土地，实行挂牌督办，依法依规处置。对政府及政府有关部门原因造成闲置土地且未查处的，各派驻地方的国家土地督察局要及时向当地人民政府提出督察整改意见，限期依法查处。市、县国土资源管理部门要利用监测网络系统，加强对每个房地产项目开工到期申报情况的监测核查，防止产生新的闲置土地。省级国土资源管理部门要将企业闲置土地的情况，及时通报同级金融监管部门。

（十）加强房地产用地开发利用诚信管理。市、县国土资源管理部门要建立房地产企业土地开发利用诚信档案，对招拍挂竞得土地后不及时签订成交确认书或出让合同、未按合同约定缴纳土地价款、未按合同约定开竣工的，要依法依规处理，向社会公示，计入诚信档案，作为土地竞买人资格审查的依据，并入网上传部房地产用地开发利用诚信体系，部将及时向有关部门通报。

四、建立健全信息公开制度

（十一）公开住房供地计划。各地应及时将住房特别是保障性住房用地供应计划在部门户网站（中国土地市场网页）及当地土地有形市场公开，接受社会监督。部将于4月上旬在部门户网站（中国土地市场网页）公开通报各地供地计划情况。省级国土资源管理部门应分别于每年7月5日和次年1月5日前，将住房和保障性住房用地供应计划落实情况汇总报部并抄送各派驻地方的国家土地督察局，部每半年在部门户网站（中国土地市场网页）向社会公布。

（十二）公开土地出让公告。市、县国土资源管理部门必须在部门户网站（中国土地市场网页）发布土地出让公告，按照部规定的规范格式，公告拟出让宗地的位置、面积、用途、套型要求、容积率、出让年限、投标（竞买）保证金、提交申请时间、出让时间等内容。公告不规范的，部将予以通报批评，限期纠正。

（十三）公开土地出让和划拨结果。市、县国土资源管理部门要及时将出让成交和已划拨土地的位置、面积、用途、土地价款、容积率、开竣工时间等，在入网上传部的同时，在当地土地有形市场及媒体公开。没有公开出让和划拨供地结果的，省级国土资源管理部门要通报批评，限期纠正。部将从土地市场动态监测监管系统中，生成供地结果信息，并向社会发布。

（十四）公开土地开发利用信息。自今年起，部将每季度向社会公布未按出让合同和划拨决定书约定时间开竣工的宗地信息。对社会关注的典型地块信息，在部门户网站“出让信息”专栏及时公开。地方各级国土资源管理部门要通过各自门户网站，或召开新闻发布会等形式，定期或不定期向社会公开土地供应和开发利用情况及闲置土地查处信息。

（十五）公开违法违规用地查处结果。各地要将挂牌督办和社会关注的案件处理结果及时向社会公开。省级国土资源管理部门要加强对重点案件处理结果落实情况的监督检查，及时公开查处结果，接受社会监督。部将不定期对重大违法案件挂牌督办，公开查处结果。

五、开展房地产用地突出问题专项检查

（十六）明确房地产用地专项检查的重点内容。部决定，今年3月至7月，在全国组织开展对房地产用地突出问题的专项检查。检查重点是：房地产用地特别是保障性住房用地未经批准擅自改变用途，违规供应土地建设别墅，违反法律法规闲置土地、囤地炒地等。各省级国土资源管理部门要按照专项检查工作要求，及时向政府汇报，统一部署，认真实施。

（十七）结合出让合同清理制定专项检查方案。各地要根据《国有建设用地使用权出让合同专项清理工作方案》（国土资厅发〔2009〕86号）要求，抓紧开展出让合同和划拨决定书专项清理，全面掌握本地房地产用地供应及开发利用情况，加快信息进网上传，于3月31日前完成数据填报。在合同清理基础上，省级国土资源管理部门要指导各地制定专项检查方案，细化工作措施，切实抓好落实，加强检查督办。各地必须在7月中旬前完成专项检查和处理工作，由省级国土资源管理部门汇总情况，形成书面报告，连同出让合同清理报告于7月底前一并报部。

（十八）严肃查处房地产用地中的违法违规行为。各地要按照本通知要求，严格履行职责，认真开展专项检查，对房地产用地供应和开发利用中的不规范行为，要认真整改；对违法违规用地行为，要依法依纪坚决查处。对瞒案不报、压案不查的，要严肃追究责任。4月份，中央工程建设领域突出问题专项治理领导小组将组织监察部、国土资源部等部门，对中央扩大内需促进经济增长政策落实和工程建设领域突出问题专项治理情况开展联合检查，同时，一并检查房地产开发中突出问题的清查情况。

（十九）切实加强对专项检查工作的组织领导和政策指导。各省（区、市）国土资源管理部门要高度重视，认真组织实施，严格落实共同责任，切实加强对房地产用地突出问题专项检查的组织领导和政策指导，督促市、县国土资源管理部门严格执行房地产用地的法规和政策,健全完善制度,规范供地用地行为,确保专项检查取得实效。

国土资源部、住房和城乡建设部关于进一步加强房地产用地和建设管理调控的通知

1. *2010年9月21日*
2. *国土资发〔2010〕151号*

各省、自治区、直辖市国土资源厅(国土环境资源厅、国土资源局、国土资源和房屋管理局、规划和国土资源管理局)、住房城乡建设厅(建委、房地局、规划局),副省级城市国土资源行政主管部门、住房城乡建设(房地产、规划)行政主管部门,新疆生产建设兵团国土资源局、建设局,各派驻地方的国家土地督察局:

为贯彻落实《国务院关于坚决遏制部分城市房价过快上涨的通知》(国发〔2010〕10号,以下简称“国发10号文件”)确定的工作任务,进一步加强房地产用地和建设的管理调控,积极促进房地产市场继续向好发展,现就有关工作通知如下:

一、统一思想,加强部门协调配合

地方各级国土资源、住房城乡建设(房地产、规划、住房保障)主管部门要深入学习领会国发10号文件的指导思想、任务要求和政策规定,充分认识进一步加强房地产用地和建设的管理调控,是坚决贯彻落实国发10号文件政策、继续抑制房价上涨、促进房价地价合理调整的重要任务,是增加群众住房有效供给、维护群众切身利益的迫切需要,是促进城市建设节约用地、科学发展的重要举措。各级国土资源、住房城乡建设(房地产、规划、住房保障)主管部门要统一思想认识,明确工作职责和任务,在政府统一领导下,加强协作、形成合力,从当地房地产市场实际出发,在严格执行法规政策、加强管理监督、认真查处违法违规行为等各项工作中主动协调配合,落实各部门责任,努力开展工作,促进房地产市场持续向好发展。

二、强化住房用地和住房建设的年度计划管理

地方各级住房城乡建设(房地产、规划、住房保障)、国土资源主管部门要按照住房建设规划和编制计划的要求,共同商定城市住房供地和建设的年度计划,并根据年度计划实行宗地供应预安排,共同商定将确定的保障性住房、棚户区改造住房、公共租赁住房和中小套型普通商品住房年度建设任务落实到地块。省级市和市县国土资源主管部门应及时向社会公布供地计划、供地时序、宗地情况和供地条件,接受社会公众监督,正确引导市场预期。要根据住房建设计划落实情况,及时合理调整供地计划。要在确保保障性住房、棚户区改造住房和中小套型普通商品住房用地不低于住房用地供应总量70%的基础上,结合各地实际,选择地块,探索以划拨和出让方式加大公共租赁住房供地建房、逐步与廉租住房并轨、简化并实施租赁住房分类保障的途径。在房价高的地区,应增加中小套型限价住房建设供地数量。要在盘活利用存量土地的同时,对依法收回的闲置土地和具备“净地”供应的储备土地以及农转用计划指标,应优先确保以保障性住房为主的上述各类住房用地的供应。没有完成上述住房供地计划的地方,不得向大户型高档住房建设供地。

三、加快推进住房用地供应和建设项目的审批

(一)加强保障性住房用地监管。省级住房城乡建设主管部门要监督市、县按确定的保障性住房、政策性住房的建设任务,尽快编制建设项目、落实资金。省级国土资源主管部门要督促市、县依据项目确定和资金落实情况,及时办理供地手续。对已供应的保障性住房建设用地,市、县住房城乡建设(房地产、规划、住房保障)等部门要督促建设单位抓紧做好开工前期工作,促其按期开工建设。要加强对保障性住房项目建筑设计方案的审查,严格落实国家关于保障性住房的建筑面积控制标准,严格按照规划要求同步建设公共配套设施。

对已供应的各类保障性住房用地,不得改变土地性质和土地用途,不得提高建设标准、增加套型面积。对改变上述内容的保障性住房建设项目,有关主管部门不得办理相关手续,已作为商品住房销售的,要依法没收违法所得并处以罚款。

(二)加快住房建设项目的行政审批。市、县国土资源、住房城乡建设(房地产、规划)主管部门要共同建立保障性住房、棚户区改造住房、公共租赁住房、中小套型普通商品住房建设项目行政审批快速通道,规划主管部门要在受理后10天内核发建设用地规划许可证,国土资源主管部门要在受理后10天内核发国有土地使用证,规划主管部门要在受理后60天内核发建设工程规划许可证,建设主管部门应当要求限时进行施工图审查和核发施工许可证,房地产主管部门要严格按规定及时核发商品房预售许可证。各部门要及时互通办理结果,主动衔接,提高行政办事效率,加快住房项目的供地、建设和上市,尽快形成住房的有效

供应。

四、严格住房建设用地出让管理

（一）规范编制拟供地块出让方案。市、县国土资源主管部门要会同住房城乡建设（房地产、规划、住房保障）主管部门，依据土地利用规划和城镇控制性详细规划协调拟定住房用地出让方案。对具备供地条件的地块，规划、房地产主管部门要在接到国土资源主管部门书面函件后30日内分别提出规划和建设条件。拟出让宗地规划条件出具的时间逾期一年的，国土资源主管部门应当重新征求相关部门意见，并完善出让方案。

土地出让必须以宗地为单位提供规划条件、建设条件和土地使用标准，严格执行商品住房用地单宗出让面积规定，不得将两宗以上地块捆绑出让，不得“毛地”出让。拟出让地块要依法进行土地调查和确权登记，确保地类清楚、面积准确、权属合法，没有纠纷。

（二）严格制定土地出让的规划和建设条件。市、县规划主管部门应当会同国土资源主管部门，严格依据经批准的控制性详细规划和节约集约用地要求，确定拟出让地块的位置、使用性质、开发强度、住宅建筑套数、套型建筑面积等套型结构比例条件，作为土地出让的规划条件，列入出让合同。对于中小套型普通商品住房建设项目，要明确提出平均套型建筑面积的控制标准，并制定相应的套型结构比例条件。要严格限制低密度大户型住宅项目的开发建设，住宅用地的容积率指标必须大于1。

市、县住房城乡建设（房地产、住房保障）主管部门要提出限价商品住房的控制性销售价位，商品住房建设项目中保障性住房的配建比例、配建套数、套型面积、设施条件和项目开竣工时间及建设周期等建设条件，作为土地出让的依据，并纳入出让合同。

土地出让后，任何单位和个人无权擅自更改规划和建设条件。因非企业原因确需调整的，必须依据《城乡规划法》规定的公开程序进行。由开发建设单位提出申请调整规划建设条件而不按期开工的，必须收回土地使用权，重新按招标拍卖挂牌方式出让土地。

（三）严格土地竞买人资格审查。国土资源主管部门对竞买人参加招拍挂出让土地时，除应要求提供有效身份证明文件、缴纳竞买（投标）保证金外，还应提交竞买（投标）保证金不属于银行贷款、股东借款、转贷和募集资金的承诺书及商业金融机构的资信证明。

根据国发10号文件规定，对发现并核实竞买人存在下列违法违规违约行为的，在结案和问题查处整改到位前，国土资源主管部门必须禁止竞买人及其控股股东参加土地竞买活动：

1. 存在伪造公文骗取用地和非法倒卖土地等犯罪行为的；

2. 存在非法转让土地使用权等违法行为的；

3. 因企业原因造成土地闲置一年以上的；

4. 开发建设企业违背出让合同约定条件开发利用土地的。

各级国土资源主管部门必须严格执行国发10号文件有关规定和上述规定，要及时将发现并核实有违法违规违约企业的名单、问题和查处结果入网上传到国土资源部门户网站的中国土地市场网页，不执行或弄虚作假的，按有关法规纪律规定严肃追究有关人员责任。

（四）严格划拨决定书和出让合同管理。各类住房建设项目应当在划拨决定书和出让合同中约定土地交付之日起一年内开工建设，自开工之日起三年内竣工。综合用地的，必须在合同中分别载明商业、住房等规划、建设及各相关条件。市、县国土资源主管部门要会同住房城乡建设（房地产、规划、住房保障）主管部门，研究制定违反土地划拨决定书和出让合同应约定的条件、规定和要求的违约责任及处罚条款，连同土地受让人对上述内容的承诺一并写入土地划拨决定书和出让合同，确保以保障性为重点的各类住房用地、建设和销售等按照国家政策落实到位。

五、加强对住房用地供地和建设的监管

（一）加强房地产用地供应监管。各省（区、市）国土资源主管部门要加强对住房用地出让公告和合同约定内容的适时监管，对市、县发布的公告中存在捆绑出让、超用地规模、“毛地”出让、超三年开发周期出让土地的，要责令立即撤销公告，调整出让方案重新出让。土地出让成交后，要协商规范合同约定内容，统一电子配号后方可签定合同。市、县国土资源主管部门要严格执行房地产用地开竣工申报制度，依托土地市场动态监测和监管系统，及时清理开工、竣工的房地产项目，定期对已供房地产用地的开竣工、开发建设条件执行等情况进行实地巡查，发现有违法违规问题的，必须依法依纪追究责任。

（二）加强住房建设项目开发过程的动态监管。市、县国土资源、住房城乡建设（房地产、规划、住房保障）主管部门要加强对房地产开发企业在土地开发利

用、住房建设和销售的全程动态监管。应按照各自职责,认真审核审批,发现有违法违规违约行为的,必须终止企业相关行为、停办相关手续,及时通告并由业务主管部门负责,共同依法依规查处。房地产开发项目竣工验收时,住房城乡建设主管部门要会同国土资源主管部门对开发企业及建设项目履行用地合同约定的各类条件及承诺情况进行核查。

市、县住房城乡建设主管部门要全面加强对住宅工程、特别是保障性安居工程的质量监管,重点对勘察、设计、施工、监理等参建单位执行工程建设强制性标准的情况进行监督检查,强化住宅工程质量责任落实。在工程质量监管中发现的问题,要及时查处,并告知国土资源主管部门。

六、加大违法违规行为清理查处力度

(一)严格查处囤地炒地闲置土地行为。省级国土资源主管部门要采取得力措施,督促市、县国土资源主管部门加快查清处理闲置土地。对企业自身原因造成土地闲置的,必须依法坚决查处。对政府及部门原因造成土地闲置的,住房城乡建设部门要积极配合国土资源主管部门,联合限期查办。对未达到法律法规规定的土地转让条件转让房地产用地等囤地炒地的行为,要及时依法依规严肃查处,应当依法没收违法所得,并处罚款。对违规违法办理相关用地手续的部门和人员,省级国土资源主管部门要按有关规定追究责任人责任。

(二)严格查处擅自调整容积率行为。市、县规划主管部门应会同国土资源主管部门,严格按照已确定的容积率指标对开发宗地进行规划许可和建设项目竣工核验。对已供土地分期开发的建设项目,应统一规划设计,各期建设工程规划许可确定的建筑面积的总和,必须符合容积率指标要求。坚决制止擅自调整容积率等问题,严肃查处国家机关工作人员在建设用地规划变更、容积率调整中玩忽职守、权钱交易等违纪违法行为。

(三)严格查处商品住房建设和销售的违法违规行为。市、县住房城乡建设(房地产、规划、住房保障)主管部门要依据法律法规,对房地产开发企业擅自突破住房套型结构比例、不按要求配建保障性住房、无故拖延开竣工时间、违反预销售时限和方式要求等行为进行处罚,并及时向国土资源、价格、金融等主管部门通报违法违约企业名单。房地产主管部门要会同有关部门建立市场动态监管制度,开展商品住房销售现场的日常巡查和实地检查,在商品住房预售环节及时发现并严肃查处捂盘惜售、囤积房源、虚假宣传、哄抬房价等违法违约行为。

市、县国土资源主管部门要联合住房城乡建设主管等部门,及时查处违反规定向别墅项目供地和未经批准改变项目规划建设条件建设别墅的行为。

(四)加大违法违规房地产用地信息公开。省(区、市)国土资源主管部门要按季度将发现和查处违法违规房地产用地的情况,在当地媒体和国土资源部门户网站的中国土地市场网页上向社会公布,接受公众监督,同时将有违法违规行为的房地产企业名单,及时抄送住房城乡建设、国有资产、工商、金融及监管、证券等部门,配合相关部门认真落实国发10号文件有关规定。每季度末,各省(区、市)国土资源主管部门要将有关情况报国土资源部,由国土资源部统一向社会通报。

国土资源部、住房和城乡建设部将按照国发10号文件的要求,对本通知贯彻落实情况进行指导监督和检查。

国土资源部关于严格落实房地产用地调控政策促进土地市场健康发展有关问题的通知

1. 2010年12月19日

2. 国土资发〔2010〕204号

各省、自治区、直辖市国土资源厅(国土环境资源厅、国土资源局、国土资源和房屋管理局、规划和国土资源管理局),副省级城市国土资源行政主管部门,新疆生产建设兵团国土资源局,各派驻地方的国家土地督察局:

为落实中央经济工作会议精神,增强土地政策参与房地产市场宏观调控的针对性、灵活性、有效性,持续推进国务院关于房地产市场调控政策措施的贯彻落实,按照国土资发〔2010〕34号、〔2010〕151号文件要求,严格落实房地产用地调控政策,做好当前和今后一段时间房地产用地管理和调控工作,促进土地市场健康平稳可持续发展,现就有关问题通知如下:

一、增强责任感和敏锐性,密切关注房地产市场走势,坚决落实监管和调控政策措施

地方各级国土资源主管部门今年以来认真贯彻落实国务院和国土资源部关于房地产市场调控的政策措施,积极推进以保障性为主的住房供地计划落实,坚持和完善土地招拍挂制度，切实加强房地产用地供应和监管，以住宅用地为主的房地产用地供应大幅增长，保障性住房用地占比提高，用地结构进一步优化，城市居住用地地价总体趋于稳定。但由于多因素作用下房地产市场健康运行面临复杂局面，近期少数城市部分优质地块出让溢价率偏高，引起社会广泛关注。对此，地方各级国土资源主管部门要高度重视，切实增强责任感和敏锐性，密切关注当前土地市场动向，抓紧采取有力措施，控制住房用地供应总量，把握供地节奏和时序，优化供地结构，调整供地方式，坚决抑制地价过快上涨；要严格落实已有政策规定，坚决打击囤地炒地闲置土地等违法违规行为，切实落实调控措施。

二、完善调控措施，促进土地市场健康发展

未完成2010年保障性住房建设用地供应任务，保障性住房、棚户区改造住房、中小套型普通商品住房“三类用地”供应总量未达到住房用地供应总量70%的市县，年底前不得出让大户高档商品住宅用地。要严格把握居住用地出让的总量、结构和时序，坚决防范受多种因素驱动的岁末年初放量供地。凡可能出现“高价地”的地区，必须事前评估，采取有效措施，防止出现高价地，稳定市场预期。各地要加强地价动态监测，及时掌握地价异常变动，提高市场敏锐性和针对性。对招拍挂出让中溢价率超过50%、成交总价或单价创历史新高的地块，市、县国土资源主管部门要在成交确认书签订（中标通知书发出）后2个工作日内，通过国土资源部门户网站的中国土地市场网页下载并填写《房地产用地交易异常情况一览表》，分别上报国土资源部和省（区、市）国土资源主管部门。

三、严格执行招拍挂出让制度和操作程序，规范房地产用地出让行为

省（区、市）国土资源主管部门要加强对市、县招拍挂出让公告的审查，对发现存在超面积出让、捆绑出让、“毛地”出让、住宅用地容积率小于1、出让主体不合法等违反政策规定的出让公告，及时责令市、县国土资源主管部门撤销公告，重新拟定出让方案。违反规定出让的，应责令立即终止出让行为，并依法追究责任。

市、县国土资源主管部门要严格竞买人资格审查，在审查前，要在线查询部、省（区、市）房地产企业土地开发利用诚信档案，对发现竞买人及其控股股东存在伪造公文骗取用地和非法倒卖土地、非法转让土地使用权、因企业原因造成土地闲置一年以上、违背出让合同约定条件开发利用土地等违法违规违约行为的，不得通过竞买资格审查。市、县国土资源主管部门要将审查发现的违法违规违约行为，及时在当地媒体和国土资源部门户网站的中国土地市场网页上向社会公布。在违法违规违约行为查处整改到位前，企业及其控股股东不得参加土地竞买。

各地要按照公开公平公正、诚实信用、高效便民的原则，在坚持国有土地使用权招标拍卖挂牌出让制度的前提下，积极探索“限房价、竞地价”、“限地价、竞政策性住房面积”、“在商品住宅用地中配建保障性住房”、网上挂牌、用地预申请、一次竞价、综合评标等多种交易形式，总结推广成功经验和做法，改进和完善招拍挂制度内容，进一步发挥招拍挂制度在深化土地要素市场改革、加强土地出让领域反腐倡廉建设和调控房地产市场中的积极作用。

四、加强房地产用地监管，严格落实制度

严禁保障性住房用地改变用地性质。保障性住房用地改变用地性质搞商品房开发的，必须依法没收违法所得，收回土地使用权，由市、县国土资源主管部门重新招拍挂出让。坚决制止擅自调整容积率行为。经依法批准调整容积率的，市、县国土资源主管部门应当按照批准调整时的土地市场楼面地价核定应补缴的土地出让价款。省（区、市）国土资源主管部门应对各地房地产用地开竣工申报制度的建立情况进行检查，对未按照国土资发〔2010〕34号文件规定建立制度的市县，要提出通报批评，限期建立。

各地务必按照今年上半年房地产用地专项整治的要求和政策标准，进一步加大违法违规房地产用地清理查处力度，加快处置因政府原因造成的闲置土地，促进市场秩序进一步规范。2011年1月中旬前，省（区、市）国土资源主管部门要将因政府原因闲置土地尚未完成整改处置的市县和具体地块信息、闲置原因向社会公告，并采取措施督促市县抓紧落实闲置土地清理工作。

各级国土资源管理部门要根据本通知精神，严格贯彻落实已有各项政策规定，进一步强化房地产用地管理调控。国土资源部将对各地贯彻落实情况进行指导监督和检查。

国土资源部、住房和城乡建设部关于进一步严格房地产用地管理巩固房地产市场调控成果的紧急通知

1. 2012年7月19日
2. 国土资电发〔2012〕87号

各省、自治区、直辖市国土资源主管部门,住房城乡建设(房地产、城乡规划)主管部门:

去年以来,各级国土资源主管部门、住房城乡建设(房地产、城乡规划)主管部门按照中央要求,认真贯彻落实国务院有关房地产调控政策,做了大量工作,发挥了应有的作用,促进了房地产和土地市场平稳运行。但今年5月份以来,部分城市商品房销售量明显回升,新建住宅价格出现环比上涨,土地市场也随之出现了一些波动,部分城市再现高价地,引发社会热议。为更好地落实中央要求,巩固已有调控成果,切实维护好房地产和土地市场的稳定,现就有关工作通知如下:

一、进一步提高认识,坚持房地产市场调控不放松

近期房地产和土地市场出现的一些波动,虽并未改变市场整体格局,但市场运行的复杂性和不稳定性在增加,房地产市场调控仍然处在关键时期,任务还很艰巨。对此,各级国土资源主管部门、住房城乡建设(房地产、城乡规划)主管部门要有清醒认识,要坚持调控不放松,密切配合做好各项工作,不断巩固调控成果,坚决防止房价反弹。

二、加大住房用地供应力度,提高计划完成率

各地要把落实住房用地供应计划作为下半年的重点工作切实抓好,应保尽保保障性安居工程用地,并以提高计划完成率、增加有效供应为首要目标,进一步加大普通商品住房用地的供应力度。省级国土资源主管部门接到本通知后,要根据市县保障性安居工程用地和普通商品住房用地计划的落实情况,分别制订督促措施,按月跟进。从7月开始,国土资源部将对保障性安居工程用地和普通商品住房用地供应实行月度指导,对落实情况较差的将予以公开通报,年底对各省(区、市)进行目标责任考核。

三、继续探索完善土地交易方式,严防高价地扰乱市场预期

地价是衡量房地产状况的重要指标,过高过快的地价变化影响市场预期。下半年,各地要密切跟踪市场形势,切实把握好土地出让节奏、时序和价格,防止出现商服和住宅高价地,扰乱市场预期,破坏市场稳定。市县国土资源主管部门要进一步完善地价专业评估和集体决策程序,合理确定起始价、底价,在土地出让前还应全面分析、研判市场形势,对可能出现高价地的要及时调整竞价方式,制定出让方案和现场预案。对预判成交价创历史总价最高,或单价最高,或溢价率超过50%的房地产用地,包括商服、住宅或商住综合,要及时调整出让方案,采用"限房价、竞地价"或配建保障房、公共设施等办法出让土地。省级国土资源主管部门要密切关注市县出让公告,及时掌握拟出让宗地的具体情况,督促市县严格执行异常交易宗地备案制度。市县应在成交确认书签订(中标通知书发出)后2个工作日内,在土地市场动态监测监管系统在线填写《房地产用地交易异常情况一览表》,分别上报国土资源部和省级国土资源主管部门。对不及时上报、错报、漏报或瞒报的,国土资源部将予以通报或约谈。

四、严格执行现有政策,加强监管增加住房有效供给

各地要严格执行房地产市场调控政策,不得擅自调整放松要求。已放松的,要立即纠正。房地产用地出让不能超过面积上限,不得捆绑出让、"毛地"出让。住宅用地容积率不得小于1。各类住房建设项目要在划拨决定书和出让合同中约定土地交付之日起一年内开工建设,自开工之日起三年内竣工。严格实施竞买人资格审查,落实不得使用银行贷款缴交土地出让价款的规定。土地出让竞买保证金不得低于出让最低价的20%。土地出让成交后,必须在10个工作日内签订出让合同,合同签订后1个月内必须缴纳出让价款50%的首付款,余款要按合同约定及时缴纳,最迟付款时间不得超过一年。土地出让后,任何单位和个人无权擅自更改规划和建设条件。

各级住房城乡建设(房地产、城乡规划)主管部门要建立保障性住房和普通商品住房建设项目审批快速通道,提高行政办事效率,加快此类项目的建设和上市,尽快形成保障性住房和普通商品住房的有效供应。城乡规划主管部门要优先办理建设用地规划许可、建设工程规划许可手续,建设主管部门应当要求施工图审查机构优先进行施工图审查,优先办理施工许可手续,房地产主管部门要优先办理商品房预售许可手续。要鼓励和引导开发企业将在建的大套型、高档住房依法依规转化为中小套型普通商品住房。

各地要严格落实《闲置土地处置办法》(国土资源部第53号令),及时处理土地市场动态监测监管系统

显示的闲置土地预警信息,做到早发现、早制止,促进已供土地及时形成有效供给。接到本通知后,市、县国土资源主管部门要逐宗清理超期1年未开工构成闲置的土地,按照53号令的要求及时调查认定,并在监测监管系统中确认并据实填写闲置原因,进一步加大处置力度,同时在国土资源部门户网站的中国土地市场网上公开。对用地者欠缴土地出让价款、闲置土地、囤地炒地、土地开发规模超过实际开发能力以及不履行土地使用合同的,市、县国土资源管理部门要禁止其在一定期限内参加土地竞买。

五、强化监测分析和新闻宣传,积极引导市场

各级国土资源主管部门、住房城乡建设(房地产、城乡规划)主管部门要密切关注市场变化,加强部门联动,发挥政策合力。要加强对增量存量土地供应、用地结构、开发利用和价格变化等指标的分析研判,进一步提高敏锐性,密切关注市场动向,及时采取措施应对新情况新问题。要加大主动宣传力度,及时回应人民群众关心关注的热点难点问题,全面客观地向社会公布各类监测信息,努力引导和稳定市场预期。

国土资源部、国家发展和改革委员会关于发布实施《限制用地项目目录(2012年本)》和《禁止用地项目目录(2012年本)》的通知

1. 2012年5月23日
2. 国土资发〔2012〕98号

各省、自治区、直辖市国土资源主管部门和发展改革部门、新疆生产建设兵团国土资源局和发展改革委:

为贯彻落实《国务院关于促进节约集约用地的通知》(国发〔2008〕3号)精神,依据《产业结构调整指导目录(2011年本)》(国家发展改革委令第9号)和国家有关产业政策、土地供应政策,国土资源部、国家发展改革委制定了《限制用地项目目录(2012年本)》和《禁止用地项目目录(2012年本)》(以下分别简称《限制目录》和《禁止目录》)。现印发给你们,请认真贯彻执行。

一、本通知的规定适用于新建、扩建和改建的建设项目。

二、凡列入《限制目录》的建设项目,必须符合目录规定条件,国土资源管理部门和投资管理部门方可办理相关手续。

三、凡列入《禁止目录》的建设项目或者采用所列工艺技术、装备、规模的建设项目,国土资源管理部门和投资管理部门不得办理相关手续。

四、凡采用《产业结构调整指导目录(2011年本)》明令淘汰的落后工艺技术,装备或者生产明令淘汰产品的建设项目,国土资源管理部门和投资管理部门一律不得办理相关手续。

五、《限制目录》和《禁止目录》执行中,国务院发布的产业政策和土地资源管理政策对限制和禁止用地项目另有规定的,按国务院规定办理。

六、国土资源部、国家发展改革委将根据宏观调控需要,依据国家产业政策、土地供应政策,适时修订《限制目录》和《禁止目录》。各地可以根据本地区实际情况,在符合本《限制目录》和《禁止目录》的前提下,制定本地的限制和禁止用地项目目录。

七、《限制目录》和《禁止目录》执行中的问题,由国土资源部和国家发展改革委研究处理。

八、违反本通知规定办理相关手续的,依法追究有关部门和有关责任人的责任。

九、本通知自发布之日起施行。《关于发布实施〈限制用地项目目录(2006年本)〉和〈禁止用地项目目录(2006年本)〉的通知》(国土资发〔2006〕296号)和《关于印发〈限制用地项目目录(2006年本增补本)〉和〈禁止用地项目目录(2006年本增补本)〉的通知》(国土资发〔2009〕154号)同时废止。

附件:1. 限制用地项目目录(2012年本)
　　　2. 禁止用地项目目录(2012年本)

附件1

限制用地项目目录(2012年本)

一、党政机关新建办公楼项目

1. 中央直属机关、国务院各部门、省(区、市)及计划单列市党政机关新建办公楼项目:须经国务院批准

2. 中央和国家机关所属机关事业单位新建办公楼项目:须经国家发展改革委批准(使用中央预算内投资7000万元以上的,须经国务院批准)

3. 省直厅(局)级单位和地、县级党政机关新建办公楼项目:须经省级人民政府批准

4. 地、县级党政机关直属单位和乡镇党政机关新建办公楼项目:须经地级人民政府(行署)批准

二、城市主干道路项目

用地红线宽度(包括绿化带)不得超过下列标准:

小城市和建制镇40米,中等城市55米,大城市70米。200万人口以上特大城市主干道路确需超过70米的,城市总体规划中应有专项说明

三、城市游憩集会广场项目

用地面积不得超过下列标准:小城市和建制镇1公顷,中等城市2公顷,大城市3公顷,200万人口以上特大城市5公顷

四、住宅项目

1. 宗地出让面积不得超过下列标准:小城市和建制镇7公顷,中等城市14公顷,大城市20公顷

2. 容积率不得低于以下标准:1.0(含1.0)

五、农林业项目

1. 普通刨花板、高中密度纤维板生产装置不得低于以下规模:单线5万立方米/年

2. 木质刨花板生产装置不得低于以下规模:单线3万立方米/年

3. 松香生产不得低于以下规模:1000吨/年

4. 一次性木制品与木制包装的生产和使用:不得以优质林木为原料;木竹加工项目:木竹加工综合利用率不得偏低

5. 胶合板和细木工板生产线不得低于以下规模:1万立方米/年

6. 根雕制造:不得以珍稀植物为原料

7. 珍贵濒危野生动植物加工:不得以野外资源为原料

六、黄金项目

1. 独立氰化不得低于以下标准:日处理金精矿100吨,原料自供能力50%

2. 独立黄金选矿厂不得低于以下标准:日处理矿石200吨,配套采矿系统

3. 火法冶炼不得低于以下规模:日处理金精矿100吨

4. 独立堆浸场不得低于以下规模:东北、华北、西北地区年处理矿石10万吨、华东、中南、西南年处理矿石20万吨

5. 采选不得低于以下规模:日处理岩金矿石100吨

6. 砂金开采不得低于以下规模:年处理砂金矿砂30万立方米

七、其他项目

下列项目禁止占用耕地,亦不得通过先行办理城市分批次农用地转用等形式变相占用耕地:

1. 机动车交易市场、家具城、建材城等大型商业设施项目

2. 大型游乐设施、主题公园(影视城)、仿古城项目

3. 大套型住宅项目(指单套住房建筑面积超过144平方米的住宅项目)

4. 赛车场项目

5. 公墓项目

6. 机动车训练场项目

附件2

禁止用地项目目录(2012年本)

一、农林业

1. 兽用粉剂、散剂、预混剂生产线项目(持有新兽药证书的品种和自动化密闭式高效率混合生产工艺除外)

2. 转瓶培养生产方式的兽用细胞苗生产线项目(持有新兽药证书的品种和采用新技术的除外)

3. 松脂初加工项目

4. 缺水地区、国家生态脆弱区纸浆原料林基地建设项目

5. 粮食转化乙醇、食用植物油料转化生物燃料项目

二、煤炭

1. 在国家发布新的煤炭产业政策前,单井井型不得低于以下规模:山西、内蒙古、陕西120万吨/年;重庆、四川、贵州、云南15万吨/年;福建、江西、湖北、湖南、广西9万吨/年;其他地区30万吨/年

2. 新建煤与瓦斯矿井不得低于以下规模:高瓦斯矿井30万吨/年,煤与瓦斯突出矿井45万吨/年(2015年前)

3. 采用非机械化开采工艺的煤矿项目

4. 设计的煤炭资源回收率达不到国家规定要求的煤矿项目

三、电力

1. 小电网外,单机容量30万千瓦及以下的常规燃煤火电机组

2. 小电网外,发电煤耗高于300克标准煤/千瓦时的湿冷发电机组,发电煤耗高于305克标准煤/千瓦时的空冷发电机组

3. 直接向江河排放冷却水的火电机组

4. 无下泄生态流量的引水式水力发电

四、石化化工

1. 新建1000万吨/年以下常减压、150万吨/年以

下催化裂化、100万吨/年以下连续重整(含芳烃抽提)、150万吨/年以下加氢裂化生产装置

2. 新建80万吨/年以下石脑油裂解制乙烯、13万吨/年以下丙烯腈、100万吨/年以下精对苯二甲酸、20万吨/年以下乙二醇、20万吨/年以下苯乙烯(干气制乙苯工艺除外)、10万吨/年以下己内酰胺、乙烯法醋酸、30万吨/年以下羰基合成法醋酸、天然气制甲醇、100万吨/年以下煤制甲醇生产装置(综合利用除外),丙酮氰醇法丙烯酸、粮食法丙酮/丁醇、氯醇法环氧丙烷和皂化法环氧氯丙烷生产装置,300吨/年以下皂素(含水解物,综合利用除外)生产装置

3. 新建7万吨/年以下聚丙烯(连续法及间歇法)、20万吨/年以下聚乙烯、乙炔法聚氯乙烯、起始规模小于30万吨/年的乙烯氧氯化法聚氯乙烯、10万吨/年以下聚苯乙烯、20万吨/年以下丙烯腈/丁二烯/苯乙烯共聚物(ABS,本体连续法除外)、3万吨/年以下普通合成胶乳－羧基丁苯胶(含丁苯胶乳)生产装置,新建、改扩建溶剂型氯丁橡胶类、丁苯热塑性橡胶类、聚氨酯类和聚丙烯酸酯类等通用型胶粘剂生产装置

4. 新建纯碱、烧碱、30万吨/年以下硫磺制酸、20万吨/年以下硫铁矿制酸、常压法及综合法硝酸、电石(以大型先进工艺设备进行等量替换的除外)、单线产能5万吨/年以下氢氧化钾生产装置

5. 新建三聚磷酸钠、六偏磷酸钠、三氯化磷、五硫化二磷、饲料磷酸氢钙、氯酸钠、少钙焙烧工艺重铬酸钠、电解二氧化锰、普通级碳酸钙、无水硫酸钠(盐业联产及副产除外)、碳酸钡、硫酸钡、氢氧化钡、氯化钡、硝酸钡、碳酸锶、白炭黑(气相法除外)、氯化胆碱、平炉法高锰酸钾、大锅蒸发法硫化钠生产装置

6. 新建黄磷,起始规模小于3万吨/年、单线产能小于1万吨/年氰化钠(折100%),单线产能5千吨/年以下碳酸锂、氢氧化锂,单线产能2万吨/年以下无水氟化铝或中低分子比冰晶石生产装置

7. 新建以石油(高硫石油焦除外)、天然气为原料的氮肥,采用固定层间歇气化技术合成氨,磷铵生产装置,铜洗法氨合成原料气净化工艺项目

8. 新建高毒、高残留以及对环境影响大的农药原药(包括氧乐果、水胺硫磷、甲基异柳磷、甲拌磷、特丁磷、杀扑磷、溴甲烷、灭多威、涕灭威、克百威、敌鼠钠、敌鼠酮、杀鼠灵、杀鼠醚、溴敌隆、溴鼠灵、肉毒素、杀虫双、灭线磷、硫丹、磷化铝、三氯杀螨醇,有机氯类、有机锡类杀虫剂,福美类杀菌剂,复硝酚钠(钾)等)生产装置

9. 新建草甘膦、毒死蜱(水相法工艺除外)、三唑磷、百草枯、百菌清、阿维菌素、吡虫啉、乙草胺(甲叉法工艺除外)生产装置

10. 新建硫酸法钛白粉、铅铬黄、1万吨/年以下氧化铁系颜料、溶剂型涂料(不包括鼓励类的涂料品种和生产工艺)、含异氰脲酸三缩水甘油酯(TGIC)的粉末涂料生产装置

11. 新建染料、染料中间体、有机颜料、印染助剂生产装置(不包括鼓励类的染料产品和生产工艺)

12. 新建氟化氢(HF)(电子级及湿法磷酸配套除外),新建初始规模小于20万吨/年、单套规模小于10万吨/年的甲基氯硅烷单体生产装置,10万吨/年以下(有机硅配套除外)和10万吨/年及以上、没有副产四氯化碳配套处置设施的甲烷氯化物生产装置,新建、改扩建含氢氯氟烃(HCFCs)(作为原料用的除外),全氟辛基磺酰化合物(PFOS)和全氟辛酸(PFOA),六氟化硫(SF6)(高纯级除外)生产装置

13. 新建斜交轮胎和力车胎(手推车胎)、锦纶帘线、3万吨/年以下钢丝帘线、常规法再生胶(动态连续脱硫工艺除外)、橡胶塑解剂五氯硫酚、橡胶促进剂二硫化四甲基秋兰姆(TMTD)生产装置

五、信息产业

1. 激光视盘机生产线(VCD系列整机产品)

2. 模拟CRT黑白及彩色电视机项目

六、钢铁

1. 未同步配套建设干熄焦、装煤、推焦除尘装置的炼焦项目

2. 180平方米以下烧结机(铁合金烧结机除外)

3. 有效容积400立方米以上1200立方米以下炼铁高炉;1200立方米及以上但未同步配套煤粉喷吹装置、除尘装置、余压发电装置,能源消耗大于430公斤标煤/吨、新水耗量大于2.4立方米/吨等达不到标准的炼铁高炉

4. 公称容量30吨以上100吨以下炼钢转炉;公称容量100吨及以上但未同步配套煤气回收、除尘装置,新水耗量大于3立方米/吨等达不到标准的炼钢转炉

5. 公称容量30吨以上100吨(合金钢50吨)以下电炉;公称容量100吨(合金钢50吨)及以上但未同步配套烟尘回收装置,能源消耗大于98公斤标煤/吨、新水耗量大于3.2立方米/吨等达不到标准的电炉

6. 1450毫米以下热轧带钢(不含特殊钢)项目

7. 30万吨/年及以下热镀锌板卷项目

8. 20万吨/年及以下彩色涂层板卷项目

9. 含铬质耐火材料生产项目

10. 普通功率和高功率石墨电极压型设备、焙烧设备和生产线

11. 直径600毫米以下或2万吨/年以下的超高功率石墨电极生产线

12. 8万吨/年以下预焙阳极(炭块)、2万吨/年以下普通阴极炭块、4万吨/年以下炭电极生产线

13. 单机120万吨/年以下的球团设备(铁合金球团除外)

14. 顶装焦炉炭化室高度<6.0米、捣固焦炉炭化室高度<5.5米,100万吨/年以下焦化项目,热回收焦炉的项目,单炉7.5万吨/年以下、每组30万吨/年以下、总年产60万吨以下的半焦(兰炭)项目

15. 3000千伏安及以上,未采用热装热兑工艺的中低碳锰铁、电炉金属锰和中低微碳铬铁精炼电炉

16. 300立方米以下锰铁高炉;300立方米及以上,但焦比高于1320千克/吨的锰铁高炉;规模小于10万吨/年的高炉锰铁企业

17. 1.25万千伏安以下的硅钙合金和硅钙钡铝合金矿热电炉;1.25万千伏安及以上,但硅钙合金电耗高于11000千瓦时/吨的矿热电炉

18. 1.65万千伏安以下硅铝合金矿热电炉;1.65万千伏安及以上,但硅铝合金电耗高于9000千瓦时/吨的矿热电炉

19. 2×2.5万千伏安以下普通铁合金矿热电炉(中西部具有独立运行的小水电及矿产资源优势的国家确定的重点贫困地区,矿热电炉容量<2×1.25万千伏安);2×2.5万千伏安及以上,但变压器未选用有载电动多级调压的三相或三个单相节能型设备,未实现工艺操作机械化和控制自动化,硅铁电耗高于8500千瓦时/吨,工业硅电耗高于12000千瓦时/吨,电炉锰铁电耗高于2600千瓦时/吨,硅锰合金电耗高于4200千瓦时/吨,高碳铬铁电耗高于3200千瓦时/吨,硅铬合金电耗高于4800千瓦时/吨的普通铁合金矿热电炉

20. 采用间断浸出、间断送液的电解金属锰浸出工艺的项目;10000吨/年以下电解金属锰单条生产线(一台变压器),电解金属锰生产总规模为30000吨/年以下的项目

21. 采用反射炉焙烧钼精矿工艺或虽未采用反射炉焙烧钼精矿工艺但未配备 SO_2 回收装置的钼铁生产线

22. 采用反射炉还原、煅烧红矾纳、铬酐生产工艺的金属铬生产线

七、有色金属

1. 新建、扩建钨、锡、锑开采、冶炼项目

2. 新建、扩建钼金属资源量小于20万吨、开采规模小于100万吨/年的钼矿项目

3. 稀土开采、选矿、冶炼、分离项目(在确保产能总量不增加的前提下,有利于布局优化和兼并重组的项目除外)

4. 氧化锑、铅锡焊料生产项目

5. 单系列10万吨/年规模以下粗铜冶炼项目

6. 电解铝项目(淘汰落后生产能力置换项目及优化产业布局项目除外)

7. 铅冶炼项目(单系列5万吨/年规模及以上,不新增产能的技改和环保改造项目除外)

8. 单系列10万吨/年规模以下锌冶炼项目(直接浸出除外)

9. 镁冶炼项目(综合利用项目除外)

10. 10万吨/年以下的独立铝用炭素项目

11. 新建单系列生产能力5万吨/年及以下、改扩建单系列生产能力2万吨/年及以下、以及资源利用、能源消耗、环境保护等指标达不到行业准入条件要求的再生铅项目

八、黄金

1. 在林区、基本农田、河道中开采砂金项目

九、建材

1. 2000吨/日以下熟料新型干法水泥生产线,60万吨/年以下水泥粉磨站

2. 普通浮法玻璃生产线

3. 150万平方米/年及以下的建筑陶瓷生产线

4. 60万件/年以下的隧道窑卫生陶瓷生产线

5. 3000万平方米/年以下的纸面石膏板生产线

6. 无碱、中碱玻璃球生产线、铂金坩埚球法拉丝玻璃纤维生产线

7. 粘土空心砖生产线(陕西、青海、甘肃、新疆、西藏、宁夏除外)和粘土实心砖生产线

8. 15万平方米/年以下的石膏(空心)砌块生产线、单班2.5万立方米/年以下的混凝土小型空心砌块以及单班15万平方米/年以下的混凝土铺地砖固定式生产线、5万立方米/年以下的人造轻集料(陶粒)生产线

9. 10万立方米/年以下的加气混凝土生产线

10. 3000万标砖/年以下的煤矸石、页岩烧结实心砖生产线

11. 10000 吨/年以下岩(矿)棉制品生产线和8000 吨/年以下玻璃棉制品生产线

12. 100 万米/年及以下预应力高强混凝土离心桩生产线

13. 预应力钢筒混凝土管(简称 PCCP 管)生产线:PCCP－L 型:年设计生产能力≤50千米,PCCP－E 型:年设计生产能力≤30千米

十、医药

1. 新建、扩建古龙酸和维生素 C 原粉(包括药用、食品用和饲料用、化妆品用)生产装置,新建药品、食品、饲料、化妆品等用途的维生素 B1、维生素 B2、维生素 B12 (综合利用除外)、维生素 E 原料生产装置

2. 新建青霉素工业盐、6－氨基青霉烷酸(6－APA)、化学法生产 7－氨基头孢烷酸(7－ACA)、7－氨基－3－去乙酰氧基头孢烷酸(7－ADCA)、青霉素V、氨苄青霉素、羟氨苄青霉素、头孢菌素 C 发酵、土霉素、四环素、氯霉素、安乃近、扑热息痛、林可霉素、庆大霉素、双氢链霉素、丁胺卡那霉素、麦迪霉素、柱晶白霉素、环丙氟哌酸、氟哌酸、氟嗪酸、利福平、咖啡因、柯柯豆碱生产装置

3. 新建紫杉醇(配套红豆杉种植除外)、植物提取法黄连素(配套黄连种植除外)生产装置

4. 新建、改扩建药用丁基橡胶塞、二步法生产输液用塑料瓶生产装置

5. 新开办无新药证书的药品生产企业

6. 新建及改扩建原料含有尚未规模化种植或养殖的濒危动植物药材的产品生产装置

7. 新建、改扩建充汞式玻璃体温计、血压计生产装置、银汞齐齿科材料、新建 2 亿支/年以下一次性注射器、输血器、输液器生产装置

十一、机械

1. 2 臂及以下凿岩台车制造项目

2. 装岩机(立爪装岩机除外)制造项目

3. 3 立方米及以下小矿车制造项目

4. 直径 2.5 米及以下绞车制造项目

5. 直径 3.5 米及以下矿井提升机制造项目

6. 40 平方米及以下筛分机制造项目

7. 直径 700 毫米及以下旋流器制造项目

8. 800 千瓦及以下采煤机制造项目

9. 斗容 3.5 立方米及以下矿用挖掘机制造项目

10. 矿用搅拌、浓缩、过滤设备(加压式除外)制造项目

11. 低速汽车(三轮汽车、低速货车)(自 2015 年起执行与轻型卡车同等的节能与排放标准)

12. 单缸柴油机制造项目

13. 配套单缸柴油机的皮带传动小四轮拖拉机,配套单缸柴油机的手扶拖拉机,滑动齿轮换档、排放达不到要求的 50 马力以下轮式拖拉机

14. 30 万千瓦及以下常规燃煤火力发电设备制造项目(综合利用、热电联产机组除外)

15. 电线、电缆制造项目(用于新能源、信息产业、航天航空、轨道交通、海洋工程等领域的特种电线电缆除外)

16. 非数控金属切削机床制造项目

17. 6300 千牛及以下普通机械压力机制造项目

18. 非数控剪板机、折弯机、弯管机制造项目

19. 普通高速钢钻头、铣刀、锯片、丝锥、板牙项目

20. 棕刚玉、绿碳化硅、黑碳化硅等烧结块及磨料制造项目

21. 直径 450 毫米以下的各种结合剂砂轮(钢轨打磨砂轮除外)

22. 直径 400 毫米及以下人造金刚石切割锯片制造项目

23. P0 级、直径 60 毫米以下普通微小型轴承制造项目

24. 220 千伏及以下电力变压器(非晶合金、卷铁芯等节能配电变压器除外)

25. 220 千伏及以下高、中、低压开关柜制造项目(使用环保型中压气体的绝缘开关柜除外)

26. 酸性碳钢焊条制造项目

27. 民用普通电度表制造项目

28. 8.8 级以下普通低档标准紧固件制造项目

29. 驱动电动机功率 560 千瓦及以下、额定排气压力 1.25 兆帕及以下,一般用固定的往复活塞空气压缩机制造项目

30. 普通运输集装干箱项目

31. 56 英寸及以下单级中开泵制造项目

32. 通用类 10 兆帕及以下中低压碳钢阀门制造项目

33. 5 吨/小时及以下短炉龄冲天炉

34. 有色合金六氯乙烷精炼、镁合金 SF6 保护

35. 冲天炉熔化采用冶金焦

36. 采用无再生的水玻璃砂造型制芯工艺的项目

37. 盐浴氮碳、硫氮碳共渗炉及盐

38. 电子管高频感应加热设备

39. 亚硝盐缓蚀、防腐剂

40. 铸/锻造用燃油加热炉

41. 锻造用燃煤加热炉
42. 手动燃气锻造炉
43. 蒸汽锤
44. 弧焊变压器
45. 含铅和含镉钎料
46. 新建全断面掘进机整机组装项目
47. 新建万吨级以上自由锻造液压机项目
48. 新建普通铸锻件项目
49. 动圈式和抽头式手工焊条弧焊机
50. Y 系列(IP44)三相异步电动机(机座号 80 ~ 355)及其派生系列,Y2 系列(IP54)三相异步电动机(机座号 63 ~ 355)
51. 背负式手动压缩式喷雾器
52. 背负式机动喷雾喷粉机
53. 手动插秧机
54. 青铜制品的茶叶加工机械
55. 双盘摩擦压力机
56. 含铅粉末冶金件
57. 出口船舶分段建造项目
58. 新建风电装备整机制造厂项目
59. 排放标准国三及以下的机动车用发动机
60. 4 档及以下机械式车用自动变速箱(AT)

十二、轻工

1. 聚氯乙烯普通人造革生产线
2. 年加工生皮能力 20 万标张牛皮以下的生产线,年加工蓝湿皮能力 10 万标张牛皮以下的生产线
3. 超薄型(厚度低于 0.015 毫米)塑料袋和超薄型(厚度低于 0.025 毫米)塑料购物袋生产
4. 新建以含氢氯氟烃(HCFCs)为发泡剂的聚氨酯泡沫塑料生产线、连续挤出聚苯乙烯泡沫塑料(XPS)生产线
5. 聚氯乙烯(PVC)食品保鲜包装膜
6. 普通照明白炽灯、高压汞灯
7. 最高转速低于 4000 针/分的平缝机(不含厚料平缝机)和最高转速低于 5000 针/分的包缝机
8. 电子计价秤(准确度低于最大称量的 1/3000,称量≤15 千克)、电子皮带秤(准确度低于最大称量的 5/1000)、电子吊秤(准确度低于最大称量的 1/1000,称量≤50 吨)、弹簧度盘秤(准确度低于最大称量的 1/400,称量≤8 千克)
9. 电子汽车衡(准确度低于最大称量的 1/3000,称量≤300 吨)、电子静态轨道衡(准确度低于最大称量的 1/3000,称量≤150 吨)、电子动态轨道衡(准确度低于最大称量的 1/500,称量≤150 吨)
10. 玻璃保温瓶胆生产线
11. 3 万吨/年及以下的玻璃瓶罐生产线
12. 以人工操作方式制备玻璃配合料及秤量
13. 未达到日用玻璃行业清洁生产评价指标体系规定指标的玻璃窑炉
14. 生产能力小于 18000 瓶/时的啤酒灌装生产线
15. 羰基合成法及齐格勒法生产的脂肪醇产品
16. 热法生产三聚磷酸钠生产线
17. 单层喷枪洗衣粉生产工艺及装备、1.6 吨/小时以下规模磺化装置
18. 糊式锌锰电池、镉镍电池
19. 牙膏生产线
20. 100 万吨/年以下北方海盐项目;新建南方海盐盐场项目;60 万吨/年以下矿(井)盐项目
21. 单色金属板胶印机
22. 新建单条化学木浆 30 万吨/年以下、化学机械木浆 10 万吨/年以下、化学竹浆 10 万吨/年以下的生产线;新闻纸、铜版纸生产线
23. 元素氯漂白制浆工艺
24. 原糖加工项目及日处理甘蔗 5000 吨(云南地区 3000 吨)、日处理甜菜 3000 吨以下的新建项目
25. 白酒生产线
26. 酒精生产线
27. 5 万吨/年及以下且采用等电离交工艺的味精生产线
28. 糖精等化学合成甜味剂生产线
29. 浓缩苹果汁生产线
30. 大豆压榨及浸出项目(黑龙江、吉林、内蒙古大豆主产区除外);东、中部地区单线日处理油菜籽、棉籽 200 吨及以下,花生 100 吨及以下的油料加工项目;西部地区单线日处理油菜籽、棉籽、花生等油料 100 吨及以下的加工项目
31. 年加工玉米 30 万吨以下、绝干收率在 98% 以下玉米淀粉湿法生产线
32. 年屠宰生猪 15 万头及以下、肉牛 1 万头及以下、肉羊 15 万只及以下、活禽 1000 万只及以下的屠宰建设项目(少数民族地区除外)
33. 3000 吨/年及以下的西式肉制品加工项目
34. 2000 吨/年及以下的酵母加工项目
35. 冷冻海水鱼糜生产线

十三、纺织

1. 单线产能小于 10 万吨/年的常规聚酯(PET)连

续聚合生产装置

2. 采用常规聚酯的对苯二甲酸二甲酯（DMT）法生产工艺的项目

3. 半连续纺粘胶长丝生产线

4. 间歇式氨纶聚合生产装置

5. 常规化纤长丝用锭轴长1200毫米及以下的半自动卷绕设备

6. 粘胶板框式过滤机

7. 单线产能≤1000吨/年、幅宽≤2米的常规丙纶纺粘法非织造布生产线

8. 25公斤/小时以下梳棉机

9. 200钳次/分钟以下的棉精梳机

10. 5万转/分钟以下自排杂气流纺设备

11. FA502、FA503细纱机

12. 入纬率小于600米/分钟的剑杆织机，入纬率小于700米/分钟的喷气织机，入纬率小于900米/分钟的喷水织机

13. 采用聚乙烯醇浆料（PVA）上浆工艺及产品（涤棉产品，纯棉的高支高密产品除外）

14. 吨原毛洗毛用水超过20吨的洗毛工艺与设备

15. 双宫丝和柞蚕丝的立式缫丝工艺与设备

16. 采用绞纱染色工艺项目

17. 亚氯酸钠漂白设备

十四、烟草

1. 卷烟加工项目

十五、消防

1. 火灾自动报警设备项目

2. 灭火器项目

3. 碳酸氢钠干粉（BC）和环保型水系灭火剂

4. 防火门项目

5. 消防水带项目

6. 消防栓（室内、外）项目

7. 普通消防车（罐类、专项类）项目

十六、民爆产品

1. 非人机隔离的非连续化、自动化雷管装配生产线

2. 非连续化、自动化炸药生产线

3. 高污染的起爆药生产线

4. 高能耗、高污染、低性能工业粉状炸药生产线

十七、其他

1. 别墅类房地产开发项目

2. 高尔夫球场项目

3. 赛马场项目

4. 党政机关（含国有企事业单位）新建、改扩建培训中心（基地）和各类具有住宿、会议、餐饮等接待功能的设施或场所建设项目

5. 未依法取得探矿权的矿产资源勘查项目

6. 未依法取得采矿权的矿产资源开采项目

关于建立城镇建设用地增加规模同吸纳农业转移人口落户数量挂钩机制的实施意见

1. 2016年9月29日国土资源部、国家发展和改革委员会、公安部、人力资源和社会保障部、住房和城乡建设部发布
2. 国土资发〔2016〕123号

根据《中华人民共和国国民经济和社会发展第十三个五年规划纲要》和《国家新型城镇化规划（2014－2020年）》要求，为推进以人为核心的新型城镇化，提高农业转移人口市民化用地保障水平，现就建立城镇建设用地增加规模同吸纳农业转移人口落户数量挂钩（以下称人地挂钩）机制提出以下意见。

一、总体要求

（一）指导思想。全面贯彻党的十八大和十八届三中、四中、五中全会精神，深入贯彻习近平总书记系列重要讲话精神，按照“五位一体”总体布局和“四个全面”战略布局，牢固树立创新、协调、绿色、开放、共享的新发展理念，认真落实党中央、国务院决策部署，以人的城镇化为核心，制定实施人地挂钩政策，通过规划总量调控、计划单列下达、用地优化安排，满足新型城镇化用地需求。

（二）基本原则。

坚持以人定地、人地和谐。根据吸纳农业转移进城落户人口（指取得城镇户籍的进城农业人口，以下简称进城落户人口）数量，合理确定城镇新增建设用地规模，保障其用地需求，促进城乡建设相协调、就业转移和人口集聚相统一。

坚持保护耕地、节约用地。坚持最严格的耕地保护和节约用地制度，严守耕地保护红线和城市开发边界，已划定的城市周边永久基本农田绝不能随便占用.新增建设用地必须“管住总量、严控增量、盘活存量”，严格执行人均用地标准，充分利用现有建设用地，不占或者尽量少占农用地，切实提高土地利用效率。

坚持改革创新、规范运作。创新土地资源配置方式，完善用地管理制度，科学合理安排进城落户人口各

类用地，优化各相关指标测算流程，明确各方职责，建立政策实施跟踪分析机制，不断提高用地管理科学化、规范化水平。

坚持尊重意愿、维护权益。充分尊重农民意愿，不搞强迫命令、不搞“一刀切”，切实维护进城落户农民土地承包权、宅基地使用权、集体收益分配权，支持引导其依法自愿有偿转让上述权益，完善权益流转机制。

（三）目标任务。到 2018 年，基本建立人地挂钩机制，形成部门联动、上下衔接、有利于促进新型城镇化发展的建设用地供应制度；到 2020 年，全面建立科学合理的人地挂钩机制政策体系，区域和城乡用地结构布局更加优化，土地节约集约利用水平显著提高，为如期实现 1 亿左右农业转移人口和其他常住人口在城镇落户提供用地保障。

二、主要措施

（一）实行差别化用地标准。按照超大城市、特大城市、大中小城市和小城镇协调发展的要求，实行差别化进城落户人口城镇新增建设用地标准。根据《国家新型城镇化规划（2014－2020 年）》提出的人均城镇建设用地控制目标，综合考虑人均城镇建设用地存量水平等因素，确定进城落户人口新增城镇建设用地标准为：现状人均城镇建设用地不超过 100 平方米的城镇，按照人均 100 平方米标准安排；在 100－150 平方米之间的城镇，按照人均 80 平方米标准安排；超过 150 平方米的城镇，按照人均 50 平方米标准安排。超大和特大城市的中心城区原则上不因吸纳农业转移人口安排新增建设用地。

（二）实施规划统筹管控。在各级土地利用总体规划、城乡规划编制和修订时，充分考虑区域经济社会发展水平、土地利用现状、节约集约用地要求和人口规模等因素，特别是进城落户人口数量和流向，科学测算和合理安排城镇新增建设用地规模。原有用地规模确实无法满足进城落户人口用地需求的，可依法对土地利用总体规划进行适当调整。

（三）改进用地计划安排。依据土地利用总体规划和上一年度进城落户人口数量，合理安排各类城镇新增建设用地年度计划，保障进城落户人口用地需求。国家在下达土地利用年度计划时，充分考虑各省（区、市）上一年度进城落户人口规模，合理分解新增建设用地计划指标；省（区、市）根据所辖各市县上一年度进城落户人口规模，专项安排进城落户人口相应的新增建设用地计划指标；县（市、区）在组织城镇建设时，优先安排吸纳进城落户人口镇的用地。

（四）优化土地供应结构。各县（市、区）要根据有关规划和计划，按照方便进城落户人口生产生活的要求，统筹考虑各类各业建设用地供应，优先保障住房特别是落户人口的保障房，以及教育、医疗、养老、就业等民生和城镇基础设施建设用地，合理安排必要的产业用地。鼓励各地盘活存量城镇建设用地，提高节约集约用地水平。

（五）提高农村土地利用效率。结合农村宅基地制度改革，允许进城落户人员在本集体经济组织内部自愿有偿退出或转让宅基地，鼓励农村土地经营权规范有序流转。规范推进城乡建设用地增减挂钩，对旧村庄、旧宅基地和闲置农村建设用地进行整理复垦，增加耕地面积，在满足农民安置、农村发展用地的前提下，可将节余的建设用地用于城镇建设。

三、组织实施

（一）落实地方责任。各省（区、市）人民政府对本行政区域人地挂钩机制实施工作负总责，要切实加强组织领导，尽快出台实施细则，确保政策措施落实到位；根据本地实际，可对进城落户人口新增城镇建设用地标准进行适当调整，幅度控制在 10% 以内。对非农业转移落户人口和取得居住证的常住非户籍人口，各地要根据实际需要适当安排建设用地。

（二）强化部门协同。建立推进人地挂钩机制的部门协作机制，由国土资源部门牵头，发展改革、公安、住房城乡建设等部门参与，加强配合协调，做好政策衔接。国土资源部门会同发展改革部门负责提出吸纳农业转移人口落户城镇的基础设施、公共服务设施、配套产业建设用地需求，制定和实施进城落户人口用地政策。住房城乡建设部门负责城镇规划、用地结构布局，以及住房和市政设施建设用地需求及结构预测等。公安部门负责核实汇总下一级人民政府报送的上一年度进城落户人口数据，提供给国土资源、发展改革、住房城乡建设部门，并报送本级人民政府，作为实施人地挂钩机制的重要依据。

（三）规范政策实施。公安部门要加强对户籍管理的监管，防止出现为片面追求城镇化用地规模而更改户籍、农民“被市民化”等现象，保证农业转移人口进城落户的真实性和准确性。现阶段，不得以退出农民土地承包权、宅基地使用权、集体收益分配权作为农民进城落户的条件。要加强信息化建设，实现人口、土地等基础数据跨部门共享，对进城落户人口和城乡建设用地变化情况实行动态监测。对于政策实施过程中出现的失职渎职、弄虚作假等行为，要按照有关规定予以严肃处理。

（四）加强宣传引导。充分利用报纸、广播、电视、网络等媒体，准确解读人地挂钩机制的重要意义、政策内涵和工作要求，合理引导社会预期，形成广泛共识。在实施过程中，要认真做好宣传，及时回应群众关切，为加快农业转移人口市民化进程、推进新型城镇化发展营造良好社会氛围。

（五）做好总结评估。各省（区、市）人民政府要对人地挂钩机制实施进展情况进行年度总结，向国土资源部报送有关情况。国土资源部会同有关部门建立跟踪分析机制，每年开展总结评估，进展情况向国务院报告；对于好的经验和做法，要及时研究推广；对于实施中出现的问题和困难，要加强沟通协调，认真研究解决，不断完善政策，确保人地挂钩政策措施落到实处，取得实效。

自然资源部办公厅关于印发《产业用地政策实施工作指引（2019年版）》的通知

1. 2019年4月24日

2. 自然资办发〔2019〕31号

各省、自治区、直辖市自然资源主管部门，新疆生产建设兵团自然资源主管部门：

为深入贯彻习近平新时代中国特色社会主义思想，认真落实习近平总书记在民营企业座谈会上的重要讲话精神及扩大开放的重要指示批示精神，保障各种所有制经济主体平等取得土地要素，有力促进高质量发展，部根据土地管理法律法规规章及现行有效的规范性文件，梳理政策实施要点，编制形成《产业用地政策实施工作指引（2019年版）》（以下简称《指引》），指导地方自然资源主管部门特别是市、县自然资源主管部门规范执行产业用地政策，同时供其他行业主管部门和用地者参考。

各级自然资源主管部门要深刻认识坚持和完善我国社会主义基本经济制度、坚持“两个毫不动摇”对深化供给侧结构性改革、推动高质量发展的重要意义，在产业用地政策执行中做到对各种所有制经济一视同仁，切实落实权利平等、机会平等、规则平等要求；要深入推动节约集约用地，通过转变土地利用方式和提高土地利用效率释放更大的用地空间，保障新产业新业态发展和民生服务设施建设需求；要面向各类用地主体特别是民营企业、外资企业宣传、解读产业用地政策，在工作中规范执行政策，营造支持高质量发展的良好社会氛围。

本《指引》印发后，《国土资源部办公厅关于印发〈产业用地政策实施工作指引〉的通知》（国土资厅发〔2016〕38号）同时废止，国家及有关部门新出台的政策规定与本《指引》及其引用的文件规定不一致的，以新的政策规定为准。

附件：

产业用地政策实施工作指引（2019年版）

第一章　总　　则

第一条　（产业用地政策含义）产业用地政策是指国务院、国务院办公厅及自然资源部等部门的规范性文件中规定的适用于特定行业的用地政策。上述特定行业不包括房地产业。

本指引引用的相关文件清单见附录，并可在中国政府网（www.gov.cn）或自然资源部门户网站（www.mnr.gov.cn）查询。

第二条　（产业用地涉及的内容）本指引重点对上述特定行业涉及的国土空间规划、土地用途管制、土地利用计划安排、土地供应、土地利用、不动产登记等涉及的政策要点予以归纳说明。

第三条　（产业用地基本原则）地方各级自然资源主管部门应当遵守国家有关法律法规规章和产业用地政策规定，落实国土空间规划的管控要求，在保障产业发展用地中坚持规划确定用途、用途确定供应方式、市场确定供应价格的原则。

第四条　（平等对待各类用地主体）地方各级自然资源主管部门执行产业用地政策时，应当坚持公平、开放、透明的市场规则，对产业用地中各种所有制经济一视同仁、平等对待，防止排除、限制市场竞争等不规范行为。

第二章　土地供应基本规定

第五条　（划拨方式取得国有建设用地使用权）符合《划拨用地目录》（国土资源部令第9号）规定的建设用地项目，方可以划拨方式提供国有建设用地使用权。划拨国有建设用地使用权人应当按照划拨决定书规定的用途和使用条件开发建设和使用土地。未经有批准权的市、县人民政府自然资源主管部门批准，划拨国有建设用地使用权不得擅自转让、出租。

除划拨决定书、法律、法规、行政规定等明确应当收回土地使用权重新出让的外，划拨国有建设用地使用权人申请办理有偿使用手续的，自然资源主管部门应当依法依规予以办理。

第六条 （出让方式取得国有建设用地使用权）工业、商业、旅游、娱乐和商品住宅等经营性用地以及同一宗地有两个以上意向用地者的，应当以招标、拍卖或者挂牌方式出让。

符合《协议出让国有土地使用权规定》（国土资源部令第21号）的相关条件和要求的国有建设用地使用权，可以协议方式出让，按照《协议出让国有土地使用权规范（试行）》（国土资发〔2006〕114号）办理出让手续。以协议方式出让国有建设用地使用权的出让金不得低于按国家规定所确定的最低价。

依法以出让方式取得的国有建设用地使用权，在使用年限内可以转让、出租、抵押等。

第七条 （改变土地用途）依据《土地管理法》《城市房地产管理法》的规定，建设单位应当按照国有建设用地使用权出让等有偿使用合同的约定或者国有建设用地划拨批准文件的规定使用土地。确需改变土地用途的，经有关人民政府自然资源主管部门同意，报原批准用地的人民政府批准。经批准改变土地用途的，签订国有建设用地使用权出让合同变更协议或者重新签订国有建设用地使用权出让合同，相应补缴国有建设用地使用权价款，按规定办理不动产登记。

第三章 产业用地政策实施

第八条 （可按原地类管理的情形）各地要依据国土空间规划积极引导产业项目合理选址，尽量利用未利用地及存量建设用地等，不占或少占耕地，严格保护永久基本农田。依据下列规定使用的农用地或未利用地，可按原地类认定和管理，并严格按照规定条件使用土地。

（一）依据《关于支持新产业新业态发展促进大众创业万众创新用地的意见》（国土资规〔2015〕5号）的规定，光伏、风力发电项目使用戈壁、荒漠、荒草地等未利用土地的，对不占压土地、不改变地表形态的用地部分，可按原地类认定。依据《关于支持光伏扶贫和规范光伏发电产业用地的意见》（国土资规〔2017〕8号）的规定，对深度贫困地区脱贫攻坚中建设的光伏发电项目，国家能源局、国务院扶贫办确定下达的全国村级光伏扶贫电站建设规模范围内的光伏发电项目，以及符合当地建设要求和认定标准的光伏复合项目，其光伏方阵使用永久基本农田以外的农用地的，在不破坏农业生产条件的前提下，可不改变原用地性质。其中，农用地、未利用地按照土地调查成果认定，光伏方阵用地面积按照《光伏发电站工程项目用地控制指标》（国土资规〔2015〕11号）核定。

（二）依据《关于支持旅游业发展用地政策的意见》（国土资规〔2015〕10号）的规定，旅游项目中属于自然景观用地及农牧渔业种植、养殖用地的，不征收（收回）、不转用，按现用途管理。

（三）依据《促进乡村旅游发展提质升级行动方案（2018－2020年）》（发改综合〔2018〕1465号）的规定，经市县发展改革、住房城乡建设、农业农村、文化和旅游等主管部门认定为仅在年度内特定旅游季节使用土地的乡村旅游停车设施，自然资源主管部门在相关设施不使用永久基本农田、不破坏生态与景观环境、不影响地质安全、不影响农业种植、不硬化地面、不建设永久设施的前提下，可不征收（收回）、不转用，按现用途管理。超出特定旅游季节未恢复原状的，由市县发展改革、住房城乡建设、农业农村、文化和旅游等主管部门责令恢复原状。

（四）依据《关于促进自驾车旅居车旅游发展的若干意见》（旅发〔2016〕148号）的规定，对自驾车旅居车营地的特定功能区，使用未利用地的，在不改变土地用途、不固化地面的前提下，可按原地类管理。

（五）依据《全国冰雪场地设施建设规划（2016－2022年）》（体经字〔2016〕646号）的规定，对利用现有山川水面建设冰雪场地设施，对不占压土地、不改变地表形态的，可按原地类管理。

第九条 （土地利用计划安排）各地要根据国家产业政策、国土空间规划和当地产业发展情况，统筹使用新增和存量建设用地，合理安排用地计划指标，优先支持符合产业政策的项目用地，服务民生设施建设，促进产业创新发展。

（一）依据《国务院关于促进外资增长若干措施的通知》（国发〔2017〕39号）的规定，允许各地在符合经济社会发展规划、土地利用总体规划、城市总体规划的前提下，对国家级开发区利用外资项目所需建设用地指标予以优先保障，做到应保尽保。

（二）依据《国务院办公厅关于进一步激发社会领域投资活力的意见》（国办发〔2017〕21号）的规定，各地要将医疗、养老、教育、文化、体育等领域用地纳入国土空间规划和年度用地计划，农用地转用指标、新增用地指标分配要适当向上述领域倾斜，有序适度扩大用地供给。

（三）依据《国务院办公厅关于完善国家级经济技术开发区考核制度促进创新驱动发展的指导意见》（国办发〔2016〕14号）的规定，省级人民政府在用地指标中可对国家级经济技术开发区予以单列，优先安排创新创业企业用地。

（四）依据《国务院关于进一步支持小型微型企业健康发展的意见》（国发〔2012〕14号）的规定，对规划建设的小企业创业基地、科技孵化器、商贸企业集聚区等，要优先安排用地计划指标。

（五）结合本地区实际，优先安排产业发展较快的地区、集聚区及使用未利用地发展产业的用地计划。

第十条 （国有建设用地供应计划安排）市、县自然资源主管部门应结合产业用地政策要求和国土空间规划，依据《国有建设用地供应计划编制规范（试行）》（国土资发〔2010〕117号）的规定编制年度国有建设用地供应计划，科学安排国有建设用地供应的总量、结构、布局、时序和方式。符合下列规定的，可优先纳入供应计划：

（一）国务院及其职能部门发布的产业发展规划中明确的重点产业。

（二）国务院及其职能部门发布的产业促进政策中明确的重点产业。

（三）县级以上地方人民政府依据前述规划、政策明确的本地区重点产业。

各地制定国有建设用地供应计划，要根据国家对养老、教育、医疗、体育等公共服务设施建设的政策要求，合理确定并保障土地供应规模。依据《国务院关于促进外贸回稳向好的若干意见》（国发〔2016〕27号）的规定，中西部地区要加大加工贸易产业用地保障力度，优先纳入供地计划并优先供应。

第十一条 （土地用途的确定）市、县自然资源主管部门在组织产业用地供应时，在城市、镇规划区内以出让方式供地的，应按照《城乡规划法》的规定，依据控制性详细规划，提出出让地块的位置、使用性质、开发强度等规划条件，作为出让合同的组成部分。

国家支持发展的新产业、新业态项目用地，符合国土资规〔2015〕5号文件规定的，可以按照相关规定确定土地用途。对现行国家标准分类中没有明确定义的新产业、新业态类型，市、县自然资源主管部门可按照国土资规〔2015〕5号文件规定，结合土地供应政策要求和当地产业发展实际需要，商同级产业主管部门提出规划用途的建议意见。

市、县自然资源主管部门在签订国有建设用地使用权出让合同时，合同中的宗地用途按国家标准《土地利用现状分类》（GB/T 21010－2017）规定的土地二级类填写，规划条件与《土地利用现状分类》无直接对应类型的，应研究确定对应的土地二级类的类型，必要时可征求产业、投资部门意见。鼓励地方自然资源主管部门研究制定城乡规划用地分类与土地利用现状分类对照表，经批准后统一执行。

依据国土资规〔2015〕5号文件的规定，新产业新业态发展中工业用地、科教用地兼容该文件规定的用途设施（不包括商品住宅）建筑面积不超过15%的，仍按工业、科教用途管理。其他情形下，同一宗土地上兼容两种以上用途的，应确定主用途并依据主用途确定供应方式；主用途可以依据建筑面积占比确定，也可以依据功能的重要性确定，确定主用途的结论和理由应当写入供地方案，经批准后实施。

第十二条 （配套设施建设纳入土地供应条件的情形）依据《国务院办公厅关于推进养老服务发展的意见》（国办发〔2019〕5号）、《国务院办公厅转发卫生计生委等部门关于推进医疗卫生与养老服务相结合指导意见的通知》（国办发〔2015〕84号）、《国务院办公厅关于加快新能源汽车推广应用的指导意见》（国办发〔2014〕35号）、国土资规〔2015〕5号、国土资规〔2015〕10号、《关于支持电影发展若干经济政策的通知》（财教〔2014〕56号）等的规定，对新能源汽车充电设施、无线通讯基站、分布式光伏发电设施、社区居家养老（医疗、体育、文化）服务设施、电影院（影厅）、旅游厕所等布点分散、单体规模小、对其他建筑物构筑物有密切依附关系的产业配套设施，允许在新供其他建设项目用地时，将其建设要求纳入供地条件。

市、县自然资源主管部门应主动告知相关部门上述配建政策，对相关部门提出的配建和建成后资产移交及运营管理要求，市、县自然资源主管部门经研究认定符合控制性详细规划和用地标准，且不影响供应环节的公平、公正竞争的，可依法先将配建要求纳入规划条件后，再行纳入供地条件。

第十三条 （支持土地复合利用的情形）依据国土资规〔2015〕5号文件的规定，鼓励开发区、产业集聚区规划建设多层工业厂房、国家大学科技园、科技企业孵化器，供中小企业进行生产、研发、设计、经营多功能复合利用。标准厂房用地按工业用途管理，国家大学科技园、科技企业孵化器实行只租不售、租金管制、租户审核、转让限制的，其用地可按科教用途管理。

第十四条 （办理划拨国有建设用地使用权）地方各级

自然资源主管部门在执行《划拨用地目录》和有关产业用地政策时，应当保持本地区划拨国有建设用地使用权供应要求、程序、划拨价款标准和权能的一致性，不得对民间投资、外商投资项目区别对待。

市、县自然资源主管部门划拨国有建设用地使用权时，在符合国土空间规划的前提下，可以建设项目审批、核准、备案文件记载的项目建设内容为依据判断是否符合《划拨用地目录》，不得以建设单位投资来源为民间投资、外商投资或政府和社会资本合作等为由限制申请划拨用地。

对于《划拨用地目录》明确要求"非营利性"或"公益性"的建设用地项目，自然资源主管部门方可要求建设单位提供拟使用土地者的非营利性质证明文件，包括但不限于民办非企业单位登记证书、社会服务机构登记证书和国务院文件、行业主管部门文件等规定的审查意见、初审意见等，但不得对《划拨用地目录》未明确要求"非营利性"或"公益性"的建设用地项目提出同等要求。

依据《关于优化社会办医疗机构跨部门审批工作的通知》（发改社会〔2018〕1147 号）的规定，社会力量申请划拨国有建设用地用于建设非营利性医疗机构的，因尚不能完成医疗机构执业登记、社会服务机构登记，自然资源、卫生健康、民政、中医药主管部门要协调落实划拨用地相关政策。民政部门对除经营场所外的相关资质作初步审查后，可向自然资源主管部门提供有条件的初审意见。自然资源主管部门可将民政部门的意见作为参考依据，按法定程序受理划拨用地申请。

依据《国土资源部关于贯彻落实〈国务院关于促进节约集约用地的通知〉的通知》（国土资发〔2008〕16 号）的规定，市、县自然资源主管部门在受理划拨用地申请、发放划拨用地决定书后要及时向社会公示建设项目划拨用地相关信息。

第十五条　（办理协议出让国有建设用地使用权）原划拨、承租国有建设用地使用权人申请办理协议出让，以及划拨国有建设用地使用权转让申请办理协议出让的，除划拨决定书、租赁合同、法律、法规、行政规定等明确应当收回国有建设用地使用权重新公开出让的外，经依法批准，可采取协议方式出让。

以长期租赁方式提供各种用途的国有建设用地，符合《协议出让国有土地使用权规定》的可采取协议方式，参照以协议方式出让国有建设用地使用权的规定办理。

依据体经字〔2016〕646 号文件的规定，对非营利性的冰雪运动项目专业比赛和专业训练场（馆）及配套设施，不符合划拨用地目录的，可以协议方式供地。

第十六条　（以长期租赁、先租后让、租让结合、弹性年期方式供应国有建设用地使用权）产业用地可以采取长期租赁、先租后让、租让结合、弹性年期方式供应。长期租赁，是指整宗土地在整个合同期内均以租赁方式使用。先租后让，是指供地方先行以租赁方式提供用地，承租方投资产业用地项目达到约定条件后再转为出让的供应方式。租让结合，是指供地方先行以租赁方式提供用地，承租方投资产业用地项目达到约定条件后再将部分用地保持租赁、部分用地转为出让的供应方式。弹性年期，是指整宗土地以低于对应用途国有建设用地使用权出让法定最高年限的使用年期出让的供应方式。

以长期租赁方式使用土地的，应按照《规范国有土地租赁若干意见》（国土资发〔1999〕222 号）的规定执行，租赁期限不得超过 20 年。以租让结合方式使用土地的，租赁部分单次签约时限不得超过 20 年，可以续签租赁合同。

依法必须以招标拍卖挂牌方式出让国有建设用地使用权的土地实行先租后让、租让结合的，招标拍卖挂牌程序可在租赁供应时实施，在承租方使用租赁土地达到合同约定条件后需办理出让手续时，可采取协议方式出让。

地方自然资源主管部门可以根据需要商相关产业主管部门，制定本地区具体适用长期租赁、先租后让、租让结合、弹性年期供应方式的指导目录和管理规定。

第十七条　［以作价出资（入股）方式供应国有建设用地使用权］国有建设用地使用权作价出资（入股）是指国家以一定年期的国有土地使用权作价，作为出资投入改组后的新设企业，该土地使用权由新设企业持有，可以依照土地管理法律、法规关于出让土地使用权的规定转让、出租、抵押。

符合下列规定的，国有建设用地使用权可采取作价出资（入股）方式供应：

（一）依据《国务院办公厅关于加强鲜活农产品流通体系建设的意见》（国办发〔2011〕59 号）的规定，政府投资建设不以盈利为目的、具有公益性质的农产品批发市场，可按作价出资（入股）方式办理用地手续，但禁止改变用途和性质。

（二）依据《关于扩大国有土地有偿使用范围的意见》（国土资规〔2016〕20 号）的规定，对可以使用划拨土地的能源、环境保护、保障性安居工程、养老、教育、文化、体育及供水、燃气供应、供热设施等项目，除可按划拨方式供应土地外，鼓励以出让、租赁方式供应土地，支持市、县政府以国有建设用地使用权作价出资或者入股的方式提供土地，与社会资本共同投资建设。支持各地以土地使用权作价出资或者入股方式供应标准厂房、科技孵化器用地。

（三）国有企业原使用的生产经营性划拨土地使用权，符合国家有关行业、企业类型和改革需要的，可采用作价出资（入股）方式进行有偿使用。

各地以作价出资（入股）方式供应土地使用权时，可参照出让程序，由省（市、县）人民政府自然资源主管部门会同城市建设、房产管理部门共同拟定方案，报经同级人民政府批准后，由省（市、县）人民政府自然资源主管部门实施。

自然资源主管部门在办理以作价出资（入股）方式供应国有建设用地使用权时，应当依据《企业国有资产法》提请本级人民政府授权特定机构履行出资人职责。

第十八条　（企业转型涉及的用地）依据《国务院关于深化流通体制改革加快流通产业发展的意见》（国发〔2012〕39 号）、《国务院办公厅关于促进内贸流通健康发展的若干意见》（国办发〔2014〕51 号）、《国务院办公厅关于推进城区老工业区搬迁改造的指导意见》（国办发〔2014〕9 号）、《关于支持钢铁煤炭行业化解过剩产能实现脱困发展的意见》（国土资规〔2016〕3 号）等的规定，对旧城区改建需异地搬迁改造的城区商品批发市场等流通业用地、工业用地，在收回原国有建设用地使用权后，经批准可以协议出让方式为原土地使用权人安排用地，有土地使用标准要求的，应按标准安排同类用途用地。

依据《国务院办公厅关于印发文化体制改革中经营性文化事业单位转制为企业和进一步支持文化企业发展两个规定的通知》（国办发〔2018〕124 号）的规定，经营性文化事业单位转制涉及的原划拨土地，转制后符合《划拨用地目录》的，可继续以划拨方式使用；不符合《划拨用地目录》的，应当依法实行有偿使用。

第十九条　（鼓励地下空间开发）依据《关于进一步完善城市停车场规划建设及用地政策的通知》（建城〔2016〕193 号）的规定，通过分层规划，利用地下空间建设公共停车场的，地块用地规划性质为相应地块性质兼容社会停车场用地。对新建建筑充分利用地下空间，超过停车配建标准建设地下停车场，并作为公共停车场向社会开放的超配部分，符合规划的，可不计收土地价款。

第二十条　（过渡期政策）对于产业用地政策中明确，利用存量房产、土地资源发展国家支持产业、行业的，可享受在一定年期内不改变用地主体和规划条件的过渡期支持政策的情形，现有建设用地过渡期支持政策以 5 年为限，过渡期满及涉及转让需办理改变用地主体和规划条件的手续时，除符合《划拨用地目录》的可保留划拨外，其余可以协议方式办理，但法律、法规、行政规定等明确规定及国有建设用地划拨决定书、租赁合同等规定或约定应当收回土地使用权重新出让的除外。

产业用地政策对“暂不变更”的时限没有明确规定的，时限及后续管理可参照国土资规〔2015〕5 号文件执行，或由地方自然资源主管部门会同相关部门制定实施细则，但时限起算时点应在设定过渡期政策相关文件有效期内。

自然资源主管部门应当做好相关起算时点和过渡期时间跨度的备案管理，过渡期临近结束时，应当提前通知存量房产、土地资源的使用方，掌握其继续使用房产、土地资源的意愿，做好政策服务。期满及涉及转让需以协议方式办理相关用地手续的，按《协议出让国有土地使用权规定》和《协议出让国有土地使用权规范（试行）》办理。

第二十一条　（土地价格评估）依据《国有建设用地使用权出让地价评估技术规范》（国土资厅发〔2018〕4 号）的规定，政府在供应产业用地前应依据土地估价结果和产业政策综合确定底价。产业用地价格评估应遵循出让地价评估技术规范，至少选择两种方法，且须包括收益还原法、市场比较法、剩余法中的一种方法，以及成本逼近法、公示地价系数修正法中的一种方法。

对于存在可比交易实例的，宜首选市场比较法评估。对于缺乏市场交易的，可从同类产业的客观运营收益中剥离出土地收益，通过收益还原法评估地价。对于尚无明确收益资料的新兴产业用地，可通过相同或类似产业的投资分析资料等分析预测其正常收益，合理分配评估方法权重确定评估结果。对于国家予以政策扶持的产业类型，应遵循区分市场定价与政策优惠的原则，评估该类用地的正常市场价格后，综合考虑产业政策予以修正，确定基于相关政策约束下的参考价格。

第二十二条　（土地供应价格的确定）各省（区、市）确定的优先发展产业且用地集约的工业项目，以农、林、牧、渔业产品初加工为主的工业项目，在确定土地出让底价时可按不低于所在地土地等别相对应《全国工业用地出让最低价标准》的70%执行。按比例计算后低于该项目实际土地取得成本、土地前期开发成本和按规定应收取的相关费用之和的，应按不低于实际各项成本费用之和的原则确定出让底价。旅游相关建设项目中的人造景观用地应根据具体行业市场经营情况，客观评估确定供应底价。

依据《国务院办公厅关于促进物流业健康发展政策措施的意见》（国办发〔2011〕38号）的规定，农产品批发市场用地作为经营性商业用地，应严格按照规划合理布局，土地招拍挂出让前，所在区域有工业用地交易地价的，可以参照市场地价水平、所在区域基准地价和工业用地最低价标准等确定出让底价。

依据体经字〔2016〕646号文件的规定，在符合生态环境保护要求和相关规划的前提下，对使用荒山、荒地、荒滩及石漠化土地建设的冰雪项目，出让底价可按不低于土地取得成本、土地前期开发成本和按规定应收取的相关费用之和的原则确定。

依据发改综合〔2018〕1465号文件的规定，对使用“四荒地”及石漠化、边远海岛建设的乡村旅游项目，出让底价可按不低于土地取得成本、土地前期开发成本和按规定应收取相关费用之和的原则确定。

第二十三条　（使用集体建设用地的情形）产业发展允许依法依规使用集体建设用地，农村土地制度改革试点地区的集体经营性建设用地用于相关产业发展的按照试点政策规定执行。根据国务院及相关部门政策规定，符合下列情形的产业用地，可以使用集体建设用地：

（一）依据国办发〔2019〕5号文件、《国务院办公厅关于全面放开养老服务市场提升养老服务质量的若干意见》（国办发〔2016〕91号）等的规定，养老机构可依法依规使用农村集体建设用地发展养老服务设施。

（二）依据《国务院办公厅关于支持返乡下乡人员创业创新促进农村一二三产业融合发展的意见》（国办发〔2016〕84号）的规定，各省（区、市）可以根据本地实际，制定管理办法，支持返乡下乡人员依托自有和闲置农房院落发展农家乐。在符合农村宅基地管理规定和相关规划的前提下，允许返乡下乡人员和当地农民合作改建自住房。

（三）依据《关于深入推进农业供给侧结构性改革做好农村产业融合发展用地保障的通知》（国土资规〔2017〕12号）的规定，在充分保障农民宅基地用益物权、防止外部资本侵占控制的前提下，探索农村集体经济组织以出租、合作等方式盘活利用空闲农房及宅基地，按照规划要求和用地标准，改造建设民宿民俗、创意办公、休闲农业、乡村旅游等农业农村体验活动场所。

（四）依据发改综合〔2018〕1465号的规定，农村集体经济组织可以依法使用自有建设用地自办或以土地使用权入股、联营等方式与其他单位和个人共同参与乡村旅游基础设施建设。

（五）依据《关于促进乡村旅游可持续发展的指导意见》（文旅资源发〔2018〕98号）的规定，鼓励通过流转等方式取得属于文物建筑的农民房屋及宅基地使用权，统一保护开发利用。在充分保障农民宅基地用益物权的前提下，探索农村集体经济组织以出租、入股、合作等方式盘活利用闲置宅基地和农房，按照规划要求和用地标准，改造建设乡村旅游接待和活动场所。

（六）依据旅发〔2016〕148号文件的规定，选址在土地利用总体规划确定的城镇规划区外的自驾车旅居车营地，其公共停车场、各功能区之间的连接道路、商业服务区、车辆设备维修及医疗服务保障区、废弃物收纳与处理区等功能区可与农村公益事业合并实施，依法使用集体建设用地。

第四章　产业用地管理要求

第二十四条　（国家支持发展产业项目的认定）落实产业用地政策时，对相关项目是否属于国家支持发展产业难以确认的，市、县自然资源主管部门应会商产业主管部门，对项目性质予以认定。

产业主管部门能够就上述事项提供文件依据的，市、县自然资源主管部门应依据文件、按相关产业用地政策执行。产业主管部门不能就上述事项提供相应文件的，市、县自然资源主管部门可在与产业主管部门商议达成共识的基础上，共同提出对项目用地适用政策的建议，报请有批准权的人民政府批准后实施。

第二十五条　（土地供应前置条件）依据国土资规〔2015〕5号文件的规定，对政策允许将产业类型、生产技术、产业标准、产品品质要求作为土地供应前置条件的，设置供应前置条件时，市、县自然资源主管部门应当商请提出供应前置条件的部门，书面明确设置土地供应前置条件的理由或必要性、适用要求、具体内容表述及条件履约监管主体、监管措施、违约处理方式等。市、县自然资源主管部门认为相关前置条件不影响公平、公正竞争的，可以予以设置。在制定供地方案和签署供地文件时，除将相关内容写入外，还应当将提出前置条件部门出具的上述书面文件作为附件一并收入，并在向土地供应集体决策机构汇报时专门作出说明。

市、县自然资源主管部门应会同相关部门落实国土资规〔2015〕5号文件将项目用地产业发展承诺书作为签订土地供应合同前提条件的规定，提醒提出关联条件部门监督承诺书履行情况。

第二十六条　（限制改变用途与分割转让及探索抵押融资）对于落实产业用地政策供应的宗地，相关规范性文件有限制改变用途、限制转让或分割转让等规定的，原则上应当将限制要求写入划拨决定书或有偿使用合同，在分割转让审批中予以落实。其中，对经批准的用地，相关规范性文件规定该类用地禁止改变用途、容积率等土地使用条件用于其它建设的，自然资源主管部门要予以严格监管。

依据国办发〔2019〕5号文件的规定，探索允许营利性养老机构以有偿取得的土地、设施等资产进行抵押融资。

依据国办发〔2017〕21号文件的规定，探索允许营利性的养老、教育等社会领域机构以有偿取得的土地、设施等财产进行抵押融资。

第二十七条　（卷宗与台账管理）市、县自然资源主管部门要加强产业用地政策实施的服务和监管，适用的产业用地政策文件应当纳入土地使用权供应档案卷宗长期妥善保存。根据需要建立产业用地政策适用项目台账，记录项目基本情况、适用产业用地政策、供后投资建设情况、过渡期起始时间及期满处理情况等。

第二十八条　（落实批后监管责任）市、县自然资源主管部门要加强与产业主管部门的协调配合，依据土地供应合同、划拨决定书、产业主管部门出具的相关文件、前置条件文件、项目用地产业发展承诺书等约定的用地条件、用地责任、监管责任，强化用地供后联合监管，重大事项要及时向本级人民政府或相关机构报告。

附录

产业用地政策实施工作指引（2019年版）引用的相关文件清单

序号	文件名称	文号
1	国务院关于推动创新创业高质量发展打造“双创”升级版的意见	国发〔2018〕32号
2	国务院关于加强滨海湿地保护　严格管控围填海的通知	国发〔2018〕24号
3	国务院关于积极有效利用外资推动经济高质量发展若干措施的通知	国发〔2018〕19号
4	国务院关于促进外资增长若干措施的通知	国发〔2017〕39号
5	国务院关于强化实施创新驱动发展战略进一步推进大众创业万众创新深入发展的意见	国发〔2017〕37号
6	国务院关于印发“十三五”国家老龄事业发展和养老体系建设规划的通知	国发〔2017〕13号
7	国务院关于鼓励社会力量兴办教育促进民办教育健康发展的若干意见	国发〔2016〕81号
8	国务院关于印发“十三五”旅游业发展规划的通知	国发〔2016〕70号
9	国务院关于统筹推进县域内城乡义务教育一体化改革发展的若干意见	国发〔2016〕40号
10	国务院关于印发全民健身计划（2016－2020年）的通知	国发〔2016〕37号
11	国务院关于深化制造业与互联网融合发展的指导意见	国发〔2016〕28号
12	国务院关于促进外贸回稳向好的若干意见	国发〔2016〕27号
13	国务院关于积极发挥新消费引领作用　加快培育形成新供给新动力的指导意见	国发〔2015〕66号
14	国务院关于促进快递业发展的若干意见	国发〔2015〕61号
15	国务院关于推进国内贸易流通现代化建设法治化营商环境的意见	国发〔2015〕49号
16	国务院关于促进云计算机创新发展培育信息产业新业态的意见	国发〔2015〕5号

续表

序号	文件名称	文　号
17	国务院关于加快发展体育产业促进体育消费的若干意见	国发〔2014〕46 号
18	国务院关于印发物流业发展中长期规划(2014－2020 年)的通知	国发〔2014〕42 号
19	国务院关于促进旅游业改革发展的若干意见	国发〔2014〕31 号
20	国务院关于加快发展现代保险服务业的若干意见	国发〔2014〕29 号
21	国务院关于加快发展生产性服务业促进产业结构调整升级的指导意见	国发〔2014〕26 号
22	国务院关于进一步优化企业兼并重组市场环境的意见	国发〔2014〕14 号
23	国务院关于推进文化创意和设计服务与相关产业融合发展的若干意见	国发〔2014〕10 号
24	国务院关于化解产能严重过剩矛盾的指导意见	国发〔2013〕41 号
25	国务院关于促进健康服务业发展的若干意见	国发〔2013〕40 号
26	国务院关于加强城市基础设施建设的意见	国发〔2013〕36 号
27	国务院关于加快发展养老服务业的若干意见	国发〔2013〕35 号
28	国务院关于改革铁路投融资体制加快推进铁路建设的意见	国发〔2013〕33 号
29	国务院关于城市优先发展公共交通的指导意见	国发〔2012〕64 号
30	国务院关于深化流通体制改革加快流通产业发展的意见	国发〔2012〕39 号
31	国务院关于进一步支持小型微型企业健康发展的意见	国发〔2012〕14 号
32	国务院关于促进企业兼并重组的意见	国发〔2010〕27 号
33	国务院关于进一步做好利用外资工作的若干意见	国发〔2010〕9 号
34	国务院办公厅关于推进养老服务发展的意见	国办发〔2019〕5 号
35	国务院办公厅关于印发文化体制改革中经营性文化事业单位转制为企业和进一步支持文化企业发展两个规定的通知	国办发〔2018〕124 号
36	国务院办公厅关于促进全域旅游发展的指导意见	国办发〔2018〕15 号
37	国务院办公厅关于推进农业高新技术产业示范区建设发展的指导意见	国办发〔2018〕4 号
38	国务院办公厅关于推进电子商务与快递物流协同发展的意见	国办发〔2018〕1 号
39	国务院办公厅关于深化产教融合的若干意见	国办发〔2017〕95 号
40	国务院办公厅关于进一步激发民间有效投资活力促进经济持续健康发展的指导意见	国办发〔2017〕79 号
41	国务院办公厅关于加快推进农业供给侧结构性改革大力发展粮食产业经济的意见	国办发〔2017〕78 号
42	国务院办公厅关于进一步推进物流降本增效促进实体经济发展的意见	国办发〔2017〕73 号
43	国务院办公厅关于支持社会力量提供多层次多样化医疗服务的意见	国办发〔2017〕44 号
44	国务院办公厅关于加快发展冷链物流保障食品安全促进消费升级的意见	国办发〔2017〕29 号
45	国务院办公厅关于进一步激发社会领域投资活力的意见	国办发〔2017〕21 号
46	国务院办公厅关于全面放开养老服务市场提升养老服务质量的若干意见	国办发〔2016〕91 号
47	国务院办公厅关于支持返乡下乡人员创业创新　促进农村一二三产业融合发展的意见	国办发〔2016〕84 号
48	国务院办公厅关于加快发展健身休闲产业的指导意见	国办发〔2016〕77 号

续表

序号	文 件 名 称	文 号
49	国务院办公厅关于完善国家级经济技术开发区考核制度促进创新驱动发展的指导意见	国办发〔2016〕14 号
50	国务院办公厅关于推进农村一二三产业融合发展的指导意见	国办发〔2015〕93 号
51	国务院办公厅关于加快发展生活性服务业促进消费结构升级的指导意见	国办发〔2015〕85 号
52	国务院办公厅转发卫生计生委等部门关于推进医疗卫生与养老服务相结合指导意见的通知	国办发〔2015〕84 号
53	国务院办公厅关于加快电动汽车充电基础设施建设的指导意见	国办发〔2015〕73 号
54	国务院办公厅关于推进线上线下互动加快商贸流通创新发展转型升级的意见	国办发〔2015〕72 号
55	国务院办公厅关于进一步促进旅游投资和消费的若干意见	国办发〔2015〕62 号
56	国务院办公厅印发关于支持戏曲传承发展若干政策的通知	国办发〔2015〕52 号
57	国务院办公厅关于支持农民工等人员返乡创业的意见	国办发〔2015〕47 号
58	国务院办公厅转发财政部发展改革委人民银行关于在公共服务领域推广政府和社会资本合作模式指导意见的通知	国办发〔2015〕42 号
59	国务院办公厅关于促进国家级经济技术开发区转型升级创新发展的若干意见	国办发〔2014〕54 号
60	国务院办公厅关于促进内贸流通健康发展的若干意见	国办发〔2014〕51 号
61	国务院办公厅关于支持铁路建设实施土地综合开发的意见	国办发〔2014〕37 号
62	国务院办公厅关于加快新能源汽车推广应用的指导意见	国办发〔2014〕35 号
63	国务院办公厅关于转发工业和信息化部等部门推动婴幼儿配方乳粉企业兼并重组工作方案的通知	国办发〔2014〕28 号
64	国务院办公厅关于金融服务“三农”发展的若干意见	国办发〔2014〕17 号
65	国务院办公厅关于推进城区老工业区搬迁改造的指导意见	国办发〔2014〕9 号
66	国务院办公厅关于印发降低流通费用提高流通效率综合工作方案的通知	国办发〔2013〕5 号
67	国务院办公厅关于转发发展改革委住房城乡建设部绿色建筑行动方案的通知	国办发〔2013〕1 号
68	国务院办公厅关于加强鲜活农产品流通体系建设的意见	国办发〔2011〕59 号
69	国务院办公厅关于建立完整的先进的废旧商品回收体系的意见	国办发〔2011〕49 号
70	国务院办公厅关于促进物流业健康发展政策措施的意见	国办发〔2011〕38 号
71	国务院办公厅关于加快发展服务业若干政策措施的实施意见	国办发〔2008〕11 号
72	自然资源部、农业农村部关于加强和改进永久基本农田保护工作的通知	自然资规〔2019〕1 号
73	自然资源部、国家发展和改革委员会关于贯彻落实国务院关于加强滨海湿地保护严格管控围填海的通知的实施意见	自然资规〔2018〕5 号
74	国土资源部、住房城乡建设部、国家旅游局关于延长旅游厕所用地政策适用期限的函	国土资函〔2018〕8 号
75	国土资源部、国家发展改革委关于深入推进农业供给侧结构性改革做好农村产业融合发展用地保障的通知	国土资规〔2017〕12 号
76	国土资源部、国务院扶贫办、国家能源局关于支持光伏扶贫和规范光伏发电产业用地的意见	国土资规〔2017〕8 号
77	国土资源部、国家发展和改革委员会、财政部、住房和城乡建设部、农业部、中国人民银行、国家林业局、中国银行业监督管理委员会关于扩大国有土地有偿使用范围的意见	国土资规〔2016〕20 号

续表

序号	文件名称	文号
78	国土资源部关于支持钢铁煤炭行业化解过剩产能实现脱困发展的意见	国土资规〔2016〕3号
79	国土资源部、住房和城乡建设部、国家旅游局关于支持旅游业发展用地政策的意见	国土资规〔2015〕10号
80	国土资源部、发展改革委、科技部、工业和信息化部、住房城乡建设部、商务部关于支持新产业新业态发展促进大众创业万众创新用地的意见	国土资规〔2015〕5号
81	国土资源部关于调整工业用地出让最低价标准实施政策的通知	国土资发〔2009〕56号
82	国土资源部关于印发规范国有土地租赁若干意见的通知	国土资发〔1999〕222号
83	国土资源部办公厅关于印发国有建设用地使用权出让地价评估技术规范的通知	国土资厅发〔2018〕4号
84	国家发展改革委、财政部、人力资源社会保障部、自然资源部、生态环境部、住房城乡建设部、交通运输部、农业农村部、文化和旅游部、国家卫生健康委、人民银行、市场监管总局、银保监会关于印发促进乡村旅游发展提质升级行动方案(2018－2020年)的通知	发改综合〔2018〕1465号
85	国家发展改革委、民政部、自然资源部、生态环境部、住房城乡建设部、卫生健康委、应急部、市场监管总局、中医药局关于优化社会办医疗机构跨部门审批工作的通知	发改社会〔2018〕1147号
86	文化和旅游部、国家发展改革委、工业和信息化部、财政部、人力资源社会保障部、自然资源部、生态环境部、住房城乡建设部、交通运输部、农业农村部、国家卫生健康委、中国人民银行、国家体育总局、中国银行保险监督管理委员会、国家林业和草原局、国家文物局、国务院扶贫办关于印发关于促进乡村旅游可持续发展的指导意见的通知	文旅资源发〔2018〕98号
87	住房城乡建设部、国土资源部关于进一步完善城市停车场规划建设及用地政策的通知	建城〔2016〕193号
88	国家旅游局、国家发展改革委、工业和信息部、公安部、财政部、国土资源部、环境保护部、住房城乡建设部、交通运输部、国家工商总局、国家体育总局关于促进自驾车旅居车旅游发展的若干意见	旅发〔2016〕148号
89	体育总局、国家发展改革委、工业和信息化部、财政部、国土资源部、住房城乡建设部、国家旅游局关于印发全国冰雪场地设施建设规划(2016－2022年)的通知	体经字〔2016〕646号
90	财政部、国家发展改革委、国土资源部、住房和城乡建设部、中国人民银行、国家税务总局、新闻出版广电总局关于支持电影发展若干经济政策的通知	财教〔2014〕56号

自然资源部关于规范临时用地管理的通知

1. 2021年11月4日
2. 自然资规〔2021〕2号

各省、自治区、直辖市及计划单列市自然资源主管部门,新疆生产建设兵团自然资源局,中国地质调查局及部其他直属单位,各派出机构,部机关各司局:

临时用地管理制度是《土地管理法》规定的重要制度之一。近年来,各地结合实际加强临时用地管理,取得一定成效,但也存在临时用地范围界定不规范、超期使用、使用后复垦不到位及违规批准临时用地等问题,甚至触碰了耕地保护红线。为规范和严格临时用地管理,切实加强耕地保护,促进节约集约用地,现就有关事项通知如下:

一、界定临时用地使用范围

临时用地是指建设项目施工、地质勘查等临时使用,不修建永久性建(构)筑物,使用后可恢复的土地(通过复垦可恢复原地类或者达到可供利用状态)。临时用地具有临时性和可恢复性等特点,与建设项目施工、地质勘查等无关的用地,使用后无法恢复到原地类或者复垦达不到可供利用状态的用地,不得使用临时用地。临时用地的范围包括:

(一)建设项目施工过程中建设的直接服务于施工人员的临时办公和生活用房,包括临时办公用房、生活用房、工棚等使用的土地;直接服务于工程施工的项目自用辅助工程,包括农用地表土剥离堆放场、材料堆场、制梁场、拌合站、钢筋加工厂、施工便道、运输便道、地上线路架设、地下管线敷设作业,以及能源、交通、水利等基础设施项目的取土场、弃土(渣)场等使用的土地。

(二)矿产资源勘查、工程地质勘查、水文地质勘查等,在勘查期间临时生活用房、临时工棚、勘查作业及其辅助工程、施工便道、运输便道等使用的土地,包括油气资源勘查中钻井井场、配套管线、电力设施、进场道路等钻井及配套设施使用的土地。

(三)符合法律、法规规定的其他需要临时使用的土地。

二、临时用地选址要求和使用期限

建设项目施工、地质勘查使用临时用地时应坚持"用多少、批多少、占多少、恢复多少",尽量不占或者少占耕地。使用后土地复垦难度较大的临时用地,要严格控制占用耕地。铁路、公路等单独选址建设项目,应科学组织施工,节约集约使用临时用地。制梁场、拌合站等难以恢复原种植条件的不得以临时用地方式占用耕地和永久基本农田,可以建设用地方式或者临时占用未利用地方式使用土地。临时用地确需占用永久基本农田的,必须能够恢复原种植条件,并符合《自然资源部 农业农村部关于加强和改进永久基本农田保护工作的通知》(自然资规〔2019〕1 号)中申请条件、土壤剥离、复垦验收等有关规定。

临时用地使用期限一般不超过两年。建设周期较长的能源、交通、水利等基础设施建设项目施工使用的临时用地,期限不超过四年。城镇开发边界内临时建设用地规划许可、临时建设工程规划许可的期限应当与临时用地期限相衔接。临时用地使用期限,从批准之日起算。

三、规范临时用地审批

县(市)自然资源主管部门负责临时用地审批,其中涉及占用耕地和永久基本农田的,由市级或者市级以上自然资源主管部门负责审批。不得下放临时用地审批权或者委托相关部门行使审批权。城镇开发边界内使用临时用地的,可以一并申请临时建设用地规划许可和临时用地审批,具备条件的还可以同时申请临时建设工程规划许可,一并出具相关批准文件。油气资源探采合一开发涉及的钻井及配套设施建设用地,可先以临时用地方式批准使用,勘探结束转入生产使用的,办理建设用地审批手续;不转入生产的,油气企业应当完成土地复垦,按期归还。

申请临时用地应当提供临时用地申请书、临时使用土地合同、项目建设依据文件、土地复垦方案报告表、土地权属材料、勘测定界材料、土地利用现状照片及其他必要的材料。临时用地申请人根据土地权属,与县(市)自然资源主管部门或者农村集体经济组织、村民委员会签订临时使用土地合同,明确临时用地的地点、四至范围、面积和现状地类,以及临时使用土地的用途、使用期限、土地复垦标准、补偿费用和支付方式、违约责任等。临时用地申请人应当编制临时用地土地复垦方案报告表,由有关自然资源主管部门负责审核。其中,所申请使用的临时用地位于项目建设用地报批时已批准土地复垦方案范围内的,不再重复编制土地复垦方案报告表。

四、落实临时用地恢复责任

临时用地使用人应当按照批准的用途使用土地,不得转让、出租、抵押临时用地。临时用地使用人应当自临时用地期满之日起一年内完成土地复垦,因气候、灾害等不可抗力因素影响复垦的,经批准可以适当延长复垦期限。

严格落实临时用地恢复责任,临时用地期满后应当拆除临时建(构)筑物,使用耕地的应当复垦为耕地,确保耕地面积不减少、质量不降低;使用耕地以外的其他农用地的应当恢复为农用地;使用未利用地的,对于符合条件的鼓励复垦为耕地。

县(市)自然资源主管部门依法监督临时用地使用人履行复垦义务情况,对逾期不恢复种植条件、违反土地复垦规定的行为,责令限期改正,并依照法律法规的规定进行处罚。按年度统计,县(市)范围内的临时用地,超期一年以上未完成土地复垦规模达到应复垦规模 20% 以上的,省级自然资源主管部门应当要求所在县(市)暂停审批新的临时用地,根据县(市)整改情况恢复审批。

五、严格临时用地监管

部建立临时用地信息系统。自 2022 年 3 月 1 日起,县(市)自然资源主管部门应当在临时用地批准后 20 个工作日内,将临时用地的批准文件、合同以及四至范围、土地利用现状照片影像资料信息等传至临时用地信息系统完成系统配号,并向社会公开临时用地批准信息。县(市)自然资源主管部门负责督促临时用地使用人按照土地复垦方案报告表开展土地复垦工作,在信息系统中及时更新土地复垦等信息。

建立定期抽查和定期通报制度,部和省级自然资源主管部门负责定期抽查占用耕地和永久基本农田临时用地的使用和复垦情况,对不符合用地要求和未完成复垦任务的,予以公开通报。国家自然资源督察机构要加强临时用地政策执行情况的监督检查，督促地方政府和部门落实审批和监管责任，整改纠正临时用地违法违规突出问题。

加强“一张图”管理，各级自然资源主管部门在年度国土变更调查、卫片执法检查中要结合临时用地信息系统中的批准文件、合同、影像资料、土地复垦方案报告表等，认真审核临时用地的批准、复垦情况。各级自然资源主管部门要严肃查处违法违规审批、使用临时用地，未按照批准内容进行临时建设，以及临时用地超出复垦期限未完成复垦等行为，处理结果向社会公开通报，并依规依纪依法移送问题线索，追究责任人的责任。

本文件自下发之日起执行，有效期五年。

3. 建设用地审批、备案和监管

各类用地报批会审办法

1. 1998年9月29日国土资源部发布
2. 国土资发〔1998〕145号
3. 自1999年1月1日起施行

根据《土地管理法》和《国土资源部工作规则》，为加强各类用地审查，严格控制非农业建设占用耕地，保证依法、科学、集约、规范用地，特制定本办法。

一、会审组织

会审工作由部领导主持。参与会审单位包括办公厅、政策法规司、规划司、耕地保护司、地籍管理司、土地利用管理司、矿产开发管理司、地质环境司、执法监察局。

凡涉及农地转用、土地征用、农地开发的会审准备工作由耕地保护司牵头组织和协调。凡不涉及农地转用、土地征用、农地开发的会审准备工作由土地利用管理司牵头组织和协调。

二、会审范围

需报国务院批准的各类用地的审查报批工作。

三、审查依据

会审工作依据为：土地管理法律、法规和有关政策、土地利用现状调查、变更调查有关资料、国家产业政策、土地利用总体规划和年度计划及有关技术规范、标准；遵循统一效能、协作配合、各司其职、各负其责的原则进行。

四、审查内容

（一）用地是否在项目立项前经过预审，并有《用地预审报告书》。没有预审的，项目是否符合国家产业政策。

（二）农地转用、土地利用是否符合土地利用总体规划，是否列入土地利用年度计划。

（三）供地方式是否符合国家法律规定和有关政策，用地面积是否符合建设用地定额指标，是否合理和节约。

（四）征地补偿安置方案、耕地占补平衡措施是否可行、是否已经落实或能够落实。

（五）划拨用地方式是否符合《划拨供地目录》，有偿用地方式是否符合国家法律规定的有关政策，出让用地的出让方案是否符合规定。

（六）土地权属、地类面积是否清楚。

（七）适用法律和有关规定是否正确，是否存在违法行为。

（八）是否涉及矿产开发和地质环境问题。

各有关司局按照各自职责负责对上述审查内容提出意见。

五、会审程序与时限

（一）受理与送审

由办公厅统一接收报批用地的资料、图件，转牵头单位进行登记，并对资料是否齐全进行初审。材料齐全的，在2个工作日内分送有关司局；材料不齐全的，在2个工作日内转请办公厅向报批单位及时提出在规定期限内补全；逾期不通知，视为受理。

（二）审查

有关司局在收到牵头单位送审的《××××会审表》及有关资料后，应在8个工作日内按各自的职责提出书面审查意见，送牵头单位汇总。

（三）汇总

牵头单位在汇总各有关司局和有关部委意见的基础上，在10个工作日内起草《××××审查意见》报部会审。审查意见要综合反映有关司局的意见。

（四）会审

部不定期召开会审会议研究《××××审查意见》。会议由部领导主持，由牵头单位负责会议的各项准备工作。各有关司局和办公厅负责人及有关工作人员参加。会前，审查意见要分送到会的有关司（局、厅）负责人。

（五）报批

《××××审查意见》经部会审会议集体会审后，由牵头单位根据部领导决定的意见负责修改，在会审会议后的4个工作日内形成正式审查报告，报部领导签发上报国务院。

对规模小、情况简单的用地，经各有关司局审查，符合报批条件的，也可由牵头单位直接起草审查报告，报部领导签发上报国务院，但上报后要在部会审会议上通报。

（六）发文

用地报批件经国务院正式批准后，由牵头单位负责在2个工作日内办理批复文件并分送有关部门和部内有关司（局、厅）。

六、其他规定

（一）需听取汇报或赴现场勘察的用地，经主管部领导同意,由牵头单位负责组织进行。

(二)需征求国务院有关部门意见的,由牵头单位负责在收件后及时办文送有关部门,要求在规定的期限内反馈意见。如出现意见分歧,牵头单位会同有关司局负责做协调工作。

(三)用地审查报告上报国务院后,由牵头单位负责与国务院办公厅的联系工作。

(四)本办法于1999年1月1日起施行。

建设用地审查报批管理办法

1. 1999年3月2日国土资源部令第3号公布

2. 根据2010年11月30日国土资源部令第49号《关于修改部分规章的决定》第一次修正

3. 根据2016年11月25日国土资源部令第69号《关于修改〈建设用地审查报批管理办法〉的决定》第二次修正

第一条　为加强土地管理,规范建设用地审查报批工作,根据《中华人民共和国土地管理法》(以下简称《土地管理法》)、《中华人民共和国土地管理法实施条例》(以下简称《土地管理法实施条例》),制定本办法。

第二条　依法应当报国务院和省、自治区、直辖市人民政府批准的建设用地的申请、审查、报批和实施,适用本办法。

第三条　县级以上国土资源主管部门负责建设用地的申请受理、审查、报批工作。

第四条　在建设项目审批、核准、备案阶段,建设单位应当向建设项目批准机关的同级国土资源主管部门提出建设项目用地预审申请。

受理预审申请的国土资源主管部门应当依据土地利用总体规划、土地使用标准和国家土地供应政策,对建设项目的有关事项进行预审,出具建设项目用地预审意见。

第五条　在土地利用总体规划确定的城市建设用地范围外单独选址的建设项目使用土地的,建设单位应当向土地所在地的市、县国土资源主管部门提出用地申请。

建设单位提出用地申请时,应当填写《建设用地申请表》,并附具下列材料:

(一)建设项目用地预审意见;

(二)建设项目批准、核准或者备案文件;

(三)建设项目初步设计批准或者审核文件。

建设项目拟占用耕地的,还应当提出补充耕地方案;建设项目位于地质灾害易发区的,还应当提供地质灾害危险性评估报告。

第六条　国家重点建设项目中的控制工期的单体工程和因工期紧或者受季节影响急需动工建设的其他工程,可以由省、自治区、直辖市国土资源主管部门向国土资源部申请先行用地。

申请先行用地,应当提交下列材料:

(一)省、自治区、直辖市国土资源主管部门先行用地申请;

(二)建设项目用地预审意见;

(三)建设项目批准、核准或者备案文件;

(四)建设项目初步设计批准文件、审核文件或者有关部门确认工程建设的文件;

(五)国土资源部规定的其他材料。

经批准先行用地的,应当在规定期限内完成用地报批手续。

第七条　市、县国土资源主管部门对材料齐全、符合条件的建设用地申请,应当受理,并在收到申请之日起30日内拟订农用地转用方案、补充耕地方案、征收土地方案和供地方案,编制建设项目用地呈报说明书,经同级人民政府审核同意后,报上一级国土资源主管部门审查。

第八条　在土地利用总体规划确定的城市建设用地范围内,为实施城市规划占用土地的,由市、县国土资源主管部门拟订农用地转用方案、补充耕地方案和征收土地方案,编制建设项目用地呈报说明书,经同级人民政府审核同意后,报上一级国土资源主管部门审查。

在土地利用总体规划确定的村庄和集镇建设用地范围内,为实施村庄和集镇规划占用土地的,由市、县国土资源主管部门拟订农用地转用方案、补充耕地方案,编制建设项目用地呈报说明书,经同级人民政府审核同意后,报上一级国土资源主管部门审查。

报国务院批准的城市建设用地,农用地转用方案、补充耕地方案和征收土地方案可以合并编制,一年申报一次;国务院批准城市建设用地后,由省、自治区、直辖市人民政府对设区的市人民政府分期分批申报的农用地转用和征收土地实施方案进行审核并回复。

第九条　建设只占用国有农用地的,市、县国土资源主管部门只需拟订农用地转用方案、补充耕地方案和供地方案。

建设只占用农民集体所有建设用地的,市、县国土资源主管部门只需拟订征收土地方案和供地方案。

建设只占用国有未利用地,按照《土地管理法实施条例》第二十四条规定应由国务院批准的,市、县国土资源主管部门只需拟订供地方案；其他建设项目使用国有未利用地的，按照省、自治区、直辖市的规定办理。

第十条 建设项目用地呈报说明书应当包括用地安排情况、拟使用土地情况等，并应附具下列材料：

（一）经批准的市、县土地利用总体规划图和分幅土地利用现状图，占用基本农田的，同时提供乡级土地利用总体规划图；

（二）有资格的单位出具的勘测定界图及勘测定界技术报告书；

（三）地籍资料或者其他土地权属证明材料；

（四）为实施城市规划和村庄、集镇规划占用土地的，提供城市规划图和村庄、集镇规划图。

第十一条 农用地转用方案，应当包括占用农用地的种类、面积、质量等，以及符合规划计划、基本农田占用补划等情况。

补充耕地方案，应当包括补充耕地的位置、面积、质量，补充的期限，资金落实情况等，以及补充耕地项目备案信息。

征收土地方案，应当包括征收土地的范围、种类、面积、权属，土地补偿费和安置补助费标准，需要安置人员的安置途径等。

供地方案，应当包括供地方式、面积、用途等。

第十二条 有关国土资源主管部门收到上报的建设项目用地呈报说明书和有关方案后，对材料齐全、符合条件的，应当在 5 日内报经同级人民政府审核。同级人民政府审核同意后，逐级上报有批准权的人民政府，并将审查所需的材料及时送该级国土资源主管部门审查。

对依法应由国务院批准的建设项目用地呈报说明书和有关方案，省、自治区、直辖市人民政府必须提出明确的审查意见，并对报送材料的真实性、合法性负责。

省、自治区、直辖市人民政府批准农用地转用、国务院批准征收土地的，省、自治区、直辖市人民政府批准农用地转用方案后，应当将批准文件和下级国土资源主管部门上报的材料一并上报。

第十三条 有批准权的国土资源主管部门应当自收到上报的农用地转用方案、补充耕地方案、征收土地方案和供地方案并按规定征求有关方面意见后 30 日内审查完毕。

建设用地审查应当实行国土资源主管部门内部会审制度。

第十四条 农用地转用方案和补充耕地方案符合下列条件的，国土资源主管部门方可报人民政府批准：

（一）符合土地利用总体规划；

（二）确属必需占用农用地且符合土地利用年度计划确定的控制指标；

（三）占用耕地的，补充耕地方案符合土地整理开发专项规划且面积、质量符合规定要求；

（四）单独办理农用地转用的，必须符合单独选址条件。

第十五条 征收土地方案符合下列条件的，国土资源主管部门方可报人民政府批准：

（一）被征收土地界址、地类、面积清楚，权属无争议的；

（二）被征收土地的补偿标准符合法律、法规规定的；

（三）被征收土地上需要安置人员的安置途径切实可行。

建设项目施工和地质勘查需要临时使用农民集体所有的土地的，依法签订临时使用土地合同并支付临时使用土地补偿费，不得办理土地征收。

第十六条 供地方案符合下列条件的，国土资源主管部门方可报人民政府批准：

（一）符合国家的土地供应政策；

（二）申请用地面积符合建设用地标准和集约用地的要求；

（三）只占用国有未利用地的，符合规划、界址清楚、面积准确。

第十七条 农用地转用方案、补充耕地方案、征收土地方案和供地方案经有批准权的人民政府批准后，同级国土资源主管部门应当在收到批件后 5 日内将批复发出。

未按规定缴纳新增建设用地土地有偿使用费的，不予批复建设用地。其中，报国务院批准的城市建设用地，省、自治区、直辖市人民政府在设区的市人民政府按照有关规定缴纳新增建设用地土地有偿使用费后办理回复文件。

第十八条 经批准的农用地转用方案、补充耕地方案、征收土地方案和供地方案，由土地所在地的市、县人民政府组织实施。

第十九条 建设项目补充耕地方案经批准下达后，在土地利用总体规划确定的城市建设用地范围外单独选址的建设项目，由市、县国土资源主管部门负责监督落实；在土地利用总体规划确定的城市和村庄、集镇建设用地范围内，为实施城市规划和村庄、集镇规划占用土地的，由省、自治区、直辖市国土资源主管部门负责监督落实。

第二十条 征收土地公告和征地补偿、安置方案公告，按照《征收土地公告办法》的有关规定执行。

征地补偿、安置方案确定后，市、县国土资源主管部门应当依照征地补偿、安置方案向被征收土地的农村集体经济组织和农民支付土地补偿费、地上附着物和青苗补偿费，并落实需要安置农业人口的安置途径。

第二十一条 在土地利用总体规划确定的城市建设用地范围内，为实施城市规划占用土地的，经依法批准后，市、县国土资源主管部门应当公布规划要求，设定使用条件，确定使用方式，并组织实施。

第二十二条 以有偿使用方式提供国有土地使用权的，由市、县国土资源主管部门与土地使用者签订土地有偿使用合同，并向建设单位颁发《建设用地批准书》。土地使用者缴纳土地有偿使用费后，依照规定办理土地登记。

以划拨方式提供国有土地使用权的，由市、县国土资源主管部门向建设单位颁发《国有土地划拨决定书》和《建设用地批准书》，依照规定办理土地登记。《国有土地划拨决定书》应当包括划拨土地面积、土地用途、土地使用条件等内容。

建设项目施工期间，建设单位应当将《建设用地批准书》公示于施工现场。

市、县国土资源主管部门应当将提供国有土地的情况定期予以公布。

第二十三条 各级国土资源主管部门应当对建设用地进行跟踪检查。

对违反本办法批准建设用地或者未经批准非法占用土地的，应当依法予以处罚。

第二十四条 本办法自发布之日起施行。

报国务院批准的建设用地审查办法

1. 1999年10月27日国土资发〔1999〕384号公布

2. 根据2010年12月3日国土资源部《关于修改部分规范性文件的决定》（国土资发〔2010〕190号）修正

为认真贯彻实施《中华人民共和国土地管理法》（以下简称《土地管理法》）和《中华人民共和国土地管理法实施条例》（以下简称《实施条例》），规范需报国务院批准的建设用地审查工作，制定本办法。

一、审查范围

（一）按照建立最严格的土地管理制度的要求和《土地管理法》第四十四条的规定，下列建设占用土地，涉及农用地转为建设用地的，需报国务院批准：

1. 国务院批准的建设项目；

2. 国务院有关部门和国家计划单列企业批准的道路、管线工程和大型基础设施建设项目；

3. 省、自治区、直辖市人民政府批准的道路、管线工程和大型基础设施建设项目；

4. 在土地利用总体规划确定的直辖市、计划单列市和省、自治区人民政府所在地的城市以及人口在50万以上的城市建设用地的规模范围内，为实施该规划按土地利用年度计划分批次用地。

（二）《土地管理法》第四十五条规定的征收下列土地的，需报国务院批准：

1. 基本农田；

2. 基本农田以外的耕地超过三十五公顷的；

3. 其他土地超过七十公顷的。

（三）《实施条例》第二十四条规定的下列建设项目需要占用土地利用总体规划确定的国有未利用地作为建设用地的，需报国务院批准：

1. 国家重点建设项目；

2. 军事设施；

3. 跨省、自治区、直辖市行政区域的建设项目；

4. 国务院规定的其他建设项目。

二、审查原则

（一）切实保护耕地资源，保证国家建设用地。

（二）保护和改善生态环境，保障土地资源的可持续利用。

（三）占用耕地与补充耕地相平衡。

（四）依法、科学、集约、规范用地。

（五）严格办事程序，提高工作效率。

三、审查依据

（一）《土地管理法》、《实施条例》等土地法律、法规和有关规定。

（二）国家有关产业政策。

（三）建设项目所在地土地利用总体规划和土地利用年度计划。

（四）建设用地定额指标和技术规范。

（五）建设项目用地预审报告书。

四、审查内容

（一）建设用地是否在需报国务院批准的范围之内。

（二）建设项目前期工作是否执行了国家规定的有关建设程序。

（三）建设用地是否在项目可行性研究阶段经过预审。

（四）建设用地是否符合当地土地利用总体规划，是否列入土地利用年度计划。

（五）农用地转用、补充耕地、征收土地和供地方案是否符合国家法律法规的规定和有关政策。

（六）用地面积是否符合国家规定的建设用地定额指标。

（七）补充耕地措施是否已经落实或能够落实。

（八）土地权属、地类、面积是否清楚、准确。

（九）建设项目选址压覆重要矿床的，是否经有权机关批准。

（十）建设用地位于地质灾害易发区的，是否提供了地质灾害危险性评估报告。

（十一）占用林地是否已经林业主管部门审核同意。

（十二）存在违法用地行为的，是否已依法查处。

（十三）其他内容是否符合国家法律、法规的规定和有关政策。

五、审查程序

（一）省、自治区、直辖市人民政府土地行政主管部门按照国家有关规定，拟定建设用地请示，并附对市、县人民政府拟定的农用地转用、补充耕地、征收土地和供地方案的书面审查意见，报省级人民政府同意后，由省级人民政府将建设用地请示呈报国务院，同时抄报国土资源部（抄报时并附资料10套、图件2套）。

（二）国务院将省级人民政府的建设用地请示转国土资源部商有关部门研究办理。省级人民政府的建设用地请示和报批资料、图件经国土资源部初审后，根据有关规定，由国土资源部就有关问题征求国务院有关部门意见。国务院有关部门自收到征求意见函之日起7个工作日内，应将意见书面反馈国土资源部。逾期未反馈意见又未说明情况的，按无意见处理。如国务院有关部门提出不同意见，由国土资源部负责协调。

（三）在综合国务院各有关部门意见的基础上，国土资源部采用部会审会议集体会审的办法，依据国家土地管理法律、法规和有关规定对建设用地进行审查，并提出建议批准或不予批准的意见。对建议批准的，形成审查报告，呈报国务院审批；对不予批准的，由国土资源部行文将建设用地请示退回报文的省级人民政府，并报国务院备案。

（四）建设用地经国务院批准后，由国土资源部负责办理建设用地批复文件，批复有关省、自治区、直辖市人民政府，并抄送国务院各有关部门，批复文件中注明“经国务院批准”字样。其中，按有关规定应缴纳新增建设用地土地有偿使用费的，在缴纳后，方可办理建设用地批复文件。

六、其他事项

（一）国土资源部对省级人民政府上报的建设用地请示和报批资料、图件进行初审，认为资料不齐全或内容不符合要求的，应通知其限期补报，逾期并不能说明原因的，可以将建设用地请示退回报文的省级人民政府。

（二）凡存在未批先用等违法用地行为的建设用地，必须依法查处，在追究有关责任人员行政或法律责任后，方可依法补办建设用地手续。

（三）经国务院批准的建设用地，凡不违反保密规定的，由国土资源部通过报刊向社会公告，接受社会监督。公告工作不收取任何费用。

（四）国土资源部需在每季度末将本季度建设用地审查情况综合汇总报告国务院。

建设项目用地预审管理办法

1. 2001年7月25日国土资源部令第7号公布
2. 2004年11月1日国土资源部令第27号修订
3. 2008年11月29日国土资源部令第42号第一次修正
4. 根据2016年11月25日国土资源部令第68号《关于修改〈建设项目用地预审管理办法〉的决定》第二次修正

第一条　为保证土地利用总体规划的实施，充分发挥土地供应的宏观调控作用，控制建设用地总量，根据《中华人民共和国土地管理法》、《中华人民共和国土地管理法实施条例》和《国务院关于深化改革严格土地管理的决定》，制定本办法。

第二条　本办法所称建设项目用地预审，是指国土资源主管部门在建设项目审批、核准、备案阶段，依法对建设项目涉及的土地利用事项进行的审查。

第三条　预审应当遵循下列原则：

（一）符合土地利用总体规划；

（二）保护耕地，特别是基本农田；

（三）合理和集约节约利用土地；

（四）符合国家供地政策。

第四条 建设项目用地实行分级预审。

需人民政府或有批准权的人民政府发展和改革等部门审批的建设项目，由该人民政府的国土资源主管部门预审。

需核准和备案的建设项目，由与核准、备案机关同级的国土资源主管部门预审。

第五条 需审批的建设项目在可行性研究阶段，由建设用地单位提出预审申请。

需核准的建设项目在项目申请报告核准前，由建设单位提出用地预审申请。

需备案的建设项目在办理备案手续后，由建设单位提出用地预审申请。

第六条 依照本办法第四条规定应当由国土资源部预审的建设项目，国土资源部委托项目所在地的省级国土资源主管部门受理，但建设项目占用规划确定的城市建设用地范围内土地的，委托市级国土资源主管部门受理。受理后，提出初审意见，转报国土资源部。

涉密军事项目和国务院批准的特殊建设项目用地，建设用地单位可直接向国土资源部提出预审申请。

应当由国土资源部负责预审的输电线塔基、钻探井位、通讯基站等小面积零星分散建设项目用地，由省级国土资源主管部门预审，并报国土资源部备案。

第七条 申请用地预审的项目建设单位，应当提交下列材料：

（一）建设项目用地预审申请表；

（二）建设项目用地预审申请报告，内容包括拟建项目的基本情况、拟选址占地情况、拟用地是否符合土地利用总体规划、拟用地面积是否符合土地使用标准、拟用地是否符合供地政策等；

（三）审批项目建议书的建设项目提供项目建议书批复文件，直接审批可行性研究报告或者需核准的建设项目提供建设项目列入相关规划或者产业政策的文件。

前款规定的用地预审申请表样式由国土资源部制定。

第八条 建设单位应当对单独选址建设项目是否位于地质灾害易发区、是否压覆重要矿产资源进行查询核实；位于地质灾害易发区或者压覆重要矿产资源的，应当依据相关法律法规的规定，在办理用地预审手续后，完成地质灾害危险性评估、压覆矿产资源登记等。

第九条 负责初审的国土资源主管部门在转报用地预审申请时，应当提供下列材料：

（一）依据本办法第十一条有关规定，对申报材料作出的初步审查意见；

（二）标注项目用地范围的土地利用总体规划图、土地利用现状图及其他相关图件；

（三）属于《土地管理法》第二十六条规定情形，建设项目用地需修改土地利用总体规划的，应当出具规划修改方案。

第十条 符合本办法第七条规定的预审申请和第九条规定的初审转报件，国土资源主管部门应当受理和接收。不符合的，应当场或在五日内书面通知申请人和转报人，逾期不通知的，视为受理和接收。

受国土资源部委托负责初审的国土资源主管部门应当自受理之日起二十日内完成初审工作，并转报国土资源部。

第十一条 预审应当审查以下内容：

（一）建设项目用地是否符合国家供地政策和土地管理法律、法规规定的条件；

（二）建设项目选址是否符合土地利用总体规划，属《土地管理法》第二十六条规定情形，建设项目用地需修改土地利用总体规划的，规划修改方案是否符合法律、法规的规定；

（三）建设项目用地规模是否符合有关土地使用标准的规定；对国家和地方尚未颁布土地使用标准和建设标准的建设项目，以及确需突破土地使用标准确定的规模和功能分区的建设项目，是否已组织建设项目节地评价并出具评审论证意见。

占用基本农田或者其他耕地规模较大的建设项目，还应当审查是否已经组织踏勘论证。

第十二条 国土资源主管部门应当自受理预审申请或者收到转报材料之日起二十日内，完成审查工作，并出具预审意见。二十日内不能出具预审意见的，经负责预审的国土资源主管部门负责人批准，可以延长十日。

第十三条 预审意见应当包括对本办法第十一条规定内容的结论性意见和对建设用地单位的具体要求。

第十四条 预审意见是有关部门审批项目可行性研究报告、核准项目申请报告的必备文件。

第十五条 建设项目用地预审文件有效期为三年，自批准之日起计算。已经预审的项目，如需对土地用途、建设项目选址等进行重大调整的，应当重新申请预审。

未经预审或者预审未通过的，不得批复可行性研究报告、核准项目申请报告;不得批准农用地转用、土地征收,不得办理供地手续。预审审查的相关内容在建设用地报批时,未发生重大变化的,不再重复审查。

第十六条　本办法自2009年1月1日起施行。

国土资源部关于加强建设用地动态监督管理的通知

1. 2008年9月21日

2. 国土资发〔2008〕192号

各省、自治区、直辖市国土资源厅(国土环境资源厅、国土资源局、国土资源和房屋管理局、房屋土地资源管理局),解放军土地管理局,新疆生产建设兵团国土资源局,各派驻地方的国家土地督察局,部机关各司局及有关直属事业单位:

为认真贯彻落实国家宏观调控政策,加强和规范建设用地全面、全程监督管理,促进各项建设用地依法依规、节约集约利用,依据土地管理法律法规和国家土地督察有关规定,现通知如下:

一、切实加强对建设用地的监管

按照全面监管、全程监督的要求,要切实加强对建设用地的审批、供应、利用和补充耕地、违法用地查处(以下简称"批、供、用、补、查")等有关情况的动态监管。

(一)建设用地审批监管。监督地方政府建设用地审批权限、规划计划执行、征地补偿安置、耕地占补平衡、新增建设用地土地有偿使用费收缴等情况;省级政府审核同意城市农用地转用和土地征收实施方案与市、县政府实施征地等情况。

(二)建设用地供应监管。监督市、县政府落实工业、经营性项目招标拍卖挂牌出让方式供地,供地计划、程序、结果信息公开,土地划拨决定书或土地出让合同签订等情况;城市建设用地供地结构情况,特别是经济适用房、廉租住房和中低价位、中小套型普通商品住房等用地占居住用地供应总量比例情况。

(三)建设用地利用监管。监督法规政策禁止、限制供地和各类建设用地标准落实情况;用地单位依照划拨决定书或土地出让合同确定的面积、用途、容积率、绿地率、建筑密度、投资强度等建设条件和标准使用土地,项目开、竣工时间以及土地开发利用与闲置等情况。

(四)补充耕地监管。监督各地按照"先补后占"要求落实补充耕地情况;用地单位履行补充耕地义务,自行补充耕地或按规定缴纳耕地开垦费后有关责任单位完成补充耕地情况。

(五)违法用地查处监管。监督对各类违法违规用地的查处情况,重点是非法征占农用地及土地违法违规重大案件的查处等情况;地方政府和国土资源部门对违法违规用地的发现、制止、查处和报告情况。

二、加快构建统一的监管平台

各地要按部要求,全面运用建设用地监管信息系统。部结合金土工程建设,尽快建立国家土地督察业务系统,探索建立国家土地督察巡查监控系统和土地违法违规网上督察举报系统,并纳入国土资源管理业务网。督察信息与各建设用地监管系统信息实现共享,运用计算机网络技术、全球定位系统和遥感监测系统,构建统一的网络监管平台,提高建设用地监管水平。

(一)建设用地审批备案系统。各省(区、市)国土资源部门要按照《关于进一步加强和改进建设用地备案工作的通知》(国土资发〔2007〕326号)要求,应用建设用地审批备案系统,通过国土资源业务网向部实时报送批准用地的位置、面积、用途、耕地占补平衡等信息,以及违法用地依法查处后补办用地手续等有关信息。

(二)土地市场动态监测与监管系统。市、县国土资源部门要按照土地供应与利用信息备案的有关要求,应用建设用地供应备案系统、土地市场动态监测系统和土地交易合同网上填报服务系统,通过国土资源业务网向部实时报送供地面积、用途、方式、容积率、绿地率、建筑密度、投资强度和项目开、竣工时间等土地供应与利用信息。未开通国土资源业务网的市、县,通过互联网报送相关信息。

(三)土地整理复垦开发项目信息备案系统。省级国土资源部门要按照部土地整理复垦开发项目备案和相关信息系统建设的要求,建立土地整理复垦开发项目数据库,通过国土资源业务网实时向部报送项目立项、实施、验收、补充耕地数量、质量和资金等信息。

(四)国土资源执法监察管理信息系统。地方各级国土资源部门要按照《关于推广应用国土资源执法监察管理信息系统(网络版)的通知》(国土资厅发〔2007〕221号)要求,应用系统开展案件查处、案件统计和卫片检查等执法监察工作,通过国土资源业务网实时逐级向部报送相关信息。未开通国土资源业务网的市、县,通过电子报盘等方式报送相关信息。

（五）加快建立全国土地利用监管"一张图"。部建立集遥感信息、土地利用现状及变化信息于一体的全国土地利用监管"一张图"。在信息资源共享基础上，各省（区、市）国土资源部门也要相应建立本辖区土地利用"一张图"，适时对土地利用总体规划修编和土地区位调整、征占用耕地、土地供应、土地开发利用以及违法违规用地案件查处等查对分析，强化对建设用地的动态监管。

（六）建设监管平台。集成各监管信息系统和全国土地利用"一张图"，形成统一的建设用地监管平台。以"一张图"为基础，结合土地利用总体规划，运用实时获取的建设用地"批、供、用、补、查"和国家土地督察等信息，分析土地利用变化情况，实施建设用地动态监管，实现"以图管地"。

三、落实监管责任

加强建设用地全面、全程监管是国土资源管理的一项重要任务。各级国土资源部门要充分认识监管工作的重要性，明确职责，建章立制，周密部署，落实任务；部内相关司局与国家土地督察机构应各司其职，密切配合，按照"整合力量、做好衔接、确保效果"的要求，共同做好监管工作。

（一）统筹部署建设用地监管工作。部加强各监管系统建设，完善运行制度，构建国家统一的监管平台；适时组织开展建设用地专项监督检查，分析评价和通报监管情况；督导地方建设用地监管工作，对存在的问题督促整改；各派驻地方的国家土地督察局按职责重点开展日常监管工作。

（二）省级主要组织落实建设用地监管任务。省级国土资源部门按照监管工作和监管信息系统建设要求，根据本地实际，建立本地区的建设用地监管平台；每年组织开展建设用地"批、供、用、补、查"监督检查，总结情况，发现问题，督促市、县及时整改；严格按照部有关要求，认真组织做好监管信息报备工作。

（三）市、县主要做好建设用地监管的基础工作。市、县国土资源部门结合土地执法动态巡查、建设项目竣工土地检查核验、土地变更调查等相关业务工作，积极开展建设用地供应、利用、补充耕地和违法用地等情况的日常监督检查；落实整改要求，对发现的问题及时进行整改；严格按照监管信息系统规定要求，对日常监督检查情况实行信息化管理，及时上报监管信息，并确保信息真实准确。

四、强化监管措施

各地要采取有力措施，加强检查指导，对监管工作中出现的问题，及时纠正和整改，确保监管效果。

（一）明确信息报备责任。省级国土资源部门要严格按照部建设用地备案、土地市场动态监测、土地整理复垦开发项目备案、国土资源执法监察和国家土地督察等有关规定要求，在督促指导市、县信息报送基础上，及时汇总报备建设用地监管信息。各级国土资源部门主要负责人是信息报备工作的第一责任人，要将报备情况纳入考核国土资源部门主要负责人和国土资源管理工作的重要内容。

对未按规定要求及时向部报备监管信息的，或发现虚报、瞒报的，部将通报批评，责令改正；逾期未改正的，部电子政务系统将暂停受理该省（区、市）用地预审和用地申报。

（二）加强实地监督检查。省级国土资源部门要按照部建设用地监管工作部署，结合相关业务工作，通过组织自查或互查，每年集中开展一至两次建设用地的实地监督检查，检查情况及时报部。

各派驻地方的国家土地督察局要按照农用地转用和土地征收事项督察的有关规定，利用地方抄送的建设用地报备信息与部建设用地监管平台、媒体反映、群众举报等各种信息，对建设用地"批、供、用、补、查"等情况进行日常监督检查和实地核查，每半年形成督察区域内督察情况评估报告，报国家土地总督察。

根据督察情况和部监管信息，发现建设用地中存在突出问题的，适时组织专项实地监督检查。

（三）坚决纠正存在的问题。监管中发现存在批而未供、供而未用、未批先用、补充耕地不落实等问题的，要依据建设用地审批管理、土地执法和国家土地督察有关规定及时制止和纠正。对涉及违反土地管理规定的有关单位或个人，要坚决按照监察部、人力资源和社会保障部、国土资源部《违反土地管理规定行为处分办法》（第15号令）严肃查处，追究相关责任人的责任。对问题严重的地区，有关派驻地方的国家土地督察局依据规定，督促地方政府进行纠正、整改或报请国家土地总督察责令限期整改。责令限期整改期间，暂停被责令限期整改地区的农用地转用和土地征收的受理和审批。

（四）总结通报监管情况。部根据动态监管、地方监督检查和国家土地督察等情况，每年就建设用地监管工作进行全面总结，对建设用地"批、供、用、补、查"进行综合分析，提出对策措施，有关情况予以通报。

国土资源部等关于进一步加强和改进国家和省级重点项目建设用地服务和监管的通知

1. 2010年6月9日国土资源部、国家发展和改革委员会、工业和信息化部、监察部、环境保护部、住房城乡建设部、交通运输部、铁道部、水利部、国家能源局发布

2. 国土资发〔2010〕87号

各省、自治区、直辖市国土资源、发展改革、工业和信息化、监察、环境保护、住房城乡建设、交通运输、水利（水务）主管部门，能源行业管理部门，各铁路局，水利部各流域管理机构，新疆生产建设兵团国土资源局、各派驻地方的国家土地督察局：

近年来，各地认真贯彻落实科学发展观，积极推进国家重点项目（国务院或国务院投资主管部门审批、核准的项目）和省级重点项目（省级人民政府或省级人民政府投资主管部门确定的项目）建设，保护耕地、节约用地和依法用地意识明显增强，为国民经济和社会发展，特别是在2009年扩大内需促进经济平稳较快发展中做出了重大贡献。但是，在有关土地执法检查中，发现部分地区的重点项目依然存在未报即用、未批先用、耕地占补平衡不落实、损害被征地农民合法权益等问题。为进一步加强和改进重点项目用地服务和监管工作，现就有关要求通知如下：

一、进一步提高依法用地意识

重点项目对扩大内需、加强基础设施建设、调整产业结构、带动区域经济发展、促进发展方式转变和改善民生，具有十分重要的作用，同时也受到社会各界和人民群众的广泛关注。重点项目用地行为是否依法依规，对地方其他建设项目的用地行为和土地市场秩序具有很强的导向和示范作用。重点项目建设用地面积大，用地报批工作量大、任务重。各行业主管部门要主动做好用地报批的协调和指导，保障重点项目建设顺利推进。重点项目建设单位要高度重视用地报批工作，树立依法用地意识，严格规范用地行为。

二、改进重点项目建设用地服务

地方各级国土资源主管部门要积极为重点项目提供用地服务和保障。新一轮土地利用总体规划修编和年度土地利用计划要优先保障重点项目用地需求。已通过用地预审并经有关部门审批、核准的重点项目，要提前介入，尽快开展用地报批前期工作，研究解决用地中存在的问题，按规定时限组织用地报批；对于急需开工建设的控制性工程，在确保被用地单位和被征地农民得到依法合理补偿的前提下，帮助申请办理先行用地手续。要优先安排已纳入补充耕地储备库的耕地用于重点项目占补平衡，保障重点项目用地顺利报批。

国土资源主管部门要与建设单位的主管部门研究和完善重点项目建设用地报批工作。完善网上办事系统，加强电子监管，建立重点项目用地审批快速通道，专窗受理、专人服务、专门标识，实行限时审批。加快推进并联审批制度，缩短重点项目审批周期；涉及需要相关部门提出审查意见的，要积极协调建立限时办结制度，必要时可建议当地政府协调解决。

三、加强行业指导和监管

各行业主管部门要加强对建设单位用地行为的监管，督促建设单位依法用地；要制订和落实行业发展政策，鼓励建设项目节约用地；对于违反国家相关规定和产业政策占用土地的项目，不予核准或者审批。在项目建议书、可行性研究等前期工作中，要将征地补偿安置费用、耕地开垦费以及按规定应缴纳的新增建设用地土地有偿使用费等费用纳入建设成本，足额列入投资概算。在动工建设前，要督促建设单位及时办理用地审批手续。在建设过程中，要监督建设单位按照批准的用途、面积、位置和范围使用土地。对建设单位违法违规用地行为，要及时督促纠正。建设单位要及时办理项目用地报批手续，落实各项经费预算。在用地报批中遇到困难，要及时向国土资源主管部门和有关部门反映。未依法办理用地手续的，一律不得开工建设。

四、严格执法监察和国家土地督察

国土资源执法监察机构要加大巡查力度，对重点项目违法用地做到早发现、早制止，并及时报告本级政府和上级国土资源主管部门。省级国土资源主管部门要定期汇总并向国土资源部和省级人民政府报告，同时抄报各派驻地方的国家土地督察局。对已发生的重点项目违法用地，国土资源主管部门要依法做出行政处罚，有关部门要严肃追究建设单位有关人员的责任。对建设单位非法占用土地、征地补偿安置不落实即强行占用土地、欠缴耕地开垦费等费用的，要依法处理，对直接负责的主管人员和其他直接责任人员，依法追究政纪责任；构成犯罪的，要依法追究刑事责任。对地方政府主要领导人员和其他负有责任的领导人员，符合问责条件的要坚决实施问责。对典型的违法用地案件，国土资源部和省级国土资源主管部门要进行挂牌督办。经批准补办用地手续时，应当依法依规进行征地补偿和收取有关规费。

各派驻地方的国家土地督察局要加强对重点项目建设用地的监督检查。对重点项目违法问题要向有关省（区、市）人民政府通报，督促其在规定期限内纠正整改。逾期整改不到位的，要向有关省（区、市）人民政府发出整改意见书，要求省级国土资源主管部门暂停受理重点项目所在地区的建设项目用地报件。违法用地情节和后果严重的，要报请国家土地总督察发出限期整改通知书。限期整改期间，暂停该省（区、市）或者重点项目所在市、县的农用地转用和土地征收的受理和审批。

五、建立信息公开制度和部门协调联动机制

国土资源主管部门要会同有关部门将非涉密的重点项目清单通过网站等媒体分期分批向社会公布。重点项目用地批准后，要及时通过部门网站、当地报刊等媒体将项目用地的批准机关和批准的用地位置、用地范围（四至）、土地面积、土地用途、供地方式等信息公开。办理供地手续后，市、县国土资源主管部门要加强对项目用地开发利用情况的跟踪管理，并定期公告项目单位履行用地合同和开发利用情况。对重点项目违法用地情况和查处结果要向社会公布，对典型违法用地案件要公开曝光，接受社会监督。

国土资源主管部门与发展改革、工业和信息化、监察、环境保护、住房城乡建设、交通运输、铁道、水利、能源等部门要加强协调联动和相互沟通，定期召开联席会议，通报重点项目建设立项、规划选址、规划许可、用地供需形势、环境影响评价、新上重点项目安排、动态监管、违法用地及整改查处等情况，研究解决项目建设中的用地问题，共同改进和加强重点项目建设用地服务和监管工作。探索建立建设单位用地信用等级库，对其承担的重点项目用地情况定期进行评价，建立“违法用地项目清单”，向投资、环保、行业主管等部门通报，建议在投资安排、建设项目环评、建设项目招投标等方面予以限制。

自然资源部等7部门关于加强用地审批前期工作积极推进基础设施项目建设的通知

1. 2022年8月3日
2. 自然资发〔2022〕130号

各省、自治区、直辖市及计划单列市自然资源主管部门、发展改革委、交通运输厅（局、委）、水利（水务）厅（局）、能源局，新疆生产建设兵团自然资源局，各地区铁路监督管理局，民航各地区管理局：

为切实贯彻落实党中央、国务院全面加强基础设施建设的决策部署，强化用地要素保障，做实做细做优交通、能源、水利等项目前期工作，提升用地审批质量和效率，现就有关事项通知如下：

一、加强用地空间布局统筹

坚持国土空间“唯一性”，充分发挥国土空间规划对各类开发保护建设活动的指导作用，统筹协调交通能源水利等基础设施的用地需求。经工程可行性论证、已确定详细空间位置的，在国土空间规划“一张图”上明确具体位置、用地规模及空间关系；尚未确定详细空间位置的，列出项目清单，在国土空间规划“一张图”上示意位置、标注规模，并依据项目建设程序各阶段法定批复据实调整，逐步精准确定位置和规模、落地上图。

二、联合开展选址选线

各级自然资源主管部门应依据国土空间规划和“三区三线”等空间管控要求，积极配合和参与基础设施建设项目规划选址选线工作。在选址选线工作中，自然资源主管部门要切实落实最严格的耕地保护制度、节约集约制度和生态环境保护制度，重点评价分析建设项目涉及的耕地和永久基本农田保护、生态保护、节约集约用地和历史文化保护、地质灾害风险防控等红线底线要素并提出建设性意见。可研编制单位、项目设计单位要加强多方案比选，不占、少占耕地和永久基本农田，合理避让生态保护红线、历史文化保护红线和灾害风险区。

三、严格落实节约集约

可行性研究阶段，用地涉及耕地、永久基本农田、生态保护红线的建设项目，需开展节约集约用地论证分析，从占用耕地和永久基本农田的必要性、用地规模和功能分区的合理性、不可避让生态保护红线的充分性、节地水平的先进性等对方案进行分析比选，形成节约集约用地专章作为用地预审申报材料提交审查，审查后的内容纳入可行性研究报告或项目申请报告相关章节。

办理用地预审时，涉及占用耕地的，原则上项目所在区域补充耕地储备库指标应当充足，储备指标不足的地方自然资源主管部门应明确补充耕地落实方式，符合条件的可申请跨省域补充耕地国家统筹，并承诺在农用地转用报批时能够落实占补平衡要求，建设单位应承诺将补充耕地费用纳入工程概算；涉及占用永久基本农田的，需落实永久基本农田补划，明确永久基本农田补划地块。

初步设计阶段，项目应因地制宜优先采用本行业先进的节地技术和节地模式，在满足安全生产等前提下，优化设计方案，提升项目节地水平；农用地转用和土地征收审批严格按照现行各类土地使用标准审查项目用地规模。

省级自然资源主管部门根据本省地形地貌和耕地分布情况，区分项目类型，科学确定项目总用地规模中耕地和永久基本农田占比上限；加快建立重大项目节地案例库，提供查询比对服务。

四、改进优化用地审批

简化用地预审阶段审查内容。涉及规划土地用途调整的，审查是否符合法律规定允许调整情形，不再提交调整方案；涉及占用生态保护红线的，审查是否符合允许占用情形，不再提交省级人民政府论证意见。

用地预审批复后，申报农用地转用和土地征收占用耕地或永久基本农田规模和区位与用地预审时相比，规模调增或区位变化比例超过10%的，从严审查；均未发生变化或规模调减区位未变且总用地规模（不含迁复建工程和安置用地）不超用地预审批复规模的，不再重复审查。

允许分期分段办理农用地转用和土地征收。确需分期建设的项目，可以根据可行性研究报告确定的方案，分期申请建设用地，分期办理建设用地审批手续。线型基础设施建设项目正式报批用地时，可根据用地报批组卷进度，以市（地、州、盟）分段报批用地。

五、协同推进项目建设

各级自然资源主管部门要按照“统一底图、统一标准、统一规划、统一平台”要求，与发展改革、交通、能源、水利等有关部门共享国土空间规划“一张图”，主动为基础设施建设项目的选址选线提供合规性分析等支撑性、基础性服务。

自然资源部会同有关部门加快修订完善公路、铁路、民用航空运输机场等工程项目建设用地指标。

防止“未批先建”。有关部门对于未取得先行用地或未办理完成农用地转用和土地征收审批手续的项目，均不得办理开工手续，建设单位不得开工建设。

各部门要积极发挥职能作用，相互配合、形成合力，指导督促各地依法依规加快推进基础设施项目建设。

附件：

节约集约用地论证分析专章编制要点

国土空间规划确定的城镇和村庄建设用地范围外交通、能源、水利项目，在可行性研究阶段需开展节约集约用地论证分析，要点如下：

一、项目概况

建设背景（建设依据、建设必要性）、建设内容（建设地点、建设性质、建设规模、建设标准）等。

二、备选方案

（一）占用耕地和永久基本农田的必要性

分析占用耕地和永久基本农田的理由是否充分，其中，涉及占用永久基本农田的，应符合国家有关政策要求。分析备选方案各功能分区占用耕地和永久基本农田的数量、质量，占用比例是否符合要求，不占、少占耕地采取的工程、技术措施，点状或块状附属设施是否已充分避让永久基本农田。同等工程技术和投资等条件下，推荐耕地尤其是永久基本农田占用比例低的方案。占比相同的，推荐占用耕地质量差的方案。

涉及占用耕地的，分析项目所在区域补充耕地储备库指标是否充足，储备指标不足的是否明确了补充耕地落实方式，是否能够承诺在农用地转用报批时能够落实占补平衡要求。涉及占用永久基本农田的，分析是否按照“数量不减、质量不降、布局稳定”的要求，落实了补划方案，是否在县域内补划，未在县域补划的，说明理由。

（二）功能分区和用地规模的合理性

分析用地总规模、单位用地水平、各功能分区建设内容及用地规模符合对应的工程项目建设用地指标。分析备选方案用地和各功能分区是否体现了项目所在区域的地形地貌特征，是否充分利用既有设施、线路、场站，是否合理利用地上地下空间或者科学合理提高项目投资强度、容积率、建筑密度，是否采取土地复合、功能混合和设施融合或者应用先进的工艺流程、施工工艺和技术减少占用土地，是否设置了不必要的功能分区，是否存在“搭车用地”，是否符合国家或地方用地标准等。跨市域项目，应明确各市用地规模和功能分区。国家和地方均有标准的，按更严格的执行。在满足要求的前提下，尽量选用标准的中、低值，减少占地。

（三）避让生态保护红线的充分性

分析合理避让生态保护红线的情况，无法避让的详细说明符合生态保护红线管控规则的具体情形、空间布局和面积，以及可能造成的生态环境影响和减轻生态环境影响的具体措施。

（四）节地水平的先进性

从建设项目适用的设计依据、技术规范、技术标准出发，分析项目在设定的建设参数下，采用的节地技术、节地措施，取得的节地效果，并与节约集约用地案例进行对比，得出项目节地先进性结论及下阶段改进优化的建议（不再另外开展项目节地评价）。

三、推荐方案情况

从选址、技术、用地、投资等各方面综合阐述最终选用方案的理由，以及自然资源主管部门参与选址选线过程中意见采纳情况。

国土资源部办公厅关于建设项目用地预审意见有效期有关问题的复函

1. 2017年4月24日
2. 国土资厅函〔2017〕641号

河北省国土资源厅：

《关于建设项目用地预审意见有效期有关问题的请示》（冀国土资呈字〔2017〕88号）收悉。经研究，函复如下：

《国土资源部关于修改〈建设项目用地预审管理办法〉的决定》（第68号令，下简称部令第68号）已将建设项目用地预审文件有效期由2年延长至3年，并于2017年1月1日起施行。对于2015年之后批复的建设项目用地预审文件，适用部令第68号规定，有效期自动延展为3年。今后，建设项目用地预审批复文件超出有效期的，均需重新提出建设项目用地预审的申请，不再办理延期手续。

三、土地征收与补偿

资料补充栏

1. 征地费用管理

征地管理费暂行办法

1. 1992年11月24日国家物价局、财政部发布
2. 价费字〔1992〕597号

第一条 为改善和加强征地管理工作,合理收取和利用征地管理费,根据《中华人民共和国土地管理法》及相关法律、法规,制定本办法。

第二条 征地管理费系指县以上人民政府土地管理部门受用地单位委托,采用包干方式统一负责、组织、办理各类建设项目征用土地的有关事宜,由用地单位在征地费总额的基础上交一定比例支付的管理费用。

第三条 实行征地包干的,应由政府土地管理部门或所属的征地服务机构与建设用地单位协商,签订征地包干协议,明确双方的权利和义务,并严格履行双方签订的协议。

第四条 征地包干的三种形式:

(一)全包方式,即由政府土地管理部门或所属的征地服务机构,采取包工作、包费用、包时间的三包方式,负责征地全过程的全部工作,征地所发生的全部费用经测算后,由用地单位一次交付土地管理部门,土地管理部门或征地服务机构按规定期限将土地交付用地单位。

(二)半包方式,即由政府土地管理部门或所属的征地机构、采取只包工作、包时间、不包费用的方式,负责征地的全部工作,在规定的期限内将土地交用地单位,征地费用按实际发生计算,由用地单位直接支付给被征地单位。

(三)单包方式,即政府土地管理部门或所属的征地服务机构,采取只包工作,不包费用和期限的方式,代表征地单位负责对拟征用的土地勘察、登记,做好征地的组织协调工作,协调用地单位与被征地单位制定征地安置、补偿方案、办理用地手续等事宜。

第五条 征用土地管理费的收取标准:

(一)实行全包征地方式的,按征地费总额的以下比例收费:

1. 一次性征用耕地在66.67公顷(1000亩)以上(含66.67公顷),其他土地133.34公顷(2000亩)以上的(含133.34公顷),征地管理费按不超过3%收取;

2. 征用耕地66.67公顷以下,其他土地133.34公顷以下的,征地管理费按不超过4%收取。

(二)实行半包方式的,按征地费总额的以下比例收费:

1. 一次性征用耕地在66.67公顷以上(含66.67公顷),其他土地133.34公顷以上的(含133.34公顷),征地管理费按不超过2%收取;

2. 征用耕地在66.67公顷以下,其他土地133.34公顷以下的,征地管理费按不超过2.5%收取。

(三)实行单包方式征地的、按征地费总额的以下比例收费:

1. 一次性征用耕地在66.67公顷以上(含66.67公顷),其他土地133.34公顷以上的(含133.34公顷),征地管理费按不超过1.5%收取;

2. 征用耕地在66.67公顷以下,其他土地133.34公顷以下的,征地管理费按不超过2%收取。

(四)只办理征地手续不负责征地工作的,不得收取征地管理费。

第六条 补办征地手续、共需要重新进行勘察、登记的建设项目、无偿划拨的国有荒地、荒山等用地项目的征地管理费收取标准,由省、自治区、直辖市土地管理部门提出意见,经同级物价、财政部门审定后,报省政府批准实施,并抄报国家物价局、财政部备案。

第七条 按照第四条第一项全包式进行征地的,如征地过程中出现不可预见情况,可由负责征地的单位据实与用地单位另行结算不可预见费用。

第八条 征地管理费的减免范围:

(一)党政机关、全额预算管理的事业单位、中小学校、幼儿园、福利院、敬老院、孤儿院、妇幼保健院、防疫站、残疾人企业征用土地,免收征地管理费。

(二)差额预算管理和自收自支管理的事业单位为修建办公楼、宿舍楼征用土地,减半收取征地管理费。

(三)抢险救灾使用土地,免收征地管理费。

第九条 征地费用一般由以下几项费用组成,土地补偿费、安置补助费、青苗补偿费、地上、地下附着物和拆迁补偿费,除国务院另有规定外,具体收费标准、计算方法,应根据《中华人民共和国土地管理法》中规定的原则,由省、自治区、直辖市物价、财政部门制定,报同级人民政府批准执行。

第十条 征地管理费主要用于土地管理部门在征地、安置、拆迁过程中的办公、业务培训,宣传教育、经验交流，仪器、设备的购置、维修、使用费和其他非经费人员的必要开支。

第十一条　县、市土地管理部门收取的征地管理费，应按一定比例上交上级土地管理部门，上交的具体比例由省、自治区、直辖市土地管理部门确定。

报国务院审批的建设项目用地，其征地管理费的1.5%上交国家土地管理局，由省级土地管理部门代收、代交，主要用于审批建设项目过程中的必要开支。

第十二条　征地管理按预算外资金管理，实行财政专户储存。专款专用。

第十三条　乡（镇）村建设用地参照本办法执行。

第十四条　各省、自治区、直辖市物价、财政部门可根据本暂行办法制定实施细则。

财政部、国家发展改革委关于征地补偿安置费性质的批复

1．2004年3月21日

2．财综〔2004〕19号

辽宁省财政厅、物价局：

辽宁省财政厅《关于征地补偿安置费性质的请示》（辽财综〔2003〕519号）收悉，经商国土资源部，现就有关问题批复如下：

根据《土地管理法》及《土地管理法实施条例》（国务院令第256号）的规定，征地补偿安置费是征地单位按照国家有关规定支付给征用土地的农村集体经济组织和农民的补偿安置资金，不属于行政事业性收费，不应将其作为政府收入上缴国库或财政专户实行“收支两条线”管理。

2. 征地补偿安置与监管

大中型水利水电工程建设征地补偿和移民安置条例

1. 2006年7月7日国务院令第471号公布
2. 根据2013年7月18日国务院令第638号《关于废止和修改部分行政法规的决定》第一次修订
3. 根据2013年12月7日国务院令第645号《关于修改部分行政法规的决定》第二次修订
4. 根据2017年4月14日国务院令第679号《关于修改〈大中型水利水电工程建设征地补偿和移民安置条例〉的决定》第三次修订

第一章 总 则

第一条 为了做好大中型水利水电工程建设征地补偿和移民安置工作,维护移民合法权益,保障工程建设的顺利进行,根据《中华人民共和国土地管理法》和《中华人民共和国水法》,制定本条例。

第二条 大中型水利水电工程的征地补偿和移民安置,适用本条例。

第三条 国家实行开发性移民方针,采取前期补偿、补助与后期扶持相结合的办法,使移民生活达到或者超过原有水平。

第四条 大中型水利水电工程建设征地补偿和移民安置应当遵循下列原则:

(一)以人为本,保障移民的合法权益,满足移民生存与发展的需求;

(二)顾全大局,服从国家整体安排,兼顾国家、集体、个人利益;

(三)节约利用土地,合理规划工程占地,控制移民规模;

(四)可持续发展,与资源综合开发利用、生态环境保护相协调;

(五)因地制宜,统筹规划。

第五条 移民安置工作实行政府领导、分级负责、县为基础、项目法人参与的管理体制。

国务院水利水电工程移民行政管理机构(以下简称国务院移民管理机构)负责全国大中型水利水电工程移民安置工作的管理和监督。

县级以上地方人民政府负责本行政区域内大中型水利水电工程移民安置工作的组织和领导;省、自治区、直辖市人民政府规定的移民管理机构,负责本行政区域内大中型水利水电工程移民安置工作的管理和监督。

第二章 移民安置规划

第六条 已经成立项目法人的大中型水利水电工程,由项目法人编制移民安置规划大纲,按照审批权限报省、自治区、直辖市人民政府或者国务院移民管理机构审批;省、自治区、直辖市人民政府或者国务院移民管理机构在审批前应当征求移民区和移民安置区县级以上地方人民政府的意见。

没有成立项目法人的大中型水利水电工程,项目主管部门应当会同移民区和移民安置区县级以上地方人民政府编制移民安置规划大纲,按照审批权限报省、自治区、直辖市人民政府或者国务院移民管理机构审批。

第七条 移民安置规划大纲应当根据工程占地和淹没区实物调查结果以及移民区、移民安置区经济社会情况和资源环境承载能力编制。

工程占地和淹没区实物调查,由项目主管部门或者项目法人会同工程占地和淹没区所在地的地方人民政府实施;实物调查应当全面准确,调查结果经调查者和被调查者签字认可并公示后,由有关地方人民政府签署意见。实物调查工作开始前,工程占地和淹没区所在地的省级人民政府应当发布通告,禁止在工程占地和淹没区新增建设项目和迁入人口,并对实物调查工作作出安排。

第八条 移民安置规划大纲应当主要包括移民安置的任务、去向、标准和农村移民生产安置方式以及移民生活水平评价和搬迁后生活水平预测、水库移民后期扶持政策、淹没线以上受影响范围的划定原则、移民安置规划编制原则等内容。

第九条 编制移民安置规划大纲应当广泛听取移民和移民安置区居民的意见;必要时,应当采取听证的方式。

经批准的移民安置规划大纲是编制移民安置规划的基本依据,应当严格执行,不得随意调整或者修改;确需调整或者修改的,应当报原批准机关批准。

第十条 已经成立项目法人的,由项目法人根据经批准的移民安置规划大纲编制移民安置规划;没有成立项目法人的,项目主管部门应当会同移民区和移民安置区县级以上地方人民政府,根据经批准的移民安置规划大纲编制移民安置规划。

大中型水利水电工程的移民安置规划,按照审批权限经省、自治区、直辖市人民政府移民管理机构或者国务院移民管理机构审核后，由项目法人或者项目主管部门报项目审批或者核准部门，与可行性研究报告或者项目申请报告一并审批或者核准。

省、自治区、直辖市人民政府移民管理机构或者国务院移民管理机构审核移民安置规划，应当征求本级人民政府有关部门以及移民区和移民安置区县级以上地方人民政府的意见。

第十一条 编制移民安置规划应当以资源环境承载能力为基础，遵循本地安置与异地安置、集中安置与分散安置、政府安置与移民自找门路安置相结合的原则。

编制移民安置规划应当尊重少数民族的生产、生活方式和风俗习惯。

移民安置规划应当与国民经济和社会发展规划以及土地利用总体规划、城市总体规划、村庄和集镇规划相衔接。

第十二条 移民安置规划应当对农村移民安置、城（集）镇迁建、工矿企业迁建、专项设施迁建或者复建、防护工程建设、水库水域开发利用、水库移民后期扶持措施、征地补偿和移民安置资金概（估）算等作出安排。

对淹没线以上受影响范围内因水库蓄水造成的居民生产、生活困难问题，应当纳入移民安置规划，按照经济合理的原则，妥善处理。

第十三条 对农村移民安置进行规划，应当坚持以农业生产安置为主，遵循因地制宜、有利生产、方便生活、保护生态的原则，合理规划农村移民安置点；有条件的地方，可以结合小城镇建设进行。

农村移民安置后，应当使移民拥有与移民安置区居民基本相当的土地等农业生产资料。

第十四条 对城（集）镇移民安置进行规划，应当以城（集）镇现状为基础，节约用地，合理布局。

工矿企业的迁建，应当符合国家的产业政策，结合技术改造和结构调整进行；对技术落后、浪费资源、产品质量低劣、污染严重、不具备安全生产条件的企业，应当依法关闭。

第十五条 编制移民安置规划应当广泛听取移民和移民安置区居民的意见；必要时，应当采取听证的方式。

经批准的移民安置规划是组织实施移民安置工作的基本依据，应当严格执行，不得随意调整或者修改；确需调整或者修改的，应当依照本条例第十条的规定重新报批。

未编制移民安置规划或者移民安置规划未经审核的大中型水利水电工程建设项目，有关部门不得批准或者核准其建设，不得为其办理用地等有关手续。

第十六条 征地补偿和移民安置资金、依法应当缴纳的耕地占用税和耕地开垦费以及依照国务院有关规定缴纳的森林植被恢复费等应当列入大中型水利水电工程概算。

征地补偿和移民安置资金包括土地补偿费、安置补助费，农村居民点迁建、城（集）镇迁建、工矿企业迁建以及专项设施迁建或者复建补偿费（含有关地上附着物补偿费），移民个人财产补偿费（含地上附着物和青苗补偿费）和搬迁费，库底清理费，淹没区文物保护费和国家规定的其他费用。

第十七条 农村移民集中安置的农村居民点、城（集）镇、工矿企业以及专项设施等基础设施的迁建或者复建选址，应当依法做好环境影响评价、水文地质与工程地质勘察、地质灾害防治和地质灾害危险性评估。

第十八条 对淹没区内的居民点、耕地等，具备防护条件的，应当在经济合理的前提下，采取修建防护工程等防护措施，减少淹没损失。

防护工程的建设费用由项目法人承担，运行管理费用由大中型水利水电工程管理单位负责。

第十九条 对工程占地和淹没区内的文物，应当查清分布，确认保护价值，坚持保护为主、抢救第一的方针，实行重点保护、重点发掘。

第三章 征地补偿

第二十条 依法批准的流域规划中确定的大中型水利水电工程建设项目的用地，应当纳入项目所在地的土地利用总体规划。

大中型水利水电工程建设项目核准或者可行性研究报告批准后，项目用地应当列入土地利用年度计划。

属于国家重点扶持的水利、能源基础设施的大中型水利水电工程建设项目，其用地可以以划拨方式取得。

第二十一条 大中型水利水电工程建设项目用地，应当依法申请并办理审批手续，实行一次报批、分期征收，按期支付征地补偿费。

对于应急的防洪、治涝等工程，经有批准权的人民政府决定，可以先行使用土地，事后补办用地手续。

第二十二条 大中型水利水电工程建设征收土地的土地补偿费和安置补助费，实行与铁路等基础设施项目用地同等补偿标准，按照被征收土地所在省、自治区、直辖市规定的标准执行。

被征收土地上的零星树木、青苗等补偿标准，按照被征收土地所在省、自治区、直辖市规定的标准执行。

被征收土地上的附着建筑物按照其原规模、原标准或者恢复原功能的原则补偿；对补偿费用不足以修建基本用房的贫困移民，应当给予适当补助。

使用其他单位或者个人依法使用的国有耕地，参照征收耕地的补偿标准给予补偿；使用未确定给单位或者个人使用的国有未利用地，不予补偿。

移民远迁后，在水库周边淹没线以上属于移民个人所有的零星树木、房屋等应当分别依照本条第二款、第三款规定的标准给予补偿。

第二十三条 大中型水利水电工程建设临时用地，由县级以上人民政府土地主管部门批准。

第二十四条 工矿企业和交通、电力、电信、广播电视等专项设施以及中小学的迁建或者复建，应当按照其原规模、原标准或者恢复原功能的原则补偿。

第二十五条 大中型水利水电工程建设占用耕地的，应当执行占补平衡的规定。为安置移民开垦的耕地、因大中型水利水电工程建设而进行土地整理新增的耕地、工程施工新造的耕地可以抵扣或者折抵建设占用耕地的数量。

大中型水利水电工程建设占用25度以上坡耕地的，不计入需要补充耕地的范围。

第四章 移民安置

第二十六条 移民区和移民安置区县级以上地方人民政府负责移民安置规划的组织实施。

第二十七条 大中型水利水电工程开工前，项目法人应当根据经批准的移民安置规划，与移民区和移民安置区所在的省、自治区、直辖市人民政府或者市、县人民政府签订移民安置协议；签订协议的省、自治区、直辖市人民政府或者市人民政府，可以与下一级有移民或者移民安置任务的人民政府签订移民安置协议。

第二十八条 项目法人应当根据大中型水利水电工程建设的要求和移民安置规划，在每年汛期结束后60日内，向与其签订移民安置协议的地方人民政府提出下年度移民安置计划建议；签订移民安置协议的地方人民政府，应当根据移民安置规划和项目法人的年度移民安置计划建议，在与项目法人充分协商的基础上，组织编制并下达本行政区域的下年度移民安置年度计划。

第二十九条 项目法人应当根据移民安置年度计划，按照移民安置实施进度将征地补偿和移民安置资金支付给与其签订移民安置协议的地方人民政府。

第三十条 农村移民在本县通过新开发土地或者调剂土地集中安置的，县级人民政府应当将土地补偿费、安置补助费和集体财产补偿费直接全额兑付给该村集体经济组织或者村民委员会。

农村移民分散安置到本县内其他村集体经济组织或者村民委员会的，应当由移民安置村集体经济组织或者村民委员会与县级人民政府签订协议，按照协议安排移民的生产和生活。

第三十一条 农村移民在本省行政区域内其他县安置的，与项目法人签订移民安置协议的地方人民政府，应当及时将相应的征地补偿和移民安置资金交给移民安置区县级人民政府，用于安排移民的生产和生活。

农村移民跨省安置的，项目法人应当及时将相应的征地补偿和移民安置资金交给移民安置区省、自治区、直辖市人民政府，用于安排移民的生产和生活。

第三十二条 搬迁费以及移民个人房屋和附属建筑物、个人所有的零星树木、青苗、农副业设施等个人财产补偿费，由移民区县级人民政府直接全额兑付给移民。

第三十三条 移民自愿投亲靠友的，应当由本人向移民区县级人民政府提出申请，并提交接收地县级人民政府出具的接收证明；移民区县级人民政府确认其具有土地等农业生产资料后，应当与接收地县级人民政府和移民共同签订协议，将土地补偿费、安置补助费交给接收地县级人民政府，统筹安排移民的生产和生活，将个人财产补偿费和搬迁费发给移民个人。

第三十四条 城（集）镇迁建、工矿企业迁建、专项设施迁建或者复建补偿费，由移民区县级以上地方人民政府交给当地人民政府或者有关单位。因扩大规模、提高标准增加的费用，由有关地方人民政府或者有关单位自行解决。

第三十五条 农村移民集中安置的农村居民点应当按照经批准的移民安置规划确定的规模和标准迁建。

农村移民集中安置的农村居民点的道路、供水、供电等基础设施，由乡（镇）、村统一组织建设。

农村移民住房，应当由移民自主建造。有关地方人民政府或者村民委员会应当统一规划宅基地，但不得强行规定建房标准。

第三十六条 农村移民安置用地应当依照《中华人民共和国土地管理法》和《中华人民共和国农村土地承包法》办理有关手续。

第三十七条 移民安置达到阶段性目标和移民安置工作完毕后，省、自治区、直辖市人民政府或者国务院移民管理机构应当组织有关单位进行验收；移民安置未经验收或者验收不合格的，不得对大中型水利水电工程进行阶段性验收和竣工验收。

第五章　后期扶持

第三十八条　移民安置区县级以上地方人民政府应当编制水库移民后期扶持规划，报上一级人民政府或者其移民管理机构批准后实施。

编制水库移民后期扶持规划应当广泛听取移民的意见；必要时，应当采取听证的方式。

经批准的水库移民后期扶持规划是水库移民后期扶持工作的基本依据，应当严格执行，不得随意调整或者修改；确需调整或者修改的，应当报原批准机关批准。

未编制水库移民后期扶持规划或者水库移民后期扶持规划未经批准，有关单位不得拨付水库移民后期扶持资金。

第三十九条　水库移民后期扶持规划应当包括后期扶持的范围、期限、具体措施和预期达到的目标等内容。水库移民安置区县级以上地方人民政府应当采取建立责任制等有效措施，做好后期扶持规划的落实工作。

第四十条　水库移民后期扶持资金应当按照水库移民后期扶持规划，主要作为生产生活补助发放给移民个人；必要时可以实行项目扶持，用于解决移民村生产生活中存在的突出问题，或者采取生产生活补助和项目扶持相结合的方式。具体扶持标准、期限和资金的筹集、使用管理依照国务院有关规定执行。

省、自治区、直辖市人民政府根据国家规定的原则，结合本行政区域实际情况，制定水库移民后期扶持具体实施办法，报国务院批准后执行。

第四十一条　各级人民政府应当加强移民安置区的交通、能源、水利、环保、通信、文化、教育、卫生、广播电视等基础设施建设，扶持移民安置区发展。

移民安置区地方人民政府应当将水库移民后期扶持纳入本级人民政府国民经济和社会发展规划。

第四十二条　国家在移民安置区和大中型水利水电工程受益地区兴办的生产建设项目，应当优先吸收符合条件的移民就业。

第四十三条　大中型水利水电工程建成后形成的水面和水库消落区土地属于国家所有，由该工程管理单位负责管理，并可以在服从水库统一调度和保证工程安全、符合水土保持和水质保护要求的前提下，通过当地县级人民政府优先安排给当地农村移民使用。

第四十四条　国家在安排基本农田和水利建设资金时，应当对移民安置区所在县优先予以扶持。

第四十五条　各级人民政府及其有关部门应当加强对移民的科学文化知识和实用技术的培训，加强法制宣传教育，提高移民素质，增强移民就业能力。

第四十六条　大中型水利水电工程受益地区的各级地方人民政府及其有关部门应当按照优势互补、互惠互利、长期合作、共同发展的原则，采取多种形式对移民安置区给予支持。

第六章　监督管理

第四十七条　国家对移民安置和水库移民后期扶持实行全过程监督。省、自治区、直辖市人民政府和国务院移民管理机构应当加强对移民安置和水库移民后期扶持的监督，发现问题应当及时采取措施。

第四十八条　国家对征地补偿和移民安置资金、水库移民后期扶持资金的拨付、使用和管理实行稽察制度，对拨付、使用和管理征地补偿和移民安置资金、水库移民后期扶持资金的有关地方人民政府及其有关部门的负责人依法实行任期经济责任审计。

第四十九条　县级以上人民政府应当加强对下级人民政府及其财政、发展改革、移民等有关部门或者机构拨付、使用和管理征地补偿和移民安置资金、水库移民后期扶持资金的监督。

县级以上地方人民政府或者其移民管理机构应当加强对征地补偿和移民安置资金、水库移民后期扶持资金的管理，定期向上一级人民政府或者其移民管理机构报告并向项目法人通报有关资金拨付、使用和管理情况。

第五十条　各级审计、监察机关应当依法加强对征地补偿和移民安置资金、水库移民后期扶持资金拨付、使用和管理情况的审计和监察。

县级以上人民政府财政部门应当加强对征地补偿和移民安置资金、水库移民后期扶持资金拨付、使用和管理情况的监督。

审计、监察机关和财政部门进行审计、监察和监督时，有关单位和个人应当予以配合，及时提供有关资料。

第五十一条　国家对移民安置实行全过程监督评估。签订移民安置协议的地方人民政府和项目法人应当采取招标的方式，共同委托移民安置监督评估单位对移民搬迁进度、移民安置质量、移民资金的拨付和使用情况以及移民生活水平的恢复情况进行监督评估；被委托方应当将监督评估的情况及时向委托方报告。

第五十二条　征地补偿和移民安置资金应当专户存储、专账核算，存储期间的孳息，应当纳入征地补偿和移民安置资金，不得挪作他用。

第五十三条　移民区和移民安置区县级人民政府，应当以村为单位将大中型水利水电工程征收的土地数量、土地种类和实物调查结果、补偿范围、补偿标准和金额以及安置方案等向群众公布。群众提出异议的，县级人民政府应当及时核查，并对统计调查结果不准确的事项进行改正；经核查无误的，应当及时向群众解释。

有移民安置任务的乡（镇）、村应当建立健全征地补偿和移民安置资金的财务管理制度，并将征地补偿和移民安置资金收支情况张榜公布，接受群众监督；土地补偿费和集体财产补偿费的使用方案应当经村民会议或者村民代表会议讨论通过。

移民安置区乡（镇）人民政府、村（居）民委员会应当采取有效措施帮助移民适应当地的生产、生活，及时调处矛盾纠纷。

第五十四条 县级以上地方人民政府或者其移民管理机构以及项目法人应当建立移民工作档案，并按照国家有关规定进行管理。

第五十五条 国家切实维护移民的合法权益。

在征地补偿和移民安置过程中，移民认为其合法权益受到侵害的，可以依法向县级以上人民政府或者其移民管理机构反映，县级以上人民政府或者其移民管理机构应当对移民反映的问题进行核实并妥善解决。移民也可以依法向人民法院提起诉讼。

移民安置后，移民与移民安置区当地居民享有同等的权利，承担同等的义务。

第五十六条 按照移民安置规划必须搬迁的移民，无正当理由不得拖延搬迁或者拒迁。已经安置的移民不得返迁。

第七章 法律责任

第五十七条 违反本条例规定，有关地方人民政府、移民管理机构、项目审批部门及其他有关部门有下列行为之一的，对直接负责的主管人员和其他直接责任人员依法给予行政处分；造成严重后果，有关责任人员构成犯罪的，依法追究刑事责任：

（一）违反规定批准移民安置规划大纲、移民安置规划或者水库移民后期扶持规划的；

（二）违反规定批准或者核准未编制移民安置规划或者移民安置规划未经审核的大中型水利水电工程建设项目的；

（三）移民安置未经验收或者验收不合格而对大中型水利水电工程进行阶段性验收或者竣工验收的；

（四）未编制水库移民后期扶持规划，有关单位拨付水库移民后期扶持资金的；

（五）移民安置管理、监督和组织实施过程中发现违法行为不予查处的；

（六）在移民安置过程中发现问题不及时处理，造成严重后果以及有其他滥用职权、玩忽职守等违法行为的。

第五十八条 违反本条例规定，项目主管部门或者有关地方人民政府及其有关部门调整或者修改移民安置规划大纲、移民安置规划或者水库移民后期扶持规划的，由批准该规划大纲、规划的有关人民政府或者其有关部门、机构责令改正，对直接负责的主管人员和其他直接责任人员依法给予行政处分；造成重大损失，有关责任人员构成犯罪的，依法追究刑事责任。

违反本条例规定，项目法人调整或者修改移民安置规划大纲、移民安置规划的，由批准该规划大纲、规划的有关人民政府或者其有关部门、机构责令改正，处10万元以上50万元以下的罚款；对直接负责的主管人员和其他直接责任人员处1万元以上5万元以下的罚款；造成重大损失，有关责任人员构成犯罪的，依法追究刑事责任。

第五十九条 违反本条例规定，在编制移民安置规划大纲、移民安置规划、水库移民后期扶持规划，或者进行实物调查、移民安置监督评估中弄虚作假的，由批准该规划大纲、规划的有关人民政府或者其有关部门、机构责令改正，对有关单位处10万元以上50万元以下的罚款；对直接负责的主管人员和其他直接责任人员处1万元以上5万元以下的罚款；给他人造成损失的，依法承担赔偿责任。

第六十条 违反本条例规定，侵占、截留、挪用征地补偿和移民安置资金、水库移民后期扶持资金的，责令退赔，并处侵占、截留、挪用资金额3倍以下的罚款，对直接负责的主管人员和其他责任人员依法给予行政处分；构成犯罪的，依法追究有关责任人员的刑事责任。

第六十一条 违反本条例规定，拖延搬迁或者拒迁的，当地人民政府或者其移民管理机构可以申请人民法院强制执行；违反治安管理法律、法规的，依法给予治安管理处罚；构成犯罪的，依法追究有关责任人员的刑事责任。

第八章 附 则

第六十二条 长江三峡工程的移民工作，依照《长江三峡工程建设移民条例》执行。

南水北调工程的征地补偿和移民安置工作，依照本条例执行。但是，南水北调工程中线、东线一期工程的移民安置规划的编制审批，依照国务院的规定执行。

第六十三条 本条例自2006年9月1日起施行。1991

年2月15日国务院发布的《大中型水利水电工程建设征地补偿和移民安置条例》同时废止。

国有土地上房屋征收与补偿条例

2011年1月21日国务院令第590号公布

第一章　总　　则

第一条　为了规范国有土地上房屋征收与补偿活动，维护公共利益，保障被征收房屋所有权人的合法权益，制定本条例。

第二条　为了公共利益的需要，征收国有土地上单位、个人的房屋，应当对被征收房屋所有权人（以下称被征收人）给予公平补偿。

第三条　房屋征收与补偿应当遵循决策民主、程序正当、结果公开的原则。

第四条　市、县级人民政府负责本行政区域的房屋征收与补偿工作。

市、县级人民政府确定的房屋征收部门（以下称房屋征收部门）组织实施本行政区域的房屋征收与补偿工作。

市、县级人民政府有关部门应当依照本条例的规定和本级人民政府规定的职责分工，互相配合，保障房屋征收与补偿工作的顺利进行。

第五条　房屋征收部门可以委托房屋征收实施单位，承担房屋征收与补偿的具体工作。房屋征收实施单位不得以营利为目的。

房屋征收部门对房屋征收实施单位在委托范围内实施的房屋征收与补偿行为负责监督，并对其行为后果承担法律责任。

第六条　上级人民政府应当加强对下级人民政府房屋征收与补偿工作的监督。

国务院住房城乡建设主管部门和省、自治区、直辖市人民政府住房城乡建设主管部门应当会同同级财政、国土资源、发展改革等有关部门，加强对房屋征收与补偿实施工作的指导。

第七条　任何组织和个人对违反本条例规定的行为，都有权向有关人民政府、房屋征收部门和其他有关部门举报。接到举报的有关人民政府、房屋征收部门和其他有关部门对举报应当及时核实、处理。

监察机关应当加强对参与房屋征收与补偿工作的政府和有关部门或者单位及其工作人员的监察。

第二章　征 收 决 定

第八条　为了保障国家安全、促进国民经济和社会发展等公共利益的需要，有下列情形之一，确需征收房屋的，由市、县级人民政府作出房屋征收决定：

（一）国防和外交的需要；

（二）由政府组织实施的能源、交通、水利等基础设施建设的需要；

（三）由政府组织实施的科技、教育、文化、卫生、体育、环境和资源保护、防灾减灾、文物保护、社会福利、市政公用等公共事业的需要；

（四）由政府组织实施的保障性安居工程建设的需要；

（五）由政府依照城乡规划法有关规定组织实施的对危房集中、基础设施落后等地段进行旧城区改建的需要；

（六）法律、行政法规规定的其他公共利益的需要。

第九条　依照本条例第八条规定，确需征收房屋的各项建设活动，应当符合国民经济和社会发展规划、土地利用总体规划、城乡规划和专项规划。保障性安居工程建设、旧城区改建，应当纳入市、县级国民经济和社会发展年度计划。

制定国民经济和社会发展规划、土地利用总体规划、城乡规划和专项规划，应当广泛征求社会公众意见，经过科学论证。

第十条　房屋征收部门拟定征收补偿方案，报市、县级人民政府。

市、县级人民政府应当组织有关部门对征收补偿方案进行论证并予以公布，征求公众意见。征求意见期限不得少于30日。

第十一条　市、县级人民政府应当将征求意见情况和根据公众意见修改的情况及时公布。

因旧城区改建需要征收房屋，多数被征收人认为征收补偿方案不符合本条例规定的，市、县级人民政府应当组织由被征收人和公众代表参加的听证会，并根据听证会情况修改方案。

第十二条　市、县级人民政府作出房屋征收决定前，应当按照有关规定进行社会稳定风险评估；房屋征收决定涉及被征收人数量较多的，应当经政府常务会议讨论决定。

作出房屋征收决定前，征收补偿费用应当足额到位、专户存储、专款专用。

第十三条　市、县级人民政府作出房屋征收决定后应当及时公告。公告应当载明征收补偿方案和行政复议、行政诉讼权利等事项。

市、县级人民政府及房屋征收部门应当做好房屋征收与补偿的宣传、解释工作。

房屋被依法征收的，国有土地使用权同时收回。

第十四条 被征收人对市、县级人民政府作出的房屋征收决定不服的，可以依法申请行政复议，也可以依法提起行政诉讼。

第十五条 房屋征收部门应当对房屋征收范围内房屋的权属、区位、用途、建筑面积等情况组织调查登记，被征收人应当予以配合。调查结果应当在房屋征收范围内向被征收人公布。

第十六条 房屋征收范围确定后，不得在房屋征收范围内实施新建、扩建、改建房屋和改变房屋用途等不当增加补偿费用的行为；违反规定实施的，不予补偿。

房屋征收部门应当将前款所列事项书面通知有关部门暂停办理相关手续。暂停办理相关手续的书面通知应当载明暂停期限。暂停期限最长不得超过1年。

第三章 补　　偿

第十七条 作出房屋征收决定的市、县级人民政府对被征收人给予的补偿包括：

（一）被征收房屋价值的补偿；

（二）因征收房屋造成的搬迁、临时安置的补偿；

（三）因征收房屋造成的停产停业损失的补偿。

市、县级人民政府应当制定补助和奖励办法，对被征收人给予补助和奖励。

第十八条 征收个人住宅，被征收人符合住房保障条件的，作出房屋征收决定的市、县级人民政府应当优先给予住房保障。具体办法由省、自治区、直辖市制定。

第十九条 对被征收房屋价值的补偿，不得低于房屋征收决定公告之日被征收房屋类似房地产的市场价格。被征收房屋的价值，由具有相应资质的房地产价格评估机构按照房屋征收评估办法评估确定。

对评估确定的被征收房屋价值有异议的，可以向房地产价格评估机构申请复核评估。对复核结果有异议的，可以向房地产价格评估专家委员会申请鉴定。

房屋征收评估办法由国务院住房城乡建设主管部门制定，制定过程中，应当向社会公开征求意见。

第二十条 房地产价格评估机构由被征收人协商选定；协商不成的，通过多数决定、随机选定等方式确定，具体办法由省、自治区、直辖市制定。

房地产价格评估机构应当独立、客观、公正地开展房屋征收评估工作，任何单位和个人不得干预。

第二十一条 被征收人可以选择货币补偿，也可以选择房屋产权调换。

被征收人选择房屋产权调换的，市、县级人民政府应当提供用于产权调换的房屋，并与被征收人计算、结清被征收房屋价值与用于产权调换房屋价值的差价。

因旧城区改建征收个人住宅，被征收人选择在改建地段进行房屋产权调换的，作出房屋征收决定的市、县级人民政府应当提供改建地段或者就近地段的房屋。

第二十二条 因征收房屋造成搬迁的，房屋征收部门应当向被征收人支付搬迁费；选择房屋产权调换的，产权调换房屋交付前，房屋征收部门应当向被征收人支付临时安置费或者提供周转用房。

第二十三条 对因征收房屋造成停产停业损失的补偿，根据房屋被征收前的效益、停产停业期限等因素确定。具体办法由省、自治区、直辖市制定。

第二十四条 市、县级人民政府及其有关部门应当依法加强对建设活动的监督管理，对违反城乡规划进行建设的，依法予以处理。

市、县级人民政府作出房屋征收决定前，应当组织有关部门依法对征收范围内未经登记的建筑进行调查、认定和处理。对认定为合法建筑和未超过批准期限的临时建筑的，应当给予补偿；对认定为违法建筑和超过批准期限的临时建筑的，不予补偿。

第二十五条 房屋征收部门与被征收人依照本条例的规定，就补偿方式、补偿金额和支付期限、用于产权调换房屋的地点和面积、搬迁费、临时安置费或者周转用房、停产停业损失、搬迁期限、过渡方式和过渡期限等事项，订立补偿协议。

补偿协议订立后，一方当事人不履行补偿协议约定的义务的，另一方当事人可以依法提起诉讼。

第二十六条 房屋征收部门与被征收人在征收补偿方案确定的签约期限内达不成补偿协议，或者被征收房屋所有权人不明确的，由房屋征收部门报请作出房屋征收决定的市、县级人民政府依照本条例的规定，按照征收补偿方案作出补偿决定，并在房屋征收范围内予以公告。

补偿决定应当公平，包括本条例第二十五条第一款规定的有关补偿协议的事项。

被征收人对补偿决定不服的，可以依法申请行政复议，也可以依法提起行政诉讼。

第二十七条 实施房屋征收应当先补偿、后搬迁。

作出房屋征收决定的市、县级人民政府对被征收人给予补偿后,被征收人应当在补偿协议约定或者补偿决定确定的搬迁期限内完成搬迁。

任何单位和个人不得采取暴力、威胁或者违反规定中断供水、供热、供气、供电和道路通行等非法方式迫使被征收人搬迁。禁止建设单位参与搬迁活动。

第二十八条 被征收人在法定期限内不申请行政复议或者不提起行政诉讼,在补偿决定规定的期限内又不搬迁的,由作出房屋征收决定的市、县级人民政府依法申请人民法院强制执行。

强制执行申请书应当附具补偿金额和专户存储账号、产权调换房屋和周转用房的地点和面积等材料。

第二十九条 房屋征收部门应当依法建立房屋征收补偿档案,并将分户补偿情况在房屋征收范围内向被征收人公布。

审计机关应当加强对征收补偿费用管理和使用情况的监督,并公布审计结果。

第四章 法律责任

第三十条 市、县级人民政府及房屋征收部门的工作人员在房屋征收与补偿工作中不履行本条例规定的职责,或者滥用职权、玩忽职守、徇私舞弊的,由上级人民政府或者本级人民政府责令改正,通报批评;造成损失的,依法承担赔偿责任;对直接负责的主管人员和其他直接责任人员,依法给予处分;构成犯罪的,依法追究刑事责任。

第三十一条 采取暴力、威胁或者违反规定中断供水、供热、供气、供电和道路通行等非法方式迫使被征收人搬迁,造成损失的,依法承担赔偿责任;对直接负责的主管人员和其他直接责任人员,构成犯罪的,依法追究刑事责任;尚不构成犯罪的,依法给予处分;构成违反治安管理行为的,依法给予治安管理处罚。

第三十二条 采取暴力、威胁等方法阻碍依法进行的房屋征收与补偿工作,构成犯罪的,依法追究刑事责任;构成违反治安管理行为的,依法给予治安管理处罚。

第三十三条 贪污、挪用、私分、截留、拖欠征收补偿费用的,责令改正,追回有关款项,限期退还违法所得,对有关责任单位通报批评、给予警告;造成损失的,依法承担赔偿责任;对直接负责的主管人员和其他直接责任人员,构成犯罪的,依法追究刑事责任;尚不构成犯罪的,依法给予处分。

第三十四条 房地产价格评估机构或者房地产估价师出具虚假或者有重大差错的评估报告的,由发证机关责令限期改正,给予警告,对房地产价格评估机构并处5万元以上20万元以下罚款,对房地产估价师并处1万元以上3万元以下罚款,并记入信用档案;情节严重的,吊销资质证书、注册证书;造成损失的,依法承担赔偿责任;构成犯罪的,依法追究刑事责任。

第五章 附 则

第三十五条 本条例自公布之日起施行。2001年6月13日国务院公布的《城市房屋拆迁管理条例》同时废止。本条例施行前已依法取得房屋拆迁许可证的项目,继续沿用原有的规定办理,但政府不得责成有关部门强制拆迁。

中共中央纪委办公厅、监察部办公厅关于加强监督检查进一步规范征地拆迁行为的通知

1. 2011年3月17日
2. 中纪办〔2011〕8号

各省、自治区、直辖市和新疆生产建设兵团纪委、监察厅(局):

近年来,各地认真贯彻落实党中央、国务院的决策部署,严格执行农村集体土地征收和城市房屋拆迁法律法规和政策规定,不断完善征地拆迁补偿机制,努力做好群众工作,征地拆迁状况总体是好的。但随着城市化进程推进,征地拆迁规模不断扩大,一些地方仍然存在违法违规强制征地拆迁问题,个别地方甚至发生因违法违规强制征地拆迁致人伤亡事件,造成了恶劣的社会影响,严重危害群众利益,损害党和政府形象。各级纪检监察机关要按照十七届中央纪委第六次全会的部署,切实加强对征地拆迁政策规定执行情况的监督检查,坚决制止和纠正违法违规强制征地拆迁行为,维护群众利益,促进科学发展和社会和谐稳定。现通知如下。

一、加强监督检查,保证《国有土地上房屋征收与补偿条例》的贯彻执行

2011年1月21日国务院颁布的《国有土地上房屋征收与补偿条例》(以下简称《条例》),是规范国有土地上房屋征收与补偿的基础性法规。《条例》规定,取消行政强制拆迁,申请司法强制执行;先补偿后搬迁,禁止采取暴力威胁迫使搬迁;明确征收补偿标准和公共利益范围;被征收人有权请求行政救济和司法救济等,为保障被征收人的合法权益提供了依据。各级纪检监察机关要加强《条例》贯彻执行情况的监督检

查，督促各地及有关部门认真学习宣传、贯彻执行《条例》精神，按照规定的征收范围、补偿标准和征收程序，依法征收、公平补偿。督促地方政府及有关部门认真清理现行规章制度和规范性文件，该废止的予以废止，该修订的抓紧修订，该项配套完善的尽快配套完善。对《条例》颁布前已经作出行政强制拆迁决定但尚未组织实施的项目，不得再组织实施，要重新组织论证，由人民法院裁定是否强制执行。

二、推动完善政策，切实维护被征地拆迁农民的合法权益

要督促有关地方政府和部门严格按照《国务院办公厅关于进一步严格征地拆迁管理工作切实维护群众合法权益的紧急通知》（国办发明电〔2010〕15 号）要求，进一步建立健全有关政策规定，认真做好农村集体土地征收和房屋拆迁工作，确保被征地拆迁农民原有生活水平不降低，长远生计有保障。要督促认真落实补偿安置政策规定，做到先安置后拆迁，住房安置要充分考虑农民的生活习惯和生产需要，妥善解决好被征地拆迁农民的居住问题；房屋拆迁要按照建筑重置成本补偿，宅基地征收按当地规定的征地标准补偿，被征地拆迁农户所得拆迁补偿以及政府补贴，能够保障其选购合理居住水平的房屋。要督促建立与当地经济发展水平相适应、收入增长幅度相协调的补偿标准动态调整机制，并认真加以执行。在《土地管理法》等法律法规作出修订之前，集体土地上房屋拆迁，要参照新颁布的《国有土地上房屋征收与补偿条例》的精神执行。

三、强化责任落实，督促地方政府和有关部门依法履行职责

要督促地方政府及有关部门深入贯彻落实以人为本、执政为民的要求，加强和改进群众工作，畅通被征地拆迁群众反映问题、表达诉求的渠道，广泛听取群众意见，妥善解决群众的合理诉求，紧紧依靠群众的支持和参与开展征地拆迁。要对有关地方政府履行征地拆迁主体责任情况进行监督检查，督促严格审批征地拆迁项目，认真履行公告、告知、听证等程序，加强管理监督，依法依规进行征地拆迁。要对有关部门履行职责情况进行监督检查，督促住房城乡建设部门严格拆迁许可证的审批管理，加强对国有土地上房屋征收与补偿工作的监管；督促国土资源部门严把新上项目用地预审关，加强对农村集体土地征收和房屋拆迁工作的监管；督促农业部门严格农村集体土地征地补偿费分配使用情况的监管。要建立健全矛盾纠纷排查调处机制，及时解决苗头性、倾向性问题，防止矛盾纠纷积累激化。

四、严肃查办案件，严格追究有关责任人的责任

加大查办违法违规强制征地拆迁案件的力度，重点查处采取中断供水、供热、供电和道路通行等非法方式迫使搬迁行为，采取暴力、威胁手段或突击、“株连”等方式强制征地拆迁行为，以及《国有土地上房屋征收与补偿条例》颁布后仍然组织实施行政强制拆迁等问题。对有令不行、有禁不止的，违规动用警力参与征地拆迁的，因工作不力、简单粗暴、失职渎职引发恶性事件和群体性事件的，对违法违规征地拆迁行为不制止、隐瞒不报、压案不查的，要严肃追究有关领导人员的责任。涉嫌犯罪的，移送司法机关依法追究刑事责任。对征地拆迁中官商勾结、权钱交易的，要发现一起、查处一起，绝不姑息。

五、加大宣传力度，正确引导社会舆论

要加大对《条例》等有关法律法规和政策规定的宣传力度，注意加强对征地拆迁社会舆情的分析研判，建立快速的应对机制。要及时总结依法拆迁、“阳光”拆迁、和谐拆迁的好经验、好做法，组织力量进行宣传报道，加强对社会舆论的正确引导。对社会广泛关注的违法违规强制征地拆迁典型案件，及时公布查处结果。对群众反映强烈的突出问题和突发性事件，依法妥善处置，及时回应社会关切，避免出现过度炒作等不利局面。

国务院办公厅关于
进一步严格征地拆迁管理工作
切实维护群众合法权益的紧急通知

1. 2010 年 5 月 15 日

2. 国办发明电〔2010〕15 号

各省、自治区、直辖市人民政府，国务院各部委、各直属机构：

近期，一些地区在农村征地和城镇房屋拆迁（以下简称“征地拆迁”）中，相继发生多起致人死伤事件，群众反映强烈，社会影响十分恶劣。国务院领导同志高度重视，批示要求做好有关工作。为保护群众的合法权益，维护正常的经济秩序，严厉打击犯罪行为，进一步加强征地拆迁管理，经国务院同意，现就有关事项紧急通知如下：

一、充分认识做好征地拆迁管理工作的重要意义

征地拆迁关系人民群众的切身利益。党中央、国务院对此高度重视，明确要求坚决制止乱占滥用耕地，严格城镇房屋拆迁管理,坚决纠正侵害人民群众利益的问题,切实维护社会稳定。进一步加强征地拆迁管理。妥善处理城市发展和征地拆迁的关系,是贯彻落实科学发展观,维护群众合法权益,构建社会主义和谐社会,促进经济社会可持续发展的一项重要工作。各地区、各部门一定要充分认识做好这项工作的极端重要性,树立全面、协调、可持续的科学发展观和正确的政绩观,端正城乡建设的指导思想。严格执行国家关于征地拆迁的法律法规和政策规定。严格履行有关程序,坚决制止和纠正违法违规强制征地拆迁行为。要改进工作作风,完善工作机制,下大力气化解征地拆迁中的矛盾纠纷,妥善解决群众的实际困难,维护正常的生产生活秩序和社会和谐稳定。

二、严格执行农村征地程序,做好征地补偿工作

征收集体土地,必须在政府的统一组织和领导下依法规范有序开展。征地前要及时进行公告,征求群众意见;对于群众提出的合理要求,必须妥善予以解决,不得强行实施征地。要严格执行省、自治区、直辖市人民政府公布实施的征地补偿标准。尚未按照有关规定公布实施新的征地补偿标准的省、自治区、直辖市,必须于2010年6月底前公布实施;已经公布实施但标准偏低的,必须尽快调整提高。要加强对征地实施过程的监管,确保征地补偿费用及时足额支付到位,防止出现拖欠、截留、挪用等问题。征地涉及拆迁农民住房的,必须先安置后拆迁,妥善解决好被征地农户的居住问题,切实做到被征地拆迁农民原有生活水平不降低、长远生计有保障。重大工程项目建设涉及征地拆迁的,要带头严格执行规定程序和补偿标准。

三、控制城镇房屋拆迁规模,依法依规拆迁

城镇房屋拆迁,必须严格依法规范进行,必须充分尊重被拆迁人选择产权调换、货币补偿等方面的意愿。立项前要组织专家论证,广泛征求社会各界特别是被拆迁人的意见,并进行社会稳定风险评估。要控制拆迁规模,对于没有经过社会稳定风险评估或群众意见较大的项目,一律不得颁发房屋拆迁许可证。要严格控制行政强制拆迁的数量。实施行政强制拆迁要严格执行相关程序,并报请上一级人民政府备案。程序不合法、补偿不到位、被拆迁人居住条件未得到保障以及未制定应急预案的,一律不得实施强制拆迁。

四、强化监督管理,依法查处违法违规行为

各地要立即对所有征地拆迁项目组织开展一次全面排查清理。重点检查征地程序是否合法、拆迁行为是否规范、补偿安置是否合理、保障政策是否落实等情况,限期整改排查清理中发现的各种问题。对采取停水、停电、阻断交通等野蛮手段逼迫搬迁,以及采取"株连式拆迁"和"突击拆迁"等方式违法强制拆迁的,要严格追究有关责任单位和责任人的责任。因暴力拆迁和征地造成人员伤亡或严重财产损失的,公安机关要加大办案力度,尽快查清事实,依法严厉惩处犯罪分子。对因工作不力引发征地拆迁恶性事件、大规模群体性上访事件,以及存在官商勾结、权钱交易的,要追究有关领导和直接责任人的责任,构成犯罪的,要依法严厉追究刑事责任。对随意动用公安民警参与强制征地拆迁造成严重后果的,要严肃追究有关党政领导的责任。

五、健全工作机制,及时化解矛盾纠纷

各地区、各有关部门要严格按照信访评估到位、审批程序到位、政策公开到位、补偿安置到位的要求,建立健全征地拆迁信息沟通与协作机制,及时掌握和化解苗头性、倾向性问题,防止矛盾积累激化。要健全征地拆迁信访工作责任制,加快建立上下贯通的信访信息系统,积极探索征地拆迁矛盾纠纷排查调处机制,采取各种有效方式做好群众思想工作,防止简单粗暴压制群众,避免因征地拆迁问题引发新的上访事件。地方各级人民政府和有关部门要深入到问题较多的地方去接访、下访,主动倾听群众诉求,把问题解决在初始阶段。各地要加强形势分析与研判,一旦发生恶性事件,要及时启动应急预案,做好稳控工作,防止事态扩大。要加强和改进宣传工作,充分发挥舆论监督和引导的重要作用。

六、加强协调配合,强化工作责任

各地区、各有关部门要把做好征地拆迁管理工作作为落实中央宏观调控政策和维护社会和谐稳定的重要内容,列入近期工作的重要议事日程。省、自治区、直辖市人民政府要加强对征地拆迁工作的管理和监督。切实加强对征地拆迁规模的总量调控,防止和纠正大拆大建。市、县人民政府对征地拆迁管理工作负总责,要明确政府分管负责人的责任,对出现群体性事件的,市、县人民政府主要负责人要亲临现场做好相关工作。有关部门要加强协作、密切配合,加强对各地征地拆迁工作的指导监督,联合查处典型案例,研究完善相关政策措施,及时向国务院报告重要情况。

各省、自治区、直辖市人民政府要在2010年8月底前将落实本通知情况报国务院,同时抄送住房城乡建设部和国土资源部。

劳动和社会保障部、国土资源部关于切实做好被征地农民社会保障工作有关问题的通知

1. 2007年4月28日
2. 劳社部发〔2007〕14号

各省、自治区、直辖市劳动和社会保障厅(局),国土资源厅(国土环境资源厅、国土资源局、国土资源和房屋管理局、房屋土地资源管理局):

党中央、国务院高度重视被征地农民就业培训和社会保障问题,近年来先后下发了一系列重要文件,将做好被征地农民社会保障工作作为改革征地制度、完善社会保障体系的重要内容,摆在了突出位置,提出了明确要求。最近颁布的《物权法》,对安排被征地农民的社会保障费用作出了规定。许多地区开展了被征地农民社会保障工作,对维护被征地农民合法权益、促进社会稳定发挥了积极作用,但部分地区工作进展缓慢,亟待加快进度、完善政策、规范管理。为进一步贯彻落实《国务院关于加强土地调控有关问题的通知》(国发〔2006〕31号,以下简称国发31号文件)关于“社会保障费用不落实的不得批准征地”的精神,切实做好被征地农民社会保障工作,现就有关问题通知如下:

一、进一步明确被征地农民社会保障工作责任

为贯彻国发31号文件和《国务院办公厅转发劳动保障部关于做好被征地农民就业培训和社会保障工作指导意见的通知》(国办发〔2006〕29号,以下简称国办发29号文件)关于“实行一把手负责制,建立责任追究制度”和“严格实行问责制”的精神,地方各级人民政府主要负责人要对被征地农民社会保障工作负总责,劳动保障部门、国土资源部门要按照职能各负其责,制定切实可行的计划,加强工作调度和督促检查,切实做好本行政区域内被征地农民的社会保障工作。

各地要尽快建立被征地农民社会保障制度。按照国办发29号文件要求,已经出台实施办法的省份,要认真总结经验,完善政策和措施,提高管理水平,加强对市县工作的指导;其他省份要抓紧研究,争取在今年年底前出台实施办法。要严格按国办发29号文件关于保障项目和标准的要求,尽快将被征地农民纳入社会保障体系,确保被征地农民原有生活水平不降低、长远生计有保障,并建立相应的调整机制。

二、确保被征地农民社会保障所需资金

各地在制订被征地农民社会保障实施办法中,要明确和落实社会保障资金渠道。被征地农民社会保障所需资金,原则上由农民个人、农村集体、当地政府共同承担,具体比例、数额结合当地实际确定。根据国办发29号文件和《国务院办公厅关于规范国有土地使用权出让收支管理的通知》(国办发〔2006〕100号,以下简称国办发100号文件)规定,被征地农民社会保障所需资金从当地政府批准提高的安置补助费和用于被征地农户的土地补偿费中统一安排,两项费用尚不足以支付的,由当地政府从国有土地有偿使用收入中解决;地方人民政府可以从土地出让收入中安排一部分资金用于补助被征地农民社会保障支出,逐步建立被征地农民生活保障的长效机制。

各市县征地统一年产值标准和区片综合地价公布实施前,被征地农民社会保障所需资金的个人缴费部分,可以从其所得的土地补偿费、安置补助费中直接缴纳;各市县征地统一年产值标准和区片综合地价公布实施后,要及时确定征地补偿安置费用在农民个人、农村集体之间的分配办法,被征地农民社会保障个人缴费部分在农民个人所得中直接缴纳。

三、严格征地中对农民社会保障落实情况的审查

要严格执行国发31号文件关于“社会保障费用不落实的不得批准征地”的规定,加强对被征地农民社会保障措施落实情况的审查。被征地农民社会保障对象、项目、标准以及费用筹集办法等情况,要纳入征地报批前告知、听证等程序,维护被征地农民知情、参与等民主权利。市县人民政府在呈报征地报批材料时,应就上述情况作出说明。

劳动保障部门、国土资源部门要加强沟通协作,共同把好被征地农民社会保障落实情况审查关。需报省级政府批准征地的,上述说明材料由市(地、州)级劳动保障部门提出审核意见;需报国务院批准征地的,由省级劳动保障部门提出审核意见。有关说明材料和审核意见作为必备要件随建设用地报批资料同时上报。对没有出台被征地农民社会保障实施办法、被征地农民社会保障费用不落实、没有按规定履行征地报批前有关程序的,一律不予报批征地。

四、规范被征地农民社会保障资金管理

根据国办发100号文件规定,国有土地使用权出让收入全部缴入地方国库,支出一律通过地方基金预算从土地出让收入中予以安排。被征地农民社会保障所需费用,应在征地补偿安置方案批准之日起3个月

内，按标准足额划入"被征地农民社会保障资金专户"，按规定记入个人账户或统筹账户。劳动保障部门负责被征地农民社会保障待遇核定和资金发放管理，具体工作由各级劳动保障部门的社保经办机构办理。

各地要制订被征地农民社会保障资金管理办法，加强对资金收支情况的监管，定期向社会公布，接受社会和被征地农民的监督。各地要按照国办发29号文件规定，确保必要的人员和工作经费。要加强被征地农民统计工作，做好对征地面积、征地涉及农业人口以及被征地农民社会保障参保人数、享受待遇人员、资金收支等情况的统计；加强对被征地农民社会保障工作的考核。

五、加强被征地农民社会保障工作的监督检查

根据中共中央办公厅、国务院办公厅《关于加强农村基层党风廉政建设的意见》（中办发〔2006〕32号）的要求，地方各级劳动保障部门、国土资源部门要认真贯彻落实有关方针政策，在对农村土地征收征用情况的监督检查中，切实搞好对被征地农民社会保障工作情况的监督检查，纠正征地过程中损害农民权益问题。

被征地农民社会保障资金要专款专用，独立核算，任何部门、单位和个人都不得挤占、截留、挪用、转借或擅自将资金用于任何形式的直接投资。被征地农民社会保障资金未能足额到位、及时发放的，要追究有关人员的责任。国家工作人员在被征地农民社会保障资金管理工作中玩忽职守、滥用职权、徇私舞弊的，要依照有关规定追究行政责任；构成犯罪的，依法追究刑事责任。

劳动和社会保障部、民政部、审计署关于做好农村社会养老保险和被征地农民社会保障工作有关问题的通知（节录）

1．*2007年8月17日*
2．*劳社部发〔2007〕31号*

四、切实做好被征地农民社会保障工作

（一）高度重视被征地农民社会保障工作。各地要根据国务院关于做好被征地农民社会保障工作一系列政策文件要求，在今年内出台被征地农民社会保障实施办法，全面开展被征地农民社会保障工作。要明确工作责任，加强被征地农民社会保障经办工作，建立被征地农民社会保障工作统计报告制度，加强对工作进展的调度和督促检查。要认真研究解决工作中出现的新情况和新问题，及时总结交流经验。今年下半年有关部门将进行专项检查，督促各地做好被征地农民社会保障工作。

（二）明确被征地农民社会保障工作机构和职责。各级劳动保障部门作为被征地农民社会保障工作的主管部门，负责被征地农民社会保障政策的制定和实施。劳动保障行政部门负责拟定被征地农民社会保障对象、项目、标准以及费用筹集等政策办法，具体经办工作由负责被征地农民社会保障工作的社会保险经办机构办理。要严格按《国务院办公厅转发劳动保障部关于做好被征地农民就业培训和社会保障工作指导意见的通知》（国办发〔2006〕29号）和《国务院办公厅关于规范国有土地使用权出让收支管理的通知》（国发〔2006〕100号）关于保障项目、标准和资金安排的要求，搞好被征地农民社会保障测算工作，足额筹集被征地农民社会保障资金，确保被征地农民原有生活水平不降低，长远生计有保障，确保制度的可持续发展。

（三）规范被征地农民社会保障审核工作。需报国务院批准征地的，由省、自治区、直辖市劳动和社会保障厅（局）根据《关于切实做好被征地农民社会保障工作有关问题的通知》（劳社部发〔2007〕14号）的规定，对被征地农民社会保障项目、标准、资金安排和落实措施提出审核意见；需报省级政府批准征地的，由省辖市（州、盟）劳动和社会保障局提出审核意见。

国土资源部办公厅关于严格管理防止违法违规征地的紧急通知

1．*2013年5月13日*
2．*国土资电发〔2013〕28号*

各省、自治区、直辖市国土资源主管部门，新疆生产建设兵团国土资源局，各派驻地方的国家土地督察局：

近期，个别地方相继发生暴力征地事件，甚至出现人员伤亡，严重损害被征地农民权益，影响十分恶劣。中央领导同志高度重视，批示要求切实做好相关工作。为进一步加强征地管理，防止违法违规征地，杜绝暴力征地行为，保护被征地农民的合法权益，维护社会和谐稳定，现就有关事项通知如下：

一、强化思想认识，严防因征地引发矛盾和冲突

我国正处于"四化"同步发展的关键时期，社会和谐稳定是实现"两个一百年"奋斗目标的重要基础。当前，各类经济建设仍将依法依规征收一定数量的农村集体土地，积极稳妥地做好征地工作，事关经济社会发展大局、农民群众切身利益和社会和谐稳定。党中央、国务院一直高度重视征地工作，多次强调必须严格执行征地有关规定，坚决查处违法违规征地行为，维护好群众切身利益，防止引发社会稳定问题。各级国土资源主管部门要从维护人民群众切身利益、构建和谐社会的高度，认真领会并坚决贯彻落实好中央精神。要处理好“保发展、保红线、保权益”的关系，在促进经济发展和保护耕地的同时，将被征地农民的合法权益放在首要位置，切实促进被征地农民生活水平有提高，长远生计有保障，不得强行实施征地，杜绝暴力征地。

二、开展全面排查，坚决纠正违法违规征地行为

各省（区、市）国土资源主管部门要迅速行动，对本省（区、市）内征地工作组织开展一次自查，重点检查征地程序是否严格规范、补偿是否符合规定要求、安置是否落实、是否存在违法违规强制征地行为等。对征地程序不规范、补偿不到位、安置不落实的，必须立即进行整改；对违法违规强行征地行为，要严肃查处。凡整改、查处不到位的，不得继续实施征地。

三、加强调查研究，完善征地政策措施

各地区要进行深入调查研究，分析了解当前征地中存在的突出问题和原因，有针对性完善政策措施。要按照国家有关规定，制定与本地经济社会发展水平相适应的征地补偿标准，保障被征地农民得到合理补偿；要按照被征地农民发展权益不减少的原则，实行留地安置或留物业安置等多种安置方式；要按照发展权益均等的原则，制定相应的政策措施，将有稳定收入、风险小、易于管理的项目配置给被征地农村集体经营，确保被征地农民成为新型工业化、城镇化和农业现代化的积极参与者和真正受益者；要指导农村集体建立公平合理的收益分配制度，防止少数人侵占集体土地收益；要完善征地实施程序，严格落实征地信息公开要求，让群众充分了解征地相关信息，切实保障征地中农民的知情权、参与权，调动被征地农民的积极性，做到依法和谐征地。

四、改进工作方法，建立健全征地矛盾纠纷调处机制

征地实施前，要进行补偿安置收益分析，向被征地农民说明征地补偿标准的合理性、安置方式获得长远收益的可行性；要分析评估可能引发社会稳定风险的环节和因素，制定化解风险的预案。征地实施中，要加强监管，及时发现并化解苗头性、倾向性问题；要建立健全征地矛盾纠纷排查调处机制，认真做好征地中矛盾纠纷化解工作；征地实施中一旦发生矛盾冲突，基层国土资源主管部门要及时主动向同级人民政府和上级国土资源主管部门报告，积极采取措施，配合妥善解决，防止事态扩大，引发群体性或恶性事件。

五、落实工作责任，严格实行监督问责

按照《国务院办公厅关于进一步严格征地拆迁管理工作切实维护群众合法权益的紧急通知》（国办发明电〔2010〕15号）有关精神，省级政府要加强对征地工作的管理和监督，市、县政府对征地管理工作负总责，有关部门要加强协作、密切配合，落实好征地的各项制度规定。省级国土资源主管部门要加强对征地工作的指导监督，督促市、县政府切实履行责任；市、县国土资源主管部门要依法制定征地方案，严格履行征地程序，会同有关部门做好征地批后实施工作。

各地区要认真履行职责，强化依法治理违法违规征地行为，确保依法征地、和谐征地，切实维护农民群众合法权益。对违法违规征地、采取暴力方式征地等侵害农民利益行为，引发群体性或恶性事件的，要按照有关规定对有关责任人员严肃追究责任。同时，要严格文明执法，防止因执法不当引发相关恶性事件。

各省（区、市）国土资源主管部门要认真落实通知要求，抓紧开展工作，排查整改落实情况于2013年6月15日前报部，同时抄送各派驻地方的国家土地督察局。

·典型案例·

郝龙只等15人诉屯留县人民政府不履行征地方案公告和征地补偿、安置方案公告法定职责案

（一）基本案情

原告郝龙只等15人和第三人高安喜等6人均系屯留县李高乡王公庄村（下称王公庄村）村民，1991年郝义明、高安喜等人与王公庄村签订了土地承包合同，承包了村里的果园地，承包期限为1993年至1999年。承包期满后，合同变为一年一签，直至2003年。2003年10月，郝龙只、高安喜等人承包的果园地被长治市德凯亚飞汽车连锁销售有限公司（下称德凯公司）占用。2004年11月24日，屯留县人民政府向山西省人民政府和长治市人民政府报送了《关于长治市德凯亚飞汽车连锁销售有限公司清真肉业深加工改扩建项目建设用地的请示》，申请征用王公庄村土地6.7293公顷，其中耕地0.57公顷、

园地6.1593公顷。郝龙只、高安喜等人承包的果园地在该请示拟征用的范围内。2005年12月14日,屯留县人民政府与王公庄村签订了《土地补偿协议》,约定屯留县人民政府使用王公庄村土地100亩,补偿费分年度支付,每年支付50 000元(每亩500元)。2006年8月4日,山西省人民政府以晋政地字〔2006〕285号文批复同意屯留县人民政府征用上述土地,并由屯留县人民政府负责所转用面积的耕地补充、批后实施及公告等工作。从2004年开始,屯留县人民政府每年通过王公庄村支付郝龙只、高安喜等人租地费每亩500元,直至2008年。2009年,因郝义明、高安喜等人提起本案诉讼,王公庄村未将租地费给付各承包户。

2007年6月,屯留县国土资源局将征用的6.7293公顷土地出让给德凯公司,用于清真肉业深加工改扩建项目。同年8月27日,屯留县国土资源局对该块土地初始登记的审核情况进行公告。郝龙只、高安喜等人称,直至此时方得知所承包土地已被征用并出让给德凯公司,而屯留县政府自始没有告知其征用土地的事实,更没有依法履行征地方案和征地补偿、安置方案公告的法定职责,而是一直以租地费的形式给予其补偿。故提起诉讼,要求屯留县人民政府依法履行公告职责,并依法一次性支付征地补偿款。

(二)裁判结果

长治市中级人民法院一审认为,2005年12月14日,屯留县人民政府与王公庄村签订了土地补偿协议,约定每年给付王公庄村土地补偿款,郝龙只、高安喜等人均已从村委领取了补偿款,应视为其对土地补偿、安置方案已认可,再公告征地补偿、安置方案已无实际意义,故郝龙只等人要求屯留县人民政府履行征地补偿、安置方案公告职责的诉讼请求应予驳回。2006年8月,经山西省人民政府同意,该宗土地被转为建设用地,郝龙只、高安喜等人早已知道土地被征用,且被德凯公司使用,屯留县人民政府公布征地方案已无实际意义,故郝龙只等人要求屯留县人民政府履行征地方案公告职责的诉讼请求也应予以驳回。故依照最高人民法院《关于执行〈中华人民共和国行政诉讼法〉若干问题解释》第五十六条第(四)项之规定:判决驳回原告郝龙只等15人的诉讼请求。

山西省高级人民法院二审认为,根据《中华人民共和国土地管理法》及《中华人民共和国土地管理法实施条例》的有关规定,国家征收土地,应当依照法定程序履行征地方案和征地补偿、安置方案公告职责。国土资源部《征用土地公告办法》对公告事项作了详细规定,第四条规定:"被征用土地所在地的市、县人民政府应当在收到征用土地方案批准文件之日起10个工作日内进行征用土地公告,该市、县人民政府土地行政主管部门负责具体实施。"第七条规定:"有关市、县人民政府土地行政主管部门会同有关部门根据批准的征用土地方案,在征用土地公告之日起45日内以被征用土地的所有权人为单位拟订征地补偿、安置方案并予以公告。"第十四条第一款规定:"未依法进行征用土地公告的,被征地农村集体经济组织、农村村民或者其他权利人有权依法要求公告,有权拒绝办理征地补偿登记手续。未依法进行征地补偿、安置方案公告的,被征地农村集体经济组织、农村村民或者其他权利人有权依法要求公告,有权拒绝办理征地补偿、安置手续。"本案中,山西省人民政府于2006年8月4日批准讼争土地转为建设用地并办理征收手续,并确定屯留县人民政府负责批后实施及公告工作。屯留县人民政府在接到山西省人民政府的征地批文后,组织实施了征地工作及出让工作,但没有依法履行公告职责和办理补偿、安置手续。屯留县人民政府从2004年起支付给上诉人郝龙只等人的土地租赁费,不能等同于征收土地的补偿、安置费。上诉人郝龙只等15人作为被征地农村村民有权要求屯留县人民政府履行征地方案和征地补偿、安置方案公告职责,并依法支付征地补偿、安置费。原判关于征地行为已经完成且郝龙只等人领取了土地租赁费视为对补偿、安置方案已认可,屯留县人民政府履行征地公告职责已经没有实际意义的观点,不能成立。综上,原审判决理由和结果不当,本院依法予以纠正。根据《中华人民共和国行政诉讼法》第六十一条第(二)项之规定,判决如下:一、撤销长治市中级人民法院于2009年12月9日作出(2009)长行初字第007号行政判决;二、屯留县人民政府依法履行征地方案和征地补偿、安置方案公告职责。

(三)典型意义

在土地征收中,行政机关既是决定者也是执行者,权力高度集中,被滥用的风险极大。因此,从制度设计上要尽量保证权力公开、公正运行,增加土地征收的透明度,保障被征收者的知情权和陈述意见权,以规范征收行为。征地公告制度,包括征收土地方案公告和征收土地补偿安置方案公告,是保证被征地农民知情权的法定程序,是征地及补偿安置工作透明化的程序保障。《中华人民共和国土地管理法》、《中华人民共和国土地管理法实施条例》及国土资源部《征用土地公告办法》对征用土地公告的内容、形式和程序均作了明确规定。此外,国土资源部2004年5月1日施行的《国土资源听证规定》第十九条规定,拟定拟征地项目的补偿标准和安置方案的,主管部门在报批之前,应当告知当事人有要求听证的权利。

2008 年 5 月 1 日实施的《政府信息公开条例》第十条至第十二条规定，市、县人民政府及其部门和乡级人民政府重点公开征收土地及其补偿、补助费用的发放、使用等政府信息，这可以说是对我国征地公告制度的新要求和重要补充。实践中，如果在征地中出现行政机关没有依法履行征地公告职责，剥夺被征地农民对征地行为的知情权和对征地补偿安置方案的听证权、建议权，意味着征地程序严重违法，被征地农民有权向人民法院提起诉讼要求行政机关依法履行征地公告职责。本案中，征地行为已经实施，但被征地农民对征地事宜一直不知情，人民法院经审理认定行政机关没有履行征地公告职责，直接判决行政机关履行征地公告职责，有力促进行政机关依法行政，保障被征地农民的合法权益。判决生效后，屯留县人民政府高度重视，成立执行工作领导组，积极履行判决，经协商和被征地农民达成补偿协议，征地补偿款 3 929 310 元已全部补偿到位，郝龙只等 15 人已向长治市中级人民法院提出《撤回执行申请书》。

再审申请人河南省修武县郇封镇郇封村村民委员会与被申请人薛海金承包合同纠纷案

（一）基本案情

2009 年 12 月 30 日，薛海金与河南省修武县郇封镇郇封村村民委员会（以下简称郇封村委会）签订承包合同，承包郇封村北地工业区养狐场进行狐狸养殖，承包期限为六年。合同履行期间，因项目开发需要对薛海金养狐场用地进行征迁。郇封村委会在双方对搬迁补偿费用未能达成一致意见且薛海金不在场的情况下，于 2011 年 3 月 5 日对薛海金养狐场进行了强制搬迁，造成薛海金损失。

（二）裁判结果

河南省高级人民法院二审认为，郇封村委会与薛海金签订的承包合同第七条约定，薛海金在承包期内，如遇上级政策性项目，薛海金应服从规划。依据该约定，薛海金养狐场土地被纳入修武县产业聚集区整体规划范围内，符合双方约定的承包合同的解除条件，郇封村委会享有解除权。但郇封村委会应当通知薛海金，并应根据养狐场正常养殖需要，给予薛海金合理的搬迁时间。在双方未协商一致的情况下，郇封村委会未给薛海金合理搬迁时间而擅自进行强制搬迁构成侵权，应当承担相应的侵权赔偿责任。二审判决郇封村委会赔偿薛海金狐狸损失 350 余万元。郇封村委会不服，向最高人民法院申请再审。最高人民法院认为，郇封村委会即使享有承包合同约定的解除权，亦应依法行使，在双方未协商一致的情况下，郇封村委会没有给薛海金合理搬迁时间，而是擅自进行强制拆迁，造成薛海金的损失，应当予以赔偿。裁定驳回郇封村委会的再审申请。

（三）典型意义

本案属于保护弱势被拆迁养殖户利益的案件。当前，采用暴力手段强制拆迁，侵害群众利益的事件在各地时有发生，而少数地方政府认为受害人维护自己的权利就是破坏稳定的大局，群众不配合拆迁就是影响发展。为了维稳而迁就不当行为人，为了一时的发展侵害群众利益，与习近平总书记“落实依法治国基本方略，加快建设社会主义法治国家”的讲话精神相背离。以丧失公平公正为代价换取的“稳定”是暂时的，必将引发新的不稳定；侵害群众利益带来的“发展”切断了党和人民群众的血肉联系，不利民、不惠民的发展不可持续。该案的审查过程中紧紧围绕“要依法公正对待人民群众的诉求，努力让人民群众在每一个司法案件中都感受到公平正义”这个目标，即保护弱势群体，又不搞反向歧视，积极探索拆迁侵权类案件举证责任分配规则，结合客观规律和经济规律审慎查明事实，讲科学，讲道理，讲法律，体现了只有公平公正才能维护社会大局稳定，只有坚定不移地贯彻落实群众路线才能可持续发展的理念。

山西省安业集团有限公司诉山西省太原市人民政府收回国有土地使用权决定案

【裁判摘要】

有征收必有补偿，无补偿则无征收。征收补偿应当遵循及时补偿原则和公平补偿原则。补偿问题未依法定程序解决前，被征收人有权拒绝交出房屋和土地。

再审申请人（一审原告、二审上诉人）山西省安业集团有限公司，住所地山西省太原市双塔西街 50 号。

法定代表人卫宝麟，该公司董事长。

委托代理人王俊杰，山西慧科律师事务所律师。

委托代理人潘雪林，山西省安业集团有限公司工作人员。

再审被申请人（一审被告、二审被上诉人）山西省太原市人民政府，住所地山西省太原市新建路 69 号。

法定代表人耿彦波，该市市长。

委托代理人孟学俊，山西省太原市人民政府法制办工作人员。

委托代理人郭家栋，山西省太原市国土资源局工作人员。

再审申请人山西省安业集团有限公司（以下简称安业公司）诉山西省太原市人民政府（以下简称太原市政府）收回国有土地使用权决定一案，不服山西省高级人民法院（2015）晋行终字第50号行政判决，向本院申请再审。经听证审查后，本院于2016年5月24日作出（2015）行监字第2102号行政裁定，决定提审本案。提审后，本院依法组成由审判员耿宝建、代理审判员李纬华、代理审判员周觅参加的合议庭，对本案公开开庭进行了审理。安业公司委托代理人王俊杰、潘雪林，太原市政府委托代理人孟学俊、郭家栋到庭参加诉讼。现已审理终结。

一、二审法院查明以下主要事实：安业公司于2004年4月和2005年10月先后办理了双塔西街162号的《国有土地使用证》，并于2006年3月1日办理了《房屋产权证》。太原市政府为实施解放南路长治路改造道路建设，于2014年4月4日发布并政收告〔2014〕018号《太原市人民政府为实施解放南路长治路改造道路建设涉及收回迎泽大街以南，中心街以北部分国有土地使用权的通告》（以下简称《通告》），并公示于2014年4月10日《太原日报》、山西省太原市国土资源局网站收地专栏。该《通告》告知各有关单位和住户，市政府决定收回解放南路长治路道路建设所涉及87个单位776.85亩的国有土地使用权。涉及的单位和住户自通告发布之日起15日内带有关土地手续到太原市国土资源局办理土地使用权注销手续；逾期不交回的，将予以注销。《通告》载明所涉安业公司两幅土地的面积分别为7.77平方米、741.73平方米，共749.5平方米。安业公司对《通告》不服提起本案诉讼，请求依法撤销太原市政府收回其国有土地使用权的行为。

一、二审法院认为：太原市政府于2014年4月4日发布《通告》，决定收回解放南路长治路道路建设所涉及87个单位776.85亩的国有土地使用权，有明确的南北界线、涉及单位和收回土地面积。收回通告区域内的国有土地，是为实现城市规划而实施道路建设改造工程，属于因公共利益需要使用土地。根据法律规定，经有权机关批准，人民政府可以收回国有土地使用权。《通告》发布前，相关单位办理了用地规划手续，并报请太原市政府批复同意，其收回程序符合法律规定。根据《中华人民共和国土地管理法》（以下简称《土地管理法》）的规定，依法收回的国有土地，可直接办理注销登记。因此，《通告》中有关土地使用权注销事项的内容并不违反法律规定。太原市政府收回安业公司依法取得的国有土地使用权，应当依照法律规定予以补偿。《通告》中也明确，收回上述国有土地使用权涉及的拆迁补偿事宜按照有关规定依法进行。2014年4月10日《通告》公示后，即于5月7日决定该项目暂缓实施，故未能实际开展补偿工作。安业公司认为太原市政府在作出通告前必须落实补偿的主张没有事实和法律依据。据此，一审法院判决驳回安业公司要求撤销太原市政府并政收告〔2014〕018号行政征收决定的诉讼请求。安业公司不服，提起上诉，二审法院判决驳回上诉，维持原判。

再审申请人安业公司在向本院提出的再审申请中请求撤销山西省高级人民法院终审判决。理由有：第一，太原市政府在补偿事宜均未落实的情况下，直接作出收回土地使用权的决定属于程序违法。第二，国有土地使用权收回的主体是人民政府的土地行政主管部门，太原市政府作为地市一级的人民政府直接作出收回国有土地使用权的决定，属于滥用行政权力。第三，收回国有土地使用权必须符合土地利用总体规划和城市总体规划，同时规划手续的办理须经论证会、听证会或者其他方式征求专家和公众的意见，修改规划的应当依法办理审批程序报批。本案中，太原市政府在道路改造的规划手续未经法定程序办理的情况下即直接决定收回国有土地使用权，属于程序违法。第四，《中华人民共和国城市房地产管理法》、《中华人民共和国城镇国有土地使用权出让和转让暂行条例》等法律法规均规定，土地使用权在特殊情况下，根据社会公共利益的需要，国家可以依照法律程序提前收回。太原市政府的收地行为显然与法律规定的"特殊情况"不符，收地决定作出至今已有两年之久，而道路改造项目并未开工建设，显然与我国依法行政、合理行政的基本原则相违悖。第五，根据正当程序原则以及相关法律规定，国家行政机关在作出涉及公民、法人或者其他组织切身利益的决定前，应当告知相对人决定的事实、理由和依据，并听取当事人的陈述和申辩，作出行政决定后，应当将该决定书面送达行政相对人。太原市政府自始至终没有向安业公司送达收回国有土地使用权的书面决定，也没有告知收回国有土地使用权决定的任何事实、理由和依据，更没有听取安业公司的陈述和申辩，取而代之的是仅仅在太原市国土资源局网站收地专栏以通告的形式公示了收回安业公司土地的面积共计749.5平方米（具体四至范围不清）。综上，太原市政府的行政行为明显程序不当，属于违法行政。原审法院判决驳回安业公司的诉讼请求不当，应依法予以撤销。

再审被申请人太原市政府答辩称：根据《土地管理

法》第五十八条的规定,为公共利益需要使用土地的,土地行政主管部门经有权机关批准,可以收回国有土地使用权。太原市政府作出收回国有土地使用权的决定,主体适格,系在法定权限内作出。太原市政府对收回道路改造区域内的土地使用权作出通告,并在媒体进行了公示,作出收回国有土地使用权的决定,事实清楚,程序合法。根据《土地登记办法》的规定,依法收回的国有土地可以直接办理注销登记,太原市政府要求包括安业公司在内的有关单位及住户自通告发布之日起15日内办理土地使用权注销手续,逾期不交回的,将予以注销,符合法律规定。请求驳回安业公司的再审请求。

在本院对本案的听证审查和庭审中,双方当事人对原审判决认定的主要事实均无异议,本院予以确认。但在本案再审庭审中,再审被申请人太原市政府表示,原审判决认定"2014年4月10日《通告》公示后,即于5月7日决定并公告该项目暂缓实施",系一、二审法院根据相关证据认定的事实,目前虽然相关报纸已经公开报道过暂缓实施该项目,但太原市政府及相关职能部门并未作出暂缓实施的书面决定。

本案审理过程中,根据本院要求,双方当事人曾多次协商解决本案纠纷,但未达成一致意见。

本院认为:有征收必有补偿,无补偿则无征收。为了保障国家安全、促进国民经济和社会发展等公共利益的需要,国家可以依法收回国有土地使用权,也可征收国有土地上单位、个人的房屋;但必须对被征收人给予及时公平补偿,而不能只征收不补偿,也不能迟迟不予补偿。通常,征收决定应当包括具体补偿内容,因评估或者双方协商以及其他特殊原因,征收决定未包括补偿内容的,征收机关应当在征收决定生效后的合理时间内,及时通过签订征收补偿协议或者作出征收补偿决定的方式解决补偿问题。征收补偿应当遵循及时补偿原则和公平补偿原则。国家因公共利益需要使用城市市区的土地和房屋的,市、县人民政府一般应按照《国有土地上房屋征收与补偿条例》(以下简称《征补条例》)规定的程序和方式进行,并应根据《国有土地上房屋征收评估办法》和《城镇土地估价规程》等规定精神,由专业的房地产价格评估机构在实地查勘的基础上,根据被征收不动产的区位、用途等影响被征收不动产价值的因素和当地房地产市场状况,综合选择市场法、收益法、成本法、假设开发法等评估方法对被征收不动产价值进行评估,合理确定评估结果,并在此基础上进行补偿。对国有土地上房屋所有权人补偿内容已经包含了国有土地使用权补偿的,对同时收回的国有土地的土地使用权人不再单独给予补偿。对被征收不动产价值评估的时点,一般应当为征收决定公告之日或者征收决定送达被征收人之日。因征收人原因造成征收补偿问题不合理迟延的,且被征收不动产价格明显上涨的,被征收人有权主张以作出征收补偿决定或者签订征收补偿协议时的市场价格作为补偿基准。被征收人对征收补偿决定或者征收补偿协议所确定的补偿金额和其他内容有异议的,可以依法提起行政诉讼。征收机关依法办理相关提存等手续并书面告知被征收人领取补偿款项、使用安置房屋等内容的,被征收人无法定正当理由拒绝领取的,征收机关对诉讼期间被征收财物价格上涨而形成的损失不承担补偿责任。

本案中,因实施道路建设改造工程的需要,太原市政府与相关职能部门可以依法收回国有土地使用权,但应当遵循法定的程序和步骤并应依法及时解决补偿问题。在本案中,太原市政府收回安业公司拥有使用权的749.5平方米土地时,既未听取安业公司的陈述申辩,也未对涉案土地的四至范围作出认定,尤其是至今尚未对安业公司进行任何补偿,不符合《土地管理法》第五十八条,《中华人民共和国物权法》第四十二条第三款,《中华人民共和国城市房地产管理法》第六条以及《征补条例》第八条、第十三条、第二十七条等规定的精神,依法应予以撤销。但考虑到相关道路建设改造工程确属公共利益需要,因此根据《中华人民共和国行政诉讼法》第七十四条第一款第一项规定,对太原市政府以《通告》形式收回安业公司749.5平方米国有土地使用权的行政行为应确认违法。今后如因道路建设改造实际使用安业公司相应土地,安业公司有权主张以实际使用土地时的土地市场价值为基准进行补偿;安业公司也有权要求先补偿后搬迁,在未依法解决补偿问题前,安业公司有权拒绝交出土地。综上,依照《中华人民共和国行政诉讼法》第七十四条第一款第一项、第八十九条第一款第二项及《最高人民法院关于执行〈中华人民共和国行政诉讼法〉若干问题的解释》第七十八条之规定,判决如下:

一、撤销山西省高级人民法院(2015)晋行终字第50号行政判决和山西省太原市中级人民法院(2014)并行初字第43号行政判决;

二、确认再审被申请人山西省太原市人民政府并政收告〔2014〕018号《太原市人民政府为实施解放南路长治路改造道路建设涉及收回迎泽大街以南,中心街以北部分国有土地使用权的通告》中有关收回山西省安业集团有限公司749.5平方米国有土地使用权的行政行为违法;

一、二审案件受理费共计100元,由再审被申请人山西省太原市人民政府负担。

3. 征地争议解决

国务院法制办公室关于依法做好征地补偿安置争议行政复议工作的通知

1. 2011年5月18日
2. 国法〔2011〕35号

各省、自治区、直辖市人民政府法制办公室：

近年来，一些地方因不服市、县人民政府征地补偿、安置方案引发的行政争议有所增多，部分争议未能得到依法及时处理，影响了社会和谐稳定。为了进一步依法做好征地补偿安置争议的行政复议工作，经征求全国人大常委会法工委和最高人民法院的意见，并报国务院领导同意，现通知如下：

一、《中华人民共和国农村土地承包经营纠纷调解仲裁法》第二条第二款规定，“因征收集体所有的土地及其补偿发生的纠纷，不属于农村土地承包仲裁委员会的受理范围，可以通过行政复议或者诉讼等方式解决”。《中华人民共和国行政复议法》第十三条第一款规定，“对地方各级人民政府的具体行政行为不服的，向上一级地方人民政府申请行政复议”；第四十二条规定，“本法施行前公布的法律有关行政复议的规定与本法的规定不一致的，以本法的规定为准”。《中华人民共和国行政复议法实施条例》第十三条规定，“下级行政机关依照法律、法规、规章规定，经上级行政机关批准作出具体行政行为的，批准机关为被申请人”。依照上述规定，被征地集体经济组织和农民对有关市、县人民政府批准的征地补偿、安置方案不服要求裁决的，应当依照行政复议法律、法规的规定向上一级地方人民政府提出申请。

二、有关地方人民政府应当采取有效措施，积极受理、依法审理、公正裁决征地补偿安置争议行政复议案件，及时化解行政争议，切实维护社会和谐稳定。

最高人民法院关于审理涉及农村集体土地行政案件若干问题的规定

1. 2011年5月9日最高人民法院审判委员会第1522次会议通过
2. 2011年8月7日公布
3. 法释〔2011〕20号
4. 自2011年9月5日起施行

为正确审理涉及农村集体土地的行政案件，根据《中华人民共和国物权法》、《中华人民共和国土地管理法》和《中华人民共和国行政诉讼法》等有关法律规定，结合行政审判实际，制定本规定。

第一条 农村集体土地的权利人或者利害关系人（以下简称土地权利人）认为行政机关作出的涉及农村集体土地的行政行为侵犯其合法权益，提起诉讼的，属于人民法院行政诉讼的受案范围。

第二条 土地登记机构根据人民法院生效裁判文书、协助执行通知书或者仲裁机构的法律文书办理的土地权属登记行为，土地权利人不服提起诉讼的，人民法院不予受理，但土地权利人认为登记内容与有关文书内容不一致的除外。

第三条 村民委员会或者农村集体经济组织对涉及农村集体土地的行政行为不起诉的，过半数的村民可以以集体经济组织名义提起诉讼。

农村集体经济组织成员全部转为城镇居民后，对涉及农村集体土地的行政行为不服的，过半数的原集体经济组织成员可以提起诉讼。

第四条 土地使用权人或者实际使用人对行政机关作出涉及其使用或实际使用的集体土地的行政行为不服的，可以以自己的名义提起诉讼。

第五条 土地权利人认为土地储备机构作出的行为侵犯其依法享有的农村集体土地所有权或使用权的，向人民法院提起诉讼的，应当以土地储备机构所隶属的土地管理部门为被告。

第六条 土地权利人认为乡级以上人民政府作出的土地确权决定侵犯其依法享有的农村集体土地所有权或者使用权，经复议后向人民法院提起诉讼的，人民法院应当依法受理。

法律、法规规定应当先申请行政复议的土地行政案件，复议机关作出不受理复议申请的决定或者以不符合受理条件为由驳回复议申请,复议申请人不服的,应当以复议机关为被告向人民法院提起诉讼。

第七条 土地权利人认为行政机关作出的行政处罚、行政强制措施等行政行为侵犯其依法享有的农村集体土地所有权或者使用权,直接向人民法院提起诉讼的,人民法院应当依法受理。

第八条 土地权属登记(包括土地权属证书)在生效裁判和仲裁裁决中作为定案证据,利害关系人对该登记行为提起诉讼的,人民法院应当依法受理。

第九条 涉及农村集体土地的行政决定以公告方式送达的,起诉期限自公告确定的期限届满之日起计算。

第十条 土地权利人对土地管理部门组织实施过程中确定的土地补偿有异议,直接向人民法院提起诉讼的,人民法院不予受理,但应当告知土地权利人先申请行政机关裁决。

第十一条 土地权利人以土地管理部门超过两年对非法占地行为进行处罚违法,向人民法院起诉的,人民法院应当按照行政处罚法第二十九条第二款的规定处理。

第十二条 征收农村集体土地时涉及被征收土地上的房屋及其他不动产,土地权利人可以请求依照物权法第四十二条第二款的规定给予补偿的。

征收农村集体土地时未就被征收土地上的房屋及其他不动产进行安置补偿,补偿安置时房屋所在地已纳入城市规划区,土地权利人请求参照执行国有土地上房屋征收补偿标准的,人民法院一般应予支持,但应当扣除已经取得的土地补偿费。

第十三条 在审理土地行政案件中,人民法院经当事人同意进行协调的期间,不计算在审理期限内。当事人不同意继续协商的,人民法院应当及时审理,并恢复计算审理期限。

第十四条 县级以上人民政府土地管理部门根据土地管理法实施条例第四十五条的规定,申请人民法院执行其作出的责令交出土地决定的,应当符合下列条件:

(一)征收土地方案已经有权机关依法批准;

(二)市、县人民政府和土地管理部门已经依照土地管理法和土地管理法实施条例规定的程序实施征地行为;

(三)被征收土地所有权人、使用人已经依法得到安置补偿或者无正当理由拒绝接受安置补偿,且拒不交出土地,已经影响到征收工作的正常进行;

(四)符合《最高人民法院关于执行〈中华人民共和国行政诉讼法〉若干问题的解释》第八十六条规定的条件。

人民法院对符合条件的申请,应当裁定予以受理,并通知申请人;对不符合条件的申请,应当裁定不予受理。

第十五条 最高人民法院以前所作的司法解释与本规定不一致的,以本规定为准。

最高人民法院研究室关于人民法院对农村集体经济所得收益分配纠纷是否受理问题的答复

1. 2001年7月9日

2. 法研〔2001〕51号

广东省高级人民法院:

你院粤高法〔2001〕25号《关于对农村集体经济所得收益分配的争议纠纷,人民法院是否受理的请示》收悉。经研究,答复如下:

农村集体经济组织与其成员之间因收益分配产生的纠纷,属平等民事主体之间的纠纷。当事人就该纠纷起诉到人民法院,只要符合《中华人民共和国民事诉讼法》第一百零八条的规定,人民法院应当受理。

最高人民法院研究室关于村民因土地补偿费、安置补助费问题与村民委员会发生纠纷人民法院应否受理问题的答复

1. 2001年12月31日

2. 法研〔2001〕116号

陕西省高级人民法院:

你院陕高法〔2001〕234号《关于村民因土地补偿费、安置补助费问题与村民委员会发生纠纷人民法院应否受理的请示》收悉。经研究,我们认为,此类问题可以参照我室给广东省高级人民法院法研〔2001〕51号《关于人民法院对农村集体经济所得收益分配纠纷是否受理问题的答复》(略)办理。

四、土地市场

资料补充栏

1. 综　合

中华人民共和国城市房地产管理法

1. 1994年7月5日第八届全国人民代表大会常务委员会第八次会议通过
2. 根据2007年8月30日第十届全国人民代表大会常务委员会第二十九次会议《关于修改〈中华人民共和国城市房地产管理法〉的决定》第一次修正
3. 根据2009年8月27日第十一届全国人民代表大会常务委员会第十次会议《关于修改部分法律的决定》第二次修正
4. 根据2019年8月26日第十三届全国人民代表大会常务委员会第十二次会议《关于修改〈中华人民共和国土地管理法〉、〈中华人民共和国城市房地产管理法〉的决定》第三次修正

目　录

第一章　总　　则

第一条　【立法目的】为了加强对城市房地产的管理，维护房地产市场秩序，保障房地产权利人的合法权益，促进房地产业的健康发展，制定本法。

第二条　【适用范围及概念解释】在中华人民共和国城市规划区国有土地（以下简称国有土地）范围内取得房地产开发用地的土地使用权，从事房地产开发、房地产交易，实施房地产管理，应当遵守本法。

本法所称房屋，是指土地上的房屋等建筑物及构筑物。

本法所称房地产开发，是指在依据本法取得国有土地使用权的土地上进行基础设施、房屋建设的行为。

本法所称房地产交易，包括房地产转让、房地产抵押和房屋租赁。

第三条　【土地使用制度及例外】国家依法实行国有土地有偿、有限期使用制度。但是，国家在本法规定的范围内划拨国有土地使用权的除外。

第四条　【发展目标】国家根据社会、经济发展水平，扶持发展居民住宅建设，逐步改善居民的居住条件。

第五条　【权利人的权利和义务】房地产权利人应当遵守法律和行政法规，依法纳税。房地产权利人的合法权益受法律保护，任何单位和个人不得侵犯。

第六条　【征收补偿】为了公共利益的需要，国家可以征收国有土地上单位和个人的房屋，并依法给予拆迁补偿，维护被征收人的合法权益；征收个人住宅的，还应当保障被征收人的居住条件。具体办法由国务院规定。

第七条　【房地产管理机构】国务院建设行政主管部门、土地管理部门依照国务院规定的职权划分，各司其职，密切配合，管理全国房地产工作。

县级以上地方人民政府房产管理、土地管理部门的机构设置及其职权由省、自治区、直辖市人民政府确定。

第二章　房地产开发用地

第一节　土地使用权出让

第八条　【土地使用权出让】土地使用权出让，是指国家将国有土地使用权（以下简称土地使用权）在一定年限内出让给土地使用者，由土地使用者向国家支付土地使用权出让金的行为。

第九条　【有偿出让】城市规划区内的集体所有的土地，经依法征收转为国有土地后，该幅国有土地的使用权方可有偿出让，但法律另有规定的除外。

第十条　【出让条件】土地使用权出让，必须符合土地利用总体规划、城市规划和年度建设用地计划。

第十一条　【出让报批】县级以上地方人民政府出让土地使用权用于房地产开发的，须根据省级以上人民政府下达的控制指标拟订年度出让土地使用权总面积方案，按照国务院规定，报国务院或者省级人民政府批准。

第十二条　【出让步骤】土地使用权出让，由市、县人民政府有计划、有步骤地进行。出让的每幅地块、用途、年限和其他条件,由市、县人民政府土地管理部门会同城市规划、建设、房产管理部门共同拟定方案,按照国务院规定,报经有批准权的人民政府批准后,由市、县人民政府土地管理部门实施。

直辖市的县人民政府及其有关部门行使前款规定的权限,由直辖市人民政府规定。

第十三条 【**出让方式**】土地使用权出让,可以采取拍卖、招标或者双方协议的方式。

商业、旅游、娱乐和豪华住宅用地,有条件的,必须采取拍卖、招标方式;没有条件,不能采取拍卖、招标方式的,可以采取双方协议的方式。

采取双方协议方式出让土地使用权的出让金不得低于按国家规定所确定的最低价。

第十四条 【**年限规定**】土地使用权出让最高年限由国务院规定。

第十五条 【**出让合同签订**】土地使用权出让,应当签订书面出让合同。

土地使用权出让合同由市、县人民政府土地管理部门与土地使用者签订。

第十六条 【**出让金支付**】土地使用者必须按照出让合同约定,支付土地使用权出让金;未按照出让合同约定支付土地使用权出让金的,土地管理部门有权解除合同,并可以请求违约赔偿。

第十七条 【**出让土地的提供**】土地使用者按照出让合同约定支付土地使用权出让金的,市、县人民政府土地管理部门必须按照出让合同约定,提供出让的土地;未按照出让合同约定提供出让的土地的,土地使用者有权解除合同,由土地管理部门返还土地使用权出让金,土地使用者并可以请求违约赔偿。

第十八条 【**用途改变**】土地使用者需要改变土地使用权出让合同约定的土地用途的,必须取得出让方和市、县人民政府城市规划行政主管部门的同意,签订土地使用权出让合同变更协议或者重新签订土地使用权出让合同,相应调整土地使用权出让金。

第十九条 【**出让金使用**】土地使用权出让金应当全部上缴财政,列入预算,用于城市基础设施建设和土地开发。土地使用权出让金上缴和使用的具体办法由国务院规定。

第二十条 【**土地使用权的收回**】国家对土地使用者依法取得的土地使用权,在出让合同约定的使用年限届满前不收回;在特殊情况下,根据社会公共利益的需要,可以依照法律程序提前收回,并根据土地使用者使用土地的实际年限和开发土地的实际情况给予相应的补偿。

第二十一条 【**使用权终止**】土地使用权因土地灭失而终止。

第二十二条 【**使用权续延**】土地使用权出让合同约定的使用年限届满,土地使用者需要继续使用土地的,应当至迟于届满前一年申请续期,除根据社会公共利益需要收回该幅土地的,应当予以批准。经批准准予续期的,应当重新签订土地使用权出让合同,依照规定支付土地使用权出让金。

土地使用权出让合同约定的使用年限届满,土地使用者未申请续期或者虽申请续期但依照前款规定未获批准的,土地使用权由国家无偿收回。

第二节 土地使用权划拨

第二十三条 【**使用权划拨**】土地使用权划拨,是指县级以上人民政府依法批准,在土地使用者缴纳补偿、安置等费用后将该幅土地交付其使用,或者将土地使用权无偿交付给土地使用者使用的行为。

依照本法规定以划拨方式取得土地使用权的,除法律、行政法规另有规定外,没有使用期限的限制。

第二十四条 【**划拨土地类别**】下列建设用地的土地使用权,确属必需的,可以由县级以上人民政府依法批准划拨:

(一)国家机关用地和军事用地;

(二)城市基础设施用地和公益事业用地;

(三)国家重点扶持的能源、交通、水利等项目用地;

(四)法律、行政法规规定的其他用地。

第三章 房地产开发

第二十五条 【**开发原则和总体规划**】房地产开发必须严格执行城市规划,按照经济效益、社会效益、环境效益相统一的原则,实行全面规划、合理布局、综合开发、配套建设。

第二十六条 【**出让开发条件**】以出让方式取得土地使用权进行房地产开发的,必须按照土地使用权出让合同约定的土地用途、动工开发期限开发土地。超过出让合同约定的动工开发日期满一年未动工开发的,可以征收相当于土地使用权出让金百分之二十以下的土地闲置费;满二年未动工开发的,可以无偿收回土地使用权;但是,因不可抗力或者政府、政府有关部门的行为或者动工开发必需的前期工作造成动工开发迟延的除外。

第二十七条　【项目总体要求】房地产开发项目的设计、施工，必须符合国家的有关标准和规范。

房地产开发项目竣工，经验收合格后，方可交付使用。

第二十八条　【土地使用权处置】依法取得的土地使用权，可以依照本法和有关法律、行政法规的规定，作价入股，合资、合作开发经营房地产。

第二十九条　【国家扶持】国家采取税收等方面的优惠措施鼓励和扶持房地产开发企业开发建设居民住宅。

第三十条　【企业设立】房地产开发企业是以营利为目的，从事房地产开发和经营的企业。设立房地产开发企业，应当具备下列条件：

（一）有自己的名称和组织机构；

（二）有固定的经营场所；

（三）有符合国务院规定的注册资本；

（四）有足够的专业技术人员；

（五）法律、行政法规规定的其他条件。

设立房地产开发企业，应当向工商行政管理部门申请设立登记。工商行政管理部门对符合本法规定条件的，应当予以登记，发给营业执照；对不符合本法规定条件的，不予登记。

设立有限责任公司、股份有限公司，从事房地产开发经营的，还应当执行公司法的有关规定。

房地产开发企业在领取营业执照后的一个月内，应当到登记机关所在地的县级以上地方人民政府规定的部门备案。

第三十一条　【注册资本和投资额】房地产开发企业的注册资本与投资总额的比例应当符合国家有关规定。

房地产开发企业分期开发房地产的，分期投资额应当与项目规模相适应，并按照土地使用权出让合同的约定，按期投入资金，用于项目建设。

第四章　房地产交易

第一节　一般规定

第三十二条　【房屋、土地所有权随转】房地产转让、抵押时，房屋的所有权和该房屋占用范围内的土地使用权同时转让、抵押。

第三十三条　【地价确定】基准地价、标定地价和各类房屋的重置价格应当定期确定并公布。具体办法由国务院规定。

第三十四条　【价格评估】国家实行房地产价格评估制度。

房地产价格评估，应当遵循公正、公平、公开的原则，按照国家规定的技术标准和评估程序，以基准地价、标定地价和各类房屋的重置价格为基础，参照当地的市场价格进行评估。

第三十五条　【价格申报】国家实行房地产成交价格申报制度。

房地产权利人转让房地产，应当向县级以上地方人民政府规定的部门如实申报成交价，不得瞒报或者作不实的申报。

第三十六条　【权属登记】房地产转让、抵押，当事人应当依照本法第五章的规定办理权属登记。

第二节　房地产转让

第三十七条　【房地产转让】房地产转让，是指房地产权利人通过买卖、赠与或者其他合法方式将其房地产转移给他人的行为。

第三十八条　【禁止转让的房地产】下列房地产，不得转让：

（一）以出让方式取得土地使用权的，不符合本法第三十九条规定的条件的；

（二）司法机关和行政机关依法裁定、决定查封或者以其他形式限制房地产权利的；

（三）依法收回土地使用权的；

（四）共有房地产，未经其他共有人书面同意的；

（五）权属有争议的；

（六）未依法登记领取权属证书的；

（七）法律、行政法规规定禁止转让的其他情形。

第三十九条　【出让转让条件】以出让方式取得土地使用权的，转让房地产时，应当符合下列条件：

（一）按照出让合同约定已经支付全部土地使用权出让金，并取得土地使用权证书；

（二）按照出让合同约定进行投资开发，属于房屋建设工程的，完成开发投资总额的百分之二十五以上，属于成片开发土地的，形成工业用地或者其他建设用地条件。

转让房地产时房屋已经建成的，还应当持有房屋所有权证书。

第四十条　【划拨转让报批】以划拨方式取得土地使用权的，转让房地产时，应当按照国务院规定，报有批准权的人民政府审批。有批准权的人民政府准予转让的，应当由受让方办理土地使用权出让手续，并依照国家有关规定缴纳土地使用权出让金。

以划拨方式取得土地使用权的，转让房地产报批时，有批准权的人民政府按照国务院规定决定可以不办理土地使用权出让手续的，转让方应当按照国务院规定将转让房地产所获收益中的土地收益上缴国家或者作其他处理。

第四十一条 【转让合同】房地产转让，应当签订书面转让合同，合同中应当载明土地使用权取得的方式。

第四十二条 【合同权利义务转移】房地产转让时，土地使用权出让合同载明的权利、义务随之转移。

第四十三条 【出让转让使用权年限】以出让方式取得土地使用权的，转让房地产后，其土地使用权的使用年限为原土地使用权出让合同约定的使用年限减去原土地使用者已经使用年限后的剩余年限。

第四十四条 【出让转让土地用途改变】以出让方式取得土地使用权的，转让房地产后，受让人改变原土地使用权出让合同约定的土地用途的，必须取得原出让方和市、县人民政府城市规划行政主管部门的同意，签订土地使用权出让合同变更协议或者重新签订土地使用权出让合同，相应调整土地使用权出让金。

第四十五条 【商品房预售条件】商品房预售，应当符合下列条件：

（一）已交付全部土地使用权出让金，取得土地使用权证书；

（二）持有建设工程规划许可证；

（三）按提供预售的商品房计算，投入开发建设的资金达到工程建设总投资的百分之二十五以上，并已经确定施工进度和竣工交付日期；

（四）向县级以上人民政府房产管理部门办理预售登记，取得商品房预售许可证明。

商品房预售人应当按照国家有关规定将预售合同报县级以上人民政府房产管理部门和土地管理部门登记备案。

商品房预售所得款项，必须用于有关的工程建设。

第四十六条 【预售再转让规定】商品房预售的，商品房预购人将购买的未竣工的预售商品房再行转让的问题，由国务院规定。

第三节 房地产抵押

第四十七条 【房地产抵押】房地产抵押，是指抵押人以其合法的房地产以不转移占有的方式向抵押权人提供债务履行担保的行为。债务人不履行债务时，抵押权人有权依法以抵押的房地产拍卖所得的价款优先受偿。

第四十八条 【抵押权设定】依法取得的房屋所有权连同该房屋占用范围内的土地使用权，可以设定抵押权。

以出让方式取得的土地使用权，可以设定抵押权。

第四十九条 【抵押办理凭证】房地产抵押，应当凭土地使用权证书、房屋所有权证书办理。

第五十条 【抵押合同】房地产抵押，抵押人和抵押权人应当签订书面抵押合同。

第五十一条 【抵押权人优先受偿限制】设定房地产抵押权的土地使用权是以划拨方式取得的，依法拍卖该房地产后，应当从拍卖所得的价款中缴纳相当于应缴纳的土地使用权出让金的款额后，抵押权人方可优先受偿。

第五十二条 【新增房屋处理】房地产抵押合同签订后，土地上新增的房屋不属于抵押财产。需要拍卖该抵押的房地产时，可以依法将土地上新增的房屋与抵押财产一同拍卖，但对拍卖新增房屋所得，抵押权人无权优先受偿。

第四节 房屋租赁

第五十三条 【房屋租赁】房屋租赁，是指房屋所有权人作为出租人将其房屋出租给承租人使用，由承租人向出租人支付租金的行为。

第五十四条 【租赁合同的签订与备案】房屋租赁，出租人和承租人应当签订书面租赁合同，约定租赁期限、租赁用途、租赁价格、修缮责任等条款，以及双方的其他权利和义务，并向房产管理部门登记备案。

第五十五条 【住房租赁】住宅用房的租赁，应当执行国家和房屋所在城市人民政府规定的租赁政策。租用房屋从事生产、经营活动的，由租赁双方协商议定租金和其他租赁条款。

第五十六条 【土地收益上缴】以营利为目的，房屋所有权人将以划拨方式取得使用权的国有土地上建成的房屋出租的，应当将租金中所含土地收益上缴国家。具体办法由国务院规定。

第五节 中介服务机构

第五十七条 【中介机构类别】房地产中介服务机构包括房地产咨询机构、房地产价格评估机构、房地产经纪机构等。

第五十八条 【中介机构条件】房地产中介服务机构应当具备下列条件：

（一）有自己的名称和组织机构；

（二）有固定的服务场所；

（三）有必要的财产和经费；

（四）有足够数量的专业人员；

（五）法律、行政法规规定的其他条件。

设立房地产中介服务机构，应当向工商行政管理部门申请设立登记，领取营业执照后，方可开业。

第五十九条 【价格评估资格认证】国家实行房地产价格评估人员资格认证制度。

第五章 房地产权属登记管理

第六十条 【登记发证制度】国家实行土地使用权和房屋所有权登记发证制度。

第六十一条 【使用权登记申请与权证颁发】以出让或者划拨方式取得土地使用权,应当向县级以上地方人民政府土地管理部门申请登记,经县级以上地方人民政府土地管理部门核实,由同级人民政府颁发土地使用权证书。

在依法取得的房地产开发用地上建成房屋的,应当凭土地使用权证书向县级以上地方人民政府房产管理部门申请登记,由县级以上地方人民政府房产管理部门核实并颁发房屋所有权证书。

房地产转让或者变更时,应当向县级以上地方人民政府房产管理部门申请房产变更登记,并凭变更后的房屋所有权证书向同级人民政府土地管理部门申请土地使用权变更登记,经同级人民政府土地管理部门核实,由同级人民政府更换或者更改土地使用权证书。

法律另有规定的,依照有关法律的规定办理。

第六十二条 【抵押登记】房地产抵押时,应当向县级以上地方人民政府规定的部门办理抵押登记。

因处分抵押房地产而取得土地使用权和房屋所有权的,应当依照本章规定办理过户登记。

第六十三条 【产权证书的颁发】经省、自治区、直辖市人民政府确定,县级以上地方人民政府由一个部门统一负责房产管理和土地管理工作的,可以制作、颁发统一的房地产权证书,依照本法第六十一条的规定,将房屋的所有权和该房屋占用范围内的土地使用权的确认和变更,分别载入房地产权证书。

第六章 法律责任

第六十四条 【非法出让使用权处罚】违反本法第十一条、第十二条的规定,擅自批准出让或者擅自出让土地使用权用于房地产开发的,由上级机关或者所在单位给予有关责任人员行政处分。

第六十五条 【未取得营业执照从事房地产开发的处罚】违反本法第三十条的规定,未取得营业执照擅自从事房地产开发业务的,由县级以上人民政府工商行政管理部门责令停止房地产开发业务活动,没收违法所得,可以并处罚款。

第六十六条 【违法转让土地使用权的处罚】违反本法第三十九条第一款的规定转让土地使用权的,由县级以上人民政府土地管理部门没收违法所得,可以并处罚款。

第六十七条 【违法转让房地产的处罚】违反本法第四十条第一款的规定转让房地产的,由县级以上人民政府土地管理部门责令缴纳土地使用权出让金,没收违法所得,可以并处罚款。

第六十八条 【违法预售商品房的处罚】违反本法第四十五条第一款的规定预售商品房的,由县级以上人民政府房产管理部门责令停止预售活动,没收违法所得,可以并处罚款。

第六十九条 【未取得营业执照从事房地产中介的处罚】违反本法第五十八条的规定,未取得营业执照擅自从事房地产中介服务业务的,由县级以上人民政府工商行政管理部门责令停止房地产中介服务业务活动,没收违法所得,可以并处罚款。

第七十条 【非法收费处理】没有法律、法规的依据,向房地产开发企业收费的,上级机关应当责令退回所收取的钱款;情节严重的,由上级机关或者所在单位给予直接责任人员行政处分。

第七十一条 【渎职、行贿、索贿处罚】房产管理部门、土地管理部门工作人员玩忽职守、滥用职权,构成犯罪的,依法追究刑事责任;不构成犯罪的,给予行政处分。

房产管理部门、土地管理部门工作人员利用职务上的便利,索取他人财物,或者非法收受他人财物为他人谋取利益,构成犯罪的,依法追究刑事责任;不构成犯罪的,给予行政处分。

第七章 附 则

第七十二条 【适用范围】在城市规划区外的国有土地范围内取得房地产开发用地的土地使用权,从事房地产开发、交易活动以及实施房地产管理,参照本法执行。

第七十三条 【生效日期】本法自 1995 年 1 月 1 日起施行。

中华人民共和国城镇国有土地使用权出让和转让暂行条例

1. 1990 年 5 月 19 日国务院令第 55 号公布

2. 根据 2020 年 11 月 29 日国务院令第 732 号《关于修改和废止部分行政法规的决定》修订

第一章 总 则

第一条 为了改革城镇国有土地使用制度,合理开发、利用、经营土地,加强土地管理,促进城市建设和经济发展，制定本条例。

第二条　国家按照所有权与使用权分离的原则，实行城镇国有土地使用权出让、转让制度，但地下资源、埋藏物和市政公用设施除外。

前款所称城镇国有土地是指市、县城、建制镇、工矿区范围内属于全民所有的土地（以下简称土地）。

第三条　中华人民共和国境内外的公司、企业、其他组织和个人，除法律另有规定者外，均可依照本条例的规定取得土地使用权，进行土地开发、利用、经营。

第四条　依照本条例的规定取得土地使用权的土地使用者，其使用权在使用年限内可以转让、出租、抵押或者用于其他经济活动，合法权益受国家法律保护。

第五条　土地使用者开发、利用、经营土地的活动，应当遵守国家法律、法规的规定，并不得损害社会公共利益。

第六条　县级以上人民政府土地管理部门依法对土地使用权的出让、转让、出租、抵押、终止进行监督检查。

第七条　土地使用权出让、转让、出租、抵押、终止及有关的地上建筑物、其他附着物的登记，由政府土地管理部门、房产管理部门依照法律和国务院的有关规定办理。

登记文件可以公开查阅。

第二章　土地使用权出让

第八条　土地使用权出让是指国家以土地所有者的身份将土地使用权在一定年限内让与土地使用者，并由土地使用者向国家支付土地使用权出让金的行为。

土地使用权出让应当签订出让合同。

第九条　土地使用权的出让，由市、县人民政府负责，有计划、有步骤地进行。

第十条　土地使用权出让的地块、用途、年限和其他条件，由市、县人民政府土地管理部门会同城市规划和建设管理部门、房产管理部门共同拟定方案，按照国务院规定的批准权限报经批准后，由土地管理部门实施。

第十一条　土地使用权出让合同应当按照平等、自愿、有偿的原则，由市、县人民政府土地管理部门（以下简称出让方）与土地使用者签订。

第十二条　土地使用权出让最高年限按下列用途确定：

（一）居住用地七十年；

（二）工业用地五十年；

（三）教育、科技、文化、卫生、体育用地五十年；

（四）商业、旅游、娱乐用地四十年；

（五）综合或者其他用地五十年。

第十三条　土地使用权出让可以采取下列方式：

（一）协议；

（二）招标；

（三）拍卖。

依照前款规定方式出让土地使用权的具体程序和步骤，由省、自治区、直辖市人民政府规定。

第十四条　土地使用者应当在签订土地使用权出让合同后六十日内，支付全部土地使用权出让金。逾期未全部支付的，出让方有权解除合同，并可请求违约赔偿。

第十五条　出让方应当按照合同规定，提供出让的土地使用权。未按合同规定提供土地使用权的，土地使用者有权解除合同，并可请求违约赔偿。

第十六条　土地使用者在支付全部土地使用权出让金后，应当依照规定办理登记，领取土地使用证，取得土地使用权。

第十七条　土地使用者应当按照土地使用权出让合同的规定和城市规划的要求，开发、利用、经营土地。

未按合同规定的期限和条件开发、利用土地的，市、县人民政府土地管理部门应当予以纠正，并根据情节可以给予警告、罚款直至无偿收回土地使用权的处罚。

第十八条　土地使用者需要改变土地使用权出让合同规定的土地用途的，应当征得出让方同意并经土地管理部门和城市规划部门批准，依照本章的有关规定重新签订土地使用权出让合同，调整土地使用权出让金，并办理登记。

第三章　土地使用权转让

第十九条　土地使用权转让是指土地使用者将土地使用权再转移的行为，包括出售、交换和赠与。

未按土地使用权出让合同规定的期限和条件投资开发、利用土地的，土地使用权不得转让。

第二十条　土地使用权转让应当签订转让合同。

第二十一条　土地使用权转让时，土地使用权出让合同和登记文件中所载明的权利、义务随之转移。

第二十二条　土地使用者通过转让方式取得的土地使用权，其使用年限为土地使用权出让合同规定的使用年限减去原土地使用者已使用年限后的剩余年限。

第二十三条　土地使用权转让时，其地上建筑物、其他附着物所有权随之转让。

第二十四条　地上建筑物、其他附着物的所有人或者共有人，享有该建筑物、附着物使用范围内的土地使用权。

土地使用者转让地上建筑物、其他附着物所有权时，其使用范围内的土地使用权随之转让，但地上建筑物、其他附着物作为动产转让的除外。

第二十五条　土地使用权和地上建筑物、其他附着物所有权转让，应当依照规定办理过户登记。

土地使用权和地上建筑物、其他附着物所有权分割转让的，应当经市、县人民政府土地管理部门和房产管理部门批准，并依照规定办理过户登记。

第二十六条　土地使用权转让价格明显低于市场价格的，市、县人民政府有优先购买权。

土地使用权转让的市场价格不合理上涨时，市、县人民政府可以采取必要的措施。

第二十七条　土地使用权转让后，需要改变土地使用权出让合同规定的土地用途的，依照本条例第十八条的规定办理。

第四章　土地使用权出租

第二十八条　土地使用权出租是指土地使用者作为出租人将土地使用权随同地上建筑物、其他附着物租赁给承租人使用，由承租人向出租人支付租金的行为。

未按土地使用权出让合同规定的期限和条件投资开发、利用土地的，土地使用权不得出租。

第二十九条　土地使用权出租，出租人与承租人应当签订租赁合同。

租赁合同不得违背国家法律、法规和土地使用权出让合同的规定。

第三十条　土地使用权出租后，出租人必须继续履行土地使用权出让合同。

第三十一条　土地使用权和地上建筑物、其他附着物出租，出租人应当依照规定办理登记。

第五章　土地使用权抵押

第三十二条　土地使用权可以抵押。

第三十三条　土地使用权抵押时，其地上建筑物、其他附着物随之抵押。

地上建筑物、其他附着物抵押时，其使用范围内的土地使用权随之抵押。

第三十四条　土地使用权抵押，抵押人与抵押权人应当签订抵押合同。

抵押合同不得违背国家法律、法规和土地使用权出让合同的规定。

第三十五条　土地使用权和地上建筑物、其他附着物抵押，应当依照规定办理抵押登记。

第三十六条　抵押人到期未能履行债务或者在抵押合同期间宣告解散、破产的，抵押权人有权依照国家法律、法规和抵押合同的规定处分抵押财产。

因处分抵押财产而取得土地使用权和地上建筑物、其他附着物所有权的，应当依照规定办理过户登记。

第三十七条　处分抵押财产所得，抵押权人有优先受偿权。

第三十八条　抵押权因债务清偿或者其他原因而消灭的，应当依照规定办理注销抵押登记。

第六章　土地使用权终止

第三十九条　土地使用权因土地使用权出让合同规定的使用年限届满、提前收回及土地灭失等原因而终止。

第四十条　土地使用权期满，土地使用权及其地上建筑物、其他附着物所有权由国家无偿取得。土地使用者应当交还土地使用证，并依照规定办理注销登记。

第四十一条　土地使用权期满，土地使用者可以申请续期。需要续期的，应当依照本条例第二章的规定重新签订合同，支付土地使用权出让金，并办理登记。

第四十二条　国家对土地使用者依法取得的土地使用权不提前收回。在特殊情况下，根据社会公共利益的需要，国家可以依照法律程序提前收回，并根据土地使用者已使用的年限和开发、利用土地的实际情况给予相应的补偿。

第七章　划拨土地使用权

第四十三条　划拨土地使用权是指土地使用者通过各种方式依法无偿取得的土地使用权。

前款土地使用者应当依照《中华人民共和国城镇土地使用税暂行条例》的规定缴纳土地使用税。

第四十四条　划拨土地使用权，除本条例第四十五条规定的情况外，不得转让、出租、抵押。

第四十五条　符合下列条件的，经市、县人民政府土地管理部门和房产管理部门批准，其划拨土地使用权和地上建筑物、其他附着物所有权可以转让、出租、抵押：

（一）土地使用者为公司、企业、其他经济组织和个人；

（二）领有国有土地使用证；

（三）具有地上建筑物、其他附着物合法的产权证明；

（四）依照本条例第二章的规定签订土地使用权出让合同，向当地市、县人民政府补交土地使用权出让金或者以转让、出租、抵押所获收益抵交土地使用权出让金。

转让、出租、抵押前款划拨土地使用权的，分别依照本条例第三章、第四章和第五章的规定办理。

第四十六条　对未经批准擅自转让、出租、抵押划拨土地使用权的单位和个人，市、县人民政府土地管理部门应当没收其非法收入，并根据情节处以罚款。

第四十七条　无偿取得划拨土地使用权的土地使用者，因迁移、解散、撤销、破产或者其他原因而停止使用土地的，市、县人民政府应当无偿收回其划拨土地使用权，并可依照本条例的规定予以出让。

对划拨土地使用权，市、县人民政府根据城市建设发展需要和城市规划的要求，可以无偿收回，并可依照本条例的规定予以出让。

无偿收回划拨土地使用权时，对其地上建筑物、其他附着物，市、县人民政府应当根据实际情况给予适当补偿。

第八章　附　　则

第四十八条　依照本条例的规定取得土地使用权的个人，其土地使用权可以继承。

第四十九条　土地使用者应当依照国家税收法规的规定纳税。

第五十条　依照本条例收取的土地使用权出让金列入财政预算，作为专项基金管理，主要用于城市建设和土地开发。具体使用管理办法，由财政部另行制定。

第五十一条　各省、自治区、直辖市人民政府应当根据本条例的规定和当地的实际情况选择部分条件比较成熟的城镇先行试点。

第五十二条　本条例由国家土地管理局负责解释；实施办法由省、自治区、直辖市人民政府制定。

第五十三条　本条例自发布之日起施行。

国务院办公厅关于完善建设用地使用权转让、出租、抵押二级市场的指导意见

1．2019年7月6日
2．国办发〔2019〕34号

各省、自治区、直辖市人民政府，国务院各部委、各直属机构：

土地市场是我国现代市场体系的重要组成部分，是资源要素市场的重要内容。改革开放以来，通过大力推行国有建设用地有偿使用制度，我国基本形成了以政府供应为主的土地一级市场和以市场主体之间转让、出租、抵押为主的土地二级市场，对建立和完善社会主义市场经济体制、促进土地资源的优化配置和节约集约利用、加快工业化和城镇化进程起到了重要作用。随着经济社会发展，土地二级市场运行发展中的一些问题逐步凸显，交易规则不健全、交易信息不对称、交易平台不规范、政府服务和监管不完善等问题比较突出，导致要素流通不畅，存量土地资源配置效率较低，难以满足经济高质量发展的需要。为完善建设用地使用权转让、出租、抵押二级市场，结合各地改革试点实践，经国务院同意，现提出以下意见。

一、总体要求

（一）指导思想。以习近平新时代中国特色社会主义思想为指导，全面贯彻党的十九大和十九届二中、三中全会精神，紧紧围绕统筹推进“五位一体”总体布局和协调推进“四个全面”战略布局，认真落实党中央、国务院决策部署，充分发挥市场在资源配置中的决定性作用，更好发挥政府作用，坚持问题导向，以建立城乡统一的建设用地市场为方向，以促进土地要素流通顺畅为重点，以提高存量土地资源配置效率为目的，以不动产统一登记为基础，与国土空间规划及相关产业规划相衔接，着力完善土地二级市场规则，健全服务和监管体系，提高节约集约用地水平，为完善社会主义市场经济体制、推动经济高质量发展提供用地保障。

（二）基本原则。

把握正确方向。坚持社会主义市场经济改革方向，突出市场在资源配置中的决定性作用，着力减少政府微观管理和直接干预。落实“放管服”改革总体要求，强化监管责任，减少事前审批，创新和完善事中事后监管，激发市场活力，增强内生动力。

规范市场运行。完善交易规则，维护市场秩序，保证市场主体在公开、公平、公正的市场环境下进行交易，保障市场依法依规运行和健康有序发展，促进要素流动和平等交换，提高资源配置效率。

维护合法权益。坚持平等、全面、依法保护产权。充分尊重权利人意愿，保障市场主体合法权益，实现各类市场主体按照市场规则和市场价格依法平等使用和交易建设用地使用权，实现产权有效激励。切实维护土地所有权人权益，防止国有土地资产流失。

提高服务效能。强化服务意识，优化交易流程，降低交易成本，提高办事效率，方便群众办事，全面提升土地市场领域政府治理能力和水平。

（三）目标任务。建立产权明晰、市场定价、信息

集聚、交易安全、监管有效的土地二级市场,市场规则健全完善,交易平台全面形成,服务和监管落实到位,市场秩序更加规范,制度性交易成本明显降低,土地资源配置效率显著提高,形成一、二级市场协调发展、规范有序、资源利用集约高效的现代土地市场体系。

(四)适用范围。建设用地使用权转让、出租、抵押二级市场的交易对象是国有建设用地使用权,重点针对土地交易以及土地连同地上建筑物、其他附着物等整宗地一并交易的情况。涉及到房地产交易的,应当遵守《中华人民共和国城市房地产管理法》、《城市房地产开发经营管理条例》等法律法规规定。

二、完善转让规则,促进要素流通

(五)明确建设用地使用权转让形式。将各类导致建设用地使用权转移的行为都视为建设用地使用权转让,包括买卖、交换、赠与、出资以及司法处置、资产处置、法人或其他组织合并或分立等形式涉及的建设用地使用权转移。建设用地使用权转移的,地上建筑物、其他附着物所有权应一并转移。涉及到房地产转让的,按照房地产转让相关法律法规规定,办理房地产转让相关手续。

(六)明晰不同权能建设用地使用权转让的必要条件。以划拨方式取得的建设用地使用权转让,需经依法批准,土地用途符合《划拨用地目录》的,可不补缴土地出让价款,按转移登记办理;不符合《划拨用地目录》的,在符合规划的前提下,由受让方依法依规补缴土地出让价款。以出让方式取得的建设用地使用权转让,在符合法律法规规定和出让合同约定的前提下,应充分保障交易自由;原出让合同对转让条件另有约定的,从其约定。以作价出资或入股方式取得的建设用地使用权转让,参照以出让方式取得的建设用地使用权转让有关规定,不再报经原批准建设用地使用权作价出资或入股的机关批准;转让后,可保留为作价出资或入股方式,或直接变更为出让方式。

(七)完善土地分割、合并转让政策。分割、合并后的地块应具备独立分宗条件,涉及公共配套设施建设和使用的,转让双方应在合同中明确有关权利义务。拟分割宗地已预售或存在多个权利主体的,应取得相关权利人同意,不得损害权利人合法权益。

(八)实施差别化的税收政策。各地可根据本地实际,在地方权限内探索城镇土地使用税差别化政策,促进土地节约集约利用。

三、完善出租管理,提高服务水平

(九)规范以有偿方式取得的建设用地使用权出租管理。以出让、租赁、作价出资或入股等有偿方式取得的建设用地使用权出租或转租的,不得违反法律法规和有偿使用合同的相关约定。

(十)规范划拨建设用地使用权出租管理。以划拨方式取得的建设用地使用权出租的,应按照有关规定上缴租金中所含土地收益,纳入土地出让收入管理。宗地长期出租,或部分用于出租且可分割的,应依法补办出让、租赁等有偿使用手续。建立划拨建设用地使用权出租收益年度申报制度,出租人依法申报并缴纳相关收益的,不再另行单独办理划拨建设用地使用权出租的批准手续。

(十一)营造建设用地使用权出租环境。市、县自然资源主管部门应当提供建设用地使用权出租供需信息发布条件和场所,制定规范的出租合同文本,提供交易鉴证服务,保障权利人的合法权益。统计分析建设用地使用权出租情况及市场相关数据,定期发布出租市场动态信息和指南。

四、完善抵押机制,保障合法权益

(十二)明确不同权能建设用地使用权抵押的条件。以划拨方式取得的建设用地使用权可以依法依规设定抵押权,划拨土地抵押权实现时应优先缴纳土地出让收入。以出让、作价出资或入股等方式取得的建设用地使用权可以设定抵押权。以租赁方式取得的建设用地使用权,承租人在按规定支付土地租金并完成开发建设后,根据租赁合同约定,其地上建筑物、其他附着物连同土地可以依法一并抵押。

(十三)放宽对抵押权人的限制。自然人、企业均可作为抵押权人申请以建设用地使用权及其地上建筑物、其他附着物所有权办理不动产抵押相关手续,涉及企业之间债权债务合同的须符合有关法律法规的规定。

(十四)依法保障抵押权能。探索允许不以公益为目的的养老、教育等社会领域企业以有偿取得的建设用地使用权、设施等财产进行抵押融资。各地要进一步完善抵押权实现后保障原有经营活动持续稳定的配套措施,确保土地用途不改变、利益相关人权益不受损。探索建立建设用地使用权抵押风险提示机制和抵押资金监管机制,防控市场风险。

五、创新运行模式,规范市场秩序

(十五)建立交易平台。各地要在市、县自然资源主管部门现有的土地交易机构或平台基础上搭建城乡统一的土地市场交易平台,汇集土地二级市场交易信息,提供交易场所,办理交易事务,大力推进线上交易平台和信息系统建设。

（十六）规范交易流程。建立“信息发布—达成意向—签订合同—交易监管”的交易流程。交易双方可通过土地二级市场交易平台等渠道发布和获取市场信息；可自行协商交易，也可委托土地二级市场交易平台公开交易；达成一致后签订合同，依法申报交易价格，申报价格比标定地价低20%以上的，市、县人民政府可行使优先购买权。各地要加强交易事中事后监管，对违反有关法律法规或不符合出让合同约定、划拨决定书规定的，不予办理相关手续。

（十七）加强信息互通共享。加强涉地司法处置工作衔接，涉及建设用地使用权转移的案件，自然资源主管部门应当向人民法院提供所涉不动产的权利状况、原出让合同约定的权利义务情况等。建立健全执行联动机制，司法处置土地可进入土地二级市场交易平台交易。加强涉地资产处置工作衔接，政府有关部门或事业单位进行国有资产处置时涉及划拨建设用地使用权转移的，应征求自然资源主管部门意见，并将宗地有关情况如实告知当事人。自然资源、住房城乡建设、税务、市场监管等主管部门应加强对涉地股权转让的联合监管。加强建设用地使用权与房地产交易管理的衔接，建设用地使用权转让、出租、抵押涉及房地产转让、出租、抵押的，住房城乡建设主管部门与自然资源主管部门应当加强信息共享。

六、健全服务体系，加强监测监管

（十八）提供便捷高效的政务服务。在土地交易机构或平台内汇集交易、登记、税务、金融等相关部门或机构的办事窗口，大力发展“互联网＋政务服务”，积极推进“一窗受理、一网通办、一站办结”，大力精简证明材料，压缩办理时间，提高办事效率和服务水平。发挥土地交易机构或平台的专业优势，提供法律、政策咨询服务，协调矛盾，化解纠纷，营造良好的交易环境。

（十九）培育和规范中介组织。发挥社会中介组织在市场交易活动中的桥梁作用，发展相关机构，为交易各方提供推介、展示、咨询、估价、经纪等服务。各地要加强指导和监管，引导社会中介组织诚信经营。

（二十）加强市场监测监管与调控。健全土地二级市场动态监测监管制度，完善监测监管信息系统。严格落实公示地价体系，定期更新和发布基准地价或标定地价；完善土地二级市场的价格形成、监测、指导、监督机制，防止交易价格异常波动。土地转让涉及房地产开发的相关资金来源应符合房地产开发企业购地和融资的相关规定。强化土地一、二级市场联动，加强土地投放总量、结构、时序等的衔接，适时运用财税、金融等手段，加强对土地市场的整体调控，维护市场平稳运行。

（二十一）完善土地市场信用体系。土地转让后，出让合同所载明的权利义务随之转移，受让人应依法履约。要加强对交易各方的信用监管，健全以“双随机、一公开”为基本手段、以重点监管为补充、以信用监管为基础的新型监管机制。各地要结合本地区实际，制定土地市场信用评价规则和约束措施，对失信责任主体实施联合惩戒，推进土地市场信用体系共建共治共享。

七、保障措施

（二十二）加强组织领导。各地区各有关部门要充分认识完善土地二级市场的重要性，结合实际研究制定实施细则和配套措施，确保各项工作举措和要求落实到位。各级自然资源、财政、住房城乡建设、国有资产监督管理、税务、市场监管、金融等主管部门要建立联动机制，明确分工，落实责任，做好人员和经费保障，有序推进土地二级市场建设。已依法入市的农村集体经营性建设用地使用权转让、出租、抵押，可参照本意见执行。

（二十三）重视宣传引导。加大对土地二级市场相关政策的宣传力度，及时总结推广各地典型经验和创新做法，扩大土地二级市场影响力、吸引力，调动市场主体参与积极性。合理引导市场预期，及时回应公众关切，营造良好的土地市场舆论氛围，提升市场主体和全社会依法规范、节约集约用地的意识，切实提高资源利用效率。

（二十四）严格责任追究。强化监督问责，对违反土地二级市场相关规定的地方政府和有关部门、单位以及责任人员严格实行责任追究，坚决打击各种腐败行为。

城市国有土地使用权出让转让规划管理办法

1. 1992年12月4日建设部令第22号公布
2. 根据2011年1月26日住房和城乡建设部令第9号《关于废止和修改部分规章的决定》修正

第一条 为了加强城市国有土地使用权出让、转让的规划管理,保证城市规划实施,科学、合理利用城市土地,根据《中华人民共和国城乡规划法》、《中华人民共和国土地管理法》、《中华人民共和国城镇国有土地使用权出让和转让暂行条例》和《外商投资开发经营成片土地暂行管理办法》等制定本办法。

第二条　在城市规划区内城市国有土地使用权出让、转让必须符合城市规划,有利于城市经济社会的发展,并遵守本办法。

第三条　国务院城市规划行政主管部门负责全国城市国有土地使用权出让、转让规划管理的指导工作。

省、自治区、直辖市人民政府城市规划行政主管部门负责本省、自治区、直辖市行政区域内城市国有土地使用权出让、转让规划管理的指导工作。

直辖市、市和县人民政府城市规划行政主管部门负责城市规划区内城市国有土地使用权出让、转让的规划管理工作。

第四条　城市国有土地使用权出让的投放量应当与城市土地资源、经济社会发展和市场需求相适应。土地使用权出让、转让应当与建设项目相结合。城市规划行政主管部门和有关部门要根据城市规划实施的步骤和要求,编制城市国有土地使用权出让规划和计划,包括地块数量、用地面积、地块位置、出让步骤等,保证城市国有土地使用权的出让有规划、有步骤、有计划地进行。

第五条　出让城市国有土地使用权,出让前应当制定控制性详细规划。

出让的地块,必须具有城市规划行政主管部门提出的规划设计条件及附图。

第六条　规划设计条件应当包括:地块面积,土地使用性质,容积率,建筑密度,建筑高度,停车泊位,主要出入口,绿地比例,须配置的公共设施、工程设施,建筑界线,开发期限以及其他要求。

附图应当包括:地块区位和现状,地块坐标、标高,道路红线坐标、标高,出入口位置,建筑界线以及地块周围地区环境与基础设施条件。

第七条　城市国有土地使用权出让、转让合同必须附具规划设计条件及附图。

规划设计条件及附图,出让方和受让方不得擅自变更。在出让转让过程中确需变更的,必须经城市规划行政主管部门批准。

第八条　城市用地分等定级应当根据城市各地段的现状和规划要求等因素确定。土地出让金的测算应当把出让地块的规划设计条件作为重要依据之一。在城市政府的统一组织下,城市规划行政主管部门应当和有关部门进行城市用地分等定级和土地出让金的测算。

第九条　已取得土地出让合同的,受让方应当持出让合同依法向城市规划行政主管部门申请建设用地规划许可证。在取得建设用地规划许可证后,方可办理土地使用权属证明。

第十条　通过出让获得的土地使用权再转让时,受让方应当遵守原出让合同附具的规划设计条件,并由受让方向城市规划行政主管部门办理登记手续。

受让方如需改变原规划设计条件,应当先经城市规划行政主管部门批准。

第十一条　受让方在符合规划设计条件外为公众提供公共使用空间或设施的,经城市规划行政主管部门批准后,可给予适当提高容积率的补偿。

受让方经城市规划行政主管部门批准变更规划设计条件而获得的收益,应当按规定比例上交城市政府。

第十二条　城市规划行政主管部门有权对城市国有土地使用权出让、转让过程是否符合城市规划进行监督检查。

第十三条　凡持未附具城市规划行政主管部门提供的规划设计条件及附图的出让、转让合同,或擅自变更的,城市规划行政主管部门不予办理建设用地规划许可证。

凡未取得或擅自变更建设用地规划许可证而办理土地使用权属证明的,土地权属证明无效。

第十四条　各级人民政府城市规划行政主管部门,应当对本行政区域内的城市国有土地使用权出让、转让规划管理情况逐项登记,定期汇总。

第十五条　城市规划行政主管部门应当深化城市土地利用规划,加强规划管理工作。城市规划行政主管部门必须提高办事效率,对申领规划设计条件及附图、建设用地规划许可证的应当在规定的期限内完成。

第十六条　各省、自治区、直辖市城市规划行政主管部门可以根据本办法制定实施细则,报当地人民政府批准后执行。

第十七条　本办法由建设部负责解释。

第十八条　本办法自 1993 年 1 月 1 日起施行。

国土资源部关于加强土地资产管理促进国有企业改革和发展的若干意见

1. 1999年11月25日
2. 国土资发〔1999〕433号

为贯彻落实党的十五届四中全会通过的《中共中央关于国有企业改革和发展若干重大问题的决定》精神，推进国有企业改革和发展，现就进一步加强土地资产管理工作提出如下意见。

一、提高认识，转变观念，积极为国有企业改革和发展服务

各级人民政府土地行政主管部门要深入学习和领会党的十五届四中全会精神，充分认识合理处置土地资产对促进国有企业改革的重大意义。要从有利于搞活整个国有经济，促进国有经济布局战略调整和国有企业的战略性改组，推动企业科技进步出发，盘活和显化企业土地资产，积极参与和支持国有企业改革工作。要与企业改革的主管部门建立工作联系制度，及时了解企业改革和发展的进度与要求，在进一步贯彻落实《国有企业改革中划拨土地使用权管理暂行规定》（原国家土地管理局8号令）的基础上，遵循“明晰产权、显化资产、区分类型、合理处置、规范管理、促进发展”的原则，进一步加大土地资产管理力度。

二、区分类型，合理处置，完善土地资产配置体系，促进国有经济布局战略调整和国有企业战略性改组

国有企业改革时，经土地行政主管部门批准，可根据行业、企业类型和改革的需要，采用不同的土地资产处置方式和管理政策。

（一）在涉及国家安全的领域和对国家长期发展具有战略意义的高新技术开发领域，国有企业可继续以划拨方式使用土地。

（二）对于自然垄断的行业、提供重要公共产品和服务的行业，以及支柱产业和高新技术产业中的重要骨干企业，根据企业改革和发展的需要，主要采用授权经营和国家作价出资（入股）方式配置土地，国家以作价转为国家资本金或股本金的方式，向集团公司或企业注入土地资产。

（三）对于一般竞争性行业，应坚持以出让、租赁等方式配置土地。非国有资本购买、兼并、参股原国有企业时，可将企业原划拨土地评估作价后同其他国有资产一并转为国有股，逐步通过股权转让变现；也可分割出与企业净负债额相当的土地转为出让土地，参与企业整体拍卖和兼并剩余土地，购买方或兼并方有优先受让权和承租权。

（四）对承担国家计划内重点技术改造项目的国有企业，原划拨土地可继续以划拨方式使用，也可以作价出资（入股）方式向企业注入土地资产。

对其他采用成熟技术进行产品更新和技术改造的国有企业，可将原使用的划拨土地按出让方式处置，土地收益可作为应付帐款暂留企业，全额用于技术改造，并参照技改贷款方式进行管理。

（五）各项土地资产配置政策涉及的具体行业划定和土地收益使用管理办法，由我部分别商国家经贸委、财政部确定。

三、明确土地权益，显化土地资产，理顺财产关系，加强土地资产运营监管

将国有企业改革和发展与完善土地资产处置方式、明确土地权益相结合，降低企业改革成本，促进国有企业综合运用多种方式实现土地资产价值。

（一）深化土地使用制度改革，完善和协调出让、租赁、作价出资（入股）、授权经营等不同处置方式之间的权责关系，降低国有企业土地资产配置的直接成本。国有企业改革时，可按规定自主选择土地资产处置方式，鼓励以货币、资本、股本等多种形态综合实现土地资产价值。

（二）土地资产处置时，要考虑划拨土地使用权的平均取得和开发投入成本，合理确定土地作价水平。采用授权经营、作价出资（入股）方式处置土地资产的，按政府应收取的土地出让金额计作国家资本金或股本金。

（三）进一步明确国家作价出资（入股）和授权经营土地使用权的权益。以作价出资（入股）方式处置的，土地使用权在使用年期内可依法转让、作价出资、租赁或抵押，改变用途的应补缴不同用途的土地出让金差价；以授权经营方式处置的，土地使用权在使用年期内可依法作价出资（入股）、租赁，或在集团公司直属企业、控股企业、参股企业之间转让，但改变用途或向集团公司以外的单位或个人转让时，应报经土地行政主管部门批准，并补缴土地出让金。

（四）国有土地资产进入企业资产的财务处理及土地资产监管办法，由我部商财政部确定。在有关规定出台前，各地可指定专门机构进行土地资产管理，有关规定出台后，再按统一办法进行财务处理及资产监管。

四、发挥土地资产效益，优化资产结构，减轻企业负担，促进国有企业减债脱困和安置职工

优化国有企业资产结构、减轻企业负担要与调整用地结构有机结合，采取有效措施，鼓励国有企业充分利用和盘活现有建设用地，促进国有企业减债、脱困和集约利用土地。

（一）为减轻企业负担，国有企业在改革前可继续以划拨方式使用原有土地；改革后的企业用地符合《划拨供地项目目录》的，可仍以划拨方式使用。国有和集体企业兼并国有企业涉及的土地，不属于划拨供地范围的，经土地行政主管部门批准，也可在一定年限内维持划拨使用。

（二）根据企业在生产经营过程中对土地利用的不同要求，进一步细化配置土地权利，降低用地成本。国有企业因铺设地上、地下管线等需要通过集体土地或其他单位、个人使用的国有土地的，可以通过设定土地他项权利的方式，保证企业正常生产运营。只对因行使特定的土地他项权利而对土地所有者、使用者造成的损失给予相应补偿。

（三）经土地行政主管部门批准，非上市国有企业可将其原使用的划拨土地通过土地交易场所转让变现，也可由土地行政主管部门收购储备或优先安排租赁、出让，土地收益设立专户，专项用于企业增资减债和结构调整。在规划许可的前提下，允许非上市国有企业在其原用地范围内自行提高土地利用率。

（四）国有及国有控股企业参与股票配售的，经土地行政主管部门批准，可以将原使用的划拨土地作价后注入企业，作为国有资本，用于认购配售的股票。

（五）国有企业破产时，其原使用的划拨土地可由市、县人民政府组织出让，变现资金设立专户，优先用于职工安置。已设立破产企业职工安置资金专户的城市，破产企业划拨土地出让收益可全部纳入专户，按规定统一用于城市内破产企业职工安置。

五、明确供地政策，完善土地市场，为国有企业改革和发展创造良好的外部条件

明确建设用地供应政策和外商投资企业用地政策，提供土地交易场所，加强中介机构管理，为国有企业改革和发展营造有利的外部条件。

（一）加强土地利用规划和计划管理，控制建设用地增量，严格执行供地目录，制止不合理的重复建设。对列入《禁止供地项目目录》项目，一律不得提供建设用地；对列入《限制供地项目目录》的用地，要从严控制，不符合用地条件的，也不得提供建设用地。

（二）进一步明确外商投资企业用地政策，鼓励国有企业合理利用外资“嫁接改造”。国有企业与外资进行合资、合作，凡以出让、租赁、国家作价出资（入股）方式取得土地使用权的，不再另行缴纳场地使用费；凡符合《划拨供地项目目录》的，经土地行政主管部门批准，可按划拨方式用地。

（三）国有企业转让划拨土地使用权的，应到市、县土地行政主管部门设立的土地交易场所挂牌交易，以增加交易机会，减少交易成本；对有多个需求者的土地，可由土地行政主管部门组织招标拍卖，提高国有企业转让土地的收益。

（四）土地评估中介机构要与政府部门彻底脱钩，要加强行业自律，整顿行业秩序，规范中介行为，为国有企业改革和发展提供公平、公正的中介服务。

六、依法行政，规范操作，切实做好国有企业改革中的土地资产管理工作

各级土地行政主管部门要坚持依法行政，规范操作，优质服务，从快、从优做好国有企业改革中的土地登记、地价评估确认、处置方案策划和处置审批工作。

（一）加快土地调查、登记进度，允许有测绘力量的企业在权属调查完成后自行完成地籍测量。要结合土地证书年检，及时、准确办理企业土地登记，国有企业尚未进行初始土地登记的，允许在权属调查完成后先行改制，再根据土地使用权处置方案批复直接办理变更登记。要抓紧解决国有企业土地权属纠纷，对权属争议一时难以解决的，可将无争议土地剥离出来先行确权。要建立地籍资料公开查询、鉴证制度，及时为企业提供土地产权查询、鉴证服务。土地登记要严格执行国家规定的收费标准，切实减轻企业负担。

（二）规范企业改革中的土地价格评估工作。国有企业改革涉及的土地使用权应当进行地价评估，改制为上市公司的，必须选择具有A级土地评估资质的机构进行地价评估。土地评估机构要严格遵循国家法律法规，按照国家规定的技术标准，根据企业类型、处置方式及权利状况，科学选择评估方法和相关参数，合理确定估价结果，并出具规范的土地估价报告。

（三）加强土地资产处置方案策划，保证国有企业改革顺利进行。土地行政主管部门和土地评估机构要依据土地资产处置政策、企业改革方案和土地状况，帮助企业或行业选择土地资产处置方式，既可采用单一的处置方式，也可多种方式并用，设计适宜的土地资产处置方案。

（四）优化服务，搞好土地评估结果确认和处置方案的审批工作。国有企业改革涉及的土地估价结果和处置方案，应经土地所在地市、县土地行政主管部门初审后，按企业隶属关系报同级人民政府土地行政主管部门审批。土地行政主管部门应在规定的时限内规范出具初审意见和土地估价结果及处置方案批复。

国土资源部关于建立土地有形市场促进土地使用权规范交易的通知

1. 2000年1月6日

2. 国土资发〔2000〕11号

各省、自治区、直辖市及各计划单列市土地（国土）管理局（厅）：

为了切实贯彻《中共中央国务院关于进一步加强土地管理切实保护耕地的通知》（中发〔1997〕11号，以下简称11号文件）和《国务院办公厅关于加强土地转让管理严禁炒卖土地的通知》（国办发〔1999〕39号，以下简称39号文件），落实党的十五届四中全会精神，培育和规范土地要素市场，制止炒买炒卖"地皮"等非法交易行为，为国有企业改革盘活土地资产创造良好的外部环境，现就建立土地有形市场（以下简称有形市场），促进土地使用权规范交易的有关问题通知如下：

一、充分认识完善土地要素市场，建立有形市场的重要性和必要性

土地要素市场是社会主义市场经济体系的重要组成部分，遵循市场规律配置土地是市场经济发展的必然选择。建立和完善有形市场，是当前培育和规范土地要素市场，深化土地管理改革的重要工作和关键环节。

建立有形市场，是要通过设立固定场所，健全交易规则，提供相关服务，形成土地使用权公平、公开、公正交易的市场环境。建立有形市场是以市场方式配置土地的基本要求，是确保土地交易合法性和安全性的需要，是引导土地交易双方依法交易的重要手段，是规范市场秩序和创造良好市场环境的主要途径，也是沟通土地市场信息、增强土地投资决策科学性的基本条件。

建立有形市场，是土地管理改革，转变政府职能的大事，是积极推进依法行政、建立政务公开的有力措施，也是加强廉政建设、接受社会监督的重要举措。各级土地行政主管部门必须高度重视，积极创造条件，加快有形市场的建设步伐。

二、结合本地区实际，加快建立有形市场，完善土地市场功能

按照职能转变、政事分开、政企分开的原则，各地要结合政府机构改革，抓好各级特别是市、县有形市场的建设。在贯彻落实11号文件和39号文件的过程中，已经建立了有形市场的地方要完善功能，健全交易管理制度，扩大公开交易范围；尚未建立有形市场的地方，要按照本通知要求，认真分析本地区土地市场发育的实际情况，采取积极有效措施，加快有形土地市场建设。

当前，有形市场应具备以下基本功能：

（一）*提供交易场所*。为土地交易、洽谈、招商、展销等交易活动和招标、拍卖会提供场地，为交易代理、地价评估、法律咨询等中介机构提供营业场所。

（二）*办理交易事务*。为政府有关部门派出的办事机构提供服务"窗口"，方便交易各方办理政府管理的有关手续。

（三）*提供交易信息*。公布和提供土地供求信息，收集、储存、发布土地交易行情、交易结果，提供有关土地政策法规、土地市场管理规则、土地利用投资方向咨询等。

（四）*代理土地交易*。接受委托，实施土地使用权招标、拍卖，或受托代理土地使用权交易活动。

各地已建立的有形市场要按上述要求调整功能，并随市场的完善而逐步扩展，规范土地使用权交易，促进中介业务发展，并推动政府的土地收购储备工作。

三、充分利用有形市场，促进土地使用权公开交易

各级土地行政主管部门要充分利用有形市场，促进土地使用权依法公开交易。以下三类土地交易活动应当进场公开交易：

（一）*原划拨土地使用权的交易*。包括原划拨土地使用权的转让、租赁、抵押，以及土地的联营合作等交易；

（二）*出让土地使用权的首次交易*。包括转让、租赁、抵押、作价出资、入股交换或赠与等交易；

（三）*法律允许的集体建设用地的流转*。集体建设用地包括乡镇企业用地的转让、租赁、联营、入股等交易。

除上述三类土地的交易外，有条件的地方还可将因土地抵押权实现而引起的土地使用权转让、法院判决用于债务清偿的土地使用权的转让和出让土地使用权的转让、租赁、抵押、作价出资、交换、赠与等交易活动纳入有形市场交易，以提高土地公开交易的覆盖面，增加交易机会，降低交易风险和交易成本。

四、建立健全土地交易管理制度，规范有形市场运作

有形市场内要率先实施土地交易规则，广泛采用招标、拍卖手段，实行挂牌公告方式交易，对所有交易信息、交易程序、收费标准等要公开，规范土地交易行为，防止欺行霸市和强行推销中介服务，为土地使用权的交易，特别是国企改革的土地使用权转让、变现创造良好的市场环境。

要实行交易许可制度和交易预报制度。涉及原划拨土地或改变原土地使用条件的交易，由土地行政主管部门审核、县级以上人民政府批准后，方可入市交易。土地行政主管部门确认地价评估结果并核定应补交的出让金，明确缴纳办法。出让土地使用权的土地首次交易，经交易机构对出让合同履行情况初审后，必须报土地行政主管部门核准，达到转让的条件方可进场交易。涉及集体建设用地的交易，要首先取得原集体经济组织的同意，再经土地行政主管部门批准，方可依法流转。

在有形市场内公开交易的土地，凡属于经营性房地产项目和其他具有竞争性项目用地的交易，应采用招标、拍卖方式进行。其他用地类型应挂牌公告，规定期限内有多个申请者的，亦应采用招标、拍卖方式交易。

进行招标、拍卖活动，事前应制定招标、拍卖文件和投标、竞买规则，并发布招标、拍卖公告。招标、拍卖时，参与竞投或竞买的人员应达到规定的人数，属于政府出让土地的还应设立最低保护价。未达到规定人数和最低保护价的，由土地行政主管部门或交易机构重新作出安排。招标应设立评标小组，评标工作由委托招标人或交易机构主持，除主持人外，其余成员在开标前一天从有形市场评标专家库中随机选定。

各地可按上述要求结合本地实际，制定有形市场的具体管理办法。

五、加强领导和监督，确保有形市场的正常运作和健康发展

各级土地行政主管部门要切实加强对有形市场的领导，在有形市场的机构性质、工作职能、人员编制和工作费用等方面与相关部门做好协调，落实好机构、人员和经费，搞好行政、事业、企业等单位在市场运营和管理中的工作衔接，推动有形市场的建立和完善，确保土地要素市场的正常运作和健康发展。

各地要加强对有形市场的监督管理，对不按规定进入有形市场交易或不按规则进行交易的行为进行纠正，对拒不改正者，不予办理土地变更登记手续，并按违法用地查处。对政府部门或土地交易机构人员在办理土地交易过程中接受贿赂、徇私舞弊、泄漏秘密、玩忽职守的，按情况给予政纪处分。构成犯罪的，由司法机关处理。

国土资源部关于改革土地估价结果确认和土地资产处置审批办法的通知

1. 2001年2月13日

2. 国土资发〔2001〕44号

各省、自治区、直辖市国土资源厅（国土环境资源厅、国土资源和房屋管理局、房屋土地资源管理局、规划和国土资源局），计划单列市土地管理局（城乡规划土地局、规划国土局），解放军土地管理局，新疆生产建设兵团土地管理局：

为贯彻落实党中央、国务院关于政府要减少对经济事务审批事项，强化监督管理的要求，现就改革土地估价结果确认与土地资产处置审批办法的有关问题通知如下：

一、以土地估价报告备案取代土地估价结果确认审批

改革土地估价确认管理，取消确认审批，建立土地估价报告备案制度。企业改制需要进行土地估价的，应由企业自主选择土地估价机构进行评估。土地行政主管部门不再对土地估价结果进行确认。企业改制上报的土地估价报告，只要格式规范、要件齐备，土地行政主管部门将直接给予备案。

企业改制涉及的土地已经实行有偿使用或需要转为出让或承租土地的，不再进行处置审批，直接在市、县土地行政主管部门办理变更登记或有偿用地手续。企业委托进行土地估价的，土地估价报告同时交付备案。改制涉及的土地采用国家作价出资（入股）、授权经营方式处置的，土地估价报告应在省级以上土地行政主管部门办理土地资产处置审批时备案。

土地估价中介服务机构要与政府主管部门彻底脱钩，按照“客观、真实、公正”的要求，独立进行估价业务活动，对土地估价结果独立承担责任，并定期将业绩清单上报土地行政主管部门备案，接受监督。

市、县人民政府土地行政主管部门要定期公布当地的基准地价和标定地价，并提供地价查询服务，为社会和企业认定估价结果提供参考依据。

为维护国家和改制企业的土地权益，促使土地估价机构增强自律意识，提高执业质量和服务水平，土地行政主管部门将对土地估价机构和估价报告进行定期抽查，对弄虚作假的，要追究责任，依法处理。

二、明确企业的国有划拨土地权益

企业原使用的划拨土地，改制前只要不改变土地用途，可继续以划拨方式使用。改制后只要用途符合法定的划拨用地范围，仍可继续以划拨方式使用。改制或改变用途后不再符合法定划拨用地范围的，应当依法实行有偿使用。

为支持和促进企业改革，企业改制时，可依据划拨土地的平均取得成本和开发成本，评定划拨土地使用权价格，作为原土地使用者的权益，计入企业资产。企业依法取得的划拨土地设定抵押权是，划拨土地使用权价格可作为使用者的权益，计入抵押标的；抵押权实现时，土地使用权可转为出让土地使用权，在扣缴土地使用权出让金后，抵押权人可优先受偿。划拨土地经批准可以转让，划拨土地使用权价格部分可计为转让方的合法收益，转让后的用途不符合法定划拨用地范围的，受让方应当申办有偿用地手续。划拨土地需要转为有偿使用土地的，应按出让土地使用权价格与划拨土地使用权价格差额部门核算出让金，并以此计算租金或增加国家资本金、国家股本金。

三、规范国家作价出资（入股）、授权经营处置方式的使用

对于省级以上人民政府批准实行授权经营或国家控股公司试点的企业，方可采用授权经营或国家作价出资（入股）方式配置土地。其中，经国务院批准改制的企业，土地资产处置方案应报国土资源部审批，其他企业的土地资产处置方案应报土地所在的省级土地行政主管部门审批。为方便与有关部门衔接，同一企业涉及在两个以上省（自治区、直辖市）审批土地资产处置的，企业可持有关省（自治区、直辖市）的处置批准文件到我部转办统一的公函。

土地资产处置方案报批程序如下：

（一）改制企业根据省级以上人民政府关于授权经营或国家控股公司试点的批准文件，拟订土地资产处置总体方案，向有批准权的土地行政主管部门申请核准；

（二）土地资产处置总体方案核准后，企业应自主委托具备相应土地估价资质的机构进行评估，并依据土地状况和估价结果，拟订土地资产处置的具体方案；

（三）企业向市、县土地行政主管部门申请初审，市、县土地行政主管部门对土地产权状况、地价水平进行审查并出具意见；

（四）企业持改制方案、土地估价报告、土地资产处置具体方案和初审意见，到有批准权的土地行政主管部门办理土地估价报告备案和土地资产处置审批；

（五）企业持处置批准文件在财政部门办理国有资本金转增手续后，到土地所在的市、县土地行政主管部门办理土地变更登记。

国土资源部对土地资产处置方案核准和审批实行集体会审，各地也应实行集体决策。审批机关要简化审查内容，只对土地权属状况、土地处置方式和地价水平等内容进行重点审查。初审机关不干预土地资产处置方式。

四、加强对土地估价机构的监督管理

各级土地行政主管部门要切实转变对土地估价行业的管理方式，建立抽查制度，进一步加强对土地估价机构的监管。各地要定期对土地评估机构和土地估价报告进行随机检查，组织土地估价行业协会及有关专家对被抽查的机构和报告进行集体评议，对违法违规的机构或个人进行处罚。土地行政主管部门作出处罚决定前，应进行听证，抽查结果和处罚决定要向社会公布。

对在抽查评议中发现未与行政机关脱钩并改制而从事中介业务、土地估价报告和业绩清单不按规定备案、拒不接受主管部门检查、不遵守土地估价技术规范、弄虚作假评估的机构或个人，要视情节轻重，分别给予通报、警告、降低资质等级、吊销土地估价机构资质证书和土地估价师资格证书等处罚。

今后，在我部备案的土地估价机构和已报部备案的土地估价报告，由我部组织抽查。在省级土地行政主管部门备案的机构，由省级土地行政主管部门组织抽查，抽查结果应向我部报告。

土地行政主管部门要充分发挥土地估价师协会等行业组织的自律作用，加强教育培训工作，提高土地估价队伍的执业素质，促进土地估价行业的健康发展。

改革土地估价结果确认与土地资产处置审批办法，是土地行政主管部门贯彻落实党中央、国务院关于转变政府职能，改革审批制度，加强土地市场监督管理，促进土地估价行业发展的一项重大举措，各级土地行政主管部门要提高认识，认真贯彻执行。各地现有规定与本通知精神不一致的，要按照中央关于简化和

减少行政审批事项，强化监督管理的要求做好衔接，按本通知精神加以规划。

国土资源部办公厅关于印发《企业改制土地资产处置审批意见（试行）》和《土地估价报告备案办法（试行）》的通知

1. 2001年4月29日
2. 国土资厅发〔2001〕42号

各省、自治区、直辖市国土资源厅（国土环境资源厅、国土资源和房屋管理局、房屋土地资源管理局、规划和国土资源局）：

根据《关于改革土地估价结果确认和土地资产处置审批办法的通知》（国土资发〔2001〕44号）精神，部制定了《企业改制土地资产处置审批意见（试行）》（附件一）和《土地估价报告备案办法（试行）》（附件二）二个配套文件，现印发给你们，请遵照执行。执行中的有关问题请及时报部土地利用管理司。

附件一

企业改制土地资产处置审批意见（试行）

一、审批权限划分

（一）经国务院批准改制且符合以国家作价出资（入股）或授权经营方式配置土地条件的企业，其土地资产处置方案报部审批。经国务院批准改制具体包括以下两类：

1. 国务院直接批准、国务院会议纪要确定或国务院领导批准改制组建股份有限公司、有限责任公司的；

2. 国务院直接批准、国务院会议纪要确定或国务院领导批准改制组建境外上市企业的。

（二）无论哪类企业，若改制涉及的土地已经实行有偿使用或需要转为出让或承租土地的，直接到土地所在地市、县土地行政主管部门申请办理变更登记或有偿用地手续。

（三）国务院有关部门、企业集团或地方人民政府批准改制且符合国家作价出资（入股）或授权经营方式配置土地的企业，其土地资产处置方案报土地所在地的省级土地行政主管部门审批。

为方便与有关部门衔接，同一企业涉及在两个以上省（自治区、直辖市）审批土地资产处置的，企业根据需要，可持有关省（区、市）的处置批准文件到我部转办统一的公函。

如果同一企业改制涉及的划拨土地，部分采用出让或租赁方式处置、部分采用国家作价出资（入股）或授权经营方式处置、部分土地采用保留划拨方式处置等多种处置方式并存的，土地资产处置总体方案一并拟订，按照国家作价出资（入股）或授权经营方式处置的审批权限报有批准权的土地行政主管部门一并核准，具体处置方案则按各种处置方式的审批权限分别在市且或省级以上土地行政主管部门办理。

二、采用国家作价出资（入股）或授权经营方式处置的范围和程序

（一）适用范围：

对于省级以上人民政府批准实行授权经营或国家控股公司试点的企业，方可采用授权经营或国家作价出资（入股）方式配置土地。

（二）报批程序：

1. 改制企业根据省级以上人民政府关于授权经营或国家控股公司试点的批准文件，拟定土地资产处置总体方案，向省或国务院土地行政主管部门申请核准；

2. 土地资产处置总体方案经核准后，企业应自主委托具备相应土地评估资质的机构进行评估，并依据土地状况和估价结果，拟定土地资产处置的具体方案；

3. 企业向市、县土地行政主管部门申请初审，市、县土地行政主管部门对土地产权状况、地价水平进行初步审查并出具意见，并附土地估价结果初审表（见附件二中附表二）；

4. 企业持改制方案、土地估价报告、土地资产处置具体方案和初审意见，到有批准权的土地行政主管部门办理土地估价报告备案和土地资产处置审批；

5. 企业持处置批准文件在财政部门办理国有资本金转增手续后，到土地所在的市、县土地行政主管部门办理土地变更登记。

三、总体方案核准办理要求

（一）所需报件：

1. 土地资产处置总体方案核准申请文件；

2. 改制批准文件；

3. 批准实行授权经营或国家控股公司试点企业的文件；

4. 改制企业土地资产处置总体方案（涉及土地的

基本类型、宗地、面积概略数及相应的处置方式等)；

5. 企业改制方案。

(二)审查内容：

1. 报文资格；

2. 采取授权经营或国家作价出资(入股)方式配置土地的资格；

3. 企业改制所涉及土地基本类型及各类土地对应的处置方式。

四、具体处置方案审批要求

(一)所需报件：

1. 土地估价报告备案和土地资产处置审批的申请文件(含土地估价报告备案表)；

2. 土地资产处置具体方案；

3. 土地估价报告和土地估价技术报告；

4. 土地资产处置总体方案核准文件；

5. 市、县土地行政主管部门对土地权属和地价水平的初审意见(含土地估价结果初审表)。

(二)审查内容：

1. 土地处置方式；

2. 土地权属状况；

3. 地价水平等。

五、行文参考格式(略)

附件二

土地估价报告备案办法(试行)

一、备案范围

土地估价报告备案的范围是指：

1. 企业改制涉及的土地估价报告。

2. 土地评估机构完成的土地估价项目业绩清单。

二、备案要求

(一)企业改制涉及的土地估价报告按以下要求报土地行政主管部门备案：

1. 企业改制涉及的土地已经实行有偿使用或需要转为出让或承租土地的，改制企业在土地所在地市、县土地行政主管部门申请办理变更登记或有偿用地手续时，所涉及宗地的土地估价报告同时交付备案。

2. 企业改制涉及的土地采用国家作价出资(入股)、授权经营方式处置的，改制企业在省级以上土地行政主管部门申请办理土地资产处置时，土地估价报告同时在省级以上土地行政主管部门备案；同一企业涉及在两个以上省(自治区、直辖市)审批土地资产处置的，所涉及宗地的土地估价报告与土地资产处置审批分别到宗地所在省(区、市)备案。

(二)土地估价项目业绩清单按以下要求报土地行政主管部门备案：

1. 在国土资源部备案的土地评估机构，其土地估价报告项目业绩清单报国土资源部备案，同时抄报机构所在地省级土地行政主管部门。

2. 在省级土地行政主管部门备案的土地评估机构，其土地估价项目业绩清单报省级土地行政主管部门备案。

三、备案条件

(一)企业改制涉及的土地估价报告备案须具备以下条件：

1. 受托评估机构具有国土资源部和省级土地行政主管部门颁发的《土地评估机构资质证书》，从业范围符合资质证书的规定，并根据与委托方签订的合同约定条件出具了土地估价报告。

2. 土地估价报告符合土地估价报告规范格式要求，其内容完善，结构合理，表述清楚，资料真实可靠，依据充分。

3. 按规定提交以下相关材料，符合要件齐备要求：

(1)土地估价报告在省级以上土地行政主管部门备案的具体要件详见《企业改制土地资产处置审批意见(试行)》(附件一)中具体处置方式审批要求所需报件。

(2)土地估价报告在市、县土地行政主管部门备案的具体要件主要包括：

①土地估价报告备案的申请函件，并附《土地估价报告备案表》(见附表一)；

②土地估价报告和土地估价技术报告；

③企业改制方案和土地资产处置方案；

④企业改制批准文件。

(二)土地估价项目业绩清单备案须具备以下条件：

1. 业绩清单所列的土地估价报告是土地评估机构独立或与其他机构合作完成，并已向委托方提交的土地估价报告(土地估价项目业绩清单见附表三)。

2. 业绩清单应包括土地评估机构上一季度上述所有的土地估价报告。

3. 业绩清单应在规定时间上报、上报时间以当地当日邮戳为准。(逾期未报的，视为上一季度无业绩清单。)

四、备案程序

(一)企业改制涉及的土地估价报告按以下程序

备案：

1. 申请

改制企业持土地估价报告及资产处置申请文件、材料等要件向土地行政主管部门提出备案申请。

2. 受理与备案

土地行政主管部门对要件进行合规性审核，凡机构资质符合要求，要件齐备，土地估价报告符合规范格式，应予以备案，并由土地行政主管部门在《土地估价报告备案表》上签署备案意见。如不符合规定要求，则经补充有关材料或完善土地估价报告后予以备案。

（二）土地估价项目业绩清单按以下程序备案：

1. 报送业绩清单

土地评估机构在每季度的第一个星期一将上一季度的土地估价项目业绩清单报土地行政主管部门（同时附相应的电子文档）。

2. 审核与汇总

土地行政主管部门在收到各土地评估机构报送的业绩清单后，进行审核汇总，作为对土地估价报告进行随机抽查的依据。

附表：（略）

自然资源部办公厅关于土地估价机构备案工作的通知

1. 2022年9月27日
2. 自然资办发〔2022〕42号

为贯彻落实《中华人民共和国资产评估法》（以下简称"《资产评估法》"）要求，加强土地估价行业监督管理，促进土地估价行业健康发展，现就土地估价机构备案有关事项通知如下：

一、备案信息填报

从事土地估价业务且符合《资产评估法》第五条、第十五条等规定的评估机构，应登录"土地估价行业备案系统"，向工商登记所在地的省级自然资源主管部门进行土地估价机构备案，如实填报有关信息，按要求上传营业执照、经工商行政管理机关登记的合伙协议或公司章程、机构法定代表人或者执行事务合伙人的任职文件及相关证明、机构合伙人或者股东相关证明、在本机构执业的评估师资质及相关证明等材料电子扫描件（原土地估价师上传的电子扫描件格式不变）。

二、备案信息核验

各省级自然资源主管部门应在收到土地估价机构备案信息后15个工作日内核验。对备案信息不全或不符合《资产评估法》相关规定的，省级自然资源主管部门应一次性告知需补正的全部内容。土地估价机构应在收到核验意见后按要求提交补正备案信息，超过30天仍未按要求补正的，视同未备案。对备案信息完备且符合相关规定的机构，省级自然资源主管部门完成备案。

三、备案信息公示和变更

土地估价机构备案完成后，其机构名称、备案编号、法定代表人或执行事务合伙人、执业评估师等信息，由省级自然资源主管部门以编号公函形式通过备案系统向社会公示。

土地估价机构的名称、法定代表人或执行事务合伙人、股东或合伙人、组织形式、执业评估师等重大事项发生变更的，应当自变更之日起15个工作日内登录备案系统向省级自然资源主管部门提交变更信息。省级自然资源主管部门应自收到变更信息后15个工作日内完成变更信息的核验。土地估价机构注销工商登记或被工商行政管理部门吊销营业执照或其他注销情形的，省级自然资源主管部门应及时注销其土地估价机构备案信息并向社会公示。

四、系统密钥管理

新设立的土地估价机构，可直接登录备案系统，机构备案完成后，由自然资源部统一制作、省级自然资源主管部门统一配发机构管理密钥，该密钥用于识别机构身份，并可用于土地估价报告备案。已备案机构变更信息时，需凭机构管理密钥登录备案系统。

五、监督管理

对未完成土地估价机构备案开展土地估价业务的评估机构，由省级自然资源主管部门依照《资产评估法》第四十七条等规定进行处理。

国土资源部等关于扩大国有土地有偿使用范围的意见

1. 2016年12月31日国土资源部、国家发展和改革委员会、财政部、住房和城乡建设部、农业部、中国人民银行、国家林业局、中国银行业监督管理委员会发布
2. 国土资规〔2016〕20号

各省、自治区、直辖市人民政府，国务院各部委、各直属机构：

自土地使用制度改革以来，我国已形成较为完善的国有建设用地有偿使用制度体系,对落实"十分珍惜、合理利用土地和切实保护耕地"基本国策,保障城镇化、工业化发展,促进社会主义市场经济体制的建立和完善,发挥了重大作用。近年来,随着我国经济发展进入新常态,国有土地有偿使用覆盖面不到位、制度不健全等问题逐渐凸显,市场配置资源决定性作用没有得到充分发挥。为进一步完善国有土地有偿使用制度,根据《中华人民共和国土地管理法》及相关法律规定,经国务院同意,提出以下意见。

一、总体要求

(一)指导思想。全面贯彻党的十八大和十八届三中、四中、五中、六中全会精神,深入学习贯彻习近平总书记系列重要讲话精神,紧紧围绕统筹推进"五位一体"总体布局和协调推进"四个全面"战略布局,牢固树立创新、协调、绿色、开放、共享的发展理念,按照党中央、国务院决策部署,立足基本国情和发展阶段,坚持和完善国有土地全民所有制,坚持和完善国有土地有偿使用制度,使市场在资源配置中起决定性作用和更好发挥政府作用,进一步深化国有土地使用和管理制度改革,扩大国有土地有偿使用范围,促进国有土地资源全面节约集约利用,更好地支撑和保障经济社会持续健康发展。

(二)基本原则。

坚持用途管制。严格落实国有农用地、建设用地和未利用地用途管制,国有土地的开发、利用和保护应坚持生态优先的原则,必须符合土地利用总体规划、城乡规划和主体功能区规划等各相关规划。

坚持市场配置。落实国有土地所有权权益,明晰使用权为核心的国有土地资产产权归属、权利类型及对应权能。扩大国有建设用地有偿使用范围,推进国有农用地有偿使用,规范国有未利用地使用管理。完善国有土地有偿使用方式,健全公平开放透明的国有土地市场规则。

坚持依法行政。依法扩大国有土地有偿使用范围,法律规定应当有偿使用的国有土地,必须有偿使用。根据投融资体制、国有企事业单位、农垦等相关领域改革要求,逐步缩小划拨用地范围。依法严格生态用地保护。

二、扩大国有建设用地有偿使用范围

(一)完善公共服务项目用地政策。根据投融资体制改革要求,对可以使用划拨土地的能源、环境保护、保障性安居工程、养老、教育、文化、体育及供水、燃气供应、供热设施等项目,除可按划拨方式供应土地外,鼓励以出让、租赁方式供应土地,支持市、县政府以国有建设用地使用权作价出资或者入股的方式提供土地,与社会资本共同投资建设。市、县政府应依据当地土地取得成本、市场供需、产业政策和其他用途基准地价等,制定公共服务项目基准地价,依法评估并合理确定出让底价。公共服务项目用地出让、租赁应遵循公平合理原则,不得设置不合理的供应条件,只有一个用地意向者的,可以协议方式供应。国有建设用地使用权作价出资或者入股的使用年限,应与政府和社会资本合作期限相一致,但不得超过对应用途土地使用权出让法定最高年限。加快修订《划拨用地目录》,缩小划拨用地范围。

(二)完善国有企事业单位改制建设用地资产处置政策。事业单位等改制为企业的,其使用的原划拨建设用地,改制后不符合划拨用地法定范围的,应按有偿使用方式进行土地资产处置,符合划拨用地法定范围的,可继续以划拨方式使用,也可依申请按有偿使用方式进行土地资产处置。上述单位改制土地资产划转的权限和程序按照分类推进事业单位改革国有资产处置的相关规定办理;土地资产处置的权限和程序参照国有企业改制土地资产处置相关规定办理。政府机构、事业单位和国有独资企业之间划转国有建设用地使用权,划转后符合《划拨用地目录》保留划拨方式使用的,可直接办理土地转移登记手续;需有偿使用的,划入方应持相关土地资产划转批准文件等,先办理有偿用地手续,再一并办理土地转移登记和变更登记手续。

三、规范推进国有农用地使用制度改革

(一)加强国有农用地确权登记工作。以承包经营以外的合法方式使用国有农用地的国有农场、草场以及使用国家所有的水域、滩涂等农用地进行农业生产,申请国有农用地使用权登记的,可按相关批准用地文件,根据权利取得方式的不同,明确处置方式,参照《不动产登记暂行条例实施细则》(国土资源部令第63号)有关规定,分别办理国有农用地划拨、出让、租赁、作价出资或者入股、授权经营使用权登记手续。

(二)规范国有农用地使用管理。使用国有农用地不得擅自改变土地用途,耕地、林地、草地等农业用途之间相互转换的,应依法依规进行,具体管理办法由国务院相关部门共同制定。国有农用地的有偿使用,严格限定在农垦改革的范围内。农垦企业改革改制中涉及的国有农用地,国家以划拨方式处置的,使用权人可以承包租赁;国家以出让、作价出资或者入股、授权经营方式处置的,考虑农业生产经营特点,合理确定使

用年限，最高使用年限不得超过50年，在使用期限内，使用权人可以承包租赁、转让、出租、抵押。国家以租赁方式处置的，使用权人可以再出租。按照严格保护为主的原则，依法规范国有林地使用管理。改变国有农用地权属及农业用途之间相互转换的，应当办理不动产登记手续。

（三）明确国有农场、牧场改革国有农用地资产处置政策。国有农场、牧场改制，应由改制单位提出改制方案，按资产隶属关系向主管部门提出申请，主管部门提出明确意见并征求同级国土资源、发展改革、财政等相关部门意见后，报同级政府批准。对属于省级以上政府批准实行国有资产授权经营的国有独资企业或公司的国有农场、国有牧场等，其涉及国有农用地需以作价出资或者入股、授权经营及划拨方式处置的，由同级国土资源主管部门根据政府批准文件进行土地资产处置。改制单位涉及土地已实行有偿使用或需转为出让或租赁土地使用权的，直接到土地所在地市、县国土资源主管部门申请办理变更登记或有偿用地手续。

（四）完善国有农用地土地等级价体系。开展基于土地调查的农用地等别调查评价与监测工作，定期更新草地、耕地等农用地土地等别数据库。完善农用地定级和估价规程，部署开展农用地定级试点，稳步推进农用地基准地价制定和发布工作，及时反映农用地价格变化。加强农用地价格评估与管理，显化维护国有农用地资产。

四、严格国有土地开发利用和供应管理

（一）严格生态用地保护。按照有度有序利用自然、调整优化空间结构的原则，严格管控土地资源开发利用，促进人与自然和谐共生。对国家相关法律法规和规划明确禁止开发的区域，严禁以任何名义和方式供应国有土地，用于与保护无关的建设项目。

（二）规范国有土地使用权作价出资或者入股、授权经营管理。作价出资或者入股土地使用权实行与出让土地使用权同权同价管理制度，依据不动产登记确认权属，可以转让、出租、抵押。国有企事业单位改制以作价出资或者入股、授权经营方式处置的国有建设用地，依据法律法规改变用途、容积率等规划条件的，应按相关规定调整补交出让金。

（三）改革完善国有建设用地供应方式。地方政府可依据国家产业政策，对工业用地采取先行以租赁方式提供用地，承租方投资工业项目达到约定条件后再转为出让的先租后让供应方式，或部分用地保持租赁、部分用地转为出让的租让结合供应方式。各地可根据实际情况，实行工业用地弹性年期出让政策。支持各地以土地使用权作价出资或者入股方式供应标准厂房、科技孵化器用地，为小型微型企业提供经营场所，促进大众创业、万众创新。

（四）规范国有土地使用权抵押管理。国有建设用地使用权抵押应按照物权法、担保法等相关法律法规的规定执行。农垦国有农用地使用权担保要按照《中共中央、国务院关于进一步推进农垦改革发展的意见》（中发〔2015〕33号）的部署，以试点的方式有序开展。

各地区要认真落实本意见要求，加强指导支持，精心组织实施，切实做好扩大国有土地有偿使用范围各项工作。国土资源部将会同有关部门对本意见落实情况进行督促指导，重大事项及时向国务院报告。

关于完善建设用地使用权转让、出租、抵押二级市场的试点方案

1. 2017年1月22日国土资源部发布
2. 国土资发〔2017〕12号

土地二级市场是我国城乡统一建设用地市场的重要组成部分。实行土地有偿使用制度近30年来，土地二级市场对促进土地资源的优化配置和节约集约利用、加快工业化和城镇化进程发挥了积极作用。随着经济社会发展和改革深入，土地二级市场运行发展中的一些问题也逐步凸显，交易规则不健全，政府的服务和监管不完善，交易信息不对称、交易平台不规范等问题比较突出，制约了存量土地资源的盘活利用，难以满足新型城镇化和经济转型发展需要。按照党的十八届三中全会关于完善土地二级市场的决策部署和中央全面深化改革工作要求，制定本试点方案。

一、总体要求

（一）指导思想。全面贯彻党的十八大和十八届三中、四中、五中、六中全会精神，深入学习贯彻习近平总书记系列重要讲话精神，紧紧围绕统筹推进“五位一体”总体布局和协调推进“四个全面”战略布局，牢固树立创新、协调、绿色、开放、共享的发展理念，按照党中央、国务院决策部署，根据使市场在资源配置中起决定性作用和更好发挥政府作用的要求，坚持问题导向，以建立城乡统一的建设用地市场为方向，以促进土地要素流通顺畅为核心，以提高存量土地资源配置效率为目的，以不动产登记为基础，与城乡规划、土地利用总体规划及相关产业规划相衔接，着力构建完善土

地二级市场规则，健全服务和监管体系，提高节约集约用地水平，为经济社会持续健康发展，全面建成小康社会提供用地保障。

（二）基本原则。把握正确方向。坚持市场经济改革方向，突出市场配置资源的决定性作用，落实“放管服”总体要求，强化监管责任，不断健全和发展城乡统一建设用地市场。

规范市场运行。完善交易规则，维护市场秩序，保证市场主体能在公开、公平、公正的市场环境下进行交易，保障市场依法依规运行、健康有序发展，促进要素流通，提高资源配置效率。

维护合法权益。充分尊重权利人意愿，保障市场主体合法权益。切实维护土地所有权人权益。

提高服务效能。强化服务意识，优化交易流程，降低交易成本，提升服务水平，提高办事效率，方便群众办事。

注重改革协同。注重与不动产统一登记、集体经营性建设用地入市等改革协同，加强部门协作，形成改革合力。

（三）试点目标。通过改革试点，到2018年年底，在相关地区建立符合城乡统一建设用地市场要求，产权明晰、市场定价、信息集聚、交易安全的土地二级市场，市场规则基本完善，土地资源配置效率显著提高，形成一批可复制、可推广的改革成果，为构建城乡统一的建设用地市场、形成竞争有序的土地市场体系、修改完善相关法律法规提供支撑。

（四）试点范围和地区。试点的范围是建设用地使用权的转让、出租和抵押，重点针对土地交易，以及土地连同地上建筑物、其他附着物一并交易的情况。

试点地区选择转让、出租、抵押等交易量较大且不动产登记工作基础较好的大、中城市，共34个市县（详见附件）。其中6个已开展集体经营性建设用地入市试点的县（区）同时开展国有和集体土地二级市场试点。

二、试点政策措施

（一）完善交易机制。

1. 完善建设用地使用权转让机制。明确建设用地使用权转让形式。将各类导致建设用地使用权转移的行为都视为建设用地使用权转让，包括买卖、交换、赠与、出资等，以及司法处置、资产处置、法人或其他组织合并或分立等形式涉及的建设用地使用权转移。建设用地使用权转移的，地上建筑物、其他附着物所有权应一并转移。

明晰不同权能建设用地使用权转让的必要条件。明确以划拨、出让、作价出资（入股）和授权经营等方式供应的建设用地在转让前应满足的条件。以划拨方式取得的建设用地使用权转让，土地用途符合《划拨用地目录》的，可不补缴出让收入，直接办理不动产登记手续；不符合《划拨用地目录》的，由受让方依法依规足额补缴土地出让收入。以出让方式取得的建设用地使用权转让的，在符合法律法规规定和出让合同约定的前提下，应保障其交易自由；原出让合同对转让条件另有约定的，从其约定。以作价出资（入股）和授权经营方式取得的建设用地使用权转让，可以参照以出让方式取得的建设用地使用权转让规定。

完善土地分割转让政策。探索土地分割转让措施，明确分割条件，规范分割流程，促进存量土地盘活利用。

实施差别化的税费政策。各地可根据本地实际，在地方权限内探索差别化的税费政策。充分发挥城镇土地使用税在节约集约用地中的作用。对于闲置土地，从严征收土地闲置费。

2. 完善建设用地使用权出租机制。以出让方式取得的建设用地使用权出租或以租赁方式取得建设用地使用权转租的，不得违反法律法规和出让合同或租赁合同的相关约定。以划拨方式取得的建设用地使用权出租的，应经依法批准，并按照有关规定上缴应缴的土地出让收入。研究建立划拨建设用地使用权出租的巡查发现、举报和查处机制，严格加强监管。国土资源、财政、税务、工商等部门应加强协作，在不动产登记、税务、工商等方面加强联动，加大土地出让收入征收管理力度，防止国有资产流失。

3. 完善建设用地使用权抵押机制。放宽对抵押权人的限制。按照债权平等原则，明确自然人、企业均可作为抵押权人依法申请以建设用地使用权及其地上房屋等建筑物、构筑物所有权办理不动产抵押登记。合理确定划拨建设用地使用权抵押价值。以划拨方式取得的建设用地使用权依法抵押，其抵押价值应根据划拨建设用地使用权权益价格设定。

（二）创新运行模式。

1. 建立交易平台。在现有市（县、区）国土资源部门的土地交易机构或平台基础上搭建统一的二级市场交易平台，提供服务场所，办理交易事务，建立统一的信息系统，提供信息发布、归集和查询服务，主动接受社会监督。

2. 规范交易流程。明确土地二级市场各交易环节和流程的基本规则，建立“信息发布—达成交易—签订合同—交易监管”的交易流程。以划拨方式取得的建设用地使用权交易的,土地交易管理部门应对划拨决定书的履约情况以及交易的合法合规性等进行审核;以出让方式取得的建设用地使用权交易的,土地交易管理部门应切实加强事中事后监管。交易合同包括建设用地使用权转让合同、建设用地使用权出租合同、建设用地使用权抵押合同等。试点地区要研究制定土地二级市场交易合同示范文本。

3.加强交易管理与不动产登记的有序衔接。各地要建立健全土地交易平台和不动产登记信息平台的互通共享机制。土地交易管理部门要将土地转让、出租、抵押交易监管信息等原始资料提供给不动产登记机构。

(三)健全服务体系。

1.培育和规范中介组织。发挥社会中介组织在市场交易活动中的桥梁作用,发展相关机构,为交易提供咨询、估价、经纪等服务。各地要加强指导和监管,引导其诚信经营,对失信的要建立惩戒和退出机制。

2.做好咨询和调解服务。发挥土地交易机构或平台的专业优势,提供法律、政策咨询服务,协调矛盾,化解纠纷,营造良好的交易环境。

3.提高办事效率。在土地交易机构或平台内汇集税务、金融等相关部门或机构的办事窗口,为交易各方提供一站式服务,提高办事效率和服务水平。

(四)加强监测监管。

1.强化监测分析。各地要健全土地二级市场动态监测监管制度,完善监测监管信息系统,掌握土地转让、出租、抵押的数量、结构、价款、时序等信息,研判分析市场形势。

2.完善市场调控。强化一、二级土地市场联动,加强土地投放总量、结构、时序等的衔接,适时运用财税、金融等手段,加强对土地市场的整体调控。

3.强化价格监管。完善公示地价体系,定期发布基准地价或标定地价。完善土地二级市场的价格形成、监测、指导、监督机制,防止交易价格异常波动,维护市场平稳运行。交易主体应当如实申报交易价格,不得瞒报或者作不实申报。申报价格低于基准地价或标定地价一定比例的,政府可行使优先购买权;高于基准地价或标定地价一定比例的,政府可依法依规实施交易管制。

4.加强合同履约监管。土地转让后,出让合同和登记文件中所载明的权利、义务随之转移,受让人应依法履行。国土资源、住房城乡建设等部门要加强合同履约监管,并将相关情况纳入诚信体系进行信用考评。

5.严格责任追究。要强化监督问责,减少寻租空间,对违反土地二级市场相关规定的地方政府和有关部门、单位以及责任人员严格实行责任追究,坚决打击各种腐败行为。

(五)强化部门协作。

各级国土资源、住房城乡建设(房产、规划)、财税、国有资产管理、工商、金融监管等部门要建立联动机制,落实相关责任,强化沟通衔接。加强涉地司法处置的衔接,对于司法处置涉及建设用地使用权转移的案件,国土资源部门应加强与地方人民法院的沟通,主动提供所涉不动产的权利状况。加强涉地资产处置的衔接,国有资产等管理部门进行国有资产处置时涉及建设用地使用权转移的,在处置前应取得规划、国土资源部门出具的意见,并如实告知当事人。

三、组织实施

(一)加强组织保障。各地区各有关部门要加强协调配合,稳妥有序推进试点。国土资源部会同财政部、住房城乡建设部、农业部、人民银行、税务总局、工商总局、银监会等单位或部门,建立共同推进试点的工作机制,统筹协调和指导支持试点各项工作。试点地区所在省、市、县(区)各级政府及有关部门要采取有力措施,保障试点运行。

(二)推进试点实施。

1.编制实施方案。有关地区省级国土资源部门要会同相关部门根据本方案组织试点地区编制实施方案,经省级政府同意后,由省级国土资源部门报国土资源部批复。

2.部署启动试点。有关地区省级国土资源部门要会同相关部门,指导试点地区根据批复的方案,尽快完成各项基础性准备工作,完善工作机制,明确责任分工,部署开展试点。2017 年 3 月底前就试点工作启动、机构设立、规章制度建设、部署实施等情况,形成汇总报告报国土资源部。

3.试点实施、跟踪及总结。国土资源部和有关地区省级政府加强对试点工作的指导,及时研究解决试点中存在的问题。按照边试点、边研究、边总结、边提炼的要求推进试点工作,2017 年 11 月底前,试点地区就试点做法与成效等形成年度进展报告,经省级政府同意后报国土资源部。国土资源部会同有关部门开展试点中期评估,形成评估报告按程序上报。2018 年 8 月底前,试点地区形成试点总结报告,总结政策实施效果、提出相关法律法规的修改建议,经省级政府同意后报国土资源部。2018 年 12 月底前,国土资源部会同相关部门全面总结试点经验,形成全国试点工作总结报告,按程序报送党中央、国务院。

(三)强化指导监督。各地区各有关部门要按照职责分工,加强对试点工作的指导监督,依法规范运行。要注意分类指导,尊重基层首创精神,健全激励和容错纠错机制,允许进行差别化探索,切实做到封闭运行、风险可控,发现问题及时纠偏。

(四)完善制度建设。国土资源部会同相关部门,密切跟踪试点地区工作进展,主动适应改革和经济社会发展的需要,完善配套制度,并及时提出制订和修改相关法律、法规、政策的建议。

(五)做好宣传引导。试点地区要加强对试点工作的监督管理,密切关注舆情动态,妥善回应社会关切,重大问题及时报告。

附件:试点地区名单

附件

试点地区名单

开展国有土地二级市场试点的28个试点地区名单

北京市房山区、天津市武清区、河北省石家庄市、山西省太原市、内蒙古自治区二连浩特市、辽宁省抚顺市、吉林省长春市、黑龙江省牡丹江市、江苏省南京市、浙江省宁波市、安徽省宿州市、福建省厦门市、江西省南昌市、山东省临沂市、河南省许昌市、湖北省武汉市、湖南省长沙市、广东省东莞市、广西壮族自治区南宁市、海南省三亚市、重庆市主城九区、四川省泸州市、云南省昆明市、陕西省西安市、甘肃省天水市、青海省西宁市、宁夏回族自治区石嘴山市、新疆维吾尔自治区库尔勒市。

同时开展国有和集体土地二级市场试点的6个地区名单

上海市松江区、浙江省湖州市德清县、广东省佛山市南海区、四川省成都市郫县、贵州省遵义市湄潭县、甘肃省定西市陇西县。

国务院办公厅关于完善建设用地使用权转让、出租、抵押二级市场的指导意见

1. 2019年7月6日

2. 国办发〔2019〕34号

各省、自治区、直辖市人民政府,国务院各部委、各直属机构:

土地市场是我国现代市场体系的重要组成部分,是资源要素市场的重要内容。改革开放以来,通过大力推行国有建设用地有偿使用制度,我国基本形成了以政府供应为主的土地一级市场和以市场主体之间转让、出租、抵押为主的土地二级市场,对建立和完善社会主义市场经济体制、促进土地资源的优化配置和节约集约利用、加快工业化和城镇化进程起到了重要作用。随着经济社会发展,土地二级市场运行发展中的一些问题逐步凸显,交易规则不健全、交易信息不对称、交易平台不规范、政府服务和监管不完善等问题比较突出,导致要素流通不畅,存量土地资源配置效率较低,难以满足经济高质量发展的需要。为完善建设用地使用权转让、出租、抵押二级市场,结合各地改革试点实践,经国务院同意,现提出以下意见。

一、总体要求

(一)指导思想。以习近平新时代中国特色社会主义思想为指导,全面贯彻党的十九大和十九届二中、三中全会精神,紧紧围绕统筹推进"五位一体"总体布局和协调推进"四个全面"战略布局,认真落实党中央、国务院决策部署,充分发挥市场在资源配置中的决定性作用,更好发挥政府作用,坚持问题导向,以建立城乡统一的建设用地市场为方向,以促进土地要素流通顺畅为重点,以提高存量土地资源配置效率为目的,以不动产统一登记为基础,与国土空间规划及相关产业规划相衔接,着力完善土地二级市场规则,健全服务和监管体系,提高节约集约用地水平,为完善社会主义市场经济体制、推动经济高质量发展提供用地保障。

(二)基本原则。

把握正确方向。坚持社会主义市场经济改革方向,突出市场在资源配置中的决定性作用,着力减少政府微观管理和直接干预。落实"放管服"改革总体要求,强化监管责任,减少事前审批,创新和完善事中事后监管,激发市场活力,增强内生动力。

规范市场运行。完善交易规则,维护市场秩序,保

证市场主体在公开、公平、公正的市场环境下进行交易,保障市场依法依规运行和健康有序发展,促进要素流动和平等交换,提高资源配置效率。

维护合法权益。坚持平等、全面、依法保护产权。充分尊重权利人意愿,保障市场主体合法权益,实现各类市场主体按照市场规则和市场价格依法平等使用和交易建设用地使用权,实现产权有效激励。切实维护土地所有权人权益,防止国有土地资产流失。

提高服务效能。强化服务意识,优化交易流程,降低交易成本,提高办事效率,方便群众办事,全面提升土地市场领域政府治理能力和水平。

(三)目标任务。建立产权明晰、市场定价、信息集聚、交易安全、监管有效的土地二级市场,市场规则健全完善,交易平台全面形成,服务和监管落实到位,市场秩序更加规范,制度性交易成本明显降低,土地资源配置效率显著提高,形成一、二级市场协调发展、规范有序、资源利用集约高效的现代土地市场体系。

(四)适用范围。建设用地使用权转让、出租、抵押二级市场的交易对象是国有建设用地使用权,重点针对土地交易以及土地连同地上建筑物、其他附着物等整宗地一并交易的情况。涉及到房地产交易的,应当遵守《中华人民共和国城市房地产管理法》、《城市房地产开发经营管理条例》等法律法规规定。

二、完善转让规则,促进要素流通

(五)明确建设用地使用权转让形式。将各类导致建设用地使用权转移的行为都视为建设用地使用权转让,包括买卖、交换、赠与、出资以及司法处置、资产处置、法人或其他组织合并或分立等形式涉及的建设用地使用权转移。建设用地使用权转移的,地上建筑物、其他附着物所有权应一并转移。涉及到房地产转让的,按照房地产转让相关法律法规规定,办理房地产转让相关手续。

(六)明晰不同权能建设用地使用权转让的必要条件。以划拨方式取得的建设用地使用权转让,需经依法批准,土地用途符合《划拨用地目录》的,可不补缴土地出让价款,按转移登记办理;不符合《划拨用地目录》的,在符合规划的前提下,由受让方依法依规补缴土地出让价款。以出让方式取得的建设用地使用权转让,在符合法律法规规定和出让合同约定的前提下,应充分保障交易自由;原出让合同对转让条件另有约定的,从其约定。以作价出资或入股方式取得的建设用地使用权转让,参照以出让方式取得的建设用地使用权转让有关规定,不再报经原批准建设用地使用权作价出资或入股的机关批准;转让后,可保留为作价出资或入股方式,或直接变更为出让方式。

(七)完善土地分割、合并转让政策。分割、合并后的地块应具备独立分宗条件,涉及公共配套设施建设和使用的,转让双方应在合同中明确有关权利义务。拟分割宗地已预售或存在多个权利主体的,应取得相关权利人同意,不得损害权利人合法权益。

(八)实施差别化的税收政策。各地可根据本地实际,在地方权限内探索城镇土地使用税差别化政策,促进土地节约集约利用。

三、完善出租管理,提高服务水平

(九)规范以有偿方式取得的建设用地使用权出租管理。以出让、租赁、作价出资或入股等有偿方式取得的建设用地使用权出租或转租的,不得违反法律法规和有偿使用合同的相关约定。

(十)规范划拨建设用地使用权出租管理。以划拨方式取得的建设用地使用权出租的,应按照有关规定上缴租金中所含土地收益,纳入土地出让收入管理。宗地长期出租,或部分用于出租且可分割的,应依法补办出让、租赁等有偿使用手续。建立划拨建设用地使用权出租收益年度申报制度,出租人依法申报并缴纳相关收益的,不再另行单独办理划拨建设用地使用权出租的批准手续。

(十一)营造建设用地使用权出租环境。市、县自然资源主管部门应当提供建设用地使用权出租供需信息发布条件和场所,制定规范的出租合同文本,提供交易鉴证服务,保障权利人的合法权益。统计分析建设用地使用权出租情况及市场相关数据,定期发布出租市场动态信息和指南。

四、完善抵押机制,保障合法权益

(十二)明确不同权能建设用地使用权抵押的条件。以划拨方式取得的建设用地使用权可以依法依规设定抵押权,划拨土地抵押权实现时应优先缴纳土地出让收入。以出让、作价出资或入股等方式取得的建设用地使用权可以设定抵押权。以租赁方式取得的建设用地使用权,承租人在按规定支付土地租金并完成开发建设后,根据租赁合同约定,其地上建筑物、其他附着物连同土地可以依法一并抵押。

(十三)放宽对抵押权人的限制。自然人、企业均可作为抵押权人申请以建设用地使用权及其地上建筑物、其他附着物所有权办理不动产抵押相关手续,涉及企业之间债权债务合同的须符合有关法律法规的规定。

（十四）依法保障抵押权能。探索允许不以公益为目的的养老、教育等社会领域企业以有偿取得的建设用地使用权、设施等财产进行抵押融资。各地要进一步完善抵押权实现后保障原有经营活动持续稳定的配套措施，确保土地用途不改变、利益相关人权益不受损。探索建立建设用地使用权抵押风险提示机制和抵押资金监管机制，防控市场风险。

五、创新运行模式，规范市场秩序

（十五）建立交易平台。各地要在市、县自然资源主管部门现有的土地交易机构或平台基础上搭建城乡统一的土地市场交易平台，汇集土地二级市场交易信息，提供交易场所，办理交易事务，大力推进线上交易平台和信息系统建设。

（十六）规范交易流程。建立“信息发布—达成意向—签订合同—交易监管”的交易流程。交易双方可通过土地二级市场交易平台等渠道发布和获取市场信息；可自行协商交易，也可委托土地二级市场交易平台公开交易；达成一致后签订合同，依法申报交易价格，申报价格比标定地价低 20% 以上的，市、县人民政府可行使优先购买权。各地要加强交易事中事后监管，对违反有关法律法规或不符合出让合同约定、划拨决定书规定的，不予办理相关手续。

（十七）加强信息互通共享。加强涉地司法处置工作衔接，涉及建设用地使用权转移的案件，自然资源主管部门应当向人民法院提供所涉不动产的权利状况、原出让合同约定的权利义务情况等。建立健全执行联动机制，司法处置土地可进入土地二级市场交易平台交易。加强涉地资产处置工作衔接，政府有关部门或事业单位进行国有资产处置时涉及划拨建设用地使用权转移的，应征求自然资源主管部门意见，并将宗地有关情况如实告知当事人。自然资源、住房城乡建设、税务、市场监管等主管部门应加强对涉地股权转让的联合监管。加强建设用地使用权与房地产交易管理的衔接，建设用地使用权转让、出租、抵押涉及房地产转让、出租、抵押的，住房城乡建设主管部门与自然资源主管部门应当加强信息共享。

六、健全服务体系，加强监测监管

（十八）提供便捷高效的政务服务。在土地交易机构或平台内汇集交易、登记、税务、金融等相关部门或机构的办事窗口，大力发展“互联网＋政务服务”，积极推进“一窗受理、一网通办、一站办结”，大力精简证明材料，压缩办理时间，提高办事效率和服务水平。发挥土地交易机构或平台的专业优势，提供法律、政策咨询服务，协调矛盾，化解纠纷，营造良好的交易环境。

（十九）培育和规范中介组织。发挥社会中介组织在市场交易活动中的桥梁作用，发展相关机构，为交易各方提供推介、展示、咨询、估价、经纪等服务。各地要加强指导和监管，引导社会中介组织诚信经营。

（二十）加强市场监测监管与调控。健全土地二级市场动态监测监管制度，完善监测监管信息系统。严格落实公示地价体系，定期更新和发布基准地价或标定地价；完善土地二级市场的价格形成、监测、指导、监督机制，防止交易价格异常波动。土地转让涉及房地产开发的相关资金来源应符合房地产开发企业购地和融资的相关规定。强化土地一、二级市场联动，加强土地投放总量、结构、时序等的衔接，适时运用财税、金融等手段，加强对土地市场的整体调控，维护市场平稳运行。

（二十一）完善土地市场信用体系。土地转让后，出让合同所载明的权利义务随之转移，受让人应依法履约。要加强对交易各方的信用监管，健全以“双随机、一公开”为基本手段、以重点监管为补充、以信用监管为基础的新型监管机制。各地要结合本地区实际，制定土地市场信用评价规则和约束措施，对失信责任主体实施联合惩戒，推进土地市场信用体系共建共治共享。

七、保障措施

（二十二）加强组织领导。各地区各有关部门要充分认识完善土地二级市场的重要性，结合实际研究制定实施细则和配套措施，确保各项工作举措和要求落实到位。各级自然资源、财政、住房城乡建设、国有资产监督管理、税务、市场监管、金融等主管部门要建立联动机制，明确分工，落实责任，做好人员和经费保障，有序推进土地二级市场建设。已依法入市的农村集体经营性建设用地使用权转让、出租、抵押，可参照本意见执行。

（二十三）重视宣传引导。加大对土地二级市场相关政策的宣传力度，及时总结推广各地典型经验和创新做法，扩大土地二级市场影响力、吸引力，调动市场主体参与积极性。合理引导市场预期，及时回应公众关切，营造良好的土地市场舆论氛围，提升市场主体和全社会依法规范、节约集约用地的意识，切实提高资源利用效率。

（二十四）严格责任追究。强化监督问责，对违反土地二级市场相关规定的地方政府和有关部门、单位以及责任人员严格实行责任追究，坚决打击各种腐败行为。

利用集体建设用地建设租赁住房试点方案

1. 2017年8月21日国土资源部、住房和城乡建设部印发
2. 国土资发〔2017〕100号

利用集体建设用地建设租赁住房，可以增加租赁住房供应，缓解住房供需矛盾，有助于构建购租并举的住房体系，建立健全房地产平稳健康发展长效机制；有助于拓展集体土地用途，拓宽集体经济组织和农民增收渠道；有助于丰富农村土地管理实践，促进集体土地优化配置和节约集约利用，加快城镇化进程。按照中央有关精神，结合当前管理工作实际，制定本试点方案。

一、总体要求

（一）指导思想。全面贯彻党的十八大和十八届三中、四中、五中、六中全会精神，深入学习贯彻习近平总书记系列重要讲话精神，紧紧围绕统筹推进“五位一体”总体布局和协调推进“四个全面”战略布局，牢固树立创新、协调、绿色、开放、共享的发展理念，按照党中央、国务院决策部署，牢牢把握“房子是用来住的，不是用来炒的”定位，以构建购租并举的住房体系为方向，着力构建城乡统一的建设用地市场，推进集体土地不动产登记，完善利用集体建设用地建设租赁住房规则，健全服务和监管体系，提高存量土地节约集约利用水平，为全面建成小康社会提供用地保障，促进建立房地产平稳健康发展长效机制。

（二）基本原则。把握正确方向。坚持市场经济改革方向，发挥市场配置资源的决定性作用，注重与不动产统一登记、培育和发展住房租赁市场、集体经营性建设用地入市等改革协同，加强部门协作，形成改革合力。

保证有序可控。政府主导，审慎稳妥推进试点。项目用地应当符合城乡规划、土地利用总体规划及村土地利用规划，以存量土地为主，不得占用耕地，增加住房有效供给。以满足新市民合理住房需求为主，强化监管责任，保障依法依规建设、平稳有序运营，做到供需匹配。

坚持自主运作。尊重农民集体意愿，统筹考虑农民集体经济实力，以具体项目为抓手，合理确定项目运作模式，维护权利人合法权益，确保集体经济组织自愿实施、自主运作。

提高服务效能。落实“放管服”要求，强化服务意识，优化审批流程，降低交易成本，提升服务水平，提高办事效率，方便群众办事。

（三）试点目标。通过改革试点，在试点城市成功运营一批集体租赁住房项目，完善利用集体建设用地建设租赁住房规则，形成一批可复制、可推广的改革成果，为构建城乡统一的建设用地市场提供支撑。

（四）试点范围。按照地方自愿原则，在超大、特大城市和国务院有关部委批准的发展住房租赁市场试点城市中，确定租赁住房需求较大，村镇集体经济组织有建设意愿、有资金来源，政府监管和服务能力较强的城市（第一批包括北京市，上海市，辽宁沈阳市，江苏南京市，浙江杭州市，安徽合肥市，福建厦门市，河南郑州市，湖北武汉市，广东广州市、佛山市、肇庆市，四川成都市），开展利用集体建设用地建设租赁住房试点。

除北京、上海外，由省级国土资源主管部门和住房城乡建设主管部门汇总本辖区计划开展试点城市的试点实施方案，报国土资源部和住房城乡建设部批复后启动试点。

二、试点内容

（一）完善试点项目审批程序。试点城市应当梳理项目报批（包括预审、立项、规划、占地、施工）、项目竣工验收、项目运营管理等规范性程序，建立快速审批通道。健全集体建设用地规划许可制度，推进统一规划、统筹布局、统一管理，统一相关建设标准。试点项目区域基础设施完备，医疗、教育等公共设施配套齐全，符合城镇住房规划设计有关规范。

（二）完善集体租赁住房建设和运营机制。村镇集体经济组织可以自行开发运营，也可以通过联营、入股等方式建设运营集体租赁住房。兼顾政府、农民集体、企业和个人利益，理清权利义务关系，平衡项目收益与征地成本关系。完善合同履约监管机制，土地所有权人和建设用地使用权人、出租人和承租人依法履行合同和登记文件中所载明的权利和义务。

（三）探索租赁住房监测监管机制。集体租赁住房出租，应遵守相关法律法规和租赁合同约定，不得以租代售。承租的集体租赁住房，不得转租。探索建立租金形成、监测、指导、监督机制，防止租金异常波动，维护市场平稳运行。国土资源、住房城乡建设部门应与相关部门加强协作、各负其责，在建设用地使用权登记、房屋所有权登记、租赁备案、税务、工商等方面加强联动,构建规范有序的租赁市场秩序。

(四)探索保障承租人获得基本公共服务的权利。承租人可按照国家有关规定凭登记备案的住房租赁合同依法申领居住证,享受规定的基本公共服务。有条件的城市,要进一步建立健全对非本地户籍承租人的社会保障机制。

三、组织实施

(一)加强组织保障。国土资源部和住房城乡建设部共同部署试点。省级国土资源主管部门和住房城乡建设主管部门负责试点工作的督促、检查和指导。城市政府全面负责试点组织领导工作,制定试点工作规则和组织实施方案,建立试点协调决策机构。各地区各有关部门要加强协调配合,稳妥有序推进试点。

(二)推进试点实施。

1. 编制实施方案。试点城市根据本方案编制实施方案,经省级国土资源主管部门和住房城乡建设主管部门汇总后,2017 年 11 月底前报国土资源部和住房城乡建设部批复。

2. 试点实施、跟踪及总结。省级国土资源主管部门和住房城乡建设主管部门负责试点工作的督促、检查和指导,及时研究解决试点中存在的问题。

2019 年 11 月,省级国土资源主管部门和住房城乡建设主管部门组织开展试点中期评估,形成评估报告报国土资源部和住房城乡建设部。

2020 年底前,省级国土资源主管部门和住房城乡建设主管部门总结试点工作,总结报告报国土资源部和住房城乡建设部。

(三)强化指导监督。各地区各有关部门要按照职责分工,加强对试点工作的指导监督,依法规范运行。要加强分类指导,尊重基层首创精神,健全激励和容错纠错机制,允许进行差别化探索,切实做到封闭运行、风险可控,发现问题及时纠偏。

(四)做好宣传引导。试点地区要加强对试点工作的监督管理,密切关注舆情动态,妥善回应社会关切,重大问题及时报告。

最高人民法院关于审理涉及国有土地使用权合同纠纷案件适用法律问题的解释

1. 2004 年 11 月 23 日最高人民法院审判委员会第 1334 次会议通过、2005 年 6 月 18 公布、自 2005 年 8 月 1 日起施行(法释〔2005〕5 号)

2. 根据 2020 年 12 月 23 日最高人民法院审判委员会第 1823 次会议通过、2020 年 12 月 29 日公布、自 2021 年 1 月 1 日起施行的《最高人民法院关于修改〈最高人民法院关于在民事审判工作中适用《中华人民共和国工会法》若干问题的解释〉等二十七件民事类司法解释的决定》(法释〔2020〕17 号)修正

为正确审理国有土地使用权合同纠纷案件,依法保护当事人的合法权益,根据《中华人民共和国民法典》《中华人民共和国土地管理法》《中华人民共和国城市房地产管理法》等法律规定,结合民事审判实践,制定本解释。

一、土地使用权出让合同纠纷

第一条 本解释所称的土地使用权出让合同,是指市、县人民政府自然资源主管部门作为出让方将国有土地使用权在一定年限内让与受让方,受让方支付土地使用权出让金的合同。

第二条 开发区管理委员会作为出让方与受让方订立的土地使用权出让合同,应当认定无效。

本解释实施前,开发区管理委员会作为出让方与受让方订立的土地使用权出让合同,起诉前经市、县人民政府自然资源主管部门追认的,可以认定合同有效。

第三条 经市、县人民政府批准同意以协议方式出让的土地使用权,土地使用权出让金低于订立合同时当地政府按照国家规定确定的最低价的,应当认定土地使用权出让合同约定的价格条款无效。

当事人请求按照订立合同时的市场评估价格交纳土地使用权出让金的,应予支持;受让方不同意按照市场评估价格补足,请求解除合同的,应予支持。因此造成的损失,由当事人按照过错承担责任。

第四条 土地使用权出让合同的出让方因未办理土地使用权出让批准手续而不能交付土地,受让方请求解除合同的,应予支持。

第五条 受让方经出让方和市、县人民政府城市规划行政主管部门同意,改变土地使用权出让合同约定的土地用途,当事人请求按照起诉时同种用途的土地出让金标准调整土地出让金的，应予支持。

第六条　受让方擅自改变土地使用权出让合同约定的土地用途，出让方请求解除合同的，应予支持。

二、土地使用权转让合同纠纷

第七条　本解释所称的土地使用权转让合同，是指土地使用权人作为转让方将出让土地使用权转让于受让方，受让方支付价款的合同。

第八条　土地使用权人作为转让方与受让方订立土地使用权转让合同后，当事人一方以双方之间未办理土地使用权变更登记手续为由，请求确认合同无效的，不予支持。

第九条　土地使用权人作为转让方就同一出让土地使用权订立数个转让合同，在转让合同有效的情况下，受让方均要求履行合同的，按照以下情形分别处理：

（一）已经办理土地使用权变更登记手续的受让方，请求转让方履行交付土地等合同义务的，应予支持；

（二）均未办理土地使用权变更登记手续，已先行合法占有投资开发土地的受让方请求转让方履行土地使用权变更登记等合同义务的，应予支持；

（三）均未办理土地使用权变更登记手续，又未合法占有投资开发土地，先行支付土地转让款的受让方请求转让方履行交付土地和办理土地使用权变更登记等合同义务的，应予支持；

（四）合同均未履行，依法成立在先的合同受让方请求履行合同的，应予支持。

未能取得土地使用权的受让方请求解除合同、赔偿损失的，依照民法典的有关规定处理。

第十条　土地使用权人与受让方订立合同转让划拨土地使用权，起诉前经有批准权的人民政府同意转让，并由受让方办理土地使用权出让手续的，土地使用权人与受让方订立的合同可以按照补偿性质的合同处理。

第十一条　土地使用权人与受让方订立合同转让划拨土地使用权，起诉前经有批准权的人民政府决定不办理土地使用权出让手续，并将该划拨土地使用权直接划拨给受让方使用的，土地使用权人与受让方订立的合同可以按照补偿性质的合同处理。

三、合作开发房地产合同纠纷

第十二条　本解释所称的合作开发房地产合同，是指当事人订立的以提供出让土地使用权、资金等作为共同投资，共享利润、共担风险合作开发房地产为基本内容的合同。

第十三条　合作开发房地产合同的当事人一方具备房地产开发经营资质的，应当认定合同有效。

当事人双方均不具备房地产开发经营资质的，应当认定合同无效。但起诉前当事人一方已经取得房地产开发经营资质或者已依法合作成立具有房地产开发经营资质的房地产开发企业的，应当认定合同有效。

第十四条　投资数额超出合作开发房地产合同的约定，对增加的投资数额的承担比例，当事人协商不成的，按照当事人的违约情况确定；因不可归责于当事人的事由或者当事人的违约情况无法确定的，按照约定的投资比例确定；没有约定投资比例的，按照约定的利润分配比例确定。

第十五条　房屋实际建筑面积少于合作开发房地产合同的约定，对房屋实际建筑面积的分配比例，当事人协商不成的，按照当事人的违约情况确定；因不可归责于当事人的事由或者当事人违约情况无法确定的，按照约定的利润分配比例确定。

第十六条　在下列情形下，合作开发房地产合同的当事人请求分配房地产项目利益的，不予受理；已经受理的，驳回起诉：

（一）依法需经批准的房地产建设项目未经有批准权的人民政府主管部门批准；

（二）房地产建设项目未取得建设工程规划许可证；

（三）擅自变更建设工程规划。

因当事人隐瞒建设工程规划变更的事实所造成的损失，由当事人按照过错承担。

第十七条　房屋实际建筑面积超出规划建筑面积，经有批准权的人民政府主管部门批准后，当事人对超出部分的房屋分配比例协商不成的，按照约定的利润分配比例确定。对增加的投资数额的承担比例，当事人协商不成的，按照约定的投资比例确定；没有约定投资比例的，按照约定的利润分配比例确定。

第十八条　当事人违反规划开发建设的房屋，被有批准权的人民政府主管部门认定为违法建筑责令拆除，当事人对损失承担协商不成的，按照当事人过错确定责任；过错无法确定的，按照约定的投资比例确定责任；没有约定投资比例的，按照约定的利润分配比例确定责任。

第十九条　合作开发房地产合同约定仅以投资数额确定利润分配比例，当事人未足额交纳出资的，按照当事人的实际投资比例分配利润。

第二十条 合作开发房地产合同的当事人要求将房屋预售款充抵投资参与利润分配的，不予支持。

第二十一条 合作开发房地产合同约定提供土地使用权的当事人不承担经营风险，只收取固定利益的，应当认定为土地使用权转让合同。

第二十二条 合作开发房地产合同约定提供资金的当事人不承担经营风险，只分配固定数量房屋的，应当认定为房屋买卖合同。

第二十三条 合作开发房地产合同约定提供资金的当事人不承担经营风险，只收取固定数额货币的，应当认定为借款合同。

第二十四条 合作开发房地产合同约定提供资金的当事人不承担经营风险，只以租赁或者其他形式使用房屋的，应当认定为房屋租赁合同。

四、其　　它

第二十五条 本解释自 2005 年 8 月 1 日起施行；施行后受理的第一审案件适用本解释。

本解释施行前最高人民法院发布的司法解释与本解释不一致的，以本解释为准。

2. 土地使用权出让

中华人民共和国民法典（节录）

1. 2020年5月28日第十三届全国人民代表大会第三次会议通过
2. 2020年5月28日中华人民共和国主席令第45号公布
3. 自2021年1月1日起施行

第三编 合 同
第一分编 通 则
第一章 一般规定

第四百六十三条 【合同编的调整范围】本编调整因合同产生的民事关系。

第四百六十四条 【合同的定义和身份关系协议的法律适用】合同是民事主体之间设立、变更、终止民事法律关系的协议。

婚姻、收养、监护等有关身份关系的协议，适用有关该身份关系的法律规定；没有规定的，可以根据其性质参照适用本编规定。

第四百六十五条 【依法成立的合同效力】依法成立的合同，受法律保护。

依法成立的合同，仅对当事人具有法律约束力，但是法律另有规定的除外。

第四百六十六条 【合同条款的解释】当事人对合同条款的理解有争议的，应当依据本法第一百四十二条第一款的规定，确定争议条款的含义。

合同文本采用两种以上文字订立并约定具有同等效力的，对各文本使用的词句推定具有相同含义。各文本使用的词句不一致的，应当根据合同的相关条款、性质、目的以及诚信原则等予以解释。

第四百六十七条 【非典型合同及涉外合同的法律适用】本法或者其他法律没有明文规定的合同，适用本编通则的规定，并可以参照适用本编或者其他法律最相类似合同的规定。

在中华人民共和国境内履行的中外合资经营企业合同、中外合作经营企业合同、中外合作勘探开发自然资源合同，适用中华人民共和国法律。

第四百六十八条 【非因合同产生的债权债务关系的法律适用】非因合同产生的债权债务关系，适用有关该债权债务关系的法律规定；没有规定的，适用本编通则的有关规定，但是根据其性质不能适用的除外。

第二章 合同的订立

第四百六十九条 【合同订立形式】当事人订立合同，可以采用书面形式、口头形式或者其他形式。

书面形式是合同书、信件、电报、电传、传真等可以有形地表现所载内容的形式。

以电子数据交换、电子邮件等方式能够有形地表现所载内容，并可以随时调取查用的数据电文，视为书面形式。

第四百七十条 【合同主要条款与示范文本】合同的内容由当事人约定，一般包括下列条款：

（一）当事人的姓名或者名称和住所；

（二）标的；

（三）数量；

（四）质量；

（五）价款或者报酬；

（六）履行期限、地点和方式；

（七）违约责任；

（八）解决争议的方法。

当事人可以参照各类合同的示范文本订立合同。

第四百七十一条 【合同订立方式】当事人订立合同，可以采取要约、承诺方式或者其他方式。

第四百七十二条 【要约的定义及构成条件】要约是希望与他人订立合同的意思表示，该意思表示应当符合下列条件：

（一）内容具体确定；

（二）表明经受要约人承诺，要约人即受该意思表示约束。

第四百七十三条 【要约邀请】要约邀请是希望他人向自己发出要约的表示。拍卖公告、招标公告、招股说明书、债券募集办法、基金招募说明书、商业广告和宣传、寄送的价目表等为要约邀请。

商业广告和宣传的内容符合要约条件的，构成要约。

第四百七十四条 【要约生效时间】要约生效的时间适用本法第一百三十七条的规定。

第四百七十五条 【要约撤回】要约可以撤回。要约的撤回适用本法第一百四十一条的规定。

第四百七十六条 【要约不得撤销情形】要约可以撤销，但是有下列情形之一的除外：

（一）要约人以确定承诺期限或者其他形式明示要约不可撤销；

（二）受要约人有理由认为要约是不可撤销的，并已经为履行合同做了合理准备工作。

第四百七十七条　【要约撤销】撤销要约的意思表示以对话方式作出的，该意思表示的内容应当在受要约人作出承诺之前为受要约人所知道；撤销要约的意思表示以非对话方式作出的，应当在受要约人作出承诺之前到达受要约人。

第四百七十八条　【要约失效】有下列情形之一的，要约失效：

（一）要约被拒绝；

（二）要约被依法撤销；

（三）承诺期限届满，受要约人未作出承诺；

（四）受要约人对要约的内容作出实质性变更。

第四百七十九条　【承诺的定义】承诺是受要约人同意要约的意思表示。

第四百八十条　【承诺的方式】承诺应当以通知的方式作出；但是，根据交易习惯或者要约表明可以通过行为作出承诺的除外。

第四百八十一条　【承诺的期限】承诺应当在要约确定的期限内到达要约人。

要约没有确定承诺期限的，承诺应当依照下列规定到达：

（一）要约以对话方式作出的，应当即时作出承诺；

（二）要约以非对话方式作出的，承诺应当在合理期限内到达。

第四百八十二条　【承诺期限的起算点】要约以信件或者电报作出的，承诺期限自信件载明的日期或者电报交发之日开始计算。信件未载明日期的，自投寄该信件的邮戳日期开始计算。要约以电话、传真、电子邮件等快速通讯方式作出的，承诺期限自要约到达受要约人时开始计算。

第四百八十三条　【合同成立时间】承诺生效时合同成立，但是法律另有规定或者当事人另有约定的除外。

第四百八十四条　【承诺生效时间】以通知方式作出的承诺，生效的时间适用本法第一百三十七条的规定。

承诺不需要通知的，根据交易习惯或者要约的要求作出承诺的行为时生效。

第四百八十五条　【承诺的撤回】承诺可以撤回。承诺的撤回适用本法第一百四十一条的规定。

第四百八十六条　【逾期承诺】受要约人超过承诺期限发出承诺，或者在承诺期限内发出承诺，按照通常情形不能及时到达要约人的，为新要约；但是，要约人及时通知受要约人该承诺有效的除外。

第四百八十七条　【因传递迟延造成逾期承诺的法律效果】受要约人在承诺期限内发出承诺，按照通常情形能够及时到达要约人，但是因其他原因致使承诺到达要约人时超过承诺期限的，除要约人及时通知受要约人因承诺超过期限不接受该承诺外，该承诺有效。

第四百八十八条　【承诺对要约内容的实质性变更】承诺的内容应当与要约的内容一致。受要约人对要约的内容作出实质性变更的，为新要约。有关合同标的、数量、质量、价款或者报酬、履行期限、履行地点和方式、违约责任和解决争议方法等的变更，是对要约内容的实质性变更。

第四百八十九条　【承诺对要约内容的非实质性变更】承诺对要约的内容作出非实质性变更的，除要约人及时表示反对或者要约表明承诺不得对要约的内容作出任何变更外，该承诺有效，合同的内容以承诺的内容为准。

第四百九十条　【采用书面形式订立的合同成立时间】当事人采用合同书形式订立合同的，自当事人均签名、盖章或者按指印时合同成立。在签名、盖章或者按指印之前，当事人一方已经履行主要义务，对方接受时，该合同成立。

法律、行政法规规定或者当事人约定合同应当采用书面形式订立，当事人未采用书面形式但是一方已经履行主要义务，对方接受时，该合同成立。

第四百九十一条　【签订确认书的合同及电子合同成立时间】当事人采用信件、数据电文等形式订立合同要求签订确认书的，签订确认书时合同成立。

当事人一方通过互联网等信息网络发布的商品或者服务信息符合要约条件的，对方选择该商品或者服务并提交订单成功时合同成立，但是当事人另有约定的除外。

第四百九十二条　【合同成立地点】承诺生效的地点为合同成立的地点。

采用数据电文形式订立合同的，收件人的主营业地为合同成立的地点；没有主营业地的，其住所地为合同成立的地点。当事人另有约定的，按照其约定。

第四百九十三条　【书面合同成立地点】当事人采用合同书形式订立合同的，最后签名、盖章或者按指印的地点为合同成立的地点，但是当事人另有约定的除外。

第四百九十四条　【强制缔约义务】国家根据抢险救灾、疫情防控或者其他需要下达国家订货任务、指令性任务的，有关民事主体之间应当依照有关法律、行政法规规定的权利和义务订立合同。

依照法律、行政法规的规定负有发出要约义务的当事人,应当及时发出合理的要约。

依照法律、行政法规的规定负有作出承诺义务的当事人,不得拒绝对方合理的订立合同要求。

第四百九十五条　【预约合同】当事人约定在将来一定期限内订立合同的认购书、订购书、预订书等,构成预约合同。

当事人一方不履行预约合同约定的订立合同义务的,对方可以请求其承担预约合同的违约责任。

第四百九十六条　【格式条款】格式条款是当事人为了重复使用而预先拟定,并在订立合同时未与对方协商的条款。

采用格式条款订立合同的,提供格式条款的一方应当遵循公平原则确定当事人之间的权利和义务,并采取合理的方式提示对方注意免除或者减轻其责任等与对方有重大利害关系的条款,按照对方的要求,对该条款予以说明。提供格式条款的一方未履行提示或者说明义务,致使对方没有注意或者理解与其有重大利害关系的条款的,对方可以主张该条款不成为合同的内容。

第四百九十七条　【格式条款无效的情形】有下列情形之一的,该格式条款无效:

(一)具有本法第一编第六章第三节和本法第五百零六条规定的无效情形;

(二)提供格式条款一方不合理地免除或者减轻其责任、加重对方责任、限制对方主要权利;

(三)提供格式条款一方排除对方主要权利。

第四百九十八条　【格式条款的解释】对格式条款的理解发生争议的,应当按照通常理解予以解释。对格式条款有两种以上解释的,应当作出不利于提供格式条款一方的解释。格式条款和非格式条款不一致的,应当采用非格式条款。

第四百九十九条　【悬赏广告】悬赏人以公开方式声明对完成特定行为的人支付报酬的,完成该行为的人可以请求其支付。

第五百条　【缔约过失责任】当事人在订立合同过程中有下列情形之一,造成对方损失的,应当承担赔偿责任:

(一)假借订立合同,恶意进行磋商;

(二)故意隐瞒与订立合同有关的重要事实或者提供虚假情况;

(三)有其他违背诚信原则的行为。

第五百零一条　【当事人保密义务】当事人在订立合同过程中知悉的商业秘密或者其他应当保密的信息,无论合同是否成立,不得泄露或者不正当地使用;泄露、不正当地使用该商业秘密或者信息,造成对方损失的,应当承担赔偿责任。

第三章　合同的效力

第五百零二条　【合同生效时间】依法成立的合同,自成立时生效,但是法律另有规定或者当事人另有约定的除外。

依照法律、行政法规的规定,合同应当办理批准等手续的,依照其规定。未办理批准等手续影响合同生效的,不影响合同中履行报批等义务条款以及相关条款的效力。应当办理申请批准等手续的当事人未履行义务的,对方可以请求其承担违反该义务的责任。

依照法律、行政法规的规定,合同的变更、转让、解除等情形应当办理批准等手续的,适用前款规定。

第五百零三条　【被代理人对无权代理合同的追认】无权代理人以被代理人的名义订立合同,被代理人已经开始履行合同义务或者接受相对人履行的,视为对合同的追认。

第五百零四条　【越权订立的合同效力】法人的法定代表人或者非法人组织的负责人超越权限订立的合同,除相对人知道或者应当知道其超越权限外,该代表行为有效,订立的合同对法人或者非法人组织发生效力。

第五百零五条　【超越经营范围订立的合同效力】当事人超越经营范围订立的合同的效力,应当依照本法第一编第六章第三节和本编的有关规定确定,不得仅以超越经营范围确认合同无效。

第五百零六条　【免责条款效力】合同中的下列免责条款无效:

(一)造成对方人身损害的;

(二)因故意或者重大过失造成对方财产损失的。

第五百零七条　【争议解决条款效力】合同不生效、无效、被撤销或者终止的,不影响合同中有关解决争议方法的条款的效力。

第五百零八条　【合同效力援引规定】本编对合同的效力没有规定的,适用本法第一编第六章的有关规定。

第四章　合同的履行

第五百零九条　【合同履行的原则】当事人应当按照约定全面履行自己的义务。

当事人应当遵循诚信原则,根据合同的性质、目的和交易习惯履行通知、协助、保密等义务。

当事人在履行合同过程中,应当避免浪费资源、污染环境和破坏生态。

第五百一十条 【合同没有约定或者约定不明的补救措施】合同生效后，当事人就质量、价款或者报酬、履行地点等内容没有约定或者约定不明确的，可以协议补充；不能达成补充协议的，按照合同相关条款或者交易习惯确定。

第五百一十一条 【合同约定不明确时的履行】当事人就有关合同内容约定不明确，依据前条规定仍不能确定的，适用下列规定：

（一）质量要求不明确的，按照强制性国家标准履行；没有强制性国家标准的，按照推荐性国家标准履行；没有推荐性国家标准的，按照行业标准履行；没有国家标准、行业标准的，按照通常标准或者符合合同目的的特定标准履行。

（二）价款或者报酬不明确的，按照订立合同时履行地的市场价格履行；依法应当执行政府定价或者政府指导价的，依照规定履行。

（三）履行地点不明确，给付货币的，在接受货币一方所在地履行；交付不动产的，在不动产所在地履行；其他标的，在履行义务一方所在地履行。

（四）履行期限不明确的，债务人可以随时履行，债权人也可以随时请求履行，但是应当给对方必要的准备时间。

（五）履行方式不明确的，按照有利于实现合同目的的方式履行。

（六）履行费用的负担不明确的，由履行义务一方负担；因债权人原因增加的履行费用，由债权人负担。

第五百一十二条 【电子合同标的交付时间】通过互联网等信息网络订立的电子合同的标的为交付商品并采用快递物流方式交付的，收货人的签收时间为交付时间。电子合同的标的为提供服务的，生成的电子凭证或者实物凭证中载明的时间为提供服务时间；前述凭证没有载明时间或者载明时间与实际提供服务时间不一致的，以实际提供服务的时间为准。

电子合同的标的物为采用在线传输方式交付的，合同标的物进入对方当事人指定的特定系统且能够检索识别的时间为交付时间。

电子合同当事人对交付商品或者提供服务的方式、时间另有约定的，按照其约定。

第五百一十三条 【政府定价、政府指导价】执行政府定价或者政府指导价的，在合同约定的交付期限内政府价格调整时，按照交付时的价格计价。逾期交付标的物的，遇价格上涨时，按照原价格执行；价格下降时，按照新价格执行。逾期提取标的物或者逾期付款的，遇价格上涨时，按照新价格执行；价格下降时，按照原价格执行。

第五百一十四条 【金钱之债中对于履行币种约定不明时的处理】以支付金钱为内容的债，除法律另有规定或者当事人另有约定外，债权人可以请求债务人以实际履行地的法定货币履行。

第五百一十五条 【选择之债中选择权归属与移转】标的有多项而债务人只需履行其中一项的，债务人享有选择权；但是，法律另有规定、当事人另有约定或者另有交易习惯的除外。

享有选择权的当事人在约定期限内或者履行期限届满未作选择，经催告后在合理期限内仍未选择的，选择权转移至对方。

第五百一十六条 【选择权的行使】当事人行使选择权应当及时通知对方，通知到达对方时，标的确定。标的确定后不得变更，但是经对方同意的除外。

可选择的标的发生不能履行情形的，享有选择权的当事人不得选择不能履行的标的，但是该不能履行的情形是由对方造成的除外。

第五百一十七条 【按份之债】债权人为二人以上，标的可分，按照份额各自享有债权的，为按份债权；债务人为二人以上，标的可分，按照份额各自负担债务的，为按份债务。

按份债权人或者按份债务人的份额难以确定的，视为份额相同。

第五百一十八条 【连带之债】债权人为二人以上，部分或者全部债权人均可以请求债务人履行债务的，为连带债权；债务人为二人以上，债权人可以请求部分或者全部债务人履行全部债务的，为连带债务。

连带债权或者连带债务，由法律规定或者当事人约定。

第五百一十九条 【连带债务人的份额确定及追偿权】连带债务人之间的份额难以确定的，视为份额相同。

实际承担债务超过自己份额的连带债务人，有权就超出部分在其他连带债务人未履行的份额范围内向其追偿，并相应地享有债权人的权利，但是不得损害债权人的利益。其他连带债务人对债权人的抗辩，可以向该债务人主张。

被追偿的连带债务人不能履行其应分担份额的，其他连带债务人应当在相应范围内按比例分担。

第五百二十条 【连带债务涉他效力】部分连带债务人履行、抵销债务或者提存标的物的，其他债务人对债权人的债务在相应范围内消灭;该债务人可以依据前条规定向其他债务人追偿。

部分连带债务人的债务被债权人免除的,在该连带债务人应当承担的份额范围内,其他债务人对债权人的债务消灭。

部分连带债务人的债务与债权人的债权同归于一人的,在扣除该债务人应当承担的份额后,债权人对其他债务人的债权继续存在。

债权人对部分连带债务人的给付受领迟延的,对其他连带债务人发生效力。

第五百二十一条 【连带债权的内外部关系及法律适用】连带债权人之间的份额难以确定的,视为份额相同。

实际受领债权的连带债权人,应当按比例向其他连带债权人返还。

连带债权参照适用本章连带债务的有关规定。

第五百二十二条 【向第三人履行的合同】当事人约定由债务人向第三人履行债务,债务人未向第三人履行债务或者履行债务不符合约定的,应当向债权人承担违约责任。

法律规定或者当事人约定第三人可以直接请求债务人向其履行债务,第三人未在合理期限内明确拒绝,债务人未向第三人履行债务或者履行债务不符合约定的,第三人可以请求债务人承担违约责任;债务人对债权人的抗辩,可以向第三人主张。

第五百二十三条 【由第三人履行的合同】当事人约定由第三人向债权人履行债务,第三人不履行债务或者履行债务不符合约定的,债务人应当向债权人承担违约责任。

第五百二十四条 【第三人代为履行】债务人不履行债务,第三人对履行该债务具有合法利益的,第三人有权向债权人代为履行;但是,根据债务性质、按照当事人约定或者依照法律规定只能由债务人履行的除外。

债权人接受第三人履行后,其对债务人的债权转让给第三人,但是债务人和第三人另有约定的除外。

第五百二十五条 【同时履行抗辩权】当事人互负债务,没有先后履行顺序的,应当同时履行。一方在对方履行之前有权拒绝其履行请求。一方在对方履行债务不符合约定时,有权拒绝其相应的履行请求。

第五百二十六条 【后履行抗辩权】当事人互负债务,有先后履行顺序,应当先履行债务一方未履行的,后履行一方有权拒绝其履行请求。先履行一方履行债务不符合约定的,后履行一方有权拒绝其相应的履行请求。

第五百二十七条 【不安抗辩权】应当先履行债务的当事人,有确切证据证明对方有下列情形之一的,可以中止履行:

(一)经营状况严重恶化;

(二)转移财产、抽逃资金,以逃避债务;

(三)丧失商业信誉;

(四)有丧失或者可能丧失履行债务能力的其他情形。

当事人没有确切证据中止履行的,应当承担违约责任。

第五百二十八条 【不安抗辩权的效力】当事人依据前条规定中止履行的,应当及时通知对方。对方提供适当担保的,应当恢复履行。中止履行后,对方在合理期限内未恢复履行能力且未提供适当担保的,视为以自己的行为表明不履行主要债务,中止履行的一方可以解除合同并可以请求对方承担违约责任。

第五百二十九条 【因债权人原因致债务履行困难时的处理】债权人分立、合并或者变更住所没有通知债务人,致使履行债务发生困难的,债务人可以中止履行或者将标的物提存。

第五百三十条 【债务人提前履行债务】债权人可以拒绝债务人提前履行债务,但是提前履行不损害债权人利益的除外。

债务人提前履行债务给债权人增加的费用,由债务人负担。

第五百三十一条 【债务人部分履行债务】债权人可以拒绝债务人部分履行债务,但是部分履行不损害债权人利益的除外。

债务人部分履行债务给债权人增加的费用,由债务人负担。

第五百三十二条 【当事人姓名等变化对合同履行的影响】合同生效后,当事人不得因姓名、名称的变更或者法定代表人、负责人、承办人的变动而不履行合同义务。

第五百三十三条 【情势变更】合同成立后,合同的基础条件发生了当事人在订立合同时无法预见的、不属于商业风险的重大变化,继续履行合同对于当事人一方明显不公平的,受不利影响的当事人可以与对方重新协商;在合理期限内协商不成的,当事人可以请求人民法院或者仲裁机构变更或者解除合同。

人民法院或者仲裁机构应当结合案件的实际情况,根据公平原则变更或者解除合同。

第五百三十四条 【合同监管】对当事人利用合同实施

危害国家利益、社会公共利益行为的，市场监督管理和其他有关行政主管部门依照法律、行政法规的规定负责监督处理。

第五章　合同的保全

第五百三十五条　【债权人代位权】因债务人怠于行使其债权或者与该债权有关的从权利，影响债权人的到期债权实现的，债权人可以向人民法院请求以自己的名义代位行使债务人对相对人的权利，但是该权利专属于债务人自身的除外。

代位权的行使范围以债权人的到期债权为限。债权人行使代位权的必要费用，由债务人负担。

相对人对债务人的抗辩，可以向债权人主张。

第五百三十六条　【保存行为】债权人的债权到期前，债务人的债权或者与该债权有关的从权利存在诉讼时效期间即将届满或者未及时申报破产债权等情形，影响债权人的债权实现的，债权人可以代位向债务人的相对人请求其向债务人履行、向破产管理人申报或者作出其他必要的行为。

第五百三十七条　【债权人代位权行使效果】人民法院认定代位权成立的，由债务人的相对人向债权人履行义务，债权人接受履行后，债权人与债务人、债务人与相对人之间相应的权利义务终止。债务人对相对人的债权或者与该债权有关的从权利被采取保全、执行措施，或者债务人破产的，依照相关法律的规定处理。

第五百三十八条　【撤销债务人无偿行为】债务人以放弃其债权、放弃债权担保、无偿转让财产等方式无偿处分财产权益，或者恶意延长其到期债权的履行期限，影响债权人的债权实现的，债权人可以请求人民法院撤销债务人的行为。

第五百三十九条　【撤销债务人有偿行为】债务人以明显不合理的低价转让财产、以明显不合理的高价受让他人财产或者为他人的债务提供担保，影响债权人的债权实现，债务人的相对人知道或者应当知道该情形的，债权人可以请求人民法院撤销债务人的行为。

第五百四十条　【债权人撤销权行使范围以及必要费用承担】撤销权的行使范围以债权人的债权为限。债权人行使撤销权的必要费用，由债务人负担。

第五百四十一条　【债权人撤销权行使期间】撤销权自债权人知道或者应当知道撤销事由之日起一年内行使。自债务人的行为发生之日起五年内没有行使撤销权的，该撤销权消灭。

第五百四十二条　【债权人撤销权行使效果】债务人影响债权人的债权实现的行为被撤销的，自始没有法律约束力。

第六章　合同的变更和转让

第五百四十三条　【协议变更合同】当事人协商一致，可以变更合同。

第五百四十四条　【变更不明确推定为未变更】当事人对合同变更的内容约定不明确的，推定为未变更。

第五百四十五条　【债权转让】债权人可以将债权的全部或者部分转让给第三人，但是有下列情形之一的除外：

（一）根据债权性质不得转让；

（二）按照当事人约定不得转让；

（三）依照法律规定不得转让。

当事人约定非金钱债权不得转让的，不得对抗善意第三人。当事人约定金钱债权不得转让的，不得对抗第三人。

第五百四十六条　【债权转让通知】债权人转让债权，未通知债务人的，该转让对债务人不发生效力。

债权转让的通知不得撤销，但是经受让人同意的除外。

第五百四十七条　【债权转让时从权利一并变动】债权人转让债权的，受让人取得与债权有关的从权利，但是该从权利专属于债权人自身的除外。

受让人取得从权利不因该从权利未办理转移登记手续或者未转移占有而受到影响。

第五百四十八条　【债权转让时债务人抗辩权】债务人接到债权转让通知后，债务人对让与人的抗辩，可以向受让人主张。

第五百四十九条　【债权转让时债务人抵销权】有下列情形之一的，债务人可以向受让人主张抵销：

（一）债务人接到债权转让通知时，债务人对让与人享有债权，且债务人的债权先于转让的债权到期或者同时到期；

（二）债务人的债权与转让的债权是基于同一合同产生。

第五百五十条　【债权转让增加的履行费用的负担】因债权转让增加的履行费用，由让与人负担。

第五百五十一条　【债务转移】债务人将债务的全部或者部分转移给第三人的，应当经债权人同意。

债务人或者第三人可以催告债权人在合理期限内予以同意，债权人未作表示的，视为不同意。

第五百五十二条　【债务加入】第三人与债务人约定加入债务并通知债权人，或者第三人向债权人表示愿意加入债务，债权人未在合理期限内明确拒绝的，债权人可以请求第三人在其愿意承担的债务范围内和债务人承担连带债务。

第五百五十三条 【债务转移时新债务人抗辩和抵销】债务人转移债务的,新债务人可以主张原债务人对债权人的抗辩;原债务人对债权人享有债权的,新债务人不得向债权人主张抵销。

第五百五十四条 【债务转移时从债务一并转移】债务人转移债务的,新债务人应当承担与主债务有关的从债务,但是该从债务专属于原债务人自身的除外。

第五百五十五条 【合同权利义务一并转让】当事人一方经对方同意,可以将自己在合同中的权利和义务一并转让给第三人。

第五百五十六条 【合同权利义务一并转让的法律适用】合同的权利和义务一并转让的,适用债权转让、债务转移的有关规定。

第七章 合同的权利义务终止

第五百五十七条 【债权债务终止情形】有下列情形之一的,债权债务终止:

(一)债务已经履行;

(二)债务相互抵销;

(三)债务人依法将标的物提存;

(四)债权人免除债务;

(五)债权债务同归于一人;

(六)法律规定或者当事人约定终止的其他情形。

合同解除的,该合同的权利义务关系终止。

第五百五十八条 【后合同义务】债权债务终止后,当事人应当遵循诚信等原则,根据交易习惯履行通知、协助、保密、旧物回收等义务。

第五百五十九条 【债权的从权利消灭】债权债务终止时,债权的从权利同时消灭,但是法律另有规定或者当事人另有约定的除外。

第五百六十条 【债的清偿抵充顺序】债务人对同一债权人负担的数项债务种类相同,债务人的给付不足以清偿全部债务的,除当事人另有约定外,由债务人在清偿时指定其履行的债务。

债务人未作指定的,应当优先履行已经到期的债务;数项债务均到期的,优先履行对债权人缺乏担保或者担保最少的债务;均无担保或者担保相等的,优先履行债务人负担较重的债务;负担相同的,按照债务到期的先后顺序履行;到期时间相同的,按照债务比例履行。

第五百六十一条 【费用、利息和主债务的抵充顺序】债务人在履行主债务外还应当支付利息和实现债权的有关费用,其给付不足以清偿全部债务的,除当事人另有约定外,应当按照下列顺序履行:

(一)实现债权的有关费用;

(二)利息;

(三)主债务。

第五百六十二条 【合同约定解除】当事人协商一致,可以解除合同。

当事人可以约定一方解除合同的事由。解除合同的事由发生时,解除权人可以解除合同。

第五百六十三条 【合同法定解除】有下列情形之一的,当事人可以解除合同:

(一)因不可抗力致使不能实现合同目的;

(二)在履行期限届满前,当事人一方明确表示或者以自己的行为表明不履行主要债务;

(三)当事人一方迟延履行主要债务,经催告后在合理期限内仍未履行;

(四)当事人一方迟延履行债务或者有其他违约行为致使不能实现合同目的;

(五)法律规定的其他情形。

以持续履行的债务为内容的不定期合同,当事人可以随时解除合同,但是应当在合理期限之前通知对方。

第五百六十四条 【解除权行使期限】法律规定或者当事人约定解除权行使期限,期限届满当事人不行使的,该权利消灭。

法律没有规定或者当事人没有约定解除权行使期限,自解除权人知道或者应当知道解除事由之日起一年内不行使,或者经对方催告后在合理期限内不行使的,该权利消灭。

第五百六十五条 【合同解除程序】当事人一方依法主张解除合同的,应当通知对方。合同自通知到达对方时解除;通知载明债务人在一定期限内不履行债务则合同自动解除,债务人在该期限内未履行债务的,合同自通知载明的期限届满时解除。对方对解除合同有异议的,任何一方当事人均可以请求人民法院或者仲裁机构确认解除行为的效力。

当事人一方未通知对方,直接以提起诉讼或者申请仲裁的方式依法主张解除合同,人民法院或者仲裁机构确认该主张的,合同自起诉状副本或者仲裁申请书副本送达对方时解除。

第五百六十六条 【合同解除的效力】合同解除后,尚未履行的,终止履行;已经履行的,根据履行情况和合同性质,当事人可以请求恢复原状或者采取其他补救措施，并有权请求赔偿损失。

合同因违约解除的，解除权人可以请求违约方承担违约责任，但是当事人另有约定的除外。

主合同解除后，担保人对债务人应当承担的民事责任仍应当承担担保责任，但是担保合同另有约定的除外。

第五百六十七条 【合同终止后有关结算和清理条款效力】合同的权利义务关系终止，不影响合同中结算和清理条款的效力。

第五百六十八条 【债务法定抵销】当事人互负债务，该债务的标的物种类、品质相同的，任何一方可以将自己的债务与对方的到期债务抵销；但是，根据债务性质、按照当事人约定或者依照法律规定不得抵销的除外。

当事人主张抵销的，应当通知对方。通知自到达对方时生效。抵销不得附条件或者附期限。

第五百六十九条 【债务约定抵销】当事人互负债务，标的物种类、品质不相同的，经协商一致，也可以抵销。

第五百七十条 【标的物提存的条件】有下列情形之一，难以履行债务的，债务人可以将标的物提存：

（一）债权人无正当理由拒绝受领；

（二）债权人下落不明；

（三）债权人死亡未确定继承人、遗产管理人，或者丧失民事行为能力未确定监护人；

（四）法律规定的其他情形。

标的物不适于提存或者提存费用过高的，债务人依法可以拍卖或者变卖标的物，提存所得的价款。

第五百七十一条 【提存成立及提存对债务人效力】债务人将标的物或者将标的物依法拍卖、变卖所得价款交付提存部门时，提存成立。

提存成立的，视为债务人在其提存范围内已经交付标的物。

第五百七十二条 【提存通知】标的物提存后，债务人应当及时通知债权人或者债权人的继承人、遗产管理人、监护人、财产代管人。

第五百七十三条 【提存期间风险、孳息和提存费用】标的物提存后，毁损、灭失的风险由债权人承担。提存期间，标的物的孳息归债权人所有。提存费用由债权人负担。

第五百七十四条 【提存物的受领及受领权消灭】债权人可以随时领取提存物。但是，债权人对债务人负有到期债务的，在债权人未履行债务或者提供担保之前，提存部门根据债务人的要求应当拒绝其领取提存物。

债权人领取提存物的权利，自提存之日起五年内不行使而消灭，提存物扣除提存费用后归国家所有。但是，债权人未履行对债务人的到期债务，或者债权人向提存部门书面表示放弃领取提存物权利的，债务人负担提存费用后有权取回提存物。

第五百七十五条 【债务免除】债权人免除债务人部分或者全部债务的，债权债务部分或者全部终止，但是债务人在合理期限内拒绝的除外。

第五百七十六条 【债权债务混同】债权和债务同归于一人的，债权债务终止，但是损害第三人利益的除外。

第八章 违约责任

第五百七十七条 【违约责任】当事人一方不履行合同义务或者履行合同义务不符合约定的，应当承担继续履行、采取补救措施或者赔偿损失等违约责任。

第五百七十八条 【预期违约责任】当事人一方明确表示或者以自己的行为表明不履行合同义务的，对方可以在履行期限届满前请求其承担违约责任。

第五百七十九条 【金钱债务继续履行】当事人一方未支付价款、报酬、租金、利息，或者不履行其他金钱债务的，对方可以请求其支付。

第五百八十条 【非金钱债务继续履行责任及违约责任】当事人一方不履行非金钱债务或者履行非金钱债务不符合约定的，对方可以请求履行，但是有下列情形之一的除外：

（一）法律上或者事实上不能履行；

（二）债务的标的不适于强制履行或者履行费用过高；

（三）债权人在合理期限内未请求履行。

有前款规定的除外情形之一，致使不能实现合同目的的，人民法院或者仲裁机构可以根据当事人的请求终止合同权利义务关系，但是不影响违约责任的承担。

第五百八十一条 【替代履行】当事人一方不履行债务或者履行债务不符合约定，根据债务的性质不得强制履行的，对方可以请求其负担由第三人替代履行的费用。

第五百八十二条 【瑕疵履行的补救】履行不符合约定的，应当按照当事人的约定承担违约责任。对违约责任没有约定或者约定不明确，依据本法第五百一十条的规定仍不能确定的，受损害方根据标的的性质以及损失的大小，可以合理选择请求对方承担修理、重作、更换、退货、减少价款或者报酬等违约责任。

第五百八十三条 【违约损害赔偿责任】当事人一方不履行合同义务或者履行合同义务不符合约定的，在履行义务或者采取补救措施后，对方还有其他损失的，应当赔偿损失。

第五百八十四条 【损害赔偿范围】当事人一方不履行合同义务或者履行合同义务不符合约定，造成对方损失的，损失赔偿额应当相当于因违约所造成的损失，包括合同履行后可以获得的利益；但是，不得超过违约一方订立合同时预见到或者应当预见到的因违约可能造成的损失。

第五百八十五条 【违约金】当事人可以约定一方违约时应当根据违约情况向对方支付一定数额的违约金，也可以约定因违约产生的损失赔偿额的计算方法。

约定的违约金低于造成的损失的，人民法院或者仲裁机构可以根据当事人的请求予以增加；约定的违约金过分高于造成的损失的，人民法院或者仲裁机构可以根据当事人的请求予以适当减少。

当事人就迟延履行约定违约金的，违约方支付违约金后，还应当履行债务。

第五百八十六条 【定金担保】当事人可以约定一方向对方给付定金作为债权的担保。定金合同自实际交付定金时成立。

定金的数额由当事人约定；但是，不得超过主合同标的额的百分之二十，超过部分不产生定金的效力。实际交付的定金数额多于或者少于约定数额的，视为变更约定的定金数额。

第五百八十七条 【定金罚则】债务人履行债务的，定金应当抵作价款或者收回。给付定金的一方不履行债务或者履行债务不符合约定，致使不能实现合同目的的，无权请求返还定金；收受定金的一方不履行债务或者履行债务不符合约定，致使不能实现合同目的的，应当双倍返还定金。

第五百八十八条 【违约金与定金竞合时的责任】当事人既约定违约金，又约定定金的，一方违约时，对方可以选择适用违约金或者定金条款。

定金不足以弥补一方违约造成的损失的，对方可以请求赔偿超过定金数额的损失。

第五百八十九条 【拒绝受领和受领迟延】债务人按照约定履行债务，债权人无正当理由拒绝受领的，债务人可以请求债权人赔偿增加的费用。

在债权人受领迟延期间，债务人无须支付利息。

第五百九十条 【不可抗力】当事人一方因不可抗力不能履行合同的，根据不可抗力的影响，部分或者全部免除责任，但是法律另有规定的除外。因不可抗力不能履行合同的，应当及时通知对方，以减轻可能给对方造成的损失，并应当在合理期限内提供证明。

当事人迟延履行后发生不可抗力的，不免除其违约责任。

第五百九十一条 【减损规则】当事人一方违约后，对方应当采取适当措施防止损失的扩大；没有采取适当措施致使损失扩大的，不得就扩大的损失请求赔偿。

当事人因防止损失扩大而支出的合理费用，由违约方负担。

第五百九十二条 【双方违约和与有过错】当事人都违反合同的，应当各自承担相应的责任。

当事人一方违约造成对方损失，对方对损失的发生有过错的，可以减少相应的损失赔偿额。

第五百九十三条 【第三人原因造成违约时违约责任承担】当事人一方因第三人的原因造成违约的，应当依法向对方承担违约责任。当事人一方和第三人之间的纠纷，依照法律规定或者按照约定处理。

第五百九十四条 【国际贸易合同诉讼时效和仲裁时效】因国际货物买卖合同和技术进出口合同争议提起诉讼或者申请仲裁的时效期间为四年。

招标拍卖挂牌出让
国有建设用地使用权规定

1. *2002年5月9日国土资源部令第11号公布*
2. *2007年9月28日国土资源部令第39号修订*
3. *自2007年11月1日起施行*

第一条 为规范国有建设用地使用权出让行为，优化土地资源配置，建立公开、公平、公正的土地使用制度，根据《中华人民共和国物权法》、《中华人民共和国土地管理法》、《中华人民共和国城市房地产管理法》和《中华人民共和国土地管理法实施条例》，制定本规定。

第二条 在中华人民共和国境内以招标、拍卖或者挂牌出让方式在土地的地表、地上或者地下设立国有建设用地使用权的，适用本规定。

本规定所称招标出让国有建设用地使用权，是指市、县人民政府国土资源行政主管部门（以下简称出让人）发布招标公告，邀请特定或者不特定的自然人、法人和其他组织参加国有建设用地使用权投标，根据投标结果确定国有建设用地使用权人的行为。

本规定所称拍卖出让国有建设用地使用权，是指出让人发布拍卖公告，由竞买人在指定时间、地点进行公开竞价，根据出价结果确定国有建设用地使用权人的行为。

本规定所称挂牌出让国有建设用地使用权，是指出让人发布挂牌公告，按公告规定的期限将拟出让宗地的交易条件在指定的土地交易场所挂牌公布，接受竞买人的报价申请并更新挂牌价格，根据挂牌期限截止时的出价结果或者现场竞价结果确定国有建设用地使用权人的行为。

第三条 招标、拍卖或者挂牌出让国有建设用地使用权，应当遵循公开、公平、公正和诚信的原则。

第四条 工业、商业、旅游、娱乐和商品住宅等经营性用地以及同一宗地有两个以上意向用地者的，应当以招标、拍卖或者挂牌方式出让。

前款规定的工业用地包括仓储用地，但不包括采矿用地。

第五条 国有建设用地使用权招标、拍卖或者挂牌出让活动，应当有计划地进行。

市、县人民政府国土资源行政主管部门根据经济社会发展计划、产业政策、土地利用总体规划、土地利用年度计划、城市规划和土地市场状况，编制国有建设用地使用权出让年度计划，报经同级人民政府批准后，及时向社会公开发布。

第六条 市、县人民政府国土资源行政主管部门应当按照出让年度计划，会同城市规划等有关部门共同拟订拟招标拍卖挂牌出让地块的出让方案，报经市、县人民政府批准后，由市、县人民政府国土资源行政主管部门组织实施。

前款规定的出让方案应当包括出让地块的空间范围、用途、年限、出让方式、时间和其他条件等。

第七条 出让人应当根据招标拍卖挂牌出让地块的情况，编制招标拍卖挂牌出让文件。

招标拍卖挂牌出让文件应当包括出让公告、投标或者竞买须知、土地使用条件、标书或者竞买申请书、报价单、中标通知书或者成交确认书、国有建设用地使用权出让合同文本。

第八条 出让人应当至少在投标、拍卖或者挂牌开始日前20日，在土地有形市场或者指定的场所、媒介发布招标、拍卖或者挂牌公告，公布招标拍卖挂牌出让宗地的基本情况和招标拍卖挂牌的时间、地点。

第九条 招标拍卖挂牌公告应当包括下列内容：

（一）出让人的名称和地址；

（二）出让宗地的面积、界址、空间范围、现状、使用年期、用途、规划指标要求；

（三）投标人、竞买人的资格要求以及申请取得投标、竞买资格的办法；

（四）索取招标拍卖挂牌出让文件的时间、地点和方式；

（五）招标拍卖挂牌时间、地点、投标挂牌期限、投标和竞价方式等；

（六）确定中标人、竞得人的标准和方法；

（七）投标、竞买保证金；

（八）其他需要公告的事项。

第十条 市、县人民政府国土资源行政主管部门应当根据土地估价结果和政府产业政策综合确定标底或者底价。

标底或者底价不得低于国家规定的最低价标准。

确定招标标底，拍卖和挂牌的起叫价、起始价、底价，投标、竞买保证金，应当实行集体决策。

招标标底和拍卖挂牌的底价，在招标开标前和拍卖挂牌出让活动结束之前应当保密。

第十一条 中华人民共和国境内外的自然人、法人和其他组织，除法律、法规另有规定外，均可申请参加国有建设用地使用权招标拍卖挂牌出让活动。

出让人在招标拍卖挂牌出让公告中不得设定影响公平、公正竞争的限制条件。挂牌出让的，出让公告中规定的申请截止时间，应当为挂牌出让结束日前2天。对符合招标拍卖挂牌公告规定条件的申请人，出让人应当通知其参加招标拍卖挂牌活动。

第十二条 市、县人民政府国土资源行政主管部门应当为投标人、竞买人查询拟出让土地的有关情况提供便利。

第十三条 投标、开标依照下列程序进行：

（一）投标人在投标截止时间前将标书投入标箱。招标公告允许邮寄标书的，投标人可以邮寄，但出让人在投标截止时间前收到的方为有效。

标书投入标箱后，不可撤回。投标人应当对标书和有关书面承诺承担责任。

（二）出让人按照招标公告规定的时间、地点开标，邀请所有投标人参加。由投标人或者其推选的代表检查标箱的密封情况，当众开启标箱，点算标书。投标人少于三人的，出让人应当终止招标活动。投标人不少于三人的，应当逐一宣布投标人名称、投标价格和投标文件的主要内容。

（三）评标小组进行评标。评标小组由出让人代表、有关专家组成，成员人数为五人以上的单数。

评标小组可以要求投标人对投标文件作出必要的澄清或者说明，但是澄清或者说明不得超出投标文件的范围或者改变投标文件的实质性内容。

评标小组应当按照招标文件确定的评标标准和方法,对投标文件进行评审。

(四)招标人根据评标结果,确定中标人。

按照价高者得的原则确定中标人的,可以不成立评标小组,由招标主持人根据开标结果,确定中标人。

第十四条 对能够最大限度地满足招标文件中规定的各项综合评价标准,或者能够满足招标文件的实质性要求且价格最高的投标人,应当确定为中标人。

第十五条 拍卖会依照下列程序进行:

(一)主持人点算竞买人;

(二)主持人介绍拍卖宗地的面积、界址、空间范围、现状、用途、使用年期、规划指标要求、开工和竣工时间以及其他有关事项;

(三)主持人宣布起叫价和增价规则及增价幅度。没有底价的,应当明确提示;

(四)主持人报出起叫价;

(五)竞买人举牌应价或者报价;

(六)主持人确认该应价或者报价后继续竞价;

(七)主持人连续三次宣布同一应价或者报价而没有再应价或者报价的,主持人落槌表示拍卖成交;

(八)主持人宣布最高应价或者报价者为竞得人。

第十六条 竞买人的最高应价或者报价未达到底价时,主持人应当终止拍卖。

拍卖主持人在拍卖中可以根据竞买人竞价情况调整拍卖增价幅度。

第十七条 挂牌依照以下程序进行:

(一)在挂牌公告规定的挂牌起始日,出让人将挂牌宗地的面积、界址、空间范围、现状、用途、使用年期、规划指标要求、开工时间和竣工时间、起始价、增价规则及增价幅度等,在挂牌公告规定的土地交易场所挂牌公布;

(二)符合条件的竞买人填写报价单报价;

(三)挂牌主持人确认该报价后,更新显示挂牌价格;

(四)挂牌主持人在挂牌公告规定的挂牌截止时间确定竞得人。

第十八条 挂牌时间不得少于10日。挂牌期间可根据竞买人竞价情况调整增价幅度。

第十九条 挂牌截止应当由挂牌主持人主持确定。挂牌期限届满,挂牌主持人现场宣布最高报价及其报价者,并询问竞买人是否愿意继续竞价。有竞买人表示愿意继续竞价的,挂牌出让转入现场竞价,通过现场竞价确定竞得人。挂牌主持人连续三次报出最高挂牌价格,没有竞买人表示愿意继续竞价的,按照下列规定确定是否成交:

(一)在挂牌期限内只有一个竞买人报价,且报价不低于底价,并符合其他条件的,挂牌成交;

(二)在挂牌期限内有两个或者两个以上的竞买人报价的,出价最高者为竞得人;报价相同的,先提交报价单者为竞得人,但报价低于底价者除外;

(三)在挂牌期限内无应价者或者竞买人的报价均低于底价或者均不符合其他条件的,挂牌不成交。

第二十条 以招标、拍卖或者挂牌方式确定中标人、竞得人后,中标人、竞得人支付的投标、竞买保证金,转作受让地块的定金。出让人应当向中标人发出中标通知书或者与竞得人签订成交确认书。

中标通知书或者成交确认书应当包括出让人和中标人或者竞得人的名称,出让标的,成交时间、地点、价款以及签订国有建设用地使用权出让合同的时间、地点等内容。

中标通知书或者成交确认书对出让人和中标人或者竞得人具有法律效力。出让人改变竞得结果,或者中标人、竞得人放弃中标宗地、竞得宗地的,应当依法承担责任。

第二十一条 中标人、竞得人应当按照中标通知书或者成交确认书约定的时间,与出让人签订国有建设用地使用权出让合同。中标人、竞得人支付的投标、竞买保证金抵作土地出让价款;其他投标人、竞买人支付的投标、竞买保证金,出让人必须在招标拍卖挂牌活动结束后5个工作日内予以退还,不计利息。

第二十二条 招标拍卖挂牌活动结束后,出让人应在10个工作日内将招标拍卖挂牌出让结果在土地有形市场或者指定的场所、媒介公布。

出让人公布出让结果,不得向受让人收取费用。

第二十三条 受让人依照国有建设用地使用权出让合同的约定付清全部土地出让价款后,方可申请办理土地登记,领取国有建设用地使用权证书。

未按出让合同约定缴清全部土地出让价款的,不得发放国有建设用地使用权证书,也不得按出让价款缴纳比例分割发放国有建设用地使用权证书。

第二十四条 应当以招标拍卖挂牌方式出让国有建设用地使用权而擅自采用协议方式出让的,对直接负责的主管人员和其他直接责任人员依法给予处分;构成犯罪的,依法追究刑事责任。

第二十五条 中标人、竞得人有下列行为之一的,中标、竞得结果无效；造成损失的，应当依法承担赔偿责任：

（一）提供虚假文件隐瞒事实的；

（二）采取行贿、恶意串通等非法手段中标或者竞得的。

第二十六条　国土资源行政主管部门的工作人员在招标拍卖挂牌出让活动中玩忽职守、滥用职权、徇私舞弊的，依法给予处分；构成犯罪的，依法追究刑事责任。

第二十七条　以招标拍卖挂牌方式租赁国有建设用地使用权的，参照本规定执行。

第二十八条　本规定自2007年11月1日起施行。

招标拍卖挂牌出让国有土地使用权规范（试行）

1．2006年5月31日国土资源部发布
2．国土资发〔2006〕114号
3．自2006年8月1日起施行

目　　次

前　　言

为完善国有土地使用权出让制度，规范国有土地使用权招标拍卖挂牌出让行为，统一程序和标准，优化土地资源配置，推进土地市场建设，根据《中华人民共和国土地管理法》、《中华人民共和国城市房地产管理法》、《中华人民共和国城镇国有土地使用权出让和转让暂行条例》、《招标拍卖挂牌出让国有土地使用权规定》等规定，制定本规范。

本规范的附录B为招标拍卖挂牌出让公告应当使用的文本格式，附录A、附录C、附录D、附录E、附录F、附录G、附录H、附录I、附录J为招标拍卖挂牌出让活动中所需其他文本的示范格式。

本规范由国土资源部提出并归口。

本规范起草单位：国土资源部土地利用管理司，国土资源部土地整理中心，辽宁省国土资源厅，江苏省国土资源厅，福建省国土资源厅，山东省国土资源厅，广东省国土资源厅，深圳市国土资源和房产管理局。

本规范主要起草人员：廖永林、冷宏志、岳晓武、雷爱先、高永、谢量雄、宋玉波、黄启才、潘光明、涂高坤、王联珠、牟傲风、叶卫东、钟松忆、林立森、申亮、陈梅英、周旭、沈飞、张防。

本规范参加起草人员（以姓氏笔画为序）：于世专、马尚、王薇、车长志、邓岳方、叶元蓬、叶东、任钊洪、关文荣、刘显棋、刘祥元、刘瑞平、朱育德、闫洪溪、严政、吴永高、吴迪、吴海洋、张万中、张英奇、李延荣、李晓娟、李晓斌、束克欣、杨玉芳、杨江正、肖建军、陈永真、陈国庆、林君衡、罗演广、祝军、胡立兵、胡红兵、赵春华、郝吉虎、高志云、徐建设、秦水龙、钱友根、梁红、黄文波、韩建国、韩洪伟、靳薇、潘洪篙、魏成、魏莉华。

本规范由国土资源部负责解释。

1　适用范围

在中华人民共和国境内以招标、拍卖或者挂牌方式出让国有土地使用权，适用本规范；以招标、拍卖或者挂牌方式租赁国有土地使用权、出让国有土地他项权利，参照本规范执行。以招标、拍卖或者挂牌方式转让国有土地使用权，以及依法以招标、拍卖或者挂牌方式流转农民集体建设用地使用权，可参照本规范执行。

2 引用的标准和文件

下列标准和文件所包含的条文,通过在本规范中引用而构成本规范的条文。本规范颁布时,所示版本均为有效。使用本规范的各方应使用下列各标准和文件的最新版本。

GB/T 18508—2001《城镇土地估价规程》

国土资发〔2000〕303号《国有土地使用权出让合同示范文本》

国土资发〔2001〕255号《全国土地分类》

国土资发〔2004〕232号《工业建设项目用地控制指标》

3 依 据

(1)《中华人民共和国土地管理法》

(2)《中华人民共和国城市房地产管理法》

(3)《中华人民共和国城市规划法》

(4)《中华人民共和国行政许可法》

(5)《中华人民共和国合同法》

(6)《中华人民共和国城镇国有土地使用权出让和转让暂行条例》

(7)《建立健全教育、制度、监督并重的惩治和预防腐败体系实施纲要》(中发〔2005〕3号)

(8)《国务院关于加强国有土地资产管理的通知》(国发〔2001〕15号)

(9)《国务院关于深化改革严格土地管理的决定》(国发〔2004〕28号)

(10)《中共中央纪委监察部关于领导干部利用职权违反规定干预和插手建设工程招投标、经营性土地使用权出让、房地产开发与经营等市场经济活动,为个人和亲友谋取私利的处理规定》(中纪发〔2004〕3号)

(11)《招标拍卖挂牌出让国有土地使用权规定》(国土资源部令第11号)

4 总 则

4.1 招标拍卖挂牌出让国有土地使用权内涵

本规范所称招标出让国有土地使用权,是指市、县国土资源管理部门发布招标公告或者发出投标邀请书,邀请特定或者不特定的法人、自然人和其他组织参加国有土地使用权投标,根据投标结果确定土地使用者的行为。

本规范所称拍卖出让国有土地使用权,是指市、县国土资源管理部门发布拍卖公告,由竞买人在指定时间、地点进行公开竞价,根据出价结果确定土地使用者的行为。

本规范所称挂牌出让国有土地使用权,是指市、县国土资源管理部门发布挂牌公告,按公告规定的期限将拟出让宗地的交易条件在指定的土地交易场所挂牌公布,接受竞买人的报价申请并更新挂牌价格,根据挂牌期限截止时的出价结果或现场竞价结果确定土地使用者的行为。

4.2 招标拍卖挂牌出让国有土地使用权原则

(1)公开、公平、公正;

(2)诚实信用。

4.3 招标拍卖挂牌出让国有土地使用权范围

(1)供应商业、旅游、娱乐和商品住宅等各类经营性用地以及有竞争要求的工业用地;

(2)其他土地供地计划公布后同一宗地有两个或者两个以上意向用地者的;

(3)划拨土地使用权改变用途,《国有土地划拨决定书》或法律、法规、行政规定等明确应当收回土地使用权,实行招标拍卖挂牌出让的;

(4)划拨土地使用权转让,《国有土地划拨决定书》或法律、法规、行政规定等明确应当收回土地使用权,实行招标拍卖挂牌出让的;

(5)出让土地使用权改变用途,《国有土地使用权出让合同》约定或法律、法规、行政规定等明确应当收回土地使用权,实行招标拍卖挂牌出让的;

(6)法律、法规、行政规定明确应当招标拍卖挂牌出让的其他情形。

4.4 招标拍卖挂牌出让国有土地使用权组织实施

4.4.1 实施主体

国有土地使用权招标拍卖挂牌出让由市、县国土资源管理部门组织实施。

4.4.2 组织方式

市、县国土资源管理部门实施招标拍卖挂牌出让国有土地使用权活动,可以根据实际情况选择以下方式:

(1)市、县国土资源管理部门自行办理;

(2)市、县国土资源管理部门指定或授权下属事业单位具体承办;

(3)市、县国土资源管理部门委托具有相应资质的交易代理中介机构承办。

4.4.3 协调决策机构

国有土地使用权出让实行集体决策。市、县国土资源管理部门根据实际情况,可以成立国有土地使用权出让协调决策机构,负责协调解决出让中的相关问题,集体确定有关事项。

4.4.4 土地招标拍卖挂牌主持人

国有土地使用权招标拍卖挂牌出让活动,应当由符合国土资源部确定的土地招标拍卖挂牌主持人条件并取得资格的人员主持进行。

4.4.5 招标拍卖挂牌出让程序

(1)公布出让计划,确定供地方式;

(2)编制、确定出让方案;

(3)地价评估,确定出让底价;

(4)编制出让文件;

(5)发布出让公告;

(6)申请和资格审查;

(7)招标拍卖挂牌活动实施;

(8)签订出让合同,公布出让结果;

(9)核发《建设用地批准书》,交付土地;

(10)办理土地登记;

(11)资料归档。

4.5 地方补充规定

地方可对本规范做出补充规定或实施细则,并报上一级国土资源管理部门备案。

5 公布出让计划,确定供地方式

5.1 市、县国土资源管理部门应当将经批准的国有土地使用权出让计划向社会公布。有条件的地方可以根据供地进度安排,分阶段将国有土地使用权出让计划细化落实到地段、地块,并将相关信息及时向社会公布。国有土地使用权出让计划以及细化的地段、地块信息应当同时在中国土地市场网(www.landchina.com)上公布。

5.2 市、县国土资源管理部门公布国有土地使用权出让计划、细化的地段、地块信息,应当同时明确用地者申请用地的途径和方式,公开接受用地申请。

5.3 需要使用土地的单位和个人(以下简称意向用地者)应当根据公布的国有土地使用权出让计划、细化的地段、地块信息以及自身用地需求,向市、县国土资源管理部门提出用地申请。

5.4 用地预申请

为充分了解市场需求情况,科学合理安排供地规模和进度,有条件的地方,可以建立用地预申请制度。单位和个人对列入招标拍卖挂牌出让计划内的具体地块有使用意向的,可以提出用地预申请,并承诺愿意支付的土地价格。市、县国土资源管理部门认为其承诺的土地价格和条件可以接受的,应当根据土地出让计划和土地市场情况,适时组织实施招标拍卖挂牌出让活动,并通知提出该宗地用地预申请的单位或个人参加。提出用地预申请的单位、个人,应当参加该宗地竞投或竞买,且报价不得低于其承诺的土地价格。

5.5 根据意向用地者申请情况,符合4.3规定条件的土地使用权出让,应当采取招标拍卖挂牌方式。对不能确定是否符合4.3规定条件的具体宗地,可由国有土地使用权出让协调决策机构集体认定。

对具有综合目标或特定社会、公益建设条件、开发建设要求较高、仅有少数单位和个人可能有受让意向的土地使用权出让,可以采取招标方式,按照综合条件最佳者得的原则确定受让人;其他的土地使用权出让,应当采取招标、拍卖或挂牌方式,按照价高者得的原则确定受让人。

采用招标方式出让国有土地使用权的,应当采取公开招标方式。对土地使用者有严格的限制和特别要求的,可以采用邀请招标方式。

6 编制、确定出让方案

6.1 编制招标拍卖挂牌出让方案

市、县国土资源管理部门应当会同城市规划管理等有关部门,依据国有土地使用权出让计划、城市规划等,编制国有土地使用权招标拍卖挂牌出让方案。

国有土地使用权招标拍卖挂牌出让方案应当包括:拟出让地块的具体位置、四至、用途、面积、年限、土地使用条件、供地时间、供地方式、建设时间等。属于综合用地的,应明确各类具体用途、所占面积及其各自的出让年期。对于各用途不动产之间可以分割,最终使用者为不同单位、个人的,应当按照综合用地所包含的具体土地用途分别确定出让年期;对于多种用途很难分割、最终使用者唯一的,也可以统一按照综合用地最高出让年限50年确定出让年期。

6.2 招标拍卖挂牌出让方案报批

国有土地使用权招标拍卖挂牌出让方案应按规定报市、县人民政府批准。

7 地价评估,确定出让底价

7.1 地价评估

市、县国土资源管理部门应当根据拟出让地块的条件和土地市场情况,依据《城镇土地估价规程》,组织对拟出让地块的正常土地市场价格进行评估。

地价评估由市、县国土资源管理部门或其所属事业单位组织进行,根据需要也可以委托具有土地估价资质的土地或不动产评估机构进行。

7.2 确定底价

有底价出让的,市、县国土资源管理部门或国有土地使用权出让协调决策机构应当根据土地估价结果、产业政策和土地市场情况等,集体决策,综合确定出让底价和投标、竞买保证金。招标出让的,应当同时确定标底;拍卖和挂牌出让的,应当同时确定起叫价、起始价等。

标底、底价确定后,在出让活动结束之前应当保密,任何单位和个人不得泄露。

8 编制出让文件

市、县国土资源管理部门应当根据经批准的招标拍卖挂牌出让方案,组织编制国有土地使用权招标拍卖挂牌出让文件。

8.1 招标出让文件应当包括:

(1)招标出让公告或投标邀请书

(2)招标出让须知

(3)标书

(4)投标申请书

(5)宗地界址图

(6)宗地规划指标要求

(7)中标通知书

(8)国有土地使用权出让合同

(9)其他相关文件

8.2 拍卖出让文件应当包括:

(1)拍卖出让公告

(2)拍卖出让须知

(3)竞买申请书

(4)宗地界址图

(5)宗地规划指标要求

(6)成交确认书

(7)国有土地使用权出让合同

(8)其他相关文件

8.3 挂牌出让文件应当包括:

(1)挂牌出让公告

(2)挂牌出让须知

(3)竞买申请书

(4)挂牌竞买报价单

(5)宗地界址图

(6)宗地规划指标要求

(7)成交确认书

(8)国有土地使用权出让合同

(9)其他相关文件

9 发布出让公告

9.1 发布公告

国有土地使用权招标拍卖挂牌出让公告应当由市、县国土资源管理部门发布。出让公告应当通过中国土地市场网和当地土地有形市场发布,也可同时通过报刊、电视台等媒体公开发布。

出让公告应当至少在招标拍卖挂牌活动开始前 20 日发布,以首次发布的时间为起始日。

经批准的出让方案已明确招标、拍卖、挂牌具体方式的,应当发布具体的“国有土地使用权招标出让公告”、“国有土地使用权拍卖出让公告”或“国有土地使用权挂牌出让公告”;经批准的出让方案未明确招标、拍卖、挂牌具体方式的,可以发布“国有土地使用权公开出让公告”,发布公开出让公告的,应当明确根据申请截止时的申请情况确定具体的招标、拍卖或挂牌方式。

出让公告可以是单宗地的公告,也可以是多宗地的联合公告。

9.2 公告内容

9.2.1 招标出让公告应当包括以下内容:

(1)出让人的名称、地址、联系电话等,授权或指定下属事业单位以及委托代理机构进行招标的,还应注明其机构的名称、地址和联系电话等;

(2)招标地块的位置、面积、用途、开发程度、规划指标要求、土地使用年限和建设时间等;

(3)投标人的资格要求及申请取得投标资格的办法;

(4)获取招标文件的时间、地点及方式;

(5)招标活动实施时间、地点,投标期限、地点和方式等;

(6)确定中标人的标准和方法;

(7)支付投标保证金的数额、方式和期限;

(8)其他需要公告的事项。

9.2.2 拍卖出让公告应当包括以下内容:

(1)出让人的名称、地址、联系电话等,授权或指定下属事业单位以及委托代理机构进行拍卖的,还应注明其名称、地址和联系电话等;

(2)拍卖地块的位置、面积、用途、开发程度、规划指标要求、土地使用年限和建设时间等;

(3)竞买人的资格要求及申请取得竞买资格的办法;

(4)获取拍卖文件的时间、地点及方式;

(5)拍卖会的地点、时间和竞价方式;

(6)支付竞买保证金的数额、方式和期限;

(7)其他需要公告的事项。

9.2.3 挂牌出让公告应当包括以下内容:

(1)出让人的名称、地址、联系电话等,授权或指定下属事业单位以及委托代理机构进行挂牌的,还应注明其机构名称、地址和联系电话等;

(2)挂牌地块的位置、面积、用途、开发程度、规划指标要求、土地使用年限和建设时间等;

(3)竞买人的资格要求及申请取得竞买资格的办法;

(4)获取挂牌文件的时间、地点及方式;

(5)挂牌地点和起止时间；

(6)支付竞买保证金的数额、方式和期限；

(7)其他需要公告的事项。

9.3 公告调整

公告期间，出让公告内容发生变化的，市、县国土资源管理部门应当按原公告发布渠道及时发布补充公告。涉及土地使用条件变更等影响土地价格的重大变动，补充公告发布时间距招标拍卖挂牌活动开始时间少于20日的，招标拍卖挂牌活动相应顺延。

发布补充公告的，市、县国土资源管理部门应当书面通知已报名的申请人。

10 申请和资格审查

10.1 申请人

国有土地使用权招标拍卖挂牌出让的申请人，可以是中华人民共和国境内外的法人、自然人和其他组织，但法律法规对申请人另有限制的除外。

申请人可以单独申请，也可以联合申请。

10.2 申请

申请人应在公告规定期限内交纳出让公告规定的投标、竞买保证金，并根据申请人类型，持相应文件向出让人提出竞买、竞投申请：

(1)法人申请的，应提交下列文件：

①申请书；

②法人单位有效证明文件；

③法定代表人的有效身份证明文件；

④申请人委托他人办理的，应提交授权委托书及委托代理人的有效身份证明文件；

⑤保证金交纳凭证；

⑥招标拍卖挂牌文件规定需要提交的其他文件。

(2)自然人申请的，应提交下列文件：

①申请书；

②申请人有效身份证明文件；

③申请人委托他人办理的，应提交授权委托书及委托代理人的身份证明文件；

④保证金交纳凭证；

⑤招标拍卖挂牌文件规定需要提交的其他文件。

(3)其他组织申请的，应提交下列文件：

①申请书；

②表明该组织合法存在的文件或有效证明；

③表明该组织负责人身份的有效证明文件；

④申请人委托他人办理的，应提交授权委托书及委托代理人的身份证明文件；

⑤保证金交纳凭证；

⑥招标拍卖挂牌文件规定需要提交的其他文件。

(4)境外申请人申请的，应提交下列文件：

①申请书；

②境外法人、自然人、其他组织的有效身份证明文件；

③申请人委托他人办理的，应提交授权委托书及委托代理的有效身份证明文件；

④保证金交纳凭证；

⑤招标拍卖挂牌文件规定需要提交的其他文件。

上述文件中，申请书必须用中文书写，其他文件可以使用其他语言，但必须附中文译本，所有文件的解释以中文译本为准。

(5)联合申请的，应提交下列文件：

①联合申请各方共同签署的申请书；

②联合申请各方的有效身份证明文件；

③联合竞买、竞投协议，协议要规定联合各方的权利、义务，包括联合各方的出资比例，并明确签订《国有土地使用权出让合同》时的受让人；

④申请人委托他人办理的，应提交授权委托书及委托代理人的有效身份证明文件；

⑤保证金交纳凭证；

⑥招标拍卖挂牌文件规定需要提交的其他文件。

(6)申请人竞得土地后，拟成立新公司进行开发建设的，应在申请书中明确新公司的出资构成、成立时间等内容。出让人可以根据招标拍卖挂牌出让结果，先与竞得人签订《国有土地使用权出让合同》，在竞得人按约定办理完新公司注册登记手续后，再与新公司签订《国有土地使用权出让合同变更协议》；也可按约定直接与新公司签订《国有土地使用权出让合同》。

10.3 受理申请及资格审查

出让人应当对出让公告规定的时间内收到的申请进行审查。经审查，有下列情形之一的，为无效申请：

(1)申请人不具备竞买资格的；

(2)未按规定交纳保证金的；

(3)申请文件不齐全或不符合规定的；

(4)委托他人代理但委托文件不齐全或不符合规定的；

(5)法律法规规定的其他情形。

经审查，符合规定条件的，应当确认申请人的投标或竞买资格，并通知其参加招标拍卖挂牌活动。采用招标或拍卖方式的，取得投标或竞买资格者不得少于3个。

10.4 出让人应当对申请人的情况进行保密。

10.5　申请人对招标拍卖挂牌文件有疑问的,可以书面或者口头方式向出让人咨询,出让人应当为申请人咨询以及查询出让地块有关情况提供便利。根据需要,出让人可以组织申请人对拟出让地块进行现场踏勘。

11　招标拍卖挂牌活动实施——招标

11.1　投标

市、县国土资源管理部门应当按照出让公告规定的时间、地点组织招标投标活动。投标活动应当由土地招标拍卖挂牌主持人主持进行。

投标开始前,招标主持人应当现场组织开启标箱,检查标箱情况后加封。

投标人应当在规定的时间将标书及其他文件送达指定的投标地点,经招标人登记后,将标书投入标箱。

招标公告允许邮寄投标文件的,投标人可以邮寄,但以招标人在投标截止时间前收到的方为有效。招标人登记后,负责在投标截止时间前将标书投入标箱。

投标人投标后,不可撤回投标文件,并对投标文件和有关书面承诺承担责任。投标人可以对已提交的投标文件进行补充说明,但应在招标文件要求提交投标文件的截止时间前书面通知招标人并将补充文件送达至投标地点。

11.2　开标

招标人按照招标出让公告规定的时间、地点开标,邀请所有投标人参加。开标应当由土地招标拍卖挂牌主持人主持进行。招标主持人邀请投标人或其推选的代表检查标箱的密封情况,当众开启标箱。

标箱开启后,招标主持人应当组织逐一检查标箱内的投标文件,经确认无误后,由工作人员当众拆封,宣读投标人名称、投标价格和投标文件的其他主要内容。

开标过程应当记录。

11.3　评标

按照价高者得的原则确定中标人的,可以不成立评标小组。按照综合条件最佳者得的原则确定中标人的,招标人应当成立评标小组进行评标。

11.3.1　评标小组由出让人、有关专家组成,成员人数为5人以上的单数。有条件的地方,可建立土地评标专家库,每次评标前随机从专家库中抽取评标小组专家成员。

11.3.2　招标人应当采取必要的措施,保证评标在严格保密的情况下进行。

11.3.3　评标小组可以要求投标人对投标文件中含义不明确的内容做出必要的澄清或者说明,但澄清或者说明不得超出投标文件的范围或者改变投标文件的实质性内容。

11.3.4　评标小组对投标文件进行有效性审查。有下列情形之一的,为无效投标文件:

(1)投标文件未密封的;

(2)投标文件未加盖投标人印鉴,也未经法定代表人签署的;

(3)投标文件不齐备、内容不全或不符合规定的;

(4)投标人对同一个标的有两个或两个以上报价的;

(5)委托投标但委托文件不齐全或不符合规定的;

(6)评标小组认为投标文件无效的其他情形。

11.3.5　评标要求

评标小组应当按照招标文件确定的评标标准和方法,对投标文件进行综合评分,根据综合评分结果确定中标候选人。

评标小组应当根据评标结果,按照综合评分高低确定中标候选人排序,但低于底价或标底者除外。同时有两个或两个以上申请人的综合评分相同的,按报价高低排名,报价也相同的,可以由综合评分相同的申请人通过现场竞价确定排名顺序。投标人的投标价均低于底价或投标条件均不能够满足标底要求的,投标活动终止。

11.4　定标

招标人应当根据评标小组推荐的中标候选人确定中标人。招标人也可以授权评标小组直接确定中标人。

按照价高者得的原则确定中标人的,由招标主持人根据开标结果,直接宣布报价最高且不低于底价者为中标人。有两个或两个以上申请人的报价相同且同为最高报价的,可以由相同报价的申请人在限定时间内再行报价,或者采取现场竞价方式确定中标人。

11.5　发出《中标通知书》

确定中标人后,招标人应当向中标人发出《中标通知书》,并同时将中标结果通知其他投标人。

《中标通知书》应包括招标人与中标人的名称,出让标的,成交时间、地点、价款,以及双方签订《国有土地使用权出让合同》的时间、地点等内容。

《中标通知书》对招标人和中标人具有法律效力,招标人改变中标结果,或者中标人不按约定签订《国有土地使用权出让合同》、放弃中标宗地的,应当承担法律责任。

12　招标拍卖挂牌活动实施——拍卖

12.1　市、县国土资源管理部门应当按照出让公告规定的时间、地点组织拍卖活动。拍卖活动应当由土地招标拍卖挂牌主持人主持进行。

12.2　拍卖会按下列程序进行：

(1)拍卖主持人宣布拍卖会开始；

(2)拍卖主持人宣布竞买人到场情况；

设有底价的，出让人应当现场将密封的拍卖底价交给拍卖主持人，拍卖主持人现场开启密封件。

(3)拍卖主持人介绍拍卖地块的位置、面积、用途、使用年限、规划指标要求、建设时间等；

(4)拍卖主持人宣布竞价规则；

拍卖主持人宣布拍卖宗地的起叫价、增价规则和增价幅度，并明确提示是否设有底价。在拍卖过程中，拍卖主持人可根据现场情况调整增价幅度。

(5)拍卖主持人报出起叫价，宣布竞价开始；

(6)竞买人举牌应价或者报价；

(7)拍卖主持人确认该竞买人应价或者报价后继续竞价；

(8)拍卖主持人连续三次宣布同一应价或报价而没有人再应价或出价，且该价格不低于底价的，拍卖主持人落槌表示拍卖成交，拍卖主持人宣布最高应价者为竞得人。成交结果对拍卖人、竞得人和出让人均具有法律效力。最高应价或报价低于底价的，拍卖主持人宣布拍卖终止。

12.3　签订《成交确认书》

确定竞得人后，拍卖人与竞得人当场签订《成交确认书》。拍卖人或竞得人不按规定签订《成交确认书》的，应当承担法律责任。竞得人拒绝签订《成交确认书》也不能对抗拍卖成交结果的法律效力。

《成交确认书》应包括拍卖人与竞得人的名称，出让标的，成交时间、地点、价款，以及双方签订《国有土地使用权出让合同》的时间、地点等内容。

《成交确认书》对拍卖人和竞得人具有法律效力，拍卖人改变拍卖结果的，或者竞得人不按约定签订《国有土地使用权出让合同》、放弃竞得宗地的，应当承担法律责任。

拍卖过程应当制作拍卖笔录。

13　招标拍卖挂牌活动实施——挂牌

市、县国土资源管理部门应当按照出让公告规定的时间、地点组织挂牌活动。挂牌活动应当由土地招标拍卖挂牌主持人主持进行。

13.1　公布挂牌信息

在挂牌公告规定的挂牌起始日，挂牌人将挂牌宗地的位置、面积、用途、使用年期、规划指标要求、起始价、增价规则及增价幅度等，在挂牌公告规定的土地交易地点挂牌公布。挂牌时间不得少于10个工作日。

13.2　竞买人报价

符合条件的竞买人应当填写报价单报价。有条件的地方，可以采用计算机系统报价。

竞买人报价有下列情形之一的，为无效报价：

(1)报价单未在挂牌期限内收到的；

(2)不按规定填写报价单的；

(3)报价单填写人与竞买申请文件不符的；

(4)报价不符合报价规则的；

(5)报价不符合挂牌文件规定的其他情形。

13.3　确认报价

挂牌主持人确认该报价后，更新显示挂牌价格，继续接受新的报价。有两个或两个以上竞买人报价相同的，先提交报价单者该挂牌价格的出价人。

13.4　挂牌截止

挂牌截止应当由挂牌主持人主持确定。设有底价的，出让应当在挂牌截止前将密封的挂牌底价交给挂牌主持人，挂牌主人现场打开密封件。在公告规定的挂牌截止时间，竞买人应当席挂牌现场，挂牌主持人宣布最高报价及其报价者，并询问竞买是否愿意继续竞价。

13.4.1　挂牌主持人连续三次报出最高挂牌价格，没有竞买人表示愿意继续竞价的，挂牌主持人宣布挂牌活动结束，并按下列规确定挂牌结果：

(1)最高挂牌价格不低于底价的，挂牌主持人宣布挂牌出让成交，最高挂牌价格的出价人为竞得人；

(2)最高挂牌价格低于底价的，挂牌主持人宣布挂牌出让不成交。

13.4.2　有竞买人表示愿意继续竞价的，即属于挂牌截止时有两个或两个以上竞买人要求报价的情形，挂牌主持人应当宣布挂牌出让转入现场竞价，并宣布现场竞价的时间和地点，通过现场竞价确定竞得人。

13.5　现场竞价

现场竞价应当由土地招标拍卖挂牌主持人主持进行，取得该宗地挂牌竞买资格的竞买人均可参加现场竞价。现场竞价按下列程序举行：

(1)挂牌主持人应当宣布现场竞价的起始价、竞价规则和增价幅度，并宣布现场竞价开始。现场竞价的起始价为挂牌活动截止时的最高报价增加一个加价幅度后的价格。

(2)参加现场竞价的竞买人按照竞价规则应价或报价。

(3)挂牌主持人确认该竞买人应价或者报价后继续竞价。

(4)挂牌主持人连续三次宣布同一应价或报价而没有人再应价或出价,且该价格不低于底价的,挂牌主持人落槌表示现场竞价成交,宣布最高应价或报价者为竞得人。成交结果对竞得人和出让人均具有法律效力。最高应价或报价低于底价的,挂牌主持人宣布现场竞价终止。

在现场竞价中无人参加竞买或无人应价或出价的,以挂牌截止时出价最高者为竞得人,但低于挂牌出让底价者除外。

13.6 签订《成交确认书》

确定竞得人后,挂牌人与竞得人当场签订《成交确认书》。挂牌人或竞得人不按规定签订《成交确认书》的,应当承担法律责任。竞得人拒绝签订《成交确认书》也不能对抗挂牌成交结果的法律效力。

《成交确认书》应包括挂牌人与竞得人的名称,出让标的,成交时间、地点、价款,以及双方签订《国有土地使用权出让合同》的时间、地点等内容。

《成交确认书》对挂牌人和竞得人具有法律效力,挂牌人改变挂牌结果的,或者竞得人不按规定签订《国有土地使用权出让合同》、放弃竞得宗地的,应当承担法律责任。

挂牌过程应当制作挂牌笔录。

14 签订出让合同,公布出让结果

14.1 签订《国有土地使用权出让合同》

招标拍卖挂牌出让活动结束后,中标人、竞得人应按照《中标通知书》或《成交确认书》的约定,与出让人签订《国有土地使用权出让合同》。

14.2 中标人、竞得人支付的投标、竞买保证金,在中标或竞得后转作受让地块的定金。其他投标人、竞买人交纳的投标、竞买保证金,出让人应在招标拍卖挂牌活动结束后5个工作日内予以退还,不计利息。

14.3 公布出让结果

招标拍卖挂牌活动结束后10个工作日内,出让人应当将招标拍卖挂牌出让结果通过中国土地市场网以及土地有形市场等指定场所向社会公布。

公布出让结果应当包括土地位置、面积、用途、开发程度、土地级别、容积率、出让年限、供地方式、受让人、成交价格和成交时间等内容。

出让人公布出让结果,不得向受让人收取费用。

15 核发《建设用地批准书》,交付土地

市、县国土资源管理部门向受让人核发《建设用地批准书》,并按照《国有土地使用权出让合同》、《建设用地批准书》确定的时间和条件将出让土地交付给受让人。

16 办理土地登记

受让人按照《国有土地使用权出让合同》约定付清全部国有土地使用权出让金,依法申请办理土地登记,领取《国有土地使用证》,取得国有土地使用权。

17 资料归档

出让手续全部办结后,市、县国土资源管理部门应当对宗地出让过程中的用地申请、审批、招标拍卖挂牌活动、签订合同等各环节相关资料、文件进行整理,并按规定归档。应归档的宗地出让资料包括:

(1)申请人的申请材料;

(2)宗地条件及相关资料;

(3)宗地评估资料;

(4)宗地出让底价及集体决策记录;

(5)宗地招标拍卖挂牌出让方案;

(6)宗地出让方案批复文件;

(7)招标拍卖挂牌出让文件;

(8)招标拍卖挂牌活动实施过程的记录资料;

(9)《中标通知书》或《成交确认书》;

(10)《国有土地使用权出让合同》及出让结果公布资料;

(11)其他应归档的材料。

附录A 国有土地使用权出让预申请书示范文本

国有土地使用权出让预申请书

________国土资源局:

我方现申请受让位于________(位置)编号为________的地〔地段中________平方米的土地使用权,具体四至为:________〕。该地块已列入你局公布的招标拍卖挂牌出让计划。我方愿意以________元/平方米,总计人民币________万元(大写)(¥________)为最低出价,若获你局同意,我方愿意签订说明此意的承诺书,交纳相应的保证金,并按要求参加你局组织的此宗地招标拍卖挂牌出让活动。

申 请 人：__________（加盖公章）
法定代表人（或授权委托代理人）签名：__________
联 系 人：__________
地　　址：__________
邮政编码：__________
电　　话：__________
申请日期：______年____月____日

附录 B　国有土地使用权出让公告文本格式

1. 国有土地使用权招标出让公告格式

__________国土资源局国有土地使用权招标出让公告

__________告字〔　　〕号

经__________人民政府批准，__________国土资源局决定以招标方式出让__________（幅）地块的国有土地使用权。现将有关事项公告如下：

一、招标出让地块的基本情况和规划指标要求

编号	土地位置	土地面积（m^2）	土地用途	规划指标要求			出让年限（年）	投资强度要求	投标保证金	…
				容积率	建筑密度	…				

〔其他需要说明的宗地情况〕

二、中华人民共和国境内外的法人、自然人和其他组织均可申请参加，申请人应当〔可以〕单独申请〔，也可以联合申请〕。〔申请人应具备的其他条件〕

三、本次国有土地使用权招标出让按照价高者得原则确定中标人〔本次国有土地使用权招标出让按照能够最大限度地满足招标文件中规定的各项综合评价标准者得的原则确定中标人〕。

四、本次招标出让的详细资料和具体要求，见招标出让文件。申请人可于______年____月____日至______年____月____日，到______（地点）获取招标出让文件。

五、申请人可于______年____月____日至______年____月____日，到______（地点）向我局提交书面申请。交纳投标保证金的截止时间为______年____月____日____时。

经审查，申请人按规定交纳投标保证金，具备申请条件的，我局将在______年____月____日____时前确认其投标资格。

六、本次国有土地使用权招标出让活动定于______年____月____日____时至______年____月____日____时在______（地点）投标，______年____月____日____时在______（地点）开标。

七、其他需要公告的事项

（一）本次招标不允许〔允许〕邮寄投标文件〔，但必须在投标截止时间前收到方为有效，具体时间以我局收到投标文件的时间为准〕。

……

八、联系方式与银行账户

联系地址：__________

联系电话：__________

联 系 人：________

开户单位：________

开 户 行：________

账　　号：________

________国土资源局

______年____月____日

2. 投标邀请书格式

________国土资源局国有土地使用权投标邀请书

________（被邀请单位名称）：

经______人民政府批准，______国土资源局决定采取邀请招标方式出让________（幅）地块的国有土地使用权，现邀请你单位参加投标。具体事项如下：

一、招标出让地块的基本情况和规划指标要求

编号	土地位置	土地面积（m^2）	土地用途	规划指标要求			出让年限（年）	投资强度要求	投标保证金	…
				容积率	建筑密度	…				

〔其他需要说明的宗地情况〕

二、投标人应具备以下条件

……

三、本次国有土地使用权招标出让按照能够最大限度地满足招标文件中规定的各项综合评价标准者得的原则确定中标人。

四、本次招标出让的详细资料和具体要求，见招标出让文件你单位若愿意参加此次投标活动，可于______年____月____日至______年____月____日到______（地点）获取招标文件。

五、你单位可于______年____月____日至______年____月____日到______（地点）向我局提交书面申请。交纳投标保证金的截止时间为______年____月____日____时。

经审查，你单位按规定交纳投标保证金，具备申请条件的，我局将在______年____月____日____时前确认投标资格。

六、本次国有土地使用权招标出让活动定于______年____月____日____时至______年____月____日____时在________（地点）投标，______年____月____日____时在________（地点）开标。

七、其他需要注意的事项

（一）本次招标不允许〔允许〕邮寄投标文件〔，但必须在投标截止时间前收到方为有效，具体时间以我局收到投标文件的时间为准〕。

……

八、联系方式与银行账户

联系地址：________

联系电话：________

联 系 人：________

开户单位：________

开 户 行：________

账　　号:________________

____________国土资源局
________年____月____日

3. 国有土地使用权拍卖出让公告格式

____________国土资源局国有土地使用权拍卖出让公告

____________告字〔　　〕号

经____________人民政府批准，____________国土资源局决定以拍卖方式出让________(幅)地块的国有土地使用权。现将有关事项公告如下:

一、拍卖出让地块的基本情况和规划指标要求

编号	土地位置	土地面积(m^2)	土地用途	规划指标要求			出让年限(年)	投资强度要求	投标保证金	…
				容积率	建筑密度	…				

〔其他需要说明的宗地情况〕

二、中华人民共和国境内外的法人、自然人和其他组织均可申请参加，申请人应当〔可以〕单独申请〔，也可以联合申请〕。〔申请人应具备的其他条件〕

三、本次国有土地使用权拍卖出让采用增价拍卖方式，按照价高者得原则确定竞得人。

四、本次拍卖出让的详细资料和具体要求，见拍卖出让文件。

申请人可于________年____月____日至________年____月____日，到__________(地点)获取拍卖出让文件。

五、申请人可于________年____月____日至________年____月____日，到__________(地点)向我局提交书面申请。交纳竞买保证金的截止时间为________年____月____日____时。

经审查，申请人按规定交纳竞买保证金，具备申请条件的，我局将在________年____月____日____时前确认其竞买资格。

六、本次国有土地使用权拍卖会定于________年____月____日____时在____________(地点)举办。

七、其他需要公告的事项

……

八、联系方式与银行账户

联系地址:________________

联系电话:________________

联 系 人:________________

开户单位:________________

开 户 行:________________

账　　号:________________

____________国土资源局
________年____月____日

4. 国有土地使用权挂牌出让公告格式

____________国土资源局国有土地使用权挂牌出让公告

____________告字〔　　〕号

经________人民政府批准，__________国土资源局决定以挂牌方式出让________（幅）地块的国有土地使用权。现将有关事项公告如下：

一、挂牌出让地块的基本情况和规划指标要求

编号	土地位置	土地面积（m^2）	土地用途	规划指标要求			出让年限（年）	投资强度要求	投标保证金	…
				容积率	建筑密度	…				

〔其他需要说明的宗地情况〕

二、中华人民共和国境内外的法人、自然人和其他组织均可申请参加，申请人应当〔可以〕单独申请〔，也可以联合申请〕。〔申请人应具备的其他条件〕

三、本次国有土地使用权挂牌出让按照价高者得原则确定竞得人。

四、本次挂牌出让的详细资料和具体要求，见挂牌出让文件。申请人可于________年____月____日至________年____月____日，到________（地点）获取挂牌出让文件。

五、申请人可于________年____月____日至________年____月____日，到________（地点）向我局提交书面申请。交纳竞买保证金的截止时间为________年____月____日____时。

经审查，申请人按规定交纳竞买保证金，具备申请条件的，我局将在________年____月____日____时前确认其竞买资格。

六、本次国有土地使用权挂牌地点为________；各地块挂牌时间分别：

1. ________号地块：________年____月____日____时至________年____月____日____时；
2. ________号地块：________年____月____日____时至________年____月____日____时。

七、其他需要公告的事项

（一）挂牌时间截止时，有竞买人表示愿意继续竞价，转入现竞价，通过现场竞价确定竞得人。

……

八、联系方式与银行账户

联系地址：________________

联系电话：________________

联 系 人：________________

开户单位：________________

开 户 行：________________

账　　号：________________

____________国土资源局

________年____月____日

5. 国有土地使用权公开出让公告格式

______国土资源局国有土地使用权公开出让公告

______告字〔　〕号

经______人民政府批准，______国土资源局决定公开出让______（幅）地块的国有土地使用权。现将有关事项公告如下：

一、挂牌出让地块的基本情况和规划指标要求

编号	土地位置	土地面积（m^2）	土地用途	规划指标要求			出让年限（年）	投资强度要求	投标保证金	…
				容积率	建筑密度	…				

〔其他需要说明的宗地情况〕

二、中华人民共和国境内外的法人、自然人和其他组织均可申请参加，申请人应当〔可以〕单独申请〔，也可以联合申请〕。〔申请人应具备的其他条件〕

三、我局将根据申请截止时的申请情况，在______年____月____日____时确定上述宗地公开出让的具体方式（招标、拍卖或挂牌），并告知所有申请人。

本次国有土地使用权公开出让按照价高者得原则确定受让人。

四、本次公开出让的详细资料和具体要求，见公开出让文件。申请人可于______年____月____日至______年____月____日，到______（地点）获取出让文件。

五、申请人可于______年____月____日至______年____月____日，到______（地点）向我局提交书面申请。交纳投标、竞买保证金的截止时间为______年____月____日____时。

经审查，申请人按规定交纳投标、竞买保证金，具备申请条件的，我局将在______年____月____日____时前确认其投标、竞买资格。

六、公开出让的时间为______年____月____日____时，地点为______。

七、其他需要公告的事项

……

八、联系方式与银行账户

联系地址：______

联系电话：______

联 系 人：______

开户单位：______

开 户 行：______

账　　号：______

______国土资源局

______年____月____日

附录 C 国有土地使用权出让须知示范文本

1. 国有土地使用权招标出让须知示范文本

国有土地使用权招标出让须知

根据《中华人民共和国土地管理法》、《中华人民共和国城市房地产管理法》、《中华人民共和国城镇国有土地使用权出让和转让暂行条例》、《招标拍卖挂牌出让国有土地使用权规定》以及《招标拍卖挂牌出让国有土地使用权规范》等有关规定，经________人民政府批准，________国土资源局决定以招标方式公开出让________（幅）地块的国有土地使用权。

一、此次国有土地使用权招标出让的出让人为________国土资源局，具体组织实施由我局〔自行办理〕〔指定/授权下属事业单位________土地交易中心承办〕〔委托________公司承办〕。

二、此次国有土地使用权招标出让遵循公开、公平、公正和诚实信用原则。

三、出让地块的基本情况及规划指标要求：

（一）地块位置：________；

（二）地块范围：________；

（三）出让面积：________；

（四）土地用途：________；

（五）规划容积率：________；

（六）规划建筑密度：________；

（七）绿地率：________；

（八）土地开发程度：________；

（九）土地使用权出让年期：________年；

（十）投资强度要求等土地使用标准：________；

（十一）动工及竣工时间：________；

……

四、投标资格及要求

中华人民共和国境内外的法人、自然人和其他组织均可申请参加，〔申请人应具备的其他条件〕。申请人应当〔可以〕单独申请〔，也可以联合申请〕。

交纳投标保证金的截止时间为________年____月____日____时。上述宗地的投标保证金分别为：

1. ________号地块为人民币________万元（大写）（￥________）；

2. ________号地块为人民币________万元（大写）（￥________）；

……

五、申请和资格审查

（一）招标文件取得

申请人可于________年____月____日至________年____月____日，到________（地点）获取本次招标出让文件，具体包括：

（1）招标出让公告；

（2）招标出让须知；

（3）标书；

（4）投标申请书；

（5）宗地界址图；

（6）宗地规划指标要求；

（7）中标通知书；

（8）国有土地使用权出让合同；

（9）其他相关文件。

（二）提交申请

申请人可于________年____月____日至________年____月____日，到________（地点）向我局提交书面申请。申请文件包括：

1. 法人申请的，应提交下列文件：

（1）申请书；

（2）法人单位有效证明文件；

（3）法定代表人的有效身份证明文件；

（4）申请人委托他人办理的，应提交授权委托书及委托代理人的有效身份证明文件；

（5）投标保证金交纳凭证；

（6）招标文件规定需要提交的其他文件。

2. 自然人申请的，应提交下列文件：

（1）申请书；

（2）申请人有效身份证明文件；

（3）申请人委托他人办理的，应提交授议委托书及委托代理人的身份证明文件；

（4）投标保证金交纳凭证；

（5）招标文件规定需要提交的其他文件。

3. 其他组织申请的，应提交下列文件：

（1）申请书；

（2）表明该组织合法存在的文件或有效证明；

（3）表明该组织负责人身份的有效证明文件；

（4）申请人委托他人办理的，应提交授权委托书及委托代理人的身份证明文件；

（5）投标保证金交纳凭证；

(6)招标文件规定需要提交的其他文件。

4. 境外申请人申请的,应提交下列文件:

(1)申请书;

(2)境外法人、自然人、其他组织的有效身份证明文件;

(3)申请人委托他人办理的,应提交授权委托书及委托代理的有效身份证明文件;

(4)投标保证金交纳凭证;

(5)招标文件规定需要提交的其他文件。

上述文件中,申请书必须用中文书写,其他文件可以使用其他语言,但必须附中文译本,所有文件的解释以中文译本为准。

5. 联合申请的,应提交下列文件:

(1)联合申请各方共同签署的申请书;

(2)联合申请各方的有效身份证明文件;

(3)联合竞投协议,协议要规定联合各方的权利、义务,并明确签订《国有土地使用权出让合同》时的受让人;

(4)申请人委托他人办理的,应提交授权委托书及委托代理人的有效身份证明文件;

(5)投标保证金交纳凭证;

(6)招标文件规定需要提交的其他文件。

(三)资格审查

我局负责对招标出让公告规定的时间内收到的申请进行审查。按规定交纳投标保证金、通过资格审查的,方能取得有效投标资格。

经审查,有下列情形之一的,为无效申请:

(1)申请人不具备投标资格的;

(2)未按规定交纳投标保证金的;

(3)申请文件不齐全或不符合规定的;

(4)委托他人代理,委托文件不齐全或不符合规定的;

(5)法律法规规定的其他情形。

(四)确认投标人资格

经审查,申请人按规定交纳投标保证金、具备申请条件的,我局将在________年____月____日____时前发给《投标资格确认书》,并通知其参加招标活动。通过资格审查的申请人少于 3 人的,我局将依照有关规定,终止招标活动。

(五)答疑及现场踏勘

申请人对招标出让文件有疑问的,可以书面或者口头方式向我局咨询。我局于________年____月____日组织申请人对拟出让地块进行现场踏勘。

六、招标程序

(一)投标

本次国有土地使用权投标活动将于________年____月____日____时至____时在________(地点)举行。标箱从当日____时整起开始设立于________。

投标具体程序如下:

1. 投标开始前,招标主持人现场组织开启标箱,检查标箱情况后加封;

2. 招标主持人宣布投标开始;

3. 投标人在规定的时间将标书及其他文件送达指定的投标地点,经招标人登记后,将标书投入标箱。

投标人投标后,不可撤回投标文件,并对投标文件和有关书面承诺承担责任。投标人可以对已提交的投标文件进行补充说明,但应在招标文件要求提交投标文件的截止时间前书面通知招标人并将补充文件送达。

(二)开标

本次招标于________年____月____日____时在________(地点)开标,所有投标人参加。

开标具体程序如下:

1. 招标主持人宣布开标活动开始;

2. 招标主持人介绍参加会议的单位或个人;

3. 招标主持人宣布监标人员、记录人员名单;

4. 招标主持人邀请投标人或者其推选的代表检查标箱的密封情况,当众开启标箱;

5. 招标主持人点算标书;

6. 招标主持人组织逐一检查标箱内的投标文件,对不符合规定的标书宣布为无效标书;

7. 对确认无误的招标文件,由工作人员当众拆封;

8. 宣读投标人名称、投标价格和投标文件的其他主要内容。

(三)评标

〔本次招标按照价高者得的原则确定中标人,不成立评标小组,根据开标结果,有效投标价格最高的投标人为中标候选人。有两个或两个以上申请人的报价相同且同为最高报价的,可以由相同报价的申请人在限定时间内再行报价,或者采取现场竞价方式确定中标人。〕本次招标按照综合条件最佳者得的原则确定中标人,具体由评标小组按照招标文件确定的评标标准和方法,对投标文件进行评审,综合评分,并根据综合评分结果确定中标候选人。

评标小组由出让人、有关专家组成,成员人数为 5 人以上的单位。

评标小组可以要求评标人对投标文件中含义不明确

的内容做出必要的澄清或者说明，但澄清或者说明不得超出投标文件的范围或者改变投标文件的实质性内容。

评标小组应当根据评标结果，按照综合评分高低确定中标候选人排序，但低于底价或标底者除外。同时有两个或两个以上申请人的综合评分相同的，按报价高低排名，报价也相同的，可以由综合评分相同的申请人通过现场竞价确定排名顺序。投标人的投标价均低于底价或投标条件均不能够满足标底要求的，投标活动终止。

（四）定标

我局根据评标小组推荐的中标候选人确定中标人。〔我局授权评标小组直接确定中标人。〕

（五）发出《中标通知书》

确定中标人后，我局向中标人发出《中标通知书》。

（六）签订《国有土地使用权出让合同》

我局与中标人依据《中标通知书》约定签订《国有土地使用权出让合同》。

（七）出让结果公布

我局将在此次国有土地使用权招标活动结束后 10 个工作日内，在________（土地有形市场或者指定场所、媒介）公布此次国有土地使用权招标出让结果。

七、注意事项

（一）申请人须全面阅读有关招标文件，如有疑问可以在投标日以前用书面或口头方式向我局咨询。申请人可到现场踏勘招标出让地块。申请人一经投标，即视为投标人对招标文件及地块现状无异议并全面接受，并对有关承诺承担法律责任。

（二）申请人竞得土地后，拟成立新公司进行开发建设的，应在申请书中明确新公司的出资构成、成立时间等内容。我局可以根据中标结果与中标人签订《国有土地使用权出让合同》，在中标人按约定办理完新公司注册登记手续后，再与新公司签订《国有土地使用权出让合同变更协议》。〔我局同意直接与新公司签订《国有土地使用权出让合同》。〕

（三）本次招标不接受电话、口头投标，不允许〔允许〕投标人邮寄投标文件〔但以招标人在投标截止时间前收到的方为有效，具体时间以我局收到投标文件的时间为准，由我局代为投入标箱〕。

（四）投标人向招标人递交的投标文件必须密封，封面必须注明拟竞投的地块编号及投标单位的名称，并由法定代表人签名和加盖公章，投标人为个人的，应注明“个人投标”字样，并由投标人签名。

（五）投标人投标后，不可撤回投标文件，但可以对已提交的投标文件进行补充说明。进行补充说明的，投标人应在招标文件要求提交投标文件的截止时间前书面通知我局并将补充文件送达。

（六）评标活动在严格保密的情况下进行。

（七）投标文件有下列情形之一的，为无效投标文件：

1. 投标文件未密封的；

2. 投标文件未加盖投标人印鉴，也未经法定代表人签署的；

3. 投标文件不齐备、内容不全或不符合规定的；

4. 投标人对同一个标的有两个或两个以上报价的；

5. 委托投标但委托文件不齐全或不符合规定的；

6. 评标小组认为投标文件无效的其他情形。

（八）对认定的无效申请和无效投标文件，我局将及时通知有关申请人和投标人。

（九）投标人的投标价均低于底价或投标条件均不能够满足标底要求的，招标活动终止。

（十）《中标通知书》对招标人和中标人具有法律效力。中标人交纳的投标保证金，在中标后转作出让地块的定金。招标人改变中标结果，或者中标人放弃中标宗地的，应当承担法律责任。

（十一）未中标人交纳的投标保证金，我局将在招标活动结束后 5 个工作日内予以退还，不计利息。

（十二）有下列情形之一的，招标人应当在开标前终止招标，并通知投标人：

1. 投标人串通损害国家利益、社会利益或他人合法权益的；

2. 招标工作人员、评标小组成员私下接触投标人，足以影响招标公正性的；

3. 取得投标资格的申请人不足 3 人的；

4. 应当依法终止招标活动的其他情形。

（十三）中标人有下列行为之一的，视为违约，招标人可取消其中标人资格，投标保证金不予退还：

1. 中标人逾期或拒绝签收《中标通知书》的；

2. 中标人逾期或拒绝签订《国有土地使出让合同》的。

（十四）在招标过程中，发生中标人被取消中标资格情形的，招标人可重新确定中标人或另行组织招标。

（十五）中标价即为该幅地块的总地价款，包括____。

（十六）中标人与出让人签订《国有土地使用权出让合同》后，应当按出让合同约定支付中标价款。中标人付清全部中标价款后，依法申请办理土地登记，领取《国有土地使用证》。

（十七）招标未成交的，应当按规定由我局重新组织出让。

（十八）参加投标、开标活动的人员，应遵守现场纪律，服从管理人员的管理。

（十九）其他事项

……

（二十）我局对本《须知》有解释权。未尽事宜依照《招标拍卖挂牌出让国有土地使用权规范》办理。

________国土资源局

________年____月____日

2. 国有土地使用权拍卖出让须知示范文本

国有土地使用权拍卖出让须知

根据《中华人民共和国土地管理法》、《中华人民共和国城市房地产管理法》、《中华人民共和国城镇国有土地使用权出让和转让暂行条例》、《招标拍卖挂牌出让国有土地使用权规定》以及《招标拍卖挂牌出让国有土地使用权规范》等有关规定，经________人民政府批准，________国土资源局决定以拍卖方式出让________（幅）地块的国有土地使用权。

一、本次国有土地使用权拍卖出让的出让人为________国土资源局，具体组织实施由我局〔自行办理〕〔指定或授权下属事业单位________土地交易中心承办〕〔委托________ 公司承办〕。

二、本次国有土地使用权拍卖出让遵循公开、公平、公正和诚实信用原则。

三、出让地块的基本情况及规划指标要求：

（一）地块位置：________________；

（二）地块范围：________________；

（三）出让面积：________________；

（四）土地用途：________________；

（五）规划容积率：________________；

（六）规划建筑密度：________________；

（七）绿地率：________________；

（八）土地开发程度：________________；

（九）土地使用权出让年期________年；

（十）投资强度要求等土地使用标准：____________；

（十一）动工及竣工时间：________；

……

四、中华人民共和国境内外的法人、自然人和其他组织均可申请参加，〔申请人应具备的其他条件〕申请人应当〔可以〕单独申请〔，也可以联合申请〕。

交纳竞买保证金的截止时间为________年____月____日____时。上述宗地的竞买保证金分别为：

1. ________号地块为人民币________万元（大写）（￥________）；

2. ________号地块为人民币________万元（大写）（￥________）；

……

五、申请和资格审查

（一）拍卖文件取得

申请人可于________年____月____日到________年____月____日，到________（地点）获取本次拍卖出让文件，具体包括：

（1）拍卖出让公告；

（2）拍卖出让须知；

（3）竞买申请书；

（4）宗地界址图；

（5）宗地规划指标要求；

（6）成交确认书；

（7）国有土地用权出让合同；

（8）其他相关文件。

（二）提交申请

申请人可于________年____月____日到________年____月____日，到________（地点）向我局提交书面申请。申请文件包括：

1. 法人申请的，应提交下列文件：

（1）申请书；

（2）法人单位有效证明文件；

（3）法定代表人的有效身份证明文件；

（4）申请人委托他人办理的，应提交授权委托书及委托代理的有效身份证明文件；

（5）竞买保证金交纳凭证；

（6）拍卖文件规定需要提交的其他文件。

2. 自然人申请的，应提交下列文件：

（1）申请书；

（2）申请人有效身份证明文件；

（3）申请人委托他人办理的，应提交授权委托书及委托代理的身份证明文件；

（4）竞买保证金交纳凭证；

（5）拍卖文件规定需要提交的其他文件。

3. 其他组织申请的，应提交下列文件：

（1）申请书；

（2）表明该组织合法存在的文件或有效证明；

（3）表明该组织负责人身份的有效证明文件；

(4)申请人委托他人办理的,应提交授权委托书及委托代理人的身份证明文件;

(5)竞买保证金交纳凭证;

(6)拍卖文件规定需要提交的其他文件。

4. 境外申请人申请的,应提交下列文件:

(1)申请书;

(2)境外法人、自然人、其他组织的有效身份证明文件;

(3)申请人委托他人办理的,应提交授权委托书及委托代理人的有效身份证明文件;

(4)竞买保证金交纳凭证;

(5)拍卖文件规定需要提交的其他文件。上述文件中,申请书必须用中文书写,其他文件可以使用其他语言,但必须附中文译本,所有文件的解释以中文译本为准。

5. 联合申请的,应提交下列文件:

(1)联合申请各方共同签署的申请书;

(2)联合申请各方的有效身份证明文件;

(3)联合竞投协议,协议要规定联合各方的权利、义务,并明确签订《国有土地使用权出让合同》时的受让人;

(4)申请人委托他人办理的,应提交授权委托书及委托代理人的有效身份证明文件;

(5)竞买保证金交纳凭证;

(6)拍卖文件规定需要提交的其他文件。

(三)资格审查

我局负责对拍卖出让公告规定的时间内收到的申请进行审查。按规定交纳竞买保证金、通过资格审查的,方能取得竞买资格。

经审查,有下列情形之一的,为无效申请:

(1)申请人不具备竞买资格的;

(2)未按规定交纳竞买保证金的;

(3)申请文件不齐全或不符合规定的;

(4)委托他人代理,委托文件不齐全或不符合规定的;

(5)法律法规规定的其他情形。

(四)确认竞买人资格

经审查,申请人按规定交纳竞买保证金、具备申请条件的,我局将在 ________年____月____日____时前发给《竞买资格确认书》,并通知其领取竞买标志牌以及参加拍卖会。通过资格审查的申请人少于 3 人的,我局将依照有关规定终止拍卖。

(五)答疑及现场踏勘

申请人对拍卖出让文件有疑问的,可以在拍卖会开始前以书面或者口头方式向我局咨询。我局于________年____月____日________组织申请人对拟出让地块进行现场踏勘。

六、各宗地的拍卖起叫价、增价幅度

1. ________号地块:起叫价为人民币________万元(大写)(￥________),增价幅度为人民币________万元(大写)(￥________);

2. ________号地块:起叫价为人民币________万元(大写)(￥________),增价幅度为人民币________万元(大写)(￥________);

……

七、拍卖程序

(一)拍卖会程序

1. 主持人宣布拍卖会开始;

2. 拍卖主持人、记录员就位;

3. 拍卖主持人宣布竞买人到场情况;设有底价的,出让人应当现场将密封的拍卖底价交给拍卖主持人,拍卖主持人现场开启密封件;

4. 拍卖主持人介绍拍卖地块的位置、面积、用途、使用年限、规划指标要求、建设时间等;

5. 拍卖主持人宣布拍卖宗地的起叫价、增价规则和增价幅度,并明确提示是否设有底价。在拍卖过程中,拍卖主持人可根据现场情况调整增价幅度;

6. 拍卖主持人报出起叫价,宣布竞价开始;

7. 竞买人举牌应价或者报价;

8. 拍卖主持人确认该竞买人应价或者报价后继续竞价;

9. 拍卖主持人连续三次宣布同一应价或报价而没有人再应价或出价,且该价格不低于底价的,拍卖主持人落槌表示拍卖成交,并宣布最高应价者为竞得人。成交结果对拍卖人、竞得人和出让人均具有法律效力。最高应价或报价低于底价的,拍卖主持人宣布拍卖终止。

(二)确定竞得人后拍卖人与竞得人当场签订《成交确认书》。拍卖人或竞得人不按规定签订《成交确认书》的,应当承担法律责任。竞得人拒绝签订《成交确认书》也不能对抗拍卖成交结果的法律效力。

(三)出让人与竞得人依据《成交确认书》约定签订《国有土地使用权出让合同》。

(四)出让结果公布

我局将在此次国有土地使用权拍卖会结束后 10 个工作日内在__________(土地有形市场或者指定场

所、媒介)公布本次国有土地使用权拍卖出让结果。

八、竞价规则

(一)本次拍卖采用增价拍卖方式,按价高者得的原则确定竞得人。

(二)竞买人以举牌方式应价,也可以报价,但报价的加价幅度不得小于拍卖主持人宣布或调整的增价幅度。

(三)本次拍卖设有底价,最后应价未达到底价时拍卖主持人终止拍卖活动〔本次拍卖为无底价拍卖〕。

九、注意事项

(一)申请人须全面阅读有关拍卖文件,如有疑问可以在拍卖会开始日以前用书面或口头方式向我局咨询。申请人可到现场勘拍卖出让地块。申请一经受理确认后,即视为竞买人对拍卖件及地块现状无异议并全部接受,并对有关承诺承担法律责任。

(二)申请人竞得土地后拟成立新公司进行开发建设的,应在申请书中明确新公司的出资构成、成立时间等内容。我局可以根据拍卖结果与竞得人签订《国有土地使用权出让合同》,在竞得人按约定办理完新公司注册登记手续后,再与新公司签订《国有土地使用权出让合同变更协议》。〔我局同意直接与新公司签订《国有土地使用权出让合同》。〕

(三)竞买人一经应价或报价,不可撤回。

(四)确定竞得人后,竞得人在拍卖现场与拍卖人签订《成交确认书》。委托他人代签的,应提交法定代表人亲笔签名并盖章的授权委托书。《成交确认书》对拍卖人和竞得人具有法律效力,拍卖人改变拍卖结果的,或者竞得人放弃竞得宗地的,应当承担法律责任。

(五)竞得人交纳的竞买保证金,在拍卖成交后转作受让地块的定金,未竞得人交纳的竞买保证金,我局在拍卖活动结束后 5 个工作日内予以退还,不计利息。

(六)有下列情形之一的,拍卖人应当在拍卖会前终止拍卖活动,并通知竞买人:

1. 竞买人串通损害国家利益、社会利益或他人合法权益的;

2. 拍卖工作人员私下接触竞买人,足以影响拍卖公正性的;

3. 得竞买资格的申请人不足 3 人的;

4. 应当依法终止拍卖活动的其他情形。

(七)竞得人有下列行为之一的,视为违约,拍卖人可取消其竞得人资格,竞买保证金不予退还:

1. 竞得人逾期或拒绝签订《成交确认书》的;

2. 竞得人逾期或拒绝签订《国有土地使用权出让合同》的。

(八)拍卖成交价即为该幅地块的总地价款,包括________。

(九)竞得人与出让人签订《国有土地使用权出让合同》后,应当按出让合同约定支付拍卖成交价款。竞得人付清全部拍卖成交价款后,依法申请办理土地登记,领取《国有土地使用证》。

(十)拍卖不成交的,应当按规定由我局重新组织出让。

(十一)参加拍卖活动的人员,应遵守纪律,服从管理人员的管理。

(十二)其他事项

……

(十三)我局对本《须知》有解释权。未尽事宜依照《招标拍卖挂牌出让国有土地使用权规范》办理。

________国土资源局

________年____月____日

3. 国有土地使用权挂牌出让须知示范文本

国有土地使用权挂牌出让须知

根据《中华人民共和国土地管理法》、《中华人民共和国城市房地产管理法》、《中华人民共和国城镇国有土地使用权出让和转让暂行条例》、《招标拍卖挂牌出让国有土地使用权规定》以及《招标拍卖挂牌出让国有土地使用权规范》等有关规定,经________人民政府批准,________国土资源局决定以挂牌方式出让________(幅)地块的国有土地使用权。

一、本次国有土地使用权挂牌出让的出让人为________国土资源局,具体组织实施由我局〔自行办理〕〔指定/授权下属事业单位________土地交易中心承办〕〔委托公司承办〕。

二、本次国有土地使用权挂牌出让遵循公开、公平、公正和诚实信用原则。

三、出让地块的基本情况及规划指标要求等:

(一)地块位置:____________;

(二)地块范围:____________;

(三)出让面积:____________;

(四)土地用途:____________;

(五)规划容积率:____________;

(六)规划建筑密度:____________;

(七)绿地率:____________;

（八）土地开发程度：________________；

（九）土地使用权出让年期________年；

（十）投资强度要求等土地使用标准：___________；

（十一）动工及竣工时间：________；

……

四、竞买资格及要求

中华人民共和国境内外的法人、自然人和其他组织均可申请参加，〔申请人还应具备的其他条件〕申请人应当〔可以〕单独申请〔，也可以联合申请〕。

交纳竞买保证金的截止时间为________年____月____日____时。上述宗地的竞买保证金分别为：

1. ________号地块为人民币________万元（大写）（￥________）；

2. ________号地块为人民币________万元（大写）（￥________）；

……

五、申请和资格审查

（一）挂牌文件取得

申请人可于________年____月____日至________年____月____日，到________（地点）获取本次挂牌出让文件，具体包括：

（1）挂牌出让公告；

（2）挂牌出让须知；

（3）竞买申请书；

（4）挂牌出让报价单；

（5）宗地界址图；

（6）宗地规划指标要求；

（7）成交确认书；

（8）国有土地使用权出让合同；

（9）其他相关文件。

（二）提交申请

申请人可于________年____月____日至________年____月____日，到________（地点）向我局提交书面申请。申请文件包括：

1. 法人申请的，应提交下列文件：

（1）申请书；

（2）法人单位有效证明文件；

（3）法定代表人的有效身份证明文件；

（4）申请人委托他人办理的，应提交授权委托书及委托代理人的有效身份证明文件；

（5）竞买保证金交纳凭证；

（6）挂牌文件规定需要提交的其他文件。

2. 自然人申请的，应提交下列文件：

（1）申请书；

（2）申请人有效身份证明文件；

（3）申请人委托他人办理的，应提交授权委托书及委托代理人的身份证明文件；

（4）竞买保证金交纳凭证；

（5）挂牌文件规定需要提交的其他文件。

3. 其他组织申请的，应提交下列文件：

（1）申请书；

（2）表明该组织合法存在的文件或有效证明；

（3）表明该组织负责人身份的有效证明文件；

（4）申请人委托他人办理的，应提交授权委托书及委托代理人的身份证明文件；

（5）竞买保证金交纳凭证；

（6）挂牌文件规定需要提交的其他文件。

4. 境外申请人申请的，应提交下列文件：

（1）申请书；

（2）境外法人、自然人、其他组织的有效身份证明文件；

（3）申请人委托他人办理的，应提交授权委托书及委托代理的有效身份证明文件；

（4）竞买保证金交纳凭证；

（5）挂牌文件规定需要提交的其他文件。上述文件中，申请书必须用中文书写，其他文件可以使用其他语言，但必须附中文译本，所有文件的解释以中文译本为准。

5. 联合申请的，应提交下列文件：

（1）联合申请各方共同签署的申请书；

（2）联合申请各方的有效身份证明文件；

（3）联合竞投协议，协议要规定联合各方的权利、义务，并明确签订《国有土地使用权出让合同》时的受让人；

（4）申请人委托他人办理的，应提交授权委托书及委托代理人的有效身份证明文件；

（5）竞买保证金交纳凭证；

（6）挂牌文件规定需要提交的其他文件。

（三）资格审查

我局负责对挂牌出让公告规定的时间内收到的申请进行审查。按规定交纳竞买保证金、通过资格审查的，方能取得竞买资格。

经审查，有下列情形之一的，为无效申请：

（1）申请人不具备竞买资格的；

（2）未按规定交纳竞买保证金的；

（3）申请文件不齐全或不符合规定的；

（4）委托他人代理，委托文件不齐全或不符合规定的；

（5）法律法规规定的其他情形。

（四）确认竞买人资格

经审查，申请人按规定交纳竞买保证金、具备申请条件的，我局将在________年____月____日____时前发给《竞买资格确认书》确认其竞买资格，并通知其参加挂牌活动。

（五）答疑及现场踏勘

申请人对挂牌出让文件有疑问的，可在挂牌活动开始前以书面或者口头方式向我局咨询。我局于________年____月____日组织申请人对拟出让地块进行现场踏勘。

六、本次挂牌出让活动有关时间

挂牌时间为 10 个工作日，不包括法定节假日。具体如下：

1. 挂牌起始时间：________年____月____日____时；

2. 挂牌截止时间：各挂牌地块由挂牌主持人分别在下列时间主持确定挂牌截止：

（1）________号地块：________年____月____日____时；

（2）________号地块：________年____月____日____时；

……

3. 接受挂牌报价时间：挂牌期间上午____时至____时和下午____时至____时。

七、各宗地的挂牌起始价、增价幅度

1. ________号地块：起始价为人民币________万元（大写）（￥________），增价幅度为人民币________万元（大写）（￥________）；

2. ________号地块：起始价为人民币________万元（大写）（￥________），增价幅度为人民币________万元（大写）（￥________）；

……

八、挂牌程序

（一）公布挂牌信息

1. 挂牌人将有关宗地的位置、面积、用途、使用年期、规划要求、起始价、增价规则及增价幅度等挂牌公布；

2. 挂牌主持人介绍各地块的情况。

（二）挂牌竞价

1. 挂牌主持人介绍挂牌起始价、增价幅度等竞价规则，宣布挂牌竞价开始；

2. 竞买人填写《挂牌竞买报价单》进行报价；

3. 挂牌主持人收到《挂牌竞买报价单》后，对报价单予以审核，对符合规定的报价予以确认；

4. 挂牌主持人确认该报价后，更新显示挂牌价格，继续接受新的报价。

（三）挂牌截止

挂牌截止应当由挂牌主持人主持确定。设有底价的，出让人应当在挂牌截止前将密封的挂牌底价交给挂牌主持人，挂牌主持人现场打开密封件。在公告规定的挂牌截止时间，竞买人应当出席挂牌现场，挂牌主持人宣布最高报价及其报价者，并询问竞买人是否愿意继续竞价。

1. 各地块由挂牌主持人分别在下列时间主持确定挂牌截止：

（1）________号地块：________年____月____日____时；

（2）________号地块：________年____月____日____时；

……

2. 挂牌主持人宣布最高报价及其报价者，并询问竞买人是否愿意继续竞价。

3. 有竞买人表示愿意继续竞价的，即属于挂牌截止时有两个或两个以上竞买人要求报价的情形，挂牌主持人应当宣布挂牌出让转入现场竞价，并宣布现场竞价的时间和地点，通过现场竞价确定竞得人。

4. 挂牌主持人连续三次报出最高挂牌价格，没有竞买人表示愿意继续竞价的，挂牌主持人宣布挂牌活动结束，并按下列规定确定挂牌结果：

（1）最高挂牌价格不低于底价的，挂牌主持人宣布挂牌成交，最高挂牌价格的出价人为竞得人；

（2）最高挂牌价格低于底价的，挂牌主持人宣布挂牌不成交。

（四）现场竞价

现场竞价由土地招标拍卖挂牌主持人主持进行，取得该宗地挂牌竞买资格的竞买人均可参加现场竞价。现场竞价按下列程序举行：

（1）挂牌主持人应当宣布现场竞价的起始价、竞价规则和增价幅度，并宣布现场竞价开始。现场竞价的起始价为挂牌活动截止时的最高报价增加一个加价幅度后的价格。

（2）参加现场竞价的竞买人按照竞价规则应价或报价。

（3）挂牌主持人确认该竞买人应价或者报价后继续竞价。

（4）挂牌主持人连续三次宣布同一应价或报价而没有人再应价或报价，且该价格不低于底价的，挂牌主持人宣布最高应价或报价者为竞得人。最高应价或报价低于底价的，挂牌主持人宣布现场竞价终止。

在现场竞价中无人参加竞买或无人加价的，以挂牌截止时出价最高者为竞得人，但低于挂牌出让底价者除外。

（五）签订《成交确认书》

确定竞得人后，挂牌人与竞得人当场签订《成交确认书》。竞得人拒绝签订《成交确认书》也不能对抗挂牌成交结果的法律效力。

（六）签订《国有土地使用权出让合同》出让人与竞得人依据《成交确认书》约定签订《国有土地使用权出让合同》。

（七）出让结果公布

我局将在本次国有土地使用权挂牌出让活动结束后 10 个工作日内，在__________（土地有形市场或者指定的场所、媒介）公布本次国有土地使用权挂牌出让结果。

九、报价规则

（一）本次挂牌以价高者得为原则确定竞得人。

（二）本次挂牌以增价方式进行报价，每次加价幅度不得小于挂牌主持人宣布的增价幅度。

（三）竞买人以填写《挂牌竞买报价单》方式报价，《挂牌竞买报价单》一经报出，不得撤回。

（四）在报价期间，竞买人可多次报价。

（五）竞买人报价有下列情形之一的，为无效报价：

（1）报价单未在挂牌期限内收到的；

（2）不按规定填写报价单的；

（3）报价单填写人与竞买申请文件不符的；

（4）报价不符合报价规则的；

（5）报价不符合挂牌文件规定的其他情形。

（六）有两个或两个以上竞买人报价相同的，确认先提交报价或者为该挂牌价格的出价人。

十、注意事项

（一）申请人须全面阅读有关挂牌文件，如有疑问可以在挂牌活动开始日以前用书面或口头方式向我局咨询。申请人可到现场勘挂牌出让地块。申请一经受理确认后，即视为竞买人对挂牌文件及地块现状无异议并全部接受，并对有关承诺承担法律责任。

（二）申请人竞得土地后，拟成立新公司进行开发建设的，应在申请书中明确新公司的出资构成、成立时间等内容。我局可以根据挂牌出让结果与竞得人签订《国有土地使用权出让合同》，在竞得人按约定办理完新公司注册登记手续后，再与新公司签订《国有土地使用权出让合同变更协议》。〔我局同意直接与新公司签订《国有土地使用权出让合同》。〕

（三）本次挂牌地块均设有挂牌底价，在挂牌活动结束前须严格保密〔本次挂牌为无底价挂牌〕。

（四）竞买报价单一经提交，不可撤回。

（五）确定竞得人后，竞得人在挂牌现场与挂牌人签订《成交确认书》。委托他人代签的，应提交法定代表人亲笔签名并盖章的授权委托书。《成交确认书》对挂牌人和竞得人具有法律效力，挂牌人改变挂牌结果的，或者竞得人放弃竞得宗地的，应当承担法律责任。

（六）竞得人交纳的竞买保证金，挂牌成交后转作受让地块的定金。未竞得人交纳的竞买保证金，我局在挂牌活动结束后 5 个工作日内予以退还，不计利息。

（七）有下列情形之一的，挂牌人应当在挂牌开始前终止挂牌活动，并通知竞买人：

1. 竞买人串通损害国家利益、社会利益或他人合法权益的；

2. 挂牌工作人员私下接触竞买人，足以影响挂牌公正性的；

3. 应当依法终止挂牌活动的其他情形。

（八）竞得人有下列行为之一的，视为违约，挂牌人可取消其竞得人资格，竞买保证金不予退还：

1. 竞得人逾期或拒绝签订《成交确认书》的；

2. 竞得人逾期或拒绝签订《国有土地使用权出让合同》的。

（九）挂牌成交价即为该幅地块的总地价款，包括________。

（十）竞得人与出让人签订《国有土地使用权出让合同》后，应当按出让合同约定支付挂牌成交价款。竞得人付清全部挂牌成交价款后，依法申请办理土地登记，领取《国有土地使用证》。

（十一）挂牌不成交的，应当按规定由我局重新组织出让。

（十二）参加挂牌活动的人员，应遵守现场的纪律，服从管理人员的管理。

（十三）其他事项。

……

（十四）我局对本《须知》有解释权。未尽事宜依照《招标拍卖挂牌出让国有土地使用权规范》办理。

________国土资源局

________年____月____日

附录 D　投标〔竞买〕申请书示范文本

投标〔竞买〕申请书

________国土资源局：

经认真阅读编号为________地块的招标〔拍卖〕〔挂牌〕出让文件，我方完全接受并愿意遵守你局国有土地使用权招标〔拍卖〕〔挂牌〕出让文件中的规定和要求，对所有文件均无异议。

我方现正式申请参加你局于________年____月____日在________（地点）举行的________地块国有土地使用权招标〔拍卖〕〔挂牌〕活动。

我方愿意按招标〔拍卖〕〔挂牌〕出让文件规定，交纳投标〔竞买〕保证金人民币____________万元（大写）（￥________）。

若能中标〔竞得〕该地块，我方保证按照国有土地使用权招标〔拍卖〕〔挂牌〕出让文件的规定和要求履行全部义务。

若我方在国有土地使用权招标〔拍卖〕〔挂牌〕出让活动中，出现不能按期付款或有其他违约行为，我方愿意承担全部法律责任，并赔偿由此产生的损失。

特此申请和承诺。

附件：

1. ________________；
2. ________________；

……

申 请 人：________（加盖公章）

法定代表人（或授权委托代理人）签名：________

联 系 人：______________________

地　　址：______________________

邮政编码：______________________

电　　话：______________________

申请日期：________年____月____日

附录 E　投标〔竞买〕资格确认书示范文本

投标〔竞买〕资格确认书

________（投标〔竞买〕人名称）：

你方提交的对________号地块的投标〔竞买〕申请书及相关文件资料收悉。经审查，你方已按规定交纳了投标〔竞买〕保证金，所提交文件资料符合我方本次招标〔拍卖〕〔挂牌〕出让文件的规定和要求，现确认你方具备参加本次国有土地使用权投标〔拍卖竞买〕〔挂牌竞买〕资格。请持此《投标〔竞买〕资格确认书》参加我局于________年____月____日____时在________（地点）举行的国有土地使用权招标〔拍卖〕〔挂牌〕活动。

________国土资源局

________年____月____日

附录 F　国有土地使用权招标出让投标书示范文本

国有土地使用权招标出让投标书

________国土资源局：

经认真阅读________号地块招标出让文件和现场踏勘，我方完全接受招标出让文件中的规定和要求，愿意以人民币________万元（大写）（￥________）的价格竞投该地块国有土地使用权。按照招标文件规定，我方随本标书一同提交以下文件：

（1）________________；

（2）________________；

……

我方承诺，所提交的标书及相关文件真实准确。

我方已按招标出让文件的规定，交纳了人民币________万元（大写）（￥________）的投标保证金。我方承诺，在接到你局发出的《中标通知书》后，将按约定及时签订《国有土地使用权出让合同》。如果我方未在规定期限内签订《国有土地使用权出让合同》，或不能按《国有土地使用权出让合同》约定交付全部中标价款，或违反招标文件的规定，或不履行本投标书承诺等，均可被视为违约，你局可不退还我方交纳的投标保证金。

在《中标通知书》发出后、《国有土地使用权出让合同》签订及履行以前，本标书为你局与我方之间具有法律约束力的文件。

其他需要说明的事项：________________

投 标 人：________（加盖公章）

法定代表人（或授权委托代理人）签名：________

联 系 人：________________

地　　址：________________

邮政编码：________________

电　　话：________________

投标日期：________年____月____日

附录 G　国有土地使用权挂牌出让竞买报价单示范文本

国有土地使用权挂牌出让竞买报价单

竞买人编号:________

<table>
<tr><td>地 块 编 号</td><td></td><td rowspan="4">由竞买人填写</td></tr>
<tr><td>竞买报价</td><td>人民币________万元(大写)
¥________</td></tr>
<tr><td>竞　买　人</td><td>名称:(加盖公章)</td></tr>
<tr><td>法定代表人(或授权委托代理人)</td><td>(签名)</td></tr>
<tr><td>收到报价时间</td><td>______年____月____日____时____分</td><td rowspan="3">由挂牌主持人填写</td></tr>
<tr><td>挂牌主持人</td><td>(签名)</td></tr>
<tr><td>确认时间</td><td>______年____月____日____时____分</td></tr>
</table>

附录 H　授权委托书示范文本

授权委托书

<table>
<tr><td colspan="2">委　托　人</td><td colspan="2">受　托　人</td></tr>
<tr><td>姓　　名</td><td></td><td>姓　　名</td><td></td></tr>
<tr><td>性　　别</td><td></td><td>性　　别</td><td></td></tr>
<tr><td>出生日期</td><td></td><td>出生日期</td><td></td></tr>
<tr><td>工作单位</td><td></td><td>工作单位</td><td></td></tr>
<tr><td>职　　务</td><td></td><td>职　　务</td><td></td></tr>
<tr><td rowspan="2">证件号码</td><td>身份证( )护照( )</td><td rowspan="2">证件号码</td><td>身份证( )护照( )</td></tr>
<tr><td></td><td></td></tr>
<tr><td colspan="4">本人授权________(受托人)代表本人参加________年____月____日在________(地点)举办的编号为________地块的国有土地使用权招标〔拍卖〕〔挂牌〕出让活动,代表本人签订《国有土地使用权出让合同》等具有法律意义的文件、凭证等。
受托人在该地块招标〔拍卖〕〔挂牌〕出让活动中所做出的承诺、签署的合同或文件,本人均予以承认,并承担由此产生的法律后果。
委托人(签名):________
________年____月____日</td></tr>
<tr><td>备注</td><td colspan="3">兹证明本委托书确系本单位法定代表人________亲自签署。
(单位公章)
________年____月____日</td></tr>
</table>

附录I 中标通知书示范文本

中标通知书

________(中标人名称):

现确定你方为编号________地块的国有土地使用权招标出让中标人,有关事项通知如下:

该地块中标单价为每平方米人民币________元(大写)(¥________),总价为人民币________万元(大写)(¥________)。其中,出让金单价为每平方米人民币________元(大写)(¥________),总价为人民币________万元(大写)(¥________)。

本《中标通知书》一经签发,即视为成交。你方交纳的投标保证金,自动转作受让地块的定金。你方应当于________年____月____日之前,持本《中标通知书》到________(地点)与________国土资源局签订《国有土地使用权出让合同》。不按期签订《国有土地使用权出让合同》的,视为你方放弃中标资格,你方应承担相应法律责任。

本《中标通知书》一式____份,招标人执____份,中标人执____份。

特此通知。

招标人:(加盖公章)

________年____月____日

附录J 成交确认书示范文本

成交确认书

在________年____月____日________(地点)举办的国有土地使用权拍卖〔挂牌〕出让活动中,________(竞得人)竞得编号________地块的国有土地使用权。现将有关事项确认如下:

该地块成交单价为每平方米人民币________元(大写)(¥________),总价为人民币________万元(大写)(¥________)。其中,出让金单价为每平方米人民币________元(大写)(¥________),总价为人民币________万元(大写)(¥________)。

竞得人交纳的竞买保证金,自动转作受让地块的定金。________(竞得人)应当于________年____月____日之前,持本《成交确认书》到________(地点)与________国土资源局签订《国有土地使用权出让合同》。不按期签订《国有土地使用权出让合同》的,视为竞得人放弃竞得资格,竞得人应承担相应法律责任。

本《成交确认书》一式____份,拍卖〔挂牌〕人执____份,竞得人执____份。

特此确认。

拍卖〔挂牌〕人:________

竞得人:________

________年____月____日

协议出让国有土地使用权规定

1. 2003年6月11日国土资源部令第21号公布
2. 自2003年8月1日起施行

第一条 为加强国有土地资产管理,优化土地资源配置,规范协议出让国有土地使用权行为,根据《中华人民共和国城市房地产管理法》、《中华人民共和国土地管理法》和《中华人民共和国土地管理法实施条例》,制定本规定。

第二条 在中华人民共和国境内以协议方式出让国有土地使用权的,适用本规定。

本规定所称协议出让国有土地使用权,是指国家以协议方式将国有土地使用权在一定年限内出让给土地使用者,由土地使用者向国家支付土地使用权出让金的行为。

第三条 出让国有土地使用权,除依照法律、法规和规章的规定应当采用招标、拍卖或者挂牌方式外,方可采取协议方式。

第四条 协议出让国有土地使用权,应当遵循公开、公平、公正和诚实信用的原则。

以协议方式出让国有土地使用权的出让金不得低于按国家规定所确定的最低价。

第五条 协议出让最低价不得低于新增建设用地的土地有偿使用费、征地(拆迁)补偿费用以及按照国家规定应当缴纳的有关税费之和;有基准地价的地区,协议出让最低价不得低于出让地块所在级别基准地价的70%。

低于最低价时国有土地使用权不得出让。

第六条 省、自治区、直辖市人民政府国土资源行政主管部门应当依据本规定第五条的规定拟定协议出让最低价,报同级人民政府批准后公布,由市、县人民政府国土资源行政主管部门实施。

第七条 市、县人民政府国土资源行政主管部门应当根据经济社会发展计划、国家产业政策、土地利用总体规划、土地利用年度计划、城市规划和土地市场状况，编制国有土地使用权出让计划，报同级人民政府批准后组织实施。

国有土地使用权出让计划经批准后，市、县人民政府国土资源行政主管部门应当在土地有形市场等指定场所，或者通过报纸、互联网等媒介向社会公布。

因特殊原因，需要对国有土地使用权出让计划进行调整的，应当报原批准机关批准，并按照前款规定及时向社会公布。

国有土地使用权出让计划应当包括年度土地供应总量、不同用途土地供应面积、地段以及供地时间等内容。

第八条 国有土地使用权出让计划公布后，需要使用土地的单位和个人可以根据国有土地使用权出让计划，在市、县人民政府国土资源行政主管部门公布的时限内，向市、县人民政府国土资源行政主管部门提出意向用地申请。

市、县人民政府国土资源行政主管部门公布计划接受申请的时间不得少于 30 日。

第九条 在公布的地段上，同一地块只有一个意向用地者的，市、县人民政府国土资源行政主管部门方可按照本规定采取协议方式出让；但商业、旅游、娱乐和商品住宅等经营性用地除外。

同一地块有两个或者两个以上意向用地者的，市、县人民政府国土资源行政主管部门应当按照《招标拍卖挂牌出让国有土地使用权规定》，采取招标、拍卖或者挂牌方式出让。

第十条 对符合协议出让条件的，市、县人民政府国土资源行政主管部门会同城市规划等有关部门，依据国有土地使用权出让计划、城市规划和意向用地者申请的用地项目类型、规模等，制订协议出让土地方案。

协议出让土地方案应当包括拟出让地块的具体位置、界址、用途、面积、年限、土地使用条件、规划设计条件、供地时间等。

第十一条 市、县人民政府国土资源行政主管部门应当根据国家产业政策和拟出让地块的情况，按照《城镇土地估价规程》的规定，对拟出让地块的土地价格进行评估，经市、县人民政府国土资源行政主管部门集体决策、合理确定协议出让底价。

协议出让底价不得低于协议出让最低价。

协议出让底价确定后应当保密，任何单位和个人不得泄露。

第十二条 协议出让土地方案和底价经有批准权的人民政府批准后，市、县人民政府国土资源行政主管部门应当与意向用地者就土地出让价格等进行充分协商，协商一致且议定的出让价格不低于出让底价的，方可达成协议。

第十三条 市、县人民政府国土资源行政主管部门应当根据协议结果，与意向用地者签订《国有土地使用权出让合同》。

第十四条 《国有土地使用权出让合同》签订后 7 日内，市、县人民政府国土资源行政主管部门应当将协议出让结果在土地有形市场等指定场所，或者通过报纸、互联网等媒介向社会公布，接受社会监督。

公布协议出让结果的时间不得少于 15 日。

第十五条 土地使用者按照《国有土地使用权出让合同》的约定，付清土地使用权出让金、依法办理土地登记手续后，取得国有土地使用权。

第十六条 以协议出让方式取得国有土地使用权的土地使用者，需要将土地使用权出让合同约定的土地用途改变为商业、旅游、娱乐和商品住宅等经营性用途的，应当取得出让方和市、县人民政府城市规划部门的同意，签订土地使用权出让合同变更协议或者重新签订土地使用权出让合同，按变更后的土地用途，以变更时的土地市场价格补交相应的土地使用权出让金，并依法办理土地使用权变更登记手续。

第十七条 违反本规定，有下列行为之一的，对直接负责的主管人员和其他直接责任人员依法给予行政处分：

（一）不按照规定公布国有土地使用权出让计划或者协议出让结果的；

（二）确定出让底价时未经集体决策的；

（三）泄露出让底价的；

（四）低于协议出让最低价出让国有土地使用权的；

（五）减免国有土地使用权出让金的。

违反前款有关规定，情节严重构成犯罪的，依法追究刑事责任。

第十八条 国土资源行政主管部门工作人员在协议出让国有土地使用权活动中玩忽职守、滥用职权、徇私舞弊的，依法给予行政处分；构成犯罪的，依法追究刑事责任。

第十九条 采用协议方式租赁国有土地使用权的，参照本规定执行。

第二十条 本规定自 2003 年 8 月 1 日起施行。原国家土地管理局 1995 年 6 月 28 日发布的《协议出让国有土地使用权最低价确定办法》同时废止。

协议出让国有土地使用权规范(试行)

1. 2006年5月31日国土资源部发布
2. 国土资发〔2006〕114号
3. 自2006年8月1日起施行

目　　次

前　　言

为完善国有土地使用权出让制度,规范国有土地使用权协议出让行为,统一程序和标准,加强国有土地资产管理,推进土地市场建设,根据《中华人民共和国土地管理法》、《中华人民共和国城市房地产管理法》、《中华人民共和国城镇国有土地使用权出让和转让暂行条例》、《协议出让国有土地使用权规定》等规定,制定本规范。

本规范的附录A、附录B为协议出让活动中所需文本示范格式。

本规范由国土资源部提出并归口。

本规范起草单位:国土资源部土地利用管理司,国土资源部土地整理中心,辽宁省国土资源厅,黑龙江省国土资源厅,江苏省国土资源厅。

本规范主要起草人员:廖永林、冷宏志、岳晓武、雷爱先、高永、谢量雄、吴迪、宋玉波、牟傲风、叶卫东、钟松忆、林立森、申亮、陈梅英、周旭、沈飞、张防。本规范参加起草人员(以姓氏笔画为序):于世专、马尚、王薇、车长志、邓岳方、叶元蓬、叶东、任钊洪、关文荣、刘显棋、刘祥元、刘瑞平、朱育德、闻洪溪、严政、吴永高、吴海洋、张万中、张英奇、李延荣、李晓娟、李晓斌、束克欣、杨玉芳、杨江正、肖建军、陈永真、陈国庆、林君衡、罗演广、祝军、胡立兵、胡红兵、赵春华、郝吉虎、高志云、徐建设、涂高坤、秦水龙、钱友根、梁红、黄文波、韩建国、韩洪伟、靳薇、潘洪篙、魏成、魏莉华。

本规范由国土资源部负责解释。

1　适用范围

在中华人民共和国境内以协议方式出让国有土地使用权,适用本规范;以协议方式租赁国有土地使用权、出让国有土地他项权利,参照本规范执行。

2　引用的标准和文件

下列标准和文件所包含的条文,通过在本规范中引用而构成本规范的条文。本规范颁布时,所示版本均为有效。使用本规范的各方应使用下列各标准和文件的最新版本。

GB/T 18508—2001《城镇土地估价规程》

国土资发〔2000〕303号《国有土地使用权出让合同示范文本》

国土资发〔2001〕255号《全国土地分类》

国土资发〔2004〕232号《工业建设项目用地控制指标》

3　依　　据

(1)《中华人民共和国土地管理法》

(2)《中华人民共和国城市房地产管理法》

(3)《中华人民共和国城市规划法》

(4)《中华人民共和国行政许可法》

(5)《中华人民共和国合同法》

(6)《中华人民共和国城镇国有土地使用权出让和转让暂行条例》

(7)《建立健全教育、制度、监督并重的惩治和预防腐败体系实施纲要》(中发〔2005〕3号)

(8)《国务院关于加强国有土地资产管理的15号》(国发〔2001〕15号)

(9)《国务院关于深化改革严格土地管理的决定》(国发〔2004〕28号)

(10)《协议出让国有土地使用权规定》(国土资源部令第21号)

4　总　　则

4.1　协议出让国有土地使用权内涵

本规范所称协议出让国有土地使用权,是指市、县国土资源管理部门以协议方式将国有土地使用权在一定年限内出让给土地使用者,由土地使用者支付土地使用权出让金的行为。

4.2　协议出让国有土地使用权原则

(1)公开、公平、公正;

(2)诚实信用。

4.3 协议出让国有土地使用权范围

出让国有土地使用权,除依照法律、法规和规章的规定应当采用招标、拍卖或者挂牌方式出让,方可采取协议方式,主要包括以下情况:

(1)供应商业、旅游、娱乐和商品住宅等各类经营性用地以外用途的土地,其供地计划公布后同一宗地只有一个意向用地者的;

(2)原划拨、承租土地使用权人申请办理协议出让,经依法批准,可以采取协议方式,但《国有土地划拨决定书》、《国有土地租赁合同》、法律、法规、行政规定等明确应当收回土地使用权重新公开出让的除外;

(3)划拨土地使用权转让申请办理协议出让,经依法批准,可以采取协议方式,但《国有土地划拨决定书》、法律、法规、行政规定等明确应当收回土地使用权重新公开出让的除外;

(4)出让土地使用权人申请续期,经审查准予续期的,可以采用协议方式;

(5)法律、法规、行政规定明确可以协议出让的其他情形。

4.4 协议出让国有土地使用权组织管理

国有土地使用权协议出让由市、县国土资源管理部门组织实施。

国有土地使用权出让实行集体决策。市、县国土资源管理部门可根据实际情况成立国有土地使用权出让协调决策机构,负责协调解决出让中的相关问题,集体确定有关事项。

4.5 协议出让价格争议裁决

对于经营性基础设施、矿业开采等具有独占性和排他性的用地,应当建立协议出让价格争议裁决机制。此类用地协议出让过程中,意向用地者与出让方在出让价格方面有争议难以达成一致,意向用地者认为出让方提出的出让价格明显高于土地市场价格的,可提请出让方的上一级国土资源管理部门进行出让价格争议裁决。

4.6 地方补充规定

地方可对本规范做出补充规定或实施细则,并报上一级国土资源管理部门备案。

5 供地环节的协议出让

5.1 供地环节协议出让国有土地使用权的一般程序

(1)公开出让信息,接受用地申请,确定供地方式;

(2)编制协议出让方案;

(3)地价评估,确定底价;

(4)协议出让方案、底价报批;

(5)协商,签订意向书;

(6)公示;

(7)签订出让合同,公布出让结果;

(8)核发《建设用地批准书》,交付土地;

(9)办理土地登记;

(10)资料归档。

5.2 公开出让信息,接受用地申请,确定供地方式

5.2.1 市、县国土资源管理部门应当将经批准的国有土地使用权出让计划向社会公布。有条件的地方可以根据供地进度安排,分阶段将国有土地使用权出让计划细化落实到地段、地块,并将相关信息及时向社会公布。国有土地使用权出让计划以及细化的地段、地块信息应当同时通过中国土地市场网(www.landchina.com)公布。

5.2.2 市、县国土资源管理部门公布国有土地使用权出让计划、细化的地段、地块信息,应当同时明确用地者申请用地的途径和方式,公开接受用地申请。

5.2.3 需要使用土地的单位和个人(以下简称意向用地者)应当根据公布的国有土地使用权出让计划,细化的地段、地块信息以及自身用地需求,向市、县国土资源管理部门提出用地申请。

5.2.4 在规定的时间内,同一地块只有一个意向用地者的,市、县国土资源管理部门方可采取协议方式出让,但属于商业、旅游、娱乐和商品住宅等经营性用地除外。对不能确定是否符合协议出让范围的具体宗地,可由国有土地使用权出让协调决策机构集体认定。

5.3 编制协议出让方案

市、县国土资源管理部门应当会同规划等部门,依据国有土地使用权出让计划、城市规划和意向用地者申请的用地类型、规模等,编制国有土地使用权协议出让方案。

协议出让方案应当包括:拟出让地块的位置、四至、用途、面积、年限、土地使用条件、供地时间、供地方式等。

5.4 地价评估,确定底价

5.4.1 地价评估

市、县国土资源管理部门应当根据拟出让地块的条件和土地市场情况,按照《城镇土地估价规程》,组织对拟出让地块的正常土地市场价格进行评估。

地价评估由市、县国土资源管理部门或其所属事业单位组织进行,根据需要也可以委托具有土地估价资质的土地或不动产评估机构进行评估。

5.4.2 确定底价

市、县国土资源管理部门或国有土地使用权出让协

调决策机构应当根据土地估价结果、产业政策和土地市场情况等，集体决策，综合确定协议出让底价。

协议出让底价不得低于拟出让地块所在区域的协议出让最低价。

出让底价确定后，在出让活动结束之前应当保密，任何单位和个人不得泄露。

5.5　协议出让方案、底价报批

市、县国土资源管理部门应当按规定将协议出让方案、底价报有批准权的人民政府批准。

5.6　协商，签订意向书

市、县国土资源管理部门依据经批准的协议出让方案和底价，与意向用地者就土地出让价格等进行充分协商、谈判。协商谈判时，国土资源管理部门参加谈判的代表应当不少于 2 人。

双方协商、谈判达成一致，并且议定的出让价格不低于底价的，市、县国土资源管理部门应当与意向用地者签订《国有土地使用权出让意向书》。

5.7　公示

5.7.1　《国有土地使用权出让意向书》签订后，市、县国土资源管理部门将意向出让地块的位置、用途、面积、出让年限、土地使用条件、意向用地者、拟出让价格等内容在当地土地有形市场等指定场所以及中国土地市场网进行公示，并注明意见反馈途径和方式。公示时间不得少于 5 日。

5.7.2　公示期间，有异议且经市、县国土资源管理部门审查发现确实存在违反法律法规行为的，协议出让程序终止。

5.8　签订出让合同，公布出让结果

公示期满，无异议或虽有异议但经市、县国土资源管理部门审查没有发现存在违反法律法规行为的，市、县国土资源管理部门应当按照《国有土地使用权出让意向书》约定，与意向用地者签订《国有土地使用权出让合同》。

《国有土地使用权出让合同》签订后 7 日内，市、县国土资源管理部门将协议出让结果通过中国土地市场网以及土地有形市场等指定场所向社会公布，接受社会监督。

公布出让结果应当包括土地位置、面积、用途、开发程度、土地级别、容积率、出让年限、供地方式、受让人、成交价格和成交时间等内容。

5.9　核发《建设用地批准书》，交付土地

市、县国土资源管理部门向受让人核发《建设用地批准书》，并按照《国有土地使用权出让合同》、《建设用地批准书》约定的时间和条件将出让土地交付给受让人。

5.10　办理土地登记

受让人按照《国有土地使用权出让合同》约定付清全部国有土地使用权出让金，依法申请办理土地登记手续，领取《国有土地使用证》，取得土地使用权。

5.11　资料归档

协议出让手续全部办结后，市、县国土资源管理部门应当对宗地出让过程中的出让信息公布、用地申请、审批、谈判、公示、签订合同等各环节相关资料、文件进行整理，并按规定归档。应归档的宗地出让资料包括：

(1)用地申请材料；

(2)宗地条件、宗地规划指标要求；

(3)宗地评估报告；

(4)宗地出让底价及集体决策记录；

(5)协议出让方案；

(6)出让方案批复文件；

(7)谈判记录；

(8)《协议出让意向书》；

(9)协议出让公示资料；

(10)《国有土地使用权出让合同》；

(11)协议出让结果公告资料；

(12)核发建设用地批准书与交付土地的相关资料；

(13)其他应归档的材料。

6　原划拨、承租土地使用权人申请办理协议出让

6.1　原划拨、承租土地使用权人申请办理协议出让的，分别按下列情形处理：

(1)不需要改变原土地用途等土地使用条件，且符合规划的，报经市、县人民政府批准后，可以采取协议出让手续；

(2)经规划管理部门同意可以改变土地用途等七项使用条件的，报经市、县人民政府批准，可以办理协议出让手续，但《国有土地划拨决定书》、《国有土地租赁合同》、法律、法规、行政规定等明确应当收回划拨土地使用权公开出让的除外。

6.2　申请与受理

6.2.1　原划拨、承租土地使用权拟申请办理出让手续的，应由原土地使用权人持下列有关材料，向市、县国土资源管理部门提出申请：

(1)申请书；

(2)《国有土地使用证》、《国有土地划拨决定书》或《国有土地租赁合同》；

（3）地上建筑物、构筑物及其他附着物的产权证明；

（4）原土地使用权人有效身份证明文件；

（5）改变用途的应当提交规划管理部门的批准文件；

（6）法律、法规、行政规定明确应提交的其他相关材料。

6.2.2 市、县国土资源管理部门接到申请后，应当对申请人提交的申请材料进行初审，决定是否受理。

6.3 审查，确定协议出让方案

6.3.1 审查

市、县国土资源管理部门受理申请后，应当依据相关规定对申请人提交的申请材料进行审查，并就申请地块的土地用途等征询规划管理部门意见。经审查，申请地块用途符合规划，并且符合办理协议出让手续条件的，市、县国土资源管理部门应当组织地价评估，确定应缴纳的土地出让金额，拟订协议出让方案。

6.3.2 地价评估

市、县国土资源管理部门应当组织对申请地块的出让土地使用权市场价格和划拨土地使用权权益价格或承租土地使用权市场价格进行评估，估价基准期日为拟出让时点。改变土地用途等土地使用条件的，出让土地使用权价格应当按照新的土地使用条件评估。

6.3.3 核定出让金额，拟订出让方案

市、县国土资源管理部门或国有土地使用权出让协调决策机构应当根据土地估价结果、产业政策和土地市场情况等，集体决策、综合确定协议出让金额，并拟订协议出让方案。

6.3.3.1 申请人应缴纳土地使用权出让金额分别按下列公式核定：

（1）不改变用途等土地使用条件的

应缴纳的土地使用权出让金额＝拟出让时的出让土地使用权市场价格－拟出让时的划拨土地使用权权益价格或承租土地使用权市场价格

（2）改变用途等土地使用条件的

应缴纳的土地使用权出让金额＝拟出让时的新土地使用条件下出让土地使用权市场价格－拟出让时的原土地使用条件下划拨土地使用权权益价格或承租土地使用权市场价格

6.3.3.2 协议出让方案应当包括：拟办理出让手续的地块位置、四至、用途、面积、年限、拟出让时间和应缴纳的出让金额等。

6.4 出让方案报批

市、县国土资源管理部门应当按照规定，将协议出让方案报市、县人民政府审批。

6.5 签订出让合同，公布出让结果

市、县人民政府批准后，国土资源管理部门应当按照批准的协议出让方案，依法收回原土地使用权人的《国有土地划拨决定书》或解除《国有土地租赁合同》，注销土地登记，收回原土地证书，并与申请人签订《国有土地使用权出让合同》。

《国有土地使用权出让合同》签订后，市、县国土资源管理部门应当按照5.8的规定公布协议出让结果。

6.6 办理土地登记

按5.10规定办理。

6.7 资料归档

协议出让手续全部办结后，市、县国土资源局应当对宗地出让过程中的用地申请、审批、签订合同等各环节相关资料、文件进行整理，并按规定归档。应归档的宗地出让资料包括：

（1）申请人的申请材料；

（2）宗地条件及相关资料；

（3）土地评估资料；

（4）出让金额确定资料；

（5）协议出让方案；

（6）出让方案批复文件；

（7）《国有土地使用权出让合同》；

（8）协议出让公告资料；

（9）其他应归档的材料。

7 划拨土地使用权转让中的协议出让

7.1 划拨土地使用权申请转让，经市、县人民政府批准，可以由受让人办理协议出让，但《国有土地划拨决定书》、法律、法规、行政规定等明确应当收回划拨土地使用权重新公开出让的除外。

7.2 申请与受理

7.2.1 原土地使用权人应当持下列有关材料，向市、县国土资源管理部门提出划拨土地使用权转让申请：

（1）申请书；

（2）《国有土地使用证》、《国有土地划拨决定书》；

（3）地上建筑物、构筑物及其他附着物的产权证明；

（4）原土地使用权人有效身份证明文件；

（5）共有房地产，应提供共有人书面同意的意见；

（6）法律、法规、行政规定明确应提交的其他相关材料。

7.2.2 市、县国土资源管理部门接到申请后，应当对申请人提交的申请材料进行初审，决定是否受理。

7.3　审查，确定协议出让方案

7.3.1　审查

市、县国土资源管理部门受理申请后，应当依据相关规定对申请人提交的申请材料进行审查，并就申请地块的土地用途等征询规划管理部门意见。经审查，申请地块用途符合规划，并且符合办理协议出让手续条件的，市、县国土资源管理部门应当组织地价评估，确定应缴纳的土地出让金额，拟订协议出让方案。

7.3.2　地价评估

市、县国土资源管理部门应当组织对申请转让地块的出让土地使用权市场价格和划拨土地使用权权益价格进行评估，估价基准期日为拟出让时点。

7.3.3　核定出让金额，拟订出让方案

市、县国土资源管理部门或国有土地使用权出让协调决策机构应当根据土地估价结果、产业政策和土地市场情况等，集体决策、综合确定办理出让手续时应缴纳土地使用权出让金额，并拟订协议出让方案。

7.3.3.1　应缴纳土地使用权出让金额应当按下式核定：

（1）转让后不改变用途等土地使用条件的

应缴纳的土地使用权出让金额＝拟出让时的出让土地使用权市场价格－拟出让时的划拨土地使用权权益价格

（2）转让后改变用途等土地使用条件的

应缴纳的土地使用权出让金额＝拟出让时的新土地使用条件下出让土地使用权市场价格－拟出让时的原土地使用条件下划拨土地使用权权益价格

7.3.3.2　协议出让方案应当包括：拟办理出让手续的地块位置、四至、用途、面积、年限、土地使用条件、拟出让时间和出让时应缴纳的出让金额等。

7.4　出让方案报批

市、县国土资源管理部门应当按照规定，将协议出让方案报市、县人民政府审批。

7.5　公开交易

协议出让方案批准后，市、县国土资源管理部门应向申请人发出《划拨土地使用权准予转让通知书》。

《划拨土地使用权准予转让通知书》应当包括准予转让的标的、原土地使用权人、转让确定受让人的要求、受让人的权利、义务、应缴纳的土地出让金等。

取得《划拨土地使用权准予转让通知书》的申请人，应当将拟转让的土地使用权在土地有形市场等场所公开交易，确定受让人和成交价款。

7.6　签订出让合同，公布出让结果

通过公开交易确定受让方和成交价款后，转让人应当与受让人签订转让合同，约定双方的权利和义务，明确划拨土地使用权转让价款。

受让人应在达成交易后10日内，持转让合同、原《国有土地使用证》、《划拨土地使用权准予转让通知书》、转让方和受让方的身份证明材料等，向市、县国土资源管理部门申请办理土地出让手续。

市、县国土资源管理部门应当按照批准的协议出让方案、公开交易情况等，依法收回原土地使用权人的《国有土地划拨决定书》，注销土地登记，收回原土地证书，与受让方签订《国有土地使用权出让合同》。

市、县国土资源管理部门应当按照5.8有关规定公布协议出让结果。

7.7　办理土地登记

按5.10规定办理。

7.8　资料归档

出让手续办结后，市、县国土资源管理部门应当对宗地出让过程中的用地申请、审批、交易、签订合同等各环节相关资料、文件进行整理，并按规定归档。应归档的宗地出让资料包括：

（1）申请人的申请材料；

（2）宗地条件及相关资料；

（3）土地评估资料；

（4）出让金额确定资料；

（5）协议出让方案；

（6）出让方案批复文件；

（7）《划拨土地使用权准予转让通知书》等相关资料；

（8）公开交易资料及转让合同等资料；

（9）《国有土地使用权出让合同》等资料；

（10）协议出让公告资料；

（11）其他应归档的材料。

8　出让土地改变用途等土地使用条件的处理

出让土地申请改变用途等土地使用条件，经出让方和规划管理部门同意，原土地使用权人可以与市、县国土资源管理部门签订《国有土地使用权出让合同变更协议》或重新签订《国有土地使用权出让合同》，调整国有土地使用权出让金，但《国有土地使用权出让合同》、法律、法规、行政规定等明确应当收回土地使用权重新公告出让的除外。原土地使用权人应当按照国有土地使用权出让合同变更协议或重新签订的国有土地使用权出让合同约定，及时补缴土地使用权出让金额，并按规定办理土地登记。

调整国有土地使用权出让金额应当根据批准改变用途等土地使用条件时的土地市场价格水平，按下式确定：

应当补缴的土地出让金额＝批准改变时的新土地使用条件下土地使用权市场价格－批准改变时原土地使用条件下剩余年期土地使用权市场价格

附录 A　国有土地使用权出让意向书示范文本格式

国有土地使用权出让意向书

出让人：________省(自治区、直辖市)________市(县)________局(甲方)；

拟受让人：______________(乙方)。

甲方与乙方本着平等、自愿、有偿、诚实信用的原则，经过双方协商一致，达成以下用地意向：

第一条　甲方将位于________的宗地使用权出让给乙方，宗地编号为________，宗地面积(大写)________平方米(小写________平方米)。宗地四至：东________，南________，西________，北________。

第二条　本用地意向书项下拟出让宗地的用途为__________，土地使用权出让年期为____年。

第三条　甲方同意在交付土地时该宗地应达到本条第____项规定的土地条件：

(一)达到场地平整和周围基础设施________通，即________。

(二)周围基础设施达到________通，即________，但场地尚未拆迁和平整，建筑物和其他地上物状况如下：______________。

(三)现状土地条件：______________。

第四条　本用地意向书项下的土地使用权出让价款为每平方米人民币________元(大写)(¥________)；总额为人民币________(大写)万元(¥________)，其中，国有土地使用权出让金为每平方米人民币_______元(大写)(¥_______)；总额为人民币________(大写)万元(¥______)，付款方式为__________。

第五条　乙方在本用地意向书的宗地范围内新建建筑物的，应符合下列要求：

主体建筑物性质______________；

附属建筑物性质______________；

建筑容积率______________；

建筑密度________；

建筑限高________；

投资强度________；

绿地比例________；

开工建设时间____________；

竣工时间________；

其他土地利用要求________。

第六条　乙方同意在本用地意向书项下的宗地范围内一并修建下列工程，并在建成后，无偿移交给政府：

(一)______________；

(二)______________；

……

第七条　乙方知悉本《国有土地使用权出让意向书》的内容需要在土地交易场所和中国土地市场网上公示____日，并根据公示期满的反馈情况，按以下情况处理：

(一)公示期间，有异议且经甲方审查发现确实存在违反法律法规行为的，协议出让程序终止。

(二)公示期满，无异议或虽有异议但经甲方审查没有发现存在违反法律法规行为的，双方将按本意向书约定签订《国有土地使用权出让合同》。

第八条　符合本意向书第七条第二项规定条件的，双方同意于________年____月____日在________签订《国有土地使用权出让合同》。

第九条　未尽事宜，可由双方约定后作为附件，与本意向书具有同等法律效力。

出让人(甲方)：________

地址：____________

法定代表人(委托代理人)(签字)：

电话：____________

邮政编码：____________

拟受让人(乙方)：________

地址：____________

法定代表人(委托代理人)(签字)：________

电话：____________

邮政编码：____________

________年____月____日

附录 B　划拨土地使用权准予转让通知书示范文本格式

划拨土地使用权准予转让通知书

________(申请人名称)：

根据你方申请，报经________市(县)人民政府批准，准予你方目前所使用的位于______________的国有划拨土地使用权转让。该宗地面积为________，用途为________，宗地号为________。请持本通知书，按规定将该宗地使用权在土地有形市场等场所公开交易，确定受让人和成交价款，并签订转让合同。

你方与受让人达成交易后10日内，双方应持转让合同、原《国有土地使用证》、《划拨土地使用权准予转让通知书》、转让方和受让方的身份证明材料等，向我局申请办理土地出让手续，并由受让人与我局签订《国有土地使用权出让合同》，缴纳土地使用权出让金，土地出让金不得低于每平方米________（大写）元（￥________）。

本通知书有效期为________（最长不得超过6个月）。

________国土资源局（盖章）

________年____月____日

国土资源部、监察部关于严格实行经营性土地使用权招标拍卖挂牌出让的通知

1. 2002年8月26日

2. 国土资发〔2002〕265号

各省、自治区、直辖市国土资源厅（国土环境资源厅、国土资源和房屋管理局、房屋土地资源管理局、规划和国土资源局）、监察厅，计划单列市国土资源行政主管部门、监察局，解放军土地管理局，新疆生产建设兵团国土资源局：

《国务院关于加强国有土地资产管理的通知》（国发〔2001〕15号）下发以来，全国国有土地使用权招标拍卖挂牌出让工作取得了明显成效。但是，各地工作进展不平衡，本应用市场机制配置土地的，一些领导仍然行政干预土地供应方式，没有实行经营性土地使用权招标拍卖挂牌出让，致使国有土地使用权招标拍卖挂牌出让制度不落实。为全面贯彻落实中央纪委第七次全会和国务院第四次廉政工作会议精神，严格实行商业、旅游、娱乐和商品住宅等各类经营性土地（以下简称经营性土地）使用权以招标、拍卖或者挂牌的方式出让，加强廉政建设，现就有关问题通知如下：

一、通过招标拍卖挂牌方式出让国有土地使用权是从源头防治土地供应环节产生腐败的有效措施

由于土地资产数额巨大，并且具有价值增值性和供给稀缺性等特点，土地供应环节成为腐败分子非法牟取暴利的重点领域。分析土地批租领域发生的腐败现象，实质就是在土地资源配置上，特别是在经营性土地的配置上，个别腐败分子违背市场规律，利用行政职权，搞权钱交易和"暗箱操作"，攫取巨额的地价差额。国有土地使用权招标拍卖挂牌出让制度充分体现了公开、公平、公正的市场经济原则，抑制权力进入市场，减少了人为因素对土地配置的干预和影响，从制度和源头上保证了土地批租领域的廉政建设。

党中央、国务院对此高度重视。今年，中央纪委部署从源头防治腐败任务时明确提出，要实行经营性土地使用权出让招标拍卖制度；国务院第四次廉政工作会议明确要求：今年，各地区、各部门都要实行经营性土地出让招标拍卖制度。为此，各级人民政府土地行政主管部门一定要统一思想，充分认识招标拍卖挂牌出让国有土地使用权的重要意义。对经营性土地使用权全部实行招标、拍卖或者挂牌出让，并将其作为国土资源管理的重要制度和行政纪律，切实抓好落实。

二、规范领导干部从政行为，严禁干预土地资源配置

要适应社会主义市场经济发展的要求，进一步转变政府职能，必须充分发挥市场配置土地资源的基础作用，经营性土地使用权出让必须通过市场机制来运作。各级领导干部不得干预经营性土地使用权的招标拍卖挂牌出让。严禁用行政手段，以打招呼、批条子等各种形式指定供地对象、供地位置、供地面积、供地用途、供地方式和供地价格等。经营性土地使用权出让必须进入市场，全部实行招标、拍卖或者挂牌出让。如果领导干部继续搞个人审批，无论有没有权钱交易的行为，都属于违反纪律。

三、强化政府土地的集中统一管理，保证土地使用权招标拍卖挂牌出让制度的落实

坚持土地的集中统一管理，严格控制土地供应总量，实行土地集中统一供应是保证土地使用权招标拍卖挂牌出让制度落实，避免多头供地、恶性竞争的基本前提。各类工业园、科技园、开发区用地和各单位使用的原划拨土地改变为商业、旅游、娱乐、商品住宅项目用地的，必须由当地人民政府土地行政主管部门统一管理、统一供应。出让的每幅地块位置、面积、用途、年限和其他条件，由市、县人民政府土地行政主管部门会同城市规划、建设、房产管理部门拟定方案，报经有批准权的人民政府批准后，由市、县人民政府土地行政主管部门集中统一组织实施。

四、加大土地供应的信息披露力度，创造市场竞争的环境

土地供应信息在更广泛的领域公开，不仅是政府提供服务的重要职责，也是创造有效需求，形成市场竞争环境的重要保证。市、县人民政府土地行政主管部门要根据当地社会经济发展计划、土地利用总体规划、土地利用年度计划、城市规划和土地市场状况制定土地使用权出让计划，报同级人民政府批准后实施。土地使用权出让计划及土地供应信息要在有关媒体向社会广泛公布，防止“暗箱操作”。

五、严格依法规范土地使用权招标拍卖挂牌出让，确保土地交易的公开、公平、公正

国有土地使用权招标拍卖挂牌出让必须严格按照《招标拍卖挂牌出让国有土地使用权规定》（国土资源部令第11号）的规范要求执行。市、县人民政府土地行政主管部门要定期及时向社会公开发布国有土地使用权出让计划。经营性土地使用权必须以招标、拍卖或者挂牌方式出让，其他土地的供应计划公布后，同一宗地有两个以上意向用地者的，也应当采取招标、拍卖或者挂牌方式出让。招标拍卖挂牌底价必须根据土地估价结果和政府产业政策集体决策，并严格保密。要统一土地使用权招标拍卖挂牌出让文件，严格规范土地使用权招标拍卖挂牌出让程序。各地要积极采取有效措施，全面落实《招标拍卖挂牌出让国有土地使用权规定》，确保土地使用权招标拍卖挂牌出让的规范、有序进行，促进土地市场的健康发展。

六、加强监督检查，防治土地批租领域的腐败

各级土地行政主管部门和监察机关要加强对经营性土地使用权招标拍卖挂牌出让的监督检查。对经营性土地使用权规避招标拍卖挂牌，仍采取协议出让和划拨的；对单位和个人擅自先行立项、先行选址定点、先行确定地价的；对在土地使用权招标拍卖挂牌出让中弄虚作假、徇私舞弊的；对领导干部干预和插手土地使用权招标拍卖挂牌出让等违纪违法行为，都要严厉追究主管部门及有关人员的责任。应当给予党纪处分的，移送党的纪律检查机关处理；涉嫌犯罪的，移送司法机关处理。

今年年底前，国土资源部和监察部要对各地的经营性土地使用权招标拍卖挂牌出让工作进行联合检查。重点检查土地使用权招标拍卖挂牌出让制度的落实和协议出让土地使用权的情况。

国土资源部、监察部关于继续开展经营性土地使用权招标拍卖挂牌出让情况执法监察工作的通知

1．2004年3月18日
2．国土资发〔2004〕71号

各省、自治区、直辖市国土资源厅（国土环境资源厅、国土资源和房屋管理局、房屋土地资源管理局、规划和国土资源局）、监察厅（局），计划单列市国土资源行政主管部门、监察局，解放军土地管理局，新疆生产建设兵团国土资源局、监察局：

2003年，各级国土资源行政主管部门和监察机关按照中央纪委全会和国务院廉政工作会议的部署，认真开展经营性土地使用权招标拍卖挂牌出让情况执法监察。经过努力，经营性土地使用权招标拍卖挂牌出让制度已经初步建立，经营性土地使用权招标拍卖挂牌出让的比例有所提高。但从全国看，这项制度还没有全面落实，领导干部违反规定干预和插手经营性土地使用权出让的行为依然存在，有的地方问题还相当严重。为贯彻落实中央纪委第三次全会和国务院第二次廉政工作会议关于认真落实经营性土地使用权招标拍卖挂牌出让制度，严肃查处违法违规批地用地行为的部署和要求，从源头上预防和治理土地出让中的腐败行为，国土资源部、监察部决定，2004年继续在全国开展经营性土地使用权招标拍卖挂牌出让情况执法监察。现就有关问题通知如下：

一、突出重点，明确执法监察的范围和内容

2004年执法监察的重点是，继续全面推行并严格执行经营性土地使用权招标拍卖挂牌出让制度，建立健全具体制度和操作规范，认真纠正和严肃查处土地出让中违规操作问题和违纪违法行为。执法监察的范围是，2004年1月1日后各类经营性土地使用权实行招标拍卖挂牌出让情况；对2003年执法监察中发现但尚未处理的违规操作和违纪违法出让经营性土地出让问题，也要纠正和查处。主要内容包括：

1. 市、县建立经营性土地使用权招标拍卖挂牌出让制度的情况。已建立制度的市、县，要督促抓好制度的规范，制定监督管理措施。尚未建立制度的，要责成有关地方政府和部门于3月底以前建立，届时仍不建立的，要追究主要领导的责任。

2. 市、县人民政府和国土资源行政主管部门执行

经营性土地使用权招标拍卖挂牌出让程序的情况，特别是国有土地使用权出让信息公开和规范操作的有关情况。对不按规定操作和公开有关信息的，要及时进行纠正，造成严重后果的，要追究相关人员的责任。

3. 经营性土地使用权出让中规避招标拍卖挂牌或仍采取协议方式出让和划拨的问题。是否存在单位和个人先行立项、先行选址定点和先行确定地价的问题。是否存在假招标、假拍卖、假挂牌或陪标、串标等弄虚作假问题。是否存在领导干部违反规定干预和插手经营性土地使用权出让等问题。

4. 2003 年遗留问题的清查处理情况。对 2003 年执法监察中发现但尚未处理的问题，要在 2004 年纠正和查处完结。在 2003 年执法监察和土地市场秩序治理整顿中已经进行处理，并通过国土资源部、发展改革委、监察部、建设部、审计署联合验收通过的问题，不再作为问题提出。

二、明确政策，严格和规范执行经营性土地使用权招标拍卖挂牌出让制度

各地要严格执行经营性土地使用权招标拍卖挂牌出让制度。2002 年 7 月 1 日《招标拍卖挂牌出让国有土地使用权规定》实施后，除原划拨土地使用权人不改变原土地用途申请补办出让手续和按国家有关政策规定属于历史遗留问题之外，商业、旅游、娱乐和商品住宅等经营性用地供应必须严格按规定采用招标拍卖挂牌方式，其他土地的供地计划公布后，同一宗地有两个或两个以上意向用地者的，也应当采用招标拍卖挂牌方式供应。各地要严格按国家有关政策规定界定《招标拍卖挂牌出让国有土地使用权规定》实施前的历史遗留问题，不得擅自扩大范围，也不得弄虚作假，变相搭车。要加快工作进度，在 2004 年 8 月 31 日前将历史遗留问题界定并处理完毕。8 月 31 日后，不得再以历史遗留问题为由采用协议方式出让经营性土地使用权。

为加强管理和监督，国有土地使用权招标拍卖挂牌出让必须公开进行。国有土地使用权出让计划、招标拍卖挂牌和协议出让公告、出让申请条件和出让结果等必须按规定向社会公开，除了按规定在相关媒体公布外，还应同时在中国土地市场网（www.landchina.com）上发布，信息公开必须及时、准确、真实。市、县国土资源行政主管部门组织实施国有土地使用权招标拍卖挂牌活动，必须制订明确的操作程序和工作规程，规范操作，各级监察机关要制订具体的监督检查措施，对不按规定公布出让信息、影响国有土地使用权招标拍卖挂牌出让公开规范进行的，监察机关和上级国土资源行政主管部门要责成责任单位及时纠正，完善相关制度，并追究有关人员责任。

三、加强领导，强化监督检查

地方各级人民政府要进一步认识经营性土地使用权招标拍卖挂牌出让工作的重要意义，加强组织领导，及时研究和协调解决工作中遇到的困难和问题。各级国土资源行政主管部门、监察机关要进一步完善联席会议制度，结合本地实际，制订工作方案，统一组织，协调动作。既各尽其职，各负其责，又相互支持，密切配合，形成整体合力。

各省、自治区、直辖市国土资源行政主管部门和监察机关要采取全面检查和重点抽查相结合的方法，加大监督检查的力度。检查工作可采取下查一级或组织地（市）、县（市）之间交叉检查等方式进行；省（区、市）要针对所辖地区存在的突出问题确定重点进行抽查，对 2003 年发现问题较多的地方，必须重点检查。要及时掌握工作进展情况，总结推广好的做法和经验，对措施不力、进展缓慢的加强督查。同时，要按要求认真做好经营性土地使用权出让情况和违纪违法案件查处情况的汇总上报工作（见附件 1－3）

各省（区、市）国土资源行政主管部门和监察机关要于 11 月 10 日前，分别向国土资源部、监察部报告执法监察工作情况。国土资源部、监察部将根据各地的工作情况适时组织联合检查，并将检查情况予以通报。

四、严肃执纪，加大查处违纪违法案件的力度

《中共中央纪委监察部关于领导干部利用职权违反规定干预和插手建设工程招标投标、经营性土地使用权出让、房地产开发与经营等市场经济活动，为个人和亲友谋取私利的处理规定》已经颁布实施，这是落实经营性土地招标拍卖挂牌出让制度的重要保证，各地必须认真执行。

各级监察机关要认真履行职责，充分发挥职能作用，注意发现案件线索，扩大案源，会同国土资源行政主管部门严肃查处一批土地出让中的违纪违法案件。对经营性土地使用权出让中，规避招标拍卖挂牌，仍采取协议出让和划拨的；先行立项、先行选址定点和先行确定地价的；弄虚作假、徇私舞弊的；领导干部违反规定以个人或集体研究的名义干预或插手经营性土地使用权出让等各种违纪违法行为，要坚决予以查处，涉嫌犯罪的，要移送司法机关处理。对有关地方和部门瞒案不报、压案不查、查而不处的，监察部将严肃予以处理，追究有关责任人员的责任。

国土资源部关于发布实施《全国工业用地出让最低价标准》的通知

1. 2006年12月23日
2. 国土资发〔2006〕307号

各省、自治区、直辖市国土资源厅（国土环境资源厅、国土资源局、国土资源和房屋管理局、房屋土地资源管理局），计划单列市国土资源行政主管部门，新疆生产建设兵团国土资源局：

为贯彻落实《国务院关于加强土地调控有关问题的通知》（国发〔2006〕31号）精神，加强对工业用地的调控和管理，促进土地节约集约利用，根据土地等级、区域土地利用政策等，部统一制订了《全国工业用地出让最低价标准》（以下简称《标准》，详见附件1），现予以发布。

一、本《标准》是市、县人民政府出让工业用地，确定土地使用权出让价格时必须执行的最低控制标准。

二、工业用地必须采用招标拍卖挂牌方式出让，其出让底价和成交价格均不得低于所在地土地等别（详见附件2）相对应的最低价标准。各地国土资源管理部门在办理土地出让手续时必须严格执行本《标准》，不得以土地取得来源不同、土地开发程度不同等各种理由对规定的最低价标准进行减价修正。

三、工业项目必须依法申请使用土地利用总体规划确定的城市建设用地范围内的国有建设用地。对少数地区确需使用土地利用总体规划确定的城市建设用地范围外的土地，且土地前期开发由土地使用者自行完成的工业项目用地，在确定土地出让价格时可按不低于所在地土地等别相对应最低价标准的60%执行。其中，对使用未列入耕地后备资源且尚未确定土地使用权人（或承包经营权人）的国有沙地、裸土地、裸岩石砾地的工业项目用地，在确定土地出让价格时可按不低于所在地土地等别相对应最低价标准的30%执行。对实行这类地价政策的工业项目用地，由省级国土资源管理部门报部备案。

四、对低于法定最高出让年期（50年）出让工业用地，或采取租赁方式供应工业用地的，所确定的出让价格和年租金按照一定的还原利率修正到法定最高出让年期的价格，均不得低于本《标准》。年期修正必须符合《城镇土地估价规程》（GB/T 18508—2001）的规定，还原利率不得低于同期中国人民银行公布的人民币五年期存款利率。

五、为切实保障被征地农民的长远生计，省级国土资源管理部门可根据本地征地补偿费用提高的实际，进一步提高本地的工业用地出让最低价标准；亦可根据本地产业发展政策，在不低于本《标准》的前提下，制订并公布不同行业、不同区域的工业用地出让最低价标准，及时报部备案。

六、本《标准》发布实施后，各省（区、市）要依据本《标准》，开展基准地价更新工作，及时调整工业用地基准地价。

七、各地国土资源管理部门要加强对工业用地出让的监督管理。低于最低价标准出让工业用地，或以各种形式给予补贴或返还的，属非法低价出让国有土地使用权的行为，要依法追究有关人员的法律责任。

八、本《标准》自2007年1月1日起实施。部将根据各地社会经济发展情况、宏观调控的需要以及《标准》的实施情况，适时进行修订。

附件：1. 全国工业用地出让最低价标准
　　　2. 土地等别（略）①

附件1：

全国工业用地出让最低价标准

单位：元/平方米（土地）

土地等别	一等	二等	三等	四等	五等	六等	七等	八等
最低价标准	840	720	600	480	384	336	288	252

土地等别	九等	十等	十一等	十二等	十三等	十四等	十五等
最低价标准	204	168	144	120	96	84	60

国土资源部、监察部关于落实工业用地招标拍卖挂牌出让制度有关问题的通知

1. 2007年4月4日
2. 国土资发〔2007〕78号

各省、自治区、直辖市国土资源厅（国土环境资源厅、国土资源局、国土资源和房屋管理局、房屋土地资源管理局）、监察厅（局），新疆生产建设兵团国土资源局、

---

① 本文件已被《国土资源部关于调整部分地区土地等别的通知》修改，故此处不再收录。

监察局：

为贯彻《国务院关于加强土地调控有关问题的通知》（国发〔2006〕31号，下称国务院31号文件），落实工业用地招标拍卖挂牌出让制度，现就有关问题通知如下。

一、统一思想，提高对实行工业用地招标拍卖挂牌出让制度重要性的认识

国务院31号文件明确要求："工业用地必须采用招标拍卖挂牌方式出让"。实行工业用地招标拍卖挂牌出让制度，对于加强宏观调控，严把土地"闸门"，有效控制土地供应总量；对于遏制工业用地压价竞争、低成本过度扩张，实现国有资产保值增值；对于建立完善土地市场机制，更大程度地发挥市场配置资源的基础性作用，不断提高土地利用效率；对于节约集约用地，优化土地利用结构，促进经济增长方式的转变和产业结构的优化升级；对于从源头上防治土地出让领域的腐败行为，加强党风廉政建设，都具有十分重要的作用。各级国土资源管理部门、监察机关必须统一思想，提高认识，密切配合，加大工作力度，共同落实好工业用地招标拍卖挂牌出让制度。

二、明确范围，坚定不移地推进工业用地招标拍卖挂牌出让

（一）政府供应工业用地，必须采取招标拍卖挂牌方式公开出让或租赁，必须严格执行《招标拍卖挂牌出让国有土地使用权规定》和《招标拍卖挂牌出让国有土地使用权规范》规定的程序和方法。

（二）国务院31号文件下发前，市、县人民政府已经签订工业项目投资协议，确定了供地范围和价格，所涉及的土地已办理完农用地转用和土地征收审批手续的，可以继续采取协议方式出让或租赁，但必须按照《协议出让国有土地使用权规范》的有关规定，将意向出让、租赁地块的位置、用途、土地使用条件、意向用地者和土地价格等信息向社会公示后，抓紧签订土地出让或租赁合同，并在2007年6月30日前签订完毕。不符合上述条件或者超过上述期限的，应按规定采用招标拍卖挂牌方式出让或租赁。

（三）原划拨土地使用权人申请办理土地出让或改变土地用途的，按照土地管理的法律法规办理。

三、适应工业项目用地特点，有针对性地组织实施工业用地招标拍卖挂牌出让工作

市、县国土资源管理部门要根据工业项目用地的特点，采取有针对性的措施，大力推进本地区的工业用地招标拍卖挂牌出让工作，应当注意把握以下关键环节。

（一）做好工业用地招标拍卖挂牌出让与农用地转用、土地征收审批的衔接。工业用地出让涉及农用地转用和土地征收的，应当先行办理农用地转用和土地征收审批手续，再依法采取招标拍卖挂牌方式确定土地使用权人。

（二）建立健全土地储备制度，作好工业用地的前期开发，为招标拍卖挂牌出让创造条件。

（三）建立用地预申请制度，及时了解工业用地的需求情况，科学合理安排工业用地出让的规模、结构、布局、进度和宗地规模、产业类别、土地使用条件等，保证工业用地招标拍卖挂牌制度的有效落实。

（四）依据土地利用总体规划、城市规划、国家产业政策，以及拟出让地块周边产业布局情况等，进一步细化拟出让工业用地的地类和产业类型，科学合理地确定拟出让工业用地的地块面积、具体用途、土地使用条件、产业类型、生产技术要求等内容。出让方案中确定的产业类型、用地标准和用地规模等，应当符合《建设项目用地预审管理办法》和《工业项目建设用地控制指标（试行）》的有关要求。

（五）根据土地估价结果、产业政策和土地市场情况等，集体决策，综合确定出让底价。出让底价不得低于国家公布的最低价标准。

（六）工业用地出让文件中，应当明确拟出让地块的投资强度要求、产业类型、具体地类等内容。

（七）采取灵活的方式，合理确定工业项目的用地面积。既可以确定出让地块面积后招标拍卖挂牌出让，也可以先不确定出让地块的具体面积，招标拍卖挂牌中通过竞单位面积地价的方式确定土地使用者，然后再根据工业项目的类别、规模、土地使用标准等合理确定出让地块的具体面积。

（八）与竞得人签订《成交确认书》或向中标人发放《中标通知书》后，应当向竞得人、中标人核发建设项目用地预审批准文件。

（九）要根据《国有土地使用权出让合同》和《国有土地使用权出让合同补充协议》示范文本，完善工业用地出让合同，明确约定工业项目的投资强度要求、产业要求、具体地类等内容。加强合同管理，督促用地者严格按照合同约定的条件开发利用土地。

四、强化执法监察，促进工业用地招标拍卖挂牌出让制度的全面落实

（一）省级国土资源管理部门要加强对本地区工业用地招标拍卖挂牌出让的政策指导，及时研究工作

中的困难和问题，全面掌握工作进展情况，总结推广有效做法和经验。省级监察机关要把对落实工业用地招标拍卖挂牌出让制度的监督检查作为一项重要任务和日常工作，定期作出安排部署并组织实施，保证执法监察工作的效果。

各级监察机关要认真履行职责，注意发现案件线索，严肃查处工业用地出让中的违纪违法案件。对工业用地出让规避招标拍卖挂牌、仍采取协议出让和划拨的；对工业项目通过计划立项、规划定点先行确定土地使用者的；对工业用地以招标拍卖挂牌方式出让后擅自调整土地用途、容积率等规划条件；对不按规定及时准确地在中国土地市场网公开发布国有土地使用权出让公告和出让结果等信息等违法违规行为，要认真纠正和查处。领导干部以任何形式违反规定干预和插手工业用地招标拍卖挂牌出让，特别是在工业用地出让中不经招标拍卖挂牌程序继续搞个人审批的，要坚决予以查处。对有关地方和部门瞒案不报、压案不查的，要严肃处理，并追究有关责任人的责任。

（二）强化对工业用地招标拍卖挂牌出让工作的监督。监察部、国土资源部决定，2007 年在全国开展工业用地招标拍卖挂牌出让工作专项执法监察。执法监察的重点是，全面推行并严格执行工业用地招标拍卖挂牌出让制度情况，全面执行《招标拍卖挂牌出让国有土地使用权规范》和《协议出让国有土地使用权规范》情况。

地方各级监察机关、国土资源管理部门要根据《工业用地招标拍卖挂牌出让情况执法监察工作方案》（详见附件）的要求，密切配合，共同制订工作方案，统一组织，协调行动，共同做好工业用地招标拍卖挂牌出让执法监察工作。市、县国土资源部门要会同监察机关，对国务院 31 号文件下发以来的工业用地出让情况逐宗自查，发现问题要及时纠正、处理。各省、自治区、直辖市监察机关、国土资源管理部门要采取全面检查和重点抽查相结合的方法，加大监督检查力度。各省、自治区、直辖市执法监察情况，要在 2007 年 10 月底前报送监察部和国土资源部。监察部、国土资源部将根据各地的工作情况，适时组织联合检查。

附件：工业用地招标拍卖挂牌出让情况执法监察工作方案（略）

国土资源部关于调整部分地区土地等别的通知

1. 2008 年 12 月 31 日
2. 国土资发〔2008〕308 号

各省、自治区、直辖市国土资源厅（国土环境资源厅、国土资源局、国土资源和房屋管理局、规划和国土资源管理局），新疆生产建设兵团国土资源局：

根据《土地管理法》和《土地管理法实施条例》相关规定，部按照《城镇土地分等定级规程》（GB/T 18507－2001）对各地社会经济发展水平、土地资源状况、基准地价水平等因素进行了综合评定，依据评定结果调整了部分地区的土地等别。调整后全国各县、市（区）的土地等别详见附件，此次调整中土地等别发生变化的以黑体标注。

2009 年 1 月 1 日起，《工业项目建设用地控制指标》和《全国工业用地出让最低价标准》统一按调整后的土地等别执行。

附件：

土 地 等 别

一等：

上海：长宁区　虹口区　黄浦区　静安区　卢湾区　普陀区　徐汇区　杨浦区　闸北区

二等：

北京：朝阳区　崇文区　东城区　丰台区　海淀区　石景山区　西城区　宣武区

上海：浦东新区

三等：

广东：广州市（白云区　海珠区　荔湾区　萝岗区　天河区　越秀区）　深圳市（福田区　罗湖区　南山区　盐田区）

四等：

天津：和平区　河东区　河西区　河北区　红桥区　南开区

河北：石家庄市（长安区　桥东区　桥西区　新华区　裕华区）

辽宁：大连市（甘井子区　沙河口区　西岗区　中山区）　沈阳市（大东区　东陵区　和平区　皇姑区　沈河区　铁西区　于洪区）

江苏:常州市(天宁区　钟楼区)　南京市(白下区　鼓楼区　建邺区　秦淮区　下关区　玄武区　雨花台区)　苏州市(沧浪区　虎丘区　金阊区　平江区)　无锡市(北塘区　滨湖区　崇安区　南长区)

浙江:杭州市(滨江区　拱墅区　江干区　上城区　西湖区　下城区)　宁波市(海曙区　江东区　江北区)

福建:福州市(仓山区　鼓楼区　晋安区　台江区)　厦门市(海沧区　湖里区　思明区　集美区)

山东:济南市(市中区　历下区　槐荫区　天桥区)　青岛市(市南区　市北区　四方区　崂山区　李沧区)

湖北:武汉市(汉阳区　洪山区　江岸区　江汉区　硚口区　青山区　武昌区)

湖南:长沙市(芙蓉区　开福区　天心区　雨花区　岳麓区)

广东:汕头市(金平区　龙湖区)　珠海市(金湾区　香洲区)　深圳市宝安区

重庆:江北区　九龙坡区　南岸区　沙坪坝区　渝中区

四川:成都市(成华区　锦江区　金牛区　青羊区　武侯区)

五等:

北京:通州区

天津:塘沽区

河北:唐山市(路北区　路南区)

山西:太原市(万柏林区　杏花岭区　迎泽区)

吉林:长春市(朝阳区　二道区　宽城区　绿园区　南关区)

黑龙江:哈尔滨市(道里区　道外区　南岗区　香坊区)

江苏:徐州市(鼓楼区　云龙区)　南通市(崇川区　港闸区)

安徽:合肥市(包河区　庐阳区　蜀山区　瑶海区)

江西:南昌市(东湖区　西湖区　青山湖区　青云谱区)

河南:郑州市(二七区　管城回族区　惠济区　金水区　中原区)

广东:东莞市　佛山市禅城区　惠州市惠城区　中山市　深圳市龙岗区　广州市黄埔区

广西:南宁市(江南区　良庆区　青秀区　西乡塘区　兴宁区)

重庆:**大渡口区**

云南:昆明市(官渡区　盘龙区　五华区)

陕西:西安市(灞桥区　碑林区　莲湖区　未央区　新城区　雁塔区)

六等:

北京:大兴区　昌平区　顺义区

天津:津南区　西青区

河北:保定市(北市区　南市区　新市区)　邯郸市(丛台区　邯山区　复兴区)

内蒙古:包头市(昆都仑区　青山区)

辽宁:盘锦市(兴隆台区　双台子区)　大连市(金州区　旅顺口区)　鞍山市(**铁东区　铁西区　立山区　千山区**)

吉林:吉林市(船营区　龙潭区　昌邑区　丰满区)

黑龙江:大庆市萨尔图区

上海:嘉定区　宝山区　闵行区

江苏:扬州市(维扬区　广陵区)　镇江市(京口区　润州区)　南京市栖霞区　常州市(戚墅堰区　**新北区**)　苏州市(吴中区　相城区)　**江阴市　昆山市　张家港市**

浙江:温州市(龙湾区　鹿城区　瓯海区)

安徽:马鞍山市(花山区　金家庄区　雨山区)　芜湖市(镜湖区　鸠江区　弋江区)

福建:福州市马尾区

山东:潍坊市(潍城区　奎文区)　烟台市芝罘区　淄博市(临淄区　张店区　淄川区)　济南市历城区

河南:洛阳市(瀍河回族区　涧西区　老城区　洛龙区　西工区)

湖北:黄石市(黄石港区　西塞山区)　襄樊市(襄城区　樊城区)　**武汉市东西湖区**

湖南:衡阳市(石鼓区　雁峰区　蒸湘区　珠晖区)　湘潭市(岳塘区　雨湖区)

广东:佛山市(南海区　顺德区)　广州市(番禺区　南沙区)　江门市(江海区　蓬江区)　汕头市濠江区　湛江市(赤坎区　霞山区　麻章区)

广西:柳州市(城中区　柳北区　柳南区　鱼峰区)

海南:海口市(**秀英区　龙华区**)

贵州:贵阳市(南明区　小河区　云岩区)

云南:昆明市西山区

甘肃:兰州市(安宁区　城关区　七里河区　西固区)

新疆:乌鲁木齐市(**沙依巴克区　水磨沟区　头屯河区　天山区　新市区**)

七等:

北京:门头沟区　房山区

天津:东丽区　大港区　北辰区　汉沽区

河北:秦皇岛市(海港区　山海关区　北戴河区)　**唐山市开平区**

山西:长治市(城区　郊区)　阳泉市(城区　郊区)　太原市(晋源区　小店区　尖草坪区)

内蒙古:呼和浩特市(回民区　赛罕区　新城区　玉泉区)　**包头市东河区**

辽宁:丹东市(元宝区　振安区　振兴区)　锦州市(古塔区　凌河区　太和区)　辽阳市(白塔区　太子河区　文圣区)　营口市(老边区　西市区　站前区)　沈阳市(沈北新区　苏家屯区)　抚顺市(**东洲区　顺城区　新抚区　望花区**)　本溪市(**平山区　溪湖区　明山区**)

黑龙江:牡丹江市(爱民区　东安区　西安区　阳明区)

上海:南汇区　松江区　金山区

江苏:连云港市新浦区　泰州市(海陵区　高港区)　南京市江宁区　无锡市(锡山区　惠山区)　**吴江市　宜兴市　常熟市**

浙江:嘉兴市(南湖区　秀洲区)　绍兴市越城区　台州市(黄岩区　椒江区　路桥区)　杭州市萧山区　宁波市(北仑区　镇海区)　湖州市(**南浔区　吴兴区**)

安徽:淮南市(大通区　田家庵区)　淮北市(相山区　烈山区)　铜陵市(**郊区　狮子山区　铜官山区**)

福建:泉州市(鲤城区　丰泽区)　漳州市芗城区　厦门市(同安区　翔安区)

江西:九江市浔阳区

山东:威海市环翠区

河南:安阳市(北关区　龙安区　文峰区　殷都区)　平顶山市(新华区　卫东区　湛河区)

湖北:荆州市(沙市区　荆州区)　宜昌市(西陵区　伍家岗区　点军区　猇亭区)

湖南:岳阳市岳阳楼区　株洲市(**荷塘区　芦淞区　石峰区　天元区**)

广东:潮州市湘桥区　茂名市(茂南区　茂港区)　佛山市三水区　韶关市(武江区　浈江区)　阳江市江城区　肇庆市端州区　广州市花都区　湛江市坡头区

广西:桂林市(叠彩区　七星区　象山区　秀峰区)

重庆:**渝北区　巴南区**

八等:

北京:怀柔区

天津:武清区

河北:沧州市(新华区　运河区)　承德市双桥区　衡水市桃城区　廊坊市(安次区　广阳区)　邢台市(桥东区　桥西区)　张家口市(桥东区　桥西区)　唐山市丰润区

山西:大同市(**城区　南郊区**)

内蒙古:**包头市九原区**

辽宁:朝阳市(龙城区　双塔区)　阜新市(海州区　太平区　细河区)　铁岭市银州区　辽阳市宏伟区　葫芦岛市(**连山区　龙港区**)

吉林:四平市(铁东区　铁西区)　延吉市

黑龙江:哈尔滨市(平房区　松北区)　佳木斯市(东风区　郊区　前进区　向阳区)

上海:奉贤区　青浦区

江苏:淮安市(清河区　清浦区)　常州市武进区　**连云港市海州区　太仓市**

浙江:义乌市　杭州市余杭区　宁波市鄞州区

安徽:安庆市(大观区　宜秀区　迎江区)　蚌埠市(蚌山区　淮上区　龙子湖区　禹会区)　芜湖市三山区

福建:福清市　晋江市　石狮市　泉州市洛江区　漳州市龙文区

江西:赣州市章贡区

山东:济宁市(任城区　市中区)　临沂市兰山区　枣庄市市中区　青岛市(黄岛区　城阳区)　**烟台市莱山区**　淄博市(**博山区　周村区**)　泰安市(**岱岳区　泰山区**)

河南:焦作市(解放区　山阳区)　开封市(鼓楼区　金明区　龙亭区　顺河回族区　禹王台区)

湖北:十堰市(茅箭区　张湾区)

湖南:常德市武陵区

广东:汕头市(潮南区　潮阳区　澄海区)　河源市源城区　惠州市惠阳区　揭阳市榕城区　开平市　梅州市梅江区　清远市清城区　汕尾市城区　台山市　增城市　普宁市　肇庆市鼎湖区　珠海市斗门区　江门市新会区

海南:海口市(美兰区　琼山区)　三亚市

贵州:遵义市(红花岗区　汇川区)

云南:玉溪市红塔区

青海:西宁市(**城北区　城东区　城西区　城中区**)

宁夏:银川市(**金凤区　西夏区　兴庆区**)

新疆:克拉玛依市克拉玛依区

九等:

北京:密云县　平谷区　延庆县

天津:宝坻区　蓟县　静海县

河北:鹿泉市　唐山市(古冶区　丰南区)　张家口市宣化区　**承德市双滦区**

山西:临汾市尧都区　晋中市榆次区　**晋城市城区**

辽宁:海城市　瓦房店市　营口市鲅鱼圈区

吉林:辽源市(龙山区　西安区)　松原市宁江区　通化市(**东昌区　二道江区**)　**长春市双阳区**

黑龙江:齐齐哈尔市(**建华区　龙沙区　铁锋区**)　**鸡西市鸡冠区**

上海:崇明县

江苏:丹阳市　海门市　靖江市　溧阳市　如皋市　泰兴市　通州市　盐城市亭湖区　扬中市　徐州市泉山区　连云港市连云区　南京市(**六合区　浦口区**)　**启东市　金坛市**

浙江:慈溪市　绍兴县　余姚市　舟山市(定海区　普陀区)　诸暨市

福建:龙岩市新罗区　莆田市(城厢区　涵江区　荔城区)　三明市(梅列区　三元区)

江西:景德镇市(昌江区　珠山区)　萍乡市安源区　新余市渝水区　宜春市袁州区　九江市庐山区　**南昌市湾里区**

山东:滨州市滨城区　德州市德城区　菏泽市牡丹区　莱芜市莱城区　聊城市东昌府区　龙口市　日照市东港区　荣成市　文登市　东营市东营区　烟台市(福山区　牟平区)　潍坊市坊子区

河南:漯河市源汇区　南阳市(宛城区　卧龙区)　新乡市(**红旗区　牧野区　卫滨区**)

湖北:鄂州市鄂城区　荆门市掇刀区　潜江市　仙桃市　武汉市江夏区

湖南:娄底市娄星区　邵阳市(北塔区　大祥区　双清区)　永州市冷水滩区　岳阳市云溪区　衡阳市南岳区　**常德市鼎城区**　郴州市(**北湖区　苏仙区**)

广东:从化市　恩平市　佛山市高明区　高要市　鹤山市　惠东县　廉江市　罗定市　云浮市云城区

广西:北海市(海城区　银海区)　桂林市雁山区

重庆:北碚区

四川:德阳市旌阳区　绵阳市(涪城区　游仙区)

贵州:贵阳市(花溪区　乌当区　**白云区**)

陕西:宝鸡市(金台区　渭滨区)　铜川市(王益区　印台区)

新疆:石河子市

十等:

天津:宁河县

河北:藁城市　迁安市　三河市　辛集市　正定县　涿州市　石家庄市井陉矿区

山西:侯马市　运城市盐湖区　阳泉市矿区　**朔州市朔城区**

内蒙古:赤峰市红山区　乌海市(海勃湾区　海南区　乌达区)

辽宁:大石桥市　盖州市　普兰店市　庄河市　本溪市南芬区　铁岭市清河区

吉林:白城市洮北区　白山市八道江区　敦化市　公主岭市　梅河口市　图们市

黑龙江:哈尔滨市(阿城区　呼兰区)　黑河市爱辉区　双城市　双鸭山市(宝山区　尖山区　岭东区　四方台区)　绥芬河市　伊春市伊春区　大庆市(红岗区　龙凤区　让胡路区)　鹤岗市(**东山区　工农区　南山区　向阳区　兴安区　兴山区**)

江苏:东台市　江都市　姜堰市　仪征市　徐州市(贾汪区　九里区)　镇江市丹徒区　淮安市楚州区　扬州市邗江区

浙江:东阳市　富阳市　海宁市　乐清市　丽水市莲都区　临海市　衢州市柯城区　瑞安市　温岭市　永康市　金华市(**金东区　婺城区**)　**上虞市　玉环县**

安徽:亳州市谯城区　滁州市(南谯区　琅琊区)　肥东县　肥西县　阜阳市(颍东区　颍泉区　颍州区)　宁国市　宣城市宣州区

福建:长乐市　龙海市　南安市　南平市延平区　永安市　泉州市泉港区

江西:丰城市　贵溪市　上饶市信州区　鹰潭市月湖区　吉安市(**吉州区　青原区**)

山东:即墨市　胶州市　寿光市　招远市　邹城市　莱芜市钢城区　临沂市(河东区　罗庄区)　**潍坊市寒亭区　莱州市　日照市岚山区**

河南:鹤壁市(淇滨区　山城区)　濮阳市华龙区　三门峡市湖滨区　许昌市魏都区　商丘市(**梁园区　睢阳区**)

湖北:黄冈市黄州区　随州市曾都区　孝感市孝南区　武汉市蔡甸区　黄石市(铁山区　下陆区)　鄂州市华容区　**荆门市东宝区**

湖南:长沙县　怀化市鹤城区　浏阳市　张家界市永定区　岳阳市君山区　益阳市(**赫山区　资阳区**)　**永州市零陵区**

广东:博罗县　潮安县　电白县　佛冈县　高州市　海丰县　化州市　揭东县　乐昌市　雷州市　连州市　陆丰市　南澳县　南雄市　韶关市曲江区　四会市　吴川市　信宜市　阳春市　英德市

广西:武鸣县　南宁市邕宁区　玉林市玉州区　防城港市(防城区　**港口区**)　北海市铁山港区　梧州市

（万秀区　蝶山区　长洲区）

海南：儋州市　琼海市

四川：成都市（龙泉驿区　**青白江区　新都区　温江区**）　乐山市（沙湾区　市中区）　泸州市江阳区　内江市市中区　攀枝花市（东区　仁和区）　宜宾市翠屏区　自贡市（大安区　自流井区）　**双流县　郫县**

贵州：六盘水市钟山区

云南：昆明市东川区　曲靖市麒麟区

西藏：拉萨市城关区

陕西：渭南市临渭区　咸阳市（秦都区　渭城区）　西安市（长安区　临潼区　阎良区）　**汉中市汉台区**

甘肃：嘉峪关市　天水市秦州区　兰州市红古区

宁夏：**石嘴山市大武口区**

十一等：

河北：霸州市　定州市　高碑店市　邯郸县　黄骅市　任丘市　武安市　新乐市　遵化市　邯郸市峰峰矿区　张家口市下花园区

山西：介休市　孝义市　忻州市忻府区　原平市　大同市（矿区　**新荣区**）　**吕梁市离石区　清徐县**

内蒙古：呼伦贝尔市海拉尔区　满洲里市　赤峰市**（松山区　元宝山区）　通辽市科尔沁区　鄂尔多斯市东胜区**

辽宁：北票市　灯塔市　东港市　凤城市　开原市　凌海市　凌源市　调兵山市　新民市　兴城市　本溪满族自治县　阜新市（清河门区　新邱区）　辽阳市弓长岭区　葫芦岛市南票区　**大洼县　辽中县　铁岭县**

吉林：和龙市　桦甸市　珲春市　集安市　蛟河市　九台市　临江市　龙井市　磐石市　舒兰市　榆树市

黑龙江：海林市　七台河市（茄子河区　桃山区　新兴区）　五常市　鸡西市滴道区　**尚志市　绥化市北林区　肇东市**

江苏：宝应县　大丰市　高淳县　高邮市　海安县　句容市　溧水县　邳州市　如东县　宿迁市宿城区　新沂市　兴化市

浙江：嘉善县　临安市　桐乡市

安徽：长丰县　巢湖市居巢区　黄山市（徽州区　屯溪区）　六安市（金安区　裕安区）　宿州市埇桥区　淮北市杜集区　**芜湖县　繁昌县**

福建：惠安县　连江县　闽侯县　宁德市蕉城区　莆田市秀屿区

江西：抚州市临川区　乐平市　萍乡市湘东区

山东：安丘市　昌邑市　肥城市　胶南市　莱西市　莱阳市　蓬莱市　平度市　青州市　曲阜市　乳山市　滕州市　新泰市　兖州市　章丘市　**诸城市**　枣庄市（薛城区　峄城区）

河南：济源市　信阳市（平桥区　浉河区）　驻马店市驿城区　郑州市上街区　洛阳市吉利区　焦作市（马村区　中站区）　新乡市凤泉区　**鹤壁市鹤山区**

湖北：赤壁市　大冶市　洪湖市　老河口市　麻城市　石首市　松滋市　武穴市　咸宁市咸安区　宜城市　应城市　襄樊市襄阳区　枣阳市　钟祥市　武汉市（汉南区　黄陂区　新洲区）　鄂州市梁子湖区　**天门市**

湖南：耒阳市　醴陵市　临湘市　汨罗市　湘乡市　沅江市　张家界市武陵源区　**宁乡县**

广东：德庆县　封开县　怀集县　惠来县　揭西县　连平县　龙门县　梅县　清新县　饶平县　遂溪县　新丰县　新兴县　兴宁市　徐闻县　阳东县　阳西县　云安县

广西：钦州市**（钦北区　钦南区）**　贵港市**（港北区　港南区　覃塘区）**

海南：澄迈县　东方市　万宁市　文昌市

重庆：涪陵区　万州区　江津区

四川：达州市通川区　都江堰市　南充市（高坪区　顺庆区）　彭州市　遂宁市船山区　内江市东兴区

贵州：安顺市西秀区

云南：**安宁市**

陕西：安康市汉滨区　韩城市　延安市宝塔区

甘肃：天水市麦积区　**金昌市金川区　白银市白银区**

新疆：乌鲁木齐市（达坂城区　**米东区**）　**库尔勒市**

十二等：

河北：安国市　泊头市　沧县　大厂回族自治县　抚宁县　高邑县　河间市　冀州市　定兴县　晋州市　井陉县　乐亭县　蠡县　卢龙县　栾城县　滦南县　滦县　迁西县　青县　清河县　沙河市　深州市　唐海县　香河县　徐水县　永年县　玉田县　承德市鹰手营子矿区

山西：长治县　汾阳市　高平市　古交市　河津市　怀仁县　霍州市　灵石县　潞城市　平定县　永济市　朔州市平鲁区

内蒙古：巴彦淖尔市临河区　牙克石市　扎兰屯市　**乌兰察布市集宁区　乌兰浩特市**

辽宁：北镇市　朝阳县　抚顺县　阜新蒙古族自治县　辽阳县　盘山县　绥中县　长海县

吉林：安图县　白山市江源区　长白朝鲜族自治县　大安市　德惠市　东丰县　东辽县　抚松县　辉南县

梨树县　柳河县　农安县　前郭尔罗斯蒙古族自治县　双辽市　洮南市　通化县　汪清县　永吉县

黑龙江:宁安市　大庆市大同区　齐齐哈尔市(昂昂溪区　富拉尔基区　梅里斯达斡尔族区)　鸡西市(城子河区　恒山区　梨树区　麻山区)　伊春市(南岔区　汤旺河区　西林区)　**海伦市　密山市　庆安县**

江苏:东海县　赣榆县　洪泽县　建湖县　金湖县　沛县　射阳县　铜山县　盐城市盐都区　淮安市淮阴区

浙江:德清县　奉化市　海盐县　建德市　平湖市　嵊州市　桐庐县　新昌县　**兰溪市　平阳县　象山县**

安徽:池州市贵池区　当涂县　绩溪县　泾县　舒城县　桐城市　铜陵县　淮南市(八公山区　潘集区　谢家集区)

福建:福安市　福鼎市　建瓯市　罗源县　闽清县　南靖县　沙县　邵武市　武夷山市　云霄县　漳平市　漳浦县　诏安县

江西:安福县　德兴市　高安市　进贤县　芦溪县　南昌县　南康市　瑞昌市　泰和县　樟树市

山东:长岛县　高密市　海阳市　临清市　栖霞市　枣庄市(山亭区　台儿庄区)　**济南市长清区　桓台县　邹平县**

河南:安阳县　长葛市　登封市　邓州市　巩义市　辉县市　林州市　灵宝市　孟州市　沁阳市　荥阳市　汝州市　卫辉市　舞钢市　项城市　新密市　新乡县　新郑市　许昌县　偃师市　漯河市(郾城区　召陵区)　义马市　永城市　禹州市　中牟县　周口市川汇区　平顶山市石龙区　**太康县**

湖北:安陆市　当阳市　恩施市　广水市　汉川市　宜都市　枝江市　宜昌市夷陵区　**沙洋县　江陵县　丹江口市**

湖南:安仁县　安乡县　常宁市　桂阳县　汉寿县　衡东县　衡南县　衡山县　衡阳县　华容县　津市市　冷水江市　澧县　涟源市　临澧县　临武县　南县　祁东县　祁阳县　韶山市　邵东县　邵阳县　石门县　双峰县　桃江县　桃源县　望城县　武冈市　湘潭县　湘阴县　新邵县　攸县　岳阳县　株洲县　资兴市　**吉首市**

广东:大埔县　东源县　丰顺县　广宁县　和平县　蕉岭县　连南瑶族自治县　连山壮族瑶族自治县　龙川县　陆河县　平远县　仁化县　始兴县　翁源县　五华县　阳山县　郁南县　紫金县　乳源瑶族自治县

广西:东兴市　合山市　河池市金城江区　贺州市八步区　临桂县　柳江县　容县　昭平县　钟山县　**来宾市兴宾区　百色市右江区**

海南:陵水黎族自治县

重庆:合川区　永川区　**双桥区　万盛区　璧山县　长寿区**

四川:崇州市　广安市广安区　广汉市　绵竹市　邛崃市　什邡市　攀枝花市西区　自贡市(贡井区　沿滩区)　泸州市(龙马潭区　纳溪区)　乐山市五通桥区　**峨眉山市　广元市利州区　江油市　南充市嘉陵区　金堂县　大邑县　彭山县　资阳市雁江区　眉山市东坡区　新津县　蒲江县**

贵州:都匀市　凯里市　清镇市　铜仁市　兴义市

云南:大理市　个旧市　石林彝族自治县　**河口瑶族自治县　昭通市昭阳区　丽江市古城区**

西藏:日喀则市

陕西:华县　华阴市　黄陵县　洛川县　潼关县　兴平市　榆林市榆阳区　铜川市耀州区　**咸阳市杨陵区**

甘肃:成县　临夏市　永登县　武威市凉州区　陇南市武都区　**白银市平川区**

宁夏:灵武市

新疆:克拉玛依市(白碱滩区　独山子区　乌尔禾区)　**喀什市　阿克苏市　伊宁市　昌吉市　哈密市　乌鲁木齐县**

十三等:

河北:安平县　柏乡县　昌黎县　磁县　大城县　东光县　高阳县　固安县　故城县　怀来县　景县　临城县　灵寿县　满城县　南宫市　宁晋县　清苑县　容城县　深泽县　肃宁县　唐县　望都县　文安县　吴桥县　献县　兴隆县　邢台县　雄县　宣化县　阳原县　易县　元氏县　枣强县　赵县

山西:长子县　代县　定襄县　繁峙县　河曲县　洪洞县　壶关县　稷山县　绛县　交城县　黎城县　临猗县　陵川县　柳林县　宁武县　平陆县　平顺县　平遥县　蒲县　祁县　沁水县　曲沃县　芮城县　山阴县　寿阳县　太谷县　文水县　闻喜县　五台县　乡宁县　襄汾县　襄垣县　新绛县　阳城县　翼城县　应县　盂县　垣曲县　泽州县　中阳县　**左云县**

内蒙古:额尔古纳市　根河市　**锡林浩特市　包头市白云矿区**

辽宁:昌图县　法库县　黑山县　桓仁满族自治县　建昌县　建平县　喀喇沁左翼蒙古族自治县　康平县　宽甸满族自治县　清原满族自治县　台安县　西丰县　新宾满族自治县　岫岩满族自治县　义县　彰武县

吉林:靖宇县　伊通满族自治县

黑龙江：巴彦县　勃利县　方正县　鸡东县　林口县　穆棱市　讷河市　通河县　延寿县　肇源县　肇州县　齐齐哈尔市碾子山区　伊春市（翠峦区　带岭区　红星区　金山屯区　美溪区　上甘岭区　新青区　五营区　乌马河区　乌伊岭区　友好区）　**安达市　北安市　富锦市　虎林市　铁力市　五大连池市　宾县**

江苏：滨海县　丰县　阜宁县　灌南县　灌云县　涟水县　沭阳县　宿迁市宿豫区　睢宁县　响水县　盱眙县　**泗洪县　泗阳县**

浙江：安吉县　苍南县　长兴县　龙游县　宁海县　永嘉县　嵊泗县　衢州市衢江区　**江山市　青田县**

安徽：砀山县　东至县　凤台县　广德县　和县　霍邱县　霍山县　界首市　金寨县　庐江县　明光市　南陵县　祁门县　青阳县　石台县　寿县　濉溪县　天长市　涡阳县　无为县　歙县　萧县　黄山市黄山区　**含山县**

福建：安溪县　长泰县　东山县　古田县　建阳市　将乐县　平潭县　上杭县　顺昌县　霞浦县　仙游县　永春县　永定县　永泰县　尤溪县

江西：大余县　分宜县　广丰县　吉水县　九江县　宁都县　上栗县　上饶县　万安县　万年县　新建县　永丰县　永修县　余江县　**井冈山市　吉安县　瑞金市　峡江县　新干县**

山东：博兴县　曹县　昌乐县　东阿县　东明县　费县　高青县　高唐县　济阳县　嘉祥县　金乡县　莒县　乐陵市　梁山县　临朐县　临邑县　陵县　宁阳县　平邑县　平阴县　平原县　齐河县　郯城县　微山县　汶上县　阳谷县　沂源县　鱼台县　禹城市　郓城县　**东营市河口区**

河南：宝丰县　博爱县　长垣县　方城县　淮阳县　潢川县　临颍县　鹿邑县　孟津县　内乡县　濮阳县　淇县　清丰县　汝南县　陕县　遂平县　汤阴县　唐河县　通许县　尉氏县　西平县　新安县　新野县　修武县　鄢陵县　延津县　镇平县　**浚县**

湖北：保康县　长阳土家族自治县　崇阳县　大悟县　公安县　谷城县　红安县　黄梅县　嘉鱼县　监利县　京山县　利川市　南漳县　蕲春县　团风县　浠水县　孝昌县　远安县　云梦县　郧县　秭归县

湖南：安化县　茶陵县　辰溪县　慈利县　东安县　洞口县　洪江市　会同县　嘉禾县　靖州苗族侗族自治县　蓝山县　隆回县　麻阳苗族自治县　宁远县　平江县　绥宁县　新化县　新宁县　新田县　溆浦县　炎陵县　宜章县　永兴县　芷江侗族自治县　中方县　**道县　沅陵县**

广西：博白县　富川瑶族自治县　荔浦县　灵川县　陆川县　南丹县　平果县　平乐县　全州县　上思县　田阳县　兴安县　阳朔县　宜州市　**北流市　岑溪市　合浦县　田东县　崇左市江州区**

海南：保亭黎族苗族自治县　乐东黎族自治县　屯昌县　**昌江黎族自治县　定安县　临高县**

重庆：南川区　**黔江区**

四川：安县　长宁县　达县　大竹县　富顺县　高县　珙县　简阳市　江安县　筠连县　阆中市　泸县　米易县　南溪县　仁寿县　荣县　三台县　射洪县　万源市　宜宾县　雅安市雨城区　巴中市巴州区　广元市（朝天区　元坝区）　遂宁市安居区　**夹江县　西昌市**

贵州：毕节市　赤水市　贵定县　开阳县　龙里县　仁怀市　息烽县　修文县　遵义县

云南：保山市隆阳区　呈贡县　澄江县　江川县　晋宁县　景洪市　开远市　潞西市　水富县　普洱市思茅区　通海县　宜良县　**楚雄市**

陕西：安塞县　白水县　城固县　大荔县　府谷县　富平县　富县　甘泉县　高陵县　横山县　户县　黄龙县　佳县　靖边县　米脂县　清涧县　三原县　子长县　子洲县　神木县　绥德县　吴堡县　吴起县　延长县　宜川县　志丹县　商洛市商州区

甘肃：定西市安定区　皋兰县　合水县　合作市　徽县　两当县　宁县　平凉市崆峒区　庆城县　文县　庆阳市西峰区　榆中县　张掖市甘州区　**敦煌市　酒泉市肃州区　玉门市**

宁夏：贺兰县　石嘴山市惠农区　平罗县　永宁县　**青铜峡市　吴忠市利通区　中卫市沙坡头区**

新疆：五家渠市　**吐鲁番市　阿勒泰市　阜康市　奎屯市　塔城市　乌苏市**

十四等：

河北：安新县　博野县　成安县　承德县　赤城县　大名县　肥乡县　阜城县　阜平县　馆陶县　广平县　广宗县　海兴县　怀安县　鸡泽县　巨鹿县　宽城满族自治县　涞水县　涞源县　临西县　临漳县　隆化县　隆尧县　滦平县　孟村回族自治县　内丘县　南和县　南皮县　平泉县　平山县　平乡县　青龙满族自治县　邱县　曲阳县　曲周县　饶阳县　任县　涉县　顺平县　万全县　威县　蔚县　魏县　无极县　武强县　武邑县　新河县　行唐县　盐山县　永清县　赞皇县　涿鹿县

山西：保德县　方山县　汾西县　古县　广灵县　和顺县　浑源县　交口县　静乐县　岢岚县　岚县　临

县　灵丘县　娄烦县　偏关县　沁县　沁源县　神池县　石楼县　屯留县　万荣县　五寨县　武乡县　昔阳县　夏县　兴县　阳高县　阳曲县　右玉县　榆社县　左权县　**大同县**

内蒙古:阿尔山市　阿荣旗　敖汉旗　巴林左旗　达拉特旗　鄂伦春自治旗　鄂温克族自治旗　二连浩特市　丰镇市　杭锦后旗　霍林郭勒市　科尔沁左翼后旗　林西县　莫力达瓦达斡尔族自治旗　宁城县　土默特右旗　土默特左旗　翁牛特旗　乌拉特前旗　五原县　包头市石拐区　**托克托县　准格尔旗　西乌珠穆沁旗　伊金霍洛旗**

吉林:长岭县　扶余县　乾安县

黑龙江:宝清县　抚远县　富裕县　集贤县　克东县　克山县　兰西县　萝北县　明水县　木兰县　嫩江县　绥滨县　塔河县　汤原县　友谊县　大兴安岭加格达奇　**同江市　望奎县　依兰县**

浙江:常山县　淳安县　岱山县　洞头县　缙云县　景宁畲族自治县　开化县　磐安县　浦江县　庆元县　三门县　松阳县　遂昌县　泰顺县　天台县　文成县　武义县　仙居县　云和县　**龙泉市**

安徽:枞阳县　定远县　凤阳县　阜南县　固镇县　怀宁县　怀远县　旌德县　来安县　郎溪县　利辛县　临泉县　灵璧县　蒙城县　潜山县　全椒县　泗县　宿松县　太和县　太湖县　望江县　五河县　休宁县　黟县　颍上县

福建:大田县　德化县　华安县　连城县　平和县　浦城县　泰宁县

江西:安义县　安远县　鄱阳县　崇仁县　德安县　定南县　东乡县　浮梁县　赣县　横峰县　会昌县　金溪县　靖安县　莲花县　龙南县　南城县　铅山县　上高县　上犹县　石城县　遂川县　万载县　武宁县　婺源县　信丰县　兴国县　修水县　寻乌县　弋阳县　永新县　于都县　玉山县　资溪县

山东:单县　广饶县　垦利县　利津县　蒙阴县　武城县　沂南县　沂水县　**商河县　泗水县　定陶县　惠民县　莒南县　在平县　临沭县　东平县　宁津县**

河南:范县　封丘县　扶沟县　固始县　光山县　滑县　淮滨县　获嘉县　开封县　兰考县　鲁山县　栾川县　罗山县　泌阳县　民权县　南乐县　南召县　杞县　确山县　商城县　上蔡县　社旗县　沈丘县　渑池县　桐柏县　温县　武陟县　舞阳县　西华县　西峡县　淅川县　襄城县　叶县　伊川县　原阳县　正阳县　**商水县**

湖北:巴东县　房县　建始县　来凤县　罗田县　通城县　五峰土家族自治县　兴山县　阳新县　英山县　竹山县

湖南:保靖县　城步苗族自治县　凤凰县　古丈县　桂东县　花垣县　江华瑶族自治县　江永县　龙山县　泸溪县　汝城县　桑植县　双牌县　通道侗族自治县　新晃侗族自治县　永顺县

广西:宾阳县　大化瑶族自治县　扶绥县　横县　金秀瑶族自治县　乐业县　灵山县　凌云县　隆林各族自治县　鹿寨县　蒙山县　浦北县　田林县　西林县　兴业县　**桂平市　柳城县　苍梧县　藤县　平南县**

海南:**五指山市　白沙黎族自治县　琼中黎族苗族自治县**

重庆:大足县　垫江县　丰都县　奉节县　开县　梁平县　綦江县　荣昌县　铜梁县　潼南县　巫山县　武隆县　云阳县　忠县

四川:安岳县　北川羌族自治县　大英县　丹棱县　德昌县　古蔺县　汉源县　合江县　洪雅县　华蓥市　会理县　犍为县　剑阁县　井研县　九寨沟县　开江县　康定县　乐至县　邻水县　隆昌县　芦山县　泸定县　罗江县　马边彝族自治县　茂县　冕宁县　名山县　沐川县　南部县　南江县　蓬安县　蓬溪县　平昌县　平武县　屏山县　青川县　青神县　渠县　天全县　通江县　旺苍县　威远县　汶川县　武胜县　西充县　兴文县　叙永县　宣汉县　盐边县　盐亭县　仪陇县　营山县　岳池县　中江县　资中县　梓潼县　**乐山市金口河区　宝兴县　苍溪县　石棉县　荥经县**

贵州:独山县　福泉市　金沙县　荔波县　平坝县　施秉县　桐梓县　玉屏侗族自治县　镇远县

云南:宾川县　大姚县　洱源县　富民县　富源县　华宁县　会泽县　建水县　景东彝族自治县　兰坪白族普米族自治县　临沧市临翔区　陆良县　禄丰县　禄劝彝族苗族自治县　绿春县　罗平县　马龙县　勐海县　勐腊县　弥渡县　弥勒县　牟定县　南华县　宁洱哈尼族彝族自治县　师宗县　双柏县　嵩明县　绥江县　腾冲县　文山县　武定县　祥云县　新平彝族傣族自治县　宣威市　寻甸回族彝族自治县　姚安县　易门县　永仁县　元江哈尼族彝族傣族自治县　元谋县　沾益县　玉龙纳西族自治县　**瑞丽市　峨山彝族自治县　屏边苗族自治县　石屏县　蒙自县**

陕西:澄城县　定边县　凤县　凤翔县　扶风县　汉阴县　合阳县　泾阳县　蓝田县　礼泉县　略阳县　眉县　勉县　南郑县　平利县　岐山县　商南县　石泉

县　太白县　武功县　西乡县　旬阳县　延川县　镇安县　周至县　柞水县　宝鸡市陈仓区

甘肃:瓜州县　崇信县　宕昌县　迭部县　甘谷县　广河县　华池县　华亭县　环县　会宁县　金塔县　泾川县　景泰县　靖远县　康乐县　康县　礼县　临洮县　灵台县　碌曲县　玛曲县　民勤县　山丹县　肃北蒙古族自治县　天祝藏族自治县　武山县　西和县　夏河县　永昌县　永靖县　镇原县　正宁县　卓尼县　**阿克塞哈萨克族自治县**

青海:大通回族土族自治县　德令哈市　格尔木市　互助土族自治县　湟中县　乐都县　民和回族土族自治县　平安县

宁夏:固原市原州区　**中宁县**

新疆:阿瓦提县　巴楚县　博湖县　察布查尔锡伯自治县　额敏县　富蕴县　伽师县　和静县　和硕县　吉木萨尔县　麦盖提县　沙雅县　疏附县　疏勒县　尉犁县　温宿县　叶城县　伊宁县　英吉沙县　岳普湖县　阿拉尔市　图木舒克市　**阿图什市　博乐市　和田市　呼图壁县　霍城县　精河县　库车县　轮台县　玛纳斯县　沙湾县　莎车县　鄯善县　托克逊县　新源县　焉耆回族自治县　泽普县**

十五等:

河北:崇礼县　沽源县　康保县　尚义县　张北县　**丰宁满族自治县　围场满族蒙古族自治县**

山西:**安泽县　天镇县　浮山县　吉县　大宁县　隰县　永和县**

内蒙古:阿巴嘎旗　阿拉善右旗　阿拉善左旗　阿鲁科尔沁旗　巴林右旗　察哈尔右翼后旗　察哈尔右翼前旗　察哈尔右翼中旗　陈巴尔虎旗　达尔罕茂明安联合旗　磴口县　东乌珠穆沁旗　多伦县　额济纳旗　鄂托克旗　鄂托克前旗　固阳县　杭锦旗　和林格尔县　化德县　喀喇沁旗　开鲁县　科尔沁右翼前旗　科尔沁右翼中旗　科尔沁左翼中旗　克什克腾旗　库伦旗　凉城县　奈曼旗　清水河县　商都县　四子王旗　苏尼特右旗　苏尼特左旗　太仆寺旗　突泉县　乌拉特后旗　乌拉特中旗　乌审旗　武川县　镶黄旗　新巴尔虎右旗　新巴尔虎左旗　兴和县　扎赉特旗　扎鲁特旗　正蓝旗　正镶白旗　卓资县

吉林:通榆县　镇赉县

黑龙江:拜泉县　东宁县　杜尔伯特蒙古族自治县　甘南县　呼玛县　桦川县　桦南县　嘉荫县　林甸县　龙江县　漠河县　青冈县　饶河县　绥棱县　孙吴县　泰来县　逊克县　依安县

安徽:岳西县

福建:长汀县　光泽县　建宁县　明溪县　宁化县　屏南县　清流县　寿宁县　松溪县　武平县　柘荣县　政和县　周宁县

江西:崇义县　都昌县　奉新县　广昌县　湖口县　乐安县　黎川县　南丰县　彭泽县　全南县　铜鼓县　星子县　宜丰县　宜黄县　余干县

山东:苍山县　成武县　冠县　巨野县　鄄城县　庆云县　无棣县　五莲县　夏津县　莘县　阳信县　沾化县

河南:郸城县　郏县　卢氏县　洛宁县　内黄县　宁陵县　平舆县　汝阳县　嵩县　睢县　台前县　息县　夏邑县　新蔡县　新县　宜阳县　虞城县　柘城县

湖北:鹤峰县　神农架林区　通山县　咸丰县　宣恩县　郧西县　竹溪县

广西:巴马瑶族自治县　大新县　德保县　东兰县　都安瑶族自治县　凤山县　恭城瑶族自治县　灌阳县　环江毛南族自治县　靖西县　龙胜各族自治县　龙州县　隆安县　罗城仫佬族自治县　马山县　那坡县　宁明县　凭祥市　融安县　融水苗族自治县　三江侗族自治县　上林县　天等县　天峨县　武宣县　象州县　忻城县　永福县　资源县

重庆:城口县　彭水苗族土家族自治县　石柱土家族自治县　巫溪县　秀山土家族苗族自治县　酉阳土家族苗族自治县

四川:阿坝县　白玉县　丹巴县　道孚县　稻城县　得荣县　德格县　峨边彝族自治县　甘孜县　黑水县　红原县　会东县　金川县　金阳县　九龙县　雷波县　理塘县　理县　炉霍县　美姑县　木里藏族自治县　宁南县　普格县　壤塘县　若尔盖县　色达县　石渠县　松潘县　喜德县　乡城县　小金县　新龙县　雅江县　盐源县　越西县　昭觉县　**马尔康县　巴塘县　布拖县　甘洛县**

贵州:安龙县　册亨县　岑巩县　长顺县　从江县　大方县　丹寨县　道真仡佬族苗族自治县　德江县　凤冈县　关岭布依族苗族自治县　赫章县　黄平县　惠水县　剑河县　江口县　锦屏县　雷山县　黎平县　六枝特区　罗甸县　麻江县　湄潭县　纳雍县　盘县　平塘县　普安县　普定县　黔西县　晴隆县　榕江县　三都水族自治县　三穗县　石阡县　水城县　思南县　松桃苗族自治县　绥阳县　台江县　天柱县　万山特区　望谟县　威宁彝族回族苗族自治县　瓮安县　务川仡佬族苗族自治县　习水县　兴仁县　沿河土家族自治县　印

江土家族苗族自治县　余庆县　贞丰县　镇宁布依族苗族自治县　正安县　织金县　紫云苗族布依族自治县

云南:沧源佤族自治县　昌宁县　大关县　德钦县　凤庆县　福贡县　富宁县　耿马傣族佤族自治县　贡山独龙族怒族自治县　广南县　鹤庆县　红河县　华坪县　剑川县　江城哈尼族彝族自治县　金平苗族瑶族傣族自治县　景谷傣族彝族自治县　澜沧拉祜族自治县　梁河县　龙陵县　陇川县　泸水县　泸西县　鲁甸县　麻栗坡县　马关县　孟连傣族拉祜族佤族自治县　墨江哈尼族自治县　南涧彝族自治县　宁蒗彝族自治县　巧家县　丘北县　施甸县　双江拉祜族佤族布朗族傣族自治县　威信县　巍山彝族回族自治县　维西傈僳族自治县　西畴县　西盟佤族自治县　盐津县　砚山县　漾濞彝族自治县　彝良县　盈江县　永德县　永平县　永善县　永胜县　元阳县　云龙县　云县　镇康县　镇雄县　镇沅彝族哈尼族拉祜族自治县　香格里拉县

西藏:安多县　昂仁县　八宿县　巴青县　白朗县　班戈县　比如县　边坝县　波密县　察雅县　察隅县　昌都县　措美县　措勤县　错那县　达孜县　当雄县　丁青县　定结县　定日县　堆龙德庆县　噶尔县　改则县　岗巴县　革吉县　工布江达县　贡嘎县　贡觉县　吉隆县　加查县　嘉黎县　江达县　江孜县　康马县　拉孜县　朗县　浪卡子县　类乌齐县　林芝县　林周县　隆子县　洛隆县　洛扎县　芒康县　米林县　墨脱县　墨竹工卡县　那曲县　乃东县　南木林县　尼玛县　尼木县　聂拉木县　聂荣县　普兰县　琼结县　曲水县　曲松县　仁布县　日土县　萨嘎县　萨迦县　桑日县　申扎县　索县　谢通门县　亚东县　札达县　扎囊县　仲巴县　左贡县

陕西:白河县　彬县　长武县　淳化县　丹凤县　佛坪县　岚皋县　麟游县　留坝县　陇县　洛南县　宁强县　宁陕县　蒲城县　千阳县　乾县　山阳县　旬邑县　洋县　宜君县　永寿县　镇巴县　镇坪县　紫阳县

甘肃:东乡族自治县　高台县　古浪县　和政县　积石山保安族东乡族撒拉族自治县　静宁县　临潭县　临夏县　临泽县　陇西县　民乐县　岷县　秦安县　肃南裕固族自治县　通渭县　渭源县　张家川回族自治县　漳县　清水县　舟曲县　庄浪县

青海:班玛县　称多县　达日县　都兰县　甘德县　刚察县　共和县　贵德县　贵南县　海晏县　河南蒙古族自治县　化隆回族自治县　湟源县　尖扎县　久治县　玛多县　玛沁县　门源回族自治县　祁连县　曲麻莱县　天峻县　同德县　同仁县　乌兰县　囊谦县　兴海县　循化撒拉族自治县　玉树县　杂多县　泽库县　治多县

宁夏:海原县　泾源县　隆德县　彭阳县　同心县　西吉县　盐池县

新疆:阿合奇县　阿克陶县　巴里坤哈萨克自治县　拜城县　昭苏县　布尔津县　策勒县　福海县　巩留县　哈巴河县　和布克赛尔蒙古自治县　和田县　吉木乃县　柯坪县　洛浦县　民丰县　墨玉县　木垒哈萨克自治县　尼勒克县　皮山县　奇台县　且末县　青河县　若羌县　塔什库尔干塔吉克自治县　特克斯县　托里县　温泉县　乌恰县　乌什县　新和县　伊吾县　于田县　裕民县

国土资源部关于调整工业用地出让最低价标准实施政策的通知

1. 2009年5月11日
2. 国土资发〔2009〕56号

各省、自治区、直辖市国土资源厅(国土环境资源厅、国土资源局、国土资源和房屋管理局、规划和国土资源管理局),新疆生产建设兵团国土资源局,各派驻地方的国家土地督察局:

针对当前经济形势和土地市场运行变化情况,为进一步落实党中央、国务院关于扩大内需促进经济平稳较快发展的重大决策,更好地履行部门职责,充分发挥地价政策在宏观调控中的作用,部决定对《全国工业用地出让最低价标准》(以下简称《标准》)实施政策进行适当调整。现就有关问题通知如下:

一、市县国土资源管理部门在工业用地出让前应当按照《城镇土地估价规程》(GB/T 18508—2001)进行评估,根据土地估价结果、土地供应政策和最低价标准等集体决策、综合确定出让底价。

二、对各省(区、市)确定的优先发展产业且用地集约的工业项目,在确定土地出让底价时可按不低于所在地土地等别相对应《标准》的70%执行。优先发展产业是指各省(区、市)依据国家《产业结构调整指导目录》制订的本地产业发展规划中优先发展的产业。用地集约是指项目建设用地容积率和建筑系数超过《关于发布和实施〈工业项目建设用地控制指标〉的通知》(国土资发〔2008〕24号)所规定标准40%以上、投资强度增加10%以上。

三、以农、林、牧、渔业产品初加工为主的工业项目,在确定土地出让底价时可按不低于所在地土地等别相对应《标准》的70%执行。农、林、牧、渔业产品初加工工业项目是指在产地对农、林、牧、渔业产品直接进行初次加工的项目，具体由各省（区、市）在《国民经济行业分类》（GB/T 4754—2002）第13、14、15、17、18、19、20大类范围内按小类认定。

四、对中西部地区确需使用土地利用总体规划确定的城镇建设用地范围外的国有未利用地，且土地前期开发由土地使用者自行完成的工业项目用地，在确定土地出让价格时可按不低于所在地土地等别相对应《标准》的15%执行。使用土地利用总体规划确定的城镇建设用地范围内的国有未利用地，可按不低于所在地土地等别相对应《标准》的50%执行。国有未利用地包括《土地利用现状分类》（GB/T 21010—2007）中未列入耕地后备资源的盐碱地、沼泽地、沙地、裸地。

五、工业项目按照本通知第二、三、四条规定拟定的出让底价低于该项目实际土地取得成本、土地前期开发成本和按规定应收取的相关费用之和的，应按不低于实际各项成本费用之和的原则确定出让底价。

六、省级国土资源管理部门要根据本地实际尽快制定公布本省（区、市）的工业用地出让最低价标准，对个别县、市（区）基准地价末级地的平均土地取得成本、土地前期开发成本和按规定收取的相关费用之和确实低于《标准》的，由省级国土资源管理部门根据本省（区、市）县级行政单元总数，按照总数小于50的不超过5%，其它不超过3%的原则，控制拟调整县、市（区）的数量，统筹组织测算、论证和平衡，提出明确意见并于2009年6月30日前报部备案后，可以按当地实际执行最低价标准。各省（区、市）确定的优先发展产业目录与按行业分类小类认定的农、林、牧、渔业产品初加工项目目录需一并报部备案。逾期未备案的按《标准》执行。

七、各地国土资源管理部门要加强对工业用地出让的监督管理，通过土地市场动态监测与监管系统，及时掌握出让价格等土地供应信息。对违反最低价标准相关实施政策、低于标准出让工业用地的，要依法追究有关人员的法律责任。

国土资源部、监察部关于进一步落实工业用地出让制度的通知

1. 2009年8月10日
2. 国土资发〔2009〕101号

各省、自治区、直辖市国土资源厅（国土环境资源厅、国土资源局、国土资源和房屋管理局、规划和国土资源管理局）、监察厅（局），副省级城市国土资源行政主管部门、监察局，新疆生产建设兵团国土资源局、监察局，各派驻地方的国家土地督察局：

针对当前国内经济形势和工业用地供应中存在的突出问题，为落实党中央、国务院关于保增长、扩内需、促进经济平稳较快发展的重大决策，更大程度地发挥土地政策调控作用，现就进一步完善工业用地出让制度通知如下。

一、明确政策，合理选择工业用地招标拍卖挂牌出让方式

工业项目行业门类多，对产业政策、环保标准、产业布局结构和生产技术水平要求高。各地要在坚持工业用地招标拍卖挂牌出让制度的基础上，充分考虑工业用地的特点，合理选择出让方式，进一步细化政策措施。

（一）各地要严格执行工业用地招标拍卖挂牌制度，凡属于农用地转用和土地征收审批后由政府供应的工业用地，政府收回、收购国有土地使用权后重新供应的工业用地，必须采取招标拍卖挂牌方式公开确定土地价格和土地使用权人。

（二）各市、县国土资源行政主管部门应当依据年度土地利用计划、国家产业政策、土地供应政策、本地区社会经济发展目标、土地市场状况和土地供应潜力等，科学编制土地出让计划，明确工业用地的供应规模、功能布局和供应时序，经批准的出让计划要及时向社会公布。各地要支持中小企业发展，在土地出让计划中要安排一定比例的土地用于中小企业开发利用，特别是建设多层标准厂房。

（三）为充分了解工业用地需求，合理安排出让进度和出让规模，各地要大力推进工业用地预申请制度，加快制定工业用地预申请政策措施和操作程序。对列入市、县土地出让计划的工业用地，要及时将具备出让条件地块的位置、面积、产业要求、使用年限、土地使用条件（功能分区）等信息向社会发布，接受用地申请。单位和个人对拟出让的地块有使用意向，所承诺支付的土地价格和土地使用条件符合规定的，市、县国土资源行政主管部门应适时组织挂牌或拍卖出让活动。

（四）各地在工业用地出让中，应依据供地政策、土地用途、规划限制等具体因素，选择适宜的出让方式。对具有综合目标或特定社会、公益建设条件，土地用途受严格限制、仅有少数单位或个人可能有受让意向的工业用地，可以采取招标方式，按照综合条件最佳者得的原则确定受让人。也可以设定专项条件，采取

挂牌、拍卖方式，按照价高者得的原则确定受让人。采用上述方式出让工业用地的，必须严格审核把关，在签定出让合同前必须按规定时间将供地审批结果向社会公示，公示时间不少于10个工作日；供地后必须加强监管，改变用地条件的，要收回土地，追究责任。

（五）分期建设的工业项目，市、县国土资源行政主管部门可以通过竞单位面积地价的方式确定招标拍卖挂牌竞得人（中标人），一次签订国有土地使用权出让合同，支付土地出让价款，再按照土地使用标准分期供地。自出让合同签订之日起两年内，办理完供地手续。分期建设的工业项目，不得改变土地用途，不得兴建职工住房。改变土地用途用于商业、旅游、娱乐、商品住宅等经营性用途的，一律收回土地使用权重新招标拍卖挂牌出让。

二、严格限定协议范围，规范工业用地协议出让

各地要规范执行《招标拍卖挂牌出让国有建设用地使用权规定》（国土资源部令第39号）和《招标拍卖挂牌出让国有土地使用权规范》（国土资发〔2006〕114号），严格落实工业用地招标拍卖挂牌出让制度。依法不属于招标拍卖挂牌出让范围的工业用地，方可按照《协议出让国有土地使用权规范》（国土资发〔2006〕114号）规定的程序，办理协议出让。

（一）由于城市规划调整、经济形势发生变化、企业转型等原因，土地使用权人已依法取得的国有划拨工业用地补办出让、国有承租工业用地补办出让，符合规划并经依法批准，可以采取协议方式。

（二）政府实施城市规划进行旧城区改建，需要搬迁的工业项目符合国家产业政策的，经市、县国土资源行政主管部门审核并报市、县人民政府批准，收回原国有土地使用权，以协议出让或租赁方式为原土地使用权人重新安排工业用地。拟安置的工业项目用地应符合土地利用总体规划布局和城市规划功能分区要求，尽可能在确定的工业集中区安排工业用地。

（三）采矿、采石、采砂、盐田等地面生产和尾矿堆放用地，鼓励采取租赁，也可协议方式出让。各地可在不高于法律规定的工业用地最高出让年限内，结合探矿权、采矿权出让年限，灵活确定采矿用地租赁和出让年限。

三、明确约定工业用地出让各方的权利义务，加强合同履约管理

（一）工业用地出让合同中要明确约定土地的交付时间、建设项目的开竣工时间。出让方应按照合同约定及时提供土地，督促用地者按期开工建设。受让人因非主观原因未按期开工、竣工的，应提前30日向出让人提出延建申请，经出让人同意，项目开竣工延期不得超过一年。

（二）工业用地出让期限内，受让人在符合规划、不改变土地用途的前提下增加容积率的，经核准，不再增收土地价款；需要改变土地用途的，必须取得出让人和市、县人民政府城市规划行政主管部门的同意，与出让人签订出让合同变更协议或者重新签订出让合同，由受让人按照批准改变时新土地使用条件下土地使用权市场价格与批准改变时原土地使用条件下剩余年期土地使用权市场价格的差额补缴出让金。出让合同或法律、法规、行政规定等明确改变土地用途应收回土地的，应当收回土地使用权，以招标拍卖挂牌方式重新出让。

四、强化执法监察，严格执行工业用地出让制度

（一）省级国土资源行政主管部门要继续严格落实《物权法》、《国务院关于加强土地调控有关问题的通知》（国发〔2006〕31号）和《国土资源部监察部关于落实工业用地招标拍卖挂牌出让制度有关问题的通知》（国土资发〔2007〕78号）等法律政策，结合当前经济形势和土地市场供求状况，积极研究解决本地区工业用地出让中的新情况、新问题，及时总结推广工业用地出让中的好做法、好经验，加大政策指导力度。省级监察机关要把对落实工业用地出让制度的监督检查作为一项日常工作，定期作出安排部署并组织实施，保证执法监察工作的效果。

（二）各级监察机关、国土资源行政主管部门要认真履行职责，严肃查处工业用地出让和转让中的违纪违法案件。对于应当采取出让而采用划拨方式或者应当招标拍卖挂牌出让而协议出让工业用地的；对低于国家规定的工业用地出让最低价标准出让工业用地的；对工业用地出让合同签订后，擅自批准调整土地用途的；对不符合转让条件违规转让工业用地的；对不按规定及时准确地在中国土地市场网和指定的场所、媒介发布工业用地出让公告和出让结果等信息的违法违规行为，要认真纠正和查处。特别对领导干部以任何形式违反规定干预和插手工业用地招标拍卖挂牌出让的，要坚决予以查处。对领导干部在工业用地出让中违规违法造成重大损失或恶劣影响的，要实行问责。对于一些地方以扩大内需、促进经济增长为名在工业用地出让中违反供地政策、用地标准和国家产业政策，搭车用地、借机圈地的，要严肃处理。

地方各级国土资源行政主管部门、监察机关要结合工程建设领域突出问题专项治理工作，按照本《通知》要求，密切配合，认真做好工业用地出让工作，健全完善工业用地出让制度。监察部、国土资源部将根据各地的工作情况，适时组织联合检查。

国有建设用地使用权出让地价评估技术规范

1. 2018年3月9日原国土资源部办公厅公布
2. 国土资厅发〔2018〕4号
3. 自2018年4月9日起施行

前　　言

为规范国有建设用地使用权出让地价评估行为，根据《中华人民共和国物权法》、《中华人民共和国土地管理法》、《中华人民共和国城市房地产管理法》、《中华人民共和国资产评估法》、《招标拍卖挂牌出让国有建设用地使用权规定》、《协议出让国有土地使用权规定》等相关规定和土地估价国家标准、行业标准，制定本规范。

本规范由国土资源部提出并归口。

本规范起草单位：国土资源部土地利用管理司、中国土地估价师与土地登记代理人协会。

本规范由国土资源部负责解释。

1　适用范围

在中华人民共和国境内出让国有建设用地使用权涉及的地价评估，以及因调整土地使用条件、发生土地增值等情况需补缴地价款的评估，适用本规范；国有建设用地使用权租赁、集体建设用地使用权依法入市、国有农用地使用权出让等涉及的地价评估，可参照本规范执行。

2　引用的标准

下列标准所包含的条文，通过在本规范中引用而构成本规范的条文。本规范颁布时，所示版本均为有效。使用本规范的各方应使用下列各标准的最新版本。

GB/T 18508－2014《城镇土地估价规程》

GB/T 18507－2014《城镇土地分等定级规程》

GB/T 21010－2017《土地利用现状分类》

GB/T 28406－2012《农用地估价规程》

TD/T 1052－2017《标定地价规程》

TD/T 1009－2007《城市地价动态监测技术规范》

3　依　　据

（1）《中华人民共和国物权法》

（2）《中华人民共和国土地管理法》

（3）《中华人民共和国城市房地产管理法》

（4）《中华人民共和国资产评估法》

（5）《中华人民共和国城镇国有土地使用权出让和转让暂行条例》（国务院令第55号）

（6）《招标拍卖挂牌出让国有建设用地使用权规定》（国土资源部令第39号）

（7）《协议出让国有土地使用权规定》（国土资源部令第21号）

（8）《节约集约利用土地规定》（国土资源部令第61号）

（9）《国务院关于加强国有土地资产管理的通知》（国发〔2001〕15号）

（10）《国务院关于深化改革严格土地管理的决定》（国发〔2004〕28号）

4　总　　则

4.1　出让地价评估定义

本规范所称的土地使用权出让地价评估，是指土地估价专业评估师按照规定的程序和方法，参照当地正常市场价格水平，评估拟出让宗地土地使用权价格或应当补缴的地价款。

4.2　出让地价评估目的

开展土地使用权出让地价评估，目的是为出让方通过集体决策确定土地出让底价，或核定应该补缴的地价款提供参考依据。

4.3　评估原则

除《城镇土地估价规程》规定的土地估价基本原则外，土地使用权出让地价评估还需考虑以下原则：

价值主导原则：土地综合质量优劣是对地价产生影响的主要因素。

审慎原则：在评估中确定相关参数和结果时，应分析并充分考虑土地市场运行状况、有关行业发展状况，以及存在的风险。

公开市场原则：评估结果在公平、公正、公开的土地市场上可实现。

4.4　评估方法

（1）收益还原法

（2）市场比较法

（3）剩余法

（4）成本逼近法

（5）公示地价系数修正法

出让地价评估，应至少采用两种评估方法，包括（1）、（2）、（3）之一，以及（4）或（5）。因土地市场不发育等原因，无法满足上述要求的，应有详细的市场调查情况说明。

4.5　评估程序

(1)土地估价机构接受国土资源主管部门(或出让方)委托,明确估价目的等基本事项;

(2)拟订估价工作方案,收集所需背景资料;

(3)实地查勘;

(4)选定估价方法进行评估;

(5)确定估价结果,并根据当地市场情况、有关法律法规和政策规定,给出底价决策建议;

(6)撰写估价报告并由两名土地估价专业评估师签署,履行土地估价报告备案程序,取得电子备案号;

(7)提交估价报告;

(8)估价资料归档。

5　评估方法的运用

5.1　收益还原法。除依照《城镇土地估价规程》的规定外,还需体现以下技术要求:

(1)确定土地收益,应通过调查市场实例进行比较后得出,符合当前市场的正常客观收益水平,并假设该收益水平在出让年期内保持稳定。对于待建、在建的土地,按规划建设条件选用可比较实例。用于测算收益水平的比较实例应不少于3个。

(2)确定各项费用时,应采用当前市场的客观费用。

(3)确定还原率时应详细说明确定的方法和依据,应充分考虑投资年期与收益风险之间的关系。

5.2　市场比较法。除依照《城镇土地估价规程》的规定外,还需体现以下技术要求:

(1)在综合分析当地土地市场近三年交易实例的基础上,优先选用正常市场环境下的交易实例。原则上不采用竞价轮次较多、溢价率较高的交易实例;不能采用楼面地价历史最高或最低水平的交易实例。近三年内所在或相似区域的交易实例不足3个的,原则上不应选用市场比较法。

(2)比较实例的修正幅度不能超过30%,即:(实例修正后的比准价格－实例价格)/实例价格≤30%。

(3)各比较实例修正后的比准价格之间相差不能超过40%。即(高比准价格－低比准价格)/低比准价格≤40%,对超过40%的,应另选实例予以替换。实例不足无法替换的,应对各实例进行可比性分析,并作为确定取值权重考虑因素之一。

5.3　剩余法。除依照《城镇土地估价规程》的规定外,还需体现以下技术要求:

(1)在假设项目开发情况时,按规划建设条件评估;容积率、绿地率等规划建设指标是区间值的,在区间上限、下限值中按最有效利用原则择一进行评估。

(2)假设的项目开发周期一般不超过3年。

(3)对于开发完成后拟用于出售的项目,售价取出让时当地市场同类不动产正常价格水平,不能采用估算的未来售价。

(4)开发完成后用于出租或自营的项目,按照本规范收益还原法的有关技术要求评估。

(5)利润率宜采用同一市场上类似不动产开发项目的平均利润率。利润率的取值应有客观、明确的依据,能够反映当地不动产开发行业平均利润水平。

5.4　成本逼近法。除依照《城镇土地估价规程》的规定外,还需体现以下技术要求:

(1)国家或地方拟从土地出让收入或土地出让收益中计提(安排)的各类专项资金,包括农业土地开发资金、国有土地收益基金、农田水利建设资金、教育资金、保障性安居工程资金等,以及新增建设用地土地有偿使用费、新增耕地指标和城乡建设用地增减挂钩节余指标等指标流转费用,不得计入土地成本,也不得计入出让底价。

(2)土地取得成本应通过调查当地正常情况下取得土地实际发生的客观费用水平确定,需注意与当地土地征收、房屋征收和安置补偿等标准的差异。

(3)土地开发成本应通过调查所在区域开发同类土地的客观费用水平确定。对拟出让宗地超出所在区域开发同类土地客观费用水平的个例性实际支出,不能纳入成本。

(4)评估工业用地出让地价时,不得以当地工业用地出让最低价标准为基础,推算各项参数和取值后,评估出地价。

5.5　公示地价系数修正法。除依照《城镇土地估价规程》的规定外,还需体现以下技术要求:

(1)采用的基准地价,应当已向社会公布。采用已完成更新但尚未向社会公布的基准地价,需经市、县国土资源主管部门书面同意。

(2)在已经开展标定地价公示的城市,可运用标定地价系数修正法进行评估。

6　特定情况评估要点

6.1　场地未通平或通平不完全

(1)土地开发程度不足。土地开发程度未达到当地正常水平的,先评估当地正常开发程序下的熟地地价,再根据当地各项通平开发所需的客观费用水平,逐项减价修正。

(2)有地上建筑物的土地出让评估。对土地连同建筑物或构筑物整体一并出让的,出让评估按出让时的规划建设条件进行。

当出让时以及出让后不改变现状、不重新设定规划建设条件的，评估结果等于净地价加地上建筑物重置价减去折旧；当出让时重新设定规划建设条件的，评估结果等于新设定规划建设条件下的净地价减去场内拆平工作费用。

作为整体出让的土地连同地上建筑物或构筑物，权属应为国有且无争议。

6.2 特定条件的招拍挂出让方式

（1）限地价、竞配建（或竞房价、竞自持面积等）。采用“限地价、竞房价（或竞自持面积）”方式出让的，在评估时应按本规范，评估出正常市场条件下的土地价格。

采用“限地价、竞配建”方式的，土地估价报告中应评估出正常市场条件下的土地价格，给出底价建议，以及根据市场情况建议采用的地价上限，并提出建议的起始价或起拍价，一般情况下应符合：起始价≤出让底价≤地价上限。当起始价≤地价上限≤出让底价时，地价上限与出让底价之间的差额，应按配建方式和配建成本，折算最低应配建的建筑面积，并在土地估价报告中明示。

（2）限房价、竞地价。采用“限房价、竞地价”方式出让的土地，在出让评估时，应充分考虑建成房屋首次售出后是否可上市流转。对不能上市流转，或只能由政府定价回购，或上市前需补缴土地收益的限价房开发项目，在采用剩余法评估时，按限定的房价取值。

（3）出让时约定租赁住宅面积比例。约定一定比例的，采用剩余法时，以市场正常租金水平为依据测算相应比例的不动产价值。纯租赁住宅用地出让，有租赁住宅用地可比实例的，优先采用市场比较法，实例不足的，应采用收益还原法。

6.3 协议出让

（1）对应当实行有偿使用，且可以不采用招标拍卖挂牌方式出让的。应按本规范评估其在设定开发建设条件下的正常市场价格，并提出建议的出让底价。同时，还应在土地估价报告中测算并对比说明该建议出让底价是否符合当地的协议出让最低价标准。

当地未公布协议出让最低价标准的，按拟出让土地所在级别基准地价的70%测算对比；拟出让土地在基准地价覆盖范围外的，按照本规范成本法的要求，与土地取得的各项成本费用之和进行对比。

评估结果低于协议出让最低价标准的，应在土地估价报告中有明确提示。

（2）划拨土地办理协议出让。使用权人申请以协议出让方式办理出让，出让时不改变土地及建筑物、构筑物现状的，应按本规范评估在现状使用条件下的出让土地使用权正常市场价格，减去划拨土地使用权价格，作为评估结果，并提出底价建议。出让时重新设定规划建设条件的，应按本规范评估在新设定规划建设条件下的出让土地使用权正常市场价格，减去现状使用条件下的划拨土地使用权价格，作为评估结果，并提出底价建议。

当地对划拨土地使用权补办出让手续应缴土地收益有明确规定的，应与评估结果进行对比，在土地估价报告中明确提示对比结果，合理确定应缴土地收益。

6.4 已出让土地补缴地价款

（1）估价期日的确定。土地出让后经原出让方批准改变用途或容积率等土地使用条件的，在评估需补缴地价款时，估价期日应以国土资源主管部门依法受理补缴地价申请时点为准。

（2）调整容积率补缴地价。调整容积率的，需补缴地价款等于楼面地价乘以新增建筑面积，楼面地价按新容积率规划条件下估价期日的楼面地价确定。

核定新增建筑面积，可以相关部门批准变更规划条件所新增的建筑面积为准，或竣工验收时实测的新增建筑面积为准。

因调低容积率造成地价增值的，补缴地价款可按估价期日新旧容积率规划条件下总地价的差额确定。

容积率调整前后均低于1的，按容积率为1核算楼面地价。

（3）调整用途补缴地价。调整用途的，需补缴地价款等于新、旧用途楼面地价之差乘以建筑面积。新、旧用途楼面地价均为估价期日的正常市场价格。

用地结构调整的，分别核算各用途建筑面积变化带来的地价增减额，合并计算应补缴地价款。各用途的楼面地价按调整结构后确定。

工业用地调整用途的，需补缴地价款等于新用途楼面地价乘以新用途建筑面积，减去现状工业用地价格。

（4）多项条件同时调整。多项用地条件同时调整的，应分别核算各项条件调整带来的地价增减额，合并计算应补缴地价款。

用途与容积率同时调整的。需补缴地价款等于新用途楼面地价乘以新增建筑面积，加上新、旧用途楼面地价之差乘以原建筑总面积。新用途楼面地价按新容积率、新用途规划条件的正常市场楼面地价确定，旧用途楼面地价按原容积率规划条件下的正常市场楼面地价确定。

因其他土地利用条件调整需补缴地价款的，参照上述技术思路评估。

核定需补缴地价款时，不能以土地出让金、土地增值收益或土地纯收益代替。

7 估价报告内容

除需符合《城镇土地估价规程》规定的报告内容和格式外，出让地价的土地估价报告还应符合下列要求：

7.1 估价结果。涉及协议出让最低价标准、工业用地出让最低价标准等最低限价的，在土地估价报告的“估价结果”部分，应同时列出评估结果，以及相应最低限价标准。

在土地估价报告的“估价结果”部分，应有明确的底价决策建议及理由。

7.2 报告组成要件。除《城镇土地估价规程》规定的附件内容外（机构依法备案的有关证明为必备要件），应视委托方提供材料情况，在土地估价报告后附具：

(1)涉及土地取得成本的相关文件、标准，以及委托方提供的征地拆迁补偿和安置协议等资料；

(2)已形成土地出让方案的，应附方案；

(3)报告中采用的相关实例的详细资料（包括照片）；

(4)设定规划建设条件的相关文件依据。

划拨国有建设用地使用权地价评估指导意见（试行）

1. 2019年5月31日自然资源部办公厅公布

2. 自然资办函〔2019〕922号

前　言

为规范国有划拨建设用地使用权地价（以下简称“划拨地价”）评估行为，根据《中华人民共和国物权法》《中华人民共和国土地管理法》《中华人民共和国城市房地产管理法》《中华人民共和国资产评估法》等相关法律法规和土地估价国家标准、行业标准，制定本指导意见。

本指导意见由自然资源部提出并归口。

本指导意见起草单位：自然资源部自然资源开发利用司、中国土地估价师与土地登记代理人协会。

本指导意见由自然资源部负责解释。

1. 地价定义

本指导意见所述划拨国有建设用地使用权地价，是指以划拨方式取得的、无年期限制的土地使用权价格。

2. 引用的标准

下列标准所包含的条文，通过在本指导意见中引用而构成本指导意见的条文。本指导意见颁布时，所示版本均为有效。使用本指导意见的各方应使用下列各标准的最新版本。

GB/T 18508－2014《城镇土地估价规程》

GB/T 18507－2014《城镇土地分等定级规程》

GB/T 21010－2017《土地利用现状分类》

TD/T 1052－2017《标定地价规程》

TD/T 1009－2007《城市地价动态监测技术规范》

《国有建设用地使用权出让地价评估技术规范》（国土资厅发〔2018〕4号）

3. 评估方法

(1)成本逼近法

(2)市场比较法

(3)公示地价系数修正法

(4)收益还原法

(5)剩余法

划拨地价评估，应至少选用以上评估方法中的两种。

4. 评估要点

除遵循《城镇土地估价规程》一般规定外，各方法还可按以下要点评估：

4.1 成本逼近法

(1)采用成本逼近法评估划拨地价，应选用客观的土地取得及开发成本数据，包括土地取得费、土地开发费、税费、利息、利润等分项。

(2)合理确定土地取得费。结合估价对象所处区位及周边区域用地结构，分析在估价期日模拟获取估价对象类似用地可能采用的土地取得方式，测算相应土地取得费。

估价对象位于城市建成区外或远郊区域的，以估价对象周边区域平均征收补偿安置费用作为土地取得费。

估价对象位于城市建成区内的，可合理选择估价对象周边区域或类似地区的土地收储、国有土地上房屋征收或集体建设用地拆迁等案例，经期日、区位等修正后，算术平均确定估价对象土地取得费。有存量工业用地收储案例的，可优先选择使用。

4.2 市场比较法

(1)运用市场比较法时，应选择与估价对象同类型的比较实例。比较实例主要来源于政府实际划拨供地案例，选择实例时可不考虑供后实际用途。

(2)原则上应在同一供需圈内或类似地区收集不少于三个实例。同一供需圈内可比实例不足时，可适当扩大供需圈范围直至满足条件。原则上应采用三年以内的实例，三年内可选实例不足时，可将选择年限适当扩大直至满足条件，评估时根据市场情况进行期日修正。需要增加比较实例来源时按照先调整范围后调整时间的原则处理。

(3)选择比较实例时应注意因各地供地政策不同造成的价格内涵不同，应保障比较实例能够修正到估价对象同一价格内涵。

4.3 公示地价系数修正法

(1)待估宗地所在区域，政府已公布划拨土地使用权基准地价时，可选用基准地价系数修正法评估划拨地价。采用已完成更新但尚未向社会公布的划拨土地使用权基准地价，需经市、县自然资源主管部门书面同意。

(2)在已公布划拨土地使用权标定地价的城市，可运用标定地价系数修正法进行评估。

4.4 收益还原法

地方政府对划拨土地收益有处置政策或通过研究测算能够明确收益构成的，可依据《城镇土地估价规程》运用收益还原法。

4.5 剩余法

在《城镇土地估价规程》剩余法思路上衍生技术路线，通过出让土地使用权价格扣减土地增值收益的方法评估划拨地价，可定义为剩余(增值收益扣减)法。

地方已经公布经科学论证的土地增值收益的，可用出让土地使用权价格直接扣减相对应的土地增值收益。

对未公布土地增值收益的地区，估价机构可在满足数理统计要求的前提下，选择案例和技术路线测算土地增值收益。

对于仅在地方政府文件或基准地价中规定出让金缴纳比例的，不宜将其作为经科学论证的土地增值收益，不得直接扣减该比例测算划拨地价。

5. 其他规定

公共管理与公共服务用地、交通运输等用地，在运用上述方法评估划拨地价时，应统筹考虑当地出让案例实际，合理确定划拨地价水平。

国土资源部办公厅关于协议出让土地改变用途补交出让金问题的复函

1. 2004年6月18日
2. 国土资厅函〔2004〕271号

河北省国土资源厅：

《关于协议出让土地改变用途如何补交出让金问题的请示》(冀国土资地字〔2004〕45号)收悉。经研究，现函复如下：

土地使用者以协议出让方式取得国有土地使用权后，必须严格按照规定的土地用途和条件使用土地。土地使用者需要改变土地使用权出让合同约定的土地用途的，必须取得出让方和市、县人民政府城市规划行政主管部门的同意，签订土地使用权出让合同变更协议或者重新签订土地使用权出让合同，相应调整土地使用权出让金。经批准改变协议出让土地用途的，应按变更时的土地市场价格，分别计算变更后的土地用途的土地使用权出让金数额和原用途的土地使用权出让金数额，以差额部分计算应当补交的土地使用权出让金。

国土资源部办公厅关于出让土地改变用途有关问题的复函

1. 2010年2月2日
2. 国土资厅函〔2010〕104号

湖南省国土资源厅：

《关于出让土地使用权改变土地用途如何办理相关手续的请示》(湘国土资〔2010〕3号)收悉。经研究，函复如下：

根据《土地管理法》、《城市房地产管理法》和《协议出让国有土地使用权规范》(国土资发〔2006〕114号)等法律政策规定，出让土地改变土地用途，经出让方和规划管理部门同意，原土地使用权人可以与市、县国土资源管理部门签订变更协议或重新签订出让合同，相应调整土地出让金。原土地使用权人应当按照变更协议或重新签订的出让合同约定，及时补缴出让金，办理土地登记。但出让合同、法律、法规、行政规定等明确必须收回土地使用权重新公开出让的，不得办理协议出让手续。

国土资源部办公厅关于农产品批发市场用地有关问题的复函

1. 2010年9月16日
2. 国土资厅函〔2010〕966号

辽宁省国土资源厅：

《关于农产品批发市场用地有关问题的请示》(辽国土资发〔2010〕147号)收悉，经研究，现就农产品批发市场用地有关问题答复如下。

在土地调查、登记等基础性管理工作中，农产品批发市场用地应严格按照《土地利用现状分类》(GB/T 21010—2007)执行。供应国有建设用地用于农产品批发市场建设的，应当严格依法依规采取招标、拍卖、挂牌方式出让或租赁。

为更好地贯彻落实《国务院办公厅关于统筹推进新一轮“菜篮子”工程建设的意见》(国办发〔2010〕18 号)和《中共中央国务院关于切实加强农业基础设施进一步促进农业发展农民增收的若干意见》(中发〔2008〕1 号)文件精神,使惠及“三农”的政策措施切实落到实处,促进农业发展和农民增收,市县国土资源管理部门要进一步加强农产品批发市场用地管理,防止随意改变用途,挪作它用。土地出让前要制订控制性详细规划和土地供应方案,明确容积率等规划条件。规划条件一经确定,不得擅自调整。签订土地出让合同时,对改变土地用途、容积率等土地使用条件的,由政府收回土地使用权,重新依法出让。土地使用权出让底价,应符合国家出让地价管理的规定,严格履行规定的程序,不得低于最低价标准。

·合同范本·

国土资源部、国家工商行政管理总局关于发布《国有建设用地使用权出让合同》示范文本的通知

1. 2008 年 4 月 29 日
2. 国土资发〔2008〕86 号

各省、自治区、直辖市国土资源厅(国土环境资源厅、国土资源局、国土资源和房屋管理局、房屋土地资源管理局)、工商行政管理局,新疆生产建设兵团土地管理局,计划单列市国土资源行政主管部门、工商行政管理局:

为贯彻落实《中华人民共和国物权法》和《国务院关于促进节约集约用地的通知》,规范国有建设用地使用权出让合同管理,国土资源部、国家工商行政管理总局组织制定了《国有建设用地使用权出让合同》示范文本(GF—2008—2601),现予印发,自 2008 年 7 月 1 日起执行。国土资源部、国家工商行政管理总局 2000 年和 2006 年发布的《国有土地使用权出让合同》示范文本和《国有土地使用权出让合同补充协议》示范文本(试行)同时废止。

各市、县国土资源管理部门要按照《国有建设用地使用权出让合同》示范文本(GF—2008—2601)的要求,规范签订国有建设用地使用权出让合同,督促用地者严格履行合同。省、自治区、直辖市国土资源厅(局)要对本行政区域内各市、县签订的出让合同进行统一编号,加强对出让合同执行情况的监管。

国有建设用地使用权出让合同

(示范文本 GF—2008—2601)

中华人民共和国国土资源部
中华人民共和国国家工商行政管理总局　制定

合同编号:________

国有建设用地使用权出让合同

本合同双方当事人:

出让人:中华人民共和国________省(自治区、直辖市)________市(县)________________局;

通讯地址:____________________;

邮政编码:____________________;

电话:____________________;

传真:____________________;

开户银行:____________________;

账号:____________________。

受让人:____________________;

通讯地址:____________________;

邮政编码:____________________;

电话:____________________;

传真:____________________;

开户银行:____________________;

账号:____________________。

第一章　总　　则

第一条　根据《中华人民共和国物权法》、《中华人民共和国合同法》、《中华人民共和国土地管理法》、《中华人民共和国城市房地产管理法》等法律、有关行政法规及土地供应政策规定,双方本着平等、自愿、有偿、诚实信用的原则,订立本合同。

第二条　出让土地的所有权属中华人民共和国,出让人根据法律的授权出让国有建设用地使用权,地下资源、埋藏物不属于国有建设用地使用权出让范围。

第三条　受让人对依法取得的国有建设用地,在出让期限内享有占有、使用、收益和依法处置的权利,有权利用该土地依法建造建筑物、构筑物及其附属设施。

第二章　出让土地的交付与出让价款的缴纳

第四条　本合同项下出让宗地编号为________，宗地总面积大写______________________平方米（小写__________平方米），其中出让宗地面积为大写______________平方米（小写________平方米）。

本合同项下的出让宗地坐落于____________。

本合同项下出让宗地的平面界址为________；出让宗地的平面界址图见附件1。

本合同项下出让宗地的竖向界限以________为上界限，以________为下界限，高差为________米。出让宗地竖向界限见附件2。

出让宗地空间范围是以上述界址点所构成的垂直面和上、下界限高程平面封闭形成的空间范围。

第五条　本合同项下出让宗地的用途为____________。

第六条　出让人同意在________年____月____日前将出让宗地交付给受让人，出让人同意在交付土地时该宗地应达到本条第____项规定的土地条件：

（一）场地平整达到____________________；

周围基础设施达到____________________；

（二）现状土地条件____________________。

第七条　本合同项下的国有建设用地使用权出让年期为____年，按本合同第六条约定的交付土地之日起算；原划拨（承租）国有建设用地使用权补办出让手续的，出让年期自合同签订之日起算。

第八条　本合同项下宗地的国有建设用地使用权出让价款为人民币大写______________元（小写________元），每平方米人民币大写______________元（小写__________元）。

第九条　本合同项下宗地的定金为人民币大写__________元（小写__________元），定金抵作土地出让价款。

第十条　受让人同意按照本条第一款第____项的规定向出让人支付国有建设用地使用权出让价款：

（一）本合同签订之日起____日内，一次性付清国有建设用地使用权出让价款；

（二）按以下时间和金额分____期向出让人支付国有建设用地使用权出让价款。

第一期　人民币大写__________元（小写________元），付款时间：________年____月____日之前。

第二期　人民币大写__________元（小写________元），付款时间：________年____月____日之前。

第____期　人民币大写__________元（小写________元），付款时间：________年____月____日之前。

第____期　人民币大写__________元（小写________元），付款时间：________年____月____日之前。

分期支付国有建设用地使用权出让价款的，受让人在支付第二期及以后各期国有建设用地使用权出让价款时，同意按照支付第一期土地出让价款之日中国人民银行公布的贷款利率，向出让人支付利息。

第十一条　受让人应在按本合同约定付清本宗地全部出让价款后，持本合同和出让价款缴纳凭证等相关证明材料，申请出让国有建设用地使用权登记。

第三章　土地开发建设与利用

第十二条　受让人同意本合同项下宗地开发投资强度按本条第____项规定执行：

（一）本合同项下宗地用于工业项目建设，受让人同意本合同项下宗地的项目固定资产总投资不低于经批准或登记备案的金额人民币大写__________万元（小写________万元），投资强度不低于每平方米人民币大写__________元（小写________元）。本合同项下宗地建设项目的固定资产总投资包括建筑物、构筑物及其附属设施、设备投资和出让价款等。

（二）本合同项下宗地用于非工业项目建设，受让人承诺本合同项下宗地的开发投资总额不低于人民币大写__________万元（小写________万元）。

第十三条　受让人在本合同项下宗地范围内新建建筑物、构筑物及其附属设施的，应符合市（县）政府规划管理部门确定的出让宗地规划条件（见附件3）。其中：

主体建筑物性质__________；

附属建筑物性质__________；

建筑总面积__________平方米；

建筑容积率不高于________不低于________；

建筑限高__________；

建筑密度不高于________不低于________；

绿地率不高于________不低于________；

其他土地利用要求__________。

第十四条　受让人同意本合同项下宗地建设配套按本条第____项规定执行：

（一）本合同项下宗地用于工业项目建设，根据规划部门确定的规划设计条件，本合同受让宗地范围内用于企业内部行政办公及生活服务设施的占地面积不超过受让宗地面积的____%，即不超过________平方米，建筑面积不超过________平方米。受让人同意不在受让宗地范围内建造成套住宅、专家楼、宾馆、招待所和培训中心等非生产性设施；

（二）本合同项下宗地用于住宅项目建设，根据规划建设管理部门确定的规划建设条件，本合同受让宗地范围内住宅建设总套数不少于____套。其中，套型建筑面积90平方米以下住房套数不少于____套，住宅建设套型要求为____________。本合同项下宗地范围内套型建筑面积90平方米以下住房面积占宗地开发建设总面积的比例不低于____%。本合同项下宗地范围内配套建设的经济适用住房、廉租住房等政府保障性住房，受让人同意建成后按本项下第____种方式履行：

1. 移交给政府；

2. 由政府回购；

3. 按政府经济适用住房建设和销售管理的有关规定执行；

4. ____________________；

5. ____________________。

第十五条　受让人同意在本合同项下宗地范围内同步修建下列工程配套项目，并在建成后无偿移交给政府：

（一）____________________；

（二）____________________；

（三）____________________。

第十六条　受让人同意本合同项下宗地建设项目在________年____月____日之前开工，在________年____月____日之前竣工。

受让人不能按期开工，应提前30日向出让人提出延建申请，经出让人同意延建的，其项目竣工时间相应顺延，但延建期限不得超过一年。

第十七条　受让人在本合同项下宗地内进行建设时，有关用水、用气、污水及其他设施与宗地外主管线、用电变电站接口和引入工程，应按有关规定办理。

受让人同意政府为公用事业需要而敷设的各种管道与管线进出、通过、穿越受让宗地，但由此影响受让宗地使用功能的，政府或公用事业营建主体应当给予合理补偿。

第十八条　受让人应当按照本合同约定的土地用途、容积率利用土地，不得擅自改变。在出让期限内，需要改变本合同约定的土地用途的，双方同意按照本条第____项规定办理：

（一）由出让人有偿收回建设用地使用权；

（二）依法办理改变土地用途批准手续，签订国有建设用地使用权出让合同变更协议或者重新签订国有建设用地使用权出让合同，由受让人按照批准改变时新土地用途下建设用地使用权评估市场价格与原土地用途下建设用地使用权评估市场价格的差额补缴国有建设用地使用权出让价款，办理土地变更登记。

第十九条　本合同项下宗地在使用期限内，政府保留对本合同项下宗地的规划调整权，原规划如有修改，该宗地已有的建筑物不受影响，但在使用期限内该宗地建筑物、构筑物及其附属设施改建、翻建、重建，或者期限届满申请续期时，必须按届时有效的规划执行。

第二十条　对受让人依法使用的国有建设用地使用权，在本合同约定的使用年限届满前，出让人不得收回；在特殊情况下，根据社会公共利益需要提前收回国有建设用地使用权的，出让人应当依照法定程序报批，并根据收回时地上建筑物、构筑物及其附属设施的价值和剩余年期国有建设用地使用权的评估市场价格及经评估认定的直接损失给予土地使用者补偿。

第四章　国有建设用地使用权转让、出租、抵押

第二十一条　受让人按照本合同约定支付全部国有建设用地使用权出让价款，领取国有土地使用证后，有权将本合同项下的全部或部分国有建设用地使用权转让、出租、抵押。首次转让的，应当符合本条第____项规定的条件：

（一）按照本合同约定进行投资开发，完成开发投资总额的百分之二十五以上；

（二）按照本合同约定进行投资开发，已形成工业用地或其他建设用地条件。

第二十二条　国有建设用地使用权的转让、出租及抵押合同，不得违背国家法律、法规规定和本合同约定。

第二十三条　国有建设用地使用权全部或部分转让后，本合同和土地登记文件中载明的权利、义务随之转移，国有建设用地使用权的使用年限为本合同约定的使用年限减去已经使用年限后的剩余年限。

本合同项下的全部或部分国有建设用地使用权出租后，本合同和土地登记文件中载明的权利、义务仍由受让人承担。

第二十四条　国有建设用地使用权转让、抵押的，转让、抵押双方应持本合同和相应的转让、抵押合同及国有土地使用证，到国土资源管理部门申请办理土地变更登记。

第五章 期限届满

第二十五条 本合同约定的使用年限届满，土地使用者需要继续使用本合同项下宗地的，应当至迟于届满前一年向出让人提交续期申请书，除根据社会公共利益需要收回本合同项下宗地的，出让人应当予以批准。

住宅建设用地使用权期限届满的，自动续期。

出让人同意续期的，土地使用者应当依法办理出让、租赁等有偿用地手续，重新签订出让、租赁等土地有偿使用合同，支付土地出让价款、租金等土地有偿使用费。

第二十六条 土地出让期限届满，土地使用者申请续期，因社会公共利益需要未获批准的，土地使用者应当交回国有土地使用证，并依照规定办理国有建设用地使用权注销登记，国有建设用地使用权由出让人无偿收回。出让人和土地使用者同意本合同项下宗地上的建筑物、构筑物及其附属设施，按本条第____项约定履行：

（一）由出让人收回地上建筑物、构筑物及其附属设施，并根据收回时地上建筑物、构筑物及其附属设施的残余价值，给予土地使用者相应补偿；

（二）由出让人无偿收回地上建筑物、构筑物及其附属设施。

第二十七条 土地出让期限届满，土地使用者没有申请续期的，土地使用者应当交回国有土地使用证，并依照规定办理国有建设用地使用权注销登记，国有建设用地使用权由出让人无偿收回。本合同项下宗地上的建筑物、构筑物及其附属设施，由出让人无偿收回，土地使用者应当保持地上建筑物、构筑物及其附属设施的正常使用功能，不得人为破坏。地上建筑物、构筑物及其附属设施失去正常使用功能的，出让人可要求土地使用者移动或拆除地上建筑物、构筑物及其附属设施，恢复场地平整。

第六章 不可抗力

第二十八条 合同双方当事人任何一方由于不可抗力原因造成的本合同部分或全部不能履行，可以免除责任，但应在条件允许下采取一切必要的补救措施以减少因不可抗力造成的损失。当事人迟延履行期间发生的不可抗力，不具有免责效力。

第二十九条 遇有不可抗力的一方，应在7日内将不可抗力情况以信函、电报、传真等书面形式通知另一方，并在不可抗力发生后15日内，向另一方提交本合同部分或全部不能履行或需要延期履行的报告及证明。

第七章 违约责任

第三十条 受让人应当按照本合同约定，按时支付国有建设用地使用权出让价款。受让人不能按时支付国有建设用地使用权出让价款的，自滞纳之日起，每日按迟延支付款项的____‰向出让人缴纳违约金，延期付款超过60日，经出让人催交后仍不能支付国有建设用地使用权出让价款的，出让人有权解除合同，受让人无权要求返还定金，出让人并可请求受让人赔偿损失。

第三十一条 受让人因自身原因终止该项目投资建设，向出让人提出终止履行本合同并请求退还土地的，出让人报经原批准土地出让方案的人民政府批准后，分别按以下约定，退还除本合同约定的定金以外的全部或部分国有建设用地使用权出让价款（不计利息），收回国有建设用地使用权，该宗地范围内已建的建筑物、构筑物及其附属设施可不予补偿，出让人还可要求受让人清除已建建筑物、构筑物及其附属设施，恢复场地平整；但出让人愿意继续利用该宗地范围内已建的建筑物、构筑物及其附属设施的，应给予受让人一定补偿：

（一）受让人在本合同约定的开工建设日期届满一年前不少于60日向出让人提出申请的，出让人在扣除定金后退还受让人已支付的国有建设用地使用权出让价款；

（二）受让人在本合同约定的开工建设日期超过一年但未满二年，并在届满二年前不少于60日向出让人提出申请的，出让人应在扣除本合同约定的定金，并按照规定征收土地闲置费后，将剩余的已付国有建设用地使用权出让价款退还受让人。

第三十二条 受让人造成土地闲置，闲置满一年不满两年的，应依法缴纳土地闲置费；土地闲置满两年且未开工建设的，出让人有权无偿收回国有建设用地使用权。

第三十三条 受让人未能按照本合同约定日期或同意延建所另行约定日期开工建设的，每延期一日，应向出让人支付相当于国有建设用地使用权出让价款总额____‰的违约金，出让人有权要求受让人继续履约。

受让人未能按照本合同约定日期或同意延建所另行约定日期竣工的，每延期一日，应向出让人支付相当于国有建设用地使用权出让价款总额____‰的违约金。

第三十四条 项目固定资产总投资、投资强度和开发投资总额未达到本合同约定标准的，出让人可以按照实际差额部分占约定投资总额和投资强度指标的比例，要求受让人支付相当于同比例国有建设用地使用权出让价款的违约金，并可要求受让人继续履约。

第三十五条　本合同项下宗地建筑容积率、建筑密度等任何一项指标低于本合同约定的最低标准的，出让人可以按照实际差额部分占约定最低标准的比例，要求受让人支付相当于同比例国有建设用地使用权出让价款的违约金，并有权要求受让人继续履行本合同；建筑容积率、建筑密度等任何一项指标高于本合同约定最高标准的，出让人有权收回高于约定的最高标准的面积部分，有权按照实际差额部分占约定标准的比例，要求受让人支付相当于同比例国有建设用地使用权出让价款的违约金。

第三十六条　工业建设项目的绿地率、企业内部行政办公及生活服务设施用地所占比例、企业内部行政办公及生活服务设施建筑面积等任何一项指标超过本合同约定标准的，受让人应当向出让人支付相当于宗地出让价款____‰的违约金，并自行拆除相应的绿化和建筑设施。

第三十七条　受让人按本合同约定支付国有建设用地使用权出让价款的，出让人必须按照本合同约定按时交付出让土地。由于出让人未按时提供出让土地而致使受让人本合同项下宗地占有延期的，每延期一日，出让人应当按受让人已经支付的国有建设用地使用权出让价款的____‰向受让人给付违约金，土地使用年期自实际交付土地之日起算。出让人延期交付土地超过60日，经受让人催交后仍不能交付土地的，受让人有权解除合同，出让人应当双倍返还定金，并退还已经支付国有建设用地使用权出让价款的其余部分，受让人并可请求出让人赔偿损失。

第三十八条　出让人未能按期交付土地或交付的土地未能达到本合同约定的土地条件或单方改变土地使用条件的，受让人有权要求出让人按照规定的条件履行义务，并且赔偿延误履行而给受让人造成的直接损失。土地使用年期自达到约定的土地条件之日起算。

第八章　适用法律及争议解决

第三十九条　本合同订立、效力、解释、履行及争议的解决，适用中华人民共和国法律。

第四十条　因履行本合同发生争议，由争议双方协商解决，协商不成的，按本条第____项约定的方式解决：

（一）提交____________仲裁委员会仲裁；

（二）依法向人民法院起诉。

第九章　附　　则

第四十一条　本合同项下宗地出让方案业经________人民政府批准，本合同自双方签订之日起生效。

第四十二条　本合同双方当事人均保证本合同中所填写的姓名、通讯地址、电话、传真、开户银行、代理人等内容的真实有效，一方的信息如有变更，应于变更之日起15日内以书面形式告知对方，否则由此引起的无法及时告知的责任由信息变更方承担。

第四十三条　本合同和附件共____页，以中文书写为准。

第四十四条　本合同的价款、金额、面积等项应当同时以大、小写表示，大小写数额应当一致，不一致的，以大写为准。

第四十五条　本合同未尽事宜，可由双方约定后作为合同附件，与本合同具有同等法律效力。

第四十六条　本合同一式____份，出让人、受让人各执____份，具有同等法律效力。

出让人（章）：	受让人（章）：
法定代表人	法定代表人
（委托代理人）	（委托代理人）：
（签字）：	（签字）：
	二〇　　年　月　日

附件1：

出让宗地平面界址图

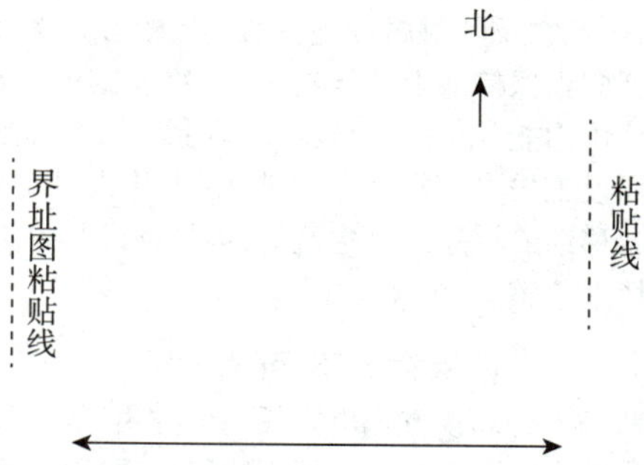

比例尺：1:________

附件 2：

出让宗地竖向界限

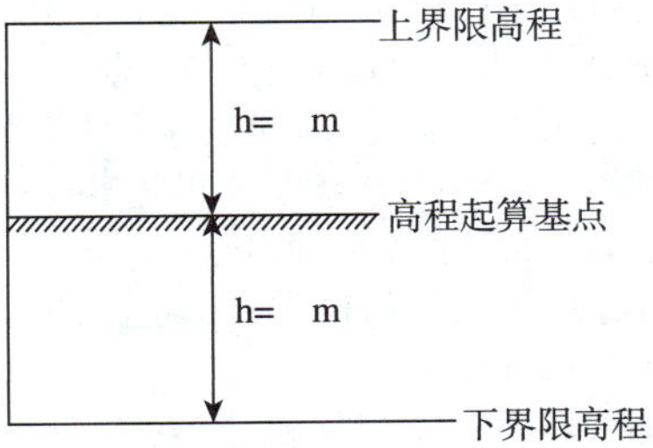

采用的高程系：________

比例尺：1：________

附件 3：

________市（县）政府规划管理部门
确定的出让宗地规划条件

国有建设用地使用权出让合同使用说明

一、《国有建设用地使用权出让合同》包括合同正文、附件 1（出让宗地平面界址图）、附件 2（出让宗地竖向界限）和附件 3（市县政府规划管理部门确定的出让宗地规划条件）。

二、本合同中的出让人为有权出让国有建设用地使用权的市、县人民政府国土资源行政主管部门。

三、出让人出让的土地必须是国有建设用地。本合同以宗地为单位进行填写。宗地是指土地权属界线封闭的地块或者空间。

四、本合同第四条中，出让宗地空间范围是以平面界址点所构成的垂直面和上、下界限高程平面封闭形成的空间范围。出让宗地的平面界限按宗地的界址点坐标填写；出让宗地的竖向界限，可以按照 1985 年国家高程系统为起算基点填写，也可以按照各地高程系统为起算基点填写。高差是垂直方向从起算面到终止面的距离。如：出让宗地的竖向界限以标高 +60 米（1985 年国家高程系统）为上界限，以标高 -10 米（1985 年国家高程系统）为下界限，高差为 70 米。

五、本合同第五条中，宗地用途按《土地利用现状分类》（中华人民共和国国家标准 GB/T 21010—2007）规定的土地二级类填写。依据规划用途可以划分为不同宗地的，应先行分割成不同的宗地，再按宗地出让。属于同一宗地中包含两种或两种以上不同用途的，应当写明各类具体土地用途的出让年期及各类具体用途土地占宗地的面积比例和空间范围。

六、本合同第六条中，土地条件按照双方实际约定选择和填写。属于待开发建设的用地，选择第一项；属于原划拨（承租）建设用地使用权补办出让手续的，选择第二项。

七、本合同第十条中，建设用地使用权出让价款支付方式按双方实际约定选择和填写。双方约定建设用地使用权出让价款一次性付清的，选择第一款第一项；分期支付的，选择第一款第二项。

八、本合同第十二条中，宗地开发投资强度根据建设项目的性质选择和填写。属于工业项目建设的，选择第一项；不属于工业项目建设的，选择第二项。

九、本合同第十三条中，受让宗地用于工业项目建设的，应当按照国土资源部《关于发布和实施〈工业项目建设用地控制指标〉的通知》（国土资发〔2008〕24 号）要求，建筑容积率、建筑密度只填写最低限指标，即“不低于____”。新出台的法律政策对工业项目建筑容积率、建筑密度等有规定的，签订出让合同时，应当按照最新政策规定填写。

十、本合同第十四条中，宗地建设配套情况根据建设项目的性质选择和填写。宗地用于工业项目建设的，选择第一项；宗地用于住宅项目建设的，选择第二项。选择第一项的，宗地范围内用于企业行政办公及生活服务设施的占地面积占受让宗地面积的比例，按照国土资源部《关于发布和实施〈工业项目建设用地控制指标〉的通知》（国土资发〔2008〕24 号）的有关规定填写，原则上不得超过 7%；选择第二项的，按照《国务院关于促进节约集约用地的通知》（国发〔2008〕3 号）、国土资源部《关于认真贯彻〈国务院关于解决城市低收入家庭住房困难的若干意见〉进一步加强土地供应调控的通知》（国土资发〔2007〕236 号）的有关规定填写。新出台的法律政策对工业项目用地中企业行政办公及生活服务设施的用地面积比例、套型建筑面积 90 平方米以下住房套数及面积比例、商品住宅项目中配建经济适用住房和廉租住房等有规定的，签订出让合同时，应当按照最新政策规定填写。

十一、本合同第十六条中，受让宗地用于商品住宅项目建设的，出让宗地的开工时间和竣工时间，按照国土资源部《关于认真贯彻〈国务院关于解决城市低收入家庭住房困难的若干意见〉进一步加强土地供应调控的通知》（国土资发〔2007〕236 号）的有关规定填写，原则上开发时间最长不得超过三年。国家新出台的法律政策对出让宗地开工时间和竣工时间有规定的，签订出让合同时，应当按照最新规定填写。

十二、本合同第十八条中，在土地出让期限内，非经营性用地改变为经营性用地的，应当按照《国务院关于促进节约集约用地的通知》（国发〔2008〕3号）的规定执行。国家新出台的法律政策对改变土地用途有规定的，签订出让合同时，应当按照最新规定填写。

十三、本合同第二十一条中，属于房屋开发的，选择第一项；属于土地综合开发的，选择第二项。

十四、本合同第三十条和第三十七条中，受让人不能按合同约定及时支付国有建设用地使用权出让价款，出让人不能按合同约定及时提供出让土地的，应当根据《国务院办公厅关于规范国有土地使用权出让收支管理的通知》（国办发〔2006〕100号）的有关规定和双方当事人权利义务对等原则，违约金比例按1‰填写。国家新出台的法律政策对受让人不能按时支付国有建设用地使用权出让价款的违约金比例有规定的，签订出让合同时，应当按照最新规定填写。

十五、本合同由省、自治区、直辖市国土资源管理部门统一编号。

十六、本合同由国土资源部和国家工商行政管理总局负责解释。

·程序·

经营性土地使用权出让程序

投标招标程序

1. 投标人在投标截止时间前将标书投入标箱。招标公告允许邮寄标书的，投标人可以邮寄，但出让人在投标截止时间前收到的方为有效。

标书投入标箱后，不可撤回。投标人应对标书和有关书面承诺承担责任。

2. 出让人按照招标公告规定的时间、地点开标，邀请所有投标人参加。由投标人或者其推选的代表检查标箱的密封情况，当众开启标箱，宣布投标人名称、投标价格和投标文件的主要内容。投标人少于三人的，出让人应当依照本规定重新招标。

3. 评标小组进行评标。评标小组由出让人代表、有关专家组成，成员人数为五人以上的单数。

评标小组可以要求投标人对投标文件作出必要的澄清或者说明，但是澄清或者说明不得超出投标文件的范围或者改变投标文件的实质性内容。

评标小组应当按照招标文件确定的评标标准和方法，对投标文件进行评审。

4. 招标人根据评标结果，确定中标人。

拍卖会程序

1. 主持人点算竞买人；

2. 主持人介绍拍卖宗地的位置、面积、用途、使用年期、规划要求和其他有关事项；

3. 主持人宣布起叫价和增价规则及增价幅度，没有底价的，应当明确提示；

4. 主持人报出起叫价；

5. 竞买人举牌应价或者报价；

6. 主持人确认该应价后继续竞价；

7. 主持人连续三次宣布同一应价而没有再应价的，主持人落槌表示拍卖成交；

8. 主持人宣布最高应价者为竞得人。

挂牌程序

1. 在挂牌公告规定的挂牌起始日，出让人将挂牌宗地的位置、面积、用途、使用年期、规划要求、起始价、增价规则及增价幅度等，在挂牌公告规定的土地交易场所挂牌公布；

2. 符合条件的竞买人填写报价单报价；

3. 出让人确认该报价后，更新显示挂牌价格；

4. 出让人继续接受新的报价；

5. 出让人在挂牌公告规定的挂牌截止时间确定竞得人。

3. 土地使用权划拨

划拨用地目录

2001年10月22日国土资源部令第9号公布施行

一、根据《中华人民共和国土地管理法》和《中华人民共和国城市房地产管理法》的规定，制定本目录。

二、符合本目录的建设用地项目，由建设单位提出申请，经有批准权的人民政府批准，方可以划拨方式提供土地使用权。

三、对国家重点扶持的能源、交通、水利等基础设施用地项目，可以以划拨方式提供土地使用权。对以营利为目的，非国家重点扶持的能源、交通、水利等基础设施用地项目，应当以有偿方式提供土地使用权。

四、以划拨方式取得的土地使用权，因企业改制、土地使用权转让或者改变土地用途等不再符合本目录的，应当实行有偿使用。

五、本目录施行后，法律、行政法规和国务院的有关政策另有规定的，按有关规定执行。

六、本目录自发布之日起施行。原国家土地管理局颁布的《划拨用地项目目录》同时废止。

国家机关用地和军事用地

（一）党政机关和人民团体用地

1. 办公用地。

2. 安全、保密、通讯等特殊专用设施。

（二）军事用地

1. 指挥机关、地面和地下的指挥工程、作战工程。

2. 营区、训练场、试验场。

3. 军用公路、铁路专用线、机场、港口、码头。

4. 军用洞库、仓库、输电、输油、输气管线。

5. 军用通信、通讯线路、侦察、观测台站和测量、导航标志。

6. 国防军品科研、试验设施。

7. 其他军事设施。

城市基础设施用地和公益事业用地

（三）城市基础设施用地

1. 供水设施：包括水源地、取水工程、净水厂、输配水工程、水质检测中心、调度中心、控制中心。

2. 燃气供应设施：包括人工煤气生产设施、液化石油气气化站、液化石油气储配站、天然气输配气设施。

3. 供热设施：包括热电厂、热力网设施。

4. 公共交通设施：包括城市轻轨、地下铁路线路、公共交通车辆停车场、首末站（总站）、调度中心、整流站、车辆保养场。

5. 环境卫生设施：包括雨水处理设施、污水处理厂、垃圾（粪便）处理设施、其他环卫设施。

6. 道路广场：包括市政道路、市政广场。

7. 绿地：包括公共绿地（住宅小区、工程建设项目的配套绿地除外）、防护绿地。

（四）非营利性邮政设施用地

1. 邮件处理中心、邮政支局（所）。

2. 邮政运输、物流配送中心。

3. 邮件转运站。

4. 国际邮件互换局、交换站。

5. 集装容器（邮袋、报皮）维护调配处理场。

（五）非营利性教育设施用地

1. 学校教学、办公、实验、科研及校内文化体育设施。

2. 高等、中等、职业学校的学生宿舍、食堂、教学实习及训练基地。

3. 托儿所、幼儿园的教学、办公、园内活动场地。

4. 特殊教育学校（盲校、聋哑学校、弱智学校）康复、技能训练设施。

（六）公益性科研机构用地

1. 科学研究、调查、观测、实验、试验（站、场、基地）设施。

2. 科研机构办公设施。

（七）非营利性体育设施用地

1. 各类体育运动项目专业比赛和专业训练场（馆）、配套设施（高尔夫球场除外）。

2. 体育信息、科研、兴奋剂检测设施。

3. 全民健身运动设施（住宅小区、企业单位内配套的除外）。

（八）非营利性公共文化设施用地

1. 图书馆。

2. 博物馆。

3. 文化馆。

4. 青少年宫、青少年科技馆、青少年（儿童）活动中心。

（九）非营利性医疗卫生设施用地

1. 医院、门诊部（所）、急救中心（站）、城乡卫生院。

2. 各级政府所属的卫生防疫站（疾病控制中心）、健康教育所、专科疾病防治所（站）。

3. 各级政府所属的妇幼保健所(院、站)、母婴保健机构、儿童保健机构、血站(血液中心、中心血站)。

(十)非营利性社会福利设施用地

1. 福利性住宅。

2. 综合性社会福利设施。

3. 老年人社会福利设施。

4. 儿童社会福利设施。

5. 残疾人社会福利设施。

6. 收容遣送设施。

7. 殡葬设施。

国家重点扶持的能源、交通、水利等基础设施用地

(十一)石油天然气设施用地

1. 油(气、水)井场及作业配套设施。

2. 油(气、汽、水)计量站、转接站、增压站、热采站、处理厂(站)、联合站、注水(气、汽、化学助剂)站、配气(水)站、原油(气)库、海上油气陆上终端。

3. 防腐、防砂、钻井泥浆、三次采油制剂厂(站)、材料配制站(厂、车间)、预制厂(车间)。

4. 油(气)田机械、设备、仪器、管材加工和维修设施。

5. 油、气(汽)、水集输和长输管道、专用交通运输设施。

6. 油(气)田物资仓库(站)、露天货场、废旧料场、成品油(气)库(站)、液化气站。

7. 供排水设施、供配电设施、通讯设施。

8. 环境保护检测、污染治理、废旧料(物)综合处理设施。

9. 消防、安全、保卫设施。

(十二)煤炭设施用地

1. 矿井、露天矿、煤炭加工设施,共伴生矿物开采与加工场地。

2. 矿井通风、抽放瓦斯、煤层气开采、防火灌浆、井下热害防治设施。

3. 采掘场与疏干设施(含控制站)。

4. 自备发电厂、热电站、输变电设施。

5. 矿区内煤炭机电设备、仪器仪表、配件、器材供应与维修设施。

6. 矿区生产供水、供电、燃气、供气、通讯设施。

7. 矿山救护、消防防护设施。

8. 中心试验站。

9. 专用交通、运输设施。

(十三)电力设施用地

1. 发(变)电主厂房设施及配套库房设施。

2. 发(变)电厂(站)的专用交通设施。

3. 配套环保、安全防护设施。

4. 火力发电工程配电装置、网控楼、通信楼、微波塔。

5. 火力发电工程循环水管(沟)、冷却塔(池)、阀门井水工设施。

6. 火力发电工程燃料供应、供热设施,化学楼、输煤综合楼,启动锅炉房、空压机房。

7. 火力发电工程乙炔站、制氢(氧)站,化学水处理设施。

8. 核能发电工程应急给水储存室、循环水泵房、安全用水泵房、循环水进排水口及管沟、加氯间、配电装置。

9. 核能发电工程燃油储运及油处理设施。

10. 核能发电工程制氢站及相应设施。

11. 核能发电工程淡水水源设施,净水设施,污水、废水处理装置。

12. 新能源发电工程电机,厢变、输电(含专用送出工程)、变电站设施,资源观测设施。

13. 输配电线路塔(杆),巡线站、线路工区,线路维护、检修道路。

14. 变(配)电装置,直流输电换流站及接地极。

15. 输变电、配电工程给排水、水处理等水工设施。

16. 输变电工区、高压工区。

(十四)水利设施用地

1. 水利工程用地:包括挡水、泄水建筑物、引水系统、尾水系统、分洪道及其附属建筑物,附属道路、交通设施,供电、供水、供风、供热及制冷设施。

2. 水库淹没区。

3. 堤防工程。

4. 河道治理工程。

5. 水闸、泵站、涵洞、桥梁、道路工程及其管护设施。

6. 蓄滞洪区、防护林带、滩区安全建设工程。

7. 取水系统:包括水闸、堰、进水口、泵站、机电井及其管护设施。

8. 输(排)水设施(含明渠、暗渠、隧道、管道、桥、渡槽、倒虹、调蓄水库、水池等)、加压(抽、排)泵站、水厂。

9. 防汛抗旱通信设施,水文、气象测报设施。

10. 水土保持管理站、科研技术推广所(站)、试验地设施。

(十五)铁路交通设施用地

1. 铁路线路、车站及站场设施。

2. 铁路运输生产及维修、养护设施。

3. 铁路防洪、防冻、防雪、防风沙设施(含苗圃及植被保护带)、生产防疫、环保、水保设施。

4. 铁路给排水、供电、供暖、制冷、节能、专用通信、信号、信息系统设施。

5. 铁路轮渡、码头及相应的防风、防浪堤、护岸、栈桥、渡船整备设施。

6. 铁路专用物资仓储库(场)。

7. 铁路安全守备、消防、战备设施。

(十六)公路交通设施用地

1. 公路线路、桥梁、交叉工程、隧道和渡口。

2. 公路通信、监控、安全设施。

3. 高速公路服务区(区内经营性用地除外)。

4. 公路养护道班(工区)。

5. 公路线路用地界外设置的公路防护、排水、防洪、防雪、防波、防风沙设施及公路环境保护、监测设施。

(十七)水路交通设施用地

1. 码头、栈桥、防波堤、防沙导流堤、引堤、护岸、围堰水工工程。

2. 人工开挖的航道、港池、锚地及停泊区工程。

3. 港口生产作业区。

4. 港口机械设备停放场地及维修设施。

5. 港口专用铁路、公路、管道设施。

6. 港口给排水、供电、供暖、节能、防洪设施。

7. 水上安全监督(包括沿海和内河)、救助打捞、港航消防设施。

8. 通讯导航设施、环境保护设施。

9. 内河航运管理设施、内河航运枢纽工程、通航建筑物及管理维修区。

(十八)民用机场设施用地

1. 机场飞行区。

2. 公共航空运输客、货业务设施:包括航站楼、机场场区内的货运库(站)、特殊货物(危险品)业务仓库。

3. 空中交通管理系统。

4. 航材供应、航空器维修、适航检查及校验设施。

5. 机场地面专用设备、特种车辆保障设施。

6. 油料运输、中转、储油及加油设施。

7. 消防、应急救援、安全检查、机场公用设施。

8. 环境保护设施:包括污水处理、航空垃圾处理、环保监测、防噪声设施。

9. 训练机场、通用航空机场、公共航运机场中的通用航空业务配套设施。

法律、行政法规规定的其他用地

(十九)特殊用地

1. 监狱。

2. 劳教所。

3. 戒毒所、看守所、治安拘留所、收容教育所。

最高人民法院关于破产企业国有划拨土地使用权应否列入破产财产等问题的批复

1. 2002年10月11日最高人民法院审判委员会第1245次会议通过、2003年4月16日公布、自2003年4月18日起施行(法释〔2003〕6号)

2. 根据2020年12月23日最高人民法院审判委员会第1823次会议通过、2020年12月29日公布、自2021年1月1日起施行的《最高人民法院关于修改〈最高人民法院关于破产企业国有划拨土地使用权应否列入破产财产等问题的批复〉等二十九件商事类司法解释的决定》(法释〔2020〕18号)修正

湖北省高级人民法院:

你院鄂高法〔2002〕158号《关于破产企业国有划拨土地使用权应否列入破产财产以及有关抵押效力认定等问题的请示》收悉。经研究,答复如下:

一、根据《中华人民共和国土地管理法》第五十八条第一款第(三)项及《城镇国有土地使用权出让和转让暂行条例》第四十七条的规定,破产企业以划拨方式取得的国有土地使用权不属于破产财产,在企业破产时,有关人民政府可以予以收回,并依法处置。纳入国家兼并破产计划的国有企业,其依法取得的国有土地使用权,应依据国务院有关文件规定办理。

二、企业对其以划拨方式取得的国有土地使用权无处分权,以该土地使用权设定抵押,未经有审批权限的人民政府或土地行政管理部门批准的,不影响抵押合同效力;履行了法定的审批手续,并依法办理抵押登记的,抵押权自登记时设立。根据《中华人民共和国城市房地产管理法》第五十一条的规定,抵押权人只有在以抵押标的物折价或拍卖、变卖所得价款缴纳相当于土地使用权出让金的款项后,对剩余部分方可享有优先受偿权。但纳入国家兼并破产计划的国有企业,其用以划拨方式取得的国有土地使用权设定抵押的,应依据国务院有关文件规定办理。

三、国有企业以关键设备、成套设备、建筑物设定抵押的,如无其他法定的无效情形,不应当仅以未经政府主管部门批准为由认定抵押合同无效。

本批复自公布之日起施行,正在审理或者尚未审理的案件,适用本批复,但对提起再审的判决、裁定已经发生法律效力的案件除外。

此复

4. 土地使用权转让

国土资源部办公厅关于股权转让涉及土地使用权变更有关问题的批复

1. 2004年5月31日
2. 国土资厅函〔2004〕224号

广东省国土资源厅：

你厅《关于股权转让涉及土地使用权变更有关问题的请示》(粤国土资〔2003〕256号)收悉。经研究，现批复如下：

太古可口可乐香港有限公司将其全资拥有的独资企业——太古饮品(东莞)有限公司全部转让给可口可乐(中国)投资有限公司，属于企业资产的整体出售，其中包含土地使用权的转移。因此，该行为属于土地使用权转让，应按土地使用权转让的规定办理变更登记。

国土资源部办公厅关于企业产权转让涉及国有土地使用权转让有关问题的复函

1. 2006年4月10日
2. 国土资发函〔2006〕160号

四川省国土资源厅：

你厅《关于企业产权转让涉及国有土地使用权转让有关问题的请示》(四川国资〔2006〕20号)收悉。经研究，现答复如下：

一、企业转让国有产权涉及以出让方式取得的国有土地使用权及其地上建筑物、其他附着物的，必须取得合法产权证明，否则不得转让。

二、企业转让国有产权时未在土地有形市场公开进行转让国有土地使用权，而在产权交易机构转让成交的，国土资源管理部门应当依法办理土地使用权过户相关手续。

军用土地使用权转让管理暂行规定

1995年5月16日总参谋部、总政治部、总后勤部发布施行

第一章　总　　则

第一条　为加强军用土地使用权转让管理，适应国家土地使用制度改革，根据《中华人民共和国城镇国有土地使用权出让和转让暂行条例》和《中国人民解放军房地产管理条例》，制定本规定。

第二条　本规定所称军用土地使用权转让，是指依法将军用土地使用权转移的行为。

第三条　军用土地使用权转让，必须遵循统一政策、统一规划、统一管理的原则，严格执行国家和军队的有关法律法规，科学论证，精心组织，注重效益，不得损害军队和社会的公共利益。

第四条　军用土地使用权转让，应在保证部队战备、使用和长远建设需要及确保军事秘密安全的前提下进行。军事禁区、保密要求高的单位和军事禁区附近、自己有能力开发的土地和权属有争议的土地严禁转让。非开放地区(含已对外开放县、市辖区内尚未批准开放的沿海岛屿)的军用土地不准对外商和港澳台商转让。

第五条　军用土地使用权转让由总后勤部基建营房部归口管理。其主要职责：拟制与国家土地政策相适应的法规、规章，组织编审军用土地开发规划与计划，负责军用土地使用权转让和工程开发项目的审批、指导、监督，收缴应上交总部的土地转让费。

各军区、各军兵种、各总部、国防科工委(以下简称各大单位)所属单位的土地使用权转让，由各大单位后勤基建营房部门归口管理。

第二章　转让的范围及年限

第六条　军用土地使用权转让范围包括：

(一)整宗空闲的土地；

(二)可以划出单独管理的营区边角土地；

(三)独立院落危旧房占用的土地；

(四)被列为城市规划改造范围内的土地；

(五)被列为开发区、经济特区的农场、马场和企业化工厂等用地；

(六)其他可用于开发的土地。

第七条　军用土地使用权转让的方式：

(一)招标；

(二)协议。

军用土地使用权转让应保证地价的公开、公正、公平，采取协议方式的转让费不得低于当地政府规定的最低价。

第八条　军用土地使用权转让类型：

(一)土地转让；

(二)利用土地与地方合作建房；

(三)转让地上建筑物及其他附着物所有权；

(四)其他类型。

第九条 转让军用土地使用权，其地上建筑物、其他附着物所有权随之转让；转让地上建筑物、其他附着物所有权，其使用范围内的土地使用权随之转让。

第十条 军用土地使用权转让，按下列用途确定最高年限：

（一）居住用地不得高于70年；

（二）工业、教育、科技、文化、卫生、体育用地不得高于50年；

（三）商业、旅游、娱乐用地不得高于40年；

（四）综合或者其他用地不得高于50年。

第十一条 受让方取得的军用土地使用权年限届满，土地使用权及地上建筑物、其他附着物所有权的处置按国家和军队的有关规定办理。

第三章 项目审批

第十二条 转让军用土地使用权，不论数量多少，一律报总后勤部审批。其中涉及军事设施安全保密，影响军事设施使用效能或妨碍军事活动正常进行的，报总参谋部、总后勤部审批；向外商、港澳台商转让军用土地，报中央军委审批。地上附着物为军事设施的，按军事设施保护法和总部有关规定办理。

第十三条 转让军用土地使用权按下列程序办理：

（一）转让单位进行土地开发可行性论证、合作对象资信调查和签订合同（协议）后，向各大单位提出申请；

（二）各大单位审核确定土地面积、用途、用地范围和评估地价后，按程序上报审批；

（三）军委、总部批复后，按规定向总后勤部和各大单位后勤部缴纳土地转让费和土地管理费，领取《军用土地补办出让手续许可证》（以下简称《许可证》），凭《许可证》到当地人民政府土地管理部门办理土地出让、权属过户手续；

（四）按基建程序申报建设计划；

（五）修改地籍、营产档案资料。

第十四条 军用土地使用权转让按后勤供应渠道上报审批，各大单位上报的请示件，必须附有下列资料：

（一）申报单位的请示件；

（二）转让双方签订的合同（协议）正本；

（三）标明转让土地位置的地籍图；

（四）可行性论证报告；

（五）土地估价报告；

（六）受让单位资信材料。

成片土地开发，除附本条（一）、（二）、（三）、（四）项规定的资料外，还应附有开发总体规划。

第十五条 军用土地使用权转让，应做到契约文书合法，手续完备，并经公证机关公证。转让单位与合作对象签订的合同（协议）包括以下基本内容（式样附后）：

（一）转让土地（含地上建筑物、其他附着物）的位置、数量和年限；

（二）土地转让费的交付方式、时间；

（三）合作建房的面积、工程总投资、类型、结构、用途、装修标准、开竣工时间及房屋建成后的分成比例；

（四）转让双方的权益、责任和违约赔偿；

（五）明确上缴地方和军队税费的责任方；

（六）明确合同（协议）经军队主管机关审批后生效。

第十六条 经批准取得土地使用权进行房地产开发的单位，必须按照土地使用权转让合同约定的用途、时间开发。不按合同约定用途开发或两年内未开发的，总部将无偿收回土地使用权。

第十七条 军用土地使用权转让经批准后，其建设规模、转让土地数量发生改变的，必须重新报批；转让对象发生改变，其他转让条件不变的，由各大单位后勤基建营房部门审批，报总后勤部基建营房部备案。各大单位后勤基建营房部门，在每年12月底前，将项目落实情况上报总后勤部基建营房部。

第十八条 军用土地使用权转让价格，应由取得资格认可的评估机构进行地价评估，禁止廉价转让军用土地。各大单位后勤基建营房部门有条件的可编设房地产评估机构。

第四章 收费标准

第十九条 军用土地使用权转让，转让单位必须按转让土地评估地价的20%向总后勤部缴纳土地转让费；按转让土地评估地价的8%向大单位后勤部缴纳土地管理费。

第二十条 转让地上建筑物、其他附着物所有权涉及军用土地使用权转让的（含合建分得房屋的出售），转让单位必须按转让经费的20%向总后勤部缴纳土地转让费；按转让经费的8%向大单位后勤部缴纳土地管理费。

第二十一条 上缴的土地转让费应一次付清。数额超过500万元的可分期上缴，分期上缴的时间和数额在批复中明确，首期上缴的经费不得少于500万元。

第二十二条 军用土地使用权转让实行许可证制度。解放军土地管理局根据军委、总部的批复文件，收取土地转让费后，核发《许可证》。不按要求缴纳土地转让费的，不发给《许可证》，没有《许可证》的转让项目禁止转让。

第二十三条 军用土地使用权转让所得剩余经费的使用,由各大单位后勤部通盘考虑,调整使用,并按基建程序上报审批。

第二十四条 总后勤部和各大单位后勤部收取的土地转让费和土地管理费,由总后勤部基建营房部和各大单位后勤基建营房部门分别实行专项管理,一律用于军队房地产事业。

第五章 奖励和处罚

第二十五条 对按规定转让军用土地使用权并在工作中取得突出成绩的单位和个人,应按有关规定,给予精神或者物质奖励。

第二十六条 对擅自转让或变相转让军用土地使用权的,必须全部没收其转让收入或合建所得房产,并对主管负责人和直接责任者按有关规定给予处分。没收的经费按财务系统逐级上缴到总后勤部,房产由总后勤部统一调整处理。

第二十七条 对利用军用土地使用权做交易、谋取私利,造成军队房地产严重流失的,除限期收回房地产外,应当根据情节轻重给予决策人和直接责任者行政处分、经济处罚;构成犯罪的,依法追究其刑事责任。

第二十八条 对不按规定上缴经费的单位,必须限期补缴;对拒不补缴者,可在下达该单位的基建计划中扣抵。

第六章 附 则

第二十九条 军用土地使用权入股、抵押和以土地使用权为条件与地方、外商、港澳台商兴办合资合作企业;军内各大单位间的合作建房、调整给军内企业单位土地,其报批程序、收费标准按本规定办理。

第三十条 军用土地使用权出租和土地开发后的经营管理(不含房屋出售),按《军队房地产经营管理规定》办理。

第三十一条 本规定由总后勤部基建营房部负责解释。

第三十二条 本规定自发布之日起施行。以往印发的有关文件与本规定不一致的,均以本规定为准。

附件一:

军用土地使用权转让合同
（参考式样）

甲方:(转让土地的军队单位名称或部队代号)

乙方:(受让土地的单位名称)

根据国家和军队有关政策和法规,就军用土地转让问题,双方本着平等、自愿、互利的原则,经协商,订立本合同。

第一条 甲方转让给乙方的地块位于__________,宗地编号________,该地块总面积________平方米,建筑面积________平方米。

第二条 乙方按本合同规定向甲方支付土地转让费________万元,地上建筑物拆迁补偿费及其他费用________万元(注:视具体情况定)。

第三条 本合同项下的土地使用权转让年限______年,自______起算。

第四条 甲方负责办理军队内部土地转让的报批手续,领取《军用土地补办出让手续许可证》,按规定应上缴的土地转让费、土地管理费由______方承担。

第五条 本合同经双方签订后____日内,乙方须以现金支票或现金向甲方缴付______万元作为履行合同的定金,定金抵作______费(注:视具体情况定)。

第六条 除合同另有规定外,乙方应在本合同生效后____日内(之前),将合同要求支付的一切费用汇入甲方开户银行账号内,开户单位________,开户银行________,账号________。

第七条 甲方银行账号如有变更,应在变更后____日内以书面形式通知乙方,由于甲方未及时通知此类变更而造成误期付款所引起的任何延迟收费,乙方均不承担违约责任。

第八条 甲方在收到乙方全部款项后____日内,提供本合同项下转让地块,并协助乙方办理土地产权变更登记手续。

第九条 甲方对乙方受让土地开发、使用、管理的限制条件(注:视具体情况确定是否限定)。在转让期内乙方如需改变上述限定,应当取得甲方同意。

第十条 乙方依本合同取得的土地使用权,可按国家有关规定进行转让、出租、抵押。但本合同另有规定者除外。

第十一条 本合同规定的转让期满,乙方受让的土地使用权及地上建筑物、其他附着物所有权的处置按国家和军队有关规定办理。

乙方如需继续使用该地块,应在期满前____日向甲方提出续期申请书,经军队主管部门审批后,确定新的转让年限和转让条件,签订续期转让合同。

第十二条 甲方根据军事需要可以提前收回土地使用权,并给予乙方适当的经济补偿。

第十三条 如果一方未能履行合同项下的义务,视为违反本合同。违反方从另一方收到具体说明违反情况的通知后，应在____日内纠正该违约。如____日内没有纠正，违约方应向另一方赔偿违约引起的一切直接和可预见的损失。

第十四条 如果甲方逾期____月不能提供本合同转让地块，视为自动终止合同，甲方退回乙方双倍定金和其他费用，并赔偿乙方____%的违约金。

第十五条 如果乙方不能按时支付任何应付款项，从滞纳之日起，每日按应缴纳费用的____%缴纳滞纳金。如果乙方逾期____月不付清全部款项，视为自动终止合同，乙方所付款项____%作为赔偿金归甲方所有。

第十六条 任何一方因不可抗力造成延误，部分或全部不能履行合同均不承担责任。遭受不可抗力事件的一方应在条件允许下采取一切合理措施以减少因这一事件造成的损失。

第十七条 本合同经军队主管机关审批后生效。

第十八条 本合同未尽事宜，可由双方约定后作为合同附件。合同附件与本合同具有同等法律效力。

第十九条 因执行合同发生争议，由争议双方协商解决，协商不成，双方同意向经济合同仲裁委员会申请仲裁（当事人双方不在合同中约定仲裁机构，事后又没有达成书面仲裁协议的，可向人民法院起诉）。

第二十条 本合同正本一式____份，甲乙双方各执____份。上报军队主管部门____份。

甲方：（盖章）　　　　乙方：（盖章）
法定代表人：（签字）　　法定代表人：（签字）
签约地点：
签约时间：

备注：本合同（或称协议）仅供参考，具体条款可根据项目情况取舍、增加和修改。

附件二：

合作建房合同（参考式样）

甲方：（提供土地的军队单位名称或部队代号）
乙方：（合作单位名称）

根据国家和军队有关政策和法规，就合作建房问题，双方本着平等、自愿、互利的原则，经协商，订立本合同。

第一条 甲乙双方合作建设________项目，建筑面积________平方米。

第二条 甲方负责提供的土地位于________，宗地编号________，面积为______平方米，拆除建筑面积______平方米。

第三条 乙方负责提供建设经费______万元。

第四条 由______方负责合作建房涉及的地上建筑物及其他附着物的拆迁安置，乙方负责支付甲方补偿费______万元。此项经费本合同生效后____日内由乙方______付给甲方。

第五条 甲方负责办理军队内部合作建房的报批手续，领取《军用土地补办出让手续许可证》，按规定应上缴的土地转让费、土地管理费由______方承担。

第六条 由______方负责向有关部门申请办理合建项目的规划、立项、建房指标及其他有关事宜，发生的费用由______方负责。

第七条 由______方负责合建项目的工程设计、施工，发生的费用由______负责。

第八条 建筑装修及设备标准（视情酌定）。

第九条 工程管理办法（视情酌定）。

第十条 建设工期______月，自______起算。

第十一条 本合同经双方签订后____日内，乙方须以现金支票或现金向甲方缴付______万元作为履行合同的定金，定金抵作______费（注：视具体情况定）。

第十二条 除合同另有规定外，乙方应在本合同生效后______内（或之前），将合同要求支付的一切费用汇入甲方开户银行账号内，开户单位________，开户银行________，账号________。

第十三条 甲方银行账号如有变更，应在变更后______日内以书面形式通知乙方，由于甲方未及时通知此类变更而造成误期付款所引起的任何延迟收费，乙方均不承担违约责任。

第十四条 房屋建成后，双方按______比例分房，即甲方分得房屋面积______平方米，乙方分得房屋面积______平方米及相应的土地面积______平方米。

第十五条 房屋按______分配（注：视具体情况定）。

第十六条 本合同项下的土地使用权转让年限为______年，自______起算。

第十七条 乙方在本合同转让年限内享有分得房屋的所有权及相应的土地使用权。甲方应协助乙方办理房屋和土地产权登记手续。

第十八条 乙方分得房屋的出售、出租、使用管理的限制条件（注：视具体情况确定是否限定）。在转让期限内乙方如需改变上述限定，应当取得甲方同意。

第十九条 乙方依本合同取得的土地使用权，可按国家有关规定进行转让、出租、抵押。但本合同另有规定者除外。

第二十条 乙方分得房屋的水、电、气、暖(注:视具体情况定)由______方负责供应,发生的费用由______方承担。

第二十一条 本合同规定的转让期满,乙方受让的土地使用权及地上建筑物、其他附着物所有权的处置按国家和军队有关规定办理。

乙方如需继续使用分得的房地产,应在期满前____日向甲方提出续期申请书,经军队主管部门审批后,确定新的转让年限及转让条件,签订续期转让合同。

第二十二条 在特殊情况下,甲方根据军事需要可以提前收回土地使用权,并给予乙方适当的经济补偿。

第二十三条 如果一方未能履行合同项下的义务,视为违反本合同。违反方从另一方收到具体说明违反情况的通知后,应在____日内纠正该违约。如____日内没有纠正,违约方应向另一方赔偿违约引起的一切直接和可预见的损失。

第二十四条 如果甲方逾期____月不能提供项目用地,视为自动终止合同,甲方退回乙方双倍定金及其他费用,并赔偿乙方____%的违约金。

第二十五条 如果乙方不能按时支付任何应付款项,从滞纳之日起,每日按应缴纳费用的____%缴纳滞纳金。如果乙方逾期____月不付清全部款项,视为自动终止合同,乙方所付款项____%作为赔偿金归甲方所有。

第二十六条 如果乙方在____月内不投资兴建该项目,甲方有权无偿收回土地使用权,定金归甲方所有。

第二十七条 任何一方因不可抗力造成延误,部分或全部不能履行合同均不承担责任。遭受不可抗力事件的一方应在条件允许下采取一切合理措施以减少因这一事件造成的损失。

第二十八条 本合同经军队主管机关审批后生效。

第二十九条 本合同未尽事宜,可由双方约定后作为合同附件。合同附件与本合同具有同等法律效力。

第三十条 因执行合同发生争议,由争议双方协商解决,协商不成,双方同意向经济合同仲裁委员会申请仲裁(当事人双方不在合同中约定仲裁机构,事后又没有达成书面仲裁协议的,可向人民法院起诉)。

第三十一条 本合同正本一式____份,甲乙双方各执____份。上报军队主管部门____份。

甲方:(盖章)　　乙方:(盖章)

法定代表人:(签字)　　法定代表人:(签字)

签约地点:

签约时间:

备注:本合同(或称协议)仅供参考,具体条款可根据项目情况取舍、增加和修改。

国土资源部、财政部、解放军总后勤部关于加强军队空余土地转让管理有关问题的通知

1. 2007年1月31日

2. 国土资发〔2007〕29号

各省、自治区、直辖市国土资源厅(国土环境资源厅、国土资源局、国土资源和房屋管理局、房屋土地资源管理局)、财政厅(局),计划单列市国土资源行政主管部门、财政局;各军区联勤部,各兵种后勤部,总参三部、管理保障部,总政直工部,总装后勤部,军事科学院院务部,国防大学、国防科技大学校务部,总后所属直供单位:

为进一步加强军队空余土地转让管理,规范土地转让行为,严格执行经营性用地招标拍卖挂牌出让制度,根据国家土地管理法律政策规定和军队的有关规定,现就军队空余土地转让的有关问题通知如下:

一、严格控制军队空余土地的转让范围

军队土地是保障部队战备、训练、工作和生活的重要物质基础。军队空余土地应当首先满足军队单位的用地需求,凡是军队新上建设项目需要使用土地的,应当尽量从现有军队空余土地中调整解决。今后,转让军队空余土地,要按照总后勤部的有关规定,除整宗空余土地、部队部署调整搬迁后空出土地、军队售房区土地、独立坐落干休所土地,以及地方城市规划修建市政基础设施和公益性设施占用土地外,其它军队空余土地原则上不得转让。同时,军队空余土地转为民用之前,军队单位应当严格审查转让是否涉及军事安全、保密等问题,凡涉及军事安全、保密的,一律不得转让。

二、严格实行军队土地转让计划管理

转让军队空余土地,由军队土地使用单位提出申请,按程序报总后勤部批准后,纳入军队空余土地转让计划。军队空余土地在申请转让时,应当征求当地国土资源管理部门和城市规划管理部门的意见,符合土地利用总体规划和城市规划的,应当明确宗地转让后的土地用途、容积率等土地开发利用和规划设计条件。军队空余土地转让计划经总后勤部批准后,抄送有关

省(自治区、直辖市)国土资源管理部门和土地所在地的市、县人民政府。市、县人民政府在编制年度土地供应计划时,应优先安排纳入军队空余土地转让计划的土地。未纳入军队空余土地转让计划和当地土地年度供应计划的土地,不得转让。

三、规范军队空余土地转让行为

经依法批准,可以依法转让的军队空余土地,其土地面积、用途、开发利用和规划设计条件、转让方式、交易结果等信息,在当地土地有形市场和中国土地市场网等相关媒体上公布。凡属于商业、旅游、娱乐、商品住宅和工业用途的,必须在当地统一的土地市场公开转让,按价高者得的原则,确定土地使用权人。

军队空余土地转让可采用以下三种模式:(一)由当地政府收购储备,再由政府统一出让;(二)直接在当地的土地有形市场公开转让,由军队与土地所在地的市、县人民政府国土资源管理部门协商一致后共同实施,招标拍卖挂牌的具体事务性工作可由当地国土资源管理部门承办;(三)由军队单位按照总后勤部的有关规定组织公开转让,确定受让人,市、县国土资源管理部门按规定与受让人签订《国有土地使用权出让合同》,按市场价格核定土地出让收益。具体采用哪种模式,由军队单位与土地所在地的市、县国土资源管理部门协商后,在申报军队空余土地转让计划时一并上报总后勤部审批。

军队空余土地转让项目应当上报总后勤部审批,未经总后勤部批准并确认许可的,各级国土资源管理部门不得办理有关手续。具体办法,由总后勤部另行制定。

四、加强军队空余土地转让后的监督管理

军队空余土地转让后不再属于军用土地,纳入地方职能部门的监督管理。土地用途、开发利用和规划设计条件应当作为军队空余土地转让的前置条件,并在转让文件和《国有土地使用权出让合同》中明确。用地者应当严格按照军队空余土地转让批准文件和《国有土地使用权出让合同》的约定开发利用土地,国土资源管理部门应当加强《国有土地使用权出让合同》管理。对于改变土地用途、容积率等土地使用条件的,应当严格按照《国有土地使用权出让合同》的约定,补交不同用途、容积率的土地价款差额或收回土地使用权重新公开出让。

五、规范军队空余土地转让收益分配和管理

军队空余土地由当地政府收购储备再统一出让的,由当地政府按照土地收购储备的有关规定,向军队支付土地补偿费、安置补助费、地上附着物补偿费、拆迁补偿费等相关费用。

军队空余土地由当地国土资源管理部门实行招标拍卖挂牌转让的,转让收入归军队所有。军队应当按照规定支付土地出让业务费等相关费用。土地出让业务费等相关费用,统一并入土地出让收入,全额缴入地方国库,纳入地方政府预算,实行"收支两条线"管理。

军队空余土地由军队自行组织公开转让的,转让收入归军队所有。受让人与当地国土资源管理部门签订国有土地出让合同时,应当按照规定缴纳土地过户中的有关费用,并全额缴入地方国库,纳入地方政府预算,实行"收支两条线"管理。

军队所得的转让空余土地收入,专项用于部队营房建设,具体管理办法由财政部会同总后勤部另行制定。

各级国土资源管理部门、财政部门以及军队单位要切实做好政策衔接工作。本通知下发之前,已领取《军用土地补办出让手续许可证》的,可按原有规定办理,并在2007年6月30日前办理完毕。

最高人民法院行政审判庭关于非法取得土地使用权再转让行为的法律适用问题的答复

1. 1998年5月15日

2.〔1997〕法行字20号

福建省高级人民法院:

你院闽高法(1997)176号《关于对尚未依法取得房产权和划拨土地使用权而转让房地产的行为应如何定性问题的请示》收悉。经征求全国人大法工委的意见,答复如下:

关于你院请示对尚未依法取得房产权和划拨土地使用权而转让房地产的行为应如何定性的问题,全国人大法工委已对你省人大常委会办公厅闽常办(1995)综字037号《关于非法取得土地使用权后进行转让行为应如何定性问题的请示》作了答复。即:"根据《土地管理法》的规定,无论以何种方式非法取得土地使用权,其再转让的行为都构成非法转让土地,应适用有关土地管理的法律追究其法律责任"。故不再另行答复,请你院据此执行。

最高人民法院关于国有土地开荒后用于农耕的土地使用权转让合同纠纷案件如何适用法律问题的批复

1. 2011年11月21日最高人民法院审判委员会第1532次会议通过、2012年9月4日公布、自2012年11月1日起施行(法释〔2012〕14号)

2. 根据2020年12月23日最高人民法院审判委员会第1823次会议通过、2020年12月29日公布、自2021年1月1日起施行的《最高人民法院关于修改〈最高人民法院关于在民事审判工作中适用《中华人民共和国工会法》若干问题的解释〉等二十七件民事类司法解释的决定》(法释〔2020〕17号)修正

甘肃省高级人民法院：

你院《关于对国有土地经营权转让如何适用法律的请示》(甘高法〔2010〕84号)收悉。经研究，答复如下：

开荒后用于农耕而未交由农民集体使用的国有土地，不属于《中华人民共和国农村土地承包法》第二条规定的农村土地。此类土地使用权的转让，不适用《中华人民共和国农村土地承包法》的规定，应适用《中华人民共和国民法典》和《中华人民共和国土地管理法》等相关法律规定加以规范。

对于国有土地开荒后用于农耕的土地使用权转让合同，不违反法律、行政法规的强制性规定的，当事人仅以转让方未取得土地使用权证书为由请求确认合同无效的，人民法院依法不予支持；当事人根据合同约定主张对方当事人履行办理土地使用权证书义务的，人民法院依法应予支持。

5. 土地使用权租赁、抵押

规范国有土地租赁若干意见

1. 1999年7月27日国土资源部发布
2. 国土资发〔1999〕222号

一、严格依照《中华人民共和国城市房地产管理法》、《中华人民共和国土地管理法》的有关规定，确定国有土地租赁的适用范围。

国有土地租赁是指国家将国有土地出租给使用者使用，由使用者与县级以上人民政府土地行政主管部门签订一定年期的土地租赁合同，并支付租金的行为。国有土地租赁是国有土地有偿使用的一种形式，是出让方式的补充。当前应以完善国有土地出让为主，稳妥地推行国有土地租赁。

对原有建设用地，法律规定可以划拨使用的仍维持划拨，不实行有偿使用，也不实行租赁；对因发生土地转让、场地出租、企业改制和改变土地用途后依法应当有偿使用的，可以实行租赁。对于新增建设用地，重点仍应是推行和完善国有土地出让，租赁只作为出让方式的补充。对于经营性房地产开发用地，无论是利用原有建设用地，还是利用新增建设用地，都必须实行出让，不实行租赁。

二、国有土地租赁，可以采用招标、拍卖或者双方协议的方式，有条件的，必须采取招标、拍卖方式。采用双方协议方式出租国有土地的租金，不得低于出租底价和按国家规定的最低地价折算的最低租金标准，协议出租结果要报上级土地行政主管部门备案，并向社会公开披露，接受上级土地行政主管部门和社会监督。

三、国有土地租赁的租金标准应与地价标准相均衡。承租人取得土地使用权时未支付其它土地费用的，租金标准应按全额地价折算；承租人取得土地使用权时支付了征地、拆迁等土地费用的，租金标准应按扣除有关费用后的地价余额折算。

采用短期租赁的，一般按年度或季度支付租金；采用长期租赁的，应在国有土地租赁合同中明确约定土地租金支付时间、租金调整的时间间隔和调整方式。

四、国有土地租赁可以根据具体情况实行短期租赁和长期租赁。对短期使用或用于修建临时建筑物的土地，应实行短期租赁，短期租赁年限一般不超过5年；对需要进行地上建筑物、构筑物建设后长期使用的土地，应实行长期租赁，具体租赁期限由租赁合同约定，但最长租赁期限不得超过法律规定的同类用途土地出让最高年期。

五、租赁期限六个月以上的国有土地租赁，应当由市、县土地行政主管部门与土地使用者签订租赁合同。租赁合同内容应当包括出租方、承租方、出租宗地的位置、范围、面积、用途、租赁期限、土地使用条件、土地租金标准。支付时间和支付方式、土地租金标准调整的时间和调整幅度、出租方和承租方的权利义务等。

六、国有土地租赁，承租人取得承租土地使用权。承租人在按规定支付土地租金并完成开发建设后，经土地行政主管部门同意或根据租赁合同约定，可将承租土地使用权转租、转让或抵押。承租土地使用权转租、转让或抵押，必须依法登记。

承租人将承租土地转租或分租给第三人的，承租土地使用权仍由原承租人持有，承租人与第三人建立了附加租赁关系，第三人取得土地的他项权利。

承租人转让土地租赁合同的，租赁合同约定的权利义务随之转给第三人，承租土地使用权由第三人取得，租赁合同经更名后继续有效。

地上房屋等建筑物、构筑物依法抵押的，承租土地使用权可随之抵押，但承租土地使用权只能按合同租金与市场租金的差值及租期估价，抵押权实现时土地租赁合同同时转让。

在使用年期内，承租人有优先受让权，租赁土地在办理出让手续后，终止租赁关系。

七、国家对土地使用者依法取得的承租土地使用权，在租赁合同约定的使用年限届满前不收回；因社会公共利益的需要，依照法律程序提前收回的，应对承租人给予合理补偿。

承租土地使用权期满，承租人可申请续期，除根据社会公共利益需要收回该幅土地的，应予以批准。未申请续期或者虽申请续期但未获批准的，承租土地使用权由国家依法无偿收回，并可要求承租人拆除地上建筑物、构筑物，恢复土地原状。

承租人未按合同约定开发建设、未经土地行政主管部门同意转让、转租或不按合同约定按时交纳土地租金的，土地行政主管部门可以解除合同，依法收回承租土地使用权。

八、各级土地行政主管部门要切实加强国有土地租金的征收工作，协助财政部门作好土地租金的使用管理。收取的土地租金应当参照国有土地出让金的管理办法进行管理，按规定纳入当地国有土地有偿使用收入，专项用于城市基础设施建设和土地开发。

九、各省、市在本《意见》下发前对国有土地租赁适用范围已有规定或各地已签订《国有土地租赁合同》的，暂按已有规定及《国有土地租赁合同》的约定执行，并在今后工作中逐步规范；本《意见》下发后实施国有土地租赁的，一律按本《意见》要求规范办理。

最高人民法院关于能否将国有土地使用权折价抵偿给抵押权人问题的批复

1. 1998年9月1日最高人民法院审判委员会第1019次会议通过
2. 1998年9月3日公布
3. 法释〔1998〕25号
4. 自1998年9月9日起施行

四川省高级人民法院：

你院川高法〔1998〕19号《关于能否将国有土地使用权以国土部门认定的价格抵偿给抵押权人的请示》收悉。经研究，答复如下：

在依法以国有土地使用权作抵押的担保纠纷案件中，债务履行期届满抵押权人未受清偿的，可以通过拍卖的方式将土地使用权变现。如果无法变现，债务人又没有其他可供清偿的财产时，应当对国有土地使用权依法评估。人民法院可以参考政府土地管理部门确认的地价评估结果将土地使用权折价，经抵押权人同意，将折价后的土地使用权抵偿给抵押权人，土地使用权由抵押权人享有。

此复

6. 闲置土地处置与土地使用权收回

闲置土地处置办法

1. 1999年4月28日国土资源部令第5号公布
2. 2012年6月1日国土资源部令第53号修订
3. 自2012年7月1日起施行

第一章 总 则

第一条 为有效处置和充分利用闲置土地，规范土地市场行为，促进节约集约用地，根据《中华人民共和国土地管理法》、《中华人民共和国城市房地产管理法》及有关法律、行政法规，制定本办法。

第二条 本办法所称闲置土地，是指国有建设用地使用权人超过国有建设用地使用权有偿使用合同或者划拨决定书约定、规定的动工开发日期满一年未动工开发的国有建设用地。

已动工开发但开发建设用地面积占应动工开发建设用地总面积不足三分之一或者已投资额占总投资额不足百分之二十五，中止开发建设满一年的国有建设用地，也可以认定为闲置土地。

第三条 闲置土地处置应当符合土地利用总体规划和城乡规划，遵循依法依规、促进利用、保障权益、信息公开的原则。

第四条 市、县国土资源主管部门负责本行政区域内闲置土地的调查认定和处置工作的组织实施。

上级国土资源主管部门对下级国土资源主管部门调查认定和处置闲置土地工作进行监督管理。

第二章 调查和认定

第五条 市、县国土资源主管部门发现有涉嫌构成本办法第二条规定的闲置土地的，应当在三十日内开展调查核实，向国有建设用地使用权人发出《闲置土地调查通知书》。

国有建设用地使用权人应当在接到《闲置土地调查通知书》之日起三十日内，按照要求提供土地开发利用情况、闲置原因以及相关说明等材料。

第六条 《闲置土地调查通知书》应当包括下列内容：

（一）国有建设用地使用权人的姓名或者名称、地址；

（二）涉嫌闲置土地的基本情况；

（三）涉嫌闲置土地的事实和依据；

（四）调查的主要内容及提交材料的期限；

（五）国有建设用地使用权人的权利和义务；

（六）其他需要调查的事项。

第七条 市、县国土资源主管部门履行闲置土地调查职责，可以采取下列措施：

（一）询问当事人及其他证人；

（二）现场勘测、拍照、摄像；

（三）查阅、复制与被调查人有关的土地资料；

（四）要求被调查人就有关土地权利及使用问题作出说明。

第八条 有下列情形之一，属于政府、政府有关部门的行为造成动工开发延迟的，国有建设用地使用权人应当向市、县国土资源主管部门提供土地闲置原因说明材料，经审核属实的，依照本办法第十二条和第十三条规定处置：

（一）因未按照国有建设用地使用权有偿使用合同或者划拨决定书约定、规定的期限、条件将土地交付给国有建设用地使用权人，致使项目不具备动工开发条件的；

（二）因土地利用总体规划、城乡规划依法修改，造成国有建设用地使用权人不能按照国有建设用地使用权有偿使用合同或者划拨决定书约定、规定的用途、规划和建设条件开发的；

（三）因国家出台相关政策，需要对约定、规定的规划和建设条件进行修改的；

（四）因处置土地上相关群众信访事项等无法动工开发的；

（五）因军事管制、文物保护等无法动工开发的；

（六）政府、政府有关部门的其他行为。

因自然灾害等不可抗力导致土地闲置的，依照前款规定办理。

第九条 经调查核实，符合本办法第二条规定条件，构成闲置土地的，市、县国土资源主管部门应当向国有建设用地使用权人下达《闲置土地认定书》。

第十条 《闲置土地认定书》应当载明下列事项：

（一）国有建设用地使用权人的姓名或者名称、地址；

（二）闲置土地的基本情况；

（三）认定土地闲置的事实、依据；

（四）闲置原因及认定结论；

（五）其他需要说明的事项。

第十一条 《闲置土地认定书》下达后，市、县国土资源主管部门应当通过门户网站等形式向社会公开闲置土地的位置、国有建设用地使用权人名称、闲置时间等信息；属于政府或者政府有关部门的行为导致土地闲置的，应当同时公开闲置原因，并书面告知有关政府或者政府部门。

上级国土资源主管部门应当及时汇总下级国土资源主管部门上报的闲置土地信息，并在门户网站上公开。

闲置土地在没有处置完毕前，相关信息应当长期公开。闲置土地处置完毕后，应当及时撤销相关信息。

第三章　处置和利用

第十二条　因本办法第八条规定情形造成土地闲置的，市、县国土资源主管部门应当与国有建设用地使用权人协商，选择下列方式处置：

（一）延长动工开发期限。签订补充协议，重新约定动工开发、竣工期限和违约责任。从补充协议约定的动工开发日期起，延长动工开发期限最长不得超过一年；

（二）调整土地用途、规划条件。按照新用途或者新规划条件重新办理相关用地手续，并按照新用途或者新规划条件核算、收缴或者退还土地价款。改变用途后的土地利用必须符合土地利用总体规划和城乡规划；

（三）由政府安排临时使用。待原项目具备开发建设条件，国有建设用地使用权人重新开发建设。从安排临时使用之日起，临时使用期限最长不得超过两年；

（四）协议有偿收回国有建设用地使用权；

（五）置换土地。对已缴清土地价款、落实项目资金，且因规划依法修改造成闲置的，可以为国有建设用地使用权人置换其它价值相当、用途相同的国有建设用地进行开发建设。涉及出让土地的，应当重新签订土地出让合同，并在合同中注明为置换土地；

（六）市、县国土资源主管部门还可以根据实际情况规定其他处置方式。

除前款第四项规定外，动工开发时间按照新约定、规定的时间重新起算。

符合本办法第二条第二款规定情形的闲置土地，依照本条规定的方式处置。

第十三条　市、县国土资源主管部门与国有建设用地使用权人协商一致后，应当拟订闲置土地处置方案，报本级人民政府批准后实施。

闲置土地设有抵押权的，市、县国土资源主管部门在拟订闲置土地处置方案时，应当书面通知相关抵押权人。

第十四条　除本办法第八条规定情形外，闲置土地按照下列方式处理：

（一）未动工开发满一年的，由市、县国土资源主管部门报经本级人民政府批准后，向国有建设用地使用权人下达《征缴土地闲置费决定书》，按照土地出让或者划拨价款的百分之二十征缴土地闲置费。土地闲置费不得列入生产成本；

（二）未动工开发满两年的，由市、县国土资源主管部门按照《中华人民共和国土地管理法》第三十七条和《中华人民共和国城市房地产管理法》第二十六条的规定，报经有批准权的人民政府批准后，向国有建设用地使用权人下达《收回国有建设用地使用权决定书》，无偿收回国有建设用地使用权。闲置土地设有抵押权的，同时抄送相关土地抵押权人。

第十五条　市、县国土资源主管部门在依照本办法第十四条规定作出征缴土地闲置费、收回国有建设用地使用权决定前，应当书面告知国有建设用地使用权人有申请听证的权利。国有建设用地使用权人要求举行听证的，市、县国土资源主管部门应当依照《国土资源听证规定》依法组织听证。

第十六条　《征缴土地闲置费决定书》和《收回国有建设用地使用权决定书》应当包括下列内容：

（一）国有建设用地使用权人的姓名或者名称、地址；

（二）违反法律、法规或者规章的事实和证据；

（三）决定的种类和依据；

（四）决定的履行方式和期限；

（五）申请行政复议或者提起行政诉讼的途径和期限；

（六）作出决定的行政机关名称和作出决定的日期；

（七）其他需要说明的事项。

第十七条　国有建设用地使用权人应当自《征缴土地闲置费决定书》送达之日起三十日内，按照规定缴纳土地闲置费；自《收回国有建设用地使用权决定书》送达之日起三十日内，到市、县国土资源主管部门办理国有建设用地使用权注销登记，交回土地权利证书。

国有建设用地使用权人对《征缴土地闲置费决定书》和《收回国有建设用地使用权决定书》不服的，可以依法申请行政复议或者提起行政诉讼。

第十八条　国有建设用地使用权人逾期不申请行政复议、不提起行政诉讼，也不履行相关义务的，市、县国土资源主管部门可以采取下列措施：

（一）逾期不办理国有建设用地使用权注销登记，不交回土地权利证书的，直接公告注销国有建设用地使用权登记和土地权利证书；

（二）申请人民法院强制执行。

第十九条　对依法收回的闲置土地，市、县国土资源主管部门可以采取下列方式利用：

（一）依据国家土地供应政策，确定新的国有建设用地使用权人开发利用；

（二）纳入政府土地储备；

（三）对耕作条件未被破坏且近期无法安排建设项目的，由市、县国土资源主管部门委托有关农村集体经济组织、单位或者个人组织恢复耕种。

第二十条　闲置土地依法处置后土地权属和土地用途发生变化的，应当依据实地现状在当年土地变更调查中进行变更，并依照有关规定办理土地变更登记。

第四章　预防和监管

第二十一条　市、县国土资源主管部门供应土地应当符合下列要求，防止因政府、政府有关部门的行为造成土地闲置：

（一）土地权利清晰；

（二）安置补偿落实到位；

（三）没有法律经济纠纷；

（四）地块位置、使用性质、容积率等规划条件明确；

（五）具备动工开发所必需的其他基本条件。

第二十二条　国有建设用地使用权有偿使用合同或者划拨决定书应当就项目动工开发、竣工时间和违约责任等作出明确约定、规定。约定、规定动工开发时间应当综合考虑办理动工开发所需相关手续的时限规定和实际情况，为动工开发预留合理时间。

因特殊情况，未约定、规定动工开发日期，或者约定、规定不明确的，以实际交付土地之日起一年为动工开发日期。实际交付土地日期以交地确认书确定的时间为准。

第二十三条　国有建设用地使用权人应当在项目开发建设期间，及时向市、县国土资源主管部门报告项目动工开发、开发进度、竣工等情况。

国有建设用地使用权人应当在施工现场设立建设项目公示牌，公布建设用地使用权人、建设单位、项目动工开发、竣工时间和土地开发利用标准等。

第二十四条　国有建设用地使用权人违反法律法规规定和合同约定、划拨决定书规定恶意囤地、炒地的，依照本办法规定处理完毕前，市、县国土资源主管部门不得受理该国有建设用地使用权人新的用地申请，不得办理被认定为闲置土地的转让、出租、抵押和变更登记。

第二十五条　市、县国土资源主管部门应当将本行政区域内的闲置土地信息按宗录入土地市场动态监测与监管系统备案。闲置土地按照规定处置完毕后，市、县国土资源主管部门应当及时更新该宗土地相关信息。

闲置土地未按照规定备案的，不得采取本办法第十二条规定的方式处置。

第二十六条　市、县国土资源主管部门应当将国有建设用地使用权人闲置土地的信息抄送金融监管等部门。

第二十七条　省级以上国土资源主管部门可以根据情况，对闲置土地情况严重的地区，在土地利用总体规划、土地利用年度计划、建设用地审批、土地供应等方面采取限制新增加建设用地、促进闲置土地开发利用的措施。

第五章　法律责任

第二十八条　市、县国土资源主管部门未按照国有建设用地使用权有偿使用合同或者划拨决定书约定、规定的期限、条件将土地交付给国有建设用地使用权人，致使项目不具备动工开发条件的，应当依法承担违约责任。

第二十九条　县级以上国土资源主管部门及其工作人员违反本办法规定，有下列情形之一的，依法给予处分；构成犯罪的，依法追究刑事责任：

（一）违反本办法第二十一条的规定供应土地的；

（二）违反本办法第二十四条的规定受理用地申请和办理土地登记的；

（三）违反本办法第二十五条的规定处置闲置土地的；

（四）不依法履行闲置土地监督检查职责，在闲置土地调查、认定和处置工作中徇私舞弊、滥用职权、玩忽职守的。

第六章　附　　则

第三十条　本办法中下列用语的含义：

动工开发：依法取得施工许可证后，需挖深基坑的项目，基坑开挖完毕；使用桩基的项目，打入所有基础桩；其他项目，地基施工完成三分之一。

已投资额、总投资额：均不含国有建设用地使用权出让价款、划拨价款和向国家缴纳的相关税费。

第三十一条　集体所有建设用地闲置的调查、认定和处置，参照本办法有关规定执行。

第三十二条 本办法自2012年7月1日起施行。

国土资源部关于严格建设用地管理促进批而未用土地利用的通知

1. 2009年8月11日
2. 国土资发〔2009〕106号

各省、自治区、直辖市国土资源厅（国土环境资源厅、国土资源局、国土资源和房屋管理局、规划和国土资源管理局），新疆生产建设兵团国土资源局，各派驻地方的国家土地督察局：

为促进城市新增建设用地及时有效供应并得到充分利用，进一步加强建设用地管理，依法纠正和遏制违法违规使用农村集体土地等行为，现就有关工作事宜通知如下：

一、加快城市建设用地审批和土地征收实施

各级国土资源管理部门要切实增强主动工作意识，提高工作效率，积极采取有效措施，对国务院批准的2007、2008年度城市建设用地，凡未上报或审核同意实施方案的，省级国土资源管理部门要督促城市人民政府尽快编制和上报实施方案，并尽快向省（区、市）人民政府汇报，在9月底前完成审核工作。

省级国土资源管理部门要加强对地方的指导，督促各地加快征地实施工作进度，确保已批准的城市建设用地能够及时形成供地条件，保障扩内需、保增长、调结构用地的供应。

省级国土资源管理部门要加强对城市建设用地批后实施的跟踪管理和督促。国务院批准的城市建设用地，自省级人民政府审核同意实施方案后满两年未实施具体征地或用地行为的，该部分土地的农用地转用失效，并应以适当方式予以公告。

二、切实抓好批而未征土地的处理

各地要按照《关于在保增长保红线行动中加快处理批而未用土地等工作的通知》（国土资电发〔2009〕44号）的部署，在全面清理、摸清底数的基础上，及时制订批而未征、征而未供、供而未用、用而未尽土地的处理意见和整改方案，并认真抓好落实。省级国土资源管理部门要加强对城市建设用地批后实施情况的调查研究，帮助市、县协调解决工作中的困难和问题。

允许在一定条件下适当调整建设用地区位。国务院批准的2007、2008年度城市建设用地，至今未实施征地，但各种原因确需对原批准的建设用地区位进行调整的，且拟调整用地在符合土地利用总体规划和城市规划、不突破国务院批准的城市总用地和新增建设用地规模、“三类住房”等民生用地面积不减少的条件下，允许适当调整。城市人民政府应在申报实施方案时连同调整方案一并报省级人民政府审核。城市人民政府申报调整方案时应明确拟调整土地的具体位置、图幅图斑号、地类、面积等情况。凡涉及区位调整的，经省级人民政府批准后，应及时将相关批准文件报部备案，并抄送派驻地方的国家土地督察局。省级人民政府审批的城市建设用地满足上述条件的，可参照执行。

三、进一步规范和加强建设项目用地管理

规范城市基础设施等用地的供地手续。城市公共道路、公共绿地、公共污水雨水排放管线、公共休憩广场等基础设施、公用设施用地等，凡以建设项目运作实施的，必须严格依法办理供地手续，颁发《建设用地批准书》和《国有建设用地划拨决定书》，及时通过电子备案系统进行备案；对用地主体不明确，且已实际使用土地进行开发建设的，可视为已供地予以备案，待竣工后通过土地变更进行登记，用地主体确定为城市人民政府。

完善工业用地出让备案制度。对以招标拍卖挂牌方式确定使用权的工业项目用地，可在签订《成交确认书》后通过电子备案系统进行预备案，待正式签订《国有建设用地出让合同》后再规范填报供地备案；若后期因未取得其他相关部门批准手续而放弃土地使用权的，应及时在电子备案系统中注销预备案。

采取切实措施促进建设用地的有效利用。对已完成土地征收和前期土地开发，原意向项目不落实的，应及时调整给其他用地者。对因城市规划调整造成已供地项目不能落地的，应允许用地者报经批准后改变土地具体用途，或者通过协商调整安排给其他符合规划的项目，但应依法办理相关供地手续。对取得土地后满2年未动工的建设项目用地，应依照闲置土地的处置政策依法处置，促进尽快利用。

四、坚决查处违法批地和用地行为

各级国土资源管理部门要继续加大土地执法工作力度。当前，要围绕保增长、保民生、保稳定和社会关注的热点问题，切实抓好违法用地案件的查处。

加强土地执法监察。要通过进一步建立健全动态巡查、举报等制度，对苗头性、倾向性问题早发现、早制止、早处置，及时纠正和查处以预审代审批、通过办理临时用地方式变相开工建设等未批先用、批而不用、批少占多等违法违规用地行为。

严肃查处违反土地管理法律法规新建"小产权房"和高尔夫球场项目用地。必须严格按照《土地管理法》和《关于严格执行有关农村集体建设用地法律和政策的通知》(国办发〔2007〕71号)的规定执行。对在建在售的以新农村建设、村庄改造、农民新居建设和设施农业、观光农业等名义占用农村集体土地兴建商品住宅,在地方政府统一组织协调下,必须采取强力措施,坚决叫停管住并予以严肃查处。

五、加强建设用地批后监管

健全建设用地动态监管制度。加快运行建设用地"批、供、用、补、查"综合监管平台,重点对土地利用规划和计划执行、土地审批及土地征收、土地供应、项目用地开发利用等情况进行动态监管,切实预防和防止未批即用、批而未征、征而未供、供而未用等现象的发生。省级国土资源管理部门要认真做好建设用地审批备案工作,适时掌握国务院批准城市用地的农用地转用、土地征收方案实施情况和省级人民政府审批建设用地情况。市、县国土资源管理部门要全面运行土地市场动态监测与监管系统。建设用地供应,必须通过系统填报并由系统生成配电子编号和条形码的《国有建设用地出让合同》、《国有建设用地划拨决定书》,并对执行情况实施全程监管,及时向社会公开供地计划、供应结果和实际开发利用情况动态信息。

各派驻地方的国家土地督察局要加强对建设用地审批事项的督察,将城市建设用地批后实施作为督察重点,特别是对调整用地区位的建设用地要加大抽查力度。把违法违规使用农村集体土地建设纳入专项督察范围,对问题严重地区发出整改意见,督促地方政府纠正整改。

国土资源部办公厅对处理有关收回土地使用权问题意见的函

1. 2006年7月21日

2. 国土资厅函〔2006〕356号

北京市国土资源局:

转来的《北京市国土资源局关于依法依规解除土地出让合同并分类处理工作的请示》(京国土法〔2006〕444号)收悉。经研究,现答复如下:

根据《土地管理法》、《城市房地产管理法》和《城镇国有土地使用权出让和转让暂行条例》的规定,土地使用者应当按照法律的规定和出让合同的约定开发利用土地。对于取得土地使用权满2年未动工开发、未按照合同的约定缴纳土地出让金以及未按照合同规定的期限和条件开发、利用土地的,市、县人民政府国土资源管理部门有权根据法律的规定和合同的约定收回土地使用权。

对于收回的土地,市、县人民政府国土资源管理部门可以按照法律法规的规定重新确定土地使用权人。

此复。

自然资源部办公厅关于政府原因闲置土地协议有偿收回相关政策的函

1. 2018年12月18日

2. 自然资办函〔2018〕1903号

海南省自然资源和规划厅:

《海南省国土资源厅关于请求给予闲置土地有偿收回政策支持的请示》(琼国土资〔2018〕142号)收悉。现就因政府原因闲置土地协议有偿收回相关政策函复如下。

《城市房地产管理法》规定,土地使用权人必须按照土地使用权出让合同约定的土地用途、动工开发期限开发土地,超过出让合同约定的动工开发日期满二年未动工开发的可以无偿收回土地使用权,但是因不可抗力或者政府、政府有关部门的行为或者动工开发必需的前期工作造成动工开发迟延的除外。《闲置土地处置办法》(国土资源部令第53号)第十二条规定,属于政府、政府有关部门的行为以及因不可抗力造成动工开发延迟,可以协议有偿收回国有建设用地使用权。

在土地供应和闲置土地处置工作中,要严格落实履约责任,营造诚实守信的营商环境。一是要严格执行"净地"供应的有关规定。供地前要处理好土地的产权、补偿安置等经济法律关系,完成必要的通水、通电、通路、土地平整等前期开发。二是对于"净地"供应政策出台前已供应的"毛地",应当按照合同或划拨决定书约定、规定的条款,由具体责任方实施拆迁安置和前期开发,确保履约到位。三是处置因政府原因造成的闲置土地,要区分具体情况:对于因政府未按约定履行拆迁安置、前期开发、及时交地等义务而导致土地闲置的,政府应积极主动解决问题,与土地使用权人签订补充协议,重新约定"净地"交付期限,为项目动工创造必要条件;在约定的期限内仍未能达到"净地"标准,要明确造成闲置的政府及有关部门责任并依法处理后,方可采取协议有偿收回的方式处置。对于因政府修改规划或规划建设条件、军事管制、文物保护以及不可抗力等原因，造成土地确实无法按原规划建设条件动工建设的，在土地使用权人同意协商的情况下，可以采取协议有偿收回的方式处置。

需要协议收回闲置土地使用权的，应当遵循协商一致和合理补偿的原则。市、县自然资源主管部门应当按照《闲置土地处置办法》的规定，在调查认定的基础上，及时告知土地使用权人有偿收回相关事宜，与当事人就收回范围、补偿标准、收回方式等进行协商。有偿收回的补偿金额应不低于土地使用权人取得土地的成本，综合考虑其合理的直接损失，参考市场价格，由双方共同协商确定。经协商达成一致的，市、县自然资源主管部门拟定闲置土地处置方案，报本级人民政府批准后，正式签订有偿收回协议并执行。

·指导案例·

最高人民法院指导案例22号
——魏永高、陈守志诉来安县人民政府收回土地使用权批复案

（最高人民法院审判委员会讨论通过
2013年11月8日发布）

【关键词】

行政诉讼　受案范围　批复

【裁判要点】

地方人民政府对其所属行政管理部门的请示作出的批复，一般属于内部行政行为，不可对此提起诉讼。但行政管理部门直接将该批复付诸实施并对行政相对人的权利义务产生了实际影响，行政相对人对该批复不服提起诉讼的，人民法院应当依法受理。

【相关法条】

《中华人民共和国行政诉讼法》第十一条

【基本案情】

2010年8月31日，安徽省来安县国土资源和房产管理局向来安县人民政府报送《关于收回国有土地使用权的请示》，请求收回该县永阳东路与塔山中路部分地块土地使用权。9月6日，来安县人民政府作出《关于同意收回永阳东路与塔山中路部分地块国有土地使用权的批复》。来安县国土资源和房产管理局收到该批复后，没有依法制作并向原土地使用权人送达收回土地使用权决定，而直接交由来安县土地储备中心付诸实施。魏永高、陈守志的房屋位于被收回使用权的土地范围内，其对来安县人民政府收回国有土地使用权批复不服，提起行政复议。2011年9月20日，滁州市人民政府作出《行政复议决定书》，维持来安县人民政府的批复。魏永高、陈守志仍不服，提起行政诉讼，请求人民法院撤销来安县人民政府上述批复。

【裁判结果】

滁州市中级人民法院于2011年12月23日作出(2011)滁行初字第6号行政裁定：驳回魏永高、陈守志的起诉。魏永高、陈守志提出上诉，安徽省高级人民法院于2012年9月10日作出(2012)皖行终字第14号行政裁定：一、撤销滁州市中级人民法院(2011)滁行初字第6号行政裁定；二、指令滁州市中级人民法院继续审理本案。

【裁判理由】

法院生效裁判认为：根据《土地储备管理办法》和《安徽省国有土地储备办法》以收回方式储备国有土地的程序规定，来安县国土资源行政主管部门在来安县人民政府作出批准收回国有土地使用权方案批复后，应当向原土地使用权人送达对外发生法律效力的收回国有土地使用权通知。来安县人民政府的批复属于内部行政行为，不向相对人送达，对相对人的权利义务尚未产生实际影响，一般不属于行政诉讼的受案范围。但本案中，来安县人民政府作出批复后，来安县国土资源行政主管部门没有制作并送达对外发生效力的法律文书，即直接交来安县土地储备中心根据该批复实施拆迁补偿安置行为，对原土地使用权人的权利义务产生了实际影响；原土地使用权人也通过申请政府信息公开知道了该批复的内容，并对批复提起了行政复议，复议机关作出复议决定时也告知了诉权，该批复已实际执行并外化为对外发生法律效力的具体行政行为。因此，对该批复不服提起行政诉讼的，人民法院应当依法受理。

最高人民法院指导案例41号
——宣懿成等诉浙江省衢州市国土资源局收回国有土地使用权案

（最高人民法院审判委员会讨论通过
2014年12月25日发布）

【关键词】

行政诉讼　举证责任　未引用具体法律条款　适用法律错误

【裁判要点】

行政机关作出具体行政行为时未引用具体法律条款,且在诉讼中不能证明该具体行政行为符合法律的具体规定,应当视为该具体行政行为没有法律依据,适用法律错误。

【相关法条】

《中华人民共和国行政诉讼法》第三十二条

【基本案情】

原告宣懿成等18人系浙江省衢州市柯城区卫宁巷1号(原14号)衢州府山中学教工宿舍楼的住户。2002年12月9日,衢州市发展计划委员会根据第三人建设银行衢州分行(以下简称衢州分行)的报告,经审查同意衢州分行在原有的营业综合大楼东南侧扩建营业用房建设项目。同日,衢州市规划局制定建设项目选址意见,衢州分行为扩大营业用房等,拟自行收购、拆除占地面积为205平方米的府山中学教工宿舍楼,改建为露天停车场,具体按规划详图实施。18日,衢州市规划局又规划出衢州分行扩建营业用房建设用地平面红线图。20日,衢州市规划局发出建设用地规划许可证,衢州分行建设项目用地面积756平方米。25日,被告衢州市国土资源局(以下简称衢州市国土局)请示收回衢州府山中学教工宿舍楼住户的国有土地使用权187.6平方米,报衢州市人民政府审批同意。31日,衢州市国土局作出衢市国土(2002)37号《收回国有土地使用权通知》(以下简称《通知》),并告知宣懿成等18人其正在使用的国有土地使用权将收回及诉权等内容。该《通知》说明了行政决定所依据的法律名称,但没有对所依据的具体法律条款予以说明。原告不服,提起行政诉讼。

【裁判结果】

浙江省衢州市柯城区人民法院于2003年8月29日作出(2003)柯行初字第8号行政判决:撤销被告衢州市国土资源局2002年12月31日作出的衢市国土(2002)37号《收回国有土地使用权通知》。宣判后,双方当事人均未上诉,判决已发生法律效力。

【裁判理由】

法院生效裁判认为:被告衢州市国土局作出《通知》时,虽然说明了该通知所依据的法律名称,但并未引用具体法律条款。在庭审过程中,被告辩称系依据《中华人民共和国土地管理法》(以下简称《土地管理法》)第五十八条第一款作出被诉具体行政行为。《土地管理法》第五十八条第一款规定:“有下列情况之一的,由有关人民政府土地行政主管部门报经原批准用地的人民政府或者有批准权的人民政府批准,可以收回国有土地使用权:(一)为公共利益需要使用土地的;(二)为实施城市规划进行旧城区改建,需要调整使用土地的;……”衢州市国土局作为土地行政主管部门,有权依照《土地管理法》对辖区内国有土地的使用权进行管理和调整,但其行使职权时必须具有明确的法律依据。被告在作出《通知》时,仅说明是依据《土地管理法》及浙江省的有关规定作出的,但并未引用具体的法律条款,故其作出的具体行政行为没有明确的法律依据,属于适用法律错误。

本案中,衢州市国土局提供的衢州市发展计划委员会(2002)35号《关于同意扩建营业用房项目建设计划的批复》《建设项目选址意见书审批表》《建设银行衢州分行扩建营业用房建设用地规划红线图》等有关证据,难以证明其作出的《通知》符合《土地管理法》第五十八条第一款规定的“为公共利益需要使用土地”或“实施城市规划进行旧城区改造需要调整使用土地”的情形,主要证据不足,故被告主张其作出的《通知》符合《土地管理法》规定的理由不能成立。根据《中华人民共和国行政诉讼法》及其相关司法解释的规定,在行政诉讼中,被告对其作出的具体行政行为承担举证责任,被告不提供作出具体行政行为时的证据和依据的,应当认定该具体行政行为没有证据和依据。

综上,被告作出的收回国有土地使用权具体行政行为主要证据不足,适用法律错误,应予撤销。

五、农村土地管理

资料补充栏

1. 宅基地及农村建设用地

国务院办公厅关于加强土地转让管理严禁炒卖土地的通知

1. 1999年5月6日
2. 国办发〔1999〕39号

各省、自治区、直辖市人民政府，国务院各部委、各直属机构：

《中共中央、国务院关于进一步加强土地管理切实保护耕地的通知》（中发〔1997〕11号）下发以来，土地管理特别是耕地保护工作得到了加强，取得了一定成效。但是，一些地区仍存在用地秩序混乱、非法转让土地使用权等问题，特别是非法交易农民集体土地的现象比较严重，出现了以开发“果园”、“庄园”为名炒卖土地、非法集资的情况。为进一步加强土地转让管理，防止出现新的“炒地热”，保持农村稳定，保护农民利益，保障经济和社会可持续发展，经国务院总理办公会议审定，现就加强土地转让管理、严禁炒卖土地的有关问题通知如下：

一、严格控制城乡建设用地总量，坚决制止非农建设非法占用土地

城市、村庄、集镇建设一律不得突破土地利用总体规划确定的用地规模，城市新增建设用地和原有建设用地要统一实行总量控制，不得超计划供地；各项建设可利用闲置土地的，必须使用闲置土地，不得批准新占农用地，闲置土地未被充分利用的地区，应核减其下一年度农用地转用指标。

农村居民点要严格控制规模和范围，新建房屋要按照规划审批用地，逐步向中心村和小城镇集中。中心村和小城镇建设要合理布局，统一规划，不得随意征、占农用地。小城镇建设要明确供地方式和土地产权关系，防止发生土地权属纠纷。

乡镇企业用地要严格限制在土地利用总体规划确定的城市和村庄、集镇建设用地范围内，不符合土地利用总体规划的建筑物、构筑物不得改建、扩建，并结合乡镇企业改革和土地整理逐步调整、集中。

严格控制高速公路服务区用地范围，公路两侧符合条件的农田，必须依法划入基本农田保护区。

二、加强对农民集体土地的转让管理，严禁非法占用农民集体土地进行房地产开发

农民集体土地使用权不得出让、转让或出租用于非农业建设；对符合规划并依法取得建设用地使用权的乡镇企业，因发生破产、兼并等致使土地使用权必须转移的，应当严格依法办理审批手续。

农民的住宅不得向城市居民出售，也不得批准城市居民占用农民集体土地建住宅，有关部门不得为违法建造和购买的住宅发放土地使用证和房产证。

要对未经审批擅自将农民集体土地变为建设用地的情况进行认真清理。凡不符合土地利用总体规划的，要限期恢复农业用途，退还原农民集体土地承包者；符合土地利用总体规划的，必须依法重新办理用地手续。

三、加强对农林开发项目的土地管理，禁止征用农民集体土地进行“果园”、“庄园”等农林开发

农林项目开发必须符合土地利用总体规划和土地利用年度计划，土地权属和地类必须经过严格认定，任何单位和个人不得在土地利用总体规划确定的禁止开垦区内从事土地开发活动。

进行农林项目开发必须严格按照《中华人民共和国土地管理法》的有关规定办理用地手续，任何单位和个人都不得私自与农村集体经济组织签订用地协议，禁止以征用方式取得农民集体土地进行“果园”、“庄园”等农林开发。

以承包经营方式使用国有土地进行农林项目开发的，必须签订国有土地承包合同，约定双方的权利和义务。

农林项目开发必须严格按照批准的规划用途使用土地，严禁改变农林用途搞别墅、度假屋、娱乐设施等房地产开发，确需配套进行非农建设的，要依法办理建设用地审批手续。属于基本建设项目的，必须严格按照基本建设程序履行审批手续。建设项目经批准后，方可办理建设用地手续，严禁未批先用土地。

四、强化开发用地的监管，禁止利用土地开发进行非法集资

农林开发用地必须依法进行土地登记，明确规划要求和转让、转租的限定条件，未经批准不得擅自进行分割转让、转租。通过出让方式取得的国有土地使用权或以拍卖方式取得的集体所有的未利用土地使用权，在交清全部土地价款、完成前期开发后，方可依法转让、出租、抵押；以租赁或承包等其他方式取得的土地使用权，未经原出租或发包方同意，不得转让、出租、抵押或转包、分包。

人民银行要加强对农林开发项目的信贷管理，加大对以土地开发、土地转让为名进行非法集资行为的监管和查处力度。对未交清土地价款、未取得土地使用权的开发用地，各有关银行不得允许其进行抵押贷款。

工商行政管理机关要加强对开发企业的工商管理，严格核定开发企业经营范围。开发企业不得使用“招商”等不规范用语，不得非法从事金融业务；吸收股东进行土地开发的，不论以出售、转让土地使用权方式，还是以其他方式增加新的股东，均应按《中华人民共和国公司法》的规定办理企业登记注册手续。加强对开发企业经营活动的监管，对超范围经营的开发企业，要坚决查处；对非法集资的企业，一经查实，坚决吊销其营业执照，并依法追究有关当事人的责任。

五、规范国有土地交易活动，制止炒卖土地

商业、旅游、娱乐和豪华住宅等经营性用地，原则上必须以招标、拍卖方式提供。出让土地首次转让、出租、抵押，必须符合法律规定和出让合同约定的条件，不符合条件的不得转让、出租、抵押。划拨土地使用权转让、出租等，必须经有批准权的人民政府批准。

严禁利用建设项目、规划许可证和用地红线图转让等形式变相“炒卖”土地。对已批准立项的建设项目，其建设用地符合土地利用规划的，必须限期办理用地手续。

国有企业改组、改制等涉及土地使用权交易时，不得低价售卖土地，要拟订土地资产处置方案，中央企业要选择减轻中央财政负担的方案，报国务院土地行政主管部门批准。

已购公有住房和经济适用住房入市涉及土地使用权交易的，必须将其中的土地收益依法上缴国家。

六、全面清理土地转让、炒卖土地情况，坚决查处土地使用权非法转让和农民集体土地非法交易的行为

各省、自治区、直辖市人民政府要组织力量对本行政区域内土地转让、炒卖土地情况进行一次全面清理。清理的重点是城乡结合部，特别是公路两侧私搭乱建的违法用地。凡符合土地利用总体规划而未按规定办理有关手续的，必须限期办理，逾期不申报的，按非法占地予以查处。

对现有各种以“果园”、“庄园”名义进行招商和炒卖土地的开发项目进行清理，按照“谁批准、谁负责”的原则，妥善处理存在的问题，对违反规定的，要追究有关当事人的责任，构成犯罪的，要移交司法机关追究刑事责任。在清理规范之前，各地要立即停止各类“果园”、“庄园”、“观光农业”等开发项目和用地的审批。要通过完善举报制度、强化舆论和群众监督，及时查处炒卖土地行为，防止死灰复燃。

国务院各有关部门和各省、自治区、直辖市人民政府要认真贯彻落实本通知精神，制定相应的实施办法和相关的实施细则，确保加强土地转让管理、严禁炒卖土地各项规定的落实。

各省、自治区、直辖市人民政府要在1999年12月底前将清理本行政区域内土地转让、炒卖土地的情况向国务院作出报告。国务院责成国土资源部会同有关部门负责本通知贯彻执行情况的监督检查和落实工作，并定期向国务院作出报告。

国务院办公厅关于严格执行有关农村集体建设用地法律和政策的通知

1. *2007年12月30日*
2. *国办发〔2007〕71号*

近年来，党中央、国务院连续下发严格土地管理、加强土地调控的政策文件，有力地促进了各地区、各部门贯彻落实科学发展观，坚决执行宏观调控政策。但是，一些地方仍存在违反农村集体建设用地管理的法律和政策规定，将农用地转为建设用地，非法批准建设用地等问题，并且有蔓延上升之势。为严格执行有关农村集体建设用地法律和政策，坚决遏制并依法纠正乱占农用地进行非农业建设，经国务院同意，现就有关问题通知如下：

一、严格执行土地用途管制制度

土地利用涉及全民族的根本利益，必须服从国家的统一管理。我国人多地少，为保证经济社会可持续发展，必须实行最严格的土地管理制度。土地用途管制制度是最严格土地管理制度的核心。但是，一些地方在土地利用中没有严格执行土地用途管制制度，未经依法批准，擅自将农用地转为建设用地。《中华人民共和国土地管理法》规定：“国家实行土地用途管制制度”，“使用土地的单位和个人必须严格按照土地利用总体规划确定的用途使用土地”。违反土地利用总体规划和不依法经过批准改变土地用途都是违法行为。任何涉及土地管理制度的试验和探索，都不能违反国家的土地用途管制制度。地方各级人民政府既要加强土地征收或征用管理，更要重点加强土地用途管制。

二、严格规范使用农民集体所有土地进行建设

当前一些地方在使用农民集体所有土地进行建设的过程中，擅自扩大农民集体所有土地的使用范围，违法提供建设用地的问题比较严重。《中华人民共和国土地管理法》规定，乡镇企业、乡（镇）村公共设施和公益事业建设、农村村民住宅等三类乡（镇）村建设可以使用农民集体所有土地。对这三类用地的范围，法律和政策都有准确界定，必须严格执行。按照《中华人民共和国乡镇企业法》规定，乡镇企业必须是农村集体经济组织或者农民投资为主，在乡镇（包括所辖村）举办的承担支援农业义务的企业。要严禁以兴办"乡镇企业"、"乡（镇）村公共设施和公益事业建设"为名，非法占用（租用）农民集体所有土地进行非农业建设。

按照《中华人民共和国土地管理法》等法律法规的规定，任何建设需要将农用地和未利用地转为建设用地的，都必须依法经过批准。兴办乡镇企业、乡（镇）村公共设施和公益事业建设、村民建住宅需要使用本集体经济组织农民集体所有土地的，必须符合乡（镇）土地利用总体规划和镇规划、乡规划、村庄规划（以下简称乡（镇）、村规划），纳入土地利用年度计划，并依法办理规划建设许可及农用地转用和建设项目用地审批手续。农村集体经济组织使用乡（镇）土地利用总体规划确定的建设用地，兴办企业或与其他单位、个人以土地使用权入股、联营等形式共同兴办企业的，必须符合土地利用总体规划和乡（镇）、村规划，并纳入建设用地年度计划管理；涉及占用农用地的，必须先依法办理农用地转用审批手续，用地规模必须符合有关企业用地标准。

农村住宅用地只能分配给本村村民，城镇居民不得到农村购买宅基地、农民住宅或"小产权房"。单位和个人不得非法租用、占用农民集体所有土地搞房地产开发。农村村民一户只能拥有一处宅基地，其面积不得超过省、自治区、直辖市规定的标准。农村村民出卖、出租住房后，再申请宅基地的，不予批准。

其他任何单位和个人进行非农业建设，需要使用土地的，必须依法申请使用国有土地。不符合土地利用总体规划和乡（镇）、村规划，没有土地利用年度计划指标的，不得批准用地。任何单位和个人不得自行与农村集体经济组织或个人签订协议将农用地和未利用地转为建设用地。非法占用耕地改作他用，数量较大，造成耕地大量毁坏的，要依法追究刑事责任。

三、严格控制农村集体建设用地规模

一些地方借农民集体所有建设用地使用权流转、土地整理折抵和城乡建设用地增减挂钩等名义，擅自扩大建设用地的规模。地方各级人民政府要依据土地利用总体规划和乡（镇）、村规划，对农村集体建设用地实行总量控制。严禁以各种名义，擅自扩大农村集体建设用地规模，以及通过"村改居"等方式，非法将农民集体所有土地转为国有土地。

严格控制农民集体所有建设用地使用权流转范围。农民集体所有的土地使用权不得出让、转让或者出租用于非农业建设。符合土地利用总体规划并依法取得建设用地的企业发生破产、兼并等情形时，所涉及的农民集体所有建设用地使用权方可依法转移。其他农民集体所有建设用地使用权流转，必须是符合规划、依法取得的建设用地，并不得用于商品住宅开发。

依照《中华人民共和国土地管理法实施条例》，土地整理新增耕地面积只能折抵用于建设占用耕地的补偿，不得折抵为建设用地指标，扩大建设用地规模。城乡建设用地增减挂钩试点，必须严格控制在国家已经批准的试点范围内。试点必须符合土地利用总体规划、城市规划和乡（镇）、村规划，必须确保城乡建设用地总量不增加，农用地和耕地面积不减少。不得以试点为名违背农民意愿大拆大建、强制搬迁，侵害农民权益。

四、严格禁止和严肃查处"以租代征"转用农用地的违法违规行为

近年来，一些地方出现了违反土地利用总体规划和土地利用年度计划，规避农用地转用和土地征收审批，通过出租（承租）、承包等"以租代征"方式非法使用农民集体所有土地进行非农业项目建设的行为。对此，必须严格禁止，并予以严肃查处。国土资源管理部门要对"以租代征"的违法违规问题进行全面清查，并严格依法依纪处理。严肃追究瞒案不报、压案不查的责任。严肃处理以罚代法、处罚不到位的行为。国家机关工作人员批准"以租代征"占地建设的，要追究其非法批地的法律责任，涉嫌犯罪的要及时移送司法机关依法处理；应给予政纪处分的，依据《行政机关公务

员处分条例》等规定办理。单位和个人擅自通过"以租代征"占地建设的，要追究其非法占地的法律责任，涉嫌犯罪的要及时移送司法机关依法处理。对纠正、整改土地违法违规行为不力的地区和土地违法违规行为大量发生、造成严重后果的地区，实行问责制，由国家土地总督察责令限期整改，限期整改期间暂停该地区农用地转用和土地征收审批。

五、严格土地执法监管

国土资源部要会同发展改革、监察、农业、建设等部门，依据土地管理的法律法规和有关规定，严格土地执法监管，坚决制止乱占农用地进行非农业建设的违法违规行为。各有关部门要依据本部门职责，切实加强监管，形成执法合力。对未取得合法用地手续的建设项目，发展改革部门不得办理项目审批、核准手续，规划部门不得办理建设规划许可，建设部门不得发放施工许可证，电力和市政公用企业不得通电、通水、通气，国土资源管理部门不得受理土地登记申请，房产部门不得办理房屋所有权登记手续，金融机构不得发放贷款。未依法办理农用地转用审批手续占用农用地设立企业的，工商部门不得登记。同时，国土资源部要会同有关部门，根据农村经济社会发展变化的新情况，深入研究在依照土地利用总体规划、加强用途管制的前提下，完善对乡镇企业、农民住宅等农村集体建设用地管理和流转的政策措施。

地方各级人民政府及其国土资源管理部门要采用通俗易懂的方式，广泛深入地开展土地管理法律法规特别是农村集体建设用地管理法律法规的宣传教育和培训，使乡（镇）村干部、农民和城镇居民、企业法人真正知晓并且自觉遵守土地管理法律法规的规定。

各地区、各部门特别是主要领导干部，要充分认识制止乱占农用地进行非农业建设的重要性和紧迫性，增强责任感和紧迫感，把思想统一到贯彻落实科学发展观和中央宏观调控政策的要求上来，从实际出发，加强领导，制订有力措施，认真清理查处农民集体所有土地使用中的违法违规问题，严格控制建设用地供应总量，建立严格的管理制度和长效机制，坚决刹住乱占滥用农用地之风。

各省、自治区、直辖市人民政府和国务院各有关部门要于2008年3月底前，将贯彻执行本通知的情况，向国务院专题报告。

关于进一步加强农村宅基地管理的通知

1. 2019年9月11日中央农村工作领导小组办公室、农业农村部公布
2. 中农发〔2019〕11号

各省、自治区、直辖市和新疆生产建设兵团党委农办，农业农村（农牧）厅（局、委）：

宅基地是保障农民安居乐业和农村社会稳定的重要基础。加强宅基地管理，对于保护农民权益、推进美丽乡村建设和实施乡村振兴战略具有十分重要的意义。由于多方面原因，当前农村宅基地管理比较薄弱，一些地方存在超标准占用宅基地、违法违规买卖宅基地、侵占耕地建设住宅等问题，损害农民合法权益的现象时有发生。按照本轮机构改革和新修订的土地管理法规定，农业农村部门负责宅基地改革和管理有关工作，为切实加强农村宅基地管理，现就有关要求通知如下。

一、切实履行部门职责

农村宅基地管理和改革是党和国家赋予农业农村部门的重要职责，具体承担指导宅基地分配、使用、流转、纠纷仲裁管理和宅基地合理布局、用地标准、违法用地查处，指导闲置宅基地和闲置农房利用等工作。各级农业农村部门要充分认识加强宅基地管理工作的重要意义，在党委政府的统一领导下，主动担当，做好工作衔接，健全机构队伍，落实保障条件，系统谋划工作，创新方式方法，全面履职尽责，保持工作的连续性、稳定性，防止出现弱化宅基地管理的情况。要主动加强与自然资源、住房城乡建设等部门的沟通协调，落实宅基地用地指标，建立国土空间规划、村庄规划、宅基地确权登记颁证、农房建设等资源信息共享机制，做好宅基地审批管理与农房建设、不动产登记等工作的有序衔接。

二、依法落实基层政府属地责任

建立部省指导、市县主导、乡镇主责、村级主体的宅基地管理机制。宅基地管理工作的重心在基层，县乡政府承担属地责任，农业农村部门负责行业管理，具体工作由农村经营管理部门承担。随着农村改革发展的不断深入，基层农村经营管理部门的任务越来越重，不仅承担农村土地承包管理、新型农业经营主体培育、集体经济发展和资产财务管理等常规工作，还肩负着农村土地制度、集体产权制度和经营制度的改革创新等重要职责，本轮机构改革后，又增加了宅基地管理、乡村治理等重要任务。但是，当前基层农村经营管理体系不健全、队伍不稳定、力量不匹配、保障不到位等问题十分突出。这支队伍有没有、强不强直接决定着农村改革能否落实落地和农民合法权益能否得到切实维护。县乡政府要强化组织领导，切实加强基层农村经营管理体系的建设，加大支持力度，充实力量，落实经费，改善条件，确保工作有人干、责任有人负。

按照新修订的土地管理法规定，农村村民住宅用地由乡镇政府审核批准。乡镇政府要因地制宜探索建立宅基地统一管理机制，依托基层农村经营管理部门，统筹协调相关部门宅基地用地审查、乡村建设规划许可、农房建设监管等职责，推行一个窗口对外受理、多部门内部联动运行，建立宅基地和农房乡镇联审联办制度，为农民群众提供便捷高效的服务。要加强对宅基地申请、审批、使用的全程监管，落实宅基地申请审查到场、批准后丈量批放到场、住宅建成后核查到场等"三到场"要求。要开展农村宅基地动态巡查，及时发现和处置涉及宅基地的各类违法行为，防止产生新的违法违规占地现象。要指导村级组织完善宅基地民主管理程序，探索设立村级宅基地协管员。

三、严格落实"一户一宅"规定

宅基地是农村村民用于建造住宅及其附属设施的集体建设用地，包括住房、附属用房和庭院等用地。农村村民一户只能拥有一处宅基地，面积不得超过本省、自治区、直辖市规定的标准。农村村民应严格按照批准面积和建房标准建设住宅，禁止未批先建、超面积占用宅基地。经批准易地建造住宅的，应严格按照"建新拆旧"要求，将原宅基地交还村集体。农村村民出卖、出租、赠与住宅后，再申请宅基地的，不予批准。对历史形成的宅基地面积超标和"一户多宅"等问题，要按照有关政策规定分类进行认定和处置。人均土地少、不能保障一户拥有一处宅基地的地区，县级人民政府在充分尊重农民意愿的基础上，可以采取措施，按照省、自治区、直辖市规定的标准保障农村村民实现户有所居。

四、鼓励节约集约利用宅基地

严格落实土地用途管制，农村村民建住宅应当符合乡（镇）土地利用总体规划、村庄规划。合理安排宅基地用地，严格控制新增宅基地占用农用地，不得占用永久基本农田；涉及占用农用地的，应当依法先行办理农用地转用手续。城镇建设用地规模范围外的村庄，要通过优先安排新增建设用地计划指标、村庄整治、废旧宅基地腾退等多种方式，增加宅基地空间，满足符合宅基地分配条件农户的建房需求。城镇建设用地规模范围内，可以通过建设农民公寓、农民住宅小区等方式，满足农民居住需要。

五、鼓励盘活利用闲置宅基地和闲置住宅

鼓励村集体和农民盘活利用闲置宅基地和闲置住宅，通过自主经营、合作经营、委托经营等方式，依法依规发展农家乐、民宿、乡村旅游等。城镇居民、工商资本等租赁农房居住或开展经营的，要严格遵守合同法的规定，租赁合同的期限不得超过二十年。合同到期后，双方可以另行约定。在尊重农民意愿并符合规划的前提下，鼓励村集体积极稳妥开展闲置宅基地整治，整治出的土地优先用于满足农民新增宅基地需求、村庄建设和乡村产业发展。闲置宅基地盘活利用产生的土地增值收益要全部用于农业农村。在征得宅基地所有权人同意的前提下，鼓励农村村民在本集体经济组织内部向符合宅基地申请条件的农户转让宅基地。各地可探索通过制定宅基地转让示范合同等方式，引导规范转让行为。转让合同生效后，应及时办理宅基地使用权变更手续。对进城落户的农村村民，各地可以多渠道筹集资金，探索通过多种方式鼓励其自愿有偿退出宅基地。

六、依法保护农民合法权益

要充分保障宅基地农户资格权和农民房屋财产权。不得以各种名义违背农民意愿强制流转宅基地和强迫农民"上楼"，不得违法收回农户合法取得的宅基地，不得以退出宅基地作为农民进城落户的条件。严格控制整村撤并，规范实施程序，加强监督管理。宅基地是农村村民的基本居住保障，严禁城镇居民到农村购买宅基地，严禁下乡利用农村宅基地建设别墅大院和私人会馆。严禁借流转之名违法违规圈占、买卖宅基地。

七、做好宅基地基础工作

各级农业农村部门要结合国土调查、宅基地使用权确权登记颁证等工作，推动建立农村宅基地统计调查制度，组织开展宅基地和农房利用现状调查，全面摸清宅基地规模、布局和利用情况。逐步建立宅基地基础信息数据库和管理信息系统，推进宅基地申请、审

批、流转、退出、违法用地查处等的信息化管理。要加强调查研究，及时研究解决宅基地管理和改革过程中出现的新情况新问题，注意总结基层和农民群众创造的好经验好做法，落实新修订的土地管理法规定，及时修订完善各地宅基地管理办法。要加强组织领导，强化自身建设，加大法律政策培训力度，以工作促体系建队伍，切实做好宅基地管理工作。

农业农村部、自然资源部关于规范农村宅基地审批管理的通知

1. *2019年12月12日*
2. *农经发〔2019〕6号*

各省、自治区、直辖市农业农村（农牧）厅（局、委）、自然资源主管部门，新疆生产建设兵团农业农村局、自然资源局：

为贯彻党和国家机构改革精神，落实新修订的土地管理法有关要求，深化"放管服"改革，进一步加强部门协作配合，落实属地管理责任，现就规范农村宅基地用地建房申请审批有关事项通知如下。

一、切实履行部门职责

农村宅基地用地建房审批管理事关亿万农民居住权益，涉及农业农村、自然资源等部门。各级农业农村、自然资源部门要增强责任意识和服务意识，按照部门职能和国务院"放管服"改革要求，在党委政府的统一领导下，切实履行各自职责。农业农村部门负责农村宅基地改革和管理工作，建立健全宅基地分配、使用、流转、违法用地查处等管理制度，完善宅基地用地标准，指导宅基地合理布局、闲置宅基地和闲置农房利用；组织开展农村宅基地现状和需求情况统计调查，及时将农民建房新增建设用地需求通报同级自然资源部门；参与编制国土空间规划和村庄规划。自然资源部门负责国土空间规划、土地利用计划和规划许可等工作，在国土空间规划中统筹安排宅基地用地规模和布局，满足合理的宅基地需求，依法办理农用地转用审批和规划许可等相关手续。各级农业农村、自然资源部门要建立部门协调机制，做好信息共享互通，推进管理重心下沉，共同做好农村宅基地审批和建房规划许可管理工作。

二、依法规范农村宅基地审批和建房规划许可管理

农村村民住宅用地，由乡镇政府审核批准；其中，涉及占用农用地的，依照《土地管理法》第四十四条的规定办理农用地转用审批手续。乡镇政府要切实履行属地责任，优化审批流程，提高审批效率，加强事中事后监管，组织做好农村宅基地审批和建房规划许可有关工作，为农民提供便捷高效的服务。

（一）明确申请审查程序

符合宅基地申请条件的农户，以户为单位向所在村民小组提出宅基地和建房（规划许可）书面申请。村民小组收到申请后，应提交村民小组会议讨论，并将申请理由、拟用地位置和面积、拟建房层高和面积等情况在本小组范围内公示。公示无异议或异议不成立的，村民小组将农户申请、村民小组会议记录等材料交村集体经济组织或村民委员会（以下简称村级组织）审查。村级组织重点审查提交的材料是否真实有效、拟用地建房是否符合村庄规划、是否征求了用地建房相邻权利人意见等。审查通过的，由村级组织签署意见，报送乡镇政府。没有分设村民小组或宅基地和建房申请等事项已统一由村级组织办理的，农户直接向村级组织提出申请，经村民代表会议讨论通过并在本集体经济组织范围内公示后，由村级组织签署意见，报送乡镇政府。

（二）完善审核批准机制

市、县人民政府有关部门要加强对宅基地审批和建房规划许可有关工作的指导，乡镇政府要探索建立一个窗口对外受理、多部门内部联动运行的农村宅基地用地建房联审联办制度，方便农民群众办事。公布办理流程和要件，明确农业农村、自然资源等有关部门在材料审核、现场勘查等各环节的工作职责和办理期限。审批工作中，农业农村部门负责审查申请人是否符合申请条件、拟用地是否符合宅基地合理布局要求和面积标准、宅基地和建房（规划许可）申请是否经过村组审核公示等，并综合各有关部门意见提出审批建议。自然资源部门负责审查用地建房是否符合国土空间规划、用途管制要求，其中涉及占用农用地的，应在办理农用地转用审批手续后，核发乡村建设规划许可证；在乡、村庄规划区内使用原有宅基地进行农村村民住宅建设的，可按照本省（区、市）有关规定办理规划许可。涉及林业、水利、电力等部门的要及时征求意见。

根据各部门联审结果，由乡镇政府对农民宅基地申请进行审批，出具《农村宅基地批准书》，鼓励地方将乡村建设规划许可证由乡镇一并发放，并以适当方

式公开。乡镇要建立宅基地用地建房审批管理台账，有关资料归档留存，并及时将审批情况报县级农业农村、自然资源等部门备案。

（三）严格用地建房全过程管理

全面落实“三到场”要求。收到宅基地和建房（规划许可）申请后，乡镇政府要及时组织农业农村、自然资源部门实地审查申请人是否符合条件、拟用地是否符合规划和地类等。经批准用地建房的农户，应当在开工前向乡镇政府或授权的牵头部门申请划定宅基地用地范围，乡镇政府及时组织农业农村、自然资源等部门到现场进行开工查验，实地丈量批放宅基地，确定建房位置。农户建房完工后，乡镇政府组织相关部门进行验收，实地检查农户是否按照批准面积、四至等要求使用宅基地，是否按照批准面积和规划要求建设住房，并出具《农村宅基地和建房（规划许可）验收意见表》。通过验收的农户，可以向不动产登记部门申请办理不动产登记。各地要依法组织开展农村用地建房动态巡查，及时发现和处置涉及宅基地使用和建房规划的各类违法违规行为。指导村级组织完善宅基地民主管理程序，探索设立村级宅基地协管员。

三、工作要求

各级农业农村、自然资源部门和县乡政府要切实履职尽责，有序开展工作，确保农民住宅建设用地供应、宅基地分配、农民建房规划管理等工作的连续性和稳定性。

（一）建立共同责任机制

按照部省指导、市县主导、乡镇主责、村级主体的要求，各地要建立健全农村宅基地管理机制。省级农业农村、自然资源等部门要主动入位，加强制度建设，完善相关政策，指导和督促基层开展工作。市县政府要加强组织领导，统筹组织协调相关部门、乡镇政府、村级组织依法履行职责。乡镇政府要充实力量，健全机构，切实承担起宅基地审批和管理职责。村级组织要健全宅基地申请审核有关制度，确保宅基地分配使用公开、公平、公正。

（二）优化细化工作流程

各地要对现行宅基地审批和建房规划许可办事指南、申请表单、申报材料清单等进行梳理，参照附件表单（附件1～6），结合本地实际进一步简化和规范申报材料，抓紧细化优化审批流程和办事指南。要加快信息化建设，逐步实现宅基地用地和建房规划许可数字化管理。

（三）严肃工作纪律

坚决杜绝推诿扯皮和不作为、乱作为的现象，防止出现工作“断层”“断档”。对工作不力、玩忽职守、滥用职权、徇私舞弊的，要依法严肃追责。

附件：1. 农村宅基地和建房（规划许可）申请表（略）

2. 农村宅基地使用承诺书（略）

3. 农村宅基地和建房（规划许可）审批表（略）

4. 乡村建设规划许可证（略）

5. 农村宅基地批准书（略）

6. 农村宅基地和建房（规划许可）验收意见表（略）

国务院法制办公室对《关于请答复农村村民建住宅占用耕地收取耕地开垦费有关问题的函》的复函

1. 2003年5月28日

2. 国法函〔2003〕179号

农业部：

你部《关于请答复农村村民建住宅占用耕地收取耕地开垦费有关问题的函》（农经函〔2003〕2号）收悉。经研究，提出以下意见，供参考：

根据《中华人民共和国土地管理法实施条例》第十六条关于“在土地利用总体规划确定的城市和村庄、集镇建设用地范围内，为实施城市规划和村庄、集镇规划占用耕地，以及在土地利用总体规划确定的城市建设用地范围外的能源、交通、水利、矿山、军事设施等建设项目占用耕地的，分别由市、县人民政府、农村集体经济组织和建设单位依照《土地管理法》第三十一条的规定负责开垦耕地；没有条件开垦或者开垦的耕地不符合要求的，应当按照省、自治区、直辖市的规定缴纳耕地开垦费”的规定，市、县人民政府、农村集体经济组织和建设单位是负责开垦耕地的义务人，耕地开垦费不宜向农民个人收取。

2. 农村土地承包

中华人民共和国农村土地承包法

1. *2002年8月29日第九届全国人民代表大会常务委员会第二十九次会议通过*
2. *根据2009年8月27日第十一届全国人民代表大会常务委员会第十次会议《关于修改部分法律的决定》第一次修正*
3. *根据2018年12月29日第十三届全国人民代表大会常务委员会第七次会议《关于修改〈中华人民共和国农村土地承包法〉的决定》第二次修正*

目　　录

第一章　总　　则

第一条　【立法目的】为了巩固和完善以家庭承包经营为基础、统分结合的双层经营体制，保持农村土地承包关系稳定并长久不变，维护农村土地承包经营当事人的合法权益，促进农业、农村经济发展和农村社会和谐稳定，根据宪法，制定本法。

第二条　【定义】本法所称农村土地，是指农民集体所有和国家所有依法由农民集体使用的耕地、林地、草地，以及其他依法用于农业的土地。

第三条　【土地承包方式】国家实行农村土地承包经营制度。

农村土地承包采取农村集体经济组织内部的家庭承包方式，不宜采取家庭承包方式的荒山、荒沟、荒丘、荒滩等农村土地，可以采取招标、拍卖、公开协商等方式承包。

第四条　【土地所有权不变】农村土地承包后，土地的所有权性质不变。承包地不得买卖。

第五条　【保护土地承包经营权】农村集体经济组织成员有权依法承包由本集体经济组织发包的农村土地。

任何组织和个人不得剥夺和非法限制农村集体经济组织成员承包土地的权利。

第六条　【保护妇女土地承包经营权】农村土地承包，妇女与男子享有平等的权利。承包中应当保护妇女的合法权益，任何组织和个人不得剥夺、侵害妇女应当享有的土地承包经营权。

第七条　【土地承包原则】农村土地承包应当坚持公开、公平、公正的原则，正确处理国家、集体、个人三者的利益关系。

第八条　【国家保护各方合法权益】国家保护集体土地所有者的合法权益，保护承包方的土地承包经营权，任何组织和个人不得侵犯。

第九条　【经营的选择】承包方承包土地后，享有土地承包经营权，可以自己经营，也可以保留土地承包权，流转其承包地的土地经营权，由他人经营。

第十条　【保护土地经营权流转】国家保护承包方依法、自愿、有偿流转土地经营权，保护土地经营权人的合法权益，任何组织和个人不得侵犯。

第十一条　【合理利用】农村土地承包经营应当遵守法律、法规，保护土地资源的合理开发和可持续利用。未经依法批准不得将承包地用于非农建设。

国家鼓励增加对土地的投入，培肥地力，提高农业生产能力。

第十二条　【各级行政主管部门职责】国务院农业农村、林业和草原主管部门分别依照国务院规定的职责负责全国农村土地承包经营及承包经营合同管理的指导。

县级以上地方人民政府农业农村、林业和草原等主管部门分别依照各自职责，负责本行政区域内农村土地承包经营及承包经营合同管理。

乡(镇)人民政府负责本行政区域内农村土地承包经营及承包经营合同管理。

第二章　家庭承包

第一节　发包方和承包方的权利和义务

第十三条　【发包方】农民集体所有的土地依法属于村农民集体所有的，由村集体经济组织或者村民委员会发包；已经分别属于村内两个以上农村集体经济组织的农民集体所有的，由村内各该农村集体经济组织或者村民小组发包。村集体经济组织或者村民委员会发包的，不得改变村内各集体经济组织农民集体所有的土地的所有权。

国家所有依法由农民集体使用的农村土地，由使用该土地的农村集体经济组织、村民委员会或者村民小组发包。

第十四条 【发包方权利】发包方享有下列权利：

（一）发包本集体所有的或者国家所有依法由本集体使用的农村土地；

（二）监督承包方依照承包合同约定的用途合理利用和保护土地；

（三）制止承包方损害承包地和农业资源的行为；

（四）法律、行政法规规定的其他权利。

第十五条 【发包方义务】发包方承担下列义务：

（一）维护承包方的土地承包经营权，不得非法变更、解除承包合同；

（二）尊重承包方的生产经营自主权，不得干涉承包方依法进行正常的生产经营活动；

（三）依照承包合同约定为承包方提供生产、技术、信息等服务；

（四）执行县、乡（镇）土地利用总体规划，组织本集体经济组织内的农业基础设施建设；

（五）法律、行政法规规定的其他义务。

第十六条 【承包方】家庭承包的承包方是本集体经济组织的农户。

农户内家庭成员依法平等享有承包土地的各项权益。

第十七条 【承包方权利】承包方享有下列权利：

（一）依法享有承包地使用、收益的权利，有权自主组织生产经营和处置产品；

（二）依法互换、转让土地承包经营权；

（三）依法流转土地经营权；

（四）承包地被依法征收、征用、占用的，有权依法获得相应的补偿；

（五）法律、行政法规规定的其他权利。

第十八条 【承包方义务】承包方承担下列义务：

（一）维持土地的农业用途，未经依法批准不得用于非农建设；

（二）依法保护和合理利用土地，不得给土地造成永久性损害；

（三）法律、行政法规规定的其他义务。

第二节 承包的原则和程序

第十九条 【承包原则】土地承包应当遵循以下原则：

（一）按照规定统一组织承包时，本集体经济组织成员依法平等地行使承包土地的权利，也可以自愿放弃承包土地的权利；

（二）民主协商，公平合理；

（三）承包方案应当按照本法第十三条的规定，依法经本集体经济组织成员的村民会议三分之二以上成员或者三分之二以上村民代表的同意；

（四）承包程序合法。

第二十条 【承包程序】土地承包应当按照以下程序进行：

（一）本集体经济组织成员的村民会议选举产生承包工作小组；

（二）承包工作小组依照法律、法规的规定拟订并公布承包方案；

（三）依法召开本集体经济组织成员的村民会议，讨论通过承包方案；

（四）公开组织实施承包方案；

（五）签订承包合同。

第三节 承包期限和承包合同

第二十一条 【承包期】耕地的承包期为三十年。草地的承包期为三十年至五十年。林地的承包期为三十年至七十年。

前款规定的耕地承包期届满后再延长三十年，草地、林地承包期届满后依照前款规定相应延长。

第二十二条 【承包合同】发包方应当与承包方签订书面承包合同。

承包合同一般包括以下条款：

（一）发包方、承包方的名称，发包方负责人和承包方代表的姓名、住所；

（二）承包土地的名称、坐落、面积、质量等级；

（三）承包期限和起止日期；

（四）承包土地的用途；

（五）发包方和承包方的权利和义务；

（六）违约责任。

第二十三条 【承包合同生效】承包合同自成立之日起生效。承包方自承包合同生效时取得土地承包经营权。

第二十四条 【承包经营权证】国家对耕地、林地和草地等实行统一登记，登记机构应当向承包方颁发土地承包经营权证或者林权证等证书，并登记造册，确认土地承包经营权。

土地承包经营权证或者林权证等证书应当将具有土地承包经营权的全部家庭成员列入。

登记机构除按规定收取证书工本费外，不得收取其他费用。

第二十五条　【不得随意变更承包合同】承包合同生效后，发包方不得因承办人或者负责人的变动而变更或者解除，也不得因集体经济组织的分立或者合并而变更或者解除。

第二十六条　【不得利用职权干涉承包】国家机关及其工作人员不得利用职权干涉农村土地承包或者变更、解除承包合同。

第四节　土地承包经营权的保护和互换、转让

第二十七条　【承包地的合理收回】承包期内，发包方不得收回承包地。

国家保护进城农户的土地承包经营权。不得以退出土地承包经营权作为农户进城落户的条件。

承包期内，承包农户进城落户的，引导支持其按照自愿有偿原则依法在本集体经济组织内转让土地承包经营权或者将承包地交回发包方，也可以鼓励其流转土地经营权。

承包期内，承包方交回承包地或者发包方依法收回承包地时，承包方对其在承包地上投入而提高土地生产能力的，有权获得相应的补偿。

第二十八条　【承包地的合理调整】承包期内，发包方不得调整承包地。

承包期内，因自然灾害严重毁损承包地等特殊情形对个别农户之间承包的耕地和草地需要适当调整的，必须经本集体经济组织成员的村民会议三分之二以上成员或者三分之二以上村民代表的同意，并报乡（镇）人民政府和县级人民政府农业农村、林业和草原等主管部门批准。承包合同中约定不得调整的，按照其约定。

第二十九条　【可用于调整承包的土地】下列土地应当用于调整承包土地或者承包给新增人口：

（一）集体经济组织依法预留的机动地；

（二）通过依法开垦等方式增加的；

（三）发包方依法收回和承包方依法、自愿交回的。

第三十条　【自愿交回承包地】承包期内，承包方可以自愿将承包地交回发包方。承包方自愿交回承包地的，可以获得合理补偿，但是应当提前半年以书面形式通知发包方。承包方在承包期内交回承包地的，在承包期内不得再要求承包土地。

第三十一条　【妇女婚姻状况变更不影响承包权】承包期内，妇女结婚，在新居住地未取得承包地的，发包方不得收回其原承包地；妇女离婚或者丧偶，仍在原居住地生活或者不在原居住地生活但在新居住地未取得承包地的，发包方不得收回其原承包地。

第三十二条　【承包继承】承包人应得的承包收益，依照继承法的规定继承。

林地承包的承包人死亡，其继承人可以在承包期内继续承包。

第三十三条　【土地承包经营权互换】承包方之间为方便耕种或者各自需要，可以对属于同一集体经济组织的土地的土地承包经营权进行互换，并向发包方备案。

第三十四条　【土地承包经营权转让】经发包方同意，承包方可以将全部或者部分的土地承包经营权转让给本集体经济组织的其他农户，由该农户同发包方确立新的承包关系，原承包方与发包方在该土地上的承包关系即行终止。

第三十五条　【登记】土地承包经营权互换、转让的，当事人可以向登记机构申请登记。未经登记，不得对抗善意第三人。

第五节　土地经营权

第三十六条　【土地经营权自主流转】承包方可以自主决定依法采取出租（转包）、入股或者其他方式向他人流转土地经营权，并向发包方备案。

第三十七条　【土地经营权人权利】土地经营权人有权在合同约定的期限内占有农村土地，自主开展农业生产经营并取得收益。

第三十八条　【土地经营权流转原则】土地经营权流转应当遵循以下原则：

（一）依法、自愿、有偿，任何组织和个人不得强迫或者阻碍土地经营权流转；

（二）不得改变土地所有权的性质和土地的农业用途，不得破坏农业综合生产能力和农业生态环境；

（三）流转期限不得超过承包期的剩余期限；

（四）受让方须有农业经营能力或者资质；

（五）在同等条件下，本集体经济组织成员享有优先权。

第三十九条　【土地经营权流转价款与收益】土地经营权流转的价款，应当由当事人双方协商确定。流转的收益归承包方所有，任何组织和个人不得擅自截留、扣缴。

第四十条　【土地经营权流转合同】土地经营权流转，当事人双方应当签订书面流转合同。

土地经营权流转合同一般包括以下条款：

（一）双方当事人的姓名、住所；

（二）流转土地的名称、坐落、面积、质量等级；

（三）流转期限和起止日期；

（四）流转土地的用途；

（五）双方当事人的权利和义务；

（六）流转价款及支付方式；

（七）土地被依法征收、征用、占用时有关补偿费的归属；

（八）违约责任。

承包方将土地交由他人代耕不超过一年的，可以不签订书面合同。

第四十一条 【土地经营权流转登记】土地经营权流转期限为五年以上的，当事人可以向登记机构申请土地经营权登记。未经登记，不得对抗善意第三人。

第四十二条 【承包方单方解除合同】承包方不得单方解除土地经营权流转合同，但受让方有下列情形之一的除外：

（一）擅自改变土地的农业用途；

（二）弃耕抛荒连续两年以上；

（三）给土地造成严重损害或者严重破坏土地生态环境；

（四）其他严重违约行为。

第四十三条 【受让方投资】经承包方同意，受让方可以依法投资改良土壤，建设农业生产附属、配套设施，并按照合同约定对其投资部分获得合理补偿。

第四十四条 【承包关系不变】承包方流转土地经营权的，其与发包方的承包关系不变。

第四十五条 【社会资本取得土地经营权的相关制度】县级以上地方人民政府应当建立工商企业等社会资本通过流转取得土地经营权的资格审查、项目审核和风险防范制度。

工商企业等社会资本通过流转取得土地经营权的，本集体经济组织可以收取适量管理费用。

具体办法由国务院农业农村、林业和草原主管部门规定。

第四十六条 【土地经营权再流转】经承包方书面同意，并向本集体经济组织备案，受让方可以再流转土地经营权。

第四十七条 【土地经营权担保】承包方可以用承包地的土地经营权向金融机构融资担保，并向发包方备案。受让方通过流转取得的土地经营权，经承包方书面同意并向发包方备案，可以向金融机构融资担保。

担保物权自融资担保合同生效时设立。当事人可以向登记机构申请登记；未经登记，不得对抗善意第三人。

实现担保物权时，担保物权人有权就土地经营权优先受偿。

土地经营权融资担保办法由国务院有关部门规定。

第三章 其他方式的承包

第四十八条 【其他承包方式的法律适用】不宜采取家庭承包方式的荒山、荒沟、荒丘、荒滩等农村土地，通过招标、拍卖、公开协商等方式承包的，适用本章规定。

第四十九条 【承包合同】以其他方式承包农村土地的，应当签订承包合同，承包方取得土地经营权。当事人的权利和义务、承包期限等，由双方协商确定。以招标、拍卖方式承包的，承包费通过公开竞标、竞价确定；以公开协商等方式承包的，承包费由双方议定。

第五十条 【承包或股份经营】荒山、荒沟、荒丘、荒滩等可以直接通过招标、拍卖、公开协商等方式实行承包经营，也可以将土地经营权折股分给本集体经济组织成员后，再实行承包经营或者股份合作经营。

承包荒山、荒沟、荒丘、荒滩的，应当遵守有关法律、行政法规的规定，防止水土流失，保护生态环境。

第五十一条 【优先承包权】以其他方式承包农村土地，在同等条件下，本集体经济组织成员有权优先承包。

第五十二条 【本集体经济组织以外单位、个人的承包】发包方将农村土地发包给本集体经济组织以外的单位或者个人承包，应当事先经本集体经济组织成员的村民会议三分之二以上成员或者三分之二以上村民代表的同意，并报乡（镇）人民政府批准。

由本集体经济组织以外的单位或者个人承包的，应当对承包方的资信情况和经营能力进行审查后，再签订承包合同。

第五十三条 【土地经营权流转】通过招标、拍卖、公开协商等方式承包农村土地，经依法登记取得权属证书的，可以依法采取出租、入股、抵押或者其他方式流转土地经营权。

第五十四条 【土地经营权继承】依照本章规定通过招标、拍卖、公开协商等方式取得土地经营权的，该承包人死亡，其应得的承包收益，依照继承法的规定继承；在承包期内，其继承人可以继续承包。

第四章 争议的解决和法律责任

第五十五条 【承包纠纷解决方式】因土地承包经营发生纠纷的，双方当事人可以通过协商解决，也可以请求村民委员会、乡（镇）人民政府等调解解决。

当事人不愿协商、调解或者协商、调解不成的，可以向农村土地承包仲裁机构申请仲裁，也可以直接向人民法院起诉。

第五十六条　【侵权责任】任何组织和个人侵害土地承包经营权、土地经营权的，应当承担民事责任。

第五十七条　【发包方的侵权责任】发包方有下列行为之一的，应当承担停止侵害、排除妨碍、消除危险、返还财产、恢复原状、赔偿损失等民事责任：

（一）干涉承包方依法享有的生产经营自主权；

（二）违反本法规定收回、调整承包地；

（三）强迫或者阻碍承包方进行土地承包经营权的互换、转让或者土地经营权流转；

（四）假借少数服从多数强迫承包方放弃或者变更土地承包经营权；

（五）以划分“口粮田”和“责任田”等为由收回承包地搞招标承包；

（六）将承包地收回抵顶欠款；

（七）剥夺、侵害妇女依法享有的土地承包经营权；

（八）其他侵害土地承包经营权的行为。

第五十八条　【违反强制性规定的约定无效】承包合同中违背承包方意愿或者违反法律、行政法规有关不得收回、调整承包地等强制性规定的约定无效。

第五十九条　【违约责任】当事人一方不履行合同义务或者履行义务不符合约定的，应当依法承担违约责任。

第六十条　【强迫流转无效】任何组织和个人强迫进行土地承包经营权互换、转让或者土地经营权流转的，该互换、转让或者流转无效。

第六十一条　【流转收益的退还】任何组织和个人擅自截留、扣缴土地承包经营权互换、转让或者土地经营权流转收益的，应当退还。

第六十二条　【刑事责任】违反土地管理法规，非法征收、征用、占用土地或者贪污、挪用土地征收、征用补偿费用，构成犯罪的，依法追究刑事责任；造成他人损害的，应当承担损害赔偿等责任。

第六十三条　【承包方的违法责任】承包方、土地经营权人违法将承包地用于非农建设的，由县级以上地方人民政府有关主管部门依法予以处罚。

承包方给承包地造成永久性损害的，发包方有权制止，并有权要求赔偿由此造成的损失。

第六十四条　【土地经营权人违规使用土地的后果】土地经营权人擅自改变土地的农业用途、弃耕抛荒连续两年以上、给土地造成严重损害或者严重破坏土地生态环境，承包方在合理期限内不解除土地经营权流转合同的，发包方有权要求终止土地经营权流转合同。土地经营权人对土地和土地生态环境造成的损害应当予以赔偿。

第六十五条　【国家机关及其工作人员的违法责任】国家机关及其工作人员有利用职权干涉农村土地承包经营，变更、解除承包经营合同，干涉承包经营当事人依法享有的生产经营自主权，强迫、阻碍承包经营当事人进行土地承包经营权互换、转让或者土地经营权流转等侵害土地承包经营权、土地经营权的行为，给承包经营当事人造成损失的，应当承担损害赔偿等责任；情节严重的，由上级机关或者所在单位给予直接责任人员处分；构成犯罪的，依法追究刑事责任。

第五章　附　　则

第六十六条　【本法实施前的承包效力】本法实施前已经按照国家有关农村土地承包的规定承包，包括承包期限长于本法规定的，本法实施后继续有效，不得重新承包土地。未向承包方颁发土地承包经营权证或者林权证等证书的，应当补发证书。

第六十七条　【机动地】本法实施前已经预留机动地的，机动地面积不得超过本集体经济组织耕地总面积的百分之五。不足百分之五的，不得再增加机动地。

本法实施前未留机动地的，本法实施后不得再留机动地。

第六十八条　【制定实施办法的授权】各省、自治区、直辖市人民代表大会常务委员会可以根据本法，结合本行政区域的实际情况，制定实施办法。

第六十九条　【特别事项由法律、法规规定】确认农村集体经济组织成员身份的原则、程序等，由法律、法规规定。

第七十条　【施行日期】本法自2003年3月1日起施行。

中华人民共和国
农村土地承包经营纠纷调解仲裁法

1. 2009年6月27日第十一届全国人民代表大会常务委员会第九次会议通过

2. 2009年6月27日中华人民共和国主席令第14号公布

3. 自2010年1月1日起施行

目　　录

第一章 总　　则

第一条 【立法目的】为了公正、及时解决农村土地承包经营纠纷,维护当事人的合法权益,促进农村经济发展和社会稳定,制定本法。

第二条 【适用范围】农村土地承包经营纠纷调解和仲裁,适用本法。

农村土地承包经营纠纷包括:

(一)因订立、履行、变更、解除和终止农村土地承包合同发生的纠纷;

(二)因农村土地承包经营权转包、出租、互换、转让、入股等流转发生的纠纷;

(三)因收回、调整承包地发生的纠纷;

(四)因确认农村土地承包经营权发生的纠纷;

(五)因侵害农村土地承包经营权发生的纠纷;

(六)法律、法规规定的其他农村土地承包经营纠纷。

因征收集体所有的土地及其补偿发生的纠纷,不属于农村土地承包仲裁委员会的受理范围,可以通过行政复议或者诉讼等方式解决。

第三条 【和解与调解】发生农村土地承包经营纠纷的,当事人可以自行和解,也可以请求村民委员会、乡(镇)人民政府等调解。

第四条 【申请仲裁与起诉】当事人和解、调解不成或者不愿和解、调解的,可以向农村土地承包仲裁委员会申请仲裁,也可以直接向人民法院起诉。

第五条 【调解、仲裁的原则】农村土地承包经营纠纷调解和仲裁,应当公开、公平、公正,便民高效,根据事实,符合法律,尊重社会公德。

第六条 【县级以上人民政府加强对调解、仲裁的指导】县级以上人民政府应当加强对农村土地承包经营纠纷调解和仲裁工作的指导。

县级以上人民政府农村土地承包管理部门及其他有关部门应当依照职责分工,支持有关调解组织和农村土地承包仲裁委员会依法开展工作。

第二章 调　　解

第七条 【村民委员会、乡镇人民政府应加强调解工作】村民委员会、乡(镇)人民政府应当加强农村土地承包经营纠纷的调解工作,帮助当事人达成协议解决纠纷。

第八条 【调解可以书面申请,也可以口头申请】当事人申请农村土地承包经营纠纷调解可以书面申请,也可以口头申请。口头申请的,由村民委员会或者乡(镇)人民政府当场记录申请人的基本情况、申请调解的纠纷事项、理由和时间。

第九条 【调解时,充分听取当事人陈述、讲解法律、政策】调解农村土地承包经营纠纷,村民委员会或者乡(镇)人民政府应当充分听取当事人对事实和理由的陈述,讲解有关法律以及国家政策,耐心疏导,帮助当事人达成协议。

第十条 【达成协议的,制作调解协议书】经调解达成协议的,村民委员会或者乡(镇)人民政府应当制作调解协议书。

调解协议书由双方当事人签名、盖章或者按指印,经调解人员签名并加盖调解组织印章后生效。

第十一条 【仲裁庭应当进行调解】仲裁庭对农村土地承包经营纠纷应当进行调解。调解达成协议的,仲裁庭应当制作调解书;调解不成的,应当及时作出裁决。

调解书应当写明仲裁请求和当事人协议的结果。调解书由仲裁员签名,加盖农村土地承包仲裁委员会印章,送达双方当事人。

调解书经双方当事人签收后,即发生法律效力。在调解书签收前当事人反悔的,仲裁庭应当及时作出裁决。

第三章 仲　　裁

第一节 仲裁委员会和仲裁员

第十二条 【仲裁委员会的设立】农村土地承包仲裁委员会,根据解决农村土地承包经营纠纷的实际需要设立。农村土地承包仲裁委员会可以在县和不设区的市设立,也可以在设区的市或者其市辖区设立。

农村土地承包仲裁委员会在当地人民政府指导下设立。设立农村土地承包仲裁委员会的,其日常工作由当地农村土地承包管理部门承担。

第十三条 【仲裁委员会的组成】农村土地承包仲裁委员会由当地人民政府及其有关部门代表、有关人民团体代表、农村集体经济组织代表、农民代表和法律、经济等相关专业人员兼任组成,其中农民代表和法律、经济等相关专业人员不得少于组成人员的二分之一。

农村土地承包仲裁委员会设主任一人、副主任一至二人和委员若干人。主任、副主任由全体组成人员选举产生。

第十四条 【仲裁委员会的职责】农村土地承包仲裁委员会依法履行下列职责：

（一）聘任、解聘仲裁员；

（二）受理仲裁申请；

（三）监督仲裁活动。

农村土地承包仲裁委员会应当依照本法制定章程，对其组成人员的产生方式及任期、议事规则等作出规定。

第十五条 【仲裁员应具备的条件】农村土地承包仲裁委员会应当从公道正派的人员中聘任仲裁员。

仲裁员应当符合下列条件之一：

（一）从事农村土地承包管理工作满五年；

（二）从事法律工作或者人民调解工作满五年；

（三）在当地威信较高，并熟悉农村土地承包法律以及国家政策的居民。

第十六条 【仲裁员的培训】农村土地承包仲裁委员会应当对仲裁员进行农村土地承包法律以及国家政策的培训。

省、自治区、直辖市人民政府农村土地承包管理部门应当制定仲裁员培训计划，加强对仲裁员培训工作的组织和指导。

第十七条 【仲裁员渎职行为的处理】农村土地承包仲裁委员会组成人员、仲裁员应当依法履行职责，遵守农村土地承包仲裁委员会章程和仲裁规则，不得索贿受贿、徇私舞弊，不得侵害当事人的合法权益。

仲裁员有索贿受贿、徇私舞弊、枉法裁决以及接受当事人请客送礼等违法违纪行为的，农村土地承包仲裁委员会应当将其除名；构成犯罪的，依法追究刑事责任。

县级以上地方人民政府及有关部门应当受理对农村土地承包仲裁委员会组成人员、仲裁员违法违纪行为的投诉和举报，并依法组织查处。

第二节 申请和受理

第十八条 【申请仲裁的时效】农村土地承包经营纠纷申请仲裁的时效期间为二年，自当事人知道或者应当知道其权利被侵害之日起计算。

第十九条 【仲裁的当事人、第三人】农村土地承包经营纠纷仲裁的申请人、被申请人为当事人。家庭承包的，可以由农户代表人参加仲裁。当事人一方人数众多的，可以推选代表人参加仲裁。

与案件处理结果有利害关系的，可以申请作为第三人参加仲裁，或者由农村土地承包仲裁委员会通知其参加仲裁。

当事人、第三人可以委托代理人参加仲裁。

第二十条 【申请仲裁应具备的条件】申请农村土地承包经营纠纷仲裁应当符合下列条件：

（一）申请人与纠纷有直接的利害关系；

（二）有明确的被申请人；

（三）有具体的仲裁请求和事实、理由；

（四）属于农村土地承包仲裁委员会的受理范围。

第二十一条 【申请仲裁应当提出仲裁申请书；口头申请的，记入笔录】当事人申请仲裁，应当向纠纷涉及的土地所在地的农村土地承包仲裁委员会递交仲裁申请书。仲裁申请书可以邮寄或者委托他人代交。仲裁申请书应当载明申请人和被申请人的基本情况，仲裁请求和所根据的事实、理由，并提供相应的证据和证据来源。

书面申请确有困难的，可以口头申请，由农村土地承包仲裁委员会记入笔录，经申请人核实后由其签名、盖章或者按指印。

第二十二条 【仲裁申请的受理与不受理】农村土地承包仲裁委员会应当对仲裁申请予以审查，认为符合本法第二十条规定的，应当受理。有下列情形之一的，不予受理；已受理的，终止仲裁程序：

（一）不符合申请条件；

（二）人民法院已受理该纠纷；

（三）法律规定该纠纷应当由其他机构处理；

（四）对该纠纷已有生效的判决、裁定、仲裁裁决、行政处理决定等。

第二十三条 【受理通知；不受理或终止仲裁的通知】农村土地承包仲裁委员会决定受理的，应当自收到仲裁申请之日起五个工作日内，将受理通知书、仲裁规则和仲裁员名册送达申请人；决定不予受理或者终止仲裁程序的，应当自收到仲裁申请或者发现终止仲裁程序情形之日起五个工作日内书面通知申请人，并说明理由。

第二十四条 【向被申请人送达受理通知书、仲裁申请书、副本、仲裁规则、仲裁员名册】农村土地承包仲裁委员会应当自受理仲裁申请之日起五个工作日内，将受理通知书、仲裁申请书副本、仲裁规则和仲裁员名册送达被申请人。

第二十五条 【被申请人答辩书副本送达申请人】被申请人应当自收到仲裁申请书副本之日起十日内向农村土地承包仲裁委员会提交答辩书；书面答辩确有困难的，可以口头答辩，由农村土地承包仲裁委员会记入笔录，经被申请人核实后由其签名、盖章或者按指印。农村土地承包仲裁委员会应当自收到答辩书之日起五个工作日内将答辩书副本送达申请人。被申请人未答辩的，不影响仲裁程序的进行。

第二十六条 【财产保全】一方当事人因另一方当事人的行为或者其他原因，可能使裁决不能执行或者难以执行的，可以申请财产保全。

当事人申请财产保全的，农村土地承包仲裁委员会应当将当事人的申请提交被申请人住所地或者财产所在地的基层人民法院。

申请有错误的，申请人应当赔偿被申请人因财产保全所遭受的损失。

第三节 仲裁庭的组成

第二十七条 【仲裁庭组成】仲裁庭由三名仲裁员组成，首席仲裁员由当事人共同选定，其他二名仲裁员由当事人各自选定；当事人不能选定的，由农村土地承包仲裁委员会主任指定。

事实清楚、权利义务关系明确、争议不大的农村土地承包经营纠纷，经双方当事人同意，可以由一名仲裁员仲裁。仲裁员由当事人共同选定或者由农村土地承包仲裁委员会主任指定。

农村土地承包仲裁委员会应当自仲裁庭组成之日起二个工作日内将仲裁庭组成情况通知当事人。

第二十八条 【仲裁员的回避】仲裁员有下列情形之一的，必须回避，当事人也有权以口头或者书面方式申请其回避：

（一）是本案当事人或者当事人、代理人的近亲属；

（二）与本案有利害关系；

（三）与本案当事人、代理人有其他关系，可能影响公正仲裁；

（四）私自会见当事人、代理人，或者接受当事人、代理人的请客送礼。

当事人提出回避申请，应当说明理由，在首次开庭前提出。回避事由在首次开庭后知道的，可以在最后一次开庭终结前提出。

第二十九条 【仲裁委员会对回避的决定】农村土地承包仲裁委员会对回避申请应当及时作出决定，以口头或者书面方式通知当事人，并说明理由。

仲裁员是否回避，由农村土地承包仲裁委员会主任决定；农村土地承包仲裁委员会主任担任仲裁员时，由农村土地承包仲裁委员会集体决定。

仲裁员因回避或者其他原因不能履行职责的，应当依照本法规定重新选定或者指定仲裁员。

第四节 开庭和裁决

第三十条 【开庭】农村土地承包经营纠纷仲裁应当开庭进行。

开庭可以在纠纷涉及的土地所在地的乡（镇）或者村进行，也可以在农村土地承包仲裁委员会所在地进行。当事人双方要求在乡（镇）或者村开庭的，应当在该乡（镇）或者村开庭。

开庭应当公开，但涉及国家秘密、商业秘密和个人隐私以及当事人约定不公开的除外。

第三十一条 【开庭时间、地点的通知】仲裁庭应当在开庭五个工作日前将开庭的时间、地点通知当事人和其他仲裁参与人。

当事人有正当理由的，可以向仲裁庭请求变更开庭的时间、地点。是否变更，由仲裁庭决定。

第三十二条 【自行和解】当事人申请仲裁后，可以自行和解。达成和解协议的，可以请求仲裁庭根据和解协议作出裁决书，也可以撤回仲裁申请。

第三十三条 【仲裁请求的放弃和变更】申请人可以放弃或者变更仲裁请求。被申请人可以承认或者反驳仲裁请求，有权提出反请求。

第三十四条 【终止仲裁】仲裁庭作出裁决前，申请人撤回仲裁申请的，除被申请人提出反请求的外，仲裁庭应当终止仲裁。

第三十五条 【撤回仲裁申请，缺席裁决】申请人经书面通知，无正当理由不到庭或者未经仲裁庭许可中途退庭的，可以视为撤回仲裁申请。

被申请人经书面通知，无正当理由不到庭或者未经仲裁庭许可中途退庭的，可以缺席裁决。

第三十六条 【当事人在开庭中的权利】当事人在开庭过程中有权发表意见、陈述事实和理由、提供证据、进行质证和辩论。对不通晓当地通用语言文字的当事人，农村土地承包仲裁委员会应当为其提供翻译。

第三十七条 【谁主张，谁举证】当事人应当对自己的主张提供证据。与纠纷有关的证据由作为当事人一方的发包方等掌握管理的，该当事人应当在仲裁庭指定的期限内提供，逾期不提供的，应当承担不利后果。

第三十八条 【仲裁庭收集证据】仲裁庭认为有必要收集的证据，可以自行收集。

第三十九条 【鉴定】仲裁庭对专门性问题认为需要鉴定的，可以交由当事人约定的鉴定机构鉴定；当事人没有约定的，由仲裁庭指定的鉴定机构鉴定。

根据当事人的请求或者仲裁庭的要求，鉴定机构应当派鉴定人参加开庭。当事人经仲裁庭许可，可以向鉴定人提问。

第四十条 【证据应当当庭出示】证据应当在开庭时出示，但涉及国家秘密、商业秘密和个人隐私的证据不得在公开开庭时出示。

仲裁庭应当依照仲裁规则的规定开庭，给予双方当事人平等陈述、辩论的机会，并组织当事人进行质证。

经仲裁庭查证属实的证据，应当作为认定事实的根据。

第四十一条 【证据保全】在证据可能灭失或者以后难以取得的情况下，当事人可以申请证据保全。当事人申请证据保全的，农村土地承包仲裁委员会应当将当事人的申请提交证据所在地的基层人民法院。

第四十二条 【先行裁定】对权利义务关系明确的纠纷，经当事人申请，仲裁庭可以先行裁定维持现状、恢复农业生产以及停止取土、占地等行为。

一方当事人不履行先行裁定的，另一方当事人可以向人民法院申请执行，但应当提供相应的担保。

第四十三条 【笔录】仲裁庭应当将开庭情况记入笔录，由仲裁员、记录人员、当事人和其他仲裁参与人签名、盖章或者按指印。

当事人和其他仲裁参与人认为对自己陈述的记录有遗漏或者差错的，有权申请补正。如果不予补正，应当记录该申请。

第四十四条 【裁决书的制作】仲裁庭应当根据认定的事实和法律以及国家政策作出裁决并制作裁决书。

裁决应当按照多数仲裁员的意见作出，少数仲裁员的不同意见可以记入笔录。仲裁庭不能形成多数意见时，裁决应当按照首席仲裁员的意见作出。

第四十五条 【裁决书的内容、送达】裁决书应当写明仲裁请求、争议事实、裁决理由、裁决结果、裁决日期以及当事人不服仲裁裁决的起诉权利、期限，由仲裁员签名，加盖农村土地承包仲裁委员会印章。

农村土地承包仲裁委员会应当在裁决作出之日起三个工作日内将裁决书送达当事人，并告知当事人不服仲裁裁决的起诉权利、期限。

第四十六条 【仲裁庭独立履行职责】仲裁庭依法独立履行职责，不受行政机关、社会团体和个人的干涉。

第四十七条 【仲裁期限】仲裁农村土地承包经营纠纷，应当自受理仲裁申请之日起六十日内结束；案情复杂需要延长的，经农村土地承包仲裁委员会主任批准可以延长，并书面通知当事人，但延长期限不得超过三十日。

第四十八条 【不服仲裁，可向法院起诉】当事人不服仲裁裁决的，可以自收到裁决书之日起三十日内向人民法院起诉。逾期不起诉的，裁决书即发生法律效力。

第四十九条 【申请执行】当事人对发生法律效力的调解书、裁决书，应当依照规定的期限履行。一方当事人逾期不履行的，另一方当事人可以向被申请人住所地或者财产所在地的基层人民法院申请执行。受理申请的人民法院应当依法执行。

第四章 附 则

第五十条 【农村土地定义】本法所称农村土地，是指农民集体所有和国家所有依法由农民集体使用的耕地、林地、草地，以及其他依法用于农业的土地。

第五十一条 【仲裁规则、仲裁委员会示范章程的制定】农村土地承包经营纠纷仲裁规则和农村土地承包仲裁委员会示范章程，由国务院农业、林业行政主管部门依照本法规定共同制定。

第五十二条 【仲裁不收费】农村土地承包经营纠纷仲裁不得向当事人收取费用，仲裁工作经费纳入财政预算予以保障。

第五十三条 【施行日期】本法自 2010 年 1 月 1 日起施行。

农村土地承包经营纠纷仲裁规则

1. 2009 年 12 月 29 日农业部、国家林业局令〔2010〕第 1 号公布

2. 自 2010 年 1 月 1 日起施行

第一章 总 则

第一条 为规范农村土地承包经营纠纷仲裁活动，根据《中华人民共和国农村土地承包经营纠纷调解仲裁法》，制定本规则。

第二条 农村土地承包经营纠纷仲裁适用本规则。

第三条 下列农村土地承包经营纠纷，当事人可以向农村土地承包仲裁委员会（以下简称仲裁委员会）申请仲裁：

（一）因订立、履行、变更、解除和终止农村土地承包合同发生的纠纷；

（二）因农村土地承包经营权转包、出租、互换、转让、入股等流转发生的纠纷；

（三）因收回、调整承包地发生的纠纷；

（四）因确认农村土地承包经营权发生的纠纷；

（五）因侵害农村土地承包经营权发生的纠纷；

（六）法律、法规规定的其他农村土地承包经营纠纷。

因征收集体所有的土地及其补偿发生的纠纷，不属于仲裁委员会的受理范围，可以通过行政复议或者诉讼等方式解决。

第四条 仲裁委员会依法设立，其日常工作由当地农村土地承包管理部门承担。

第五条 农村土地承包经营纠纷仲裁，应当公开、公平、公正，便民高效，注重调解，尊重事实，符合法律，遵守社会公德。

第二章 申请和受理

第六条 农村土地承包经营纠纷仲裁的申请人、被申请人为仲裁当事人。

第七条 家庭承包的，可以由农户代表人参加仲裁。农户代表人由农户成员共同推选；不能共同推选的，按下列方式确定：

（一）土地承包经营权证或者林权证等证书上记载的人；

（二）未取得土地承包经营权证或者林权证等证书的，为在承包合同上签字的人。

第八条 当事人一方为五户（人）以上的，可以推选三至五名代表人参加仲裁。

第九条 与案件处理结果有利害关系的，可以申请作为第三人参加仲裁，或者由仲裁委员会通知其参加仲裁。

第十条 当事人、第三人可以委托代理人参加仲裁。

当事人或者第三人为无民事行为能力人或者限制民事行为能力人的，由其法定代理人参加仲裁。

第十一条 当事人申请农村土地承包经营纠纷仲裁的时效期间为二年，自当事人知道或者应当知道其权利被侵害之日起计算。

仲裁时效因申请调解、申请仲裁、当事人一方提出要求或者同意履行义务而中断。从中断时起，仲裁时效重新计算。

在仲裁时效期间的最后六个月内，因不可抗力或者其他事由，当事人不能申请仲裁的，仲裁时效中止。从中止时效的原因消除之日起，仲裁时效期间继续计算。

侵害农村土地承包经营权行为持续发生的，仲裁时效从侵权行为终了时计算。

第十二条 申请农村土地承包经营纠纷仲裁，应当符合下列条件：

（一）申请人与纠纷有直接的利害关系；

（二）有明确的被申请人；

（三）有具体的仲裁请求和事实、理由；

（四）属于仲裁委员会的受理范围。

第十三条 当事人申请仲裁，应当向纠纷涉及土地所在地的仲裁委员会递交仲裁申请书。申请书可以邮寄或者委托他人代交。

书面申请有困难的，可以口头申请，由仲裁委员会记入笔录，经申请人核实后由其签名、盖章或者按指印。

仲裁委员会收到仲裁申请材料，应当出具回执。回执应当载明接收材料的名称和份数、接收日期等，并加盖仲裁委员会印章。

第十四条 仲裁申请书应当载明下列内容：

（一）申请人和被申请人的姓名、年龄、住所、邮政编码、电话或者其他通讯方式；法人或者其他组织应当写明名称、地址和法定代表人或者主要负责人的姓名、职务、通讯方式；

（二）申请人的仲裁请求；

（三）仲裁请求所依据的事实和理由；

（四）证据和证据来源、证人姓名和联系方式。

第十五条 仲裁委员会应当对仲裁申请进行审查，符合申请条件的，应当受理。

有下列情形之一的，不予受理；已受理的，终止仲裁程序：

（一）不符合申请条件；

（二）人民法院已受理该纠纷；

（三）法律规定该纠纷应当由其他机构受理；

（四）对该纠纷已有生效的判决、裁定、仲裁裁决、行政处理决定等。

第十六条 仲裁委员会决定受理仲裁申请的，应当自收到仲裁申请之日起五个工作日内，将受理通知书、仲裁规则、仲裁员名册送达申请人，将受理通知书、仲裁申请书副本、仲裁规则、仲裁员名册送达被申请人。

决定不予受理或者终止仲裁程序的，应当自收到仲裁申请或者发现终止仲裁程序情形之日起五个工作日内书面通知申请人，并说明理由。

需要通知第三人参加仲裁的，仲裁委员会应当通知第三人，并告知其权利义务。

第十七条 被申请人应当自收到仲裁申请书副本之日起十日内向仲裁委员会提交答辩书。

仲裁委员会应当自收到答辩书之日起五个工作日内将答辩书副本送达申请人。

被申请人未答辩的，不影响仲裁程序的进行。

第十八条 答辩书应当载明下列内容：

（一）答辩人姓名、年龄、住所、邮政编码、电话或者其他通讯方式；法人或者其他组织应当写明名称、地址

和法定代表人或者主要负责人的姓名、职务、通讯方式;

(二)对申请人仲裁申请的答辩及所依据的事实和理由;

(三)证据和证据来源,证人姓名和联系方式。

书面答辩确有困难的,可以口头答辩,由仲裁委员会记入笔录,经被申请人核实后由其签名、盖章或者按指印。

第十九条 当事人提交仲裁申请书、答辩书、有关证据材料及其他书面文件,应当一式三份。

第二十条 因一方当事人的行为或者其他原因可能使裁决不能执行或者难以执行,另一方当事人申请财产保全的,仲裁委员会应当将当事人的申请提交被申请人住所地或者财产所在地的基层人民法院,并告知申请人因申请错误造成被申请人财产损失的,应当承担相应的赔偿责任。

第三章 仲 裁 庭

第二十一条 仲裁庭由三名仲裁员组成。

事实清楚、权利义务关系明确、争议不大的农村土地承包经营纠纷,经双方当事人同意,可以由一名仲裁员仲裁。

第二十二条 双方当事人自收到受理通知书之日起五个工作日内,从仲裁员名册中选定仲裁员。首席仲裁员由双方当事人共同选定,其他二名仲裁员由双方当事人各自选定;当事人不能选定的,由仲裁委员会主任指定。

独任仲裁员由双方当事人共同选定;当事人不能选定的,由仲裁委员会主任指定。

仲裁委员会应当自仲裁庭组成之日起二个工作日内将仲裁庭组成情况通知当事人。

第二十三条 仲裁庭组成后,首席仲裁员应当召集其他仲裁员审阅案件材料,了解纠纷的事实和情节,研究双方当事人的请求和理由,查核证据,整理争议焦点。

仲裁庭认为确有必要的,可以要求当事人在一定期限内补充证据,也可以自行调查取证。自行调查取证的,调查人员不得少于二人。

第二十四条 仲裁员有下列情形之一的,应当回避:

(一)是本案当事人或者当事人、代理人的近亲属;

(二)与本案有利害关系;

(三)与本案当事人、代理人有其他关系,可能影响公正仲裁;

(四)私自会见当事人、代理人,或者接受当事人、代理人请客送礼。

第二十五条 仲裁员有回避情形的,应当以口头或者书面方式及时向仲裁委员会提出。

当事人认为仲裁员有回避情形的,有权以口头或者书面方式向仲裁委员会申请其回避。

当事人提出回避申请,应当在首次开庭前提出,并说明理由;在首次开庭后知道回避事由的,可以在最后一次开庭终结前提出。

第二十六条 仲裁委员会应当自收到回避申请或者发现仲裁员有回避情形之日起二个工作日内作出决定,以口头或者书面方式通知当事人,并说明理由。

仲裁员是否回避,由仲裁委员会主任决定;仲裁委员会主任担任仲裁员时,由仲裁委员会集体决定主任的回避。

第二十七条 仲裁员有下列情形之一的,应当按照本规则第二十二条规定重新选定或者指定仲裁员:

(一)被决定回避的;

(二)在法律上或者事实上不能履行职责的;

(三)因被除名或者解聘丧失仲裁员资格的;

(四)因个人原因退出或者不能从事仲裁工作的;

(五)因徇私舞弊、失职渎职被仲裁委员会决定更换的。

重新选定或者指定仲裁员后,仲裁程序继续进行。当事人请求仲裁程序重新进行的,由仲裁庭决定。

第二十八条 仲裁庭应当向当事人提供必要的法律政策解释,帮助当事人自行和解。

达成和解协议的,当事人可以请求仲裁庭根据和解协议制作裁决书;当事人要求撤回仲裁申请的,仲裁庭应当终止仲裁程序。

第二十九条 仲裁庭应当在双方当事人自愿的基础上进行调解。调解达成协议的,仲裁庭应当制作调解书。

调解书应当载明双方当事人基本情况、纠纷事由、仲裁请求和协议结果,由仲裁员签名,并加盖仲裁委员会印章,送达双方当事人。

调解书经双方当事人签收即发生法律效力。

第三十条 调解不成或者当事人在调解书签收前反悔的,仲裁庭应当及时作出裁决。

当事人在调解过程中的陈述、意见、观点或者建议,仲裁庭不得作为裁决的证据或依据。

第三十一条 仲裁庭作出裁决前,申请人放弃仲裁请求并撤回仲裁申请,且被申请人没有就申请人的仲裁请求提出反请求的,仲裁庭应当终止仲裁程序。

申请人经书面通知,无正当理由不到庭或者未经仲裁庭许可中途退庭的,可以视为撤回仲裁申请。

第三十二条 被申请人就申请人的仲裁请求提出反请求的，应当说明反请求事项及其所依据的事实和理由，并附具有关证明材料。

被申请人在仲裁庭组成前提出反请求的，由仲裁委员会决定是否受理；在仲裁庭组成后提出反请求的，由仲裁庭决定是否受理。

仲裁委员会或者仲裁庭决定受理反请求的，应当自收到反请求之日起五个工作日内将反请求申请书副本送达申请人。申请人应当在收到反请求申请书副本后十个工作日内提交反请求答辩书，不答辩的不影响仲裁程序的进行。仲裁庭应当将被申请人的反请求与申请人的请求合并审理。

仲裁委员会或者仲裁庭决定不予受理反请求的，应当书面通知被申请人，并说明理由。

第三十三条 仲裁庭组成前申请人变更仲裁请求或者被申请人变更反请求的，由仲裁委员会作出是否准许的决定；仲裁庭组成后变更请求或者反请求的，由仲裁庭作出是否准许的决定。

第四章　开　　庭

第三十四条 农村土地承包经营纠纷仲裁应当开庭进行。开庭应当公开，但涉及国家秘密、商业秘密和个人隐私以及当事人约定不公开的除外。

开庭可以在纠纷涉及的土地所在地的乡（镇）或者村进行，也可以在仲裁委员会所在地进行。当事人双方要求在乡（镇）或者村开庭的，应当在该乡（镇）或者村开庭。

第三十五条 仲裁庭应当在开庭五个工作日前将开庭时间、地点通知当事人、第三人和其他仲裁参与人。

当事人请求变更开庭时间和地点的，应当在开庭三个工作日前向仲裁庭提出，并说明理由。仲裁庭决定变更的，通知双方当事人、第三人和其他仲裁参与人；决定不变更的，通知提出变更请求的当事人。

第三十六条 公开开庭的，应当将开庭时间、地点等信息予以公告。

申请旁听的公民，经仲裁庭审查后可以旁听。

第三十七条 被申请人经书面通知，无正当理由不到庭或者未经仲裁庭许可中途退庭的，仲裁庭可以缺席裁决。

被申请人提出反请求，申请人经书面通知，无正当理由不到庭或者未经仲裁庭许可中途退庭的，仲裁庭可以就反请求缺席裁决。

第三十八条 开庭前，仲裁庭应当查明当事人、第三人、代理人和其他仲裁参与人是否到庭，并逐一核对身份。

开庭由首席仲裁员或者独任仲裁员宣布。首席仲裁员或者独任仲裁员应当宣布案由，宣读仲裁庭组成人员名单、仲裁庭纪律、当事人权利和义务，询问当事人是否申请仲裁员回避。

第三十九条 仲裁庭应当保障双方当事人平等陈述的机会，组织当事人、第三人、代理人陈述事实、意见、理由。

第四十条 当事人、第三人应当提供证据，对其主张加以证明。

与纠纷有关的证据由作为当事人一方的发包方等掌握管理的，该当事人应当在仲裁庭指定的期限内提供，逾期不提供的，应当承担不利后果。

第四十一条 仲裁庭自行调查收集的证据，应当在开庭时向双方当事人出示。

第四十二条 仲裁庭对专门性问题认为需要鉴定的，可以交由当事人约定的鉴定机构鉴定；当事人没有约定的，由仲裁庭指定的鉴定机构鉴定。

第四十三条 当事人申请证据保全，应当向仲裁委员会书面提出。仲裁委员会应当自收到申请之日起二个工作日内，将申请提交证据所在地的基层人民法院。

第四十四条 当事人、第三人申请证人出庭作证的，仲裁庭应当准许，并告知证人的权利义务。

证人不得旁听案件审理。

第四十五条 证据应当在开庭时出示，但涉及国家秘密、商业秘密和个人隐私的证据不得在公开开庭时出示。

仲裁庭应当组织当事人、第三人交换证据，相互质证。

经仲裁庭许可，当事人、第三人可以向证人询问，证人应当据实回答。

根据当事人的请求或者仲裁庭的要求，鉴定机构应当派鉴定人参加开庭。经仲裁庭许可，当事人可以向鉴定人提问。

第四十六条 仲裁庭应当保障双方当事人平等行使辩论权，并对争议焦点组织辩论。

辩论终结时，首席仲裁员或者独任仲裁员应当征询双方当事人、第三人的最后意见。

第四十七条 对权利义务关系明确的纠纷，当事人可以向仲裁庭书面提出先行裁定申请，请求维持现状、恢复农业生产以及停止取土、占地等破坏性行为。仲裁庭应当自收到先行裁定申请之日起二个工作日内作出决定。

仲裁庭作出先行裁定的，应当制作先行裁定书，并告知先行裁定申请人可以向人民法院申请执行，但应当提供相应的担保。

先行裁定书应当载明先行裁定申请的内容、依据事实和理由、裁定结果和日期，由仲裁员签名，加盖仲裁委员会印章。

第四十八条　仲裁庭应当将开庭情况记入笔录。笔录由仲裁员、记录人员、当事人、第三人和其他仲裁参与人签名、盖章或者按指印。

当事人、第三人和其他仲裁参与人认为对自己的陈述记录有遗漏或者差错的，有权申请补正。仲裁庭不予补正的，应当向申请人说明情况，并记录该申请。

第四十九条　发生下列情形之一的，仲裁程序中止：

（一）一方当事人死亡，需要等待继承人表明是否参加仲裁的；

（二）一方当事人丧失行为能力，尚未确定法定代理人的；

（三）作为一方当事人的法人或者其他组织终止，尚未确定权利义务承受人的；

（四）一方当事人因不可抗拒的事由，不能参加仲裁的；

（五）本案必须以另一案的审理结果为依据，而另一案尚未审结的；

（六）其他应当中止仲裁程序的情形。

在仲裁庭组成前发生仲裁中止事由的，由仲裁委员会决定是否中止仲裁；仲裁庭组成后发生仲裁中止事由的，由仲裁庭决定是否中止仲裁。决定仲裁程序中止的，应当书面通知当事人。

仲裁程序中止的原因消除后，仲裁委员会或者仲裁庭应当在三个工作日内作出恢复仲裁程序的决定，并通知当事人和第三人。

第五十条　发生下列情形之一的，仲裁程序终结：

（一）申请人死亡或者终止，没有继承人及权利义务承受人，或者继承人、权利义务承受人放弃权利的；

（二）被申请人死亡或者终止，没有可供执行的财产，也没有应当承担义务的人的；

（三）其他应当终结仲裁程序的。

终结仲裁程序的，仲裁委员会应当自发现终结仲裁程序情形之日起五个工作日内书面通知当事人、第三人，并说明理由。

第五章　裁决和送达

第五十一条　仲裁庭应当根据认定的事实和法律以及国家政策作出裁决，并制作裁决书。

首席仲裁员组织仲裁庭对案件进行评议，裁决依多数仲裁员意见作出。少数仲裁员的不同意见可以记入笔录。

仲裁庭不能形成多数意见时，应当按照首席仲裁员的意见作出裁决。

第五十二条　裁决书应当写明仲裁请求、争议事实、裁决理由和依据、裁决结果、裁决日期，以及当事人不服仲裁裁决的起诉权利和期限。

裁决书由仲裁员签名，加盖仲裁委员会印章。

第五十三条　对裁决书中的文字、计算错误，或者裁决书中有遗漏的事项，仲裁庭应当及时补正。补正构成裁决书的一部分。

第五十四条　仲裁庭应当自受理仲裁申请之日起六十日内作出仲裁裁决。受理日期以受理通知书上记载的日期为准。

案情复杂需要延长的，经仲裁委员会主任批准可以延长，但延长期限不得超过三十日。

延长期限的，应当自作出延期决定之日起三个工作日内书面通知当事人、第三人。

期限不包括仲裁程序中止、鉴定、当事人在庭外自行和解、补充申请材料和补正裁决的时间。

第五十五条　仲裁委员会应当在裁决作出之日起三个工作日内将裁决书送达当事人、第三人。

直接送达的，应当告知当事人、第三人下列事项：

（一）不服仲裁裁决的，可以在收到裁决书之日起三十日内向人民法院起诉，逾期不起诉的，裁决书即发生法律效力；

（二）一方当事人不履行生效的裁决书所确定义务的，另一方当事人可以向被申请人住所地或者财产所在地的基层人民法院申请执行。

第五十六条　仲裁文书应当直接送达当事人或者其代理人。受送达人是自然人，但本人不在场的，由其同住成年家属签收；受送达人是法人或者其他组织的，应当由法人的法定代表人、其他组织的主要负责人或者该法人、组织负责收件的人签收。

仲裁文书送达后，由受送达人在送达回证上签名、盖章或者按指印，受送达人在送达回证上的签收日期为送达日期。

受送达人或者其同住成年家属拒绝接收仲裁文书的，可以留置送达。送达人应当邀请有关基层组织或者受送达人所在单位的代表到场，说明情况，在送达回证上记明拒收理由和日期，由送达人、见证人签名、盖章或者按指印，将仲裁文书留在受送达人的住所，即视为已经送达。

直接送达有困难的，可以邮寄送达。邮寄送达的，以当事人签收日期为送达日期。

当事人下落不明，或者以前款规定的送达方式无法送达的，可以公告送达，自发出公告之日起，经过六十日，即视为已经送达。

第六章　附　　则

第五十七条　独任仲裁可以适用简易程序。简易程序的仲裁规则由仲裁委员会依照本规则制定。

第五十八条　期间包括法定期间和仲裁庭指定的期间。

期间以日、月、年计算，期间开始日不计算在期间内。

期间最后一日是法定节假日的，以法定节假日后的第一个工作日为期间的最后一日。

第五十九条　对不通晓当地通用语言文字的当事人、第三人，仲裁委员会应当为其提供翻译。

第六十条　仲裁文书格式由农业部、国家林业局共同制定。

第六十一条　农村土地承包经营纠纷仲裁不得向当事人收取费用，仲裁工作经费依法纳入财政预算予以保障。

当事人委托代理人、申请鉴定等发生的费用由当事人负担。

第六十二条　本规则自2010年1月1日起施行。

中共中央办公厅、国务院办公厅关于引导农村土地经营权有序流转发展农业适度规模经营的意见

1. 2014年11月20日
2. 中办发〔2014〕61号

伴随我国工业化、信息化、城镇化和农业现代化进程，农村劳动力大量转移，农业物质技术装备水平不断提高，农户承包土地的经营权流转明显加快，发展适度规模经营已成为必然趋势。实践证明，土地流转和适度规模经营是发展现代农业的必由之路，有利于优化土地资源配置和提高劳动生产率，有利于保障粮食安全和主要农产品供给，有利于促进农业技术推广应用和农业增效、农民增收，应从我国人多地少、农村情况千差万别的实际出发，积极稳妥地推进。为引导农村土地（指承包耕地）经营权有序流转、发展农业适度规模经营，现提出如下意见。

一、总体要求

（一）指导思想。全面理解、准确把握中央关于全面深化农村改革的精神，按照加快构建以农户家庭经营为基础、合作与联合为纽带、社会化服务为支撑的立体式复合型现代农业经营体系和走生产技术先进、经营规模适度、市场竞争力强、生态环境可持续的中国特色新型农业现代化道路的要求，以保障国家粮食安全、促进农业增效和农民增收为目标，坚持农村土地集体所有，实现所有权、承包权、经营权三权分置，引导土地经营权有序流转，坚持家庭经营的基础性地位，积极培育新型经营主体，发展多种形式的适度规模经营，巩固和完善农村基本经营制度。改革的方向要明，步子要稳，既要加大政策扶持力度，加强典型示范引导，鼓励创新农业经营体制机制，又要因地制宜、循序渐进，不能搞大跃进，不能搞强迫命令，不能搞行政瞎指挥，使农业适度规模经营发展与城镇化进程和农村劳动力转移规模相适应，与农业科技进步和生产手段改进程度相适应，与农业社会化服务水平提高相适应，让农民成为土地流转和规模经营的积极参与者和真正受益者，避免走弯路。

（二）基本原则

——坚持农村土地集体所有权，稳定农户承包权，放活土地经营权，以家庭承包经营为基础，推进家庭经营、集体经营、合作经营、企业经营等多种经营方式共同发展。

——坚持以改革为动力，充分发挥农民首创精神，鼓励创新，支持基层先行先试，靠改革破解发展难题。

——坚持依法、自愿、有偿，以农民为主体，政府扶持引导，市场配置资源，土地经营权流转不得违背承包农户意愿、不得损害农民权益、不得改变土地用途、不得破坏农业综合生产能力和农业生态环境。

——坚持经营规模适度，既要注重提升土地经营规模，又要防止土地过度集中，兼顾效率与公平，不断提高劳动生产率、土地产出率和资源利用率，确保农地农用，重点支持发展粮食规模化生产。

二、稳定完善农村土地承包关系

（三）健全土地承包经营权登记制度。建立健全承包合同取得权利、登记记载权利、证书证明权利的土地承包经营权登记制度，是稳定农村土地承包关系、促进土地经营权流转、发展适度规模经营的重要基础性工作。完善承包合同，健全登记簿，颁发权属证书，强化土地承包经营权物权保护，为开展土地流转、调处土地纠纷、完善补贴政策、进行征地补偿和抵押担保提供重要依据。建立健全土地承包经营权信息应用平台，方便群众查询，利于服务管理。土地承包经营权确权登记原则上确权到户到地，在尊重农民意愿的前提下，也可以确权确股不确地。切实维护妇女的土地承包权益。

（四）推进土地承包经营权确权登记颁证工作。按照中央统一部署、地方全面负责的要求，在稳步扩大试点的基础上，用5年左右时间基本完成土地承包经营权确权登记颁证工作，妥善解决农户承包地块面积不准、四至不清等问题。在工作中，各地要保持承包关系稳定，以现有承包台账、合同、证书为依据确认承包地归属；坚持依法规范操作，严格执行政策，按照规定内容和程序开展工作；充分调动农民群众积极性，依靠村民民主协商，自主解决矛盾纠纷；从实际出发，以农村集体土地所有权确权为基础，以第二次全国土地调查成果为依据，采用符合标准规范、农民群众认可的技术方法；坚持分级负责，强化县乡两级的责任，建立健全党委和政府统一领导、部门密切协作、群众广泛参与的工作机制；科学制定工作方案，明确时间表和路线图，确保工作质量。有关部门要加强调查研究，有针对性地提出操作性政策建议和具体工作指导意见。土地承包经营权确权登记颁证工作经费纳入地方财政预算，中央财政给予补助。

三、规范引导农村土地经营权有序流转

（五）鼓励创新土地流转形式。鼓励承包农户依法采取转包、出租、互换、转让及入股等方式流转承包地。鼓励有条件的地方制定扶持政策，引导农户长期流转承包地并促进其转移就业。鼓励农民在自愿前提下采取互换并地方式解决承包地细碎化问题。在同等条件下，本集体经济组织成员享有土地流转优先权。以转让方式流转承包地的，原则上应在本集体经济组织成员之间进行，且需经发包方同意。以其他形式流转的，应当依法报发包方备案。抓紧研究探索集体所有权、农户承包权、土地经营权在土地流转中的相互权利关系和具体实现形式。按照全国统一安排，稳步推进土地经营权抵押、担保试点，研究制定统一规范的实施办法，探索建立抵押资产处置机制。

（六）严格规范土地流转行为。土地承包经营权属于农民家庭，土地是否流转、价格如何确定、形式如何选择，应由承包农户自主决定，流转收益应归承包农户所有。流转期限应由流转双方在法律规定的范围内协商确定。没有农户的书面委托，农村基层组织无权以任何方式决定流转农户的承包地，更不能以少数服从多数的名义，将整村整组农户承包地集中对外招商经营。防止少数基层干部私相授受，谋取私利。严禁通过定任务、下指标或将流转面积、流转比例纳入绩效考核等方式推动土地流转。

（七）加强土地流转管理和服务。有关部门要研究制定流转市场运行规范，加快发展多种形式的土地经营权流转市场。依托农村经营管理机构健全土地流转服务平台，完善县乡村三级服务和管理网络，建立土地流转监测制度，为流转双方提供信息发布、政策咨询等服务。土地流转服务主体可以开展信息沟通、委托流转等服务，但禁止层层转包从中牟利。土地流转给非本村（组）集体成员或村（组）集体受农户委托统一组织流转并利用集体资金改良土壤、提高地力的，可向本集体经济组织以外的流入方收取基础设施使用费和土地流转管理服务费，用于农田基本建设或其他公益性支出。引导承包农户与流入方签订书面流转合同，并使用统一的省级合同示范文本。依法保护流入方的土地经营权益，流转合同到期后流入方可在同等条件下优先续约。加强农村土地承包经营纠纷调解仲裁体系建设，健全纠纷调处机制，妥善化解土地承包经营流转纠纷。

（八）合理确定土地经营规模。各地要依据自然经济条件、农村劳动力转移情况、农业机械化水平等因素，研究确定本地区土地规模经营的适宜标准。防止脱离实际、违背农民意愿，片面追求超大规模经营的倾向。现阶段，对土地经营规模相当于当地户均承包地面积10至15倍、务农收入相当于当地二三产业务工收入的，应当给予重点扶持。创新规模经营方式，在引导土地资源适度集聚的同时，通过农民的合作与联合、开展社会化服务等多种形式，提升农业规模化经营水平。

（九）扶持粮食规模化生产。加大粮食生产支持力度，原有粮食直接补贴、良种补贴、农资综合补贴归属由承包农户与流入方协商确定，新增部分应向粮食生产规模经营主体倾斜。在有条件的地方开展按照实际粮食播种面积或产量对生产者补贴试点。对从事粮食规模化生产的农民合作社、家庭农场等经营主体，符合申报农机购置补贴条件的，要优先安排。探索选择运行规范的粮食生产规模经营主体开展目标价格保险试点。抓紧开展粮食生产规模经营主体营销贷款试点，允许用粮食作物、生产及配套辅助设施进行抵押融资。粮食品种保险要逐步实现粮食生产规模经营主体愿保尽保，并适当提高对产粮大县稻谷、小麦、玉米三大粮食品种保险的保费补贴比例。各地区各有关部门要研究制定相应配套办法，更好地为粮食生产规模经营主体提供支持服务。

（十）加强土地流转用途管制。坚持最严格的耕地保护制度，切实保护基本农田。严禁借土地流转之

名违规搞非农建设。严禁在流转农地上建设或变相建设旅游度假村、高尔夫球场、别墅、私人会所等。严禁占用基本农田挖塘栽树及其他毁坏种植条件的行为。严禁破坏、污染、圈占闲置耕地和损毁农田基础设施。坚决查处通过“以租代征”违法违规进行非农建设的行为，坚决禁止擅自将耕地“非农化”。利用规划和标准引导设施农业发展，强化设施农用地的用途监管。采取措施保证流转土地用于农业生产，可以通过停发粮食直接补贴、良种补贴、农资综合补贴等办法遏制撂荒耕地的行为。在粮食主产区、粮食生产功能区、高产创建项目实施区，不符合产业规划的经营行为不再享受相关农业生产扶持政策。合理引导粮田流转价格，降低粮食生产成本，稳定粮食种植面积。

四、加快培育新型农业经营主体

（十一）发挥家庭经营的基础作用。在今后相当长时期内，普通农户仍占大多数，要继续重视和扶持其发展农业生产。重点培育以家庭成员为主要劳动力、以农业为主要收入来源，从事专业化、集约化农业生产的家庭农场，使之成为引领适度规模经营、发展现代农业的有生力量。分级建立示范家庭农场名录，健全管理服务制度，加强示范引导。鼓励各地整合涉农资金建设连片高标准农田，并优先流向家庭农场、专业大户等规模经营农户。

（十二）探索新的集体经营方式。集体经济组织要积极为承包农户开展多种形式的生产服务，通过统一服务降低生产成本、提高生产效率。有条件的地方根据农民意愿，可以统一连片整理耕地，将土地折股量化、确权到户，经营所得收益按股分配，也可以引导农民以承包地入股组建土地股份合作组织，通过自营或委托经营等方式发展农业规模经营。各地要结合实际不断探索和丰富集体经营的实现形式。

（十三）加快发展农户间的合作经营。鼓励承包农户通过共同使用农业机械、开展联合营销等方式发展联户经营。鼓励发展多种形式的农民合作组织，深入推进示范社创建活动，促进农民合作社规范发展。在管理民主、运行规范、带动力强的农民合作社和供销合作社基础上，培育发展农村合作金融。引导发展农民专业合作社联合社，支持农民合作社开展农社对接。允许农民以承包经营权入股发展农业产业化经营。探索建立农户入股土地生产性能评价制度，按照耕地数量质量、参照当地土地经营权流转价格计价折股。

（十四）鼓励发展适合企业化经营的现代种养业。鼓励农业产业化龙头企业等涉农企业重点从事农产品加工流通和农业社会化服务，带动农户和农民合作社发展规模经营。引导工商资本发展良种种苗繁育、高标准设施农业、规模化养殖等适合企业化经营的现代种养业，开发农村“四荒”资源发展多种经营。支持农业企业与农户、农民合作社建立紧密的利益联结机制，实现合理分工、互利共赢。支持经济发达地区通过农业示范园区引导各类经营主体共同出资、相互持股，发展多种形式的农业混合所有制经济。

（十五）加大对新型农业经营主体的扶持力度。鼓励地方扩大对家庭农场、专业大户、农民合作社、龙头企业、农业社会化服务组织的扶持资金规模。支持符合条件的新型农业经营主体优先承担涉农项目，新增农业补贴向新型农业经营主体倾斜。加快建立财政项目资金直接投向符合条件的合作社、财政补助形成的资产转交合作社持有和管护的管理制度。各省（自治区、直辖市）根据实际情况，在年度建设用地指标中可单列一定比例专门用于新型农业经营主体建设配套辅助设施，并按规定减免相关税费。综合运用货币和财税政策工具，引导金融机构建立健全针对新型农业经营主体的信贷、保险支持机制，创新金融产品和服务，加大信贷支持力度，分散规模经营风险。鼓励符合条件的农业产业化龙头企业通过发行短期融资券、中期票据、中小企业集合票据等多种方式，拓宽融资渠道。鼓励融资担保机构为新型农业经营主体提供融资担保服务，鼓励有条件的地方通过设立融资担保专项资金、担保风险补偿基金等加大扶持力度。落实和完善相关税收优惠政策，支持农民合作社发展农产品加工流通。

（十六）加强对工商企业租赁农户承包地的监管和风险防范。各地对工商企业长时间、大面积租赁农户承包地要有明确的上限控制，建立健全资格审查、项目审核、风险保障金制度，对租地条件、经营范围和违规处罚等作出规定。工商企业租赁农户承包地要按面积实行分级备案，严格准入门槛，加强事中事后监管，防止浪费农地资源、损害农民土地权益，防范承包农户因流入方违约或经营不善遭受损失。定期对租赁土地企业的农业经营能力、土地用途和风险防范能力等开展监督检查，查验土地利用、合同履行等情况，及时查处纠正违法违规行为，对符合要求的可给予政策扶持。有关部门要抓紧制定管理办法，并加强对各地落实情况的监督检查。

五、建立健全农业社会化服务体系

（十七）培育多元社会化服务组织。巩固乡镇涉农公共服务机构基础条件建设成果。鼓励农技推广、动植物防疫、农产品质量安全监管等公共服务机构围绕发展农业适度规模经营拓展服务范围。大力培育各类经营性服务组织，积极发展良种种苗繁育、统防统治、测土配方施肥、粪污集中处理等农业生产性服务业，大力发展农产品电子商务等现代流通服务业，支持建设粮食烘干、农机场库棚和仓储物流等配套基础设施。农产品初加工和农业灌溉用电执行农业生产用电价格。鼓励以县为单位开展农业社会化服务示范创建活动。开展政府购买农业公益性服务试点，鼓励向经营性服务组织购买易监管、可量化的公益性服务。研究制定政府购买农业公益性服务的指导性目录，建立健全购买服务的标准合同、规范程序和监督机制。积极推广既不改变农户承包关系，又保证地有人种的托管服务模式，鼓励种粮大户、农机大户和农机合作社开展全程托管或主要生产环节托管，实现统一耕作，规模化生产。

（十八）开展新型职业农民教育培训。制定专门规划和政策，壮大新型职业农民队伍。整合教育培训资源，改善农业职业学校和其他学校涉农专业办学条件，加快发展农业职业教育，大力发展现代农业远程教育。实施新型职业农民培育工程，围绕主导产业开展农业技能和经营能力培养培训，扩大农村实用人才带头人示范培养培训规模，加大对专业大户、家庭农场经营者、农民合作社带头人、农业企业经营管理人员、农业社会化服务人员和返乡农民工的培养培训力度，把青年农民纳入国家实用人才培养计划。努力构建新型职业农民和农村实用人才培养、认定、扶持体系，建立公益性农民培养培训制度，探索建立培育新型职业农民制度。

（十九）发挥供销合作社的优势和作用。扎实推进供销合作社综合改革试点，按照改造自我、服务农民的要求，把供销合作社打造成服务农民生产生活的生力军和综合平台。利用供销合作社农资经营渠道，深化行业合作，推进技物结合，为新型农业经营主体提供服务。推动供销合作社农产品流通企业、农副产品批发市场、网络终端与新型农业经营主体对接，开展农产品生产、加工、流通服务。鼓励基层供销合作社针对农业生产重要环节，与农民签订服务协议，开展合作式、订单式服务，提高服务规模化水平。

土地问题涉及亿万农民切身利益，事关全局。各级党委和政府要充分认识引导农村土地经营权有序流转、发展农业适度规模经营的重要性、复杂性和长期性，切实加强组织领导，严格按照中央政策和国家法律法规办事，及时查处违纪违法行为。坚持从实际出发，加强调查研究，搞好分类指导，充分利用农村改革试验区、现代农业示范区等开展试点试验，认真总结基层和农民群众创造的好经验好做法。加大政策宣传力度，牢固树立政策观念，准确把握政策要求，营造良好的改革发展环境。加强农村经营管理体系建设，明确相应机构承担农村经管工作职责，确保事有人干、责有人负。各有关部门要按照职责分工，抓紧修订完善相关法律法规，建立工作指导和检查监督制度，健全齐抓共管的工作机制，引导农村土地经营权有序流转，促进农业适度规模经营健康发展。

中共中央办公厅、国务院办公厅关于完善农村土地所有权承包权经营权分置办法的意见

2016年10月30日

为进一步健全农村土地产权制度，推动新型工业化、信息化、城镇化、农业现代化同步发展，现就完善农村土地所有权、承包权、经营权分置（以下简称“三权分置”）办法提出以下意见。

一、重要意义

改革开放之初，在农村实行家庭联产承包责任制，将土地所有权和承包经营权分设，所有权归集体，承包经营权归农户，极大地调动了亿万农民积极性，有效解决了温饱问题，农村改革取得重大成果。现阶段深化农村土地制度改革，顺应农民保留土地承包权、流转土地经营权的意愿，将土地承包经营权分为承包权和经营权，实行所有权、承包权、经营权（以下简称“三权”）分置并行，着力推进农业现代化，是继家庭联产承包责任制后农村改革又一重大制度创新。“三权分置”是农村基本经营制度的自我完善，符合生产关系适应生产力发展的客观规律，展现了农村基本经营制度的持久活力，有利于明晰土地产权关系，更好地维护农民集体、承包农户、经营主体的权益；有利于促进土地资源合理利用，构建新型农业经营体系，发展多种形式适度规模经营，提高土地产出率、劳动生产率和资源利用率，推动现代农业发展。各地区各有关部门要充分认识“三权分置”的重要意义，妥善处理“三权”的相互关系，正确运用“三权分置”理论指导改革实践，不断探索和丰富“三权分置”的具体实现形式。

二、总体要求

（一）指导思想。全面贯彻党的十八大和十八届三中、四中、五中全会精神，深入学习贯彻习近平总书记系列重要讲话精神，紧紧围绕统筹推进“五位一体”总体布局和协调推进“四个全面”战略布局，牢固树立新发展理念，认真落实党中央、国务院决策部署，围绕正确处理农民和土地关系这一改革主线，科学界定“三权”内涵、权利边界及相互关系，逐步建立规范高效的“三权”运行机制，不断健全归属清晰、权能完整、流转顺畅、保护严格的农村土地产权制度，优化土地资源配置，培育新型经营主体，促进适度规模经营发展，进一步巩固和完善农村基本经营制度，为发展现代农业、增加农民收入、建设社会主义新农村提供坚实保障。

（二）基本原则

——尊重农民意愿。坚持农民主体地位，维护农民合法权益，把选择权交给农民，发挥其主动性和创造性，加强示范引导，不搞强迫命令、不搞一刀切。

——守住政策底线。坚持和完善农村基本经营制度，坚持农村土地集体所有，坚持家庭经营基础性地位，坚持稳定土地承包关系，不能把农村土地集体所有制改垮了，不能把耕地改少了，不能把粮食生产能力改弱了，不能把农民利益损害了。

——坚持循序渐进。充分认识农村土地制度改革的长期性和复杂性，保持足够历史耐心，审慎稳妥推进改革，由点及面开展，不操之过急，逐步将实践经验上升为制度安排。

——坚持因地制宜。充分考虑各地资源禀赋和经济社会发展差异，鼓励进行符合实际的实践探索和制度创新，总结形成适合不同地区的“三权分置”具体路径和办法。

三、逐步形成“三权分置”格局

完善“三权分置”办法，不断探索农村土地集体所有制的有效实现形式，落实集体所有权，稳定农户承包权，放活土地经营权，充分发挥“三权”的各自功能和整体效用，形成层次分明、结构合理、平等保护的格局。

（一）始终坚持农村土地集体所有权的根本地位。农村土地农民集体所有，是农村基本经营制度的根本，必须得到充分体现和保障，不能虚置。土地集体所有权人对集体土地依法享有占有、使用、收益和处分的权利。农民集体是土地集体所有权的权利主体，在完善“三权分置”办法过程中，要充分维护农民集体对承包地发包、调整、监督、收回等各项权能，发挥土地集体所有的优势和作用。农民集体有权依法发包集体土地，任何组织和个人不得非法干预；有权因自然灾害严重毁损等特殊情形依法调整承包地；有权对承包农户和经营主体使用承包地进行监督，并采取措施防止和纠正长期抛荒、毁损土地、非法改变土地用途等行为。承包农户转让土地承包权的，应在本集体经济组织内进行，并经农民集体同意；流转土地经营权的，须向农民集体书面备案。集体土地被征收的，农民集体有权就征地补偿安置方案等提出意见并依法获得补偿。通过建立健全集体经济组织民主议事机制，切实保障集体成员的知情权、决策权、监督权，确保农民集体有效行使集体土地所有权，防止少数人私相授受、谋取私利。

（二）严格保护农户承包权。农户享有土地承包权是农村基本经营制度的基础，要稳定现有土地承包关系并保持长久不变。土地承包权人对承包土地依法享有占有、使用和收益的权利。农村集体土地由作为本集体经济组织成员的农民家庭承包，不论经营权如何流转，集体土地承包权都属于农民家庭。任何组织和个人都不能取代农民家庭的土地承包地位，都不能非法剥夺和限制农户的土地承包权。在完善“三权分置”办法过程中，要充分维护承包农户使用、流转、抵押、退出承包地等各项权能。承包农户有权占有、使用承包地，依法依规建设必要的农业生产、附属、配套设施，自主组织生产经营和处置产品并获得收益；有权通过转让、互换、出租（转包）、入股或其他方式流转承包地并获得收益，任何组织和个人不得强迫或限制其流转土地；有权依法依规就承包土地经营权设定抵押、自愿有偿退出承包地，具备条件的可以因保护承包地获得相关补贴。承包土地被征收的，承包农户有权依法获得相应补偿，符合条件的有权获得社会保障费用等。不得违法调整农户承包地，不得以退出土地承包权作为农民进城落户的条件。

（三）加快放活土地经营权。赋予经营主体更有保障的土地经营权，是完善农村基本经营制度的关键。土地经营权人对流转土地依法享有在一定期限内占有、耕作并取得相应收益的权利。在依法保护集体所有权和农户承包权的前提下，平等保护经营主体依流转合同取得的土地经营权，保障其有稳定的经营预期。在完善“三权分置”办法过程中，要依法维护经营主体从事农业生产所需的各项权利，使土地资源得到更有效合理的利用。经营主体有权使用流转土地自主从事农业生产经营并获得相应收益，经承包农户同意，可依法依规改良土壤、提升地力，建设农业生产、附属、配套设施，并依照流转合同约定获得合理补偿；有权在流转合同到期后按照同等条件优先续租承包土地。经营主体再流转土地经营权或依法依规设定抵押，须经承包农户或其委托代理人书面同意，并向农民集体书面备案。流转土地被征收的，地上附着物及青苗补偿费应按照流转合同约定确定其归属。承包农户流转出土地经营权的，不应妨碍经营主体行使合法权利。加强对土地经营权的保护，引导土地经营权流向种田能手和新型经营主体。支持新型经营主体提升地力、改善农业生产条件、依法依规开展土地经营权抵押融资。鼓励采用土地股份合作、土地托管、代耕代种等多种经营方式，探索更多放活土地经营权的有效途径。

（四）逐步完善"三权"关系。农村土地集体所有权是土地承包权的前提，农户享有承包经营权是集体所有的具体实现形式，在土地流转中，农户承包经营权派生出土地经营权。支持在实践中积极探索农民集体依法依规行使集体所有权、监督承包农户和经营主体规范利用土地等的具体方式。鼓励在理论上深入研究农民集体和承包农户在承包土地上、承包农户和经营主体在土地流转中的权利边界及相互权利关系等问题。通过实践探索和理论创新，逐步完善"三权"关系，为实施"三权分置"提供有力支撑。

四、确保"三权分置"有序实施

完善"三权分置"办法涉及多方权益，是一个渐进过程和系统性工程，要坚持统筹谋划、稳步推进，确保"三权分置"有序实施。

（一）扎实做好农村土地确权登记颁证工作。确认"三权"权利主体，明确权利归属，稳定土地承包关系，才能确保"三权分置"得以确立和稳步实施。要坚持和完善土地用途管制制度，在集体土地所有权确权登记颁证工作基本完成的基础上，进一步完善相关政策，及时提供确权登记成果，切实保护好农民的集体土地权益。加快推进农村承包地确权登记颁证，形成承包合同网签管理系统，健全承包合同取得权利、登记记载权利、证书证明权利的确权登记制度。提倡通过流转合同鉴证、交易鉴证等多种方式对土地经营权予以确认，促进土地经营权功能更好实现。

（二）建立健全土地流转规范管理制度。规范土地经营权流转交易，因地制宜加强农村产权交易市场建设，逐步实现涉农县（市、区、旗）全覆盖。健全市场运行规范，提高服务水平，为流转双方提供信息发布、产权交易、法律咨询、权益评估、抵押融资等服务。加强流转合同管理，引导流转双方使用合同示范文本。完善工商资本租赁农地监管和风险防范机制，严格准入门槛，确保土地经营权规范有序流转，更好地与城镇化进程和农村劳动力转移规模相适应，与农业科技进步和生产手段改进程度相适应，与农业社会化服务水平相适应。加强农村土地承包经营纠纷调解仲裁体系建设，完善基层农村土地承包调解机制，妥善化解土地承包经营纠纷，有效维护各权利主体的合法权益。

（三）构建新型经营主体政策扶持体系。完善新型经营主体财政、信贷保险、用地、项目扶持等政策。积极创建示范家庭农场、农民专业合作社示范社、农业产业化示范基地、农业示范服务组织，加快培育新型经营主体。引导新型经营主体与承包农户建立紧密利益联结机制，带动普通农户分享农业规模经营收益。支持新型经营主体相互融合，鼓励家庭农场、农民专业合作社、农业产业化龙头企业等联合与合作，依法组建行业组织或联盟。依托现代农业人才支撑计划，健全新型职业农民培育制度。

（四）完善"三权分置"法律法规。积极开展土地承包权有偿退出、土地经营权抵押贷款、土地经营权入股农业产业化经营等试点，总结形成可推广、可复制的做法和经验，在此基础上完善法律制度。加快农村土地承包法等相关法律修订完善工作。认真研究农村集体经济组织、家庭农场发展等相关法律问题。研究健全农村土地经营权流转、抵押贷款和农村土地承包权退出等方面的具体办法。

实施"三权分置"是深化农村土地制度改革的重要举措。各地区各有关部门要认真贯彻本意见要求，研究制定具体落实措施。加大政策宣传力度，统一思想认识，加强干部培训，提高执行政策能力和水平。坚持问题导向，对实践中出现的新情况新问题要密切关注，及时总结，适时调整完善措施。加强工作指导，建立检查监督机制，督促各项任务稳步开展。农业部、中央农办要切实承担起牵头责任，健全沟通协调机制，及时向党中央、国务院报告工作进展情况。各相关部门要主动支持配合，形成工作合力，更好推动"三权分置"有序实施。

中共中央、国务院关于保持土地承包关系稳定并长久不变的意见

2019年11月26日

党的十九大提出，保持土地承包关系稳定并长久

不变，第二轮土地承包到期后再延长三十年。为充分保障农民土地承包权益，进一步完善农村土地承包经营制度，推进实施乡村振兴战略，现就保持农村土地（指承包耕地）承包关系稳定并长久不变（以下简称“长久不变”）提出如下意见。

一、重要意义

自实行家庭承包经营以来，党中央、国务院一直坚持稳定农村土地承包关系的方针政策，先后两次延长承包期限，不断健全相关制度体系，依法维护农民承包土地的各项权利。在中国特色社会主义进入新时代的关键时期，党中央提出保持土地承包关系稳定并长久不变，是对党的农村土地政策的继承和发展，意义重大、影响深远。

（一）实行“长久不变”有利于巩固和完善农村基本经营制度。在农村实行以家庭承包经营为基础、统分结合的双层经营体制，是改革开放的重大成果，是农村基本经营制度。这一制度符合我国国情和农业生产特点，具有广泛适应性和强大生命力。承包关系稳定，有利于增强农民发展生产的信心、保障农村长治久安。实行“长久不变”，顺应了农民愿望，将为巩固农村基本经营制度奠定更为坚实基础，展现持久制度活力。

（二）实行“长久不变”有利于促进中国特色现代农业发展。土地承包关系是农村生产关系的集中体现，需要适应生产力发展的要求不断巩固完善。改革开放初期实行家庭联产承包制，成功解决了亿万农民的温饱问题。随着工业化、城镇化发展和农村劳动力大量转移，农业物质装备水平大幅提升，农业经营规模扩大成为可能。实行“长久不变”，促进形成农村土地“三权”分置格局，稳定承包权，维护广大农户的承包权益，放活经营权，发挥新型农业经营主体引领作用，有利于实现小农户和现代农业发展有机衔接，有利于发展多种形式适度规模经营，推进中国特色农业现代化。

（三）实行“长久不变”有利于推动实施乡村振兴战略。当前，我国发展不平衡不充分问题在乡村最为突出。实施乡村振兴战略是决胜全面建成小康社会、全面建设社会主义现代化国家的重大历史任务。改革是乡村全面振兴的法宝。推动乡村全面振兴，必须以完善产权制度和要素市场化配置为重点，强化制度性供给。实行“长久不变”，完善承包经营制度，有利于强化农户土地承包权益保护，有利于推进农村土地资源优化配置，有利于激活主体、激活要素、激活市场，为实现乡村振兴提供更加有力的制度保障。

（四）实行“长久不变”有利于保持农村社会和谐稳定。土地问题贯穿农村改革全过程，涉及亿万农民切身利益，平衡好各方土地权益，是党的执政能力和国家治理水平的重要体现。实行“长久不变”，进一步明晰集体与农户、农户与农户、农户与新型农业经营主体之间在承包土地上的权利义务关系，有利于发挥社会主义集体经济的优越性，通过起点公平、机会公平，合理调节利益关系，消除土地纠纷隐患，促进社会公平正义，进一步巩固党在农村的执政基础。

二、总体要求

（一）指导思想。以习近平新时代中国特色社会主义思想为指导，全面贯彻党的十九大和十九届二中、三中全会精神，认真落实党中央、国务院决策部署，紧紧围绕统筹推进“五位一体”总体布局和协调推进“四个全面”战略布局，牢固树立和贯彻落实新发展理念，紧扣处理好农民和土地关系这一主线，坚持农户家庭承包经营，坚持承包关系长久稳定，赋予农民更加充分而有保障的土地权利，巩固和完善农村基本经营制度，为提高农业农村现代化水平、推动乡村全面振兴、保持社会和谐稳定奠定制度基础。

（二）基本原则

——稳定基本经营制度。坚持农村土地农民集体所有，确保集体经济组织成员平等享有土地权益，不断探索具体实现形式，不搞土地私有化；坚持家庭承包经营基础性地位，不论经营权如何流转，不论新型农业经营主体如何发展，都不能动摇农民家庭土地承包地位、侵害农民承包权益。

——尊重农民主体地位。尊重农民意愿，把选择权交给农民，依靠农民解决好自己最关心最现实的利益问题；尊重农民首创精神，充分发挥其主动性和创造性，凝聚广大农民智慧和力量，破解改革创新中的难题；加强示范引导，允许农民集体在法律政策范围内通过民主协商自主调节利益关系。

——推进农业农村现代化。顺应新形势完善生产关系，立足建设现代农业、实现乡村振兴，引导土地经营权有序流转，提高土地资源利用效率，形成多种形式农业适度规模经营，既解决好农业问题也解决好农民问题，既重视新型农业经营主体也不忽视普通农户，走出一条中国特色社会主义乡村振兴道路。

——维护农村社会稳定。以农村社会稳定为前提，稳慎有序实施，尊重历史、照顾现实、前后衔接、平稳过渡，不搞强迫命令；从各地实际出发，统筹考虑、综合平衡、因地制宜、分类施策，不搞一刀切；保持历史耐心，循序渐进、步步为营，既解决好当前矛盾又为未来留有空间。

三、准确把握“长久不变”政策内涵

（一）保持土地集体所有、家庭承包经营的基本制度长久不变。农村土地集体所有、家庭承包经营的基本制度有利于调动集体和农民积极性，对保障国家粮食安全和农产品有效供给具有重要作用，必须毫不动摇地长久坚持，确保农民集体有效行使集体土地所有权、集体成员平等享有土地承包权。要从我国经济社会发展阶段和各地发展不平衡的实际出发，积极探索和不断丰富集体所有、家庭承包经营的具体实现形式，不断推进农村基本经营制度完善和发展。

（二）保持农户依法承包集体土地的基本权利长久不变。家庭经营在农业生产经营中居于基础性地位，要长久保障和实现农户依法承包集体土地的基本权利。农村集体经济组织成员有权依法承包集体土地，任何组织和个人都不能剥夺和非法限制。同时，要根据时代发展需要，不断强化对土地承包权的物权保护，依法保障农民对承包地占有、使用、收益、流转及承包土地的经营权抵押、担保权利，不断赋予其更加完善的权能。

（三）保持农户承包地稳定。农民家庭是土地承包经营的法定主体，农村集体土地由集体经济组织内农民家庭承包，家庭成员依法平等享有承包土地的各项权益。农户承包地要保持稳定，发包方及其他经济组织和个人不得违法调整。鼓励承包农户增加投入，保护和提升地力。各地可在农民自愿前提下结合农田基本建设，组织开展互换并地，发展连片种植。支持新型农业经营主体通过流转农户承包地进行农田整理，提升农业综合生产能力。

四、稳妥推进“长久不变”实施

（一）稳定土地承包关系。第二轮土地承包到期后应坚持延包原则，不得将承包地打乱重分，确保绝大多数农户原有承包地继续保持稳定。对少数存在承包地因自然灾害毁损等特殊情形且群众普遍要求调地的村组，届时可按照大稳定、小调整的原则，由农民集体民主协商，经本集体经济组织成员的村民会议三分之二以上成员或者三分之二以上村民代表同意，并报乡（镇）政府和县级政府农业等行政主管部门批准，可在个别农户间作适当调整，但要依法依规从严掌握。

（二）第二轮土地承包到期后再延长三十年。土地承包期再延长三十年，使农村土地承包关系从第一轮承包开始保持稳定长达七十五年，是实行“长久不变”的重大举措。现有承包地在第二轮土地承包到期后由农户继续承包，承包期再延长三十年，以各地第二轮土地承包到期为起点计算。以承包地确权登记颁证为基础，已颁发的土地承包权利证书，在新的承包期继续有效且不变不换，证书记载的承包期限届时作统一变更。对个别调地的，在合同、登记簿和证书上作相应变更处理。

（三）继续提倡“增人不增地、减人不减地”。为避免承包地的频繁变动，防止耕地经营规模不断细分，进入新的承包期后，因承包方家庭人口增加、缺地少地导致生活困难的，要帮助其提高就业技能，提供就业服务，做好社会保障工作。因家庭成员全部死亡而导致承包方消亡的，发包方应当依法收回承包地，另行发包。通过家庭承包取得土地承包权的，承包方应得的承包收益，依照继承法的规定继承。

（四）建立健全土地承包权依法自愿有偿转让机制。维护进城农户土地承包权益，现阶段不得以退出土地承包权作为农户进城落户的条件。对承包农户进城落户的，引导支持其按照自愿有偿原则依法在本集体经济组织内转让土地承包权或将承包地退还集体经济组织，也可鼓励其多种形式流转承包地经营权。对长期弃耕抛荒承包地的，发包方可以依法采取措施防止和纠正弃耕抛荒行为。

五、切实做好“长久不变”基础工作

（一）做好承包地确权登记颁证工作。承包地确权登记颁证是稳定农村土地承包关系的重大举措，也是落实“长久不变”的重要前提和基本依据。在2018年年底前基本完成确权登记颁证工作的基础上，继续做好收尾工作、化解遗留问题，健全承包合同取得权利、登记记载权利、证书证明权利的确权登记制度，并做好与不动产统一登记工作的衔接，赋予农民更有保障的土地承包权益，为实行“长久不变”奠定坚实基础。

（二）完善落实农村土地所有权、承包权、经营权“三权”分置政策体系。不断探索农村土地集体所有制的有效实现形式，充分发挥所有权、承包权、经营权的各自功能和整体效用，形成层次分明、结构合理、平等保护的格局。深入研究农民集体和承包农户在承包地上、承包农户和经营主体在土地流转中的权利边界及相互权利关系等问题，充分维护农户承包地的各项权能。完善土地经营权流转市场，健全土地流转规范管理制度，探索更多放活土地经营权的有效途径。

（三）健全农村土地承包相关法律政策。按照党中央确定的政策，抓紧修改相关法律，建立健全实行“长久不变”、维护农户土地承包权益等方面的制度体系。在第二轮土地承包到期前，中央农办、农业农村部等部门应研究出台配套政策，指导各地明确第二轮土地承包到期后延包的具体办法，确保政策衔接、平稳过渡。

（四）高度重视政策宣传引导工作。各地区各有关部门要加大宣传力度，各新闻媒体要积极发挥作用，做好“长久不变”政策解读和业务培训，及时、充分、有针对性地发布信息，使广大农民和基层干部群众全面准确了解党和国家的农村土地承包政策。密切关注政策落实中出现的新情况新问题，积极应对、妥善处理，重大问题要及时报告。

各省（自治区、直辖市）党委和政府要充分认识实行“长久不变”的重要性、系统性、长期性，按照党中央、国务院要求，切实加强领导，落实工作责任，研究解决实行“长久不变”的重点难点问题，保障“长久不变”和第二轮土地承包到期后再延长三十年政策在本地顺利实施。实行县级党委和政府负责制，县级要针对具体问题制定工作方案，结合本地实际周密组织实施，确保“长久不变”政策落实、承包延期平稳过渡，保持农村社会和谐稳定。各有关部门要按照职责分工，主动支持配合，形成工作合力，健全齐抓共管的工作机制，维护好、实现好农民承包土地的各项权利，保证农村长治久安。

国务院办公厅关于引导农村产权流转交易市场健康发展的意见

1. *2014年12月30日*
2. *国办发〔2014〕71号*

各省、自治区、直辖市人民政府，国务院各部委、各直属机构：

近年来，随着农村劳动力持续转移和农村改革不断深化，农户承包土地经营权、林权等各类农村产权流转交易需求明显增长，许多地方建立了多种形式的农村产权流转交易市场和服务平台，为农村产权流转交易提供了有效服务。但是，各地农村产权流转交易市场发展不平衡，其设立、运行、监管有待规范。引导农村产权流转交易市场健康发展，事关农村改革发展稳定大局，有利于保障农民和农村集体经济组织的财产权益，有利于提高农村要素资源配置和利用效率，有利于加快推进农业现代化。为此，经国务院同意，现提出以下意见。

一、总体要求

（一）指导思想。以邓小平理论、“三个代表”重要思想、科学发展观为指导，深入贯彻习近平总书记系列重要讲话精神，全面落实党的十八大和十八届三中、四中全会精神，按照党中央、国务院决策部署，以坚持和完善农村基本经营制度为前提，以保障农民和农村集体经济组织的财产权益为根本，以规范流转交易行为和完善服务功能为重点，扎实做好农村产权流转交易市场建设工作。

（二）基本原则。

——坚持公益性为主。必须坚持为农服务宗旨，突出公益性，不以盈利为目的，引导、规范和扶持农村产权流转交易市场发展，充分发挥其服务农村改革发展的重要作用。

——坚持公开公正规范。必须坚持公开透明、自主交易、公平竞争、规范有序，逐步探索形成符合农村实际和农村产权流转交易特点的市场形式、交易规则、服务方式和监管办法。

——坚持因地制宜。是否设立市场、设立什么样的市场、覆盖多大范围等，都要从各地实际出发，统筹规划、合理布局，不能搞强迫命令，不能搞行政瞎指挥。

——坚持稳步推进。充分利用和完善现有农村产权流转交易市场，在有需求、有条件的地方积极探索新的市场形式，稳妥慎重、循序渐进，不急于求成，不片面追求速度和规模。

二、定位和形式

（三）性质。农村产权流转交易市场是为各类农村产权依法流转交易提供服务的平台，包括现有的农村土地承包经营权流转服务中心、农村集体资产管理交易中心、林权管理服务中心和林业产权交易所，以及各地探索建立的其他形式农村产权流转交易市场。现阶段通过市场流转交易的农村产权包括承包到户的和农村集体统一经营管理的资源性资产、经营性资产等，以农户承包土地经营权、集体林地经营权为主，不涉及农村集体土地所有权和依法以家庭承包方式承包的集体土地承包权，具有明显的资产使用权租赁市场的特征。流转交易以服务农户、农民合作社、农村集体经济组织为主，流转交易目的以从事农业生产经营为主，具有显著的农业农村特色。流转交易行为主要发生在县、乡范围内，区域差异较大，具有鲜明的地域特点。

（四）功能。农村产权流转交易市场既要发挥信息传递、价格发现、交易中介的基本功能，又要注意发挥贴近“三农”，为农户、农民合作社、农村集体经济组织等主体流转交易产权提供便利和制度保障的特殊功能。适应交易主体、目的和方式多样化的需求，不断拓展服务功能，逐步发展成集信息发布、产权交易、法律咨询、资产评估、抵押融资等为一体的为农服务综合平台。

（五）设立。农村产权流转交易市场是政府主导、服务“三农”的非盈利性机构，可以是事业法人，也可以是企业法人。设立农村产权流转交易市场，要经过科学论证，由当地政府审批。当地政府要成立由相关部门组成的农村产权流转交易监督管理委员会，承担组织协调、政策制定等方面职责，负责对市场运行进行指导和监管。

（六）构成。县、乡农村土地承包经营权和林权等流转服务平台，是现阶段农村产权流转交易市场的主要形式和重要组成部分。利用好现有的各类农村产权流转服务平台，充分发挥其植根农村、贴近农户、熟悉农情的优势，做好县、乡范围内的农村产权流转交易服务工作。现阶段市场建设应以县域为主。确有需要的地方，可以设立覆盖地（市）乃至省（区、市）地域范围的市场，承担更大范围的信息整合发布和大额流转交易。各地要加强统筹协调，理顺县、乡农村产权流转服务平台与更高层级农村产权流转交易市场的关系，可以采取多种形式合作共建，也可以实行一体化运营，推动实现资源共享、优势互补、协同发展。

（七）形式。鼓励各地探索符合农村产权流转交易实际需要的多种市场形式，既要搞好交易所式的市场建设，也要有效利用电子交易网络平台。鼓励有条件的地方整合各类流转服务平台，建立提供综合服务的市场。农村产权流转交易市场可以是独立的交易场所，也可以利用政务服务大厅等场所，形成“一个屋顶之下、多个服务窗口、多品种产权交易”的综合平台。

三、运行和监管

（八）交易品种。农村产权类别较多，权属关系复杂，承载功能多样，适用规则不同，应实行分类指导。法律没有限制的品种均可以入市流转交易，流转交易的方式、期限和流转交易后的开发利用要遵循相关法律、法规和政策。现阶段的交易品种主要包括：

1. 农户承包土地经营权。是指以家庭承包方式承包的耕地、草地、养殖水面等经营权，可以采取出租、入股等方式流转交易，流转期限由流转双方在法律规定范围内协商确定。

2. 林权。是指集体林地经营权和林木所有权、使用权，可以采取出租、转让、入股、作价出资或合作等方式流转交易，流转期限不能超过法定期限。

3. “四荒”使用权。是指农村集体所有的荒山、荒沟、荒丘、荒滩使用权。采取家庭承包方式取得的，按照农户承包土地经营权有关规定进行流转交易。以其他方式承包的，其承包经营权可以采取转让、出租、入股、抵押等方式进行流转交易。

4. 农村集体经营性资产。是指由农村集体统一经营管理的经营性资产（不含土地）的所有权或使用权，可以采取承包、租赁、出让、入股、合资、合作等方式流转交易。

5. 农业生产设施设备。是指农户、农民合作组织、农村集体和涉农企业等拥有的农业生产设施设备，可以采取转让、租赁、拍卖等方式流转交易。

6. 小型水利设施使用权。是指农户、农民合作组织、农村集体和涉农企业等拥有的小型水利设施使用权，可以采取承包、租赁、转让、抵押、股份合作等方式流转交易。

7. 农业类知识产权。是指涉农专利、商标、版权、新品种、新技术等，可以采取转让、出租、股份合作等方式流转交易。

8. 其他。农村建设项目招标、产业项目招商和转让等。

（九）交易主体。凡是法律、法规和政策没有限制的法人和自然人均可以进入市场参与流转交易，具体准入条件按照相关法律、法规和政策执行。现阶段市场流转交易主体主要有农户、农民合作社、农村集体经济组织、涉农企业和其他投资者。农户拥有的产权是否入市流转交易由农户自主决定。任何组织和个人不得强迫或妨碍自主交易。一定标的额以上的农村集体资产流转必须进入市场公开交易，防止暗箱操作。农村产权流转交易市场要依法对各类市场主体的资格进行审查核实、登记备案。产权流转交易的出让方必须是产权权利人，或者受产权权利人委托的受托人。除农户宅基地使用权、农民住房财产权、农户持有的集体资产股权之外，流转交易的受让方原则上没有资格限制（外资企业和境外投资者按照有关法律、法规执行）。对工商企业进入市场流转交易，要依据相关法律、法规和政策，加强准入监管和风险防范。

（十）服务内容。农村产权流转交易市场都应提供发布交易信息、受理交易咨询和申请、协助产权查询、组织交易、出具产权流转交易鉴证书，协助办理产权变更登记和资金结算手续等基本服务；可以根据自身条件，开展资产评估、法律服务、产权经纪、项目推介、抵押融资等配套服务，还可以引入财会、法律、资产评估等中介服务组织以及银行、保险等金融机构和担保公司，为农村产权流转交易提供专业化服务。

（十一）管理制度。农村产权流转交易市场要建立健全规范的市场管理制度和交易规则，对市场运行、服务规范、中介行为、纠纷调处、收费标准等作出具体规定。实行统一规范的业务受理、信息发布、交易签约、交易中（终）止、交易（合同）鉴证、档案管理等制度，流转交易的产权应无争议，发布信息应真实、准确、完整，交易品种和方式应符合相应法律、法规和政策，交易过程应公开公正，交易服务应方便农民群众。

（十二）监督管理。农村产权流转交易监督管理委员会和市场主管部门要强化监督管理，加强定期检查和动态监测，促进交易公平，防范交易风险，确保市场规范运行。及时查处各类违法违规交易行为，严禁隐瞒信息、暗箱操作、操纵交易。耕地、林地、草地、水利设施等产权流转交易后的开发利用，不能改变用途，不能破坏农业综合生产能力，不能破坏生态功能，有关部门要加强监管。

（十三）行业自律。探索建立农村产权流转交易市场行业协会，充分发挥其推动行业发展和行业自律的积极作用。协会要推进行业规范、交易制度和服务标准建设，加强经验交流、政策咨询、人员培训等服务；增强行业自律意识，自觉维护行业形象，提升市场公信力。

四、保障措施

（十四）扶持政策。各地要稳步推进农村集体产权制度改革，扎实做好土地承包经营权、集体建设用地使用权、农户宅基地使用权、林权等确权登记颁证工作。实行市场建设和运营财政补贴等优惠政策，通过采取购买社会化服务或公益性岗位等措施，支持充分利用现代信息技术建立农村产权流转交易和管理信息网络平台，完善服务功能和手段。组织从业人员开展业务培训，积极培育市场中介服务组织，逐步提高专业化水平。

（十五）组织领导。各地要加强领导，健全工作机制，严格执行相关法律、法规和政策；从本地实际出发，根据农村产权流转交易需要，制定管理办法和实施方案。农村工作综合部门和科技、财政、国土资源、住房城乡建设、农业、水利、林业、金融等部门要密切配合，加强指导，及时研究解决工作中的困难和问题。

国务院关于开展农村承包土地的经营权和农民住房财产权抵押贷款试点的指导意见

1. 2015年8月10日
2. 国发〔2015〕45号

各省、自治区、直辖市人民政府，国务院各部委、各直属机构：

为进一步深化农村金融改革创新，加大对“三农”的金融支持力度，引导农村土地经营权有序流转，慎重稳妥推进农民住房财产权抵押、担保、转让试点，做好农村承包土地（指耕地）的经营权和农民住房财产权（以下统称“两权”）抵押贷款试点工作，现提出以下意见。

一、总体要求

（一）指导思想。

全面贯彻党的十八大和十八届三中、四中全会精神，深入落实党中央、国务院决策部署，按照所有权、承包权、经营权三权分置和经营权流转有关要求，以落实农村土地的用益物权、赋予农民更多财产权利为出发点，深化农村金融改革创新，稳妥有序开展“两权”抵押贷款业务，有效盘活农村资源、资金、资产，增加农业生产中长期和规模化经营的资金投入，为稳步推进农村土地制度改革提供经验和模式，促进农民增收致富和农业现代化加快发展。

（二）基本原则。

一是依法有序。“两权”抵押贷款试点要坚持于法有据，遵守土地管理法、城市房地产管理法等有关法律法规和政策要求，先在批准范围内开展，待试点积累经验后再稳步推广。涉及被突破的相关法律条款，应提请全国人大常委会授权在试点地区暂停执行。

二是自主自愿。切实尊重农民意愿，“两权”抵押贷款由农户等农业经营主体自愿申请，确保农民群众成为真正的知情者、参与者和受益者。流转土地的经营权抵押需经承包农户同意，抵押仅限于流转期内的收益。金融机构要在财务可持续基础上，按照有关规定自主开展“两权”抵押贷款业务。

三是稳妥推进。在维护农民合法权益前提下，妥善处理好农民、农村集体经济组织、金融机构、政府之间的关系，慎重稳妥推进农村承包土地的经营权抵押贷款试点和农民住房财产权抵押、担保、转让试点工作。

四是风险可控。坚守土地公有制性质不改变、耕地红线不突破、农民利益不受损的底线。完善试点地区确权登记颁证、流转平台搭建、风险补偿和抵押物处置机制等配套政策，防范、控制和化解风险，确保试点工作顺利平稳实施。

二、试点任务

（一）赋予“两权”抵押融资功能，维护农民土地权益。在防范风险、遵守有关法律法规和农村土地制度改革等政策基础上，稳妥有序开展“两权”抵押贷款试点。加强制度建设，引导和督促金融机构始终把维护好、实现好、发展好农民土地权益作为改革试点的出发点和落脚点，落实“两权”抵押融资功能，明确贷款对象、贷款用途、产品设计、抵押价值评估、抵押物处置等业务要点，盘活农民土地用益物权的财产属性，加大金融对“三农”的支持力度。

（二）推进农村金融产品和服务方式创新，加强农村金融服务。金融机构要结合“两权”的权能属性，在贷款利率、期限、额度、担保、风险控制等方面加大创新支持力度，简化贷款管理流程，扎实推进“两权”抵押贷款业务，切实满足农户等农业经营主体对金融服务的有效需求。鼓励金融机构在农村承包土地的经营权剩余使用期限内发放中长期贷款，有效增加农业生产的中长期信贷投入。鼓励对经营规模适度的农业经营主体发放贷款。

（三）建立抵押物处置机制，做好风险保障。因借款人不履行到期债务或者发生当事人约定的情形需要实现抵押权时，允许金融机构在保证农户承包权和基本住房权利前提下，依法采取多种方式处置抵押物。完善抵押物处置措施，确保当借款人不履行到期债务或者发生当事人约定的情形时，承贷银行能顺利实现抵押权。农民住房财产权（含宅基地使用权）抵押贷款的抵押物处置应与商品住房制定差别化规定。探索农民住房财产权抵押担保中宅基地权益的实现方式和途径，保障抵押权人合法权益。对农民住房财产权抵押贷款的抵押物处置，受让人原则上应限制在相关法律法规和国务院规定的范围内。

（四）完善配套措施，提供基础支撑。试点地区要加快推进农村土地承包经营权、宅基地使用权和农民住房所有权确权登记颁证，探索对通过流转取得的农村承包土地的经营权进行确权登记颁证。农民住房财产权设立抵押的，需将宅基地使用权与住房所有权一并抵押。按照党中央、国务院确定的宅基地制度改革试点工作部署，探索建立宅基地使用权有偿转让机制。依托相关主管部门建立完善多级联网的农村土地产权交易平台，建立“两权”抵押、流转、评估的专业化服务机制，支持以各种合法方式流转的农村承包土地的经营权用于抵押。建立健全农村信用体系，有效调动和增强金融机构支农的积极性。

（五）加大扶持和协调配合力度，增强试点效果。人民银行要支持金融机构积极稳妥参与试点，对符合条件的农村金融机构加大支农再贷款支持力度。银行业监督管理机构要研究差异化监管政策，合理确定资本充足率、贷款分类等方面的计算规则和激励政策，支持金融机构开展“两权”抵押贷款业务。试点地区要结合实际，采取利息补贴、发展政府支持的担保公司、利用农村土地产权交易平台提供担保、设立风险补偿基金等方式，建立“两权”抵押贷款风险缓释及补偿机制。保险监督管理机构要进一步完善农业保险制度，大力推进农业保险和农民住房保险工作，扩大保险覆盖范围，充分发挥保险的风险保障作用。

三、组织实施

（一）加强组织领导。人民银行会同中央农办、发展改革委、财政部、国土资源部、住房城乡建设部、农业部、税务总局、林业局、法制办、银监会、保监会等单位，按职责分工成立农村承包土地的经营权抵押贷款试点工作指导小组和农民住房财产权抵押贷款试点工作指导小组（以下统称指导小组），切实落实党中央、国务院对“两权”抵押贷款试点工作的各项要求，按照本意见指导地方人民政府开展试点，并做好专项统计、跟踪指导、评估总结等相关工作。指导小组办公室设在人民银行。

（二）选择试点地区。“两权”抵押贷款试点以县（市、区）行政区域为单位。农村承包土地的经营权抵押贷款试点主要在农村改革试验区、现代农业示范区等农村土地经营权流转较好的地区开展；农民住房财产权抵押贷款试点原则上选择国土资源部牵头确定的宅基地制度改革试点地区开展。省级人民政府按照封闭运行、风险可控原则向指导小组办公室推荐试点县（市、区），经指导小组审定后开展试点。各省（区、市）可根据当地实际，分别或同时申请开展农村承包土地的经营权抵押贷款试点和农民住房财产权抵押贷款试点。

（三）严格试点条件。“两权”抵押贷款试点地区应满足以下条件：一是农村土地承包经营权、宅基地使用权和农民住房所有权确权登记颁证率高，农村产权流转交易市场健全，交易行为公开规范，具备较好基础和支撑条件；二是农户土地流转意愿较强，农业适度规模经营势头良好，具备规模经济效益；三是农村信用环境较好，配套政策较为健全。

（四）规范试点运行。人民银行、银监会会同相关单位，根据本意见出台农村承包土地的经营权抵押贷款试点管理办法和农民住房财产权抵押贷款试点管理办法。银行业金融机构根据本意见和金融管理部门制定的“两权”抵押贷款试点管理办法，建立相应的信贷管理制度并制定实施细则。试点地区成立试点工作小组，严格落实试点条件，制定具体实施意见、支持政策，经省级人民政府审核后，送指导小组备案。集体林地经营权抵押贷款和草地经营权抵押贷款业务可参照本意见执行。

（五）做好评估总结。认真总结试点经验，及时提出制定修改相关法律法规、政策的建议，加快推动修改完善相关法律法规。人民银行牵头负责对试点工作进行跟踪、监督和指导，开展年度评估。试点县（市、区）应提交总结报告和政策建议，由省级人民政府送指导小组。指导小组形成全国试点工作报告，提出相关政策建议。全部试点工作于2017年底前完成。

（六）取得法律授权。试点涉及突破《中华人民共和国物权法》第一百八十四条、《中华人民共和国担保法》第三十七条等相关法律条款，由国务院按程序提请全国人大常委会授权，允许试点地区在试点期间暂停执行相关法律条款。

国务院办公厅关于同意建立第二轮土地承包到期后再延长三十年试点部际联席会议制度的函

1. 2020年11月9日
2. 国办函〔2020〕104号

农业农村部、中央农办：

你们关于建立第二轮土地承包到期后再延长三十年试点部际联席会议制度的请示收悉。经国务院同意，现函复如下：

国务院同意建立由农业农村部、中央农办牵头的第二轮土地承包到期后再延长三十年试点部际联席会议制度。联席会议不刻制印章，不正式行文，请按照有关文件精神认真组织开展工作。联席会议工作任务结束后，应及时申请撤销。

附件：第二轮土地承包到期后再延长三十年试点部际联席会议制度

附件

第二轮土地承包到期后再延长三十年试点部际联席会议制度

为贯彻落实《中共中央 国务院关于保持土地承包关系稳定并长久不变的意见》精神，加强部门协调配合，稳妥推进第二轮土地承包到期后再延长三十年试点工作，经国务院同意，建立第二轮土地承包到期后再延长三十年试点部际联席会议（以下简称联席会议）制度。

一、主要职责

按照党中央、国务院决策部署，组织指导全国第二轮土地承包到期后再延长三十年试点工作；组织开展重大问题调查研究，协调解决延包试点工作中遇到的困难和问题；组织开展督导检查，加强信息沟通交流，督促指导各地做好延包试点工作；推动配套文件制定，营造有利于推进延包试点工作的政策环境；指导各地做好农村土地承包合同管理与承包经营权登记工作的有效衔接；完成党中央、国务院交办的其他事项。

二、成员单位

联席会议由农业农村部、中央农办、司法部、财政部、自然资源部、国家档案局、全国妇联等7个部门和单位组成，农业农村部、中央农办为牵头单位。

联席会议由牵头单位主要负责同志担任召集人、有关负责同志担任副召集人，其他成员单位有关负责同志为联席会议成员（名单附后）。联席会议可根据工作需要调整成员单位。联席会议成员因工作变动需要调整的，由所在单位提出，联席会议确定。

联席会议办公室设在农业农村部，承担联席会议日常工作，办公室主任由农业农村部有关司局负责同志兼任。联席会议设联络员，由各成员单位有关司局负责同志担任。

三、工作规则

联席会议根据工作需要定期或不定期召开会议，由召集人或召集人委托副召集人主持。成员单位根据工作需要可以提出召开联席会议的建议。研究具体工作事项时，可视情况召集部分成员单位参加会议，也可邀请其他相关部门和单位参加会议。联席会议以纪要形式明确会议议定事项并印发有关方面。重大事项按程序报批。

四、工作要求

各成员单位要按照职责分工，主动研究延包试点工作有关问题，认真落实联席会议议定事项；要互通信息、密切配合、相互支持、形成合力，充分发挥联席会议作用。联席会议办公室要加强对联席会议议定事项的跟踪督促落实，及时向各成员单位通报有关情况。

第二轮土地承包到期后再延长三十年试点部际联席会议成员名单（略）

农业部等关于加强对工商资本租赁农地监管和风险防范的意见

1. 2015年4月14日农业部、中央农村工作领导小组办公室、国土资源部、国家工商行政管理总局发布
2. 农经发〔2015〕3号

各省、自治区、直辖市农业（农牧、农村经济）厅（局、委、办）、国土资源厅、工商局：

按照中共中央、国务院《关于加大改革创新力度加快农业现代化建设的若干意见》（中发〔2015〕1号）和中共中央办公厅、国务院办公厅《关于引导农村土地经营权有序流转发展农业适度规模经营的意见》（中办发〔2014〕61号）要求，现就加强对工商资本（指工商业者投入的资本）租赁农地（指农户承包耕地）监管和风险防范提出以下意见。

一、充分认识加强工商资本租赁农地监管和风险防范的重要性

近年来，在农村土地流转中，工商资本下乡租赁农地呈加快发展态势。一方面，工商资本进入农业，可以带来资金、技术和先进经营模式，加快传统农业改造和现代农业建设；但另一方面，工商资本长时间、大面积租赁农地，容易挤占农民就业空间，加剧耕地“非粮化”“非农化”倾向，存在不少风险隐患。中央对此高度重视，明确要求在农村土地流转中不能搞大跃进，不能搞强迫命令，不能搞行政瞎指挥；强调对工商资本租赁农地要有严格的门槛，租赁的耕地只能搞农业，不能改变用途；要求坚持土地公有制性质不改变、耕地红线不突破、农民利益不受损三条底线，让农民成为土地流转和规模经营的积极参与者和真正受益者。

各地要原原本本贯彻落实党中央确定的方针政策，准确把握对工商资本进入农业鼓励什么、限制什么、禁止什么的政策界限。在土地流转中，既要加大政策扶持力度，鼓励创新农业经营体制机制，又要因地制宜，循序渐进。坚持以保障国家粮食安全、促进农业增效和农民增收为目标；坚持依法自愿有偿，尊重农民主体地位，发挥市场配置功能，强化政府扶持引导；坚持经营规模适度和农地农用，避免片面追求超大规模经营。要加强工商资本租赁农地监管和风险防范，对工商资本租赁农地实行分级备案，严格准入门槛，探索建立程序规范、便民高效的工商资本租赁农地资格审查、项目审核制度，健全多方参与、管理规范的风险保障金制度。加强事中事后监管，防止出现一些工商资本到农村流转土地后搞非农建设、影响耕地保护和粮食生产等问题，确保不损害农民权益、不改变土地用途、不破坏农业综合生产能力和农业生态环境。

二、引导工商资本到农村发展适合企业化经营的现代种养业

对工商资本进入农业，主要是鼓励其根据当地资源禀赋、产业特征，重点发展资本、技术密集型产业，从事农产品加工流通和农业社会化服务，把产业链、价值链、供应链等现代经营理念和产业组织方式引入农业，推动传统农业加速向现代农业转型升级，优化要素资源配置，促进一二三产业融合发展。鼓励工商资本发展良种种苗繁育、高标准设施农业、规模化养殖等适合企业化经营的现代种养业，开发农村“四荒”资源发展多种经营，投资开展土地整治和高标准农田建设。引导工商资本增强社会责任，鼓励开展农业环境治理和生态修复，在生产发展中切实保护耕地等农业资源，严禁占用基本农田挖塘栽树及其他毁坏种植条件的行为。

工商资本进入农业，应通过利益联结、优先吸纳当地农民就业等多种途径带动农民共同致富，不排斥农民，不代替农民。鼓励“公司＋农户”共同发展，支持农业企业通过签订订单合同、领办创办农民合作社、提供土地托管服务等方式，带动种养大户、家庭农场等新型农业经营主体发展农业产业化经营，实现合理分工、互利共赢，让农民更多地分享产业增值收益。

三、加强工商资本租赁农地规范管理

对工商资本以企业、组织或个人等形式租赁农地的行为要加强规范管理。各地要按照中央关于对工商资本长时间、大面积租赁农户承包地要有明确上限控制的要求，制定相应控制标准。对租赁期限，应视项目实施情况合理确定，可以采取分期租赁的办法，但一律不得超过二轮承包剩余时间；对租赁面积，由各地综合考虑人均耕地状况、城镇化进程和农村劳动力转移规

模、农业科技进步和生产手段改进程度、农业社会化服务水平等因素确定。既可以确定本行政区域内工商资本租赁农地面积占承包耕地总面积比例上限，也可以确定单个企业（组织或个人）租赁农地面积上限。首次租赁面积一律不得超过本级规定的规模上限；确有良好经营业绩的，经批准可进一步扩大租赁规模。

要按照工商资本租地面积的多少，以乡镇、县（市）为主建立农村土地经营权流转分级备案制度。备案事项应包括农地租赁合同、农地使用情况等内容。对租赁农地超过当地上限控制标准或者涉及整村整组流转的，要作为备案重点，提出明确要求。对租地超过县级备案标准的，应在市（地）一级备案，超大规模的应在省一级备案。要通过备案审查准确掌握工商资本租地情况，以利更好实施监督。

鼓励各地依法探索建立工商资本租赁农地资格审查、项目审核制度。可通过建立职能部门、农村集体经济组织代表、农民代表、农业专家等多方参与的农地流转审查监督机制，采取书面报告和现场查看等方式，对租赁农地企业（组织或个人）的主体资质、农业经营能力、经营项目、土地用途、风险防范，以及是否符合当地产业布局和现代农业发展规划等事项进行审查审核，并在规定时限内提出审查审核意见。符合审查审核条件的，可以享受相关产业扶持政策和优惠措施；不符合相应条件的，不得享受相关产业扶持政策和优惠措施；与国家法律政策相抵触的，要进行限制或禁止。为稳定发展粮食生产，对企业（组织或个人）租赁农地发展粮食规模化生产的可适当放宽条件；对在粮食主产区、粮食生产功能区、高产创建项目实施区、全国新增1000亿斤粮食生产能力规范实施区租赁农地的，要采取有效措施防止"非粮化"。

四、健全工商资本租赁农地风险防范机制

坚持以保障承包农户合法权益为核心，加强风险防范。工商资本租赁农地应通过公开市场规范进行。鼓励各地加快发展多种形式的土地经营权流转市场，建立健全市场运行规范，明确交易原则、交易内容、交易方式、交易程序、监督管理及相关责任等事项。严禁工商资本借政府或基层组织通过下指标、定任务等方式强迫农户流转农地，凡是整村整组流转的，必须经全体农户书面委托，不能以少数服从多数的名义，将农户承包地集中对外招商经营，防止强迫命令，搞一刀切，防止少数基层干部私相授受，谋取私利。对工商资本租赁农地，要指导其与农户签订规范的流转合同。流转合同中应明确土地流转用途、风险保障、土地复垦、能否抵押担保和再流转，以及违约责任等事项。加强流转合同的履约监督，建立健全纠纷调解仲裁体系，引导流转双方依法依规解决流转矛盾。

工商资本租赁农地应先付租金、后用地。各地可按照流入方缴纳为主、政府适当补助的原则，建立健全租赁农地风险保障金制度，用于防范承包农户权益受损。租地企业（组织或个人）可以按一定时限或按一定比例缴纳风险保障金。租赁合同期满租赁者无违约行为的，应当及时予以退还。抓紧研究制定租赁农地风险保障金使用管理办法，有条件的地方可以探索与开展农业保险、担保相结合，提高风险保障能力。

五、强化工商资本租赁农地事中事后监管

坚持最严格的耕地保护制度，切实保护基本农田，切实保障农地农用。租地企业（组织或个人）要严格按照合同约定在租赁农地上直接从事农业生产经营，未经承包农户同意，不得转租。要指导租地企业（组织或个人）合理使用化肥、农药等投入品，防止出现掠夺性经营，确保耕地质量等级不下降。

各地要强化租赁农地的用途管制，采取坚决措施严禁耕地"非农化"。对租赁农地经营、项目实施、风险防范等情况要定期开展监督检查，探索利用网络、遥感等现代科技手段实施动态监测，及时纠正查处违法违规行为。对撂荒耕地的，可以停发粮食直接补贴、良种补贴、农资综合补贴。对在粮食主产区、粮食生产功能区、高产创建项目实施区、全国新增1000亿斤粮食生产能力规范实施区违反产业规划的，停止享受相关农业生产扶持政策。对失信租赁农地企业要通过企业信用信息公示系统向社会公示，并启动联合惩戒机制。特别对擅自改变农业用途、严重破坏或污染租赁农地等违法违规行为，一经发现，责令限期整改，并依法追究相关责任。鼓励和支持农村集体经济组织和承包农户对租赁农地利用情况进行监督。对违反合同约定的，流出农户和农村集体经济组织可依法解除农地租赁合同，并要求赔偿。

六、切实加强组织领导

引导农村土地经营权有序流转，加强工商资本租赁农地规范管理，事关广大农民切身利益、农村社会稳定和国家粮食安全，各地要高度重视，强化组织领导，各有关部门要各司其职，协作配合，制定和落实相关政策措施。农业部门要认真做好土地流转日常管理和服务工作，发现违反法律政策规定的，应及时通报有关部门并联合查处；国土部门要重点加强对租赁农地"农转非”情况的监管，及时查处违法违规行为；工商行政管理部门负责通过企业信用信息公示系统向社会公开租赁农地企业的基本信息；有关部门要按照政策要求配合实施相关产业扶持政策和优惠措施。要建立部门责任追究制，确保事有人干、责有人担。

文件下发后，各地要结合实际抓紧制定实施办法，及时组织力量对工商资本租赁农地进行全面核查，依法进行规范。对已超出当地上限标准的，在不影响农业生产的情况下，可按照合同约定继续履行，合同到期后按照新的规定进行调整；对违法改变农地用途搞非农建设的，要组织力量立即查处；对违约拖欠农户租金的，要督促企业（组织或个人）尽快清偿。各地要及时总结典型经验，加大舆论宣传监督力度，更好规范工商资本租赁农地行为，引导农村土地经营权健康有序流转。

农村土地承包经营权登记试点工作规程（试行）

1. 2012年6月27日农业部办公厅发布
2. 农办经〔2012〕19号

为指导各地区做好农村土地承包经营权登记试点工作，根据《物权法》、《农村土地承包法》和农业部等六部门《关于开展农村土地承包经营权登记试点工作的意见》（农经发〔2011〕2号）等法律政策，制定本工作规程。

一、基本原则

（一）保持稳定。在保持现有农村土地承包关系稳定前提下，以已经签订的土地承包合同和已经颁发的土地承包经营权证书为基础，严禁借机违法调整和收回农户承包地。

（二）依法依规。严格执行《物权法》、《农村土地承包法》有关土地承包经营权登记的规定，参照《农村土地承包经营权证管理办法》规定的登记内容和程序开展土地承包经营权登记。

（三）因地制宜。按照试点地区的土地承包现状，缺什么补什么，探索建立土地承包经营权登记制度，妥善解决遗留问题。

（四）民主协商。充分动员农民群众，充分尊重农民意愿，试点中的重大事项均应经本集体经济组织成员民主讨论决定。

（五）注重实效。充分利用现代空间信息技术，明确承包土地的面积、空间位置和权属等，将农户承包地成图、登记、造册，建立健全农村土地承包管理信息系统。

（六）地方负责。试点工作实行部省统筹安排，县级组织实施，强化部门协作，形成整体合力，确保试点任务顺利完成。

二、基本类型及其操作流程

（一）家庭承包方式登记

1. 准备前期资料

收集整理承包合同、土地台帐、登记簿、农户信息等资料，形成农户承包地登记基本信息表。

处理国土“二调”或航空航天影像数据，形成用于调查和实测的基础工作底图。

2. 入户权属调查

根据基础工作底图和农户承包地登记基本信息表，入户实地进行承包地块权属调查，由农户进行确认。对存在争议的地块，待争议解决后再登记。

3. 测量地块成图

按照农村承包土地调查技术规范（见附件1）对承包地块进行测量和绘图，并标注地块编码（见附件2）和面积，形成承包土地地籍草图。

4. 公示审核

由村、组土地承包经营权登记工作组审核地籍草图后，在村、组公示。

对公示中农户提出的异议，及时进行核实、修正，并再次公示。

公示无异议的，由农户签字确认后作为承包土地地籍图，由村组上报乡（镇）人民政府。乡（镇）人民政府汇总并核对后上报县级人民政府。

5. 建立登记簿

根据乡镇上报的登记资料，由县级农村土地承包管理部门按照统一格式（见附件3）建立土地承包经营权登记簿。

土地承包经营权登记簿应当采用纸质和电子介质。为避免因系统故障而导致登记资料遗失破坏，应当进行异地备份。有条件的地方，应当采取多种方式多地备份。

6. 完善承包经营权证书

各地根据实际，依照土地承包经营权登记簿记载内容，适时对承包经营权证书进行完善（见附件3）。

7. 建立农村土地承包管理信息系统

县级农村土地承包管理部门应当根据登记过程中形成的影像、图表和文字等材料，按照统一的标准建立农村土地承包信息数据库和农村土地承包管理信息系统，实现农村土地承包管理信息化。

8. 资料归档

按照2010年农业部、国家档案局颁发的《关于加强农村土地承包档案管理工作的意见》（农经发〔2010〕12号），由县乡农村土地承包管理部门整理登记相关资料进行归档。

（二）其他承包方式登记

采取招标、拍卖、公开协商等方式，依法承包农村土地的，当事人申请土地承包经营权登记，按照《农村土地承包经营权证管理办法》有关规定办理登记。对境外企业、组织和个人租赁农村集体土地，暂不予登记。开展其他承包方式登记参照家庭承包方式登记的相关程序。

（三）变更登记、注销登记

承包期内，因下列情形导致土地承包经营权发生变动或者灭失，根据当事人申请，县级农村土地承包管理部门依法办理变更、注销登记，并记载于土地承包经营权登记簿：

1. 因集体土地所有权变化的；

2. 因承包地被征收导致承包地块或者面积发生变化的；

3. 因承包农户分户等导致土地承包经营权分割的；

4. 因土地承包经营权采取转让、互换方式流转的；

5. 因结婚等原因导致土地承包经营权合并的；

6. 承包地块、面积与实际不符的；

7. 承包地灭失或者承包农户消亡的；

8. 承包地被发包方依法调整或者收回的；

9. 其他需要依法变更、注销的情形。

开展变更登记、注销登记参照家庭承包方式登记的相关程序。

三、工作要求

（一）明确机构职责

县级人民政府建立工作领导小组，由政府主要领导担任组长，农业（农经）、国土、财政、法制、档案等相关部门领导任成员，负责制定试点工作方案，明确职责分工。领导小组办公室设在农村土地承包管理部门，负责登记工作的日常组织和具体协调。乡（镇）成立相应的工作机构，负责组织登记工作的具体实施。本集体经济组织成员的村民会议选举产生村或组土地承包经营权登记工作组，承担部分调查、汇总、审核等具体工作，负责调解出现的矛盾和纠纷，将登记工作中出现的重大事项提交集体经济组织成员大会或成员代表大会依法决策。

（二）加强宣传培训

按照登记工作方案，召开政策培训会和宣传动员会，充分调动基层干部和农民群众参与登记的积极性，并对登记工作人员和村组干部进行培训。

（三）严格保密制度

对土地承包经营权登记相关资料，特别是地籍信息资料，要严格按照《测绘管理工作国家秘密范围的规定》（见附件4）进行保管，确保不失密、不泄密。

（四）准确把握政策

严格执行农村土地承包法律政策规定，对试点工作中遇到的问题按照保持稳定、尊重历史、照顾现实、分类处置的原则依法妥善解决。法律政策有明确规定的，要严格执行；没有明确规定的，要依照法律政策基本精神，结合当地实际作出具体规定。

各省（区、市）可根据地方实际情况，对本规程进行补充完善后制定适合本地的具体工作规范。

附件1：农村承包土地调查技术规范（略）

附件2：农村土地承包经营权证书（承包合同）和承包地块编码规则（略）

附件3：农村土地承包经营权登记簿（样本）（略）

附件4：测绘管理工作国家秘密范围的规定（略）

农村土地经营权流转交易市场运行规范（试行）

1. 2016年6月29日农业部发布

2. 农经发〔2016〕9号

为加强对农村土地经营权流转交易市场的工作指导，依法推进土地经营权有序流转，依据《农村土地承包法》《农村土地承包经营权流转管理办法》《农村土地承包经营权证管理办法》等法律、规章及相关政策，制定本规范。

第一条 在农村土地经营权流转交易市场内，进行农村土地经营权流转交易的，适用本规范。

本规范所指农村土地经营权流转交易市场，是指为农村土地经营权依法流转交易提供服务的平台，主要包括农村土地经营权流转服务中心、农村集体资产管理交易中心、农村产权交易中心（所）等。

第二条 农村土地经营权流转交易应具备以下条件：

（一）权属清晰无争议；

（二）交易双方必须是具有完全民事权利能力和民事行为能力的自然人、法人或其他组织，且有流转交易的真实意愿；

（三）流出方必须是产权权利人，或者受产权权利人委托的组织或个人；

（四）流转交易要符合法律法规和环境保护规划、农业产业发展规划、土地利用总体规划和城乡一体化建设规划等政策规定。

第三条　农村土地经营权流转交易市场的交易品种包括：

（一）家庭承包方式取得的土地经营权；

（二）其他承包方式取得的土地经营权；

（三）集体经济组织未发包的土地经营权；

（四）其他依法可流转交易的土地经营权。

第四条　农村集体经济组织、承包农户、家庭农场、专业大户、农民专业合作社、农业企业等各类农业经营主体，以及具备农业生产经营能力的其他组织或个人均可以依法在农村土地经营权流转交易市场进行交易。

第五条　流出方在农村土地经营权流转交易市场进行交易，应提交以下材料：

（一）家庭承包方式取得的土地经营权：

1. 身份证明；

2.《农村土地承包经营权证》；

3. 农村集体经济组织或中介组织（个人）受托流转承包土地的，应当提供书面委托书；

4. 土地情况介绍书（主要包括土地位置、四至、面积、质量等级、利用现状、预期价格、流转方式、流转用途等内容）；

5. 农村土地经营权流转交易市场要求提供的其他材料。

（二）其他承包方式取得的土地经营权：

1. 身份证明；

2.《农村土地承包经营权证》或其他权属证明材料；

3. 土地情况介绍书（主要包括土地位置、四至、面积、质量等级、利用现状、预期价格、流转方式、流转用途等内容）；

4. 农村土地经营权流转交易市场要求提供的其他材料。

（三）农村集体经济组织未发包的土地经营权：

1. 农村集体经济组织主体资格证明材料；

2. 具体承办人的身份证明；

3. 集体土地所有权权属证明材料；

4. 农村集体经济组织成员的村民会议三分之二以上成员或者三分之二以上村民代表签署同意流转土地的书面证明；

5. 土地情况介绍书（主要包括土地位置、四至、面积、质量等级、利用现状、预期价格及作价依据、流转方式、流转用途等内容）；

6. 农村土地经营权流转交易市场要求提供的其他材料。

（四）其他依法可流转交易的土地经营权参照以上情形，按照农村土地经营权流转交易市场要求提供相关材料。

第六条　流入方在农村土地经营权流转交易市场进行交易，应提交以下材料：

（一）身份证明等主体资格证明材料；

（二）流入申请（主要包括流入土地的用途、面积、期限等内容）；

（三）流入土地超过当地规定标准的，需提供农业经营能力等证明，项目可行性报告，以及有权批准机构准予流转交易的证明；

（四）农村土地经营权流转交易市场要求提供的其他材料。

第七条　交易双方应当对所提交材料的真实性、完整性、合法性、有效性负责。

第八条　流出方和流入方与农村土地经营权流转交易市场签署流转交易服务协议，明确农村土地经营权流转交易市场提供的服务内容及协议双方的权利、义务。

第九条　农村土地经营权流转交易市场公开发布供求信息。信息主要包括以下内容：

（一）流转土地的基本情况（主要包括土地位置、四至、面积、质量等级、利用现状、预期价格、流转方式、流转用途等内容）；

（二）流出方或流入方的基本情况和相关条件；

（三）需要公布的其他事项。

第十条　土地经营权流转信息的发布公示期限不少于10个工作日。同一宗土地的经营权再次流转交易须设定间隔期限。在公示期限内，如出现重大变化，应及时发布变更信息，并重新计算公示期限。公示期结束后，农村土地经营权流转市场组织交易。

第十一条　土地经营权流出方或流入方可以委托具有资质的评估机构对土地经营权流转交易价格进行评估。

第十二条　集体经济组织未发包的土地经营权流转交易底价应当由农民集体民主协商决定。

第十三条　交易双方应参照土地经营权流转交易合同示

范文本订立合同，主要包括以下内容：

（一）双方的基本信息；

（二）流转土地的四至、坐落、面积、质量等级；

（三）流转的期限和起止日期；

（四）流转土地的用途；

（五）流转价款及支付方式；

（六）合同到期后地上附着物及相关设施的处理；

（七）双方的权利和义务；

（八）双方的违约责任、争议解决方式、合同变更和解除的条件；

（九）双方认为需要约定的其他事项。

第十四条 流转交易合同到期后，流入方在同等条件下可优先续约。

第十五条 按照农村土地经营权流转交易市场的相关要求，流转交易双方签订合同后，可以获得农村土地经营权流转交易市场提供的流转交易鉴证。

第十六条 农村土地经营权流转交易鉴证应载明如下事项：

（一）项目编号；

（二）签约日期；

（三）流出方及委托人全称；

（四）流入方及委托人全称；

（五）合同期限和起止日期；

（六）成交金额；

（七）支付方式；

（八）其他事项。

第十七条 交易过程中，交易双方合同签订前，有以下情形之一的，经流出方、流入方或者第三方提出申请，农村土地经营权流转交易市场确认后，可以中止交易：

（一）农村土地经营权存在权属争议且尚未解决的；

（二）因不可抗力致使交易活动不能按约定的期限和程序进行的；

（三）其他情况导致交易中止的。

第十八条 交易过程中，交易双方合同签订前，有以下情形之一的，农村土地经营权流转交易市场可以终止交易：

（一）中止交易后未能消除影响交易中止的因素导致交易无法继续进行的；

（二）人民法院、仲裁机构等单位依法发出终止交易书面通知的；

（三）其他需要终止交易的。

第十九条 经有权机关授权，农村土地经营权流转交易市场可以开展土地经营权抵押登记。

第二十条 土地经营权抵押人向农村土地经营权流转交易市场提出抵押登记申请的，应提供以下材料：

（一）农村土地经营权抵押申请；

（二）抵押登记申请人身份证明，法人和其他组织还需提供统一社会信用代码、工商营业执照副本或其他证明材料；

（三）相关方同意土地经营权用于抵押和合法再流转的证明；

（四）土地经营权权属证明材料或土地经营权流转交易鉴证；

（五）农村土地经营权流转交易市场要求提供的其他材料。

第二十一条 农村土地经营权流转交易市场应当将交易过程中形成的文字、图片等相关资料妥善保存，建立健全档案管理制度。

第二十二条 相关权利人可以获得档案信息查询服务，农村土地经营权流转交易市场在提供档案查询服务时，不得损害国家安全和利益，不得损害社会和其他组织的利益，不得侵犯他人合法权益。

第二十三条 农村土地经营权流转交易市场应交易双方要求，可以组织提供法律咨询、资产评估、会计审计、项目策划、金融保险等服务。提供有关服务的收费标准，根据相关规定由当地物价部门核定并予以公示。

第二十四条 农村土地经营权流转交易市场应当制定工作规程和采取必要措施，保障农村土地经营权流转交易公开、公正、规范运行，自觉接受社会公众监督和依法接受有关部门管理。

第二十五条 农村土地经营权流转交易发生争议或者纠纷，相关权利人可以依法申请调解、仲裁或提起诉讼。

农村土地经营权流转管理办法

1. 2021年1月26日农业农村部令2021年第1号公布
2. 自2021年3月1日起施行

第一章 总 则

第一条 为了规范农村土地经营权（以下简称土地经营权）流转行为，保障流转当事人合法权益，加快农业农村现代化，维护农村社会和谐稳定，根据《中华人民共和国农村土地承包法》等法律及有关规定，制定本办法。

第二条 土地经营权流转应当坚持农村土地农民集体所

有、农户家庭承包经营的基本制度,保持农村土地承包关系稳定并长久不变,遵循依法、自愿、有偿原则,任何组织和个人不得强迫或者阻碍承包方流转土地经营权。

第三条 土地经营权流转不得损害农村集体经济组织和利害关系人的合法权益,不得破坏农业综合生产能力和农业生态环境,不得改变承包土地的所有权性质及其农业用途,确保农地农用,优先用于粮食生产,制止耕地“非农化”、防止耕地“非粮化”。

第四条 土地经营权流转应当因地制宜、循序渐进,把握好流转、集中、规模经营的度,流转规模应当与城镇化进程和农村劳动力转移规模相适应,与农业科技进步和生产手段改进程度相适应,与农业社会化服务水平提高相适应,鼓励各地建立多种形式的土地经营权流转风险防范和保障机制。

第五条 农业农村部负责全国土地经营权流转及流转合同管理的指导。

县级以上地方人民政府农业农村主管(农村经营管理)部门依照职责,负责本行政区域内土地经营权流转及流转合同管理。

乡(镇)人民政府负责本行政区域内土地经营权流转及流转合同管理。

第二章 流转当事人

第六条 承包方在承包期限内有权依法自主决定土地经营权是否流转,以及流转对象、方式、期限等。

第七条 土地经营权流转收益归承包方所有,任何组织和个人不得擅自截留、扣缴。

第八条 承包方自愿委托发包方、中介组织或者他人流转其土地经营权的,应当由承包方出具流转委托书。委托书应当载明委托的事项、权限和期限等,并由委托人和受托人签字或者盖章。

没有承包方的书面委托,任何组织和个人无权以任何方式决定流转承包方的土地经营权。

第九条 土地经营权流转的受让方应当为具有农业经营能力或者资质的组织和个人。在同等条件下,本集体经济组织成员享有优先权。

第十条 土地经营权流转的方式、期限、价款和具体条件,由流转双方平等协商确定。流转期限届满后,受让方享有以同等条件优先续约的权利。

第十一条 受让方应当依照有关法律法规保护土地,禁止改变土地的农业用途。禁止闲置、荒芜耕地,禁止占用耕地建窑、建坟或者擅自在耕地上建房、挖砂、采石、采矿、取土等。禁止占用永久基本农田发展林果业和挖塘养鱼。

第十二条 受让方将流转取得的土地经营权再流转以及向金融机构融资担保的,应当事先取得承包方书面同意,并向发包方备案。

第十三条 经承包方同意,受让方依法投资改良土壤,建设农业生产附属、配套设施,及农业生产中直接用于作物种植和畜禽水产养殖设施的,土地经营权流转合同到期或者未到期由承包方依法提前收回承包土地时,受让方有权获得合理补偿。具体补偿办法可在土地经营权流转合同中约定或者由双方协商确定。

第三章 流转方式

第十四条 承包方可以采取出租(转包)、入股或者其他符合有关法律和国家政策规定的方式流转土地经营权。

出租(转包),是指承包方将部分或者全部土地经营权,租赁给他人从事农业生产经营。

入股,是指承包方将部分或者全部土地经营权作价出资,成为公司、合作经济组织等股东或者成员,并用于农业生产经营。

第十五条 承包方依法采取出租(转包)、入股或者其他方式将土地经营权部分或者全部流转的,承包方与发包方的承包关系不变,双方享有的权利和承担的义务不变。

第十六条 承包方自愿将土地经营权入股公司发展农业产业化经营的,可以采取优先股等方式降低承包方风险。公司解散时入股土地应当退回原承包方。

第四章 流转合同

第十七条 承包方流转土地经营权,应当与受让方在协商一致的基础上签订书面流转合同,并向发包方备案。

承包方将土地交由他人代耕不超过一年的,可以不签订书面合同。

第十八条 承包方委托发包方、中介组织或者他人流转土地经营权的,流转合同应当由承包方或者其书面委托的受托人签订。

第十九条 土地经营权流转合同一般包括以下内容:

(一)双方当事人的姓名或者名称、住所、联系方式等;

(二)流转土地的名称、四至、面积、质量等级、土地类型、地块代码等;

(三)流转的期限和起止日期;

(四)流转方式;

(五)流转土地的用途;

（六）双方当事人的权利和义务；

（七）流转价款或者股份分红，以及支付方式和支付时间；

（八）合同到期后地上附着物及相关设施的处理；

（九）土地被依法征收、征用、占用时有关补偿费的归属；

（十）违约责任。

土地经营权流转合同示范文本由农业农村部制定。

第二十条　承包方不得单方解除土地经营权流转合同，但受让方有下列情形之一的除外：

（一）擅自改变土地的农业用途；

（二）弃耕抛荒连续两年以上；

（三）给土地造成严重损害或者严重破坏土地生态环境；

（四）其他严重违约行为。

有以上情形，承包方在合理期限内不解除土地经营权流转合同的，发包方有权要求终止土地经营权流转合同。

受让方对土地和土地生态环境造成的损害应当依法予以赔偿。

第五章　流转管理

第二十一条　发包方对承包方流转土地经营权、受让方再流转土地经营权以及承包方、受让方利用土地经营权融资担保的，应当办理备案，并报告乡（镇）人民政府农村土地承包管理部门。

第二十二条　乡（镇）人民政府农村土地承包管理部门应当向达成流转意向的双方提供统一文本格式的流转合同，并指导签订。流转合同中有违反法律法规的，应当及时予以纠正。

第二十三条　乡（镇）人民政府农村土地承包管理部门应当建立土地经营权流转台账，及时准确记载流转情况。

第二十四条　乡（镇）人民政府农村土地承包管理部门应当对土地经营权流转有关文件、资料及流转合同等进行归档并妥善保管。

第二十五条　鼓励各地建立土地经营权流转市场或者农村产权交易市场。县级以上地方人民政府农业农村主管（农村经营管理）部门应当加强业务指导，督促其建立健全运行规则，规范开展土地经营权流转政策咨询、信息发布、合同签订、交易鉴证、权益评估、融资担保、档案管理等服务。

第二十六条　县级以上地方人民政府农业农村主管（农村经营管理）部门应当按照统一标准和技术规范建立国家、省、市、县等互联互通的农村土地承包信息应用平台，健全土地经营权流转合同网签制度，提升土地经营权流转规范化、信息化管理水平。

第二十七条　县级以上地方人民政府农业农村主管（农村经营管理）部门应当加强对乡（镇）人民政府农村土地承包管理部门工作的指导。乡（镇）人民政府农村土地承包管理部门应当依法开展土地经营权流转的指导和管理工作。

第二十八条　县级以上地方人民政府农业农村主管（农村经营管理）部门应当加强服务，鼓励受让方发展粮食生产；鼓励和引导工商企业等社会资本（包括法人、非法人组织或者自然人等）发展适合企业化经营的现代种养业。

县级以上地方人民政府农业农村主管（农村经营管理）部门应当根据自然经济条件、农村劳动力转移情况、农业机械化水平等因素，引导受让方发展适度规模经营，防止垒大户。

第二十九条　县级以上地方人民政府对工商企业等社会资本流转土地经营权，依法建立分级资格审查和项目审核制度。审查审核的一般程序如下：

（一）受让主体与承包方就流转面积、期限、价款等进行协商并签订流转意向协议书。涉及未承包到户集体土地等集体资源的，应当按照法定程序经本集体经济组织成员的村民会议三分之二以上成员或者三分之二以上村民代表的同意，并与集体经济组织签订流转意向协议书。

（二）受让主体按照分级审查审核规定，分别向乡（镇）人民政府农村土地承包管理部门或者县级以上地方人民政府农业农村主管（农村经营管理）部门提出申请，并提交流转意向协议书、农业经营能力或者资质证明、流转项目规划等相关材料。

（三）县级以上地方人民政府或者乡（镇）人民政府应当依法组织相关职能部门、农村集体经济组织代表、农民代表、专家等就土地用途、受让主体农业经营能力，以及经营项目是否符合粮食生产等产业规划等进行审查审核，并于受理之日起20个工作日内作出审查审核意见。

（四）审查审核通过的，受让主体与承包方签订土地经营权流转合同。未按规定提交审查审核申请或者审查审核未通过的，不得开展土地经营权流转活动。

第三十条　县级以上地方人民政府依法建立工商企业等社会资本通过流转取得土地经营权的风险防范制度，

加强事中事后监管,及时查处纠正违法违规行为。

鼓励承包方和受让方在土地经营权流转市场或者农村产权交易市场公开交易。

对整村(组)土地经营权流转面积较大、涉及农户较多、经营风险较高的项目,流转双方可以协商设立风险保障金。

鼓励保险机构为土地经营权流转提供流转履约保证保险等多种形式保险服务。

第三十一条 农村集体经济组织为工商企业等社会资本流转土地经营权提供服务的,可以收取适量管理费用。收取管理费用的金额和方式应当由农村集体经济组织、承包方和工商企业等社会资本三方协商确定。管理费用应当纳入农村集体经济组织会计核算和财务管理,主要用于农田基本建设或者其他公益性支出。

第三十二条 县级以上地方人民政府可以根据本办法,结合本行政区域实际,制定工商企业等社会资本通过流转取得土地经营权的资格审查、项目审核和风险防范实施细则。

第三十三条 土地经营权流转发生争议或者纠纷的,当事人可以协商解决,也可以请求村民委员会、乡(镇)人民政府等进行调解。

当事人不愿意协商、调解或者协商、调解不成的,可以向农村土地承包仲裁机构申请仲裁,也可以直接向人民法院提起诉讼。

第六章 附 则

第三十四条 本办法所称农村土地,是指除林地、草地以外的,农民集体所有和国家所有依法由农民集体使用的耕地和其他用于农业的土地。

本办法所称农村土地经营权流转,是指在承包方与发包方承包关系保持不变的前提下,承包方依法在一定期限内将土地经营权部分或者全部交由他人自主开展农业生产经营的行为。

第三十五条 通过招标、拍卖和公开协商等方式承包荒山、荒沟、荒丘、荒滩等农村土地,经依法登记取得权属证书的,可以流转土地经营权,其流转管理参照本办法执行。

第三十六条 本办法自2021年3月1日起施行。农业部2005年1月19日发布的《农村土地承包经营权流转管理办法》(农业部令第47号)同时废止。

农村土地承包合同管理办法

1. 2023年2月17日农业农村部2023年第1号公布
2. 自2023年5月1日起施行

第一章 总 则

第一条 为了规范农村土地承包合同的管理,维护承包合同当事人的合法权益,维护农村社会和谐稳定,根据《中华人民共和国农村土地承包法》等法律及有关规定,制定本办法。

第二条 农村土地承包经营应当巩固和完善以家庭承包经营为基础、统分结合的双层经营体制,保持农村土地承包关系稳定并长久不变。农村土地承包经营,不得改变土地的所有权性质。

第三条 农村土地承包经营应当依法签订承包合同。土地承包经营权自承包合同生效时设立。

承包合同订立、变更和终止的,应当开展土地承包经营权调查。

第四条 农村土地承包合同管理应当遵守法律、法规,保护土地资源的合理开发和可持续利用,依法落实耕地利用优先序。发包方和承包方应当依法履行保护农村土地的义务。

第五条 农村土地承包合同管理应当充分维护农民的财产权益,任何组织和个人不得剥夺和非法限制农村集体经济组织成员承包土地的权利。妇女与男子享有平等的承包农村土地的权利。

承包方承包土地后,享有土地承包经营权,可以自己经营,也可以保留土地承包权,流转其承包地的土地经营权,由他人经营。

第六条 农业农村部负责全国农村土地承包合同管理的指导。

县级以上地方人民政府农业农村主管(农村经营管理)部门负责本行政区域内农村土地承包合同管理。

乡(镇)人民政府负责本行政区域内农村土地承包合同管理。

第二章 承包方案

第七条 本集体经济组织成员的村民会议依法选举产生的承包工作小组,应当依照法律、法规的规定拟订承包方案,并在本集体经济组织范围内公示不少于十五日。

承包方案应当依法经本集体经济组织成员的村民会议三分之二以上成员或者三分之二以上村民代表的同意。

承包方案由承包工作小组公开组织实施。

第八条 承包方案应当符合下列要求：

（一）内容合法；

（二）程序规范；

（三）保障农村集体经济组织成员合法权益；

（四）不得违法收回、调整承包地；

（五）法律、法规和规章规定的其他要求。

第九条 县级以上地方人民政府农业农村主管（农村经营管理）部门、乡（镇）人民政府农村土地承包管理部门应当指导制定承包方案，并对承包方案的实施进行监督，发现问题的，应当及时予以纠正。

第三章 承包合同的订立、变更和终止

第十条 承包合同应当符合下列要求：

（一）文本规范；

（二）内容合法；

（三）双方当事人签名、盖章或者按指印；

（四）法律、法规和规章规定的其他要求。

县级以上地方人民政府农业农村主管（农村经营管理）部门、乡（镇）人民政府农村土地承包管理部门应当依法指导发包方和承包方订立、变更或者终止承包合同，并对承包合同实施监督，发现不符合前款要求的，应当及时通知发包方更正。

第十一条 发包方和承包方应当采取书面形式签订承包合同。

承包合同一般包括以下条款：

（一）发包方、承包方的名称，发包方负责人和承包方代表的姓名、住所；

（二）承包土地的名称、坐落、面积、质量等级；

（三）承包方家庭成员信息；

（四）承包期限和起止日期；

（五）承包土地的用途；

（六）发包方和承包方的权利和义务；

（七）违约责任。

承包合同示范文本由农业农村部制定。

第十二条 承包合同自双方当事人签名、盖章或者按指印时成立。

第十三条 承包期内，出现下列情形之一的，承包合同变更：

（一）承包方依法分立或者合并的；

（二）发包方依法调整承包地的；

（三）承包方自愿交回部分承包地的；

（四）土地承包经营权互换的；

（五）土地承包经营权部分转让的；

（六）承包地被部分征收的；

（七）法律、法规和规章规定的其他情形。

承包合同变更的，变更后的承包期限不得超过承包期的剩余期限。

第十四条 承包期内，出现下列情形之一的，承包合同终止：

（一）承包方消亡的；

（二）承包方自愿交回全部承包地的；

（三）土地承包经营权全部转让的；

（四）承包地被全部征收的；

（五）法律、法规和规章规定的其他情形。

第十五条 承包地被征收、发包方依法调整承包地或者承包方消亡的，发包方应当变更或者终止承包合同。

除前款规定的情形外，承包合同变更、终止的，承包方向发包方提出申请，并提交以下材料：

（一）变更、终止承包合同的书面申请；

（二）原承包合同；

（三）承包方分立或者合并的协议，交回承包地的书面通知或者协议，土地承包经营权互换合同、转让合同等其他相关证明材料；

（四）具有土地承包经营权的全部家庭成员同意变更、终止承包合同的书面材料；

（五）法律、法规和规章规定的其他材料。

第十六条 省级人民政府农业农村主管部门可以根据本行政区域实际依法制定承包方分立、合并、消亡而导致承包合同变更、终止的具体规定。

第十七条 承包期内，因自然灾害严重毁损承包地等特殊情形对个别农户之间承包地需要适当调整的，发包方应当制定承包地调整方案，并应当经本集体经济组织成员的村民会议三分之二以上成员或者三分之二以上村民代表的同意。承包合同中约定不得调整的，按照其约定。

调整方案通过之日起二十个工作日内，发包方应当将调整方案报乡（镇）人民政府和县级人民政府农业农村主管（农村经营管理）部门批准。

乡（镇）人民政府应当于二十个工作日内完成调整方案的审批，并报县级人民政府农业农村主管（农村经营管理）部门；县级人民政府农业农村主管（农村经营管理）部门应当于二十个工作日内完成调整方案

的审批。乡（镇）人民政府、县级人民政府农业农村主管（农村经营管理）部门对违反法律、法规和规章规定的调整方案，应当及时通知发包方予以更正，并重新申请批准。

调整方案未经乡（镇）人民政府和县级人民政府农业农村主管（农村经营管理）部门批准的，发包方不得调整承包地。

第十八条　承包方自愿将部分或者全部承包地交回发包方的，承包方与发包方在该土地上的承包关系终止，承包期内其土地承包经营权部分或者全部消灭，并不得再要求承包土地。

承包方自愿交回承包地的，应当提前半年以书面形式通知发包方。承包方对其在承包地上投入而提高土地生产能力的，有权获得相应的补偿。交回承包地的其他补偿，由发包方和承包方协商确定。

第十九条　为了方便耕种或者各自需要，承包方之间可以互换属于同一集体经济组织的不同承包地块的土地承包经营权。

土地承包经营权互换的，应当签订书面合同，并向发包方备案。

承包方提交备案的互换合同，应当符合下列要求：

（一）互换双方是属于同一集体经济组织的农户；

（二）互换后的承包期限不超过承包期的剩余期限；

（三）法律、法规和规章规定的其他事项。

互换合同备案后，互换双方应当与发包方变更承包合同。

第二十条　经承包方申请和发包方同意，承包方可以将部分或者全部土地承包经营权转让给本集体经济组织的其他农户。

承包方转让土地承包经营权的，应当以书面形式向发包方提交申请。发包方同意转让的，承包方与受让方应当签订书面合同；发包方不同意转让的，应当于七日内向承包方书面说明理由。发包方无法定理由的，不得拒绝同意承包方的转让申请。未经发包方同意的，土地承包经营权转让合同无效。

土地承包经营权转让合同，应当符合下列要求：

（一）受让方是本集体经济组织的农户；

（二）转让后的承包期限不超过承包期的剩余期限；

（三）法律、法规和规章规定的其他事项。

土地承包经营权转让后，受让方应当与发包方签订承包合同。原承包方与发包方在该土地上的承包关系终止，承包期内其土地承包经营权部分或者全部消灭，并不得再要求承包土地。

第四章　承包档案和信息管理

第二十一条　承包合同管理工作中形成的，对国家、社会和个人有保存价值的文字、图表、声像、数据等各种形式和载体的材料，应当纳入农村土地承包档案管理。

县级以上地方人民政府农业农村主管（农村经营管理）部门、乡（镇）人民政府农村土地承包管理部门应当制定工作方案、健全档案工作管理制度、落实专项经费、指定工作人员、配备必要设施设备，确保农村土地承包档案完整与安全。

发包方应当将农村土地承包档案纳入村级档案管理。

第二十二条　承包合同管理工作中产生、使用和保管的数据，包括承包地权属数据、地理信息数据和其他相关数据等，应当纳入农村土地承包数据管理。

县级以上地方人民政府农业农村主管（农村经营管理）部门负责本行政区域内农村土地承包数据的管理，组织开展数据采集、使用、更新、保管和保密等工作，并向上级业务主管部门提交数据。

鼓励县级以上地方人民政府农业农村主管（农村经营管理）部门通过数据交换接口、数据抄送等方式与相关部门和机构实现承包合同数据互通共享，并明确使用、保管和保密责任。

第二十三条　县级以上地方人民政府农业农村主管（农村经营管理）部门应当加强农村土地承包合同管理信息化建设，按照统一标准和技术规范建立国家、省、市、县等互联互通的农村土地承包信息应用平台。

第二十四条　县级以上地方人民政府农业农村主管（农村经营管理）部门、乡（镇）人民政府农村土地承包管理部门应当利用农村土地承包信息应用平台，组织开展承包合同网签。

第二十五条　承包方、利害关系人有权依法查询、复制农村土地承包档案和农村土地承包数据的相关资料，发包方、乡（镇）人民政府农村土地承包管理部门、县级以上地方人民政府农业农村主管（农村经营管理）部门应当依法提供。

第五章　土地承包经营权调查

第二十六条　土地承包经营权调查，应当查清发包方、承包方的名称，发包方负责人和承包方代表的姓名、身份证号码、住所，承包方家庭成员，承包地块的名称、坐落、面积、质量等级、土地用途等信息。

第二十七条 土地承包经营权调查应当按照农村土地承包经营权调查规程实施，一般包括准备工作、权属调查、地块测量、审核公示、勘误修正、结果确认、信息入库、成果归档等。

农村土地承包经营权调查规程由农业农村部制定。

第二十八条 土地承包经营权调查的成果，应当符合农村土地承包经营权调查规程的质量要求，并纳入农村土地承包信息应用平台统一管理。

第二十九条 县级以上地方人民政府农业农村主管（农村经营管理）部门、乡（镇）人民政府农村土地承包管理部门依法组织开展本行政区域内的土地承包经营权调查。

土地承包经营权调查可以依法聘请具有相应资质的单位开展。

第六章 法律责任

第三十条 国家机关及其工作人员利用职权干涉承包合同的订立、变更、终止，给承包方造成损失的，应当依法承担损害赔偿等责任；情节严重的，由上级机关或者所在单位给予直接责任人员处分；构成犯罪的，依法追究刑事责任。

第三十一条 土地承包经营权调查、农村土地承包档案管理、农村土地承包数据管理和使用过程中发生的违法行为，根据相关法律法规的规定予以处罚；构成犯罪的，依法追究刑事责任。

第七章 附则

第三十二条 本办法所称农村土地，是指除林地、草地以外的，农民集体所有和国家所有依法由农民集体使用的耕地和其他依法用于农业的土地。

本办法所称承包合同，是指在家庭承包方式中，发包方和承包方依法签订的土地承包经营权合同。

第三十三条 本办法施行以前依法签订的承包合同继续有效。

第三十四条 本办法自2023年5月1日起施行。农业部2003年11月14日发布的《中华人民共和国农村土地承包经营权证管理办法》（农业部令第33号）同时废止。

自然资源部、农业农村部关于做好不动产统一登记与土地承包合同管理工作有序衔接的通知

1. 2022年9月13日

2. 自然资发〔2022〕157号

各省、自治区、直辖市自然资源主管部门、农业农村（农牧）厅（局、委）：

为贯彻落实党中央关于保持农村土地承包关系稳定并长久不变的要求，根据《民法典》《农村土地承包法》《不动产登记暂行条例》等法律法规规定，以及《中央编办关于修订整合不动产登记职责文件的通知》（中央编办发〔2019〕218号）等文件要求，现就推进土地承包经营权纳入不动产统一登记，并做好与土地承包合同管理工作有序衔接有关事项通知如下。

一、切实履行部门职责

做好土地承包经营权确权登记颁证工作，是保持农村土地承包关系稳定并长久不变，维护广大农民财产权益的重大举措。各级自然资源、农业农村部门要按照机构编制管理部门明确的职责分工，推进不动产登记职责整合。自然资源部门负责农村土地承包经营权登记颁证工作。农业农村部门负责农村土地（含耕地、水域、滩涂）承包经营及承包合同管理工作。两部门要按照职责分工，强化业务协同，共同做好土地承包合同签订、登记颁证等工作，确保不动产登记簿和证书记载内容与承包合同内容一致，切实维护好群众土地承包权益。

二、实现信息互通共享

各级自然资源、农业农村部门要建立信息共享机制，实现登记信息与承包合同信息互通共享，保障不动产登记与土地承包合同管理有序衔接。

各地要结合本地基础条件，根据资料介质形式、存储管理方式等实际，启动土地承包经营权登记簿和承包合同信息数据共享工作。已建立专线联通的，在符合信息安全要求的条件下，优先通过在线方式批量推送电子数据；在线共享条件不具备的，可暂时采取数据拷贝方式进行；尚未数字化的，可采取纸质资料复制方式。电子数据与纸质资料一致的，无需另行复制纸质资料。

地方农业农村部门组织签订土地承包合同后，要及时将合同信息共享给同级自然资源部门。自然资源部门依据合同记载的相关信息，将发包方、承包方代表

和家庭成员及承包土地的面积、承包期限、用途等登簿。登簿完成后,自然资源部门要及时将不动产登记信息共享给农业农村部门。两部门要加强土地征收、承包地流转、永久基本农田调整补划等导致承包地自然状况和权属状况等变化情况的信息互通共享。自然资源部和农业农村部根据工作需要,逐步探索扩大信息共享范围和内容。

土地承包经营权确权登记档案已由当地档案管理部门保管的,自然资源部门和农业农村部门应会同档案管理部门,建立资料共享使用工作机制,满足日常工作需要。要规范做好信息共享工作,严格落实信息安全及保密要求,防止出现资料损毁、丢失、泄密等问题。

三、稳妥开展土地承包经营权登记颁证

第二轮土地承包到期后再延长30年试点地区自然资源、农业农村部门要按照中央关于延包试点工作节奏和要求,共同部署、一体推进有关工作,共同做好延包合同签订和不动产登记工作。各地要认真落实《中共中央 国务院关于保持土地承包关系稳定并长久不变的意见》,已依法颁发的农村土地承包经营权证,在新的承包期继续有效且不变不换。对于延包中因土地承包合同期限变化直接顺延的,农业农村部门组织签订延包合同后,自然资源部门依据延包合同在登记簿上做相应变更,在原农村土地承包经营权证书上标注记载,加盖不动产登记专用章。涉及互换、转让土地承包经营权等其他情形,颁发《不动产权证书》(封皮不动产权证书字样下括号标注"土地承包经营权"),不动产权证书的记载内容应与原农村土地承包经营权证内容衔接一致。证书样式由自然资源部另行发布。

农业农村部门要完善农村土地承包经营权信息系统(平台)功能,并依托系统(平台)在线办理农村土地承包合同签订、变更等业务。自然资源部门要完善不动产登记信息管理基础平台功能,通过不动产登记系统办理土地承包经营权登记。

四、健全工作机制,切实方便群众

各地自然资源、农业农村部门要在地方党委政府领导下,建立健全工作机制,密切协作配合,加强条件能力建设,统筹解决工作推进中的重大问题,不断健全完善承包合同取得权利、登记记载权利、证书证明权利的中国特色土地承包经营权确权登记制度。第二轮土地承包到期后再延长30年试点地区要积极探索工作衔接、信息共享、证书颁发的路径方法。其他有条件的地区,在充分做好相关基础工作后,稳妥推进土地承包经营权登记成果信息共享,确保工作连续稳定。

各地要以为群众"办好一件事"为标准,优化业务流程,采取进驻政务服务大厅、联合办公、延伸服务等举措,切实方便群众。能够通过部门信息共享获取的材料,不得要求群众重复提交,不得增加群众负担。

2022年12月底前,各省级自然资源、农业农村部门要将工作进展情况,报自然资源部和农业农村部;重要工作情况要及时报告。

最高人民法院关于审理涉及农村土地承包纠纷案件适用法律问题的解释

1. 2005年3月29日最高人民法院审判委员会第1346次会议通过、2005年7月29日公布、自2005年9月1日起施行(法释〔2005〕6号)

2. 根据2020年12月23日最高人民法院审判委员会第1823次会议通过、2020年12月29日公布、自2021年1月1日起施行的《最高人民法院关于修改〈最高人民法院关于在民事审判工作中适用《中华人民共和国工会法》若干问题的解释〉等二十七件民事类司法解释的决定》(法释〔2020〕17号)修正

为正确审理农村土地承包纠纷案件,依法保护当事人的合法权益,根据《中华人民共和国民法典》《中华人民共和国农村土地承包法》《中华人民共和国土地管理法》《中华人民共和国民事诉讼法》等法律的规定,结合民事审判实践,制定本解释。

一、受理与诉讼主体

第一条 下列涉及农村土地承包民事纠纷,人民法院应当依法受理:

(一)承包合同纠纷;

(二)承包经营权侵权纠纷;

(三)土地经营权侵权纠纷;

(四)承包经营权互换、转让纠纷;

(五)土地经营权流转纠纷;

(六)承包地征收补偿费用分配纠纷;

(七)承包经营权继承纠纷;

(八)土地经营权继承纠纷。

农村集体经济组织成员因未实际取得土地承包经营权提起民事诉讼的,人民法院应当告知其向有关行政主管部门申请解决。

农村集体经济组织成员就用于分配的土地补偿费数额提起民事诉讼的,人民法院不予受理。

第二条 当事人自愿达成书面仲裁协议的,受诉人民法院应当参照《最高人民法院关于适用〈中华人民共和国民事诉讼法〉的解释》第二百一十五条、第二百一十六条的规定处理。

当事人未达成书面仲裁协议,一方当事人向农村土地承包仲裁机构申请仲裁,另一方当事人提起诉讼的,人民法院应予受理,并书面通知仲裁机构。但另一方当事人接受仲裁管辖后又起诉的,人民法院不予受理。

当事人对仲裁裁决不服并在收到裁决书之日起三十日内提起诉讼的,人民法院应予受理。

第三条 承包合同纠纷,以发包方和承包方为当事人。

前款所称承包方是指以家庭承包方式承包本集体经济组织农村土地的农户,以及以其他方式承包农村土地的组织或者个人。

第四条 农户成员为多人的,由其代表人进行诉讼。

农户代表人按照下列情形确定:

(一)土地承包经营权证等证书上记载的人;

(二)未依法登记取得土地承包经营权证等证书的,为在承包合同上签名的人;

(三)前两项规定的人死亡、丧失民事行为能力或者因其他原因无法进行诉讼的,为农户成员推选的人。

二、家庭承包纠纷案件的处理

第五条 承包合同中有关收回、调整承包地的约定违反农村土地承包法第二十七条、第二十八条、第三十一条规定的,应当认定该约定无效。

第六条 因发包方违法收回、调整承包地,或者因发包方收回承包方弃耕、撂荒的承包地产生的纠纷,按照下列情形,分别处理:

(一)发包方未将承包地另行发包,承包方请求返还承包地的,应予支持;

(二)发包方已将承包地另行发包给第三人,承包方以发包方和第三人为共同被告,请求确认其所签订的承包合同无效、返还承包地并赔偿损失的,应予支持。但属于承包方弃耕、撂荒情形的,对其赔偿损失的诉讼请求,不予支持。

前款第(二)项所称的第三人,请求受益方补偿其在承包地上的合理投入的,应予支持。

第七条 承包合同约定或者土地承包经营权证等证书记载的承包期限短于农村土地承包法规定的期限,承包方请求延长的,应予支持。

第八条 承包方违反农村土地承包法第十八条规定,未经依法批准将承包地用于非农建设或者对承包地造成永久性损害,发包方请求承包方停止侵害、恢复原状或者赔偿损失的,应予支持。

第九条 发包方根据农村土地承包法第二十七条规定收回承包地前,承包方已经以出租、入股或者其他形式将其土地经营权流转给第三人,且流转期限尚未届满,因流转价款收取产生的纠纷,按照下列情形,分别处理:

(一)承包方已经一次性收取了流转价款,发包方请求承包方返还剩余流转期限的流转价款的,应予支持;

(二)流转价款为分期支付,发包方请求第三人按照流转合同的约定支付流转价款的,应予支持。

第十条 承包方交回承包地不符合农村土地承包法第三十条规定程序的,不得认定其为自愿交回。

第十一条 土地经营权流转中,本集体经济组织成员在流转价款、流转期限等主要内容相同的条件下主张优先权的,应予支持。但下列情形除外:

(一)在书面公示的合理期限内未提出优先权主张的;

(二)未经书面公示,在本集体经济组织以外的人开始使用承包地两个月内未提出优先权主张的。

第十二条 发包方胁迫承包方将土地经营权流转给第三人,承包方请求撤销其与第三人签订的流转合同的,应予支持。

发包方阻碍承包方依法流转土地经营权,承包方请求排除妨碍、赔偿损失的,应予支持。

第十三条 承包方未经发包方同意,转让其土地承包经营权的,转让合同无效。但发包方无法定理由不同意或者拖延表态的除外。

第十四条 承包方依法采取出租、入股或者其他方式流转土地经营权,发包方仅以该土地经营权流转合同未报其备案为由,请求确认合同无效的,不予支持。

第十五条 因承包方不收取流转价款或者向对方支付费用的约定产生纠纷,当事人协商变更无法达成一致,且继续履行又显失公平的,人民法院可以根据发生变更的客观情况,按照公平原则处理。

第十六条 当事人对出租地流转期限没有约定或者约定不明的,参照民法典第七百三十条规定处理。除当事人另有约定或者属于林地承包经营外,承包地交回的时间应当在农作物收获期结束后或者下一耕种期开始前。

对提高土地生产能力的投入,对方当事人请求承包方给予相应补偿的,应予支持。

第十七条 发包方或者其他组织、个人擅自截留、扣缴承包收益或者土地经营权流转收益,承包方请求返还的,应予支持。

发包方或者其他组织、个人主张抵销的,不予支持。

三、其他方式承包纠纷的处理

第十八条　本集体经济组织成员在承包费、承包期限等主要内容相同的条件下主张优先承包的，应予支持。但在发包方将农村土地发包给本集体经济组织以外的组织或者个人，已经法律规定的民主议定程序通过，并由乡（镇）人民政府批准后主张优先承包的，不予支持。

第十九条　发包方就同一土地签订两个以上承包合同，承包方均主张取得土地经营权的，按照下列情形，分别处理：

（一）已经依法登记的承包方，取得土地经营权；

（二）均未依法登记的，生效在先合同的承包方取得土地经营权；

（三）依前两项规定无法确定的，已经根据承包合同合法占有使用承包地的人取得土地经营权，但争议发生后一方强行先占承包地的行为和事实，不得作为确定土地经营权的依据。

四、土地征收补偿费用分配及土地承包经营权继承纠纷的处理

第二十条　承包地被依法征收，承包方请求发包方给付已经收到的地上附着物和青苗的补偿费的，应予支持。

承包方已将土地经营权以出租、入股或者其他方式流转给第三人的，除当事人另有约定外，青苗补偿费归实际投入人所有，地上附着物补偿费归附着物所有人所有。

第二十一条　承包地被依法征收，放弃统一安置的家庭承包方，请求发包方给付已经收到的安置补助费的，应予支持。

第二十二条　农村集体经济组织或者村民委员会、村民小组，可以依照法律规定的民主议定程序，决定在本集体经济组织内部分配已经收到的土地补偿费。征地补偿安置方案确定时已经具有本集体经济组织成员资格的人，请求支付相应份额的，应予支持。但已报全国人大常委会、国务院备案的地方性法规、自治条例和单行条例、地方政府规章对土地补偿费在农村集体经济组织内部的分配办法另有规定的除外。

第二十三条　林地家庭承包中，承包方的继承人请求在承包期内继续承包的，应予支持。

其他方式承包中，承包方的继承人或者权利义务承受者请求在承包期内继续承包的，应予支持。

五、其 他 规 定

第二十四条　人民法院在审理涉及本解释第五条、第六条第一款第（二）项及第二款、第十五条的纠纷案件时，应当着重进行调解。必要时可以委托人民调解组织进行调解。

第二十五条　本解释自2005年9月1日起施行。施行后受理的第一审案件，适用本解释的规定。

施行前已经生效的司法解释与本解释不一致的，以本解释为准。

最高人民法院关于审理涉及农村土地承包经营纠纷调解仲裁案件适用法律若干问题的解释

1. 2013年12月27日最高人民法院审判委员会第1601次会议通过、2014年1月9日公布、自2014年1月24日起施行（法释〔2014〕1号）

2. 根据2020年12月23日最高人民法院审判委员会第1823次会议通过、2020年12月29日公布、自2021年1月1日起施行的《最高人民法院关于修改〈最高人民法院关于在民事审判工作中适用《中华人民共和国工会法》若干问题的解释〉等二十七件民事类司法解释的决定》（法释〔2020〕17号）修正

为正确审理涉及农村土地承包经营纠纷调解仲裁案件，根据《中华人民共和国农村土地承包法》《中华人民共和国农村土地承包经营纠纷调解仲裁法》《中华人民共和国民事诉讼法》等法律的规定，结合民事审判实践，就审理涉及农村土地承包经营纠纷调解仲裁案件适用法律的若干问题，制定本解释。

第一条　农村土地承包仲裁委员会根据农村土地承包经营纠纷调解仲裁法第十八条规定，以超过申请仲裁的时效期间为由驳回申请后，当事人就同一纠纷提起诉讼的，人民法院应予受理。

第二条　当事人在收到农村土地承包仲裁委员会作出的裁决书之日起三十日后或者签收农村土地承包仲裁委员会作出的调解书后，就同一纠纷向人民法院提起诉讼的，裁定不予受理；已经受理的，裁定驳回起诉。

第三条　当事人在收到农村土地承包仲裁委员会作出的裁决书之日起三十日内，向人民法院提起诉讼，请求撤销仲裁裁决的，人民法院应当告知当事人就原纠纷提起诉讼。

第四条　农村土地承包仲裁委员会依法向人民法院提交当事人财产保全申请的，申请财产保全的当事人为申请人。

农村土地承包仲裁委员会应当提交下列材料：

（一）财产保全申请书；

（二）农村土地承包仲裁委员会发出的受理案件

通知书；

（三）申请人的身份证明；

（四）申请保全财产的具体情况。

人民法院采取保全措施，可以责令申请人提供担保，申请人不提供担保的，裁定驳回申请。

第五条 人民法院对农村土地承包仲裁委员会提交的财产保全申请材料，应当进行审查。符合前条规定的，应予受理；申请材料不齐全或不符合规定的，人民法院应当告知农村土地承包仲裁委员会需要补齐的内容。

人民法院决定受理的，应当于三日内向当事人送达受理通知书并告知农村土地承包仲裁委员会。

第六条 人民法院受理财产保全申请后，应当在十日内作出裁定。因特殊情况需要延长的，经本院院长批准，可以延长五日。

人民法院接受申请后，对情况紧急的，必须在四十八小时内作出裁定；裁定采取保全措施的，应当立即开始执行。

第七条 农村土地承包经营纠纷仲裁中采取的财产保全措施，在申请保全的当事人依法提起诉讼后，自动转为诉讼中的财产保全措施，并适用《最高人民法院关于适用〈中华人民共和国民事诉讼法〉的解释》第四百八十七条关于查封、扣押、冻结期限的规定。

第八条 农村土地承包仲裁委员会依法向人民法院提交当事人证据保全申请的，应当提供下列材料：

（一）证据保全申请书；

（二）农村土地承包仲裁委员会发出的受理案件通知书；

（三）申请人的身份证明；

（四）申请保全证据的具体情况。

对证据保全的具体程序事项，适用本解释第五、六、七条关于财产保全的规定。

第九条 农村土地承包仲裁委员会作出先行裁定后，一方当事人依法向被执行人住所地或者被执行的财产所在地基层人民法院申请执行的，人民法院应予受理和执行。

申请执行先行裁定的，应当提供以下材料：

（一）申请执行书；

（二）农村土地承包仲裁委员会作出的先行裁定书；

（三）申请执行人的身份证明；

（四）申请执行人提供的担保情况；

（五）其他应当提交的文件或证件。

第十条 当事人根据农村土地承包经营纠纷调解仲裁法第四十九条规定，向人民法院申请执行调解书、裁决书，符合《最高人民法院关于人民法院执行工作若干问题的规定（试行）》第十六条规定条件的，人民法院应予受理和执行。

第十一条 当事人因不服农村土地承包仲裁委员会作出的仲裁裁决向人民法院提起诉讼的，起诉期从其收到裁决书的次日起计算。

第十二条 本解释施行后，人民法院尚未审结的一审、二审案件适用本解释规定。本解释施行前已经作出生效裁判的案件，本解释施行后依法再审的，不适用本解释规定。

·合同范本·

农业农村部、国家市场监督管理总局关于印发《农村土地经营权出租合同（示范文本）》和《农村土地经营权入股合同（示范文本）》的通知

1．2021年9月14日发布
2．农政改发〔2021〕3号

各省、自治区、直辖市农业农村（农牧）厅（局、委）、市场监管局（厅、委）：

为加强农村土地经营权流转管理，引导和规范农村土地经营权流转行为，减少合同纠纷隐患，根据《中华人民共和国民法典》《中华人民共和国农村土地承包法》和《农村土地经营权流转管理办法》，农业农村部和国家市场监督管理总局制定了《农村土地经营权出租合同（示范文本）》和《农村土地经营权入股合同（示范文本）》。现印发给你们，请各地积极推广，引导当事人参照合同示范文本订立合同，做好相关使用宣传和档案管理等工作。

附件：1. 农村土地经营权出租合同（示范文本）
2. 农村土地经营权入股合同（示范文本）

附件1

合同编号：________

农村土地经营权出租合同

（示范文本 GF－2021－2606）

农业农村部
国家市场监督管理总局 制定

二〇二一年九月

使用说明

一、本合同为示范文本，由农业农村部与国家市场监督管理总局联合制定，供农村土地（耕地）经营权出租（含转包）的当事人签订合同时参照使用。

二、合同签订前，双方当事人应当仔细阅读本合同内容，特别是其中具有选择性、补充性、填充性、修改性的内容；对合同中的专业用词理解不一致的，可向当地农业农村部门或农村经营管理部门咨询。

三、合同签订前，工商企业等社会资本通过出租取得土地经营权的，应当依法履行资格审查、项目审核和风险防范等相关程序。

四、本合同文本中相关条款后留有空白行，供双方自行约定或者补充约定。双方当事人依法可以对文本条款的内容进行修改、增补或者删减。合同签订生效后，未被修改的文本印刷文字视为双方同意内容。

五、双方当事人应当结合具体情况选择本合同协议条款中所提供的选择项，同意的在选择项前的□打√，不同意的打×。

六、本合同文本中涉及到的选择、填写内容以手写项为优先。

七、当事人订立合同的，应当在合同书上签字、盖章或者按指印。

八、本合同文本"当事人"部分，自然人填写身份证号码，农村集体经济组织填写农业农村部门赋予的统一社会信用代码，其他市场主体填写市场监督管理部门赋予的统一社会信用代码。

九、本合同编号由县级以上农业农村部门或农村经营管理部门指导乡（镇）人民政府农村土地承包管理部门按统一规则填写。

根据《中华人民共和国民法典》《中华人民共和国农村土地承包法》和《农村土地经营权流转管理办法》等相关法律法规，本着平等、自愿、公平、诚信、有偿的原则，经甲乙双方协商一致，就土地经营权出租事宜，签订本合同。

一、当事人

甲方（出租方）：________________

□社会信用代码：________________

□身份证号码：________________

法定代表人（负责人/农户代表人）：________

身份证号码：________________

联系地址：________联系电话：________

经营主体类型：□自然人　□农村承包经营户　□农民专业合作社　□家庭农场　□农村集体经济组织　□公司　□其他：______

乙方（承租方）：________________

□社会信用代码：________________

□身份证号码：________________

法定代表人（负责人/农户代表人）：________

身份证号码：________________

联系地址：________联系电话：________

经营主体类型：□自然人　□农村承包经营户　□农民专业合作社　□家庭农场　□公司　□其他：______

二、租赁物

（一）经自愿协商，甲方将____亩土地经营权（具体见下表及附图）出租给乙方。

序号	村（组）	地块名称	地块代码	坐落（四至）				面积（亩）	质量等级	土地类型	承包合同代码	备注
				东	南	西	北					
1												
2												
3												

（二）出租土地上的附属建筑和资产情况现状描述：____。

出租土地上的附属建筑和资产的处置方式描述（可另附件）：________________________

____。

三、出租土地用途

出租土地用途为________________________。

四、租赁期限

租赁期限自________年____月____日起至________年____月____日止。

五、出租土地交付时间

甲方应于________年____月____日前完成土地交付。

六、租金及支付方式

（一）租金标准

双方当事人选择第____种租金标准。

1. 现金。即每亩每年人民币________元（大写：________）。

2. 实物或实物折资计价。即每亩每年________公斤（大写：________）□小麦　□玉米　□稻谷　□其他：________或者同等实物按照□市场价　□国家最低收购价____为标准折合成货币。

3. 其他：________________________。

租金变动：根据当地土地流转价格水平，每____年调整一次租金。具体调整方式：________________。

（二）租金支付

双方当事人选择第____种方式支付租金。

1. 一次性支付。乙方须于________年____月____日前支付租金________元（大写：________）。

2. 分期支付。乙方须于每年____月____日前支付（□当　□后一）年租金________元（大写：________）。

3. 其他：________________。

（三）付款方式

双方当事人选择第____种付款方式。

1. 现金

2. 银行汇款

甲方账户名称：________________

银行账号：________________

开户行：________________

3. 其他：________________。

七、甲方的权利和义务

（一）甲方的权利

1. 要求乙方按合同约定支付租金；

2. 监督乙方按合同约定的用途依法合理利用和保护出租土地；

3. 制止乙方损害出租土地和农业资源的行为；

4. 租赁期限届满后收回土地经营权；

5. 其他：________________。

（二）甲方的义务

1. 按照合同约定交付出租土地；

2. 合同生效后____日内依据《中华人民共和国农村土地承包法》第三十六条的规定向发包方备案；

3. 不得干涉和妨碍乙方依法进行的农业生产经营活动；

4. 其他：________________。

八、乙方的权利和义务

（一）乙方的权利

1. 要求甲方按照合同约定交付出租土地；

2. 在合同约定的期限内占有农村土地，自主开展农业生产经营并取得收益；

3. 经甲方同意，乙方依法投资改良土壤，建设农业生产附属、配套设施，并有权按照合同约定对其投资部分获得合理补偿；

4. 租赁期限届满，有权在同等条件下优先承租；

5. 其他：________________。

（二）乙方的义务

1. 按照合同约定及时接受出租土地并按照约定向甲方支付租金；

2. 在法律法规政策规定和合同约定允许范围内合理利用出租土地，确保农地农用，符合当地粮食生产等产业规划，不得弃耕抛荒，不得破坏农业综合生产能力和农业生态环境；

3. 依据有关法律法规保护出租土地，禁止改变出租土地的农业用途，禁止占用出租土地建窑、建坟或者擅自在出租土地上建房、挖砂、采石、采矿、取土等，禁止占用出租的永久基本农田发展林果业和挖塘养鱼；

4. 其他：________________。

九、其他约定

（一）甲方同意乙方依法

□投资改良土壤　□建设农业生产附属、配套设施

□以土地经营权融资担保　□再流转土地经营权

□其他：________________。

（二）该出租土地的财政补贴等归属：__________。

（三）乙方向__________□缴纳　□不缴纳　风险保障金________元（大写：________），合同到期后的处理：________________。

（四）本合同期限内，出租土地被依法征收、征用、占用时，有关地上附着物及青苗补偿费的归属：____________________。

（五）其他事项：________________。

十、合同变更、解除和终止

（一）合同有效期间，因不可抗力因素致使合同全部不能履行时，本合同自动终止，甲方将合同终止日至租赁到期日的期限内已收取的租金退还给乙方；致使合同部分不能履行的，其他部分继续履行，租金可以作相应调整。

（二）如乙方在合同期满后需要继续经营该出租土地，必须在合同期满前____日内书面向甲方提出申请。如乙方不再继续经营的，必须在合同期满前____日内书面通知甲方，并在合同期满后____日内将原出租的土地交还给甲方。

（三）合同到期或者未到期由甲方依法提前收回出租土地时，乙方依法投资建设的农业生产附属、配套设施处置方式：

□由甲方无偿处置。

□经有资质的第三方评估后，由甲方支付价款购买。

□经双方协商后，由甲方支付价款购买。

□由乙方恢复原状。

□其他：____________________。

十一、违约责任

（一）任何一方违约给对方造成损失的，违约方应承担赔偿责任。

（二）甲方应按合同规定按时向乙方交付土地，逾期一日应向乙方支付年租金的万分之____（大写：____）作为违约金。逾期超过____日，乙方有权解除合同，甲方应当赔偿损失。

（三）甲方出租的土地存在权属纠纷或经济纠纷，致使合同全部或部分不能履行的，甲方应当赔偿损失。

（四）甲方违反合同约定擅自干涉和破坏乙方的生产经营，致使乙方无法进行正常的生产经营活动的，乙方有权解除合同，甲方应当赔偿损失。

（五）乙方应按照合同规定按时足额向甲方支付租金，逾期一日乙方应向甲方支付年租金的万分之____（大写：____）作为违约金。逾期超过____日，甲方有权解除合同，乙方应当赔偿损失。

（六）乙方擅自改变出租土地的农业用途、弃耕抛荒连续两年以上、给出租土地造成严重损害或者严重破坏土地生态环境的，甲方有权解除合同、收回该土地经营权，并要求乙方赔偿损失。

（七）合同期限届满的，乙方应当按照合同约定将原出租土地交还给甲方，逾期一日应向甲方支付年租金的万分之____（大写：____）作为违约金。

十二、合同争议解决方式

本合同发生争议的，甲乙双方可以协商解决，也可以请求村民委员会、乡（镇）人民政府等调解解决。当事人不愿协商、调解或者协商、调解不成的，可以依据《中华人民共和国农村土地承包法》第五十五条的规定向农村土地承包仲裁委员会申请仲裁，也可以直接向人民法院起诉。

十三、附则

（一）本合同未尽事宜，经甲方、乙方协商一致后可签订补充协议。补充协议与本合同具有同等法律效力。

补充条款（可另附件）：________________________。

（二）本合同自甲乙双方签字、盖章或者按指印之日起生效。本合同一式____份，由甲方、乙方、农村集体经济组织、乡（镇）人民政府农村土地承包管理部门、__________，各执一份。

甲方：
法定代表人（负责人/农户代表人）签字：
签订时间：________年____月____日
签订地点：____________

乙方：
法定代表人（负责人/农户代表人）签字：
签订时间：________年____月____日
签订地点：____________

附件清单：

序号	附件名称	是否具备	页数	备注
1	甲方、乙方的证件复印件			
2	出租土地的权属证明			
3	出租土地四至范围附图			

续表

序号	附件名称	是否具备	页数	备注
4	其他(例如:附属建筑及设施清单、村民会议决议书及公示材料、代办授权委托书和证件复印件等)			
共计　份,　页。				

附件 2

合同编号:________

农村土地经营权入股合同

(示范文本 GF－2021－2607)

农　业　农　村　部
国家市场监督管理总局　制定
二〇二一年九月

使用说明

一、本合同为示范文本,由农业农村部与国家市场监督管理总局联合制定,供农村土地(耕地)经营权入股的当事人签订合同时参照使用。

二、合同签订前,双方当事人应当仔细阅读本合同内容,特别是其中具有选择性、补充性、填充性、修改性的内容;对合同中的专业用词理解不一致的,可向当地农业农村部门或农村经营管理部门咨询。

三、合同签订前,工商企业等社会资本通过入股取得土地经营权的,应当依法履行资格审查、项目审核和风险防范等相关程序。

四、本合同文本中相关条款后留有空白行,供双方自行约定或者补充约定。双方当事人依法可以对文本条款的内容进行修改、增补或者删减。合同签订生效后,未被修改的文本印刷文字视为双方同意内容。

五、双方当事人应当结合具体情况选择本合同协议条款中所提供的选择项,同意的在选择项前的□打√,不同意的打×。

六、本合同文本中涉及到的选择、填写内容以手写项为优先。

七、当事人订立合同的,应当在合同书上签字、盖章或者按指印。

八、本合同文本"当事人"部分,自然人填写身份证号码,农村集体经济组织填写农业农村部门赋予的统一社会信用代码,其他市场主体填写市场监督管理部门赋予的统一社会信用代码。

九、本合同编号由县级以上农业农村部门或农村经营管理部门指导乡(镇)人民政府农村土地承包管理部门按统一规则填写。

根据《中华人民共和国民法典》《中华人民共和国农村土地承包法》和《农村土地经营权流转管理办法》等相关法律法规,本着平等、自愿、公平、诚信、有偿的原则,经甲乙双方协商一致,就土地经营权入股事宜,签订本合同。

一、当事人

甲方(入股方):____________________

□社会信用代码:__________________

□身份证号码:____________________

法定代表人(负责人/农户代表人):____________

身份证号码:____________________

联系地址:____________联系电话:____________

经营主体类型:□自然人　□农村承包经营户　□农民专业合作社　□家庭农场　□农村集体经济组织　□公司　□其他:________

乙方(受让方):____________________

社会信用代码:____________________

法定代表人(负责人):____________

身份证号码:______________________

联系地址:____________联系电话:____________

经营主体类型:□农民专业合作社 □公司 □其他____________

二、入股标的物

(一)经自愿协商,甲方将____亩土地经营权(具体见下表及附图)入股乙方。

序号	村(组)	地块名称	地块代码	坐落(四至)				面积(亩)	质量等级	土地类型	承包合同代码	备注
				东	南	西	北					
1												
2												
3												

(二)入股土地上的附属建筑和资产情况现状描述:____。

入股土地上的附属建筑和资产的处置方式描述(可另附件):____。

三、入股土地用途

入股土地用途为______________________。

四、入股期限

入股期限自________年____月____日起至________年____月____日止。

五、入股土地交付时间

甲方应于________年____月____日前完成土地交付。

六、股份分红及支付方式

(一)股份分红标准

双方当事人约定入股土地所占的□出资额________(大写:________)□股份数________(大写:________)□其他:________。

双方当事人选择第____种股份分红标准。

1.按股分红。即根据□出资额 □股份数 □其他:________分配盈余或者利润。

2.保底收益+按股分红。保底收益每亩每年________元(大写:________),每____年调整一次保底收益。具体调整方式:________。

按股分红根据□出资额 □股份数 □其他:________分配盈余或者利润。

3.其他:________________。

(二)股份分红支付

双方当事人选择第____种方式支付股份分红。

1.按股分红。乙方须于每年____月____日前分配(□前一 □当)年盈余或者利润。

2.保底收益+按股分红。乙方须于每年____月____日前支付(□当 □后一)年保底收益________元(大写:________)。乙方须于每年____月____日前分配(□前一 □当)年盈余或者利润。

3.其他:______________________。

(三)付款方式

双方当事人选择第____种付款方式。

1.现金

2.银行汇款

甲方账户名称:____________________

银行账号:______________________

开户行:______________________

3.其他:______________________。

七、甲方的权利和义务

(一)甲方的权利

1.要求乙方按合同约定支付股份分红;

2.按照合同约定和乙方章程规定行使成员或者股东权利;

3.监督乙方按合同约定的用途依法合理利用和保护入股土地;

4.制止乙方损害入股土地和农业资源的行为;

5.入股期限届满后收回土地经营权;

6.其他:______________________。

(二)甲方的义务

1.按照合同约定交付入股土地;

2. 合同生效后____日内依据《中华人民共和国农村土地承包法》第三十六条的规定向发包方备案；

3. 不得干涉和妨碍乙方依法进行的农业生产经营活动；

4. 其他：____________________________。

八、乙方的权利和义务

（一）乙方的权利

1. 要求甲方按照合同约定交付入股土地；

2. 在合同约定的期限内占有农村土地，自主开展农业生产经营并取得收益；

3. 经甲方同意，乙方依法投资改良土壤，建设农业生产附属、配套设施，并有权按照合同约定对其投资部分获得合理补偿；

4. 入股期限届满，有权在同等条件下优先续约；

5. 其他：____________________________。

（二）乙方的义务

1. 按照合同约定及时接受入股土地并按照约定向甲方支付股份分红；

2. 保障甲方按照合同约定和章程规定行使成员或者股东权利；

3. 在法律法规政策规定和合同约定允许范围内合理利用入股土地，确保农地农用，符合当地粮食生产等产业规划，不得弃耕抛荒，不得破坏农业综合生产能力和农业生态环境；

4. 依据有关法律法规保护入股土地，禁止改变入股土地的农业用途，禁止占用入股土地建窑、建坟或者擅自在入股土地上建房、挖砂、采石、采矿、取土等，禁止占用入股的永久基本农田发展林果业和挖塘养鱼；

5. 其他：____________________________。

九、其他约定

（一）甲方同意乙方依法

□投资改良土壤　□建设农业生产附属、配套设施

□以土地经营权融资担保　□再流转土地经营权

□其他：____________________________。

（二）该入股土地的财政补贴等归属：____________。

（三）乙方向____________□缴纳　□不缴纳　风险保障金__________元（大写：__________），合同到期后的处理：____________________。

（四）本合同期限内，入股土地被依法征收、征用、占用时，有关地上附着物及青苗补偿费的归属：____________________。

（五）其他事项：____________________。

十、合同变更、解除和终止

（一）合同有效期间，因不可抗力因素致使合同全部不能履行时，本合同自动终止，甲方将合同终止日至入股到期日的期限内已收取的股份分红退还给乙方；致使合同部分不能履行的，其他部分继续履行，股份分红可以作相应调整。

（二）如乙方在合同期满后需要继续经营该入股土地，必须在合同期满前____日内书面向甲方提出申请。如乙方不再继续经营的，必须在合同期满前____日内书面通知甲方，并在合同期满后____日内将原入股的土地交还给甲方。

（三）合同到期或者未到期由甲方依法提前收回入股土地时，乙方依法投资建设的农业生产附属、配套设施处置方式：

□由甲方无偿处置。

□经有资质的第三方评估后，由甲方支付价款购买。

□经双方协商后，由甲方支付价款购买。

□由乙方恢复原状。

□其他：____________________。

十一、违约责任

（一）任何一方违约给对方造成损失的，违约方应承担赔偿责任。

（二）甲方应按合同规定按时向乙方交付土地，逾期一日应向乙方支付__________元（大写：__________）违约金。逾期超过____日，乙方有权解除合同，甲方应当赔偿损失。

（三）甲方入股的土地存在权属纠纷或经济纠纷，致使合同全部或部分不能履行的，甲方应当赔偿损失。

（四）甲方违反合同约定擅自干涉和破坏乙方的生产经营，致使乙方无法进行正常的生产经营活动的，乙方有权解除合同，甲方应当赔偿损失。

（五）乙方应按照合同规定按时足额向甲方支付股份分红，逾期一日应向甲方支付__________元（大写：____）违约金。逾期超过____日，甲方有权解除合同，乙方应当赔偿损失。

（六）乙方擅自改变入股土地的农业用途、弃耕抛荒连续两年以上、给入股土地造成严重损害或者严重破坏土地生态环境的，甲方有权解除合同、收回该土地经营权，并要求乙方赔偿损失。

（七）合同期限届满的，乙方应当按照合同约定将原入股土地交还给甲方，逾期一日应向甲方支付__________元（大写：__________）违约金。

十二、合同争议解决方式

本合同发生争议的，甲乙双方可以协商解决，也可以请求村民委员会、乡（镇）人民政府等调解解决。当事人

不愿协商、调解或者协商、调解不成的，可以依据《中华人民共和国农村土地承包法》第五十五条的规定向农村土地承包仲裁委员会申请仲裁，也可以直接向人民法院起诉。

十三、附则

（一）本合同未尽事宜，经甲方、乙方协商一致后可签订补充协议。补充协议与本合同具有同等法律效力。

补充条款（可另附件）：________________。

（二）本合同自甲乙双方签字、盖章或者按指印之日起生效。本合同一式____份，由甲方、乙方、农村集体经济组织、乡（镇）人民政府农村土地承包管理部门、__________，各执一份。

甲方：
法定代表人（负责人/农户代表人）签字：
签订时间：________年____月____日
签订地点：____________

乙方：
法定代表人（负责人）签字：
签订时间：________年____月____日
签订地点：____________

附件清单：

序号	附件名称	是否具备	页数	备注
1	甲方、乙方的证件复印件			
2	入股土地的权属证明			
3	入股土地四至范围附图			
4	其他（例如：附属建筑及设施清单、村民会议决议书及公示材料、代办授权委托书和证件复印件等）			
共计　份，　页。				

·典型案例·

王淑荣与何福云、王喜胜等农村土地承包经营权纠纷案

（一）基本案情

2007年10月30日，吉林省白城市洮北区农村土地承包仲裁委员会作出裁决：王淑荣对王振学所种土地享有承包经营权。一审原告王振学遂向洮北区人民法院请求：1.确认三跃村村委会与王振学签订的土地承包经营合同有效；2.确认王淑荣对王振学承包的土地无承包经营权。王淑荣答辩称其在王振学承包的土地中享有五分之一的承包经营权。王淑荣1975年1月25日结婚，由于其丈夫是军人，故户口仍在王振学家。1982年，三跃村发包土地时，王淑荣与王振学一家系同一家庭成员，5口人承包5.4亩地，人均1.08亩，承包户户主为王振学。王淑荣的户口于1992年1月迁入白城市并转为非农业户口。1997年第二轮土地承包时，王振学家承包4.82亩土地，并于2005年取得《农村土地承包经营权证》，共有人没有记载王淑荣。

王振学于2010年10月死亡，被申请人由王振学变更为其妻何福云、其子王喜东、王喜胜。

一审法院判决：1.王振学与村委会签订的土地承包合同有效；2.王淑荣对王振学承包的土地不享有1.08亩承包经营权。白城中院二审判决：驳回王淑荣的上诉，维

持原判。白城中院再审后判决：1. 撤销二审判决和一审判决第二项；2. 维持一审判决第一项。2009 年 12 月吉林高院裁定驳回王淑荣的再审申请。2012 年 6 月吉林高院提审后判决：1. 撤销一、二审判决及原再审民事判决；2. 驳回王振学的诉讼请求。

（二）裁判结果

最高人民法院提审认为，王淑荣作为城市居民，在二轮土地延包中不享有土地承包经营权。第一，王淑荣于 1992 年 1 月将户口从王振学家迁至白城市新立派出所辖区内落户。《农村土地承包法》第二十六条第三款之规定："承包期内，全家迁入设区的市，转为非农业户口的，应当将承包的耕地和草地交回发包方。承包方不交回的，发包方可以收回承包的耕地和草地。"可见迁入设区的市、转为非农业户口，是丧失农村土地承包经营权的条件。由于目前我国法律没有对农村居民个人丧失土地承包经营权的条件作出明确具体的规定，因此，只能比照法律中最相类似的条款进行认定，上述规定应当成为认定在第二轮土地承包中，王淑荣是否对王振学家承包的土地享有承包经营权的法律依据。此时王淑荣的户口已经迁入设区的市，成为城市居民，因此不应再享有农村土地承包经营权。当地第二轮土地承包仍依照土地承包法第十五条之规定，以本集体经济组织的农户为单位。延包的含义是只丈量土地，不进行调整。符合增人不增地、减人不减地的政策。王淑荣此时已不是王振学家庭成员，在二轮土地延包中不享有土地承包经营权。第二，《农村土地承包经营权证》是民事案件中认定当事人是否具有农村土地承包经营权的重要依据。

王振学起诉是因为洮北区农村土地承包仲裁委员会作出的裁决，确认王淑荣在其家庭承包的土地中享有 0.964 亩土地承包经营权。该裁决书中有如不服裁决，可在 30 日内向法院起诉的内容。因此，法院应当受理此案并作出判决。另外，王淑荣并未请求当地村委会另行向其发包土地，而是主张在王振学一家承包的土地中，享有 1.08 亩承包经营权。故对于上述发生在平等主体之间的民事权益之争，不应通过行政诉讼解决。最高人民法院判决撤销了吉林高院的再审判决和白城中院民事判决，维持白城中院的二审判决。

（三）典型意义

从吉林省三级法院的四个裁判结果看，部分法院对是否应当受理当事人以其在他人承包的土地中享有承包经营权为由提起的民事诉讼以及是否可以在一定条件下对某个自然人是否具有某个农村集体经济组织成员资格作出认定的问题，认识不一。本案明确了法院在审理此类案件中，应当比照《农村土地承包法》第二十六条第三款之规定，在认定当事人是否具有某个农村集体经济组织成员资格的基础上对其是否享有农村土地承包经营权问题作出裁决，因而具有一定指导意义。

3. 农田保护

中华人民共和国黑土地保护法

1. *2022年6月24日第十三届全国人民代表大会常务委员会第三十五次会议通过*
2. *2022年6月24日中华人民共和国主席令第115号公布*
3. *自2022年8月1日起施行*

第一条　【立法目的】为了保护黑土地资源，稳步恢复提升黑土地基础地力，促进资源可持续利用，维护生态平衡，保障国家粮食安全，制定本法。

第二条　【适用范围】从事黑土地保护、利用和相关治理、修复等活动，适用本法。本法没有规定的，适用土地管理等有关法律的规定。

本法所称黑土地，是指黑龙江省、吉林省、辽宁省、内蒙古自治区（以下简称四省区）的相关区域范围内具有黑色或者暗黑色腐殖质表土层，性状好、肥力高的耕地。

第三条　【国家保护政策】国家实行科学、有效的黑土地保护政策，保障黑土地保护财政投入，综合采取工程、农艺、农机、生物等措施，保护黑土地的优良生产能力，确保黑土地总量不减少、功能不退化、质量有提升、产能可持续。

第四条　【黑土地保护原则】黑土地保护应当坚持统筹规划、因地制宜、用养结合、近期目标与远期目标结合、突出重点、综合施策的原则，建立健全政府主导、农业生产经营者实施、社会参与的保护机制。

国务院农业农村主管部门会同自然资源、水行政等有关部门，综合考虑黑土地开垦历史和利用现状，以及黑土层厚度、土壤性状、土壤类型等，按照最有利于全面保护、综合治理和系统修复的原则，科学合理确定黑土地保护范围并适时调整，有计划、分步骤、分类别地推进黑土地保护工作。历史上属黑土地的，除确无法修复的外，原则上都应列入黑土地保护范围进行修恢复。

第五条　【黑土地的用途】黑土地应当用于粮食和油料作物、糖料作物、蔬菜等农产品生产。

黑土层深厚、土壤性状良好的黑土地应当按照规定的标准划入永久基本农田，重点用于粮食生产，实行严格保护，确保数量和质量长期稳定。

第六条　【各级政府职责】国务院和四省区人民政府加强对黑土地保护工作的领导、组织、协调、监督管理，统筹制定黑土地保护政策。四省区人民政府对本行政区域内的黑土地数量、质量、生态环境负责。

县级以上地方人民政府应当建立农业农村、自然资源、水行政、发展改革、财政、生态环境等有关部门组成的黑土地保护协调机制，加强协调指导，明确工作责任，推动黑土地保护工作落实。

乡镇人民政府应当协助组织实施黑土地保护工作，向农业生产经营者推广适宜其所经营耕地的保护、治理、修复和利用措施，督促农业生产经营者履行黑土地保护义务。

第七条　【宣传教育与奖励】各级人民政府应当加强黑土地保护宣传教育，提高全社会的黑土地保护意识。

对在黑土地保护工作中做出突出贡献的单位和个人，按照国家有关规定给予表彰和奖励。

第八条　【黑土地质量和其他保护标准的制定部门】国务院标准化主管部门和农业农村、自然资源、水行政等主管部门按照职责分工，制定和完善黑土地质量和其他保护标准。

第九条　【调查和监测制度】国家建立健全黑土地调查和监测制度。

县级以上人民政府自然资源主管部门会同有关部门开展土地调查时，同步开展黑土地类型、分布、数量、质量、保护和利用状况等情况的调查，建立黑土地档案。

国务院农业农村、水行政等主管部门会同四省区人民政府建立健全黑土地质量监测网络，加强对黑土地土壤性状、黑土层厚度、水蚀、风蚀等情况的常态化监测，建立黑土地质量动态变化数据库，并做好信息共享工作。

第十条　【黑土地保护与国民经济和社会发展规划的衔接】县级以上人民政府应当将黑土地保护工作纳入国民经济和社会发展规划。

国土空间规划应当充分考虑保护黑土地及其周边生态环境，合理布局各类用途土地，以利于黑土地水蚀、风蚀等的预防和治理。

县级以上人民政府农业农村主管部门会同有关部门以调查和监测为基础、体现整体集中连片治理，编制黑土地保护规划，明确保护范围、目标任务、技术模式、保障措施等，遏制黑土地退化趋势，提升黑土地质量，改善黑土地生态环境。县级黑土地保护规划应当与国土空间规划相衔接，落实到黑土地具体地块，并向社会公布。

第十一条　【黑土地保护的科技支持】国家采取措施加强黑土地保护的科技支撑能力建设，将黑土地保护、治理、修复和利用的科技创新作为重点支持领域；鼓励高等学校、科研机构和农业技术推广机构等协同开展科技攻关。县级以上人民政府应当鼓励和支持水土保持、防风固沙、土壤改良、地力培肥、生态保护等科学研究和科研成果推广应用。

有关耕地质量监测保护和农业技术推广机构应当对农业生产经营者保护黑土地进行技术培训、提供指导服务。

国家鼓励企业、高等学校、职业学校、科研机构、科学技术社会团体、农民专业合作社、农业社会化服务组织、农业科技人员等开展黑土地保护相关技术服务。

国家支持开展黑土地保护国际合作与交流。

第十二条　【加强农田基础设施建设的措施】县级以上人民政府应当采取以下措施加强黑土地农田基础设施建设：

（一）加强农田水利工程建设，完善水田、旱地灌排体系；

（二）加强田块整治，修复沟毁耕地，合理划分适宜耕作田块；

（三）加强坡耕地、侵蚀沟水土保持工程建设；

（四）合理规划修建机耕路、生产路；

（五）建设农田防护林网；

（六）其他黑土地保护措施。

第十三条　【提高黑土地产量的措施】县级以上人民政府应当推广科学的耕作制度，采取以下措施提高黑土地质量：

（一）因地制宜实行轮作等用地养地相结合的种植制度，按照国家有关规定推广适度休耕；

（二）因地制宜推广免（少）耕、深松等保护性耕作技术，推广适宜的农业机械；

（三）因地制宜推广秸秆覆盖、粉碎深（翻）埋、过腹转化等还田方式；

（四）组织实施测土配方施肥，科学减少化肥施用量，鼓励增施有机肥料，推广土壤生物改良等技术；

（五）推广生物技术或者生物制剂防治病虫害等绿色防控技术，科学减少化学农药、除草剂使用量，合理使用农用薄膜等农业生产资料；

（六）其他黑土地质量提升措施。

第十四条　【黑土地治理】国家鼓励采取综合性措施，预防和治理水土流失，防止黑土地土壤侵蚀、土地沙化和盐渍化，改善和修复农田生态环境。

县级以上人民政府应当开展侵蚀沟治理，实施沟头沟坡沟底加固防护，因地制宜组织在侵蚀沟的沟坡和沟岸、黑土地周边河流两岸、湖泊和水库周边等区域营造植物保护带或者采取其他措施，防止侵蚀沟变宽变深变长。

县级以上人民政府应当按照因害设防、合理管护、科学布局的原则，制定农田防护林建设计划，组织沿农田道路、沟渠等种植农田防护林，防止违背自然规律造林绿化。农田防护林只能进行抚育、更新性质的采伐，确保防护林功能不减退。

县级以上人民政府应当组织开展防沙治沙，加强黑土地周边的沙漠和沙化土地治理，防止黑土地沙化。

第十五条　【黑土地生态保护与周边林地等的保护修复】县级以上人民政府应当加强黑土地生态保护和黑土地周边林地、草原、湿地的保护修复，推动荒山荒坡治理，提升自然生态系统涵养水源、保持水土、防风固沙、维护生物多样性等生态功能，维持有利于黑土地保护的自然生态环境。

第十六条　【因地制宜提升黑土地质量】县级人民政府应当依据黑土地调查和监测数据，并结合土壤类型和质量等级、气候特点、环境状况等实际情况，对本行政区域内的黑土地进行科学分区，制定并组织实施黑土地质量提升计划，因地制宜合理采取保护、治理、修复和利用的精细化措施。

第十七条　【黑土地的经营者及发包方的职责】国有农场应当对其经营管理范围内的黑土地加强保护，充分发挥示范作用，并依法接受监督检查。

农村集体经济组织、村民委员会和村民小组应当依法发包农村土地，监督承包方依照承包合同约定的用途合理利用和保护黑土地，制止承包方损害黑土地等行为。

农村集体经济组织、农业企业、农民专业合作社、农户等应当十分珍惜和合理利用黑土地，加强农田基础设施建设，因地制宜应用保护性耕作等技术，积极采取提升黑土地质量和改善农田生态环境的养护措施，依法保护黑土地。

第十八条　【包装物、废弃物的回收和处理】农业投入品生产者、经营者和使用者应当依法对农药、肥料、农用薄膜等农业投入品的包装物、废弃物进行回收以及资源化利用或者无害化处理，不得随意丢弃，防止黑土地污染。

县级人民政府应当采取措施，支持农药、肥料、农用薄膜等农业投入品包装物、废弃物的回收以及资源化利用或者无害化处理。

第十九条 【畜禽粪污的处理和利用】从事畜禽养殖的单位和个人，应当科学开展畜禽粪污无害化处理和资源化利用，以畜禽粪污就地就近还田利用为重点，促进黑土地绿色种养循环农业发展。

县级以上人民政府应当支持开展畜禽粪污无害化处理和资源化利用。

第二十条 【黑土地资源和生态环境保护】任何组织和个人不得破坏黑土地资源和生态环境。禁止盗挖、滥挖和非法买卖黑土。国务院自然资源主管部门会同农业农村、水行政、公安、交通运输、市场监督管理等部门应当建立健全保护黑土地资源监督管理制度，提高对盗挖、滥挖、非法买卖黑土和其他破坏黑土地资源、生态环境行为的综合治理能力。

第二十一条 【建设项目占用黑土地的审批】建设项目不得占用黑土地；确需占用的，应当依法严格审批，并补充数量和质量相当的耕地。

建设项目占用黑土地的，应当按照规定的标准对耕作层的土壤进行剥离。剥离的黑土应当就近用于新开垦耕地和劣质耕地改良、被污染耕地的治理、高标准农田建设、土地复垦等。建设项目主体应当制定剥离黑土的再利用方案，报自然资源主管部门备案。具体办法由四省区人民政府分别制定。

第二十二条 【财政投入保障制度】国家建立健全黑土地保护财政投入保障制度。县级以上人民政府应当将黑土地保护资金纳入本级预算。

国家加大对黑土地保护措施奖补资金的倾斜力度，建立长期稳定的奖励补助机制。

县级以上地方人民政府应当将黑土地保护作为土地使用权出让收入用于农业农村投入的重点领域，并加大投入力度。

国家组织开展高标准农田、农田水利、水土保持、防沙治沙、农田防护林、土地复垦等建设活动，在项目资金安排上积极支持黑土地保护需要。县级人民政府可以按照国家有关规定统筹使用涉农资金用于黑土地保护，提高财政资金使用效益。

第二十三条 【激励政策】国家实行用养结合、保护效果导向的激励政策，对采取黑土地保护和治理修复措施的农业生产经营者按照国家有关规定给予奖励补助。

第二十四条 【跨区域投入保护机制】国家鼓励粮食主销区通过资金支持、与四省区建立稳定粮食购销关系等经济合作方式参与黑土地保护，建立健全黑土地跨区域投入保护机制。

第二十五条 【国家鼓励和支持】国家按照政策支持、社会参与、市场化运作的原则，鼓励社会资本投入黑土地保护活动，并保护投资者的合法权益。

国家鼓励保险机构开展黑土地保护相关保险业务。

国家支持农民专业合作社、企业等以多种方式与农户建立利益联结机制和社会化服务机制，发展适度规模经营，推动农产品品质提升、品牌打造和标准化生产，提高黑土地产出效益。

第二十六条 【责任考核】国务院对四省区人民政府黑土地保护责任落实情况进行考核，将黑土地保护情况纳入耕地保护责任目标。

第二十七条 【监督检查】县级以上人民政府自然资源、农业农村、水行政等有关部门按照职责，依法对黑土地保护和质量建设情况联合开展监督检查。

第二十八条 【县级以上人民政府的报告职责】县级以上人民政府应当向本级人民代表大会或者其常务委员会报告黑土地保护情况，依法接受监督。

第二十九条 【违法人员的法律责任】违反本法规定，国务院农业农村、自然资源等有关部门、县级以上地方人民政府及其有关部门有下列行为之一的，对直接负责的主管人员和其他直接责任人员给予警告、记过或者记大过处分；情节较重的，给予降级或者撤职处分；情节严重的，给予开除处分：

（一）截留、挪用或者未按照规定使用黑土地保护资金；

（二）对破坏黑土地的行为，发现或者接到举报未及时查处；

（三）其他不依法履行黑土地保护职责导致黑土地资源和生态环境遭受破坏的行为。

第三十条 【非法占用或者损毁黑土地农田基础设施的法律后果】非法占用或者损毁黑土地农田基础设施的，由县级以上地方人民政府农业农村、水行政等部门责令停止违法行为，限期恢复原状，处恢复费用一倍以上三倍以下罚款。

第三十一条 【违法将黑土地用于非农业建设的法律责任】违法将黑土地用于非农建设的，依照土地管理等有关法律法规的规定从重处罚。

违反法律法规规定，造成黑土地面积减少、质量下降、功能退化或者生态环境损害的，应当依法治理修复、赔偿损失。

农业生产经营者未尽到黑土地保护义务，经批评教育仍不改正的，可以不予发放耕地保护相关补贴。

第三十二条 【**盗挖、滥挖黑土的法律后果**】违反本法第二十条规定，盗挖、滥挖黑土的，依照土地管理等有关法律法规的规定从重处罚。

非法出售黑土的，由县级以上地方人民政府市场监督管理、农业农村、自然资源等部门按照职责分工没收非法出售的黑土和违法所得，并处每立方米五百元以上五千元以下罚款；明知是非法出售的黑土而购买的，没收非法购买的黑土，并处货值金额一倍以上三倍以下罚款。

第三十三条 【**建设项目占用黑土地未对耕作层土壤实施剥离的法律后果**】违反本法第二十一条规定，建设项目占用黑土地未对耕作层的土壤实施剥离的，由县级以上地方人民政府自然资源主管部门处每平方米一百元以上二百元以下罚款；未按照规定的标准对耕作层的土壤实施剥离的，处每平方米五十元以上一百元以下罚款。

第三十四条 【**拒绝、阻碍监督检查的法律后果**】拒绝、阻碍对黑土地保护情况依法进行监督检查的，由县级以上地方人民政府有关部门责令改正；拒不改正的，处二千元以上二万元以下罚款。

第三十五条 【**从重处罚的情形**】造成黑土地污染、水土流失的，分别依照污染防治、水土保持等有关法律法规的规定从重处罚。

第三十六条 【**刑事责任**】违反本法规定，构成犯罪的，依法追究刑事责任。

第三十七条 【**法律适用**】林地、草原、湿地、河湖等范围内黑土的保护，适用《中华人民共和国森林法》、《中华人民共和国草原法》、《中华人民共和国湿地保护法》、《中华人民共和国水法》等有关法律；有关法律对盗挖、滥挖、非法买卖黑土未作规定的，参照本法第三十二条的规定处罚。

第三十八条 【**施行日期**】本法自 2022 年 8 月 1 日起施行。

基本农田保护条例

1. 1998 年 12 月 27 日国务院令第 257 号公布

2. 根据 2011 年 1 月 8 日国务院令第 588 号《关于废止和修改部分行政法规的决定》修订

第一章　总　　则

第一条　为了对基本农田实行特殊保护，促进农业生产和社会经济的可持续发展，根据《中华人民共和国农业法》和《中华人民共和国土地管理法》，制定本条例。

第二条　国家实行基本农田保护制度。

本条例所称基本农田，是指按照一定时期人口和社会经济发展对农产品的需求，依据土地利用总体规划确定的不得占用的耕地。

本条例所称基本农田保护区，是指为对基本农田实行特殊保护而依据土地利用总体规划和依照法定程序确定的特定保护区域。

第三条　基本农田保护实行全面规划、合理利用、用养结合、严格保护的方针。

第四条　县级以上地方各级人民政府应当将基本农田保护工作纳入国民经济和社会发展计划，作为政府领导任期目标责任制的一项内容，并由上一级人民政府监督实施。

第五条　任何单位和个人都有保护基本农田的义务，并有权检举、控告侵占、破坏基本农田和其他违反本条例的行为。

第六条　国务院土地行政主管部门和农业行政主管部门按照国务院规定的职责分工，依照本条例负责全国的基本农田保护管理工作。

县级以上地方各级人民政府土地行政主管部门和农业行政主管部门按照本级人民政府规定的职责分工，依照本条例负责本行政区域内的基本农田保护管理工作。

乡（镇）人民政府负责本行政区域内的基本农田保护管理工作。

第七条　国家对在基本农田保护工作中取得显著成绩的单位和个人，给予奖励。

第二章　划　　定

第八条　各级人民政府在编制土地利用总体规划时，应当将基本农田保护作为规划的一项内容，明确基本农田保护的布局安排、数量指标和质量要求。

县级和乡（镇）土地利用总体规划应当确定基本农田保护区。

第九条　省、自治区、直辖市划定的基本农田应当占本行政区域内耕地总面积的百分之八十以上，具体数量指标根据全国土地利用总体规划逐级分解下达。

第十条　下列耕地应当划入基本农田保护区，严格管理：

（一）经国务院有关主管部门或者县级以上地方人民政府批准确定的粮、棉、油生产基地内的耕地；

（二）有良好的水利与水土保持设施的耕地，正在实施改造计划以及可以改造的中、低产田；

（三）蔬菜生产基地；

（四）农业科研、教学试验田。

根据土地利用总体规划，铁路、公路等交通沿线，城市和村庄、集镇建设用地区周边的耕地，应当优先划入基本农田保护区；需要退耕还林、还牧、还湖的耕地，不应当划入基本农田保护区。

第十一条　基本农田保护区以乡（镇）为单位划区定界，由县级人民政府土地行政主管部门会同同级农业行政主管部门组织实施。

划定的基本农田保护区，由县级人民政府设立保护标志，予以公告，由县级人民政府土地行政主管部门建立档案，并抄送同级农业行政主管部门。任何单位和个人不得破坏或者擅自改变基本农田保护区的保护标志。

基本农田划区定界后，由省、自治区、直辖市人民政府组织土地行政主管部门和农业行政主管部门验收确认，或者由省、自治区人民政府授权设区的市、自治州人民政府组织土地行政主管部门和农业行政主管部门验收确认。

第十二条　划定基本农田保护区时，不得改变土地承包者的承包经营权。

第十三条　划定基本农田保护区的技术规程，由国务院土地行政主管部门会同国务院农业行政主管部门制定。

第三章　保　　护

第十四条　地方各级人民政府应当采取措施，确保土地利用总体规划确定的本行政区域内基本农田的数量不减少。

第十五条　基本农田保护区经依法划定后，任何单位和个人不得改变或者占用。国家能源、交通、水利、军事设施等重点建设项目选址确实无法避开基本农田保护区，需要占用基本农田，涉及农用地转用或者征收土地的，必须经国务院批准。

第十六条　经国务院批准占用基本农田的，当地人民政府应当按照国务院的批准文件修改土地利用总体规划，并补充划入数量和质量相当的基本农田。占用单位应当按照占多少、垦多少的原则，负责开垦与所占基本农田的数量与质量相当的耕地；没有条件开垦或者开垦的耕地不符合要求的，应当按照省、自治区、直辖市的规定缴纳耕地开垦费，专款用于开垦新的耕地。

占用基本农田的单位应当按照县级以上地方人民政府的要求，将所占用基本农田耕作层的土壤用于新开垦耕地、劣质地或者其他耕地的土壤改良。

第十七条　禁止任何单位和个人在基本农田保护区内建窑、建房、建坟、挖砂、采石、采矿、取土、堆放固体废弃物或者进行其他破坏基本农田的活动。

禁止任何单位和个人占用基本农田发展林果业和挖塘养鱼。

第十八条　禁止任何单位和个人闲置、荒芜基本农田。经国务院批准的重点建设项目占用基本农田的，满1年不使用而又可以耕种并收获的，应当由原耕种该幅基本农田的集体或者个人恢复耕种，也可以由用地单位组织耕种；1年以上未动工建设的，应当按照省、自治区、直辖市的规定缴纳闲置费；连续2年未使用的，经国务院批准，由县级以上人民政府无偿收回用地单位的土地使用权；该幅土地原为农民集体所有的，应当交由原农村集体经济组织恢复耕种，重新划入基本农田保护区。

承包经营基本农田的单位或者个人连续2年弃耕抛荒的，原发包单位应当终止承包合同，收回发包的基本农田。

第十九条　国家提倡和鼓励农业生产者对其经营的基本农田施用有机肥料，合理施用化肥和农药。利用基本农田从事农业生产的单位和个人应当保持和培肥地力。

第二十条　县级人民政府应当根据当地实际情况制定基本农田地力分等定级办法，由农业行政主管部门会同土地行政主管部门组织实施，对基本农田地力分等定级，并建立档案。

第二十一条　农村集体经济组织或者村民委员会应当定期评定基本农田地力等级。

第二十二条　县级以上地方各级人民政府农业行政主管部门应当逐步建立基本农田地力与施肥效益长期定位监测网点，定期向本级人民政府提出基本农田地力变化状况报告以及相应的地力保护措施，并为农业生产者提供施肥指导服务。

第二十三条　县级以上人民政府农业行政主管部门应当会同同级环境保护行政主管部门对基本农田环境污染进行监测和评价，并定期向本级人民政府提出环境质量与发展趋势的报告。

第二十四条　经国务院批准占用基本农田兴建国家重点建设项目的，必须遵守国家有关建设项目环境保护管理的规定。在建设项目环境影响报告书中，应当有基本农田环境保护方案。

第二十五条　向基本农田保护区提供肥料和作为肥料的城市垃圾、污泥的，应当符合国家有关标准。

第二十六条 因发生事故或者其他突然性事件，造成或者可能造成基本农田环境污染事故的，当事人必须立即采取措施处理，并向当地环境保护行政主管部门和农业行政主管部门报告，接受调查处理。

第四章 监督管理

第二十七条 在建立基本农田保护区的地方，县级以上地方人民政府应当与下一级人民政府签订基本农田保护责任书；乡（镇）人民政府应当根据与县级人民政府签订的基本农田保护责任书的要求，与农村集体经济组织或者村民委员会签订基本农田保护责任书。

基本农田保护责任书应当包括下列内容：

（一）基本农田的范围、面积、地块；

（二）基本农田的地力等级；

（三）保护措施；

（四）当事人的权利与义务；

（五）奖励与处罚。

第二十八条 县级以上地方人民政府应当建立基本农田保护监督检查制度，定期组织土地行政主管部门、农业行政主管部门以及其他有关部门对基本农田保护情况进行检查，将检查情况书面报告上一级人民政府。被检查的单位和个人应当如实提供有关情况和资料，不得拒绝。

第二十九条 县级以上地方人民政府土地行政主管部门、农业行政主管部门对本行政区域内发生的破坏基本农田的行为，有权责令纠正。

第五章 法律责任

第三十条 违反本条例规定，有下列行为之一的，依照《中华人民共和国土地管理法》和《中华人民共和国土地管理法实施条例》的有关规定，从重给予处罚：

（一）未经批准或者采取欺骗手段骗取批准，非法占用基本农田的；

（二）超过批准数量，非法占用基本农田的；

（三）非法批准占用基本农田的；

（四）买卖或者以其他形式非法转让基本农田的。

第三十一条 违反本条例规定，应当将耕地划入基本农田保护区而不划入的，由上一级人民政府责令限期改正；拒不改正的，对直接负责的主管人员和其他直接责任人员依法给予行政处分或者纪律处分。

第三十二条 违反本条例规定，破坏或者擅自改变基本农田保护区标志的，由县级以上地方人民政府土地行政主管部门或者农业行政主管部门责令恢复原状，可以处1000元以下罚款。

第三十三条 违反本条例规定，占用基本农田建窑、建房、建坟、挖砂、采石、采矿、取土、堆放固体废弃物或者从事其他活动破坏基本农田，毁坏种植条件的，由县级以上人民政府土地行政主管部门责令改正或者治理，恢复原种植条件，处占用基本农田的耕地开垦费1倍以上2倍以下的罚款；构成犯罪的，依法追究刑事责任。

第三十四条 侵占、挪用基本农田的耕地开垦费，构成犯罪的，依法追究刑事责任；尚不构成犯罪的，依法给予行政处分或者纪律处分。

第六章 附则

第三十五条 省、自治区、直辖市人民政府可以根据当地实际情况，将其他农业生产用地划为保护区。保护区内的其他农业生产用地的保护和管理，可以参照本条例执行。

第三十六条 本条例自1999年1月1日起施行。1994年8月18日国务院发布的《基本农田保护条例》同时废止。

国务院办公厅关于切实加强高标准农田建设提升国家粮食安全保障能力的意见

1. *2019年11月13日*
2. *国办发〔2019〕50号*

各省、自治区、直辖市人民政府，国务院各部委、各直属机构：

确保重要农产品特别是粮食供给，是实施乡村振兴战略的首要任务。建设高标准农田，是巩固和提高粮食生产能力、保障国家粮食安全的关键举措。近年来，各地各有关部门认真贯彻党中央、国务院决策部署，大力推进高标准农田建设，取得了明显成效。但我国农业基础设施薄弱、防灾抗灾减灾能力不强的状况尚未根本改变，粮食安全基础仍不稳固。为切实加强高标准农田建设，提升国家粮食安全保障能力，经国务院同意，现提出以下意见。

一、总体要求

（一）指导思想。以习近平新时代中国特色社会主义思想为指导，全面贯彻党的十九大和十九届二中、三中、四中全会精神，紧紧围绕实施乡村振兴战略，按照农业高质量发展要求，推动藏粮于地、藏粮于技，以提升粮食产能为首要目标，聚焦重点区域，统筹整合资金，加大投入力度，完善建设内容，加强建设管理，突出抓好耕地保护、地力提升和高效节水灌溉，大力推进高标准农田建设，加快补齐农业基础设施短板，提高水土资源利用效率，切实增强农田防灾抗灾减灾能力，为保障国家粮食安全提供坚实基础。

（二）基本原则。

夯实基础，确保产能。突出粮食和重要农产品优势区，着力完善农田基础设施，提升耕地质量，持续改善农业生产条件，稳步提高粮食生产能力，确保谷物基本自给、口粮绝对安全。

因地制宜，综合治理。严守生态保护红线，依据自然资源禀赋和国土空间、水资源利用等规划，根据各地农业生产特征，科学确定高标准农田建设布局、标准和内容，推进田水林路电综合配套。

依法严管，良田粮用。稳定农村土地承包关系，强化用途管控，实行最严格的保护措施，完善管护机制，确保长期发挥效益。建立健全激励和约束机制，支持高标准农田主要用于粮食生产。

政府主导，多元参与。切实落实地方政府责任，持续加大资金投入，积极引导社会力量开展农田建设。鼓励农民和农村集体经济组织自主筹资投劳，参与农田建设和运营管理。

（三）目标任务。到2020年，全国建成8亿亩集中连片、旱涝保收、节水高效、稳产高产、生态友好的高标准农田；到2022年，建成10亿亩高标准农田，以此稳定保障1万亿斤以上粮食产能；到2035年，通过持续改造提升，全国高标准农田保有量进一步提高，不断夯实国家粮食安全保障基础。

二、构建集中统一高效的管理新体制

（四）统一规划布局。开展高标准农田建设专项清查，全面摸清各地高标准农田数量、质量、分布和利用状况。结合国土空间、水资源利用等相关规划，修编全国高标准农田建设规划，形成国家、省、市、县四级农田建设规划体系，找准潜力区域，明确目标任务和建设布局，确定重大工程、重点项目和时序安排。把高效节水灌溉作为高标准农田建设重要内容，统筹规划，同步实施。在永久基本农田保护区、粮食生产功能区、重要农产品生产保护区，集中力量建设高标准农田。粮食主产区要立足打造粮食生产核心区，加快区域化整体推进高标准农田建设。粮食主销区和产销平衡区要加快建设一批高标准农田，保持粮食自给率。优先支持革命老区、贫困地区以及工作基础好的地区建设高标准农田。（农业农村部、国家发展改革委、财政部、自然资源部、水利部和地方各级人民政府按职责分工负责。以下均需地方各级人民政府负责，不再列出）

（五）统一建设标准。加快修订高标准农田建设通则，研究制定分区域、分类型的高标准农田建设标准及定额，健全耕地质量监测评价标准，构建农田建设标准体系。各省（区、市）可依据国家标准编制地方标准，因地制宜开展农田建设。完善高标准农田建设内容，统一规范工程建设、科技服务和建后管护等要求。综合考虑农业农村发展要求、市场价格变化等因素，适时调整建设内容和投资标准。在确保完成新增高标准农田建设任务的基础上，鼓励地方结合实际，对已建项目区进行改造提升。（农业农村部、国家发展改革委、财政部、水利部、国家标准委按职责分工负责）

（六）统一组织实施。及时分解落实高标准农田年度建设任务，同步发展高效节水灌溉。统筹整合各渠道农田建设资金，提升资金使用效益。规范开展项目前期准备、申报审批、招标投标、工程施工和监理、竣工验收、监督检查、移交管护等工作，实现农田建设项目集中统一高效管理。严格执行建设标准，确保建设质量。充分发挥农民主体作用，调动农民参与高标准农田建设积极性，尊重农民意愿，维护好农民权益。积极支持新型农业经营主体建设高标准农田，规范有序推进农业适度规模经营。（农业农村部、国家发展改革委、财政部、水利部按职责分工负责）

（七）统一验收考核。建立健全“定期调度、分析研判、通报约谈、奖优罚劣”的任务落实机制，确保年度建设任务如期保质保量完成。按照粮食安全省长责任制考核要求，进一步完善高标准农田建设评价制度。强化评价结果运用，对完成任务好的予以倾斜支持，对未完成任务的进行约谈处罚。严格按程序开展农田建设项目竣工验收和评价，向社会统一公示公告，接受社会和群众监督。（农业农村部、国家发展改革委、财政部、国家粮食和储备局按职责分工负责）

（八）统一上图入库。运用遥感监控等技术，建立农田管理大数据平台，以土地利用现状图为底图，全面承接高标准农田建设历史数据，统一标准规范、统一数据要求，把各级农田建设项目立项、实施、验收、使用等各阶段相关信息上图入库，建成全国农田建设“一张图”和监管系统，实现有据可查、全程监控、精准管理、资源共享。各地要加快完成高标准农田上图入库工作，有关部门要做好相关数据共享和对接移交等工作。（农业农村部牵头，国家发展改革委、财政部、自然资源部、水利部按职责分工负责）

三、强化资金投入和机制创新

（九）加强财政投入保障。建立健全农田建设投入稳定增长机制。各地要优化财政支出结构，将农田建设作为重点事项，根据高标准农田建设任务、标准和成本变化，合理保障财政资金投入。加大土地出让收入对高标准农田建设的支持力度。各地要按规定及时落实地方支出责任，省级财政应承担地方财政投入的主要支出责任。鼓励有条件的地区在国家确定的投资标准基础上，进一步加大地方财政投入，提高项目投资标准。（财政部、国家发展改革委、农业农村部按职责分工负责）

（十）创新投融资模式。发挥政府投入引导和撬动作用，采取投资补助、以奖代补、财政贴息等多种方式支持高标准农田建设。鼓励地方政府有序引导金融和社会资本投入高标准农田建设。在严格规范政府债务管理的同时，鼓励开发性、政策性金融机构结合职能定位和业务范围支持高标准农田建设，引导商业金融机构加大信贷投放力度。完善政银担合作机制，加强与信贷担保等政策衔接。鼓励地方政府在债务限额内发行债券支持符合条件的高标准农田建设。有条件的地方在债券发行完成前，对预算已安排债券资金的项目可先行调度库款开展建设，债券发行后及时归垫。加强国际合作与交流，探索利用国外贷款开展高标准农田建设。（财政部、中国人民银行、中国银保监会、农业农村部按职责分工负责）

（十一）完善新增耕地指标调剂收益使用机制。优化高标准农田建设新增耕地和新增产能的核定流程、核定办法。高标准农田建设新增耕地指标经核定后，及时纳入补充耕地指标库，在满足本区域耕地占补平衡需求的情况下，可用于跨区域耕地占补平衡调剂。加强新增耕地指标跨区域调剂统筹和收益调节分配，拓展高标准农田建设资金投入渠道。土地指标跨省域调剂收益要按规定用于增加高标准农田建设投入。各地要将省域内高标准农田建设新增耕地指标调剂收益优先用于农田建设再投入和债券偿还、贴息等。（财政部、自然资源部、农业农村部按职责分工负责）

（十二）加强示范引领。开展绿色农田建设示范，推动耕地质量保护提升、生态涵养、农业面源污染防治和田园生态改善有机融合，提升农田生态功能。选取一批土壤盐碱化、酸化、退化和工程性缺水等区域，针对农业生产存在的主要障碍因素，采取专项工程措施开展高标准农田建设，为相同类型区域高标准农田建设进行试验示范。在潜力大、基础条件好、积极性高的地区，推进高标准农田建设整县示范。（农业农村部、生态环境部按职责分工负责）

（十三）健全工程管护机制。结合农村集体产权制度和农业水价综合改革，建立健全高标准农田管护机制，明确管护主体，落实管护责任。各地要建立农田建设项目管护经费合理保障机制，调动受益主体管护积极性，确保建成的工程设施正常运行。将建后管护落实情况纳入年度高标准农田建设评价范围。（农业农村部、国家发展改革委、财政部、自然资源部、水利部按职责分工负责）

四、保障措施

（十四）加强组织领导。农田建设实行中央统筹、省负总责、市县抓落实、群众参与的工作机制。强化省级政府一把手负总责、分管领导直接负责的责任制，抓好规划实施、任务落实、资金保障、监督评价和运营管护等工作。农业农村部门要全面履行好农田建设集中统一管理职责，发展改革、财政、自然资源、水利、人民银行、银保监等相关部门按照职责分工，密切配合，做好规划指导、资金投入、新增耕地核定、水资源利用和管理、金融支持等工作，协同推进高标准农田建设。及时总结和推广好经验好做法，营造农田建设良好氛围。（农业农村部牵头，国家发展改革委、财政部、自然资源部、水利部、中国人民银行、中国银保监会按职责分工负责）

（十五）加大基础支撑。推进农田建设法规制度建设，制定完善项目管理、资金管理、监督评估和监测评价等办法。加强农田建设管理和技术服务体系队伍建设，重点配强县乡两级工作力量，与当地高标准农田建设任务相适应。围绕农田建设关键技术问题，开展科学研究，组织科技攻关。大力引进推广高标准农田建设先进实用技术，加强工程建设与农机农艺技术的集成和应用，推动科技创新与成果转化。加强农田建设行业管理服务，加大相关技术培训力度，提升农田建设管理技术水平。（农业农村部、国家发展改革委、科技部、财政部、水利部按职责分工负责）

（十六）严格保护利用。对建成的高标准农田，要划为永久基本农田，实行特殊保护，防止“非农化”，任何单位和个人不得损毁、擅自占用或改变用途。严格耕地占用审批，经依法批准占用高标准农田的，要及时补充，确保高标准农田数量不减少、质量不降低。对水毁等自然损毁的高标准农田，要纳入年度建设任务，及时进行修复或补充。完善粮食主产区利益补偿机制和种粮激励政策，引导高标准农田集中用于重要农产品特别是粮食生产。探索合理耕作制度,实行用地养地相结合,加强后续培肥,防止地力下降。严禁将不达标污水排入农田,严禁将生活垃圾、工业废弃物等倾倒、排放、堆存到农田。(农业农村部、自然资源部、国家发展改革委、财政部、生态环境部按职责分工负责)

(十七)加强风险防控。树立良好作风,强化廉政建设,严肃工作纪律,切实防范农田建设管理风险。加强对农田建设资金全过程绩效管理,科学设定绩效目标,做好绩效运行监控和评价,强化结果应用。加强工作指导,对发现的问题及时督促整改。严格跟踪问责,对履职不力、监管不严、失职渎职的,依法依规追究有关人员责任。(农业农村部、国家发展改革委、财政部按职责分工负责)

国务院关于严格规范城乡建设用地增减挂钩试点切实做好农村土地整治工作的通知

1. 2010年12月27日

2. 国发〔2010〕47号

各省、自治区、直辖市人民政府,国务院各部委、各直属机构:

近年来,各地开展农村土地整治,有效促进了耕地保护;同时,一些地方在农村土地整治过程中,进行了将通过整治节约的少部分农村建设用地以指标调剂的方式按规划调整到城镇使用的政策探索,开展城乡建设用地增减挂钩试点(以下简称增减挂钩试点),对统筹城乡发展发挥了积极作用,但也出现了少数地方片面追求增加城镇建设用地指标、擅自开展增减挂钩试点和扩大试点范围、突破周转指标、违背农民意愿强拆强建等一些亟需规范的问题,侵害了农民权益,影响了土地管理秩序,必须采取有力措施,坚决予以纠正。为严格规范增减挂钩试点,切实做好农村土地整治工作,现就有关问题通知如下:

一、总体要求

(一)以促进农业现代化和城乡统筹发展为导向。要坚持最严格的耕地保护制度和最严格的节约用地制度,促进农业农村发展和农业现代化,促进新农村建设和城镇化发展;要增加耕地数量、提高耕地质量,促进农业产业结构调整,提高农业集约化水平;要优化城乡用地结构,加强农村基础设施和公共服务设施建设,提高节约集约用地水平,促进城乡统筹发展。

(二)以增加高产稳产基本农田和改善农村生产生活条件为目标。要按照有利生产、方便生活、改善环境的原则,以农田整治为重点,立足提高高产稳产基本农田比重,加快改善农村生产生活条件,促进农民增收、农业增效、农村发展。有条件的地区,通过农村土地整治示范建设,与散乱、废弃、闲置、低效利用的农村建设用地整治相结合,实施田水路林村综合整治,充分发挥其经济、社会、生态综合效益。

(三)以切实维护农民权益为出发点和落脚点。要始终把维护农民权益放在首位,充分尊重农民意愿,坚持群众自愿、因地制宜、量力而行、依法推动。要依法维护农民和农村集体经济组织的主体地位,依法保障农民的知情权、参与权和受益权。整治腾出的农村建设用地,首先要复垦为耕地,在优先满足农村各种发展建设用地后,经批准将节约的指标少量调剂给城镇使用的,其土地增值收益必须及时全部返还农村,切实做到农民自愿、农民参与、农民满意。

二、严格规范增减挂钩试点

(四)坚决扭转片面追求增加城镇建设用地指标的倾向。要依据土地利用总体规划,统筹安排农民新居、城镇发展等土地整治活动,合理设置建新、拆旧项目区,确保项目区内建设用地总量有减少、布局更合理,耕地面积有增加、质量有提高,实现以城带乡、以工补农,城乡统筹发展的目标。要坚决扭转在增减挂钩试点中重建新、轻拆旧、重城镇、轻农村单一解决城镇建设用地供需矛盾的倾向,坚决纠正少数地方突破土地利用年度计划控制、片面追求增加城镇建设用地指标等偏差,坚决制止实施过程中脱离发展实际、侵害群众利益等各类违法违规行为。

(五)坚决制止以各种名义擅自开展土地置换等行为。在推进农村新居建设和危房改造及小康示范村建设等工作中,凡涉及城乡建设用地调整使用的,必须纳入增减挂钩试点。必须坚持局部试点、封闭运行、规范管理、结果可控,未经批准不得擅自开展试点或扩大试点范围。严禁在试点之外,以各种名义开展城乡建设用地调整使用。严禁擅自开展建设用地置换、复垦土地周转等"搭车"行为,防止违规扩大城镇建设用地规模。

(六)严禁突破挂钩周转指标。各地要依据土地利用总体规划和农业生产、城乡建设、农田水利建设、林业保护利用和生态建设等有关要求,科学编制农村土地整治规划,合理安排增减挂钩试点的规模、布局和时序。试点必须符合土地利用总体规划和土地整治规划，纳入土地利用年度计划。所在省（区、市）要严格按照国家下达的挂钩周转指标，组织审批和实施试点项目，严禁突破挂钩周转指标设立挂钩项目区，严禁项目区跨县级行政区域设置，严禁循环使用周转指标。各试点地区要对挂钩周转指标的下达、使用和归还实行全程监管，严格考核，确保增减挂钩试点严格控制在周转指标内。

（七）严禁盲目大拆大建和强迫农民住高楼。要与地方经济社会发展水平和农业产业发展相适应，与城镇化进程和农村人口转移相协调，遵循城镇发展规律，区分城镇规划区内、城乡结合部、空心村和闲置宅基地等不同情况，因地制宜，量力而行，循序渐进。涉及农村拆迁安置的新居建设，要为农民提供多种建房选择，保持农村特色和风貌，保护具有历史文化和景观价值的传统建筑。要尊重农民意愿并考虑农民实际承受能力，防止不顾条件盲目推进、大拆大建。严禁在农村地区盲目建高楼、强迫农民住高楼。

（八）严禁侵害农民权益。开展增减挂钩试点，必须举行听证、论证，充分听取当地农村基层组织和农民的意见。涉及土地调整互换使用的，未征得农村集体组织和农民同意，不得强行开展增减挂钩试点。必须按照明晰产权、维护权益的原则，合理分配土地调整使用中的增值收益。要明确受益主体，规范收益用途，确保所获土地增值收益及时全部返还农村，用于支持农业农村发展和改善农民生产生活条件，防止农村和农民利益受到侵害。

三、切实做好农村土地整治工作

（九）大力推进以高产稳产基本农田建设为重点的农田整治。要按照因地制宜、改善条件、提高质量的要求，以提高高产稳产基本农田比重为目标，大力开展土地平整、田间道路建设、农田防护建设和农田水利建设。要依照耕地分等定级技术规范和标准，严格土地整治新增耕地质量评定和验收，有针对性地采取培肥地力等措施，稳步提升新增耕地产能，经整治的耕地要划定为基本农田，实行永久保护。要切实防止投入散、项目小、新增耕地质量偏低，以及重建设轻管护等问题。

（十）规范推进农村土地整治示范建设。要按照统筹规划、整合资源、整体推进的原则，以耕地面积增加、建设用地总量减少、农村生产生活条件和生态环境明显改善为目标，规范推进以田水路林村综合整治为内容的农村土地整治示范建设。未批准开展增减挂钩试点的地区，不得将农村土地整治节约的建设用地指标调剂给城镇使用。整治腾出的农村建设用地，首先要复垦为耕地，规划继续作为建设用地的可作为农民旧房改造、新居建设、农村基础设施和公共服务配套设施建设以及农村非农产业发展用地。严禁以整治为名，擅自突破土地利用总体规划和年度计划，扩大城镇建设用地规模。严禁在农村土地整治中，违法调整、收回和强迫流转农民承包地。

（十一）积极组织实施农村土地整治重大工程。要按照科学论证、集中投入、分步实施的要求，以提高粮食综合生产能力为目标，在保护生态环境的前提下，积极组织实施《全国土地利用总体规划纲要（2006 - 2020年）》、《全国新增1000亿斤粮食生产能力规划（2009 - 2020年）》确定的农村土地整治重大工程，促进国家粮食核心产区和战略后备产区建设，为确保国家粮食安全提供基础性保障。要切实加强配套工程建设，落实配套资金，强化工程监管，防止和纠正配套工程不到位、配套资金不落实等问题。

四、保障措施

（十二）加强组织领导。地方各级人民政府要高度重视，以统筹城乡发展、全面建设小康社会为目标，切实加强组织领导，形成地方政府主导、国土资源部门搭建平台、相关部门各司其职协调联动的工作机制。国土资源部要会同相关部门根据职能分工，落实责任，通力合作，准确把握工作要求，加强全程指导和有效监管，严格规范增减挂钩试点并切实做好农村土地整治工作。

（十三）强化资金整合和使用管理。各地要以新增建设用地土地有偿使用费、用于农业土地开发的土地出让收入、耕地开垦费和土地复垦费等资金为主体，引导和聚合相关涉农资金，保持渠道和用途不变，实行专账管理，统筹集中使用，切实提高各项资金综合使用效益。严格执行土地出让收益要优先用于农业土地开发和农村基础设施建设的规定，严格执行新增建设用地土地有偿使用费主要用于基本农田建设和保护、耕地开发和土地整理的规定，中央分成部分要重点支持农村土地整治重大工程和示范工程建设。要引导和规范民间资本参与增减挂钩试点和农村土地整治行为。

（十四）做好农村集体土地权属管理。各地区开展增减挂钩试点和农村土地整治，要按照确权在先的要求，对土地利用现状和权属状况进行调查、核实，做到地类和面积准确，界址和权属清楚。增减挂钩试点和农村土地整治涉及的土地，原则上应维持原有土地权属不变;对土地互换的,要引导相关权利人本着互利互惠的原则,平等协商解决,有争议的要依法做好调处工作。对权属有争议又调处不成的,不得开展增减挂钩试点和农村土地整治。增减挂钩试点和农村土地整治实施后,要依法及时办理土地确权、变更登记手续,发放土地权利证书及农村土地承包经营权证等,依法保障农民的土地权益。

(十五)严格监督管理。各级国土资源主管部门要结合国土资源综合监管平台建设,加强增减挂钩试点和农村土地整治项目管理信息化建设,实行全程监管;要完善增减挂钩试点和农村土地整治项目在线备案制度,对项目的批准和实施情况,实行网络直报备案,及时向社会公示,自觉接受社会公众监督;要做好增减挂钩试点和农村土地整治项目的可行性论证和立项工作,加强对项目实施的检查指导、评估考核以及项目实施后的验收等工作;要充分发挥国家土地督察和土地执法监察的作用,完善问题发现和查处机制,强化监督检查,及时纠正发现的问题。

(十六)严肃查处违法违规行为。地方各级人民政府近期要对增减挂钩试点和农村土地整治开展情况进行全面自查、清理。国土资源部要会同有关部门组织全面检查,对不符合政策规定的一律叫停,进行整顿、规范和限期整改,对违法违规行为要坚决查处。对未经批准擅自开展增减挂钩试点、超出试点范围开展增减挂钩和建设用地置换或擅自扩大挂钩周转指标规模的,要严肃追究有关地方人民政府负责人及相关人员的责任,并相应扣减土地利用年度计划指标。

各地区、各有关部门要牢固树立科学发展观和正确的政绩观,立足于维护好广大人民群众的根本利益,认真总结经验,及时研究解决工作中出现的新情况、新问题,确保增减挂钩试点和农村土地整治工作规范、健康、有序开展。

国务院办公厅关于坚决制止耕地“非农化”行为的通知

1. 2020年9月10日
2. 国办发明电〔2020〕24号

各省、自治区、直辖市人民政府,国务院各部委、各直属机构:

耕地是粮食生产的重要基础,解决好14亿人口的吃饭问题,必须守住耕地这个根基。党中央、国务院高度重视耕地保护,习近平总书记作出重要指示批示,李克强总理提出明确要求。近年来,党中央、国务院出台了一系列严格耕地保护的政策措施,但一些地方仍然存在违规占用耕地开展非农建设的行为,有的违规占用永久基本农田绿化造林,有的在高速铁路、国道省道(含高速公路)、河渠两侧违规占用耕地超标准建设绿化带,有的大规模挖湖造景,对国家粮食安全构成威胁。地方各级人民政府要增强“四个意识”、坚定“四个自信”、做到“两个维护”,按照党中央、国务院决策部署,采取有力措施,强化监督管理,落实好最严格的耕地保护制度,坚决制止各类耕地“非农化”行为,坚决守住耕地红线。经国务院同意,现将有关要求通知如下。

一、严禁违规占用耕地绿化造林。要严格执行土地管理法、基本农田保护条例等法律法规,禁止占用永久基本农田种植苗木、草皮等用于绿化装饰以及其他破坏耕作层的植物。违规占用耕地及永久基本农田造林的,不予核实造林面积,不享受财政资金补助政策。平原地区要根据资源禀赋,合理制定绿化造林等生态建设目标。退耕还林还草要严格控制在国家批准的规模和范围内,涉及地块全部实现上图入库管理。正在违规占用耕地绿化造林的要立即停止。

二、严禁超标准建设绿色通道。要严格控制铁路、公路两侧用地范围以外绿化带用地审批,道路沿线是耕地的,两侧用地范围以外绿化带宽度不得超过5米,其中县乡道路不得超过3米。铁路、国道省道(含高速公路)、县乡道路两侧用地范围以外违规占用耕地超标准建设绿化带的要立即停止。不得违规在河渠两侧、水库周边占用耕地及永久基本农田超标准建设绿色通道。今后新增的绿色通道,要依法依规建设,确需占用永久基本农田的,应履行永久基本农田占用报批手续。交通、水利工程建设用地范围内的绿化用地要严格按照有关规定办理建设用地审批手续,其中涉及占用耕地的必须做到占补平衡。禁止以城乡绿化建设等名义违法违规占用耕地。

三、严禁违规占用耕地挖湖造景。禁止以河流、湿地、湖泊治理为名,擅自占用耕地及永久基本农田挖田造湖、挖湖造景。不准在城市建设中违规占用耕地建设人造湿地公园、人造水利景观。确需占用的,应符合国土空间规划,依法办理建设用地审批和规划许可手续。未履行审批手续的在建项目,应立即停止并纠正;占用永久基本农田的,要限期恢复,确实无法恢复的按照有关规定进行补划。

四、严禁占用永久基本农田扩大自然保护地。新建的自然保护地应当边界清楚，不准占用永久基本农田。目前已划入自然保护地核心保护区内的永久基本农田要纳入生态退耕、有序退出。自然保护地一般控制区内的永久基本农田要根据对生态功能造成的影响确定是否退出，造成明显影响的纳入生态退耕、有序退出，不造成明显影响的可采取依法依规相应调整一般控制区范围等措施妥善处理。自然保护地以外的永久基本农田和集中连片耕地，不得划入生态保护红线，允许生态保护红线内零星的原住民在不扩大现有耕地规模前提下，保留生活必需的少量种植。

五、严禁违规占用耕地从事非农建设。加强农村地区建设用地审批和乡村建设规划许可管理，坚持农地农用。不得违反规划搞非农建设、乱占耕地建房等。巩固“大棚房”问题清理整治成果，强化农业设施用地监管。加强耕地利用情况监测，对乱占耕地从事非农建设及时预警，构建早发现、早制止、严查处的常态化监管机制。

六、严禁违法违规批地用地。批地用地必须符合国土空间规划，凡不符合国土空间规划以及不符合土地管理法律法规和国家产业政策的建设项目，不予批准用地。各地区不得通过擅自调整县乡国土空间规划规避占用永久基本农田审批。各项建设用地必须按照法定权限和程序报批，按照批准的用途、位置、标准使用，严禁未批先用、批少占多、批甲占乙。严格临时用地管理，不得超过规定时限长期使用。对各类未经批准或不符合规定的建设项目、临时用地等占用耕地及永久基本农田的，依法依规严肃处理，责令限期恢复原种植条件。

七、全面开展耕地保护检查。各省、自治区、直辖市人民政府要组织有关部门，结合2016—2020年省级政府耕地保护责任目标考核，对本地区耕地及永久基本农田保护情况进行全面检查，严肃查处违法占用和破坏耕地及永久基本农田的行为，对发现的问题限期整改。自然资源部要会同农业农村部、国家统计局按照《省级政府耕地保护责任目标考核办法》进行全面检查，并将违规占用永久基本农田开展绿化造林、挖湖造景、非农建设等耕地“非农化”行为纳入考核内容，加强对违法违规行为的查处，对有令不行、有禁不止的严肃追究责任。

八、严格落实耕地保护责任。各地区各部门要充分认识实行最严格耕地保护制度的极端重要性。地方各级人民政府要承担起耕地保护责任，对本行政区域内耕地保有量和永久基本农田保护面积及年度计划执行情况负总责。要健全党委领导、政府负责、部门协同、公众参与、上下联动的共同责任机制，对履职不力、监管不严、失职渎职的领导干部，依纪依规追究责任。各地区要根据本通知精神，抓紧制定和调整完善相关政策措施，对违反本通知规定的行为立即纠正，坚决遏制新增问题发生。各省、自治区、直辖市人民政府要在2020年底前将本通知执行情况报国务院，并抄送自然资源部、农业农村部。各有关部门要按照职责分工，履行耕地保护责任。自然资源部、农业农村部要会同有关部门做好对本通知执行情况的监督检查。

国务院办公厅关于防止耕地“非粮化”稳定粮食生产的意见

1. 2020年11月4日
2. 国办发〔2020〕44号

各省、自治区、直辖市人民政府，国务院各部委、各直属机构：

近年来，我国农业结构不断优化，区域布局趋于合理，粮食生产连年丰收，有力保障了国家粮食安全，为稳定经济社会发展大局提供坚实支撑。与此同时，部分地区也出现耕地“非粮化”倾向，一些地方把农业结构调整简单理解为压减粮食生产，一些经营主体违规在永久基本农田上种树挖塘，一些工商资本大规模流转耕地改种非粮作物等，这些问题如果任其发展，将影响国家粮食安全。各地区各部门要坚持以习近平新时代中国特色社会主义思想为指导，增强“四个意识”、坚定“四个自信”、做到“两个维护”，认真落实党中央、国务院决策部署，采取有力举措防止耕地“非粮化”，切实稳定粮食生产，牢牢守住国家粮食安全的生命线。经国务院同意，现提出以下意见。

一、充分认识防止耕地“非粮化”稳定粮食生产的重要性紧迫性

（一）坚持把确保国家粮食安全作为“三农”工作的首要任务。随着我国人口增长、消费结构不断升级和资源环境承载能力趋紧，粮食产需仍将维持紧平衡态势。新冠肺炎疫情全球大流行，国际农产品市场供给不确定性增加，必须以稳定国内粮食生产来应对国际形势变化带来的不确定性。各地区各部门要始终绷紧国家粮食安全这根弦，把稳定粮食生产作为农业供给侧结构性改革的前提，着力稳政策、稳面积、稳产量，坚持耕地管控、建设、激励多措并举，不断巩固提升粮食综合生产能力，确保谷物基本自给、口粮绝对安全，切实把握国家粮食安全主动权。

（二）坚持科学合理利用耕地资源。耕地是粮食生产的根基。我国耕地总量少，质量总体不高，后备资源不足，水热资源空间分布不匹配，确保国家粮食安全，必须处理好发展粮食生产和发挥比较效益的关系，不能单纯以经济效益决定耕地用途，必须将有限的耕地资源优先用于粮食生产。各地区各部门要认真落实重要农产品保障战略，进一步优化区域布局和生产结构，实施最严格的耕地保护制度，科学合理利用耕地资源，防止耕地"非粮化"，切实提高保障国家粮食安全和重要农产品有效供给水平。

（三）坚持共同扛起保障国家粮食安全的责任。我国人多地少的基本国情决定了必须举全国之力解决14亿人口的吃饭大事。各地区都有保障国家粮食安全的责任和义务，粮食主产区要努力发挥优势，巩固提升粮食综合生产能力，继续为全国作贡献；产销平衡区和主销区要保持应有的自给率，确保粮食种植面积不减少、产能有提升、产量不下降，共同维护好国家粮食安全。

二、坚持问题导向，坚决防止耕地"非粮化"倾向

（四）明确耕地利用优先序。对耕地实行特殊保护和用途管制，严格控制耕地转为林地、园地等其他类型农用地。永久基本农田是依法划定的优质耕地，要重点用于发展粮食生产，特别是保障稻谷、小麦、玉米三大谷物的种植面积。一般耕地应主要用于粮食和棉、油、糖、蔬菜等农产品及饲草饲料生产。耕地在优先满足粮食和食用农产品生产基础上，适度用于非食用农产品生产，对市场明显过剩的非食用农产品，要加以引导，防止无序发展。

（五）加强粮食生产功能区监管。各地区要把粮食生产功能区落实到地块，引导种植目标作物，保障粮食种植面积。组织开展粮食生产功能区划定情况"回头看"，对粮食种植面积大但划定面积少的进行补划，对耕地性质发生改变、不符合划定标准的予以剔除并及时补划。引导作物一年两熟以上的粮食生产功能区至少生产一季粮食，种植非粮作物的要在一季后能够恢复粮食生产。不得擅自调整粮食生产功能区，不得违规在粮食生产功能区内建设种植和养殖设施，不得违规将粮食生产功能区纳入退耕还林还草范围，不得在粮食生产功能区内超标准建设农田林网。

（六）稳定非主产区粮食种植面积。粮食产销平衡区和主销区要按照重要农产品区域布局及分品种生产供给方案要求，制定具体实施方案并抓好落实，扭转粮食种植面积下滑势头。产销平衡区要着力建成一批旱涝保收、高产稳产的口粮田，保证粮食基本自给。主销区要明确粮食种植面积底线，稳定和提高粮食自给率。

（七）有序引导工商资本下乡。鼓励和引导工商资本到农村从事良种繁育、粮食加工流通和粮食生产专业化社会化服务等。尽快修订农村土地经营权流转管理办法，督促各地区抓紧建立健全工商资本流转土地资格审查和项目审核制度，强化租赁农地监测监管，对工商资本违反相关产业发展规划大规模流转耕地不种粮的"非粮化"行为，一经发现要坚决予以纠正，并立即停止其享受相关扶持政策。

（八）严禁违规占用永久基本农田种树挖塘。贯彻土地管理法、基本农田保护条例有关规定，落实耕地保护目标和永久基本农田保护任务。严格规范永久基本农田上农业生产经营活动，禁止占用永久基本农田从事林果业以及挖塘养鱼、非法取土等破坏耕作层的行为，禁止闲置、荒芜永久基本农田。利用永久基本农田发展稻渔、稻虾、稻蟹等综合立体种养，应当以不破坏永久基本农田为前提，沟坑占比要符合稻渔综合种养技术规范通则标准。推动制订和完善相关法律法规，明确对占用永久基本农田从事林果业、挖塘养鱼等的处罚措施。

三、强化激励约束，落实粮食生产责任

（九）严格落实粮食安全省长责任制。各省、自治区、直辖市人民政府要切实承担起保障本地区粮食安全的主体责任，稳定粮食种植面积，将粮食生产目标任务分解到市县。要坚决遏制住耕地"非粮化"增量，同时对存量问题摸清情况，从实际出发，分类稳妥处置，不搞"一刀切"。国家发展改革委、农业农村部、国家粮食和储备局等部门要将防止耕地"非粮化"作为粮食安全省长责任制考核重要内容，提高粮食种植面积、产量和高标准农田建设等考核指标权重，细化对粮食主产区、产销平衡区和主销区的考核要求。严格考核并强化结果运用，对成绩突出的省份进行表扬，对落实不力的省份进行通报约谈，并与相关支持政策和资金相衔接。

（十）完善粮食生产支持政策。落实产粮大县奖励政策，健全粮食主产区利益补偿机制，着力保护和调动地方各级政府重农抓粮、农民务农种粮的积极性。

将省域内高标准农田建设产生的新增耕地指标调剂收益优先用于农田建设再投入和债券偿还、贴息等。加大粮食生产功能区政策支持力度，相关农业资金向粮食生产功能区倾斜，优先支持粮食生产功能区内目标作物种植，加快把粮食生产功能区建成“一季千斤、两季一吨”的高标准粮田。加强对种粮主体的政策激励，支持家庭农场、农民合作社发展粮食适度规模经营，大力推进代耕代种、统防统治、土地托管等农业生产社会化服务，提高种粮规模效益。完善小麦稻谷最低收购价政策，继续实施稻谷补贴和玉米大豆生产者补贴，继续推进三大粮食作物完全成本保险和收入保险试点。积极开展粮食生产薄弱环节机械化技术试验示范，着力解决水稻机插、玉米籽粒机收等瓶颈问题，加快丘陵山区农田宜机化改造。支持建设粮食产后烘干、加工设施，延长产业链条，提高粮食经营效益。

（十一）加强耕地种粮情况监测。农业农村部、自然资源部要综合运用卫星遥感等现代信息技术，每半年开展一次全国耕地种粮情况监测评价，建立耕地“非粮化”情况通报机制。各地区要对本区域耕地种粮情况进行动态监测评价，发现问题及时整改，重大情况及时报告。定期对粮食生产功能区内目标作物种植情况进行监测评价，实行信息化、精细化管理，及时更新电子地图和数据库。

（十二）加强组织领导。各省、自治区、直辖市人民政府要按照本意见要求，抓紧制定工作方案，完善相关政策措施，稳妥有序抓好贯彻落实，于2020年年底前将有关落实情况报国务院，并抄送农业农村部、自然资源部。各有关部门要按照职责分工，切实做好相关工作。农业农村部、自然资源部要会同有关部门做好对本意见执行情况的监督检查。

实际耕地与新增建设用地面积确定办法

1. 2007年9月5日国土资源部发布
2. 国土资发〔2007〕207号

一、为客观评价各级人民政府履行土地管理和耕地保护责任落实情况，依据《中华人民共和国土地管理法》、《国务院关于加强土地调控有关问题的通知》（国发〔2006〕31号）等有关规定，制定本办法。

二、实际耕地面积是指在各省（区、市）、市（地、州）、县（区、市）行政辖区范围内当年实际耕地总数量。

三、新增建设用地面积是指当年依法批准的新增建设用地和未经依法批准的新增建设用地面积之和。

四、实际耕地面积与新增建设用地面积的确定以土地变更调查数据为依据。

五、依法批准的新增建设用地，按批准用地文件，将用地的范围标注到土地利用现状图上（以下简称上图），并填写《土地变更调查记录表》（以下简称上表）。

依法由国务院批准的城市建设用地，以省级人民政府审核同意的农用地转用和土地征收实施方案为依据，上图上表。

由省级人民政府批准农用地转用、国务院批准征收的土地，以土地征收批准文件为依据，上图上表。

六、未经依法批准的新增建设用地，按实际占地面积进行年度土地变更调查，上图上表。

七、农业结构调整、生态退耕、耕地灾毁等造成的耕地减少和土地开发整理等增加的耕地，按实地变化情况进行年度土地变更调查，上图上表。

八、实际耕地面积作为耕地保护责任目标考核的重要依据。

九、实际新增建设用地面积作为年度计划指标执行考核的重要依据，土地利用年度计划指标包括当年下发的计划指标和经依法批准结转使用的计划指标。

十、新增建设用地有偿使用费按当年批准用地的应缴额与未经依法批准的新增建设用地面积、相应等别和标准计算的应缴额之和进行考核，并限期追缴。

十一、国土资源部将利用遥感监测、抽查巡查等办法，对各省（区、市）当年耕地面积和实际新增建设用地面积数据进行核查。

十二、在土地变更调查中弄虚作假、虚报瞒报数据的行为，要依法依规追究有关人员的行政责任，触犯刑律的，依法追究刑事责任。

城乡建设用地增减挂钩试点管理办法

1. 2008年6月27日国土资源部发布
2. 国土资发〔2008〕138号

第一条　为进一步加强和规范城乡建设用地增减挂钩试点工作，根据《国务院关于深化改革严格土地管理的决定》（国发〔2004〕28号）的规定，制定本办法。

第二条　本办法所称城乡建设用地增减挂钩（以下简称挂钩）是指依据土地利用总体规划，将若干拟整理复垦为耕地的农村建设用地地块（即拆旧地块）和拟用于城镇建设的地块（即建新地块）等面积共同组成建新拆旧项目区(以下简称项目区),通过建新拆旧和土地整理复垦等措施,在保证项目区内各类土地面积平衡的基础上,最终实现增加耕地有效面积,提高耕地质量,节约集约利用建设用地,城乡用地布局更合理的目标。

第三条　挂钩试点工作应以落实科学发展观为统领,以保护耕地、保障农民土地权益为出发点,以改善农村生产生活条件,统筹城乡发展为目标,以优化用地结构和节约集约用地为重点。具体遵循以下原则:

(一)以规划统筹试点工作,引导城乡用地结构调整和布局优化,推进土地节约集约利用,促进城乡协调发展;

(二)以挂钩周转指标安排项目区建新拆旧规模,调控实施进度,考核计划目标;

(三)以项目区实施为核心,实行行政辖区和项目区建新拆旧双层审批、考核和管理,确保项目区实施后,增加耕地有效面积,提高耕地质量,建设用地总量不突破原有规模;

(四)因地制宜,统筹安排,零拆整建,先易后难,突出重点,分步实施;

(五)尊重群众意愿,维护集体和农户土地合法权益;

(六)以城带乡、以工促农,通过挂钩试点工作,改善农民生产、生活条件,促进农业适度规模经营和农村集体经济发展。

第四条　国土资源部负责对全国挂钩试点工作的政策指导、规模调控和监督检查;试点省(区、市)省级国土资源部门负责辖区内试点工作的总体部署和组织管理;试点市、县国土资源部门负责本行政区域内试点工作的具体组织实施。

挂钩试点工作应当由市、县人民政府组织协调,相关部门协同配合,共同推进。

第五条　挂钩试点工作实行行政区域和项目区双层管理,以项目区为主体组织实施。项目区应在试点市、县行政辖区内设置,优先考虑城乡结合部地区;项目区内建新和拆旧地块要相对接近,便于实施和管理,并避让基本农田。

项目区内建新地块总面积必须小于拆旧地块总面积,拆旧地块整理复垦耕地的数量、质量,应比建新占用耕地的数量有增加、质量有提高。

项目区内拆旧地块整理的耕地面积,大于建新占用的耕地的,可用于建设占用耕地占补平衡。

第六条　挂钩试点通过下达城乡建设用地增减挂钩周转指标(以下简称挂钩周转指标)进行。挂钩周转指标专项用于控制项目区内建新地块的规模,同时作为拆旧地块整理复垦耕地面积的标准。不得作为年度新增建设用地计划指标使用。

挂钩周转指标应在规定时间内用拆旧地块整理复垦的耕地面积归还,面积不得少于下达的挂钩周转指标。

第七条　挂钩试点市、县应当开展专项调查,查清试点地区土地利用现状、权属、等级,分析试点地区农村建设用地整理复垦潜力和城镇建设用地需求,了解当地群众的生产生活条件和建新拆旧意愿。

第八条　挂钩试点市、县应当依据土地利用总体规划和专项调查,编制挂钩试点专项规划,统筹安排挂钩试点项目区规模布局,做好与城市、村镇规划等的衔接。

第九条　挂钩试点县(区、市)应依据专项调查和挂钩试点专项规划,编制项目区实施规划,统筹确定城镇建设用地增加和农村建设用地撤并的规模、范围和布局,合理安排建新区城镇村建设用地的比例,优先保证被拆迁农民安置和农村公共设施建设用地,并为当地农村集体经济发展预留空间。

项目区实施规划内容主要包括农村建设用地整理复垦潜力分析,项目区规模与范围,土地利用结构调整等情况;项目区实施时序,周转指标规模及使用、归还计划;拆旧区整理复垦和安置补偿方案;资金预算与筹措等,以及项目区土地利用现状图和项目区实施规划图。

第十条　挂钩试点工作必须经国土资源部批准,未经批准不得自行开展试点工作。

省级国土资源部门制定试点工作总体方案,向国土资源部提出开展挂钩试点工作申请。国土资源部对省级国土资源部门上报的试点工作总体方案进行审查,并批准挂钩试点省份。

经批准的试点省级国土资源部门,依据试点工作总体方案,组织市、县国土资源部门编制项目区实施规划,并进行审查,建立项目区备选库;根据项目区入库情况,向国土资源部提出周转指标申请。

国土资源部在对项目区备选库进行核查的基础上,按照总量控制的原则,批准下达挂钩周转指标规模。

第十一条　挂钩试点应当具备以下条件:

(一)建设用地供需矛盾突出,农村建设用地整理复垦潜力较大;

(二)当地政府重视,群众积极性较高;

（三）经济发展较快，具备较强的经济实力，能确保建新安置和拆旧整理所需资金；

（四）土地管理严格规范，各项基础业务扎实，具有较强制度创新和探索能力。

第十二条　试点省（区、市）应根据国土资源部批准下达的挂钩周转指标规模，在项目区备选库中择优确定试点项目区，对项目区实施规划和建新拆旧进行整体审批，不再单独办理农用地转用审批手续。整体审批结果报国土资源部备案。

项目区经整体审批后方可实施，未经整体审批的项目区，不得使用挂钩周转指标；未纳入项目区、无挂钩周转指标的地块，不得改变土地用途，涉及农用地改变为新增建设用地的应依法办理农用地转用手续。

第十三条　项目区实施前，应当对建新拟占用的农用地和耕地，进行面积测量和等级评定，并登记入册。

第十四条　挂钩试点实施过程中，项目区拆旧地块整理要严格执行土地整理复垦的有关规定，涉及工程建设的，应当执行项目法人制、招投标制、工程监理制、公告制等制度。

第十五条　挂钩周转指标分别以行政区域和项目区为考核单位，两者建新地块的面积规模都不得突破下达的挂钩周转指标规模。对各项目区挂钩周转指标的使用情况，要独立进行考核和管理；对试点市、县挂钩周转指标的使用情况，要综合行政辖区内的所有项目区进行整体考核和管理。

试点市、县国土资源部门应按照“总量控制、封闭运行、定期考核、到期归还”的原则，制定建立挂钩周转指标管理台账，对挂钩周转指标的下达、使用和归还进行全程监管。

挂钩周转指标从项目区整体审批实施至指标归还的期限一般不超过三年。项目区要制定分年度指标归还计划，试点市、县国土资源部门督促落实指标归还进度；试点省级国土资源部门每年应依据指标归还计划，对各试点市、县挂钩周转指标归还情况进行考核验收。

第十六条　项目区建新地块要按照国家供地政策和节约集约用地要求供地和用地。确需征收的集体土地，应依法办理土地征收手续。

通过开展土地评估、界定土地权属，按照同类土地等价交换的原则，合理进行土地调整、互换和补偿。根据“依法、自愿、有偿、规范”的要求，探索集体建设用地流转，创新机制，促进挂钩试点工作。

第十七条　项目区选点布局应当举行听证、论证，充分吸收当地农民和公众意见，严禁违背农民意愿，大拆大建；项目区实施过程中，涉及农用地或建设用地调整、互换，要得到集体经济组织和农民确认。涉及集体土地征收的，要实行告知、听证和确认，对集体和农民妥善给予补偿和安置。

建新地块实行有偿供地所得收益，要用于项目区内农村和基础设施建设，并按照城市反哺农村、工业反哺农业的要求，优先用于支持农村集体发展生产和农民改善生活条件。

第十八条　市、县国土资源部门对挂钩试点工作要实行动态监管，每半年将试点进展情况向上级国土资源部门报告；省级国土资源部门应定期对本行政辖区试点工作进行检查指导，并于每年年底组织开展年度考核，考核情况报国土资源部备案。

第十九条　项目区实施完成后，由试点县级国土资源部门进行初验。初验合格后，向上一级国土资源部门申请，由省级国土资源部门组织正式验收，并将验收结果报部备案。

项目区验收时，需提供1∶1万或更大比例尺的项目区土地利用现状图和必要的遥感影像资料，与项目区实施前的图件资料进行比对和核查。

第二十条　项目区竣工验收后，要在规定的时间内完成地籍调查和土地变更调查，明确地块界址，并依法办理土地变更登记手续。

第二十一条　试点各级国土资源部门应运用计算机等手段，对建新拆旧面积、周转指标、土地权属等进行登记、汇总，建立项目区数据库，加强信息化管理。

第二十二条　国土资源部定期对试点工作进行检查，对未能按计划及时归还指标的省（区、市），要限期整改，情节严重的，暂停挂钩试点工作；对于擅自扩大试点范围，突破下达周转指标规模，停止该省（区、市）的挂钩试点工作，并相应扣减土地利用年度计划指标。

第二十三条　试点省（区、市）可结合本地区实际情况，参照本办法，制定具体实施办法。

第二十四条　本办法自颁布之日起实施。

国土资源部关于强化管控落实最严格耕地保护制度的通知

1. 2014年2月13日

2. 国土资发〔2014〕18号

各省、自治区、直辖市及计划单列市国土资源主管部门，新疆生产建设兵团国土资源局，解放军土地管理局，各派驻地方的国家土地督察局，部机关各司局：

党中央、国务院高度重视耕地保护工作。党的十八大、十八届三中全会和中央经济工作会议、城镇化工作会议、农村工作会议就严防死守18亿亩耕地保护红线、确保实有耕地面积基本稳定、实行耕地数量和质量保护并重等提出了新的更高要求。为了贯彻落实最严格的耕地保护制度，现通知如下：

一、进一步提高认识，毫不动摇地坚持耕地保护红线

（一）充分认识保护耕地的极端重要性。党中央、国务院的新要求，体现了对坚守耕地保护红线和粮食安全底线的战略定力，体现了深化改革创新和对子孙后代高度负责的鲜明态度。各级国土资源部门要认真学习、深刻领会党中央、国务院决策精神，切实提高对保护耕地极端重要性和现实紧迫性的认识，在思想上、行动上自觉与以习近平同志为总书记的党中央保持高度一致。必须充分认识到，尽管第二次全国土地调查数据显示耕地面积有所增加，但粮食生产的实有耕地面积并未增长，人口多、耕地少的基本国情没有改变，粮食安全和耕地保护形势依然严峻，耕地保护工作绝不能放松；我国经济已经到了必须在发展中加快提质增效升级的重要时期，粗放扩张、浪费资源、破坏环境的老路不能再走，严守耕地红线、节约集约用地比以往任何时候都更为重要和紧迫；经过30多年持续快速发展，我国土地开发强度总体偏高，建设用地存量大、利用效率低，划定永久基本农田、严控建设占用耕地不仅十分必要，也已具备条件。

（二）坚决落实党中央、国务院决策部署。各级国土资源部门要积极行动起来，认真贯彻落实党的十八大和十八届三中全会等一系列重要会议精神，紧紧围绕经济工作的总体要求，将保护耕地作为土地管理的首要任务，坚决落实最严格的耕地保护制度和节约用地制度，坚持耕地保护优先、数量质量并重，全面强化规划统筹、用途管制、用地节约和执法监管，加快建立共同责任、经济激励和社会监督机制，严守耕地红线，确保耕地实有面积基本稳定、质量不下降。

二、强化土地用途管制，全面落实耕地数量和质量保护战略任务

（三）加大土地利用规划计划管控力度。严格按照土地利用总体规划批地用地，严禁突破土地利用总体规划设立新城新区和各类开发区（园区）。建立土地利用总体规划评估修改制度，严格限定条件，规范修改程序，扩大公众参与，禁止随意修改规划，切实维护规划的严肃性。按照国家新型城镇化发展要求，依据第二次全国土地调查成果，合理调整土地利用总体规划，严格划定城市开发边界、永久基本农田和生态保护红线，强化规划硬约束；严格控制城市建设用地规模，确需扩大的，要采取串联式、组团式、卫星城式布局，避让优质耕地。按照国家统一部署，选择部分市、县，探索经济社会发展、城乡、土地利用规划的"多规合一"，强化土地利用规划的基础性、约束性作用。加强年度用地计划与规划的衔接，逐步减少新增建设用地计划指标，重点控制东部地区特别是京津冀、长三角、珠三角三大城市群建设用地规模，对耕地后备资源不足的地区相应减少建设占用耕地指标。

（四）进一步严格建设占用耕地审批。强化建设项目预审，严格项目选址把关。凡不符合土地利用总体规划、耕地占补平衡要求、征地补偿安置政策、用地标准、产业和供地政策的项目，不得通过用地预审。对线性工程占用耕地100公顷以上、块状工程70公顷以上的，省级国土资源部门必须组织实地踏勘论证，部组织抽查核实；确需占用的，按照确保粮食生产能力不下降的要求，提出补充耕地安排，补充数量质量相当的耕地，并作为通过预审的必备条件。建设用地审查报批时，要严格审查补充耕地落实情况，达不到规定要求的，不得通过审查。严格审核城市建设用地，除生活用地及公共基础设施用地外，原则上不再安排城市人口500万以上特大城市中心城区新增建设用地；人均城市建设用地目标严格控制在100平方米以内，后备耕地资源不足的地方相应减少新增建设占用耕地。处理好简政放权、改革审批与保护耕地、严格监管的关系，对符合法律法规规定和以上要求的建设项目，要提高土地审批效率，搞好供地服务。

（五）强化耕地数量和质量占补平衡。各地要严格执行以补定占、先补后占规定，引导建设不占或少占耕地。利用农用地分等定级、土壤地质调查测评分析、第二次全国土地调查等成果，完善现有和后备耕地资源质量等级评定，健全耕地质量等级评价制度，作为调整完善规划、划定永久基本农田、建设用地审批和补充耕地审查的依据。土地整治补充耕地要先评定等级再验收，没有达到要求的不得验收。省级国土资源部门要在省级人民政府的领导和组织下，会同有关部门，对建设项目耕地占补平衡进行严格审查把关，坚决纠正占优补劣问题。全面实施耕作层剥离再利用制度，建设占用耕地特别是基本农田的耕作层应当予以剥离，用于补充耕地的质量建设，超过合理运距、不宜直接用于补充耕地的,应用于现有耕地的整治。统筹规划,整合资金,大力推进高标准基本农田建设。加大对生产建设活动和自然损毁土地的复垦力度,探索开展受污染严重耕地的修复工作。加强补充耕地立项管理,提高项目工程建设标准,加强项目规划设计审查,严格项目验收。加强土地整治项目的建后管护,严防边整治边撂荒,严禁土地整治后又被非农业建设占用,多措并举提高整治土地的质量等级。除突发性自然灾害等原因外,严禁将耕地等农用地通过人为撂荒、破坏质量等方式变为未利用地。对因生态退化等原因导致耕地等农用地变更为未利用地的,不得纳入土地整治项目并用于占补平衡。

(六)严格划定和永久保护基本农田。各地应以依法批准的土地利用总体规划为依据,在已有工作基础上,从城市人口500万以上城市中心城区周边开始,由大到小、由近及远,加快全国基本农田划定工作,切实做到落地到户、上图入库,网上公布,接受监督。在交通沿线和城镇、村庄周边的显著位置增设永久保护标志牌。按照耕地质量等别从高到低的顺序,城镇、村庄周边和铁路、公路等交通沿线的优质耕地,建成的高标准农田,经县级以上人民政府批准确定的粮、棉、油、蔬菜等生产基地内的耕地,农业科研、教学试验田等,必须划定为基本农田。不得借基本农田划定或者建立数据库之机,擅自改变规划确定的基本农田布局,降低基本农田的质量标准。基本农田一经划定,实行严格管理、永久保护,任何单位和个人不得擅自占用或改变用途;建立和完善基本农田保护负面清单,符合法定条件和供地政策,确需占用和改变基本农田的,必须报国务院批准,并优先将同等面积的优质耕地补划为基本农田。

(七)严防集体土地流转"非农化"。农村土地管理制度改革要按照守住底线、试点先行的原则稳步推进,严格依据经中央批准的改革方案、在批准的试点范围内进行,坚持以符合规划和用途管制为前提,严防擅自扩大建设用地规模、乱占滥用耕地。农村土地承包经营权流转和抵押、担保等,必须在坚持和完善最严格的耕地保护制度前提下进行,坚持农地农用,不得借农地流转之名违规搞非农业建设,严禁在流转农地上建设旅游度假村、高尔夫球场、别墅、农家乐、私人会所等。引导农业结构调整不改变耕地用途,严禁占用基本农田挖塘造湖、种植林果、建绿色通道及其他毁坏基本农田种植条件的行为。设施农业项目要尽可能利用农村存量建设用地和非耕地,不得占用基本农田。生态退耕必须严格按照有关法规规定的条件和经国务院批准的方案,分步骤、有计划进行,基本农田和土地整治形成的耕地不得纳入退耕范围,依据第二次全国土地调查、年度土地变更调查成果审核退耕范围和退耕结果,严防弄虚作假和随意扩大退耕范围。

(八)引导和促进各类建设节约集约用地。各级国土资源部门要按照严控增量、盘活存量、优化结构、提高效率的总要求,综合运用规划调控、市场调节、标准控制、执法监管等手段,全面推进城镇、工矿、农村、基础设施等各类建设节约集约用地,切实减少对耕地的占用,严防侵占优质耕地。统筹安排新增和存量建设用地,新增建设用地计划安排要与节约集约用地绩效相挂钩,促进节约用地、保护耕地。

三、加强土地执法督察,严肃查处乱占滥用耕地行为

(九)强化耕地保护执法监察。加强对违反规划计划扩大建设用地规模、农村土地流转和农业结构调整中大量损坏基本农田等影响面大的违法违规行为的执法检查。充分利用卫星遥感、动态巡查、网络信息、群众举报等手段,健全"天上看、地上查、网上管、群众报"违法行为发现机制,对耕地进行全天候、全覆盖监测。在每年一次全国土地卫片执法检查的基础上,在有条件地区推广应用无人机航拍、基本农田视频监控网等,对重点城市群郊区、耕地集中连片区域和土地违法违规行为高发地区,加大执法查处频度。认真落实违法行为报告制度,对非法占用基本农田5亩以上或基本农田以外的耕地10亩以上、非法批准征占基本农田10亩以上或基本农田以外的耕地30亩以上以及其他造成耕地大量毁坏行为的,国土资源部门必须在核定上述违法行为后3个工作日内向同级地方人民政府和上级国土资源部门报告。坚持重大典型违法违规案件挂牌督办制度,对占用耕地重大典型案件及时进行公开查处、公开曝光。加强与法院、检察、公安、监察等部门的协同配合,形成查处合力。

(十)进一步加强耕地保护督察。国家土地督察机构要以耕地保护目标责任落实、规划计划执行、建设用地审批、基本农田划定、耕地占补平衡和农地流转等为重点,加强对省级人民政府耕地保护情况的监督检查,有关工作向国务院报告。2014年,要将耕地数量质量保护、粮食主产区基本农田划定和保护、农地流转"非农化"、地方违规出台相关政策造成耕地大量流失等作为督察工作的重点。对监督检查中发现的问题,派驻地方的国家土地督察局应及时向督察区域内相关省级和计划单列市人民政府提出整改意见。对整改不

力的，由国家土地总督察依照有关规定责令限期整改。整改期间，暂停被责令限期整改地区农用地转用和土地征收的受理和审查报批。

（十一）*严格耕地保护责任追究制度*。严格执行《违反土地管理规定行为处分办法》（监察部、人力资源和社会保障部、国土资源部部令第15号），积极配合监察机关追究地方人民政府负责人的责任。应当将耕地划入基本农田而不划入，且拒不改正的，对直接负责的主管人员和其他直接责任人员，给予行政处分。对国土资源部门工作人员不依法履行职责，存在徇私舞弊、压案不查、隐瞒不报等行为的，要严格依照相关规定追究有关责任人的责任。

四、落实共同责任，建立耕地保护长效机制

（十二）*构建耕地保护共同责任机制*。完善省级人民政府耕地保护责任目标考核办法，将永久基本农田划定和保护、高标准基本农田建设、补充耕地质量等纳入考核内容，健全评价标准，实行耕地数量与质量考核并重。积极推动将耕地保护目标纳入地方经济社会发展和领导干部政绩考核评价指标体系，加大指标权重，考核结果作为对领导班子和领导干部综合考核评价的参考依据。推动地方政府严格执行领导干部耕地保护离任审计制度，落实地方政府保护耕地的主体责任。建立奖惩机制，将耕地保护责任目标落实情况与用地指标分配、整治项目安排相挂钩。

（十三）*完善耕地保护约束激励机制*。支持地方提高非农业建设占用耕地特别是基本农田的成本，加大对耕地保护的补贴力度，探索建立耕地保护经济补偿机制。建立健全制度，鼓励农村集体经济组织和农民依据土地整治规划开展高标准基本农田建设，探索实行"以补代投、以补促建"。积极促进土地税费制度改革，提高新增建设用地土地有偿使用费标准，建立按本地区开垦同等质量耕地成本缴纳耕地开垦费的制度。耕地保有量和基本农田面积少于土地利用总体规划确定的保护目标的，核减相应中央新增建设用地土地有偿使用费预算分配数。

（十四）*推进耕地保护调查监测和信息化监管*。加强耕地和基本农田变化情况监测及调查，及时预警、发布变化情况。以第二次全国土地调查、年度土地变更调查和卫星遥感监测数据为基础，加快完善土地规划、基本农田保护、土地整治和占补平衡等数据库，建立数据实时更新机制，实现与建设用地审批、在线土地督察等系统的关联应用和全国、省、市、县四级系统的互联互通，纳入国土资源"一张图"和综合监管平台，强化耕地保护全流程动态监管。

（十五）*加强耕地保护法制化规范化建设*。加强耕地保护立法研究工作，推动土地利用规划、土地整治、土地督察等法制化建设。各地要结合实际，健全耕地保护地方性法规规章。推行重大决策社会稳定风险评估和后评估制度，全面落实耕地保护听证制度。抓紧完善耕地质量等级评定和建设标准，完善工程项目用地控制指标。

管好用好耕地始终是我国现代化进程中一个基础性、全局性、战略性问题。各级国土资源部门要切实增强保护耕地的责任感和使命感，采取有力措施，坚决落实最严格的耕地保护制度，确保国家政令畅通，保障国家粮食安全。

国土资源部关于进一步运用增减挂钩政策支持脱贫攻坚的通知

1. 2017年4月10日
2. 国土资发〔2017〕41号

各省、自治区、直辖市及计划单列市国土资源主管部门，各派驻地方的国家土地督察局：

为了更好地发挥城乡建设用地增减挂钩政策支持脱贫攻坚的作用，进一步完善贫困地区增减挂钩节余指标使用政策，现将有关事项通知如下：

一、切实增强用好用活增减挂钩政策支持脱贫攻坚的责任感紧迫感

为贯彻落实《中共中央　国务院关于打赢脱贫攻坚战的决定》精神，我部印发了《关于用好用活增减挂钩政策积极支持扶贫开发及易地扶贫搬迁工作的通知》（国土资规〔2016〕2号）。文件下发后，各省（区、市）积极进行宣传培训，及时组织项目立项，认真开展增减挂钩节余指标在省域范围内流转使用工作。

从目前情况看，河北、山西、吉林、江苏、安徽、江西、河南、广西、重庆、四川、贵州、陕西、青海等省份进行了节余指标流转交易，推进措施得力，节余指标流转规模大、效益显著，共流转使用节余指标7.16万亩，流转收益169.83亿元。实践表明，增减挂钩政策是脱贫攻坚的重要抓手，在扶贫开发及易地扶贫搬迁工作中发挥了重要作用，既为扶贫搬迁工作筹集了主要资金，保障了搬迁工作顺利开展，又优化了城乡建设用地布局，保护了耕地资源；有的地方还结合土地综合整治和地质灾害避险工程，进一步加大了资金项目整合力度，从根本上改善了贫困农村生产生活方式，受到国务院领导同志充分肯定和当地干部群众真心欢迎。但同时，目前全国还有内蒙古、辽宁、黑龙江、湖北、湖南、海南、云南、甘肃、宁夏等省份没有进行节余指标流转交易，不同程度存在着对政策理解不深不透、不敢执行、不会执行等问题。

习近平总书记指出，“脱贫攻坚越往后，难度越大，越要压实责任、精准施策、过细工作”。目前，脱贫攻坚已到了决胜阶段，各省（区、市）要认真研究政策，吃透政策内涵，积极执行政策，充分释放政策红利。已经开展节余指标流转交易的地方，要巩固政策成果，进一步加大工作力度，更好地运用政策，实现对脱贫攻坚更大支持；没有开展节余指标流转交易的地方，要强化政策落地意识，抓紧行动起来，推进相关工作取得实质性进展，有力支撑脱贫攻坚工作。

二、进一步加大增减挂钩政策支持脱贫攻坚的力度

（一）省级扶贫开发工作重点县可以将增减挂钩节余指标在省域范围内流转使用，并按照《关于用好用活增减挂钩政策积极支持扶贫开发及易地扶贫搬迁工作的通知》（国土资规〔2016〕2 号）规定执行。

（二）按照“中央统筹、省负总责、市县抓落实”的脱贫攻坚工作管理体制，各省（区、市）在优先保障国家扶贫开发工作重点县、集中连片特困地区增减挂钩节余指标流转使用的前提下，是否允许全部或部分省级扶贫开发工作重点县增减挂钩节余指标在省域范围内或市域范围内流转使用，由各省（区、市）自行决定。

（三）各省（区、市）要根据《通知》要求，及时出台相关实施意见，完善工作机制，将省级扶贫开发工作重点县节余指标流转的决定和相关政策措施报部备案，并抄送有关派驻地方的国家土地督察局。

三、充分发挥增减挂钩政策在支持脱贫攻坚中的作用

各省（区、市）负责对省级扶贫开发工作重点县增减挂钩节余指标省域范围内流转使用进行统一管理和全面监督。

（一）各省（区、市）要加强对增减挂钩项目和节余指标流转的监管，规范节余指标流转交易，同时综合考虑区域发展实际，搭建平台，牵线搭桥，为贫困地区节余指标流转创造条件。

（二）各省（区、市）在编制下达土地利用计划时，应实行增量和存量用地统筹联动，适当减少节余指标流入地区新增建设用地安排，经营性用地尽量要求使用增减挂钩指标，以提高增减挂钩节余指标收益，进一步加大对脱贫攻坚工作的支持力度。

（三）各省（区、市）在执行增减挂钩节余指标省域范围内流转政策时，应充分考虑资源环境承载能力、农业转移人口落户、易地扶贫搬迁任务等因素，做好增减挂钩专项规划与《全国“十三五”易地扶贫搬迁规划》、土地利用总体规划调整完善方案等的衔接。

（四）各派驻地方的国家土地督察局要把各地开展增减挂钩节余指标省域范围流转使用工作情况作为督察工作重要内容，加强对政策落实情况的监督检查，动态跟踪复垦还耕、地籍调查变更、信息备案及上图入库等情况，督促各地用好用足政策，及时纠正存在的问题，确保工作规范有序开展。

自然资源部、农业农村部关于农村乱占耕地建房“八不准”的通知

1. 2020 年 7 月 29 日

2. 自然资发〔2020〕127 号

各省、自治区、直辖市自然资源主管部门、农业农村（农牧）厅（局、委），新疆生产建设兵团自然资源局、农业农村局：

近年来，一些地方农村未经批准违法乱占耕地建房问题突出且呈蔓延势头，尤其是强占多占、非法出售等恶意占地建房（包括住宅类、管理类、工商业类等各种房屋）行为，触碰了耕地保护红线，威胁国家粮食安全。习近平总书记等中央领导同志高度重视，多次作出重要指示批示。为贯彻落实党中央、国务院决策部署，坚决遏制农村乱占耕地建房行为，根据法律法规和有关政策，现就农村建房行为进一步明确“八不准”。通知如下：

一、不准占用永久基本农田建房。

二、不准强占多占耕地建房。

三、不准买卖、流转耕地违法建房。

四、不准在承包耕地上违法建房。

五、不准巧立名目违法占用耕地建房。

六、不准违反“一户一宅”规定占用耕地建房。

七、不准非法出售占用耕地建的房屋。

八、不准违法审批占用耕地建房。

各地要深刻认识耕地保护的极端重要性，向社会广泛公告、宣传“八不准”相关规定。地方各级自然资源、农业农村主管部门要在党委和政府的领导下，完善土地执法监管体制机制，加强与纪检监察、法院、检察院和公安机关的协作配合，采取多种措施合力强化日

常监管，务必坚决遏制新增农村乱占耕地建房行为。对通知下发后出现的新增违法违规行为，各地要以“零容忍”的态度依法严肃处理，该拆除的要拆除，该没收的要没收，该复耕的要限期恢复耕种条件，该追究责任的要追究责任，做到“早发现、早制止、严查处”，严肃追究监管不力、失职渎职、不作为、乱作为问题，坚决守住耕地保护红线。

关于加强农田防护林建设管理工作的通知

1. 2022年5月10日国家林业和草原局、自然资源部、农业农村部发布
2. 林生发〔2022〕65号

各省、自治区、直辖市及新疆生产建设兵团林业和草原主管部门、自然资源主管部门、农业农村主管部门：

农田防护林是农田基础设施建设的重要组成部分，对防风固沙、保持水土、改善农田小气候、保障粮食高产稳产等具有重要作用。为贯彻落实党中央、国务院决策部署，坚决遏制耕地“非农化”，防止耕地“非粮化”，切实落实《自然资源部 农业农村部 国家林业和草原局关于严格耕地用途管制有关问题的通知》（自然资发〔2021〕166号）有关要求，科学规范推进农田防护林建设，现就有关事项通知如下：

一、农田防护林建设应坚持为农业生产服务，遵循因害设防、因地制宜、节约用地的原则，充分利用农村道路、沟渠、田坎等现有空间新建和完善农田林网。在风沙等灾害严重的三北地区、黑土地区、黄河故道区等重点区域，为了防灾减灾需要，当现有空间不足时，在符合国土空间规划等有关规划和用途管制的前提下，可通过适当调整土地利用类型和优化用地布局，合理规划建设农田防护林，且应当符合农田防护林建设相关标准，尽量少占耕地、避让永久基本农田，防止或避免挤占耕地空间、影响农作物播种面积。

农田防护林建设要严格落实耕地年度“进出平衡”，其中涉及将耕地变为林地的，应当从耕地面积中扣除，补足同等数量、质量的可以长期稳定利用的耕地，不能补足的不得进行建设。确实难以避让少量永久基本农田的，应当通过土地整理复垦开发，在项目区内予以补足；难以补足的，县级自然资源主管部门要在县域范围内同步落实补划任务。涉及农户承包地空间位置、面积和权属有变化的，建设单位应及时协助发包方和承包农户依法重新签订或变更土地承包合同，以及变更权属证书等。农田防护林建成验收后，要严格按照国土变更调查的要求，及时开展地类变更。

二、支持各地结合林业草原生态保护修复、全域土地综合整治、高标准农田建设等项目统筹开展农田防护林建设，积极构建适应现代农业发展需要的农田防护林体系。新建或改造农田防护林，依法依规享受中央财政造林、森林抚育补助；涉及使用农户承包地的，应给予承包农户适当经济补偿。

三、农田防护林建设要考虑地区差异，科学选择适合当地条件的主要树种和配置模式，优先选用表现良好的乡土树种，合理布局林带的走向、间距和宽度，避免因树冠过高或与排灌系统距离过近，影响无人机飞防等低空作业和排灌系统发挥功能。

四、对于林地上的农田防护林，由县级林业和草原主管部门负责建后管护；对于非林地上的农田防护林，由县级人民政府依照法律法规有关规定，明确管护主体和措施，落实管护责任和经费。支持各地尊重自然规律，科学有序开展农田防护林采伐更新，林业和草原主管部门应加强技术指导和服务。

五、县级人民政府是农田防护林建设的责任主体，负责统筹协调推进县域内农田防护林建设各项工作。要加强对农田防护林建设情况的跟踪监督，在西北地区、东北地区和黄淮海平原地区，应明确将农田林网化率等有关指标纳入当地林长制工作内容。

特此通知。

自然资源部办公厅关于进一步加强黑土耕地保护的通知

1. 2022年7月28日
2. 自然资办函〔2022〕1531号

内蒙古自治区、辽宁省、吉林省、黑龙江省自然资源厅：

黑土耕地是珍贵的土壤资源，是耕地中的“大熊猫”，在保障国家粮食安全中地位极其重要。为贯彻落实《黑土地保护法》有关规定，切实加强黑土耕地保护，严格耕地用途管制，现将有关事项通知如下：

一、组织开展黑土耕地调查。四省（区）自然资源主管部门要会同有关部门，利用年度国土变更调查现状耕地数据与全国土壤普查七类黑土地土壤类型数据逐图斑套核，进一步明确黑土区内黑土耕地类型、分布、数量、质量、保护和利用状况等，建立黑土耕地档案，准确掌握黑土耕地保护家底。

二、强化国土空间规划对黑土耕地的特殊管控。四省(区)各级自然资源主管部门在国土空间规划编制和“三区三线”划定工作中,应当将黑土耕地全部带位置纳入耕地保护红线任务,黑土层深厚、土壤性状良好的黑土耕地应当优先划为永久基本农田,逐地块上图入库,严格实行特殊保护。同时,综合考虑黑土区耕地保护需要、未来人口变化趋势等因素,以资源环境承载能力为基础,分类划定城镇开发边界,从严约束城乡建设无序蔓延对黑土耕地侵蚀。

三、从严控制建设项目占用黑土耕地。建设项目不得占用黑土耕地,确实难以避让的,在可行性研究阶段,必须对占用的必要性和合理性等情况进行严格论证,纳入耕地踏勘论证报告;申请农用地转用时,应说明落实“占黑土补黑土”、耕作层土壤剥离再利用有关情况,按规定制定耕作层土壤剥离再利用方案,做到应剥离尽剥离,剥离后妥善储存,及时合理再利用。

四、严格落实黑土耕地占补平衡。确需占用黑土耕地的,实行“占黑土补黑土”,原则上在本县域落实补充耕地,县域内确实无法补充的,在省域内其他黑土区落实。四省(区)要加快制定、完善建设占用黑土耕地耕作层土壤剥离再利用管理办法。在黑土区实施补充耕地项目,应充分利用建设占用剥离的黑土耕地耕作层土壤,原则上补充耕地土壤类型应为七类黑土地土壤。位于四省(区)黑土区的 83 个县级自然资源主管部门要按地块统计监测占用与补充黑土耕地情况,每年年底经省级汇总向部报告上一年度黑土耕地耕作层土壤剥离及占补平衡落实情况,动态更新黑土耕地档案。

五、加强黑土耕地保护监督执法。四省(区)要切实加强黑土耕地用途管制监督,对于违法违规将黑土耕地转为其他农用地和农业设施建设用地的,一经发现及时纠正整改;对于非农建设违法违规占用黑土耕地,盗挖、滥挖黑土耕地的,严肃查处、消除违法状态,并对相关责任人依法追责问责,涉嫌构成犯罪的,依法移送司法机关追究刑事责任。

六、严格落实黑土耕地保护责任。四省(区)要高度重视黑土耕地保护,各级地方自然资源主管部门要在党委、政府领导下,完善政策措施,健全工作机制,抓好工作落实;加强部门协同,与农业农村、水行政、发展改革、财政、生态环境等部门密切合作,形成工作合力。黑土耕地保护任务应纳入耕地保护责任目标,实行严格考核,党政同责。

农业农村部等关于整区域推进高标准农田建设试点工作的通知

1. 2022 年 10 月 26 日

2. 农建发〔2022〕6 号

各省、自治区、直辖市及计划单列市农业农村(农牧)厅(局、委)、发展改革委、财政厅(局)、自然资源厅(局)、水利(水务)厅(局),新疆生产建设兵团农业农村局、发展改革委、财政局、自然资源局、水利局,北大荒农垦集团有限公司:

为深入贯彻党中央、国务院有关部署要求,落实中央一号文件精神,依据《国务院办公厅关于切实加强高标准农田建设 提升国家粮食安全保障能力的意见》(国办发〔2019〕50 号)、《全国高标准农田建设规划(2021—2030 年)》,农业农村部、国家发展改革委、财政部、自然资源部和水利部决定在有条件的地区试点整区域推进高标准农田建设工作。现将有关事项通知如下。

一、总体要求

(一)指导思想。以习近平新时代中国特色社会主义思想为指导,全面贯彻落实党的二十大精神,深入实施藏粮于地、藏粮于技战略,立足新发展阶段,完整、准确、全面贯彻新发展理念,构建新发展格局,推动高质量发展,注重系统性、整体性、协同性,深化耕地保护建设,扛稳粮食安全政治责任;以提升粮食产能为首要目标,抓好耕地保护和地力提升,加强与大中型灌区建设和改造的统筹衔接,着力固根基、扬优势、强弱项,强化保护利用,严格管控耕地“非粮化”,持续推进农田基础设施建设,探索实践把永久基本农田全部建成旱涝保收的高标准农田,为高质量建设高标准农田发挥引领作用,进一步夯实粮食安全基础。

(二)工作原则。坚持统筹规划、突出重点,加强与高标准农田建设、国土空间、水资源利用等相关规划衔接,科学制定高标准农田整区域建设规划和实施方案,要聚焦在永久基本农田上开展建设,明确建设目标,突出建设重点,统筹项目布局,优化建设时序。坚持政府主导、多元参与,切实落实地方政府责任,加强部门协作,尊重农民意愿,维护农民权益,引导带动农民群众、新型经营主体积极参与,努力营造良好的工作氛围。坚持新增建设和改造提升并重,建设数量与建设质量并重,工程建设和建后管护并重,确保建一块成一块。坚持因地制宜、分类施策,充分发挥区域优势,勇于探索创新,集中打造独具特色的整区域建设项目区,引领带动高标准农田建设高质量发展。

（三）工作目标。整区域推进高标准农田建设试点工作按区域特点,划分为整地市级、整县级和整灌区等三类。首批在部分地区先行择优支持不超过 20 个整区域推进高标准农田建设试点,率先将一定区域内符合立项条件的永久基本农田全部建成高标准农田。其中,整地市级试点 6—8 个、整县级试点 6—8 个、整灌区试点 6 个。试点建设周期 3—5 年。

——全面加强农田设施建设。落实农业高质量发展要求,紧扣“田、土、水、路、林、电、技、管”建设内容,协同推进区域内高标准农田新增建设与改造提升,合理布局田间基础设施,做好与项目区周边骨干灌排工程、路网等配套衔接,以农田基础设施现代化促进农业农村现代化。项目区建成后,亩均粮食产能提升 10% 以上,形成从水源到田间完整的灌排工程体系,农机作业更加便利,农田防灾抗灾减灾能力明显增强,为农业节本增效、粮食稳产高产提供有力支撑。

——大力提升耕地质量。加强耕地质量监测,及时准确掌握项目区耕地质量演变趋势,采取工程、农艺和生物等措施,改良土壤、培肥地力、保水保肥,因地制宜推广绿色高质高效技术,耕地质量平均提高 1 个等级左右。

——加强农田水利基础设施管护。加强行业指导和监管,试点地区建立健全农田水利基础设施管护机制,管护经费、管护主体和管护责任落实率达到 100%,发挥项目长期效益。

以后年份试点,实施范围、项目区建设数量等情况,根据实施效果及时调整确定。

二、申报条件

（四）工作基础好。申报地区党委、政府高度重视农田基础设施建设,农田建设工作机制健全,规划布局科学合理,人员队伍和技术力量较强,资金投入有保障,落实粮食安全责任和耕地保护责任有抓手,高标准农田建设成效明显、工程管护到位,部门配合密切顺畅,农民群众参与积极性高。

（五）建设潜力大。申报地区农田土壤环境质量良好,灌溉水源有可靠稳定保障,优先选择列入全国规划或实施方案的大中型灌区;符合高标准农田新建和改造提升的耕地资源充足,具备大规模实施高标准农田建设项目的可行性,能够较好地保障整区域建设目标。

（六）粮食产量高。申报地区应是国家确定的全国产粮大县或粮食生产潜力大、产量高、商品粮调出能力强的地区;重点考虑在永久基本农田占比高、粮食播种面积大的地区实施整区域建设项目。

三、组织实施

项目区申报采取自下而上、自愿申报的方式进行,整区域项目区建设由地方农业农村部门统一组织实施。省级农业农村部门在项目申报、遴选、评估等过程中,应充分听取发展改革、财政、自然资源和水利等部门的意见建议,于每年 11 月底前将项目区建设进展情况报农业农村部,并抄送国家发展改革委、财政部、自然资源部和水利部。

（七）地方申报。由县、市级农业农村部门商有关部门逐级向上申报,并经省级农业农村部门商有关部门审定后,于 2022 年 12 月底前择优向农业农村部推荐首批申报项目区名单和实施方案文本。每个省份可推荐 1—2 个整区域项目区（地级市、县或灌区）,新疆生产建设兵团比照省级推荐,计划单列市和北大荒农垦集团可推荐 1 个县级整区域建设项目区。整灌区建设申报,由所辖行政区农业农村部门会同水行政主管部门组织申报。

（八）部级遴选。农业农村部商有关部门组织专家对各地推荐的项目区建设实施方案进行论证遴选,择优确定项目区建设名单,必要时可以组织专家实地评估或现场答辩。

（九）跟踪评估。农业农村部会同有关部门制定评估方案,组织对地方整区域建设情况进行跟踪评估。依据日常掌握的工作情况,组织开展阶段性抽查评估,督促指导项目建设。项目建设任务完成后,省级农业农村部门会同有关部门开展整区域建设项目的县、市级验收和省级初步评估工作;农业农村部商有关部门,根据省级初步评估意见和阶段评估情况,进行终期评估。经评估将符合要求的列入全国整区域推进高标准农田建设项目区名单,农业农村部将会同相关部门联合向各省级人民政府通报“全国高标准农田整区域建设项目区”典型经验和有效做法。

四、试点工作要求

（十）加强组织领导。各地要切实落实粮食安全责任和投入主体责任,建立“省负总责、市县抓落实、部门协作配合”的工作机制,项目区所在市、县（市、区）成立由政府主要负责同志任组长的领导小组,完善建设规划、细化实施方案、强化责任落实,有序高效推进高标准农田整区域项目建设工作。

（十一）加强政策支持。安排年度高标准农田建设、大中型灌区续建配套与现代化改造等项目任务时，积极考虑试点地区的建设需求，试点地区可积极参与黑土地保护工程、盐碱地改造、土壤酸化治理相关任务，集中打造一批可持续、可复制、可推广的粮食产能核心区，促进区域内生产要素良性互补、产业融合发展。省级推荐纳入整区域推进高标准农田建设范围的中型灌区，且符合2023—2025年中型灌区续建配套与节水改造条件的，可优先纳入全国中型灌区续建配套与节水改造实施方案。有关地方可按照现行规定统筹利用土地出让收入、新增耕地指标调剂收益等支持整区域项目建设。

（十二）加强监管监测。各地要严格资金管理，务求工作实效，量力而行、尽力而为，力戒形式主义，严禁搞形象工程。目前已在非永久基本农田上建成的高标准农田，按照“三区三线”划定规则，及时划为永久基本农田，实行特殊保护。配套设施涉及少量占用或优化永久基本农田布局的，应按要求落实补划。严格落实耕地利用优先序要求，加强建成后项目区利用情况监测，原则上全部用于种植粮食。要充分利用遥感监测“一张图”和农田建设综合监测监管平台，切实加大项目区建设的动态监测，确保建设实效。

（十三）加强宣传引导。各地要积极支持和挖掘整区域推进高标准农田建设的典型案例，综合运用多种方式开展经验交流，充分利用报纸杂志、广播电视、网络等主流媒体加强宣传报道，推广先进经验、创新做法，发挥示范引领作用，引导社会各方积极参与、共同支持农田基础设施建设，为保障国家粮食安全和农业现代化发展奠定坚实基础。

附件：××省××市（县）整区域推进高标准农田建设试点实施方案参考提纲（略）

中共中央办公厅、国务院办公厅关于加强耕地保护提升耕地质量完善占补平衡的意见

2024年2月5日

粮食安全是“国之大者”，耕地是粮食生产的命根子。党的十八大以来，以习近平同志为核心的党中央采取一系列硬措施，坚守耕地保护红线。同时，我国人多地少的国情没有变，耕地“非农化”、“非粮化”问题仍较突出，耕地保护形势依然严峻、任务更加艰巨。为加强耕地保护、提升耕地质量、完善占补平衡，经党中央、国务院同意，现提出如下意见。

一、总体要求

加强耕地保护、提升耕地质量、完善占补平衡，要坚持以习近平新时代中国特色社会主义思想为指导，深入贯彻党的二十大精神，落实藏粮于地、藏粮于技战略，将耕地保护作为系统工程，坚持耕地数量、质量、生态“三位一体”保护，尊重规律、因势利导、因地制宜、久久为功，充分调动各类主体保护耕地积极性，提高耕地生产能力，稳步拓展农业生产空间，把牢粮食安全主动权，为以中国式现代化全面推进强国建设、民族复兴伟业夯实粮食安全根基。

工作中要做到：

——坚持量质并重。在保持耕地数量总体稳定前提下，全力提升耕地质量，坚持高标准农田建设与农田水利建设相结合，真正把永久基本农田建成高标准农田。严格落实耕地占补平衡，切实做到数量平衡、质量平衡、产能平衡，坚决防止占多补少、占优补劣、占整补散。

——坚持严格执法。实行最严格的耕地保护制度，采取“长牙齿”的硬措施保护耕地，分级落实各级党委和政府耕地保护主体责任，整合监管执法力量，形成工作合力，坚决遏制耕地“非农化”，防止永久基本农田“非粮化”。

——坚持系统推进。把耕地保护放在建设人与自然和谐共生的中国式现代化中考量，落实好主体功能区战略，坚持山水林田湖草沙一体化保护和系统治理。

——坚持永续利用。处理好近期与长远的关系，推进耕地用养结合和可持续利用，保持和提升耕地地力，既满足当代人的需要，更为子孙后代留下更多发展空间。

主要目标是：落实新一轮国土空间规划明确的耕地和永久基本农田保护任务，全国耕地保有量不低于18.65亿亩，永久基本农田保护面积不低于15.46亿亩，逐步把永久基本农田建成适宜耕作、旱涝保收、高产稳产的现代化良田；耕地保护责任全面压实，耕地质量管理机制健全，耕地占补平衡制度严密规范，各类主体保护耕地、种粮抓粮积极性普遍提高，各类耕地资源得到有效利用，支撑粮食生产和重要农产品供给能力进一步增强，为保障国家粮食安全、建设农业强国奠定坚实基础。

二、全面压实耕地保护责任

（一）坚决稳住耕地总量。逐级分解耕地和永久

基本农田保护任务，纳入各级国土空间规划，落实到地块并上图入库。各级党委和政府要将耕地和永久基本农田保护作为必须完成的重大政治任务，确保耕地保护红线决不突破。

（二）持续优化耕地布局。南方省份有序恢复部分流失耕地，遏制“北粮南运”加剧势头。各地要结合第三次全国土壤普查，开展土壤农业利用适宜性评价，通过实施全域土地综合整治、高标准农田建设、优质耕地恢复补充等措施，统筹耕地和林地、草地等其他农用地保护。自然资源部要会同农业农村部等部门制定永久基本农田保护红线管理办法，推动零星耕地和永久基本农田整合调整，促进集中连片。

（三）严格开展耕地保护责任考核。全面落实耕地保护党政同责，国家每年对省级党委和政府落实耕地保护和粮食安全责任制情况进行考核，对突破耕地保护红线等重大问题实行“一票否决”，严肃问责、终身追责。省级党委和政府对本省域内耕地保护负总责，对省域内各级党委和政府落实耕地保护和粮食安全责任制情况进行严格考核。

三、全力提升耕地质量

（四）加强高标准农田建设。出台全国逐步把永久基本农田建成高标准农田的实施方案，明确建设内容、投入标准和优先序，健全与高标准农田建设相适应的保障机制，加大高标准农田建设投入和管护力度。开展整区域建设示范，优先把东北黑土地区、平原地区、具备水利灌溉条件地区的耕地建成高标准农田。强化中央统筹、省负总责、市县抓落实、群众参与机制，加强考核评价，对因不履行或者不正确履行职责而未完成年度建设任务的地方依规依纪严肃问责。建立健全农田建设工程质量监督检验体系，完善工程质量监督执法手段，确保高标准农田建一亩成一亩。各地要健全管护机制，明确管护主体，落实管护责任，合理保障管护经费，完善管护措施。高标准农田统一纳入全国农田建设监管平台，严禁擅自占用，确保各地已建高标准农田不减少。

（五）加强耕地灌排保障体系建设。科学编制全国农田灌溉发展规划，统筹水土资源条件，推进灌溉面积增加。结合推进国家骨干网水源工程和输配水工程，新建一批节水型、生态型灌区。加快大中型灌区现代化改造，配套完善灌排工程体系，提高运行管护水平。严格执行占用农业灌溉水源、灌排工程设施补偿制度。

（六）实施黑土地保护工程。统筹推进侵蚀沟治理、农田基础设施建设、肥沃耕层构建等综合治理，加强黑土地保护标准化示范建设。完善黑土地质量监测预警网络，加强工程实施评估和成效监测。适时调整优化黑土地保护范围，实现应保尽保。依法落实地方黑土地保护主体责任。健全部门协同机制，统筹政策措施、资金项目等，形成保护合力。依法严厉打击整治破坏黑土地等违法犯罪行为。

（七）加强退化耕地治理。实施酸化等退化耕地治理工程。对酸化、潜育化等退化耕地，通过完善田间设施、改良耕作制度、培肥耕作层、施用土壤调理物料等方式进行治理。加快土壤酸化重点县全域治理。对沙化、风蚀、水蚀耕地开展综合治理，防治水土流失。

（八）抓好盐碱地综合改造利用。全面摸清盐碱地资源状况，建立盐碱耕地质量监测体系。实施盐碱耕地治理工程，分区分类开展盐碱耕地治理改良，加强耕地盐碱化防治。梯次推进盐碱地等耕地后备资源开发。坚持“以种适地”同“以地适种”相结合，培育推广耐盐碱品种和盐碱地治理实用技术。

（九）实施有机质提升行动。制定实施耕地有机质提升行动方案，改良培肥土壤，提升耕地地力，确保耕地有机质只增不减。加快推广有机肥替代化肥，推进畜禽粪肥就地就近还田利用等用地养地措施。建立耕地有机质提升标准化体系，加强示范引领。

（十）完善耕地质量建设保护制度。加快耕地质量保护立法。完善耕地质量调查评价制度，建立统一的耕地质量评价方法、标准、指标。每年开展耕地质量变更调查评价，每5年开展耕地质量综合评价，适时开展全国土壤普查。建立健全国家、省、市、县四级耕地质量监测网络体系。完善耕地质量保护与建设投入机制，中央和地方财政要为提升耕地质量提供资金保障。

四、改革完善耕地占补平衡制度

（十一）改革占补平衡管理方式。将非农建设、造林种树、种果种茶等各类占用耕地行为统一纳入耕地占补平衡管理。补充耕地坚持以恢复优质耕地为主、新开垦耕地为辅的原则，自然保护地、生态保护红线内禁止新开垦耕地，严重沙化土地、严重石漠化土地、重点沙源区、沙尘传输通道、25度以上陡坡、河湖管理范围及重点林区、国有林场等区域原则上不作为补充耕地来源。改进占补平衡落实方式，各类实施主体将非耕地垦造、恢复为耕地的，符合规定的可作为补充耕地。坚持“以补定占”，在实现耕地总量动态平衡前提下，将省域内稳定利用耕地净增加量作为下年度非农建设允许占用耕地规模上限，对违法建设相应冻结补充耕地指标。自然资源部要会同有关部门制定完善耕地占补平衡管理配套政策。

（十二）完善占补平衡落实机制。建立占补平衡责任落实机制，国家管控各省（自治区、直辖市）耕地总量，确保不突破全国耕地保护目标；各省（自治区、直辖市）加强对省域内耕地占用补充工作的统筹，确保年度耕地总量动态平衡；市县抓好落实，从严管控耕地占用，补足补优耕地。各省（自治区、直辖市）要将补充耕地指标统一纳入省级管理平台，规范调剂程序，合理确定调剂补偿标准，严格管控调剂规模，指标调剂资金纳入预算管理。坚决防范和纠正单纯追求补充耕地指标、不顾自然条件强行补充的行为。生态脆弱、承担生态保护重点任务地区的国家重大建设项目，由国家统筹跨省域集中开垦，定向支持落实耕地占补平衡。

（十三）加强对补充耕地主体补偿激励。各类非农建设、造林种树、种果种茶等占用耕地的，必须落实补充耕地责任，没有条件自行补充的，非农建设要按规定缴纳耕地开垦费。各省（自治区、直辖市）要结合实际，分类分主体制定耕地开垦费等费用标准并及时调整，统筹安排资金用于耕地保护与质量建设。各地可对未占用耕地但已实施垦造或恢复耕地的主体给予适当补偿。

（十四）健全补充耕地质量验收制度。农业农村部要会同自然资源部出台补充耕地质量验收办法，完善验收标准，强化刚性约束。垦造和恢复的耕地要符合高标准农田建设要求，达到适宜耕作、旱涝保收、高产稳产标准且集中连片、可长期稳定利用，质量不达标的不得用于占用耕地的补充。完善补充耕地后续管护、再评价机制，把补充耕地后续培肥管护资金纳入占用耕地成本。补充耕地主体要落实后续培肥管护责任，持续熟化土壤、培肥地力。

五、调动农民和地方保护耕地、种粮抓粮积极性

（十五）提高种粮农民收益。健全种粮农民收益保障机制，完善价格、补贴、保险政策。推动现代化集约化农业发展，实施多种形式的适度规模经营，提高生产效率，增加粮食种植比较收益，调动农民保护耕地和种粮积极性。

（十六）健全耕地保护和粮食生产利益补偿机制。加大对粮食主产区支持力度，充分调动地方抓耕地保护和粮食生产的积极性，形成粮食主产区、主销区、产销平衡区耕地保护合力。实施耕地保护经济奖惩机制，对耕地保护任务缺口省份收取经济补偿，对多承担耕地保护目标任务的省份给予经济奖励。

（十七）加强撂荒地治理利用。以全国国土变更调查数据为基础，结合实地核查，摸清撂荒地底数，分类推进治理利用。综合采用土地托管、代种代耕、农田水利设施建设等措施，尽快恢复生产。

六、积极开发各类非传统耕地资源

（十八）充分利用非耕地资源发展高效设施农业。加强科技研发和生产投资，推进农业生产技术改造和设施建设，在具备水资源条件的地区探索科学利用戈壁、荒漠等发展可持续的现代设施农业，强化大中城市现代化都市设施农业建设。

七、强化保障措施

（十九）加强党的领导。坚持正确政治方向，把党的领导落实到耕地保护工作全过程各方面。各级党委和政府要承担起耕地保护主体责任，自然资源、农业农村、发展改革、财政、生态环境、水利、林草等部门要按职责分工加强协同配合。各地区各有关部门可按照本意见精神，结合实际制定配套文件并抓好贯彻落实。

（二十）严格督察执法。建立健全耕地保护"长牙齿"硬措施工作机制，以"零容忍"态度严肃查处各类违法占用耕地行为。强化国家自然资源督察，督察地方落实耕地保护主体责任，不断提升督察效能。完善行政执法机关、督察机构与纪检监察机关和审计、组织人事等部门贯通协调机制，加强干部监督，严肃追责问责；加强行政执法机关、督察机构与公安机关、审判机关、检察机关等的协作配合，强化行政执法与行政审判、刑事司法工作的衔接，统一行政执法与司法裁判的法律适用标准，充分发挥公益诉讼、司法建议等作用。耕地整改恢复要实事求是，尊重规律，保护农民合法权益，适当留出过渡期，循序渐进推动。

（二十一）加强宣传引导。做好耕地保护法律政策宣传解读。畅通社会监督渠道，及时回应社会关切，引导全社会树立严格保护耕地意识，营造自觉主动保护耕地的良好氛围。

自然资源部、农业农村部关于改革完善耕地占补平衡管理的通知

1. 2024年9月30日
2. 自然资发〔2024〕204号

各省、自治区、直辖市自然资源主管部门、农业农村主管部门，新疆生产建设兵团自然资源局、农业农村局：

为贯彻落实《中共中央办公厅 国务院办公厅关于

加强耕地保护提升耕地质量完善占补平衡的意见》精神，改革完善耕地占补平衡管理，建立以省域耕地总量动态平衡为核心的占补平衡新机制，强化耕地总量管控和以补定占管理，稳步提升耕地质量，牢牢守住耕地保护红线，现通知如下：

一、调整完善占用耕地补偿制度，严格落实补充责任

（一）调整耕地占补平衡管理范围。改进耕地转为建设用地落实占补平衡、耕地转为其他农用地落实进出平衡的管理机制，将非农建设、造林种树、种果种茶等各类占用耕地行为统一纳入耕地占补平衡管理。除国家安排的生态退耕、自然灾害损毁难以复耕、河湖水面自然扩大造成耕地永久淹没及国家规定的其他可不落实补充耕地的情形外，各类占用耕地行为导致耕地减少的，均应落实耕地占补平衡，补充与所占用耕地数量和质量相当的耕地。

（二）严格落实补充耕地责任。各类占用耕地行为应当明确补充耕地责任主体。非农建设经批准占用耕地的，由占用耕地的单位或个人依法依规履行补充耕地义务，不能自行落实补充的，应按规定足额缴纳耕地开垦费。造林种树、种果种茶等造成耕地减少的，以及农田基础设施、农村村民住宅建设依法依规占用耕地的，由县级人民政府负责统筹落实补充耕地任务，确保耕地占用后得到及时有效补充；其中，对工商企业等流转土地并将耕地转为其他农用地的占用耕地行为，各地应依法严格审查审核，采取规划管控、经济调剂等手段进行科学引导。各省（区、市）可结合实际，根据占用耕地用途和主体，明确差异化的补充耕地落实要求；根据占用耕地区位、类型和质量等级，制定差别化的耕地开垦费标准并及时调整，将补充耕地后续培肥管护资金纳入占用耕地成本；对经依法批准占用永久基本农田的建设项目，缴费标准按照当地耕地开垦费最高标准的两倍执行。严禁擅自占用高标准农田，确保各地已建高标准农田不减少。

（三）统筹各类补充耕地资源。在符合国土空间规划和生态环境保护要求的前提下，国土调查成果中各类非耕地地类，均可作为补充耕地来源。各地要综合考虑自然地理格局、农业种植现状和经济社会发展需求，统筹规划农业生产、产业发展和造林绿化等各类空间，结合第三次全国土壤普查土壤农业利用适宜性评价，探索编制耕地保护专项规划，合理安排耕地和永久基本农田布局，推进土地综合整治和耕地集中连片保护，科学安排补充耕地空间和时序，统筹落实补充耕地任务。要按照“恢复优质耕地为主、新开垦耕地为辅”的原则，在充分保障土地权利人合法权益的前提下，优先将从平原和低坡度耕地中流出的园地、林地、草地等其他农用地恢复为耕地，因地制宜推动园林地“上坡”、耕地“下坡”，优化耕地、园地、林地、草地布局。未利用地开发要坚持生态优先、以水定地、稳妥有序的原则，一般应控制在新一轮全国耕地后备资源调查确定的宜耕后备资源范围内实施。

（四）强化补充耕地质量刚性约束。县级以上地方农业农村主管部门负责对补充耕地质量进行鉴定，包括农业生产符合性评价和耕地质量等级评价，鉴定结果作为补充耕地质量验收的依据。农业农村部建立统一的补充耕地质量鉴定方法和标准，健全补充耕地质量验收制度，强化刚性约束。各地要严格补充耕地质量管理，加强政策和技术保障。县级人民政府要加强垦造和恢复耕地的质量建设，制定实施改土培肥方案，持续熟化土壤、培肥地力、提升质量，确保补充耕地质量平均水平不低于各类占用耕地质量平均水平。

二、改进占补平衡管理方式，强化以补定占约束

（五）严格控制耕地占用。各地要切实落实最严格的耕地保护制度和永久基本农田特殊保护制度。严格执行国土空间规划和土地利用计划管控要求，加强耕地用途转用监督，从严控制各类占用耕地行为。对非农建设占用耕地，要严格用地审批，严格执行土地使用标准，切实做到不占或少占耕地。规范有序实施耕地转为园地、林地、草地等其他农用地，科学合理安排造林绿化任务，严格控制占用耕地规模。严肃处置违法违规占用耕地问题，坚决防止未批先建、造林绿化随意占用耕地、超标准建设绿色通道、挖湖造景占用耕地等行为。

（六）调整耕地占补平衡管理方式。国家强化耕地总量管控，对各省（区、市）各类占用耕地与补充耕地实行年度“算大账”，以年度国土变更调查、补充耕地质量鉴定等成果为基础，实施省级行政区域耕地总量动态平衡、质量稳定监督管理。各地要严格落实补充耕地要求，积极稳妥推进耕地恢复，科学适度开发宜耕后备资源，确保各类占用耕地得到及时保质保量补充，省域内稳定利用耕地总量不减少、质量不降低。各地应对具备重要生态功能的水田实施严格保护，特别是南方省份应采取有效措施严格控制水田占用规模，按照适宜性原则在适宜水田耕种区域有序实施水田补充，优先将从水田中流出的农用地恢复为水田，保持省域内水田总量基本稳定。

（七）强化非农建设占用耕地以补定占管控。统筹非农建设和农用地内部调整占用耕地需求，建立非农建设占用耕地规模与稳定利用耕地净增加量挂钩约束机制。以新一轮国土空间规划确定耕地保护目标的基期年份的稳定利用耕地总量为基准，将省域内现状稳定利用耕地净增加量作为本省（区、市）非农建设“以补定占”管控规模上限，用于控制下年度非农建设允许占用耕地规模。对耕地总量较上一轮耕地保护目标存在缺口的省份，稳定利用耕地净增加量可用于抵补缺口或作为非农建设“以补定占”管控规模，具体数量由各省（区、市）根据非农建设占用耕地需求等因素合理确定，并分解明确到市、县。

（八）实行非农建设占补平衡差别化管控。以守住耕地总量为目标，根据各省（区、市）耕地保护目标完成情况，对非农建设占补平衡实施差别化管控。对新一轮国土空间规划确定的耕地保护目标低于上一轮规划确定的耕地保护目标的省份，强化建设用地占补平衡过程管理，有关省份要以县级行政区为单位建立非农建设补充耕地储备库，将符合条件的补充耕地纳入储备库形成补充耕地指标，在建设项目办理农用地转用审批时根据占用耕地规模相应挂钩核销。对新一轮国土空间规划确定的耕地保护目标高于上一轮规划确定的耕地保护目标的省份，以及《全国国土空间规划纲要（2021－2035年）》出台前已批复新一轮总体规划的省份，强化耕地总量管控，在耕地保护目标不突破的前提下，建设项目办理农用地转用审批时，可不实行占用与补充逐项目对应挂钩管理方式，但建设用地单位应通过自行垦造或缴纳耕地开垦费方式落实补充耕地义务。各省（区、市）要结合实际做好耕地占用和补充管理，确保耕地保护目标不突破、耕地质量不降低；除因经严格批准纳入国家生态退耕等特殊情形造成耕地减少外，省域内现状耕地面积原则上应不低于新一轮国土空间规划基期年份的耕地面积。国土空间规划中期评估调整后耕地保护目标发生变动的省份，按照上述管控原则，非农建设占补平衡管理方式相应调整。

（九）严格核定稳定利用耕地净增加量。自然资源部根据年度国土变更调查结果，统一核算各省份稳定利用耕地净增加量。稳定利用耕地净增加量核算执行统一规则，即以年度国土变更调查耕地为基础，扣除“三区三线”划定中未纳入耕地保护目标情形的耕地，进一步扣除难以或者不宜稳定利用的耕地后，作为各省（区、市）现状稳定利用耕地，据此核算稳定利用耕地较基期年份的净增加量。难以或者不宜稳定利用的耕地调整为稳定利用耕地的，以及2020年以后年度变更为耕地地类并已在全国耕地占补平衡动态监管系统和城乡建设用地增减挂钩在线监管应用系统报备的补充耕地，不纳入年度稳定利用耕地净增加量核算。

（十）严格核定耕地质量。地方各级农业农村主管部门要按规定做好耕地质量调查评价工作，会同同级自然资源主管部门建立耕地质量等级数据库。县级自然资源主管部门及时提供各类占用和补充耕地地块信息，县级农业农村主管部门负责核算本区域年度各类占用和补充耕地的平均质量等级，按年度“算大账”方式明确耕地质量稳中有升的有关要求。市级、省级农业农村主管部门按要求分别对县级各类占用和补充耕地质量结果进行审核和复核。省级自然资源主管部门在分解明确市、县非农建设“以补定占”管控规模时，应会同同级农业农村主管部门明确报备补充耕地质量要求。

三、强化补充耕地管理，确保长期稳定利用

（十一）规范补充耕地实施。各类实施主体依法依规将非耕地垦造、恢复为稳定利用耕地的，均可作为补充耕地，质量不达标的不得用于占用耕地的补充。各地应结合土地综合整治、高标准农田建设、盐碱地等未利用地综合开发利用和耕地整改恢复等工作，有序推进补充耕地实施。补充耕地应按规定配套建设农田基础设施，由自然资源主管部门核定补充耕地数量、农业农村主管部门开展补充耕地质量鉴定。各地要结合实际，统筹安排资金，对未占用耕地但实施了垦造或恢复耕地的农村集体经济组织、农户和新型农业经营主体等给予适当补偿。

（十二）强化非农建设补充耕地报备管理。各省（区、市）要严格规范做好耕地占补平衡管理工作，结合实际，根据需要建立统一的耕地占补平衡管理平台，明确补充耕地报备与挂钩管理规则，建立入库使用、动态监管、核销出库等机制。在纳入稳定利用耕地净增加量核算的补充耕地范围内，县级自然资源主管部门会同同级农业农村主管部门，将禀赋良好、集中连片、耕地质量达到上年度县域内非农建设占用耕地平均质量等级的新增稳定利用耕地，纳入非农建设补充耕地报备管理。符合条件的补充耕地由县级自然资源主管部门会同同级农业农村主管部门申报、市级自然资源主管部门会同同级农业农村主管部门审核，经省级自然资源主管部门会同同级农业农村主管部门复核后，纳入非农建设补充耕地储备库，形成补充耕地指标。按新方式储备的补充耕地指标规模不得突破本省份非农建设“以补定占”管控规模，若突破则核减相应储备补充耕地指标。自然资源部将调整全国耕地占补平衡动态监管系统，持续监测相关省份补充耕地指标情况。

（十三）加强补充耕地利用管护。耕地垦造、恢复完成后，县级人民政府应采取经济补偿、产业扶持等激励措施，引导农村集体经济组织或相关权利人持续耕种，能够采取家庭承包的应当依法承包到户，鼓励用于适度规模经营和粮食生产，符合条件的应及时划入永久基本农田，逐步达到旱涝保收、高产稳产标准。县级人民政府要组织补充耕地主体、经营主体对补充耕地持续开展地力培肥和后期管护，提升耕地质量。各地要保障补充耕地质量验收、再评价等质量管理、建设和后期管护资金落实到位，持续监测耕地利用情况，加强耕地用途管制，确保补充耕地长期稳定利用。地方各级农业农村主管部门按要求组织实施补充耕地质量再评价与耕地质量等级数据库汇总更新。

四、严格补充耕地指标调剂，强化县域自行平衡

（十四）从严管控跨区域补充耕地。各地在严格落实耕地保护责任，确保耕地保护红线不突破的前提下，坚持县域自行平衡为主、省域内调剂为辅的补充耕地落实原则，强化立足县域内自行挖潜补充。对非农建设占用耕地，确因补充耕地资源不足需要在省域内进行跨地市调剂补充的，原则上应为省级以上重大建设项目，并优先在自然地理条件相似、耕地质量相当的县、市调剂补充。对生态脆弱、承担生态保护重点任务的地区和符合条件的重大建设项目，可通过国家集中开垦定向支持落实耕地占补平衡。

（十五）严格规范补充耕地指标调剂管理。补充耕地指标调剂主体应为地方人民政府，政府平台公司、工商企业等不得以任何形式收购、持有、转让、交易补充耕地指标，参与实施补充耕地收益不得与非农建设补充耕地指标调剂收入直接挂钩。各省（区、市）要从严规范省域内补充耕地指标调剂管理，制定指标调剂规则，严格规范调剂程序，合理确定调剂补偿标准，严格管控指标调剂规模。补充耕地指标要统一纳入省级管理平台，实行公开透明规范调剂，调剂资金按规定纳入预算管理。

五、加强管理政策衔接，稳妥推进改革落地

（十六）做好储备补充耕地指标结转。耕地占补平衡新管理方式实施后，各地原补充耕地储备库中尚未使用的补充耕地指标，可以继续结转使用，本省份下年度非农建设允许占用耕地规模上限相应上调。对原补充耕地储备库为“负值”、补充耕地存在“欠账”的，由省级负责统筹省域内垦造和恢复的补充耕地进行冲抵。

（十七）做好建设用地报批衔接。需要挂钩补充耕地指标的省份，完成省级耕地占补平衡管理平台建设和非农建设补充耕地储备后，即可按新管理方式申报建设用地，通过省级耕地占补平衡管理平台在相应市、县非农建设补充耕地储备库中挂钩补充耕地指标，挂钩信息随同用地一并报批。地方各级自然资源和农业农村主管部门要积极对接，尽快明确补充耕地质量验收和报备入库的环节程序和操作方法，完成储备库建设。原则上自2025年1月1日起，自然资源部不再受理按原管理方式落实占补平衡的建设用地申请。对没有按规定挂钩补充耕地指标的建设用地，不予审批。对违法违规占用耕地从事非农建设的，各地应按规定在整改处置到位前，冻结所在县（市、区）的相应补充耕地指标。城乡建设用地增减挂钩中涉及耕地占用和补充的，统一纳入耕地占补平衡管理。

改革完善耕地占补平衡管理，是党中央、国务院根据耕地保护新形势作出的重要决策部署，是守牢耕地保护红线的重要改革举措，各级自然资源和农业农村主管部门要高度重视，密切配合，精心部署，协同推进，科学制定贯彻落实措施，确保改革部署及时落地。

本文件自印发之日起施行，《国土资源部 农业部关于加强占补平衡补充耕地质量建设与管理的通知》（国土资发〔2009〕168号）同时废止，两部以往文件规定与本通知不一致的，以本通知为准。

国土资源部办公厅对《关于〈土地管理法〉第三十一条占用耕地的单位是否包括个人的紧急请示》的复函

1．2001年7月2日
2．国土资厅函〔2001〕165号

四川省国土资源厅：

你厅《关于〈土地管理法〉第三十一条占用耕地的单位是否包括个人的紧急请示》（川国土资发〔2001〕173号）收悉。经研究，函复如下：

《土地管理法》规定，农村村民建住宅，应当符合乡（镇）土地利用总体规划，并尽量使用原有的宅基地和村内空闲地。确实需要占用耕地的，应当执行《土地管理法》占用农地和耕地的有关规定，履行补充耕地的义务。

国土资源部关于农民建房占补平衡有关问题的复函

1. 2002 年 6 月 13 日
2. 国土资厅函〔2002〕165 号

上海市房屋土地资源管理局：

你局《关于农民建房收费问题的请示》（沪房地资金〔2002〕270 号）收悉。经研究，现函复如下：

农民个人建房应尽量采取旧址翻建或者利用存量土地，少占或不占耕地；确需占用耕地的，应按照法律有关规定，实行耕地占补平衡。

《土地管理法》第三十一条规定“非农业建设经批准占用耕地的，按照‘占多少，垦多少’的原则，由占用耕地的单位负责开垦与所占用耕地的数量和质量相当的耕地；没有条件开垦或者开垦的耕地不符合要求的，应当按照省、自治区、直辖市的规定缴纳耕地开垦费”，其中没有明确“个人”承担补充耕地责任。因此，农民建房不能自行占补平衡的，向农民个人收取耕地开垦费法律依据不足。为贯彻落实中央和地方政府提出的关于减轻农民负担的精神，同时做到耕地占补平衡，对依据土地利用总体规划在村庄和集镇建设用地范围内农民建房占用的耕地，可依据《关于切实做好耕地占补平衡工作的通知》（国土资发〔1999〕39 号）有关规定，由所在地的农村集体经济组织负责补充。具体可由乡（镇）人民政府统一组织，通过土地整理补充占用的耕地，可以鼓励农民投工投劳参与土地整理，以减轻农村集体经济组织的经济负担，但不宜直接向农民个人收取耕地开垦费。

·典型案例·

人民法院依法保护农用地典型案例①

一、梁某东等人非法占用农用地案

【基本案情】

2016 年年初，被告人梁某友、梁某斌、梁某明在分别担任或代理广东省肇庆市鼎湖区某村委会 1、2、3 队村民小组组长期间，为增加村集体收入，经村民会议讨论决定，将村属耕地通过公开招投标方式发包出去挖塘养鱼。被告人梁某东中标后，上述三被告人代表各村民小组作为发包方分别与梁某东签订了《鱼塘承包合同》。合同签订后，在没有办理合法用地相关手续，且缺少相应职能部门统一监管的情况下，被告人梁某东在承包的耕地上挖掘鱼塘、搭建猪舍。经勘测和鉴定，涉案的 54.53 亩耕地规划用途为基本农田保护区，毁坏前地类为水田；非法占用的耕地耕作层、灌溉设施被完全毁坏，难以恢复。2017 年 12 月，被告人梁某东等四人先后主动到公安机关投案，如实交代了本案犯罪事实。

【裁判结果】

广东省肇庆市鼎湖区人民法院认为，被告人梁某友、梁某斌、梁某明作为鼎湖区某村委会 1、2、3 队村民小组的组长，违反土地管理法规，代表村集体将村数量较大的耕地非法发包，致被告人梁某东违反土地管理法规，在没有办理合法用地相关手续及缺乏统一监管的情况下，在承包的耕地上挖掘鱼塘，搭建猪舍，非法占用耕地 54.53 亩，改变被占用土地用途，数量较大，造成农用地大量毁坏。被告人梁某东、梁某明、梁某友、梁某斌的行为均已构成非法占用农用地罪。鉴于四被告人主动投案，如实供述本案犯罪事实，系自首，且均认罪、悔罪，可依法予以从轻处罚。以非法占用农用地罪分别判处梁某东、梁某明、梁某友、梁某斌有期徒刑十个月至八个月，并处罚金人民币 50000 元，并依法对梁某友、梁某斌适用缓刑。

宣判后，梁某明、梁某东提出上诉。梁某明在二审阶段撤回上诉。广东省肇庆市中级人民法院裁定准许梁某明撤回上诉，驳回上诉人梁某东的上诉，维持原判。

【典型意义】

本案是人民法院依法惩处村民小组组长在土地发包过程中，违反土地管理法规变更土地用途、毁坏耕地的典型案例。在发展农村经济中，发包土地、收取土地承包金是提高村集体收入，发展农村经济最常见的方式之一。但由于法律意识不强，一些村集体不按照土地管理法规的规定进行土地发包，随意变更土地用途、毁坏耕地等现象时有发生，导致在承包土地过程中非法占用农用地的问题比较突出。即使是为了村集体的利益，村集体也无权擅自改变土地性质和用途。本案中，某村委会 3 个村民小组随意变更土地性质、用途将土地发包，承包人梁某东也以为按合同约定使用土地不是违法犯罪行为，致使梁某东违反土地性质使用土地，造成耕地耕作层、灌溉设施完全毁坏。梁某东应承担相应的法律责任，梁某友、梁某斌、梁某明是村民小组组长，作为直接负责的主管人

---

① 《人民法院依法保护农用地典型案例》，载最高人民法院网 2024 年 1 月 10 日，https://www.court.gov.cn/zixun/xiangqing/422842.html。

员，对此亦应承担相应的法律责任。人民法院充分发挥审判职能作用，依法对本案四名被告人予以刑事处罚，对于教育和警示村民委员会、村民小组等基层组织应当依法依规发包土地，村民委员会主任、村民小组组长应当忠诚履职尽责、充分发挥耕地保护的先锋表率作用具有重要意义。

二、程某科非法占用农用地案

【基本案情】

从2004年开始，以被告人程某科为首的犯罪组织称霸一方，欺压残害群众，先后实施违法犯罪活动20余起，造成10余人重伤、轻伤及轻微伤，破坏了江西省浮梁县域周边经济社会生活秩序，造成了恶劣的社会影响。期间，程某科利用黑社会性质组织影响，先后从浮梁县兴田乡村民处"强买"1700余亩山林，并于2015年左右私建黄沙坑山庄建筑，硬化水泥道路、开挖水塘及其附属设施，违法改变土地用途。经鉴定，浮梁县兴田乡黄沙坑山庄违法占用农用地面积34.53亩，其中耕地约12.84亩（含基本农田1.09亩）、毁林面积21.09亩，沟渠面积0.6亩，被毁坏的农用地复垦费用为347256元，制定生态修复方案费用5800元。

【裁判结果】

江西省乐平市人民法院认为，被告人程某科违反土地管理法规，非法占用农用地，改变被占用土地用途，数量较大，造成耕地、林地等农用地大量毁坏，其行为已构成非法占用农用地罪。程某科非法占用农用地的行为导致原有土地失去耕种条件，破坏了土地资源，损害了社会公共利益，应承担恢复土地复垦条件的民事责任。综合考虑被告人坦白、认罪认罚及累犯等情节，以非法占用农用地罪，判处程某科有期徒刑一年三个月，并处罚金人民币五万元，与认定的其他犯罪数罪并罚，决定执行有期徒刑二十五年，并处没收个人全部财产，剥夺政治权利五年。同时，判决程某科按照江西景德镇司法鉴定中心作出的生态修复方案交纳恢复复垦条件费用347256元，同时承担制定生态修复方案的费用5800元。

江西省景德镇市中级人民法院二审维持原判。

【典型意义】

本案是人民法院依法严惩与涉黑涉恶等其他犯罪相互交织的非法占用农用地犯罪的典型案例。司法实践中，因非法占用农用地犯罪牵涉利益巨大，往往与非法采矿、盗伐林木、滥伐林木等其他犯罪交织，特别是很多案件还具有涉黑涉恶因素，人民群众反映强烈，综合治理难度较大。本案中，村民迫于被告人程某科黑社会性质组织影响，不得已将名下山林转给程某科。程某科私自改变占用农用地用途，不仅造成农用地大量毁坏，而且严重影响当地村民生计，造成了恶劣的社会影响。人民法院依法追究程某科刑事责任，数罪并罚判处其二十五年有期徒刑，并判令程某科承担恢复耕地、林地复垦条件及制定生态修复方案等费用。该案体现了人民法院坚持扫黑除恶常态化，依法严厉打击土地资源领域涉黑涉恶犯罪，斩断伸向土地资源领域的"黑手"，全面保障土地资源可持续利用和农业可持续发展的决心与成效。

三、季某辉、李某非法占用农用地案

【基本案情】

2011年，季某辉、李某以修建大棚、发展农业养殖为名，从村民手中承包、置换了位于辽宁省大连市普兰店区城子坦街道某村的部分土地，购置了铲车、洗砂船等设备，组织人员挖土洗砂并对外销售。同年11月，季某辉被原辽宁省普兰店市国土资源局处以责令限期将被毁坏耕地复种及罚款900310元的行政处罚。被行政处罚后，季某辉、李某仍继续从村民手中承包、置换土地并取土对外销售，造成农用地严重破坏。经鉴定，2011年至2014年期间，季某辉、李某以取土形式破坏耕地63.72亩，其中，永久基本农田54.25亩，挖掘深度达0.54米，原种植层已被破坏。季某辉、李某非法获利共计人民币664500元。

【裁判结果】

辽宁省大连市沙河口区人民法院认为，季某辉、李某违反土地管理法规，明知是耕地而进行非法取土，造成耕地被大量毁坏，构成非法占用农用地罪。判处季某辉有期徒刑三年六个月，并处罚金人民币50000元；判处李某有期徒刑一年六个月，并处罚金人民币50000元；追缴季某辉、李某的违法所得，上缴国库。

辽宁省大连市中级人民法院二审维持原判。

【典型意义】

本案是人民法院依法从严惩处利用承包合同方式流转土地后，非法取土挖砂毁坏耕地的典型案例。季某辉、李某以修建大棚、发展农业养殖为名，从农民手中承包、置换大量土地，非法破坏土壤种植层，取土洗砂销售，造成永久基本农田54.25亩被毁坏，并获得巨额利润，既严重破坏农用地资源影响粮食生产，又因洗砂活动危害生态安全。人民法院针对本案特点，充分考虑案件在当地的严重负面影响，依法从重对被告人季某辉、李某判处自由刑和财产刑。该案体现了人民法院对非法占用农用地、破坏基本农田犯罪行为决不手软，坚决依法予以严厉惩处的信念和决心，对进一步规范农村土地承包经营活动也起到了良好的警示教育作用。

四、陕西省西安市鄠邑区渭丰街道某村民委员会与冯某汉土地租赁合同纠纷案

【基本案情】

1998年3月20日，西安某实业有限责任公司与户县渭丰乡某村民委员会签订《土地承包合同》，约定租赁该村132亩土地，用于经营种植或养殖业，租赁期限为25年，即自1998年3月11日至2024年3月10日。2008年4月30日，双方签订《土地承包合同补充协议》，约定将租赁期限延长5年至2029年3月11日。被告冯某汉系西安某实业有限责任公司法定代表人，2011年5月26日，冯某汉与户县渭丰乡某村民委员会签订《协议书》，约定将西安某实业有限责任公司的土地租赁合同及补充协议约定承租方的权利和义务由冯某汉全部享有和承担。冯某汉在租赁土地期间，案涉土地上被多次倾倒大量建筑渣土和垃圾，因被盗挖砂石，在案涉土地区域西南角形成28亩砂坑和西北角形成5亩砂坑各一个，东南角土地堆附大量建筑垃圾，土地遭到严重破坏。当地公安机关对有关人员进行了处罚。2018年5月，户县渭丰乡某村民委员会撤村合并为陕西省西安市鄠邑区渭丰街道某村民委员会，2021年7月6日，该村民委员会起诉请求解除《土地承包合同》。

【裁判结果】

陕西省西安市鄠邑区人民法院一审认为，冯某汉在租赁土地期间，涉案土地被长期撂荒，2018年至2021年期间该土地存在长期非法采挖砂石，承包地内形成多个大型砂坑，区域内土地被大量废弃砖块和黄土组成的废弃建筑混合物堆积，部分砂坑被盗挖后用建筑渣土和垃圾进行了填埋，土地自然生态遭到严重破坏。本案所涉农业用地长期、反复地遭到不法人员掠夺性的破坏，与冯某汉长期看管不力，未采用有效管控措施之间存在因果关系，村委会提出解除土地租赁合同等诉讼请求符合法律规定，应予支持。遂作出解除案涉合同、冯某汉向原告返还132亩土地、原告向冯某汉返还土地承包费94453元的判决。一审法院作出判决后，向有关责任主体发出司法建议：一是加强土地保护的力度。建议通过安排人员值守或不定期巡查、鼓励群众举报等多种举措，加强对所辖土地的看护、监管；二是加大对土地资源保护的宣传力度，通过悬挂宣传标语等方式，营造保护土地资源的良好社会氛围；三是及时对遭受破坏的土地进行复耕复种。开展全面排查，是否仍有类似情况，加大与环境保护部门的协作联动力度，开展对砂坑联合复耕复种行动，力争做到合理利用土地资源。

陕西省西安市中级人民法院二审判决驳回上诉，维持原判。

【典型意义】

本案是因土地承包人未尽监管和保护义务致使土地生态严重破坏，人民法院依法判决解除土地承包合同的典型案例。《中华人民共和国农村土地承包法》第十八条规定了承包方应当承担“依法保护和合理利用土地，不得给土地造成永久性损害”的义务。本案中，冯某汉怠于履行保护土地义务，导致案涉土地遭到严重破坏。人民法院依法判决解除合同，使承包方承担了违约责任的同时，认真落实能动司法理念，积极延伸司法职能，主动发出司法建议，有力推动有关部门做好百亩土地的复耕保护工作，取得了良好效果。本案的正确处理，对于引导教育广大人民群众和基层组织树牢“耕地保护、人人有责”观念，严守土地保护义务，坚持节约集约利用土地，不断增强土地保护工作的自觉性、积极性和主动性具有重要意义。

五、四川省崇州市道明镇协和社区四个居民小组与李某洪土地经营权出租合同纠纷案

【基本案情】

2010年9月30日，李某洪与原告签订《农村土地承包经营权流转合同》，约定由李某洪承租位于崇州市“天府粮仓”核心示范区范围内的264.9亩土地，租赁期限17年。合同履行期间，李某洪将土地用于种植园林绿化树木，因管理不善，该地块树木枯死、土地荒芜、杂草丛生，被当地农业农村主管部门认定为抛荒地，建议“退树还耕”。同时，李某洪仅向原告支付了15万元租金，2021年起未再支付租金。双方多次协商未果，原告提起诉讼，要求李某洪给付拖欠租金52.4508万元并解除合同，将土地进行复垦复耕。

【裁判结果】

四川省崇州市人民法院经过联动调解，当事人自愿达成一致意见：解除双方签订的土地流转合同，李某洪返还该合同项下承租的全部土地，出售承租土地上的树木等附作物抵偿租金。经人民法院督促，当事人双方积极履行调解协议，案涉土地已全部完成复垦复耕，成为优质水稻田。

【典型意义】

本案是人民法院依法调解解除土地承包经营权流转合同，收回抛荒地，退树还田，守护“天府粮仓”的典型案例。农村中由于疏于管理形成的抛荒地，极易导致土壤退化、水源污染、生态破坏，严重影响耕地资源的可持续利用和农田生产能力的提高。依法整治农用地抛荒问题，推进科学复耕复种，对于严守耕地红线、让农业增效

农民增收意义重大。本案中，人民法院积极调解双方当事人达成一致意见，督促被告人归还案涉土地，处理土地附着物，开展复垦复耕，帮助十万亩粮食高产稳产高效综合示范基地收回抛荒地 264.9 亩，对于坚决制止耕地闲置浪费现象，杜绝变相“非粮化”“囤地”“抛荒”等现象，促进耕地保护与修复，盘活耕地资源等均具有重要意义。

六、陈某杨诉重庆市綦江区扶欢镇人民政府行政赔偿案

【基本案情】

2015 年 8 月 4 日，重庆市綦江区扶欢镇东升村 8 社部分村民向重庆市綦江区扶欢镇人民政府（以下简称扶欢镇政府）提出申请，要求依綦江区现行征地拆迁安置政策规定的安置补偿标准，对扶欢镇东升村 8 社全部土地房屋实施征收并进行补偿安置。2015 年 12 月 23 日，扶欢镇政府（甲方）与扶欢镇东升村 8 组（乙方）签订了征收土地协议书，约定了甲方征收乙方土地面积共计 250.24 亩，其中耕地 192.64 亩，宅基地 33 亩，其他土地 24.6 亩。2015 年 12 月 30 日，扶欢镇政府（乙方）与扶欢镇东升村 8 组（甲方）签订了土地移交协议，约定了由甲方向乙方移交扶欢镇东升村 8 组土地 283.05 亩。2016 年 11 月 30 日，扶欢镇政府（甲方）与扶欢镇东升村 8 组（乙方）签订了交地协议，约定了甲方将未使用的 122 亩土地交由乙方集体经济组织统一管理。2016 年 1 月 11 日，扶欢镇政府推掉了原告陈某杨位于扶欢镇东升村 8 组享有合法承包经营权的土地及地上种植的作物，2018 年 6 月 19 日，该强推行为被人民法院判决确认违法。2018 年 8 月 1 日，陈某杨向扶欢镇政府提交行政赔偿申请。2018 年 9 月 6 日，扶欢镇政府作出不予赔偿的决定。陈某杨不服，遂向人民法院提起行政赔偿诉讼。

陈某杨在扶欢镇东升村 8 组承包面积为 4.25 亩农村集体土地，其中 1.18 亩土地并不在征地范围内。陈某杨的承包地每年均栽种两季农作物，春夏季耕种水稻，秋冬季栽种蔬菜萝卜。2014 年前，扶欢镇东升村 8 组属綦江区扶欢镇杂交水稻制种基地。2014 年后，扶欢镇东升村 8 组未再进行水稻制种。

【裁判结果】

重庆市大渡口区人民法院一审认为，扶欢镇政府于 2016 年 1 月强推陈某杨承包土地违法行为与陈某杨因该行政违法行为未能在涉案承包地种植农作物而造成经济损失之间存在因果关系，故应承担赔偿责任。判决撤销扶欢镇政府作出的不予赔偿决定书，扶欢镇政府赔偿陈某杨 15637.69 元。

宣判后，陈某杨不服，提起上诉，重庆市第五中级人民法院依法判决驳回上诉，维持原判。

【典型意义】

本案是行政机关违法强推土地，人民法院依法支持土地承包人损失赔偿请求的典型案例。本案中，在赔偿期间上，人民法院在扶欢镇政府少批多占土地，多占土地已退还集体经济组织前提下，对强推土地时起至退还集体经济组织止期间的损失予以赔偿，确立了相应赔偿的最大期间；在赔偿范围上，未机械以 2014 年以后大多数农民没有进行水稻种植为由而不将该部分损失计算在内，而是包含了一年四季所不能种植的农作物种类，还充分考虑了强推承包地行为造成相对人无法种植的未来可得利益；在赔偿标准上，参照了当地统计年鉴确立的产量，以及国家收购价格和当地行政主管部门出具的证明材料。该案体现了人民法院始终以最大限度保护耕地和土地承包人合法利益为着眼点，服务保障粮食安全“国之大者”的信念和决心。

七、江苏省盐城市自然资源和规划局与盐城市某建材有限公司国土资源非诉执行案

【基本案情】

2020 年 9 月 7 日，江苏省盐城市自然资源和规划局（以下简称盐城市自规局）发现盐城市某建材有限公司未经批准在南洋镇柴坝村二组境内占用土地 8538 平方米（折 12.81 亩）堆放砂石及硬化水泥场地、新建办公房。经勘测定界，其中占用耕地 3139 平方米，占用园地 2242 平方米，占用其他农用地 3149 平方米，占用交通运输用地 8 平方米。盐城市自规局于 2021 年 11 月 25 日作出盐亭国土资罚〔2020〕40 号《行政处罚决定书》，责令盐城市某建材有限公司十五日内将非法占用的土地退还，并自行拆除土地上新建的建筑物和其它设施。2022 年 2 月 14 日，盐城市自规局向盐城市某建材有限公司邮寄送达《履行行政处罚决定催告书》，但盐城市某建材有限公司未履行上述义务，故盐城市自规局于 2022 年 3 月 1 日向江苏省东台市人民法院申请强制执行。该案审查过程中，盐城市某建材有限公司辩称案涉建筑于 2009 年之初即修建完成，案涉行政处罚已过处罚期限。

【裁判结果】

江苏省东台市人民法院经审查认为，案涉盐亭国土资罚〔2020〕40 号《行政处罚决定书》，认定事实清楚，主要证据充分，处罚程序合法，适用法律、法规正确。关于盐城市某建材有限公司辩称的案涉行政处罚已过处罚期限的问题。案涉查处行为发生在 2020 年 9 月 7 日，《中华人民共和国行政处罚法》第二十九条第一款规定，违法行为在二年内未被发现的，不再给予行政处罚。法律

另有规定的除外。该款规定的期限，系从违法行为发生之日起计算，但违法行为有连续或者持续状态的，从行为终了之日起计算。即便案涉建筑于2009年之初即修建完成，但该违法行为处于持续状态，故盐城市自规局作出的行政处罚未过处罚期限。裁定：盐亭国土资罚〔2020〕40号《行政处罚决定书》中的行政处罚，准予强制执行。

【典型意义】

本案是人民法院对虽发生时间很早但一直持续的非法占地行为，依法支持行政机关收回农用地的行政处罚的典型案例。案涉被占土地含有大量耕地，且非法占用时间较长。根据最高人民法院《关于如何计算土地违法行为追诉时效的答复》，不法状态被恢复原样之前，该非法占用行为处于继续状态。同理，非法占用土地建造建筑亦是如此。本案裁判表明土地行政主管部门无论何时发现非法占用农用地的行为，只要违法事实依旧存在，均应依法作出处罚。人民法院通过准予强制执行裁判有力支持了行政机关依法查处违法占用土地行为，对乱占耕地行为坚持"零容忍"的态度和立场，依法保障土地资源合理有效利用。

八、江苏省镇江市金山地区人民检察院诉马某华刑事附带民事公益诉讼案

【基本案情】

2013年5月，马某华租赁江苏省镇江市丹徒区上党镇某村民小组农用地33.98亩，在未办理用地手续的情况下擅自在该地块建设猪舍、道路等设施从事养殖业，造成土地毁坏。经鉴定评估，马某华已固化占地面积10925平方米（合16.39亩），其中包括永久基本农田7108平方米（合10.66亩），耕作条件已被破坏。江苏省镇江市金山地区人民检察院向江苏省镇江市京口区人民法院提起刑事附带民事公益诉讼，请求：一、判令马某华修复被破坏的耕地16.39亩，如不能自行修复，承担耕地修复费用31.96万元；二、判令马某华在市级媒体公开赔礼道歉。

对马某华非法占用基本农田10.66亩的行为，另案刑事判决被告人马某华犯非法占用农用地罪，判处有期徒刑一年四个月，并处罚金人民币二万元。

【裁判结果】

江苏省镇江市京口区人民法院认为，马某华违反土地管理法规，破坏土地资源，应当承担土地修复责任。判决：一、马某华在判决生效后六个月内自行修复被破坏的土地16.39亩；如不能自行修复，应承担破坏土地的修复费用31.96万元。二、马某华在判决生效后一个月内在市级媒体上公开赔礼道歉。马某华不服，提起上诉。

江苏省镇江市中级人民法院认为，马某华非法占用永久基本农田10.66亩建设养殖设施，应当拆除有关永久基本农田上的违法建设并依法复垦，如果马某华不能自行实施，则应当承担相应的拆除和修复费用共计207891元。对马某华占用设施农用地、园地、沟渠、田坎共计5.73亩建设养殖设施、道路，由于相关土地并非耕地，不属于破坏耕地的情形，原审判决认定的部分事实不清，应予部分改判：马某华在判决生效后六个月内自行修复被破坏的永久基本农田10.66亩；如不能自行修复，应承担破坏永久基本农田的修复费用人民币207891元；马某华在判决生效后一个月内在市级媒体上公开赔礼道歉。

【典型意义】

人民法院在本案中正确区分了占用的不同农用地性质并作区别处理，既坚决守住耕地红线，又依法保障养殖户合法用地需求，是统筹保护与发展关系的典型案例。因生猪养殖破坏农用地的违法犯罪案件，是基层执法、司法的难点之一，此类案件的审理既要依法保护耕地红线，也要实事求是地保障生猪养殖的合法用地需求，避免因一刀切的执法损害生猪养殖产业的健康发展。本案中，人民法院遵循"以事实为根据，以法律为准绳"原则，根据有关审批规定作区别处理：对于非法占用永久基本农田建设养殖设施的，应当拆除并复垦；对于占用设施农用地建设养殖设施的，如果能够与永久基本农田上的养殖设施区分使用，可不予拆除、复垦；对于占用其他农用地建设养殖设施，并不破坏耕地及农地周边资源环境的，且可以通过一定程序依法建设养殖设施的，由当事人或者有关主管机关依法处理。人民法院坚持把握好高质量发展和高水平保护的辩证统一关系，在严格依法捍卫生态红线的同时，积极贯彻国家支持设施农业的政策，不遗余力地保民生、保发展，通过精细化的裁判，践行环境保护法第一条所规定的推进生态文明建设与促进经济社会可持续发展的双重立法目的。

九、山东省滨州市人民检察院诉杨某义、山东省某实业有限公司民事公益诉讼案

【基本案情】

2011年1月10日，杨某义（山东省某实业有限公司的出资人及经营管理人）与山东省滨州市沾化区古城镇西张王村村民委员会就村内45.21亩集体土地签订租赁合同，用于厂房及其他项目的建设。2017年8月7日，山东省滨州市沾化区国土资源局（以下简称沾化区国土局）因山东省某实业有限公司、杨某楠（系杨某义之子、山东省某实业有限公司法定代表人）非法占地作出行政

处罚，责令其拆除违法占地上的建筑物和其他设施、退还非法占用的土地、恢复土地原貌，并给予罚款，同时将该案件线索移送公安机关立案侦查。2018年2月7日，沾化区国土局又向山东省某实业有限公司作出《履行行政处罚决定催告书》，山东省某实业有限公司仍未履行。在法定期限内，沾化区国土局未申请强制执行。2018年5月2日，山东省滨州市沾化区人民法院作出刑事判决，认定杨某义、山东省某实业有限公司均构成非法占用农用地罪。之后，山东省滨州市人民检察院向济南铁路运输中级法院提起民事公益诉讼，请求判令杨某义、山东省某实业有限公司停止侵害，排除非法占用涉案耕地上的建筑物及设施，恢复土地原状。

【裁判结果】

济南铁路运输中级法院认为，杨某义、山东省某实业有限公司未经批准，以租赁形式长期非法占用涉案耕地建造厂房、污水处理设施等用于生产经营，造成涉案耕地大量毁坏，损害国家利益和社会公共利益。本案检察机关提起民事公益诉讼符合法律规定，不受行政机关是否先期作出行政处罚、采取行政措施的制约。判决：一、杨某义、山东省某实业有限公司立即停止对涉案耕地的非法占用，于本判决生效之日起六个月内自行拆除涉案耕地上的建筑物及设施并对涉案耕地进行修复，修复完成后应经当地行政主管部门验收合格；二、上述第一项义务逾期未完成的，杨某义、山东省某实业有限公司应当交纳生态环境修复费用223633.65元；三、杨某义、山东省某实业有限公司于本判决生效后十日内向山东省滨州市人民检察院支付鉴定费28400元。

山东省高级人民法院二审维持原判。

【典型意义】

本案是行为人因非法占用农用地被行政处罚和刑事制裁，在未履行行政处罚决定情形下，同时依法承担拆除违法建筑物、修复涉案耕地的民事责任的典型案例。保护耕地就是保护粮食安全，人民法院应当统筹适用多种法律责任，对农用地进行"全环节、全要素、全链条"保护。本案中，行政机关对非法占用耕地的行为作出行政处罚决定后，根据自然资源领域行政执法和刑事司法衔接机制的规定，将案件移送司法机关依法追究了当事人非法占用耕地行为的刑事责任。同时，人民法院依法支持检察机关提起的生态环境保护民事公益诉讼，判决当事人立即停止对涉案耕地的非法占用，拆除非法占用耕地上的建筑物及设施并对涉案耕地进行修复或承担生态环境修复费用，体现了保护耕地重在修复的理念。人民法院统筹协调行政、刑事、民事法律手段，有效衔接对同一违法行为的行政处罚、刑事制裁和民事赔偿三种责任，对严厉打击违法违规占用耕地违法犯罪行为，实现受损耕地的有效修复，形成耕地资源保护整体合力具有重要意义。

十、洛阳铁路运输检察院诉河南省栾川县自然资源局未全面履行职责行政公益诉讼案

【基本案情】

栾川县某养殖专业合作社违法建设养鸡场总面积9.968亩，造成了8.879亩耕地（其中基本农田6.722亩，一般耕地2.157亩）的种植条件严重毁坏，违法建筑面积4720.17平方米（7.08亩）。2022年1月18日，河南省栾川县自然资源局（以下简称栾川县自然资源局）下达《责令停止违法行为通知书》《责令改正违法行为通知书》。1月19日，河南省栾川县人民检察院向栾川县自然资源局发出检察建议。3月9日，栾川县自然资源局经委托鉴定后认为该案已涉嫌刑事犯罪，遂将案件移交河南省栾川县公安局，对该案中止调查。12月8日，河南省栾川县人民检察院发现栾川县某养殖专业合作社在行政复议和行政诉讼法定期满后，未恢复土地原貌，未达到种植条件。栾川县自然资源局未继续向人民法院申请强制拆除违法建筑，也未采取恢复土地种植条件措施。洛阳铁路运输检察院提起行政公益诉讼，请求判令栾川县自然资源局依法全面履行法定职责。诉讼过程中，栾川县自然资源局根据"三区三线"划定成果，对栾川县某养殖专业合作社作出了相应的行政处罚，洛阳铁路运输检察院将诉讼请求变更为确认原行政行为违法。

【裁判结果】

郑州铁路运输法院认为，栾川县某养殖专业合作社未经批准占用耕地建设养鸡场，栾川县自然资源局将案件移交公安机关后中止调查，存在未依法全面履行职责的问题。诉讼中，栾川县自然资源局对栾川县某养殖专业合作社作出相应的行政处罚。判决：确认栾川县自然资源局未依法全面履行职责的行为违法。

栾川县自然资源局未提起上诉，本案一审生效。

【典型意义】

本案是人民法院依法监督行政机关应当依法全面履行保护耕地职责的典型案例。珍惜、合理利用土地和切实保护耕地是我国的基本国策。《中华人民共和国土地管理法》第六十七条第一款规定了县级以上人民政府自然资源主管部门对违反土地管理法律、法规的行为进行监督检查的职责。本案中，栾川县自然资源局发现某养殖专业合作社非法占用基本农田构成犯罪后，不仅要移送公安机关追究刑事责任，还要继续履行职责，向人民法

院申请强制拆除基本农田上的违法建筑，督促违法当事人履行土地复垦义务，或者违法当事人拒不复垦的，责令其缴纳土地复垦费并代为组织复垦。栾川县自然资源局将案件移送公安机关后怠于履行上述法定职责，导致土地未能复垦，损害国家和公共利益。检察机关依法提起行政公益诉讼，人民法院判决确认栾川县自然资源局未依法全面履行职责的行为违法，充分彰显了人民法院服务法治政府建设、依法监督行政机关全面履行守护耕地安全和粮食安全职能的责任担当。

4. 土地复垦、开发整理

土地复垦条例

2011年3月5日国务院令第592号公布施行

第一章 总 则

第一条 为了落实十分珍惜、合理利用土地和切实保护耕地的基本国策,规范土地复垦活动,加强土地复垦管理,提高土地利用的社会效益、经济效益和生态效益,根据《中华人民共和国土地管理法》,制定本条例。

第二条 本条例所称土地复垦,是指对生产建设活动和自然灾害损毁的土地,采取整治措施,使其达到可供利用状态的活动。

第三条 生产建设活动损毁的土地,按照“谁损毁,谁复垦”的原则,由生产建设单位或者个人(以下称土地复垦义务人)负责复垦。但是,由于历史原因无法确定土地复垦义务人的生产建设活动损毁的土地(以下称历史遗留损毁土地),由县级以上人民政府负责组织复垦。

自然灾害损毁的土地,由县级以上人民政府负责组织复垦。

第四条 生产建设活动应当节约集约利用土地,不占或者少占耕地;对依法占用的土地应当采取有效措施,减少土地损毁面积,降低土地损毁程度。

土地复垦应当坚持科学规划、因地制宜、综合治理、经济可行、合理利用的原则。复垦的土地应当优先用于农业。

第五条 国务院国土资源主管部门负责全国土地复垦的监督管理工作。县级以上地方人民政府国土资源主管部门负责本行政区域土地复垦的监督管理工作。

县级以上人民政府其他有关部门依照本条例的规定和各自的职责做好土地复垦有关工作。

第六条 编制土地复垦方案、实施土地复垦工程、进行土地复垦验收等活动,应当遵守土地复垦国家标准;没有国家标准的,应当遵守土地复垦行业标准。

制定土地复垦国家标准和行业标准,应当根据土地损毁的类型、程度、自然地理条件和复垦的可行性等因素,分类确定不同类型损毁土地的复垦方式、目标和要求等。

第七条 县级以上地方人民政府国土资源主管部门应当建立土地复垦监测制度,及时掌握本行政区域土地资源损毁和土地复垦效果等情况。

国务院国土资源主管部门和省、自治区、直辖市人民政府国土资源主管部门应当建立健全土地复垦信息管理系统,收集、汇总和发布土地复垦数据信息。

第八条 县级以上人民政府国土资源主管部门应当依据职责加强对土地复垦情况的监督检查。被检查的单位或者个人应当如实反映情况,提供必要的资料。

任何单位和个人不得扰乱、阻挠土地复垦工作,破坏土地复垦工程、设施和设备。

第九条 国家鼓励和支持土地复垦科学研究和技术创新,推广先进的土地复垦技术。

对在土地复垦工作中作出突出贡献的单位和个人,由县级以上人民政府给予表彰。

第二章 生产建设活动损毁土地的复垦

第十条 下列损毁土地由土地复垦义务人负责复垦:

(一)露天采矿、烧制砖瓦、挖沙取土等地表挖掘所损毁的土地;

(二)地下采矿等造成地表塌陷的土地;

(三)堆放采矿剥离物、废石、矿渣、粉煤灰等固体废弃物压占的土地;

(四)能源、交通、水利等基础设施建设和其他生产建设活动临时占用所损毁的土地。

第十一条 土地复垦义务人应当按照土地复垦标准和国务院国土资源主管部门的规定编制土地复垦方案。

第十二条 土地复垦方案应当包括下列内容:

(一)项目概况和项目区土地利用状况;

(二)损毁土地的分析预测和土地复垦的可行性评价;

(三)土地复垦的目标任务;

(四)土地复垦应当达到的质量要求和采取的措施;

(五)土地复垦工程和投资估(概)算;

(六)土地复垦费用的安排;

(七)土地复垦工作计划与进度安排;

(八)国务院国土资源主管部门规定的其他内容。

第十三条 土地复垦义务人应当在办理建设用地申请或者采矿权申请手续时,随有关报批材料报送土地复垦方案。

土地复垦义务人未编制土地复垦方案或者土地复垦方案不符合要求的,有批准权的人民政府不得批准建设用地,有批准权的国土资源主管部门不得颁发采矿许可证。

本条例施行前已经办理建设用地手续或者领取采矿许可证，本条例施行后继续从事生产建设活动造成土地损毁的，土地复垦义务人应当按照国务院国土资源主管部门的规定补充编制土地复垦方案。

第十四条 土地复垦义务人应当按照土地复垦方案开展土地复垦工作。矿山企业还应当对土地损毁情况进行动态监测和评价。

生产建设周期长、需要分阶段实施复垦的，土地复垦义务人应当对土地复垦工作与生产建设活动统一规划、统筹实施，根据生产建设进度确定各阶段土地复垦的目标任务、工程规划设计、费用安排、工程实施进度和完成期限等。

第十五条 土地复垦义务人应当将土地复垦费用列入生产成本或者建设项目总投资。

第十六条 土地复垦义务人应当建立土地复垦质量控制制度，遵守土地复垦标准和环境保护标准，保护土壤质量与生态环境，避免污染土壤和地下水。

土地复垦义务人应当首先对拟损毁的耕地、林地、牧草地进行表土剥离，剥离的表土用于被损毁土地的复垦。

禁止将重金属污染物或者其他有毒有害物质用作回填或者充填材料。受重金属污染物或者其他有毒有害物质污染的土地复垦后，达不到国家有关标准的，不得用于种植食用农作物。

第十七条 土地复垦义务人应当于每年12月31日前向县级以上地方人民政府国土资源主管部门报告当年的土地损毁情况、土地复垦费用使用情况以及土地复垦工程实施情况。

县级以上地方人民政府国土资源主管部门应当加强对土地复垦义务人使用土地复垦费用和实施土地复垦工程的监督。

第十八条 土地复垦义务人不复垦，或者复垦验收中经整改仍不合格的，应当缴纳土地复垦费，由有关国土资源主管部门代为组织复垦。

确定土地复垦费的数额，应当综合考虑损毁前的土地类型、实际损毁面积、损毁程度、复垦标准、复垦用途和完成复垦任务所需的工程量等因素。土地复垦费的具体征收使用管理办法，由国务院财政、价格主管部门商国务院有关部门制定。

土地复垦义务人缴纳的土地复垦费专项用于土地复垦。任何单位和个人不得截留、挤占、挪用。

第十九条 土地复垦义务人对在生产建设活动中损毁的由其他单位或者个人使用的国有土地或者农民集体所有的土地，除负责复垦外，还应当向遭受损失的单位或者个人支付损失补偿费。

损失补偿费由土地复垦义务人与遭受损失的单位或者个人按照造成的实际损失协商确定；协商不成的，可以向土地所在地人民政府国土资源主管部门申请调解或者依法向人民法院提起民事诉讼。

第二十条 土地复垦义务人不依法履行土地复垦义务的，在申请新的建设用地时，有批准权的人民政府不得批准；在申请新的采矿许可证或者申请采矿许可证延续、变更、注销时，有批准权的国土资源主管部门不得批准。

第三章 历史遗留损毁土地和自然灾害损毁土地的复垦

第二十一条 县级以上人民政府国土资源主管部门应当对历史遗留损毁土地和自然灾害损毁土地进行调查评价。

第二十二条 县级以上人民政府国土资源主管部门应当在调查评价的基础上，根据土地利用总体规划编制土地复垦专项规划，确定复垦的重点区域以及复垦的目标任务和要求，报本级人民政府批准后组织实施。

第二十三条 对历史遗留损毁土地和自然灾害损毁土地，县级以上人民政府应当投入资金进行复垦，或者按照"谁投资，谁受益"的原则，吸引社会投资进行复垦。土地权利人明确的，可以采取扶持、优惠措施，鼓励土地权利人自行复垦。

第二十四条 国家对历史遗留损毁土地和自然灾害损毁土地的复垦按项目实施管理。

县级以上人民政府国土资源主管部门应当根据土地复垦专项规划和年度土地复垦资金安排情况确定年度复垦项目。

第二十五条 政府投资进行复垦的，负责组织实施土地复垦项目的国土资源主管部门应当组织编制土地复垦项目设计书，明确复垦项目的位置、面积、目标任务、工程规划设计、实施进度及完成期限等。

土地权利人自行复垦或者社会投资进行复垦的，土地权利人或者投资单位、个人应当组织编制土地复垦项目设计书，并报负责组织实施土地复垦项目的国土资源主管部门审查同意后实施。

第二十六条 政府投资进行复垦的，有关国土资源主管部门应当依照招标投标法律法规的规定，通过公开招标的方式确定土地复垦项目的施工单位。

土地权利人自行复垦或者社会投资进行复垦的，

土地复垦项目的施工单位由土地权利人或者投资单位、个人依法自行确定。

第二十七条　土地复垦项目的施工单位应当按照土地复垦项目设计书进行复垦。

负责组织实施土地复垦项目的国土资源主管部门应当健全项目管理制度，加强项目实施中的指导、管理和监督。

第四章　土地复垦验收

第二十八条　土地复垦义务人按照土地复垦方案的要求完成土地复垦任务后，应当按照国务院国土资源主管部门的规定向所在地县级以上地方人民政府国土资源主管部门申请验收，接到申请的国土资源主管部门应当会同同级农业、林业、环境保护等有关部门进行验收。

进行土地复垦验收，应当邀请有关专家进行现场踏勘，查验复垦后的土地是否符合土地复垦标准以及土地复垦方案的要求，核实复垦后的土地类型、面积和质量等情况，并将初步验收结果公告，听取相关权利人的意见。相关权利人对土地复垦完成情况提出异议的，国土资源主管部门应当会同有关部门进一步核查，并将核查情况向相关权利人反馈；情况属实的，应当向土地复垦义务人提出整改意见。

第二十九条　负责组织验收的国土资源主管部门应当会同有关部门在接到土地复垦验收申请之日起60个工作日内完成验收，经验收合格的，向土地复垦义务人出具验收合格确认书；经验收不合格的，向土地复垦义务人出具书面整改意见，列明需要整改的事项，由土地复垦义务人整改完成后重新申请验收。

第三十条　政府投资的土地复垦项目竣工后，负责组织实施土地复垦项目的国土资源主管部门应当依照本条例第二十八条第二款的规定进行初步验收。初步验收完成后，负责组织实施土地复垦项目的国土资源主管部门应当按照国务院国土资源主管部门的规定向上级人民政府国土资源主管部门申请最终验收。上级人民政府国土资源主管部门应当会同有关部门及时组织验收。

土地权利人自行复垦或者社会投资进行复垦的土地复垦项目竣工后，由负责组织实施土地复垦项目的国土资源主管部门会同有关部门进行验收。

第三十一条　复垦为农用地的，负责组织验收的国土资源主管部门应当会同有关部门在验收合格后的5年内对土地复垦效果进行跟踪评价，并提出改善土地质量的建议和措施。

第五章　土地复垦激励措施

第三十二条　土地复垦义务人在规定的期限内将生产建设活动损毁的耕地、林地、牧草地等农用地复垦恢复原状的，依照国家有关税收法律法规的规定退还已经缴纳的耕地占用税。

第三十三条　社会投资复垦的历史遗留损毁土地或者自然灾害损毁土地，属于无使用权人的国有土地的，经县级以上人民政府依法批准，可以确定给投资单位或者个人长期从事种植业、林业、畜牧业或者渔业生产。

社会投资复垦的历史遗留损毁土地或者自然灾害损毁土地，属于农民集体所有土地或者有使用权人的国有土地的，有关国土资源主管部门应当组织投资单位或者个人与土地权利人签订土地复垦协议，明确复垦的目标任务以及复垦后的土地使用和收益分配。

第三十四条　历史遗留损毁和自然灾害损毁的国有土地的使用权人，以及历史遗留损毁和自然灾害损毁的农民集体所有土地的所有权人、使用权人，自行将损毁土地复垦为耕地的，由县级以上地方人民政府给予补贴。

第三十五条　县级以上地方人民政府将历史遗留损毁和自然灾害损毁的建设用地复垦为耕地的，按照国家有关规定可以作为本省、自治区、直辖市内进行非农建设占用耕地时的补充耕地指标。

第六章　法 律 责 任

第三十六条　负有土地复垦监督管理职责的部门及其工作人员有下列行为之一的，对直接负责的主管人员和其他直接责任人员，依法给予处分；直接负责的主管人员和其他直接责任人员构成犯罪的，依法追究刑事责任：

（一）违反本条例规定批准建设用地或者批准采矿许可证及采矿许可证的延续、变更、注销的；

（二）截留、挤占、挪用土地复垦费的；

（三）在土地复垦验收中弄虚作假的；

（四）不依法履行监督管理职责或者对发现的违反本条例的行为不依法查处的；

（五）在审查土地复垦方案、实施土地复垦项目、组织土地复垦验收以及实施监督检查过程中，索取、收受他人财物或者谋取其他利益的；

（六）其他徇私舞弊、滥用职权、玩忽职守行为。

第三十七条　本条例施行前已经办理建设用地手续或者领取采矿许可证，本条例施行后继续从事生产建设活动造成土地损毁的土地复垦义务人未按照规定补充编制土地复垦方案的,由县级以上地方人民政府国土资源主管部门责令限期改正;逾期不改正的,处10万元以上20万元以下的罚款。

第三十八条　土地复垦义务人未按照规定将土地复垦费用列入生产成本或者建设项目总投资的,由县级以上地方人民政府国土资源主管部门责令限期改正;逾期不改正的,处10万元以上50万元以下的罚款。

第三十九条　土地复垦义务人未按照规定对拟损毁的耕地、林地、牧草地进行表土剥离,由县级以上地方人民政府国土资源主管部门责令限期改正;逾期不改正的,按照应当进行表土剥离的土地面积处每公顷1万元的罚款。

第四十条　土地复垦义务人将重金属污染物或者其他有毒有害物质用作回填或者充填材料的,由县级以上地方人民政府环境保护主管部门责令停止违法行为,限期采取治理措施,消除污染,处10万元以上50万元以下的罚款;逾期不采取治理措施的,环境保护主管部门可以指定有治理能力的单位代为治理,所需费用由违法者承担。

第四十一条　土地复垦义务人未按照规定报告土地损毁情况、土地复垦费用使用情况或者土地复垦工程实施情况的,由县级以上地方人民政府国土资源主管部门责令限期改正;逾期不改正的,处2万元以上5万元以下的罚款。

第四十二条　土地复垦义务人依照本条例规定应当缴纳土地复垦费而不缴纳的,由县级以上地方人民政府国土资源主管部门责令限期缴纳;逾期不缴纳的,处应缴纳土地复垦费1倍以上2倍以下的罚款,土地复垦义务人为矿山企业的,由颁发采矿许可证的机关吊销采矿许可证。

第四十三条　土地复垦义务人拒绝、阻碍国土资源主管部门监督检查,或者在接受监督检查时弄虚作假的,由国土资源主管部门责令改正,处2万元以上5万元以下的罚款;有关责任人员构成违反治安管理行为的,由公安机关依法予以治安管理处罚;有关责任人员构成犯罪的,依法追究刑事责任。

破坏土地复垦工程、设施和设备,构成违反治安管理行为的,由公安机关依法予以治安管理处罚;构成犯罪的,依法追究刑事责任。

第七章　附　　则

第四十四条　本条例自公布之日起施行。1988年11月8日国务院发布的《土地复垦规定》同时废止。

土地复垦条例实施办法

1. 2012年12月27日国土资源部第56号令公布
2. 根据2019年7月24日自然资源部令第5号《关于第一批废止和修改的部门规章的决定》修正

第一章　总　　则

第一条　为保证土地复垦的有效实施,根据《土地复垦条例》(以下简称条例),制定本办法。

第二条　土地复垦应当综合考虑复垦后土地利用的社会效益、经济效益和生态效益。

生产建设活动造成耕地损毁的,能够复垦为耕地的,应当优先复垦为耕地。

第三条　县级以上自然资源主管部门应当明确专门机构并配备专职人员负责土地复垦监督管理工作。

县级以上自然资源主管部门应当加强与发展改革、财政、铁路、交通、水利、环保、农业、林业等部门的协同配合和行业指导监督。

上级自然资源主管部门应当加强对下级自然资源主管部门土地复垦工作的监督和指导。

第四条　除条例第六条规定外,开展土地复垦调查评价、编制土地复垦规划设计、确定土地复垦工程建设和造价、实施土地复垦工程质量控制、进行土地复垦评价等活动,也应当遵守有关国家标准和土地管理行业标准。

省级自然资源主管部门可以结合本地实际情况,补充制定本行政区域内土地复垦工程建设和造价等标准。

第五条　县级以上自然资源主管部门应当建立土地复垦信息管理系统,利用国土资源综合监管平台,对土地复垦情况进行动态监测,及时收集、汇总、分析和发布本行政区域内土地损毁、土地复垦等数据信息。

第二章　生产建设活动损毁土地的复垦

第六条　属于条例第十条规定的生产建设项目,土地复垦义务人应当在办理建设用地申请或者采矿权申请手续时,依据自然资源部《土地复垦方案编制规程》的要求,组织编制土地复垦方案,随有关报批材料报送有关自然资源主管部门审查。

具体承担相应建设用地审查和采矿权审批的自然资源主管部门负责对土地复垦义务人报送的土地复垦方案进行审查。

第七条　条例施行前已经办理建设用地手续或者领取采矿许可证,条例施行后继续从事生产建设活动造成土地损毁的,土地复垦义务人应当在本办法实施之日起一年内完成土地复垦方案的补充编制工作,报有关自然资源主管部门审查。

第八条 土地复垦方案分为土地复垦方案报告书和土地复垦方案报告表。

依法由省级以上人民政府审批建设用地的建设项目,以及由省级以上自然资源主管部门审批登记的采矿项目,应当编制土地复垦方案报告书。其他项目可以编制土地复垦方案报告表。

第九条 生产建设周期长、需要分阶段实施土地复垦的生产建设项目,土地复垦方案应当包含阶段土地复垦计划和年度实施计划。

跨县(市、区)域的生产建设项目,应当在土地复垦方案中附具以县(市、区)为单位的土地复垦实施方案。

阶段土地复垦计划和以县(市、区)为单位的土地复垦实施方案应当明确土地复垦的目标、任务、位置、主要措施、投资概算、工程规划设计等。

第十条 有关自然资源主管部门受理土地复垦方案审查申请后,应当组织专家进行论证。

根据论证所需专业知识结构,从土地复垦专家库中选取专家。专家与土地复垦方案申请人或者申请项目有利害关系的,应当主动要求回避。土地复垦方案申请人也可以向有关自然资源主管部门申请专家回避。

土地复垦方案申请人或者相关利害关系人可以按照《政府信息公开条例》的规定,向有关自然资源主管部门申请查询专家意见。有关自然资源主管部门应当依法提供查询结果。

第十一条 土地复垦方案经专家论证通过后,由有关自然资源主管部门进行最终审查。符合下列条件的,方可通过审查:

(一)土地利用现状明确;

(二)损毁土地的分析预测科学;

(三)土地复垦目标、任务和利用方向合理,措施可行;

(四)土地复垦费用测算合理,预存与使用计划清晰并符合本办法规定要求;

(五)土地复垦计划安排科学、保障措施可行;

(六)土地复垦方案已经征求意见并采纳合理建议。

第十二条 土地复垦方案通过审查的,有关自然资源主管部门应当向土地复垦义务人出具土地复垦方案审查意见书。土地复垦方案审查意见书应当包含本办法第十一条规定的有关内容。

土地复垦方案未通过审查的,有关自然资源主管部门应当书面告知土地复垦义务人补正。逾期不补正的,不予办理建设用地或者采矿审批相关手续。

第十三条 土地复垦义务人因生产建设项目的用地位置、规模等发生变化,或者采矿项目发生扩大变更矿区范围等重大内容变化的,应当在三个月内对原土地复垦方案进行修改,报原审查的自然资源主管部门审查。

第十四条 土地复垦义务人不按照本办法第七条、第十三条规定补充编制或者修改土地复垦方案的,依照条例第二十条规定处理。

第十五条 土地复垦义务人在实施土地复垦工程前,应当依据审查通过的土地复垦方案进行土地复垦规划设计,将土地复垦方案和土地复垦规划设计一并报所在地县级自然资源主管部门备案。

第十六条 土地复垦义务人应当按照条例第十五条规定的要求,与损毁土地所在地县级自然资源主管部门在双方约定的银行建立土地复垦费用专门账户,按照土地复垦方案确定的资金数额,在土地复垦费用专门账户中足额预存土地复垦费用。

预存的土地复垦费用遵循"土地复垦义务人所有,自然资源主管部门监管,专户储存专款使用"的原则。

第十七条 土地复垦义务人应当与损毁土地所在地县级自然资源主管部门、银行共同签订土地复垦费用使用监管协议,按照本办法规定的原则明确土地复垦费用预存和使用的时间、数额、程序、条件和违约责任等。

土地复垦费用使用监管协议对当事人具有法律效力。

第十八条 土地复垦义务人应当在项目动工前一个月内预存土地复垦费用。

土地复垦义务人按照本办法第七条规定补充编制土地复垦方案的,应当在土地复垦方案通过审查后一个月内预存土地复垦费用。

土地复垦义务人按照本办法第十三条规定修改土地复垦方案后,已经预存的土地复垦费用不足的,应当在土地复垦方案通过审查后一个月内补齐差额费用。

第十九条 土地复垦费用预存实行一次性预存和分期预存两种方式。

生产建设周期在三年以下的项目,应当一次性全额预存土地复垦费用。

生产建设周期在三年以上的项目,可以分期预存土地复垦费用,但第一次预存的数额不得少于土地复垦费用总金额的百分之二十。余额按照土地复垦方案确定的土地复垦费用预存计划预存,在生产建设活动结束前一年预存完毕。

第二十条 采矿生产项目的土地复垦费用预存,统一纳入矿山地质环境治理恢复基金进行管理。

条例实施前,采矿生产项目按照有关规定向自然资源主管部门缴存的矿山地质环境治理恢复保证金中已经包含了土地复垦费用的,土地复垦义务人可以向所在地自然资源主管部门提出申请,经审核属实的,可以不再预存相应数额的土地复垦费用。

第二十一条 土地复垦义务人应当按照土地复垦方案确定的工作计划和土地复垦费用使用计划,向损毁土地所在地县级自然资源主管部门申请出具土地复垦费用支取通知书。县级自然资源主管部门应当在七日内出具土地复垦费用支取通知书。

土地复垦义务人凭土地复垦费用支取通知书,从土地复垦费用专门账户中支取土地复垦费用,专项用于土地复垦。

第二十二条 土地复垦义务人应当按照条例第十七条规定于每年12月31日前向所在地县级自然资源主管部门报告当年土地复垦义务履行情况,包括下列内容:

(一)年度土地损毁情况,包括土地损毁方式、地类、位置、权属、面积、程度等;

(二)年度土地复垦费用预存、使用和管理等情况;

(三)年度土地复垦实施情况,包括复垦地类、位置、面积、权属、主要复垦措施、工程量等;

(四)自然资源主管部门规定的其他年度报告内容。

县级自然资源主管部门应当加强对土地复垦义务人报告事项履行情况的监督核实,并可以根据情况将土地复垦义务履行情况年度报告在门户网站上公开。

第二十三条 县级自然资源主管部门应当加强对土地复垦义务人使用土地复垦费用的监督管理,发现有不按照规定使用土地复垦费用的,可以按照土地复垦费用使用监管协议的约定依法追究土地复垦义务人的违约责任。

第二十四条 土地复垦义务人在生产建设活动中应当遵循"保护、预防和控制为主,生产建设与复垦相结合"的原则,采取下列预防控制措施:

(一)对可能被损毁的耕地、林地、草地等,应当进行表土剥离,分层存放,分层回填,优先用于复垦土地的土壤改良。表土剥离厚度应当依据相关技术标准,根据实际情况确定。表土剥离应当在生产工艺和施工建设前进行或者同步进行;

(二)露天采矿、烧制砖瓦、挖沙取土、采石,修建铁路、公路、水利工程等,应当合理确定取土的位置、范围、深度和堆放的位置、高度等;

(三)地下采矿或者疏干抽排地下水等施工,对易造成地面塌陷或者地面沉降等特殊地段应当采取充填、设置保护支柱等工程技术方法以及限制、禁止开采地下水等措施;

(四)禁止不按照规定排放废气、废水、废渣、粉灰、废油等。

第二十五条 土地复垦义务人应当对生产建设活动损毁土地的规模、程度和复垦过程中土地复垦工程质量、土地复垦效果等实施全程控制,并对验收合格后的复垦土地采取管护措施,保证土地复垦效果。

第二十六条 土地复垦义务人依法转让采矿权或者土地使用权的,土地复垦义务同时转移。但原土地复垦义务人应当完成的土地复垦义务未履行完成的除外。

原土地复垦义务人已经预存的土地复垦费用以及未履行完成的土地复垦义务,由原土地复垦义务人与新的土地复垦义务人在转让合同中约定。

新的土地复垦义务人应当重新与损毁土地所在地自然资源主管部门、银行签订土地复垦费用使用监管协议。

第三章 历史遗留损毁土地和自然灾害损毁土地的复垦

第二十七条 历史遗留损毁土地和自然灾害损毁土地调查评价,应当包括下列内容:

(一)损毁土地现状调查,包括地类、位置、面积、权属、损毁类型、损毁特征、损毁原因、损毁时间、污染情况、自然条件、社会经济条件等;

(二)损毁土地复垦适宜性评价,包括损毁程度、复垦潜力、利用方向及生态环境影响等;

(三)土地复垦效益分析,包括社会、经济、生态等效益。

第二十八条 符合下列条件的土地,所在地的县级自然资源主管部门应当认定为历史遗留损毁土地:

(一)土地复垦义务人灭失的生产建设活动损毁的土地;

(二)《土地复垦规定》实施以前生产建设活动损毁的土地。

第二十九条 县级自然资源主管部门应当将历史遗留损毁土地认定结果予以公告,公告期间不少于三十日。土地复垦义务人对认定结果有异议的,可以向县级自然资源主管部门申请复核。

县级自然资源主管部门应当自收到复核申请之日起三十日内做出答复。土地复垦义务人不服的,可以向上一级自然资源主管部门申请裁定。

上一级自然资源主管部门发现县级自然资源主管部门做出的认定结果不符合规定的,可以责令县级自然资源主管部门重新认定。

第三十条 土地复垦专项规划应当包括下列内容:

(一)土地复垦潜力分析;

(二)土地复垦的原则、目标、任务和计划安排;

(三)土地复垦重点区域和复垦土地利用方向;

(四)土地复垦项目的划定,复垦土地的利用布局和工程布局;

(五)土地复垦资金的测算,资金筹措方式和资金安排;

(六)预期经济、社会和生态等效益;

(七)土地复垦的实施保障措施。

土地复垦专项规划可以根据实际情况纳入土地整治规划。

土地复垦专项规划的修改应当按照条例第二十二条的规定报本级人民政府批准。

第三十一条 县级以上地方自然资源主管部门应当依据土地复垦专项规划制定土地复垦年度计划,分年度、有步骤地组织开展土地复垦工作。

第三十二条 条例第二十三条规定的历史遗留损毁土地和自然灾害损毁土地的复垦资金来源包括下列资金:

(一)土地复垦费;

(二)耕地开垦费;

(三)新增建设用地土地有偿使用费;

(四)用于农业开发的土地出让收入;

(五)可以用于土地复垦的耕地占用税地方留成部分;

(六)其他可以用于土地复垦的资金。

第四章 土地复垦验收

第三十三条 土地复垦义务人完成土地复垦任务后,应当组织自查,向项目所在地县级自然资源主管部门提出验收书面申请,并提供下列材料:

(一)验收调查报告及相关图件;

(二)规划设计执行报告;

(三)质量评估报告;

(四)检测等其他报告。

第三十四条 生产建设周期五年以上的项目,土地复垦义务人可以分阶段提出验收申请,负责组织验收的自然资源主管部门实行分级验收

阶段验收由项目所在地县级自然资源主管部门负责组织,总体验收由审查通过土地复垦方案的自然资源主管部门负责组织或者委托有关自然资源主管部门组织。

第三十五条 负责组织验收的自然资源主管部门应当会同同级农业、林业、环境保护等有关部门,组织邀请有关专家和农村集体经济组织代表,依据土地复垦方案、阶段土地复垦计划,对下列内容进行验收:

(一)土地复垦计划目标与任务完成情况;

(二)规划设计执行情况;

(三)复垦工程质量和耕地质量等级;

(四)土地权属管理、档案资料管理情况;

(五)工程管护措施。

第三十六条 土地复垦阶段验收和总体验收形成初步验收结果后,负责组织验收的自然资源主管部门应当在项目所在地公告,听取相关权利人的意见。公告时间不少于三十日。

相关土地权利人对验收结果有异议的,可以在公告期内向负责组织验收的自然资源主管部门书面提出。

自然资源主管部门应当在接到书面异议之日起十五日内,会同同级农业、林业、环境保护等有关部门核查,形成核查结论反馈相关土地权利人。异议情况属实的,还应当向土地复垦义务人提出整改意见,限期整改。

第三十七条 土地复垦工程经阶段验收或者总体验收合格的,负责验收的自然资源主管部门应当依照条例第二十九条规定出具阶段或者总体验收合格确认书。验收合格确认书应当载明下列事项:

(一)土地复垦工程概况;

(二)损毁土地情况;

(三)土地复垦完成情况;

(四)土地复垦中存在的问题和整改建议、处理意见;

(五)验收结论。

第三十八条 土地复垦义务人在申请新的建设用地、申请新的采矿许可证或者申请采矿许可证延续、变更、注销时,应当一并提供按照本办法规定到期完工土地复垦项目的验收合格确认书或者土地复垦费缴费凭据。

未提供相关材料的，按照条例第二十条规定，有关自然资源主管部门不得通过审查和办理相关手续。

第三十九条 政府投资的土地复垦项目竣工后，由负责组织实施土地复垦项目的自然资源主管部门进行初步验收，验收程序和要求除依照本办法规定外，按照资金来源渠道及相应的项目管理办法执行。

初步验收完成后，依照条例第三十条规定进行最终验收，并依照本办法第三十七条规定出具验收合格确认书。

自然资源主管部门代复垦的项目竣工后，依照本条规定进行验收。

第四十条 土地权利人自行复垦或者社会投资进行复垦的土地复垦项目竣工后，由项目所在地县级自然资源主管部门进行验收，验收程序和要求依照本办法规定执行。

第五章 土地复垦激励措施

第四十一条 土地复垦义务人将生产建设活动损毁的耕地、林地、牧草地等农用地复垦恢复为原用途的，可以依照条例第三十二条规定，凭验收合格确认书向所在地县级自然资源主管部门提出出具退还耕地占用税意见的申请。

经审核属实的，县级自然资源主管部门应当在十五日内向土地复垦义务人出具意见。土地复垦义务人凭自然资源主管部门出具的意见向有关部门申请办理退还耕地占用税手续。

第四十二条 由社会投资将历史遗留损毁和自然灾害损毁土地复垦为耕地的，除依照条例第三十三条规定办理外，对属于将非耕地复垦为耕地的，经验收合格并报省级自然资源主管部门复核同意后，可以作为本省、自治区、直辖市的补充耕地指标，市、县政府可以出资购买指标。

第四十三条 由县级以上地方人民政府投资将历史遗留损毁和自然灾害损毁的建设用地复垦为耕地的，经验收合格并报省级自然资源主管部门复核同意后，依照条例第三十五条规定可以作为本省、自治区、直辖市的补充耕地指标。但使用新增建设用地有偿使用费复垦的耕地除外。

属于农民集体所有的土地，复垦后应当交给农民集体使用。

第六章 土地复垦监督管理

第四十四条 县级以上自然资源主管部门应当采取年度检查、专项核查、例行稽查、在线监管等形式，对本行政区域内的土地复垦活动进行监督检查，并可以采取下列措施：

（一）要求被检查当事人如实反映情况和提供相关的文件、资料和电子数据；

（二）要求被检查当事人就土地复垦有关问题做出说明；

（三）进入土地复垦现场进行勘查；

（四）责令被检查当事人停止违反条例的行为。

第四十五条 县级以上自然资源主管部门应当在门户网站上及时向社会公开本行政区域内的土地复垦管理规定、技术标准、土地复垦规划、土地复垦项目安排计划以及土地复垦方案审查结果、土地复垦工程验收结果等重大事项。

第四十六条 县级以上地方自然资源主管部门应当通过国土资源主干网等按年度将本行政区域内的土地损毁情况、土地复垦工作开展情况等逐级上报。

上级自然资源主管部门对下级自然资源主管部门落实土地复垦法律法规情况、土地复垦义务履行情况、土地复垦效果等进行绩效评价。

第四十七条 县级以上自然资源主管部门应当对土地复垦档案实行专门管理，将土地复垦方案、土地复垦资金使用监管协议、土地复垦验收有关材料和土地复垦项目计划书、土地复垦实施情况报告等资料和电子数据进行档案存储与管理。

第四十八条 复垦后的土地权属和用途发生变更的，应当依法办理土地登记相关手续。

第七章 法律责任

第四十九条 条例第三十六条第六项规定的其他徇私舞弊、滥用职权、玩忽职守行为，包括下列行为：

（一）违反本办法第二十一条规定，对不符合规定条件的土地复垦义务人出具土地复垦费用支取通知书，或者对符合规定条件的土地复垦义务人无正当理由未在规定期限内出具土地复垦费用支取通知书的；

（二）违反本办法第四十一条规定，对不符合规定条件的申请人出具退还耕地占用税的意见，或者对符合规定条件的申请人无正当理由未在规定期限内出具退还耕地占用税的意见的；

（三）其他违反条例和本办法规定的行为。

第五十条 土地复垦义务人未按照本办法第十五条规定将土地复垦方案、土地复垦规划设计报所在地县级自然资源主管部门备案的，由县级以上地方自然资源主管部门责令限期改正；逾期不改正的，依照条例第四十一条规定处罚。

第五十一条　土地复垦义务人未按照本办法第十六条、第十七条、第十八条、第十九条规定预存土地复垦费用的，由县级以上自然资源主管部门责令限期改正；逾期不改正的，依照条例第三十八条规定处罚。

第五十二条　土地复垦义务人未按照本办法第二十五条规定开展土地复垦质量控制和采取管护措施的，由县级以上地方自然资源主管部门责令限期改正；逾期不改正的，依照条例第四十一条规定处罚。

第五十三条　铀矿等放射性采矿项目的土地复垦具体办法，由自然资源部另行制定。

第五十四条　本办法自2013年3月1日起施行。

自然资源部关于开展低效用地再开发试点工作的通知

1．2023年9月5日
2．自然资发〔2023〕171号

北京、天津、河北、上海、江苏、浙江、安徽、福建、江西、山东、湖北、湖南、广东、重庆、四川等省（市）自然资源主管部门：

长期以来，在一些城镇和乡村地区，包括城中村、老旧厂区，普遍存在存量建设用地布局散乱、利用粗放、用途不合理等问题。为贯彻党中央、国务院关于实施全面节约战略等决策部署，落实在超大特大城市积极稳步推进城中村改造的有关要求，聚焦盘活利用存量土地，提高土地利用效率，促进城乡高质量发展，部决定在北京市等43个城市开展低效用地再开发试点，探索创新政策举措，完善激励约束机制，现就有关事项通知如下。

一、总体要求

（一）指导思想。以习近平新时代中国特色社会主义思想为指导，全面贯彻党的二十大精神和全国生态环境保护大会要求，坚持最严格的耕地保护制度、最严格的节约集约用地制度和最严格的生态环境保护制度，以国土空间规划为统领，以城中村和低效工业用地改造为重点，以政策创新为支撑，推动各类低效用地再开发，推动城乡发展从增量依赖向存量挖潜转变，促进形成节约资源和保护环境的空间格局、产业结构、生产方式、生活方式。

（二）工作原则。

1．坚持底线思维、守正创新。严格落实国土空间规划管控要求，严守红线底线，确保耕地不减少、建设用地总量不突破、生态保护红线保持稳定。在坚持“局部试点、全面探索、封闭运行、结果可控”的前提下，探索创新盘活利用存量土地的政策机制。

2．坚持有效市场、有为政府。坚持市场在资源配置中的决定性作用，更好发挥政府作用。强化政府在空间统筹、结构优化、资金平衡、组织推动等方面的作用，坚持公平公开、“净地”供应，充分调动市场参与的积极性。

3．坚持补齐短板、统筹发展。坚持把盘活的城乡空间资源更多地用于民生所需和实体经济发展，补齐基础设施和公共服务设施短板，改善城乡人居环境，保障产业项目落地和转型升级。

4．坚持公开透明、规范运作。强化项目全过程公开透明管理，维护市场公平公正。健全平等协商机制，充分尊重权利人意愿，妥善处理群众诉求。完善收益分享机制，促进改造成果更多更公平惠及人民群众。

（三）工作目标。试点城市要通过探索创新，统筹兼顾经济、生活、生态、安全等多元需要，促进国土空间布局更合理、结构更优化、功能更完善、设施更完备；增加建设用地有效供给，大幅提高利用存量用地的比重和新上工业项目的容积率，推广应用节地技术和节地模式，明显降低单位GDP建设用地使用面积；建立可复制推广的低效用地再开发政策体系和制度机制，为促进城乡内涵式、集约型、绿色化高质量发展提供土地制度保障。

二、主要任务

总结《关于深入推进城镇低效用地再开发的指导意见（试行）》（国土资发〔2016〕147号）实践经验，针对新形势、新任务、新要求，围绕低效用地再开发政策与机制创新，重点从四个方面开展试点探索。

（一）规划统筹。

1．加强规划统领。依据国土空间总体规划，明确低效用地再开发的重点区域，合理确定低效用地再开发空间单元。探索编制空间单元内实施层面控制性详细规划，明确土地使用、功能布局、空间结构、基础设施和公共服务设施、建筑规模指标等要求，经法定程序批准后，作为核发规划许可的法定依据。探索土地混合开发、空间复合利用、容积率奖励、跨空间单元统筹等政策，推动形成规划管控与市场激励良性互动的机制。

2．突出高质量发展导向。国土空间规划应针对低效用地再开发，明确目标导向，提出规划对策，强调高质量发展导向。基于促进产业转型升级、优先保障公共服务设施和基础设施供给、保护生态和传承历史文脉，在体现宜居、人文、绿色、韧性、智慧等方面，提出空间布局优化引导对策。

3. 引导有序实施。试点城市应当依据国土空间总体规划和控制性详细规划，编制低效用地再开发年度实施计划，确定低效用地再开发项目并有序实施。加强全市域、分区域的规划统筹，从城市整体利益平衡出发谋划实施项目，避免过度依赖单一地块增容来实现项目资金平衡。

（二）收储支撑。

4. 完善收储机制。对需要以政府储备为主推进低效用地再开发项目实施的，结合国土空间控制性详细规划编制，探索以"统一规划、统一储备、统一开发、统一配套、统一供应"推动实施。探索将难以独立开发的零星地块，与相邻产业地块一并出具规划条件，整体供应给相邻产业项目用于增资扩产（商品住宅除外）。

5. 拓展收储资金渠道。统筹保障土地收储、基础设施开发建设等资金投入，做好资金平衡，合理安排开发时序，实现滚动开发、良性循环。完善国有土地收益基金制度，明确国有土地收益基金计提比例，专项用于土地储备工作。

6. 完善征收补偿办法。完善低效用地再开发中土地征收的具体办法，依据国土空间规划合理确定土地征收成片开发中公益性用地比例等具体要求，明确集体土地上房屋征收补偿标准和程序、依法申请强制执行情形等规定。

（三）政策激励。

7. 探索资源资产组合供应。在特定国土空间范围内，同一使用权人需使用多个门类自然资源资产的，探索实行组合包供应，将各个门类自然资源的使用条件、开发要求、标的价值、溢价比例等纳入供应方案，通过统一的自然资源资产交易平台，一并对社会公告、签订配置合同，按职责进行监管。鼓励轨道交通、公共设施等地上地下空间综合开发节地模式，需要整体规划建设的，实行一次性组合供应，分用途、分层设立国有建设用地使用权。

8. 完善土地供应方式。鼓励原土地使用权人改造开发，除法律规定不可改变土地用途或改变用途应当由政府收回外，完善原土地使用权人申请改变土地用途、签订变更协议的程序和办法。鼓励集中连片改造开发，在权属清晰无争议、过程公开透明、充分竞争参与、产业导向优先的前提下，探索不同用途地块混合供应，探索"工改工"与"工改商""工改住"联动改造的条件和程序。依据国土空间规划确定规划指标，坚持"净地"供应，按照公开择优原则，建立竞争性准入机制，探索依法实施综合评价出让或带设计方案出让。

9. 优化地价政策工具。完善低效用地再开发地价计收补缴标准，分不同区域、不同用地类别改变用途后，以公示地价（或市场评估价）的一定比例核定补缴地价款；探索以市场评估价为基础按程序确定地价款，要综合考虑土地整理投入、移交公益性用地或建筑面积、配建基础设施和公共服务设施以及多地块联动改造等成本。探索完善低效工业用地再开发不再增缴土地价款的细分用途和条件。

10. 完善收益分享机制。对实施区域统筹和成片开发涉及的边角地、夹心地、插花地等零星低效用地，探索集体建设用地之间、国有建设用地之间、集体建设用地与国有建设用地之间，按照"面积相近或价值相当、双方自愿、凭证置换"原则，经批准后进行置换，依法办理登记。探索完善土地增值收益分享机制，完善原土地权利人货币化补偿标准，拓展实物补偿的途径。优化保障性住房用地规划选址，增加保障性住房用地供应，探索城中村改造地块除安置房外的住宅用地及其建筑规模按一定比例建设保障性住房，探索利用集体建设用地建设保障性租赁住房。

11. 健全存量资源转换利用机制。在符合规划、确保安全的前提下，探索对存量建筑实施用途转换的方法，按照实事求是、简化办理的原则，制定转换规则，完善相关审批事项办理程序。鼓励利用存量房产等空间资源发展国家支持产业和行业，允许以5年为限，享受不改变用地主体和规划条件的过渡期支持政策。

（四）基础保障。

12. 严格调查认定和上图入库。探索完善评价方法，因地制宜制定低效用地认定标准。试点城市自然资源主管部门以第三次全国国土调查及最新年度国土变更调查成果为基础，全面查清低效用地及历史遗留用地底数，全部实现上图入库，经省级自然资源主管部门审核同意后报部备案，纳入国土空间规划"一张图"实施监督信息系统，作为试点相关政策实施和成效评估的依据。

13. 做好不动产确权登记。纳入低效用地再开发范围的土地、房屋等不动产，应当权利归属清晰、主体明确、不存在权属争议。防止因低效用地再开发产生新的遗留问题，导致不动产"登记难"。严禁违反规定通过"村改居"方式将农民集体所有土地直接转为国有土地。完成低效用地再开发后，不动产登记机构根据当事人申请，依法及时办理相关不动产登记，维护权利人合法权益。

14. 妥善处理历史遗留用地等问题。对于历史形成的没有合法用地手续的建设用地，要根据全国国土调查结果、区分发生的不同时期依法依规分类明确认定标准和处置政策，予以妥善处理，要确保底数清晰、封闭运行、严控新增、结果可控。对第二次全国土地调查和第三次全国国土调查均调查认定为建设用地的，在符合规划用途前提下，允许按建设用地办理土地征收等手续，按现行《土地管理法》规定落实征地补偿安置；对其地上建筑物、构筑物，不符合规划要求、违反《城乡规划法》相关规定的，依法依规予以处置。加快超期未开发住宅用地的依法处置，摸清底数和原因，落实责任单位，提出分类型、分步骤依法收回的具体措施。

三、组织实施

低效用地再开发试点期限原则上为4年，各试点城市要按照本通知规定要求，积极稳妥、有力有效地推进试点工作。试点期间，部将组织开展中期评估，评价各试点城市实施成效，加强督促指导。

（一）*及时研究部署，编制实施方案*。各试点城市要将试点工作纳入政府重要议事日程，加强组织领导，及时研究部署，调动各方力量，协调重大问题。要结合本地实际，抓紧编制试点实施方案，明确试点工作的范围重点、目标任务、实施步骤、责任分工和保障措施，提出试点政策机制的创新思路与实现路径，由城市人民政府审定后实施。试点实施方案由省级自然资源主管部门报部备案。

（二）*边实践边总结，深入推进试点*。各试点城市要在坚持原则、守住底线的前提下，围绕试点目标任务，系统性、创新性地开展试点工作。注重阶段性总结评估，提炼可复制推广的制度、政策、机制性成果，每半年向部和省级自然资源主管部门报送试点进展与成果情况。部将组织试点城市座谈交流，研究重大问题，共同推进试点工作。

（三）*加强跟踪指导，确保预期成效*。省级自然资源主管部门要加强对试点工作指导，跟踪试点情况，及时纠正偏差，确保试点工作取得预期效果。各试点城市要坚持以人为本，强化项目信息公开，依法依规履行征求权利人意见、社会公示、集体决策等程序，畅通沟通渠道，接受社会监督，保障人民群众合法权益。稳妥有序推进，加强社会稳定风险评估和重大项目法律风险评估，有效预防和控制风险。

为贯彻落实中央在超大特大城市积极稳步推进城中村改造的决策部署，未纳入本通知试点范围的超大特大城市、以及具备条件的城区常住人口300万以上的大城市，实施城中村改造项目可参照本通知明确的试点政策执行。

土地征收成片开发标准

1. 2023年10月31日
2. 自然资规〔2023〕7号

一、根据《土地管理法》第45条的规定，制定本标准。

本标准所称成片开发，是指在国土空间规划确定的城镇建设用地范围内，由县级以上地方人民政府组织的对一定范围的土地进行的综合性开发建设活动。

二、土地征收成片开发应当坚持新发展理念，以人民为中心，注重保护耕地，注重维护农民合法权益，注重节约集约用地，注重生态环境保护，促进当地经济社会可持续发展。

三、县级以上地方人民政府应当按照《土地管理法》第45条规定，依据当地国民经济和社会发展规划、国土空间规划，组织编制土地征收成片开发方案，纳入当地国民经济和社会发展年度计划，并报省级人民政府批准。

土地征收成片开发方案应当包括下列内容：

（一）成片开发的位置、面积、范围和基础设施条件等基本情况；

（二）成片开发的必要性、主要用途和实现的功能；

（三）成片开发拟安排的建设项目、开发时序和年度实施计划；

（四）依据国土空间规划确定的一个完整的土地征收成片开发范围内基础设施、公共服务设施以及其他公益性用地比例；

（五）成片开发的土地利用效益以及经济、社会、生态效益评估。

前款第（四）项规定的比例一般不低于40%，各市县的具体比例由省级人民政府根据各地情况差异确定。

县级以上地方人民政府编制土地征收成片开发方案时，应当充分听取人大代表、政协委员、社会公众和有关专家学者的意见。

四、土地征收成片开发方案应当充分征求成片开发范围内农村集体经济组织和农民的意见，并经集体经济组织成员的村民会议三分之二以上成员或者三分之二以上村民代表同意。未经集体经济组织的村民会议三分之二以上成员或者三分之二以上村民代表同意，不得申请土地征收成片开发。

五、省级人民政府应当组织人大代表、政协委员和土地、规划、经济、法律、环保、产业等方面的专家组成专家委员会，对土地征收成片开发方案的科学性、必要性进行论证。论证结论应当作为批准土地征收成片开发方案的重要依据。

国家自然资源督察机构、自然资源部、省级人民政府应当加强对土地征收成片开发工作的监管。

六、土地征收成片开发方案经批准后，应当严格按照方案确定的范围、时序安排组织实施。因国民经济和社会发展年度计划、国土空间规划调整或者不可抗力等因素导致无法实施的，可按规定调整土地征收成片开发方案。成片开发方案调整涉及地块变化的，调整方案应报省级人民政府批准；调整仅涉及实施进度安排的，调整方案应报省级自然资源主管部门备案。调整后公益性用地比例应当符合规定要求，已实施征收的地块不得调出。

七、有下列情形之一的，不得批准土地征收成片开发方案：

（一）涉及占用永久基本农田的；

（二）市县区域内存在大量批而未供或者闲置土地的；

（三）各类开发区、城市新区土地利用效率低下的；

（四）已批准实施的土地征收成片开发连续两年未完成方案安排的年度实施计划的。

八、本标准自 2023 年 11 月 5 日施行，有效期五年。

六、土地权属与登记

资料补充栏

1. 土地确权与权属争议处理

确定土地所有权和使用权的若干规定

1. 1995年3月11日国家土地管理局发布
2. 〔1995〕国土(籍)字第26号
3. 根据2010年12月3日国土资源部《关于修改部分规范性文件的决定》(国土资发〔2010〕190号)修正

第一章　总　　则

第一条　为了确定土地所有权和使用权,依法进行土地登记,根据有关的法律、法规和政策,制订本规定。

第二条　土地所有权和使用权由县级以上人民政府确定,土地管理部门具体承办。

土地权属争议,由土地管理部门提出处理意见,报人民政府下达处理决定或报人民政府批准后由土地管理部门下达处理决定。

第二章　国家土地所有权

第三条　城市市区范围内的土地属于国家所有。

第四条　依据一九五〇年《中华人民共和国土地改革法》及有关规定,凡当时没有将土地所有权分配给农民的土地属于国家所有;实施一九六二年《农村人民公社工作条例修正草案》(以下简称《六十条》)未划入农民集体范围内的土地属于国家所有。

第五条　国家建设征收的土地,属于国家所有。

第六条　开发利用国有土地,开发利用者依法享有土地使用权,土地所有权仍属国家。

第七条　国有铁路线路、车站、货场用地以及依法留用的其他铁路用地属于国家所有。土改时已分配给农民所有的原铁路用地和新建铁路两侧未经征收的农民集体所有土地属于农民集体所有。

第八条　县级以上(含县级)公路线路用地属于国家所有。公路两侧保护用地和公路其他用地凡未经征收的农民集体所有的土地仍属于农民集体所有。

第九条　国有电力、通讯设施用地属于国家所有。但国有电力通讯杆塔占用农民集体所有的土地,未办理征收手续的,土地仍属于农民集体所有,对电力通讯经营单位可确定为他项权利。

第十条　军队接收的敌伪地产及解放后经人民政府批准征收、划拨的军事用地属于国家所有。

第十一条　河道堤防内的土地和堤防外的护堤地,无堤防河道历史最高洪水位或者设计洪水位以下的土地,除土改时已将所有权分配给农民,国家未征收,且迄今仍归农民集体使用的外,属于国家所有。

第十二条　县级以上(含县级)水利部门直接管理的水库、渠道等水利工程用地属于国家所有。水利工程管理和保护范围内未经征收的农民集体土地仍属于农民集体所有。

第十三条　国家建设对农民集体全部进行移民安置并调剂土地后,迁移农民集体原有土地转为国家所有。但移民后原集体仍继续使用的集体所有土地,国家未进行征收的,其所有权不变。

第十四条　因国家建设征收土地,农民集体建制被撤销或其人口全部转为非农业人口,其未经征收的土地,归国家所有。继续使用原有土地的原农民集体及其成员享有国有土地使用权。

第十五条　全民所有制单位和城镇集体所有制单位兼并农民集体企业的,办理有关手续后,被兼并的原农民集体企业使用的集体所有土地转为国家所有。乡(镇)企业依照国家建设征收土地的审批程序和补偿标准使用的非本乡(镇)村农民集体所有的土地,转为国家所有。

第十六条　一九六二年九月《六十条》公布以前,全民所有制单位,城市集体所有制单位和集体所有制的华侨农场使用的原农民集体所有的土地(含合作化之前的个人土地),迄今没有退给农民集体的,属于国家所有。

《六十条》公布时起至一九八二年五月《国家建设征用土地条例》公布时止,全民所有制单位、城市集体所有制单位使用的原农民集体所有的土地,有下列情形之一的,属于国家所有:

1. 签订过土地转移等有关协议的;
2. 经县级以上人民政府批准使用的;
3. 进行过一定补偿或安置劳动力的;
4. 接受农民集体馈赠的;
5. 已购买原集体所有的建筑物的;
6. 农民集体所有制企事业单位转为全民所有制或者城市集体所有制单位的。

一九八二年五月《国家建设征用土地条例》公布时起至一九八七年《土地管理法》开始施行时止,全民所有制单位、城市集体所有制单位违反规定使用的农民集体土地,依照有关规定进行了清查处理后仍由全民所有制单位、城市集体所有制单位使用的,确定为国家所有。

凡属上述情况以外未办理征地手续使用的农民集体土地，由县级以上地方人民政府根据具体情况，按当时规定补办征地手续，或退还农民集体。一九八七年《土地管理法》施行后违法占用的农民集体土地，必须依法处理后，再确定土地所有权。

第十七条　一九八六年三月中共中央、国务院《关于加强土地管理、制止乱占耕地的通知》发布之前，全民所有制单位、城市集体所有制单位租用农民集体所有的土地，按照有关规定处理后，能够恢复耕种的，退还农民集体耕种，所有权仍属于农民集体；已建成永久性建筑物的，由用地单位按租用时的规定，补办手续，土地归国家所有。凡已经按照有关规定处理了的，可按处理决定确定所有权和使用权。

第十八条　土地所有权有争议，不能依法证明争议土地属于农民集体所有的，属于国家所有。

第三章　集体土地所有权

第十九条　土地改革时分给农民并颁发了土地所有证的土地，属于农民集体所有；实施《六十条》时确定为集体所有的土地，属农民集体所有。依照第二章规定属于国家所有的除外。

第二十条　村农民集体所有的土地，按目前该村农民集体实际使用的本集体土地所有权界线确定所有权。

根据《六十条》确定的农民集体土地所有权，由于下列原因发生变更的，按变更后的现状确定集体土地所有权：

（一）由于村、队、社、场合并或分割等管理体制的变化引起土地所有权变更的；

（二）由于土地开发、国家征地、集体兴办企事业或者自然灾害等原因进行过土地调整的；

（三）由于农田基本建设和行政区划变动等原因重新划定土地所有权界线的。行政区划变动未涉及土地权属变更的，原土地权属不变。

第二十一条　农民集体连续使用其他农民集体所有的土地已满二十年的，应视为现使用者所有；连续使用不满二十年，或者虽满二十年但在二十年期满之前所有者曾向现使用者或有关部门提出归还的，由县级以上人民政府根据具体情况确定土地所有权。

第二十二条　乡（镇）或村在集体所有的土地上修建并管理的道路、水利设施用地，分别属于乡（镇）或村农民集体所有。

第二十三条　乡（镇）或村办企事业单位使用的集体土地，《六十条》公布以前使用的，分别属于该乡（镇）或村农民集体所有；《六十条》公布时起至一九八二年国务院《村镇建房用地管理条例》发布时止使用的，有下列情况之一的，分别属于该乡（镇）或村农民集体所有：

1. 签订过用地协议的（不含租借）；

2. 经县、乡（公社）、村（大队）批准或同意，并进行了适当的土地调整或者经过一定补偿的；

3. 通过购买房屋取得的；

4. 原集体企事业单位体制经批准变更的。

一九八二年国务院《村镇建房用地管理条例》发布时起至一九八七年《土地管理法》开始施行时止，乡（镇）、村办企事业单位违反规定使用的集体土地按照有关规定清查处理后，乡（镇）、村集体单位继续使用的，可确定为该乡（镇）或村集体所有。

乡（镇）、村办企事业单位采用上述以外的方式占用的集体土地，或虽采用上述方式，但目前土地利用不合理的，如荒废、闲置等，应将其全部或部分土地退还原村或乡农民集体，或按有关规定进行处理。一九八七年《土地管理法》施行后违法占用的土地，须依法处理后再确定所有权。

第二十四条　乡（镇）企业使用本乡（镇）、村集体所有的土地，依照有关规定进行补偿和安置的，土地所有权转为乡（镇）农民集体所有。经依法批准的乡（镇）、村公共设施、公益事业使用的农民集体土地，分别属于乡（镇）、村农民集体所有。

第二十五条　农民集体经依法批准以土地使用权作为联营条件与其他单位或个人举办联营企业的，或者农民集体经依法批准以集体所有的土地的使用权作价入股，举办外商投资企业和内联乡镇企业的，集体土地所有权不变。

第四章　国有土地使用权

第二十六条　土地使用权确定给直接使用土地的具有法人资格的单位或个人。但法律、法规、政策和本规定另有规定的除外。

第二十七条　土地使用者经国家依法划拨、出让或解放初期接收、沿用，或通过依法转让、继承、接受地上建筑物等方式使用国有土地的，可确定其国有土地使用权。

第二十八条　土地公有制之前，通过购买房屋或土地及租赁土地方式使用私有的土地，土地转为国有后迄今仍继续使用的，可确定现使用者国有土地使用权。

第二十九条　因原房屋拆除、改建或自然坍塌等原因，已经变更了实际土地使用者的，经依法审核批准，可将土地使用权确定给实际土地使用者；空地及房屋坍塌或拆除后两年以上仍未恢复使用的土地，由当地县级以上人民政府收回土地使用权。

第三十条 原宗教团体、寺观教堂宗教活动用地,被其他单位占用,原使用单位因恢复宗教活动需要退还使用的,应按有关规定予以退还。确属无法退还或土地使用权有争议的,经协商、处理后确定土地使用权。

第三十一条 军事设施用地(含靶场、试验场、训练场)依照解放初土地接收文件和人民政府批准征收或划拨土地的文件确定土地使用权。土地使用权有争议的,按照国务院、中央军委有关文件规定处理后,再确定土地使用权。

国家确定的保留或地方代管的军事设施用地的土地使用权确定给军队,现由其他单位使用的,可依照有关规定确定为他项权利。

经国家批准撤销的军事设施,其土地使用权依照有关规定由当地县级以上人民政府收回并重新确定使用权。

第三十二条 依法接收、征收、划拨的铁路线路用地及其他铁路设施用地,现仍由铁路单位使用的,其使用权确定给铁路单位。铁路线路路基两侧依法取得使用权的保护用地,使用权确定给铁路单位。

第三十三条 国家水利、公路设施用地依照征收、划拨文件和有关法律、法规划定用地界线。

第三十四条 驻机关、企事业单位内的行政管理和服务性单位,经政府批准使用的土地,可以由土地管理部门商被驻单位规定土地的用途和其他限制条件后分别确定实际土地使用者的土地使用权。但租用房屋的除外。

第三十五条 原由铁路、公路、水利、电力、军队及其他单位和个人使用的土地,一九八二年五月《国家建设征用土地条例》公布之前,已经转由其他单位或个人使用的,除按照国家法律和政策应当退还的外,其国有土地使用权可确定给实际土地使用者,但严重影响上述部门的设施安全和正常使用的,暂不确定土地使用权,按照有关规定处理后,再确定土地使用权。一九八二年五月以后非法转让的,经依法处理后再确定使用权。

第三十六条 农民集体使用的国有土地,其使用权按县级以上人民政府主管部门审批、划拨文件确定;没有审批、划拨文件的,依照当时规定补办手续后,按使用现状确定;过去未明确划定使用界线的,由县级以上人民政府参照土地实际使用情况确定。

第三十七条 未按规定用途使用的国有土地,由县级以上人民政府收回重新安排使用,或者按有关规定处理后确定使用权。

第三十八条 一九八七年一月《土地管理法》施行之前重复划拨或重复征收的土地,可按目前实际使用情况或者根据最后一次划拨或征收文件确定使用权。

第三十九条 以土地使用权为条件与其他单位或个人合建房屋的,根据批准文件、合建协议或者投资数额确定土地使用权,但一九八二年《国家建设征用土地条例》公布后合建的,应依法办理土地转让手续后再确定土地使用权。

第四十条 以出让方式取得的土地使用权或以划拨方式取得的土地使用权补办出让手续后作为资产入股的,土地使用权确定给股份制企业。

国家以土地使用权作价入股的,土地使用权确定给股份制企业。

国家将土地使用权租赁给股份制企业的,土地使用权确定给股份制企业。企业以出让方式取得的土地使用权或以划拨方式取得的土地使用权补办出让手续后,出租给股份制企业的,土地使用权不变。

第四十一条 企业以出让方式取得的土地使用权,企业破产后,经依法处置,确定给新的受让人;企业通过划拨方式取得的土地使用权,企业破产时,其土地使用权由县级以上人民政府收回后,根据有关规定进行处置。

第四十二条 法人之间合并,依法属于应当以有偿方式取得土地使用权的,原土地使用权应当办理有关手续,有偿取得土地使用权;依法可以以划拨形式取得土地使用权的,可以办理划拨土地权属变更登记,取得土地使用权。

第五章 集体土地建设用地使用权

第四十三条 乡(镇)村办企业事业单位和个人依法使用农民集体土地进行非农业建设的,可依法确定使用者集体土地建设用地使用权。对多占少用、占而不用的,其闲置部分不予确定使用权,并退还农民集体,另行安排使用。

第四十四条 依照本规定第二十五条规定的农民集体土地,集体土地建设用地使用权确定给联营或股份企业。

第四十五条 一九八二年二月国务院发布《村镇建房用地管理条例》之前农村居民建房占用的宅基地,超过当地政府规定的面积,在《村镇建房用地管理条例》施行后未经拆迁、改建、翻建的,可以暂按现有实际使用面积确定集体土地建设用地使用权。

第四十六条 一九八二年二月《村镇建房用地管理条例》发布时起至一九八七年一月《土地管理法》开始施行时止,农村居民建房占用的宅基地,其面积超过当地政府规定标准的,超过部分按一九八六年三月中共中央、国务院《关于加强土地管理、制止乱占耕地的通知》及地方人民政府的有关规定处理后，按处理后实际使用面积确定集体土地建设用地使用权。

第四十七条　符合当地政府分户建房规定而尚未分户的农村居民，其现有的宅基地没有超过分户建房用地合计面积标准的，可按现有宅基地面积确定集体土地建设用地使用权。

第四十八条　非农业户口居民（含华侨）原在农村的宅基地，房屋产权没有变化的，可依法确定其集体土地建设用地使用权。房屋拆除后没有批准重建的，土地使用权由集体收回。

第四十九条　接受转让、购买房屋取得的宅基地，与原有宅基地合计面积超过当地政府规定标准，按照有关规定处理后允许继续使用的，可暂确定其集体土地建设用地使用权。继承房屋取得的宅基地，可确定集体土地建设用地使用权。

第五十条　农村专业户宅基地以外的非农业建设用地与宅基地分别确定集体土地建设用地使用权。

第五十一条　按照本规定第四十五条至第四十九条的规定确定农村居民宅基地集体土地建设用地使用权时，其面积超过当地政府规定标准的，可在土地登记卡和土地证书内注明超过标准面积的数量。以后分户建房或现有房屋拆迁、改建、翻建或政府依法实施规划重新建设时，按当地政府规定的面积标准重新确定使用权，其超过部分退还集体。

第五十二条　空闲或房屋坍塌、拆除两年以上未恢复使用的宅基地，不确定土地使用权。已经确定使用权的，由集体报经县级人民政府批准，注销其土地登记，土地由集体收回。

第六章　附　　则

第五十三条　一宗地由两个以上单位或个人共同使用的，可确定为共有土地使用权。共有土地使用权面积可以在共有使用人之间分摊。

第五十四条　地面与空中、地面与地下立体交叉使用土地的（楼房除外），土地使用权确定给地面使用者，空中和地下可确定为他项权利。

平面交叉使用土地的，可以确定为共有土地使用权；也可以将土地使用权确定给主要用途或优先使用单位，次要和服从使用单位可确定为他项权利。

上述两款中的交叉用地，如属合法批准征收、划拨的，可按批准文件确定使用权，其他用地单位确定为他项权利。

第五十五条　依法划定的铁路、公路、河道、水利工程、军事设施、危险品生产和储存地、风景区等区域的管理和保护范围内的土地，其土地的所有权和使用权依照土地管理有关法规确定。但对上述范围内的土地的用途，可以根据有关的规定增加适当的限制条件。

第五十六条　土地所有权或使用权证明文件上的四至界线与实地一致，但实地面积与批准面积不一致的，按实地四至界线计算土地面积，确定土地的所有权或使用权。

第五十七条　他项权利依照法律或当事人约定设定。他项权利可以与土地所有权或使用权同时确定，也可在土地所有权或使用权确定之后增设。

第五十八条　各级人民政府或人民法院已依法处理的土地权属争议，按处理决定确定土地所有权或使用权。

第五十九条　本规定由国家土地管理局负责解释。

第六十条　本规定自1995年5月1日起施行。1989年7月5日国家土地管理局印发的《关于确定土地权属问题的若干意见》同时停止执行。

土地权属争议调查处理办法

1. 2003年1月3日国土资源部令第17号公布
2. 根据2010年11月30日国土资源部令第49号《关于修改部分规章的决定》修正

第一条　为依法、公正、及时地做好土地权属争议的调查处理工作，保护当事人的合法权益，维护土地的社会主义公有制，根据《中华人民共和国土地管理法》，制定本办法。

第二条　本办法所称土地权属争议，是指土地所有权或者使用权归属争议。

第三条　调查处理土地权属争议，应当以法律、法规和土地管理规章为依据。从实际出发，尊重历史，面对现实。

第四条　县级以上国土资源行政主管部门负责土地权属争议案件（以下简称争议案件）的调查和调解工作；对需要依法作出处理决定的，拟定处理意见，报同级人民政府作出处理决定。

县级以上国土资源行政主管部门可以指定专门机构或者人员负责办理争议案件有关事宜。

第五条　个人之间、个人与单位之间、单位与单位之间发生的争议案件，由争议土地所在地的县级国土资源行政主管部门调查处理。

前款规定的个人之间、个人与单位之间发生的争议案件，可以根据当事人的申请，由乡级人民政府受理和处理。

第六条　设区的市、自治州国土资源行政主管部门调查处理下列争议案件：

一、跨县级行政区域的；

二、同级人民政府、上级国土资源行政主管部门交办或者有关部门转送的。

第七条　省、自治区、直辖市国土资源行政主管部门调查处理下列争议案件：

一、跨设区的市、自治州行政区域的；

二、争议一方为中央国家机关或者其直属单位，且涉及土地面积较大的；

三、争议一方为军队，且涉及土地面积较大的；

四、在本行政区域内有较大影响的；

五、同级人民政府、国土资源部交办或者有关部门转送的。

第八条　国土资源部调查处理下列争议案件：

一、国务院交办的；

二、在全国范围内有重大影响的。

第九条　当事人发生土地权属争议，经协商不能解决的，可以依法向县级以上人民政府或者乡级人民政府提出处理申请，也可以依照本办法第五、六、七、八条的规定，向有关的国土资源行政主管部门提出调查处理申请。

第十条　申请调查处理土地权属争议的，应当符合下列条件：

一、申请人与争议的土地有直接利害关系；

二、有明确的请求处理对象、具体的处理请求和事实根据。

第十一条　当事人申请调查处理土地权属争议，应当提交书面申请书和有关证据材料，并按照被申请人数提交副本。

申请书应当载明以下事项：

一、申请人和被申请人的姓名或者名称、地址、邮政编码、法定代表人姓名和职务；

二、请求的事项、事实和理由；

三、证人的姓名、工作单位、住址、邮政编码。

第十二条　当事人可以委托代理人代为申请土地权属争议的调查处理。委托代理人申请的，应当提交授权委托书。授权委托书应当写明委托事项和权限。

第十三条　对申请人提出的土地权属争议调查处理的申请，国土资源行政主管部门应当依照本办法第十条的规定进行审查，并在收到申请书之日起7个工作日内提出是否受理的意见。

认为应当受理的，在决定受理之日起5个工作日内将申请书副本发送被申请人。被申请人应当在接到申请书副本之日起30日内提交答辩书和有关证据材料。逾期不提交答辩书的，不影响案件的处理。

认为不应当受理的，应当及时拟定不予受理建议书，报同级人民政府作出不予受理决定。

当事人对不予受理决定不服的，可以依法申请行政复议或者提起行政诉讼。

同级人民政府、上级国土资源行政主管部门交办或者有关部门转办的争议案件，按照本条有关规定审查处理。

第十四条　下列案件不作为争议案件受理：

一、土地侵权案件；

二、行政区域边界争议案件；

三、土地违法案件；

四、农村土地承包经营权争议案件；

五、其他不作为土地权属争议的案件。

第十五条　国土资源行政主管部门决定受理后，应当及时指定承办人，对当事人争议的事实情况进行调查。

第十六条　承办人与争议案件有利害关系的，应当申请回避；当事人认为承办人与争议案件有利害关系的，有权请求该承办人回避。承办人是否回避，由受理案件的国土资源行政主管部门决定。

第十七条　承办人在调查处理土地权属争议过程中，可以向有关单位或者个人调查取证。被调查的单位或者个人应当协助，并如实提供有关证明材料。

第十八条　在调查处理土地权属争议过程中，国土资源行政主管部门认为有必要对争议的土地进行实地调查的，应当通知当事人及有关人员到现场。必要时，可以邀请有关部门派人协助调查。

第十九条　土地权属争议双方当事人对各自提出的事实和理由负有举证责任，应当及时向负责调查处理的国土资源行政主管部门提供有关证据材料。

第二十条　国土资源行政主管部门在调查处理争议案件时，应当审查双方当事人提供的下列证据材料：

一、人民政府颁发的确定土地权属的凭证；

二、人民政府或者主管部门批准征收、划拨、出让土地或者以其他方式批准使用土地的文件；

三、争议双方当事人依法达成的书面协议；

四、人民政府或者司法机关处理争议的文件或者附图；

五、其他有关证明文件。

第二十一条　对当事人提供的证据材料，国土资源行政主管部门应当查证属实，方可作为认定事实的根据。

第二十二条　在土地所有权和使用权争议解决之前，任何一方不得改变土地利用的现状。

第二十三条　国土资源行政主管部门对受理的争议案件，应当在查清事实、分清权属关系的基础上先行调解，促使当事人以协商方式达成协议。调解应当坚持自愿、合法的原则。

第二十四条　调解达成协议的，应当制作调解书。调解书应当载明以下内容：

一、当事人的姓名或者名称、法定代表人姓名、职务；

二、争议的主要事实；

三、协议内容及其他有关事项。

第二十五条　调解书经双方当事人签名或者盖章，由承办人署名并加盖国土资源行政主管部门的印章后生效。

生效的调解书具有法律效力，是土地登记的依据。

第二十六条　国土资源行政主管部门应当在调解书生效之日起15日内，依照民事诉讼法的有关规定，将调解书送达当事人，并同时抄报上一级国土资源行政主管部门。

第二十七条　调解未达成协议的，国土资源行政主管部门应当及时提出调查处理意见，报同级人民政府作出处理决定。

第二十八条　国土资源行政主管部门应当自受理土地权属争议之日起6个月内提出调查处理意见。因情况复杂，在规定时间内不能提出调查处理意见的，经该国土资源行政主管部门的主要负责人批准，可以适当延长。

第二十九条　调查处理意见应当包括以下内容：

一、当事人的姓名或者名称、地址、法定代表人的姓名、职务；

二、争议的事实、理由和要求；

三、认定的事实和适用的法律、法规等依据；

四、拟定的处理结论。

第三十条　国土资源行政主管部门提出调查处理意见后，应当在5个工作日内报送同级人民政府，由人民政府下达处理决定。

国土资源行政主管部门的调查处理意见在报同级人民政府的同时，抄报上一级国土资源行政主管部门。

第三十一条　当事人对人民政府作出的处理决定不服的，可以依法申请行政复议或者提起行政诉讼。

在规定的时间内，当事人既不申请行政复议，也不提起行政诉讼，处理决定即发生法律效力。

生效的处理决定是土地登记的依据。

第三十二条　在土地权属争议调查处理过程中，国土资源行政主管部门的工作人员玩忽职守、滥用职权、徇私舞弊，构成犯罪的，依法追究刑事责任；不构成犯罪的，由其所在单位或者其上级机关依法给予行政处分。

第三十三条　乡级人民政府处理土地权属争议，参照本办法执行。

第三十四条　调查处理争议案件的文书格式，由国土资源部统一制定。

第三十五条　调查处理争议案件的费用，依照国家有关规定执行。

第三十六条　本办法自2003年3月1日起施行。1995年12月18日原国家土地管理局发布的《土地权属争议处理暂行办法》同时废止。

国务院办公厅转发国土资源部、农业部关于依法保护国有农场土地合法权益意见的通知

1. 2001年2月2日
2. 国办发〔2001〕8号

各省、自治区、直辖市人民政府，国务院各部委、各直属机构：

国土资源部、农业部《关于依法保护国有农场土地合法权益的意见》已经国务院同意，现转发给你们，请遵照执行。

国土资源部、农业部关于依法保护国有农场土地合法权益的意见

（2001年1月17日）

国有农场的土地是国有农场经济发展的基本生产资料，是国有资产的重要组成部分。经过几十年的发展，国有农场为国民经济和社会发展提供了大量的农副产品和战略性物资，对繁荣边疆和少数民族地区的经济、文化，增进民族团结，巩固边防做出了重要贡献。随着社会主义市场经济的快速发展，国有农场还将继

续发挥重要作用。但是，近年来，由于各种原因，农场使用的国有土地被周边乡村集体、农民个人以及非农垦单位挤占的现象严重，一些国有农场的土地权属争议也非常突出，个别地方甚至引发纠纷或械斗，造成人员伤亡和重大的财产损失。为依法保护国有农场土地合法权益，促进农村经济发展、民族团结和社会稳定，特提出以下意见：

一、妥善处理土地权属争议，依法确认国有农场土地使用权

地方各级人民政府及有关部门要以党中央、国务院有关指示精神为指导，从有利于国有农场和农村经济发展出发，本着尊重历史和现实的原则，依照国家有关土地管理的法律、法规和政策以及原国家土地管理局1995年发布的《确定土地所有权和使用权的若干规定》的有关规定，准确把握政策界限，妥善解决土地权属争议，依法、公平、公正、合理地确认国有农场土地使用权。

（一）县级以上人民政府及有关部门关于组建国有农场的批文和国有农场与周边农民集体签定的用地协议书，原则上应作为确认国有农场的国有土地使用权的依据。但是，下列情况按以下原则处理：

1. 1962年实行劳动、土地、耕畜、农具“四固定”时将国有农场规划设计范围内的土地固定给农民集体所有且该农民集体使用至今的，应当确认该农民集体的土地所有权。

2. 经县级以上人民政府及有关部门批准，国有农场规划设计范围内的土地划拨给其他单位并使用至今的，按使用现状确定国有土地使用权。

3. 国有农场所属单位成建制移交给地方或者从国有农场成建制独立出来的，根据移交或批准文件，确认其国有土地使用权。

4. 经国有农场主管部门同意，国有农场土地已转由其他单位使用的，除以承包、租赁、借用方式使用的外，按现状确认该使用单位的国有土地使用权。

（二）1962年“四固定”后至1982年《国家建设征用土地条例》发布前，对国有农场和周边农民集体相互越界使用至今的土地，由各地按照国家及有关主管部门的政策规定，结合当地具体情况处理。各省、自治区、直辖市制定了相关规定的，可从其规定。

（三）实行场社（队）合并或以场带社（队），后来场社（队）分开的，原则上按场社（队）分开时双方签定的划地协议确定土地所有权和使用权。存在争议的，由双方协商解决；协商不成的，由县级以上人民政府处理。未签定协议也未发生争议的，按使用现状确定土地所有权和使用权。

（四）确有书面协议借用农场土地的，国有土地使用权归出借方。协议到期的应予退还，一时不能退还的，双方签定继续借用协议。

（五）对土地使用权已确认给国有农场，但现使用者确实一时难以退还的，可与农场协商，采取承包、租赁或股份合作的方式继续使用土地。

（六）对国有农场和农民集体现使用的有争议的土地，因土地权属资料不清，无法查证土地权属来源的，根据实际使用情况，并经双方协商一致后，确认各自的国有土地使用权和集体土地所有权。协商不成的，由县级以上人民政府处理。

（七）对其他单位或个人越界抢占的国有农场土地，其土地使用权无条件确认给国有农场。

（八）新疆生产建设兵团土地确权的具体原则，由国土资源部、农业部商新疆维吾尔自治区人民政府和新疆生产建设兵团，根据本意见精神研究确定。

二、加快国有农场土地登记发证的工作步伐

（一）各地应按照土地管理法律法规的规定，严格遵循法定程序和技术要求，加快国有农场土地登记发证的工作步伐。凡权属来源清楚、无争议的土地，要抓紧登记发证；对有争议的土地，调处一宗，登记一宗。为减少工作重复，维护土地确权登记结果的统一性，各地应加快开展农村特别是国有农场周边农村集体土地所有权的登记发证工作。

（二）国有农场土地权属登记发证的费用原则上由农场承担，由农垦部门在业务经费中予以安排。为节省开支，在土地行政主管部门完成权属调查的基础上，农场可自行组织或委托具有资质的单位，按照统一的技术要求进行地籍测量。

三、坚决制止非法侵权行为，依法保护国有农场土地使用权

（一）制止非法侵占国有农场土地行为，加强对土地违法行为的监督检查。要依照国家有关法律规定严格控制建设占用国有农场土地，确需占用农场土地搞建设的，要依法办理审批手续，并依法给予补偿和安置，不得随意强行划转国有农场土地。对少数侵占国有农场土地的不法分子，要坚决依法查处；对非法占用国有农场土地的，要坚决退还；对破坏国有农场财产、挑起事端的，必须坚决予以打击；对违反法律规定程序将国有农场所属土地确定给其他单位或个人的，除宣布其批准文件和证书无效外，还要按照《中华人民共

和国土地管理法》等有关规定对直接责任人进行严肃处理。

（二）加大执法力度，保证行政裁决的有效执行。要采取行政的、法律的手段，加大执法力度，做到政令畅通，对拒不执行行政裁决的，可以依法申请人民法院强制执行。

（三）做好宣传教育，提高依法用地的自觉性。各地应进一步加强对农民的法制教育，提高群众依法用地的自觉性，维护农场正常的生产经营秩序；国有农场要充分发挥科技和产业化示范带动作用，帮助当地农村发展经济，共同建设社会主义精神文明。

四、加强领导和管理，切实解决国有农场土地问题

依法保护国有农场土地合法权益，不仅关系到农垦系统自身的发展，而且对当地的经济发展和社会稳定具有十分重要的意义。地方各级人民政府和基层组织要高度重视，切实加强领导，把这项工作列入重要议事日程，切实解决国有农场土地问题。土地行政主管部门要加大工作力度，积极履行职责，依法调处土地权属争议，切实做好土地确权、登记工作；农垦部门和国有农场要主动配合土地行政主管部门工作，并加强对国有农场土地的使用管理，提高土地使用率和产出率。

请各省、自治区、直辖市人民政府土地行政主管部门和农业部门于2001年12月底前将本意见的贯彻落实情况向国土资源部和农业部作出报告。

国务院法制办公室关于供销合作社能否享有集体土地所有权问题的复函

1．2002年1月24日
2．国法秘函〔2002〕14号

内蒙古自治区人民政府法制办：

你办内政复规转字〔2001〕2号文收悉。经研究，并商农业部、全国供销合作总社，答复如下：

根据土地管理法第十条关于“农民集体所有的土地依法属于村农民集体所有的，由村集体经济组织或者村民委员会经营、管理；已经分别属于村内两个以上农村集体经济组织的农民集体所有的，由村内各该农村集体经济组织或者村民小组经营、管理；已经属于乡（镇）农民集体所有的，由乡（镇）农村集体经济组织经营、管理”的规定，乡（镇）农民集体、村农民集体和村民小组可以享有集体土地所有权。

供销合作社是由部分农民集资或者以资金参股形式成立的合作经济组织，在性质上与乡（镇）农民集体、村农民集体和村民小组有着本质的区别，不享有集体土地所有权。

国土资源部关于土地确权有关问题的复函

1．1999年6月4日
2．国土资函〔1999〕217号

河北省土地管理局：

你局《关于对〈确定土地所有权和使用权的若干规定〉第三十五条具体含义进行解释的紧急请示》（冀土函字〔1999〕48号）收悉。经研究，答复如下：

原国家土地管理局《确定土地所有权和使用权的若干规定》第三十五条规定：“原由铁路、公路、水利、电力、军队及其他单位和个人使用的土地，1982年5月《国家建设征用土地条例》公布之前，已经转由其他单位或个人使用的，除按照国家法律和政策应当退还的外，其国有土地使用权可确定给实际土地使用者”。上述规定，主要是指原土地使用者所使用的土地已经由现土地使用者使用，除按照国家法律和政策应当退还的外，只要不是强占性质，原则上按使用现状确定土地使用权。但租赁、借用的除外。对严重影响上述部门的设施安全和正常使用的，暂不确定土地使用权，按照有关规定处理后，再确定土地使用权。1982年5月以后非法转让的，经依法处理后再确定使用权。

国土资源部办公厅关于确定土地所有权和使用权有关问题的复函

1．1999年6月7日国土资厅函〔1999〕112号发布
2．根据2010年12月3日国土资源部《关于修改部分规范性文件的决定》（国土资发〔2010〕190号）修正

陕西省人民政府法制局：

你局《关于请求对〈确定土地所有权和使用权的若干规定〉第三十五条予以解释的函》收悉。经研究，现答复如下：

《确定土地所有权和使用权的若干规定》第三十五条中的“其他单位”，适用于铁路、公路、水利、电力、军队等部门以外的单位和个人，“上述部门”是指铁路、公路、水利、电力、军队及其他单位。

国土资源部办公厅对有关土地权属确认问题的复函

1. 2001年2月9日
2. 国土资厅函〔2001〕25号

陕西省人民政府法制办公室：

你办《关于〈确定土地所有权和使用权的若干规定〉第三十五条适用问题的请示》收悉。经研究，提出如下意见，供参考：

《确定土地所有权和使用权的若干规定》第三十五条规定不适用于借用土地问题的处理。

国土资源部关于对原铁路用地土地使用权问题的批复

1. 2001年10月10日
2. 国土资函〔2001〕441号

浙江省国土资源厅：

你厅《关于如何理解和执行〈确定土地所有权和使用权的若干规定〉第三十五条有关问题的请示》（浙土资〔2001〕31号）收悉。经研究，批复如下：

原国家土地管理局《确定土地所有权和使用权若干规定》第35条中的"转由"，是指转移土地使用权。但不包括租赁和借用。对租赁和借用铁路用地的，原则上仍应按照租赁和借用处理。

对1982年5月以前在租赁和借用的土地上自建房产，现已办理了合法手续，并且对铁路运行不直接妨碍的，经县级以上人民政府依法确权，可将土地使用权确定给现使用单位。

国土资源部办公厅关于跨越或穿越铁路用地土地权属问题的复函

1. 2002年4月5日
2. 国土资厅函〔2002〕84号

陕西省国土资源厅：

你厅《关于如何处理跨越或穿越铁路用地的土地权属的请示》（晋国土资发〔2002〕3号）收悉。经研究，现函复如下：

根据《确定土地所有权和使用权的若干规定》第五十四条的规定，从已明确使用权或所有权的土地上空跨越或地下穿越的公路、管线等（政府管理的城市市政管线除外，下同）的土地权属可确定为土地他项权利。公路、管线等的所有者或经营者为土地他项权利人，公路、管线等所穿越土地的使用权人或所有权人为土地他项权利义务人。具体土地登记时如需明确该类土地他项权利面积和范围的，公路、输油气管道、电信缆线、电力线路等土地他项权利面积可分别按有关法律规定的公路保护范围、输油气管道保护区、电信缆线保护区、电力线路保护区范围确定面积。

国土资源部办公厅关于处理农村集体土地权属问题的复函

1. 2002年6月21日
2. 国土资厅函〔2002〕181号

上海市房屋土地资源管理局：

你局《关于处理农村集体土地权属问题的请示》（沪房地资权〔2002〕186号）收悉。经研究，现函复如下：

一、处理土地权属纠纷，应当适用《确定土地所有权和使用权的若干规定》的有关条文。原人民公社由三级核算向二级核算过渡中调整土地，属于《确定土地所有权和使用权的若干规定》第二十条规定的"由于村、队、社合并或分割等管理体制的变化，引起的土地所有权变更"的调整范围。

二、《确定土地所有权和使用权的若干规定》第二条和《土地管理法》第十六条的内容是一致的。即：土地权属纠纷由人民政府处理，土地行政主管部门作为政府的职能部门，提出具体处理意见，报人民政府下达处理决定，或经人民政府批准，土地行政主管部门下达处理决定。

国土资源部办公厅关于供销合作社使用土地权属问题的复函

1. 2002年10月18日国土资厅函〔2002〕328号发布
2. 根据2010年12月3日国土资源部《关于修改部分规范性文件的决定》（国土资发〔2010〕190号）修正

河南省国土资源厅：

《关于供销合作社使用土地权属问题的请示》（豫国

土资文〔2002〕90号）收悉。经研究，现就有关问题函复如下：

按照《国务院关于召开全国城乡商业学大庆学大寨会议的通知》（国发〔1977〕163号）和中华人民共和国工商行政管理总局、中华人民共和国供销合作总社《关于供销合作社性质问题的复函》（〔1979〕工商总字第34号、〔1979〕供销基联字第242号）的决定，1982年以前，供销合作社已经成为全民所有制的商业企业。供销合作社的乡（镇）社从“四固定”至1982年5月国家发布《国家建设征收土地条例》期间使用原农民集体所有的土地，已进行补偿（付款）并签有协议的，按照《确定土地所有权和使用权的若干规定》第十六条的有关规定应确定为国家所有。

国土资源部办公厅关于带地入社土地确权问题的复函

1．2002年12月31日
2．国土资厅函〔2002〕437号

山东省国土资源厅：

《关于土地权属性质如何确认问题的请示》（鲁国土资发〔2002〕203号）收悉。现函复如下：

按照《农村人民公社工作条例修正草案》第二十一条“生产队范围内的土地都归生产队所有”的规定，经过了带地入社和1962年的“四固定”，生产队范围内的土地，无论其是否原为国有，都应确定为集体所有。

国土资源部办公厅关于对农民集体土地确权有关问题的复函

1．2005年1月17日
2．国土资厅函〔2005〕58号

海南省国土环境资源厅：

你厅《关于解释土地权属争议处理有关规章条款的请示》（琼土环资〔2004〕162号）收悉。经研究，现对原国家土地管理局《确定土地所有权和使用权的若干规定》（国土〔籍〕字第26号）第二十一条中有关问题解释如下：

一、第二十一条中的“农民集体”是指乡（镇）农民集体、村农民集体和村内两个以上农业集体经济组织的农民集体，包括由原基本核算单位的生产队延续下来的农民集体经济组织。

二、第二十一条中的“使用”是指土地使用人直接占用土地，并加以利用的行为，但不包括租用、借用和承包他人土地等形式。

国土资源部办公厅关于土地登记发证后提出的争议能否按权属争议处理问题的复函

1．2007年2月8日
2．国土资厅函〔2007〕60号

江苏省国土资源厅：

你厅《关于土地登记发证后提出的争议能否按权属争议处理的请示》（苏国土资发〔2007〕13号）收悉。经研究，函复如下：

土地权属争议是指土地登记前，土地权利利害关系人因土地所有权和使用权的归属而发生的争议。土地登记发证后已经明确了土地的所有权和使用权，土地登记发证后提出的争议不属于土地权属争议。土地所有权、使用权依法登记后第三人对其结果提出异议的，利害关系人可根据《土地登记规则》的规定向原登记机关申请更正登记，也可向原登记机关的上级主管机关提出行政复议或直接向法院提起行政诉讼。《土地权属争议调查处理办法》（国土资源部令第17号）第二十条中的“人民政府颁发的确定土地权属的凭证”，是指初始土地登记完成前，争议土地原有的人民政府颁发的确定土地权属的凭证。

最高人民法院行政审判庭关于对农民长期使用但未取得合法权属证明的土地应如何确定权属问题的答复

1．1998年8月17日
2．〔1997〕行他字第17号

广西壮族自治区高级人民法院：

你院《关于北海市铁山港区营盘镇白龙村公所坪底村委第八（三）生产队不服合浦县人民政府土地权属处理纠纷一案适用法律问题的请示》收悉。经研究，答复如下：

根据《宪法》、《土地管理法》关于土地所有权规定的基本精神，对土地所有权有争议，但不能依法证明土地属农民集体所有的土地，应依照《土地管理法实施条例》第三条第(三)项的规定，并参照原国家土地管理局确定土地所有权使用权的有关规定确定土地所有权。

此外，考虑到该案的争议土地系农民长期使用，但未取得合法权属证明的特殊情况，建议你院向政府提出司法建议，即：如果国家使用该争议地，应参照国家征用土地的有关规定给予适当补偿。

·典型案例·

武汉华珍药业有限公司与武汉市人民政府、武汉市国土资源和规划局、武汉金福置业有限公司、武汉市汉桥中兴集团有限责任公司土地行政确认案

(一)基本案情

本案争议土地原系武汉市汉桥中兴集团所有，1996年其将土地上所建房屋出租给华珍公司使用。华珍公司补办相关手续后，取得武国用(2004)2732号《国有土地使用证》。2004年11月21日，汉桥中兴集团又以华珍公司的名义与金福公司签订了《土地转让协议书》。武汉市人民政府于2004年12月29日注销了武国用(2004)2732号《国有土地使用证》，并于同月30日向金福公司颁发了武国用(2004)第2910号《国有土地使用证》。事后经鉴定证明金福公司申请颁证时提交华珍公司的印章及其法定代表人“钱卫国”的签名均与在工商管理部门留存的不同。2007年2月1日，经金福公司申请，武汉市人民政府将争议土地用途由原来的工业用地变更登记为城镇混合住宅用地。2月10日，经国土部门公告后，武汉市人民政府于2007年3月12日向金福公司颁发武国用(2007)第162号《国有土地使用证》。华珍公司对武汉市政府、武汉市国土局注销武国用(2004)2732号《国有土地使用证》及颁发武国用(2004)第2910号《国有土地使用证》和武国用(2007)第162号《国有土地使用证》的行为不服，于2008年1月2日提起行政诉讼。

(二)裁判结果

湖北省高级人民法院二审认为，武汉市人民政府及国土资源局在办理土地权属变更登记过程中，未尽审慎审查的义务，在土地转让方华珍公司未提交变更登记的书面申请，缺少土地转让方和受让方的法定代表人的身份证明，且公司印章及法定代表人签名涉嫌伪造的情况下，仍将土地使用权变更登记至金福公司名下，并注销华珍公司的土地使用权证，该行为违反了法定程序，不具有合法性。据此，二审法院维持了武汉市中级人民法院确认被诉行政行为违法的判决。

(三)典型意义

该案历经数次审理，影响多方当事人利益，案情复杂，且原告华珍公司自起诉以来长期组织人员在法院和人民政府闹访。武汉中院、湖北高院对案件能严格依法裁判，只服从事实，只服从法律，铁面无私，秉公执法。办案法官顶住压力多次组织协调，判决后主动向政府发去司法建议函，不就案办案，延伸审判职能，最终通过案后的协调和解，一次性解决了争议土地的权益和归属。本案的判决对政府机关如何依法办理土地权属变更登记有积极的指导意义；同时，又充分体现了行政审判监督政府依法行政、保障相对人利益的重要职能。

2. 土地登记

不动产登记暂行条例

1. 2014年11月24日国务院令第656号公布
2. 根据2019年3月24日国务院令第710号《关于修改部分行政法规的决定》第一次修订
3. 根据2024年3月10日国务院令第777号《关于修改和废止部分行政法规的决定》第二次修订

第一章　总　　则

第一条　为整合不动产登记职责，规范登记行为，方便群众申请登记，保护权利人合法权益，根据《中华人民共和国民法典》等法律，制定本条例。

第二条　本条例所称不动产登记，是指不动产登记机构依法将不动产权利归属和其他法定事项记载于不动产登记簿的行为。

本条例所称不动产，是指土地、海域以及房屋、林木等定着物。

第三条　不动产首次登记、变更登记、转移登记、注销登记、更正登记、异议登记、预告登记、查封登记等，适用本条例。

第四条　国家实行不动产统一登记制度。

不动产登记遵循严格管理、稳定连续、方便群众的原则。

不动产权利人已经依法享有的不动产权利，不因登记机构和登记程序的改变而受到影响。

第五条　下列不动产权利，依照本条例的规定办理登记：

（一）集体土地所有权；

（二）房屋等建筑物、构筑物所有权；

（三）森林、林木所有权；

（四）耕地、林地、草地等土地承包经营权；

（五）建设用地使用权；

（六）宅基地使用权；

（七）海域使用权；

（八）地役权；

（九）抵押权；

（十）法律规定需要登记的其他不动产权利。

第六条　国务院自然资源主管部门负责指导、监督全国不动产登记工作。

县级以上地方人民政府应当确定一个部门为本行政区域的不动产登记机构，负责不动产登记工作，并接受上级人民政府不动产登记主管部门的指导、监督。

第七条　不动产登记由不动产所在地的县级人民政府不动产登记机构办理；直辖市、设区的市人民政府可以确定本级不动产登记机构统一办理所属各区的不动产登记。

跨县级行政区域的不动产登记，由所跨县级行政区域的不动产登记机构分别办理。不能分别办理的，由所跨县级行政区域的不动产登记机构协商办理；协商不成的，由共同的上一级人民政府不动产登记主管部门指定办理。

国务院确定的重点国有林区的森林、林木和林地，国务院批准项目用海、用岛，中央国家机关使用的国有土地等不动产登记，由国务院自然资源主管部门会同有关部门规定。

第二章　不动产登记簿

第八条　不动产以不动产单元为基本单位进行登记。不动产单元具有唯一编码。

不动产登记机构应当按照国务院自然资源主管部门的规定设立统一的不动产登记簿。

不动产登记簿应当记载以下事项：

（一）不动产的坐落、界址、空间界限、面积、用途等自然状况；

（二）不动产权利的主体、类型、内容、来源、期限、权利变化等权属状况；

（三）涉及不动产权利限制、提示的事项；

（四）其他相关事项。

第九条　不动产登记簿应当采用电子介质，暂不具备条件的，可以采用纸质介质。不动产登记机构应当明确不动产登记簿唯一、合法的介质形式。

不动产登记簿采用电子介质的，应当定期进行异地备份，并具有唯一、确定的纸质转化形式。

第十条　不动产登记机构应当依法将各类登记事项准确、完整、清晰地记载于不动产登记簿。任何人不得损毁不动产登记簿，除依法予以更正外不得修改登记事项。

第十一条　不动产登记工作人员应当具备与不动产登记工作相适应的专业知识和业务能力。

不动产登记机构应当加强对不动产登记工作人员的管理和专业技术培训。

第十二条　不动产登记机构应当指定专人负责不动产登记簿的保管，并建立健全相应的安全责任制度。

采用纸质介质不动产登记簿的，应当配备必要的防盗、防火、防渍、防有害生物等安全保护设施。

采用电子介质不动产登记簿的，应当配备专门的存储设施，并采取信息网络安全防护措施。

第十三条 不动产登记簿由不动产登记机构永久保存。不动产登记簿损毁、灭失的，不动产登记机构应当依据原有登记资料予以重建。

行政区域变更或者不动产登记机构职能调整的，应当及时将不动产登记簿移交相应的不动产登记机构。

第三章 登记程序

第十四条 因买卖、设定抵押权等申请不动产登记的，应当由当事人双方共同申请。

属于下列情形之一的，可以由当事人单方申请：

（一）尚未登记的不动产首次申请登记的；

（二）继承、接受遗赠取得不动产权利的；

（三）人民法院、仲裁委员会生效的法律文书或者人民政府生效的决定等设立、变更、转让、消灭不动产权利的；

（四）权利人姓名、名称或者自然状况发生变化，申请变更登记的；

（五）不动产灭失或者权利人放弃不动产权利，申请注销登记的；

（六）申请更正登记或者异议登记的；

（七）法律、行政法规规定可以由当事人单方申请的其他情形。

第十五条 当事人或者其代理人应当向不动产登记机构申请不动产登记。

不动产登记机构将申请登记事项记载于不动产登记簿前，申请人可以撤回登记申请。

第十六条 申请人应当提交下列材料，并对申请材料的真实性负责：

（一）登记申请书；

（二）申请人、代理人身份证明材料、授权委托书；

（三）相关的不动产权属来源证明材料、登记原因证明文件、不动产权属证书；

（四）不动产界址、空间界限、面积等材料；

（五）与他人利害关系的说明材料；

（六）法律、行政法规以及本条例实施细则规定的其他材料。

不动产登记机构应当在办公场所和门户网站公开申请登记所需材料目录和示范文本等信息。

第十七条 不动产登记机构收到不动产登记申请材料，应当分别按照下列情况办理：

（一）属于登记职责范围，申请材料齐全、符合法定形式，或者申请人按照要求提交全部补正申请材料的，应当受理并书面告知申请人；

（二）申请材料存在可以当场更正的错误的，应当告知申请人当场更正，申请人当场更正后，应当受理并书面告知申请人；

（三）申请材料不齐全或者不符合法定形式的，应当当场书面告知申请人不予受理并一次性告知需要补正的全部内容；

（四）申请登记的不动产不属于本机构登记范围的，应当当场书面告知申请人不予受理并告知申请人向有登记权的机构申请。

不动产登记机构未当场书面告知申请人不予受理的，视为受理。

第十八条 不动产登记机构受理不动产登记申请的，应当按照下列要求进行查验：

（一）不动产界址、空间界限、面积等材料与申请登记的不动产状况是否一致；

（二）有关证明材料、文件与申请登记的内容是否一致；

（三）登记申请是否违反法律、行政法规规定。

第十九条 属于下列情形之一的，不动产登记机构可以对申请登记的不动产进行实地查看：

（一）房屋等建筑物、构筑物所有权首次登记；

（二）在建建筑物抵押权登记；

（三）因不动产灭失导致的注销登记；

（四）不动产登记机构认为需要实地查看的其他情形。

对可能存在权属争议，或者可能涉及他人利害关系的登记申请，不动产登记机构可以向申请人、利害关系人或者有关单位进行调查。

不动产登记机构进行实地查看或者调查时，申请人、被调查人应当予以配合。

第二十条 不动产登记机构应当自受理登记申请之日起30个工作日内办结不动产登记手续，法律另有规定的除外。

第二十一条 登记事项自记载于不动产登记簿时完成登记。

不动产登记机构完成登记，应当依法向申请人核发不动产权属证书或者登记证明。

第二十二条 登记申请有下列情形之一的，不动产登记机构应当不予登记，并书面告知申请人：

（一）违反法律、行政法规规定的；

（二）存在尚未解决的权属争议的；

（三）申请登记的不动产权利超过规定期限的；

（四）法律、行政法规规定不予登记的其他情形。

第四章 登记信息共享与保护

第二十三条 国务院自然资源主管部门应当会同有关部门建立统一的不动产登记信息管理基础平台。

各级不动产登记机构登记的信息应当纳入统一的不动产登记信息管理基础平台，确保国家、省、市、县四级登记信息的实时共享。

第二十四条 不动产登记有关信息与住房城乡建设、农业农村、林业草原等部门审批信息、交易信息等应当实时互通共享。

不动产登记机构能够通过实时互通共享取得的信息，不得要求不动产登记申请人重复提交。

第二十五条 自然资源、公安、民政、财政、税务、市场监管、金融、审计、统计等部门应当加强不动产登记有关信息互通共享。

第二十六条 不动产登记机构、不动产登记信息共享单位及其工作人员应当对不动产登记信息保密；涉及国家秘密的不动产登记信息，应当依法采取必要的安全保密措施。

第二十七条 权利人、利害关系人可以依法查询、复制不动产登记资料，不动产登记机构应当提供。

有关国家机关可以依照法律、行政法规的规定查询、复制与调查处理事项有关的不动产登记资料。

第二十八条 查询不动产登记资料的单位、个人应当向不动产登记机构说明查询目的，不得将查询获得的不动产登记资料用于其他目的；未经权利人同意，不得泄露查询获得的不动产登记资料。

第五章 法律责任

第二十九条 不动产登记机构登记错误给他人造成损害，或者当事人提供虚假材料申请登记给他人造成损害的，依照《中华人民共和国民法典》的规定承担赔偿责任。

第三十条 不动产登记机构工作人员进行虚假登记，损毁、伪造不动产登记簿，擅自修改登记事项，或者有其他滥用职权、玩忽职守行为的，依法给予处分；给他人造成损害的，依法承担赔偿责任；构成犯罪的，依法追究刑事责任。

第三十一条 伪造、变造不动产权属证书、不动产登记证明，或者买卖、使用伪造、变造的不动产权属证书、不动产登记证明的，由不动产登记机构或者公安机关依法予以收缴；有违法所得的，没收违法所得；给他人造成损害的，依法承担赔偿责任；构成违反治安管理行为的，依法给予治安管理处罚；构成犯罪的，依法追究刑事责任。

第三十二条 不动产登记机构、不动产登记信息共享单位及其工作人员，查询不动产登记资料的单位或者个人违反国家规定，泄露不动产登记资料、登记信息，或者利用不动产登记资料、登记信息进行不正当活动，给他人造成损害的，依法承担赔偿责任；对有关责任人员依法给予处分；有关责任人员构成犯罪的，依法追究刑事责任。

第六章 附 则

第三十三条 本条例施行前依法颁发的各类不动产权属证书和制作的不动产登记簿继续有效。

不动产统一登记过渡期内，农村土地承包经营权的登记按照国家有关规定执行。

第三十四条 本条例实施细则由国务院自然资源主管部门会同有关部门制定。

第三十五条 本条例自2015年3月1日起施行。本条例施行前公布的行政法规有关不动产登记的规定与本条例规定不一致的，以本条例规定为准。

不动产登记暂行条例实施细则

1. 2016年1月1日国土资源部令第63号公布

2. 根据2019年7月24日自然资源部令第5号《关于第一批废止和修改的部门规章的决定》第一次修正

3. 根据2024年5月21日自然资源部令第14号《关于第六批修改的部门规章的决定》第二次修正

第一章 总 则

第一条 为规范不动产登记行为，细化不动产统一登记制度，方便人民群众办理不动产登记，保护权利人合法权益，根据《不动产登记暂行条例》（以下简称《条例》），制定本实施细则。

第二条 不动产登记应当依照当事人的申请进行，但法律、行政法规以及本实施细则另有规定的除外。

房屋等建筑物、构筑物和森林、林木等定着物应当与其所依附的土地、海域一并登记，保持权利主体一致。

第三条 不动产登记机构依照《条例》第七条第二款的规定，协商办理或者接受指定办理跨县级行政区域不动产登记的，应当在登记完毕后将不动产登记簿记载的不动产权利人以及不动产坐落、界址、面积、用途、权利类型等登记结果告知不动产所跨区域的其他不动产登记机构。

第四条　国务院确定的重点国有林区的森林、林木和林地，由自然资源部受理并会同有关部门办理，依法向权利人核发不动产权属证书。

国务院批准的项目用海、用岛的登记，由自然资源部受理，依法向权利人核发不动产权属证书。

第二章　不动产登记簿

第五条　《条例》第八条规定的不动产单元，是指权属界线封闭且具有独立使用价值的空间。

没有房屋等建筑物、构筑物以及森林、林木定着物的，以土地、海域权属界线封闭的空间为不动产单元。

有房屋等建筑物、构筑物以及森林、林木定着物的，以该房屋等建筑物、构筑物以及森林、林木定着物与土地、海域权属界线封闭的空间为不动产单元。

前款所称房屋，包括独立成幢、权属界线封闭的空间，以及区分套、层、间等可以独立使用、权属界线封闭的空间。

第六条　不动产登记簿以宗地或者宗海为单位编成，一宗地或者一宗海范围内的全部不动产单元编入一个不动产登记簿。

第七条　不动产登记机构应当配备专门的不动产登记电子存储设施，采取信息网络安全防护措施，保证电子数据安全。

任何单位和个人不得擅自复制或者篡改不动产登记簿信息。

第八条　承担不动产登记审核、登簿的不动产登记工作人员应当熟悉相关法律法规，具备与其岗位相适应的不动产登记等方面的专业知识。

自然资源部会同有关部门组织开展对承担不动产登记审核、登簿的不动产登记工作人员的考核培训。

第三章　登 记 程 序

第九条　申请不动产登记的，申请人应当填写登记申请书，并提交身份证明以及相关申请材料。

申请材料应当提供原件。因特殊情况不能提供原件的，可以提供复印件，复印件应当与原件保持一致。

通过互联网在线申请不动产登记的，应当通过符合国家规定的身份认证系统进行实名认证。申请人提交电子材料的，不再提交纸质材料。

第十条　处分共有不动产申请登记的，应当经占份额三分之二以上的按份共有人或者全体共同共有人共同申请，但共有人另有约定的除外。

按份共有人转让其享有的不动产份额，应当与受让人共同申请转移登记。

建筑区划内依法属于全体业主共有的不动产申请登记，依照本实施细则第三十六条的规定办理。

第十一条　无民事行为能力人、限制民事行为能力人申请不动产登记的，应当由其监护人代为申请。

监护人代为申请登记的，应当提供监护人与被监护人的身份证或者户口簿、有关监护关系等材料；因处分不动产而申请登记的，还应当提供为被监护人利益的书面保证。

父母之外的监护人处分未成年人不动产的，有关监护关系材料可以是人民法院指定监护的法律文书、经过公证的对被监护人享有监护权的材料或者其他材料。

第十二条　当事人可以委托他人代为申请不动产登记。

代理申请不动产登记的，代理人应当向不动产登记机构提供被代理人签字或者盖章的授权委托书。

自然人处分不动产，委托代理人申请登记的，应当与代理人共同到不动产登记机构现场签订授权委托书，但授权委托书经公证的除外。

境外申请人委托他人办理处分不动产登记的，其授权委托书应当按照国家有关规定办理认证或者公证；我国缔结或者参加的国际条约有不同规定的，适用该国际条约的规定，但我国声明保留的条款除外。

第十三条　申请登记的事项记载于不动产登记簿前，全体申请人提出撤回登记申请的，登记机构应当将登记申请书以及相关材料退还申请人。

第十四条　因继承、受遗赠取得不动产，当事人申请登记的，应当提交死亡证明材料、遗嘱或者全部法定继承人关于不动产分配的协议以及与被继承人的亲属关系材料等，也可以提交经公证的材料或者生效的法律文书。

第十五条　不动产登记机构受理不动产登记申请后，还应当对下列内容进行查验：

（一）申请人、委托代理人身份证明材料以及授权委托书与申请主体是否一致；

（二）权属来源材料或者登记原因文件与申请登记的内容是否一致；

（三）不动产界址、空间界限、面积等权籍调查成果是否完备，权属是否清楚、界址是否清晰、面积是否准确；

（四）法律、行政法规规定的完税或者缴费凭证是否齐全。

第十六条　不动产登记机构进行实地查看，重点查看下列情况：

（一）房屋等建筑物、构筑物所有权首次登记，查看房屋坐落及其建造完成等情况；

（二）在建建筑物抵押权登记，查看抵押的在建建筑物坐落及其建造等情况；

（三）因不动产灭失导致的注销登记，查看不动产灭失等情况。

第十七条　有下列情形之一的，不动产登记机构应当在登记事项记载于登记簿前进行公告，但涉及国家秘密的除外：

（一）政府组织的集体土地所有权登记；

（二）宅基地使用权及房屋所有权，集体建设用地使用权及建筑物、构筑物所有权，土地承包经营权等不动产权利的首次登记；

（三）依职权更正登记；

（四）依职权注销登记；

（五）法律、行政法规规定的其他情形。

公告应当在不动产登记机构门户网站以及不动产所在地等指定场所进行，公告期不少于15个工作日。公告所需时间不计算在登记办理期限内。公告期满无异议或者异议不成立的，应当及时记载于不动产登记簿。

第十八条　不动产登记公告的主要内容包括：

（一）拟予登记的不动产权利人的姓名或者名称；

（二）拟予登记的不动产坐落、面积、用途、权利类型等；

（三）提出异议的期限、方式和受理机构；

（四）需要公告的其他事项。

第十九条　当事人可以持人民法院、仲裁委员会的生效法律文书或者人民政府的生效决定单方申请不动产登记。

有下列情形之一的，不动产登记机构直接办理不动产登记：

（一）人民法院持生效法律文书和协助执行通知书要求不动产登记机构办理登记的；

（二）人民检察院、公安机关依据法律规定持协助查封通知书要求办理查封登记的；

（三）人民政府依法做出征收或者收回不动产权利决定生效后，要求不动产登记机构办理注销登记的；

（四）法律、行政法规规定的其他情形。

不动产登记机构认为登记事项存在异议的，应当依法向有关机关提出审查建议。

第二十条　不动产登记机构应当根据不动产登记簿，填写并核发不动产权属证书或者不动产登记证明。电子证书证明与纸质证书证明具有同等法律效力。

除办理抵押权登记、地役权登记和预告登记、异议登记，向申请人核发不动产登记证明外，不动产登记机构应当依法向权利人核发不动产权属证书。

不动产权属证书和不动产登记证明，应当加盖不动产登记机构登记专用章。

不动产权属证书和不动产登记证明样式，由自然资源部统一规定。

第二十一条　申请共有不动产登记的，不动产登记机构向全体共有人合并发放一本不动产权属证书；共有人申请分别持证的，可以为共有人分别发放不动产权属证书。

共有不动产权属证书应当注明共有情况，并列明全体共有人。

第二十二条　不动产权属证书或者不动产登记证明污损、破损的，当事人可以向不动产登记机构申请换发。符合换发条件的，不动产登记机构应当予以换发，并收回原不动产权属证书或者不动产登记证明。

不动产权属证书或者不动产登记证明遗失、灭失，不动产权利人申请补发的，由不动产登记机构在其门户网站上刊发不动产权利人的遗失、灭失声明后，即予以补发。

不动产登记机构补发不动产权属证书或者不动产登记证明的，应当将补发不动产权属证书或者不动产登记证明的事项记载于不动产登记簿，并在不动产权属证书或者不动产登记证明上注明“补发”字样。

第二十三条　因不动产权利灭失等情形，不动产登记机构需要收回不动产权属证书或者不动产登记证明的，应当在不动产登记簿上将收回不动产权属证书或者不动产登记证明的事项予以注明；确实无法收回的，应当在不动产登记机构门户网站或者当地公开发行的报刊上公告作废。

第四章　不动产权利登记

第一节　一般规定

第二十四条　不动产首次登记，是指不动产权利第一次登记。

未办理不动产首次登记的，不得办理不动产其他类型登记，但法律、行政法规另有规定的除外。

第二十五条　市、县人民政府可以根据情况对本行政区域内未登记的不动产，组织开展集体土地所有权、宅基地使用权、集体建设用地使用权、土地承包经营权的首次登记。

依照前款规定办理首次登记所需的权属来源、调查等登记材料，由人民政府有关部门组织获取。

第二十六条 下列情形之一的，不动产权利人可以向不动产登记机构申请变更登记：

（一）权利人的姓名、名称、身份证明类型或者身份证明号码发生变更的；

（二）不动产的坐落、界址、用途、面积等状况变更的；

（三）不动产权利期限、来源等状况发生变化的；

（四）同一权利人分割或者合并不动产的；

（五）抵押担保的范围、主债权数额、债务履行期限、抵押权顺位发生变化的；

（六）最高额抵押担保的债权范围、最高债权额、债权确定期间等发生变化的；

（七）地役权的利用目的、方法等发生变化的；

（八）共有性质发生变更的；

（九）法律、行政法规规定的其他不涉及不动产权利转移的变更情形。

第二十七条 因下列情形导致不动产权利转移的，当事人可以向不动产登记机构申请转移登记：

（一）买卖、互换、赠与不动产的；

（二）以不动产作价出资（入股）的；

（三）法人或者其他组织因合并、分立等原因致使不动产权利发生转移的；

（四）不动产分割、合并导致权利发生转移的；

（五）继承、受遗赠导致权利发生转移的；

（六）共有人增加或者减少以及共有不动产份额变化的；

（七）因人民法院、仲裁委员会的生效法律文书导致不动产权利发生转移的；

（八）因主债权转移引起不动产抵押权转移的；

（九）因需役地不动产权利转移引起地役权转移的；

（十）法律、行政法规规定的其他不动产权利转移情形。

第二十八条 有下列情形之一的，当事人可以申请办理注销登记：

（一）不动产灭失的；

（二）权利人放弃不动产权利的；

（三）不动产被依法没收、征收或者收回的；

（四）人民法院、仲裁委员会的生效法律文书导致不动产权利消灭的；

（五）法律、行政法规规定的其他情形。

不动产上已经设立抵押权、地役权或者已经办理预告登记，所有权人、使用权人因放弃权利申请注销登记的，申请人应当提供抵押权人、地役权人、预告登记权利人同意的书面材料。

第二节 集体土地所有权登记

第二十九条 集体土地所有权登记，依照下列规定提出申请：

（一）土地属于村农民集体所有的，由村集体经济组织代为申请，没有集体经济组织的，由村民委员会代为申请；

（二）土地分别属于村内两个以上农民集体所有的，由村内各集体经济组织代为申请，没有集体经济组织的，由村民小组代为申请；

（三）土地属于乡（镇）农民集体所有的，由乡（镇）集体经济组织代为申请。

第三十条 申请集体土地所有权首次登记的，应当提交下列材料：

（一）土地权属来源材料；

（二）权籍调查表、宗地图以及宗地界址点坐标；

（三）其他必要材料。

第三十一条 农民集体因互换、土地调整等原因导致集体土地所有权转移，申请集体土地所有权转移登记的，应当提交下列材料：

（一）不动产权属证书；

（二）互换、调整协议等集体土地所有权转移的材料；

（三）本集体经济组织三分之二以上成员或者三分之二以上村民代表同意的材料；

（四）其他必要材料。

第三十二条 申请集体土地所有权变更、注销登记的，应当提交下列材料：

（一）不动产权属证书；

（二）集体土地所有权变更、消灭的材料；

（三）其他必要材料。

第三节 国有建设用地使用权及房屋所有权登记

第三十三条 依法取得国有建设用地使用权，可以单独申请国有建设用地使用权登记。

依法利用国有建设用地建造房屋的，可以申请国有建设用地使用权及房屋所有权登记。

第三十四条　申请国有建设用地使用权首次登记，应当提交下列材料：

（一）土地权属来源材料；

（二）权籍调查表、宗地图以及宗地界址点坐标；

（三）土地出让价款、土地租金、相关税费等缴纳凭证；

（四）其他必要材料。

前款规定的土地权属来源材料，根据权利取得方式的不同，包括国有建设用地划拨决定书、国有建设用地使用权出让合同、国有建设用地使用权租赁合同以及国有建设用地使用权作价出资（入股）、授权经营批准文件。

申请在地上或者地下单独设立国有建设用地使用权登记的，按照本条规定办理。

第三十五条　申请国有建设用地使用权及房屋所有权首次登记的，应当提交下列材料：

（一）不动产权属证书或者土地权属来源材料；

（二）建设工程符合规划的材料；

（三）房屋已经竣工的材料；

（四）房地产调查或者测绘报告；

（五）相关税费缴纳凭证；

（六）其他必要材料。

第三十六条　办理房屋所有权首次登记时，申请人应当将建筑区划内依法属于业主共有的道路、绿地、其他公共场所、公用设施和物业服务用房及其占用范围内的建设用地使用权一并申请登记为业主共有。业主转让房屋所有权的，其对共有部分享有的权利依法一并转让。

第三十七条　申请国有建设用地使用权及房屋所有权变更登记的，应当根据不同情况，提交下列材料：

（一）不动产权属证书；

（二）发生变更的材料；

（三）有批准权的人民政府或者主管部门的批准文件；

（四）国有建设用地使用权出让合同或者补充协议；

（五）国有建设用地使用权出让价款、税费等缴纳凭证；

（六）其他必要材料。

第三十八条　申请国有建设用地使用权及房屋所有权转移登记的，应当根据不同情况，提交下列材料：

（一）不动产权属证书；

（二）买卖、互换、赠与合同；

（三）继承或者受遗赠的材料；

（四）分割、合并协议；

（五）人民法院或者仲裁委员会生效的法律文书；

（六）有批准权的人民政府或者主管部门的批准文件；

（七）相关税费缴纳凭证；

（八）其他必要材料。

不动产买卖合同依法应当备案的，申请人申请登记时须提交经备案的买卖合同。

第三十九条　具有独立利用价值的特定空间以及码头、油库等其他建筑物、构筑物所有权的登记，按照本实施细则中房屋所有权登记有关规定办理。

第四节　宅基地使用权及房屋所有权登记

第四十条　依法取得宅基地使用权，可以单独申请宅基地使用权登记。

依法利用宅基地建造住房及其附属设施的，可以申请宅基地使用权及房屋所有权登记。

第四十一条　申请宅基地使用权及房屋所有权首次登记的，应当根据不同情况，提交下列材料：

（一）申请人身份证和户口簿；

（二）不动产权属证书或者有批准权的人民政府批准用地的文件等权属来源材料；

（三）房屋符合规划或者建设的相关材料；

（四）权籍调查表、宗地图、房屋平面图以及宗地界址点坐标等有关不动产界址、面积等材料；

（五）其他必要材料。

第四十二条　因依法继承、分家析产、集体经济组织内部互换房屋等导致宅基地使用权及房屋所有权发生转移申请登记的，申请人应当根据不同情况，提交下列材料：

（一）不动产权属证书或者其他权属来源材料；

（二）依法继承的材料；

（三）分家析产的协议或者材料；

（四）集体经济组织内部互换房屋的协议；

（五）其他必要材料。

第四十三条　申请宅基地等集体土地上的建筑物区分所有权登记的，参照国有建设用地使用权及建筑物区分所有权的规定办理登记。

第五节　集体建设用地使用权及建筑物、构筑物所有权登记

第四十四条　依法取得集体建设用地使用权，可以单独申请集体建设用地使用权登记。

依法利用集体建设用地兴办企业，建设公共设施，从事公益事业等的，可以申请集体建设用地使用权及地上建筑物、构筑物所有权登记。

第四十五条 申请集体建设用地使用权及建筑物、构筑物所有权首次登记的，申请人应当根据不同情况，提交下列材料：

（一）有批准权的人民政府批准用地的文件等土地权属来源材料；

（二）建设工程符合规划的材料；

（三）权籍调查表、宗地图、房屋平面图以及宗地界址点坐标等有关不动产界址、面积等材料；

（四）建设工程已竣工的材料；

（五）其他必要材料。

集体建设用地使用权首次登记完成后，申请人申请建筑物、构筑物所有权首次登记的，应当提交享有集体建设用地使用权的不动产权属证书。

第四十六条 申请集体建设用地使用权及建筑物、构筑物所有权变更登记、转移登记、注销登记的，申请人应当根据不同情况，提交下列材料：

（一）不动产权属证书；

（二）集体建设用地使用权及建筑物、构筑物所有权变更、转移、消灭的材料；

（三）其他必要材料。

因企业兼并、破产等原因致使集体建设用地使用权及建筑物、构筑物所有权发生转移的，申请人应当持相关协议及有关部门的批准文件等相关材料，申请不动产转移登记。

第六节　土地承包经营权登记

第四十七条 承包农民集体所有的耕地、林地、草地、水域、滩涂以及荒山、荒沟、荒丘、荒滩等农用地，或者国家所有依法由农民集体使用的农用地从事种植业、林业、畜牧业、渔业等农业生产的，可以申请土地承包经营权登记；地上有森林、林木的，应当在申请土地承包经营权登记时一并申请登记。

第四十八条 依法以承包方式在土地上从事种植业或者养殖业生产活动的，可以申请土地承包经营权的首次登记。

以家庭承包方式取得的土地承包经营权的首次登记，由发包方持土地承包经营合同等材料申请。

以招标、拍卖、公开协商等方式承包农村土地的，由承包方持土地承包经营合同申请土地承包经营权首次登记。

第四十九条 已经登记的土地承包经营权有下列情形之一的，承包方应当持原不动产权属证书以及其他证实发生变更事实的材料，申请土地承包经营权变更登记：

（一）权利人的姓名或者名称等事项发生变化的；

（二）承包土地的坐落、名称、面积发生变化的；

（三）承包期限依法变更的；

（四）承包期限届满，土地承包经营权人按照国家有关规定继续承包的；

（五）退耕还林、退耕还湖、退耕还草导致土地用途改变的；

（六）森林、林木的种类等发生变化的；

（七）法律、行政法规规定的其他情形。

第五十条 已经登记的土地承包经营权发生下列情形之一的，当事人双方应当持互换协议、转让合同等材料，申请土地承包经营权的转移登记：

（一）互换；

（二）转让；

（三）因家庭关系、婚姻关系变化等原因导致土地承包经营权分割或者合并的；

（四）依法导致土地承包经营权转移的其他情形。

以家庭承包方式取得的土地承包经营权，采取转让方式流转的，还应当提供发包方同意的材料。

第五十一条 已经登记的土地承包经营权发生下列情形之一的，承包方应当持不动产权属证书、证实灭失的材料等，申请注销登记：

（一）承包经营的土地灭失的；

（二）承包经营的土地被依法转为建设用地的；

（三）承包经营权人丧失承包经营资格或者放弃承包经营权的；

（四）法律、行政法规规定的其他情形。

第五十二条 以承包经营以外的合法方式使用国有农用地的国有农场、草场，以及使用国家所有的水域、滩涂等农用地进行农业生产，申请国有农用地的使用权登记的，参照本实施细则有关规定办理。

国有农场、草场申请国有未利用地登记的，依照前款规定办理。

第五十三条 国有林地使用权登记，应当提交有批准权的人民政府或者主管部门的批准文件，地上森林、林木一并登记。

第七节　海域使用权登记

第五十四条 依法取得海域使用权，可以单独申请海域使用权登记。

依法使用海域，在海域上建造建筑物、构筑物的，应当申请海域使用权及建筑物、构筑物所有权登记。

申请无居民海岛登记的，参照海域使用权登记有关规定办理。

第五十五条　申请海域使用权首次登记的，应当提交下列材料：

（一）项目用海批准文件或者海域使用权出让合同；

（二）宗海图以及界址点坐标；

（三）海域使用金缴纳或者减免凭证；

（四）其他必要材料。

第五十六条　有下列情形之一的，申请人应当持不动产权属证书、海域使用权变更的文件等材料，申请海域使用权变更登记：

（一）海域使用权人姓名或者名称改变的；

（二）海域坐落、名称发生变化的；

（三）改变海域使用位置、面积或者期限的；

（四）海域使用权续期的；

（五）共有性质变更的；

（六）法律、行政法规规定的其他情形。

第五十七条　有下列情形之一的，申请人可以申请海域使用权转移登记：

（一）因企业合并、分立或者与他人合资、合作经营、作价入股导致海域使用权转移的；

（二）依法转让、赠与、继承、受遗赠海域使用权的；

（三）因人民法院、仲裁委员会生效法律文书导致海域使用权转移的；

（四）法律、行政法规规定的其他情形。

第五十八条　申请海域使用权转移登记的，申请人应当提交下列材料：

（一）不动产权属证书；

（二）海域使用权转让合同、继承材料、生效法律文书等材料；

（三）转让批准取得的海域使用权，应当提交原批准用海的海洋行政主管部门批准转让的文件；

（四）依法需要补交海域使用金的，应当提交海域使用金缴纳的凭证；

（五）其他必要材料。

第五十九条　申请海域使用权注销登记的，申请人应当提交下列材料：

（一）原不动产权属证书；

（二）海域使用权消灭的材料；

（三）其他必要材料。

因围填海造地等导致海域灭失的，申请人应当在围填海造地等工程竣工后，依照本实施细则规定申请国有土地使用权登记，并办理海域使用权注销登记。

第八节　地役权登记

第六十条　按照约定设定地役权，当事人可以持需役地和供役地的不动产权属证书、地役权合同以及其他必要文件，申请地役权首次登记。

第六十一条　经依法登记的地役权发生下列情形之一的，当事人应当持地役权合同、不动产登记证明和证实变更的材料等必要材料，申请地役权变更登记：

（一）地役权当事人的姓名或者名称等发生变化；

（二）共有性质变更的；

（三）需役地或者供役地自然状况发生变化；

（四）地役权内容变更的；

（五）法律、行政法规规定的其他情形。

供役地分割转让办理登记，转让部分涉及地役权的，应当由受让人与地役权人一并申请地役权变更登记。

第六十二条　已经登记的地役权因土地承包经营权、建设用地使用权转让发生转移的，当事人应当持不动产登记证明、地役权转移合同等必要材料，申请地役权转移登记。

申请需役地转移登记的，或者需役地分割转让，转让部分涉及已登记的地役权的，当事人应当一并申请地役权转移登记，但当事人另有约定的除外。当事人拒绝一并申请地役权转移登记的，应当出具书面材料。不动产登记机构办理转移登记时，应当同时办理地役权注销登记。

第六十三条　已经登记的地役权，有下列情形之一的，当事人可以持不动产登记证明、证实地役权发生消灭的材料等必要材料，申请地役权注销登记：

（一）地役权期限届满；

（二）供役地、需役地归于同一人；

（三）供役地或者需役地灭失；

（四）人民法院、仲裁委员会的生效法律文书导致地役权消灭；

（五）依法解除地役权合同；

（六）其他导致地役权消灭的事由。

第六十四条　地役权登记，不动产登记机构应当将登记事项分别记载于需役地和供役地登记簿。

供役地、需役地分属不同不动产登记机构管辖的，当事人应当向供役地所在地的不动产登记机构申请地役权登记。供役地所在地不动产登记机构完成登记后，应当将相关事项通知需役地所在地不动产登记机构，并由其记载于需役地登记簿。

地役权设立后，办理首次登记前发生变更、转移的，当事人应当提交相关材料，就已经变更或者转移的地役权，直接申请首次登记。

第九节 抵押权登记

第六十五条 对下列财产进行抵押的，可以申请办理不动产抵押登记：

（一）建设用地使用权；

（二）建筑物和其他土地附着物；

（三）海域使用权；

（四）以招标、拍卖、公开协商等方式取得的荒地等土地承包经营权；

（五）正在建造的建筑物；

（六）法律、行政法规未禁止抵押的其他不动产。

以建设用地使用权、海域使用权抵押的，该土地、海域上的建筑物、构筑物一并抵押；以建筑物、构筑物抵押的，该建筑物、构筑物占用范围内的建设用地使用权、海域使用权一并抵押。

第六十六条 自然人、法人或者其他组织为保障其债权的实现，依法以不动产设定抵押的，可以由当事人持不动产权属证书、抵押合同与主债权合同等必要材料，共同申请办理抵押登记。

抵押合同可以是单独订立的书面合同，也可以是主债权合同中的抵押条款。

第六十七条 同一不动产上设立多个抵押权的，不动产登记机构应当按照受理时间的先后顺序依次办理登记，并记载于不动产登记簿。当事人对抵押权顺位另有约定的，从其规定办理登记。

第六十八条 有下列情形之一的，当事人应当持不动产权属证书、不动产登记证明、抵押权变更等必要材料，申请抵押权变更登记：

（一）抵押人、抵押权人的姓名或者名称变更的；

（二）被担保的主债权数额变更的；

（三）债务履行期限变更的；

（四）抵押权顺位变更的；

（五）法律、行政法规规定的其他情形。

因被担保债权主债权的种类及数额、担保范围、债务履行期限、抵押权顺位发生变更申请抵押权变更登记时，如果该抵押权的变更将对其他抵押权人产生不利影响的，还应当提交其他抵押权人书面同意的材料与身份证或者户口簿等材料。

第六十九条 因主债权转让导致抵押权转让的，当事人可以持不动产权属证书、不动产登记证明、被担保主债权的转让协议、债权人已经通知债务人的材料等相关材料，申请抵押权的转移登记。

第七十条 有下列情形之一的，当事人可以持不动产登记证明、抵押权消灭的材料等必要材料，申请抵押权注销登记：

（一）主债权消灭；

（二）抵押权已经实现；

（三）抵押权人放弃抵押权；

（四）法律、行政法规规定抵押权消灭的其他情形。

第七十一条 设立最高额抵押权的，当事人应当持不动产权属证书、最高额抵押合同与一定期间内将要连续发生的债权的合同或者其他登记原因材料等必要材料，申请最高额抵押权首次登记。

当事人申请最高额抵押权首次登记时，同意将最高额抵押权设立前已经存在的债权转入最高额抵押担保的债权范围的，还应当提交已存在债权的合同以及当事人同意将该债权纳入最高额抵押权担保范围的书面材料。

第七十二条 有下列情形之一的，当事人应当持不动产登记证明、最高额抵押权发生变更的材料等必要材料，申请最高额抵押权变更登记：

（一）抵押人、抵押权人的姓名或者名称变更的；

（二）债权范围变更的；

（三）最高债权额变更的；

（四）债权确定的期间变更的；

（五）抵押权顺位变更的；

（六）法律、行政法规规定的其他情形。

因最高债权额、债权范围、债务履行期限、债权确定的期间发生变更申请最高额抵押权变更登记时，如果该变更将对其他抵押权人产生不利影响的，当事人还应当提交其他抵押权人的书面同意文件与身份证或者户口簿等。

第七十三条 当发生导致最高额抵押权担保的债权被确定的事由，从而使最高额抵押权转变为一般抵押权时，当事人应当持不动产登记证明、最高额抵押权担保的债权已确定的材料等必要材料，申请办理确定最高额抵押权的登记。

第七十四条 最高额抵押权发生转移的，应当持不动产登记证明、部分债权转移的材料、当事人约定最高额抵押权随同部分债权的转让而转移的材料等必要材料，申请办理最高额抵押权转移登记。

债权人转让部分债权，当事人约定最高额抵押权随同部分债权的转让而转移的，应当分别申请下列登记：

（一）当事人约定原抵押权人与受让人共同享有最高额抵押权的，应当申请最高额抵押权的转移登记；

（二）当事人约定受让人享有一般抵押权、原抵押权人就扣减已转移的债权数额后继续享有最高额抵押权的，应当申请一般抵押权的首次登记以及最高额抵押权的变更登记；

（三）当事人约定原抵押权人不再享有最高额抵押权的，应当一并申请最高额抵押权确定登记以及一般抵押权转移登记。

最高额抵押权担保的债权确定前，债权人转让部分债权的，除当事人另有约定外，不动产登记机构不得办理最高额抵押权转移登记。

第七十五条　以建设用地使用权以及全部或者部分在建建筑物设定抵押的，应当一并申请建设用地使用权以及在建建筑物抵押权的首次登记。

当事人申请在建建筑物抵押权首次登记时，抵押财产不包括已经办理预告登记的预购商品房和已经办理预售备案的商品房。

前款规定的在建建筑物，是指正在建造、尚未办理所有权首次登记的房屋等建筑物。

第七十六条　申请在建建筑物抵押权首次登记的，当事人应当提交下列材料：

（一）抵押合同与主债权合同；

（二）享有建设用地使用权的不动产权属证书；

（三）建设工程规划许可证；

（四）其他必要材料。

第七十七条　在建建筑物抵押权变更、转移或者消灭的，当事人应当提交下列材料，申请变更登记、转移登记、注销登记：

（一）不动产登记证明；

（二）在建建筑物抵押权发生变更、转移或者消灭的材料；

（三）其他必要材料。

在建建筑物竣工，办理建筑物所有权首次登记时，当事人应当申请将在建建筑物抵押权登记转为建筑物抵押权登记。

第七十八条　申请预购商品房抵押登记，应当提交下列材料：

（一）抵押合同与主债权合同；

（二）预购商品房预告登记材料；

（三）其他必要材料。

预购商品房办理房屋所有权登记后，当事人应当申请将预购商品房抵押预告登记转为商品房抵押权首次登记。

第五章　其他登记

第一节　更正登记

第七十九条　权利人、利害关系人认为不动产登记簿记载的事项有错误，可以申请更正登记。

权利人申请更正登记的，应当提交下列材料：

（一）不动产权属证书；

（二）证实登记确有错误的材料；

（三）其他必要材料。

利害关系人申请更正登记的，应当提交利害关系材料、证实不动产登记簿记载错误的材料以及其他必要材料。

第八十条　不动产权利人或者利害关系人申请更正登记，不动产登记机构认为不动产登记簿记载确有错误的，应当予以更正；但在错误登记之后已经办理了涉及不动产权利处分的登记、预告登记和查封登记的除外。

不动产权属证书或者不动产登记证明填制错误以及不动产登记机构在办理更正登记中，需要更正不动产权属证书或者不动产登记证明内容的，应当书面通知权利人换发，并把换发不动产权属证书或者不动产登记证明的事项记载于登记簿。

不动产登记簿记载无误的，不动产登记机构不予更正，并书面通知申请人。

第八十一条　不动产登记机构发现不动产登记簿记载的事项错误，应当通知当事人在30个工作日内办理更正登记。当事人逾期不办理的，不动产登记机构应当在公告15个工作日后，依法予以更正；但在错误登记之后已经办理了涉及不动产权利处分的登记、预告登记和查封登记的除外。

第二节　异议登记

第八十二条　利害关系人认为不动产登记簿记载的事项错误，权利人不同意更正的，利害关系人可以申请异议登记。

利害关系人申请异议登记的，应当提交下列材料：

（一）证实对登记的不动产权利有利害关系的材料；

（二）证实不动产登记簿记载的事项错误的材料；

（三）其他必要材料。

第八十三条　不动产登记机构受理异议登记申请的，应当将异议事项记载于不动产登记簿，并向申请人出具异议登记证明。

异议登记申请人应当在异议登记之日起15日内，提交人民法院受理通知书、仲裁委员会受理通知书等提起诉讼、申请仲裁的材料；逾期不提交的，异议登记失效。

异议登记失效后，申请人就同一事项以同一理由再次申请异议登记的，不动产登记机构不予受理。

第八十四条 异议登记期间，不动产登记簿上记载的权利人以及第三人因处分权利申请登记的，不动产登记机构应当书面告知申请人该权利已经存在异议登记的有关事项。申请人申请继续办理的，应当予以办理，但申请人应当提供知悉异议登记存在并自担风险的书面承诺。

第三节 预告登记

第八十五条 有下列情形之一的，当事人可以按照约定申请不动产预告登记：

（一）商品房等不动产预售的；

（二）不动产买卖、抵押的；

（三）以预购商品房设定抵押权的；

（四）法律、行政法规规定的其他情形。

预告登记生效期间，未经预告登记的权利人书面同意，处分该不动产权利申请登记的，不动产登记机构应当不予办理。

预告登记后，债权未消灭且自能够进行相应的不动产登记之日起3个月内，当事人申请不动产登记的，不动产登记机构应当按照预告登记事项办理相应的登记。

第八十六条 申请预购商品房的预告登记，应当提交下列材料：

（一）已备案的商品房预售合同；

（二）当事人关于预告登记的约定；

（三）其他必要材料。

预售人和预购人订立商品房买卖合同后，预售人未按照约定与预购人申请预告登记，预购人可以单方申请预告登记。

预购人单方申请预购商品房预告登记，预售人与预购人在商品房预售合同中对预告登记附有条件和期限的，预购人应当提交相应材料。

申请预告登记的商品房已经办理在建建筑物抵押权首次登记的，当事人应当一并申请在建建筑物抵押权注销登记，并提交不动产权属转移材料、不动产登记证明。不动产登记机构应当先办理在建建筑物抵押权注销登记，再办理预告登记。

第八十七条 申请不动产转移预告登记的，当事人应当提交下列材料：

（一）不动产转让合同；

（二）转让方的不动产权属证书；

（三）当事人关于预告登记的约定；

（四）其他必要材料。

第八十八条 抵押不动产，申请预告登记的，当事人应当提交下列材料：

（一）抵押合同与主债权合同；

（二）不动产权属证书；

（三）当事人关于预告登记的约定；

（四）其他必要材料。

第八十九条 预告登记未到期，有下列情形之一的，当事人可以持不动产登记证明、债权消灭或者权利人放弃预告登记的材料，以及法律、行政法规规定的其他必要材料申请注销预告登记：

（一）预告登记的权利人放弃预告登记的；

（二）债权消灭的；

（三）法律、行政法规规定的其他情形。

第四节 查封登记

第九十条 人民法院要求不动产登记机构办理查封登记的，应当提交下列材料：

（一）人民法院工作人员的工作证；

（二）协助执行通知书；

（三）其他必要材料。

第九十一条 两个以上人民法院查封同一不动产的，不动产登记机构应当为先送达协助执行通知书的人民法院办理查封登记，对后送达协助执行通知书的人民法院办理轮候查封登记。

轮候查封登记的顺序按照人民法院协助执行通知书送达不动产登记机构的时间先后进行排列。

第九十二条 查封期间，人民法院解除查封的，不动产登记机构应当及时根据人民法院协助执行通知书注销查封登记。

不动产查封期限届满，人民法院未续封的，查封登记失效。

第九十三条 人民检察院等其他国家有权机关依法要求不动产登记机构办理查封登记的，参照本节规定办理。

第六章 不动产登记资料的查询、保护和利用

第九十四条 不动产登记资料包括：

（一）不动产登记簿等不动产登记结果；

（二）不动产登记原始资料，包括不动产登记申请书、申请人身份材料、不动产权属来源、登记原因、不动产权籍调查成果等材料以及不动产登记机构审核材料。

不动产登记资料由不动产登记机构管理。不动产登记机构应当建立不动产登记资料管理制度以及信息安全保密制度，建设符合不动产登记资料安全保护标准的不动产登记资料存放场所。

不动产登记资料中属于归档范围的，按照相关法律、行政法规的规定进行归档管理，具体办法由自然资源部会同国家档案主管部门另行制定。

第九十五条　不动产登记机构应当加强不动产登记信息化建设，按照统一的不动产登记信息管理基础平台建设要求和技术标准，做好数据整合、系统建设和信息服务等工作，加强不动产登记信息产品开发和技术创新，提高不动产登记的社会综合效益。

各级不动产登记机构应当采取措施保障不动产登记信息安全。任何单位和个人不得泄露不动产登记信息。

第九十六条　不动产登记机构、不动产交易机构建立不动产登记信息与交易信息互联共享机制，确保不动产登记与交易有序衔接。

不动产交易机构应当将不动产交易信息及时提供给不动产登记机构。不动产登记机构完成登记后，应当将登记信息及时提供给不动产交易机构。

第九十七条　国家实行不动产登记资料依法查询制度。

权利人、利害关系人按照《条例》第二十七条规定依法查询、复制不动产登记资料的，应当到具体办理不动产登记的不动产登记机构申请。

权利人可以查询、复制其不动产登记资料。

因不动产交易、继承、诉讼等涉及的利害关系人可以查询、复制不动产自然状况、权利人及其不动产查封、抵押、预告登记、异议登记等状况。

人民法院、人民检察院、国家安全机关、监察机关等可以依法查询、复制与调查和处理事项有关的不动产登记资料。

其他有关国家机关执行公务依法查询、复制不动产登记资料的，依照本条规定办理。

涉及国家秘密的不动产登记资料的查询，按照保守国家秘密法的有关规定执行。

第九十八条　权利人、利害关系人申请查询、复制不动产登记资料应当提交下列材料：

（一）查询申请书；

（二）查询目的的说明；

（三）申请人的身份材料；

（四）利害关系人查询的，提交证实存在利害关系的材料。

权利人、利害关系人委托他人代为查询的，还应当提交代理人的身份证明材料、授权委托书。权利人查询其不动产登记资料无需提供查询目的的说明。

有关国家机关查询的，应当提供本单位出具的协助查询材料、工作人员的工作证。

第九十九条　有下列情形之一的，不动产登记机构不予查询，并书面告知理由：

（一）申请查询的不动产不属于不动产登记机构管辖范围的；

（二）查询人提交的申请材料不符合规定的；

（三）申请查询的主体或者查询事项不符合规定的；

（四）申请查询的目的不合法的；

（五）法律、行政法规规定的其他情形。

第一百条　对符合本实施细则规定的查询申请，不动产登记机构应当当场提供查询；因情况特殊，不能当场提供查询的，应当在5个工作日内提供查询。

第一百零一条　查询人查询不动产登记资料，应当在不动产登记机构设定的场所进行。

不动产登记原始资料不得带离设定的场所。

查询人在查询时应当保持不动产登记资料的完好，严禁遗失、拆散、调换、抽取、污损登记资料，也不得损坏查询设备。

第一百零二条　查询人可以查阅、抄录不动产登记资料。查询人要求复制不动产登记资料的，不动产登记机构应当提供复制。

查询人要求出具查询结果证明的，不动产登记机构应当出具查询结果证明。查询结果证明应注明查询目的及日期，并加盖不动产登记机构查询专用章。

第七章　法律责任

第一百零三条　不动产登记机构工作人员违反本实施细则规定，有下列行为之一，依法给予处分；构成犯罪的，依法追究刑事责任：

（一）对符合登记条件的登记申请不予登记，对不符合登记条件的登记申请予以登记；

（二）擅自复制、篡改、毁损、伪造不动产登记簿；

（三）泄露不动产登记资料、登记信息；

（四）无正当理由拒绝申请人查询、复制登记资料；

（五）强制要求权利人更换新的权属证书。

第一百零四条 当事人违反本实施细则规定，有下列行为之一，构成违反治安管理行为的，依法给予治安管理处罚；给他人造成损失的，依法承担赔偿责任；构成犯罪的，依法追究刑事责任：

（一）采用提供虚假材料等欺骗手段申请登记；

（二）采用欺骗手段申请查询、复制登记资料；

（三）违反国家规定，泄露不动产登记资料、登记信息；

（四）查询人遗失、拆散、调换、抽取、污损登记资料的；

（五）擅自将不动产登记资料带离查询场所、损坏查询设备的。

第八章 附 则

第一百零五条 本实施细则施行前，依法核发的各类不动产权属证书继续有效。不动产权利未发生变更、转移的，不动产登记机构不得强制要求不动产权利人更换不动产权属证书。

不动产登记过渡期内，农业部会同自然资源部等部门负责指导农村土地承包经营权的统一登记工作，按照农业部有关规定办理耕地的土地承包经营权登记。不动产登记过渡期后，由自然资源部负责指导农村土地承包经营权登记工作。

第一百零六条 不动产信托依法需要登记的，由自然资源部会同有关部门另行规定。

第一百零七条 军队不动产登记，其申请材料经军队不动产主管部门审核后，按照本实施细则规定办理。

第一百零八条 自然资源部委托北京市规划和自然资源委员会直接办理在京中央国家机关的不动产登记。

在京中央国家机关申请不动产登记时，应当提交《不动产登记暂行条例》及本实施细则规定的材料和有关机关事务管理局出具的不动产登记审核意见。不动产权属资料不齐全的，还应当提交由有关机关事务管理局确认盖章的不动产权属来源说明函。不动产权籍调查由有关机关事务管理局会同北京市规划和自然资源委员会组织进行的，还应当提交申请登记不动产单元的不动产权籍调查资料。

北京市规划和自然资源委员会办理在京中央国家机关不动产登记时，应当使用自然资源部制发的“自然资源部不动产登记专用章”。

第一百零九条 本实施细则自公布之日起施行。

不动产登记资料查询暂行办法

1. 2018年3月2日国土资源部令第80号公布

2. 根据2019年7月24日自然资源部令第5号《关于第一批废止和修改的部门规章的决定》第一次修正

3. 根据2024年5月21日自然资源部令第14号《关于第六批修改的部门规章的决定》第二次修正

第一章 总 则

第一条 为了规范不动产登记资料查询活动，加强不动产登记资料管理、保护和利用，维护不动产交易安全，保护不动产权利人的合法权益，根据《中华人民共和国物权法》、《不动产登记暂行条例》等法律法规，制定本办法。

第二条 本办法所称不动产登记资料，包括：

（一）不动产登记簿等不动产登记结果；

（二）不动产登记原始资料，包括不动产登记申请书、申请人身份材料、不动产权属来源、登记原因、不动产权籍调查成果等材料以及不动产登记机构审核材料。

不动产登记资料由不动产登记机构负责保存和管理。

第三条 县级以上人民政府不动产登记机构负责不动产登记资料查询管理工作。

第四条 不动产权利人、利害关系人可以依照本办法的规定，查询、复制不动产登记资料。

不动产权利人、利害关系人可以委托律师或者其他代理人查询、复制不动产登记资料。

第五条 不动产登记资料查询，遵循依法、便民、高效的原则。

第六条 不动产登记机构应当加强不动产登记信息化建设，以不动产登记信息管理基础平台为基础，通过运用互联网技术、设置自助查询终端、在相关场所设置登记信息查询端口等方式，为查询人提供便利。

第二章 一般规定

第七条 查询不动产登记资料，应当在不动产所在地的市、县人民政府不动产登记机构进行，但法律法规另有规定的除外。

查询人到非不动产所在地的不动产登记机构申请查询的，该机构应当告知其到相应的机构查询。

不动产登记机构应当提供必要的查询场地，并安排专门人员负责不动产登记资料的查询、复制和出具查询结果证明等工作。

申请查询不动产登记原始资料，应当优先调取数字化成果，确有需求和必要，可以调取纸质不动产登记原始资料。

第八条 不动产权利人、利害关系人申请查询不动产登记资料，应当提交查询申请书以及不动产权利人、利害关系人的身份证明材料。

查询申请书应当包括下列内容：

（一）查询主体；

（二）查询目的；

（三）查询内容；

（四）查询结果要求；

（五）提交的申请材料清单。

第九条 不动产权利人、利害关系人委托代理人代为申请查询不动产登记资料的，被委托人应当提交双方身份证明原件和授权委托书。

授权委托书中应当注明双方姓名或者名称、公民身份号码或者统一社会信用代码、委托事项、委托时限、法律义务、委托日期等内容，双方签字或者盖章。

代理人受委托查询、复制不动产登记资料的，其查询、复制范围由授权委托书确定。

第十条 符合查询条件，查询人需要出具不动产登记资料查询结果证明或者复制不动产登记资料的，不动产登记机构应当当场提供。因特殊原因不能当场提供的，应当在5个工作日内向查询人提供。

查询结果证明应当注明出具的时间，并加盖不动产登记机构查询专用章。电子查询结果证明与纸质查询结果证明具有同等法律效力。

第十一条 有下列情形之一的，不动产登记机构不予查询，并出具不予查询告知书：

（一）查询人提交的申请材料不符合本办法规定的；

（二）申请查询的主体或者查询事项不符合本办法规定的；

（三）申请查询的目的不符合法律法规规定的；

（四）法律、行政法规规定的其他情形。

查询人对不动产登记机构出具的不予查询告知书不服的，可以依法申请行政复议或者提起行政诉讼。

第十二条 申请查询的不动产登记资料涉及国家秘密的，不动产登记机构应当按照保守国家秘密法等有关规定执行。

第十三条 不动产登记机构应当建立查询记录簿，做好查询记录工作，记录查询人、查询目的或者用途、查询时间以及复制不动产登记资料的种类、出具的查询结果证明情况等。

第三章 权利人查询

第十四条 不动产登记簿上记载的权利人可以查询本不动产登记结果和本不动产登记原始资料。

第十五条 不动产权利人可以申请以下列索引信息查询不动产登记资料，但法律法规另有规定的除外：

（一）权利人的姓名或者名称、公民身份号码或者统一社会信用代码等特定主体身份信息；

（二）不动产具体坐落位置信息；

（三）不动产权属证书号；

（四）不动产单元号。

第十六条 不动产登记机构可以设置自助查询终端，为不动产权利人提供不动产登记结果查询服务。

自助查询终端应当具备验证相关身份证明以及出具查询结果证明的功能。

第十七条 继承人、受遗赠人因继承和受遗赠取得不动产权利的，适用本章关于不动产权利人查询的规定。

前款规定的继承人、受遗赠人查询不动产登记资料的，除提交本办法第八条规定的材料外，还应当提交被继承人或者遗赠人死亡证明、遗嘱或者遗赠抚养协议等可以证明继承或者遗赠行为发生的材料。

第十八条 清算组、破产管理人、财产代管人、监护人等依法有权管理和处分不动产权利的主体，参照本章规定查询相关不动产权利人的不动产登记资料。

依照本条规定查询不动产登记资料的，除提交本办法第八条规定的材料，还应当提交依法有权处分该不动产的材料。

第四章 利害关系人查询

第十九条 符合下列条件的利害关系人可以申请查询有利害关系的不动产登记结果：

（一）因买卖、互换、赠与、租赁、抵押不动产构成利害关系的；

（二）因不动产存在民事纠纷且已经提起诉讼、仲裁而构成利害关系的；

（三）法律法规规定的其他情形。

第二十条 不动产的利害关系人申请查询不动产登记结果的，除提交本办法第八条规定的材料外，还应当提交下列利害关系证明材料：

（一）因买卖、互换、赠与、租赁、抵押不动产构成利害关系的，提交买卖合同、互换合同、赠与合同、租赁合同、抵押合同；

（二）因不动产存在相关民事纠纷且已经提起诉讼或者仲裁而构成利害关系的，提交受理案件通知书、仲裁受理通知书。

第二十一条 有买卖、租赁、抵押不动产意向，或者拟就不动产提起诉讼或者仲裁等，但不能提供本办法第二十条规定的利害关系证明材料的，可以提交本办法第八条规定材料，查询相关不动产登记簿记载的下列信息：

（一）不动产的自然状况；

（二）不动产是否存在共有情形；

（三）不动产是否存在抵押权登记、预告登记或者异议登记情形；

（四）不动产是否存在查封登记或者其他限制处分的情形。

第二十二条 受本办法第二十一条规定的当事人委托的律师，还可以申请查询相关不动产登记簿记载的下列信息：

（一）申请验证所提供的被查询不动产权利主体名称与登记簿的记载是否一致；

（二）不动产的共有形式；

（三）要求办理查封登记或者限制处分机关的名称。

第二十三条 律师受当事人委托申请查询不动产登记资料的，除提交本办法第八条、第九条规定的材料外，还应当提交律师证和律师事务所出具的证明材料。

律师持人民法院的调查令申请查询不动产登记资料的，除提交本办法第八条规定的材料外，还应当提交律师证、律师事务所出具的证明材料以及人民法院的调查令。

第二十四条 不动产的利害关系人可以申请以下列索引信息查询不动产登记资料：

（一）不动产具体坐落位置；

（二）不动产权属证书号；

（三）不动产单元号。

每份申请书只能申请查询一个不动产登记单元。

第二十五条 不动产利害关系人及其委托代理人，按照本办法申请查询的，应当承诺不将查询获得的不动产登记资料、登记信息用于其他目的，不泄露查询获得的不动产登记资料、登记信息，并承担由此产生的法律后果。

第五章 登记资料保护

第二十六条 查询人查询、复制不动产登记资料的，不得将不动产登记资料带离指定场所，不得拆散、调换、抽取、撕毁、污损不动产登记资料，也不得损坏查询设备。

查询人有前款行为的，不动产登记机构有权禁止该查询人继续查询不动产登记资料，并可以拒绝为其出具查询结果证明。

第二十七条 已有电子介质，且符合下列情形之一的纸质不动产登记原始资料可以销毁：

（一）抵押权登记、地役权登记已经注销且自注销之日起满五年的；

（二）查封登记、预告登记、异议登记已经注销且自注销之日起满五年的。

第二十八条 符合本办法第二十七条规定销毁条件的不动产登记资料应当在不动产登记机构指定的场所销毁。

不动产登记机构应当建立纸质不动产登记资料销毁清册，详细记录被销毁的纸质不动产登记资料的名称、数量、时间、地点，负责销毁以及监督销毁的人员应当在清册上签名。

第六章 罚 则

第二十九条 不动产登记机构及其工作人员违反本办法规定，有下列行为之一，对有关责任人员依法给予处分；涉嫌构成犯罪的，移送有关机关依法追究刑事责任：

（一）对符合查询、复制不动产登记资料条件的申请不予查询、复制，对不符合查询、复制不动产登记资料条件的申请予以查询、复制的；

（二）擅自查询、复制不动产登记资料或者出具查询结果证明的；

（三）泄露不动产登记资料、登记信息的；

（四）利用不动产登记资料进行不正当活动的；

（五）未履行对不动产登记资料的安全保护义务，导致不动产登记资料、登记信息毁损、灭失或者被他人篡改，造成严重后果的。

第三十条 查询人违反本办法规定，有下列行为之一，构成违反治安管理行为的，移送公安机关依法给予治安管理处罚；涉嫌构成犯罪的，移送有关机关依法追究刑事责任：

（一）采用提供虚假材料等欺骗手段申请查询、复制不动产登记资料的；

（二）泄露不动产登记资料、登记信息的；

（三）遗失、拆散、调换、抽取、污损、撕毁不动产登记资料的；

（四）擅自将不动产登记资料带离查询场所、损坏查询设备的；

（五）因扰乱查询、复制秩序导致不动产登记机构受损失的；

（六）滥用查询结果证明的。

第七章　附　　则

第三十一条　有关国家机关查询复制不动产登记资料以及国家机关之间共享不动产登记信息的具体办法另行规定。

第三十二条　《不动产登记暂行条例》实施前已经形成的土地、房屋、森林、林木、海域等登记资料，属于不动产登记资料。不动产登记机构应当依照本办法的规定提供查询。

第三十三条　公民、法人或者其他组织依据《中华人民共和国政府信息公开条例》，以申请政府信息公开的方式申请查询不动产登记资料的，有关自然资源主管部门应当告知其按照本办法的规定申请不动产登记资料查询。

第三十四条　本办法自公布之日起施行。2002 年 12 月 4 日国土资源部公布的《土地登记资料公开查询办法》（国土资源部令第 14 号）同时废止。

国土资源部、解放军总后勤部关于进一步做好军用土地确权登记发证工作的通知

1. 2010 年 12 月 13 日
2. 国土资发〔2010〕197 号

各省、自治区、直辖市第二次土地调查领导小组办公室，国土资源厅（国土环境资源厅、国土资源局、国土资源和房屋管理局、规划和国土资源管理局），新疆生产建设兵团国土资源局，各军区联勤部，各军兵种后勤部，总参三部、管理保障部，总政直工部，总装后勤部，军事科学院院务部，国防大学、国防科技大学校务部，总后所属直供单位：

军用土地调查是全国土地调查的组成部分，是城镇和农村地籍调查的重要内容。按照国土资源部、总参谋部、总后勤部《关于做好第二次全国土地调查中军用土地调查工作的通知》（国土资发〔2008〕108 号，以下简称通知）要求，第二次军用土地调查工作于 2008 年 7 月全面展开。两年来，在地方人民政府和各级国土资源行政主管部门的大力支持下，军用土地调查工作总体进展顺利，取得了阶段性成果。为进一步加强军用土地管理，切实做好军用土地确权登记发证工作，现将有关事项通知如下。

一、密切配合，加快军用土地确权工作

确定军用土地权属界线，是军地双方的共同任务。军用土地调查时，军队单位要主动联系所在地的县级以上国土资源行政主管部门，提出确权申请；国土资源行政主管部门要积极做好服务，组织相邻单位对军用土地进行指界确认。对于权属界线清楚的，各方应当在地籍调查表或权属协议书上签字盖章，如四邻单位无故缺席指界或不签字盖章确认的，依法由县级以上人民政府确认；无权属来源相关文件或权源资料不齐全、土地权属无争议的，解放军土地管理局出具证明，经国土资源行政主管部门核实后，依法由县级以上人民政府确认。权属界线有争议的，应按照《国务院、中央军委关于妥善处理军队与地方部分房地产权属问题的通知》（国发〔1988〕46 号）等有关法律和政策规定办理；一时难以解决的，要划定工作界线，但不作为确权依据。

二、相互支持，加快军用土地地籍测量工作

军用土地地籍测量和内部调查工作由军队单位自行组织。军用土地地籍测量中，地方国土资源行政主管部门要给予技术支持，地方土地调查形成的成果可无偿向军队提供。涉及军地接边的军用土地调查成果由军队业务主管部门会同地方县以上国土资源行政主管部门，共同组织验收。军用土地内部调查成果由军队业务主管部门组织验收，地方县以上国土资源行政主管部门可参与验收。由军队专业队伍自行组织的地籍测量成果，符合国家和军队有关技术规程（规定）要求的，经各级国土资源行政主管部门审核后予以承认，并作为军用土地登记发证的依据。

三、依法依规，加快军用土地登记发证工作

军用土地登记发证工作，实行属地管理。军队单位要主动向县级以上国土资源行政主管部门申请办理土地登记手续，积极配合国土资源行政主管部门开展土地登记发证工作。办理军用土地登记时，军队单位应依据《土地登记办法》有关规定提交土地登记申请材料，涉及军事设施用地的可不提供营区平面图、部队番号。地方各级国土资源行政主管部门要依据国家有关规定，加快军用土地登记发证工作。登记资料中土地使用权人栏统一填写为“中国人民解放军总后勤部（部队代号，无代号的填写部队单位名称）”。军用土地范围内的机关、公寓住房、自有住房（住宅，包括军队经济适用住房以及从军用土地中划为售房区出售的

现住房等)、独立院落的招待所等土地用途问题,应当根据不同情况区别对待。自有住房用地,土地用途按照分类标准划归城镇住宅用地,在办理土地登记时,地类(用途)栏填写“城镇住宅用地”;其他军用土地划归军事设施用地,在办理军用土地登记时,地类(用途)栏填写“军事设施用地”。对于权属界线未改变、界址明晰、重新测量后实际面积与原证不符的,以重新测量后的实际面积为准,可直接办理变更登记手续。

军队经济适用住房建设用地以及从军用土地中划为售房区出售现住房占用的土地登记时,军队单位应当提供解放军总后勤部批复的征地计划(划分售房区方案)、建设(售房)计划以及地方人民政府的规划要求等有关文件。

地方国土资源行政主管部门要加快城镇住房登记发证进度,积极为军用土地住房权利人办理土地登记发证手续。

新增军队建设项目用地应按有关规定依法办理供地手续后,再办理土地确权登记手续。

军用土地调查、登记发证等工作,应严格执行国家和军队有关保密规定,国土资源部门和军队单位应共同做好军用土地调查、登记等成果资料的保密工作。

国土资源部、财政部、农业部关于加快推进农村集体土地确权登记发证工作的通知

1. 2011年5月6日
2. 国土资发〔2011〕60号

各省、自治区、直辖市国土资源厅(国土环境资源厅、国土资源局、国土资源和房屋管理局、规划和国土资源管理局)、财政厅(局)、农业(农牧、农村经济)厅(局、委、办),新疆生产建设兵团国土资源局、财务局、农业局:

为贯彻落实十七届三中全会精神和《中共中央国务院关于加大统筹城乡发展力度进一步夯实农业农村发展基础的若干意见》(中发〔2010〕1号,以下简称中央1号文件)有关要求,切实加快推进农村集体土地确权登记发证工作,现将有关事项通知如下:

一、充分认识加快农村集体土地确权登记发证的重要意义

《土地管理法》实施以来,各地按照国家法律法规和政策积极开展土地登记工作,取得了显著的成绩,对推进土地市场建设,维护土地权利人合法权益,促进经济社会发展发挥了重要作用。但是,受当时条件的限制,农村集体土地确权登记发证工作总体滞后,有的地区登记发证率还很低,已颁证的农村集体土地所有权大部分只确权登记到行政村农民集体一级,没有确认到每一个具有所有权的农民集体,这与中央的要求和农村经济社会发展的现实需求不相适应。明晰集体土地财产权,加快推进农村集体土地确权登记发证工作任务十分紧迫繁重。

*(一)加快推进农村集体土地确权登记发证工作是维护农民权益、促进农村社会和谐稳定的现实需要。*通过农村集体土地确权登记发证,有效解决农村集体土地权属纠纷,化解农村社会矛盾,依法确认农民土地权利,强化农民特别是全社会的土地物权意识,有助于在城镇化、工业化和农业现代化推进过程中,切实维护农民权益。

*(二)加快推进农村集体土地确权登记发证工作是落实最严格的耕地保护制度和节约用地制度、提高土地管理和利用水平的客观需要。*土地确权登记发证的过程,是进一步查清宗地的权属、面积、用途、空间位置,建立土地登记簿的过程,也是摸清土地利用情况的过程,从而改变农村土地管理基础薄弱的状况,夯实管理和改革的基础,确认农民集体、农民与土地长期稳定的产权关系,将农民与土地物权紧密联系起来,可以进一步激发农民保护耕地、节约集约用地的积极性。

*(三)加快推进农村集体土地确权登记发证工作是夯实农业农村发展基础、促进城乡统筹发展的迫切需要。*加快农村集体土地确权登记发证,依法确认和保障农民的土地物权,进而通过深化改革,还权赋能,最终形成产权明晰、权能明确、权益保障、流转顺畅、分配合理的农村集体土地产权制度,是建设城乡统一的土地市场的前提,是促进农村经济社会发展、实现城乡统筹的动力源泉。

二、切实加快农村集体土地确权登记发证工作,强化成果应用

各地要认真落实中央1号文件精神,加快农村集体土地所有权、宅基地使用权、集体建设用地使用权等确权登记发证工作,力争到2012年底把全国范围内的农村集体土地所有权证确认到每个具有所有权的集体经济组织,做到农村集体土地确权登记发证全覆盖。要按照土地总登记模式,集中人员、时间和地点开展工作,坚持依法依规、便民高效、因地制宜、急需优先和全

面覆盖的原则,注重解决难点问题。

(一)完善相关政策。认真总结在农村集体土地确权登记发证工作方面的经验,围绕地籍调查、土地确权、争议调处、登记发证工作中存在的问题,深入研究,创新办法,细化和完善加快农村集体土地确权登记发证的政策。严禁通过土地登记将违法违规用地合法化。

(二)加快地籍调查。地籍调查是土地登记发证的前提,各地要加快地籍调查,严格按照地籍调查有关规程规范的要求,开展农村集体土地所有权、宅基地使用权、集体建设用地使用权调查工作,查清农村每一宗土地的权属、界址、面积和用途等基本情况。有条件的地方要制作农村集体土地所有权地籍图,以大比例尺地籍调查为基础,制作农村集体土地使用权,特别是建设用地使用权、宅基地使用权地籍图。县级以上城镇以及有条件的一般建制镇、村庄,要建立地籍信息系统,将地籍调查成果上图入库,纳入规范化管理,在此基础上,开展土地总登记及初始登记和变更登记。建立地籍成果动态更新机制,以土地登记为切入点,动态更新地籍调查成果资料,保持调查成果的现势性,确保土地登记结果的准确性。

(三)加强争议调处。要及时调处土地权属争议,建立土地权属争议调处信息库,及时掌握集体土地所有权、宅基地使用权和集体建设用地使用权权属争议动态,有效化解争议,为确权创造条件。

(四)规范已有成果。结合全国土地登记规范化和土地权属争议调处检查工作,凡是农村集体土地所有权证没有确认到具有所有权的农民集体经济组织的,应当确认到具有所有权的农民集体经济组织;已经登记发证的宗地缺失档案资料以及不规范的,尽快补正完善;已经登记的宗地测量精度不够的,及时进行修补测;对于发现登记错误的,及时予以更正。

(五)加强信息化建设。把农村集体土地确权登记发证同地籍信息化建设结合起来,在应用现代信息技术加快确权登记发证的同时,一并将地籍档案数字化,实现确权登记发证成果的信息化管理。建设全国土地登记信息动态监管查询系统,逐步实现土地登记资料网上实时更新,动态管理,建立共享机制,全面提高地籍管理水平,大幅度提高地籍工作的社会化服务程度。

(六)强化证书应用。实行凭证管地用地制度。土地权利证书要发放到权利人手中,严禁以统一保管等名义扣留、延缓发放土地权利证书。各地根据当地实际,可以要求凡被征收的农村集体所有土地,在办理征地手续之前,必须完成农村集体土地确权登记发证,在征地拆迁时,要依据农村集体土地所有证和农村集体土地使用证进行补偿;凡是依法进入市场流转的经营性集体建设用地使用权,必须经过确权登记,做到产权明晰、四至清楚、没有纠纷,没有经过确权登记的集体建设用地使用权一律禁止流转;农用地流转需与集体土地所有权确权登记工作做好衔接,确保承包地流转前后的集体所有性质不改变,土地用途不改变,农民土地承包权益不受损害;对新农村建设和农村建设用地整治涉及宅基地调整的,必须以确权登记发证为前提。

充分发挥农村土地确权登记发证工作成果在规划、耕保、利用、执法等国土资源管理各个环节的基础作用。农村集体土地登记发证与集体建设用地流转、城乡建设用地增减挂钩、农用地流转、土地征收等各项重点工作挂钩。凡是到2012年底未按时完成农村集体土地所有权登记发证工作的,农转用、土地征收审批暂停,农村土地整治项目不予立项。

三、加强组织领导,强化督促落实

(一)加强组织领导。国土资源部会同财政部、农业部成立全国加快推进农村集体土地确权登记发证工作领导小组,办公室设在国土资源部地籍管理司,由成员单位有关方面负责人、联络员及工作人员组成,具体负责推进农村集体土地确权登记发证的日常工作。省级人民政府国土资源部门要牵头成立相应的领导小组,负责本地区工作的组织和实施。市(县)政府是农村集体土地登记的法定主体,市(县)成立以政府领导为组长的工作领导小组,国土资源部门承担领导小组的日常工作,负责编制实施方案,分解任务,落实责任,明确进度,定期检查,抓好落实。农村集体土地所有权确权登记发证应当覆盖到本行政区内全部集体土地。

(二)周密部署安排。各省要抓紧摸清本地区集体土地确权登记发证现状,研究制定具体工作方案,明确年度工作目标和任务,加强人员培训,落实责任制,加快农村集体土地所有权、宅基地使用权、集体建设用地使用权等确权登记颁证工作,2012年底基本完成把农村集体土地所有权证确认到每个具有所有权的农民集体经济组织的任务。

建立全国农村集体土地确权登记发证工作进度汇总统计分析和通报制度。请省级领导小组办公室于2011年6月底将本地区农村集体土地确权登记发证工作进展情况报办公室，此后按季度定期上报工作进度情况，并逐步建立网上动态上报机制，办公室将采取多种方式加强督促检查。

（三）切实保障经费。相关地方政府要按照中央1号文件要求，统筹安排，将农村集体土地确权登记发证有关工作经费足额纳入财政预算，保障工作开展。

（四）加强土地登记代理机构队伍建设。借助土地登记代理机构等专业力量，提高确权登记发证的效率和规范化程度。

（五）宣传动员群众。各地要通过报纸、电视、广播、网络等媒体，大力宣传农村集体土地确权登记发证的重要意义、工作目标和法律政策，创造良好的舆论环境和工作氛围。争取广大农民群众和社会各界的理解支持，充分发挥农村基层组织在登记申报、土地确权、纠纷调处等工作中的重要作用，调动广大农民群众参与的积极性。国土资源部将适时召开加快推进农村集体土地确权登记发证工作现场会，总结、推广、宣传典型经验，为全国提供示范典型。

国土资源部等关于农村集体土地确权登记发证的若干意见

1. *2011年11月2日国土资源部、中央农村工作领导小组办公室、财政部、农业部发布*
2. *国土资发〔2011〕178号*

各省、自治区、直辖市及副省级城市国土资源主管部门、农办（农工部、农委、农工委、农牧办）、财政厅（局）、农业（农牧、农村经济）厅（局、委、办），新疆生产建设兵团国土资源局、财务局、农业局，解放军土地管理局：

为切实落实《中共中央　国务院关于加大统筹城乡发展力度进一步夯实农业农村发展基础的若干意见》（中发〔2010〕1号），国土资源部、财政部、农业部联合下发了《关于加快推进农村集体土地确权登记发证工作的通知》（国土资发〔2011〕60号），进一步规范和加快推进农村集体土地确权登记发证工作，现提出以下意见：

一、明确农村集体土地确权登记发证的范围

农村集体土地确权登记发证是对农村集体土地所有权和集体土地使用权等土地权利的确权登记发证。农村集体土地使用权包括宅基地使用权、集体建设用地使用权等。农村集体土地所有权确权登记发证要覆盖到全部农村范围内的集体土地，包括属于农民集体所有的建设用地、农用地和未利用地，不得遗漏。

二、依法依规开展农村集体土地确权登记发证工作

按照《中华人民共和国物权法》、《中华人民共和国土地管理法》、《土地登记办法》、《土地权属争议调查处理办法》、《确定土地所有权和使用权的若干规定》等有关法律政策文件以及地方性法规、规章的规定，本着尊重历史、注重现实、有利生产生活、促进社会和谐稳定的原则，在全国土地调查成果以及年度土地利用变更调查成果基础上，依法有序开展确权登记发证工作。

农村集体土地确权登记依据的文件资料包括：人民政府或者有关行政主管部门的批准文件、处理决定；县级以上人民政府国土资源行政主管部门的调解书；人民法院生效的判决、裁定或者调解书；当事人之间依法达成的协议；履行指界程序形成的地籍调查表、土地权属界线协议书等地籍调查成果；法律、法规等规定的其他文件等。

三、加快农村地籍调查工作

各地应以“权属合法、界址清楚、面积准确”为原则，依据《土地利用现状分类》（GB/T 21010—2007）、《集体土地所有权调查技术规定》、《城镇地籍调查规程》等相关技术规定和标准，充分利用全国土地调查等已有成果，以大比例尺地籍调查成果为基础，查清农村每一宗土地的权属、界址、面积和用途（地类）等，按照统一的宗地编码模式，形成完善的地籍调查成果，为农村集体土地确权登记发证提供依据。同时，要注意做好变更地籍调查及变更登记，保持地籍成果的现势性。

凡有条件的地区，农村集体土地所有权宗地地籍调查应采用解析法实测界址点坐标并计算宗地面积；条件不具备的地区，可以全国土地调查成果为基础，核实并确定权属界线，对界址走向进行详细描述，采用图上量算或数据库计算的方法计算宗地面积。农村集体土地所有权宗地图和地籍图比例尺不小于1:10000。牧区等特殊地区在报经省级国土资源主管部门同意后，地籍图比例尺可以放宽至1:50000。

宅基地使用权、集体建设用地使用权宗地地籍调查，应采用解析法实测界址点坐标和计算宗地面积，宗地图和地籍图比例尺不小于1:2000。使用勘丈法等其他方法已发证的宅基地、集体建设用地，在变更登记时，应采用解析法重新测量并计算宗地面积。

四、把农村集体土地所有权确认到每个具有所有权的农民集体

确定农村集体土地所有权主体遵循"主体平等"和"村民自治"的原则,按照乡(镇)、村和村民小组农民集体三类所有权主体,将农村集体土地所有权确认到每个具有所有权的农民集体。凡是村民小组(原生产队)土地权属界线存在的,土地应确认给村民小组农民集体所有,发证到村民小组农民集体;对于村民小组(原生产队)土地权属界线不存在、并得到绝大多数村民认可的,应本着尊重历史、承认现实的原则,对这部分土地承认现状,明确由村农民集体所有;属于乡(镇)农民集体所有的,土地所有权应依法确认给乡(镇)农民集体。

属于村民小组集体所有的土地应当由其集体经济组织或村民小组依法申请登记并持有土地权利证书。对于村民小组组织机构不健全的,可以由村民委员会代为申请登记、保管土地权利证书。

涉及依法"合村并组"的,"合村并组"后土地所有权主体保持不变的,所有权仍然确权给原农民集体;"合村并组"后土地所有权主体发生变化、并得到绝大多数村民认可的,履行集体土地所有权变更的法定程序后,按照变化后的主体确定集体土地所有权,并在土地登记簿和土地证书上备注各原农民集体的土地面积。

涉及依法开展城乡建设用地增减挂钩试点和农村土地整治的,原则上应维持原有土地权属不变;依法调整土地的,按照调整协议确定集体土地权利归属,并依法及时办理土地变更登记手续。

对于"撤村建居"后,未征收的原集体土地,只调查统计,不登记发证。调查统计时在新建单位名称后载明原农民集体名称。

在土地登记簿的"权利人"和土地证书的"土地所有权人"一栏,集体土地所有权主体按"××组(村、乡)农民集体"填写。

五、依法明确农村集体土地所有权主体代表

属于村农民集体所有的,由村集体经济组织或者村民委员会受本农民集体成员的委托行使所有权;分别属于村内两个以上农民集体所有的,由村内各该集体经济组织或者村民小组代表集体行使所有权;属于乡镇农民集体所有的,由乡镇集体经济组织代表集体行使所有权;没有乡(镇)农民集体经济组织的,乡(镇)集体土地所有权由乡(镇)政府代管。在办理土地确权登记手续时,由农民集体所有权主体代表申请办理。

集体经济组织的具体要求和形式,可以由各省(区、市)根据本地有关规定和实际情况依法确定。

六、严格规范确认宅基地使用权主体

宅基地使用权应该按照当地省级人民政府规定的面积标准,依法确认给本农民集体成员。非本农民集体的农民,因地质灾害防治、新农村建设、移民安置等集中迁建,在符合当地规划的前提下,经本农民集体大多数成员同意并经有权机关批准异地建房的,可按规定确权登记发证。已拥有一处宅基地的本农民集体成员、非本农民集体成员的农村或城镇居民,因继承房屋占用农村宅基地的,可按规定登记发证,在《集体土地使用证》记事栏应注记"该权利人为本农民集体原成员住宅的合法继承人"。非农业户口居民(含华侨)原在农村合法取得的宅基地及房屋,房屋产权没有变化的,经该农民集体出具证明并公告无异议的,可依法办理土地登记,在《集体土地使用证》记事栏应注记"该权利人为非本农民集体成员"。①

对于没有权属来源证明的宅基地,应当查明土地历史使用情况和现状,由村委会出具证明并公告30天无异议,经乡(镇)人民政府审核,报县级人民政府审定,属于合法使用的,确定宅基地使用权。②

七、按照不同的历史阶段对超面积的宅基地进行确权登记发证

1982年《村镇建房用地管理条例》实施前,农村村民建房占用的宅基地,在《村镇建房用地管理条例》实施后至今未扩大用地面积的,可以按现有实际使用面积进行确权登记;1982年《村镇建房用地管理条例》实施起至1987年《土地管理法》实施时止,农村村民建房占用的宅基地,超过当地规定的面积标准的,超过部分按当时国家和地方有关规定处理后,可以按实际使用面积进行确权登记;1987年《土地管理法》实施后,农村村民建房占用的宅基地,超过当地规定的面积标准的,按照实际批准面积进行确权登记。其面积超过各地规定标准的,可在土地登记簿和土地权利证书记

---

① 2019年5月14日,自然资源部公布的《关于取消一批证明事项的公告》(自然资源部公告2019年第23号)取消了"非农业户口居民(含华侨)宅基地及房屋合法取得和房屋产权状况证明",规定取消后"由不动产登记机构向村集体经济组织了解房屋产权是否有变化情况"。——编者注

② 2019年5月14日,自然资源部公布的《关于取消一批证明事项的公告》(自然资源部公告2019年第23号)取消了"无权属来源证明的宅基地使用情况和现状证明",规定取消后"由不动产登记机构向村集体经济组织或村委会了解权属有关情况"。——编者注。

事栏内注明超过标准的面积，待以后分户建房或现有房屋拆迁、改建、翻建、政府依法实施规划重新建设时，按有关规定作出处理，并按照各地规定的面积标准重新进行确权登记。

八、认真做好集体建设用地的确权登记发证工作

村委会办公室、医疗教育卫生等公益事业和公共设施用地、乡镇企业用地及其他经依法批准用于非住宅建设的集体土地，应当依法进行确权登记发证，确认集体建设用地使用权。将集体土地使用权依法确认到每个权利主体。凡依法使用集体建设用地的单位或个人应申请确权登记。

对于没有权属来源证明的集体建设用地，应查明土地历史使用情况和现状，认定合法使用的，由村委会出具证明并公告30天无异议的，经乡（镇）人民政府审核，报县级人民政府审批，确权登记发证。①

九、妥善处理农村违法宅基地和集体建设用地问题

违法宅基地和集体建设用地必须依法依规处理后方可登记。对于违法宅基地和集体建设用地，应当查明土地历史使用情况和现状，对符合土地利用总体规划与村镇规划以及有关用地政策的，依法补办用地批准手续后，进行登记发证。

十、严格规范农村集体土地确权登记发证行为

结合全国土地登记规范化检查工作，全面加强土地登记规范化建设。严格禁止搞虚假土地登记，严格禁止对违法用地未经依法处理就登记发证。对于借户籍管理制度改革或者擅自通过“村改居”等方式非经法定征收程序将农民集体所有土地转为国有土地、农村集体经济组织非法出让或出租集体土地用于非农业建设、城镇居民在农村购置宅基地、农民住宅或“小产权房”等违法用地，不得登记发证。对于不依法依规进行土地确权登记发证或登记不规范造成严重后果的，严肃追究有关人员责任。

十一、加强土地权属争议调处

各地要从机构建设、队伍建设、经费保障、规范程序等各方面，切实采取有力措施，建立健全土地权属争议调处机制，妥善处理农村集体土地权属争议。

十二、规范完善已有土地登记资料

严格按照有关法律、法规和政策规定，全面核查整理和完善已有土地登记资料。凡是已经登记发证的宗地缺失资料以及不规范的，尽快补正完善；对于发现登记错误的，及时予以更正。各地要做好农村集体土地登记资料的收集整理工作，保证登记资料的全面、完整和规范。各地要进一步建立健全有关制度和标准，统一规范管理土地登记资料。

十三、推进农村集体土地登记信息化

要参照《城镇地籍数据库标准》（TD/T 1015—2007）等技术标准，积极推进农村集体土地登记数据库建设，进一步完善地籍信息系统。在此基础上，稳步推进全国土地登记信息动态监管查询系统建设，提升土地监管能力和社会化服务水平，为参与宏观调控提供支撑，有效发挥土地登记成果资料服务经济社会发展的积极作用。

各省（区、市）可根据当地实际情况，细化制定农村集体土地确权登记的具体工作程序和政策。

国土资源部等关于进一步加快推进宅基地和集体建设用地使用权确权登记发证工作的通知

1. *2014年8月1日国土资源部、财政部、住房和城乡建设部、农业部、国家林业局发布*
2. *国土资发〔2014〕101号*

各省、自治区、直辖市及副省级城市国土资源主管部门、财政厅（局）、住房城乡建设厅（建委、建交委）、农业（农牧、农村经济）厅（局、委、办），林业厅（局）、新疆生产建设兵团国土资源局、财务局、建设局、农业局、林业局，解放军土地管理局：

为落实十八届三中全会关于“赋予农民更多财产权利，保障农户宅基地用益物权，改革完善农村宅基地制度；建立城乡统一的建设用地市场，在符合规划和用途管制前提下，允许集体经营性建设用地实行与国有土地同等入市、同权同价”改革精神，认真贯彻《关于全面深化农村改革 加快推进农业现代化的若干意见》（中发〔2014〕1号）和《2014年政府工作报告》，结合国家建立和实施不动产统一登记制度的有关要求，进一步加快推进宅基地和集体建设用地使用权确权登记发证工作，现将有关事项通知如下：

一、结合新形势，充分认识宅基地和集体建设用地使用权确权登记发证工作的重要意义

（一）加快推进宅基地和集体建设用地使用权确

---

① 2019年5月14日，自然资源部公布的《关于取消一批证明事项的公告》（自然资源部公告2019年第23号）取消了“无权属来源的集体建设用地使用情况和现状证明”，规定取消后“由不动产登记机构向村委会了解土地权属的历史和现状等情况”。——编者注

权登记发证是维护农民合法权益，促进农村社会秩序和谐稳定的重要措施。宅基地和集体建设用地使用权是农民及农民集体重要的财产权利，直接关系到每个农户的切身利益，通过宅基地和集体建设用地确权登记发证，依法确认农民的宅基地和集体建设用地使用权，可以有效解决土地权属纠纷，化解农村社会矛盾，为农民维护土地权益提供有效保障，从而进一步夯实农业农村发展基础，促进农村社会秩序的稳定与和谐。

（二）宅基地和集体建设用地使用权确权登记发证是深化农村改革，促进城乡统筹发展的产权基础。通过加快推进宅基地和集体建设用地确权登记发证，使农民享有的宅基地和集体建设用地使用权依法得到法律的确认和保护，是改革完善宅基地制度，实行集体经营性建设用地与国有土地同等入市、同权同价，建立城乡统一的建设用地市场等农村改革的基础和前提，也为下一步赋予农民更多财产权利，促进城乡统筹发展提供了产权基础和法律依据。

（三）宅基地和集体建设用地使用权登记发证是建立实施不动产统一登记制度的基本内容。党的十八届二中全会和十二届全国人大一次会议审议通过的《国务院机构改革和职能转变方案》明确建立不动产统一登记制度，为避免增加群众负担，减少重复建设和资金浪费，在宅基地和集体建设用地使用权登记发证工作中将农房等集体建设用地上建筑物、构筑物一并纳入，有助于建立健全不动产登记制度，形成覆盖城乡房地一体的不动产登记体系，进一步提高政府行政效能和监管水平。

二、因地制宜，全面加快推进宅基地和集体建设用地使用权确权登记发证工作

各地要以登记发证为主线，因地制宜，采用符合实际的调查方法，将农房等集体建设用地上的建筑物、构筑物纳入工作范围，建立健全不动产统一登记制度，实现统一调查、统一确权登记、统一发证，力争尽快完成房地一体的全国农村宅基地和集体建设用地使用权确权登记发证工作。

（一）全面加快农村地籍调查，统筹推进农房等集体建设用地上的建筑物、构筑物补充调查工作。各地要以服务和支撑登记发证工作为切入点，兼顾集体建设用地流转、改革完善宅基地制度等土地制度改革、不动产统一登记建设的实际需要，按照《农村地籍和房屋调查技术方案（试行）》（见附件）的要求，积极稳妥推进本地区的农村地籍调查工作，并将农房等集体建设用地上的建筑物、构筑物纳入工作范围。

各地要统筹考虑基础条件、工作需求和经济技术可行性，避免重复投入，因事、因地、因物，审慎科学地选择符合本地区实际的调查方法。可按照“百衲衣”的方式，同一地区内采用多种不同调查方法开展工作，以满足登记发证工作的基本需要。

（二）制定和完善宅基地和集体建设用地使用权确权登记发证相关政策。各地要认真研究分析当前工作存在的问题，全面总结行之有效的经验和做法，在国土资发〔2011〕60号、国土资发〔2011〕178号及国家有关要求的基础上，根据本地实际，进一步细化农村宅基地和集体建设用地使用权确权登记发证的政策，积极探索，勇于突破，尽快出台或完善有关政策或指导意见，为推进工作提供政策支撑。

各地在制定政策或指导意见时，应以化解矛盾、应发尽发为原则，要坚持农村违法宅基地和集体建设用地必须依法补办用地批准手续后，方可进行登记发证。在权属调查和纠纷处理工作中，要充分发挥基层群众自治组织和农村集体经济组织的作用，建立健全农村土地权属纠纷调处工作机制，在登记发证工作中注重保护农村妇女土地权益，切实保护群众合法利益。

（三）进一步加快推进宅基地和集体建设用地使用权确权登记发证工作。各地要按照不动产统一登记制度建设和宅基地制度改革的要求，全面落实宅基地、集体建设用地使用权以及农房等集体建设用地上的建筑物、构筑物确权登记发证工作，做到应发尽发。要从工作现状出发，尽快制定或调整工作计划，将农房等集体建设用地上的建筑物、构筑物纳入工作范围，按年度细化工作目标、任务和措施，明确完成时限。在完成农村地籍调查和农房调查的基础上，省级国土资源主管部门要尽量选择房地合一的地区开展房地一体的登记发证试点，为全面铺开工作积累经验。

计划在2014年底完成宅基地和集体建设用地使用权确权登记发证的省（区、市），应根据实际情况尽快调整工作计划，增加农房调查等工作任务，并制定补充调查方案；做出新的调整，增加农房等集体建设用地上的建筑物、构筑物可能造成不利影响的，今年可以先按原计划继续推进，今后再逐步开展补充调查，或结合日常变更登记逐步补充完善房屋及附属设施信息。各省（区、市）应按照工作计划，积极推进确权登记发证工作，本级财政给予必要的支持。

（四）进一步加强登记规范化和信息化建设。已完成宅基地和集体建设用地使用权确权登记发证工作

的省份，要进一步规范已有登记成果，提高成果质量。各地要继续推进农村集体土地登记信息化数据库建设，逐步建立数据库共享机制，实现数据实时更新，在满足现有工作需求基础上，统筹考虑与不动产统一登记制度信息化建设的衔接，实现登记发证成果的数字化管理和信息化应用。

三、采取有效措施，切实保障宅基地和集体建设用地使用权确权登记发证顺利进行

（一）加强组织领导。地方各级集体土地确权登记发证领导小组办公室继续负责本地区确权登记发证工作的组织和实施。根据《国务院办公厅关于落实中共中央国务院关于全面深化农村改革加快推进农业现代化的若干意见有关政策措施分工的通知》（国办函〔2014〕31号）要求，相应增加或调整领导小组成员单位。依靠各级党委、政府，特别是市（县）党委、政府强有力的组织、协调和保障，各级国土资源部门要牵头负责，与同级财政、住建、农业、林业部门密切合作，确保宅基地和集体建设用地使用权确权登记发证工作积极稳妥、规范有序推进。严格执行已有工作机制和制度，认真落实月报季报等有关制度。省级国土资源主管部门要在2014年8月31日前将相关工作计划报国土资源部备案。

（二）切实保障经费落实。相关地方政府要按照2013年、2014年中发1号文件要求将确权登记颁证工作经费纳入财政预算，切实保障工作开展。

（三）加强正面宣传引导。各地应结合建立和实施不动产统一登记制度建设的要求，通过报纸、电视、广播、网络等媒体，加强宣传宅基地和集体建设用地使用权及农房等集体建设用地上的建筑物、构筑物确权登记发证工作的重要意义、工作目标和法律政策，争取广大农民群众和社会各界的理解支持，创造良好的舆论环境和工作氛围。

（四）加强督促指导及验收。全国加快推进农村集体土地确权登记发证工作领导小组办公室将继续实行"一省一策"、"分片包干"、"定期上报"等工作制度，加强督促检查，对工作进度缓慢、工作质量不高的地区，进行重点督导。省级国土资源主管部门应在本省（区、市）基本完成宅基地和集体建设用地使用权确权登记发证工作的基础上，对尚未完成工作任务的地区，进一步加强督促和指导，集中研究解决难题，限时完成工作目标，同时组织好验收总结，切实保证工作成果质量。

附件：

农村地籍和房屋调查技术方案（试行）

为深入贯彻《中共中央国务院关于加快发展现代农业 进一步增强农村发展活力的若干意见》（中发〔2013〕1号），切实落实《国土资源部关于进一步加快农村地籍调查推进集体土地确权登记发证工作的通知》（国土资发〔2013〕97号）要求，进一步积极稳妥、规范、有序地推进农村地籍调查工作，全力保障农村宅基地和集体建设用地确权登记发证工作顺利进行，制定本技术方案。

一、工作目标

全面查清农村范围内包括宅基地、集体建设用地等每一宗土地的权属、位置、界址、面积、用途、地上房屋等建筑物、构筑物的基本情况，为农村集体土地确权登记发证工作提供基础资料，为实施不动产统一登记奠定基础。

二、工作任务

紧密围绕农村集体土地确权登记发证，依据《地籍调查规程》等要求，以"权属合法、界址清楚、面积准确"为原则，重点完成农村范围内宅基地、集体建设用地的权属调查和地籍测量，同步开展地上房屋及其附属设施的调查工作，建立农村地籍调查数据库，并通过农村日常地籍调查、土地登记等工作，保持调查成果的现势性，满足国土资源管理及经济社会发展的需要。农村范围内国有土地、地上房屋及附属设施可参照本技术方案执行。

（一）宅基地和集体建设用地调查。以集体土地所有权成果为基础，调查农村范围内的宅基地、集体建设用地的权属状况，获取每宗宅基地和集体建设用地权属、位置、用途等信息，测量宅基地和集体建设用地的地籍要素，填写地籍调查表，测绘地籍图，制作宗地图。

（二）农村房屋调查。在开展宅基地和集体建设用地调查的同时，调查地上房屋产权状况，测量房屋的房角点和房屋边长，量算房屋面积，并将房屋调查成果记载在地籍调查表等地籍资料中，实现农村房、地调查的同步开展和调查成果的统一管理。

（三）农村地籍调查数据库建设。充分利用已有的软、硬件平台，参照城镇地籍数据库建设的相关技术规范，建设农村地籍调查数据库，实现对农村地籍调查成果的图形、属性、档案等信息的一体化存储、管理与应用。

三、技术路线与方法

(一)主要技术依据。

《土地利用现状分类》(GB/T 21010—2007)

《地籍调查规程》(TD/T 1001—2012)

《房产测量规范》(GB/T 17986.1—2000)

《城镇地籍数据库标准》(TD/T 1015—2007)

(二)技术路线。

以满足农村集体土地确权登记发证工作为出发点,立足于已有的工作基础,严格依据国家有关调查规程和标准,借助航天航空遥感、地理信息系统、卫星定位和数据库等技术手段,充分利用已有土地调查成果和登记成果,通过外业调查、复核审查、内业建库,完成宅基地和集体建设用地及房屋等地上建筑物和构筑物的权属调查和地籍测量等工作,为农村集体土地确权登记发证提供依据。

(三)调查方法。

农村地籍调查方法的选择要充分兼顾宅基地管理制度改革、集体建设用地入市等农村土地制度改革的迫切需要,以充分保护土地权益、维护交易安全为基础,统筹考虑基础条件、工作需求和经济技术可行性,避免重复投入,因事、因地、因物,审慎科学地选择符合本地区实际的调查方法。原则上,同一地区内可以采用多种调查方法共同开展调查工作。对于调查精度影响土地产权人切身利益的,可采用解析法或部分解析法,确保权属清晰,面积准确,以保障土地权益,维护交易安全,如集体建设用地流转试点、征地拆迁地区等;对于偏远地区或分散、独立的宅基地和集体建设用地,或不动产生命周期较短,建筑物、构筑物更新速度较快,且调查精度不影响权利人切身利益的,可采用更为简便易行的调查方法,在做好指界工作基础上,在确保宗地界址清楚、空间相对位置关系明确的前提下,实地丈量界址边长,计算宗地面积,以尽快完成调查工作,避免不必要的浪费,如按户补偿的增减挂钩拆旧地区等。

四、工作程序和内容

农村地籍调查工作主要包括:准备工作、权属调查、地籍测量、房屋调查和成果归档与建库等内容。

(一)准备工作。

准备工作主要包括组织准备、宣传发动、资料收集、技术设计、表册与工具器材准备、队伍落实和人员培训等。各地应围绕集体土地使用权确权登记发证工作目标,统一部署,同步开展。调查前,应系统收集整理土地及房屋权属来源资料,开展实地踏勘、资料分析等,并结合地方工作基础,做好技术设计,准备调查所需的表册与工具器材,落实调查人员和队伍。权属调查应由县(市、区)国土部门组织,发挥乡镇政府、国土所和农村集体经济组织、村民自治组织等基层力量,共同配合完成,也可选择专业队伍、聘任农村集体经济组织负责人、村民委员会成员或村民代表参与权属调查。地籍测量可根据需要由专业作业单位协助完成。

(二)权属调查。

权属调查是地籍调查的核心,是保障土地确权登记发证的关键。权属调查主要包括:核实宗地的权属情况,实地指界,丈量界址边长及相关距离,绘制宗地草图,填写地籍调查表。

1. 制作工作底图。选用大比例尺(1∶500 ~ 1∶2000)的地形图、正射影像图或已有地籍图作为基础图件,充分采用集体土地所有权登记发证已形成的地籍区、地籍子区界线和集体土地所有权界线,并标注乡镇、村、村民小组及重要地物的名称。参考已有的地籍调查、土地登记等资料,会同农村集体经济组织负责人、村民委员会成员或村民代表,在工作底图上划分宗地,并预编宗地号。对新型农村社区或搬迁上楼等无法确定独立使用面积的,可定为共用宗。

2. 权属状况调查。借助工作底图,结合现场核实,调查每宗地的土地坐落与四至;调查核实权利人的姓名或者名称、单位性质、行业代码、组织机构代码、法定代表人(或负责人)姓名及其身份证明、代理人姓名及其身份证明等,对于宅基地调查,除了调查记录土地权利人的情况外,还应调查权利人家庭成员情况,复印权利人家庭户口簿等资料,对无权属来源的集体建设用地,根据实际情况调查记录实际使用人;调查核实宗地的土地权属来源资料,确定土地权属性质、土地使用权类型、使用期限等,以及宗地是否有抵押权、地役权等他项权利和共有情况;调查核实宗地批准用途和实际用途。

3. 界址调查。对土地权属来源资料齐全,界址明确,经实地核实界址无变化的宗地,无需重新开展界址调查;对土地权属来源资料中的界址不明确的宗地,以及界址与实地不一致的宗地,需要现场指界;对于无土地权属资料的,根据法律法规及有关政策规定,经核实为合法拥有或使用的土地,可根据双方协商,实际利用状况及地方习惯,经农村集体经济组织认可并公示无异议后,进行现场指界。实地指界前,通过送达指界通知书、公告、广播、电话等方式提前通知,确保土地权利人及相邻宗地权利人按时到现场指界。指界时,调查员、本宗地指界人及相邻宗地指界人同时到场，根据指界人指定的界址点，现场设置界标，确认界址线类型、位置；指界后，将实际用地界线和批准用地界线标绘到工作底图上，并在地籍调查表的权属调查记事栏中予以说明；实地丈量宗地的界址边长。同时，应丈量界址点与邻近地物的相关距离或条件距离。

4. 宗地草图绘制。根据权属状况调查信息、指界与界址点设置情况、界址边长及相关距离丈量结果、房屋调查情况，按概略比例尺绘制宗地草图。宗地草图必须现场绘制（可直接在地籍调查表上绘制，也可另附纸绘制），有基础图件资料的地区，可持打印的相关图件到现场，根据指界和丈量情况做好现场记录，形成宗地草图。

（三）地籍测量。

在权属调查结果的基础上，通过地籍测量准确获取界址点位置，并计算宗地面积。地籍测量包括控制测量、界址点测量、地籍图测绘和面积量算等。控制测量可根据需要确定是否开展，对于仅丈量界址边长不测量界址点坐标的地区，无需开展地籍控制测量。

界址点测量完成后，按照要求，测绘地籍图，编制宗地图。其中，对于不测量界址点坐标的地区，应依据权属调查结果，绘制宗地相对位置关系图，以满足登记发证的急需。由图解法测量获取的界址点坐标，不得用于放样确定实地界址点的精确位置，可利用宗地草图上实际丈量的界址边长，采用几何要素法计算宗地面积。

（四）房屋调查。

在农村地籍调查中，针对农村房屋实际情况，实地调查农村宅基地和农村集体建设用地地上建筑物和构筑物的产权状况，结合地籍测量一并开展房屋测量。房屋调查要重点调查房屋的权利人、权属来源情况、建筑结构、建成年份、批准用途与实际用途、批准面积与实际面积等要素，形成房地一体的农村地籍调查成果。

对尚未开展农村地籍调查或有房地一体化调查需求的地区，可将农村房屋及附属设施的调查工作统一纳入农村地籍调查工作中。已经完成农村地籍调查或工作尚未完成但已全面部署推进的地区，可结合本地实际，或统一开展农村房屋及附属设施的补充调查，或待日后通过日常变更调查的方式逐步补充完善房屋及附属设施信息，逐步实现房、地调查成果的统一管理。其中，对已登记的房屋，只需要记录房屋登记的相关信息，无需重新开展调查。

1. 房屋产权状况调查。依据房屋产权人提供的准建证、村镇规划选址意见书、乡村建设规划许可证，或房屋买卖、互换、赠与、受遗赠、继承、查封、抵押等其他房屋产权证明，记录产权人，并将产权证明留复印件或拍照留存。产权共有或有争议的，记录共有或争议情况。其中，对于在现行规划建设管理制度实施前建设的房屋，应提供村镇规划选址意见书等资料，对于实施之后建设的，应提供乡村建设规划许可证等资料。

依据《房产测量规范》的有关规定和要求，调查房产建筑结构、层数、建成年份、批准用途与实际用途，核对房产面积是否批建一致等；对村民整体搬迁上楼的，还应该调查记录房屋所在自然层次和房屋编号。对于农房中的一房多户，应现场确定房屋分户界址和权属情况，需要现场指界的，应经房屋产权人现场指界，明确界址并现场确认签字。房屋产权状况调查形成的结果可记录在地籍调查表的“权属调查记事”栏内。

2. 房屋测量。房脚点测量宜采取与宗地界址点测量同样的技术方法，一并开展。房屋边长丈量在宗地的界址边长丈量时一并开展，对确实无法丈量房屋边长时，应丈量至少两条房脚点与界址点或房脚点与邻近地物的相关距离，便于间接解算房屋边长和求解房屋面积。对于新型农村社区或搬迁上楼等高层多户的，可参照《房产测量规范》开展房屋测量。对于已有户型图的，可通过核实户型图获取房屋内部边长，对于没有户型图的，需实地测量房屋内部边长。

3. 面积量算。依据实地丈量的房屋边长计算房屋占地面积，结合房屋层数计算房屋建筑面积。对于高层多户，有户型图的，可通过实地丈量的房屋边长和核实户型图获取的房屋内部边长计算房屋建筑面积和套内面积，无户型图的，需要实地丈量的房屋边长和实地测量房屋内部边长计算房屋建筑面积和套内面积。

4. 调查结果记录。一是要将房屋权属状况信息和房屋测量结果记载在地籍调查表中；二是要在宗地草图中标识房屋，并标注房屋边长，房屋的楼层、结构以及争议情况等信息；三是要在地籍图的测绘中将房屋要素纳入；四是成果资料的整理归档以及数据库的建设都要将房屋调查的信息包含在内。

（五）资料整理归档与数据库建设。

调查工作完成后，应按照数据库标准，建立地籍数据库，并由县级国土资源主管部门及时组织对地籍调查成果进行验收。调查成果主要包括地籍调查表、宗地图、地籍图、农村地调查总结报告以及地籍数据库等。验收通过后，要及时将调查成果和资料整理归档，并结合土地登记等日常业务做好更新维护。

国家发展和改革委员会、财政部关于不动产登记收费标准等有关问题的通知

1. 2016年12月6日
2. 发改价格规〔2016〕2559号

国土资源部，各省、自治区、直辖市发展改革委、物价局、财政厅（局），新疆生产建设兵团发展改革委、财务局：

为保护不动产权利人合法权益，规范不动产登记收费行为，现就不动产登记收费标准及有关问题通知如下：

一、不动产登记收费标准。县级以上不动产登记机构依法办理不动产权利登记时，根据不同情形，收取不动产登记费。

（一）住宅类不动产登记收费标准。落实不动产统一登记制度，实行房屋所有权及其建设用地使用权一体登记。原有住房及其建设用地分别办理各类登记时收取的登记费，统一整合调整为不动产登记收费，即住宅所有权及其建设用地使用权一并登记，收取一次登记费。规划用途为住宅的房屋（以下简称住宅）及其建设用地使用权申请办理下列不动产登记事项，提供具体服务内容，据实收取不动产登记费，收费标准为每件80元。

1. 房地产开发企业等法人、其他组织、自然人合法建设的住宅，申请办理房屋所有权及其建设用地使用权首次登记；

2. 居民等自然人、法人、其他组织购买住宅，以及互换、赠与、继承、受遗赠等情形，住宅所有权及其建设用地使用权发生转移，申请办理不动产转移登记；

3. 住宅及其建设用地用途、面积、权利期限、来源等状况发生变化，以及共有性质发生变更等，申请办理不动产变更登记；

4. 当事人以住宅及其建设用地设定抵押，办理抵押权登记（包括抵押权首次登记、变更登记、转移登记）；

5. 当事人按照约定在住宅及其建设用地上设定地役权，申请办理地役权登记（包括地役权首次登记、变更登记、转移登记）。

为推进保障性安居工程建设，减轻登记申请人负担，廉租住房、公共租赁住房、经济适用住房和棚户区改造安置住房所有权及其建设用地使用权办理不动产登记，登记收费标准为零。

（二）非住宅类不动产登记收费标准。办理下列非住宅类不动产权利的首次登记、转移登记、变更登记，收取不动产登记费，收费标准为每件550元。

1. 住宅以外的房屋等建筑物、构筑物所有权及其建设用地使用权或者海域使用权；

2. 无建筑物、构筑物的建设用地使用权；

3. 森林、林木所有权及其占用林地的承包经营权或者使用权；

4. 耕地、草地、水域、滩涂等土地承包经营权；

5. 地役权；

6. 抵押权。

不动产登记机构依法办理不动产查封登记、注销登记、预告登记和因不动产登记机构错误导致的更正登记，不得收取不动产登记费。

二、证书工本费标准。不动产登记机构按本通知第一条规定收取不动产登记费，核发一本不动产权属证书的不收取证书工本费。向一个以上不动产权利人核发权属证书的，每增加一本证书加收证书工本费10元。

不动产登记机构依法核发不动产登记证明，不得收取登记证明工本费。

三、收费优惠减免。对下列情形，执行优惠收费标准。

（一）按照本通知第一条规定的收费标准减半收取登记费，同时不收取第一本不动产权属证书的工本费：

1. 申请不动产更正登记、异议登记的；

2. 不动产权利人姓名、名称、身份证明类型或者身份证明号码发生变更申请变更登记的；

3. 同一权利人因分割、合并不动产申请变更登记的；

4. 国家法律、法规规定予以减半收取的。

（二）免收不动产登记费（含第一本不动产权属证书的工本费）：

1. 申请与房屋配套的车库、车位、储藏室等登记，不单独核发不动产权属证书的（申请单独发放权属证书的，按本通知第一条规定的收费标准收取登记费）；

2. 因行政区划调整导致不动产坐落的街道、门牌号或房屋名称变更而申请变更登记的；

3. 小微企业（含个体工商户）申请不动产登记的；

4. 农村集体经济组织成员以家庭承包或其他方式

承包取得农用地的土地承包经营权申请登记的；

5. 农村集体经济组织成员以家庭承包或其他方式承包取得森林、林木所有权及其占用的林地承包经营权申请登记的；

6. 依法由农民集体使用的国有农用地从事种植业、林业、畜牧业、渔业等农业生产，申请土地承包经营权登记或国有农用地使用权登记的；

7. 因农村集体产权制度改革导致土地、房屋等确权变更而申请变更登记的；

8. 国家法律、法规规定予以免收的。

（三）只收取不动产权属证书工本费，每本证书 10 元：

1. 单独申请宅基地使用权登记的；

2. 申请宅基地使用权及地上房屋所有权登记的；

3. 夫妻间不动产权利人变更，申请登记的；

4. 因不动产权属证书丢失、损坏等原因申请补发、换发证书的。

四、不动产登记计费单位。不动产登记费按件收取，不得按照不动产的面积、体积或者价款的比例收取。申请人以一个不动产单元提出一项不动产权利的登记申请，并完成一个登记类型登记的为一件。申请人以同一宗土地上多个抵押物办理一笔贷款，申请办理抵押权登记的，按一件收费；非同宗土地上多个抵押物办理一笔贷款，申请办理抵押权登记的，按多件收费。

不动产单元，是指权属界线封闭且具有独立使用价值的空间。有房屋等建筑物、构筑物以及森林、林木定着物的，以该房屋等建筑物、构筑物以及森林、林木定着物与土地权属界线封闭的空间为不动产单元。房屋包括独立成幢、权属界线封闭的空间，以及区分套、层、间等可以独立使用、权属界线封闭的空间。没有房屋等建筑物、构筑物以及森林、林木定着物的，以土地权属界线封闭的空间为不动产单元。

五、登记费缴纳。不动产登记费由登记申请人缴纳。按规定需由当事各方共同申请不动产登记的，不动产登记费由登记为不动产权利人的一方缴纳；不动产抵押权登记，登记费由登记为抵押权人的一方缴纳；不动产为多个权利人共有（用）的，不动产登记费由共有（用）人共同缴纳，具体分摊份额由共有（用）人自行协商。

房地产开发企业不得把新建商品房办理首次登记的登记费，以及因提供测绘资料所产生的测绘费等其他费用转嫁给购房人承担；向购房人提供抵押贷款的商业银行，不得把办理抵押权登记的费用转嫁给购房人承担。

六、做好政策衔接。已实行不动产统一登记制度的地方，不动产登记机构按上述规定收费标准收取不动产登记费，原分部门制定的有关土地登记、房屋登记收费标准，土地承包经营权证、林权证工本费标准，以及各地制定的其他有关土地、房屋登记资料查询、复制、证明的收费标准一律废止。

尚未实行不动产统一登记制度的地区，土地登记费、房屋登记费、土地承包经营权证工本费、林权证工本费收费标准仍按原有相关规定执行，实行不动产统一登记制度后，即按本通知规定的收费标准执行。

七、规范不动产登记收费行为。除不动产权利首次登记，不动产界址、空间界限、面积等自然状况发生变化，以及不动产登记申请人要求重新测量外，不动产登记机构已有不动产测绘成果资料的，不得要求不动产登记申请人重复提供并收费。

不动产登记机构应认真执行收费公示制度，严格按本通知规定收费，不得擅自增加收费项目、扩大收费范围、提高收费标准或加收其他任何费用，并自觉接受价格、财政部门的监督检查。

本通知自印发之日起执行。其他与本通知不符的规定同时废止。

财政部、国家发展和改革委员会关于不动产登记收费有关政策问题的通知

1. 2016年7月12日
2. 财税〔2016〕79号

国土资源部，各省、自治区、直辖市、计划单列市财政厅（局）、发展改革委、物价局、国土资源厅（局），新疆生产建设兵团财务局、发展改革委、国土资源局：

为规范不动产登记收费管理，保护不动产权利人合法权益，根据《物权法》、《不动产登记暂行条例》等规定，现将不动产登记收费有关政策问题通知如下：

一、国土资源部和县级及以上地方不动产登记机构（以下简称不动产登记机构）办理下列不动产权利的首次登记、变更登记、转移登记、更正登记、异议登记时，收取不动产登记费：

（一）房屋等建筑物、构筑物所有权及其建设用地使用权、宅基地使用权或海域使用权；

（二）无建筑物、构筑物的建设用地使用权或宅基地使用权；

（三）森林、林木所有权及其占用的林地承包经营权或国有林地的使用权；

（四）耕地、草地、水域、滩涂等土地承包经营权；

（五）地役权；

（六）抵押权。

上述不动产权利登记中，申请国务院确定的重点国有林区的森林、林木和林地，中央国家机关使用的国有土地及地上建筑物、构筑物等不动产登记，由国土资源部办理并收取不动产登记费；申请其他不动产登记，由县级及以上地方不动产登记机构办理并收取不动产登记费。

上述规定以外的不动产权利登记，以及因不动产登记机构错误导致的更正登记不收取不动产登记费。

二、不动产登记费由不动产登记申请人缴纳。按规定需由当事人各方共同申请不动产登记的，不动产登记费由登记为不动产权利人的一方缴纳；不动产为多个权利人共有（用）的，不动产登记费由共有（用）人共同缴纳，具体分摊份额由共有（用）人自行协商；不动产抵押权登记费由登记为抵押权人的一方缴纳。

三、不动产登记费按件定额收取。不动产登记申请人以一个不动产单元提出第一条所列一个不动产权利事项的登记申请，并完成一次登记的为一件。

不动产登记申请人以同一宗土地上多个抵押物办理一笔贷款申请办理抵押权登记的，视为一件。

四、不动产登记费中包含一本不动产权属证书工本费。不动产登记机构依法向一个以上权利人核发不动产权属证书的，自第二本证书起收取工本费。

不动产登记机构依法核发不动产登记证明，不得收取登记证明工本费。

五、免收、减收不动产登记费

（一）对下列情形免收不动产登记费：

1. 农村集体经济组织成员以家庭承包或其他方式承包取得农用地的土地承包经营权申请登记的；

2. 农村集体经济组织成员以家庭承包或其他方式承包取得森林、林木所有权及其占用的林地承包经营权申请登记的；

3. 依法由农村集体经济组织使用的国有农用地从事种植业、林业、畜牧业、渔业等农业生产，申请土地承包经营权登记或国有农用地使用权登记的；

4. 因农村集体产权制度改革导致土地、房屋等确权变更而申请变更登记的；

5. 申请与房屋配套的车库、车位、储藏室等登记，不单独核发不动产权属证书或登记证明的；

6. 因行政区划调整导致不动产坐落的街道、门牌号或房屋名称变更而申请变更登记的；

7. 小微企业（含个体工商户）申请不动产登记的；

8. 国家法律、法规规定予以免收的其他情形。

（二）对下列情形只收取不动产权属证书工本费：

1. 单独申请宅基地使用权登记的；

2. 申请宅基地使用权及地上房屋所有权登记的；

3. 因将夫妻共有不动产的权利人变更为夫妻一方或双方而申请变更登记的；

4. 因不动产权属证书丢失、损坏等原因申请补发、换发证书的。

（三）对下列情形减半收取不动产登记费：

1. 经济适用房等保障性住房所有权及其占用的建设用地使用权申请登记的；

2. 因不动产权利人姓名或名称变更而申请变更登记的；

3. 同一权利人因分割、合并不动产而申请变更登记的；

4. 申请不动产更正登记、异议登记的；

5. 国家法律、法规规定予以减半征收的其他情形。

六、相关不动产登记申请人未按规定缴纳不动产登记费的，不予核发不动产权属证书或登记证明。

七、各地在完成不动产登记机构和职责整合、实施统一登记颁发新证书前，已依法核发的各类不动产权属证书和登记证明继续有效。不动产登记机构应当遵循“权利不变动、证书不更换”原则，不得强制要求不动产权利人换领新版不动产权属证书和登记证明。今后，在依法办理变更登记、转移登记等不动产权利登记时，逐步更换为新版不动产权属证书和登记证明。

在权利不变动、未产生新的登记类型的情况下，不动产权利人自愿申请换领新版不动产权属证书和登记证明的，不动产登记机构不得向相关不动产权利人收取相关费用。

八、不动产登记费的具体收费标准由国家发展改革委、财政部另行制定。

九、不动产登记机构按本通知规定收取不动产登记费后，原相关部门收取的土地登记费、房屋登记费、林权证工本费以及其他涉及不动产登记、查询、复制和证明的收费项目一律取消。

不动产登记过渡期内，尚未完成不动产登记机构和职责整合、实施统一登记颁发新证书的地方，相关不动产登记收费暂按原有关规定执行。

十、不动产登记机构应按隶属关系分别使用财政部或省级财政部门统一印制的票据。

十一、国土资源部收取的不动产登记费收入,应全额上缴中央国库,纳入中央财政预算管理,具体收缴办法按照国库集中收缴有关规定执行。县级及以上地方不动产登记机构收取的不动产登记费收入,应全额上缴地方国库,纳入地方财政预算管理,具体缴库办法按照省级财政部门有关规定执行。不动产登记机构开展不动产登记等相关工作所需经费,由同级财政预算统筹安排。

十二、不动产登记机构应严格按上述规定执行,不得擅自增加收费项目、扩大收费范围和提高收费标准,并自觉接受财政、价格、审计部门的监督检查。对违规多征、减免或缓征收费的,依照《财政违法行为处罚处分条例》和《违反行政事业性收费和罚没收入收支两条线管理规定行政处分暂行规定》等国家有关规定追究法律责任。

十三、本通知自发布之日起执行。此前有关规定与本通知不符的同时废止。

国土资源部关于进一步加快宅基地和集体建设用地确权登记发证有关问题的通知

1. 2016年12月16日

2. 国土资发〔2016〕191号

各省、自治区、直辖市国土资源主管部门,新疆生产建设兵团国土资源局:

《国土资源部 财政部 住房和城乡建设部 农业部 国家林业局关于进一步加快推进宅基地和集体建设用地使用权确权登记发证工作的通知》(国土资发〔2014〕101号)印发以来,各地采取切实措施,大力推进农村宅基地和集体建设用地确权登记发证工作,取得了积极进展。但同时也遇到了一些问题,比如有的地方农村地籍调查工作基础薄弱,难以有效支撑和保障农村房地一体的不动产登记;有的地方只开展宅基地、集体建设用地调查,没有调查房屋及其他定着物;个别地方不动产统一登记发证后,仍然颁发老证;一些地方宅基地“一户多宅”、超占面积等问题比较严重,且时间跨度大,权源资料不全等,影响了不动产登记工作的整体进度。尤其是农村土地制度改革试点地区土地确权登记发证迟缓,直接影响了试点工作的顺利推进。为进一步加快农村宅基地和集体建设用地确权登记发证工作,有效支撑农村土地制度改革,现就有关问题通知如下:

一、**颁发统一的不动产权证书。**目前全国所有的市、县均已完成不动产统一登记职责机构整合,除西藏的部分市、县外,都已实现不动产登记“发新停旧”。农村宅基地和集体建设用地使用权以及房屋所有权是不动产统一登记的重要内容,各地要按照《不动产登记暂行条例》《不动产登记暂行条例实施细则》《不动产登记操作规范(试行)》等法规政策规定,颁发统一的不动产权证书。涉及设立抵押权、地役权或者办理预告登记、异议登记的,依法颁发不动产登记证明。

二、**因地制宜开展房地一体的权籍调查。**各地要开展房地一体的农村权籍调查,将农房等宅基地、集体建设用地上的定着物纳入工作范围。对于已完成农村地籍调查的宅基地、集体建设用地,应进一步核实完善地籍调查成果,补充开展房屋调查,形成满足登记要求的权籍调查成果。对于尚未开展农村地籍调查的宅基地、集体建设用地,应采用总调查的模式,由县级以上地方人民政府统一组织开展房地一体的权籍调查。农村权籍调查不得收费,不得增加农民负担。

农村权籍调查中的房屋调查要执行《农村地籍和房屋调查技术方案(试行)》有关要求。条件不具备的,可采用简便易行的调查方法,通过描述方式调查记录房屋的权利人、建筑结构、层数等内容,实地指界并丈量房屋边长,简易计算房屋占地面积,形成满足登记要求的权籍调查成果。对于新型农村社区或多(高)层多户的,可通过实地丈量房屋边长和核实已有户型图等方式,计算房屋占地面积和建筑面积。

三、**规范编制不动产单元代码。**宅基地、集体建设用地和房屋等定着物应一并划定不动产单元,编制不动产单元代码。对于已完成宗地统一代码编制的,应以宗地为基础,补充房屋等定着物信息,形成不动产单元代码。对于未开展宗地统一代码编制或宗地统一代码不完备的,可在地籍区(子区)划分成果基础上,充分利用已有的影像图、地形图等数据资料,通过坐落、界址点坐标等信息预判宗地或房屋位置,补充开展权籍调查等方式,编制形成唯一的不动产单元代码。

四、**公示权属调查结果。**县级以上地方人民政府统一组织的宅基地、集体建设用地和房屋首次登记,权属调查成果要在本集体经济组织范围内公示。开展农村房地一体权籍调查时,不动产登记机构(国土资源主管部门)应将宅基地、集体建设用地和房屋的权属调查结果送达农村集体经济组织,并要求在村民会议或村民代表会议上说明,同时以张贴公告等形式公示权属调查结果。对于外出务工人员较多的地区，可通过电话、微信等方式将权属调查结果告知权利人及利害关系人。

五、结合实际依法处理“一户多宅”问题。宅基地使用权应按照“一户一宅”要求，原则上确权登记到“户”。符合当地分户建房条件未分户，但未经批准另行建房分开居住的，其新建房屋占用的宅基地符合相关规划，经本农民集体同意并公告无异议的，可按规定补办有关用地手续后，依法予以确权登记；未分开居住的，其实际使用的宅基地没有超过分户后建房用地合计面积标准的，依法按照实际使用面积予以确权登记。

六、分阶段依法处理宅基地超面积问题。农民集体成员经过批准建房占用宅基地的，按照批准面积予以确权登记。未履行批准手续建房占用宅基地的，按以下规定处理：1982 年《村镇建房用地管理条例》实施前，农民集体成员建房占用的宅基地，范围在《村镇建房用地管理条例》实施后至今未扩大的，无论是否超过其后当地规定面积标准，均按实际使用面积予以确权登记。1982 年《村镇建房用地管理条例》实施起至 1987 年《土地管理法》实施时止，农民集体成员建房占用的宅基地，超过当地规定面积标准的，超过面积按国家和地方有关规定处理的结果予以确权登记。1987 年《土地管理法》实施后，农民集体成员建房占用的宅基地，符合规划但超过当地面积标准的，在补办相关用地手续后，依法对标准面积予以确权登记，超占面积在登记簿和权属证书附记栏中注明。

历史上接受转让、赠与房屋占用的宅基地超过当地规定面积标准的，按照转让、赠与行为发生时对宅基地超面积标准的政策规定，予以确权登记。

七、依法确定非本农民集体成员合法取得的宅基地使用权。非本农民集体成员因扶贫搬迁、地质灾害防治、新农村建设、移民安置等按照政府统一规划和批准使用宅基地的，在退出原宅基地并注销登记后，依法确定新建房屋占用的宅基地使用权。

1982 年《村镇建房用地管理条例》实施前，非农业户口居民（含华侨）合法取得的宅基地或因合法取得房屋而占用的宅基地，范围在《村镇建房用地管理条例》实施后至今未扩大的，可按实际使用面积予以确权登记。1982 年《村镇建房用地管理条例》实施起至 1999 年《土地管理法》修订实施时止，非农业户口居民（含华侨）合法取得的宅基地或因合法取得房屋而占用的宅基地，按照批准面积予以确权登记，超过批准的面积在登记簿和权属证书附记栏中注明。

八、依法维护农村妇女和进城落户农民的宅基地权益。农村妇女作为家庭成员，其宅基地权益应记载到不动产登记簿及权属证书上。农村妇女因婚嫁离开原农民集体，取得新家庭宅基地使用权的，应依法予以确权登记，同时注销其原宅基地使用权。

农民进城落户后，其原合法取得的宅基地使用权应予以确权登记。

九、分阶段依法确定集体建设用地使用权。1987 年《土地管理法》实施前，使用集体土地兴办乡（镇）村公益事业和公共设施，经所在乡（镇）人民政府审核后，可依法确定使用单位集体建设用地使用权。乡镇企业用地和其他经依法批准用于非住宅建设的集体土地，至今仍继续使用的，经所在农民集体同意，报乡（镇）人民政府审核后，依法确定使用单位集体建设用地使用权。1987 年《土地管理法》实施后，乡（镇）村公益事业和公共设施用地、乡镇企业用地和其他经依法批准用于非住宅建设的集体土地，应当依据县级以上人民政府批准文件，确定使用单位集体建设用地使用权。

十、规范没有土地权属来源材料的宅基地、集体建设用地确权登记程序。对于没有权属来源材料的宅基地，应当查明土地历史使用情况和现状，由所在农民集体或村委会对宅基地使用权人、面积、四至范围等进行确认后，公告 30 天无异议，并出具证明，经乡（镇）人民政府审核，报县级人民政府审定，属于合法使用的，予以确权登记。①

对于没有权属来源材料的集体建设用地，应当查明土地历史使用情况和现状，认定属于合法使用的，经所在农民集体同意，并公告 30 天无异议，经乡（镇）人民政府审核，报县级人民政府批准，予以确权登记。

在京中央和国家机关不动产登记办法

1．2020 年 5 月 22 日自然资源部发布
2．自然资发〔2020〕87 号

第一条　为规范在京中央和国家机关不动产登记，维护权利人合法权益，加强中央和国家机关国有资产管理，根据《中华人民共和国物权法》《不动产登记暂行条

① 2019 年 5 月 14 日，自然资源部公布的《关于取消一批证明事项的公告》（自然资源部公告 2019 年第 23 号）取消了“无权属来源证明的宅基地使用情况和现状证明”，规定取消后“由不动产登记机构向村集体经济组织或村委会了解权属有关情况”。——编者注

例》《不动产登记暂行条例实施细则》等法律法规和规章，制定本办法。

第二条　本办法所称在京中央和国家机关不动产是指：

（一）中央本级党的机关、人大机关、行政机关、政协机关、监察机关、审判机关、检察机关以及各民主党派、工商联、人民团体和参照公务员法管理的事业单位及所属单位使用的在北京市范围内的国有土地、房屋等不动产；

（二）机关事务分别属于中共中央直属机关事务管理局、国家机关事务管理局、全国人大常委会办公厅机关事务管理局、政协全国委员会办公厅机关事务管理局（上述机构以下简称各管理局）归口管理的中央各企事业单位及所属单位使用的在北京市范围内的国有土地、房屋等不动产，但中央企业及所属单位通过招拍挂等市场运作方式取得土地建设用于出售出租的房地产开发项目除外；

（三）按照国家有关规定应纳入在京中央和国家机关不动产进行管理的其他不动产。

第三条　在京中央和国家机关不动产登记适用本办法和《不动产登记暂行条例》《不动产登记暂行条例实施细则》《不动产登记资料查询暂行办法》等规定。

申请办理在京中央和国家机关不动产登记时，应当同时提交有关管理局出具的不动产登记申请审核意见书。

申请登记的不动产权属资料不齐全的，应当提交有关管理局确认盖章的不动产权属来源说明函；除涉及国家秘密外，办理登记时应当进行公告，公告期不少于 30 日。

在京中央和国家机关各单位使用的国有土地改变土地用途、使用性质或转移土地使用权的，申请办理变更登记、转移登记时，应当提交各管理局出具的载明同意改变土地用途、使用性质或转移权属的不动产登记申请审核意见书。

第四条　自然资源部委托北京市规划和自然资源委员会（以下简称市规划自然资源委）直接办理在京中央和国家机关不动产登记，保管、使用自然资源部制发的“自然资源部不动产登记专用章（1）”，保存、管理在京中央和国家机关不动产登记资料，依法向权利人、利害关系人或有关国家机关提供可以查询、复制的登记资料。

市规划自然资源委依据各管理局对机关事务归口管理单位名录的年度更新和实时更新结果，为在京中央和国家机关各单位提供不动产登记服务。核发的不动产权证书或登记证明加盖“自然资源部不动产登记专用章（1）”，作出的不予登记决定同时抄送有关管理局。

自然资源部对委托的不动产登记事务依法监督，有权对违反规定的登记行为予以纠正，必要时可以取消委托。

第五条　在京中央和国家机关各单位使用的国有土地发生权属争议的，由当事人协商解决，争议方均为中央和国家机关的，可以由有关管理局先行协调；协商不成的，可以由市规划自然资源委会同有关管理局调解；调解不成的，按照《土地权属争议调查处理办法》有关规定处理。土地权属争议处理的结果作为申请登记的不动产权属来源证明材料。

第六条　根据中共中央办公厅、国务院办公厅印发的《党政机关办公用房管理办法》有关规定，各管理局应当对在京中央和国家机关不动产中纳入权属统一登记的党政机关办公用房提供明细清单，市规划自然资源委按照“清单对账”方式经审核符合登记条件的，权属登记在有关管理局名下，并在不动产登记簿的附记栏注记使用单位。

党政机关办公用房的房屋所有权、土地使用权等不动产权利未经登记，或原产权单位撤销、重组更名的，可以由各管理局单方申请登记。各管理局应当就办公用房权属出具书面意见，并提供使用单位对办公用房范围予以认可的书面意见；原产权单位撤销或重组更名的，各管理局还应当提供机构改革文件、更名文件或机构编制部门的书面意见。

党政机关办公用房的土地使用权、房屋所有权均已登记的，产权单位应当配合申请转移登记。产权单位可以出具授权委托书，委托各管理局持相关申请材料一并申请登记。

第七条　在京中央和国家机关各单位原已取得的国有划拨土地，符合下列情形，且有关管理局出具载明同意继续保留划拨土地性质的不动产登记申请审核意见书的，办理登记时不再要求提供划拨确认相关材料：

（一）土地使用权人和土地用途未改变的；

（二）土地使用权人虽发生变化，但现使用权人仍为在京中央和国家机关，且土地用途仍为非经营性的；

（三）经各管理局批准，调整利用现有存量土地进行非经营性项目建设，且符合划拨用地政策的；

（四）其他按照国家规定可以保留划拨土地性质的。

第八条　在京中央和国家机关各单位使用的国有土地，属于《北京市实施〈土地管理法〉办法》1991年6月1日施行前通过协议调整置换且未改变土地使用性质的，办理登记时以协议确认各方的土地使用权范围为准。

属于多家在京中央和国家机关共用同一宗土地，具备分宗条件且经各使用单位确认的，办理登记时可以按使用单位予以分宗。

属于同一宗土地存在多个用途，具备分宗条件的，办理登记时可以按用途予以分宗。

第九条　自然资源部指导市规划自然资源委会同各管理局建立在京中央和国家机关不动产登记申请审核意见和登记结果信息共享机制，以及研究解决不动产登记历史遗留问题和具体执行问题的工作机制。针对实际情况，可以制定本办法的实施细则。

第十条　本办法自印发之日起施行。

国土资源部办公厅关于转发国办公开办函〔2016〕206号复函的通知

1. 2016年10月17日
2. 国土资厅函〔2016〕1648号

各省、自治区、直辖市及副省级城市国土资源主管部门，新疆生产建设兵团国土资源局，部机关各司局：

自不动产统一登记制度实施以来，不动产登记资料能否通过政府信息公开方式获取，各级法院和政府法制办的认识不尽一致，影响了不动产统一登记制度的顺利实施。近日，国务院办公厅政府信息与政务公开办公室征求国务院法制办公室、最高人民法院意见后，以国办公开办函〔2016〕206号文件正式复函我部，明确不动产登记资料查询不适用《政府信息公开条例》。

现将国办公开办函〔2016〕206号文转发给你们，请遵照执行。

附件：

国办公开办函〔2016〕206号

国土资源部办公厅：

《关于不动产登记资料依申请公开问题的函》（国土资厅函〔2016〕363号）收悉。经研究，并经征求国务院法制办公室、最高人民法院的意见，答复如下：

不动产登记资料查询，以及户籍信息查询、工商登记资料查询等，属于特定行政管理领域的业务查询事项，其法律依据、办理程序、法律后果等，与《政府信息公开条例》所调整的政府信息公开行为存在根本性差别。当事人依据《政府信息公开条例》申请这类业务查询的，告知其依据相应的法律法规规定办理。

自然资源部关于进一步做好地籍调查工作的通知

1. 2023年10月10日
2. 自然资发〔2023〕195号

各省、自治区、直辖市自然资源主管部门，新疆生产建设兵团自然资源局：

近年来，各地扎实开展地籍调查（原权籍调查），加强成果应用，有力支撑了确权登记等工作，但也存在调查协同不够、成果难以沿用共享等问题。为贯彻落实《民法典》《土地管理法实施条例》及不动产登记有关规定，进一步完善地籍调查工作机制，促进地籍数据共享应用，更好支撑确权登记、服务自然资源管理工作，现通知如下。

一、充分认识新时代地籍工作的重要意义

地籍是土地的“户籍”。不动产统一登记以来，地籍工作的对象从土地拓展为以土地、海域（无居民海岛）为载体的各类自然资源和不动产。新时代的地籍，以权利归属为核心，准确记载自然资源和不动产权属、位置、界址、面积等信息，客观反映不动产权利设立、变更、转让、消灭状况，构成自然资源主管部门履行“两统一”职责的产权底板。新时代的地籍工作，为审批、供应等自然资源相关管理环节提供基础支撑，为明晰产权、定分止争、维护资源资产权益提供根本保障，为不动产安全交易和有序流转、构建高水平社会主义市场经济体制夯实产权基石。各地要充分认识新时代地籍工作的重要意义，进一步规范地籍调查、加强地籍管理，不断提高地籍工作质量和服务水平，助力自然资源事业高质量发展。

二、健全地籍调查工作机制

（一）统一地籍调查要求。涉及不动产权利设立或自然资源首次登记的，应当开展地籍调查，已有调查成果符合要求的除外。各地要结合实际情况，建立健全地籍调查服务确权登记和自然资源管理的工作机制。建设项目用地用海用岛报批阶段,开展地籍调查(土地勘测定界),支撑用地用海用岛审批、集体土地所有权登记等工作。土地供应阶段,设定不动产单元(宗地),开展地籍调查,支撑供地、土地首次登记、"交地即交证"等工作。竣工验收阶段,设定房地一体不动产单元,开展地籍调查,支撑规划用地核实、房屋首次登记、"交房即交证"等工作。鼓励以依法审定的建设工程设计方案为基础,预设房地一体不动产单元,开展地籍调查,支撑在建工程抵押、不动产预告登记等工作。确权登记时,缺少地籍调查成果或成果无法满足要求的,开展地籍调查获取基础数据成果。加强各环节调查作业协同衔接,开展首次调查后,自然资源和不动产界址、范围未发生变化的,已有调查成果应当沿用,不得重复调查和测绘;界址、范围发生变化,或已有调查成果不符合要求的,根据需要补充开展地籍调查。

(二)明确地籍调查主体。按照"谁需要、谁组织"原则,确定地籍调查实施主体。按规定当事人应当提交地籍调查成果的,由当事人负责开展地籍调查。自然资源主管部门应根据需要依法提供基础资料,必要时指导做好指界等权属调查工作。因供地等履职需要开展的地籍调查、地籍总调查和自然资源地籍调查,由自然资源主管部门负责组织开展。

三、规范开展地籍调查

(一)规范单元设定与代码编制。地籍调查以不动产单元或自然资源登记单元为基本作业单位。应依据规划、审批等材料,设定不动产单元或自然资源登记单元,编制单元代码,并一直沿用。建设用地供应时,宗地未编制不动产单元代码的,可利用土地市场动态监测监管系统的编码器,合理设置宗地顺序号号段,生成不动产单元代码,作为出让合同、划拨决定书等权属配置文件的标识(权属配置文件附加相应的不动产权利识别码);同时要积极推进系统互联互通,实现自动编码、信息共享。单元一经设定,不得随意分割、合并或调整边界,依据有关审批文件、合同等材料依法依规调整的除外。单元代码变更的,应做好前后关联。

(二)严格地籍调查程序。各地要按照《地籍调查规程》等要求,统一技术标准,规范开展地籍调查,确保权属清楚、界址清晰、面积准确。权属调查是地籍调查的核心,应在全面查清权属状况、做好指界工作基础上,以权属调查确定的界址点、界址线为依据开展地籍测绘。土地权属来源不明确或实地界址不清晰的,要严格履行四邻指界程序。调查工作完成后,及时以宗地(宗海)为单位,编制不动产单元表。自然资源地籍调查成果,由所在地县级人民政府和相关部门组织核实。

(三)加强日常监督管理。各地要加强业务培训,督促指导地籍调查机构做好调查工作。当事人应自行委托地籍调查机构开展地籍调查,任何部门和个人不得指定或变相指定调查机构。政府出资开展地籍调查的,应按照政府采购规定选择地籍调查机构。自然资源主管部门和相关单位不得违规收取测绘费、配图费、落宗费等额外费用。建立健全地籍测绘投诉机制,妥善处理相关投诉。完善地籍调查机构工作质效评价机制,及时公示调查机构成果合格率、委托人满意度等信息,方便当事人选择调查机构。

四、严格审核地籍调查成果

(一)规范地籍调查成果。地籍调查成果包括地籍调查表、地籍调查报告、地籍图、不动产单元表等。地籍调查机构应严格落实调查人员自检、调查机构质检、委托方验收或确认等措施,对地籍调查成果质量负责。鼓励不动产登记代理人、注册测绘师参与地籍调查,对成果签字盖章。

(二)严格成果质量审核。按照"谁使用、谁负责"原则,确定地籍调查成果审核责任主体。其中,技术审查工作可明确专门技术单位负责,确保成果互认共享。统一成果审核要求,重点审核程序是否规范、成果是否完整、权利范围是否交叉重叠等,必要时应实地查看,确保成果质量。

五、加快建设地籍数据库

(一)分级建设地籍数据库。地籍数据库是国土空间基础信息平台的重要组成部分,主要存储地籍调查成果、确权登记结果等地籍数据。具备条件的,可结合统一不动产登记系统建设,建设省级统一地籍数据库,支持市县远程应用;也可以市县为主建设地籍数据库,归集形成省级地籍数据库。国家地籍数据库主要由各地地籍数据归集形成,并逐步建立实时接入为主、定期汇交为辅的地籍数据归集机制。地籍数据库可单独建设,也可采用物理分散、逻辑集中模式建设。强化网络和信息安全,实现地籍数据跨层级共享,推动地籍数据库与登记数据库同步,并与土地市场动态监测监管系统等相关业务系统互联互通。

(二)持续提升地籍数据完整性和覆盖度。各地应按照地籍数据库标准等要求,梳理整合各类地籍调查成果和确权登记结果,力争用3~5年时间建成较为完整的地籍数据库，实现图形、属性、档案等信息一体化管理，逐步形成全域覆盖、要素齐全的地籍图。对地籍图空白区，要结合工作需要，分类型、分区域、分阶段推进地籍调查全覆盖。探索运用实景三维中国建设成果，建设三维地籍数据库。

六、强化地籍数据共享应用和动态更新

（一）深化地籍数据共享应用。强化部门协作和业务协同，提升地籍数据共享应用能力。开展规划编制、审批、供地、登记、权益管理等工作时，应充分利用地籍数据核实权属状况和空间范围，提高工作效能。不动产单元代码应记载在土地出让合同、划拨决定书、建设工程规划许可证、乡村建设规划许可证、不动产登记簿证等材料中，实现“一码关联”，便利信息共享应用和查询追溯。充分利用地理信息公共服务平台（天地图）等，依法提供不动产自然状况、权利限制状况、地籍图等信息可视化查询服务。

（二）实现地籍数据动态更新。坚持“建用结合、以用促建”，建立健全“日常＋定期”更新机制，保持地籍数据现势性、准确性和权威性。地籍调查成果通过审核或验收后，及时纳入地籍数据库，确权登记结果实时同步至地籍数据库，实现动态更新。审批、供地等业务办理完成后，及时依据办理结果更新地籍数据。各地可结合国土调查、土地综合整治、城市更新等工作，以不动产变化频繁、交易活跃区域为重点，组织开展地籍数据批量更新。

各地要高度重视地籍工作，将其列入重点工作。省级自然资源主管部门要强化监督指导，并选择部分市县作为示范点，以点带面、示范引领。市县自然资源主管部门要加强统筹，明确任务分工，扎实有序推进工作。工作中遇到的重大问题，请及时报部。

国土资源部办公厅关于妥善处理少数住宅建设用地使用权到期问题的复函

1. 2016年12月8日

2. 国土资厅函〔2016〕1712号

浙江省国土资源厅：

《关于如何处理少数住宅用地使用权到期问题的请示》（浙土资〔2016〕64号）收悉。经认真研究并征得住房和城乡建设部同意，现将有关问题答复如下：

《物权法》第149条规定：“住宅建设用地使用权期间届满的，自动续期”。《中共中央国务院关于完善产权保护制度依法保护产权的意见》（中发〔2016〕28号）提出，“研究住宅建设用地等土地使用权到期后续期的法律安排，推动形成全社会对公民财产长久受保护的良好和稳定预期”。在尚未对住宅建设用地等土地使用权到期后续期作出法律安排前，少数住宅建设用地使用权期间届满的，可按以下过渡性办法处理：

一、不需要提出续期申请。少数住宅建设用地使用权期间届满的，权利人不需要专门提出续期申请。

二、不收取费用。市、县国土资源主管部门不收取相关费用。

三、正常办理交易和登记手续。此类住房发生交易时，正常办理房地产交易和不动产登记手续，涉及“土地使用期限”仍填写该住宅建设用地使用权的原起始日期和到期日期，并注明：“根据《国土资源部办公厅关于妥善处理少数住宅建设用地使用权到期问题的复函》（国土资厅函〔2016〕1712号）办理相关手续”。

3. 其　他

不动产权证书和登记证明监制办法

1. 2024年5月30日自然资源部发布
2. 自然资发〔2024〕98号

第一条　为保证不动产权证书和登记证明的印制质量，保护不动产权利人合法权益，保障不动产交易安全，加强印制发行全过程把控，依据《不动产登记暂行条例》和《不动产登记暂行条例实施细则》，制定本办法。

第二条　不动产权证书、不动产登记证明由自然资源部统一监制。监制职责包括：发布不动产权证书和登记证明的统一样式，规定不动产权证书和登记证明的印制标准，实行不动产权证书和登记证明印制情况备案，掌握全国不动产权证书和登记证明印制和发行情况。自然资源部不动产登记中心具体承办不动产权证书和登记证明监制的事务性工作，组织印制和发放国务院确定的国家重点林区、国务院批准项目用海用岛不动产登记所需的不动产权证书和登记证明。

第三条　省级自然资源主管部门要严格依照自然资源部规定的统一样式、印制标准，统一负责本行政区域内不动产权证书和登记证明的印制、发行、管理和质量监督工作，有关权限不得下放到市、县自然资源主管部门。按照有关规定，采取公开招标等符合政府采购规定的方式，确定不动产权证书和登记证明的承印单位；决定本地是否需要印制增加少数民族文字的不动产权证书和登记证明，需要使用少数民族文字的，统一组织翻译、印制和发布，并与全国统一的不动产权证书和登记证明内容保持一致；建立规范的不动产权证书和登记证明作废、销毁及空白证管理机制。

第四条　在开始批量印制不动产权证书和登记证明前，省级自然资源主管部门应当将承印单位的确定方式，承印单位的名称、服务期限、印制单价以及承印单位制作的不动产权证书和登记证明样本，报自然资源部备案。

第五条　省级自然资源主管部门应当加强不动产权证书和登记证明成本核算和印制管理，严格控制印制成本，建立廉政风险防范制度。统一组织承印单位按照印制合同或者任务书确定的不动产权证书和登记证明种类、数量，开展印制工作，保证印制质量，确保具有唯一的印制流水号。

第六条　省级自然资源主管部门应当及时掌握本行政区域内不动产权证书和登记证明的印制数量、印制流水号段和发行情况，并在发行的同时在线报自然资源部汇总统计。

第七条　为应对和防范出现违法违规印制不动产权证书和登记证明的情形，自然资源部开展不动产权证书和登记证明印制流水号的号段发放区域、增加少数民族文字的不动产权证书和登记证明样本的网络查询服务。

第八条　制发不动产登记电子证照参照纸质证书证明监制要求。省级自然资源主管部门要严格依照自然资源部规定的统一样式、标准规范，统一负责本行政区域内不动产登记电子证照制发管理，确保与纸质证书证明内容一致、唯一关联，并将版式文件报自然资源部备案。加强不动产登记电子证照生成、签发、传输、存储、共享应用全过程管理，强化安全保密防控措施，保障电子证照网络和信息安全。

七、土地税收与财政

资料补充栏

1. 土地税收

中华人民共和国耕地占用税法

1. 2018年12月29日第十三届全国人民代表大会常务委员会第七次会议通过
2. 2018年12月29日中华人民共和国主席令第18号公布
3. 自2019年9月1日起施行

第一条　【立法目的】为了合理利用土地资源，加强土地管理，保护耕地，制定本法。

第二条　【纳税人】在中华人民共和国境内占用耕地建设建筑物、构筑物或者从事非农业建设的单位和个人，为耕地占用税的纳税人，应当依照本法规定缴纳耕地占用税。

占用耕地建设农田水利设施的，不缴纳耕地占用税。

本法所称耕地，是指用于种植农作物的土地。

第三条　【计税依据】耕地占用税以纳税人实际占用的耕地面积为计税依据，按照规定的适用税额一次性征收，应纳税额为纳税人实际占用的耕地面积（平方米）乘以适用税额。

第四条　【税额】耕地占用税的税额如下：

（一）人均耕地不超过一亩的地区（以县、自治县、不设区的市、市辖区为单位，下同），每平方米为十元至五十元；

（二）人均耕地超过一亩但不超过二亩的地区，每平方米为八元至四十元；

（三）人均耕地超过二亩但不超过三亩的地区，每平方米为六元至三十元；

（四）人均耕地超过三亩的地区，每平方米为五元至二十五元。

各地区耕地占用税的适用税额，由省、自治区、直辖市人民政府根据人均耕地面积和经济发展等情况，在前款规定的税额幅度内提出，报同级人民代表大会常务委员会决定，并报全国人民代表大会常务委员会和国务院备案。各省、自治区、直辖市耕地占用税适用税额的平均水平，不得低于本法所附《各省、自治区、直辖市耕地占用税平均税额表》规定的平均税额。

第五条　【适用税额特殊规定】在人均耕地低于零点五亩的地区，省、自治区、直辖市可以根据当地经济发展情况，适当提高耕地占用税的适用税额，但提高的部分不得超过本法第四条第二款确定的适用税额的百分之五十。具体适用税额按照本法第四条第二款规定的程序确定。

第六条　【加收税额】占用基本农田的，应当按照本法第四条第二款或者第五条确定的当地适用税额，加按百分之一百五十征收。

第七条　【减免】军事设施、学校、幼儿园、社会福利机构、医疗机构占用耕地，免征耕地占用税。

铁路线路、公路线路、飞机场跑道、停机坪、港口、航道、水利工程占用耕地，减按每平方米二元的税额征收耕地占用税。

农村居民在规定用地标准以内占用耕地新建自用住宅，按照当地适用税额减半征收耕地占用税；其中农村居民经批准搬迁，新建自用住宅占用耕地不超过原宅基地面积的部分，免征耕地占用税。

农村烈士遗属、因公牺牲军人遗属、残疾军人以及符合农村最低生活保障条件的农村居民，在规定用地标准以内新建自用住宅，免征耕地占用税。

根据国民经济和社会发展的需要，国务院可以规定免征或者减征耕地占用税的其他情形，报全国人民代表大会常务委员会备案。

第八条　【补缴】依照本法第七条第一款、第二款规定免征或者减征耕地占用税后，纳税人改变原占地用途，不再属于免征或者减征耕地占用税情形的，应当按照当地适用税额补缴耕地占用税。

第九条　【征收机关】耕地占用税由税务机关负责征收。

第十条　【纳税义务发生时间和纳税期限】耕地占用税的纳税义务发生时间为纳税人收到自然资源主管部门办理占用耕地手续的书面通知的当日。纳税人应当自纳税义务发生之日起三十日内申报缴纳耕地占用税。

自然资源主管部门凭耕地占用税完税凭证或者免税凭证和其他有关文件发放建设用地批准书。

第十一条　【临时占地的税额缴纳】纳税人因建设项目施工或者地质勘查临时占用耕地，应当依照本法的规定缴纳耕地占用税。纳税人在批准临时占用耕地期满之日起一年内依法复垦，恢复种植条件的，全额退还已经缴纳的耕地占用税。

第十二条　【占用其他农用地的税额】占用园地、林地、草地、农田水利用地、养殖水面、渔业水域滩涂以及其他农用地建设建筑物、构筑物或者从事非农业建设的，依照本法的规定缴纳耕地占用税。

占用前款规定的农用地的，适用税额可以适当低于本地区按照本法第四条第二款确定的适用税额，但降低的部分不得超过百分之五十。具体适用税额由省、自治区、直辖市人民政府提出，报同级人民代表大会常务委员会决定，并报全国人民代表大会常务委员会和国务院备案。

占用本条第一款规定的农用地建设直接为农业生产服务的生产设施的，不缴纳耕地占用税。

第十三条 **【信息共享与配合机制】**税务机关应当与相关部门建立耕地占用税涉税信息共享机制和工作配合机制。县级以上地方人民政府自然资源、农业农村、水利等相关部门应当定期向税务机关提供农用地转用、临时占地等信息，协助税务机关加强耕地占用税征收管理。

税务机关发现纳税人的纳税申报数据资料异常或者纳税人未按照规定期限申报纳税的，可以提请相关部门进行复核，相关部门应当自收到税务机关复核申请之日起三十日内向税务机关出具复核意见。

第十四条 **【法律依据】**耕地占用税的征收管理，依照本法和《中华人民共和国税收征收管理法》的规定执行。

第十五条 **【法律责任】**纳税人、税务机关及其工作人员违反本法规定的，依照《中华人民共和国税收征收管理法》和有关法律法规的规定追究法律责任。

第十六条 **【施行日期】**本法自2019年9月1日起施行。2007年12月1日国务院公布的《中华人民共和国耕地占用税暂行条例》同时废止。

附：

各省、自治区、直辖市耕地占用税平均税额表

省、自治区、直辖市	平均税额（元/平方米）
上海	45
北京	40
天津	35
江苏、浙江、福建、广东	30
辽宁、湖北、湖南	25
河北、安徽、江西、山东、河南、重庆、四川	22.5
广西、海南、贵州、云南、陕西	20
山西、吉林、黑龙江	17.5
内蒙古、西藏、甘肃、青海、宁夏、新疆	12.5

中华人民共和国耕地占用税法实施办法

1. 2019年8月29日财政部、税务总局、自然资源部、农业农村部、生态环境部公告2019年第81号发布
2. 自2019年9月1日起施行

第一条 为了贯彻实施《中华人民共和国耕地占用税法》（以下简称税法），制定本办法。

第二条 经批准占用耕地的，纳税人为农用地转用审批文件中标明的建设用地人；农用地转用审批文件中未标明建设用地人的，纳税人为用地申请人，其中用地申请人为各级人民政府的，由同级土地储备中心、自然资源主管部门或政府委托的其他部门、单位履行耕地占用税申报纳税义务。

未经批准占用耕地的，纳税人为实际用地人。

第三条 实际占用的耕地面积，包括经批准占用的耕地面积和未经批准占用的耕地面积。

第四条 基本农田，是指依据《基本农田保护条例》划定的基本农田保护区范围内的耕地。

第五条 免税的军事设施，具体范围为《中华人民共和国军事设施保护法》规定的军事设施。

第六条 免税的学校，具体范围包括县级以上人民政府教育行政部门批准成立的大学、中学、小学，学历性职业教育学校和特殊教育学校，以及经省级人民政府或其人力资源社会保障行政部门批准成立的技工院校。

学校内经营性场所和教职工住房占用耕地的，按照当地适用税额缴纳耕地占用税。

第七条 免税的幼儿园，具体范围限于县级以上人民政府教育行政部门批准成立的幼儿园内专门用于幼儿保育、教育的场所。

第八条 免税的社会福利机构，具体范围限于依法登记的养老服务机构、残疾人服务机构、儿童福利机构、救助管理机构、未成年人救助保护机构内，专门为老年人、残疾人、未成年人、生活无着的流浪乞讨人员提供养护、康复、托管等服务的场所。

第九条 免税的医疗机构，具体范围限于县级以上人民政府卫生健康行政部门批准设立的医疗机构内专门从事疾病诊断、治疗活动的场所及其配套设施。

医疗机构内职工住房占用耕地的，按照当地适用税额缴纳耕地占用税。

第十条 减税的铁路线路，具体范围限于铁路路基、桥

梁、涵洞、隧道及其按照规定两侧留地、防火隔离带。

专用铁路和铁路专用线占用耕地的，按照当地适用税额缴纳耕地占用税。

第十一条 减税的公路线路，具体范围限于经批准建设的国道、省道、县道、乡道和属于农村公路的村道的主体工程以及两侧边沟或者截水沟。

专用公路和城区内机动车道占用耕地的，按照当地适用税额缴纳耕地占用税。

第十二条 减税的飞机场跑道、停机坪，具体范围限于经批准建设的民用机场专门用于民用航空器起降、滑行、停放的场所。

第十三条 减税的港口，具体范围限于经批准建设的港口内供船舶进出、停靠以及旅客上下、货物装卸的场所。

第十四条 减税的航道，具体范围限于在江、河、湖泊、港湾等水域内供船舶安全航行的通道。

第十五条 减税的水利工程，具体范围限于经县级以上人民政府水行政主管部门批准建设的防洪、排涝、灌溉、引(供)水、滩涂治理、水土保持、水资源保护等各类工程及其配套和附属工程的建筑物、构筑物占压地和经批准的管理范围用地。

第十六条 纳税人符合税法第七条规定情形，享受免征或者减征耕地占用税的，应当留存相关证明资料备查。

第十七条 根据税法第八条的规定，纳税人改变原占地用途，不再属于免征或减征情形的，应自改变用途之日起30日内申报补缴税款，补缴税款按改变用途的实际占用耕地面积和改变用途时当地适用税额计算。

第十八条 临时占用耕地，是指经自然资源主管部门批准，在一般不超过2年内临时使用耕地并且没有修建永久性建筑物的行为。

依法复垦应由自然资源主管部门会同有关行业管理部门认定并出具验收合格确认书。

第十九条 因挖损、采矿塌陷、压占、污染等损毁耕地属于税法所称的非农业建设，应依照税法规定缴纳耕地占用税；自自然资源、农业农村等相关部门认定损毁耕地之日起3年内依法复垦或修复，恢复种植条件的，比照税法第十一条规定办理退税。

第二十条 园地，包括果园、茶园、橡胶园、其他园地。

前款的其他园地包括种植桑树、可可、咖啡、油棕、胡椒、药材等其他多年生作物的园地。

第二十一条 林地，包括乔木林地、竹林地、红树林地、森林沼泽、灌木林地、灌丛沼泽、其他林地，不包括城镇村庄范围内的绿化林木用地，铁路、公路征地范围内的林木用地，以及河流、沟渠的护堤林用地。

前款的其他林地包括疏林地、未成林地、迹地、苗圃等林地。

第二十二条 草地，包括天然牧草地、沼泽草地、人工牧草地，以及用于农业生产并已由相关行政主管部门发放使用权证的草地。

第二十三条 农田水利用地，包括农田排灌沟渠及相应附属设施用地。

第二十四条 养殖水面，包括人工开挖或者天然形成的用于水产养殖的河流水面、湖泊水面、水库水面、坑塘水面及相应附属设施用地。

第二十五条 渔业水域滩涂，包括专门用于种植或者养殖水生动植物的海水潮浸地带和滩地，以及用于种植芦苇并定期进行人工养护管理的苇田。

第二十六条 直接为农业生产服务的生产设施，是指直接为农业生产服务而建设的建筑物和构筑物。具体包括：储存农用机具和种子、苗木、木材等农业产品的仓储设施；培育、生产种子、种苗的设施；畜禽养殖设施；木材集材道、运材道；农业科研、试验、示范基地；野生动植物保护、护林、森林病虫害防治、森林防火、木材检疫的设施；专为农业生产服务的灌溉排水、供水、供电、供热、供气、通讯基础设施；农业生产者从事农业生产必需的食宿和管理设施；其他直接为农业生产服务的生产设施。

第二十七条 未经批准占用耕地的，耕地占用税纳税义务发生时间为自然资源主管部门认定的纳税人实际占用耕地的当日。

因挖损、采矿塌陷、压占、污染等损毁耕地的纳税义务发生时间为自然资源、农业农村等相关部门认定损毁耕地的当日。

第二十八条 纳税人占用耕地，应当在耕地所在地申报纳税。

第二十九条 在农用地转用环节，用地申请人能证明建设用地人符合税法第七条第一款规定的免税情形的，免征用地申请人的耕地占用税；在供地环节，建设用地人使用耕地用途符合税法第七条第一款规定的免税情形的，由用地申请人和建设用地人共同申请，按退税管理的规定退还用地申请人已经缴纳的耕地占用税。

第三十条 县级以上地方人民政府自然资源、农业农村、水利、生态环境等相关部门向税务机关提供的农用地转用、临时占地等信息，包括农用地转用信息、城市和村庄集镇按批次建设用地转而未供信息、经批准临时占地信息、改变原占地用途信息、未批先占农用地查处信息、土地损毁信息、土壤污染信息、土地复垦信息、草场使用和渔业养殖权证发放信息等。

各省、自治区、直辖市人民政府应当建立健全本地区跨部门耕地占用税部门协作和信息交换工作机制。

第三十一条 纳税人占地类型、占地面积和占地时间等纳税申报数据材料以自然资源等相关部门提供的相关材料为准；未提供相关材料或者材料信息不完整的，经主管税务机关提出申请，由自然资源等相关部门自收到申请之日起30日内出具认定意见。

第三十二条 纳税人的纳税申报数据资料异常或者纳税人未按照规定期限申报纳税的，包括下列情形：

（一）纳税人改变原占地用途，不再属于免征或者减征耕地占用税情形，未按照规定进行申报的；

（二）纳税人已申请用地但尚未获得批准先行占地开工，未按照规定进行申报的；

（三）纳税人实际占用耕地面积大于批准占用耕地面积，未按照规定进行申报的；

（四）纳税人未履行报批程序擅自占用耕地，未按照规定进行申报的；

（五）其他应提请相关部门复核的情形。

第三十三条 本办法自2019年9月1日起施行。

中华人民共和国契税法

1. 2020年8月11日第十三届全国人民代表大会常务委员会第二十一次会议通过

2. 2020年8月11日中华人民共和国主席令第52号公布

3. 自2021年9月1日起施行

第一条 【立法目的】在中华人民共和国境内转移土地、房屋权属，承受的单位和个人为契税的纳税人，应当依照本法规定缴纳契税。

第二条 【转移土地、房屋权属及契税征收】本法所称转移土地、房屋权属，是指下列行为：

（一）土地使用权出让；

（二）土地使用权转让，包括出售、赠与、互换；

（三）房屋买卖、赠与、互换。

前款第二项土地使用权转让，不包括土地承包经营权和土地经营权的转移。

以作价投资（入股）、偿还债务、划转、奖励等方式转移土地、房屋权属的，应当依照本法规定征收契税。

第三条 【契税税率】契税税率为百分之三至百分之五。

契税的具体适用税率，由省、自治区、直辖市人民政府在前款规定的税率幅度内提出，报同级人民代表大会常务委员会决定，并报全国人民代表大会常务委员会和国务院备案。

省、自治区、直辖市可以依照前款规定的程序对不同主体、不同地区、不同类型的住房的权属转移确定差别税率。

第四条 【契税的计税规定】契税的计税依据：

（一）土地使用权出让、出售，房屋买卖，为土地、房屋权属转移合同确定的成交价格，包括应交付的货币以及实物、其他经济利益对应的价款；

（二）土地使用权互换、房屋互换，为所互换的土地使用权、房屋价格的差额；

（三）土地使用权赠与、房屋赠与以及其他没有价格的转移土地、房屋权属行为，为税务机关参照土地使用权出售、房屋买卖的市场价格依法核定的价格。

纳税人申报的成交价格、互换价格差额明显偏低且无正当理由的，由税务机关依照《中华人民共和国税收征收管理法》的规定核定。

第五条 【应纳税额的计算】契税的应纳税额按照计税依据乘以具体适用税率计算。

第六条 【免征契税的情形】有下列情形之一的，免征契税：

（一）国家机关、事业单位、社会团体、军事单位承受土地、房屋权属用于办公、教学、医疗、科研、军事设施；

（二）非营利性的学校、医疗机构、社会福利机构承受土地、房屋权属用于办公、教学、医疗、科研、养老、救助；

（三）承受荒山、荒地、荒滩土地使用权用于农、林、牧、渔业生产；

（四）婚姻关系存续期间夫妻之间变更土地、房屋权属；

（五）法定继承人通过继承承受土地、房屋权属；

（六）依照法律规定应当予以免税的外国驻华使馆、领事馆和国际组织驻华代表机构承受土地、房屋权属。

根据国民经济和社会发展的需要，国务院对居民住房需求保障、企业改制重组、灾后重建等情形可以规定免征或者减征契税，报全国人民代表大会常务委员会备案。

第七条 【免征或者减征契税的情形】省、自治区、直辖市可以决定对下列情形免征或者减征契税：

（一）因土地、房屋被县级以上人民政府征收、征

用,重新承受土地、房屋权属;

(二)因不可抗力灭失住房,重新承受住房权属。

前款规定的免征或者减征契税的具体办法,由省、自治区、直辖市人民政府提出,报同级人民代表大会常务委员会决定,并报全国人民代表大会常务委员会和国务院备案。

第八条 **【免征、减征税款的特殊情形】**纳税人改变有关土地、房屋的用途,或者有其他不再属于本法第六条规定的免征、减征契税情形的,应当缴纳已经免征、减征的税款。

第九条 **【纳税义务发生的时间】**契税的纳税义务发生时间,为纳税人签订土地、房屋权属转移合同的当日,或者纳税人取得其他具有土地、房屋权属转移合同性质凭证的当日。

第十条 **【申报缴纳契税的时间】**纳税人应当在依法办理土地、房屋权属登记手续前申报缴纳契税。

第十一条 **【契税完税、减免税凭证】**纳税人办理纳税事宜后,税务机关应当开具契税完税凭证。纳税人办理土地、房屋权属登记,不动产登记机构应当查验契税完税、减免税凭证或者有关信息。未按照规定缴纳契税的,不动产登记机构不予办理土地、房屋权属登记。

第十二条 **【已缴纳税款的退还】**在依法办理土地、房屋权属登记前,权属转移合同、权属转移合同性质凭证不生效、无效、被撤销或者被解除的,纳税人可以向税务机关申请退还已缴纳的税款,税务机关应当依法办理。

第十三条 **【建立配合机制加强契税征收管理】**税务机关应当与相关部门建立契税涉税信息共享和工作配合机制。自然资源、住房城乡建设、民政、公安等相关部门应当及时向税务机关提供与转移土地、房屋权属有关的信息,协助税务机关加强契税征收管理。

税务机关及其工作人员对税收征收管理过程中知悉的纳税人的个人信息,应当依法予以保密,不得泄露或者非法向他人提供。

第十四条 **【契税征收管理】**契税由土地、房屋所在地的税务机关依照本法和《中华人民共和国税收征收管理法》的规定征收管理。

第十五条 **【法律责任追究及依据】**纳税人、税务机关及其工作人员违反本法规定的,依照《中华人民共和国税收征收管理法》和有关法律法规的规定追究法律责任。

第十六条 **【施行日期】**本法自2021年9月1日起施行。1997年7月7日国务院发布的《中华人民共和国契税暂行条例》同时废止。

中华人民共和国
城镇土地使用税暂行条例

1. 1988年9月27日国务院令第17号发布

2. 根据2006年12月31日国务院令第483号《关于修改〈中华人民共和国城镇土地使用税暂行条例〉的决定》第一次修订

3. 根据2011年1月8日国务院令第588号《关于废止和修改部分行政法规的决定》第二次修订

4. 根据2013年12月7日国务院令第645号《关于修改部分行政法规的决定》第三次修订

5. 根据2019年3月2日国务院令第709号《关于修改部分行政法规的决定》第四次修订

第一条 为了合理利用城镇土地,调节土地级差收入,提高土地使用效益,加强土地管理,制定本条例。

第二条 在城市、县城、建制镇、工矿区范围内使用土地的单位和个人,为城镇土地使用税(以下简称土地使用税)的纳税人,应当依照本条例的规定缴纳土地使用税。

前款所称单位,包括国有企业、集体企业、私营企业、股份制企业、外商投资企业、外国企业以及其他企业和事业单位、社会团体、国家机关、军队以及其他单位;所称个人,包括个体工商户以及其他个人。

第三条 土地使用税以纳税人实际占用的土地面积为计税依据,依照规定税额计算征收。

前款土地占用面积的组织测量工作,由省、自治区、直辖市人民政府根据实际情况确定。

第四条 土地使用税每平方米年税额如下:

(一)大城市1.5元至30元;

(二)中等城市1.2元至24元;

(三)小城市0.9元至18元;

(四)县城、建制镇、工矿区0.6元至12元。

第五条 省、自治区、直辖市人民政府,应当在本条例第四条规定的税额幅度内,根据市政建设状况、经济繁荣程度等条件,确定所辖地区的适用税额幅度。

市、县人民政府应当根据实际情况,将本地区土地划分为若干等级,在省、自治区、直辖市人民政府确定的税额幅度内,制定相应的适用税额标准,报省、自治区、直辖市人民政府批准执行。

经省、自治区、直辖市人民政府批准,经济落后地区土地使用税的适用税额标准可以适当降低,但降低额不得超过本条例第四条规定最低税额的30%。经济发达地区土地使用税的适用税额标准可以适当提高，但须报经财政部批准。

第六条　下列土地免缴土地使用税：

（一）国家机关、人民团体、军队自用的土地；

（二）由国家财政部门拨付事业经费的单位自用的土地；

（三）宗教寺庙、公园、名胜古迹自用的土地；

（四）市政街道、广场、绿化地带等公共用地；

（五）直接用于农、林、牧、渔业的生产用地；

（六）经批准开山填海整治的土地和改造的废弃土地，从使用的月份起免缴土地使用税5年至10年；

（七）由财政部另行规定免税的能源、交通、水利设施用地和其他用地。

第七条　除本条例第六条规定外，纳税人缴纳土地使用税确有困难需要定期减免的，由县以上税务机关批准。

第八条　土地使用税按年计算、分期缴纳。缴纳期限由省、自治区、直辖市人民政府确定。

第九条　新征收的土地，依照下列规定缴纳土地使用税：

（一）征收的耕地，自批准征收之日起满1年时开始缴纳土地使用税；

（二）征收的非耕地，自批准征收次月起缴纳土地使用税。

第十条　土地使用税由土地所在地的税务机关征收。土地管理机关应当向土地所在地的税务机关提供土地使用权属资料。

第十一条　土地使用税的征收管理，依照《中华人民共和国税收征收管理法》及本条例的规定执行。

第十二条　土地使用税收入纳入财政预算管理。

第十三条　本条例的实施办法由省、自治区、直辖市人民政府制定。

第十四条　本条例自1988年11月1日起施行，各地制定的土地使用费办法同时停止执行。

中华人民共和国土地增值税暂行条例

1. 1993年12月13日国务院令第138号公布

2. 根据2011年1月8日国务院令第588号《关于废止和修改部分行政法规的决定》修订

第一条　为了规范土地、房地产市场交易秩序，合理调节土地增值收益，维护国家权益，制定本条例。

第二条　转让国有土地使用权、地上的建筑物及其附着物（以下简称转让房地产）并取得收入的单位和个人，为土地增值税的纳税义务人（以下简称纳税人），应当依照本条例缴纳土地增值税。

第三条　土地增值税按照纳税人转让房地产所取得的增值额和本条例第七条规定的税率计算征收。

第四条　纳税人转让房地产所取得的收入减除本条例第六条规定扣除项目金额后的余额，为增值额。

第五条　纳税人转让房地产所取得的收入，包括货币收入、实物收入和其他收入。

第六条　计算增值额的扣除项目：

（一）取得土地使用权所支付的金额；

（二）开发土地的成本、费用；

（三）新建房及配套设施的成本、费用，或者旧房及建筑物的评估价格；

（四）与转让房地产有关的税金；

（五）财政部规定的其他扣除项目。

第七条　土地增值税实行四级超率累进税率：

增值额未超过扣除项目金额50%的部分，税率为30%。

增值额超过扣除项目金额50%、未超过扣除项目金额100%的部分，税率为40%。

增值额超过扣除项目金额100%、未超过扣除项目金额200%的部分，税率为50%。

增值额超过扣除项目金额200%的部分，税率为60%。

第八条　有下列情形之一的，免征土地增值税：

（一）纳税人建造普通标准住宅出售，增值额未超过扣除项目金额20%的；

（二）因国家建设需要依法征收、收回的房地产。

第九条　纳税人有下列情形之一的，按照房地产评估价格计算征收：

（一）隐瞒、虚报房地产成交价格的；

（二）提供扣除项目金额不实的；

（三）转让房地产的成交价格低于房地产评估价格，又无正当理由的。

第十条　纳税人应当自转让房地产合同签订之日起七日内向房地产所在地主管税务机关办理纳税申报，并在税务机关核定的期限内缴纳土地增值税。

第十一条　土地增值税由税务机关征收。土地管理部门、房产管理部门应当向税务机关提供有关资料，并协助税务机关依法征收土地增值税。

第十二条　纳税人未按照本条例缴纳土地增值税的，土地管理部门、房产管理部门不得办理有关的权属变更手续。

第十三条 土地增值税的征收管理，依据《中华人民共和国税收征收管理法》及本条例有关规定执行。

第十四条 本条例由财政部负责解释，实施细则由财政部制定。

第十五条 本条例自1994年1月1日起施行。各地区的土地增值费征收办法，与本条例相抵触的，同时停止执行。

中华人民共和国 土地增值税暂行条例实施细则

1. 1995年1月27日财政部发布

2. 财法字〔1995〕6号

第一条 根据《中华人民共和国土地增值税暂行条例》（以下简称条例）第十四条规定，制定本细则。

第二条 条例第二条所称的转让国有土地使用权、地上的建筑物及其附着物并取得收入，是指以出售或者其他方式有偿转让房地产的行为。不包括以继承、赠与方式无偿转让房地产的行为。

第三条 条例第二条所称的国有土地，是指按国家法律规定属于国家所有的土地。

第四条 条例第二条所称的地上的建筑物，是指建于土地上的一切建筑物，包括地上地下的各种附属设施。

条例第二条所称的附着物，是指附着于土地上的不能移动，一经移动即遭损坏的物品。

第五条 条例第二条所称的收入，包括转让房地产的全部价款及有关的经济收益。

第六条 条例第二条所称的单位，是指各类企业单位、事业单位、国家机关和社会团体及其他组织。

条例第二条所称个人，包括个体经营者。

第七条 条例第六条所列的计算增值额的扣除项目，具体为：

（一）取得土地使用权所支付的金额，是指纳税人为取得土地使用权所支付的地价款和按国家统一规定交纳的有关费用。

（二）开发土地和新建房及配套设施（以下简称房地产开发）的成本，是指纳税人房地产开发项目实际发生的成本（以下简称房地产开发成本），包括土地征用及拆迁补偿费、前期工程费、建筑安装工程费、基础设施费、公共配套设施费、开发间接费用。

土地征用及拆迁补偿费，包括土地征用费、耕地占用税、劳动力安置费及有关地上、地下附着物拆迁补偿的净支出、安置动迁用房支出等。

前期工程费，包括规划、设计、项目可行性研究和水文、地质、勘察、测绘、“三通一平”等支出。

建筑安装工程费，是指以出包方式支付给承包单位的建筑安装工程费，以自营方式发生的建筑安装工程费。

基础设施费，包括开发小区内道路、供水、供电、供气、排污、排洪、通讯、照明、环卫、绿化等工程发生的支出。

公共配套设施费，包括不能有偿转让的开发小区内公共配套设施发生的支出。

开发间接费用，是指直接组织、管理开发项目发生的费用，包括工资、职工福利费、折旧费、修理费、办公费、水电费、劳动保护费、周转房摊销等。

（三）开发土地和新建房及配套设施的费用（以下简称房地产开发费用），是指与房地产开发项目有关的销售费用、管理费用、财务费用。

财务费用中的利息支出，凡能够按转让房地产项目计算分摊并提供金融机构证明的，允许据实扣除，但最高不能超过按商业银行同类同期贷款利率计算的金额。其他房地产开发费用，按本条（一）、（二）项规定计算的金额之和的5%以内计算扣除。

凡不能按转让房地产项目计算分摊利息支出或不能提供金融机构证明的，房地产开发费用按本条（一）、（二）项规定计算的金额之和的10%以内计算扣除。

上述计算扣除的具体比例，由各省、自治区、直辖市人民政府规定。

（四）旧房及建筑物的评估价格，是指在转让已使用的房屋及建筑物时，由政府批准设立的房地产评估机构评定的重置成本价乘以成新度折扣率后的价格。评估价格须经当地税务机关确认。

（五）与转让房地产有关的税金，是指在转让房地产时缴纳的营业税、城市维护建设税、印花税。因转让房地产交纳的教育费附加，也可视同税金予以扣除。

（六）根据条例第六条（五）项规定，对从事房地产开发的纳税人可按本条（一）、（二）项规定计算的金额之和，加计20%的扣除。

第八条 土地增值税以纳税人房地产成本核算的最基本的核算项目或核算对象为单位计算。

第九条 纳税人成片受让土地使用权后，分期分批开发、转让房地产的，其扣除项目金额的确定，可按转让土地使用权的面积占总面积的比例计算分摊，或按建筑面积计算分摊，也可按税务机关确认的其他方式计算分摊。

第十条　条例第七条所列四级超率累进税率，每级“增值额未超过扣除项目金额”的比例，均包括本比例数。

计算土地增值税税额，可按增值额乘以适用的税率减去扣除项目金额乘以速算扣除系数的简便方法计算，具体公式如下：

（一）增值额未超过扣除项目金额50%的

土地增值税税额＝增值额×30%

（二）增值额超过扣除项目金额50%，未超过100%的

土地增值税税额＝增值额×40%－扣除项目金额×5%

（三）增值额超过扣除项目金额100%，未超过200%的

土地增值税税额＝增值额×50%－扣除项目金额×15%

（四）增值额超过扣除项目金额200%的

土地增值税税额＝增值额×60%－扣除项目金额×35%

公式中的5%、15%、35%为速算扣除系数。

第十一条　条例第八条（一）项所称的普通标准住宅，是指按所在地一般民用住宅标准建造的居住用住宅。高级公寓、别墅、度假村等不属于普通标准住宅。普通标准住宅与其他住宅的具体划分界限由各省、自治区、直辖市人民政府规定。

纳税人建造普通标准住宅出售，增值额未超过本细则第七条（一）、（二）、（三）、（五）、（六）项扣除项目金额之和20%的，免征土地增值税；增值额超过扣除项目金额之和20%的，应就其全部增值额按规定计税。

条例第八条（二）项所称的因国家建设需要依法征用、收回的房地产，是指因城市实施规划、国家建设的需要而被政府批准征用的房产或收回的土地使用权。

因城市实施规划、国家建设的需要而搬迁，由纳税人自行转让原房地产的，比照本规定免征土地增值税。

符合上述免税规定的单位和个人，须向房地产所在地税务机关提出免税申请，经税务机关审核后，免予征收土地增值税。

第十二条　个人因工作调动或改善居住条件而转让原自用住房，经向税务机关申报核准，凡居住满五年或五年以上的，免予征收土地增值税；居住满三年未满五年的，减半征收土地增值税。居住未满三年的，按规定计征土地增值税。

第十三条　条例第九条所称的房地产评估价格，是指由政府批准设立的房地产评估机构根据相同地段、同类房地产进行综合评定的价格。评估价格须经当地税务机关确认。

第十四条　条例第九条（一）项所称的隐瞒、虚报房地产成交价格，是指纳税人不报或有意低报转让土地使用权、地上建筑物及其附着物价款的行为。

条例第九条（二）项所称的提供扣除项目金额不实的，是指纳税人在纳税申报时不据实提供扣除项目金额的行为。

条例第九条（三）项所称的转让房地产的成交价格低于房地产评估价格，又无正当理由的，是指纳税人申报的转让房地产的实际成交价低于房地产评估机构评定的交易价，纳税人又不能提供凭据或无正当理由的行为。

隐瞒、虚报房地产成交价格，应由评估机构参照同类房地产的市场交易价格进行评估。税务机关根据评估价格确定转让房地产的收入。

提供扣除项目金额不实的，应由评估机构按照房屋重置成本价乘以成新度折扣率计算的房屋成本价和取得土地使用权时的基准地价进行评估。税务机关根据评估价格确定扣除项目金额。

转让房地产的成交价格低于房地产评估价格，又无正当理由的，由税务机关参照房地产评估价格确定转让房地产的收入。

第十五条　根据条例第十条的规定，纳税人应按照下列程序办理纳税手续：

（一）纳税人应在转让房地产合同签订后的七日内，到房地产所在地主管税务机关办理纳税申报，并向税务机关提交房屋及建筑物产权、土地使用权证书，土地转让、房产买卖合同，房地产评估报告及其他与转让房地产有关的资料。

纳税人因经常发生房地产转让而难以在每次转让后申报的，经税务机关审核同意后，可以定期进行纳税申报，具体期限由税务机关根据情况确定。

（二）纳税人按照税务机关核定的税额及规定的期限缴纳土地增值税。

第十六条　纳税人在项目全部竣工结算前转让房地产取

得的收入，由于涉及成本确定或其他原因，而无法据以计算土地增值税的，可以预征土地增值税，待该项目全部竣工、办理结算后再进行清算，多退少补。具体办法由各省、自治区、直辖市地方税务局根据当地情况制定。

第十七条 条例第十条所称的房地产所在地，是指房地产的坐落地。纳税人转让房地产坐落在两个或两个以上地区的，应按房地产所在地分别申报纳税。

第十八条 条例第十一条所称的土地管理部门、房产管理部门应当向税务机关提供有关资料，是指向房地产所在地主管税务机关提供有关房屋及建筑物产权、土地使用权、土地出让金数额、土地基准地价、房地产市场交易价格及权属变更等方面的资料。

第十九条 纳税人未按规定提供房屋及建筑物产权、土地使用权证书，土地转让、房产买卖合同，房地产评估报告及其他与转让房地产有关资料的，按照《中华人民共和国税收征收管理法》（以下简称《征管法》）第三十九条的规定进行处理。

纳税人不如实申报房地产交易额及规定扣除项目金额造成少缴或未缴税款的，按照《征管法》第四十条的规定进行处理。

第二十条 土地增值税以人民币为计算单位。转让房地产所取得的收入为外国货币的，以取得收入当天或当月1日国家公布的市场汇价折合成人民币，据以计算应纳土地增值税税额。

第二十一条 条例第十五条所称的各地区的土地增值费征收办法是指与本条例规定的计征对象相同的土地增值费、土地收益金等征收办法。

第二十二条 本细则由财政部解释，或者由国家税务总局解释。

第二十三条 本细则自发布之日起施行。

第二十四条 1994年1月1日至本细则发布之日期间的土地增值税参照本细则的规定计算征收。

2. 土地财政

国务院办公厅关于规范国有土地使用权出让收支管理的通知

1. 2006年12月17日
2. 国办发〔2006〕100号

各省、自治区、直辖市人民政府，国务院各部委、各直属机构：

我国是一个人多地少的发展中国家，加强土地管理，严格保护耕地，推进土地节约集约利用，始终是我国现代化建设中的一个全局性、战略性问题。将土地出让收支纳入地方预算，实行"收支两条线"管理，是落实科学发展观，构建社会主义和谐社会，加强土地调控的一项重要举措。根据《国民经济和社会发展第十一个五年规划纲要》、《国务院关于深化改革严格土地管理的决定》（国发〔2004〕28号）以及《国务院关于加强土地调控有关问题的通知》（国发〔2006〕31号）的规定，经国务院同意，现就有关事项通知如下：

一、明确国有土地使用权出让收入范围，加强国有土地使用权出让收入征收管理

国有土地使用权出让收入（以下简称土地出让收入）是政府以出让等方式配置国有土地使用权取得的全部土地价款，包括受让人支付的征地和拆迁补偿费用、土地前期开发费用和土地出让收益等。土地价款的具体范围包括：以招标、拍卖、挂牌和协议方式出让国有土地使用权所确定的总成交价款；转让划拨国有土地使用权或依法利用原划拨土地进行经营性建设应当补缴的土地价款；变现处置抵押划拨国有土地使用权应当补缴的土地价款；转让房改房、经济适用住房按照规定应当补缴的土地价款；改变出让国有土地使用权的土地用途、容积率等土地使用条件应当补缴的土地价款，以及其他和国有土地使用权出让或变更有关的收入等。按照土地出让合同规定依法向受让人收取的定金、保证金和预付款，在土地出让合同生效后可以抵作土地价款。

国土资源管理部门依法出租国有土地向承租者收取的土地租金收入；出租划拨土地上的房屋应当上缴的土地收益；土地使用者以划拨方式取得国有土地使用权，依法向市、县人民政府缴纳的土地补偿费、安置补助费、地上附着物和青苗补偿费、拆迁补偿费等费用（不含征地管理费），一并纳入土地出让收入管理。

土地出让收入由财政部门负责征收管理，可由国土资源管理部门负责具体征收。国土资源管理部门和财政部门应当督促土地使用者严格履行土地出让合同，确保将应缴的土地出让收入及时足额缴入地方国库。地方国库负责办理土地出让收入的收纳、划分、留解和拨付等各项业务，确保土地出让收支数据准确无误。对未按照合同约定足额缴纳土地出让收入，并提供有效缴款凭证的，国土资源管理部门不予核发国有土地使用证。要完善制度规定，对违规核发国有土地使用证的，收回土地使用证，并依照有关法律法规追究有关领导和人员的责任。已经实施政府非税收入收缴管理制度改革的地方，土地出让收入纳入政府非税收入收缴管理制度改革范围，统一收缴票据，规范收缴程序，提高收缴效率。任何地区、部门和单位都不得以"招商引资"、"旧城改造"、"国有企业改制"等各种名义减免土地出让收入，实行"零地价"，甚至"负地价"，或者以土地换项目、先征后返、补贴等形式变相减免土地出让收入。

二、将土地出让收支全额纳入预算，实行"收支两条线"管理

从2007年1月1日起，土地出让收支全额纳入地方基金预算管理。收入全部缴入地方国库，支出一律通过地方基金预算从土地出让收入中予以安排，实行彻底的"收支两条线"。在地方国库中设立专账，专门核算土地出让收入和支出情况。

建立健全年度土地出让收支预决算管理制度。每年第三季度，有关部门要严格按照财政部门规定编制下一年度土地出让收支预算；每年年度终了，有关部门要严格按照财政部门规定编制土地出让收支决算。同时，按照规定程序向同级人民政府报告，政府依法向同级人民代表大会报告。编制年度土地出让收支预算要坚持"以收定支、收支平衡"的原则。土地出让收入预算按照上年土地出让收入情况、年度土地供应计划、地价水平等因素编制；土地出让支出预算根据预计年度土地出让收入情况，按照年度土地征收计划、拆迁计划以及规定的用途、支出范围和支出标准等因素编制；其中，属于政府采购范围的，应当按照规定编制政府采购预算。

三、规范土地出让收入使用范围，重点向新农村建设倾斜

土地出让收入使用范围：（一）征地和拆迁补偿支出。包括土地补偿费、安置补助费、地上附着物和青苗补偿费、拆迁补偿费。(二)土地开发支出。包括前期土地开发性支出以及按照财政部门规定与前期土地开发相关的费用等。(三)支农支出。包括计提农业土地开发资金、补助被征地农民社会保障支出、保持被征地农民原有生活水平补贴支出以及农村基础设施建设支出。(四)城市建设支出。包括完善国有土地使用功能的配套设施建设支出以及城市基础设施建设支出。(五)其他支出。包括土地出让业务费、缴纳新增建设用地土地有偿使用费、计提国有土地收益基金、城镇廉租住房保障支出、支付破产或改制国有企业职工安置费支出等。

土地出让收入的使用要确保足额支付征地和拆迁补偿费、补助被征地农民社会保障支出、保持被征地农民原有生活水平补贴支出,严格按照有关规定将被征地农民的社会保障费用纳入征地补偿安置费用,切实保障被征地农民和被拆迁居民的合法利益。土地出让收入的使用要重点向新农村建设倾斜,逐步提高用于农业土地开发和农村基础设施建设的比重。用于农村基础设施建设的资金,要重点安排农村饮水、沼气、道路、环境、卫生、教育以及文化等基础设施建设项目,逐步改善农民的生产、生活条件和居住环境,努力提高农民的生活质量和水平。土地前期开发要积极引入市场机制、严格控制支出,通过政府采购招投标方式选择评估、拆迁、工程施工、监理等单位,努力降低开发成本。城市建设支出和其他支出要严格按照批准的预算执行。编制政府采购预算的,应严格按照政府采购的有关规定执行。

为加强土地调控,由财政部门从缴入地方国库的土地出让收入中,划出一定比例资金,用于建立国有土地收益基金,实行分账核算,具体比例由省、自治区、直辖市及计划单列市人民政府确定,并报送财政部和国土资源部备案。国有土地收益基金主要用于土地收购储备。

四、切实保障被征地农民和被拆迁居民利益,建立被征地农民生活保障的长效机制

各地在征地过程中,要认真执行国发〔2004〕28 号和国发〔2006〕31 号文件中有关征地补偿费的规定,切实保障被征地农民利益。各省、自治区、直辖市要尽快制订并公布各市县征地的统一年产值标准或区片综合地价,依法提高征地补偿标准。出让城市国有土地使用权过程中,要严格依照《城市房屋拆迁管理条例》(国务院令第 305 号)、有关法律法规和省、自治区、直辖市及计划单列市有关规定支付相关补偿费用,有效保障被拆迁居民、搬迁企业及其职工的合法权益。

建立对被征地农民发放土地补偿费、安置补助费以及地上附着物和青苗补偿费的公示制度,改革对被征地农民征地补偿费的发放方式。有条件的地方,土地补偿费、安置补助费以及地上附着物和青苗补偿费等相关费用中应当支付给被征地农民的部分,可以根据征地补偿方案,由集体经济组织提供具体名单,通过发放记名银行卡或者存折方式直接发放给被征地农民,减少中间环节,防止被截留、挤占和挪用,切实保障被征地农民利益。

被征地农民参加有关社会保障所需的个人缴费,可以从其所得的土地补偿费、安置补助费中直接缴纳。地方人民政府可以从土地出让收入中安排一部分资金用于补助被征地农民社会保障支出,逐步建立被征地农民生活保障的长效机制。

五、加强国有土地储备管理,建立土地储备资金财务会计核算制度

国土资源部、财政部要抓紧研究制订土地储备管理办法,对土地储备的目标、原则、范围、方式和期限等作出统一规定,防止各地盲目储备土地。要合理控制土地储备规模,降低土地储备成本。土地储备实行项目预决算管理,国土资源管理部门应当于每年第三季度根据年度土地储备计划,编制下一年度土地储备资金收支预算,报财政部门审核;每年年度终了,要按照规定向财政部门报送土地储备资金收支决算。财政部要会同国土资源部抓紧研究制订土地储备资金财务管理办法、会计核算办法,建立健全土地储备成本核算制度。财政部门要加强对土地储备资金使用的监督管理,规范运行机制,严禁挤占、挪用土地储备资金。

六、加强部门间协作与配合,建立土地出让收支信息共享制度

国土资源管理部门与财政部门要加强协作,建立国有土地出让、储备及收支信息共享制度。国土资源管理部门应当将年度土地供应计划、年度土地储备计划以及签订的国有土地出让合同中有关土地出让总价款、约定的缴款时间等相关资料及时抄送财政部门,财政部门应当及时将土地出让收支情况反馈给国土资源管理部门。

财政部门、国土资源管理部门要与地方国库建立土地出让收入定期对账制度,对应缴国库、已缴国库和欠缴国库的土地出让收入数额进行定期核对,确保有关数据准确无误。

财政部门要会同国土资源管理部门、人民银行机构建立健全年度土地出让收支统计报表以及分季收支统计明细报表体系，统一土地出让收支统计口径，确保土地出让收支统计数据及时、准确、真实，为加强土地出让收支管理提供必要的基础数据。土地出让收支统计报表体系由财政部会同国土资源部、人民银行研究制订。

七、强化土地出让收支监督管理，防止国有土地资产收益流失

财政部门、国土资源管理部门、人民银行机构以及审计机关要建立健全对土地出让收支情况的定期和不定期监督检查制度，强化对土地出让收支的监督管理，确保土地出让收入及时足额上缴国库，支出严格按照财政预算管理的规定执行。

土地出让合同、征地协议等应约定对土地使用者不按时足额缴纳土地出让收入的，按日加收违约金额1‰的违约金。违约金随同土地出让收入一并缴入地方国库。对违反本通知规定，擅自减免、截留、挤占、挪用应缴国库的土地出让收入，不执行国家统一规定的会计、政府采购等制度的，要严格按照土地管理法、会计法、审计法、政府采购法、《财政违法行为处罚处分条例》（国务院令第427号）和《金融违法行为处罚办法》（国务院令第260号）等有关法律法规进行处理，并依法追究有关责任人的责任；触犯刑法的，依法追究有关人员的刑事责任。

规范土地出让收支管理，不仅有利于促进节约集约用地，而且有利于促进经济社会可持续发展，对于保持社会稳定，推进社会主义和谐社会建设，以及加强党风廉政建设都具有十分重要的意义。各地区、各部门必须高度重视，坚决把思想统一到党中央、国务院决策部署上来，采取积极有效措施，确保规范土地出让收支管理政策的贯彻落实。

国务院关于将部分土地出让金用于农业土地开发有关问题的通知

1．2004年3月22日
2．国发〔2004〕8号

各省、自治区、直辖市人民政府，国务院各部委、各直属机构：

根据《中华人民共和国城市房地产管理法》和《中华人民共和国土地管理法》有关土地使用权出让金的用途及土地出让金上缴、使用的规定，为切实保护耕地，加强粮食综合生产能力建设，抑制城市盲目扩张，促进城乡协调发展，国务院决定从2004年起将部分土地出让金用于农业土地开发。现就有关问题通知如下：

一、关于土地出让金用于农业土地开发的用途

按照“取之于土，用之于土”的原则，将部分土地出让金专项用于土地整理复垦、宜农未利用地开发、基本农田建设以及改善农业生产条件的土地开发。

二、关于土地出让金用于农业土地开发的比例

土地出让金用于农业土地开发的比例，由各省、自治区、直辖市及计划单列市人民政府根据不同情况，按各市、县不低于土地出让平均纯收益的15%确定。土地出让平均纯收益的具体标准由财政部、国土资源部确定。

三、关于用于农业土地开发的土地出让金的管理

用于农业土地开发的土地出让金纳入财政预算，实行专项管理。省（自治区、直辖市）及计划单列市、市（地、州、盟）、县（市、旗）应分别在现有账户中设立专账，分账核算。用于农业土地开发的土地出让金主要留在市、县，专款专用；各地可根据不同情况，将不超过30%的资金集中到省、自治区、直辖市及计划单列市使用。资金使用管理具体办法由财政部会同国土资源部制订。

四、关于用于农业土地开发的土地出让金的监督

各省、自治区、直辖市及计划单列市人民政府要加强对用于农业土地开发的土地出让金收缴的监督，保证土地出让金专户资金优先足额划入用于农业土地开发的资金专账；对挪用专账资金的，由省级人民政府负责追缴，并追究有关人员的责任。财政部、国土资源部要会同监察部、审计署等部门加强对用于农业土地开发的土地出让金收缴、使用和管理情况进行监督检查，对检查出的问题要及时采取措施予以纠正。

国土资源部关于已购公有住房和经济适用住房上市出售中有关土地问题的通知①

1．1999年9月22日
2．国土资厅发〔1999〕31号

各省、自治区、直辖市及计划单列市土地（国土）管理

① 本文件未列入《国土资源部关于公布继续有效的规范性文件目录的公告》。——编者注

局(厅),解放军土地管理局,新疆生产建设兵团土地管理局:

财政部、国土资源部、建设部《关于已购公有住房和经济适用住房上市出售补交土地出让金和收益分配管理的若干规定》(财综字〔1999〕113 号)下发后,各地纷纷对与该文有关的土地管理问题提出咨询。为加快工作进程,规范操作,现就有关问题通知如下:

一、关于标定地价与缴纳土地出让金额的测算

(一)已购公有住房和经济适用住房上市出售补交土地出让金或相当于土地出让金价款的计算公式为:

补交土地价款(元)=标定地价(元/平方米)×缴纳比例(≥10%)×上市房屋分摊土地面积(平方米)×年期修正系数

已有标定地价的城镇,不再另行评估;上市房屋尚未确定分摊土地面积的,可用上市房屋建筑面积(平方米)×整幢建筑总用地面积(平方米)/整幢建筑总建筑面积(平方米)计算分摊土地面积后,直接按上述公式确定应缴纳的土地出让金或相当于土地出让金价款。已有基准地价但未评估标定地价的城镇,可在简化修正系数体系后,采用基准地价系数修正法测算标定地价,测算公式为:

标定地价(元/平方米)=基准地价(元/平方米)×区位修正系数×容积率修正系数

(二)为满足已购公有住房和经济适用住房上市需要,加快工作进度,对没有基准地价修正系数体系的城镇,可暂采用以下简便方法确定已购公有住房和经济适用住房上市出售补交土地出让金或相当于土地出让金价款:

补交土地价款(元)=基准地价(元/平方米)×所在建筑总层数修正系数×缴纳比例(≥10%)×上市房屋建筑面积(平方米)×年期修正系数

对于建筑层数差异较小的城市,为便于土地出让金及相应价款的征收,也可采用如下公式确定:

补交土地价款(元)=基准地价(元/平方米)×所在区域建筑平均层数修正系数×缴纳比例(≥10%)×上市房屋建筑面积(平方米)×年期修正系数

上述公式中,区位修正系数由各地依据房屋所处的位置、交通便捷程度、基本生活设施和公用服务设施状况、环境质量等因素,对照基准地价因素修正体系具体确定,变动范围一般为-20%至+20%;容积率修正系数根据基准地价修正系数体系确定;建筑总层数修正系数的参考标准见附表一;区域建筑平均层数修正系数的参考标准见附表二;年期修正系数的参考标准见附表三。

各地土地行政主管部门应当以简明、直观的图、表等方式按等级或区域公布基准地价、标定地价的测算结果及有关修正系数,以方便房屋买卖双方能自行概算应缴纳的土地出让金数额或相当于土地出让金价款。有条件的地方,可建立计算机查询系统。

二、关于土地使用权出让年期的确定

已购公有住房和经济适用住房所在宗地为划拨土地的,从同一建筑的第一套房屋上市交易之日起计算土地出让年期,确定出让土地使用权截止日。此后其他各套房屋上市时,其土地出让年期相应缩短,以使同一宗地的出让土地使用权保持相同的截止日。土地出让年期可根据各地具体情况确定,但最高不超过 70 年。

已购公有住房所在宗地为出让土地的,其土地出让年期仍以原《国有土地使用权出让合同》和《国有土地使用证》规定的出让年期为准,明确相应的剩余使用年期。

三、关于土地出让金和相当于土地出让金价款的区分

土地出让金或相当于土地出让金价款由购买方缴纳,购买方应在交易双方签订房屋买卖合同后,持房屋买卖合同、原房屋产权人的房屋所有权证及国有土地使用证或土地产权证明等材料到房屋所在地市、县土地行政主管部门办理有关手续。已购公有住房和经济适用住房所在宗地为划拨土地的,需缴纳出让金,办理土地出让手续;已购公有住房所在宗地为出让土地的,需缴纳相当于土地出让金的价款,办理土地转让手续。购房者在缴纳了有关价款后,方可领取国有土地使用证,取得出让土地使用权。

四、关于土地出让合同签订

为完善土地使用权出让手续,降低成本,简化操作程序,已购公有住房和经济适用住房所在宗地为划拨土地的,只在同一建筑内第一套房屋上市交易时,购买方与土地行政主管部门签订土地使用权出让合同,确定土地的有关权益和土地权益人的权利义务后,其他各套房屋上市交易时,只履行相应手续,不必再重复签订合同。具体可按如下方式办理:

同一建筑的第一套房屋上市交易时,土地行政主管部门应拟订上市房屋所在宗地的《国有土地使用权出让合同》,载明宗地位置、面积、建筑面积、土地用途、土地出让截止日期及土地使用者的权利、义务等,并在《国有土地使用权出让金缴纳通知单》(以下简称通知单)中载明住户姓名、交易日期、房屋面积、分摊的土地面积和权益、土地出让金额等,注明其权利义务源于该宗地的《国有土地使用权出让合同》。第一套房屋的购买方与土地行政主管部门签订出让合同后,其他各套房屋上市交易时,购买方签收了土地行政主管部门签发的《通知单》,并缴清了土地出让金后,即可视为认定了该宗地的《国有土地使用权出让合同》,注明其权利义务的《通知单》即可作为购买方取得出让土地使用权的权源文件。购买方领取国有土地使用证后,取得出让土地使用权。

附表一

建筑总层数修正系数参考标准

建筑总层数	1	2	3	4	5	6	7
修正系数	1	0. 75	0. 61	0. 55	0. 50	0. 46	0. 42
建筑总层数	8	9	10	11	12	12 以上	
修正系数	0. 39	0. 36	0. 34	0. 32	0. 31	0. 30	

附表二

区域建筑平均层数修正系数参考标准

区域建筑平均层数	1	1. 25	1. 50	1. 75	2	2. 25	2. 50	2. 75
修正系数	1	0. 94	0. 88	0. 82	0. 77	0. 74	0. 71	0. 69
区域建筑平均层数	3	4	5	6	7	8	9	10
修正系数	0. 67	0. 61	0. 57	0. 54	0. 51	0. 49	0. 48	0. 46

附表三

年期修正系数的参考标准

出让年期	70 ~ 66	65 ~ 61	60 ~ 56	55 ~ 51	50 ~ 46	45 ~ 41
修正系数	1. 00	0. 95	0. 90	0. 85	0. 80	0. 75
出让年期	40 ~ 36	35 ~ 31	30 ~ 26	25 ~ 21	20 以下	
修正系数	0. 70	0. 65	0. 60	0. 55	0. 50	

已购公有住房和经济适用住房上市出售土地出让金和收益分配管理的若干规定

1. 1999年7月15日财政部、国土资源部、建设部发布
2. 财综字〔1999〕113号

为了深化城镇住房制度改革,培育和发展住房二级市场,规范已购公有住房和经济适用住房上市出售的收益分配和管理,根据《中华人民共和国城市房地产管理法》和《国务院关于深化城镇住房制度改革加快住房建设的通知》的有关规定,现对已购公有住房和经济适用住房上市出售土地出让金和收益分配管理问题规定如下:

一、职工个人购买的经济适用住房和按成本价购买的公有住房,房屋产权归职工个人所有。

二、已购公有住房和经济适用住房上市出售时,由购房者按规定缴纳土地出让金或相当于土地出让金的价款。缴纳标准按不低于所购买的已购公有住房或经济适用住房坐落位置的标定地价的10%确定。

购房者缴纳土地出让金或相当于土地出让金的价款后,按出让土地使用权的商品住宅办理产权登记。

三、职工个人上市出售已购公有住房取得的价款,扣除住房面积标准的经济适用住房价款和原支付超过住房面积标准的房价款以及有关税费后的净收益,按规定缴纳所得收益。其中,住房面积标准内的净收益按超额累进比例或一定比例缴纳;超过住房面积标准的净收益全额缴纳。

职工个人上市出售已购经济适用住房,原则上不再缴纳所得收益。

四、土地出让金按规定全额上交财政;相当于土地出让金的价款和所得收益,已购公有住房产权属行政机关的,全额上交财政;属事业单位的,50%上交财政,50%返还事业单位;属企业的,全额返还企业。

五、上交财政的相当于土地出让金的价款和所得收益,按已购公有住房原产权单位的财务隶属关系和财政体制,分别上交中央财政和地方财政,专项用于住房补贴;返还给企业和事业单位的相当于土地出让金的价款和所得收益,分别纳入企业和单位住房基金管理,专项用于住房补贴。

六、土地出让金、相当于土地出让金的价款和所得收益缴纳和返还的具体办法,由各地财政部门会同土地行政管理部门和房产行政主管部门制定。

七、本规定由财政部商国土资源部、建设部负责解释。

八、本规定自发布之日起执行。各地区、各部门有关文件与本规定有抵触的,一律以本规定为准。

用于农业土地开发的土地出让金使用管理办法

1. 2004年6月24日财政部、国土资源部发布
2. 财建〔2004〕174号

第一条 为加强用于农业土地开发的土地出让金的使用管理,根据《国务院关于将部分土地出让金用于农业土地开发有关问题的通知》(国发〔2004〕8号),特制定本办法。

第二条 本办法所称用于农业土地开发的土地出让金是指省(自治区、直辖市)及计划单列市、市(地、州、盟)、县(市、旗)从土地出让金中按规定比例划出的专账管理的资金。

第三条 土地出让金用于农业土地开发的比例,由各省、自治区、直辖市及计划单列市人民政府根据不同情况,按各市(地、州、盟)、县(市、旗)不低于土地出让平均纯收益的15%确定,并将其中不超过30%的资金集中到各省、自治区、直辖市及计划单列市使用。上述两个比例确定后,分别报财政部、国土资源部备案。

第四条 本办法所称土地出让平均纯收益标准是指地方人民政府出让土地取得的土地出让纯收益的平均值。由财政部、国土资源部根据全国城镇土地等别、城镇土地级别、基准地价水平、建设用地供求状况、社会经济发展水平等情况制定、联合发布,并根据土地市场价格变动情况适时调整。土地出让平均纯收益具体标准由财政部、国土资源部另行发布。

第五条 用于农业土地开发的土地出让金纳入财政预算,实行专项管理。省(自治区、直辖市)及计划单列市、市(地、州、盟)、县(市、旗)财政部门应分别对农业土地开发资金实行专账核算,按规定的标准和用途足额划缴及使用,不得截留、坐支和挪用,并实行社会公示制度。

第六条 调整现行政府预算收支科目,取消"基金预算收入科目"第85类"土地有偿使用收入"下的850101项"土地出让金";增设850103项"用于农业土地开发的土地出让金",反映从土地出让金中划入的用于农业土地开发的资金;增设850104项"其他土地出让金",反映扣除划入农业土地开发资金专账后的土地出让金。在“基金预算支出科目”第85类“土地有偿使用支出”下增设一款8503款“农业土地开发支出”，反映用从土地出让金中划出的农业土地开发资金安排的农业土地开发支出。

第七条　市（地、州、盟）、县（市、旗）国土资源管理部门根据办理的土地出让合同，按季统计土地出让面积送同级财政部门，同时抄报省级国土资源管理部门、财政部门。同级财政部门根据国土资源管理部门提供的土地出让面积、城镇土地等别、土地出让平均纯收益标准和各省、自治区、直辖市及计划单列市人民政府规定的土地出让金用于农业土地开发的比例（不低于15%），计算应从土地出让金中划缴的农业土地开发资金，并按照专账管理的原则和土地出让金缴交情况，由财政部门在办理土地出让金清算时，按级次分别开具缴款书，办理缴库手续，将属于本市（地、州、盟）、县（市、旗）的用于农业土地开发的土地出让金收入（不低于农业土地开发资金的70%部分）缴入同级国库；将属于各省、自治区、直辖市及计划单列市集中的用于农业土地开发的土地出让金收入（不高于农业土地开发资金30%的部分）按就地缴库方式缴入省级国库。

从土地出让金划缴的农业土地开发资金计算公式为：

从土地出让金划缴的农业土地开发资金＝土地出让面积×土地出让平均纯收益标准（对应所在城镇等别）×各地规定的土地出让金用于农业土地开发的比例（不低于15%）。

第八条　本办法所称的农业土地开发主要包括：土地整理和复垦、宜农未利用地的开发、基本农田建设以及改善农业生产条件的土地开发。

土地整理和复垦是指：按照土地利用总体规划和土地开发整理规划，有组织地对农村地区田、水、路、林及村庄进行综合整治；对在生产建设过程中挖损、塌陷、压占及污染破坏的土地和洪灾滑坡崩塌、泥石流、风沙等自然灾害损毁的土地进行复垦。

宜农未利用地的开发是指：在保护和改善生态环境、防治水土流失和土地沙漠化的前提下，对滩涂、盐碱地、荒草地、裸土地等未利用的宜农土地进行开发利用。

基本农田建设是指：采取相应措施对基本农田进行改造、改良和保护，促进基本农田综合生产能力提高和持续利用。具体包括：经国务院有关主管部门或者县级以上地方人民政府批准确定的粮、棉、油生产基地内的耕地的建设；有良好的水利与水土保持设施的耕地建设；对中低产田的改造；蔬菜生产基地建设；国务院规定应当划入基本农田保护区的其他耕地的建设等。

改善农业生产条件的土地开发是指：为改善农业生产条件而独立进行的农田道路、电力通讯、水源、给排水等生产设施的建设。

第九条　财政部门负责农业土地开发专项资金的预算审批、下达、资金的拨付和资金的监督管理工作；国土资源部门负责项目预算的编报、汇总、项目实施的监督检查及竣工验收等项目管理工作。地方财政部门和国土资源部门具体职责分工由各省、自治区、直辖市及计划单列市自行确定。

第十条　各省、自治区、直辖市及计划单列市人民政府要加强对用于农业土地开发的土地出让金收缴的监督，保证土地出让金专户资金优先足额划入用于农业土地开发的资金专账。

第十一条　财政部和国土资源部要会同监察部、审计署等有关部门，对用于农业土地开发的土地出让金的提取比例、预算管理、支出范围等进行定期或不定期的监督检查。各省、自治区、直辖市及计划单列市人民政府要定期将用于农业土地开发的土地出让金使用情况报财政部和国土资源部。

财政部除会同有关部门进行检查外，可委托财政部驻各地财政监察专员办事处进行专项检查或抽查。对于违反规定的，除通报外，对提取比例不足的，负责督促其限时足额划入，督促未果的，依法强行划入专账；对于违反专账管理的，负责督促其在7个工作日内予以纠正；对于违反支出范围的，除负责督促其在7个工作日内纠正外，应将超出本办法规定支出范围的资金收回专账；对挪用专账资金的，由省级人民政府负责追缴，并追究有关人员责任。

第十二条　各省、自治区、直辖市及计划单列市人民政府可根据本办法的规定，结合本地的实际情况，制定具体的资金使用管理办法。

第十三条　本办法自2004年1月1日起实行。

第十四条　本办法由财政部、国土资源部负责解释。

用于农业土地开发的
土地出让金收入管理办法

1. 2004年7月12日财政部、国土资源部发布
2. 财综〔2004〕49号

第一条　根据《国务院关于将部分土地出让金用于农业

土地开发有关问题的通知》(国发〔2004〕8号)的规定,从2004年1月1日起,将部分土地出让金用于农业土地开发。为加强对各地用于农业土地开发的土地出让金收入管理情况的检查、监督和考核工作,特制定本办法。

第二条　土地出让金用于农业土地开发的比例,由各省、自治区、直辖市及计划单列市人民政府根据不同情况,按各市、县不低于土地出让平均纯收益的15%确定。

从土地出让金划出的农业土地开发资金计算公式为:

从土地出让金划出的农业土地开发资金=土地出让面积×土地出让平均纯收益征收标准(对应所在地征收等别)×各地规定的土地出让金用于农业土地开发的比例(不低于15%)。

第三条　本办法所称土地出让平均纯收益征收标准是指地方人民政府出让土地取得的土地出让纯收益的平均值。由财政部、国土资源部根据全国城镇土地等别、城镇土地级别、基准地价水平、建设用地供求状况、社会经济发展水平等情况制定、联合发布,并根据土地市场价格变动情况适时调整。土地出让平均纯收益征收标准见附件一。

第四条　调整现行政府预算收入科目,将"基金预算收入科目"第85类"土地有偿使用收入"下的850101项"土地出让金"取消;增设850103项"用于农业土地开发的土地出让金",反映从"土地出让金财政专户"中划入的用于农业土地开发的资金;增设850104项"其他土地出让金",反映从"土地出让金财政专户"中扣除划入农业土地开发资金专账后的土地出让金。

第五条　市(地、州、盟)、县(市、旗)国土资源管理部门根据办理的土地出让合同,按季统计土地出让面积送同级财政部门,同时抄报省级国土资源管理部门、财政部门。

第六条　市(地、州、盟)、县(市、旗)财政部门根据同级国土资源管理部门提供的土地出让面积、城镇土地级别、土地出让平均纯收益征收标准和各省(自治区、直辖市)及计划单列市人民政府规定的土地出让金用于农业土地开发的比例(不低于15%),计算应从土地出让金中划出的农业土地开发资金,并按照专账管理的原则和土地出让金缴交情况,由财政部门在次月5日前办理土地出让金清算时,按级次分别开具缴款书,办理缴库手续,将属于本市(地、州、盟)、县(市、旗)的用于农业土地开发的土地出让金收入(不低于农业土地开发资金的70%部分)缴入同级国库用于农业土地开发的土地出让金收入专账;将属于各省(自治区、直辖市)及计划单列市集中的用于农业土地开发的土地出让金收入(不高于农业土地开发资金30%的部分)按就地缴库方式缴入省国库用于农业土地开发的土地出让金收入专账。

第七条　各省(自治区、直辖市)及计划单列市人民政府要加强对用于农业土地开发的土地出让金收缴的监督,保证土地出让金专户资金优先足额划入用于农业土地开发的资金专账。

第八条　财政部和国土资源部要会同监察部、审计署等有关部门,对用于农业土地开发的土地出让金的提取比例、收入征缴情况进行定期或不定期的监督检查。各省(自治区、直辖市)及计划单列市人民政府要定期将用于农业土地开发的土地出让金收入管理情况报财政部、国土资源部。

第九条　财政部可授权财政部驻各地财政监察专员办事处对用于农业土地开发的土地出让金的收入管理情况进行监督检查。

第十条　各省(自治区、直辖市)及计划单列市人民政府可根据本办法,结合本地实际情况,制定用于农业土地开发的土地出让金收入管理实施细则,并报财政部、国土资源部备案。

第十一条　本办法自2004年1月1日起实行。

第十二条　本办法由财政部、国土资源部负责解释。

附件:(略)

国有土地使用权出让收支管理办法(节录)

1. 2006年12月31日财政部、国土资源部、中国人民银行发布

2. 财综〔2006〕68号

3. 自2007年1月1日起施行

第一章　总　　则

第一条　为规范国有土地使用权出让收支管理,根据《土地管理法》、《国务院关于加强土地调控有关问题的通知》(国发〔2006〕31号)以及《国务院办公厅关于规范国有土地使用权出让收支管理的通知》(国办发〔2006〕100号)等有关规定,特制定本办法。

第二条　本办法所称国有土地使用权出让收入(以下简称土地出让收入)是指政府以出让等方式配置国有土地使用权取得的全部土地价款。具体包括:以招标、拍卖、挂牌和协议方式出让国有土地使用权所取得的总成交价款(不含代收代缴的税费);转让划拨国有土地使用权或依法利用原划拨土地进行经营性建设应当补缴的土地价款;处置抵押划拨国有土地使用权应当补缴的土地价款;转让房改房、经济适用住房按照规定应当补缴的土地价款;改变出让国有土地使用权土地用途、容积率等土地使用条件应当补缴的土地价款,以及其他和国有土地使用权出让或变更有关的收入等。

国土资源管理部门依法出租国有土地向承租者收取的土地租金收入;出租划拨土地上的房屋应当上缴的土地收益;土地使用者以划拨方式取得国有土地使用权,依法向市、县人民政府缴纳的土地补偿费、安置补助费、地上附着物和青苗补偿费、拆迁补偿费等费用(不含征地管理费),一并纳入土地出让收入管理。

按照规定依法向国有土地使用权受让人收取的定金、保证金和预付款,在国有土地使用权出让合同(以下简称土地出让合同)生效后可以抵作土地价款。划拨土地的预付款也按照上述要求管理。

第三条　各级财政部门、国土资源管理部门、地方国库按照职责分工,分别做好土地出让收支管理工作。

财政部会同国土资源部负责制定全国土地出让收支管理政策。

省、自治区、直辖市及计划单列市财政部门会同同级国土资源管理部门负责制定本行政区域范围内的土地出让收支管理具体政策,指导市、县财政部门和国土资源管理部门做好土地出让收支管理工作。

市、县财政部门具体负责土地出让收支管理和征收管理工作,市、县国土资源管理部门具体负责土地出让收入征收工作。

地方国库负责办理土地出让收入的收纳、划分、留解等各项业务,及时向财政部门、国土资源管理部门提供相关报表和资料。

第四条　土地出让收支全额纳入地方政府基金预算管理。收入全部缴入地方国库,支出一律通过地方政府基金预算从土地出让收入中予以安排,实行彻底的“收支两条线”管理。在地方国库中设立专账(即登记簿),专门核算土地出让收入和支出情况。

第二章　征收管理

第五条　土地出让收入由财政部门负责征收管理,可由市、县国土资源管理部门负责具体征收。

第六条　市、县国土资源管理部门与国有土地使用权受让人在签订土地出让合同时,应当明确约定该国有土地使用权受让人应当缴纳的土地出让收入具体数额、缴交地方国库的具体时限以及违约责任等内容。

第七条　土地出让收入征收部门根据土地出让合同和划拨用地批准文件,开具缴款通知书,并按照财政部统一规定的政府收支分类科目填写“一般缴款书”,由国有土地使用权受让人依法缴纳土地出让收入。国有土地使用权受让人应按照缴款通知书的要求,在规定的时间内将应缴地方国库的土地出让收入,就地及时足额缴入地方国库。缴款通知书应当明确供应土地的面积、土地出让收入总额以及依法分期缴纳地方国库的具体数额和时限等。

第八条　已经实施政府非税收入收缴管理制度改革的地方,土地出让收入收缴按照地方非税收入收缴管理制度改革的有关规定执行。

第九条　市、县国土资源管理部门和财政部门应当督促国有土地使用权受让人严格履行国有土地出让合同,确保将应缴国库的土地出让收入及时足额缴入地方国库。对未按照缴款通知书规定及时足额缴纳土地出让收入,并提供有效缴款凭证的,国土资源管理部门不予核发国有土地使用证。国土资源管理部门要完善制度规定,对违规核发国有土地使用证的,应予收回和注销,并依照有关法律法规追究有关领导和人员的责任。

第十条　任何地区、部门和单位都不得以“招商引资”、“旧城改造”、“国有企业改制”等各种名义减免土地出让收入,实行“零地价”,甚至“负地价”,或者以土地换项目、先征后返、补贴等形式变相减免土地出让收入;也不得违反规定通过签订协议等方式,将应缴地方国库的土地出让收入,由国有土地使用权受让人直接将征地和拆迁补偿费支付给村集体经济组织或农民等。

第十一条　由财政部门从缴入地方国库的招标、拍卖、挂牌和协议方式出让国有土地使用权所取得的总成交价款中,划出一定比例的资金,用于建立国有土地收益基金,实行分账核算,具体比例由省、自治区、直辖市及计划单列市人民政府确定,并报财政部和国土资源部备案。国有土地收益基金主要用于土地收购储备。

第十二条　从招标、拍卖、挂牌和协议方式出让国有土地使用权所确定的总成交价款中计提用于农业土地开发资金。具体计提标准按照财政部、国土资源部联合发布的《用于农业土地开发的土地出让金收入管理办法》(财综〔2004〕49 号)以及各省、自治区、直辖市及计划单列市人民政府规定执行。

第三章　使用管理

第十三条　土地出让收入使用范围包括征地和拆迁补偿支出、土地开发支出、支农支出、城市建设支出以及其他支出。

第十四条　征地和拆迁补偿支出。包括土地补偿费、安置补助费、地上附着物和青苗补偿费、拆迁补偿费，按照地方人民政府批准的征地补偿方案、拆迁补偿方案以及财政部门核定的预算执行。

第十五条　土地开发支出。包括前期土地开发性支出以及财政部门规定的与前期土地开发相关的费用等，含因出让土地涉及的需要进行的相关道路、供水、供电、供气、排水、通讯、照明、土地平整等基础设施建设支出，以及相关需要支付的银行贷款本息等支出，按照财政部门核定的预算安排。

第十六条　支农支出。包括用于保持被征地农民原有生活水平补贴支出、补助被征地农民社会保障支出、农业土地开发支出以及农村基础设施建设支出。

（一）保持被征地农民原有生活水平补贴支出。从土地出让收入中安排用于保持被征地农民原有生活水平的补贴支出，按照各省、自治区、直辖市及计划单列市人民政府规定，以及财政部门核定的预算执行。

（二）补助被征地农民社会保障支出。从土地出让收入中安排用于补助被征地农民社会保障的支出，按照各省、自治区、直辖市及计划单列市人民政府规定，以及财政部门核定的预算执行。

（三）用于农业土地开发支出。按照财政部、国土资源部联合发布的《用于农业土地开发的土地出让金使用管理办法》（财建〔2004〕174 号）和各省、自治区、直辖市及计划单列市人民政府规定，以及财政部门核定的预算执行。

（四）农村基础设施建设支出。从土地出让收入中安排用于农村饮水、沼气、道路、环境、卫生、教育以及文化等基础设施建设项目支出，按照各省、自治区、直辖市及计划单列市人民政府规定，以及财政部门核定的预算执行。

第十七条　城市建设支出。含完善国有土地使用功能的配套设施建设以及城市基础设施建设支出。具体包括：城市道路、桥涵、公共绿地、公共厕所、消防设施等基础设施建设支出。

第十八条　其他支出。包括土地出让业务费、缴纳新增建设用地有偿使用费、国有土地收益基金支出、城镇廉租住房保障支出以及支付破产或改制国有企业职工安置费用等。

（一）土地出让业务费。包括出让土地需要支付的土地勘测费、评估费、公告费、场地租金、招拍挂代理费和评标费用等，按照财政部门核定的预算安排。

（二）缴纳新增建设用地土地有偿使用费。按照《财政部、国土资源部、中国人民银行关于调整新增建设用地土地有偿使用费政策等问题的通知》（财综〔2006〕48 号）规定执行。

（三）国有土地收益基金支出。从国有土地收益基金收入中安排用于土地收购储备的支出，包括土地补偿费、安置补助费、地上附着物和青苗补偿费、拆迁补偿费以及前期土地开发支出，按照地方人民政府批准的收购土地补偿方案、拆迁补偿方案以及财政部门核定的预算执行。

（四）城镇廉租住房保障支出。按照《财政部、建设部、国土资源部关于切实落实城镇廉租住房保障资金的通知》（财综〔2006〕25 号）规定以及财政部门核定的预算安排。

（五）支付破产或改制国有企业职工安置费用支出。根据国家有关规定，从破产或改制国有企业国有土地使用权出让收入中，安排用于支付破产或改制国有企业职工安置费用支出。

第十九条　土地出让收入的使用要确保足额支付征地和拆迁补偿费、补助被征地农民社会保障支出、保持被征地农民原有生活水平补贴支出，严格按照有关规定将被征地农民的社会保障费用纳入征地补偿安置费用，切实保障被征地农民的合法利益。在出让城市国有土地使用权过程中，涉及的拆迁补偿费要严格按照《城市房屋拆迁管理条例》（国务院令第 305 号）、有关法律法规和省、自治区、直辖市及计划单列市人民政府有关规定支付，有效保障被拆迁居民、搬迁企业及其职工的合法利益。

土地出让收入的使用要重点向新农村建设倾斜，逐步提高用于农业土地开发和农村基础设施建设的比重，逐步改善农民的生产、生活条件和居住环境，努力提高农民的生活质量和水平。

土地前期开发要积极引入市场机制、严格控制支出，通过政府采购招投标方式选择评估、拆迁、工程施工、监理等单位，努力降低开发成本。

城市建设支出和其他支出要严格按照批准的预算执行。编制政府采购预算的，应严格按照政府采购的有关规定执行。

第二十条　建立对被征地农民发放土地补偿费、安置补助费以及地上附着物和青苗补偿费的公示制度，改革对被征地农民征地补偿费的发放方式。有条件的地方，土地补偿费、安置补助费以及地上附着物和青苗补偿费等相关费用中应当支付给被征地农民个人的部分，可以根据征地补偿方案，由集体经济组织提供具体名单，经财政部门会同国土资源管理部门审核后，通过发放记名银行卡或者存折方式从地方国库中直接支付给被征地农民，减少中间环节，防止被截留、挤占和挪用，切实保障被征地农民利益。被征地农民参加有关社会保障所需的个人缴费，可以从其所得的土地补偿费、安置补助费中直接缴纳。

第四章　收支科目管理（略）

第五章　预决算管理

第二十九条　建立健全年度土地出让收支预决算管理制度。每年第三季度，有关部门要严格按照财政部门规定编制下一年度土地出让收支预算，并分别纳入政府性基金收支预算，报经同级财政部门按规定程序批准后执行。土地出让收入资金拨付，按照财政国库管理制度有关规定执行。

编制年度土地出让收支预算要坚持"以收定支、收支平衡"的原则。土地出让收入预算按照上年土地出让收入情况、年度土地供应计划、地价水平等因素编制；土地出让支出预算根据预计年度土地出让收入情况，按照年度土地征收计划、拆迁计划以及规定的用途、支出范围和支出标准等因素编制。其中：属于政府采购范围的，应当按照规定编制政府采购预算，并严格按照政府采购的有关规定执行。

每年年度终了，有关部门应当严格按照财政部门规定编制土地出让收支决算，并分别纳入政府性基金收支决算，报财政部门审核汇总后，向同级人民政府报告。地方人民政府依法向同级人大报告。

第三十条　国土资源管理部门与财政部门要加强协作，建立国有土地出让、储备及收支信息共享制度。国土资源管理部门应当将年度土地供应计划、年度土地储备计划以及签订的国有土地出让合同中有关土地出让总价款、约定的缴款时间、缴款通知书等相关资料及时抄送财政部门，财政部门应当及时将土地出让收支情况反馈给国土资源管理部门。

第三十一条　财政部门、国土资源管理部门要与地方国库建立土地出让收入定期对账制度，对应缴国库、已缴国库和欠缴国库的土地出让收入数额进行定期核对，确保有关数据的准确无误。

第三十二条　财政部门要会同国土资源管理部门、人民银行机构建立健全年度土地出让收支统计报表以及分季收支统计明细报表体系，统一土地出让收支统计口径，确保土地出让收支统计数据及时、准确、真实，为加强土地出让收支管理提供准确的基础数据。土地出让收支统计报表体系由财政部会同国土资源部、中国人民银行研究制定。

第六章　监督检查

第三十三条　财政部门、国土资源管理部门、人民银行机构以及审计机关要建立健全对土地出让收支情况的定期和不定期监督检查制度，强化对土地出让收支的监督管理，确保土地出让收入及时足额上缴国库，支出严格按照财政预算管理规定执行。

第三十四条　对国有土地使用权人不按土地出让合同、划拨用地批准文件等规定及时足额缴纳土地出让收入的，应当按日加收违约金额1‰的违约金。违约金随同土地出让收入一并缴入地方国库。

第三十五条　对违反规定，擅自减免、截留、挤占、挪用应缴国库的土地出让收入，不执行国家统一规定的会计、政府采购等制度的，要严格按照《土地管理法》、《会计法》、《审计法》、《政府采购法》和《财政违法行为处罚处分条例》（国务院令第427号）和《金融违法行为处罚办法》（国务院令第260号）等有关法律法规规定进行处理，并依法追究有关责任人的责任。触犯《刑法》的，要依法追究有关人员的刑事责任。

第七章　附　　则

第三十六条　各省、自治区、直辖市及计划单列市财政部门应当会同国土资源管理部门、人民银行机构根据本办法，结合各地实际，制定实施细则，并报财政部、国土资源部、中国人民银行备案。

第三十七条　本办法由财政部会同国土资源部、中国人民银行负责解释。

第三十八条　本办法自2007年1月1日起实施，此前有关规定与本办法规定不一致的，一律以本办法规定为准。

财政部、国土资源部关于落实规范土地收支管理文件等有关问题的通知

1. 2007年8月22日
2. 财综〔2007〕49号

各省、自治区、直辖市、计划单列市财政厅（局）、国土资源厅（国土环境资源局、国土资源局、国土资源和房屋管理局、房屋土地资源管理局），新疆生产建设兵团财务局、国土资源局：

按照《国务院关于加强土地调控有关问题的通知》（国发〔2006〕31号）的有关规定，财政部会同国土

资源部、中国人民银行先后发布了一系列规范土地收支管理等相关配套文件。目前，部分地区已经贯彻落实，但仍有部分地区尚未贯彻落实。同时，一些地方在执行过程中反映，部分具体政策需要进一步明确。为了切实贯彻落实国务院文件精神，确保国家土地调控目标的实现，进一步完善相关政策，现就各地落实规范土地收支管理文件等有关问题通知如下：

一、各地要限期制定相关配套文件，确保相关政策的贯彻落实

各省、自治区、直辖市和计划单列市（以下简称省级）财政部门、国土资源管理部门要密切配合，结合本地区实际情况，抓紧制定贯彻落实国家有关规范土地出让收支管理、调整新增建设用地土地有偿使用费征收使用管理政策、土地储备资金财务管理、建立国有土地收支统计报表体系的具体措施，及时发布相关配套文件，省级配套文件最迟必须在2007年9月30日前出台，并按照规定分别报送财政部、国土资源部备案。同时，省级财政部门、国土资源管理部门要负责督促市、县做好相关工作，加大政策指导力度，确保上述政策的贯彻落实。

二、土地出让收入必须全额缴入地方国库，严格实行“收支两条线”管理

各地在贯彻落实规范土地出让收支管理政策的过程中，要按照《国务院办公厅关于规范国有土地使用权出让收支管理的通知》（国办发〔2006〕100号）以及财政部、国土资源部、中国人民银行联合印发的《国有土地使用权出让收支管理办法》（财综〔2006〕68号）的规定，将土地出让收入金额缴入地方国库，实行“收支两条线”管理。凡是拒不执行的，一经查出，将由有关部门依法追究相关人员的行政责任。实施非税收入收缴管理制度改革的地方，要在10个工作日内将已缴入非税收入汇缴专户的每一笔土地出让收入及时划转地方国库，不得滞压应缴地方国库的资金。其他地方一律不得要求土地出让收入先缴入财政专户、再缴入地方国库。土地出让收入的安排使用，要严格按照已经批准的预算执行。编制土地出让收支预算，必须坚持“以收定支、收支平衡”的原则，在确保足额支付征地和拆迁补偿支出、补助被征地农民社会保障支出、保持被征地农民原有生活水平补贴支出的前提下，再合理安排用于其他支出，并重点向新农村建设倾斜。

三、严格执行工业用地出让最低价标准，严禁非法低价出让工业用地

各地出让工业用地，必须严格按照国土资源部《关于发布实施〈全国工业用地出让最低价标准〉的通知》（国土资发〔2006〕307号）的有关规定执行。工业用地出让收入不足以计提农业土地开发资金和国有土地收益基金的，一律全额缴入“土地出让总价款”科目，不再计提农业土地开发资金和国有土地收益基金。各省、自治区、直辖市应根据本地实际，在不低于《全国工业用地出让最低价标准》的前提下，制定本地区工业用地出让最低价标准，并及时报送国土资源部备案。省级国土资源管理部门要会同有关部门加强对工业用地出让价格的审查，对于非法低价出让工业用地的行为，国土资源管理部门要会同监察部门依法追究相关人员的法律责任。

四、建立健全土地收支统计报表体系，按照要求及时报送统计报表

地方各级财政部门要会同同级国土资源管理部门，严格按照《财政部、国土资源部、中国人民银行关于建立国有土地收支统计报表体系的通知》（财综〔2007〕29号）的规定，建立健全本地区土地收支统计报表体系。省级财政部门要会同同级国土资源管理部门，于2007年9月20日前向财政部、国土资源部报送2007年上半年土地收支统计报表。从2007年第3季度起，土地收支统计报表的报送时间，一律严格按照财综〔2007〕29号文件规定执行。

五、统一办理批地的“一般缴款书”联次复印件，规范新增建设用地审批依据

为确保新增建设用地土地有偿使用费及时足额缴入国库，有关国土资源管理部门在审批新增建设用地时，可以统一依据能够证明市、县人民政府已将新增建设用地土地有偿使用费全额缴入国库的“一般缴款书”第一联和第四联复印件，依法办理新增建设用地批准文件。同时，将新增建设用地批准文件抄送财政部、财政部驻有关地区财政监察专员办事处和省级财政部门。此前省级人民政府或省级有关部门已就有关国土资源管理部门审批新增建设用地依据的“一般缴款书”联次复印件作出明确规定的，可继续按照省级人民政府或省级有关部门规定执行。实行非税收入收缴制度改革的地区，省级有关部门应当明确规定作为审批新增建设用地依据的非税收入缴款凭证，并报财政部、国土资源部备案，确保新增建设用地审批工作的顺利进行。

六、统一“飞地”适用的新增建设用地土地有偿使用费征收等别，加强“飞地”新增建设用地土地有偿使用费征收管理

“飞地”有政区飞地和非政区飞地两种情况。政区飞地是指和有隶属关系的上一级政区不相连接的行政区。非政区飞地是指与所属政区相分离，与自身周边政区无直接隶属关系的区域。凡涉及“飞地”的土地面积，统一按照“飞地”实际所在市、县（区）的新增建设用地土地有偿使用费征收等别和征收标准计算缴纳新增建设用地土地有偿使用费。有关国土资源管理部门和财政部门要加强对“飞地”新增建设用地土地有偿使用费的征收管理，防止漏征和少征。

七、新疆生产建设兵团缴纳的新增建设用地土地有偿使用费全部就地缴入中央国库，并由财政部按规定核拨给新疆生产建设兵团

从2007年1月1日起，新疆生产建设兵团缴纳的新增建设用地土地有偿使用费，由中央财政和新疆生产建设兵团实行30:70分成。新疆生产建设兵团缴纳的新增建设用地土地有偿使用费全部就地缴入中央国库。其中，中央财政分成的30%部分，与全国其他省、自治区、直辖市、计划单列市缴入中央金库的新增建设用地土地有偿使用费一起，按照《财政部、国土资源部关于调整中央分成的新增建设用地土地有偿使用费分配方式的通知》（财建〔2007〕84号）分配；新疆生产建设兵团分成的70%部分，由财政部核定后，与中央财政分配给新疆生产建设兵团的新增建设用地土地有偿使用费一起，统一核拨给新疆生产建设兵团，专项用于新疆生产建设兵团基本农田建设和保护、土地整理和耕地开发等支出。有关国土资源管理部门收到新疆生产建设兵团足额缴纳新增建设用地土地有偿使用费的有效凭证后，依法办理新增建设用地批准文件。

八、按照要求报告贯彻落实规范土地收支管理情况，加强对各地贯彻落实情况的监督检查

为确保国家规范土地收支管理政策的贯彻落实，各省、自治区、直辖市和计划单列市财政部门应当会同国土资源管理部门，对本地区各市、县贯彻落实规范土地收支管理等相关文件情况进行督查，并于2007年10月31日前，将本地区贯彻落实情况的总结报告分别报送财政部、国土资源部一式一份。2007年11月，财政部、国土资源部将组成联合检查组，赴部分地区开展贯彻落实规范土地收支管理文件情况专项检查，将检查结果报告国务院，对落实不力的地区，将在全国范围内进行通报批评。希望各地区高度重视规范土地出让收支管理工作，不折不扣地贯彻落实相关文件。

财政部、国土资源部等关于进一步加强土地出让收支管理的通知

1. 2009年11月18日财政部、国土资源部、中国人民银行、监察部、审计署发布

2. 财综〔2009〕74号

各省、自治区、直辖市、计划单列市财政厅（局）、国土资源厅（局）、监察厅（局）、审计厅（局），中国人民银行上海总部，各分行、营业管理部、省会（首府）城市中心支行，大连、青岛、宁波、厦门、深圳中心支行：

2006年，《国务院办公厅关于规范国有土地使用权出让收支管理的通知》（国办发〔2006〕100号）和《财政部 国土资源部 中国人民银行关于印发〈国有土地使用权出让收支管理办法〉的通知》（财综〔2006〕68号）印发后，各地区认真落实土地出让收支全额纳入地方基金预算管理的规定，大力加强土地出让收支管理，取得了积极成效。但是，个别地区土地出让收支管理仍存在一些问题，如，有的地区土地出让收支未全额纳入地方基金预算管理；有的地区已收缴的土地出让收入在非税收入汇缴专户滞留时间过长，未按规定及时缴入地方国库；有的地区存在拖欠土地出让收入问题，未能做到应收尽收；有的地区越权减免缓缴或变相减免土地出让收入，造成土地出让收入流失；还有的地区未按规定编制土地出让收支预算等。针对上述问题，按照财政资金科学化、精细化管理要求，结合开展工程建设领域突出问题专项治理工作，现就进一步加强土地出让收支管理的有关事宜通知如下：

一、统一思想认识，不折不扣地将土地出让收支全额纳入地方基金预算管理

土地出让收支全额纳入地方基金预算管理，是全面完整反映地方政府收支活动的一个重要手段，是加强土地调控、促进节约集约用地的一项重要内容，是落实科学发展观的一项重要举措，地方各级财政、国土资源管理部门要从维护中央政策统一性以及促进经济全面协调可持续发展的高度，进一步统一思想，提高认识，严格执行国办发〔2006〕100号和财综〔2006〕68号等文件，不折不扣地落实土地出让收支全额纳入地方基金预算管理的规定，将土地出让收入全额缴入地方国库，支出通过地方基金预算从土地出让收入中予以安排，实行彻底的“收支两条线”管理。

省级财政、国土资源管理、人民银行分支机构、监

察、审计部门要对本地区各市县土地出让收支全额纳入地方基金预算管理情况进行认真排查,对于未按规定将土地出让收支全额纳入地方基金预算管理的市县,要督促其限期整改并落实到位,确保土地出让收支全额纳入地方基金预算管理政策在本地区得到贯彻执行。

二、加强征收管理,保障土地出让收入及时足额征收和缴入地方国库

保障土地出让收入及时足额缴入地方国库,是落实土地出让收支纳入地方基金预算管理的基础。除国务院有明确规定以外,任何地区和部门均不得减免缓缴或者变相减免土地出让收入。市县财政、国土资源管理部门、人民银行分支机构要各负其责,加强土地出让收入征管,确保土地出让收入及时足额缴入地方国库。

(一)严格土地出让收入征收管理。市县国土资源管理部门在国有土地出让合同、租赁合同、划拨决定书中,必须明确土地出让价款、租金和划拨土地价款的总额、缴付时间和缴付方式;对于经依法批准改变土地用途等土地使用条件的,市县国土资源管理部门必须在土地出让或租赁合同中明确应补缴的土地价款,缴款人应及时按合同有关规定缴款。对于未按规定缴清全部土地价款的单位或个人,市县国土资源管理部门不得核发国有土地使用证,也不得按土地价款缴纳比例分割发证。

(二)确保土地出让收入及时入库。土地出让收入原则上采取就地直接缴库方式,商业银行应当把收缴的土地出让收入及时足额划转地方国库。市县财政部门已将土地出让收入收缴至非税收入汇缴专户的,要严格执行10个工作日划转地方国库的规定,不得超时滞留已收缴的土地出让收入。对于不按规定将已收缴的土地出让收入及时划转地方国库的,省级财政、国土资源管理、人民银行分支机构、监察、审计部门要予以纠正,并在全省范围内通报批评。各级人民银行分支机构要加强对商业银行代收土地出让收入业务的检查监督与管理。

(三)规范土地出让收入分期缴纳行为。市县国土资源管理部门与土地受让人在土地出让合同中依法约定的分期缴纳全部土地出让价款的期限原则上不超过一年。经当地土地出让协调决策机构集体认定,特殊项目可以约定在两年内全部缴清。首次缴纳比例不得低于全部土地出让价款的50%。土地租赁合同约定的当期应缴土地价款(租金)应当一次全部缴清,不得分期缴纳。

(四)严格执行土地出让(租赁)合同、划拨决定书。市县国土资源管理部门要加强土地出让(租赁)合同、划拨决定书执行管理,督促土地受让人依法履行土地出让(租赁)合同、划拨决定书,严格按照土地出让(租赁)合同和划拨决定书约定条款缴纳土地出让收入。对于未按时缴纳土地价款的单位和个人,要依法采取有效措施限期追缴。除因不可抗力未及时缴纳土地出让收入外,要严格按规定加收违约金。对于未按时缴纳土地价款、未按合同约定动工建设的单位和个人,拖欠土地出让收入期间不得参与新的土地出让交易活动;有关拖欠和违约信息要计入其诚信档案,可以通过提高竞买保证金或违约金等方式,限制其参加土地招拍挂活动。对于2009年审计调查发现的个别地方越权减免缓缴或者变相减免土地出让收入的现象,省级财政、国土资源管理、监察、审计等部门要依法采取措施予以纠正,并限期补缴应缴的土地出让收入。

(五)完善土地出让收入信息共享制度。土地出让(租赁)成交后,市县国土资源管理部门应当按照规定及时在中国土地市场网及土地有形市场等指定场所公布。国有建设用地使用权出让(租赁)合同、划拨决定书应按有关规定及时在土地市场动态监测与监管系统中填报。市县财政部门要加强与国土资源管理部门沟通协调,或通过中国土地市场网、土地有形市场等方式及时了解土地出让情况及土地出让收入相关信息。省级财政部门要商同级国土资源管理部门建立全省统一的土地出让收入征管和信息共享机制,确保财政部门、国土资源管理部门及时掌握收缴信息。

三、完善预算编制,严格按照规定合理安排各项土地出让支出

根据政府性基金预算编制工作的要求,自2010年起,各级财政部门要向同级人大报告政府性基金收支情况。土地出让收支预算是地方政府性基金收支预算的重要组成部分,地方各级财政、国土资源管理部门要予以高度重视,严格按照国办发〔2006〕100号文件和《财政部、国土资源部关于加强土地出让收支预算编制工作的通知》(财综〔2008〕74号)的规定,共同做好本地区土地出让收支预算编制工作。

市县财政部门、国土资源管理部门在编制土地出让收支预算时,要统筹考虑经济社会发展和资金保障能力等因素,合理确定年度用地规模和土地供应规模,

并按规定程序纳入新增建设用地计划和年度建设用地供应计划。编制土地出让收入预算应当与年度建设用地供应计划相衔接，实施新增建设用地计划应当与土地出让支出预算相衔接。市县财政、国土资源管理部门在编制土地出让支出预算时，要确保足额支付征地和拆迁补偿支出、补助被征地农民社会保障支出，重点向新农村建设倾斜，逐步提高用于农业土地开发和农村基础设施建设的比重；要严格按照规定将土地出让净收益的10%用于补充城市廉租住房保障资金，根据城市廉租住房保障工作进展情况及时核拨所需资金；要加强土地出让收支预算执行管理，对于未列入土地出让支出预算的各类项目，包括土地征收项目，一律不得通过土地出让收入安排支出。

省级财政、国土资源管理部门要加强对市县土地出让收支预算编制工作的指导，督促市县做好土地出让收支预算编制工作。同时，要在市县编制土地出让收支预算的基础上，汇总编制本地区土地出让收支预算，并于当年12月31日前连同预算编制说明一并报送财政部汇总。财政部门要将经人大批准的土地出让收支预算抄送同级地方国库部门。

四、加强统计工作，提高土地出让收支统计报表编报质量和编报水平

土地出让收支统计报表，是反映土地市场运行情况和土地出让收支政策执行情况的重要途径，是制定和完善相关政策的重要依据，也是查找问题、强化日常管理的工作平台。地方各级财政、国土资源管理部门和人民银行分支机构要高度重视土地出让收支统计工作，认真执行《财政部国土资源部中国人民银行关于建立国有土地收支统计报表体系的通知》（财综〔2007〕29号）的有关规定。

市县财政、国土资源管理部门要在本部门内部指定具体负责统计报表的机构和人员，落实报表填报责任。同时，要加强内部协调与沟通，指定相关机构及时向本部门牵头汇总机构提供土地出让收支报表相关数据。市县财政、国土资源管理部门和人民银行分支机构要分别做好报表数据审核工作，保障数据准确性，共同做好统计报表填报工作。市县财政部门要及时汇总本地区土地出让收支报表，按时报送省级财政、国土资源管理部门、人民银行分支机构。省级财政部门、国土资源管理部门和人民银行分支机构，要建立统计督查机制，督促市县相关部门及时报送土地收支报表，并及时审核汇总本地区土地出让收支统计报表，按时报送财政部、国土资源部、人民银行。

五、强化监督检查，严格执行土地出让收支管理的责任追究制度

省级财政、国土资源管理、人民银行分支机构、监察、审计部门要结合工程建设领域突出问题专项治理工作，强化对市县落实土地出让收支管理政策的监督检查，切实维护土地出让收支管理政策的严肃性，对于违反规定拖欠土地出让收入，未及时足额缴纳土地出让收入，未将土地出让收支全额纳入地方基金预算管理，已收缴的土地出让收入未按规定及时缴入地方国库，越权减免缓缴或变相减免土地出让收入等行为，要严格依照《财政违法行为处罚处分条例》（国务院令第427号）、《金融违法行为处罚办法》（国务院令第260号），以及监察部、人力资源社会保障部、国土资源部联合印发的《违反土地管理规定行为处分办法》（监察部令第15号）的规定进行处罚，并依法追究相关责任人员的行政责任。

地方各级财政、国土资源管理、人民银行分支机构、监察、审计部门要认真贯彻本通知，采取切实有效措施，确保相关政策落到实处。各省、自治区、直辖市及计划单列市的财政、国土资源管理、人民银行分支机构、监察、审计部门要于2010年3月31日前，将本地区贯彻落实本通知情况以书面形式报告财政部、国土资源部、中国人民银行、监察部、审计署。

财政部、国土资源部关于进一步强化土地出让收支管理的通知

1．2015年9月17日
2．财综〔2015〕83号

各省、自治区、直辖市、计划单列市财政厅（局）、国土资源厅（局），新疆生产建设兵团财务局、国土资源局：

2006年，《国务院办公厅关于规范国有土地使用权收支管理的通知》（国办发〔2006〕100号）印发后，各地区建立健全相关配套制度，认真贯彻落实，全国土地出让收支管理行为总体得到规范，但仍有个别地区尚未完全落实。为严肃财经纪律，推进依法行政，进一步强化土地出让收支管理，现就有关事项通知如下：

一、进一步规范土地出让收入管理

各地区要严格土地供应合同、协议的管理，督促用地单位和个人按照合同、协议规定的期限及时足额缴纳土地出让收入。对于不按合同、协议约定期限及时

足额缴纳土地出让收入的，国土资源部门不得为用地单位和个人办理国有土地使用权证，也不得分割发证。对于因容积率等规划条件调整并按规定应当补缴土地出让收入的，必须按时足额补缴。各地区要按照《国务院关于深化预算管理制度改革的决定》（国发〔2014〕45号）、《财政部关于进一步规范地方国库资金和财政专户资金管理的通知》（财库〔2014〕175号）的规定，全面清理违规设立的财政专户和过渡户。

各地区已经设立的土地出让收入征收过渡户应当在2015年10月31日前一律予以撤销，过渡户资金属于应缴土地出让收入的要及时划缴国库。自本通知印发之日起，土地出让收入原则上采取就地直接缴库。已经实施政府非税收入收缴管理制度改革的地方，土地出让收入收缴按照非税收入收缴管理制度改革的有关规定执行，并严格执行10个工作日内划缴国库的规定，不得超时滞留专户和延迟缴库。禁止采取违规调库、空转、以拨作支或者其他手段虚增收入和虚列支出。继续严格按规定计提国有土地收益基金、教育资金、农田水利建设资金等专项资金。其中，计提的教育资金、农田水利建设资金要按规定转列一般公共预算相应收入科目。

严禁采取挂账办法滞留应当计提的专项资金。

二、严格按规定范围使用土地出让收入

土地出让收入要严格按照国办发〔2006〕100号文件以及财政部会同国土资源部、中国人民银行联合印发的《国有土地使用权出让收支管理办法》（财综〔2006〕68号）规定的范围安排使用，优先保障征地拆迁补偿、补助被征地农民社会保障等重点支出，合理安排土地出让前期开发支出，继续加大对农业农村、保障性安居工程的支持力度，严格按预算用于城市建设。严禁坐支土地出让收入行为，禁止将土地出让收入用于修建楼堂馆所、购买公务用车、发放津贴补贴奖金、弥补行政经费支出，严禁使用土地出让收入为产业投资基金注资和对外投资（含出借）。

三、积极盘活土地出让收支存量资金

各地区要按照《国务院办公厅关于进一步做好盘活财政存量资金工作的通知》（国办发〔2014〕70号）、《财政部关于推进地方盘活财政存量资金有关事项的通知》（财预〔2015〕15号）的规定，统筹盘活土地出让收支结余结转资金。土地出让收支结余结转资金指土地出让收支预算尚未下达到部门、留在地方财政部门的结余结转资金，不含上级专项转移支付结余结转资金。土地出让收支结余结转资金超过当年收入30%的部分，应补充预算稳定调节基金，由一般公共预算统筹使用；未超过30%的部分，地方财政部门可结合实际情况，统筹用于支持同一类级科目下的其他支出项目或者补充国有土地收益基金。对于土地出让收入中上级专项转移支付结余结转资金，预算尚未分配到部门和下级政府结余结转两年以上的资金，由下级财政交回上级财政统筹使用；未满两年的结余结转资金，同级财政可将其调整用于同一类级科目下的其他项目。对于土地出让收支预算已分配到部门并结余结转两年以上的土地出让收支资金（包括本级和上级转移支付），由同级财政收回统筹使用。

四、推进土地出让收支管理信息公开

各地区要严格按照国家有关规定，将土地出让收支全额纳入财政预算管理，落实土地出让收支预决算管理制度，细化土地出让收支预算编制，严格土地出让支出预算执行，不得通过以拨作支等手段人为调整预算执行进度。各地区要完善土地出让收支预决算向同级人大报告制度，建立健全土地出让收支信息公开制度。

地方各级财政部门应当按照财政预决算信息公开制度的要求，每年在本级政府门户网站上公开本地区年度土地出让收支情况，自觉接受社会监督。

五、加强土地出让收支监督管理

各地区要加强对土地征收和供应政策执行情况的督察，及时查处和纠正土地征收和供应违法违规行为，规范土地征收和供应管理。财政部驻各省、自治区、直辖市、计划单列市财政监察专员办事处以及地方各级财政部门要加强土地出让收支监管，确保土地出让收入应收尽收和按规定用途安排使用。各地区应当自觉接受审计部门对土地出让收支管理的审计监督，在年度地方预算执行情况审计时，将土地出让收支管理作为一项重要审计内容；在地方领导干部经济责任审计中，将土地征收、储备、整理、供应及出让收支管理作为审计重点。

财政部、国土资源部等关于规范土地储备和资金管理等相关问题的通知

1. 2016年2月2日财政部、国土资源部、中国人民银行、中国银行业监督管理委员会发布

2. 财综〔2016〕4号

各省、自治区、直辖市、计划单列市财政厅（局）、国土

资源主管部门，新疆生产建设兵团财务局、国土资源局，中国人民银行上海总部，各分行、营业管理部，省会（首府）城市中心支行、副省级城市中心支行，各省、自治区、直辖市银监局：

根据《预算法》以及《中共中央 国务院关于分类推进事业单位改革的指导意见》、《国务院关于加强地方政府性债务管理的意见》（国发〔2014〕43号）等有关规定，为规范土地储备和资金管理行为，促进土地储备健康发展，现就有关问题通知如下：

一、清理压缩现有土地储备机构

各地区应当结合事业单位分类改革，对现有土地储备机构进行全面清理。为提高土地储备工作效率，精简机构和人员，每个县级以上（含县级）法定行政区划原则上只能设置一个土地储备机构，统一隶属于所在行政区划国土资源主管部门管理。对于重复设置的土地储备机构，应当在压缩归并的基础上，按规定重新纳入土地储备名录管理。鉴于土地储备机构承担的依法取得土地、进行前期开发、储存以备供应土地等工作主要是为政府部门行使职能提供支持保障，不能或不宜由市场配置资源，因此，按照事业单位分类改革的原则，各地区应当将土地储备机构统一划为公益一类事业单位。各地区应当将现有土地储备机构中从事政府融资、土建、基础设施建设、土地二级开发业务部分，从现有土地储备机构中剥离出去或转为企业，上述业务对应的人员、资产和债务等也相应剥离或划转。上述工作由地方各级国土资源主管部门商同级财政部门、人民银行分支机构、银监部门等机构提出具体意见，经同级人民政府批准后实施，并于2016年12月31日前完成。

二、进一步规范土地储备行为

按照《国土资源部　财政部　人民银行关于印发〈土地储备管理办法〉的通知》（国土资发〔2007〕277号）和《国土资源部 财政部 人民银行 银监会关于加强土地储备与融资管理的通知》（国土资发〔2012〕162号）的规定，各地区应当进一步规范土地储备行为。土地储备工作只能由纳入名录管理的土地储备机构承担，各类城投公司等其他机构一律不得再从事新增土地储备工作。土地储备机构不得在土地储备职能之外，承担与土地储备职能无关的事务，包括城市基础设施建设、城镇保障性安居工程建设等事务，已经承担的上述事务应当按照本通知第一条规定限期剥离和划转。

三、合理确定土地储备总体规模

各地土地储备总体规模，应当根据当地经济发展水平、当地财力状况、年度土地供应量、年度地方政府债务限额、地方政府还款能力等因素确定。现有土地储备规模偏大的，要加快已储备土地的前期开发和供应进度，相应减少或停止新增以后年度土地储备规模，避免由于土地储备规模偏大而形成土地资源利用不充分和地方政府债务压力。

四、妥善处置存量土地储备债务

对清理甄别后认定为地方政府债务的截至2014年12月31日的存量土地储备贷款，应纳入政府性基金预算管理，偿债资金通过政府性基金预算统筹安排，并逐步发行地方政府债券予以置换。

五、调整土地储备筹资方式

土地储备机构新增土地储备项目所需资金，应当严格按照规定纳入政府性基金预算，从国有土地收益基金、土地出让收入和其他财政资金中统筹安排，不足部分在国家核定的债务限额内通过省级政府代发地方政府债券筹集资金解决。自2016年1月1日起，各地不得再向银行业金融机构举借土地储备贷款。地方政府应在核定的债务限额内，根据本地区土地储备相关政府性基金收入、地方政府性债务风险等因素，合理安排年度用于土地储备的债券发行规模和期限。

六、规范土地储备资金使用管理

根据《预算法》等法律法规规定，从2016年1月1日起，土地储备资金从以下渠道筹集：一是财政部门从已供应储备土地产生的土地出让收入中安排给土地储备机构的征地和拆迁补偿费用、土地开发费用等储备土地过程中发生的相关费用。二是财政部门从国有土地收益基金中安排用于土地储备的资金。三是发行地方政府债券筹集的土地储备资金。四是经财政部门批准可用于土地储备的其他资金。五是上述资金产生的利息收入。土地储备资金主要用于征收、收购、优先购买、收回土地以及储备土地供应前的前期开发等土地储备开支，不得用于土地储备机构日常经费开支。土地储备机构所需的日常经费，应当与土地储备资金实行分账核算，不得相互混用。

土地储备资金的使用范围包括：

（一）征收、收购、优先购买或收回土地需要支付的土地价款或征地和拆迁补偿费用。包括土地补偿费和安置补助费、地上附着物和青苗补偿费、拆迁补偿费，以及依法需要支付的与征收、收购、优先购买或收回土地有关的其他费用。

（二）征收、收购、优先购买或收回土地后进行必要的前期土地开发费用。储备土地的前期开发，仅限于与储备宗地相关的道路、供水、供电、供气、排水、通讯、照明、绿化、土地平整等基础设施建设。各地不得借土地储备前期开发,搭车进行与储备宗地无关的上述相关基础设施建设。

(三)按照本通知规定需要偿还的土地储备存量贷款本金和利息支出。

(四)经同级财政部门批准的与土地储备有关的其他支出。包括土地储备工作中发生的地籍调查、土地登记、地价评估以及管护中围栏、围墙等建设等支出。

七、推动土地收储政府采购工作

地方国土资源主管部门应当积极探索政府购买土地征收、收购、收回涉及的拆迁安置补偿服务。土地储备机构应当积极探索通过政府采购实施储备土地的前期开发,包括与储备宗地相关的道路、供水、供电、供气、排水、通讯、照明、绿化、土地平整等基础设施建设。地方财政部门、国土资源主管部门应当会同辖区内土地储备机构制定项目管理办法,并向社会公布项目实施内容、承接主体或供应商条件、绩效评价标准、最终结果、取得成效等相关信息,严禁层层转包。项目承接主体或供应商应当严格履行合同义务,按合同约定数额获取报酬,不得与土地使用权出让收入挂钩,也不得以项目所涉及的土地名义融资或者变相融资。对于违反规定的行为,将按照《预算法》、《政府采购法》、《政府采购法实施条例》、《政府购买服务管理办法(暂行)》等规定进行处理。

八、加强土地储备项目收支预决算管理

土地储备机构应当于每年第三季度根据当地经济发展水平、上年度地方财力状况、近三年土地供应量、上年度地方政府债务限额、地方政府还款能力等因素,按照宗地编制下一年度土地储备资金收支项目预算,经主管部门审核后,报同级财政部门审定。其中:属于政府采购范围的应当按照规定编制政府采购预算,属于政府购买服务项目的应当同时编制政府购买服务预算,并严格按照有关规定执行。地方财政部门应当认真审核土地储备资金收支预算,统筹安排政府性基金预算、地方政府债券收入和存量贷款资金。土地储备支出首先从国有土地收益基金、土地出让收入、存量贷款资金中安排,不足部分再通过省级政府发行的地方政府债券筹集资金解决。财政部门应当及时批复土地储备机构土地储备项目收支预算。

土地储备机构应当严格按照同级财政部门批复的预算执行,并根据土地收购储备的工作进度,提出用款申请,经主管部门审核后,报同级财政部门审批。其中:属于财政性资金的土地储备支出,按照财政国库管理制度的有关规定执行。土地储备机构需要调整土地储备资金收支项目预算的,应当按照规定编制预算调整方案,经主管部门审核后,按照规定程序报同级财政部门批准后执行。

每年年度终了,土地储备机构要按照同级财政部门规定,向同级财政部门报送土地储备资金收支项目决算,并详细提供宗地支出情况。土地储备资金收支项目决算由同级财政部门负责审核或者由具有良好信誉、执业质量高的会计师事务所等相关中介机构进行审核。

土地储备机构应当按照国家关于资产管理的有关规定,做好土地储备资产的登记、核算、评估等各项工作。

九、落实好相关部门责任

规范土地储备和资金管理行为,是进一步完善土地储备制度,促进土地储备健康发展的重要举措。各级财政、国土资源部门和人民银行分支机构、银监部门等要高度重视,密切合作,周密部署,强化督导,确保上述各项工作顺利实施。

财政部、国土资源部、人民银行、银监会将按照职责分工,会同有关部门抓紧修订《土地储备管理办法》、《土地储备资金财务管理暂行办法》、《土地储备资金会计核算办法(试行)》、《土地储备统计报表》等相关制度。

省级财政、国土资源主管部门和人民银行分支机构、银监部门应当加强对市县土地储备和资金管理工作的指导,督促市县相关部门认真贯彻落实本通知规定,并于2017年3月31日前,将本地区贯彻落实情况以书面形式报告财政部、国土资源部、人民银行和银监会。

此前土地储备和资金管理的相关规定与本通知规定不一致的,以本通知规定为准。

土地储备资金财务管理办法

1. 2018年1月17日财政部、国土资源部发布
2. 财综〔2018〕8号
3. 自2018年2月1日起施行

第一章 总 则

第一条 为规范土地储备行为,加强土地储备资金财务管理，根据《预算法》、《国务院办公厅关于规范国有土地使用权出让收支管理的通知》（国办发〔2006〕100号）、《国务院关于加强地方政府性债务管理的意见》（国发〔2014〕43 号）等有关规定，制定本办法。

第二条　本办法适用于土地储备资金财务收支活动。

第三条　本办法所称土地储备资金是指纳入国土资源部名录管理的土地储备机构按照国家有关规定征收、收购、优先购买、收回土地以及对其进行前期开发等所需的资金。

第四条　土地储备资金实行专款专用、分账核算，并实行预决算管理。

第二章　土地储备资金来源

第五条　土地储备资金来源于下列渠道：

（一）财政部门从已供应储备土地产生的土地出让收入中安排给土地储备机构的征地和拆迁补偿费用、土地开发费用等储备土地过程中发生的相关费用；

（二）财政部门从国有土地收益基金中安排用于土地储备的资金；

（三）发行地方政府债券筹集的土地储备资金；

（四）经财政部门批准可用于土地储备的其他财政资金。

第六条　财政部门根据土地储备的需要以及预算安排，及时下达用于土地储备的各项资金。

第七条　土地储备专项债券的发行主体为省级人民政府。土地储备专项债券资金由财政部门纳入政府性基金预算管理，并由土地储备机构专项用于土地储备，具体资金拨付、使用、预决算管理严格执行财政部、国土资源部关于地方政府土地储备专项债券管理的规定。

第三章　土地储备资金使用范围

第八条　土地储备资金使用范围具体包括：

（一）征收、收购、优先购买或收回土地需要支付的土地价款或征地和拆迁补偿费用。包括土地补偿费和安置补助费、地上附着物和青苗补偿费、拆迁补偿费，以及依法需要支付的与征收、收购、优先购买或收回土地有关的其他费用。

（二）征收、收购、优先购买或收回土地后进行必要的前期土地开发费用。储备土地的前期开发，仅限于与储备宗地相关的道路、供水、供电、供气、排水、通讯、照明、绿化、土地平整等基础设施建设支出。

（三）按照财政部关于规范土地储备和资金管理的规定需要偿还的土地储备存量贷款本金和利息支出。

（四）经同级财政部门批准的与土地储备有关的其他费用。包括土地储备工作中发生的地籍调查、土地登记、地价评估以及管护中围栏、围墙等建设等支出。

第九条　土地储备机构用于征地和拆迁补偿费用以及土地开发费用支出，应当严格按照国家规范国有土地使用权出让收支管理的有关规定执行。

第四章　土地储备相关资金管理

第十条　土地储备机构所需的日常经费，应当与土地储备资金实行分账核算，不得相互混用。

第十一条　土地储备机构在持有储备土地期间，临时利用土地取得的零星收入（不含供应储备土地取得的全部土地出让收入，以下简称土地储备零星收入），包括下列范围：

（一）出租储备土地取得的收入；

（二）临时利用储备土地取得的收入；

（三）储备土地的地上建筑物及附着物残值变卖收入；

（四）其他收入。

第十二条　土地储备零星收入全部缴入同级国库，纳入一般公共预算，实行“收支两条线”管理。

第十三条　土地储备零星收入缴入同级国库时，填列政府收支分类科目 103 类“非税收入”07 款“国有资源（资产）有偿使用收入”99 项“其他国有资源（资产）有偿使用收入”科目。土地储备零星收入实行国库集中收缴，缴入同级国库的具体方式，按照省、自治区、直辖市、计划单列市财政部门规定执行。

第五章　土地储备资金收支预决算及绩效管理

第十四条　土地储备机构应当于每年第三季度参照本年度土地储备计划，按宗地或项目编制下一年度土地储备资金收支项目预算草案，经主管部门审核后，报同级财政部门审定。其中：属于政府采购和政府购买服务范围的，应当按照规定分别编制政府采购和政府购买服务预算。

第十五条　同级财政部门应当及时批复土地储备机构土地储备资金收支项目预算。

第十六条　土地储备机构应当严格按照同级财政部门批复的预算执行，并根据土地收购储备的工作进度，提出用款申请，经主管部门审核后，报同级财政部门审批，资金支付按照国库集中支付制度的有关规定执行。

第十七条　土地储备资金收支项目预算确需调剂的，应当按照国家有关预算调剂的规定执行。

第十八条 每年年度终了，土地储备机构应当按照同级财政部门规定，向主管部门报送土地储备资金收支项目决算草案，并详细提供宗地或项目支出情况，经主管部门审核后，报同级财政部门审核。

土地储备资金收支项目决算草案的审核，也可委托具有良好信誉、执业质量高的会计师事务所等相关中介机构实施。

第十九条 土地储备机构从财政部门拨付的土地出让收入中安排用于征地和拆迁补偿、土地开发等的支出，按照支出性质，分别填列政府收支分类科目支出功能分类212类“城乡社区支出”08款“国有土地使用权出让收入及对应专项债务收入安排的支出”01项“征地和拆迁补偿支出”和02项“土地开发支出”等相关科目。同时，分别填列支出经济分类科目310类“资本性支出”09款“土地补偿”、10款“安置补助”、11款“地上附着物和青苗补偿”、12款“拆迁补偿”，以及310类“资本性支出”05款“基础设施建设”支出科目。

第二十条 土地储备机构从国有土地收益基金收入中安排用于土地储备的支出，按照支出性质，分别填列政府收支分类科目支出功能分类212类“城乡社区支出”10款“国有土地收益基金及对应专项债务收入安排的支出”01项“征地和拆迁补偿支出”和02项“土地开发支出”科目。同时，分别填列支出经济分类310类“资本性支出”09款“土地补偿”、10款“安置补助”、11款“地上附着物和青苗补偿”、12款“拆迁补偿”，以及310类“资本性支出”05款“基础设施建设”支出科目。

第二十一条 土地储备机构日常经费预决算管理，按照《预算法》和同级财政部门的规定执行。

第二十二条 土地储备资金会计核算办法，按照财政部规定执行。具体办法由财政部另行制定。

第二十三条 土地储备机构所在地财政部门会同国土资源主管部门应当组织实施对土地储备资金的绩效评价工作，按要求编制绩效目标，做好绩效目标执行监控，建立完善的绩效评价制度，并将绩效评价结果作为财政部门安排年度土地储备资金收支项目预算的依据。

第六章 监督检查

第二十四条 各级财政、国土资源管理部门应当加强对土地储备资金使用情况、土地储备零星收入缴入国库情况以及土地储备机构执行会计核算制度、政府采购制度等的监督检查，确保土地储备资金专款专用，督促土地储备机构及时足额缴纳土地储备零星收入，努力提高土地储备资金管理效率。

第二十五条 土地储备机构应当严格执行本办法规定，自觉接受财政部门、国土资源管理部门和审计机关的监督检查。

第二十六条 任何单位和个人违反本办法规定的，按照《财政违法行为处罚处分条例》等国家有关规定追究法律责任，涉嫌犯罪的，依法移送司法机关处理。

各级财政部门、国土资源管理部门在土地储备资金审批、分配工作中，存在违反本办法及其他滥用职权、玩忽职守、徇私舞弊等违法违纪行为的，按照《预算法》、《公务员法》、《行政监察法》、《财政违法行为处罚处分条例》等国家有关规定追究相应责任；涉嫌犯罪的，依法移送司法机关处理。

第七章 附 则

第二十七条 各省、自治区、直辖市及计划单列市财政部门应当会同国土资源管理部门根据本办法，结合本地区实际情况，制定具体实施办法，并报财政部、国土资源部备案。

第二十八条 本办法由财政部会同国土资源部负责解释。

第二十九条 本办法自2018年2月1日起施行。2007年6月12日财政部、国土资源部发布的《土地储备资金财务管理暂行办法》（财综〔2007〕17号）同时废止。

关于印发《土地储备项目预算管理办法（试行）》的通知

1. 2019年5月20日财政部、自然资源部发布
2. 财预〔2019〕89号

各省、自治区、直辖市、计划单列市财政厅（局）、自然资源主管部门，新疆生产建设兵团财政局、自然资源局：

为规范土地储备项目预算管理，健全土地储备专项债券项目控制机制，有效防控专项债务风险，促进地方经济持续健康发展，根据《中华人民共和国预算法》和《国务院关于加强地方政府性债务管理的意见》（国发〔2014〕43号）、《国务院办公厅关于规范国有土地使用权出让收支管理的通知》（国办发〔2006〕100号）等法律和制度规定，我们研究制定了《土地储备项目预算管理办法（试行）》，试点在土地储备领域按项目实行全生命周期预算管理。现就有关事项通知如下：

一、财政部首批试点地区包括北京、天津、河北、河南、山东、浙江（含宁波）、厦门等7省（市），以后年度视情况逐步扩大试点范围。试点地区可以自行选择市县（区）开展试点。鼓励符合条件的其他地区自行选择市县（区）开展试点。

二、各省分配专项债务限额时可以对开展试点的市县（区）予以适当倾斜。

三、开展试点的市县（区）应当充实人员力量，统筹安排开展试点所需经费，确保试点工作顺利实施。

四、试点地区应当定期评估试点情况。重大事项及时向财政部、自然资源部报告。

特此通知。

附件：土地储备项目预算管理办法（试行）

附件：

土地储备项目预算管理办法（试行）

第一章　总　　则

第一条　为规范土地储备项目预算管理，根据《中华人民共和国预算法》、《中华人民共和国土地管理法》和《国务院关于加强地方政府性债务管理的意见》（国发〔2014〕43号）、《国务院办公厅关于规范国有土地使用权出让收支管理的通知》（国办发〔2006〕100号）等法律和制度规定，制定本办法。

第二条　本办法所称土地储备是指县级（含）以上自然资源主管部门为调控土地市场、促进土地资源合理利用，依法取得土地，组织前期开发、储存以备供应的行为。

所称土地储备项目是指有关主管部门根据国民经济与社会发展规划、国土空间规划等，将拟收储或入库土地按照宗地、区域、工作时序、资金平衡等条件适当划分并纳入土地储备三年滚动计划和年度土地储备计划后形成的管理基本单元。土地储备项目可以包含一宗地或多宗地；包含多宗地的，应当符合地域相近、整体推进的要求。

第三条　本办法适用于地方各级财政部门、自然资源主管部门、土地储备机构开展土地储备项目预算管理。

棚户区改造项目可以根据主管部门有关规定，参照本办法执行。

第四条　土地储备项目从拟收储到供应涉及的收入、支出必须全部纳入财政预算。

土地储备项目预算按规定纳入地方政府性基金预算管理，年度预算执行中遵循以收定支、先收后支的原则。

第五条　土地储备项目应当实现总体收支平衡和年度收支平衡。

（一）总体收支平衡，是指项目全生命周期内，项目预期土地出让收入能够覆盖债务本息等成本。

（二）年度收支平衡，是指项目年度资金来源覆盖年度支出。

第六条　土地储备机构是土地储备项目预算的编制主体，通过土地储备机构专用报表编制土地储备项目预算。

土地储备机构专用报表是指由土地储备机构编制，专门反映土地储备资产评估价值、政府为其举借的债务、财政预算拨款、土地储备成本支出等信息的辅助报表。

第七条　财政部门会同自然资源主管部门组织和监督土地储备项目收支平衡、风险管控和资产评估。

财政部门负责将土地储备项目收支纳入政府性基金预算管理，组织做好相关预算编制、调整、执行、决算以及政府债务举借和还本付息等工作；负责管理已纳入预算和拟纳入预算的土地储备项目库，并按要求向自然资源部门提供相关信息。

自然资源主管部门负责审核和汇总土地储备机构上报的项目收支平衡方案和年度收支预决算草案，编制本地区土地储备项目收支平衡方案和年度收支预决算草案；组织和监督土地储备项目设立、实施，负责管理土地储备项目库；按要求向财政部门反馈预算执行情况。

土地储备机构负责提出项目设立建议，具体实施项目并落实项目全生命周期预算管理，按项目编制土地储备项目收支平衡方案和年度收支预决算草案。

第二章　项目库管理

第八条　土地储备项目实行项目库管理，反映项目名称、地块区位、储备期限等基本信息，以及预期土地出让收入、项目成本、收益和融资平衡方案、政府净收益等信息，按项目统一配号、统一监管。

土地储备项目库应当与土地储备三年滚动计划、年度计划同步编制或更新，与土地储备信息系统、地方政府债务管理信息系统互联互通。

第九条　土地储备项目设立前，市、县自然资源主管部门应当组织土地储备机构开展前期研究，合理评估项目预期土地出让收入、土地储备成本，作为编制项目收支平衡方案的依据。

（一）预期土地出让收入。土地储备机构应当会同同级财政部门委托第三方评估机构根据土地区位、用途等规划条件以及基准地价，评估土地资产价值，合理测算预期土地出让收入。

（二）土地储备成本。土地储备机构应当根据当地征地和拆迁补偿标准、土地前期开发涉及的工程建设标准等合理测算土地储备成本。

第十条 土地储备机构应当根据项目收支评估结果，编制总体收支平衡方案和分年度收支平衡方案，反映项目全生命周期预期土地出让收入、土地储备成本、土地储备资金来源等平衡及各年度情况，相应填制总体收支平衡表（见附1）和分年度收支平衡表（见附2），确保项目全生命周期收支平衡。

第十一条 土地储备机构根据土地储备项目收支平衡情况，分类提出资金安排建议。其中，专项债券发行规模不得超过项目预期土地出让收入的70%。

（一）对预期土地出让收入大于或等于土地储备成本，能够“收大于支”或“盈亏平衡”的项目，可按规定发行专项债券融资，债券发行规模不得超过土地储备成本；

（二）对预期土地出让收入小于土地储备成本、“收不抵支”项目，应当统筹安排财政资金、专项债券予以保障。其中，债券发行规模不得超过预期土地出让收入；

（三）对没有预期土地出让收入的项目，确需实施的，应当安排财政资金保障。

第十二条 市、县自然资源主管部门会同财政部门组织审核论证土地储备机构提出的项目收支平衡方案以及资金安排建议，通过审核论证的土地储备项目纳入项目库管理。

项目库区分自然资源主管部门负责管理的项目库、财政部门负责管理的项目库。自然资源主管部门负责管理的项目库包括全部土地储备项目，财政部门负责管理的项目库包括已纳入预算项目和拟纳入预算的备选项目。未纳入项目库的项目不得安排预算资金。

第三章 预算编制和批复

第十三条 土地储备项目按照全生命周期管理的要求，分别编入地方政府中期财政规划和年度收支预算。

第十四条 财政部门根据负责管理的土地储备项目库中已纳入预算项目和拟纳入预算项目情况，结合项目收支平衡方案，将分年度收支编入地方政府中期财政规划，全面反映规划期内土地储备项目收支安排。中期财政规划约束和指引地方政府年度预算，并根据上一年度预算执行情况滚动调整。

第十五条 土地储备机构应当根据市、县政府及自然资源主管部门有关安排，综合考虑当期国民经济和社会发展规划、国土空间规划、重大项目资金需求等因素，重点评估成本收入分析后项目效益情况，每年第四季度从自然资源主管部门管理的土地储备项目库中选择年度拟申请安排预算的项目。土地储备机构应当将拟申请安排预算的项目纳入年度土地储备计划，根据项目分年度收支平衡方案编制土地储备项目年度收支预算草案，反映年度收储成本、前期开发成本等支出，提出财政预算安排、专项债券等需求，报自然资源主管部门审核。

自然资源主管部门审核汇总本地区所有土地储备项目年度收支预算草案，形成本地区年度土地储备收支预算草案，随本部门预算草案一并报同级财政部门。

财政部门应当依据有关法律法规审核土地储备年度收支预算草案，将年度预算安排用于还本付息的资金编入地方政府预算草案，将举借土地储备专项债券收入以及对应安排的土地储备支出编入预算或预算调整方案。

第十六条 财政预算经法定程序批准后，财政部门应当在法定时限内批复自然资源主管部门的部门预算，一并批复土地储备项目年度收支预算。

批复土地储备项目预算时，财政部门和自然资源主管部门应当明确区分专项债券资金和其他预算资金。

第四章 预算执行与调整

第十七条 财政部门应当根据土地储备项目年度收支预算，以及项目实施进度和相关部门用款申请，及时拨付财政预算资金或发行专项债券，有效保障土地储备项目的资金需求。

自然资源主管部门和土地储备机构应当按照预算和规定用途使用财政资金，不得挪用或擅自改变用途。依法供应土地后，自然资源主管部门和财政部门应当督促土地使用者将应缴的土地出让收入及时足额缴入国库。

允许有条件的地方在土地储备专项债券发行完成前，对预算已安排专项债券资金的土地储备项目通过先行调度库款的做法，加快项目建设进度，债券发行后及时归垫。

第十八条 土地储备机构应当依据当地征地补偿标准、工程建设等标准，合理控制土地储备项目收储成本和前期开发成本。

因市场波动导致项目预期成本支出超出年度收支预算保障能力的，土地储备机构应当报经同级自然资源主管部门同意后，按程序向同级财政部门申请调剂预算；成本变动导致项目收支难以平衡的，应当相应调整项目收支平衡方案。

第十九条　土地储备项目实施和预算执行过程中，确实无法执行需要调整地块的，由土地储备机构提出申请并重新提出项目收支平衡方案后，按照经国务院同意印发的《财政部关于支持做好地方政府专项债券发行使用管理工作的通知》（财预〔2018〕161 号）规定实施。

第二十条　土地储备项目实施后，土地储备机构应当每年对土地储备项目资产开展自评估。对资产价值重大变化导致项目总体收支预算不平衡的，应当按程序调整该项目收支平衡方案，重新报同级自然资源主管部门和财政部门审核。

财政部门应当委托第三方评估机构对土地储备机构年度自评估结果进行再评估，再评估结果作为调整相应中期财政规划和核定专项债务限额、土地储备专项债券额度的依据。

第五章　决算和审计

第二十一条　土地储备机构应当按照预算管理制度规定对每个土地储备项目编制年度收支决算草案，并按程序报批。

本办法第六条所述土地储备机构专用报表（见附3、4），应当作为附表纳入本条第一款所述决算草案。

第二十二条　项目实施过程中，土地储备机构可根据项目管理需要，委托有资质的中介机构对项目实施进行跟踪审计；项目实施有关单位应配合做好项目决算有关工作。项目实施完毕后，财政部门应当委托有资质的中介机构，对土地储备项目总体收支情况等进行审计。

第六章　其他事项

第二十三条　土地储备项目实施应当设定绩效目标，作为实施绩效运行监控、开展绩效评价的基础。项目实施完毕、预算执行结束后，财政部门和自然资源主管部门应当对土地储备项目开展绩效评价，评价结果作为以后年度预算安排的重要参考依据。

第二十四条　市、县自然资源主管部门和土地储备机构应当建立对土地储备项目风险的动态监测机制，配合做好绩效评价，对发现的问题及时进行整改。财政部门依据国家法律法规和管理制度，对土地储备项目预算管理实施监督，及时发现和纠正预算执行中出现的问题。

第二十五条　自然资源主管部门受市、县人民政府委托代持土地储备资产，并交由土地储备机构具体管理。土地储备机构应当于每年四季度对所有土地储备项目对应的土地资产（包括正在实施的土地和已入库储备的土地）、负债进行统计，编制年末土地储备项目专用资产负债平衡表（见附5）。

第二十六条　建立土地储备机构专用报表制度。财政部门应当指导土地储备机构做好专用报表填列工作：

（一）在土地储备机构专用报表的“资产”方填列土地储备资产评估价值；

（二）在土地储备机构专用报表的“负债”方填列同级财政部门拨付的土地储备专项债券资金。

第二十七条　财政部门应当通过“21215 土地储备专项债券收入安排的支出”科目，将土地储备专项债券资金拨付土地储备机构，并在拨款凭证上列示科目名称。

第二十八条　土地储备机构所需的日常经费，应当与土地储备项目预算及资金实行分账核算，不得相互混用。

土地储备资金财务管理和会计核算，按《土地储备资金财务管理办法》《土地储备资金会计核算办法（试行）》执行。

第七章　附　　则

第二十九条　省、自治区、直辖市可以根据本办法制定实施细则。

第三十条　开展土地储备项目预算管理试点地区的政府债务风险评估和预警办法另行研究确定。

第三十一条　本办法由财政部、自然资源部负责解释。

第三十二条　本办法自印发之日起施行。

附：（略）

八、执法监察与违法惩处

资料补充栏

1. 行政责任

违反土地管理规定行为处分办法

1. 2008年5月9日监察部、人力资源和社会保障部、国土资源部令第15号公布
2. 自2008年6月1日起施行

第一条 为了加强土地管理,惩处违反土地管理规定的行为,根据《中华人民共和国土地管理法》、《中华人民共和国行政监察法》、《中华人民共和国公务员法》、《行政机关公务员处分条例》及其他有关法律、行政法规,制定本办法。

第二条 有违反土地管理规定行为的单位,其负有责任的领导人员和直接责任人员,以及有违反土地管理规定行为的个人,应当承担纪律责任,属于下列人员的(以下统称有关责任人员),由任免机关或者监察机关按照管理权限依法给予处分:

(一)行政机关公务员;

(二)法律、法规授权的具有公共事务管理职能的事业单位中经批准参照《中华人民共和国公务员法》管理的工作人员;

(三)行政机关依法委托的组织中除工勤人员以外的工作人员;

(四)企业、事业单位中由行政机关任命的人员。

法律、行政法规、国务院决定和国务院监察机关、国务院人力资源和社会保障部门制定的处分规章对违反土地管理规定行为的处分另有规定的,从其规定。

第三条 有下列行为之一的,对县级以上地方人民政府主要领导人员和其他负有责任的领导人员,给予警告或者记过处分;情节较重的,给予记大过或者降级处分;情节严重的,给予撤职处分:

(一)土地管理秩序混乱,致使一年度内本行政区域违法占用耕地面积占新增建设用地占用耕地总面积的比例达到15%以上或者虽然未达到15%,但造成恶劣影响或者其他严重后果的;

(二)发生土地违法案件造成严重后果的;

(三)对违反土地管理规定行为不制止、不组织查处的;

(四)对违反土地管理规定行为隐瞒不报、压案不查的。

第四条 行政机关在土地审批和供应过程中不执行或者违反国家土地调控政策,有下列行为之一的,对有关责任人员,给予记大过处分;情节较重的,给予降级或者撤职处分;情节严重的,给予开除处分:

(一)对国务院明确要求暂停土地审批仍不停止审批的;

(二)对国务院明确禁止供地的项目提供建设用地的。

第五条 行政机关及其公务员违反土地管理规定,滥用职权,非法批准征收、占用土地的,对有关责任人员,给予记过或者记大过处分;情节较重的,给予降级或者撤职处分;情节严重的,给予开除处分。

有前款规定行为,且有徇私舞弊情节的,从重处分。

第六条 行政机关及其公务员有下列行为之一的,对有关责任人员,给予记过或者记大过处分;情节较重的,给予降级或者撤职处分;情节严重的,给予开除处分:

(一)不按照土地利用总体规划确定的用途批准用地的;

(二)通过调整土地利用总体规划,擅自改变基本农田位置,规避建设占用基本农田由国务院审批规定的;

(三)没有土地利用计划指标擅自批准用地的;

(四)没有新增建设占用农用地计划指标擅自批准农用地转用的;

(五)批准以"以租代征"等方式擅自占用农用地进行非农业建设的。

第七条 行政机关及其公务员有下列行为之一的,对有关责任人员,给予警告或者记过处分;情节较重的,给予记大过或者降级处分;情节严重的,给予撤职处分:

(一)违反法定条件,进行土地登记、颁发或者更换土地证书的;

(二)明知建设项目用地涉嫌违反土地管理规定,尚未依法处理,仍为其办理用地审批、颁发土地证书的;

(三)在未按照国家规定的标准足额收缴新增建设用地土地有偿使用费前,下发用地批准文件的;

(四)对符合规定的建设用地申请或者土地登记申请,无正当理由不予受理或者超过规定期限未予办理的;

(五)违反法定程序批准征收、占用土地的。

第八条 行政机关及其公务员违反土地管理规定,滥用职权,非法低价或者无偿出让国有建设用地使用权的,对有关责任人员,给予记过或者记大过处分;情节较重的,给予降级或者撤职处分;情节严重的,给予开除处分。

有前款规定行为,且有徇私舞弊情节的,从重处分。

第九条 行政机关及其公务员在国有建设用地使用权出让中,有下列行为之一的,对有关责任人员,给予警告或者记过处分;情节较重的,给予记大过或者降级处分;情节严重的,给予撤职处分:

(一)应当采取出让方式而采用划拨方式或者应当招标拍卖挂牌出让而协议出让国有建设用地使用权的;

(二)在国有建设用地使用权招标拍卖挂牌出让中,采取与投标人、竞买人恶意串通,故意设置不合理的条件限制或者排斥潜在的投标人、竞买人等方式,操纵中标人、竞得人的确定或者出让结果的;

(三)违反规定减免或者变相减免国有建设用地使用权出让金的;

(四)国有建设用地使用权出让合同签订后,擅自批准调整土地用途、容积率等土地使用条件的;

(五)其他违反规定出让国有建设用地使用权的行为。

第十条 未经批准或者采取欺骗手段骗取批准,非法占用土地的,对有关责任人员,给予警告、记过或者记大过处分;情节较重的,给予降级或者撤职处分;情节严重的,给予开除处分。

第十一条 买卖或者以其他形式非法转让土地的,对有关责任人员,给予警告、记过或者记大过处分;情节较重的,给予降级或者撤职处分;情节严重的,给予开除处分。

第十二条 行政机关侵占、截留、挪用被征收土地单位的征地补偿费用和其他有关费用的,对有关责任人员,给予记大过处分;情节较重的,给予降级或者撤职处分;情节严重的,给予开除处分。

第十三条 行政机关在征收土地过程中,有下列行为之一的,对有关责任人员,给予警告或者记过处分;情节较重的,给予记大过或者降级处分;情节严重的,给予撤职处分:

(一)批准低于法定标准的征地补偿方案的;

(二)未按规定落实社会保障费用而批准征地的;

(三)未按期足额支付征地补偿费用的。

第十四条 县级以上地方人民政府未按期缴纳新增建设用地土地有偿使用费的,责令限期缴纳;逾期仍不缴纳的,对有关责任人员,给予记大过处分;情节较重的,给予降级或者撤职处分;情节严重的,给予开除处分。

第十五条 行政机关及其公务员在办理农用地转用或者土地征收申报、报批等过程中,有谎报、瞒报用地位置、地类、面积等弄虚作假行为,造成不良后果的,对有关责任人员,给予记过或者记大过处分;情节较重的,给予降级或者撤职处分;情节严重的,给予开除处分。

第十六条 国土资源行政主管部门及其工作人员有下列行为之一的,对有关责任人员,给予记过或者记大过处分;情节较重的,给予降级或者撤职处分;情节严重的,给予开除处分:

(一)对违反土地管理规定行为按规定应报告而不报告的;

(二)对违反土地管理规定行为不制止、不依法查处的;

(三)在土地供应过程中,因严重不负责任,致使国家利益遭受损失的。

第十七条 有下列情形之一的,应当从重处分:

(一)致使土地遭受严重破坏的;

(二)造成财产严重损失的;

(三)影响群众生产、生活,造成恶劣影响或者其他严重后果的。

第十八条 有下列情形之一的,应当从轻处分:

(一)主动交代违反土地管理规定行为的;

(二)保持或者恢复土地原貌的;

(三)主动纠正违反土地管理规定行为,积极落实有关部门整改意见的;

(四)主动退还违法违纪所得或者侵占、挪用的征地补偿安置费等有关费用的;

(五)检举他人重大违反土地管理规定行为,经查证属实的。

主动交代违反土地管理规定行为,并主动采取措施有效避免或者挽回损失的,应当减轻处分。

第十九条 任免机关、监察机关和国土资源行政主管部门建立案件移送制度。

任免机关、监察机关查处的土地违法违纪案件,依法应当由国土资源行政主管部门给予行政处罚的,应当将有关案件材料移送国土资源行政主管部门。国土资源行政主管部门应当依法及时查处,并将处理结果书面告知任免机关、监察机关。

国土资源行政主管部门查处的土地违法案件,依法应当给予处分,且本部门无权处理的,应当在作出行政处罚决定或者其他处理决定后10日内将有关案件材料移送任免机关或者监察机关。任免机关或者监察机关应当依法及时查处,并将处理结果书面告知国土资源行政主管部门。

第二十条 任免机关、监察机关和国土资源行政主管部门移送案件时要做到事实清楚、证据齐全、程序合法、手续完备。

移送的案件材料应当包括以下内容:

(一)本单位有关领导或者主管单位同意移送的意见;

(二)案件的来源及立案材料;

(三)案件调查报告;

(四)有关证据材料;

(五)其他需要移送的材料。

第二十一条 任免机关、监察机关或者国土资源行政主管部门应当移送而不移送案件的,由其上一级机关责令其移送。

第二十二条 有违反土地管理规定行为,应当给予党纪处分的,移送党的纪律检查机关处理;涉嫌犯罪的,移送司法机关依法追究刑事责任。

第二十三条 本办法由监察部、人力资源和社会保障部、国土资源部负责解释。

第二十四条 本办法自2008年6月1日起施行。

重大土地问题实地核查办法

1. 2009年6月12日国家土地总督察办公室发布
2. 国土督办发〔2009〕16号

第一章 总 则

第一条 为切实履行国家土地督察职责,规范对重大土地问题的实地核查工作,提高国家土地督察机构快速反应和应急处置能力,根据《国务院办公厅关于建立国家土地督察制度有关问题的通知》的有关规定,结合国家土地督察实践,制定本办法。

第二条 本办法所称重大土地问题,是指领导批示、媒体曝光、群众信访和通过其他途径反映的土地违规违法性质严重、社会影响恶劣的问题。

本办法所称实地核查,是指国家土地督察机构履行土地督察职责,依照规定的权限和程序,对督察区域发生的重大土地问题进行现场检查、核实,提出处理意见并向国家土地总督察、副总督察作出报告的行为。

第三条 国家土地督察机构开展重大土地问题实地核查时,应当遵循以下原则:

(一)依法独立行使土地督察职权,不受其他行政机关、社会团体和个人的干涉;

(二)实事求是,依法依规,客观公正;

(三)不改变、不取代地方人民政府及其国土资源行政主管部门查处土地违规违法行为的职权;

(四)快速反应,亲临现场,查清事实,正确处置,及时报告。

第四条 对重大土地问题开展实地核查,由有关派驻地方的国家土地督察局(以下简称国家土地督察局)独立组织实施;必要时,也可由国家土地总督察办公室协调组织实施。

第五条 国家土地督察局应当根据土地督察工作总体要求和实际工作需要,建立和完善重大土地问题快速反应机制和应急工作预案,科学预防和有效应对相关土地突发事件。

第二章 核查事项、内容和标准

第六条 国家土地督察局应当对督察区域内发生的下列重大土地问题开展实地核查:

(一)中央领导批示的土地问题;

(二)国家土地总督察、副总督察批示的土地问题;

(三)有重要影响的新闻媒体报道反映的生地问题;

(四)群众信访举报的影响较大、性质恶劣的土地问题;

(五)其他应当进行实地核查的土地问题。

第七条 国家土地督察局开展重大土地问题实地核查时,应当核实查明以下内容:

(一)基本事实和用地情况;

(二)是否有违反土地管理法律法规和政策规定的行为;

(三)违反土地管理法律法规和政策的性质和情节;

(四)有关责任主体应负的责任;

(五)其他需要核查的情况。

第八条 重大土地问题实地核查应当达到以下标准:

(一)及时、快速进入现场并采取有效措施,防止事态扩大和恶化;

(二)对问题及相关情况核查内容清楚,证据确凿,定性准确;

(三)处理问题的依据适用正确,意见恰当;

(四)报告反馈迅速。

第三章 核查实施

第九条 国家土地督察局在开展重大土地问题实地核查前,应及时启动应急工作预案,成立工作组,对问题进行登记,收集相关信息和卷宗、图件资料,确定核查时间、路线、内容和标准,做好相关准备工作。

第十条 重大土地问题实地核查形式可分为公开或者不公开两种,具体实施时应当根据实际情况选择采用。

第十一条 国家土地督察局采取公开形式进行实地核查的,可以通知有关地方人民政府或者国土资源等行政主管部门予以配合。

第十二条 执行重大土地问题实地核查任务时,国家土地督察机构工作人员不得少于两人,并且应当出示表明工作身份的证件或者文件。

第十三条 实地核查可以选择采用以下方式进行,同时填制《重大土地问题实地核查工作记录》。

(一)现场踏勘;

(二)拍摄取证;

(三)走访群众,约见当事人,并制作谈话记录;

(四)与地方人民政府及有关部门座谈;

(五)调阅卷宗,查阅、复制有关材料;

(六)其他有效方式。

第十四条 国家土地督察局在开展重大土地问题实地核查时,发现土地违规违法行为属实且仍处于继续状态的,应当协调、督促地方人民政府或者国土资源部门及时采取有效措施,制止土地违规违法行为。

对涉及土地管理的大型群体性或者突发性事件等重大紧急问题,应当现场协调、督促地方人民政府或者国土资源部门立即采取有效措施,防止事态扩大和恶化。

第十五条 国家土地督察局应在获得重大土地问题信息后24小时内迅速启动实地核查,对涉及土地管理的大型群体性或者突发性事件等重大紧急问题,应及时向国家土地总督察、副总督察报告工作进展,并在5个工作日内完成核查工作;对其他重大土地问题,应在10个工作日内完成核查工作。

特殊情况下,经请示国家土地总督察、副总督察同意,可适当延长工作时限。国家土地总督察、副总督察另有要求的,按要求时限完成。

第四章 核查报告

第十六条 重大土地问题实地核查结束后,国家土地督察局应及时向国家土地总督察、副总督察作出书面报告。书面报告应包含下列内容:

(一)问题来源及基本情况;

(二)核查组织开展情况及查明的事实;

(三)现场督察处置的事项及效果;

(四)对问题性质的界定及责任认定;

(五)处理意见和建议;

(六)下一步的工作打算。

第十七条 国家土地督察局应当及时跟踪督察重大土地问题的处理进展和后续工作,并向国家土地总督察、副总督察报告。

第十八条 重大土地问题实地核查结束后,国家土地督察局应当对《重大土地问题实地核查工作记录》、核查报告以及相关材料进行归档或者建立电子档案备查。

第五章 工作纪律和责任

第十九条 负责实地核查的人员应严格遵守保密纪律,妥善保管核查资料,不得随意泄漏、扩散核查工作的内容和进展情况。未经审核同意,不得以个人或者单位名义就被核查重大土地问题的定性及处理发表意见。

第二十条 国家土地督察局开展重大土地问题实地核查工作中,不认真履行职责、监督检查不力,或者给督察工作造成不良影响的,应承担相应责任。

自然资源行政处罚办法

1. 2014年5月7日国土资源部令第60号公布

2. 根据2020年3月20日自然资源部令第6号《关于第二批废止和修改的部门规章的决定》修正

3. 根据2024年1月31日自然资源部令第12号修订

第一章 总 则

第一条 为规范自然资源行政处罚的实施,保障和监督自然资源主管部门依法履行职责,保护公民、法人或者其他组织的合法权益,根据《中华人民共和国行政处罚法》以及《中华人民共和国土地管理法》、《中华人民共和国城市房地产管理法》、《中华人民共和国矿产资源法》、《中华人民共和国测绘法》、《中华人民共和国城乡规划法》等自然资源管理法律法规,制定本办法。

第二条 县级以上自然资源主管部门依照法定职权和程序,对公民、法人或者其他组织违反土地、矿产、测绘地理信息、城乡规划等自然资源管理法律法规的行为实施行政处罚,适用本办法。

综合行政执法部门、乡镇人民政府、街道办事处等依法对公民、法人或者其他组织违反土地、矿产、测绘地理信息、城乡规划等自然资源法律法规的行为实施行政处罚，可以适用本办法。

第三条　自然资源主管部门实施行政处罚，遵循公正、公开的原则，做到事实清楚，证据确凿，定性准确，依据正确，程序合法，处罚适当。

第四条　自然资源行政处罚包括：

（一）警告、通报批评；

（二）罚款、没收违法所得、没收非法财物；

（三）暂扣许可证件、降低资质等级、吊销许可证件；

（四）责令停产停业；

（五）限期拆除在非法占用土地上的新建建筑物和其他设施；

（六）法律法规规定的其他行政处罚。

第五条　省级自然资源主管部门应当结合本地区社会经济发展的实际情况，依法制定行政处罚裁量基准，规范行使行政处罚裁量权，并向社会公布。

第二章　管辖和适用

第六条　土地、矿产、城乡规划违法案件由不动产所在地的县级自然资源主管部门管辖。

测绘地理信息违法案件由违法行为发生地的县级自然资源主管部门管辖。难以确定违法行为发生地的，可以由涉嫌违法的公民、法人或者其他组织的单位注册地、办公场所所在地、个人户籍所在地的县级自然资源主管部门管辖。

法律法规另有规定的除外。

第七条　自然资源部管辖全国范围内重大、复杂和法律法规规定应当由其管辖的自然资源违法案件。

前款规定的全国范围内重大、复杂的自然资源违法案件，是指：

（一）党中央、国务院要求自然资源部管辖的自然资源违法案件；

（二）跨省级行政区域的自然资源违法案件；

（三）自然资源部认为应当由其管辖的其他自然资源违法案件。

第八条　省级、市级自然资源主管部门管辖本行政区域内重大、复杂的，涉及下一级人民政府的和法律法规规定应当由其管辖的自然资源违法案件。

第九条　有下列情形之一的，上级自然资源主管部门有权管辖下级自然资源主管部门管辖的案件：

（一）下级自然资源主管部门应当立案而不予立案的；

（二）案情复杂，情节恶劣，有重大影响，需要由上级自然资源主管部门管辖的。

上级自然资源主管部门可以将本级管辖的案件交由下级自然资源主管部门管辖，但是法律法规规定应当由其管辖的除外。

第十条　两个以上自然资源主管部门都有管辖权的，由最先立案的自然资源主管部门管辖。

自然资源主管部门之间因管辖权发生争议的，应当协商解决。协商不成的，报请共同的上一级自然资源主管部门指定管辖；也可以直接由共同的上一级自然资源主管部门指定管辖。

上一级自然资源主管部门应当在收到指定管辖申请之日起七日内，作出管辖决定。

第十一条　自然资源主管部门发现违法案件不属于本部门管辖的，应当移送有管辖权的自然资源主管部门或者其他部门。

受移送的自然资源主管部门对管辖权有异议的，应当报请上一级自然资源主管部门指定管辖，不得再自行移送。

第十二条　自然资源主管部门实施行政处罚时，依照《中华人民共和国行政处罚法》第二十六条规定，可以向有关机关提出协助请求。

第十三条　违法行为涉嫌犯罪的，自然资源主管部门应当及时将案件移送司法机关。发现涉及国家公职人员违法犯罪问题线索的，应当及时移送监察机关。

自然资源主管部门应当与司法机关加强协调配合，建立健全案件移送制度，加强证据材料移交、接收衔接，完善案件处理信息通报机制。

第十四条　自然资源行政处罚当事人有违法所得，除依法应当退赔的外，应当予以没收。

违法所得是指实施自然资源违法行为所取得的款项，但可以扣除合法成本和投入，具体扣除办法由自然资源部另行规定。

第三章　立案、调查和审理

第十五条　自然资源主管部门发现公民、法人或者其他组织行为涉嫌违法的，应当及时核查。对正在实施的违法行为，应当依法及时下达责令停止违法行为通知书予以制止。

责令停止违法行为通知书应当记载下列内容：

（一）违法行为人的姓名或者名称；

（二）违法事实和依据；

（三）其他应当记载的事项。

第十六条　符合下列条件的，自然资源主管部门应当在发现违法行为后及时立案：

（一）有明确的行为人；

（二）有违反自然资源管理法律法规的事实；

（三）依照自然资源管理法律法规应当追究法律责任；

（四）属于本部门管辖；

（五）违法行为没有超过追诉时效。

违法行为轻微并及时纠正，没有造成危害后果的，可以不予立案。

第十七条　立案后，自然资源主管部门应当指定具有行政执法资格的承办人员，及时组织调查取证。

调查取证时，案件调查人员不得少于两人，并应当主动向当事人或者有关人员出示执法证件。当事人或者有关人员有权要求调查人员出示执法证件。调查人员不出示执法证件的，当事人或者有关人员有权拒绝接受调查或者检查。

当事人或者有关人员应当如实回答询问，并协助调查或者检查，不得拒绝或者阻挠。

第十八条　调查人员与案件有直接利害关系或者有其他关系可能影响公正执法的，应当回避。

当事人认为调查人员与案件有直接利害关系或者有其他关系可能影响公正执法的，有权申请回避。

当事人提出回避申请的，自然资源主管部门应当依法审查，由自然资源主管部门负责人决定。决定作出之前，不停止调查。

第十九条　自然资源主管部门进行调查取证，有权采取下列措施：

（一）要求被调查的单位或者个人提供有关文件和资料，并就与案件有关的问题作出说明；

（二）询问当事人以及相关人员，进入违法现场进行检查、勘测、拍照、录音、摄像，查阅和复印相关材料；

（三）依法可以采取的其他措施。

第二十条　当事人拒绝调查取证或者采取暴力、威胁的方式阻碍自然资源主管部门调查取证的，自然资源主管部门可以提请公安机关、检察机关、监察机关或者相关部门协助，并向本级人民政府或者上一级自然资源主管部门报告。

第二十一条　调查人员应当收集、调取与案件有关的书证、物证、视听资料、电子数据的原件、原物、原始载体；收集、调取原件、原物、原始载体确有困难的，可以收集、调取复印件、复制件、节录本、照片、录像等。声音资料应当附有该声音内容的文字记录。

第二十二条　证人证言应当符合下列要求：

（一）注明证人的姓名、年龄、性别、职业、住址、联系方式等基本情况；

（二）有与案件相关的事实；

（三）有证人的签名，不能签名的，应当按手印或者盖章；

（四）注明出具日期；

（五）附有居民身份证复印件等证明证人身份的文件。

第二十三条　当事人请求自行提供陈述材料的，应当准许。必要时，调查人员也可以要求当事人自行书写。当事人应当在其提供的陈述材料上签名、按手印或者盖章。

第二十四条　询问应当个别进行，并制作询问笔录。询问笔录应当记载询问的时间、地点和询问情况等。

第二十五条　现场勘验一般由案件调查人员实施，也可以委托有资质的单位实施。现场勘验应当通知当事人到场，制作现场勘验笔录，必要时可以采取拍照、录像或者其他方式记录现场情况。

无法找到当事人或者当事人拒不到场、当事人拒绝签名或盖章的，调查人员应当在笔录中注明事由，可以邀请有关基层组织的代表见证。

第二十六条　为查明事实，需要对案件中的有关问题进行认定或者鉴定的，自然资源主管部门可以根据实际情况出具认定意见，也可以委托具有相应资质的机构出具鉴定意见。

第二十七条　因不可抗力、意外事件等致使案件暂时无法调查的，经自然资源主管部门负责人批准，中止调查。中止调查情形消失，自然资源主管部门应当及时恢复调查。自然资源主管部门作出调查中止和恢复调查决定的，应当以书面形式在三个工作日内告知当事人。

第二十八条　有下列情形之一的，经自然资源主管部门负责人批准，终止调查：

（一）调查过程中，发现违法事实不成立的；

（二）违法行为已过行政处罚追诉时效的；

（三）不属于本部门管辖，需要向其他部门移送的；

（四）其他应当终止调查的情形。

第二十九条　案件调查终结，案件承办人员应当提交调查报告。调查报告应当包括当事人的基本情况、违法事实以及法律依据、相关证据、违法性质、违法情节、违法后果，并提出依法是否应当给予行政处罚以及给予何种行政处罚的处理意见。

涉及需要追究党纪、政务或者刑事责任的，应当提出移送有权机关的建议。

第三十条 自然资源主管部门在审理案件调查报告时，应当就下列事项进行审理：

（一）是否符合立案条件；

（二）违法主体是否认定准确；

（三）事实是否清楚、证据是否确凿；

（四）定性是否准确；

（五）适用法律是否正确；

（六）程序是否合法；

（七）拟定的处理意见是否适当；

（八）其他需要审理的内容和事项。

经审理发现调查报告存在问题的，可以要求调查人员重新调查或者补充调查。

第四章 决　　定

第三十一条 审理结束后，自然资源主管部门根据不同情况，分别作出下列决定：

（一）违法事实清楚、证据确凿、依据正确、调查审理符合法定程序的，作出行政处罚决定；

（二）违法行为轻微，依法可以不给予行政处罚的，不予行政处罚；

（三）初次违法且危害后果轻微并及时改正的，可以不予行政处罚；

（四）违法事实不能成立的，不予行政处罚；

（五）违法行为涉及需要追究党纪、政务或者刑事责任的，移送有权机关。

对情节复杂或者重大违法行为给予行政处罚，行政机关负责人应当集体讨论决定。

第三十二条 在自然资源主管部门作出重大行政处罚决定前，应当进行法制审核；未经法制审核或者审核未通过的，自然资源主管部门不得作出决定。

自然资源行政处罚法制审核适用《自然资源执法监督规定》。

第三十三条 违法行为依法需要给予行政处罚的，自然资源主管部门应当制作行政处罚告知书，告知当事人拟作出的行政处罚内容及事实、理由、依据，以及当事人依法享有的陈述、申辩权利，按照法律规定的方式，送达当事人。

当事人要求陈述和申辩的，应当在收到行政处罚告知书后五日内提出。口头形式提出的，案件承办人员应当制作笔录。

第三十四条 拟作出下列行政处罚决定的，自然资源主管部门应当制作行政处罚听证告知书，按照法律规定的方式，送达当事人：

（一）较大数额罚款；

（二）没收违法用地上的新建建筑物和其他设施；

（三）没收较大数额违法所得、没收较大价值非法财物；

（四）限期拆除在非法占用土地上的新建建筑物和其他设施；

（五）暂扣许可证件、降低资质等级、吊销许可证件；

（六）责令停产停业；

（七）其他较重的行政处罚；

（八）法律、法规、规章规定的其他情形。

当事人要求听证的，应当在收到行政处罚听证告知书后五日内提出。自然资源行政处罚听证的其他规定，适用《自然资源听证规定》。

第三十五条 当事人未在规定时间内陈述、申辩或者要求听证的，以及陈述、申辩或者听证中提出的事实、理由或者证据不成立的，自然资源主管部门应当依法制作行政处罚决定书，并按照法律规定的方式，送达当事人。

行政处罚决定书中应当记载行政处罚告知、当事人陈述、申辩或者听证的情况，并加盖作出处罚决定的自然资源主管部门的印章。

行政处罚决定书一经送达，即发生法律效力。当事人对行政处罚决定不服申请行政复议或者提起行政诉讼的，行政处罚不停止执行，法律另有规定的除外。

第三十六条 法律法规规定的责令改正或者责令限期改正，可以与行政处罚决定一并作出，也可以在作出行政处罚决定之前单独作出。

第三十七条 当事人有两个以上自然资源违法行为的，自然资源主管部门可以制作一份行政处罚决定书，合并执行。行政处罚决定书应当明确对每个违法行为的处罚内容和合并执行的内容。

违法行为有两个以上当事人的，可以并列当事人分别作出行政处罚决定，制作一式多份行政处罚决定书，分别送达当事人。行政处罚决定书应当明确给予每个当事人的处罚内容。

第三十八条 自然资源主管部门应当自立案之日起九十日内作出行政处罚决定；案情复杂不能在规定期限内作出行政处罚决定的，经本级自然资源主管部门负责人批准，可以适当延长，但延长期限不得超过三十日，案情特别复杂的除外。

案件办理过程中，鉴定、听证、公告、邮递在途等时间不计入前款规定的期限；涉嫌犯罪移送的，等待公安机关、检察机关作出决定的时间，不计入前款规定的期限。

第三十九条　自然资源主管部门应当依法公开具有一定社会影响的行政处罚决定。

公开的行政处罚决定被依法变更、撤销、确认违法或者确认无效的，自然资源主管部门应当在三日内撤回行政处罚决定信息并公开说明理由。

第五章　执　　行

第四十条　行政处罚决定生效后，当事人逾期不履行的，自然资源主管部门除采取法律法规规定的措施外，还可以采取以下措施：

（一）向本级人民政府和上一级自然资源主管部门报告；

（二）向当事人所在单位或者其上级主管部门抄送；

（三）依照法律法规停止办理或者告知相关部门停止办理当事人与本案有关的许可、审批、登记等手续。

第四十一条　自然资源主管部门申请人民法院强制执行前，有充分理由认为被执行人可能逃避执行的，可以申请人民法院采取财产保全措施。

第四十二条　当事人确有经济困难，申请延期或者分期缴纳罚款的，经作出处罚决定的自然资源主管部门批准，可以延期或者分期缴纳罚款。

第四十三条　自然资源主管部门作出没收矿产品、建筑物或者其他设施的行政处罚决定后，应当在行政处罚决定生效后九十日内移交本级人民政府或者其指定的部门依法管理和处置。法律法规另有规定的，从其规定。

第四十四条　自然资源主管部门申请人民法院强制执行前，应当催告当事人履行义务。

当事人在法定期限内不申请行政复议或者提起行政诉讼，又不履行的，自然资源主管部门可以自期限届满之日起三个月内，向有管辖权的人民法院申请强制执行。

第四十五条　自然资源主管部门向人民法院申请强制执行，应当提供下列材料：

（一）强制执行申请书；

（二）行政处罚决定书及作出决定的事实、理由和依据；

（三）当事人的意见以及催告情况；

（四）申请强制执行标的情况；

（五）法律法规规定的其他材料。

强制执行申请书应当加盖自然资源主管部门的印章。

第四十六条　符合下列条件之一的，经自然资源主管部门负责人批准，案件结案：

（一）案件已经移送管辖的；

（二）终止调查的；

（三）决定不予行政处罚的；

（四）执行完毕的；

（五）终结执行的；

（六）已经依法申请人民法院或者人民政府强制执行；

（七）其他应当结案的情形。

涉及需要移送有关部门追究党纪、政务或者刑事责任的，应当在结案前移送。

第四十七条　自然资源主管部门应当依法以文字、音像等形式，对行政处罚的启动、调查取证、审核、决定、送达、执行等进行全过程记录，归档保存。

第六章　监 督 管 理

第四十八条　自然资源主管部门应当通过定期或者不定期检查等方式，加强对下级自然资源主管部门实施行政处罚工作的监督，并将发现和制止违法行为、依法实施行政处罚等情况作为监督检查的重点内容。

第四十九条　自然资源主管部门应当建立重大违法案件挂牌督办制度。

省级以上自然资源主管部门可以对符合下列情形之一的违法案件挂牌督办，公开督促下级自然资源主管部门限期办理，向社会公开处理结果，接受社会监督：

（一）违反城乡规划和用途管制，违法突破耕地和永久基本农田、生态保护红线、城镇开发边界等控制线，造成严重后果的；

（二）违法占用耕地，特别是占用永久基本农田面积较大、造成种植条件严重毁坏的；

（三）违法批准征占土地、违法批准建设、违法批准勘查开采矿产资源，造成严重后果的；

（四）严重违反国家土地供应政策、土地市场政策，以及严重违法开发利用土地的；

（五）违法勘查开采矿产资源，情节严重或者造成生态环境严重损害的；

（六）严重违反测绘地理信息管理法律法规的；

（七）隐瞒不报、压案不查、久查不决、屡查屡犯，造成恶劣社会影响的；

（八）需要挂牌督办的其他情形。

第五十条　自然资源主管部门应当建立重大违法案件公开通报制度，将案情和处理结果向社会公开通报并接受社会监督。

第五十一条　自然资源主管部门应当建立违法案件统计制度。下级自然资源主管部门应当定期将本行政区域内的违法形势分析、案件发生情况、查处情况等逐级上报。

第五十二条　自然资源主管部门应当建立自然资源违法案件错案追究制度。行政处罚决定错误并造成严重后果的，作出处罚决定的机关应当承担相应的责任。

第五十三条　自然资源主管部门应当配合有关部门加强对行政处罚实施过程中的社会稳定风险防控。

第七章　法律责任

第五十四条　县级以上自然资源主管部门直接负责的主管人员和其他直接责任人员，违反本办法规定，有下列情形之一，致使公民、法人或者其他组织的合法权益、公共利益和社会秩序遭受损害的，应当依法给予处分：

（一）对违法行为未依法制止的；

（二）应当依法立案查处，无正当理由未依法立案查处的；

（三）在制止以及查处违法案件中受阻，依照有关规定应当向本级人民政府或者上级自然资源主管部门报告而未报告的；

（四）应当依法给予行政处罚而未依法处罚的；

（五）应当依法申请强制执行、移送有关机关追究责任，而未依法申请强制执行、移送有关机关的；

（六）其他徇私枉法、滥用职权、玩忽职守的情形。

第八章　附　　则

第五十五条　依法经书面委托的自然资源主管部门执法队伍在受委托范围内，以委托机关的名义对公民、法人或者其他组织违反土地、矿产、测绘地理信息、城乡规划等自然资源法律法规的行为实施行政处罚，适用本办法。

第五十六条　自然资源行政处罚法律文书格式，由自然资源部统一制定。

第五十七条　本办法中“三日”、“五日”、“七日”、“十日”指工作日，不含法定节假日。

第五十八条　本办法自2024年5月1日起施行。

自然资源执法监督规定

1. 2017年12月27日国土资源部令第79号公布

2. 根据2020年3月20日自然资源部令第6号《关于第二批废止和修改的部门规章的决定》修正

第一条　为了规范自然资源执法监督行为，依法履行自然资源执法监督职责，切实保护自然资源，维护公民、法人和其他组织的合法权益，根据《中华人民共和国土地管理法》《中华人民共和国矿产资源法》等法律法规，制定本规定。

第二条　本规定所称自然资源执法监督，是指县级以上自然资源主管部门依照法定职权和程序，对公民、法人和其他组织违反自然资源法律法规的行为进行检查、制止和查处的行政执法活动。

第三条　自然资源执法监督，遵循依法、规范、严格、公正、文明的原则。

第四条　县级以上自然资源主管部门应当强化遥感监测、视频监控等科技和信息化手段的应用，明确执法工作技术支撑机构。可以通过购买社会服务等方式提升执法监督效能。

第五条　对在执法监督工作中认真履行职责，依法执行公务成绩显著的自然资源主管部门及其执法人员，由上级自然资源主管部门给予通报表扬。

第六条　任何单位和个人发现自然资源违法行为，有权向县级以上自然资源主管部门举报。接到举报的自然资源主管部门应当依法依规处理。

第七条　县级以上自然资源主管部门依照法律法规规定，履行下列执法监督职责：

（一）对执行和遵守自然资源法律法规的情况进行检查；

（二）对发现的违反自然资源法律法规的行为进行制止，责令限期改正；

（三）对涉嫌违反自然资源法律法规的行为进行调查；

（四）对违反自然资源法律法规的行为依法实施行政处罚和行政处理；

（五）对违反自然资源法律法规依法应当追究国家工作人员责任的，依照有关规定移送监察机关或者有关机关处理；

（六）对违反自然资源法律法规涉嫌犯罪的，将案件移送有关机关；

（七）法律法规规定的其他职责。

第八条 县级以上地方自然资源主管部门根据工作需要，可以委托自然资源执法监督队伍行使执法监督职权。具体职权范围由委托机关决定。

上级自然资源主管部门应当加强对下级自然资源主管部门行政执法行为的监督和指导。

第九条 县级以上地方自然资源主管部门应当加强与人民法院、人民检察院和公安机关的沟通和协作，依法配合有关机关查处涉嫌自然资源犯罪的行为。

第十条 从事自然资源执法监督的工作人员应当具备下列条件：

（一）具有较高的政治素质，忠于职守、秉公执法、清正廉明；

（二）熟悉自然资源法律法规和相关专业知识；

（三）取得执法证件。

第十一条 自然资源执法人员依法履行执法监督职责时，应当主动出示执法证件，并且不得少于2人。

第十二条 县级以上自然资源主管部门可以组织特邀自然资源监察专员参与自然资源执法监督活动，为自然资源执法监督工作提供意见和建议。

第十三条 市、县自然资源主管部门可以根据工作需要，聘任信息员、协管员，收集自然资源违法行为信息，协助及时发现自然资源违法行为。

第十四条 县级以上自然资源主管部门履行执法监督职责，依法可以采取下列措施：

（一）要求被检查的单位或者个人提供有关文件和资料，进行查阅或者予以复制；

（二）要求被检查的单位或者个人就有关问题作出说明，询问违法案件的当事人、嫌疑人和证人；

（三）进入被检查单位或者个人违法现场进行勘测、拍照、录音和摄像等；

（四）责令当事人停止正在实施的违法行为，限期改正；

（五）对当事人拒不停止违法行为的，应当将违法事实书面报告本级人民政府和上一级自然资源主管部门，也可以提请本级人民政府协调有关部门和单位采取相关措施；

（六）对涉嫌违反自然资源法律法规的单位和个人，依法暂停办理其与该行为有关的审批或者登记发证手续；

（七）对执法监督中发现有严重违反自然资源法律法规，自然资源管理秩序混乱，未积极采取措施消除违法状态的地区，其上级自然资源主管部门可以建议本级人民政府约谈该地区人民政府主要负责人；

（八）执法监督中发现有地区存在违反自然资源法律法规的苗头性或者倾向性问题，可以向该地区的人民政府或者自然资源主管部门进行反馈，提出执法监督建议；

（九）法律法规规定的其他措施。

第十五条 县级以上地方自然资源主管部门应当按照有关规定保障自然资源执法监督工作的经费、车辆、装备等必要条件，并为执法人员提供人身意外伤害保险等职业风险保障。

第十六条 市、县自然资源主管部门应当建立执法巡查、抽查制度，组织开展巡查、抽查活动，发现、报告和依法制止自然资源违法行为。

第十七条 自然资源部在全国部署开展自然资源卫片执法监督。

省级自然资源主管部门按照自然资源部的统一部署，组织所辖行政区域内的市、县自然资源主管部门开展自然资源卫片执法监督，并向自然资源部报告结果。

第十八条 省级以上自然资源主管部门实行自然资源违法案件挂牌督办和公开通报制度。

第十九条 对上级自然资源主管部门交办的自然资源违法案件，下级自然资源主管部门拖延办理的，上级自然资源主管部门可以发出督办通知，责令限期办理；必要时，可以派员督办或者挂牌督办。

第二十条 县级以上自然资源主管部门实行行政执法全过程记录制度。根据情况可以采取下列记录方式，实现全过程留痕和可回溯管理：

（一）将行政执法文书作为全过程记录的基本形式；

（二）对现场检查、随机抽查、调查取证、听证、行政强制、送达等容易引发争议的行政执法过程，进行音像记录；

（三）对直接涉及重大财产权益的现场执法活动和执法场所，进行音像记录；

（四）对重大、复杂、疑难的行政执法案件，进行音像记录；

（五）其他对当事人权利义务有重大影响的，进行音像记录。

第二十一条 县级以上自然资源主管部门实行重大行政执法决定法制审核制度。在作出重大行政处罚决定前，由该部门的法制工作机构对拟作出决定的合法性、适当性进行审核。未经法制审核或者审核未通过的，不得作出决定。

重大行政处罚决定,包括没收违法采出的矿产品、没收违法所得、没收违法建筑物、限期拆除违法建筑物、吊销勘查许可证或者采矿许可证、地质灾害防治单位资质、测绘资质等行政处罚决定等。

第二十二条　县级以上自然资源主管部门的执法监督机构提请法制审核的,应当提交以下材料:

(一)拟作出的处罚决定情况说明;

(二)案件调查报告;

(三)法律法规规章依据;

(四)相关的证据材料;

(五)需要提供的其他相关材料。

第二十三条　法制审核原则上采取书面审核的方式,审核以下内容:

(一)执法主体是否合法;

(二)是否超越本机关执法权限;

(三)违法定性是否准确;

(四)法律适用是否正确;

(五)程序是否合法;

(六)行政裁量权行使是否适当;

(七)行政执法文书是否完备规范;

(八)违法行为是否涉嫌犯罪、需要移送司法机关等;

(九)其他需要审核的内容。

第二十四条　县级以上自然资源主管部门的法制工作机构自收到送审材料之日起5个工作日内完成审核。情况复杂需要进一步调查研究的,可以适当延长,但延长期限不超过10个工作日。

经过审核,对拟作出的重大行政处罚决定符合本规定第二十八条的,法制工作机构出具通过法制审核的书面意见;对不符合规定的,不予通过法制审核。

第二十五条　县级以上自然资源主管部门实行行政执法公示制度。县级以上自然资源主管部门建立行政执法公示平台,依法及时向社会公开下列信息,接受社会公众监督:

(一)本部门执法查处的法律依据、管辖范围、工作流程、救济方式等相关规定;

(二)本部门自然资源执法证件持有人姓名、编号等信息;

(三)本部门作出的生效行政处罚决定和行政处理决定;

(四)本部门公开挂牌督办案件处理结果;

(五)本部门认为需要公开的其他执法监督事项。

第二十六条　有下列情形之一的,县级以上自然资源主管部门及其执法人员,应当采取相应处置措施,履行执法监督职责:

(一)对于下达《责令停止违法行为通知书》后制止无效的,及时报告本级人民政府和上一级自然资源主管部门;

(二)依法没收建筑物或者其他设施,没收后应当及时向有关部门移交;

(三)发现违法线索需要追究刑事责任的,应当依法向有关部门移送违法犯罪线索;

(四)依法申请人民法院强制执行,人民法院不予受理的,应当作出明确记录。

第二十七条　上级自然资源主管部门应当通过检查、抽查等方式,评议考核下级自然资源主管部门执法监督工作。

评议考核结果应当在适当范围内予以通报,并作为年度责任目标考核、评优、奖惩的重要依据,以及干部任用的重要参考。

评议考核不合格的,上级自然资源主管部门可以对其主要负责人进行约谈,责令限期整改。

第二十八条　县级以上自然资源主管部门实行错案责任追究制度。自然资源执法人员在查办自然资源违法案件过程中,因过错造成损害后果的,所在的自然资源主管部门应当予以纠正,并依照有关规定追究相关人员的过错责任。

第二十九条　县级以上自然资源主管部门及其执法人员有下列情形之一,致使公共利益或者公民、法人和其他组织的合法权益遭受重大损害的,应当依法给予处分:

(一)对发现的自然资源违法行为未依法制止的;

(二)应当依法立案查处,无正当理由,未依法立案查处的;

(三)已经立案查处,依法应当申请强制执行、移送有关机关追究责任,无正当理由,未依法申请强制执行、移送有关机关的。

第三十条　县级以上自然资源主管部门及其执法人员有下列情形之一的,应当依法给予处分;构成犯罪的,依法追究刑事责任:

(一)伪造、销毁、藏匿证据,造成严重后果的;

(二)篡改案件材料,造成严重后果的;

(三)不依法履行职责,致使案件调查、审核出现重大失误的；

（四）违反保密规定，向案件当事人泄露案情，造成严重后果的；

（五）越权干预案件调查处理，造成严重后果的；

（六）有其他徇私舞弊、玩忽职守、滥用职权行为的。

第三十一条　阻碍自然资源主管部门依法履行执法监督职责，对自然资源执法人员进行威胁、侮辱、殴打或者故意伤害，构成违反治安管理行为的，依法给予治安管理处罚；构成犯罪的，依法追究刑事责任。

第三十二条　本规定自2018年3月1日起施行。原国家土地管理局1995年6月12日发布的《土地监察暂行规定》同时废止。

国土资源执法监察错案责任追究制度

1. 2000年12月29日国土资源部发布

2. 国土资发〔2000〕431号

第一条　为了规范国土资源执法监察行为，提高国土资源违法案件查处工作水平，维护公民、法人及其他组织的合法权益，制定本制度。

第二条　本制度所称错案，是指国土资源行政主管部门在查处国土资源违法案件过程中，由于其工作人员故意或者重大过失，致使案件处理错误，给案件当事人的合法权益造成损害或者造成不良社会影响的案件。

第三条　国土资源行政主管部门作出的行政处罚决定，因下列情形之一，被依法变更或者撤销的，应当追究直接负责的主管人员和其他直接责任人员的责任：

（一）没有法定的行政处罚依据；

（二）擅自改变行政处罚的种类和幅度；

（三）违反法定的行政处罚程序；

（四）主要事实不清、证据不足；

（五）其他情形。

第四条　在查处国土资源违法案件中，伪造、销毁、藏匿证据，更改案卷材料，或者提供虚假事实，造成错案的，追究直接责任人的责任。

第五条　在查处国土资源法案件中，不认真履行职责，致使案件调查、审核工作出现重大疏漏，造成错案的，追究直接责任人和其他有关责任人的责任。

第六条　在查处国土资源违法案件中，违反保密规定，向案件当事人通风报信，致使案件事实认定错误，造成错案的，追究直接责任人的责任。

第七条　国土资源行政主管部门的各级负责人违法批办与案件有关的事项，或者越权干预案件的调查、处理，造成错案的，应当追究其责任。

第八条　下级国土资源行政主管部门遵照上级国土资源行政主管部门对案件的处理意见作出行政处罚决定，造成错案的，追究上级国土资源行政主管部门直接负责的主管人员和其他直接责任人员的责任。

第九条　对案件定性或者处理表示并保留不同意见的监督检查人员不承担错案责任。

第十条　追究错案责任人的责任应当坚持有错必究、责罚相当、教育与惩戒相结合的原则。

对错案责任人，应根据其过错情节及造成危害的程度，采取通报批评、责令向当事人赔礼道歉、责令依法承担全部或者部分对当事人的赔偿费用、暂停执法监察工作或者收回执法监察证等处理措施。

依照国家法律、法规应当给予错案责任人行政处分的，给予行政处分；涉嫌犯罪的，移送司法机关依法处理。

第十一条　及时发现错误并主动纠正且未造成严重危害后果的，可以从轻或者减轻追究错案责任人的责任。

第十二条　错案责任人有下列情形之一的，应当从重或加重追究责任：

（一）有受贿、索贿等徇私舞弊情节的；

（二）对控告、检举、申请行政复议、提起行政诉讼的公民、法人或者其他组织打击报复的；

（三）干扰或阻碍错案追究工作的；

（四）一年内发生两次以上本制度所列过错行为的；

（五）其他应当从重或者加重追究责任的情形。

第十三条　各级国土资源行政主管部门负责本部门的错案责任追究工作。

第十四条　上级国土资源行政主管部门有权对下级国土资源行政主管部门的错案责任追究情况进行监督检查；有权责令发生错案的下级国土资源行政主管部门追究错案责任人的错案责任；可以直接或者参与对下级国土资源行政主管部门错案的调查，提出建议或者处理意见。必要时，可以对下级国土资源行政主管部门的错案追究情况予以通报批评。

国土资源部关于查处土地违法行为如何适用《土地管理法》有关问题的通知

1. 1999年4月7日
2. 国土资发〔1999〕87号

各省、自治区、直辖市及计划单列市土地(国土)管理局(厅),解放军土地管理局,新疆生产建设兵团土地管理局:

在全面贯彻落实新修订的《中华人民共和国土地管理法》(以下简称新法)过程中,为了解决好法律适用性问题,依法准确、及时、有效地查处土地违法行为,现就有关问题通知如下:

一、新法实施前发生的土地违法行为,依照下列原则处理:

1. 根据原土地管理法规定,不构成土地违法行为,但根据新法规定构成土地违法行为的,适用原土地管理法。

2. 根据原土地管理法规定,构成土地违法行为,但根据新法规定不构成土地违法行为的,适用新法。

3. 根据原土地管理法和新法的规定,均构成土地违法行为的,适用处罚较轻的法律。

二、新法实施前发生的非法占地行为,在新法实施后继续在非法占用的土地上构筑建筑物和其他设施的,依照新法处理。

三、新法实施后发生的土地违法行为,一律依照新法处理。

四、新修订的《土地管理法实施条例》和《基本农田保护条例》与原《土地管理法实施条例》和《基本农田保护条例》的适用问题,参照上述原则执行。

2. 刑事责任

中华人民共和国刑法（节录）

1. 1979年7月1日第五届全国人民代表大会第二次会议通过

2. 1997年3月14日第八届全国人民代表大会第五次会议修订

3. 根据1998年12月29日第九届全国人民代表大会常务委员会第六次会议通过的《关于惩治骗购外汇、逃汇和非法买卖外汇犯罪的决定》、1999年12月25日第九届全国人民代表大会常务委员会第十三次会议通过的《中华人民共和国刑法修正案》、2001年8月31日第九届全国人民代表大会常务委员会第二十三次会议通过的《中华人民共和国刑法修正案（二）》、2001年12月29日第九届全国人民代表大会常务委员会第二十五次会议通过的《中华人民共和国刑法修正案（三）》、2002年12月28日第九届全国人民代表大会常务委员会第三十一次会议通过的《中华人民共和国刑法修正案（四）》、2005年2月28日第十届全国人民代表大会常务委员会第十四次会议通过的《中华人民共和国刑法修正案（五）》、2006年6月29日第十届全国人民代表大会常务委员会第二十二次会议通过的《中华人民共和国刑法修正案（六）》、2009年2月28日第十一届全国人民代表大会常务委员会第七次会议通过的《中华人民共和国刑法修正案（七）》、2009年8月27日第十一届全国人民代表大会常务委员会第十次会议通过的《关于修改部分法律的决定》、2011年2月25日第十一届全国人民代表大会常务委员会第十九次会议通过的《中华人民共和国刑法修正案（八）》、2015年8月29日第十二届全国人民代表大会常务委员会第十六次会议通过的《中华人民共和国刑法修正案（九）》、2017年11月4日第十二届全国人民代表大会常务委员会第三十次会议通过的《中华人民共和国刑法修正案（十）》、2020年12月26日第十三届全国人民代表大会常务委员会第二十四次会议通过的《中华人民共和国刑法修正案（十一）》和2023年12月29日第十四届全国人民代表大会常务委员会第七次会议通过的《中华人民共和国刑法修正案（十二）》修正

第二百二十八条　【非法转让、倒卖土地使用权罪】以牟利为目的，违反土地管理法规，非法转让、倒卖土地使用权，情节严重的，处三年以下有期徒刑或者拘役，并处或者单处非法转让、倒卖土地使用权价额百分之五以上百分之二十以下罚金；情节特别严重的，处三年以上七年以下有期徒刑，并处非法转让、倒卖土地使用权价额百分之五以上百分之二十以下罚金。

第三百四十二条　【非法占用农用地罪】违反土地管理法规，非法占用耕地、林地等农用地，改变被占用土地用途，数量较大，造成耕地、林地等农用地大量毁坏的，处五年以下有期徒刑或者拘役，并处或者单处罚金。

第三百四十二条之一　【破坏自然保护地罪】违反自然保护地管理法规，在国家公园、国家级自然保护区进行开垦、开发活动或者修建建筑物，造成严重后果或者有其他恶劣情节的，处五年以下有期徒刑或者拘役，并处或者单处罚金。

有前款行为，同时构成其他犯罪的，依照处罚较重的规定定罪处罚。

第四百一十条　【非法批准征收、征用、占用土地罪；非法低价出让国有土地使用权罪】国家机关工作人员徇私舞弊，违反土地管理法规，滥用职权，非法批准征收、征用、占用土地，或者非法低价出让国有土地使用权，情节严重的，处三年以下有期徒刑或者拘役；致使国家或者集体利益遭受特别重大损失的，处三年以上七年以下有期徒刑。

全国人民代表大会常务委员会关于《中华人民共和国刑法》第二百二十八条、第三百四十二条、第四百一十条的解释

1. 2001年8月31日第九届全国人民代表大会常务委员会第二十三次会议通过

2. 根据2009年8月27日第十一届全国人民代表大会常务委员会第十次会议《关于修改部分法律的决定》修正

全国人民代表大会常务委员会讨论了刑法第二百二十八条、第三百四十二条、第四百一十条规定的“违反土地管理法规”和第四百一十条规定的“非法批准征收、征用、占用土地”的含义问题，解释如下：

刑法第二百二十八条、第三百四十二条、第四百一十条规定的“违反土地管理法规”，是指违反土地管理法、森林法、草原法等法律以及有关行政法规中关于土地管理的规定。

刑法第四百一十条规定的“非法批准征收、征用、占用土地”，是指非法批准征收、征用、占用耕地、林地等农

用地以及其他土地。

现予公告。

最高人民检察院关于人民检察院直接受理立案侦查案件立案标准的规定（试行）（节录）

1. 1999年8月6日最高人民检察院第九届检察委员会第41次会议通过
2. 1999年9月16日公布
3. 高检发释字〔1999〕2号
4. 自1999年9月16日起施行

（十九）非法批准征用、占用土地案（第410条）

非法批准征用、占用土地罪是指国家机关工作人员徇私舞弊，违反土地管理法规，滥用职权，非法批准征用、占用土地，情节严重的行为。

涉嫌下列情形之一的，应予立案：

1. 一次性非法批准征用、占用基本农田0.67公顷（10亩）以上，或者其他耕地2公顷（30亩）以上，或者其他土地3.33公顷（50亩）以上的；

2. 十二个月内非法批准征用、占用土地累计达到上述标准的；

3. 非法批准征用、占用土地数量虽未达到上述标准，但接近上述标准且导致被非法批准征用、占用的土地或者植被遭到严重破坏，或者造成有关单位、个人直接经济损失20万元以上的；

4. 非法批准征用、占用土地，影响群众生产、生活，引起纠纷，造成恶劣影响或者其他严重后果的。

（二十）非法低价出让国有土地使用权案（第410条）

非法低价出让国有土地使用权罪是指国家机关工作人员徇私舞弊，违反土地管理法规，滥用职权，非法低价出让国有土地使用权，情节严重的行为。

涉嫌下列情形之一的，应予立案：

1. 非法低价（包括无偿）出让国有土地使用权2公顷（30亩）以上，并且价格低于规定的最低价格的60%的；

2. 非法低价出让国有土地使用权的数量虽未达到上述标准，但造成国有土地资产流失价值20万元以上或者植被遭到严重破坏的；

3. 非法低价出让国有土地使用权，影响群众生产、生活，引起纠纷，造成恶劣影响或者其他严重后果的。

最高人民检察院、公安部关于公安机关管辖的刑事案件立案追诉标准的规定（一）（节录）

1. 2008年6月25日
2. 公通字〔2008〕36号

第六十七条　［非法占用农用地案（刑法第三百四十二条）］违反土地管理法规，非法占用耕地、林地等农用地，改变被占用土地用途，造成耕地、林地等农用地大量毁坏，涉嫌下列情形之一的，应予立案追诉：

（一）非法占用基本农田五亩以上或者基本农田以外的耕地十亩以上的；

（二）非法占用防护林地或者特种用途林地数量单种或者合计五亩以上的；

（三）非法占用其他林地数量十亩以上的；

（四）非法占用本款第（二）项、第（三）项规定的林地，其中一项数量达到相应规定的数量标准的百分之五十以上，且两项数量合计达到该项规定的数量标准的；

（五）非法占用其他农用地数量较大的情形。

违反土地管理法规，非法占用耕地建窑、建坟、建房、挖沙、采石、采矿、取土、堆放固体废弃物或者进行其他非农业建设，造成耕地种植条件严重毁坏或者严重污染，被毁坏耕地数量达到以上规定的，属于本条规定的“造成耕地大量毁坏”。

违反土地管理法规，非法占用林地，改变被占用林地用途，在非法占用的林地上实施建窑、建坟、建房、挖沙、采石、采矿、取土、种植农作物、堆放或者排泄废弃物等行为或者进行其他非林业生产、建设，造成林地的原有植被或者林业种植条件严重毁坏或者严重污染，被毁坏林地数量达到以上规定的，属于本条规定的“造成林地大量毁坏”。

最高人民检察院、公安部关于公安机关管辖的刑事案件立案追诉标准的规定（二）（节录）

1. 2022年4月6日修订
2. 公通字〔2022〕12号

第七十二条　〔非法转让、倒卖土地使用权案（刑法第二

百二十八条)〕以牟利为目的,违反土地管理法规,非法转让、倒卖土地使用权,涉嫌下列情形之一的,应予立案追诉:

(一)非法转让、倒卖永久基本农田五亩以上的;

(二)非法转让、倒卖永久基本农田以外的耕地十亩以上的;

(三)非法转让、倒卖其他土地二十亩以上的;

(四)违法所得数额在五十万元以上的;

(五)虽未达到上述数额标准,但因非法转让、倒卖土地使用权受过行政处罚,又非法转让、倒卖土地的;

(六)其他情节严重的情形。

国土资源部、最高人民检察院、公安部关于国土资源行政主管部门移送涉嫌国土资源犯罪案件的若干意见

1. *2008年9月8日*
2. *国土资发〔2008〕203号*

各省、自治区、直辖市国土资源厅(局)、人民检察院、公安厅(局),解放军土地管理局、军事检察院,新疆生产建设兵团国土资源局、人民检察院、公安局:

为规范国土资源行政主管部门向人民检察院和公安机关移送涉嫌国土资源犯罪案件,依法惩处国土资源犯罪行为,依据《中华人民共和国刑法》、《中华人民共和国刑事诉讼法》、《行政执法机关移送涉嫌犯罪案件的规定》(国务院2001年第310号令)及有关规定,提出以下意见。

一、关于移送范围和移送机关

(一)国土资源犯罪案件,主要是指涉及以下罪名的案件:

1. 非法转让、倒卖土地使用权罪(《刑法》第228条);

2. 非法占用农用地罪(《刑法》第342条);

3. 非法采矿罪(《刑法》第343条第一款);

4. 破坏性采矿罪(《刑法》第343条第二款);

5. 非法批准征用、占用土地罪(《刑法》第410条);

6. 非法低价出让国有土地使用权罪(《刑法》第410条);

7. 国家工作人员涉及危害国土资源的贪污贿赂、渎职等其他职务犯罪案件。

(二)县级以上国土资源行政主管部门在依法查处国土资源违法行为过程中,发现有符合最高人民检察院和国土资源部《关于人民检察院与国土资源行政主管部门在查处和预防渎职等职务犯罪工作中协作配合的若干规定(暂行)》(高检会〔2007〕7号)第五条和第六条规定情形,根据最高人民检察院《关于人民检察院直接受理立案侦查案件立案标准的规定(试行)》(高检发释字〔1999〕2号)和最高人民检察院《关于渎职侵权犯罪案件立案标准的规定》(高检发释字〔2006〕2号),涉嫌渎职等职务犯罪,依法需要追究刑事责任的,应当依法向人民检察院移送。

县级以上国土资源行政主管部门在依法查处国土资源违法行为过程中,发现非法转让倒卖土地使用权、非法占用农用地、非法采矿或者破坏性采矿等违法事实,涉及的土地或者占用农用地的面积、国土资源财产损失数额、造成国土资源破坏的后果及其他违法情节,达到最高人民法院《关于审理破坏土地资源刑事案件具体应用法律若干问题的解释》(法释〔2000〕14号)和《关于审理非法采矿、破坏性采矿刑事案件具体应用法律若干问题的解释》(法释〔2003〕9号)等规定的标准,涉嫌犯罪,依法需要追究刑事责任的,应当依法向公安机关移送。

二、关于移送证据

(三)移送涉嫌国土资源犯罪案件,需要对造成矿产资源破坏的价值进行鉴定的,由省级国土资源行政主管部门按照国土资源部《非法采矿、破坏性采矿造成矿产资源破坏价值鉴定程序的规定》(国土资发〔2005〕175号)出具鉴定结论;需要对耕地破坏程度进行鉴定的,由市(地)级或者省级国土资源行政主管部门出具鉴定结论。

(四)国土资源行政主管部门在查处国土资源违法行为过程中,应当收集并妥善保存下列有关证据资料:

1. 国土资源违法行为调查报告;

2. 调查记录或询问笔录;

3. 有关鉴定结论;

4. 现场调查时的勘测和音像资料;

5. 其他可以保存的实物证据和资料。

三、关于移送程序

(五)国土资源行政主管部门在查处国土资源违法行为过程中,发现有符合移送条件的案件,应当由本部门正职负责人或者主持工作的负责人审批。

收到报告的负责人应当自接到报告之日起3日内

作出是否批准移送的决定。决定移送的,应当在24小时内办理向同级人民检察院或者公安机关移送手续;决定不移送的,应当将不予批准的理由记录在案。

(六)国土资源行政主管部门向人民检察院或者公安机关移送涉嫌国土资源犯罪案件,应当附有下列材料:

1. 涉嫌国土资源犯罪案件移送书;
2. 涉嫌国土资源犯罪案件情况的调查报告;
3. 涉案物品清单;
4. 有关鉴定结论;
5. 其他有关涉嫌犯罪的材料。

对国土资源违法行为已经作出行政处罚决定的,应当同时移送行政处罚决定书和作出行政处罚决定的证据资料。

(七)人民检察院对国土资源行政主管部门移送的案件线索,应当及时进行审查,依法决定是否立案。对决定立案的,应当及时将立案情况通知移送单位;对决定不予立案的,应当制作不予立案通知书,写明不予立案的原因和法律依据,送达移送案件的国土资源行政主管部门,并退还有关材料。

(八)国土资源行政主管部门对人民检察院不予立案的决定有异议的,可以在收到不予立案通知之日起5日内,提请作出不予立案决定的人民检察院复议,人民检察院应当自收到复议申请之日起30日内作出复议决定。

人民检察院决定不立案,或者在立案后经侦查认为不需要追究刑事责任,作出撤销案件或不起诉决定的,认为应当追究党纪政纪责任的,应当提出检察建议连同有关材料一并移送有关纪检监察机关或者任免机关处理,并通知移送案件的国土资源行政主管部门。

(九)公安机关对国土资源行政主管部门移送的案件应当自接收移送案件之日起3日内,依法进行审查,作出立案或者不予立案决定,书面通知移送案件的国土资源行政主管部门。决定不予立案的,应当说明理由并同时退回案卷材料。对不属于本机关管辖的,应当在24小时内转送有管辖权的机关,并书面通知移送案件的国土资源行政主管部门。

公安机关违反国家有关规定,不接收国土资源行政主管部门移送的涉嫌国土资源犯罪案件,或者逾期不作出立案或者不予立案决定的,国土资源行政主管部门可以建议人民检察院依法进行立案监督,或者报告本级或者上级人民政府责令改正。

(十)国土资源行政主管部门应当在向公安机关移送案件后的10日内向公安机关查询立案情况。对公安机关不予立案通知书有异议的,国土资源行政主管部门应当自收到不予立案通知书之日起的3日内,提请作出不予立案决定的公安机关复议。

作出不予立案决定的公安机关应当自收到国土资源行政主管部门提请复议的文件之日起3日内,作出复议决定并书面通知提出复议申请的国土资源行政主管部门;国土资源行政主管部门对公安机关不予立案的复议决定仍有异议的,应当自收到复议决定通知书之日起3日内建议人民检察院依法进行立案监督。

(十一)国土资源行政主管部门对公安机关决定不予立案的案件,应当依法作出处理。其中,依照有关法律、法规或者规章的规定应当给予行政处罚的,应当依法实施行政处罚,同时将《行政处罚决定书》抄送同级人民检察院;应当追究有关责任人员党纪政纪责任的,应当将案件移送有关纪检监察机关或者任免机关处理。

四、其他

(十二)国土资源行政主管部门应当支持、配合人民检察院或者公安机关的侦查和调查工作,根据需要提供必要的调查数据和其他证据材料。

国土资源行政主管部门对正在查办的重大违法案件,必要时可以邀请人民检察院、公安机关派员参加相关调查工作。

人民检察院、公安机关认为国土资源行政主管部门正在查办的案件涉嫌犯罪,要求提前介入或者参加案件讨论的,国土资源行政主管部门应当给予支持和配合。

(十三)国土资源行政主管部门违反本规定,对涉嫌犯罪的案件应当移送人民检察院或者公安机关而不移送,或者以行政处罚代替移送的,上级国土资源行政主管部门应当责令改正,给予通报;拒不改正的,对其正职负责人或者主持工作的负责人给予记过以上处分;构成犯罪的,依法追究刑事责任。

各级国土资源行政主管部门和人民检察院、公安机关在办理危害国土资源犯罪案件中要进一步加强协调和沟通,定期或不定期召开联席会议,适时通报查办案件工作情况、研究案件移送中遇到的法律政策问题、研究阶段性工作重点和措施等,形成打击危害国土资源犯罪的合力。在实施中遇到的问题,应当及时协商解决,重大问题应呈报国土资源部和最高人民检察院、公安部解决。

最高人民法院关于审理破坏土地资源刑事案件具体应用法律若干问题的解释

1. 2000年6月16日最高人民法院审判委员会第1119次会议通过
2. 2000年6月19日公布
3. 法释〔2000〕14号
4. 自2000年6月22日起施行

为依法惩处破坏土地资源犯罪活动，根据刑法的有关规定，现就审理这类案件具体应用法律的若干问题解释如下：

第一条　以牟利为目的，违反土地管理法规，非法转让、倒卖土地使用权，具有下列情形之一的，属于非法转让、倒卖土地使用权"情节严重"，依照刑法第二百二十八条的规定，以非法转让、倒卖土地使用权罪定罪处罚：

（一）非法转让、倒卖基本农田五亩以上的；

（二）非法转让、倒卖基本农田以外的耕地十亩以上的；

（三）非法转让、倒卖其他土地二十亩以上的；

（四）非法获利五十万元以上的；

（五）非法转让、倒卖土地接近上述数量标准并具有其他恶劣情节的，如曾因非法转让、倒卖土地使用权受过行政处罚或者造成严重后果等。

第二条　实施第一条规定的行为，具有下列情形之一的，属于非法转让、倒卖土地使用权"情节特别严重"：

（一）非法转让、倒卖基本农田十亩以上的；

（二）非法转让、倒卖基本农田以外的耕地二十亩以上的；

（三）非法转让、倒卖其他土地四十亩以上的；

（四）非法获利一百万元以上的；

（五）非法转让、倒卖土地接近上述数量标准并具有其他恶劣情节，如造成严重后果等。

第三条　违反土地管理法规，非法占用耕地改作他用，数量较大，造成耕地大量毁坏的，依照刑法第三百四十二条的规定，以非法占用耕地罪定罪处罚：

（一）非法占用耕地"数量较大"，是指非法占用基本农田五亩以上或者非法占用基本农田以外的耕地十亩以上。

（二）非法占用耕地"造成耕地大量毁坏"，是指行为人非法占用耕地建窑、建坟、建房、挖沙、采石、采矿、取土、堆放固体废弃物或者进行其他非农业建设，造成基本农田五亩以上或者基本农田以外的耕地十亩以上种植条件严重毁坏或者严重污染。

第四条　国家机关工作人员徇私舞弊，违反土地管理法规，滥用职权，非法批准征用、占用土地，具有下列情形之一的，属于非法批准征用、占用土地"情节严重"，依照刑法第四百一十条的规定，以非法批准征用、占用土地罪定罪处罚：

（一）非法批准征用、占用基本农田十亩以上的；

（二）非法批准征用、占用基本农田以外的耕地三十亩以上的；

（三）非法批准征用、占用其他土地五十亩以上的；

（四）虽未达到上述数量标准，但非法批准征用、占用土地造成直接经济损失三十万元以上；造成耕地大量毁坏等恶劣情节的。

第五条　实施第四条规定的行为，具有下列情形之一的，属于非法批准征用、占用土地"致使国家或者集体利益遭受特别重大损失"：

（一）非法批准征用、占用基本农田二十亩以上的；

（二）非法批准征用、占用基本农田以外的耕地六十亩以上的；

（三）非法批准征用、占用其他土地一百亩以上的；

（四）非法批准征用、占用土地，造成基本农田五亩以上，其他耕地十亩以上严重毁坏的；

（五）非法批准征用、占用土地造成直接经济损失五十万元以上等恶劣情节的。

第六条　国家机关工作人员徇私舞弊，违反土地管理法规，非法低价出让国有土地使用权，具有下列情形之一的，属于"情节严重"，依照刑法第四百一十条的规定，以非法低价出让国有土地使用权罪定罪处罚：

（一）出让国有土地使用权面积在三十亩以上，并且出让价额低于国家规定的最低价额标准的百分之六十的；

（二）造成国有土地资产流失价额在三十万元以上的。

第七条　实施第六条规定的行为，具有下列情形之一的，属于非法低价出让国有土地使用权，"致使国家和集体利益遭受特别重大损失"：

（一）非法低价出让国有土地使用权面积在六十

亩以上，并且出让价额低于国家规定的最低价额标准的百分之四十的；

（二）造成国有土地资产流失价额在五十万元以上的。

第八条 单位犯非法转让、倒卖土地使用权罪、非法占有耕地罪的定罪量刑标准，依照本解释第一条、第二条、第三条的规定执行。

第九条 多次实施本解释规定的行为依法应当追诉的，或者一年内多次实施本解释规定的行为未经处理的，按照累计的数量、数额处罚。

·典型案例·

自然资源部公布12起非法占用农用地违法犯罪典型案例[①]

近年来，按照党中央关于耕地保护的重大决策部署和习近平总书记的重要指示批示精神，地方各级党委政府认真履行耕地保护主体责任，自然资源主管部门采取“长牙齿”的硬措施，会同有关部门严肃查处、严厉打击非法占用农用地违法犯罪行为。为切实发挥案件查处的示范引领作用，自然资源部决定公布12起非法占用农用地违法犯罪典型案例。这些案例中，19名当事人受到刑事处罚并被责令恢复耕地种植条件，相关地方自然资源主管部门认真履职，加强与法院、检察院、公安机关等的协作配合，形成了较大震慑。

奉法者强则国强。自然资源部通过公布非法占用农用地违法犯罪典型案例，向全社会持续释放严格保护耕地、依法依规使用土地、保持对非法占用农用地违法犯罪行为高压态势的信号。各级自然资源主管部门要以公布的典型案例为参考和借鉴，认真履行法定职责，做到有案必查、涉刑必移，进一步加强与有关部门的协调联动，共同打击非法占用农用地等自然资源违法犯罪行为。

一、北京市通州区潘某等人破坏耕地案

（一）基本情况。

2020年10月至2021年3月期间，潘某在未办理用地手续情况下，组织董某等6人擅自占用通州区宋庄镇18.22亩土地（耕地17.28亩）挖砂取土，回填建筑垃圾、生活垃圾后覆土。2021年3月北京市规划和自然资源委员会通州分局立案调查，4月组织中国地质大学（北京）、中国人民大学、北京市农业农村局等单位专家实地勘察和讨论后，出具了17.28亩耕地耕作层遭到严重破坏的耕地破坏程度论证意见。北京市规划和自然资源委员会通州分局在查处过程中坚持教育和处罚相结合，促使当事人充分认识自身违法行为的危害性，于同年12月完成耕地修复。北京市生态环境保护科学研究院出具的《生态修复效果评估报告》确认，已基本恢复评估地块农用地的种植条件。2021年12月，通州区人民法院判决潘某犯非法占用农用地罪，判处有期徒刑一年，并处罚金十万元。董某等6人分别被判处有期徒刑八个月，并处罚金五万元。

（二）警示意义。

“法者，天下之准绳也。”法有禁止不得为，法律红线不可越。擅自在耕地上挖砂取土，是土地管理等法律法规明令禁止的行为。《刑法》第三百四十二条规定：“违反土地管理法规，非法占用耕地、林地等农用地，改变被占用土地用途，数量较大，造成耕地、林地等农用地大量毁坏的，处五年以下有期徒刑或者拘役，并处或者单处罚金。”任何单位和个人违反法律规定，擅自占用耕地挖砂取土，破坏耕地种植条件，都必须承担相应的法律责任。本案中，地方自然资源主管部门积极发挥管理和技术优势，配合司法机关依法追究刑事责任，使非法占用造成耕地10亩以上种植条件严重毁坏的涉嫌犯罪行为，受到了法律的严肃惩戒。

二、辽宁省盘山县张某某破坏永久基本农田案

（一）基本情况。

2020年12月，张某某在未办理用地手续情况下，擅自占用盘山县坝墙子镇某村26.76亩永久基本农田挖坑用于水产养殖。2021年3月盘山县自然资源局立案查处，责令改正和治理，恢复土地原貌和原种植条件，并处罚款47.93万元。由于当事人拒不履行行政处罚决定，2022年2月，盘山县自然资源局向盘山县人民法院申请强制执行，3月盘山县人民法院裁定准予执行。经内蒙古质真生态环境损害司法鉴定所鉴定，永久基本农田土壤损毁严重。同年4月盘山县自然资源局将涉嫌犯罪案件线索移送公安机关，5月盘山县公安局立案。2023年1月，盘山县人民法院判决张某某犯非法占用农用地罪，判处有期徒刑八个月，并处罚金一万元。盘山县自然资源局已将行政处罚未履行事项向盘山县人民法院执行局申请强制执行，2023年8月执行局公告强制执行恢复土地。

---

① 《自然资源部公布12起非法占用农用地违法犯罪典型案例》，载自然资源部网2023年11月22日，https://www.mnr.gov.cn/dt/ywbb/202311/t20231122_2807306.html。

（二）警示意义。

本案中，自然资源主管部门与公安机关、法院等相互协作配合、步调一致，形成了打击非法占用农用地违法犯罪的合力，对破坏永久基本农田的行为做到了"零容忍"，发挥出强大的震慑效应。永久基本农田是依据规划确定的不得占用的优质耕地，保护永久基本农田，对于保障我国粮食安全有着十分重要的意义。根据《最高人民法院关于审理破坏土地资源刑事案件具体应用法律若干问题的解释》（法释〔2000〕14号）规定，违反土地管理法规，非法占用耕地改作他用，数量较大，造成耕地大量毁坏的，依照刑法第三百四十二条的规定定罪处罚。对非法占用永久基本农田造成耕地种植条件毁坏等行为，自然资源主管部门必须继续会同相关部门，依法严厉打击、严肃惩戒。

三、吉林省汪清县阳某破坏耕地案

（一）基本情况。

2021年12月起，阳某在未办理用地手续情况下，擅自将淤泥砂石堆放在汪清县百草沟镇某村18.1亩耕地内，造成耕地种植条件破坏。2022年2月，汪清县自然资源局对阳某下达《责令停止违法行为通知书》。经汪清县保源勘测有限责任公司测量并绘制勘测定界技术图，淤泥砂石堆放占用耕地18.1亩。2022年6月，汪清县自然资源局将涉嫌犯罪案件线索移送县公安局，7月县公安局立案。经延边州自然资源局耕地破坏鉴定委员会鉴定，18.1亩耕地原有耕作层破坏程度为严重。同年12月，延边铁路运输法院判决阳某犯污染环境罪，判处有期徒刑七个月，并处罚金七万元；犯非法占用农用地罪，判处有期徒刑八个月，并处罚金七万三千元。数罪并罚，判处有期徒刑一年一个月，并处罚金十四万三千元。目前现场淤泥砂石已清除，耕地恢复种植条件，汪清县自然资源局现场验收通过。

（二）警示意义。

"民非谷不食，谷非地不生。"保护耕地，人人有责。在耕地上堆放淤泥砂石等废弃物，对耕地种植条件造成污染、破坏，影响的不仅是耕地的健康，还会危及人民群众的食品安全。根据《最高人民法院关于审理破坏土地资源刑事案件具体应用法律若干问题的解释》（法释〔2000〕14号）规定，非法占用耕地堆放固体废弃物，造成基本农田五亩以上或者基本农田以外的耕地十亩以上种植条件严重毁坏或者严重污染的，依照刑法第三百四十二条的规定定罪处罚。本案中，地方自然资源主管部门、公安机关、法院等面对耕地被非法占用、种植条件被污染、破坏的情况，以高度的责任感，履职尽责，协力同心，依法严厉打击，坚决守护好耕地保护红线。

四、浙江省慈溪市杨某某等人破坏永久基本农田案

（一）基本情况。

杨某某、岑某某在未办理用地手续情况下，擅自占用慈溪市附海镇76.31亩土地（永久基本农田68亩）倾倒堆放渣土。经宁波市耕地鉴定委员会鉴定，68亩永久基本农田种植条件达到重度损毁。2022年2月宁波市自然资源和规划局立案调查，4月将涉嫌犯罪案件线索移送慈溪市公安机关，5月恢复耕地种植条件，慈溪市自然资源和规划局、慈溪市农业农村局联合验收通过。2023年2月，慈溪市人民法院判决杨某某犯非法占用农用地罪，判处有期徒刑一年，缓刑一年六个月，并处罚金一万元；判决岑某某犯非法占用农用地罪，判处有期徒刑六个月，缓刑一年，并处罚金五千元。

（二）警示意义。

法律的威力在于执行。本案中，自然资源主管部门立案查处后，依法将涉嫌犯罪案件移送公安机关追究刑事责任，人民法院依法作出刑事判决，既使违法当事人受到惩戒，又有效推动恢复耕地种植条件，取得了合力守护耕地特别是永久基本农田的良好效果。《土地管理法》第三十三条规定，国家实行永久基本农田保护制度；第三十五条规定，永久基本农田经依法划定后，任何单位和个人不得擅自占用或者改变其用途。《基本农田保护条例》第十七条规定，禁止任何单位和个人在基本农田保护区内建窑、建房、建坟、挖砂、采石、采矿、取土、堆放固体废弃物或者进行其他破坏基本农田的活动。自然资源主管部门要以本案为借鉴，会同相关部门，做到有法必依、执法必严、违法必究，依法严厉打击非法占用农用地违法犯罪行为。

五、江西省乐安县曾某某破坏永久基本农田案

（一）基本情况。

2021年10月，曾某某在未办理用地手续情况下，擅自占用乐安县湖坪乡8.84亩永久基本农田挖塘养鱼。2022年4月乐安县自然资源局责令其立即停止违法行为，5月乐安县自然资源局将涉嫌犯罪案件线索移送乐安县公安局。经江西鹰潭司法鉴定中心鉴定，8.84亩永久基本农田受到重度损毁。6月乐安县公安局立案，10月乐安县人民法院判决曾某某犯非法占用农用地罪，判处有期徒刑八个月，缓刑一年，并处罚金一万五千元。目前，地块已恢复耕地种植条件，2022年11月乐安县自然资源局组织抚州市水电勘测设计院、抚州市农业农村局、抚州市土地开发整理中心联合验收通过。

（二）警示意义。

本案中，地方自然资源主管部门会同相关部门，坚决

守护永久基本农田，防止任何单位和个人为了获取更高的经济收益而突破红线。《土地管理法》第三十七条第三款规定，禁止占用永久基本农田发展林果业和挖塘养鱼。《土地管理法实施条例》第五十一条规定了非法占用永久基本农田发展林果业或者挖塘养鱼的法律责任。《国务院办公厅关于防止耕地“非粮化”稳定粮食生产的意见》(国办发〔2020〕44 号)明确提出，永久基本农田是依法划定的优质耕地，要重点用于发展粮食生产，特别是保障稻谷、小麦、玉米三大谷物的种植面积。法之威力在于必行。在永久基本农田上挖塘养鱼的经济收益虽然高于种植农作物，但决不能为了眼前利益而忽视长远粮食安全。

六、山东省莱州市毛某某破坏永久基本农田案

(一)基本情况。

2020 年 12 月起，毛某某在未办理用地手续情况下，擅自挖损莱州市某村 17.79 亩永久基本农田进行养殖。同月，莱州市自然资源和规划局巡查发现并下达《责令停止违法行为通知书》《责令改正违法行为通知书》。2021 年 1 月，莱州市自然资源和规划局立案调查。6 月，经烟台市自然资源和规划局鉴定，造成 17.79 亩永久基本农田种植条件严重毁坏。7 月，莱州市自然资源和规划局将涉嫌犯罪案件线索移送莱州市公安局。2021 年 12 月，毛某某将涉案非法占用的永久基本农田整理恢复并种植小麦。2022 年 4 月，莱州市人民法院判决毛某某犯非法占用农用地罪，判处拘役四个月，缓刑六个月，并处罚金五千元。

(二)警示意义。

本案中，地方自然资源主管部门认真履行法定职责，会同公安机关、法院等严厉惩戒破坏永久基本农田的行为，共同守护了永久基本农田。《基本农田保护条例》第十七条规定，禁止任何单位和个人在基本农田保护区内建窑、建房、建坟、挖砂、采石、采矿、取土、堆放固体废弃物或者进行其他破坏基本农田的活动。《自然资源部、农业农村部关于设施农业用地管理有关问题的通知》(自然资规〔2019〕4 号)规定，养殖设施原则上不得使用永久基本农田，涉及少量永久基本农田确实难以避让的，允许使用但必须补划。发展种植业、养殖业等现代设施农业，是好事，但好事不能办砸，必须密切关注土地法律法规政策的规定，了解把握红线和底线，否则会像本案当事人一样被追究刑事责任，得不偿失。

七、河南省内黄县刘某某等人破坏永久基本农田案

(一)基本情况。

内黄县二安镇某村原村民委员会主任刘某某、原村党支部书记邵某某等人在未办理用地手续情况下，非法占用该村 20.60 亩永久基本农田取土。2021 年 12 月，内黄县自然资源局巡查发现，与二安镇政府共同开展现场调查，并将涉嫌犯罪案件线索移送内黄县公安局。经鉴定，案涉地块全部为永久基本农田，造成耕地种植条件严重毁坏。2022 年 2 月、4 月，县公安局分别刑事拘留当事人刘某某、邵某某。2022 年 8 月，内黄县人民法院判决被告人刘某某、邵某某均犯非法占用农用地罪，分别判处有期徒刑一年，缓刑二年，并处罚金人民币一万元。当年内黄县自然资源局和二安镇政府组织被破坏永久基本农田复耕，目前已恢复耕地种植条件并耕种两年，农作物生长及产量正常。

(二)警示意义。

本案中，地方自然资源主管部门会同相关部门严厉打击非法占用永久基本农田取土的行为，对于保护耕地的生产能力、实现藏粮于地的目标，具有十分重要的意义。万物土中生，有土斯有粮。基层村干部更应该带头守护好耕地，而不能像本案当事人成为反面典型。土壤的形成是一个长期而复杂的过程，受到岩石风化、生物作用、地形和水文过程以及时间等多种因素的影响。土地的耕作层被破坏，最直接的后果就是土壤肥力和质量明显下降，无法维持种植功能，恢复时间将十分漫长。土地管理法律法规规章禁止占用永久基本农田取土，目的正是为了保护耕地的生产能力、保障粮食安全。地方自然资源主管部门要以“时时放心不下”的责任感，会同相关部门守护好耕地和永久基本农田，守护好宝贵的粮食生产能力。

八、湖北省罗田县朱某某破坏耕地案

(一)基本情况。

2020 年 5 月，罗田县长湖白鹤源田园休闲服务有限责任公司法定代表人朱某某在未办理用地手续情况下，擅自将以租赁方式占用的罗田县河铺镇某村 34.6 亩耕地挖塘，并在塘中建造一座小型人工岛。同月，罗田县自然资源局立案查处，11 月将涉嫌犯罪案件线索移送罗田县公安局。经黄冈市自然资源和规划局组织土壤和土肥方面专家鉴定，34.6 亩水田的耕作层遭到严重破坏，耕地破坏程度认定为“三级破坏”。罗田县人民检察院提起刑事附带民事公益诉讼。2021 年 12 月，罗田县人民法院判决被告人朱某某犯非法占用农用地罪，判处有期徒刑九个月，缓刑一年，并处罚金人民币五千元。同时责令修复土地。朱某某提起上诉，2022 年 3 月，黄冈市中级人民法院二审维持原判。

(二)警示意义。

本案中，地方自然资源主管部门会同法院、检察院、公安机关等，齐心协力严肃查处破坏耕地的行为，使违法当事人受到了刑事处罚，付出了沉重代价。随着经济社会迅速发展，一些地方的农村加大招商引资力度，引进社会资本，以土地流转、租赁等方式开展多种经营。面对社会资本下乡的热潮，地方政府和相关职能部门必须保持头脑冷静，时刻绷紧守护耕地红线的弦，促进各类建设依法依规使用土地，坚决防止发生侵占土地、破坏耕地和永久基本农田等违法犯罪行为。耕地是粮食生产的命根子，法律禁令面前，任何时候任何单位和个人都不能实施非法占用和破坏耕地的行为。

九、湖南省宁乡市周某某破坏永久基本农田案

（一）基本情况。

2021年10月底起，长沙尚水银圆农业开发有限公司法定代表人周某某在未办理用地手续情况下，擅自在租赁的宁乡市历经铺街道某村53.45亩农用地（永久基本农田29.29亩）上挖掘鱼塘、拓宽道路、平整林地，造成耕地、林地等农用地大量毁坏。2021年12月，宁乡市自然资源局巡查发现后，现场制止，下达《责令停止违法行为通知书》并立案调查。经宁乡市自然资源局测绘院测量，破坏农用地53.45亩，其中永久基本农田29.29亩。经宁乡市农业农村局鉴定，永久基本农田耕地质量毁损特别严重。同月，宁乡市自然资源局将涉嫌犯罪案件线索移送宁乡市森林公安局。2022年3月，宁乡市森林公安局移交至宁乡市人民检察院审查起诉。5月宁乡市人民检察院向宁乡市人民法院提起公诉。案发后，周某某对被毁坏耕地、林地进行恢复。2022年6月，宁乡市农业农村局组织专家组现场勘察耕地生态修复情况，经取样检测并经充分讨论一致认为，该片耕地基本达成水稻生产要求。2022年7月，宁乡市人民法院判决周某某犯非法占用农用地罪，判处有期徒刑六个月，并处罚金人民币五千元。

（二）警示意义。

本案中，自然资源主管部门与公安机关、法院、农业农村主管部门、林业主管部门等，以实际行动彰显和维护了法律的权威。法律禁令不可突破。《土地管理法》第三十七条第二款规定，禁止占用耕地建窑、建坟或者擅自在耕地上建房、挖砂、采石、采矿、取土等。违法必担责。根据《土地管理法》第七十五条规定，擅自在耕地上建房、挖砂、采石、采矿、取土等，破坏种植条件的，由县级以上人民政府自然资源主管部门、农业农村主管部门等按照职责责令限期改正或者治理，可以并处罚款，构成犯罪的，依法追究刑事责任。任何动用土地的行为，实施之前都应该想一想法律有无禁令、违法是不是要受到行政处罚甚至承担刑事责任。本案当事人因实施违法犯罪行为付出了沉重代价，其他单位和个人要引以为戒，切不可为了一己私利触犯法律。

十、海南省儋州市某村集体破坏永久基本农田案

（一）基本情况。

2019年7月，儋州市峨蔓镇某村集体经济组织（法定代表人王某某）与儋州市某公司签订荒沟、荒滩改造项目施工合同，占用峨蔓镇61.61亩耕地（永久基本农田61.51亩）修建鱼塘。2020年7月，儋州市自然资源和规划局立案调查，经海南省资源环境调查院出具司法鉴定意见书，耕地损害程度为重度。9月，儋州市自然资源和规划局将涉嫌犯罪案件线索移送儋州市公安局，同月市公安局立案侦查。2021年5月市公安局将该刑事案件移交市检察院。2022年4月，儋州市人民法院判决王某某犯非法占用农用地罪，判处王某某有期徒刑二年，缓刑三年，并处罚金两千元。2023年4月，鱼塘已进行回填，耕地恢复原状，儋州市自然资源和规划局、农业农村局和峨蔓镇政府联合验收通过。

（二）警示意义。

本案中，地方自然资源主管部门会同公安机关、法院、检察院、农业农村主管部门、乡镇政府等，共同推动村集体经济组织及其法定代表人扛起耕地保护的责任，对无视法律禁令、占用大量耕地修建鱼塘的行为，依法作出处罚。《土地管理法》第十一条规定，农民集体所有的土地依法属于村农民集体所有的，由村集体经济组织或者村民委员会经营、管理。由此可见，村集体经济组织作为经营管理者，距离耕地特别是永久基本农田最近，是守护耕地的第一道防线。这道防线一旦失守，将给耕地保护带来十分不利的影响。其他地方的村集体经济组织及其法定代表人应以本案为戒，进一步筑牢耕地保护的防线，不得以土地流转等为名，实施破坏耕地等行为。

十一、四川省西昌市吴某破坏耕地案

（一）基本情况。

2018年12月至2020年1月，吴某在未办理用地手续情况下，以改田换土为由，在西昌市月华乡某村43.39亩永久基本农田上利用机械取土后，以每立方米3元的价格出售。2020年3月，西昌市自然资源局立案调查，同月将涉嫌犯罪案件线索移送西昌市公安局。经四川省川核鑫达地质工程公司鉴定，43.39亩永久基本农田耕作层受到重度破坏。10月，吴某使用优质土开展恢复治理。12月西昌市农业农村局勘察证明，43.39亩永久基本农田的土壤层已全部恢复。2021年3月，经二审审理，凉山彝族自治州中级人民法院判决，责令吴某对毁坏

的农用地恢复原状，吴某犯非法占用农用地罪，判处有期徒刑一年四个月，并处罚金五万元。

（二）警示意义。

本案中，地方自然资源主管部门会同相关部门，严厉打击在永久基本农田上非法取土出售牟利的行为，使以土地整治、改田换土为名，行非法出售、牟取利益之实，破坏永久基本农田的违法犯罪行为，承担了刑事责任，付出了沉重代价。土地整治的目的是提升耕地质量、提高耕地产出水平。但一些单位和个人在利益的驱动下，对永久基本农田动起了歪脑筋。自然资源主管部门要对这些违法行为坚决说“不”，对涉嫌构成犯罪的，坚决依法移送有关机关追究刑事责任。

十二、云南省鲁甸县某公司非法占用永久基本农田案

（一）基本情况。

2019 年 5 月，鲁甸县某公司在未办理用地手续情况下，擅自占用鲁甸县桃源乡 6.03 亩永久基本农田修建停车场。12 月，鲁甸县自然资源局对该公司下达了《责令停止违法行为通知书》，要求进行整改，恢复土地原状。2020 年 7 月，鲁甸县自然资源局立案查处，责令自行拆除非法占地上修建的建（构）筑物和其他设施，恢复土地原状，并处罚款 8.04 万元。经昭通市自然资源和规划局出具鉴定意见，6.03 亩耕地种植功能被破坏。2021 年 3 月，鲁甸县自然资源局将涉嫌犯罪案件线索移送县公安局。5 月鲁甸县公安局立案调查，10 月移送县检察院。县检察院督促该公司缴纳罚款和拆除违法建（构）筑物、恢复土地原状。县检察院组织现场查验后，决定不予起诉。

（二）警示意义。

本案中，自然资源主管部门会同相关部门严肃查处违法占用永久基本农田的行为，态度坚决，力度很大。在自然资源主管部门、公安机关、检察院的协作配合下，违法当事人最终缴纳罚款、拆除违法建（构）物、恢复土地原状，消除了违法状态。《土地管理法》第七条规定，任何单位和个人都有遵守土地管理法律、法规的义务。《基本农田保护条例》第五条规定，任何单位和个人都有保护基本农田的义务。任何单位和个人在禁令和红线面前，都要打消企图侥幸过关的心理，早整改，早主动，进而将损失减少到最低程度。

九、其　他

资料补充栏

土地调查条例

1. 2008年2月7日国务院令第518号公布
2. 根据2016年2月6日国务院令第666号《关于修改部分行政法规的决定》第一次修订
3. 根据2018年3月19日国务院令第698号《关于修改和废止部分行政法规的决定》第二次修订

第一章 总 则

第一条 为了科学、有效地组织实施土地调查，保障土地调查数据的真实性、准确性和及时性，根据《中华人民共和国土地管理法》和《中华人民共和国统计法》，制定本条例。

第二条 土地调查的目的，是全面查清土地资源和利用状况，掌握真实准确的土地基础数据，为科学规划、合理利用、有效保护土地资源，实施最严格的耕地保护制度，加强和改善宏观调控提供依据，促进经济社会全面协调可持续发展。

第三条 土地调查工作按照全国统一领导、部门分工协作、地方分级负责、各方共同参与的原则组织实施。

第四条 土地调查所需经费，由中央和地方各级人民政府共同负担，列入相应年度的财政预算，按时拨付，确保足额到位。

土地调查经费应当统一管理、专款专用、从严控制支出。

第五条 报刊、广播、电视和互联网等新闻媒体，应当及时开展土地调查工作的宣传报道。

第二章 土地调查的内容和方法

第六条 国家根据国民经济和社会发展需要，每10年进行一次全国土地调查；根据土地管理工作的需要，每年进行土地变更调查。

第七条 土地调查包括下列内容：

（一）土地利用现状及变化情况，包括地类、位置、面积、分布等状况；

（二）土地权属及变化情况，包括土地的所有权和使用权状况；

（三）土地条件，包括土地的自然条件、社会经济条件等状况。

进行土地利用现状及变化情况调查时，应当重点调查基本农田现状及变化情况，包括基本农田的数量、分布和保护状况。

第八条 土地调查采用全面调查的方法，综合运用实地调查统计、遥感监测等手段。

第九条 土地调查采用《土地利用现状分类》国家标准、统一的技术规程和按照国家统一标准制作的调查基础图件。

土地调查技术规程，由国务院国土资源主管部门会同国务院有关部门制定。

第三章 土地调查的组织实施

第十条 县级以上人民政府国土资源主管部门会同同级有关部门进行土地调查。

乡（镇）人民政府、街道办事处和村（居）民委员会应当广泛动员和组织社会力量积极参与土地调查工作。

第十一条 县级以上人民政府有关部门应当积极参与和密切配合土地调查工作，依法提供土地调查需要的相关资料。

社会团体以及与土地调查有关的单位和个人应当依照本条例的规定，配合土地调查工作。

第十二条 全国土地调查总体方案由国务院国土资源主管部门会同国务院有关部门拟订，报国务院批准。县级以上地方人民政府国土资源主管部门会同同级有关部门按照国家统一要求，根据本行政区域的土地利用特点，编制地方土地调查实施方案，报上一级人民政府国土资源主管部门备案。

第十三条 在土地调查中，需要面向社会选择专业调查队伍承担的土地调查任务，应当通过招标投标方式组织实施。

承担土地调查任务的单位应当具备以下条件：

（一）具有法人资格；

（二）有与土地调查相关的工作业绩；

（三）有完备的技术和质量管理制度；

（四）有经过培训且考核合格的专业技术人员。

国务院国土资源主管部门应当会同国务院有关部门加强对承担土地调查任务单位的监管和服务。

第十四条 土地调查人员应当坚持实事求是，恪守职业道德，具有执行调查任务所需要的专业知识。

土地调查人员应当接受业务培训，经考核合格领取全国统一的土地调查员工作证。

第十五条 土地调查人员应当严格执行全国土地调查总体方案和地方土地调查实施方案、《土地利用现状分类》国家标准和统一的技术规程，不得伪造、篡改调查资料，不得强令、授意调查对象提供虚假的调查资料。

土地调查人员应当对其登记、审核、录入的调查资料与现场调查资料的一致性负责。

第十六条 土地调查人员依法独立行使调查、报告、监督和检查职权，有权根据工作需要进行现场调查，并按照技术规程进行现场作业。

土地调查人员有权就与调查有关的问题询问有关单位和个人，要求有关单位和个人如实提供相关资料。

土地调查人员进行现场调查、现场作业以及询问有关单位和个人时，应当出示土地调查员工作证。

第十七条 接受调查的有关单位和个人应当如实回答询问，履行现场指界义务，按照要求提供相关资料，不得转移、隐匿、篡改、毁弃原始记录和土地登记簿等相关资料。

第十八条 各地方、各部门、各单位的负责人不得擅自修改土地调查资料、数据，不得强令或者授意土地调查人员篡改调查资料、数据或者编造虚假数据，不得对拒绝、抵制篡改调查资料、数据或者编造虚假数据的土地调查人员打击报复。

第四章 调查成果处理和质量控制

第十九条 土地调查形成下列调查成果：

（一）数据成果；

（二）图件成果；

（三）文字成果；

（四）数据库成果。

第二十条 土地调查成果实行逐级汇交、汇总统计制度。

土地调查数据的处理和上报应当按照全国土地调查总体方案和有关标准进行。

第二十一条 县级以上地方人民政府对本行政区域的土地调查成果质量负总责，主要负责人是第一责任人。

县级以上人民政府国土资源主管部门会同同级有关部门对调查的各个环节实行质量控制，建立土地调查成果质量控制岗位责任制，切实保证调查的数据、图件和被调查土地实际状况三者一致，并对其加工、整理、汇总的调查成果的准确性负责。

第二十二条 国务院国土资源主管部门会同国务院有关部门统一组织土地调查成果质量的抽查工作。抽查结果作为评价土地调查成果质量的重要依据。

第二十三条 土地调查成果实行分阶段、分级检查验收制度。前一阶段土地调查成果经检查验收合格后，方可开展下一阶段的调查工作。

土地调查成果检查验收办法，由国务院国土资源主管部门会同国务院有关部门制定。

第五章 调查成果公布和应用

第二十四条 国家建立土地调查成果公布制度。

土地调查成果应当向社会公布，并接受公开查询，但依法应当保密的除外。

第二十五条 全国土地调查成果，报国务院批准后公布。

地方土地调查成果，经本级人民政府审核，报上一级人民政府批准后公布。

全国土地调查成果公布后，县级以上地方人民政府方可逐级依次公布本行政区域的土地调查成果。

第二十六条 县级以上人民政府国土资源主管部门会同同级有关部门做好土地调查成果的保存、管理、开发、应用和为社会公众提供服务等工作。

国家通过土地调查，建立互联共享的土地调查数据库，并做好维护、更新工作。

第二十七条 土地调查成果是编制国民经济和社会发展规划以及从事国土资源规划、管理、保护和利用的重要依据。

第二十八条 土地调查成果应当严格管理和规范使用，不作为依照其他法律、行政法规对调查对象实施行政处罚的依据，不作为划分部门职责分工和管理范围的依据。

第六章 表彰和处罚

第二十九条 对在土地调查工作中做出突出贡献的单位和个人，应当按照国家有关规定给予表彰或者奖励。

第三十条 地方、部门、单位的负责人有下列行为之一的，依法给予处分；构成犯罪的，依法追究刑事责任：

（一）擅自修改调查资料、数据的；

（二）强令、授意土地调查人员篡改调查资料、数据或者编造虚假数据的；

（三）对拒绝、抵制篡改调查资料、数据或者编造虚假数据的土地调查人员打击报复的。

第三十一条 土地调查人员不执行全国土地调查总体方案和地方土地调查实施方案、《土地利用现状分类》国家标准和统一的技术规程，或者伪造、篡改调查资料，或者强令、授意接受调查的有关单位和个人提供虚假调查资料的，依法给予处分，并由县级以上人民政府国土资源主管部门、统计机构予以通报批评。

第三十二条 接受调查的单位和个人有下列行为之一的，由县级以上人民政府国土资源主管部门责令限期改正，可以处5万元以下的罚款；构成违反治安管理行为的，由公安机关依法给予治安管理处罚；构成犯罪的，依法追究刑事责任：

（一）拒绝或者阻挠土地调查人员依法进行调查的；

（二）提供虚假调查资料的；

（三）拒绝提供调查资料的；

（四）转移、隐匿、篡改、毁弃原始记录、土地登记簿等相关资料的。

第三十三条 县级以上地方人民政府有下列行为之一的，由上级人民政府予以通报批评；情节严重的，对直接负责的主管人员和其他直接责任人员依法给予处分：

（一）未按期完成土地调查工作，被责令限期完成，逾期仍未完成的；

（二）提供的土地调查数据失真，被责令限期改正，逾期仍未改正的。

第七章 附 则

第三十四条 军用土地调查，由国务院国土资源主管部门会同军队有关部门按照国家统一规定和要求制定具体办法。

中央单位使用土地的调查数据汇总内容的确定和成果的应用管理，由国务院国土资源主管部门会同国务院管理机关事务工作的机构负责。

第三十五条 县级以上人民政府可以按照全国土地调查总体方案和地方土地调查实施方案成立土地调查领导小组，组织和领导土地调查工作。必要时，可以设立土地调查领导小组办公室负责土地调查日常工作。

第三十六条 本条例自公布之日起施行。

土地调查条例实施办法

1. 2009年6月17日国土资源部第45号令公布

2. 根据2016年1月5日国土资源部令第64号《关于修改和废止部分部门规章的决定》第一次修正

3. 根据2019年7月24日自然资源部令第5号《关于第一批废止和修改的部门规章的决定》第二次修正

第一章 总 则

第一条 为保证土地调查的有效实施，根据《土地调查条例》（以下简称条例），制定本办法。

第二条 土地调查是指对土地的地类、位置、面积、分布等自然属性和土地权属等社会属性及其变化情况，以及永久基本农田状况进行的调查、监测、统计、分析的活动。

第三条 土地调查包括全国土地调查、土地变更调查和土地专项调查。

全国土地调查，是指国家根据国民经济和社会发展需要，对全国城乡各类土地进行的全面调查。

土地变更调查，是指在全国土地调查的基础上，根据城乡土地利用现状及权属变化情况，随时进行城镇和村庄地籍变更调查和土地利用变更调查，并定期进行汇总统计。

土地专项调查，是指根据自然资源管理需要，在特定范围、特定时间内对特定对象进行的专门调查，包括耕地后备资源调查、土地利用动态遥感监测和勘测定界等。

第四条 全国土地调查，由国务院全国土地调查领导小组统一组织，县级以上人民政府土地调查领导小组遵照要求实施。

土地变更调查，由自然资源部会同有关部门组织，县级以上自然资源主管部门会同有关部门实施。

土地专项调查，由县级以上自然资源主管部门组织实施。

第五条 县级以上地方自然资源主管部门应当配合同级财政部门，根据条例规定落实地方人民政府土地调查所需经费。必要时，可以与同级财政部门共同制定土地调查经费从新增建设用地土地有偿使用费、国有土地使用权有偿出让收入等土地收益中列支的管理办法。

第六条 在土地调查工作中作出突出贡献的单位和个人，由有关自然资源主管部门按照国家规定给予表彰或者奖励。

第二章 土地调查机构及人员

第七条 国务院全国土地调查领导小组办公室设在自然资源部，县级以上地方人民政府土地调查领导小组办公室设在同级自然资源主管部门。

县级以上自然资源主管部门应当明确专门机构和人员，具体负责土地变更调查和土地专项调查等工作。

第八条 土地调查人员包括县级以上自然资源政主管部门和相关部门的工作人员，有关事业单位的人员以及承担土地调查任务单位的人员。

第九条 土地调查人员应当经过省级以上自然资源主管部门组织的业务培训，通过全国统一的土地调查人员考核，领取土地调查员工作证。

已取得自然资源部、人力资源和社会保障部联合颁发的土地登记代理人资格证书的人员，可以直接申请取得土地调查员工作证。

土地调查员工作证由自然资源部统一制发，按照规定统一编号管理。

第十条 承担国家级土地调查任务的单位，应当具备以下条件：

（一）近三年内有累计合同额1000万元以上，经县级以上自然资源主管部门验收合格的土地调查项目；

（二）有专门的质量检验机构和专职质量检验人员，有完善有效的土地调查成果质量保证制度；

（三）近三年内无土地调查成果质量不良记录，并未被列入失信名单；

（四）取得土地调查员工作证的技术人员不少于20名；

（五）自然资源部规章、规范性文件规定的其他条件。

第三章　土地调查的组织实施

第十一条　开展全国土地调查，由自然资源部会同有关部门在开始前一年度拟订全国土地调查总体方案，报国务院批准后实施。

全国土地调查总体方案应当包括调查的主要任务、时间安排、经费落实、数据要求、成果公布等内容。

第十二条　县级以上地方自然资源主管部门应当会同同级有关部门，根据全国土地调查总体方案和上级土地调查实施方案的要求，拟定本行政区域的土地调查实施方案，报上一级人民政府自然资源主管部门备案。

第十三条　土地变更调查由自然资源部统一部署，以县级行政区为单位组织实施。

县级以上自然资源主管部门应当按照国家统一要求，组织实施土地变更调查，保持调查成果的现势性和准确性。

第十四条　土地变更调查中的城镇和村庄地籍变更调查，应当根据土地权属等变化情况，以宗地为单位，随时调查，及时变更地籍图件和数据库。

第十五条　土地变更调查中的土地利用变更调查，应当以全国土地调查和上一年度土地变更调查结果为基础，全面查清本年度本行政区域内土地利用状况变化情况，更新土地利用现状图件和土地利用数据库，逐级汇总上报各类土地利用变化数据。

土地利用变更调查的统一时点为每年12月31日。

第十六条　土地变更调查，包括下列内容：

（一）行政和权属界线变化状况；

（二）土地所有权和使用权变化情况；

（三）地类变化情况；

（四）永久基本农田位置、数量变化情况；

（五）自然资源部规定的其他内容。

第十七条　土地专项调查由县级以上自然资源主管部门组织实施，专项调查成果报上一级自然资源主管部门备案。

全国性的土地专项调查，由自然资源部组织实施。

第十八条　土地调查应当执行国家统一的土地利用现状分类标准、技术规程和自然资源部的有关规定，保证土地调查数据的统一性和准确性。

第十九条　上级自然资源主管部门应当加强对下级自然资源主管部门土地调查工作的指导，并定期组织人员进行监督检查，及时掌握土地调查进度，研究解决土地调查中的问题。

第二十条　县级以上自然资源主管部门应当建立土地调查进度的动态通报制度。

上级自然资源主管部门应当根据全国土地调查、土地变更调查和土地专项调查确定的工作时限，定期通报各地工作的完成情况，对工作进度缓慢的地区，进行重点督导和检查。

第二十一条　从事土地调查的单位和个人，应当遵守国家有关保密的法律法规和规定。

第四章　调查成果的公布和应用

第二十二条　土地调查成果包括数据成果、图件成果、文字成果和数据库成果。

土地调查数据成果，包括各类土地分类面积数据、不同权属性质面积数据、基本农田面积数据和耕地坡度分级面积数据等。

土地调查图件成果，包括土地利用现状图、地籍图、宗地图、永久基本农田分布图、耕地坡度分级专题图等。

土地调查文字成果，包括土地调查工作报告、技术报告、成果分析报告和其他专题报告等。

土地调查数据库成果，包括土地利用数据库和地籍数据库等。

第二十三条　县级以上自然资源主管部门应当按照要求和有关标准完成数据处理、文字报告编写等成果汇总统计工作。

第二十四条　土地调查成果实行逐级汇交制度。

县级以上地方自然资源主管部门应当将土地调查形成的数据成果、图件成果、文字成果和数据库成果汇交上一级自然资源主管部门汇总。

土地调查成果汇总的内容主要包括数据汇总、图件编制、文字报告编写和成果分析等。

第二十五条　全国土地调查成果的检查验收，由各级土地调查领导小组办公室按照下列程序进行：

（一）县级组织调查单位和相关部门，对调查成果进行全面自检，形成自检报告，报市（地）级复查；

（二）市（地）级复查合格后，向省级提出预检申请；

（三）省级对调查成果进行全面检查，验收合格后上报；

（四）全国土地调查领导小组办公室对成果进行核查，根据需要对重点区域、重点地类进行抽查，形成确认意见。

第二十六条　全国土地调查成果的公布，依照条例第二十五条规定进行。

土地变更调查成果，由各级自然资源主管部门报本级人民政府批准后，按照国家、省、市、县的顺序依次公布。

土地专项调查成果，由有关自然资源主管部门公布。

第二十七条　土地调查上报的成果质量实行分级负责制。县级以上自然资源主管部门应当对本级上报的调查成果认真核查，确保调查成果的真实、准确。

上级自然资源主管部门应当定期对下级自然资源主管部门的土地调查成果质量进行监督。

第二十八条　经依法公布的土地调查成果，是编制国民经济和社会发展规划、有关专项规划以及自然资源管理的基础和依据。

建设用地报批、土地整治项目立项以及其他需要使用土地基础数据与图件资料的活动，应当以国家确认的土地调查成果为基础依据。

各级土地利用总体规划修编，应当以经国家确定的土地调查成果为依据，校核规划修编基数。

第五章　法律责任

第二十九条　接受土地调查的单位和个人违反条例第十七条的规定，无正当理由不履行现场指界义务的，由县级以上人民政府自然资源主管部门责令限期改正，逾期不改正的，依照条例第三十二条的规定进行处罚。

第三十条　承担土地调查任务的单位有下列情形之一的，县级以上自然资源主管部门应当责令限期改正，逾期不改正的，终止土地调查任务，并将该单位报送国家信用平台：

（一）在土地调查工作中弄虚作假的；

（二）无正当理由，未按期完成土地调查任务的；

（三）土地调查成果有质量问题，造成严重后果的。

第三十一条　承担土地调查任务的单位不符合条例第十三条和本办法第十条规定的相关条件，弄虚作假，骗取土地调查任务的，县级以上自然资源主管部门应当终止该单位承担的土地调查任务，并不再将该单位列入土地调查单位名录。

第三十二条　土地调查人员违反条例第三十一条规定的，由自然资源部注销土地调查员工作证，不得再次参加土地调查人员考核。

第三十三条　自然资源主管部门工作人员在土地调查工作中玩忽职守、滥用职权、徇私舞弊，构成犯罪的，依法追究刑事责任；尚不构成犯罪的，依法给予处分。

第六章　附　　则

第三十四条　本办法自公布之日起施行。

自然资源听证规定

1. 2003年12月30日国土资源部令第22号公布
2. 根据2020年3月20日自然资源部令第6号《关于第二批废止和修改的部门规章的决定》修正

第一章　总　　则

第一条　为了规范自然资源管理活动，促进依法行政，提高自然资源管理的科学性和民主性，保护公民、法人和其他组织的合法权益，根据有关法律、法规，制定本规定。

第二条　县级以上人民政府自然资源行政主管部门（以下简称主管部门）依职权或者依当事人的申请组织听证的，适用本规定。

第三条　听证由拟作出行政处罚、行政许可决定，制定规章和规范性文件、实施需报政府批准的事项的主管部门组织。

依照本规定具体办理听证事务的法制工作机构为听证机构；但实施需报政府批准的事项可以由其经办机构作为听证机构。

本规定所称需报政府批准的事项，是指依法由本级人民政府批准后生效但主要由主管部门具体负责实施的事项，包括拟定或者修改基准地价、组织编制或者修改国土空间规划和矿产资源规划、拟定或者修改区片综合地价、拟定拟征地项目的补偿标准和安置方案、拟定非农业建设占用永久基本农田方案等。

第四条　主管部门组织听证，应当遵循公开、公平、公正和便民的原则，充分听取公民、法人和其他组织的意见，保证其陈述意见、质证和申辩的权利。

依职权组织的听证，除涉及国家秘密外，以听证会形式公开举行，并接受社会监督；依当事人的申请组织的听证，除涉及国家秘密、商业秘密或者个人隐私外，听证公开举行。

第五条 法律、法规和规章规定应当听证的事项，当事人放弃听证权利或者因情况紧急须即时决定的，主管部门不组织听证。

第二章 听证的一般规定

第六条 听证参加人包括拟听证事项经办机构的指派人员、听证会代表、当事人及其代理人、证人、鉴定人、翻译等。

第七条 听证一般由一名听证员组织；必要时，可以由三或五名听证员组织。听证员由主管部门指定。

听证设听证主持人，在听证员中产生；但须是听证机构或者经办机构的有关负责人。

记录员由听证主持人指定，具体承担听证准备和听证记录工作。

拟听证事项的具体经办人员，不得作为听证员和记录员；但可以由经办机构办理听证事务的除外。

第八条 在听证开始前，记录员应当查明听证参加人的身份和到场情况，宣布听证纪律和听证会场有关注意事项。

第九条 听证会按下列程序进行：

（一）听证主持人宣布听证开始，介绍听证员、记录员，宣布听证事项和事由，告知听证参加人的权利和义务；

（二）拟听证事项的经办机构提出理由、依据和有关材料及意见；

（三）当事人进行质证、申辩，提出维护其合法权益的事实、理由和依据（听证会代表对拟听证事项的必要性、可行性以及具体内容发表意见和质询）；

（四）最后陈述；

（五）听证主持人宣布听证结束。

第十条 记录员应当将听证的全部活动记入笔录。听证笔录应当载明下列事项，并由听证员和记录员签名：

（一）听证事项名称；

（二）听证员和记录员的姓名、职务；

（三）听证参加人的基本情况；

（四）听证的时间、地点；

（五）听证公开情况；

（六）拟听证事项的理由、依据和有关材料；

（七）当事人或者听证会代表的观点、理由和依据；

（八）延期、中止或者终止的说明；

（九）听证主持人对听证活动中有关事项的处理情况；

（十）听证主持人认为的其他事项。

听证笔录经听证参加人确认无误或者补正后当场签字或者盖章；无正当理由又拒绝签字或者盖章的，记明情况附卷。

第十一条 公开举行的听证会，公民、法人或者其他组织可以申请参加旁听。

第三章 依职权听证的范围和程序

第十二条 有下列情形之一的，主管部门应当组织听证：

（一）拟定或者修改基准地价；

（二）编制或者修改国土空间规划和矿产资源规划；

（三）拟定或者修改区片综合地价。

有下列情形之一的，直接涉及公民、法人或者其他组织的重大利益的，主管部门根据需要组织听证：

（一）制定规章和规范性文件；

（二）主管部门规定的其他情形。

第十三条 主管部门对本规定第十二条规定的事项举行听证的，应当在举行听证会30日前，向社会公告听证会的时间、地点、内容和申请参加听证会须知。

第十四条 符合主管部门规定条件的公民、法人和其他组织，均可申请参加听证会，也可推选代表参加听证会。

主管部门根据拟听证事项与公民、法人和其他组织的申请情况，指定听证会代表；指定的听证会代表应当具有广泛性、代表性。

公民、法人和其他组织推选的代表，符合主管部门条件的，应当优先被指定为听证会代表。

第十五条 听证机构应当在举行听证会的10个工作日前将听证会材料送达听证会代表。

第十六条 听证会代表应当亲自参加听证，并有权对拟听证事项的必要性、可行性以及具体内容发表意见和质询，查阅听证纪要。

听证会代表应当忠于事实，实事求是地反映所代表的公民、法人和其他组织的意见，遵守听证纪律，保守国家秘密。

第十七条 听证机构应当在举行听证会后7个工作日内，根据听证笔录制作包括下列内容的听证纪要：

（一）听证会的基本情况；

（二）听证事项的说明；

（三）听证会代表的意见陈述；

（四）听证事项的意见分歧；

（五）对听证会意见的处理建议。

第十八条 主管部门应当参照听证纪要依法制定规章和规范性文件；在报批拟定或者修改的基准地价、编制或者修改的国土空间规划和矿产资源规划、拟定或者修改的区片综合地价时，应当附具听证纪要。

第四章 依申请听证的范围和程序

第十九条 有下列情形之一的，主管部门在报批之前，应当书面告知当事人有要求举行听证的权利：

（一）拟定拟征地项目的补偿标准和安置方案的；

（二）拟定非农业建设占用永久基本农田方案的。

有下列情形之一的，主管部门在作出决定之前，应当书面告知当事人有要求举行听证的权利：

（一）较大数额罚款、责令停止违法勘查或者违法开采行为、吊销勘查许可证或者采矿许可证等行政处罚的；

（二）国有土地使用权、探矿权、采矿权的许可直接涉及申请人与他人之间重大利益关系的；

（三）法律、法规或者规章规定的其他情形。

第二十条 当事人对本规定第十九条规定的事项要求听证的，主管部门应当组织听证。

第二十一条 当事人应当在告知后5个工作日内向听证机构提出书面申请，逾期未提出的，视为放弃听证；但行政处罚听证的时限为3个工作日。放弃听证的，应当书面记载。

第二十二条 当事人可以委托一至二名代理人参加听证，收集、提供相关材料和证据，进行质证和申辩。

第二十三条 听证的书面申请包括以下内容：

（一）当事人的姓名、地址（法人或者其他组织的名称、地址、法定代表人）；

（二）申请听证的具体事项；

（三）申请听证的依据、理由。

申请听证的，应当同时提供相关材料。

第二十四条 听证机构收到听证的书面申请后，应当对申请材料进行审查；申请材料不齐备的，应当一次告知当事人补正。

有下列情形之一的，不予受理：

（一）提出申请的不是听证事项的当事人或者其代理人的；

（二）在告知后超过5个工作日提出听证的；

（三）其他不符合申请听证条件的。

不予受理的，主管部门应当书面告知当事人不予听证。

第二十五条 听证机构审核后，对符合听证条件的，应当制作《听证通知书》，并在听证的7个工作日前通知当事人和拟听证事项的经办机构。

《听证通知书》应当载明下列事项：

（一）听证的事由与依据；

（二）听证的时间、地点；

（三）听证员和记录员的姓名、职务；

（四）当事人、拟听证事项的经办机构的权利和义务；

（五）注意事项。

第二十六条 当事人在接到《听证通知书》后，应当准时到场；无正当理由不到场的，或者未经听证主持人允许中途退场的，视为放弃听证。放弃听证的，记入听证笔录。

第二十七条 拟听证事项的经办机构在接到《听证通知书》后，应当指派人员参加听证，不得放弃听证。

第二十八条 当事人认为听证员、记录员与拟听证事项有利害关系可能影响公正的，有权申请回避，并说明理由。

听证主持人的回避由主管部门决定。听证员、记录员的回避，由听证主持人决定。

第二十九条 有下列情形之一的，可以延期举行听证：

（一）因不可抗力的事由致使听证无法按期举行的；

（二）当事人申请延期，有正当理由的；

（三）可以延期的其他情形。

延期听证的，主管部门应当书面通知听证参加人。

第三十条 有下列情形之一的，中止听证：

（一）听证主持人认为听证过程中提出新的事实、理由和依据或者提出的事实有待调查核实的；

（二）申请听证的公民死亡、法人或者其他组织终止，尚未确定权利、义务承受人的；

（三）应当中止听证的其他情形。

中止听证的，主管部门应当书面通知听证参加人。

第三十一条 延期、中止听证的情形消失后，由主管部门决定恢复听证，并书面通知听证参加人。

第三十二条 有下列情形之一的，终止听证：

（一）有权申请听证的公民死亡，没有继承人，或者继承人放弃听证权利的；

（二）有权申请听证的法人或者其他组织终止，承受其权利的法人或者组织放弃听证权利的；

（三）当事人在听证过程中声明退出的；

（四）当事人在告知后明确放弃听证权利或者被

视为放弃听证权利的；

（五）需要终止听证的其他情形。

第三十三条 主管部门应当根据听证笔录，作出行政许可决定，依法作出行政处罚决定；在报批拟定的拟征地项目的补偿标准和安置方案、非农业建设占用永久基本农田方案时，应当附具听证笔录。

第五章 法律责任

第三十四条 法律、法规和规章规定应当听证的事项，当事人要求听证而未组织的，对直接负责的主管人员和其他直接责任人员依法给予处分。

第三十五条 主管部门的拟听证事项经办机构指派人员、听证员、记录员在听证时玩忽职守、滥用职权、徇私舞弊的，依法给予处分；构成犯罪的，依法追究刑事责任。

第六章 附 则

第三十六条 组织听证不得向当事人收取或者变相收取任何费用。

组织听证所需经费列入主管部门预算。听证机构组织听证必需的场地、设备、工作条件，主管部门应当给予保障。

第三十七条 主管部门办理行政复议，受委托起草法律、法规或者政府规章草案时，组织听证的具体程序参照本规定执行。

第三十八条 本规定自2004年5月1日起施行。

自然资源行政复议规定

1. 2019年7月19日自然资源部令第3号公布
2. 自2019年9月1日起施行

第一条 为规范自然资源行政复议工作，及时高效化解自然资源行政争议，保护公民、法人和其他组织的合法权益，推进自然资源法治建设，根据《中华人民共和国行政复议法》和《中华人民共和国行政复议法实施条例》，制定本规定。

第二条 县级以上自然资源主管部门依法办理行政复议案件，履行行政复议决定，指导和监督行政复议工作，适用本规定。

第三条 自然资源部对全国自然资源行政复议工作进行指导和监督。

上级自然资源主管部门对下级自然资源主管部门的行政复议工作进行指导和监督。

第四条 本规定所称行政复议机关，是指依据法律法规规定履行行政复议职责的自然资源主管部门。

本规定所称行政复议机构，是指自然资源主管部门的法治工作机构。

行政复议机关可以委托所属事业单位承担有关行政复议的事务性工作。

第五条 行政复议机关可以根据工作需要设立行政复议委员会，审议重大、复杂、疑难的行政复议案件，研究行政复议工作中的重大问题。

第六条 行政复议工作人员应当具备与履行职责相适应的政治素质、法治素养和业务能力，忠于宪法和法律，清正廉洁，恪尽职守。

初次从事行政复议的人员，应当通过国家统一法律职业资格考试取得法律职业资格。

第七条 行政复议机关应当依照有关规定配备专职行政复议人员，并定期组织培训，保障其每年参加专业培训的时间不少于三十六个学时。

行政复议机关应当保障行政复议工作经费、装备和其他必要的工作条件。

第八条 行政复议机关应当定期对行政复议工作情况、行政复议决定履行情况以及典型案例等进行统计、分析、通报，并将有关情况向上一级自然资源主管部门报告。

行政复议机关应当建立行政复议信息管理系统，提高案件办理、卷宗管理、统计分析、便民服务的信息化水平。

第九条 县级以上自然资源主管部门应当将行政复议工作情况纳入本部门考核内容，考核结果作为评价领导班子、评先表彰、干部使用的重要依据。

第十条 行政复议机构统一受理行政复议申请。

行政复议机关的其他机构收到行政复议申请的，应当自收到之日起1个工作日内将申请材料转送行政复议机构。

行政复议机构应当对收到的行政复议申请进行登记。

第十一条 行政复议机构收到申请人提出的批评、意见、建议、控告、检举、投诉等信访请求的，应当将相关材料转交信访纪检等工作机构处理，告知申请人并做好记录。

第十二条 行政复议机构认为行政复议申请材料不齐全、表述不清楚或者不符合法定形式的，应当自收到该行政复议申请书之日起5个工作日内，一次性书面通知申请人补正。

补正通知书应当载明下列事项：

（一）需要更改、补充的具体内容；

（二）需要补正的材料、证据；

（三）合理的补正期限；

（四）无正当理由逾期未补正的法律后果。

无正当理由逾期未提交补正材料的，视为申请人放弃行政复议申请。补正申请材料所用时间不计入复议审理期限。

第十三条 有下列情形之一的，行政复议机关不予受理：

（一）未按照本规定第十二条规定的补正通知要求提供补正材料的；

（二）对下级自然资源主管部门作出的行政复议决定或者行政复议告知不服，申请行政复议的；

（三）其他不符合法定受理条件的。

对同一申请人以基本相同的事实和理由重复提出同一行政复议申请的，行政复议机关不再重复受理。

第十四条 对政府信息公开答复不服申请行政复议，有下列情形之一，被申请人已经履行法定告知义务或者说明理由的，行政复议机关可以驳回行政复议申请：

（一）要求提供已经主动公开的政府信息，或者要求公开申请人已经知晓的政府信息，自然资源主管部门依法作出处理、答复的；

（二）要求自然资源主管部门制作、搜集政府信息和对已有政府信息进行汇总、分析、加工等，自然资源主管部门依法作出处理、答复的；

（三）申请人以政府信息公开申请的形式进行信访、投诉、举报等活动，自然资源主管部门告知申请人不作为政府信息公开申请处理的；

（四）申请人的政府信息公开申请符合《中华人民共和国政府信息公开条例》第三十六条第三、五、六、七项规定，自然资源主管部门依法作出处理、答复的；

（五）法律法规规定的其他情形。

符合前款规定情形的，行政复议机关可以不要求被申请人提供书面答复及证据、依据。

第十五条 对投诉、举报、检举和反映问题等事项的处理不服申请行政复议的，属于下列情形之一，自然资源主管部门已经将处理情况予以告知，且告知行为未对申请人的实体权利义务产生不利影响的，行政复议机关可以不予受理或者受理审查后驳回行政复议申请：

（一）信访处理意见、复查意见、复核意见，或者未履行信访法定职责的行为；

（二）履行内部层级监督职责作出的处理、答复，或者未履行该职责的行为；

（三）对明显不具有事务、地域或者级别管辖权的投诉举报事项作出的处理、答复，或者未作处理、答复的行为；

（四）未设定申请人权利义务的重复处理行为、说明性告知行为及过程性行为。

第十六条 行政复议机构应当自受理行政复议申请之日起7个工作日内，向被申请人发出答复通知书，并将行政复议申请书副本或者申请笔录复印件一并发送被申请人。

第十七条 行政复议机构认为申请人以外的公民、法人或者其他组织与被复议的行政行为有利害关系的，可以通知其作为第三人参加行政复议。

申请人以外的公民、法人或者其他组织也可以向行政复议机构提出申请，并提交有利害关系的证明材料，经审查同意后作为第三人参加行政复议。

第十八条 自然资源部为被申请人的，由行政行为的承办机构提出书面答复，报分管部领导审定。

地方自然资源主管部门为被申请人的，由行政行为的承办机构提出书面答复，报本部门负责人签发，并加盖本部门印章。

难以确定行政复议答复承办机构的，由本部门行政复议机构确定。承办机构有异议的，由行政复议机构报本部门负责人确定。

行政行为的承办机构应当指定1至2名代理人参加行政复议。

第十九条 被申请人应当提交行政复议答复书及作出原行政行为的证据、依据和其他有关材料，并对其提交的证据材料分类编号，对证据材料的来源、证明对象和内容作简要说明。涉及国家秘密的，应当作出明确标识。

被申请人未按期提交行政复议答复书及证据材料的，视为原行政行为没有证据、依据，行政复议机关应当作出撤销该行政行为的行政复议决定。

第二十条 被申请人应当自收到答复通知书之日起10日内，提交行政复议答复书。

行政复议答复书应当载明下列事项：

（一）被申请人的名称、地址、法定代表人的姓名、职务；

（二）委托代理人的姓名、单位、职务、联系方式；

（三）作出行政行为的事实和有关证据；

（四）作出行政行为所依据的法律、法规、规章和规范性文件的具体条款和内容；

（五）对申请人复议请求的意见和理由；

（六）作出答复的日期。

第二十一条 行政复议机关应当为申请人、第三人及其代理人查阅行政复议案卷材料提供必要的便利条件。

申请人、第三人申请查阅行政复议案卷材料的，应当出示身份证件；代理人申请查阅行政复议案卷材料的，应当出示身份证件及授权委托书。申请人、第三人及其代理人查阅行政复议案卷材料时，行政复议机构工作人员应当在场。

第二十二条 对受理的行政复议案件，行政复议机构可以根据案件审理的需要，征求本行政复议机关相关机构的意见。

相关机构应当按照本机构职责范围，按期对行政复议案件提出明确意见，并说明理由。

第二十三条 行政复议案件以书面审理为主。必要时，行政复议机构可以采取实地调查、审查会、听证会、专家论证等方式审理行政复议案件。

重大、复杂、疑难的行政复议案件，行政复议机构应当提请行政复议委员会审议。

第二十四条 申请人对自然资源主管部门作出的同一行政行为或者内容基本相同的行政行为，提出多个行政复议申请的，行政复议机构可以合并审理。

已经作出过行政复议决定，其他申请人以基本相同的事实和理由，对同一行政行为再次提出行政复议申请的，行政复议机构可以简化审理程序。

第二十五条 行政复议期间有下列情形之一的，行政复议中止：

（一）双方当事人书面提出协商解决申请，行政复议机构认为有利于实质性解决纠纷，维护申请人合法权益的；

（二）申请人不以保护自身合法权益为目的，反复提起行政复议申请，扰乱复议机关行政管理秩序的；

（三）法律法规规定需要中止审理的其他情形。

属于前款第一项规定情形的，双方当事人应当明确协商解决的期限。期限届满未能协商解决的，案件恢复审理。

属于前款第二项规定情形，情节严重的，行政复议机关应当及时向有关国家机关通报。

行政复议机构中止行政复议案件审理的，应当书面通知当事人，并告知中止原因；行政复议中止的原因消除后，应当及时恢复行政复议案件的审理。

第二十六条 行政复议机关作出行政复议决定，应当制作行政复议决定书。

行政复议决定书应当符合法律法规的规定，并加盖行政复议机关的印章或者行政复议专用章。

行政复议决定书应当载明申请人不服行政复议决定的法律救济途径和期限。

第二十七条 被复议行政行为的处理结果正确，且不损害申请人的实体权利，但在事实认定、引用依据、证据提交方面有轻微错误的，行政复议机关可以作出驳回复议申请或者维持原行政行为的决定，但应当在行政复议决定书中对被申请人予以指正。

被申请人应当在收到行政复议决定书之日起60日内，向行政复议机关作出书面说明，并报告改正情况。

第二十八条 行政行为被行政复议机关撤销、变更、确认违法的，或者行政复议机关责令履行法定职责的，行政行为的承办机构应当适时制作行政复议决定分析报告，向本机关负责人报告，并抄送法治工作机构。

第二十九条 行政复议机关在行政复议过程中，发现被申请人相关行政行为的合法性存在问题，或者需要做好善后工作的，应当制发行政复议意见书，向被申请人指出存在的问题，提出整改要求。

被申请人应当责成行政行为的承办机构在收到行政复议意见书之日起60日内完成整改工作，并将整改情况书面报告行政复议机关。

被申请人拒不整改或者整改不符合要求，情节严重的，行政复议机关应当报请有关国家机关依法处理。

行政复议期间，行政复议机构发现法律、法规、规章实施中带有普遍性的问题，可以制作行政复议建议书，向有关机关提出完善制度和改进行政执法的建议。相关机关应当及时向行政复议机构反馈落实情况。

第三十条 有下列情形之一，在整改期限内拒不整改或整改不符合要求的，上级自然资源主管部门可以约谈下级自然资源主管部门负责人，通报有关地方人民政府：

（一）不依法履行行政复议职责，故意将行政复议案件上交的；

（二）反复发生群体性行政复议案件的；

（三）同类行政复议案件反复发生，未采取措施解决的；

（四）逾期不履行行政复议决定、不反馈行政复议意见书和建议书的；

（五）提交虚假证据材料的；

（六）其他事项需要约谈的。

第三十一条 行政复议机关应当将行政复议申请受理情况等信息在本机关门户网站、官方微信等媒体上向社会公开。

推行行政复议决定书网上公开，加强社会对行政复议决定履行情况的监督。

第三十二条　被申请人应当在法定期限内履行生效的行政复议决定，并在履行行政复议决定后30日内将履行情况及相关法律文书送达情况书面报告行政复议机关。

第三十三条　行政复议决定履行期满，被申请人不履行行政复议决定的，申请人可以向行政复议机关提出责令履行申请。

第三十四条　行政复议机关收到责令履行申请书，应当向被申请人进行调查或者核实，依照下列规定办理：

（一）被申请人已经履行行政复议决定，并将履行情况相关法律文书送达申请人的，应当联系申请人予以确认，并做好记录；

（二）被申请人已经履行行政复议决定，但尚未将履行情况相关法律文书送达申请人的，应当督促被申请人将相关法律文书送达申请人；

（三）被申请人逾期未履行行政复议决定的，应当责令被申请人在规定的期限内履行。被申请人拒不履行的，行政复议机关可以将有关材料移送纪检监察机关。

属于本条第一款第二项规定情形的，被申请人应当将相关法律文书送达情况及时报告行政复议机关。

属于本条第一款第三项规定情形的，被申请人应当在收到书面通知之日起30日内履行完毕，并书面报告行政复议机关。被申请人认为没有条件履行的，应当说明理由并提供相关证据、依据。

第三十五条　有下列情形之一，行政复议机关可以决定被申请人中止履行行政复议决定：

（一）有新的事实和证据，足以影响行政复议决定履行的；

（二）行政复议决定履行需要以其他案件的审理结果为依据，而其他案件尚未审结的；

（三）被申请人与申请人达成中止履行协议，双方提出中止履行申请的；

（四）因不可抗力等其他原因需要中止履行的。

本条前款第三项规定的中止履行协议不得损害国家利益、社会公共利益和他人的合法权益。

第三十六条　决定中止履行行政复议决定的，行政复议机关应当向当事人发出行政复议决定中止履行通知书。

行政复议决定中止履行通知书应当载明中止履行的理由和法律依据。中止履行期间，不计算在履行期限内。

中止履行的情形消除后，行政复议机关应当向当事人发出行政复议决定恢复履行通知书。

第三十七条　经审查，被申请人不履行行政复议决定的理由不成立的，行政复议机关应当作出责令履行行政复议决定通知书，并送达被申请人。

第三十八条　被责令重新作出行政行为的，被申请人不得以同一事实和理由作出与原行政行为相同或者基本相同的行为，因违反法定程序被责令重新作出行政行为的除外。

第三十九条　行政复议机关工作人员违反本规定，有下列情形之一，情节严重的，对直接负责的责任人员依法给予处分：

（一）未登记行政复议申请，导致记录不全或者遗漏的；

（二）未按时将行政复议申请转交行政复议机构的；

（三）未保障行政复议当事人、代理人阅卷权的；

（四）未妥善保管案卷材料，或者未按要求将行政复议案卷归档，导致案卷不全或者遗失的；

（五）未对收到的责令履行申请书进行调查核实的；

（六）未履行行政复议职责，导致矛盾上交或者激化的。

第四十条　被申请人及其工作人员违反本规定，有下列情形之一，情节严重的，对直接负责的责任人员依法给予处分：

（一）不提出行政复议答复或者无正当理由逾期答复的；

（二）不提交作出原行政行为的证据、依据和其他有关材料的；

（三）不配合行政复议机关开展行政复议案件审理工作的；

（四）不配合行政复议机关调查核实行政复议决定履行情况的；

（五）不履行或者无正当理由拖延履行行政复议决定的；

（六）不与行政复议机关在共同应诉工作中沟通、配合，导致不良后果的；

（七）对收到的行政复议意见书无正当理由，不予书面答复或者逾期作出答复的。

第四十一条　行政复议案件审结后，案件承办机构应当及时将案件材料立卷归档。

第四十二条　申请人对国家林业和草原局行政行为不服的，应当向国家林业和草原局提起行政复议。

申请人对地方林业和草原主管部门的行政行为不服，选择向其上一级主管部门申请行政复议的，应当向上一级林业和草原主管部门提起行政复议。

自然资源主管部门对不属于本机关受理的行政复议申请，能够明确属于同级林业和草原主管部门职责范围的，应当将该申请转送同级林业和草原主管部门，并告知申请人。

第四十三条　本规定自2019年9月1日起施行。原国土资源部2017年11月21日发布的《国土资源行政复议规定》（国土资源部令第76号）同时废止。

自然资源行政应诉规定

1．2019年7月19日自然资源部令第4号公布
2．自2019年9月1日起施行

第一条　为规范自然资源行政应诉工作，保护公民、法人和其他组织的合法权益，推进自然资源法治建设，根据《中华人民共和国行政诉讼法》和国务院有关规定，结合自然资源管理工作实际，制定本规定。

第二条　自然资源主管部门依法参加行政诉讼活动，适用本规定。

第三条　上级自然资源主管部门应当加强对下级自然资源主管部门行政应诉工作的指导和监督。

第四条　自然资源主管部门的法治工作机构负责组织、协调和指导本部门的行政应诉工作。

自然资源主管部门作出被诉行政行为的工作机构为应诉承办机构，负责承办相应的行政应诉工作。

第五条　自然资源主管部门应当积极支持人民法院依法受理和审理行政诉讼案件，依法履行出庭应诉职责，尊重并执行人民法院生效裁判，自觉接受司法监督。

第六条　自然资源主管部门应当根据行政应诉工作需要，配备、充实工作人员，保障工作经费、装备和其他必要的工作条件，保证行政应诉人员、机构和能力与工作任务相适应。

第七条　自然资源主管部门应当建立行政应诉学习培训制度，开展集中培训、旁听庭审和案例研讨等活动，提高工作人员的行政应诉能力。

第八条　自然资源主管部门应当定期统计和分析行政应诉情况，总结行政应诉中发现的普遍性问题和重点案件，并在本部门内部或者向下级自然资源主管部门通报，督促其改进管理、完善制度。

第九条　自然资源主管部门的法治工作机构负责统一登记人民法院行政案件应诉通知书、裁判文书等。其他工作机构应当于收到的当日转交法治工作机构进行登记。

第十条　自然资源主管部门可以根据应诉工作的需要，聘请律师或者安排公职律师办理自然资源行政诉讼案件。

第十一条　自然资源主管部门应当积极配合检察机关开展公益诉讼工作。

第十二条　自然资源主管部门可以委托所属事业单位承担有关行政应诉的事务性工作。

第十三条　共同应诉案件中，自然资源主管部门可以通过人民法院远程在线应诉平台出庭应诉，也可以委托下一级自然资源主管部门出庭应诉。

第十四条　自然资源主管部门应当依照下列规定确定应诉承办机构，并将应诉通知书及相关材料转交应诉承办机构办理：

（一）被诉的行政行为未经复议的，作出该行政行为的业务工作机构为应诉承办机构；

（二）被诉的行政行为经复议维持的，作出该行政行为的业务工作机构和法治工作机构为应诉承办机构。业务工作机构负责对原行政行为的合法性进行举证和答辩，法治工作机构负责对复议决定的合法性进行举证和答辩；

（三）被诉的行政行为经复议改变的，办理行政复议事项的法治工作机构为应诉承办机构，业务工作机构协助办理。

经自然资源主管部门负责人同意，应诉承办机构可以通知与被诉行政行为有关的其他工作机构参与应诉工作。

确定应诉承办机构有争议的，由法治工作机构提出处理意见，报请自然资源主管部门负责人确定。

第十五条　因行政复议机关维持原行政行为被共同提起诉讼的，自然资源主管部门的应诉承办机构应当与立案的人民法院联系，并及时与行政复议机关的应诉承办机构沟通。

第十六条　应诉承办机构应当按照人民法院应诉通知书的要求，及时收集整理作出被诉行政行为的证据、依据以及其他有关材料，拟订答辩状，确定应诉承办人员，并制作法定代表人身份证明和授权委托书。

应诉承办机构根据需要，可以提请法治工作机构组织有关机构、单位、法律顾问等对复杂案件进行会商。

第十七条 应诉承办机构应当将答辩状及证据、依据等相关材料提交自然资源主管部门负责人审查批准。

答辩状、法定代表人身份证明、授权委托书应当加盖自然资源主管部门的印章,授权委托书还应当加盖法定代表人签名章或者由法定代表人签字。

第十八条 应诉承办机构应当自自然资源主管部门收到人民法院应诉通知书之日起15日内,按照人民法院的要求将答辩状、证据、依据等相关材料提交立案的人民法院。因不可抗力等正当事由导致证据不能按时提供的,应当向人民法院提出申请,经准许后可以延期提供。

证据、依据等相关材料涉及国家秘密、商业秘密或者个人隐私的,应诉承办机构应当作出明确标注和说明,安排工作人员当面提交给人民法院,由人民法院指定的人员签收。

第十九条 应诉承办机构认为需要向人民法院申请阅卷的,可以向人民法院提出申请,并按照规定查阅、复制卷宗材料。

第二十条 应诉承办机构收到应诉通知书后,认为能够采取解释说明、补充完善相关行政程序、积极履行法定职责等措施化解行政争议的,应当及时提出具体措施的建议,必要时应当经本部门负责人同意,与人民法院、原告沟通协商,但不得采取欺骗、胁迫等手段迫使原告撤诉。

应诉承办机构为化解行政争议所采取的措施,不得损害国家利益、社会公共利益和他人合法权益,不得违反法律法规的规定。

第二十一条 人民法院建议调解的行政争议,应诉承办机构应当提出协调解决方案,经自然资源主管部门负责人批准后,配合人民法院与当事人进行沟通协调。

第二十二条 符合下列情形之一的,自然资源主管部门负责人应当出庭应诉:

(一)涉及重大公共利益、社会高度关注或者可能引发群体性事件,负责人出庭更有利于化解争议的案件;

(二)上级自然资源主管部门建议或者同级人民政府要求负责人出庭应诉的案件;

(三)人民法院书面建议负责人出庭应诉的案件;

(四)其他对自然资源管理可能产生重大影响的案件。

符合前款规定的,应诉承办机构应当及时提出负责人出庭应诉的具体建议。自然资源主管部门负责人确实无法出庭的,应当指定其他工作人员出庭应诉,并按照人民法院的要求,在开庭审理前向人民法院作出书面说明。

第二十三条 符合下列情形之一的,应诉承办机构负责人应当出庭应诉:

(一)自然资源主管部门负责人要求应诉承办机构负责人出庭的案件;

(二)自然资源主管部门提起上诉或者申请再审的案件;

(三)其他对本机构业务执法标准可能产生重大影响的案件。

第二十四条 出庭应诉人员应当按时到庭。未经法庭许可,不得中途退庭。确因特殊情况不能按时出庭的,应当提前告知人民法院并说明事由,经法院许可申请延期。

第二十五条 出庭应诉人员应当根据人民法院的要求参加庭审活动,遵守司法程序和法庭纪律,尊重审判人员和其他诉讼参加人。

第二十六条 庭审结束后需要补充答辩意见和相关材料的,应诉承办机构应当在人民法院要求的期限内提供。

第二十七条 应诉承办机构应当对人民法院裁判文书进行认真研究,认为依法应当提起上诉、申请再审的,经自然资源主管部门负责人批准后,应当在法定期限内向有管辖权的人民法院提交上诉状或者再审申请书,并将上诉状或者再审申请书抄送法治工作机构。

行政复议决定维持原行政行为的,作出原行政行为的自然资源主管部门或者行政复议机关认为应当提起上诉、申请再审的,双方应当进行协商。

第二十八条 自然资源主管部门决定不提起上诉、申请再审的,应诉承办机构应当于人民法院裁判文书生效之日起10日内,将裁判结果及分析情况向本部门负责人报告,同时抄送法治工作机构。因同一原因导致多个案件收到相同裁判结果的,可以合并报告。

自然资源部作出原行政行为的业务工作机构和行政复议机构共同应诉的,由作出原行政行为的业务工作机构负责报告;因行政复议程序导致败诉的,由行政复议机构负责报告。

第二十九条 二审案件、再审案件由原承办一审案件、二审案件的应诉承办机构负责承办行政应诉工作。

第三十条 人民法院的裁判文书需要履行的,应诉承办机构应当按照法律规定的期限履行。重大、疑难、复杂案件应当自判决、裁定和调解书生效之日起10日内提出履行的意见，报经本部门负责人批准后组织实施，并在判决、裁定和调解书生效之日起30日内，向负责人报告履行情况，同时抄送法治工作机构。

依法提出再审申请的，应诉承办机构应当就履行的意见与相关人民法院进行沟通。

第三十一条　人民法院依法判决自然资源主管部门承担赔偿责任的，应诉承办机构应当会同相关机构依照法律法规和国家有关规定制定赔偿方案，经本部门负责人批准后，办理支付赔偿费用手续。

第三十二条　需要缴纳诉讼费用的，由应诉承办机构会同相关机构办理。

第三十三条　自然资源主管部门收到人民法院提出的司法建议后，应诉承办机构应当组织研究落实，提出具体措施、意见和建议，对存在的违法或者不当的行政行为进行整改，并将有关情况及时向人民法院反馈。涉及多个应诉承办机构的，由法治工作机构牵头，组织应诉承办机构研究落实。

第三十四条　自然资源主管部门收到人民法院对本部门制发的规范性文件的处理建议的，应当组织研究，并于60日内向人民法院反馈处理意见。发现该规范性文件与法律法规规章的规定相抵触的，应当及时废止该规范性文件，并向社会公开。

第三十五条　县级以上自然资源主管部门应当将行政应诉工作情况纳入本部门考核内容，考核结果作为评价领导班子、评先表彰、干部使用的重要依据。

应诉承办机构负责人和地方自然资源主管部门负责人进行年度述职时，应当报告履行出庭应诉职责情况。

第三十六条　自然资源主管部门工作人员违反本规定，有下列情形之一，情节严重的，对直接负责的责任人员依法予以处分：

（一）收到人民法院的法律文书后未及时处理或者转交的；

（二）不按照本规定提交证据、依据及其他相关材料，履行答辩、举证等法定义务的；

（三）无正当理由不出庭应诉，也不委托相应的工作人员出庭的；

（四）出庭应诉人员无正当理由未按时出庭或者未经法院许可中途退庭的；

（五）拒绝履行或者无正当理由拖延履行人民法院发生法律效力的判决、裁定和调解书，被人民法院强制执行的；

（六）无法定事由未全面履行人民法院发生法律效力的判决、裁定和调解书的；

（七）不依法及时处理司法机关司法建议，不整改本部门、本单位存在的违法行政问题的；

（八）应当提起上诉、申请再审的案件，拖延或者怠于履行提起上诉、申请再审职责，导致国家蒙受重大损失的；

（九）败诉后新作出的行政行为因相同原因导致再次败诉的，以及推卸责任导致败诉的；

（十）其他违反本规定的行为。

第三十七条　应诉承办机构应当在行政诉讼活动全部结束后，将案件材料进行收集整理装订，依照档案管理的有关规定归档、移交。

第三十八条　自然资源主管部门参加行政赔偿诉讼活动，自然资源部办理国务院裁决案件的答复事项，参照本规定执行。

第三十九条　本规定自2019年9月1日起施行。原国土资源部2017年5月8日发布的《国土资源行政应诉规定》（国土资源部令第71号）同时废止。

最高人民法院、国土资源部、建设部关于依法规范人民法院执行和国土资源房地产管理部门协助执行若干问题的通知

1. 2004年2月10日
2. 法发〔2004〕5号

各省、自治区、直辖市高级人民法院，解放军军事法院，新疆维吾尔自治区高级人民法院生产建设兵团分院；各省、自治区、直辖市国土资源厅（国土环境资源厅、国土资源和房屋管理局、房屋土地资源管理局、规划和国土资源局），新疆生产建设兵团国土资源局；各省、自治区建设厅，新疆生产建设兵团建设局，各直辖市房地产管理局：

为保证人民法院生效判决、裁定及其他生效法律文书依法及时执行，保护当事人的合法权益，根据《中华人民共和国民事诉讼法》、《中华人民共和国土地管理法》、《中华人民共和国城市房地产管理法》等有关法律规定，现就规范人民法院执行和国土资源、房地产管理部门协助执行的有关问题通知如下：

一、人民法院在办理案件时，需要国土资源、房地产管理部门协助执行的，国土资源、房地产管理部门应当按照人民法院的生效法律文书和协助执行通知书办理协助执行事项。

国土资源、房地产管理部门依法协助人民法院执行时，除复制有关材料所必需的工本费外，不得向人民法院收取其他费用。登记过户的费用按照国家有关规定收取。

二、人民法院对土地使用权、房屋实施查封或者进行实体处理前，应当向国土资源、房地产管理部门查询该土地、房屋的权属。

人民法院执行人员到国土资源、房地产管理部门查询土地、房屋权属情况时，应当出示本人工作证和执行公务证，并出具协助查询通知书。

人民法院执行人员到国土资源、房地产管理部门办理土地使用权或者房屋查封、预查封登记手续时，应当出示本人工作证和执行公务证，并出具查封、预查封裁定书和协助执行通知书。

三、对人民法院查封或者预查封的土地使用权、房屋，国土资源、房地产管理部门应当及时办理查封或者预查封登记。

国土资源、房地产管理部门在协助人民法院执行土地使用权、房屋时，不对生效法律文书和协助执行通知书进行实体审查。国土资源、房地产管理部门认为人民法院查封、预查封或者处理的土地、房屋权属错误的，可以向人民法院提出审查建议，但不应当停止办理协助执行事项。

四、人民法院在国土资源、房地产管理部门查询并复制或者抄录的书面材料，由土地、房屋权属的登记机构或者其所属的档案室（馆）加盖印章。无法查询或者查询无结果的，国土资源、房地产管理部门应当书面告知人民法院。

五、人民法院查封时，土地、房屋权属的确认以国土资源、房地产管理部门的登记或者出具的权属证明为准。权属证明与权属登记不一致的，以权属登记为准。

在执行人民法院确认土地、房屋权属的生效法律文书时，应当按照人民法院生效法律文书所确认的权利人办理土地、房屋权属变更、转移登记手续。

六、土地使用权和房屋所有权归属同一权利人的，人民法院应当同时查封；土地使用权和房屋所有权归属不一致的，查封被执行人名下的土地使用权或者房屋。

七、登记在案外人名下的土地使用权、房屋，登记名义人（案外人）书面认可该土地、房屋实际属于被执行人时，执行法院可以采取查封措施。

如果登记名义人否认该土地、房屋属于被执行人，而执行法院、申请执行人认为登记为虚假时，须经当事人另行提起诉讼或者通过其他程序，撤销该登记并登记在被执行人名下之后，才可以采取查封措施。

八、对被执行人因继承、判决或者强制执行取得，但尚未办理过户登记的土地使用权、房屋的查封，执行法院应当向国土资源、房地产管理部门提交被执行人取得财产所依据的继承证明、生效判决书或者执行裁定书及协助执行通知书，由国土资源、房地产管理部门办理过户登记手续后，办理查封登记。

九、对国土资源、房地产管理部门已经受理被执行人转让土地使用权、房屋的过户登记申请，尚未核准登记的，人民法院可以进行查封，已核准登记的，不得进行查封。

十、人民法院对可以分割处分的房屋应当在执行标的额的范围内分割查封，不可分割的房屋可以整体查封。

分割查封的，应当在协助执行通知书中明确查封房屋的具体部位。

十一、人民法院对土地使用权、房屋的查封期限不得超过二年。期限届满可以续封一次，续封时应当重新制作查封裁定书和协助执行通知书，续封的期限不得超过一年。确有特殊情况需要再续封的，应当经过所属高级人民法院批准，且每次再续封的期限不得超过一年。

查封期限届满，人民法院未办理继续查封手续的，查封的效力消灭。

十二、人民法院在案件执行完毕后，对未处理的土地使用权、房屋需要解除查封的，应当及时作出裁定解除查封，并将解除查封裁定书和协助执行通知书送达国土资源、房地产管理部门。

十三、被执行人全部缴纳土地使用权出让金但尚未办理土地使用权登记的，人民法院可以对该土地使用权进行预查封。

十四、被执行人部分缴纳土地使用权出让金但尚未办理土地使用权登记的，对可以分割的土地使用权，按已缴付的土地使用权出让金，由国土资源管理部门确认被执行人的土地使用权，人民法院可以对确认后的土地使用权裁定预查封。对不可以分割的土地使用权，可以全部进行预查封。

被执行人在规定的期限内仍未全部缴纳土地出让金的，在人民政府收回土地使用权的同时，应当将被执行人缴纳的按照有关规定应当退还的土地出让金交由人民法院处理，预查封自动解除。

十五、下列房屋虽未进行房屋所有权登记，人民法院也可以进行预查封：

（一）作为被执行人的房地产开发企业，已办理了商品房预售许可证且尚未出售的房屋；

（二）被执行人购买的已由房地产开发企业办理了房屋权属初始登记的房屋；

（三）被执行人购买的办理了商品房预售合同登记备案手续或者商品房预告登记的房屋。

十六、国土资源、房地产管理部门应当依据人民法院的协助执行通知书和所附的裁定书办理预查封登记。土地、房屋权属在预查封期间登记在被执行人名下的，预查封登记自动转为查封登记，预查封转为正式查封后，查封期限从预查封之日起开始计算。

十七、预查封的期限为二年。期限届满可以续封一次，续封时应当重新制作预查封裁定书和协助执行通知书，预查封的续封期限为一年。确有特殊情况需要再续封的，应当经过所属高级人民法院批准，且每次再续封的期限不得超过一年。

十八、预查封的效力等同于正式查封。预查封期限届满之日，人民法院未办理预查封续封手续的，预查封的效力消灭。

十九、两个以上人民法院对同一宗土地使用权、房屋进行查封的，国土资源、房地产管理部门为首先送达协助执行通知书的人民法院办理查封登记手续后，对后来办理查封登记的人民法院作轮候查封登记，并书面告知该土地使用权、房屋已被其他人民法院查封的事实及查封的有关情况。

二十、轮候查封登记的顺序按照人民法院送达协助执行通知书的时间先后进行排列。查封法院依法解除查封的，排列在先的轮候查封自动转为查封；查封法院对查封的土地使用权、房屋全部处理的，排列在后的轮候查封自动失效；查封法院对查封的土地使用权、房屋部分处理的，对剩余部分，排列在后的轮候查封自动转为查封。

预查封的轮候登记参照第十九条和本条第一款的规定办理。

二十一、已被人民法院查封、预查封并在国土资源、房地产管理部门办理了查封、预查封登记手续的土地使用权、房屋，被执行人隐瞒真实情况，到国土资源、房地产管理部门办理抵押、转让等手续的，人民法院应当依法确认其行为无效，并可视情节轻重，依法追究有关人员的法律责任。国土资源、房地产管理部门应当按照人民法院的生效法律文书撤销不合法的抵押、转让等登记，并注销所颁发的证照。

二十二、国土资源、房地产管理部门对被人民法院依法查封、预查封的土地使用权、房屋，在查封、预查封期间不得办理抵押、转让等权属变更、转移登记手续。

国土资源、房地产管理部门明知土地使用权、房屋已被人民法院查封、预查封，仍然办理抵押、转让等权属变更、转移登记手续的，对有关的国土资源、房地产管理部门和直接责任人可以依照民事诉讼法第一百零二条的规定处理。

二十三、在变价处理土地使用权、房屋时，土地使用权、房屋所有权同时转移；土地使用权与房屋所有权归属不一致的，受让人继受原权利人的合法权利。

二十四、人民法院执行集体土地使用权时，经与国土资源管理部门取得一致意见后，可以裁定予以处理，但应当告知权利受让人到国土资源管理部门办理土地征用和国有土地使用权出让手续，缴纳土地使用权出让金及有关税费。

对处理农村房屋涉及集体土地的，人民法院应当与国土资源管理部门协商一致后再行处理。

二十五、人民法院执行土地使用权时，不得改变原土地用途和出让年限。

二十六、经申请执行人和被执行人协商同意，可以不经拍卖、变卖，直接裁定将被执行人以出让方式取得的国有土地使用权及其地上房屋经评估作价后交由申请执行人抵偿债务，但应当依法向国土资源和房地产管理部门办理土地、房屋权属变更、转移登记手续。

二十七、人民法院制作的土地使用权、房屋所有权转移裁定送达权利受让人时即发生法律效力，人民法院应当明确告知权利受让人及时到国土资源、房地产管理部门申请土地、房屋权属变更、转移登记。

国土资源、房地产管理部门依据生效法律文书进行权属登记时，当事人的土地、房屋权利应当追溯到相关法律文书生效之时。

二十八、人民法院进行财产保全和先予执行时适用本通知。

二十九、本通知下发前已经进行的查封，自本通知实施之日起计算期限。

三十、本通知自 2004 年 3 月 1 日起实施。

附 录

资料补充栏

现行有效土地核心法律法规规章及标准目录

现行有效土地相关核心法律法规目录及其在本书中的位置

国土(自然)资源部规章全目录及现行有效的与土地管理相关规章在本书中的位置[①]

1999 年

---

① 本目录根据 2010 年 12 月 3 日国土资源部公告 2010 年第 28 号《关于公布现行有效的规章目录的公告》整理,并结合公告至今的立法变化情况加入了最新内容。文件目录整理范围截至 2024 年 11 月 30 日。

② 对于已被废止的规章,在本目录中用仿宋体区分。对于与本书内容无关的规章,正文中不作收录,本目录中用灰度予以区分。

国土资源部令第 2 号(废止):土地利用年度计划管理办法(1999.3.2)(已被自然资源部令第 6 号废止)
国土资源部令第 3 号:建设用地审查报批管理办法(1999.3.2)(已被国土资源部令第 49 号、第 69 号修正) …(103)
国土资源部令第 4 号(废止):地质灾害防治管理办法(1999.3.2)(已被国土资源部令第 28 号废止)
国土资源部令第 5 号:闲置土地处置办法(1999.4.28)(已被国土资源部令第 53 号修订) ……………………(256)

2000～2003 年

国土资源部令第 6 号(废止):在京中央国家机关用地土地登记办法(2000.10.23)(已被自然资源部令第 5 号废止)
国土资源部令第 7 号:建设项目用地预审管理办法(2001.7.25)(已被国土资源部令第 27 号修订,被国土资源部令第 42 号、第 68 号修正) ……………………(106)
国土资源部令第 8 号(废止):国土资源行政复议规定(2001.7.27)(已被自然资源部令第 3 号废止)
国土资源部令第 9 号:划拨用地目录(2001.10.22) ……………………(243)
国土资源部令第 10 号:征收土地公告办法(2001.10.22)(已被自然资源部令第 6 号废止)
国土资源部令第 11 号:招标拍卖挂牌出让国有建设用地使用权规定(2002.5.9)(已被国土资源部令第 39 号修订) ……………………(179)
国土资源部令第 12 号(废止):国土资源信访规定(2002.5.9)(已被自然资源部令第 9 号废止)
国土资源部令第 13 号(废止):古生物化石管理办法(2002.7.29)(已被自然资源部令第 5 号废止)
国土资源部令第 14 号(废止):土地登记资料公开查询办法(2002.12.4)(已被国土资源部令第 80 号废止)
国土资源部令第 15 号:海洋行政处罚实施办法(2002.12.25)
国土资源部令第 16 号:地质资料管理条例实施办法(2003.1.3)(已被国土资源部令第 64 号修正)
国土资源部令第 17 号:土地权属争议调查处理办法(2003.1.3)(已被国土资源部令第 49 号修正) …………(376)
国土资源部令第 18 号:关于废止部分部门规章的决定(2003.2.20)
国土资源部令第 19 号(废止):重要地理信息数据审核公布管理规定(2003.3.25)(已被自然资源部令第 5 号废止)
国土资源部令第 20 号:国土资源部关于废止《地质勘查单位资格管理办法》的决定(2003.5.27)
国土资源部令第 21 号:协议出让国有土地使用权规定(2003.6.11) ……………………(206)

2004～2007 年

国土资源部令第 22 号:国土资源听证规定(2003.12.30)(已被自然资源部令第 6 号修正) ……………………(487)
国土资源部令第 23 号:矿产资源登记统计管理办法(2004.1.9)(已被自然资源部令第 7 号修正)
国土资源部令第 24 号:海底电缆管道保护规定(2004.1.9)
国土资源部令第 25 号(废止):委托签发废弃物海洋倾倒许可证管理办法(2004.10.20)(已被国土资源部令第 78 号废止)
国土资源部令第 26 号(废止):土地利用年度计划管理办法(修订)(2004.11.1)(已被自然资源部令第 6 号废止)
国土资源部令第 27 号:建设项目用地预审管理办法(修订)(2004.11.1)(已被国土资源部令第 42 号、第 68 号修正) ……………………(106)
国土资源部令第 28 号:关于废止部分部门规章的决定(2005.4.6)
国土资源部令第 29 号(废止):地质灾害危险性评估单位资质管理办法(2005.5.20)(已被自然资源部令第 8 号废止)
国土资源部令第 30 号(废止):地质灾害治理工程勘查设计施工单位资质管理办法(2005.5.20)(已被自然资源部令第 8 号废止)
国土资源部令第 31 号(废止):地质灾害治理工程监理单位资质管理办法(2005.5.20)(已被自然资源部令

第8号废止)
国土资源部令第32号(废止):国土资源信访规定(修订)(2006.1.4)(已被自然资源部令第9号废止)
国土资源部令第33号(废止):耕地占补平衡考核办法(2006.6.16)(已被自然资源部令第5号废止)
国土资源部令第34号:地图审核管理规定(2006.6.23)(已被国土资源部令第77号修订、自然资源部令第5号修正)
国土资源部令第35号(废止):土地估价师资格考试管理办法(2006.11.22)(已被国土资源部令第64号废止)
国土资源部令第36号(废止):国土资源管理规范性文件合法性审查办法(2006.11.27)(已被国土资源部令第70号废止)
国土资源部令第37号(废止):土地利用年度计划管理办法(修订)(2006.12.19)(已被自然资源部令第6号废止)
国土资源部令第38号:外国的组织或者个人来华测绘管理暂行办法(2007.1.19)(已被国土资源部令第52号、自然资源部令第5号修正)

2007~2012年

国土资源部令第39号:招标拍卖挂牌出让国有建设用地使用权规定(修订)(2007.9.28) …………………… (179)
国土资源部令第40号(废止):土地登记办法(2007.12.30)(已被国土资源部令第78号废止)
国土资源部令第41号(废止):国土资源部立法工作程序规定(2008.10.18)(已被自然资源部令第1号废止)
国土资源部令第42号:建设项目用地预审管理办法(修正)(2008.11.29)(已被国土资源部令第68号修正) …………………… (106)
国土资源部令第43号(废止):土地利用总体规划编制审查办法(2009.2.4)(已被国土资源部令第72号废止)
国土资源部令第44号:矿山地质环境保护规定(2009.3.2)(已被国土资源部令第62号、第64号,自然资源部令第5号修正)
国土资源部令第45号:土地调查条例实施办法(2009.6.17)(已被国土资源部令第64号、自然资源部令第5号修正) …………………… (485)
国土资源部令第46号(废止):国土资源行政复议规定(修订)(2009.11.14)(已被自然资源部令第3号废止)
国土资源部令第47号(废止):国土资源部规章和规范性文件后评估办法(2010.7.9)(已被自然资源部令第2号废止)
国土资源部令第48号(废止):关于修改《土地估价师资格考试管理办法》的决定(2010.9.26)(已被国土资源部令第64号废止)
国土资源部令第49号:关于修改部分规章的决定(2010.11.30)
国土资源部令第50号(废止):关于修改《测绘行政处罚程序规定》的决定(2010.11.30)(已被自然资源部令第6号废止)
国土资源部令第51号:关于废止《国家基础地理信息数据使用许可管理规定》的决定(2010.11.30)
国土资源部令第52号:关于修改《外国的组织或者个人来华测绘管理暂行办法》的决定(2011.4.27)
国土资源部令第53号:闲置土地处置办法(修订)(2012.6.1) …………………… (256)
国土资源部令第54号(废止):国土资源行政复议决定履行与监督规定(2012.9.6)(已被国土资源部令第76号废止)
国土资源部令第55号:矿产资源规划编制实施办法(2012.10.12)(已被自然资源部令第5号修正)
国土资源部令第56号:土地复垦条例实施办法(2012.12.27)(已被自然资源部令第5号修正) …………………… (361)
国土资源部令第57号:古生物化石保护条例实施办法(2012.12.27)(已被国土资源部令第62号、第64号,自然资源部令第5号修正)

2012～2017 年

2018～2023 年

自然资源部令第 9 号:自然资源部关于第四批废止的部门规章的决定(2022.11.11)
自然资源部令第 10 号:自然资源部关于第五批废止的部门规章的决定(2023.9.15)

2024 年

自然资源部令第 13 号:矿业权人勘查开采信息管理办法(2024.5.16)
自然资源部令第 14 号:自然资源部关于第六批修改的部门规章的规定(2024.5.21)

自然资源现行标准目录(土地管理部分)

(截至 2021 年 1 月)

序号	标准代号	标准名称	标准性质	代替标准号
国家标准				
24	GB/T 19231 – 2003	土地基本术语	T	
126	GB/T 28405 – 2012	农用地定级规程	T	
127	GB/T 28406 – 2012	农用地估价规程	T	
128	GB/T 28407 – 2012	农用地质量分等规程	T	
136	GB/T 16950 – 2014	地质岩心钻探钻具	T	
137	GB/T 18507 – 2014	城镇土地分等定级规程	T	GB/T 18507 – 2001
138	GB/T 18508 – 2014	城镇土地估价规程	T	GB/T 18508 – 2001
139	GB/T 30600 – 2014	高标准农田建设通则	T	
156	GB/T 21010 – 2017	土地利用现状分类	T	GB/T 21010 – 2007
173	GB/T 37346 – 2019	不动产单元设定与代码编制规则	T	
土地管理行业标准				
1	TD/T 1011 – 2000	土地开发整理规划编制规程		
2	TD/T 1007 – 2003	耕地后备资源调查评价技术规程		
3	TD/T 1016 – 2003	国土资源信息元数据		
4	TD/T 1008 – 2007	土地勘测定界规程		
5	TD/T 1009 – 2007	城市地价动态监测技术规范		
6	TD/T 1014 – 2007	第二次土地调查技术规程		
7	TD/T 1015 – 2007	城镇地籍数据库标准		
8	TD/T 1018 – 2008	建设用地节约集约利用评价规程		
9	TD/T 1017 – 2008	第二次全国土地调查基本农田调查技术规程		
10	TD/T 1019 – 2009	基本农田数据库标准		

续表

序号	标准代号	标准名称	标准性质	代替标准号
11	TD/T 1020－2009	市(地)级土地利用总体规划制图规范		
12	TD/T 1021－2009	县级土地利用总体规划制图规范		
13	TD/T 1022－2009	乡(镇)土地利用总体规划制图规范		
14	TD/T 1023－2010	市(地)级土地利用总体规划编制规程		
15	TD/T 1024－2010	县级土地利用总体规划编制规程		
16	TD/T 1025－2010	乡(镇)土地利用总体规划编制规程		
17	TD/T 1026－2010	市(地)级土地利用总体规划数据库标准		
18	TD/T 1027－2010	县级土地利用总体规划数据库标准		
19	TD/T 1028－2010	乡(镇)土地利用总体规划数据库标准		
20	TD/T 1029－2010	开发区土地集约利用评价规程		
21	TD/T 1030－2010	开发区土地集约利用评价数据库标准		
22	TD/T 1031.1－2011	土地复垦方案编制规程 第1部分:通则		
23	TD/T 1031.2－2011	土地复垦方案编制规程 第2部分:露天煤矿		
24	TD/T 1031.3－2011	土地复垦方案编制规程 第3部分:井工煤矿		
25	TD/T 1031.4－2011	土地复垦方案编制规程 第4部分:金属矿		
26	TD/T 1031.5－2011	土地复垦方案编制规程 第5部分:石油天然气(含煤层气)项目		
27	TD/T 1031.6－2011	土地复垦方案编制规程 第6部分:建设项目		
28	TD/T 1031.7－2011	土地复垦方案编制规程 第7部分:铀矿		
29	TD/T 1032－2011	基本农田划定技术规程		
30	TD/T 1001－2012	地籍调查规程		TD 1001－93
31	TD/T 1033－2012	高标准基本农田建设标准		
32	TD/T 1034－2013	市(地)级土地整治规划编制规程		
33	TD/T 1035－2013	县级土地整治规划编制规程		
34	TD/T 1036－2013	土地复垦质量控制标准		
35	TD/T 1037－2013	土地整治重大项目可行性研究报告编制规程		
36	TD/T 1038－2013	土地整治项目设计报告编制规程		
37	TD/T 1039－2013	土地整治项目工程量计算规则		
38	TD/T 1040－2013	土地整治项目制图规范		

续表

序号	标准代号	标准名称	标准性质	代替标准号
39	TD/T 1041－2013	土地整治工程质量检验与评定规程		
40	TD/T 1042－2013	土地整治工程施工监理规范		
41	TD/T 1043.1－2013	暗管改良盐碱地技术规程 第1部分:土壤调查		
42	TD/T 1043.2－2013	暗管改良盐碱地技术规程 第2部分:规划设计与施工		
43	TD/T 1013－2013	土地整治项目验收规程		TD/T 1013－2000
44	TD/T 1044－2014	生产项目土地复垦验收规程		
45	TD/T 1010－2015	土地利用动态遥感监测规程		TD/T 1010－1999
46	TD/T 1045－2016	土地整治工程建设标准编写规程		
47	TD/T 1046－2016	土地整治权属调整规范		
48	TD/T 1047－2016	土地整治重大项目实施方案编制规程		
49	TD/T 1048－2016	耕作层土壤剥离利用技术规范		
50	TD/T 1049－2016	矿山土地复垦基础信息调查规程		
51	TD/T 1012－2016	土地整治项目规划设计规范		TD/T 1012－2000
52	TD/T 1050－2017	土地整治信息分类与编码规范		
53	TD/T 1051－2017	土地整治项目基础调查规范		
54	TD/T 1052－2017	标定地价规程		
55	TD/T 1053－2017	农用地质量分等数据库标准		
56	TD/T 1054－2018	土地整治术语		
57	TD/T 1055－2019	第三次全国国土调查技术规程		
58	TD/T 1056－2019	县级国土资源调查生产成本定额		
59	TD/T 1057－2020	国土调查数据库标准		TD/T 1016—2007
60	TD/T 1058－2020	第三次全国国土调查县级数据库建设技术规范		
61	TD/T 1059－2020	全民所有土地资源资产核算技术规程		